7년연속  전체 수석  합격자 배출

관세사·공무원
신은미 **회계학**

1차 | 기본서

신은미 편저

동영상강의 www.pmg.co.kr

브랜드만족
**1위**
박문각

근거자료
후면표기

제7판

박문각

**박문각 감정평가사**

감정평가사 회계학은 1차 시험에만 출제되기 때문에 많은 수험생들이 빠른 시간 내에 원하는 점수만 얻고자 하는 경향이 높다. 하지만 최근 감정평가사 회계학의 문제난이도가 점차 상승함에 따라 예전과 같은 단편적인 접근으로는 원하는 점수를 얻기가 어려워졌으며, 상대적으로 충분한 시간을 투자하여 회계학을 전체적으로 이해한 경우에만 해답을 도출할 수 있는 형태로 문제들이 개편되었다.

본 교재의 경우도 개편된 문제들을 기반으로 회계라는 과목을 어떻게 접근해야 하며, 회계가 전하고자 하는 핵심을 전달하기 위해 강조 표시 및 접근 순서를 제시해 답안의 도출과정을 이해하도록 하였다. 또한 누구나 교재에 있는 문제를 풀어본다면 시험에 합격할 수 있도록 쉽게 풀이되었기 때문에 수험생들은 본 교재를 완벽하게 마스터한다는 마음가짐으로 취사선택보다는 전 범위를 고르게 학습하기를 바란다.

덧붙여 2021년에 한국채택국제회계기준이 일부 개정되었으며, 해당 내용을 충분히 다루기 위해서 기존 교재에서 부족했던 설명은 보완하고 예제도 모두 수정하였다.

또한 감정평가사 시험도 시험시행일을 기준으로 회계문제를 출제하기 때문에 개정되는 사항에 대해서는 완벽히 인지하고 있어야 한다. 해당 부분은 교재와 강의를 통해 시험준비를 함에 있어 부족함이 없도록 제공할 예정이다.

## 본 교재는 다음과 같은 특징이 있다.

첫째, 이 책은 회계학을 다루는 다양한 시험에 모두 활용될 수 있으나 특히 감정평가사, 관세사, 공무원 시험을 준비하는 수험생들을 대상으로 교재를 구성하였다.

둘째, 각 단원마다 객관식 문제를 포함하였다. 객관식 문제는 기출 가능성이 높은 세무사, 회계사 시험 등에서도 발췌하여 다양한 문제를 다뤄볼 수 있도록 하였다.

셋째, 기본개념을 충실히 이해할 수 있도록 전 장에 걸쳐 예제를 다루고 있으며, 내용 정리에 도움이 되는 범위에서 도식화하였다.

넷째, 이론문제의 경우 세부적인 부분들까지 출제하고 있기 때문에 별도의 강조 표시를 하지 않았다. 본문에 강조된 부분은 시험에서 여러 번 출제된 부분으로 어떤 내용들이 시험에서 중요하게 다뤄지는지 알 수 있도록 표기하였다.

회계학은 범위 자체도 넓고 다루고 있는 주제도 방대하기 때문에 학습을 하는 본인 스스로 목차와 내용을 정리할 필요성이 있다. 나무만 보고 숲을 보지 않으면 실제 시험에서는 투입한 노력 대비 성과가 좋지 않을 수 있다. 그러므로 한 절의 학습이 끝나면 해당 절에서 어떤 부분들을 다뤘는지 스스로 목차를 정리해 보기를 바란다. 또한 휘발성이 강한 과목의 특성상 매일 조금씩이라도 시간을 투자하여야 한다. 이를 위해서는 지치지 않도록 체력관리에 유의하여 회계에 대한 관심을 시험 직전까지 유지할 수 있어야 한다. 회계학을 처음 접하는 수험생들은 교재의 두께에 당황할 수 있으나 회계학은 시험뿐만 아니라 실제 감정평가사 업무에 있어서도 활용도가 높은 핵심 과목이므로 수험생활과 실전을 모두 준비한다는 마음가짐으로 임하기를 바란다.

마지막으로 감정평가사 시험을 위해 본 교재를 선택해 주신 많은 수험생들이 원하는 결과를 얻고 새로운 인생을 준비하는 일에 있어 미약하지만 도움이 되기를 바란다.

- 세무사 신은미 -

# CONTENTS
이 책의 차례

# CONTENTS
이 책의 차례

PREFACE

# PART 02 원가관리회계

## Chapter 01 원가회계

## Chapter 02 관리회계

# CONTENTS
이 책의 차례

# PART

# 01

# 재무회계

# 회계의 기초

## 제1절　회계환경과 회계원칙

### 1. 회계의 목적 변화

회계는 시대에 따라 가변하는 특징을 가진다. 회계의 목적 또한 시대의 변화에 따라 변해왔다. 과거의 회계는 회계정보를 생산하는 기술적 측면을 강조하였다면, 최근의 회계는 정보이용자들이 경제적 의사결정을 함에 있어 유용한 정보를 제공하는 것을 주된 기능으로 본다.

이를 정보적 관점이라고 하는데 이는 정보의 활용 측면을 강조하는 현행 회계의 입장으로, 수탁책임적 관점을 포괄하는 개념이다.

✅ 회계의 정의

| 전통적 관점 | 최근의 관점 |
| --- | --- |
| 회계(accounting)는 회계실체의 거래를 기록, 분류, 요약, 해석하는 기술로 정의 | 회계를 하나의 정보시스템(information system)으로 간주 |

회계는 기업실체와 관련하여 의사결정에 도움이 되는 정보를 제공하는 것이 그 목적이다. 이를 위해서는 어떠한 정보가 회계정보이용자에게 가장 유용할 것인지 끊임없이 탐구하는 과정을 거치게 된다. 이에 따라 회계의 기준은 시대의 변화에 따라 가변하는 가변성을 가진다.

### 2. 회계정보이용자

회계의 목적은 정보이용자에게 유용한 정보를 제공하는 것이다. 그렇다면 회계정보의 제공 대상인 정보이용의 주체는 누구인가?

회계정보 제공의 대상이 되는 정보이용자는 크게 내부정보이용자와 외부정보이용자로 나눌 수 있다.

✅ 회계정보 이용자

| 내부정보이용자 | 외부정보이용자 |
| --- | --- |
| 경영자 | 주주, 채권자, 정부, 대중 등 … |

기업의 내부에서 회계정보를 이용하는 대상자를 내부정보이용자라고 한다. 내부정보이용자의 가장 대표적인 주체는 경영자로 기업활동과 관련된 계획, 통제, 평가 등 모든 의사결정과정에서 회계정보를 필요로 한다.

그러나 내부정보이용자는 회계정보에 대한 접근이 용이하며, 필요로 하는 정보만을 발췌하여 이용할 수도 있다. 그렇기 때문에 내부정보이용자를 위한 회계는 기준이나 제공의 시기 등이 정해져 있지 않아도 되며, 회계정보를 통해 향후 의사결정에 도움이 되는 예측적 정보를 담을수록 유용성이 높아진다. 이처럼 기업의 내부정보이용자를 대상으로 하는 회계를 관리회계라 한다. 그러나 기업의 외부에서 회계정보를 이용하는 외부정보이용자는 경제적 의사결정을 실행하고 평가하는 데 있어 회계정보를 필요로 하는데, 다수의 외부정보이용자에게 정보를 전달하기 위해서는 일정한 기준과 주기적인 보고를 요하게 된다. 이렇듯 기업의 외부정보이용자에게 그들이 필요로 하는 유용한 정보를 제공하는 회계가 재무회계이다. 재무회계는 다수의 외부정보이용자를 대상으로 하기 때문에 관리회계와는 달리 일정 회계기준을 준수해야 하며 회계정보의 보고주기도 정기적이어야 한다.

❷ 재무회계와 관리회계의 비교

| 구분 | 재무회계 | 관리회계 |
|---|---|---|
| 제공의 대상 | 외부정보이용자 | 내부정보이용자 |
| 작성의 기준 | 객관적인 회계기준 | 없음 |
| 제공의 시기 | 일년, 반년, 분기 등(정기적 보고) | 수시로 보고 |
| 제공의 양식 | 재무제표(F/S) | 일정한 형식 없음 |
| 제공되는 정보 | 과거정보 | 미래정보 |

## 3. 재무회계의 신뢰성 제고 방안

① 기업회계기준(Generally Accepted Accounting Principles : GAAP)

재무회계는 모든 외부정보이용자를 대상자로 하므로 특정 외부 이해관계자들에게 유리하거나 불리한 회계정보를 제공해서는 안 된다. 그러므로 모든 외부 이해관계자들이 동의할 수 있는 원칙들이 필요한데, 이를 일반적으로 인정된 회계원칙(GAAP)이라고 한다.

일반적으로 인정된 회계원칙은 다수의 전문가들에 의해 실질적이고 권위 있는 지지를 받은 회계원칙이란 의미를 갖는다. 이러한 회계원칙은 회계기준제정기구에서 별도로 정한 회계원칙과 오랜 기간에 걸친 실무의 결과로 구성된다.

2007년 국제회계기준을 채택한 한국채택국제회계기준(K-IFRS)을 제정하였고, 한국채택국제회계기준은 2011년부터 상장기업은 의무적으로 적용하고 있다.

그러나 한국채택국제회계기준을 모든 기업에게 적용시킨다면 기업의 부담이 존재할 수 있기 때문에 상장기업이 아닌 비상장기업들은 한국채택국제회계기준을 적용할 수도 한국회계기준원에서 제정한 '일반기업회계기준'을 적용할 수도 있다. 또한 중소기업은 「상법」의 규정에 따른 중소기업회계기준을 적용할 수 있다.

❷ 회계처리기준

| 한국채택국제회계기준 | 상장기업, 금융기관, 공기업 |
|---|---|
| 일반기업회계기준 | 한국채택국제회계기준을 적용하지 않는 외부감사대상 주식회사 |
| 중소기업회계기준 | 외부감사대상이 아닌 주식회사 |

② 외부감사제도

재무회계는 재무제표라는 양식을 토대로 정보이용자에게 회계정보를 전달한다. 다수의 이해관계자들이 사용하는 재무제표는 일정한 기업회계기준을 따라야 하며, 이러한 기준을 충실히 따라 작성된 재무제표인지를 확인하는 절차가 필요하다. 특히 많은 이해관계가 연결되어 있는 기업은 기업 내부적인 확인절차 이외에도 독립적인 제3자를 통한 검증이 필요하며, 외부감사제도는 바로 기업들이 작성한 재무제표를 일반적으로 인정된 회계원칙에 근거하여 작성된 것인지를 독립된 제3자가 확인하는 제도라고 할 수 있다.

이때 독립적인 제3자는 공인회계사를 의미하며, 외부감사제도는 해당 기업의 투자가치를 보여주는 것이 아니라 경영자들이 작성한 재무제표의 신뢰성을 제고하는 기능을 담당한다. 외부감사는 「주식회사 외부감사에 관한 법률」에 따라 다음의 조건을 충족하는 경우에만 진행한다.

> **✔ 외부감사 대상**
>
> ① 직전 사업연도 말의 자산총액이 500억원 이상인 회사
> ② 직전 사업연도 말의 매출액이 500억원 이상인 회사
> ③ 다음 각 목의 사항 중 2개 이상에 해당하는 회사
>     가. 직전 사업연도 말의 자산총액이 120억원 이상
>     나. 직전 사업연도 말의 부채총액이 70억원 이상
>     다. 직전 사업연도의 매출액이 100억원 이상
>     라. 직전 사업연도 말의 종업원이 100명 이상

외부감사인의 감사의견으로는 적정의견, 한정의견, 부적정의견, 의견거절이 있다.

## 4. 재무회계 정보제공의 수단 : 재무제표(Financial Statement : F/S)

재무회계는 외부정보이용자들에게 회계정보를 전달하기 위한 공통된 양식이 필요하다. 공통된 양식이 없다면 기업마다 서로 다른 양식으로 정보를 전달함으로써 불필요한 사회적 비용이 발생하게 되고 회계정보를 작성하는 부담도 커진다. 또한 회계정보의 신뢰성도 떨어지게 되므로 재무회계는 재무제표(Financial Statement)라는 양식을 통해 회계정보를 제공하게 되는 것이며 이러한 재무제표는 다음과 같은 특징을 가진다.

① 재무제표의 특징

> ㉠ 화폐로 확정지을 수 있는 정보가 포함된다.
> ㉡ 객관적으로 측정 가능한 정보가 포함된다.
> ㉢ 일정한 원칙에 근거하여 작성한다(국제기업회계기준, 일반기업회계기준 등).
> ㉣ 미래예측적 정보는 지양한다.
> ㉤ 일정규모 이상의 기업은 회계감사를 통하여 신뢰성을 보강한다.

② 재무제표의 종류

> ㉠ 재무상태표(statements of financial position 또는 balance sheet)
> ㉡ 포괄손익계산서(statement of comprehensive income)
> ㉢ 현금흐름표(statement of cash flow)
> ㉣ 자본변동표(statement of change in equity)
> ㉤ 주석(notes)

## 5. 한국채택국제회계기준(K-IFRS)

### (1) 국제회계기준

국제회계기준은 국제회계기준위원회가 국제자본시장의 요구를 충족시키기 위하여 제정한 '단일 글로벌 회계기준'이다.

국제회계기준은 다음과 같은 특징을 가지고 있다.

① 원칙중심의 회계기준이다.

| 원칙중심기준의 예 | 규칙중심기준의 예 |
| --- | --- |
| 감가상각비는 유형자산의 내용연수 동안 해당 자산의 경제적 가치 감소분을 인식하여야 한다. | 감가상각비는 매년 취득원가의 10%를 인식한다. |

원칙중심의 회계기준은 환경변화에 신축성 있는 적응이 가능하지만, 자의적인 적용가능성이 있다.

국제회계기준위원회는 원칙중심의 국제회계기준을 제정하기 위해 다음과 같은 제정원칙을 표방하고 있다.

> ㉠ 회계기준의 복잡성을 줄이기 위해 기준 내에서 예외 규정을 지양한다.
> ㉡ 회계기준 내에서 복적과 핵심원칙을 명확하게 기술한다.
> ㉢ 회계기준서 간 일관성을 유지한다.
> ㉣ 개념체계에 근거하여 규정한다.
> ㉤ 규정에 대한 해석은 전문가의 판단에 의존한다. 판단하고 선택한 방법과 이유에 대해 주석으로 공시할 필요가 있다.
> ㉥ 지침은 꼭 필요한 경우에 한하여 최소한으로 제공한다.

② 자산·부채의 공정가치 평가 확대

자산·부채의 측정 시 과거 역사적 원가에 기초한 측정에서 공정가치 측정으로 대폭 그 방향을 전환하였다. 이는 역사적 원가에 비해 공정가치가 경제적 의사결정에 보다 목적적합하게 이용될 수 있다는 데 근거한다.

③ 재무상태표 중심의 회계기준이다.

국제회계기준은 수익과 비용을 자본청구권 보유자와의 거래를 제외한 자산과 부채의 증감으로 정의함으로써 포괄손익계산서보다는 재무상태표를 중심으로 재무제표 요소를 설명한다.

④ 기본재무제표는 **연결재무제표**이다.

| 구분 | K-IFRS | K-GAAP |
|------|--------|--------|
| 기본재무제표 | 연결재무제표를 기본으로 한다. | 개별재무제표를 기본으로 한다. |
| 자산·부채의 측정 | 공정가치 평가를 상당부분 확대하였다. | 객관적으로 평가가 어려운 항목들은 취득원가로 평가한다. |
| 법률, 정책적 목적에 따른 차이 | 거래의 실질에 맞는 회계처리를 규정한다. | 목적에 따라 일부 항목에 대해 특정 회계처리를 요구한다. |

(2) 한국채택국제회계기준(K-IFRS)

국제회계기준에 근거하여 제정된 한국채택국제회계기준(K-IFRS)은 다음과 같은 의미를 갖는다.

① 국내기업이 준수해야 하는 회계처리기준으로서, 국내 법체계상 효력을 갖추기 위해 법적 권위 있는 기관이 정규절차를 거쳐 한국에서 적용되는 회계기준으로 채택된 국제회계기준이다.

② 한국채택국제회계기준은 국제회계기준과 동일하다. 다만, 한국의 법체계에 맞추어 형식을 변경하는 등의 형식적 차이만 존재한다.

③ 각 기준서에서 해당 한국채택국제회계기준서를 준수하면 대응되는 국제회계기준을 준수하는 것이라고 명시하고 있다. 한국채택국제회계기준을 준수하여 작성된 재무제표는 국제회계기준을 준수하여 작성된 재무제표임을 주석으로 공시할 수 있다.

(3) 회계기준

회계기준은 재무제표 작성의 지침이다. 회계기준은 독립적인 제3자에 의하여 작성되며, 회계기준을 작성하는 과정에서 이해관계자들에 많은 영향을 미치기도 한다.

회계기준의 제정 영향은 크게 경제적 영향과 정치적 과정으로 구분할 수 있다.

① 회계 → 이해관계자 : 경제적 영향

② 회계 ← 이해관계자 : 정치적 과정

정치적 과정이란 이해관계집단이 회계기준의 제정 및 개정 시 제정기관에 압력을 행사하는 과정을 말한다. 회계기준을 제정할 때는 다수의 이해관계자들의 의견을 수렴하여 기준을 제정한다. 따라서 회계기준은 정치적 타협의 산물이라고 할 수 있다.

## 제2절 개념체계

### 1 개념체계란?

개념체계란 회계이론을 정립하기 위한 개념적 틀을 의미한다.

#### (1) 개념체계의 위상과 목적

> ① 한국회계기준위원회가 일관된 개념에 기반하여 한국채택국제회계기준을 제·개정하는 데 도움을 준다.
> ② 특정 거래나 다른 사건에 적용할 회계기준이 없거나 회계기준에서 회계정책을 선택하는 것을 허용하는 경우에 재무제표 작성자가 일관된 회계정책을 개발하는 데 도움을 준다.
> ③ 모든 이해관계자가 회계기준을 이해하고 해석하는 데 도움을 준다.

→ 개념체계는 한국채택국제회계기준이 아니다. 따라서 이 개념체계의 어떠한 내용도 회계기준이나 <u>그 요구사항에 우선하지 않는다.</u> 개념체계는 회계기준위원회가 관련 업무를 통해 축적한 경험을 토대로 수시로 개정될 수 있다. 개념체계가 개정되었다고 자동으로 회계기준이 개정되는 것은 아니다.

#### (2) 일반목적재무보고의 목적

① 주요 이용자와 일반목적재무보고

일반목적재무보고의 목적은 현재 및 잠재적 투자자, 대여자 및 기타 채권자(주요 이용자)가 그들이 기업에 자원을 제공하는 것과 관련된 의사결정을 할 때 유용한 보고기업 재무정보를 제공하는 것을 목적으로 한다.

현재 및 잠재적 투자자, 대여자와 그 밖의 채권자의 의사결정은 다음을 포함한다.

> ㉠ 지분상품 및 채무상품의 매수, 매도 또는 보유
> ㉡ 대여 및 기타 형태의 신용 제공 또는 결제
> ㉢ 기업의 경제적자원 사용에 영향을 미치는 경영진의 행위에 대한 의결권 또는 영향을 미치는 권리 행사

② 주요이용자가 필요로 하는 정보

현재 및 잠재적 투자자, 대여자 및 기타 채권자는 기업에 유입될 미래 순현금유입의 금액, 시기 및 불확실성(전망)을 평가하는 데 도움을 주는 정보를 필요로 한다. 그리고 그들이 미래 순현금유입에 대한 기업의 전망을 평가하기 위해서 기업의 자원, 기업에 대한 청구권, 그리고 기업의 경영진 및 이사회가 기업의 자원을 사용하는 그들의 책임을 얼마나 효율적이고 효과적으로 이행해 왔는지에 대한 정보를 필요로 한다.

③ 일반목적재무보고서의 한계

㉠ 경제적 의사결정에 유용한 정보를 제공한다는 목적으로 작성되는 재무제표는 대부분의 정보이용자의 공통적인 수요를 충족시킨다.

   ⓛ 그러나 일반목적재무보고서가 현재 및 잠재적 투자자, 대여자와 그 밖의 채권자가 **필요로 하는 모든 정보를 제공하지 않으며 제공할 수도 없다.** 따라서 이용자들은 일반 경제적 상황 및 기대, 정치적 사건과 정치 풍토, 산업 및 기업 전망과 같은 다른 원천에서 입수한 정보를 고려할 필요가 있다.

   ⓒ 일반목적재무보고서는 **보고기업의 가치를 보여주기 위해 고안된 것이 아니다.** 그러나 그것은 현재 및 잠재적 투자자, 대여자 및 기타 채권자가 보고기업의 가치를 추정하는 데 도움이 되는 정보를 제공한다.

   ⓔ 회계기준위원회는 재무보고기준을 제정할 때 **주요 이용자 최대 다수의 수요를 충족하는 정보를 제공하기 위해 노력할 것이다.** 그러나 공통된 정보 수요에 초점을 맞춘다고 해서 보고기업으로 하여금 주요 이용자의 특정한 일부에게 가장 유용한 추가적인 정보를 포함하지 못하게 하는 것은 아니다.

   ⓜ 보고기업의 **경영진도 해당 기업에 대한 재무정보에 관심이 있다.** 그러나 경영진은 그들이 필요로 하는 재무정보를 내부에서 구할 수 있기 때문에 일반목적재무보고서에 의존할 필요가 없다. 규제기관, 일반대중도 일반목적 재무보고서가 유용하다고 여길 수 있으나 일반목적재무보고서는 이러한 그 밖의 집단을 주요 대상으로 한 것은 아니다.

   ⓗ 재무보고서는 정확한 서술보다는 상당 부분 **추정, 판단 및 모형에 근거한다.** '개념체계'는 그 추정, 판단 및 모형의 기초가 되는 개념을 정한다.

**(3) 일반목적재무보고서가 제공하는 정보**

   일반목적재무보고서는 보고기업의 재무상태에 관한 정보, 즉 기업의 경제적자원과 보고기업의 청구권에 대한 정보를 제공하며, 보고기업의 경제적자원과 청구권을 변동시키는 거래와 그 밖의 사건의 영향에 대한 정보도 제공한다.

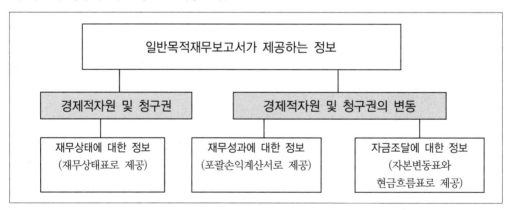

**1) 경제적자원과 청구권**

   보고기업의 경제적자원은 자산을 의미하며, 보고기업에 대한 청구권은 부채와 자본을 의미한다. 부채는 보고기업에 대한 채권자의 청구권이며, 자본은 주주의 청구권(채권자의 청구권 보다는 후순위인 잔여지분 청구권임)이다.

> ㉠ 정보이용자가 보고기업의 재무적 강점과 약점을 식별하는 데 도움을 준다.
> ㉡ 그 정보는 정보이용자가 보고기업의 유동성과 지급능력, 추가적인 자금 조달의 필요성 및 그 자금 조달이 얼마나 성공적일지를 평가하는 데 도움을 준다.
> ㉢ 현재 청구권의 우선순위와 지급 요구사항에 대한 정보는 정보이용자가 보고기업에 청구권이 있는 자들 간에 미래 현금흐름이 어떻게 분배될 것인지를 예측하는 데 도움을 준다.

### 2) 경제적자원 및 청구권의 변동

보고기업의 경제적자원과 청구권의 변동은 기업의 **재무성과**, 그리고 **채무상품 또는 지분상품의 발행**과 같은 그 밖의 사건 또는 거래(자금조달 거래)에서 발생한다. 보고기업의 미래 현금흐름에 대한 전망을 올바르게 평가하기 위하여 정보이용자는 두 변동을 구별할 수 있는 능력이 필요하다.

① 재무성과에 대한 정보

  ㉠ 정보이용자는 재무성과와 그 이외의 사건에 따른 변동을 구별함으로써 미래 현금흐름을 보다 정확하게 평가할 수 있다.

  ㉡ 재무성과는 그 기업의 경제적자원에서 해당 기업이 창출한 수익을 정보이용자가 이해하는 데 도움을 주며, 기업이 창출한 수익에 대한 정보는 경영진이 보고기업의 자원을 효율적이고 효과적으로 사용해야 하는 책임을 얼마나 잘 이행하였는지를 보여준다. 특히, 미래 현금흐름의 불확실성을 평가하는 데 있어서 그 수익의 변동성 및 구성요소에 대한 정보도 중요하다. 보고기업의 과거 재무성과와 그 경영진이 책임을 어떻게 이행했는지에 대한 정보는 기업의 경제적자원에서 발생하는 미래 수익을 예측하는 데 일반적으로 도움이 된다.

  ㉢ 발생기준 회계가 반영된 재무성과가 현금기준 회계보다 기업의 과거 및 미래성과를 평가하는 데 더 나은 근거를 제공한다.

  ㉣ 과거 현금흐름이 반영된 재무성과

   ⓐ 어느 한 기간의 보고기업이 현금흐름에 대한 정보도 정보이용자가 기업의 미래 순현금유입 창출 능력을 평가하는 데에 도움이 된다.

   ⓑ 현금흐름에 대한 정보는 정보이용자가 보고기업의 영업을 이해하고, 재무활동과 투자활동을 평가하며, 유동성이나 지급능력을 평가하고, 재무성과에 대한 그 밖의 정보를 해석하는 데 도움이 된다.

② 재무성과에 기인하지 않은 경제적자원 및 청구권의 변동(자금조달 정보)

보고기업의 경제적자원과 청구권은 채무상품이나 지분상품의 발행과 같이 재무성과 이외의 사유로도 변동될 수 있다. 보고기업의 경제적자원과 청구권이 변동된 이유와 그 변동이 미래 재무성과에 주는 의미를 정보이용자가 완전히 이해하는 데 필요하다.

### 3) 경제적자원의 사용에 관한 정보

개념체계에서는 기업의 경제적자원 사용에 대한 경영진의 책임에 대한 정보도 언급하고 있다. 경영진의 책임에 대한 정보는 이용자가 해당 자원에 대한 경영자의 관리를 평가할 수 있도록 도움을 준다. 또한 미래에 얼마나 효율적이고 효과적으로 경영진이 기업의 경제적자원을 사용할 것인지 예측하는 데에도 유용하다. 따라서 미래 순현금유입에 대한 기업의 전망을 평가하는 데 유용할 수 있다.

## 2 유용한 재무정보의 질적 특성

- 근본적 질적 특성 : 목적적합성, 표현충실성
- 보강적 질적 특성 : 비교가능성, 검증가능성, 적시성, 이해가능성

## 1. 근본적 질적 특성

근본적 질적 특성은 목적적합성과 표현충실성이다.

### (1) 목적적합성(relevance)

목적적합한 재무정보는 정보이용자의 의사결정에 차이가 나도록 할 수 있다. 즉, 목적적합성은 정보이용자의 의사결정에 차이를 일으키는 정보능력이라고 할 수 있다. 재무정보에 예측가치, 확인가치 또는 이 둘 모두가 있다면 의사결정에 차이가 나도록 할 수 있다.

### 1) 예측가치

재무정보가 기업의 미래 현금흐름이나 손익을 예측하는 데 도움을 준다면 그러한 정보는 예측가치를 갖는다. 재무정보가 예측가치를 갖기 위해서 그 자체가 예측치 또는 예상치일 필요는 없다. 이용자들이 미래 결과를 예측하기 위해 사용하는 절차의 투입요소로 재무정보를 사용할 수 있다면 그 재무정보는 예측가치를 갖는다. 예를 들어 과거 3개년의 영업이익을 통해 추세를 분석하여 미래 결과를 예측하기 위한 투입요소로 사용된다면 과거 3개년의 영업이익도 예측가치를 갖는다.

### 2) 확인가치

재무정보가 과거 정보에 대해 피드백(feedback)을 제공한다면(과거 평가를 확인하거나 변경시킨다면) 그 재무정보는 확인가치를 갖는다.

재무정보의 예측가치와 확인가치는 상호 연관되어 있다. 예측가치를 갖는 정보는 확인가치도 갖는 경우가 많다.

### 3) 중요성

특정 보고기업에 대한 재무정보를 제공하는 일반목적재무보고서에 정보를 누락하거나 잘못 기재하거나 불분명하게 하여, 이를 기초로 내리는 주요 이용자들의 의사결정에 영향을 줄 것으로 합리적으로 예상할 수 있다면 그 정보는 중요한 것이다. 즉, 중요성은 개별 기업 재무보고서 관점에서 해당 정보와 관련된 항목의 성격이나 규모 또는 이 둘 모두에 근거하여 해당 기업에 특유한 측면의 목적적합성을 의미한다.

따라서 회계기준위원회는 중요성에 대한 획일적인 계량임계치를 정하거나 특정한 상황에서 무엇이 중요한 것인지를 미리 결정할 수 없다. 중요성은 규모 측면의 양적 중요성뿐만 아니라 성격 측면의 질적 중요성도 고려해야 한다.

## (2) 표현충실성(faithful representation)

재무정보가 유용하기 위해서는 목적적합한 현상을 표현하는 것뿐만 아니라 나타내고자 하는 현상의 실질을 충실하게 표현해야 한다. 많은 경우 경제적 현상의 실질과 그 법적 형식은 같다. 만약 같지 않다면 법적 형식에 따른 정보만 제공해서는 경제적 현상을 충실하게 표현할 수 없을 것이다. 이에, 회계는 법적 형식보다 경제적 실질을 우선한다.

완벽한 표현충실성을 위해서 서술은 완전하고, 중립적이며, 오류가 없어야 할 것이다. 회계기준위원회의 목적은 가능한 정도까지 그 특성을 극대화하는 것이다.

### 1) 완전한 서술

필요한 기술과 설명을 포함하여 정보이용자가 서술되는 현상을 이해하는 데 필요한 모든 정보를 포함하는 것을 말한다. 예를 들어 자산 집합의 완전한 서술은 적어도 집합 내 자산의 특성에 대한 기술과 집합 내 모든 자산의 수량적 서술, 그러한 수량적 서술이 표현하고 있는 기술 내용(**예** 역사적원가 또는 공정가치)을 포함한다.

### 2) 중립적 서술

중립적 서술은 재무정보의 선택이나 표시에 편의가 없는 것이다. 중립적 서술은, 이용자들이 재무정보를 유리하게 또는 불리하게 받아들일 가능성을 높이기 위해 편파적이 되거나, 편중되거나 강조, 경시되는 등의 방식으로 조작되지 않는다.

중립적 정보는 목적이 없거나 행동에 대한 영향력이 없는 정보를 의미하지 않는다. 오히려 목적적합한 재무정보는 정의상 정보이용자의 의사결정에 차이가 나도록 할 수 있는 정보이다.

중립성은 신중을 기함으로써 뒷받침된다. 신중성은 불확실한 상황에서 판단할 때 주의를 기울이는 것을 말한다. 신중을 기한다는 것은 자산과 수익이 과대평가되지 않고 부채와 비용이 과소평가되지 않는 것만을 의미하는 것이 아니라 자산이나 수익이 과소평가되지 않고 부채와 비용이 과대평가되지 않는 것도 의미한다. 즉, 어느 방향으로든 그릇된 평가가 되지 않도록 하는 것을 말한다. 신중을 기하는 것이 비대칭의 필요성을 의미하는 것은 아니다.

### 3) 오류가 없는 서술

오류가 없다는 것은 현상의 기술에 오류나 누락이 없고, 보고 정보를 생산하는 데 사용되는 절차의 선택과 적용 시 **절차상 오류가 없음**을 의미하는 것이지, 서술의 모든 면이 완벽하게 정확하다는 것을 의미하는 것은 아니다. 예컨대, 관측가능하지 않은 가격이나 가치의 추정치는 정확한지 또는 부정확한지 결정할 수 없다. 그러나 추정치로서 금액을 명확하고 정확하게 기술하고, 추정절차의 성격과 한계를 설명하며, 그 추정치를 도출하기 위한 적절한 절차를 선택하고 적용하는 데 오류가 없다면 그 추정치의 표현은 충실하다고 할 수 있다.

재무보고서의 화폐금액을 직접 관측할 수 없어 추정해야만 하는 경우 측정불확실성이 발생한다. 재무정보를 작성하는 과정에서 합리적인 추정치의 사용은 필수적이다. 따라서 **측정불확실성**이 있더라도 추정이 명확하고 정확하게 기술되고 설명되는 한 정보의 유용성을 저해하지 않는다.

충실한 표현 그 자체가 반드시 유용한 정보를 만들어내는 것은 아니다. 예컨대, 보고기업은 정부보조금으로 유형자산을 받을 수 있다. 이에 대해 기업이 아무런 대가 없이 자산을 취득했다고 보고한다면 원가를 충실히 표현한 것은 분명하지만 그 정보는 아마 유용하지는 않을 것이다. 보고기업이 추정을 통해 금액을 조정해야 하는 경우, 보고기업이 적절한 절차를 올바르게 적용하였고, 추정치를 올바로 기술했으며, 추정치에 유의적으로 영향을 미칠 수 있는 불확실성을 기술하였다면, 그 추정치는 충실한 표현이 될 수 있다.

그러나 그러한 추정치에 불확실성의 수준이 충분히 크다면, 그 추정치가 별로 유용하지는 못할 것이다. 즉, 충실히 표현된 자산이라도 목적적합성이 의문스럽다는 것이다. 더 충실한 다른 표현을 할 수 없다면, 그 추정치가 최선의 이용 가능한 정보를 제공하는 것일 수는 있다.

### (3) 근본적 질적 특성의 적용

정보가 유용하기 위해서는 목적적합하고 나타내고자 하는 바를 충실하게 표현해야 한다. 목적적합하지 않은 현상에 대한 충실한 표현과 목적적합한 현상에 대한 충실하지 못한 표현 모두 이용자들이 좋은 결정을 내리는 데 도움이 되지 않는다.

근본적 질적 특성을 적용하기 위한 가장 효율적이고 효과적인 절차는 일반적으로 다음과 같다.

① 보고기업의 재무정보 이용자에게 유용할 수 있는 경제적 현상을 식별한다.

② 그 현상에 대한 가장 목적적합한 정보의 유형을 식별한다.

③ 그 정보가 이용가능하고 충실하게 표현될 수 있는지 결정한다. 만약 그러하다면, 근본적 질적 특성의 충족 절차는 그 시점에 종료한다. 만약 그러하지 않다면, 차선의 목적적합한 유형의 정보에 대해 해당 절차를 반복한다.

유용한 정보를 제공한다는 재무보고의 목적을 달성하기 위해 근본적 질적 특성 간 절충(trade-off)이 필요할 수도 있다. 어떤 현상에 대한 가장 목적적합한 정보가 측정불확실성의 수준이 너무 높아 현상을 충분하게 표현할 수 없는 경우에 가장 유용한 정보는 다소 목적적합성이 떨어지지만 측정불확실성이 더 낮은 다른 유형의 추정치일 수 있다.

## 2. 보강적 질적 특성

### 1) 보강적 질적 특성

보강적 질적 특성은 비교가능성, 검증가능성, 적시성, 이해가능성이다. 보강적 질적 특성은 목적적합하고 충실하게 표현된 정보의 유용성을 보강시키는 질적 특성이다. 보강적 질적 특성은 만일 어떤 두 가지 방법이 현상을 동일하게 목적적합하고 충실하게 표현하는 것이라면 이 두 가지 방법 가운데 어느 방법을 현상의 서술에 사용해야 할지를 결정하는 데 도움을 줄 수 있다.

| 구분 | 내용 |
|---|---|
| 비교가능성 | ① 비교가능성은 이용자들이 항목 간의 유사점과 차이점을 식별하고 이해할 수 있게 하는 질적 특성이다. 보고기업에 대한 정보는 다른 기업에 대한 유사한 정보 및 해당 기업에 대한 다른 기간이나 다른 일자의 유사한 정보와 비교할 수 있다면 더욱 유용하다. <br> ② 다른 질적 특성과는 달리 비교가능성은 하나의 항목에 관련된 것이 아니며, 비교하려면 최소한 두 항목이 필요하다. 비교가능성은 같은 기간의 기업 간 비교가능성과 한 기업의 |

기간 간 비교가능성을 모두 포함한다.

③ 비교가능성은 통일성이 아니다. 정보가 비교가능하기 위해서는 비슷한 것은 비슷하게 보여야 하고 다른 것은 다르게 보여야 한다. 비교가능성은 비슷한 것을 달리 보이게 하여 보강되지 않는 것처럼, 비슷하지 않은 것을 비슷하게 보이게 한다고 해서 보강되지 않는다.

④ 일관성은 한 보고기업 내에서 기간 간 또는 같은 기간 동안에 기업 간, 동일한 항목에 대해 동일한 방법을 적용하는 것으로서 비교가능성과 관련은 되어 있지만 동일하지는 않다. 비교가능성은 목표이고, 일관성은 이를 달성하는 데 도움을 준다.

⑤ 근본적 질적 특성을 충족하면 어느 정도의 비교가능성은 달성될 수 있을 것이다.

⑥ 목적적합한 경제적 현상에 대한 충실한 표현은 다른 보고기업의 유사한 목적적합한 경제적 현상에 대한 충실한 표현과 어느 정도의 비교가능성을 자연히 가져야 한다.

⑦ 동일한 경제적 현상에 대해 대체적인 회계처리방법을 허용하면 비교가능성이 감소한다.

| | |
|---|---|
| 검증가능성 | ① 검증가능성은 합리적인 판단력이 있고 독립적인 서로 다른 관찰자가 어떤 서술이 표현 충실성에 있어, 비록 반드시 완전히 의견이 일치하지는 않더라도, 합의에 이를 수 있다는 것을 의미한다.<br>② 검증가능성은 정보가 나타내고자 하는 경제적 현상을 충실히 표현하는지를 정보이용자가 확인하는 데 도움을 준다.<br>③ 계량화된 정보가 검증가능하기 위해서 단일 점추정치이어야 할 필요는 없다. 가능한 금액의 범위 및 관련된 확률도 검증될 수 있으며 검증은 직접적으로 또는 간접적으로 이루어질 수 있다. |
| 적시성 | ① 적시성은 의사결정자가 정보를 제때에 이용가능하게 하는 것을 의미한다.<br>② 일반적으로 정보는 오래될수록 유용성이 낮아진다. 그러나 일부 정보는 보고기간 말 후에도 오랫동안 적시성이 있을 수 있다(◉ 추세식별). |
| 이해가능성 | ① 정보를 명확하고 간결하게 분류하고, 특징지으며, 표시하는 것은 정보를 이해가능하게 한다.<br>② 일부 현상은 본질적으로 복잡하여 이해하기 쉽지 않다. 만약, 그 현상에 대한 정보를 재무보고서에서 제외하면 그 재무보고서의 정보를 더 이해하기 쉽게 할 수 있더라도 그와 같은 보고서는 불완전하여 잠재적으로 오도할 수 있다.<br>③ 이해가능성은 아무런 사전 지식조차 없는 이용자를 대상으로 고려되어야 하는 질적 특성이 아니다. 즉, 이해가능성이란 사업활동과 경제활동에 대해 합리적인 지식이 있고, 부지런히 정보를 검토하고 분석하는 이용자를 위해 작성된다. 때로는 박식하고 부지런한 이용자들도 복잡한 경제적 현상에 대한 정보를 이해하기 위해 자문가의 도움을 받는 것이 필요할 수 있다. |

2) 보강적 질적 특성의 적용

보강적 질적 특성은 가능한 한 극대화되어야 한다. 그러나 보강적 질적 특성은 정보가 목적적합하지 않거나 충실하게 표현되지 않으면, 개별적으로든 집단적으로든 그 정보를 유용하게 할 수 없다. 보강적 질적 특성을 적용하는 것은 어떤 규정된 순서를 따르지 않는 반복적인 과정이다. 하나의 보강적 질적 특성이 다른 질적 특성의 극대화를 위해서 감소되어야 할 수도 있다.

## 3. 유용한 재무보고에 대한 원가 제약

원가는 재무보고로 제공될 수 있는 정보에 대한 포괄적 제약요인이다. 재무정보의 보고에는 원가가 소요되고, 해당 정보 보고의 효익이 그 원가를 정당화한다는 것이 중요하다.

① 원가는 제공자(작성원가)뿐만 아니라 이용자(이용원가)도 발생한다.

② 원가 제약요인을 적용함에 있어서, 회계기준위원회는 특정 정보를 보고하는 효익이 그 정보를 제공하고 사용하는 데 발생한 원가를 정당화할 수 있을 것인지 평가한다. 다만, 특정 항목의 보고의 원가 및 효익에 대한 평가는 개인마다 달라진다. 이러한 본질적 주관성 때문에 회계기준위원회는 단지 개별 보고기업과 관련된 것이 아닌, 재무보고 전반에 걸쳐 원가와 효익을 고려하기 위해 노력하고 있다. 그렇다고 원가와 효익의 평가가 모든 기업에 대하여 동일한 보고 요구사항을 정당화하는 것은 아니다. 기업 규모의 차이, 자본조달방법의 차이, 이용자 요구의 차이, 그 밖의 다른 요인 때문에 달리하는 것이 적절할 수 있다.

## 3  재무제표와 보고기업

### 1. 재무제표의 목적과 범위

재무제표의 목적은 보고기업에 유입될 ① 미래순현금흐름에 대한 전망과 ② 보고기업의 경제적자원에 대한 경영진의 수탁책임을 평가하는 데 유용한 보고기업의 자산, 부채, 자본, 수익 및 비용에 대한 재무정보를 재무제표 이용자들에게 제공하는 것이다. 이러한 정보는 다음을 통해 제공된다.

> ① 자산, 부채 및 자본이 인식된 재무상태표
> ② 수익과 비용이 인식된 재무성과표
> ③ 다음에 관한 정보가 표시되고 공시된 다른 재무제표와 주석
>    ㉠ 인식된 자산, 부채, 자본, 수익 및 비용. 그 각각의 성격과 인식된 자산 및 부채에서 발생하는 위험에 대한 정보 포함
>    ㉡ 인식되지 않은 자산 및 부채. 그 각각의 성격과 인식되지 않은 자산과 부채에서 발생하는 위험에 대한 정보 포함
>    ㉢ 현금흐름
>    ㉣ 자본청구권 보유자의 출자와 자본청구권 보유자에 대한 분배
>    ㉤ 표시되거나 공시된 금액을 추정하는 데 사용된 방법, 가정과 판단 및 그러한 방법, 가정과 판단의 변경

### 2. 보고기간

재무제표는 특정 기간, 즉 보고기간에 대하여 작성되며 다음에 관한 정보를 제공한다.

> ① 보고기간 말 현재 또는 보고기간 중 존재했던 자산과 부채(미인식된 자산과 부채 포함) 및 자본
> ② 보고기간의 수익과 비용

재무제표 이용자들이 변화와 추세를 식별하고 평가하는 것을 돕기 위해 **재무제표는 최소한 직전 연도에 대한 비교정보를 제공한다.**

### 3. 계속기업가정

재무제표는 일반적으로 보고기업이 계속기업이며 예측가능한 미래에 영업을 계속할 것이라는 가정 하에 작성된다. 따라서 기업을 청산하거나 거래를 중단하려는 의도가 없으며, 그럴 필요도 없다고 가정한다. 만약, 그러한 의도나 필요가 있다면 재무제표는 다른 기준에 따라 작성되어야 하며, 사용된 기준을 재무제표에 기술한다.

### 4. 보고기업

보고기업은 재무제표를 작성해야 하거나 작성하기로 선택한 기업을 말한다. 보고기업은 단일의 실체 이거나 어떤 실체의 일부일 수 있으며, 둘 이상의 실체로 구성될 수도 있다. 보고기업이 반드시 법적 실체일 필요는 없다.

일반적으로 보고기업은 법적인 단일실체인 경우가 대부분이지만 둘 이상의 기업이 지배와 종속관계에 있다면 이는 경제적 단일실체에 해당된다. 이 경우 보고기업은 지배기업과 종속기업을 합친 실체가 되며, 그 보고기업의 재무제표를 연결재무제표라고 한다. 이에 반해 보고기업이 지배기업 단독인 경우 그 보고기업의 재무제표를 비연결재무제표라고 한다.

또한 보고기업이 지배와 종속 관계로 모두 연결되어 있지는 않은 둘 이상 실체들로 구성된다면 그 보고기업의 재무제표를 결합재무제표라고 한다.

### 5. 연결재무제표와 비연결재무제표

연결재무제표는 단일의 보고기업으로서 지배기업과 종속기업의 자산, 부채, 자본, 수익 및 비용에 대한 정보를 제공한다. 이 정보는 지배기업의 현재 및 잠재적 투자자, 대여자 및 그 밖의 채권자가 지배기업에 유입될 미래현금흐름에 대한 전망을 평가하는 데 유용하다.

연결재무제표는 특정 종속기업의 자산, 부채, 자본, 수익 및 비용에 대한 별도의 정보를 제공하도록 만들어지지 않았다. 이러한 정보는 종속기업 자체의 재무제표가 제공한다.

비연결재무제표는 지배기업의 자산, 부채, 자본, 수익 및 비용에 대한 정보를 제공하도록 만들어졌다. 비연결재무제표의 정보는 지배기업의 현재 및 잠재적 투자자, 대여자와 그 밖의 채권자에게 유용할 수 있다.

## 4 재무제표 요소

### (1) 자산

자산이란 과거사건의 결과로 기업이 통제하는 현재의 경제적자원이다. 경제적자원이란 경제적효익을 창출할 잠재력을 지닌 권리를 말한다. 즉, 과거사건의 결과로 경제적효익을 창출할 잠재력을 지닌 권리를 기업이 통제한다면 그 권리는 자산의 정의에 부합한다. 개념체계에서 자산은 경제적 자원 자체이지, 경제적자원이 창출할 수 있는 경제적효익의 궁극적인 유입이 아니다.

#### ① 권리

경제적효익을 창출할 잠재력을 지닌 권리는 다음을 포함하여 다양한 형태를 갖는다.

---

(1) 다른 당사자의 의무에 해당하는 권리로서, 예를 들면 다음과 같다.
   ① 현금을 수취할 권리
   ② 재화나 용역을 제공받을 권리
   ③ 유리한 조건으로 다른 당사자와 경제적자원을 교환할 권리(유리한 조건으로 경제적자원을 구매하는 선도계약 또는 경제적자원을 구매하는 옵션 포함)
   ④ 불확실한 특정 미래사건이 발생하면 다른 당사자가 경제적효익을 이전하기로 한 의무로 인해 효익을 얻을 권리
(2) 다른 당사자의 의무에 해당하지 않는 권리로서, 예를 들면 다음과 같다.
   ① 유형자산 또는 재고자산과 같은 물리적 대상에 대한 권리(예 물리적 대상을 사용할 권리 또는 리스제공자산의 잔존가치에서 효익을 얻을 권리 등)
   ② 지적재산 사용권

---

   ⊙ 기업의 모든 권리가 자산이 되는 것은 아니다. 권리가 기업의 자산이 되기 위해서는 해당 권리가 그 기업을 위해서 다른 모든 당사자들이 이용가능한 경제적효익을 초과하는 경제적효익을 창출할 잠재력이 있고, 그 기업에 의해 통제되어야 한다. 즉, 유의적인 원가를 들이지 않고 다른 모든 당사자들도 이용가능한 권리라면, 일반적으로 그 권리는 보유하고 있는 기업의 자산이 아니다.

   ⓛ 기업은 기업 스스로부터 경제적효익을 획득하는 권리를 가질 수 없다. 예를 들어 기업이 발행한 후 재매입하여 보유하는 채무상품(예 자기사채)이나 지분상품(예 자기주식)은 기업의 경제적자원이 아니다.

   ⓒ 원칙적으로 기업의 권리 각각은 별도의 자산이다. 그러나 회계목적상 여러 개의 권리를 단일 자산인 단일 회계단위로 취급하는 경우가 많다.

② 경제적효익을 창출할 잠재력
   ⊙ 잠재력이 있기 위해서 권리가 경제적효익을 창출할 것이라고 확신할 필요는 없다. 권리가 이미 존재하고, 적어도 하나의 상황에서 그 기업을 위해 다른 모든 당사자들에게 이용가능한 경제적효익을 초과하는 경제적효익을 창출할 수 있으면 된다.

   ⓛ 경제적효익을 창출할 가능성이 낮더라도 권리가 경제적자원의 정의를 충족하면 자산이 될 수 있다.

   ⓒ 경제적자원의 가치가 미래경제적효익을 창출할 현재의 잠재력에서 도출되지만 경제적자원은 그 잠재력을 포함한 현재의 권리이지, 그 권리가 창출할 수 있는 미래경제적효익은 아니다. 예를 들어 매입한 옵션은 미래의 어떤 시점에 옵션을 행사하여 경제적효익을 창출할 잠재력에서 그 가치가 도출된다. 그러나 경제적자원은 미래의 어떤 시점에 옵션을 행사할 수 있는 현재의 권리이지, 옵션 행사시 보유자가 받게 될 미래경제적효익은 아니다.

   ⓔ 지출의 발생과 자산의 취득은 밀접하게 관련되어 있으나, 양자가 반드시 일치하는 것은 아니다. 예를 들어, 자산은 정부가 기업에게 무상으로 부여한 권리 또는 기업이 다른 당사자로부터 증여받은 권리를 포함할 수 있다.

③ 통제

기업이 경제적자원의 사용을 지시하고 그로부터 유입될 수 있는 경제적효익을 얻을 수 있는 현재의 능력이 있다면, 그 경제적자원을 통제한다. 통제에는 다른 당사자가 경제적자원의 사용을 지시하고 이로부터 유입될 수 있는 경제적효익을 얻지 못하게 하는 현재의 능력이 포함된다. 따라서 일방의 당사자가 경제적자원을 통제하면 다른 당사자는 그 자원을 통제하지 못한다.

## (2) 부채

부채란? 과거사건의 결과로 기업이 경제적자원을 이전해야 하는 현재의무이다.

① 의무

의무란 기업이 회피할 수 있는 실제 능력이 없는 책무나 책임을 말한다. 의무는 항상 다른 당사자에게 이행해야 한다. 다른 당사자는 사람이나 다른 기업, 사람들 또는 기업들의 집단, 사회 전반이 될 수 있으나 다른 당사자의 신원을 알 필요는 없다. 즉, 제3자에 대한 의무이면 충분하며, 그 제3자가 누구인지 특정될 필요는 없다.

㉠ 많은 의무가 계약, 법률, 유사한 수단에 의해 성립되지만, 기업의 실무 관행, 공개한 경영방침, 특정 성명(서)과 상충되는 방식으로 행동할 실제 능력이 없는 경우 기업의 그러한 실무 관행 등에서 의무가 발생할 수 있다. 이러한 의무를 의제의무라고 한다.

㉡ 일부 상황에서, 경제적자원을 이전하는 기업의 책무나 책임은 기업 스스로 취할 수 있는 미래의 특정 행동을 조건으로 발생하기도 한다.

② 경제적자원의 이전

의무에는 기업이 경제적자원을 다른 당사자에게 이전하도록 요구받게 될 잠재력이 있어야 한다. 그러한 잠재력이 존재하기 위해서는 기업이 경제적자원의 이전을 요구받을 것이 확실하거나 그 가능성이 높아야 하는 것은 아니다.

③ 과거 사건으로 생긴 현재의무

현재의무는 다음 모두에 해당하는 경우에만 과거사건의 결과로 존재한다.

> ㉠ 기업이 이미 경제적효익을 얻었거나 조치를 취했을 경우
> ㉡ 기업이 이전하지 않아도 되었을 경제적자원을 결과적으로 이전해야 하거나 이전하게 될 수 있는 경우

새로운 법률이 제정되는 경우에는, 그 법률의 적용으로 경제적효익을 얻게 되거나 조치를 취한 결과로, 기업이 이전하지 않아도 되었을 경제적자원을 이전해야 하거나 이전하게 될 수도 있는 경우에만 현재의무가 발생한다. 동일한 비율로 미이행된 계약상의 의무는 일반적으로 재무제표에 부채로 인식하지 않는다.

## (3) 자본

① 자본은 기업의 자산에서 모든 부채를 차감한 후의 잔여지분이다.
② 자본은 순자산, 주주지분, 소유주지분이라고도 한다.

③ 자본은 시가총액과 일치하지 않는다.

### (4) 수익

① 수익은 자산의 증가 또는 부채의 감소로서 자본의 증가를 가져오며, **자본청구권 보유자의 출자와 관련된 것을 제외한다.** 수익과 비용은 기업의 재무성과를 보여주는 요소이다.

② 광의의 수익(income)에는 정상적인 영업활동에서 발생하는 수익(revenue)과 정상적인 영업활동 이외의 활동에서 발생하는 차익(gain)도 포함된다.

③ 일반적으로 차익은 그 성격이나 미래 지속성에 있어서 수익과 다르기 때문에 포괄손익계산서에 구분표시함으로써 미래 현금 및 현금성자산의 창출능력 평가에 목적적합한 정보를 제공한다.

### (5) 비용

① 비용은 자산의 감소 또는 부채의 증가로서 자본의 감소를 가져오며, **자본청구권 보유자에 대한 분배와 관련된 것을 제외한다.**

② 광의의 비용에는 정상적인 영업활동에서 발생하는 비용(expense)과 정상적인 영업활동 이외의 활동에서 발생하는 차손(losses)도 포함한다.

③ 일반적으로 차손은 그 성격이나 미래 지속성에 있어서 비용과 다르기 때문에 포괄손익계산서에 구분표시함으로써 미래 현금 및 현금성자산의 창출능력 평가에 목적적합한 정보를 제공한다.

### (6) 회계단위

회계단위란 인식기준과 측정개념이 적용되는 권리나 권리의 집합, 의무나 의무의 집합 또는 권리와 의무의 집합을 말한다. 예를 들어 자산을 인식할 때 하나의 권리가 회계단위가 될 수 있고, 두 가지 권리의 집합이 회계단위가 될 수도 있다.

① 기업의 자산 또는 부채의 일부를 이전하는 경우, 그때 회계단위가 변경되어 이전된 구성요소와 잔여 구성요소가 별도의 회계단위가 될 수도 있다.

② 원가가 회계단위의 선택도 제약한다. 일반적으로 자산, 부채, 수익과 비용의 인식 및 측정에 관련된 원가는 회계단위의 크기가 작아짐에 따라 증가한다.

③ 권리와 의무 모두 동일한 원천에서 발생하는 경우, 그러한 권리나 의무가 상호의존적이고 분리될 수 없다면, 이는 단일하고 불가분의 자산이나 부채를 구성하며, 단일의 회계단위를 형성한다(예 미이행계약).

### (7) 미이행계약

계약당사자 모두가 자신의 의무를 전혀 수행하지 않았거나 계약당사자 모두가 동일한 정도의 자신의 의무를 부분적으로 수행한 계약이나 그 계약의 일부이다. 당사자 일방이 계약상 의무를 이행하면 그 계약은 더 이상 미이행계약이 아니며, 관련 권리 또는 의무는 자산 또는 부채에 해당한다.

## 5 인식과 제거

### (1) 인식의 의의

인식이란? 재무제표 요소 중 정의를 충족하는 항목을 재무상태표나 재무성과표에 포함하기 위하여 포착하는 과정을 말한다. 자산, 부채 또는 자본이 재무상태표에 인식되는 금액을 장부금액이라고 한다. 거래나 그 밖의 사건에서 발생한 자산이나 부채를 최초 인식할 때 수익과 관련 비용을 동시에 인식할 수 있다.

### (2) 인식기준

자산, 부채, 자본, 수익과 비용이 정의를 충족하더라도 항상 인식하는 것은 아니다. 인식을 위해서는 인식기준을 충족하여야 한다. 개념체계에서는 자산이나 부채를 인식하고 이에 따른 결과로 수익, 비용 또는 자본변동을 인식하는 것이 목적적합하고 충실하게 표현한 정보를 제공하는 경우에만 자산과 부채를 인식하도록 규정하고 있다. 원가는 인식에 대한 결정도 제약한다.

### (3) 인식기준에 영향을 주는 요인

① 존재불확실성이나 낮은 경제적효익의 유입(유출)가능성이 목적적합성에 영향을 줄 수 있으며, 그 이외의 다른 요인이 영향을 줄 수 있다.
② 측정불확실성이 표현충실성에 영향을 줄 수 있으며, 그 이외의 다른 요인이 영향을 줄 수도 있다.
③ 원가는 재무보고 결정을 제약하며, 인식에 대한 결정도 제약한다.

### (4) 목적적합성에 영향을 주는 요인

존재불확실성은 경제적효익의 유입가능성이나 유출가능성이 낮고 발생가능한 결과의 범위가 예외적으로 광범위한 상황과 결합될 수 있는데, 이는 자산이나 부채를 반드시 단일 금액으로만 측정하여 인식하는 것이 목적적합한 정보를 제공하지 않음을 의미할 수 있다. 경제적효익의 유입가능성이나 유출가능성이 낮더라도 자산이나 부채가 존재할 수 있다. 이 경우 가장 목적적합한 정보는 발생가능한 유입이나 유출의 크기, 발생가능한 시기 및 발생가능성에 영향을 미치는 요인에 대한 정보일 수 있으며, 이러한 정보는 일반적으로 주석에 기재한다.

### (5) 표현의 충실성에 영향을 주는 요인

① 합리적인 추정의 사용은 재무정보 작성의 필수적인 부분이며, 추정치를 명확하고 정확하게 기술하고 설명한다면 정보의 유용성을 훼손하지는 않는다.
② 높은 수준의 측정불확실성이 있더라도 그러한 추정치가 유용한 정보를 반드시 제공하지 못하는 것은 아니다.
③ 자산이나 부채를 측정하는 데 추정과 관련된 불확실성 수준이 너무 높아서 이러한 추정으로 해당 자산이나 부채 및 이에 따른 결과로 발생하는 수익, 비용 또는 자본의 변동을 충분히 충실하게 표현할 수 있는지 의심스러울 수 있는 경우, 추정에 대한 설명과 추정에 영향을

미칠 수 있는 불확실성에 대한 설명을 동반한다면, 불확실성이 높은 추정에 의존하는 측정이 가장 유용한 정보일 수 있다.

## (6) 제거

제거는 기업의 재무상태표에서 인식된 자산이나 부채의 전부 또는 일부를 삭제하는 것이다. 제거는 일반적으로 해당 항목이 더 이상 자산 또는 부채의 정의를 충족하지 못할 때 발생한다. 즉, 자산은 일반적으로 기업이 인식한 자산의 전부 또는 일부에 대한 통제를 상실했을 때 제거한다. 그리고 부채는 일반적으로 기업이 인식한 부채의 전부 또는 일부에 대한 현재의무를 더 이상 부담하지 않을 때 제거한다. 제거에 대한 회계의 요구사항은 제거를 초래하는 거래나 그 밖의 사건 후의 잔여 자산과 부채 및 그 거래나 그 밖의 사건으로 인한 기업의 자산과 부채의 변동이라는 두 가지를 모두 충실히 표현하는 것을 목표로 한다.

## 6 측정

재무제표에 인식된 요소들은 화폐단위로 표시하므로 적절한 측정기준을 선택해야 한다.

측정기준은 측정대상 항목에 대한 식별된 속성을 말한다. 개념체계는 측정기준을 역사적원가(상각후원가 포함)와 현행가치로 구분하며, 현행가치는 다시 공정가치, 사용가치와 이행가치, 그리고 현행원가가 포함된다. 유용한 재무정보의 질적 특성과 원가제약을 고려하면, 서로 다른 자산, 부채, 수익과 비용에 대해 서로 다른 측정기준을 선택하는 결과가 발생할 수 있다.

개념체계는 현금흐름기준 측정을 별도의 측정기준 범주로 보지 않고, 특정 측정기준을 적용한 측정치를 추정하기 위해 사용할 수 있다고 설명한다. 즉, 현재가치의 측정은 역사적원가로 분류되는 상각후원가, 현행가치 중 공정가치, 사용가치와 이행가치의 측정치를 추정하기 위하여 사용하는 것이지, 별개의 측정기준은 아니다.

## (1) 역사적원가(historical cost)

① 자산을 취득하거나 창출할 때의 역사적원가는 자산의 취득 또는 창출을 위하여 **지급한 대가와 거래원가를 포함한다**. 부채를 발생시키거나 인수할 때의 역사적원가는 발생시키거나 인수하면서 **수취한 대가에서 거래원가를 차감한** 가치이다.

② 시장 조건에 따른 거래가 아닌 사건의 결과로 자산을 취득하거나 창출할 때 또는 부채를 발생시키거나 인수할 때, 역사적원가로 측정하는 것이 거래나 그 밖의 사건에서 발생하는 자산과 부채 및 수익이나 비용을 충실하게 표현하지 못할 수도 있다. 이러한 경우에는 그 자산이나 부채의 현행가치를 최초 인식시점의 간주원가로 사용하며, 그 간주원가는 역사적원가로 후속 측정할 때의 시작점으로 사용된다.

③ 현행가치와 달리 역사적원가는 자산의 손상이나 손실부담에 따른 부채와 관련되는 경우를 제외하고는 가치의 변동을 반영하지 않는다.

④ 자산의 손상이나 부채의 손실부담이 아니더라도 자산과 부채의 역사적원가는 필요하다면 시간의 경과에 따라 갱신되어야 한다. 예를 들어 자산을 구성하는 경제적자원의 일부 또는 전부를

소비(예 감가상각 또는 상각)하거나, 자산의 일부 또는 전부를 소멸시키면서 대금을 받거나, 부채의 일부 또는 전부를 이행(예 부채를 소멸시키는 지급이나 재화를 인도하는 의무의 이행)하는 경우가 여기에 해당된다. 또한 자산이나 부채의 금융요소를 반영하는 이자가 발생하는 경우(예 상각후원가로 금융자산 및 금융부채를 측정하는 경우)에도 자산과 부채는 갱신되어야 한다.

⑤ 역사적원가 측정기준을 금융자산과 금융부채에 적용하는 한 가지 방법은 상각후원가로 측정하는 것이다. 금융자산이나 금융부채의 상각후원가는 자산이나 부채가 변동이자율을 갖지 않는 한 최초 인식 후 갱신되지 않는 이자율로 할인한 미래현금흐름의 추정치를 반영한다.

## (2) 현행가치(current value)

현행가치 측정치는 측정일의 조건을 반영하기 위해 갱신된 정보를 사용하여 자산, 부채 및 관련 수익과 비용의 화폐적 정보를 제공한다. 이러한 갱신에 따라 자산과 부채의 현행가치는 이전 측정일 이후의 변동, 즉 현행가치에 반영되는 현금흐름과 그 밖의 요소의 추정치의 변동을 반영한다. 역사적원가와는 달리, 자산이나 부채의 현행가치는 자산이나 부채를 발생시킨 거래나 그 밖의 사건의 가격으로부터 부분적으로라도 도출되지 않는다.

현행가치 측정기준에는 공정가치, 사용가치와 이행가치, 그리고 현행원가가 포함된다.

### 1) 공정가치(fair value)

① 공정가치는 측정일에 시장참여자 사이의 정상거래에서 자산을 매도할 때 받거나 부채를 이전할 때 지급하게 될 가격을 말한다. 공정가치는 기업이 접근할 수 있는 시장의 참여자 관점을 반영한다. 즉, 시장참여자가 경제적으로 최선의 행동을 한다면 자산이나 부채의 가격을 결정할 때 사용할 가정과 동일한 가정을 사용하여 그 자산이나 부채를 측정한다.

② 공정가치는 활성시장에서 관측되는 가격으로 직접 결정되는 경우도 있고, 현금흐름기준 측정기법을 사용하여 간접적으로 결정되기도 한다. 현금흐름 측정기법은 화폐의 시간가치를 고려하므로 현재가치 측정을 의미한다.

③ 공정가치는 자산이나 부채를 발생시킨 거래나 그 밖의 사건의 가격으로부터 부분적으로라도 도출되지 않기 때문에, 공정가치는 자산을 취득할 때 발생한 거래원가로 인해 증가하지 않으며 부채를 발생시키거나 인수할 때 발생한 거래원가로 인해 감소하지 않는다.

④ 또한 공정가치는 자산의 궁극적인 처분이나 부채의 이전 또는 결제에서 발생할 거래원가를 반영하지 않는다.

### 2) 사용가치와 이행가치(value in use and fulfillment value)

① 사용가치는 기업이 자산의 사용과 궁극적인 처분으로 얻을 것으로 기대하는 현금흐름 또는 그 밖의 경제적효익의 현재가치이며, 이행가치는 기업이 부채를 이행할 때 이전해야 하는 현금이나 그 밖의 경제적자원의 현재가치이다.

② 사용가치와 이행가치는 미래현금흐름에 기초하기 때문에 자산을 취득하거나 부채를 인수할 때 발생하는 거래원가는 포함하지 않는다. 그러나 사용가치와 이행가치에는 기업이 자산을

궁극적으로 처분하거나 부채를 이행할 때 발생할 것으로 기대되는 거래원가와 현재가치가 포함된다.

③ 사용가치와 이행가치는 시장참여자의 가정보다는 **기업 특유의 가정**을 반영한다는 점에서 전술한 공정가치와 다르다.

④ 사용가치와 이행가치는 직접 관측될 수 없으며 현금흐름기준 측정기법으로 결정된다.

**3) 현행원가**(current cost)

① 자산의 현행원가는 측정일에 동등한 자산의 원가로서 측정일에 지급할 대가와 그 날에 발생할 거래원가를 포함한다. 또한 부채의 현행원가는 측정일에 동등한 부채에 대해 수취할 수 있는 대가에서 그 날에 발생할 거래원가를 차감한다.

② 현행원가는 역사적원가와 마찬가지로 유입가치이다. 이는 기업이 자산을 취득하거나 부채를 발생시킬 시장에서의 가격을 반영한다. 그러나 현행원가는 역사적원가와 달리 측정일의 조건을 반영한다.

| 구분 | | 자산 | 부채 |
|---|---|---|---|
| 역사적원가 | | 지급한 대가 + 거래원가 | 수취한 대가 − 거래원가 |
| 현행가치 | 공정가치 | 측정일에 시장참여자 사이의 정상거래에서 자산을 매도할 때 받게 될 가격 | 측정일에 시장참여자 사이의 정상거래에서 부채를 이전할 때 지급하게 될 가격 |
| | 사용가치 (이행가치) | 자산의 사용과 궁극적인 처분으로 얻을 것으로 기대하는 현금흐름 또는 그 밖의 경제적 효익의 현재가치 | 부채를 이행할 때 이전해야 하는 현금이나 그 밖의 경제적자원의 현재가치 |
| | 현행원가 | 측정일에 동등한 자산의 원가로서 지급할 대가 + 그 날에 발생할 거래원가 | 측정일에 동등한 부채에 대해 수취할 수 있는 대가 − 그 날에 발생할 거래원가 |

재무제표 작성에 가장 일반적으로 사용되는 측정기준은 역사적원가다. 재무제표 요소의 측정에는 어떤 측정기준을 선택하는지에 대한 과정도 포함된다.

**(3) 특정 측정기준이 제공하는 정보**

**1) 역사적원가**

① 역사적원가는 자산이나 부채를 발생시킨 거래나 그 밖의 사건의 가격에서 도출된 정보를 적어도 부분적으로 사용하기 때문에, 재무제표 이용자들에게 목적적합할 수 있다.

② 즉시 소비되는 재화와 용역을 포함하여 매각이나 소비되는 자산의 원가에 대한 정보와 수취한 대가에 대한 정보는 예측가치를 가질 수 있다.

③ 역사적원가로 측정한 수익과 비용은 재무제표 이용자들에게 현금흐름이나 이익에 관한 그들의 종전 예측에 대해 피드백을 제공하기 때문에 확인가치를 가질 수 있다.

④ 판매하거나 사용한 자산의 원가에 관한 정보는 기업의 경영진이 그 기업의 경제적자원을 사용하는 책임(수탁책임)을 얼마나 효율적이고 효과적으로 수행했는지를 평가하는 데 도움이 될 수 있다.

### 2) 공정가치

① 공정가치로 자산과 부채를 측정하여 제공하는 정보는 예측가치를 가질 수 있다.

② 시장참여자의 현재 기대를 반영한 수익과 비용은 미래의 수익과 비용을 예측할 때 투입요소로 사용될 수 있기 때문에 예측가치가 있을 수 있으며, 이러한 수익과 비용은 기업의 경영진의 그 기업의 경제적자원을 사용하는 책임(수탁책임)을 얼마나 효율적이고 효과적으로 수행했는지를 평가하는 데 도움을 준다.

### 3) 사용가치와 이행가치

① 사용가치는 자산의 사용과 궁극적인 처분으로부터 발생하는 추정현금흐름의 현재가치에 관한 정보를 제공하는데, 이 정보는 미래순현금유입에 대한 예상치를 평가하는 데 사용할 수 있기 때문에 예측가치를 가질 수 있다.

② 이행가치는 부채의 이행에 필요한 추정 현금흐름의 현재가치에 관한 정보를 제공하는데, 이행가치는 부채가 이전되거나 협상으로 결제될 때보다는 특히 이행될 경우 예측가치를 가질 수 있다.

③ 사용가치나 이행가치 추정치가 미래현금흐름의 금액, 시기와 불확실성으로 추정된 정보와 결합되어 갱신될 경우, 갱신된 추정치는 사용가치나 이행가치의 종전 추정치에 관한 피드백을 제공하기 때문에 확인가치를 가질 수 있다.

### 4) 현행원가

① 현행원가로 측정한 자산과 부채에 관한 정보는 현행원가가 측정일에 동등한 자산을 취득하거나 창출할 수 있는 원가를 반영하거나, 동등한 부채를 발생시키거나 인수하기 위해 수취할 대가를 반영하기 때문에 목적적합할 수 있다.

② 역사적원가와 마찬가지로 현행원가는 소비된 자산의 원가나 부채의 이행에서 생기는 수익에 관한 정보를 제공하므로 현재 이익을 도출하는 데 사용될 수 있으며, 미래 이익을 예측하는 데 사용될 수 있다.

## 7 공정가치

## 1. 공정가치란?

측정일에 시장참여자 사이의 정상거래에서 자산을 매도하면서 받거나, 부채를 이전하면서 지급하게 될 가격(즉, 유출가격)으로 정의한다.

① 자산과 부채

시장참여자가 측정일에 그 자산이나 부채의 가격을 결정할 때 고려하는 그 자산이나 부채의 특성(예 자산의 상태와 위치, 자산에 매도나 사용에 제약이 있는 경우 등)을 공정가치를 측정할 때에도 고려한다.

② 정상거래

㉠ 공정가치의 측정은 자산이나 부채가 측정일에 현행 시장상황에서 자산을 매도하거나 부채를 이전하는 시장참여자 사이의 정상거래에서 교환되는 것을 가정한다.

ⓛ 공정가치의 측정은 자산을 매도하거나 부채를 이전하는 거래가 다음 중 어느 하나의 시장에서 이루어지는 것으로 가정한다.

ⓐ 자산이나 부채의 주된 시장(해당 자산이나 부채에 대한 거래의 규모와 빈도가 가장 큰 시장)

ⓑ 자산이나 부채의 주된 시장이 없는 경우에는 가장 유리한 시장(거래원가나 운송원가를 고려했을 때 자산을 매도하면서 수취하는 금액을 최대화하거나 부채를 이전하면서 지급하는 금액을 최소화하는 시장)

ⓒ 자산이나 부채에 대한 주된 시장이 있는 경우에는 다른 시장의 가격이 측정일에 잠재적으로 더 유리하다고 하더라도, 공정가치 측정치는 주된 시장의 가격을 나타내도록 한다.

ⓓ 주된 시장은 기업의 관점에서 고려되며 이에 따라 다른 활동을 하는 기업 간의 차이는 허용된다.

③ 시장참여자

기업은 시장참여자가 경제적으로 최선의 행동을 한다는 가정하에 시장참여자가 자산이나 부채의 가격을 결정할 때 사용하는 가정에 근거하여 자산이나 부채의 공정가치를 측정해야 한다.

④ 가격

㉠ 거래원가는 조정하지 않는다.

㉡ 거래원가는 운송원가를 포함하지 않으므로 운송원가(현재의 위치에서 주된 시장으로 자산을 운송하는 데 발생하는 원가)는 공정가치 측정에서 조정한다.

## 2. 비금융자산에 대한 적용

① 비금융자산의 공정가치를 측정하는 경우에는 시장참여자가 경제적효익을 창출하기 위하여 그 자산을 최고 최선으로 사용하거나 혹은 최고 최선으로 사용할 다른 시장참여자에게 그 자산을 매도하는 시장참여자의 능력을 고려한다.

② 비금융자산의 최고 최선의 사용을 고려하는 것은 물리적으로 가능하고 법적으로 허용될 수 있으며 재무적으로 실행가능한 자산의 사용을 고려하는 것이다.

③ 최고 최선의 사용은, 기업이 다르게 사용할 의도가 있더라도 시장참여자의 관점에서 결정된다. 그러나 시장참여자가 비금융자산을 다르게 사용하여 그 가치를 최대화할 것이라는 점을 시장이나 기타 요소가 제시하지 않는 한 기업의 비금융자산의 현재의 사용을 최고 최선의 사용으로 간주한다.

## 3. 부채와 자기지분상품에 대한 적용

| 구분 | 측정방법 |
|------|----------|
| 다른 상대방이 자산으로 보유하고 있는 동일한 항목에 대한 활성시장의 공시가격이 이용가능한 경우 | 그 공시가격 사용 |
| 활성시장의 공시가격이 이용가능하지 않은 경우 | 다른 상대방이 자산으로 보유하고 있는 동일한 항목에 대해 비활성시장에서 공시되는 가격 등 기타 관측가능한 투입변수 사용 |
| 전술한 관측가능한 가격을 이용할 수 없는 경우 | 가치평가기법(이익접근법 또는 시장접근법) 사용 |

① 부채의 공정가치는 불이행위험의 효과를 반영한다.

② 불이행위험은 기업 자신의 신용위험을 포함하지만 이것만으로 한정되는 것은 아니다. 불이행위험은 부채의 이전 전후에 동일한 것으로 가정한다.

## 4. 가치평가기법

### (1) 사용방법

상황에 적합하며 관련된 관측가능한 투입변수의 사용을 최대화하고, 관측가능하지 않은 투입변수의 사용을 최소화하면서 공정가치를 측정하는 데 충분한 자료가 이용가능한 가치평가기법을 사용한다. 이때 광범위하게 사용되는 3가지 가치평가기법은 시장접근법, 원가접근법 및 이익접근법이 있다.

일부의 경우에는 단일의 가치평가기법이 적절할 수 있으나, 다른 경우에는 복수의 가치평가기법이 적절할 수도 있다.

### (2) 가치평가기법에의 투입변수

① 투입변수는 관측가능하거나 관측가능하지 않을 수 있다.

| 관측가능한 투입변수 | 실제 사건이나 거래에 관해 공개적으로 이용 가능한 정보와 같은 시장 자료를 이용하여 개발되었으며 자산이나 부채의 가격을 결정할 때 시장참여자가 사용하게 될 가정을 반영하는 투입변수 |
|---|---|
| 관측가능하지 않은 투입변수 | 시장자료가 이용가능하지 않은 경우, 자산이나 부채의 가격을 결정할 때 시장참여자가 사용하게 될 가정에 대한 이용 가능한 최선의 정보를 사용하여 개발된 투입변수 |

② 관련된 관측가능한 투입변수의 사용을 최대화하고 관측가능하지 않은 투입변수의 사용을 최소화하여 공정가치를 측정한다.

| 수준 1 투입변수 | 측정일에 동일한 자산이나 부채에 대한 접근가능한 활성시장의 (조정되지 않은) 공시가격 | 관측가능한 투입변수 |
|---|---|---|
| 수준 2 투입변수 | 수준 1의 공시가격 이외에 자산이나 부채에 대해 직접적으로 또는 간접적으로 관측가능한 투입변수 | |
| 수준 3 투입변수 | 자산이나 부채에 대한 관측가능하지 않은 투입변수 | |

③ 상황에 적합하며 관련된 관측가능한 투입변수의 사용을 최대화하고 관측가능하지 않은 투입변수의 사용을 최소화하면서 공정가치를 측정하는 데 충분한 자료가 이용 가능한 가치평가기법을 사용한다.

| 시장접근법 | 다른 상대방이 자산으로 보유하고 있는 유사한 부채 또는 지분상품의 공시가격을 사용하는 방법을 말한다. |
|---|---|
| 원가접근법 | 자산의 사용능력을 대체하는 데 현재 필요한 금액을 반영하는 가치평가기법(통상 현행대체원가라고 불림)을 말한다. |
| 이익접근법 | 시장참여자가 부채 또는 지분상품을 자산으로 보유하면서 수취할 것으로 기대하는 미래현금흐름을 고려하는 가치평가기법을 말한다. |

## 8 자본과 자본유지개념

대부분의 기업은 재무적 개념에 기초하여 재무제표를 작성한다. 기업은 재무제표 이용자의 정보욕구에 기초하여 적절한 자본개념을 선택하여야 한다. 재무제표 이용자가 주로 명목상의 투하자본이나 투하자본의 구매력 유지에 관심이 있다면 재무적 개념의 자본을 채택하여야 한다. 그러나 재무제표 이용자의 주된 관심이 기업의 조업능력유지에 있다면 실물적 개념의 자본을 사용하여야 한다.

### 1. 재무자본유지

재무자본유지개념하에서 이익은 해당 기간 동안 소유주에게 배분하거나 소유주가 출연한 부분을 제외하고 기말 순자산의 재무적 측정금액(화폐금액)이 기초 순자산의 재무적 측정금액(화폐금액)을 초과하는 경우에만 발생한다. 재무자본유지는 명목화폐단위 또는 불변구매력단위를 이용하여 측정할 수 있다.

#### (1) 명목화폐단위

명목화폐단위로 자본을 정의한 재무자본유지개념하에서는 **이익을 해당 기간 중 명목화폐자본의 증가액으로 본다.** 따라서 기간 중 보유한 자산가격의 증가 부분, 즉 보유이익은 개념적으로 이익에 속한다. 명목화폐는 특정한 측정기준의 적용을 요구하지 않는다.

#### (2) 불변구매력단위

불변구매력단위로 자본을 정의한 재무자본유지개념하에서 이익은 해당 기간 중 투자된 구매력의 증가를 의미한다. 불변구매력단위는 일반물가수준에 따른 가격상승분을 초과하는 자산가격의 증가 부분만이 이익으로 간주되며, 그 외의 가격증가 부분은 자본의 일부인 자본유지조정으로 처리된다.

| 구분 | 명목화폐단위 | 불변구매력단위 |
|---|---|---|
| 일반물가수준 변동분 | 이익에 포함 | 자본유지조정(자본) |

### 2. 실물자본유지

① 실물자본유지개념하에서 이익은 해당 기간 동안 소유주에게 배분하거나 소유주가 출연한 부분을 제외하고 기업의 기말 실물생산능력이나 조업능력(또는 그러한 생산능력을 갖추기 위해 필요한 자원이나 기금)이 기초 실물생산능력을 초과하는 경우에만 발생한다.

② 실물자본유지개념은 재무제표 이용자의 주된 관심은 기업의 조업능력유지에 있다고 본다. 이에 따라 기업의 자산과 부채에 영향을 미치는 모든 가격변동은 해당 기업의 실물생산능력에 대한 측정치의 변동으로 간주되어 이익이 아니라 자본의 일부인 자본유지조정으로 처리된다.

③ 실물자본유지개념을 사용하기 위해서는 특정 측정기준의 적용이 요구된다. 실물자본유지개념을 사용하기 위해서는 현행원가 기준에 따라 측정해야 한다. 그러나 재무자본유지개념은 특정한 측정기준의 적용을 요구하지 않는다.

**✔ 가격변동 영향의 처리**

| 구분 | | 가격변동 영향의 처리 |
|---|---|---|
| 재무자본유지 | 명목화폐단위 | 이익은 해당 기간 중 명목화폐자본의 증가액이므로 해당 기간 중 보유한 자산가격의 증가부분, 즉 보유이익도 개념적으로 이익에 포함된다. |
| | 불변구매력단위 | 이익은 해당 기간 중 투자된 구매력의 증가를 의미하므로 일반물가수준에 따른 가격상승을 초과하는 자산가격의 증가부분만 이익으로 간주되고, 그 외의 가격증가 부분은 자본의 일부인 자본유지조정으로 처리한다. |
| 실물자본유지 | | 이익은 해당 기간 중 실물생산능력의 증가를 의미하므로 자산과 부채에 영향을 미치는 모든 가격변동은 해당 기업의 실물생산능력에 대한 측정치의 변동으로 간주되어 이익이 아니라 자본의 일부인 자본유지조정으로 처리한다. |

---

**예제 2-1**  자본유지개념

㈜한국은 20×1년 1월 1일 영업을 개시하였다. 20×1년 1월 1일 ㈜한국의 자본금은 ₩1,000,000이며, ㈜한국은 상품 500개를 개당 ₩2,000에 구입하였다. ㈜한국은 20×1년 1월 1일부터 12월 31일까지의 회계기간 동안 해당 상품을 모두 ₩3,500에 처분하였다고 할 때, 다음 물음에 답하시오 (단, 해당 회계기간 동안 별도의 자본거래는 없었다).

1. 명목화폐단위에 따른 20×1년 당기순이익을 계산하시오.

2. 불변화폐단위에 따른 20×1년 당기순이익을 계산하시오(단, 일반물가상승률은 10%라고 가정한다).

3. 실물자본유지에 따른 20×1년 당기순이익을 계산하시오(단, 해당 상품은 기말 현재 ₩3,000에 구입할 수 있다).

---

**해답**

1. 명목화폐단위 = ₩1,750,000(기말자본) − ₩1,000,000(기초자본) = ₩750,000(이익)
2. 불변화폐단위 = ₩1,750,000(기말자본) − ₩1,000,000(기초자본) − ₩100,000(일반물가상승분)
   = ₩650,000
   • 일반물가상승분 = ₩1,000,000(기초자본) × 10%(일반물가상승률) = ₩100,000
3. 실물자본유지
   (1) 20×1년 12월 31일 해당 상품을 구입하기 위한 금액 = 500개 × ₩3,000 = ₩1,500,000
   (2) 실물자본유지개념하에서의 이익 = ₩1,750,000(기말자본) − ₩1,500,000(기초실물생산능력) = ₩250,000

01  개념체계는 한국채택국제회계기준이 아니다. 따라서 이 개념체계의 어떠한 내용도 회계기준이나 그 요구사항에 우선하지 않는다. (    )

02  특정 거래나 다른 사건에 적용할 회계기준이 없거나 회계기준에서 회계정책을 선택하는 것을 허용하는 경우 재무제표 작성자가 일관된 회계정책을 개발할 수 있다. (    )

03  일반목적재무보고서는 정보이용자들이 필요로 하는 모든 정보를 제공한다. (    )

04  재무정보가 예측가치를 갖기 위해서 그 자체가 예측치 또는 예상치일 필요는 없다. (    )

05  중요성은 개별 기업 재무보고서 관점에서 해당 정보와 관련된 항목의 성격이나 규모 또는 이 둘 다에 근거하여 해당 기업에 특유한 측면의 목적적합성을 의미한다. 따라서 회계기준위원회는 중요성에 대한 획일적인 계량 임계치를 정하거나 특정한 상황에서 무엇이 중요한 것인지를 미리 결정할 수 있다. (    )

06  오류가 없다는 것은 모든 면에서 완벽하게 정확하다는 것을 의미한다. (    )

07  근본적 질적 특성을 적용하기 위한 가장 효율적이고 효과적인 절차는 첫째 보고기업의 재무정보 이용자에게 유용할 수 있는 경제적 현상을 식별하고, 둘째 이용가능하고 충실히 표현될 수 있다면 가장 목적적합하게 될, 그 현상에 대한 정보의 유형을 식별하고, 셋째 그 정보가 이용가능하고 충실하게 표현될 수 있는지 결정한다. 만약 그러하다면, 근본적 질적 특성의 충족 절차는 그 시점에 끝난다. (    )

08  목적적합하고 충실하게 표현된 정보의 유용성을 보강시키는 질적 특성에는 비교가능성, 검증가능성, 적시성 및 이해가능성이 있다. (    )

09  일관성은 한 보고기업 내에서 기간 간 또는 같은 기간 동안에 기업 간, 동일한 항목에 대해 동일한 방법을 적용하는 것을 말한다. 일관성은 비교가능성과 동일한 의미로 사용된다. (    )

10  단 하나의 경제적 현상을 충실하게 표현하는 데 여러 방법이 있을 수 있으나 동일한 경제적 현상에 대해 대체적인 회계처리방법을 허용하면 비교가능성이 증가한다. (    )

11  재무제표는 일반적으로 기업이 계속기업이며 예측가능한 기간 동안 영업을 계속할 것이라는 가정 하에 작성된다. (    )

12  일반적으로 정보는 오래될수록 유용성이 낮아지며, 보고기간 말 후에는 적시성이 사라지게 된다. ( )

13  특정 항목이 자산, 부채 또는 자본의 정의를 충족하는지를 판단할 때에 거래의 실질보다는 법률적 형식을 우선하여 고려하여야 한다. ( )

14  미래경제적효익이란 현금이나 현금성자산으로의 전환 능력의 형태이거나 대체적인 제조과정의 도입으로 생산원가가 절감되는 경우와 같이 현금유출을 감소시키는 능력일 수도 있다. ( )

15  자산은 경제적자원이 창출할 수 있는 경제적효익의 궁극적 유입이지 경제적자원 자체는 아니다. ( )

16  기업은 기업 스스로부터 경제적효익을 획득하는 권리를 가질 수 있다. ( )

17  의무란 기업이 회피할 수 있는 실제 능력이 없는 책무나 책임을 말한다. 의무는 항상 다른 상대방에게 이행해야 한다. 다른 당사자는 사람이나 다른 기업, 사람들 또는 기업들의 집단, 사회 전반이 될 수 있으나 다른 당사자의 신원을 알 필요는 없다. ( )

18  수익은 자산의 증가 또는 부채의 감소로서 자본의 증가를 가져오며, 자본청구권 보유자의 출자와 관련된 것을 포함한다. ( )

19  원가가 회계단위의 선택도 제약한다. 일반적으로 자산, 부채, 수익과 비용의 인식 및 측정에 관련된 원가는 회계단위의 크기가 작아짐에 따라 감소한다. ( )

20  역사적원가는 현행가치와 달리 자산의 손상이나 손실부담에 따른 부채와 관련되는 경우를 제외하고는 가치의 변동을 반영하지 않는다. ( )

21  현행가치 측정치는 발생일의 조건을 반영하기 위해 갱신된 정보를 사용하여 자산, 부채 및 관련 수익과 비용의 화폐적 정보를 제공한다. ( )

22  사용가치와 이행가치는 직접 관측될 수 있다. ( )

23  실물자본유지개념을 사용하기 위해서는 공정가치기준에 따라 측정해야 하지만 재무자본유지개념은 특정한 측정기준의 적용을 요구하지 않는다. ( )

01 개념체계는 한국채택국제회계기준이 아니다. 따라서 이 개념체계의 어떠한 내용도 회계기준이나 그 요구사항에 우선하지 않는다. ( O )

02 특정 거래나 다른 사건에 적용할 회계기준이 없거나 회계기준에서 회계정책을 선택하는 것을 허용하는 경우 재무제표 작성자가 일관된 회계정책을 개발할 수 있다. ( O )

03 일반목적재무보고서는 정보이용자들이 필요로 하는 모든 정보를 제공한다. ( ✕ )
➡ 일반목적재무보고서는 정보이용자들이 필요로 하는 모든 정보를 제공하지도 않으며 제공할 수도 없다.

04 재무정보가 예측가치를 갖기 위해서 그 자체가 예측치 또는 예상치일 필요는 없다. ( O )

05 중요성은 개별 기업 재무보고서 관점에서 해당 정보와 관련된 항목의 성격이나 규모 또는 이 둘 다에 근거하여 해당 기업에 특유한 측면의 목적적합성을 의미한다. 따라서 회계기준위원회는 중요성에 대한 획일적인 계량 임계치를 정하거나 특정한 상황에서 무엇이 중요한 것인지를 미리 결정할 수 있다. ( ✕ )
➡ 회계기준위원회는 중요성에 대한 획일적인 계량 임계치를 정하거나 특정한 상황에서 무엇이 중요한 것인지를 미리 결정할 수 없다.

06 오류가 없다는 것은 모든 면에서 완벽하게 정확하다는 것을 의미한다. ( ✕ )
➡ 오류가 없다는 것은 현상의 기술에 오류나 누락이 없고, 보고 정보를 생산하는 데 사용되는 절차의 선택과 적용 시 절차상 오류가 없음을 의미하는 것이지, 서술의 모든 면이 완벽하게 정확하다는 것을 의미하는 것은 아니다.

07 근본적 질적 특성을 적용하기 위한 가장 효율적이고 효과적인 절차는 첫째 보고기업의 재무정보이용자에게 유용할 수 있는 경제적 현상을 식별하고, 둘째 이용가능하고 충실히 표현될 수 있다면 가장 목적적합하게 될, 그 현상에 대한 정보의 유형을 식별하고, 셋째 그 정보가 이용가능하고 충실하게 표현될 수 있는지 결정한다. 만약 그러하다면, 근본적 질적 특성의 충족 절차는 그 시점에 끝난다. ( O )

08 목적적합하고 충실하게 표현된 정보의 유용성을 보강시키는 질적 특성에는 비교가능성, 검증가능성, 적시성 및 이해가능성이 있다. ( O )

09 일관성은 한 보고기업 내에서 기간 간 또는 같은 기간 동안에 기업 간, 동일한 항목에 대해 동일한 방법을 적용하는 것을 말한다. 일관성은 비교가능성과 동일한 의미로 사용된다. ( ✕ )
➡ 일관성은 비교가능성과 관련은 되어 있지만 동일하지는 않다.

10 단 하나의 경제적 현상을 충실하게 표현하는 데 여러 방법이 있을 수 있으나 동일한 경제적 현상에 대해 대체적인 회계처리방법을 허용하면 비교가능성이 증가한다. ( ✕ )
➡ 동일한 경제적 현상에 대해 대체적인 회계처리방법을 허용하면 비교가능성이 감소한다.

11  재무제표는 일반적으로 기업이 계속기업이며 예측가능한 기간 동안 영업을 계속할 것이라는 가정하에 작성된다. ( ○ )

12  일반적으로 정보는 오래될수록 유용성이 낮아지며, 보고기간 말 후에는 적시성이 사라지게 된다. ( ✕ )
➡ 일반적으로 정보는 오래될수록 유용성이 낮아지지만 일부 정보는 추세를 식별할 수 있다면 오랫동안 적시성이 있을 수 있다.

13  특정 항목이 자산, 부채 또는 자본의 정의를 충족하는지를 판단할 때에 거래의 실질보다는 법률적 형식을 우선하여 고려하여야 한다. ( ✕ )
➡ 특정 항목이 자산, 부채 또는 자본의 정의를 충족하는지를 판단할 때에는 법률적 형식보다는 거래의 실질을 우선하여 고려하여야 한다.

14  미래경제적효익이란 현금이나 현금성자산으로의 전환 능력의 형태이거나 대체적인 제조과정의 도입으로 생산원가가 절감되는 경우와 같이 현금유출을 감소시키는 능력일 수도 있다. ( ○ )
➡ 미래경제적효익은 직접 또는 간접적인 효익을 모두 포함한다.

15  자산은 경제적자원이 창출할 수 있는 경제적효익의 궁극적 유입이지 경제적자원 자체는 아니다. ( ✕ )
➡ 자산은 경제적자원 자체이지, 경제적자원이 창출할 수 있는 경제적효익의 궁극적인 유입이 아니다.

16  기업은 기업 스스로부터 경제적효익을 획득하는 권리를 가질 수 있다. ( ✕ )
➡ 기업은 기업 스스로부터 경제적효익을 획득하는 권리를 가질 수 없다(예 자기주식).

17  의무란 기업이 회피할 수 있는 실제 능력이 없는 책무나 책임을 말한다. 의무는 항상 다른 상대방에게 이행해야 한다. 다른 당사자는 사람이나 다른 기업, 사람들 또는 기업들의 집단, 사회 전반이 될 수 있으나 다른 당사자의 신원을 알 필요는 없다. ( ○ )

18  수익은 자산의 증가 또는 부채의 감소로서 자본의 증가를 가져오며, 자본청구권 보유자의 출자와 관련된 것을 포함한다. ( ✕ )
➡ 수익은 자산의 증가 또는 부채의 감소로서 자본의 증가를 가져오며, 자본청구권 보유자의 출자와 관련된 것을 제외한다.

19  원가가 회계단위의 선택도 제약한다. 일반적으로 자산, 부채, 수익과 비용의 인식 및 측정에 관련된 원가는 회계단위의 크기가 작아짐에 따라 감소한다. ( ✕ )
➡ 원가가 회계단위의 선택도 제약한다. 일반적으로 자산, 부채, 수익과 비용의 인식 및 측정에 관련된 원가는 회계단위의 크기가 작아짐에 따라 증가한다.

20  역사적원가는 현행가치와 달리 자산의 손상이나 손실부담에 따른 부채와 관련되는 경우를 제외하고는 가치의 변동을 반영하지 않는다. ( ○ )

21 현행가치 측정치는 발생일의 조건을 반영하기 위해 갱신된 정보를 사용하여 자산, 부채 및 관련 수익과 비용의 화폐적 정보를 제공한다. ( ✕ )
➡ 현행가치 측정치는 측정일의 조건을 반영하기 위해 갱신된 정보를 사용하여 자산, 부채 및 관련 수익과 비용의 화폐적 정보를 제공한다.

22 사용가치와 이행가치는 직접 관측될 수 있다. ( ✕ )
➡ 사용가치와 이행가치는 직접 관측될 수 없으며 현금흐름기준 측정기법으로 결정된다.

23 실물자본유지개념을 사용하기 위해서는 공정가치기준에 따라 측정해야 하지만 재무자본유지개념은 특정한 측정기준의 적용을 요구하지 않는다. ( ✕ )
➡ 실물자본유지개념을 사용하기 위해서는 현행원가기준에 따라 측정해야 하지만 재무자본유지개념은 특정한 측정기준의 적용을 요구하지 않는다.

답➤ 01 ○ 02 ○ 03 ✕ 04 ○ 05 ✕ 06 ✕ 07 ○ 08 ○ 09 ✕ 10 ✕
11 ○ 12 ✕ 13 ✕ 14 ○ 15 ✕ 16 ✕ 17 ○ 18 ✕ 19 ✕ 20 ○
21 ✕ 22 ✕ 23 ✕

01  재무보고를 위한 개념체계에 관한 설명으로 옳지 않은 것은?                     23년 기출

① 개념체계는 특정 거래나 다른 사건에 적용할 회계기준이 없는 경우에 재무제표 작성
   자가 일관된 회계정책을 개발하는 데 도움을 준다.
② 개념체계의 어떠한 내용도 회계기준이나 회계기준의 요구사항에 우선하지 아니한다.
③ 일반목적재무보고의 목적을 달성하기 위해 회계기준위원회는 개념체계의 관점에서
   벗어난 요구사항을 정하는 경우가 있을 수 있다.
④ 개념체계는 수시로 개정될 수 있으며, 개념체계가 개정되면 자동으로 회계기준이 개
   정된다.
⑤ 개념체계에 기반한 회계기준은 경영진의 책임을 묻기 위한 필요한 정보를 제공한다.

해설

개념체계는 수시로 개정될 수 있으며, 개념체계가 개정되더라도 자동으로 회계기준이 개정되는
것은 아니다.


02  일반목적재무보고의 목적에 관한 설명으로 옳지 않은 것은?                     16년 기출

① 현재 및 잠재적 투자자, 대여자 및 기타 채권자가 기업에 자원을 제공하는 것에 대
   한 의사결정을 할 때 유용한 보고기업 재무정보를 제공하는 것이다.
② 지분상품 및 채무상품을 매수, 매도 또는 보유하는 것에 대한 현재 및 잠재적 투자
   자의 의사결정은 그 금융상품 투자에서 그들이 기대하는 수익, 예를 들어, 배당, 원
   금 및 이자의 지급 또는 시장가격의 상승에 의존한다.
③ 경영진의 책임 이행에 대한 정보는 경영진의 행동에 대해 의결권을 가지거나 다른
   방법으로 영향력을 행사하는 현재 투자자, 대여자 및 기타 채권자의 의사결정에도
   유용하다.
④ 일반목적재무보고서는 보고기업의 가치를 보여주기 위해 고안된 것이다. 따라서 그
   보고서는 현재 및 잠재적인 정보이용자가 보고기업의 가치를 추정하는 데 도움이
   되는 정보를 제공한다.
⑤ 보고기업의 경영진도 해당 기업에 대한 재무정보에 관심이 있다. 그러나 경영진은
   그들이 필요로 하는 재무정보를 내부에서 구할 수 있기 때문에 일반목적재무보고서
   에 의존할 필요가 없다.

**해설**

일반목적재무보고서는 보고기업의 가치를 보여주기 위해 고안된 것은 아니지만, 현재 및 잠재적 투자자, 대여자와 그 밖의 채권자가 보고기업의 가치를 추정하는 데 도움이 되는 정보를 제공한다.

**03** 재무보고를 위한 개념체계에서 설명하는 일반목적재무보고에 대한 다음의 내용 중 옳지 않은 것은?

① 일반목적재무보고서가 현재 및 잠재적 투자자, 대여자 및 기타 채권자가 필요로 하는 모든 정보를 제공하지는 않으며, 제공할 수도 없으므로 정보이용자들은 다른 원천에서 입수한 정보를 고려할 필요가 있다.

② 보고기업의 경영진도 해당 기업에 대한 재무정보에 관심이 있으나, 그들이 필요로 하는 재무정보를 내부에서 구할 수 있기 때문에 일반목적재무보고서에 의존할 필요가 없다.

③ 현재 및 잠재적 투자자, 대여자 및 기타 채권자의 정보수요를 충족시키는 재무정보는 다른 이용자의 정보수요도 충족시킬 수 있다.

④ 일반목적재무보고서는 기업의 가치를 보여주기 위해 고안된 것이므로 보고기업의 가치를 추정하는 데 도움이 되는 정보를 제공한다.

⑤ 재무보고서는 정확한 서술보다는 상당 부분 추정, 판단 및 모형에 근거하며, 개념체계는 그 추정, 판단 및 모형의 기초가 되는 개념을 정한다.

**해설**

일반목적재무보고서는 기업의 가치를 보여주기 위해 고안된 것은 아니지만, 현재 및 잠재적 투자자, 대여자와 그 밖의 채권자가 보고기업의 가치를 추정하는 데 도움이 되는 정보를 제공한다.

**04** 일반목적재무보고서가 제공하는 정보에 대한 다음의 설명 중 옳지 않은 것은?

① 재무성과는 그 기업의 경제적자원에서 해당 기업이 창출한 수익을 정보이용자가 이해하는 데 도움을 준다.

② 일반목적재무보고서는 재무상태표와 포괄손익계산서를 통해서 보고기업의 경제적자원, 청구권의 정보를 제공하며, 자본변동표와 현금흐름표를 통해서 경제적자원과 청구권의 변동에 대한 정보를 제공한다.

③ 보고기업의 경제적자원과 청구권의 성격 및 금액에 대한 정보는 정보이용자가 보고기업의 유동성과 지급능력, 추가적인 자금 조달의 필요성 및 그 자금 조달이 얼마나 성공적일지를 평가하는 데 도움을 줄 수 있다.

④ 발생기준 재무성과뿐만 아니라 과거 현금흐름이 반영된 재무성과도 기업의 미래 순현금유입의 창출 능력을 평가하는 데 도움이 된다.

⑤ 경제적자원 및 청구권의 변동에 대한 정보는 재무성과와 그 이외의 사건에 따른 변동을 구별하게 함으로써 정보이용자가 미래 현금흐름을 보다 정확하게 평가할 수 있도록 도움을 줄 수 있다.

**해설**

일반목적재무보고서는 재무상태표를 통해서 보고기업의 경제적자원, 청구권의 정보를 제공하며, 포괄손익계산서, 자본변동표 및 현금흐름표를 통해서 경제적자원과 청구권의 변동에 대한 정보를 제공한다.

## 05 재무보고를 위한 개념체계에 관한 설명으로 옳지 않은 것은? [12년 CTA]

① 목적적합하고 충실하게 표현된 정보의 유용성을 보강시키는 질적 특성으로는 비교가능성, 검증가능성, 중립성 및 이해가능성이 있다.

② 새로운 재무보고기준의 전진 적용으로 인한 비교가능성의 일시적 감소는 장기적으로 목적적합성이나 표현충실성을 향상시키기 위해 감수할 수도 있다.

③ 재무정보가 유용하기 위해서는 목적적합해야 하고 나타내고자 하는 바를 충실하게 표현해야 한다. 따라서 목적적합성과 표현충실성은 근본적 질적 특성이다.

④ 검증가능성은 합리적인 판단력이 있고 독립적인 서로 다른 관찰자가 어떤 서술이 표현충실성에 있어, 비록 반드시 완전히 의견이 일치하지는 않더라도, 합의에 이를 수 있다는 것을 의미한다.

⑤ 표현충실성은 모든 면에서 정확한 것을 의미하지는 않는다. 오류가 없다는 것은 현상의 기술에 오류나 누락이 없고, 보고 정보를 생산하는 데 사용되는 절차의 선택과 적용 시 절차상 오류가 없음을 의미한다.

**해설**

목적적합하고 충실하게 표현된 정보의 유용성을 보강시키는 질적 특성으로는 비교가능성, 검증가능성, 적시성 및 이해가능성이 있다.

## 06 재무정보의 질적 특성에 관한 설명으로 옳지 않은 것을 모두 고른 것은? 23년 기출

> ㄱ. 오류가 없다는 것은 현상의 기술에 오류나 누락이 없고, 보고 정보를 생산하는 데 사용되는 절차의 선택과 적용 시 절차상 완벽하게 정확하다는 것을 의미한다.
> ㄴ. 재무정보가 과거 평가에 대해 피드백을 제공한다면 확인가치를 갖는다.
> ㄷ. 회계기준위원회는 중요성에 대한 획일적인 계량 임계치를 정하거나 특정한 상황에서 무엇이 중요한 것인지를 미리 결정할 수 있다.
> ㄹ. 목적적합하고 충실하게 표현된 정보의 유용성을 보강시키는 질적 특성으로는 비교가능성, 검증가능성, 적시성 및 이해가능성이 있다.

① ㄱ, ㄴ              ② ㄱ, ㄷ
③ ㄱ, ㄹ              ④ ㄴ, ㄷ
⑤ ㄷ, ㄹ

**해설**

ㄱ. 오류가 없다는 것은 현상의 기술에 오류나 누락이 없고, 보고 정보를 생산하는 데 사용되는 절차의 선택과 적용 시 절차 상 오류가 없음을 의미하는 것이지 모든 면이 완벽하게 정확하다는 것을 의미하지는 않는다.
ㄷ. 회계기준위원회는 중요성에 대한 획일적인 계량 임계치를 정하거나 특정한 상황에서 무엇이 중요한 것인지를 미리 결정할 수 없다.

## 07 재무보고를 위한 개념체계 중 재무정보의 질적 특성에 관한 설명으로 옳지 않은 것은? 20년 기출

① 유용한 재무정보의 질적 특성은 그 밖의 방법으로 제공되는 재무정보뿐만 아니라 재무제표에서 제공되는 재무정보에도 적용된다.
② 중요성은 기업 특유 관점의 목적적합성을 의미하므로 회계기준위원회는 중요성에 대한 획일적인 계량 임계치를 정하거나 특정한 상황에서 무엇이 중요한 것인지를 미리 결정하여야 한다.
③ 재무정보의 예측가치와 확인가치는 상호 연관되어 있다. 예측가치를 갖는 정보는 확인가치도 갖는 경우가 많다.
④ 재무보고의 목적을 달성하기 위해 근본적 질적 특성 간 절충('trade-off')이 필요할 수도 있다.
⑤ 근본적 질적 특성을 충족하면 어느 정도의 비교가능성은 달성될 수 있다.

**해설**

회계기준위원회는 중요성에 대한 획일적인 계량 임계치를 정하거나 특정한 상황에서 무엇이 중요한 것인지를 미리 결정할 수 없다.

## 08  유용한 재무정보의 질적 특성에 관한 설명으로 옳지 않은 것은?

① 재무정보가 유용하기 위해서는 목적적합해야 하고 나타내고자 하는 바를 충실하게 표현해야 한다.

② 보강적 질적 특성을 적용하는 것은 어떤 규정된 순서를 따르지 않는 반복적인 과정 이므로 때로는 하나의 보강적 질적 특성이 다른 질적 특성의 극대화를 위해 감소되 어야 할 수도 있다.

③ 회계기준위원회는 중요성에 대한 획일적인 계량 임계치를 정하거나 특정한 상황에 서 무엇이 중요한 것인지를 미리 결정할 수 있다.

④ 중요성은 개별 기업 재무보고서 관점에서 해당 정보와 관련된 항목의 성격이나 규모 또는 이 둘 모두에 근거하여 해당 기업에 특유한 측면의 목적적합성을 의미한다.

⑤ 근본적 질적 특성을 충족하면 어느 정도의 비교가능성은 달성될 수 있을 것이다.

**해설**

회계기준위원회는 중요성에 대한 획일적인 계량 임계치를 정하거나 특정한 상황에서 무엇이 중요 한 것인지를 미리 결정할 수 없다.

## 09  다음은 재무상태표의 요소와 관련된 개념체계의 내용들이다. 다음 중 옳지 않은 것은 무엇인가?

① 재무상태표의 요소는 자산, 부채, 자본이며 자본은 별도로 측정되는 것이 아니라 자 산에서 부채를 차감한 잔여지분으로 계산된다.

② 특정 항목이 자산, 부채 또는 자본의 정의를 충족하는지를 판단할 때에 단순한 법률 적 형식이 아닌 거래의 실질과 경제적 현실을 고려하여야 한다.

③ 일반적으로 자본총액은 그 기업이 발행한 주식의 시가총액, 또는 순자산을 나누어서 처 분하거나 계속기업을 전제로 기업전체를 처분할 때 받을 수 있는 총액과 항상 일치한다.

④ 부채는 기업이 현재의무를 갖고 있다는 것으로 미래에 특정 자산을 취득하겠다는 경영진의 의사결정 그 자체만으로는 현재의무가 발생하지 않는다.

⑤ 자산은 과거 사건의 결과로 기업이 통제하는 현재의 경제적자원으로 정의되며, 경제 적효익에 대한 통제력은 법률적 통제가 없는 경우에도 충족될 수 있다.

**해설**

일반적으로 자본총액은 시가총액 또는 처분으로 받을 수 있는 총액과 일치하지 않는다.

**10** 재무제표 요소에 관한 설명으로 옳지 않은 것은? 21년 관세사

① 자산은 과거사건의 결과로 기업이 통제하는 현재의 경제적자원이다.
② 자본은 기업의 자산에서 모든 부채를 차감한 후의 잔여지분이다.
③ 수익과 비용은 자본청구권 보유자에 대한 출자 및 분배와 관련된 것을 포함한다.
④ 부채는 과거사건의 결과로 기업이 경제적자원을 이전해야 하는 현재의무이다.
⑤ 경제적효익을 창출할 가능성이 낮더라도 권리가 경제적자원의 정의를 충족할 수 있다면 자산이 될 수 있다.

**해설**

수익과 비용은 자본청구권 보유자에 대한 출자 및 분배와 관련된 것을 제외한다.

**11** 재무제표 요소에 관한 설명으로 옳지 않은 것은? 22년 기출

① 자산은 과거사건의 결과로 기업이 통제하는 현재의 경제적자원이다.
② 부채는 과거사건의 결과로 기업이 경제적자원을 이전해야 하는 현재의무이다.
③ 수익은 자본청구권 보유자로부터의 출자를 포함하며, 자본청구권 보유자에 대한 분배는 비용으로 인식한다.
④ 기업이 발행한 후 재매입하여 보유하고 있는 채무상품이나 지분상품은 기업의 경제적자원이 아니다.
⑤ 자본청구권은 기업의 자산에서 모든 부채를 차감한 후의 잔여지분에 대한 청구권이다.

**해설**

수익은 자본청구권 보유자로부터의 출자를 제외하며, 자본청구권 보유자에 대한 분배는 비용으로 인식하지 않는다.

**12** '재무보고를 위한 개념체계'에 따르면 자산은 과거 사건의 결과로 기업이 통제하는 현재의 경제적자원이며, 경제적자원은 경제적효익을 창출할 잠재력을 지닌 권리이다. 자산과 관련된 다음의 설명 중 옳은 것은?

① 권리가 기업의 자산이 되기 위해서는, 해당 권리가 그 기업을 위해서 다른 모든 당사자들이 이용 가능한 경제적효익과 동일한 경제적효익을 창출할 잠재력이 있고, 그 기업에 의해 통제되어야 한다.
② 기업은 기업 스스로부터 경제적효익을 획득하는 권리를 가질 수도 있다.
③ 잠재력이 있기 위해 권리가 경제적효익을 창출할 것이라고 확신하거나 그 가능성이 높아야 한다.

④ 경제적자원의 가치가 미래 경제적효익을 창출할 현재의 잠재력에서 도출되지만, 경제적자원은 그 잠재력을 포함한 현재의 권리이며, 그 권리가 창출할 수 있는 미래경제적효익이 아니다.

⑤ 지출의 발생과 자산의 취득은 밀접하게 관련되어 있으므로 지출이 없다면 특정 항목은 자산의 정의를 충족할 수 없다.

**해설**

① 권리가 기업의 자산이 되기 위해서는, 해당 권리가 그 기업을 위해서 다른 모든 당사자들이 이용 가능한 경제적효익을 초과하는 경제적효익을 창출할 잠재력이 있어야 한다.

② 기업은 기업 스스로부터 경제적효익을 획득하는 권리를 가질 수는 없다.

③ 잠재력이 있기 위해 권리가 경제적효익을 창출할 것이라고 확신하거나 그 가능성이 높아야 하는 것은 아니다.

⑤ 지출의 발생과 자산의 취득은 밀접하게 관련되어 있으나 양자가 반드시 일치하는 것은 아니다.

**13** '재무보고를 위한 개념체계'에 따르면 부채는 과거 사건의 결과로 기업이 경제적자원을 이전해야 하는 현재의무이다. 부채와 관련된 다음의 설명 중 틀린 것은?

① 의무란 기업이 회피할 수 있는 실제 능력이 없는 책무나 책임을 말한다. 의무는 항상 다른 당사자(또는 당사자들)에게 이행해야 하므로 의무를 이행할 대상인 당사자(또는 당사자들)의 신원을 알아야만 한다.

② 많은 의무가 계약, 법률 또는 이와 유사한 수단에 의해 성립되며, 당사자(또는 당사자들)가 채무자에게 법적으로 집행할 수 있도록 한다. 그러나 기업이 실무 관행, 공개한 경영방침, 특정 성명(서)과 상충되는 방식으로 행동할 실제 능력이 없는 경우, 기업의 그러한 실무 관행, 경영방침이나 성명(서)에서 의무가 발생할 수도 있다.

③ 의무에는 기업이 경제적자원을 다른 당사자(또는 당사자들)에게 이전하도록 요구받게 될 잠재력이 있어야 한다. 그러한 잠재력이 존재하기 위해서는, 기업이 경제적자원의 이전을 요구받을 것이 확실하거나 그 가능성이 높아야 하는 것은 아니다.

④ 현재의무는 기업이 이미 경제적효익을 얻었거나 조치를 취했고, 그 결과로 기업이 이전하지 않아도 되었을 경제적자원을 이전해야 하거나 이전하게 될 수 있는 경우에만 과거사건의 결과로 존재한다.

⑤ 미래의 특정 시점까지서 경제적자원의 이전이 집행될 수 없더라도 현재의무는 존재할 수 있다.

**해설**

의무를 이행할 대상인 당사자(또는 당사자들)의 신원을 알 필요는 없다.

**14** 재무제표 요소의 측정기준에 관한 설명으로 옳은 것은?  22년 기출

① 공정가치는 측정일 현재 동등한 자산의 원가로서 측정일에 지급할 대가와 그 날에 발생할 거래원가를 포함한다.

② 현행원가는 자산을 취득 또는 창출할 때 발생한 원가의 가치로서 자산을 취득 또는 창출하기 위하여 지급한 대가와 거래원가를 포함한다.

③ 사용가치는 기업이 자산의 사용과 궁극적인 처분으로 얻을 것으로 기대하는 현금흐름 또는 그 밖의 경제적효익의 현재가치이다.

④ 이행가치는 측정일에 시장참여자 사이의 정상거래에서 부채를 이전할 때 지급하게 될 가격이다.

⑤ 역사적 원가는 측정일 현재 자산의 취득 또는 창출을 위해 이전해야 하는 현금이나 그 밖의 경제적 자원의 가치이다.

**해설**

① 현행원가는 측정일 현재 동등한 자산의 원가로서 측정일에 지급할 대가와 그 날에 발생할 거래원가를 포함한다.

② 역사적원가는 자산을 취득 또는 창출할 때 발생한 원가의 가치로서 자산을 취득 또는 창출하기 위하여 지급한 대가와 거래원가를 포함한다.

④ 공정가치는 측정일에 시장참여자 사이의 정상거래에서 부채를 이전할 때 지급하게 될 가격이다.

⑤ 역사적원가는 발생일 현재 자산의 취득 또는 창출을 위해 이전해야 하는 현금이나 그 밖의 경제적자원의 가치이다.

**15** 측정기준에 관한 설명으로 옳지 않은 것은?  21년 관세사

① 현행가치는 자산의 손상이나 손실부담에 따른 부채와 관련되는 변동을 제외하고는 가치의 변동을 반영하지 않는다.

② 부채의 현행원가는 측정일 현재 동등한 부채에 대해 수취할 수 있는 대가에서 그 날에 발생할 거래원가를 차감한다.

③ 사용가치와 이행가치는 미래현금흐름에 기초하기 때문에 자산을 취득하거나 부채를 인수할 때 발생하는 거래원가는 포함하지 않는다.

④ 자산의 현행원가는 측정일 현재 동등한 자산의 원가로서 측정일에 지급할 대가와 그 날에 발생할 거래원가를 포함하여 측정한다.

⑤ 이행가치는 기업이 부채를 이행할 때 이전해야 하는 현금이나 그 밖의 경제적자원의 현재가치이다.

**해설**

역사적원가는 자산의 손상이나 손실부담에 따른 부채와 관련되는 변동을 제외하고는 가치의 변동을 반영하지 않는다.

**16** **다음은 '재무보고를 위한 개념체계 중 측정과 관련된 내용들이다. 다음 중 옳지 않은 것은?**

① 역사적원가 측정치는 적어도 부분적으로 자산, 부채 및 관련 수익과 비용을 발생시키는 거래나 그 밖의 사건의 가격에서 도출된 정보를 사용하여 자산, 부채 및 관련 수익과 비용에 관한 화폐적 정보를 제공한다. 현행가치와 달리 역사적원가는 자산의 손상이나 손실부담에 따른 부채와 관련되는 변동을 제외하고는 가치의 변동을 반영하지 않는다.

② 현행가치 측정치는 측정일의 조건을 반영하기 위해 갱신된 정보를 사용하여 자산, 부채 및 관련 수익과 비용의 화폐적 정보를 제공한다. 이러한 갱신에 따라 자산과 부채의 현행가치는 이전 측정일 이후의 변동, 즉 현행가치에 반영되는 현금흐름과 그 밖의 요소의 추정치의 변동을 반영한다.

③ 공정가치는 기업이 접근할 수 있는 시장의 참여자 관점을 반영한다. 시장참여자가 경제적으로 최선의 행동을 한다면 자산이나 부채의 가격을 결정할 때 사용할 가정과 동일한 가정을 사용하여 그 자산이나 부채를 측정한다.

④ 공정가치는 자산이나 부채를 발생시킨 거래나 그 밖의 사건의 가격으로부터 부분적으로라도 도출되지 않기 때문에, 공정가치는 자산을 취득할 때 발생한 거래원가로 인해 증가하지 않으며 부채를 발생시키거나 인수할 때 발생한 거래원가로 인해 감소하지 않는다.

⑤ 사용가치와 이행가치는 시장참여자의 가정보다는 기업 특유의 가정을 반영한다. 사용가치와 이행가치는 직접 관측될 수 있으나 직접 관측될 수 없는 경우에는 현금흐름기준 측정기법으로 결정된다.

> **해설**
> 사용가치와 이행가치는 직접 관측될 수 없으며, 현금흐름기준 측정기법으로 결정된다.

**17** **자산의 인식과 측정에 관한 설명으로 옳지 않은 것은?** `20년 CTA`

① 자산의 정의를 충족하는 항목만이 재무상태표에 자산으로 인식된다.
② 합리적인 추정의 사용은 재무정보 작성의 필수적인 부분이며 추정치를 명확하고 정확하게 기술하고 설명한다면 정보의 유용성을 훼손하지 않는다.
③ 사용가치는 기업이 자산의 사용과 궁극적인 처분으로 얻을 것으로 기대하는 현금흐름 또는 그 밖의 경제적효익의 현재가치이다.
④ 공징가치는 사산을 쥐득할 때 발생한 거래원가로 인해 증가하지 않는다.
⑤ 경제적효익의 유입가능성이 낮으면 자산으로 인식해서는 안 된다.

> **해설**
> 경제적효익의 유입가능성이나 유출가능성이 낮더라도, 자산이나 부채를 인식하는 것이 목적적합한 정보를 제공할 수 있다(개념체계 문단 5.17).

**18** 재무보고를 위한 개념체계에 관한 설명으로 옳지 않은 것은? 24년 기출

① 경제적효익의 유입가능성이나 유출가능성이 낮더라도 자산이나 부채가 존재할 수 있다.

② 부채가 발생하거나 인수할 때의 역사적 원가는 발생시키거나 인수하면서 수취한 대가에서 거래원가를 가산한 가치이다.

③ 매각이나 소비되는 자산의 원가에 대한 정보와 수취한 대가에 대한 정보는 예측가치를 가질 수 있다.

④ 가격 변동이 유의적일 경우, 현행원가를 기반으로 한 이익은 역사적 원가를 기반으로 한 이익보다 미래 이익을 예측하는데 더 유용할 수 있다.

⑤ 합리적인 추정의 사용은 재무정보 작성의 필수적인 부분이며 추정치를 명확하고 정확하게 기술하고 설명한다면 정보의 유용성을 훼손하지 않는다.

해설

부채가 발생하거나 인수할 때의 역사적 원가는 발생시키거나 인수하면서 수취한 대가에서 거래원가를 차감한 가치이다.

**19** 공정가치 측정에 관한 설명으로 옳지 않은 것은? 21년 기출

① 공정가치란 측정일에 시장참여자 사이의 정상거래에서 자산을 매도할 때 받거나 부채를 이전할 때 지급하게 될 가격이다.

② 공정가치는 시장에 근거한 측정치이며 기업 특유의 측정치가 아니다.

③ 공정가치를 측정하기 위해 사용하는 가치평가기법은 관측할 수 있는 투입변수를 최소한으로 사용하고 관측할 수 없는 투입변수를 최대한으로 사용한다.

④ 기업은 시장참여자가 경제적으로 최선의 행동을 한다는 가정하에, 시장참여자가 자산이나 부채의 가격을 결정할 때 사용할 가정에 근거하여 자산이나 부채의 공정가치를 측정하여야 한다.

⑤ 비금융자산의 공정가치를 측정할 때는 자신이 그 자산을 최고 최선으로 사용하거나 최고 최선으로 사용할 다른 시장참여자에게 그 자산을 매도함으로써 경제적효익을 창출할 수 있는 시장참여자의 능력을 고려한다.

해설

공정가치를 측정하기 위해 사용하는 가치평가기법은 관측할 수 있는 투입변수를 최대한으로 사용하고 관측할 수 없는 투입변수를 최소한으로 사용한다.

## 20 기업회계기준서 '공정가치 측정'에 규정된 내용들 중 옳지 않은 것은?

① 자산이나 부채의 공정가치를 측정하기 위하여 사용되는 주된 또는 가장 유리한 시장의 가격에서 거래원가는 조정하지 않는다.

② 위치가 자산의 특성이라면 현재의 위치에서 그 시장까지 자산을 운송하는 데 발생하게 될 원가가 있을 경우 주된 또는 가장 유리한 시장의 가격에서 그 원가를 조정한다.

③ 반증이 없는 한, 자산을 매도하거나 부채를 이전하기 위해 통상적으로 거래를 하는 시장을 주된 시장 또는 주된 시장이 없는 경우 가장 유리한 시장으로 간주한다.

④ 주된 시장 또는 주된 시장이 없는 경우 가장 유리한 시장은 다른 활동을 하는 기업 간의 차이가 허용되지 않는다.

⑤ 공정가치는 시장에 근거한 측정치이며 기업 특유의 측정치가 아니다.

> 해설
>
> 주된 시장 또는 가장 유리한 시장은 기업의 관점에서 고려되며 이에 따라 다른 활동을 하는 기업 간의 차이는 허용된다.

## 21 자본 및 자본유지개념에 관한 설명으로 옳지 않은 것은? `18년 CTA`

① 자본유지개념은 이익이 측정되는 준거기준을 제공하며, 기업의 자본에 대한 투자수익과 투자회수를 구분하기 위한 필수요건이다.

② 자본을 투자된 화폐액 또는 투자된 구매력으로 보는 재무적 개념하에서 자본은 기업의 순자산이나 지분과 동의어로 사용된다.

③ 자본을 불변구매력 단위로 정의한 재무자본유지개념 하에서는 일반물가수준에 따른 가격상승을 초과하는 자산가격의 증가 부분만이 이익으로 간주된다.

④ 재무자본유지개념을 사용하기 위해서는 현행원가기준에 따라 측정해야 하며, 실물자본유지개념은 특정한 측정기준의 적용을 요구하지 아니한다.

⑤ 자본을 실물생산능력으로 정의한 실물자본유지개념 하에서 기업의 자산과 부채에 영향을 미치는 모든 가격변동은 해당 기업의 실물생산능력에 대한 측정치의 변동으로 간주되어 이익이 아니라 자본의 일부로 처리된다.

> 해설
>
> 실물자본유지개념을 사용하기 위해서는 현행원가기준에 따라 측정해야 한다. 그러나 재무자본유지개념은 특정한 측정기준의 적용을 요구하지 아니한다.

**22** ㈜감평은 20×1년 초 현금 ₩2,000을 출자받아 설립되었으며, 이 금액은 ㈜감평이 판매할 재고자산 200개를 구입할 수 있는 금액이다. 20×1년 말 자본은 ₩3,000이고 20×1년도 자본거래는 없었다. 20×1년 말 ㈜감평이 판매하는 재고자산의 개당 구입 가격은 ₩12이고, 20×1년 말 물가지수는 20×1년 초 100에 비하여 10% 상승하였다. 실물자본유지개념을 적용할 경우 20×1년도 이익은? `22년 기출`

① ₩200                     ② ₩400
③ ₩600                     ④ ₩800
⑤ ₩1,000

해설

실물자본유지개념하에서의 20×1년도 이익 = ₩3,000(20×1년 말 자본) − (200개 × ₩12)
= ₩600

**23** ㈜관세의 20×1년 자료가 다음과 같을 때, 재무자본유지개념하에서 불변구매력단위 를 이용하여 측정한 당기순이익은? (단, 주어진 자료 외 다른 거래는 없다.) `19년 관세사`

- 20×1년 초 현금 ₩100,000으로 영업을 개시하였다
- 20×1년 초 재고자산 15개를 단위당 ₩5,000에 현금 구입하였다.
- 20×1년 기중에 재고자산 15개를 단위당 ₩8,000에 현금 판매하였다.
- 20×1년 초 물가지수가 100이라고 할 때, 20×1년 말 물가지수는 125이다.
- 20×1년 말 재고자산의 단위당 구입가격은 ₩6,500으로 인상되었다.
- 20×1년 말 현금 보유액은 ₩145,000이다.

① ₩0                      ② ₩15,000
③ ₩20,000                 ④ ₩30,000
⑤ ₩45,000

해설

1) 불변구매력단위에 따른 당기순이익 = ₩145,000(기말자본) − ₩100,000(기초자본) − ₩25,000
(기초자본의 일반물가상승분) = ₩20,000
* 기초자본의 일반물가상승분 = ₩100,000(기초자본) × 25%(일반물가상승률) = ₩25,000

답
| 01 ④ | 02 ④ | 03 ④ | 04 ② | 05 ① |
| 06 ② | 07 ② | 08 ③ | 09 ③ | 10 ③ |
| 11 ③ | 12 ④ | 13 ① | 14 ④ | 15 ① |
| 16 ⑤ | 17 ⑤ | 18 ② | 19 ③ | 20 ④ |
| 21 ④ | 22 ③ | 23 ③ | | |

## 제3절  재무제표 표시

### 1  전체 재무제표

전체 재무제표는 다음을 모두 포함하여야 하며, 각각의 재무제표는 전체 재무제표에서 **동등한 비중**
**으로** 표시한다. 기업회계기준서 제1001호 '재무제표 표시'에서 사용하는 재무제표의 명칭이 아닌
다른 명칭을 사용할 수 있다.

> ① 기말 재무상태표
> ② 기간 포괄손익계산서
> ③ 기간 자본변동표
> ④ 기간 현금흐름표
> ⑤ 주석(중요한 회계정책 정보와 그 밖의 설명 정보로 구성)
>   5-1) 전기에 관한 비교정보
> ⑥ 회계정책을 소급하여 적용하거나, 재무제표의 항목을 소급하여 재작성 또는 재분류하는 경우 전기
>   기초 재무상태표

주석(notes)은 재무제표의 본문에 포함되어 있지는 않지만 재무제표에 포함한다. 기업은 재무제표 이외
에도 그 기업의 재무성과와 재무상태의 주요 특성 및 기업이 직면한 불확실성을 설명하는 경영진의 재
무검토보고서를 제공하기도 한다. 또한 환경 요인이 유의적인 산업에 속해 있는 경우나 종업원이 주요
재무제표 이용자인 경우에 재무제표 이외에 환경보고서나 부가가치보고서와 같은 보고서를 제공하기도
한다. 그러나 재무제표 이외의 보고서는 한국채택국제회계기준의 적용범위에 해당하지 않는다.

### 2  일반사항

### 1. 공정한 표시와 한국채택국제회계기준의 준수

재무제표는 기업의 재무상태, 재무성과 및 현금흐름을 공정하게 표시해야 한다. 공정한 표시를 위해
서는 개념체계에서 정한 자산, 부채, 수익 및 비용에 대한 정의와 인식요건에 따라 거래, 그 밖의
사건과 상황의 효과를 충실하게 표현해야 한다.

한국채택국제회계기준에 따라 작성된 재무제표(필요에 따라 추가공시한 경우 포함)는 공정하게 표시
된 재무제표로 본다. 한국채택국제회계기준을 준수하여 재무제표를 작성하는 기업은 그러한 준수
사실을 주석에 명시적이고 제한 없이 기재한다. 그러나 재무제표가 한국채택국제회계기준의 요구
사항을 모두 충족한 경우가 아니라면 한국채택국제회계기준을 준수하여 작성되었다고 기재하지 않
는다.

부적절한 회계정책은 이에 대하여 공시나 주석 또는 보충 자료를 통해 설명하더라도 정당화될 수
없다.

### (1) 재무제표 목적과의 상충

극히 드문 상황으로서 한국채택국제회계기준의 요구사항을 준수하는 것이 오히려 재무제표 이용자의 오해를 유발할 수 있어 '개념체계'에서 정한 재무제표의 목적과 상충될 수 있다고 경영진이 결론을 내리는 경우, 관련 감독체계가 이러한 요구사항으로부터의 일탈을 의무화하거나 금지하지 않는다면 한국채택국제회계기준의 요구사항을 달리 적용하고, 일탈의 내용, 그로 인한 재무적 영향 등을 공시한다.

## 2. 계속기업

재무제표는 일반적으로 기업이 계속기업이며, 예상가능한 기간 동안 영업을 계속할 것이라는 가정 하에 작성된다.

경영진은 재무제표를 작성할 때 계속기업으로서의 존속가능성을 평가해야 한다. 경영진이 기업을 청산하거나 경영활동을 중단할 의도를 가지고 있지 않거나, 청산 또는 경영활동의 중단 외에 다른 현실적 대안이 없는 경우가 아니면 계속기업을 전제로 재무제표를 작성한다. 계속기업으로서의 존속능력에 중대한 의문이 제기될 수 있는 사건이나 상황과 관련된 중요한 불확실성을 알게 된 경우, 경영진은 그러한 불확실성을 공시하여야 한다.

계속기업의 가정이 적절한지 여부를 평가할 때 경영진은 적어도 보고기간 말로부터 향후 12개월 기간에 대하여 이용가능한 모든 정보를 고려한다. 기업이 상당 기간 계속사업이익을 보고하였고, 보고기간 말 현재 경영에 필요한 재무자원을 확보하고 있는 경우에는 자세한 분석이 없이도 계속기업을 전제로 한 회계처리가 적절하다는 결론을 내릴 수 있다.

## 3. 발생기준회계

기업은 현금흐름 정보를 제외하고는 발생기준 회계를 사용하여 재무제표를 작성한다. 발생기준 회계를 사용하는 경우, 각 항목이 개념체계의 정의와 인식요건을 충족할 때 자산, 부채, 자본, 광의의 수익 및 비용으로 인식한다.

## 4. 중요성과 통합표시

유사한 항목은 중요성 분류에 따라 재무제표에 구분하여 표시하며, 상이한 성격이나 기능을 가진 항목은 구분하여 표시한다. 다만, 중요하지 않은 항목은 성격이나 기능이 유사한 항목과 통합하여 표시할 수 있다.

개별적으로 중요하지 않은 항목은 상기 재무제표나 주석의 다른 항목과 통합한다. 상기 재무제표에는 중요하지 않아 구분하여 표시하지 않은 항목이라도 주석에서는 구분 표시해야 할 만큼 충분히 중요할 수 있다. 중요하지 않은 정보일 경우 한국채택국제회계기준에서 요구하는 특정 공시를 제공할 필요는 없다.

## 5. 상계

한국채택국제회계기준에서 요구하거나 허용하지 않는 한 자산과 부채, 그리고 수익과 비용은 상계하지 않는다. 그러나 동일 거래에서 발생하는 수익과 관련 비용의 상계표시가 거래나 그 밖의 사건의 실질을 반영한다면 그러한 거래의 결과는 상계하여 표시한다.

상계표시하는 경우의 예는 다음과 같다.

> ① 투자자산 및 영업용자산을 포함한 비유동자산의 처분손익은 처분대금에서 그 자산의 장부금액과 관련처분비용을 차감하여 표시한다. (강제규정)
> ② 충당부채와 관련된 지출을 제3자와의 계약관계(例 공급자의 보증약정)에 따라 보전 받는 경우, 당해 지출과 보전 받는 금액은 상계하여 표시할 수 있다. (선택규정)
> ③ 외환손익 또는 단기매매금융상품에서 발생하는 손익과 같이 유사한 거래의 집합에서 발생하는 차익과 차손은 순액으로 표시한다. 그러나 그러한 차익과 차손이 중요한 경우에는 구분하여 표시한다.

재고자산에 대한 재고자산평가충당금과 매출채권에 대한 손실충당금과 같은 평가충당금을 차감하여 관련 자산을 순액으로 측정하는 것은 상계표시에 해당하지 않는다.

## 6. 보고빈도

전체 재무제표(비교정보를 포함)는 적어도 1년마다 작성한다. 보고기간 종료일을 변경하여 재무제표의 보고기간이 1년을 초과하거나 미달하는 경우 재무제표 해당 기간뿐만 아니라 보고기간이 1년을 초과하거나 미달하게 된 이유, 재무제표에 표시된 금액이 완전하게 비교가능하지는 않다는 사실을 추가로 공시한다.

일반적으로 재무제표는 일관성 있게 1년 단위로 작성한다. 그러나 실무적인 이유로 어떤 기업은 예컨대 52주의 보고기간을 선호한다. 기준서는 이러한 보고관행을 금지하지 않는다.

## 7. 비교정보

한국채택국제회계기준이 달리 허용하거나 요구하는 경우를 제외하고는 당기 재무제표에 보고되는 모든 금액에 대해 전기 비교정보를 공시한다. 당기 재무제표를 이해하는 데 목적적합하다면 서술형 정보의 경우에도 비교정보를 포함한다.

비교정보를 공시하는 기업은 최소한 두 개의 재무상태표, 두 개의 포괄손익계산서, 두 개의 현금흐름표, 두 개의 자본변동표, 그리고 관련 주석을 표시해야 한다.

정보의 기간별 비교가능성이 제고되면 특히 예측을 위한 재무정보의 추세분석이 가능하여 재무제표이용자의 경제적 의사결정에 도움을 준다. 따라서 재무제표 항목의 표시나 분류를 변경하는 경우 실무적으로 적용할 수 없는 것이 아니라면 비교금액도 재분류해야 한다.

## 8. 표시의 계속성

재무제표 항목의 표시와 분류는 다음의 경우를 제외하고는 매기 동일하여야 한다.

> ① 사업내용의 유의적인 변화나 재무제표를 검토한 결과 다른 표시나 분류방법이 더 적절한 것이 명백한 경우
> ② 한국채택국제회계기준에서 표시방법의 변경을 요구하는 경우

기업은 표시방법이 재무제표 이용자에게 신뢰성 있고 더욱 목적적합한 정보를 제공하며, 변경된 구조가 지속적으로 유지될 가능성이 높아 비교가능성을 저해하지 않을 것으로 판단할 때에만 재무제표의 표시방법을 변경한다.

**❷ 재무제표의 식별**

재무제표는 동일한 문서에 포함되어 함께 공표되는 그 밖의 정보와 명확하게 구분되고 식별되어야 한다. 또한 다음 정보가 분명하게 드러나야 하며, 정보를 이해하기 위해 필요하다면 반복 표시하여야 한다.
① 보고기업의 명칭 또는 그 밖의 식별 수단과 전기 보고기간 말 이후 그러한 정보의 변경내용
② 재무제표가 개별 기업에 대한 것인지 연결실체에 대한 것인지의 여부
③ 재무제표나 주석의 작성대상이 되는 보고기간종료일 또는 보고기간
④ 표시통화
⑤ 재무제표의 금액 표시를 위하여 사용한 금액 단위
* 재무제표의 표시통화를 천 단위나 백만 단위로 표시할 때 더욱 이해가능성이 제고될 수 있다. 이러한 표시는 금액 단위를 공시하고 중요한 정보가 누락되지 않는 경우에 허용될 수 있다.

## 3 재무상태표

### 1. 재무상태표에 표시되는 정보

재무상태표는 특정 시점 현재 기업이 보유하고 있는 경제적자원인 자산과 경제적의무인 부채, 그리고 자본에 대한 정보를 제공하는 재무보고서이다. 재무상태표에는 적어도 다음에 해당하는 금액을 나타내는 항목을 표시한다. 아래의 항목은 최소한 재무상태표에 표시되어야 할 항목이므로 기업의 재량에 따라 더 많은 항목이 재무상태표에 표시될 수 있다.

**✔ 재무상태표 항목**

1. 유형자산
2. 투자부동산
3. 무형자산
4. 금융자산(단, 5, 8 및 9를 제외)
5. 지분법에 따라 회계처리하는 투자자산
6. 생물자산
7. 재고자산
8. 매출채권 및 기타 채권
9. 현금및현금성자산
10. 기준서 제1105호 '매각예정비유동자산과 중단영업'에 따라 매각예정으로 분류된 자산과 매각예정으로 분류된 처분자산집단에 포함된 자산의 총계
11. 매입채무 및 기타 채무
12. 충당부채
13. 금융부채(단, 11과 12 제외)
14. 기준서 제1012호 '법인세'에서 정의된 당기 법인세와 관련한 부채와 자산

15. 기준서 제1012호에서 정의된 이연법인세부채 및 이연법인세자산
16. 기준서 제1105호에 따라 매각예정으로 분류된 처분자산집단에 포함된 부채
17. 자본에 표시된 비지배지분
18. 지배기업의 소유주에게 귀속되는 납입자본과 적립금

기업의 재무상태를 이해하는 데 목적적합한 경우 재무상태표에 항목, 제목 및 중간합계를 추가하여 표시한다. 기업이 재무상태표에 유동자산과 비유동자산, 그리고 유동부채와 비유동부채로 구분하여 표시하는 경우, 이연법인세자산(부채)은 유동자산(부채)으로 분류하지 아니한다.

기준서는 위의 항목들의 표시순서나 형식을 규정하고 있지 않다. 단순히 재무상태표에 구분 표시하기 위해 성격이나 기능면에서 명확하게 상이한 항목명을 제시할 뿐이다.

## 2. 재무상태표 표시방법

(1) 유동, 비유동 구분표시

① 유동성 순서에 따른 표시방법이 신뢰성 있고 더욱 목적적합한 정보를 제공하는 경우를 제외하고는 자산(부채)을 유동자산(부채)과 비유동자산(부채)으로 구분표시한다.

② 기업이 명확히 식별할 수 있는 영업주기 내에서 재화나 용역을 제공하는 경우, 재무상태표에 유동자산과 비유동자산 및 유동부채와 비유동부채를 구분하여 표시한다.

③ 유동, 비유동을 구분표시하는 경우 이연법인세자산(부채)은 유동자산(부채)으로 분류하지 않는다.

| 유동자산 | 유동부채 |
|---|---|
| • 기업의 정상영업주기 내에 실현될 것으로 예상하거나, 정상영업주기 내에 판매하거나 소비할 의도가 있다.<br>• 주로 단기매매 목적으로 보유하고 있다.<br>• 보고기간 후 12개월 이내에 실현될 것으로 예상한다.<br>• 현금이나 현금성자산으로서, 교환이나 부채 상환 목적으로의 사용에 대한 제한 기간이 보고기간 후 12개월 이상이 아니다. | • 정상영업주기 내에 결제될 것으로 예상하고 있다.<br>• 주로 단기매매 목적으로 보유하고 있다.<br>• 보고기간 후 12개월 이내에 결제하기로 되어 있다.<br>• 보고기간 말 현재 보고기간 후 적어도 12개월 이상 부채의 결제를 연기할 수 있는 권리를 가지고 있지 않다. |

④ 영업주기(operating cycle)는 영업활동을 위한 자산의 취득시점부터 그 자산이 현금이나 현금성자산으로 실현되는 시점까지 소요되는 기간이다. 정상영업주기를 명확하게 식별할 수 없는 경우에는 그 기간이 12개월인 것으로 가정한다. 유동자산은 보고기간 후 12개월 이내에 실현될 것으로 예상되지 않는 경우에도 재고자산 및 매출채권과 같이 정상영업주기의 일부로서 판매, 소비 또는 실현되는 자산을 포함한다. 또한 유동자산은 주로 단기매매 목적으로 보유하고 있는 자산과 비유동금융자산의 유동성 대체부분을 포함한다.

⑤ 매입채무 그리고 종업원 및 그 밖의 영업원가에 대한 미지급비용과 같은 유동부채는 기업의 정상영업주기 내에 사용되는 운전자본의 일부이다. 이러한 항목은 보고기간 후 12개월 후에 결제일이 도래한다 하더라도 유동부채로 분류한다.

### (2) 유동성 배열법

① 유동성 순서에 따른 표시방법이 신뢰성 있고 더욱 목적적합한 정보를 제공하는 경우 유동성 순서에 따라 표시할 수 있다.

② 금융회사 등의 경우 오름차순이나 내림차순의 유동성 순서에 따른 표시방법으로 자산, 부채를 표시하는 것이 유동/비유동 구분표시보다 신뢰성 있고 더욱 목적적합한 정보를 제공한다.

③ 유동성배열법을 선택할 경우 모든 자산과 부채를 유동성 순서로 표시한다.

### (3) 혼합법

신뢰성 있고 더욱 목적적합한 정보를 제공한다면 자산과 부채의 일부는 유동, 비유동 구분표시로, 나머지는 유동성 순서에 따른 표시방법으로 표시하는 것이 허용된다. 이러한 혼합표시방법은 기업이 다양한 사업을 영위하는 경우에 필요할 수 있다.

## 3. 유동부채

### (1) 유동부채

기타 유동부채는 정상영업주기 이내에 결제되지는 않지만 보고기간 후 12개월 이내에 결제일이 도래하거나 주로 단기매매 목적으로 보유한다. 이에 대한 항목은 일부 금융부채, 당좌차월, 비유동금융부채의 유동성 대체부분, 미지급배당금, 법인세 및 기타 지급채무 등이 있다.

### (2) 금융부채 등의 분류

| 사례 | 분류 |
|---|---|
| ① 보고기간 후 12개월 이내에 결제일이 도래한 금융부채를 보고기간 후 재무제표 발행승인일 전에 장기로 차환하는 약정 또는 지급기일을 장기로 재조정하는 약정이 체결된 경우 | 유동부채 |
| ② 보고기간 말 이전에 장기차입약정을 위반했을 때 대여자가 즉시 상환을 요구할 수 있는 경우 : 보고기간 후 재무제표 발행승인일 전에 대여자가 약정위반을 이유로 상환을 요구하지 않기로 합의 | 유동부채 |
| ③ 기존의 대출계약조건에 따라 보고기간 후 적어도 12개월 이상 부채를 연장할 권리가 있는 경우 : 보고기간 후 12개월 이내 만기가 도래하더라도 비유동부채로 분류(만약, 권리가 없다면 차환가능성을 고려하지 않고 유동부채로 분류) | 비유동부채 |
| ④ 대여자가 보고기간 말 이전에 보고기간 후 적어도 12개월 이상의 유예기간을 주는 데 합의하여 그 유예기간 내에 기업이 위반사항을 해소할 수 있고, 또 그 유예기간 동안에는 대여자가 즉시 상환을 요구할 수 없는 경우 | 비유동부채 |

보고기간 후 적어도 12개월 이상 부채의 결제를 연기할 수 있는 권리를 기업이 갖는 경우 그 권리가 실질적이고 보고기간 말 현재 존재한다면 비유동부채로 분류한다. 또한 계약 상대방의 선택에 따라 기업이 자신의 지분상품을 이전하여 부채를 결제할 수 있는 조건은 유동·비유동 분류에 영향을 미치지 않는다.

(3) 수정을 요하지 않는 보고기간 후 사건

다음과 같은 사건이 보고기간 말과 재무제표 발행승인일 사이에 발생하면 그러한 사건은 주석에 공시한다.

① 유동부채로 분류된 부채를 장기로 차환한 경우
② 장기차입약정 위반으로 유동으로 분류된 부채에서 해당 위반 사항이 해소된 경우
③ 장기차입약정 위반으로 유동으로 분류된 부채에서 해당 위반 사항을 해소할 수 있는 유예기간을 대여자로부터 부여받은 경우
④ 비유동으로 분류된 부채를 결제한 경우

## 4 포괄손익계산서

### 1. 포괄손익계산서에 표시되는 정보

포괄손익계산서는 일정기간 동안 발생한 모든 수익과 비용을 보고하는 재무제표이다. 당기손익 부분이나 손익계산서에는 다른 한국채택국제회계기준서가 요구하는 항목을 추가하여 해당 기간의 다음 금액을 표시하는 항목을 포함한다.

✔ 포괄손익계산서 항목

1. 수익
2. 금융원가
3. 지분법 적용대상인 관계기업과 공동기업의 당기순손익에 대한 지분
3-1. 금융자산을 상각후원가에서 당기손익-공정가치 측정 범주로 재분류하는 경우, 재분류일 이전 금융자산의 상각후원가와 공정가치 간 차이로 발생하는 손익
3-2. 금융자산을 기타포괄손익-공정가치 측정 범주에서 당기손익-공정가치 측정 범주로 재분류하는 경우 이전에 인식한 기타포괄손익누석액 중 당기손익으로 재분류되는 손익
4. 법인세비용
5-1. 중단영업의 합계를 표시하는 단일금액
〈기타포괄손익 부분〉
성격별로 분류한 기타포괄손익의 금액

기업의 재무성과를 이해하는 데 목적적합한 경우에는 당기손익과 기타포괄손익을 표시하는 보고서에 항목, 제목 및 중간합계를 추가하여 표시한다.

기업의 다양한 활동, 거래 및 그 밖의 사건의 영향은 빈도, 손익의 가능성 및 예측가능성의 측면에서 상이하기 때문에 재무성과의 구성요소에 대한 공시는 재무제표 이용자가 달성된 재무성과를 이해하고 미래 재무성과를 예측하는 데 도움을 준다.

그러나 수익과 비용의 어느 항목도 당기손익과 기타포괄손익을 표시하는 보고서 또는 주석에 특별손익 항목으로 표시할 수 없다.

## 2. 포괄손익계산서의 표시방법 : 단일보고와 별도보고 중 선택

① 당기손익과 기타포괄손익은 단일의 포괄손익계산서(단일보고방법)에 두 부분으로 나누어 표시할 수 있다. 이 두 부분은 당기손익 부분을 먼저 표시하고 바로 이어서 기타포괄손익 부분을 표시함으로써 함께 표시한다.

② 한편, 당기손익 부분은 별개의 손익계산서(별도보고방법)에 표시할 수도 있다. 그러한 경우, 별개의 손익계산서는 포괄손익을 표시하는 보고서 바로 앞에 위치한다.

| 단일의 포괄손익계산서 | | 별개의 손익계산서 | |
| --- | --- | --- | --- |
| ㈜×× | 20×1.1.1 ~ 20×1.12.31 | ㈜×× | 20×1.1.1 ~ 20×1.12.31 |
| 수익 | ××× | 수익 | ××× |
| 매출원가 | (×××) | 매출원가 | (×××) |
| **매출총이익** | ××× | **매출총이익** | ××× |
| 판매비와 관리비 | (×××) | 판매비와 관리비 | (×××) |
| **영업이익** | ××× | **영업이익** | ××× |
| 영업외손익 | ××× | 영업외손익 | ××× |
| 법인세비용차감전순이익 | ××× | 법인세비용차감전순이익 | ××× |
| 법인세비용 | (×××) | 법인세비용 | (×××) |
| 계속영업이익 | ××× | 계속영업이익 | ××× |
| 중단영업손익 | ××× | 중단영업손익 | ××× |
| **당기순이익** | ××× | **당기순이익** | ××× |
| **기타포괄손익** | ××× | | |
| **총포괄이익** | ××× | | |

| 포괄손익계산서 | |
| --- | --- |
| ㈜×× | 20×1.1.1 ~ 20×1.12.31 |
| 당기순이익 | ××× |
| 기타포괄손익 | ××× |
| 총포괄이익 | ××× |

③ 국제회계기준은 영업손익의 구분표시를 언급하고 있지 않다. 이에 따라 기업들은 영업이익에 포함되는 항목들을 자의적으로 결정하여 기업 간의 비교가능성을 저해하는 문제점들이 나타나게 되었다. 이와 같은 문제점을 해결하기 위해 2012년부터 **영업손익 산출에 포함된 주요항목과 그 금액을 포괄손익계산서의 본문에 표시할 수도 있고 주석으로 공시할 수도 있도록** 하였다. 영업손익은 매출액에서 매출원가 및 판매비와관리비를 차감한 금액으로 결정한다.

④ 또한 지분법적용투자주식에의 투자를 주된 영업으로 하지 않는 기업은 지분법이익을 영업이익에 포함하지 않는다. 그러나 지분법적용투자주식에의 투자를 주된 영업으로 하는 기업은 지분법이익을 영업이익에 포함한다.

⑤ 한편, 기업회계기준서 제1001호에 따라 영업이익 산정에 포함된 항목 이외에 기업의 고유 영업환경을 반영하는 그 밖의 수익 또는 비용 항목이 있다면 이러한 항목을 영업이익에 추가하여 별도의 영업성과 측정치를 산정하고, 이를 포괄손익계산서 본문에 표시되는 영업이익과 명확히 구별되도록 조정영업이익으로 주석에 공시하도록 규정하고 있다.

| 구분 | 표시방법 |
|---|---|
| 영업이익 | 매출액 − 매출원가 − 판매비와 관리비 |
| 계속영업이익 | 세전금액과 법인세비용을 구분표시 |
| 중단영업손익 | 세후금액으로 표시 |
| 기타포괄손익 | 재분류조정을 하는 항목과 재분류조정을 하지 않는 항목으로 구분 표시 |

## 5 당기손익과 관련된 비용의 분류방법

비용은 빈도, 손익의 발생가능성 및 예측가능성의 측면에서 서로 다를 수 있는 재무성과의 구성요소를 강조하기 위해 세분류로 표시한다. 기업은 성격별 분류방법과 기능별 분류 방법 중 신뢰성 있고 더욱 목적적합한 정보를 제공할 수 있는 방법을 적용하여 당기손익으로 인식한 비용의 분석내용을 표시한다.

### 1. 성격별 분류방법

성격별 분류방법은 당기손익에 포함된 비용을 그 성격별로 통합하며, 기능별로 재배분하지 않는다. 기능별로 재배분하지 않으므로 적용이 간편하다. 성격별로 분류한다는 것은 각 항목의 유형별로 구분표시한다는 것으로 감가상각비, 원재료의 구입, 운송비, 종업원급여, 광고비 등으로 분류한다.

| 포괄손익계산서 | |
|---|---|
| ㈜ ×× | 20×1.1.1 ~ 20×1.12.31 |
| 수익 | ××× |
| 영업비용 | (×××) |
| 　제품과 재공품의 변동 | ××× |
| 　원재료와 소모품의 사용액 | ××× |
| 　종업원 급여 | ××× |
| 　감가상각비 | ××× |
| 　기타상각비 | ××× |
| 　기타비용 | ××× |
| 영업이익 | ××× |
| 영업외손익 | ××× |
| 법인세비용차감전순이익 | ××× |
| 법인세비용 | (×××) |
| 당기순이익 | ××× |
| 기타포괄손익 | ××× |
| 총포괄이익 | ××× |

### 2. 기능별 분류방법

① 기능별 분류방법은 비용을 매출원가, 그리고 물류원가와 관리활동원가 등과 같이 기능별로 분류하는 방법으로 매출원가법이라고도 한다. 이 방법은 적어도 매출원가는 다른 비용과 분리하여 공시한다.

② 이 방법은 성격별 분류보다 재무제표 이용자에게 더욱 목적적합한 정보를 제공할 수 있으나 비용을 배분하는 데 담당자의 자의적인 배분과 상당한 정도의 판단이 개입될 수 있다.

③ 또한 비용의 성격에 대한 정보가 미래 현금흐름을 예측하는 데 더 유용하기 때문에 비용을 기능별로 분류하는 경우에는 성격별 분류에 따른 추가 공시가 필요하다. 따라서 비용을 기능별로 분류하는 기업은 감가상각비, 기타 상각비와 종업원급여비용을 포함하여 **비용의 성격에 대한 추가 정보를 공시한다.**

| 포괄손익계산서 | |
|---|---|
| ㈜ ×× | 20×1.1.1 ~ 20×1.12.31 |
| 수익 | ××× |
| **매출원가** | (×××) |
| 매출총이익 | ××× |
| 판매비와 관리비 | (×××) |
| 영업이익 | ××× |
| 영업외손익 | ××× |
| 법인세비용차감전순이익 | ××× |
| 법인세비용 | (×××) |
| 당기순이익 | ××× |
| 기타포괄손익 | ××× |
| 총포괄이익 | ××× |

| 성격별 분류 | 기능별 분류 |
|---|---|
| • 비용을 발생원천별로 분류<br>• 성격별(감가상각비, 원재료의 구입, 운송비, 광고비 등)로 분류하는 경우 기능별로 재분류하지 않음<br>• 성격별 정보가 미래 현금흐름 예측에는 더 유용한 정보를 제공 | • 매출원가법이라고도 함<br>• 비용을 역할에 따라 분류<br>• 기능별 분류가 성격별 분류보다 더욱 목적적합한 정보를 제공할 수 있으나 기능별 배분과정에 자의적 배분과 상당한 정도의 판단이 개입될 가능성이 있음<br>• 기능별로 분류할 경우 비용의 성격에 대한 추가 정보 공시 |

## 3. 기타포괄손익

수익과 비용은 결산과정을 거쳐 재무상태표의 자본에 반영된다. 당기순손익을 구성하는 수익과 비용은 마감과정을 거쳐 그 순액이 재무상태표의 자본 중 이익잉여금에 집합된다. 이에 반해 기타포괄손익을 구성하는 수익과 비용 항목은 각각 재무상태표의 자본 중 기타포괄손익누계액에 집합되어 다음연도로 이월된다.

① 기타포괄손익의 종류

㉠ 기타포괄손익(Other Comprehensive Income)은 다른 한국채택국제회계기준에서 요구하거나 허용하여 당기손익으로 인식하지 않은 수익과 비용항목을 말하며, 재분류조정을 포함

한다. 기타포괄손익은 손익거래이지만 당기손익에 포함하지 않고 자본으로 별도로 보고하는 항목을 말한다.

ⓛ 기타포괄손익은 후속적으로 당기손익으로 재분류되지 않는 항목과 특정 조건을 충족하는 경우 당기손익으로 재분류되는 항목으로 구분되어 표시된다.

| 후속적으로 당기손익으로 재분류되지 않는 항목 | ⓐ 유·무형자산의 재평가 시 인식하는 재평가잉여금<br>ⓑ 확정급여제도의 재측정요소<br>ⓒ 기타포괄손익－공정가치 측정항목으로 선택한 금융자산의 공정가치 평가손익(지분상품)<br>ⓓ FVPL 지정 금융부채의 신용위험 변동에 따른 공정가치평가손익 |
|---|---|
| 후속적으로 당기손익으로 재분류되는 항목 | ⓐ 기능통화와 표시통화가 다를 경우 기능통화로 작성된 재무제표를 표시통화로 환산하는 과정에서 발생하는 외환차이<br>ⓑ 기타포괄손익－공정가치로 측정하는 채무상품의 공정가치평가손익<br>ⓒ 현금흐름 위험회피 파생상품평가손익 중 위험회피에 효과적인 부분 |

② 재분류조정

㉠ 재분류조정은 당기나 과거 기간에 기타포괄손익으로 인식되었으나 당기손익으로 재분류된 금액을 말한다. 재분류조정은 해당 금융자산이 처분되거나 해외사업장을 매각할 때, 위험회피 예상거래가 당기손익에 영향을 미칠 때 발생한다.

㉡ 그러나 재분류조정은 재평가잉여금의 변동이나 순확정급여부채(자산)의 재측정요소에 의해서는 발생하지 않는다. 이러한 구성요소는 기타포괄손익으로 인식하고 후속 기간에 당기손익으로 재분류하지 않는다. 재평가잉여금의 변동은 자산이 사용되는 후속 기간 또는 자산이 제거될 때 이익잉여금으로 대체될 수 있다.

③ 기타포괄손익의 표시방법

㉠ 기타포괄손익으로 분류되는 항목들은 당기손익으로 재분류되지 않는 항목과 당기손익으로 재분류되는 항목으로 각각 구분하여 포괄손익계산서의 기타포괄손익으로 표시한다.

㉡ 기타포괄손익의 항목은 다음 중 한 가지 방법으로 표시할 수 있다.

ⓐ 관련 법인세 효과를 차감한 순액으로 표시
ⓑ 기타포괄손익의 항목과 관련된 법인세 효과 반영 전 금액으로 표시하고 각 항목들에 관련된 법인세 효과는 단일 금액으로 합산하여 표시

### 6 기타 세부제표

## 1. 현금흐름표

현금흐름표는 영업활동, 투자활동, 재무활동별로 기업의 일정기간 동안의 현금 및 현금성자산의 변동에 관한 정보를 제공하는 재무제표이다.

## 2. 자본변동표

자본변동표는 일정기간 동안의 자본의 변동에 관한 정보를 제공하는 재무제표이다. 자본변동표는 자본의 각 구성요소별로 당기순이익과 기타포괄손익의 각 항목 및 소유주와의 자본거래에 따른 변동액을 구분하여 표시한다.

## 3. 주석

주석은 실무적으로 적용이 가능한 체계적인 방법으로 표시한다. 주석은 재무상태표, 포괄손익계산서, 자본변동표 및 현금흐름표에 표시하는 정보에 추가하여 제공된 정보이다. 주석은 상기 재무제표에 표시된 항목을 구체적으로 설명하거나 세분화하고, 상기 재무제표 인식요건을 충족하지 못하는 항목에 대한 정보를 제공한다.

주석에 일반적으로 표시하는 내용과 순서는 다음과 같다.

① 한국채택국제회계기준을 준수하였다는 사실
② 적용한 유의적인 회계정책의 요약
③ 한국채택국제회계기준에서 요구하는 정보이지만 재무제표 어느 곳에도 표시되지 않는 정보
④ 재무제표 어느 곳에도 표시되지 않지만 재무제표를 이해하는 데 목적적합한 정보

---

### ◈ 기준서 제1034호 중간재무보고

**중간재무보고서의 내용**

중간재무보고는 연차보고서를 작성하기 전에 작성되는 재무보고서로 다음과 같은 특징이 있다.

(1) 중간재무보고서는 적시성과 재무제표 작성 비용의 관점에서 또한 이미 보고된 정보와의 중복을 방지하기 위하여 **중간재무보고서에는 연차재무제표에 비하여 적은 정보를 공시할 수 있다.**
(2) 중간재무보고서는 최소한 다음의 구성요소를 포함하여야 한다.

> ① 요약 재무상태표
> ② 요약 포괄손익계산서
> ③ 요약 자본변동표
> ④ 요약 현금흐름표
> ⑤ 선별적 주석

(3) 직전 연차재무보고서를 연결기준으로 작성하였다면 중간재무보고서도 **연결기준으로 작성하여야 한다.**
(4) 연차재무제표의 결과가 보고빈도에 따라 달라지지 않아야 한다. 이러한 목적을 달성하기 위하여 중간재무보고를 위한 측정은 해당 회계연도 누적기간을 기준으로 하여야 한다.
(5) **중간재무제표는 연차재무제표에 적용하는 회계정책과 동일한 회계정책을 적용하여 작성한다.**
(6) 연차보고기간 말에 미리 예측하여 인식하거나 이연하는 것이 적절하지 않은 경우 중간보고기간 말에도 미리 예측하여 인식하거나 이연하여서는 아니 된다. 연중 고르지 않게 발생하는 원가의 경우에도 연차보고기간 말에 미리 비용으로 예측하여 인식하거나 이연하는 것이 타당한 방법으로 인정되는 경우에 한하여 중간재무보고서에서도 동일하게 처리한다.

(7) 직전 연차재무보고서에 이미 보고된 정보에 대한 갱신사항이 상대적으로 경미하다면 중간재무보고서에 주석으로 보고할 필요는 없다.

> ◈ 중간재무제표의 비교공시

| 구분 | 20×1년 6월 30일로 종료되는 중간기간(12월 말 결산법인) | |
|---|---|---|
| | 당기(20×1년) | 전기(20×0년) |
| 재무상태표 | 6월 30일 현재 | 12월 31일 현재 |
| 포괄손익계산서 | 4월 1일부터 6월 30일까지(중간기간)<br>1월 1일부터 6월 30일까지(누적기간) | 4월 1일부터 6월 30일까지<br>1월 1일부터 6월 30일까지 |
| 자본변동표<br>현금흐름표 | 1월 1일부터 6월 30일까지(누적기간) | 1월 1일부터 6월 30일까지 |

(8) 중요성을 평가하는 과정에서 중간기간의 측정은 연차재무자료의 측정에 비하여 추정에 의존하는 정도가 크다는 점을 고려하여야 한다. 중요성 판단은 중간기간의 재무자료에 근거하여 판단한다.

(9) 특정 중간기간에 보고된 추정금액이 최종 중간기간에 중요하게 변동하였지만 최종 중간기간에 대하여 별도의 재무보고를 하지 않는 경우, 추정의 변동 내용과 금액을 해당 회계연도의 연차재무제표에 주석으로 공시하여야 한다.

▼ 재무상태표와 포괄손익계산서의 계정과목

### 재무상태표

20×1년 12월 31일 (단위 : 원)

| [유동자산] | | [유동부채] | ××× |
|---|---|---|---|
| 현금 및 현금성자산 | ××× | 매입채무 | ××× |
| 단기금융상품 | ××× | 단기차입금 | ××× |
| 매출채권 | ××× | 미지급금 | ××× |
| 미수금 | ××× | 선수금 | ××× |
| 선급금 | ××× | 예수금 | ××× |
| 선급비용 | ××× | 미지급비용 | ××× |
| 재고자산 | ××× | 미지급법인세 | ××× |
| [비유동자산] | | 유동성장기부채 | ××× |
| 상각후원가측정금융자산 | ××× | [비유동부채] | |
| 기타포괄손익-공정가치 측정 금융자산 | ××× | 사채 | ××× |
| 유형자산 | ××× | 장기충당부채 | ××× |
| 무형자산 | ××× | [자본] | |
| 이연법인세자산 | ××× | 자본금 | ××× |
| 투자부동산 | ××× | 자본잉여금 | ××× |
| | | 기타포괄손익누계액 | ××× |
| | | 이익잉여금 | ××× |
| 자산 합계 | ××× | 부채 및 자본 합계 | ××× |

| 자본잉여금 | 주식발행초과금, 감자차익, 자기주식처분이익 |
|---|---|
| 자본조정(+) | 미교부주식배당금, 주식선택권 |
| 자본조정(−) | 주식할인발행차금, 감자차손, 자기주식처분손실, 자기주식 |

**포괄손익계산서**

20×1.1.1 ∼ 20×1.12.31　(단위 : 원)

| | |
|---|---|
| 수익(매출액) | ×××　 |
| 매출원가 | (×××) |
| **매출총이익** | ×××　 |
| **판매비와관리비** | (×××) |
| 영업이익 | ×××　 |
| 기타수익 | ×××　 |
| 기타비용 | (×××) |
| 금융수익 | ×××　 |
| 금융비용(원가) | (×××) |
| 법인세비용차감전순이익 | ×××　 |
| **법인세비용** | (×××) |
| 계속영업이익 | ×××　 |
| **당기순이익** | ×××　 |
| **기타포괄손익** | ×××　 |
| 기타포괄손익 − 공정가치금융자산평가손익 | ×××　 |
| 순확정급여부채(자산) 재측정요소 | ×××　 |
| **총포괄이익** | <u>×××</u>　 |

01   재무상태표는 유동성 순서에 따라 표시하는 것이 원칙이다. (   )

02   기업이 재무상태표에 유동자산과 비유동자산, 그리고 유동부채와 비유동부채로 구분하여 표시하는 경우, 이연법인세자산(부채)은 유동자산(부채)으로 분류한다. (   )

03   당기손익 부분은 별개의 손익계산서에 표시할 수 있다. 그러한 경우, 별개의 손익계산서는 포괄손익을 표시하는 보고서 바로 앞에 위치한다. (   )

04   재무제표가 한국채택국제회계기준의 요구사항을 모두 충족한 경우가 아니라고 하더라도 부분적으로 한국채택국제회계기준을 준수하여 작성되었다고 기재할 수 있다. (   )

05   재고자산에 대한 재고자산평가충당금과 매출채권에 대한 손실충당금과 같은 평가충당금을 차감하여 관련 자산을 순액으로 측정하는 것은 상계표시에 해당하지 아니한다. (   )

06   기업은 발생기준 회계를 사용하여 전체 재무제표를 작성한다. (   )

07   유사한 항목은 중요성 분류에 따라 재무제표에 구분하여 표시하며, 상이한 성격이나 기능을 가진 항목은 통합하여 표시한다. (   )

08   유동자산은 보고기간 후 12개월 이내에 실현될 것으로 예상되지 않는 경우에도 재고자산 및 매출채권과 같이 정상영업수기의 일부로서 판매, 소비 또는 실현되는 자산을 포함한다. (   )

09   영업주기는 영업활동을 위한 자산의 취득시점부터 그 자산이 현금이나 현금성자산으로 실현되는 시점까지 소요되는 기간이다. 정상영업주기는 12개월을 초과할 수 없다. (   )

10   수익과 비용의 어느 항목도 당기손익과 기타포괄손익을 표시하는 보고서 또는 주석에 특별손익 항목으로 표시할 수 없다. (   )

11   비용을 성격별로 분류하는 기업은 비용의 기능에 대한 추가 정보를 공시한다. (   )

12   보고기간 말 이전에 장기차입약정을 위반했을 때 대여자가 즉시 상환을 요구할 수 있는 채무는 보고기간 후 재무제표 발행승인일 전에 채권자가 약정위반을 이유로 상환을 요구하지 않기로 합의한다면 비유동부채로 분류한다. (   )

13  기업이 보고기간 말 현재 기존의 대출계약조건에 따라 보고기간 후 적어도 12개월 이상 부채를 연장할 권리가 있더라도 보고기간 후 12개월 이내에 만기가 도래하는 경우 유동부채로 분류한다. (    )

14  재무제표에 적용하는 중요성 기준과 주석에 적용하는 중요성 기준은 동일해야 한다. (    )

15  포괄손익계산서상 비용을 성격별로 분류하면 기능별로 분류하는 경우에 비해 재무제표 이용자에게 더욱 목적적합한 정보를 제공할 수 있으나 비용을 성격별로 분류하는 데 자의적 배분이 이루어질 수 있다. (    )

16  기타포괄손익의 항목은 이와 관련된 법인세효과 반영 전 금액으로 표시하고 각 항목들에 관련된 법인세효과는 단일금액으로 합산하여 표시할 수도 있으며, 관련 법인세효과를 차감한 순액으로 표시할 수도 있다. (    )

17  이익잉여금처분계산서는 상법 등 관련법규에서 이익잉여금처분계산서의 작성을 요구하는 경우에는 주석으로 공시한다. (    )

18  영업이익에는 포함되지 않았지만, 기업의 영업성과를 반영하는 그 밖의 수익 또는 비용항목이 있다면 영업이익에 이러한 항목을 가감한 금액을 조정영업이익 등의 명칭을 사용하여 주석으로 공시할 수 있다. (    )

19  중간재무보고서는 연차재무제표에 비해 적시성은 낮고 신뢰성은 높다. (    )

01　재무상태표는 유동성 순서에 따라 표시하는 것이 원칙이다. ( ✕ )
　　➡ 재무상태표는 유동, 비유동 구분 표시와 유동성배열법, 혼합법 중 하나의 방법으로 표시할 수 있다.

02　기업이 재무상태표에 유동자산과 비유동자산, 그리고 유동부채와 비유동부채로 구분하여 표시하는 경우, 이연법인세자산(부채)은 유동자산(부채)으로 분류한다. ( ✕ )
　　➡ 이연법인세자산(부채)은 비유동자산(부채)으로 분류한다.

03　당기손익 부분은 별개의 손익계산서에 표시할 수 있다. 그러한 경우, 별개의 손익계산서는 포괄손익을 표시하는 보고서 바로 앞에 위치한다. ( ○ )

04　재무제표가 한국채택국제회계기준의 요구사항을 모두 충족한 경우가 아니라고 하더라도 부분적으로 한국채택국제회계기준을 준수하여 작성되었다고 기재할 수 있다. ( ✕ )
　　➡ 재무제표가 한국채택국제회계기준의 요구사항을 모두 충족한 경우가 아니라면 한국채택국제회계 기준을 준수하여 작성되었다고 기재하여서는 아니 된다.

05　재고자산에 대한 재고자산평가충당금과 매출채권에 대한 손실충당금과 같은 평가충당금을 차감하여 관련 자산을 순액으로 측정하는 것은 상계표시에 해당하지 아니한다. ( ○ )

06　기업은 발생기준 회계를 사용하여 전체 재무제표를 작성한다. ( ✕ )
　　➡ 기업은 현금흐름에 관한 정보를 제외하고는 발생기준 회계를 사용하여 재무제표를 작성한다.

07　유사한 항목은 중요성 분류에 따라 재무제표에 구분하여 표시하며, 상이한 성격이나 기능을 가진 항목은 통합하여 표시한다. ( ✕ )
　　➡ 유사한 항목은 중요성 분류에 따라 재무제표에 구분하여 표시하며, 상이한 성격이나 기능을 가진 항목은 구분하여 표시한다.

08　유동자산은 보고기간 후 12개월 이내에 실현될 것으로 예상되지 않는 경우에도 재고자산 및 매출채권과 같이 정상영업주기의 일부로서 판매, 소비 또는 실현되는 자산을 포함한다. ( ○ )

09　영업주기는 영업활동을 위한 자산의 취득시점부터 그 자산이 현금이나 현금성자산으로 실현되는 시점까지 소요되는 기간이다. 정상영업주기는 12개월을 초과할 수 없다. ( ✕ )
　　➡ 정상영업주기는 12개월을 초과할 수 있다. 다만 정상영업주기를 명확히 식별할 수 없다면 12개월인 것으로 본다.

10　수익과 비용의 어느 항목도 당기손익과 기타포괄손익을 표시하는 보고서 또는 주석에 특별손익 항목으로 표시할 수 없다. ( ○ )

11　비용을 성격별로 분류하는 기업은 비용의 기능에 대한 추가 정보를 공시한다. ( ✕ )
　　➡ 비용을 기능별로 분류하는 기업은 비용의 성격에 대한 추가 정보를 공시한다.

12    보고기간 말 이전에 장기차입약정을 위반했을 때 대여자가 즉시 상환을 요구할 수 있는 채무는 보고기간 후 재무제표 발행승인일 전에 채권자가 약정위반을 이유로 상환을 요구하지 않기로 합의한다면 비유동부채로 분류한다. ( ✕ )
➡️ 상환을 요구하지 않기로 합의하더라도 유동부채로 분류한다.

13    기업이 보고기간 말 현재 기존의 대출계약조건에 따라 보고기간 후 적어도 12개월 이상 부채를 연장할 권리가 있더라도 보고기간 후 12개월 이내에 만기가 도래하는 경우 유동부채로 분류한다. ( ✕ )
➡️ 보기업이 보고기간 말 현재 기존의 대출계약조건에 따라 보고기간 후 적어도 12개월 이상 부채를 연장할 권리가 있는 경우 보고기간 후 12개월 이내에 만기가 도래하더라도 비유동부채로 분류한다.

14    재무제표에 적용하는 중요성 기준과 주석에 적용하는 중요성 기준은 동일해야 한다. ( ✕ )
➡️ 재무제표에 적용하는 중요성 기준과 주석에 적용하는 중요성 기준은 다를 수 있다.

15    포괄손익계산서상 비용을 성격별로 분류하면 기능별로 분류하는 경우에 비해 재무제표 이용자에게 더욱 목적적합한 정보를 제공할 수 있으나 비용을 성격별로 분류하는 데 자의적 배분이 이루어질 수 있다. ( ✕ )
➡️ 포괄손익계산서상 비용을 기능별로 분류하면 성격별로 분류하는 경우에 비해 재무제표 이용자에게 더욱 목적적합한 정보를 제공할 수 있으나 비용을 기능별로 분류하는 데 자의적 배분이 이루어질 수 있다.

16    기타포괄손익의 항목은 이와 관련된 법인세효과 반영 전 금액으로 표시하고 각 항목들에 관련된 법인세효과는 단일금액으로 합산하여 표시할 수도 있으며, 관련 법인세효과를 차감한 순액으로 표시할 수도 있다. ( ○ )

17    이익잉여금처분계산서는 상법 등 관련법규에서 이익잉여금처분계산서의 작성을 요구하는 경우에는 주석으로 공시한다. ( ○ )

18    영업이익에는 포함되지 않았지만, 기업의 영업성과를 반영하는 그 밖의 수익 또는 비용항목이 있다면 영업이익에 이러한 항목을 가감한 금액을 조정영업이익 등의 명칭을 사용하여 주석으로 공시할 수 있다. ( ○ )

19    중간재무보고서는 연차재무제표에 비해 적시성은 낮고 신뢰성은 높다. ( ✕ )
➡️ 중간재무보고서는 연차재무제표에 비해 적시성은 높고 신뢰성은 낮다.

 답   01 ✕   02 ✕   03 ○   04 ✕   05 ○   06 ✕   07 ✕   08 ○   09 ✕   10 ○
         11 ✕   12 ✕   13 ✕   14 ✕   15 ✕   16 ○   17 ○   18 ○   19 ✕

## 01 다음 중 재무제표 표시에 대한 설명으로 옳지 않은 것은? `12년 CPA`

① 기업이 재무상태표에 유동자산과 비유동자산, 유동부채와 비유동부채로 구분하여 표시하는 경우, 이연법인세자산(부채)은 유동자산(부채)으로 분류한다.

② 기타포괄손익은 재평가잉여금의 변동, 해외사업장의 재무제표 환산으로 인한 손익, 기타포괄손익-공정가치 측정 금융자산 재측정손익, 현금흐름위험회피의 위험회피 수단의 평가손익 중 효과적인 부분 등을 포함한다.

③ 유동자산에는 보고기간 후 12개월 이내에 실현될 것으로 예상되지 않는 경우에도 재고 자산 및 매출채권과 같이 정상영업주기의 일부로서 판매, 소비 또는 실현되는 자산이 포함된다.

④ 재무제표가 계속기업의 가정하에 작성되지 않는 경우에는 그 사실과 함께 재무제표 가 작성된 기준 및 그 기업을 계속기업으로 보지 않는 이유를 공시하여야 한다.

⑤ 회계정책을 적용하는 과정에서 추정에 관련된 공시와는 별도로, 재무제표에 인식되 는 금액에 유의적인 영향을 미친 경영진이 내린 판단은 유의적인 회계정책의 요약 또는 기타 주석사항으로 공시한다.

> **해설**
> 기업이 재무상태표에 유동자산과 비유동자산, 그리고 유동부채와 비유동부채를 구분하여 표시하 는 경우, 이연법인세자산(부채)은 유동자산(부채)으로 분류하지 아니한다.

## 02 재무제표 표시에 관한 설명으로 옳지 않은 것은? `13년 CTA`

① 비용을 기능별로 분류하는 기업은 감가상각비, 기타 상각비와 종업원급여비용을 포 함하여 비용의 성격에 대한 추가 정보를 공시한다.

② 부적절한 회계정책은 이에 대하여 공시나 주석 또는 보충자료를 통해 설명하더라도 정당화될 수 없다.

③ 계속기업의 가정이 적절한지의 여부를 평가할 때 경영진은 적어도 보고기간 말로부 터 향후 12개월 기간에 대하여 이용가능한 모든 정보를 고려한다.

④ 보고기간 종료일을 변경하여 재무제표의 보고기간이 1년을 초과하거나 미달하는 경우 에는 재무제표 해당 기간뿐만 아니라 보고기간이 1년을 초과하거나 미달하게 된 이유 와 재무제표에 표시된 금액이 완전하게 비교가능하지 않다는 사실을 추가로 공시한다.

⑤ 기업이 재무상태표에 유동자산과 비유동자산, 그리고 유동부채와 비유동부채로 구 분하여 표시하는 경우, 이연법인세자산(부채)은 유동자산(부채)으로 분류한다.

> **해설**
> 기업이 재무상태표에 유동자산과 비유동자산, 그리고 유동부채와 비유동부채를 구분하여 표시하는 경우, 이연법인세자산(부채)은 유동자산(부채)으로 분류하지 아니한다.

## 03 재무제표 표시에 관한 내용으로 옳지 않은 것은? 11년 CTA

① 한국채택국제회계기준을 준수하여 작성된 재무제표는 국제회계기준을 준수하여 작성된 재무제표임을 주석으로 공시할 수 있다.

② 보고기간 말 이전에 장기차입약정을 위반했을 때 대여자가 즉시 상환을 요구할 수 있는 채무는 보고기간 후 재무제표 발행승인일 전에 채권자가 약정위반을 이유로 상환을 요구하지 않기로 합의한다면 비유동부채로 분류한다.

③ 비용을 기능별로 분류하는 기업은 감가상각비, 기타 상각비와 종업원급여비용을 포함하여 비용의 성격에 대한 추가 정보를 공시한다.

④ 정상영업주기 내에 사용되는 운전자본의 일부인 매입채무 그리고 종업원 및 그 밖의 영업원가에 대한 미지급비용은 보고기간 후 12개월 후에 결제일이 도래한다 하더라도 유동부채로 분류한다.

⑤ 재고자산에 대한 재고자산평가충당금과 매출채권에 대한 손실충당금과 같은 평가충당금을 차감하여 관련 자산을 순액으로 측정하는 것은 상계표시에 해당하지 아니한다.

> **해설**
> 보고기간 말 이전에 장기차입약정을 위반했을 때 대여자가 즉시 상환을 요구할 수 있는 채무는 보고기간 후 재무제표 발행승인일 전에 채권자가 약정위반을 이유로 상환을 요구하지 않기로 합의하더라도 유동부채로 분류한다.

## 04 재무제표 표시에 관한 일반사항으로 옳지 않은 것은? 23년 기출

① 서술형 정보는 당기 재무제표를 이해하는 데 목적적합하더라도 비교정보를 표시하지 아니한다.

② 재무제표가 계속기업 기준으로 작성되지 않을 경우, 그 사실과 함께 재무제표 작성기준과 계속기업으로 보지 않는 이유를 공시하여야 한다.

③ 기업은 현금흐름 정보를 제외하고는 발생기준 회계를 사용하여 재무제표를 작성한다.

④ 중요하지 않은 항목은 성격이나 기능이 유사한 항목과 통합하여 표시할 수 있다.

⑤ 한국채택국제회계기준을 준수하여 작성된 재무제표는 공정하게 표시된 재무제표로 본다.

> **해설**
> 서술형 정보는 당기 재무제표를 이해하는 데 목적적합한 경우 비교정보를 표시한다.

**05** 재무제표 표시의 일반사항에 관한 설명으로 옳지 않은 것은? 22년 관세사

① 재고자산평가충당금과 손실충당금과 같은 평가충당금을 차감하여 관련 자산을 순액으로 측정하는 것은 상계표시에 해당한다.

② 한국채택국제회계기준을 준수하여 작성된 재무제표는 국제회계기준을 준수하여 작성된 재무제표임을 주석으로 공시할 수 있다.

③ 기업은 현금흐름 정보를 제외하고는 발생기준 회계를 사용하여 재무제표를 작성한다.

④ 부적절한 회계정책은 이에 대하여 공시나 주석 또는 보충 자료를 통해 설명하더라도 정당화될 수 없다.

⑤ 한국채택국제회계기준이 달리 허용하거나 요구하는 경우를 제외하고는 당기 재무제표에 보고되는 모든 금액에 대해 전기 비교정보를 표시한다.

**해설**

재고자산평가충당금과 손실충당금과 같은 평가충당금을 차감하여 관련 자산을 순액으로 측정하는 것은 상계표시에 해당하지 않는다.

**06** 기업회계기준서 제1001호 '재무제표 표시'에 대한 다음 설명 중 옳지 않은 것은? 22년 CPA

① 한국채택국제회계기준에서 요구하거나 허용하지 않는 한 자산과 부채 그리고 수익과 비용은 상계하지 아니한다.

② 계속기업의 가정이 적절한지의 여부를 평가할 때 기업이 상당 기간 계속 사업이익을 보고하였고 보고기간 말 현재 경영에 필요한 재무자원을 확보하고 있는 경우에도, 자세한 분석을 의무적으로 수행하여야 하며 이용가능한 모든 정보를 고려하여 계속기업을 전제로 한 회계처리가 적절하다는 결론을 내려야 한다.

③ 기업은 비용의 성격별 또는 기능별 분류방법 중에서 신뢰성 있고 더욱 목적적합한 정보를 제공할 수 있는 방법을 적용하여 당기손익으로 인식한 비용의 분석내용을 표시한다.

④ 유사한 항목은 중요성 분류에 따라 재무제표에 구분하여 표시하고, 상이한 성격이나 기능을 가진 항목은 구분하여 표시한다. 다만 중요하지 않은 항목은 성격이나 기능이 유사한 항목과 통합하여 표시할 수 있다.

⑤ 재무제표 항목의 표시나 분류를 변경하는 경우 실무적으로 적용할 수 없는 것이 아니라면 비교금액도 재분류해야 한다.

**해설**

기업이 상당 기간 계속사업이익을 보고하였고, 보고기간 말 현재 경영에 필요한 재무자원을 확보하고 있는 경우에는 자세한 분석이 없이도 계속기업을 전제로 한 회계처리가 적절하다는 결론을 내릴 수 있다.

**07** 재무제표 표시에 관한 설명으로 옳은 것은?  20년 기출

① 비용을 성격별로 분류하는 경우에는 적어도 매출원가를 다른 비용과 분리하여 공시해야 한다.

② 기타포괄손익의 항목(재분류조정 포함)과 관련한 법인세비용 금액은 포괄손익계산서에 직접 표시해야 하며 주석을 통한 공시는 허용하지 않는다.

③ 유동자산과 비유동자산을 구분하여 표시하는 경우라면 이연법인세자산을 유동자산으로 분류할 수 있다.

④ 한국채택국제회계기준에서 별도로 허용하지 않는 한, 중요하지 않은 항목이라도 유사항목과 통합하여 표시해서는 안 된다.

⑤ 경영진은 재무제표를 작성할 때 계속기업으로서의 존속가능성을 평가해야 한다.

해설
① 비용을 기능별로 분류하는 경우에는 적어도 매출원가를 다른 비용과 분리하여 공시해야 한다.
② 기타포괄손익의 항목(재분류조정 포함)과 관련한 법인세비용 금액은 다음의 한 가지 방법으로 표시할 수 있다.
   ㉠ 관련 법인세 효과를 차감한 순액으로 표시(법인세효과는 주석 공시)
   ㉡ 기타포괄손익의 항목과 관련된 법인세 효과 반영 전 금액으로 표시하고, 각 항목들에 관련된 법인세 효과는 단일금액으로 합산하여 표시
③ 유동자산과 비유동자산을 구분하여 표시하는 경우라면 이연법인세자산을 유동자산으로 분류할 수 없다.
④ 중요하지 않은 항목은 성격이나 기능이 유사한 항목과 통합하여 표시할 수 있다.

**08** 재무제표 표시에 관한 설명으로 옳은 것은?  24년 기출

① 기업이 재무상태표에 유동자산과 비유동자산, 그리고 유동부채와 비유동부채로 구분하여 표시하는 경우, 이연법인세자산은 유동자산으로 분류한다.

② 한국채택국제회계기준을 준수하여 작성된 재무제표는 국제회계기준을 준수하여 작성된 재무제표임을 주석으로 공시할 수 있다.

③ 환경 요인이 유의적인 산업에 속해 있는 경우나 종업원이 재무제표 이용자인 경우 재무제표 이외에 환경보고서나 부가가치보고서도 한국채택국제회계기준을 적용하여 작성한다.

④ 부적절한 회계정책은 이에 대하여 공시나 주석 또는 보충자료를 통해 설명하여 정당화될 수 있다.

⑤ 당기손익과 기타포괄손익은 별개의 손익계산서가 아닌 단일의 포괄손익계산서로 작성되어야 한다.

① 기업이 재무상태표에 유동자산과 비유동자산, 그리고 유동부채와 비유동부채로 구분하여 표시하는 경우, 이연법인세자산은 유동자산으로 분류하지 아니한다.

③ 재무제표 이외에 환경보고서나 부가가치보고서는 한국채택국제회계기준을 적용하여 작성하지 아니한다.

④ 부적절한 회계정책은 이에 대하여 공시나 주석 또는 보충자료를 통해 설명하더라도 정당화될 수 없다.

⑤ 당기손익과 기타포괄손익은 단일 또는 별개의 손익계산서로 작성할 수 있다.

## 09 재무제표 표시에 관한 설명으로 옳은 것은? 〔17년 기출〕

① 비용을 기능별로 분류하는 것이 성격별 분리보다 더욱 목적적합한 정보를 제공하므로, 비용은 기능별로 분류한다.

② 재무상태표에 표시되는 자산과 부채는 반드시 유동자산과 비유동자산, 유동부채와 비유동부채로 구분하여 표시하여야 한다.

③ 영업이익에 포함되지 않은 항목 중 기업의 영업성과를 반영하는 그 밖의 수익 항목이 있다면 조정영업이익으로 포괄손익계산서 본문에 표시하여야 한다.

④ 재무제표에는 중요하지 않아 구분하여 표시하지 않은 항목이라도 주석에서는 구분 표시해야 할 만큼 충분히 중요할 수 있다.

⑤ 부적절한 회계정책은 이에 대하여 공시나 주석 또는 보충자료를 통해 설명할 수 있다면 정당화될 수 있다.

① 비용은 기능별, 성격별 분류 중 선택가능하다. 다만, 성격별 분류가 현금흐름 전망에 더 유용한 정보를 제공하므로 기능별 분류방법을 택하는 경우 성격별에 대한 추가공시가 필요하다.

② 자산과 부채는 유동, 비유동 구분표시, 유동성배열법, 혼합법 중 선택가능하다.

③ 조정영업이익은 주석에 공시한다.

⑤ 부적절한 회계정책은 이에 대하여 공시나 주석 또는 보충자료를 통해 설명하더라도 정당화될 수 없다.

**10** 재무제표 표시에 관한 설명으로 옳은 것은?  `19년 관세사`

① 기업은 재무제표, 연차보고서, 감독기구 제출서류 또는 다른 문서에 표시되는 그 밖의 정보 등 외부에 공시되는 모든 재무적 및 비재무적 정보에 한국채택국제회계기준을 적용하여야 한다.

② 투자자산 및 영업용자산을 포함한 비유동자산의 처분손익은 처분대가에서 그 자산의 장부금액과 관련처분비용을 차감하여 상계표시한다.

③ 경영진이 기업을 청산하거나 경영활동을 중단할 의도를 가지고 있거나 청산 또는 경영활동의 중단의도가 있을 경우에도 계속기업을 전제로 재무제표를 작성한다.

④ 한국채택국제회계기준의 요구사항을 모두 충족하지 않더라도 일부만 준수하여 재무제표를 작성한 기업은 그러한 준수 사실을 주석에 명시적이고 제한없이 기재한다.

⑤ 변경된 표시방법의 지속가능성이 낮아 비교가능성을 저해하더라도 재무제표 이용자에게 신뢰성 있고 더욱 목적적합한 정보를 제공한다고 판단할 때에는 재무제표의 표시방법을 변경한다.

**해설**

① 재무제표는 한국채택국제회계기준을 적용해야 하지만 그 외의 보고서까지 모두 한국채택국제회계기준을 적용할 필요는 없다.

③ 경영활동을 중단할 의도를 가지고 있거나 청산 또는 경영활동의 중단의도가 있을 경우에는 계속기업을 전제로 재무제표를 작성하여서는 아니 된다.

④ 한국채택국제회계기준의 요구사항을 모두 충족하여야 한다.

⑤ 변경된 표시방법의 지속가능성이 높아 재무제표 이용자에게 신뢰성 있고 더욱 목적적합한 정보를 제공한다고 판단할 때에는 재무제표의 표시방법을 변경한다.

**11** 재무제표 표시에 관한 설명으로 옳지 않은 것은?  `24년 관세사`

① 경영진은 재무제표를 작성할 때 계속기업으로서의 존속가능성을 평가해야 한다.

② 한국채택국제회계기준에서 요구하거나 허용하지 않는 한 자산과 부채 그리고 수익과 비용은 상계하지 아니한다.

③ 기업이 명확히 식별 가능한 영업주기 내에서 재화나 용역을 제공하는 경우, 재무상태표에 유동자산과 비유동자산 및 유동부채와 비유동부채를 구분하여 표시한다.

④ 자산과 부채의 실현 예정일에 대한 정보는 기업의 유동성과 부채 상환능력을 평가하는 데 유용하다.

⑤ 대여자가 즉시 상환을 요구할 수 있는 채무는 보고기간 후 재무제표 발행승인일 전에 상환을 요구하지 않기로 합의하면 비유동부채로 분류한다.

**해설**

대여자가 즉시 상환을 요구할 수 있는 채무는 보고기간 후 재무제표 발행승인일 전에 상환을 요구하지 않기로 합의하더라도 유동부채로 분류한다.

**12** ㈜대한의 20×3년 말 회계자료는 다음과 같다.

| | | | |
|---|---|---|---|
| • 매출액 | ₩300,000 | • 매출원가 | ₩128,000 |
| • 대손상각비 | ₩4,000 | • 급여 | ₩30,000 |
| • 사채이자비용 | ₩2,000 | • 감가상각비 | ₩3,000 |
| • 임차료 | ₩20,000 | • 유형자산처분이익 | ₩2,800 |
| • 상각후원가측정금융자산처분이익 | ₩5,000 | | |

㈜대한이 20×3년도 기능별 포괄손익계산서에 보고할 영업이익은 얼마인가? (단, 대손상각비는 매출채권에서 발생한 것이다.)  `14년` `CTA`

① ₩113,000　　　　　　② ₩115,000　　　　　　③ ₩117,800

④ ₩120,000　　　　　　⑤ ₩120,800

**해설**

1) 영업이익 = ₩300,000(매출액) − ₩128,000(매출원가) − ₩4,000(대손상각비) − ₩30,000(급여)
　　− ₩3,000(감가상각비) − ₩20,000(임차료) = ₩115,000
2) 유형자산처분이익, 상각후원가측정금융자산처분이익, 사채이자비용 : 영업외손익

**13** 당기순손익과 총포괄손익 간의 차이를 발생시키는 항목으로 옳은 것을 모두 고른 것은?  `19년` `기출`

| |
|---|
| ㄱ. 감자차익　　　　　　　　　　ㄴ. 주식선택권 |
| ㄷ. 확정급여제도의 재측정요소　　ㄹ. 이익준비금 |
| ㅁ. 해외사업장의 재무제표 환산으로 인한 손익 |

① ㄱ, ㄴ　　　　　　　　　② ㄱ, ㅁ

③ ㄴ, ㄷ　　　　　　　　　④ ㄴ, ㄹ

⑤ ㄷ, ㅁ

**해설**

당기순손익과 총포괄손익 간의 차이를 발생시키는 항목은 기타포괄손익이다.
확정급여제도의 재측정요소는 재분류가 금지되는 기타포괄손익이며, 해외사업장의 재무제표 환산으로 인한 손익은 재분류되는 기타포괄손익이다.

**14** 기타포괄손익 항목 중 후속적으로 당기손익으로 재분류조정될 수 있는 것은?

18년 CTA

① 최초 인식시점에서 기타포괄손익-공정가치측정금융자산으로 분류한 지분상품의 공정가치 평가손익
② 확정급여제도의 재측정요소
③ 현금흐름위험회피 파생상품 평가손익 중 위험회피에 효과적인 부분
④ 무형자산 재평가잉여금
⑤ 관계기업 유형자산 재평가로 인한 지분법기타포괄손익

**해설**

현금흐름위험회피 파생상품 평가손익 중 위험회피에 효과적인 부분은 재분류조정되는 기타포괄손익이다. 나머지는 모두 재분류가 금지되는 기타포괄손익이다.

**15** 다음은 중간재무보고에 대한 설명이다.

| | |
|---|---|
| A | 중간재무제표에 포함되는 포괄손익계산서, 자본변동표 및 현금흐름표는 당해 회계연도 누적기간만을 직전 회계연도의 동일기간과 비교하는 형식으로 작성한다. |
| B | 계절적, 주기적 또는 일시적으로 발생하는 수익은 연차보고기간말에 미리 예측하여 인식하거나 이연하는 것이 적절하지 않은 경우 중간보고기간말에도 미리 예측하여 인식하거나 이연해서는 안 된다. |
| C | 특정 중간기간에 보고된 추정금액이 최종 중간기간에 중요하게 변동하였지만 최종 중간기간에 대하여 별도의 재무보고를 하지 않는 경우, 추정의 변동 성격과 금액을 해당 회계연도의 연차재무제표에 주석으로 공시해야 한다. |

위의 기술 중 옳은 것을 모두 고른다면?

18년 CPA

① B        ② C
③ A, B     ④ B, C
⑤ A, B, C

**해설**

A : 중간재무제표에 포함되는 자본변동표 및 현금흐름표는 당해 회계연도 누적기간만을 직전 회계연도의 동일기간과 비교하는 형식으로 작성한다. 포괄손익계산서는 중간기간과 누적기간을 직전 회계연도의 동일기간과 비교하는 형식으로 작성한다.

답 01 ① 02 ⑤ 03 ② 04 ① 05 ①
06 ② 07 ⑤ 08 ② 09 ④ 10 ②
11 ⑤ 12 ② 13 ⑤ 14 ③ 15 ④

Chapter

# 02   재무상태표

## 제4절 | 화폐의 시간가치

### 1  화폐의 시간가치

#### 1. 화폐의 시간가치

화폐는 시간의 경과에 따라 그 가치가 변한다. 물가의 변동과 수익률의 적용을 통해 오늘 100원의 가치는 1년 뒤 100원의 가치와는 다르다. 이렇게 화폐가 시간에 따라서 다른 가치를 가지는 것을 화폐의 시간가치(Time Value of Money)라고 한다. 현재 보유하고 있는 100원은 적절한 투자를 통해 그 가치를 증가시킬 수 있기 때문에 미래 일정시점의 100원보다는 높이 평가될 수 있다.

#### 2. 화폐의 시간가치 중요성

화폐의 시간가치가 중요한 의미를 가지는 이유는 일반적으로 개인이 미래의 현금보다 현재의 현금을 선호하기 때문이다. 이러한 경향을 '유동성 선호'라고 한다.

① 개인은 미래의 불확실성으로 인해 현재의 소비를 선호하는 경향이 있다.

② 미래의 현금흐름은 인플레이션에 따르는 구매력 감소의 위험이 존재한다.

③ 현재의 현금흐름은 투자 활동을 통해 더 많은 이익을 얻을 수도 있다.

### 2  화폐의 시간가치에 대한 기초개념

#### 1. 현재가치(Present Value : PV)

현재가치는 현재시점의 화폐의 가치를 의미한다. 미래시점의 가치를 할인율로 일정기간만큼 할인하여 산출한다.

> 계산식(복리)
>
> $$PV = \frac{FV}{(1+r)^n}$$
>
> PV : 현재가치, FV : 미래가치, $r$ : 할인율, $n$ : 기간

#### 2. 미래가치(Future Value : FV)

미래가치는 미래시점의 화폐 가치를 의미한다. 현재시점의 가치를 일정기간 동안 이자율만큼 증가시켜 산출한다.

계산식(복리)

$$FV = PV \times (1+r)^n$$

PV : 현재가치, FV : 미래가치, $r$ : 할인율, $n$ : 기간

## 3. 기간($n$)

기간은 화폐의 현재가치나 미래가치를 계산하는 횟수를 의미한다. 화폐의 시간가치를 계산할 때 현금흐름의 기간과 복리횟수가 일치해야 한다. 특히 현재가치와 미래가치 사이에 기간이 증가함에 따라서 화폐의 가치가 크게 변화한다.

## 4. 이자율($r$)

이자율은 현재의 금액이 일정기간 동안 늘어나는 비율을 나타낸다. 화폐의 시간가치를 계산할 때에는 현재가치와 미래가치를 연결시키는 역할을 한다. 현재가치를 미래가치로 증가시키는 비율을 의미하기도 하며, 미래가치를 현재가치로 계산할 때에는 할인율로도 사용된다.

이자가 붙는 방식은 단리와 복리가 있다.

① 단리방식 : 원금에만 이자가 붙는 방식

이자를 계산할 때 원금에 대해서만 일정한 시기에 약정한 이율을 적용하여 계산하는 방법이다. 단리방식은 이자에 대한 이자는 발생하지 않으며, 만기까지 원금과 이율의 변동이 없으면 일정한 기간 중에 발생하는 이자는 언제나 같다.

$$FV = PV \times (1 + r \times n)$$

② 복리방식 : 원금과 이자에 이자가 붙는 방식

복리방식은 기간 중 발생한 이자를 원금에 더하여 새로운 장부금액을 계산하고 이 장부금액에 이자율을 적용하여 이자를 계산하는 방식이다. 즉, 복리방식은 이자를 다시 재투자하여 이자가 또 이자를 낳게 되는데 그것까지 장부금액에 가산하여 금액을 계산하는 방법이다.

$$FV = PV \times (1+r)^n$$

**예제 4-1** 복리

20×1년 1월 1일 은행에 ₩1,000,000을 예금하였다. 해당 예금의 만기는 3년이며, 이자율은 연 5%라고 할 때 3년 뒤 수령할 수 있는 금액은 얼마인가? (단, 이자는 복리방식이다.)

해답

$$
\begin{aligned}
FV &= PV \times (1 + r)^n \\
&= ₩1,000,000 \times (1 + 0.05)^3 \\
&= ₩1,157,625
\end{aligned}
$$

## 3 화폐의 시간가치 계산유형

### 1. 일시금의 미래가치

일시금의 미래가치는 일반적으로 현재의 자금이 일정한 이자율로 상승하여 미래에 얼마의 가치를 가지는지를 계산할 때 사용한다.

---

**예제 4-2** 미래가치

㈜한국은 20×1년 1월 1일 현금 ₩5,000,000을 5년 동안 은행에 예금할 예정이다. 이자율이 연 8%이며, 복리라고 할 때, 5년 후 ㈜한국이 수령할 수 있는 금액은 얼마인가?

........................................................................................

[해답]

$$FV = PV \times (1 + r)^n$$
$$= ₩5,000,000 \times (1 + 0.08)^5$$
$$= ₩7,346,650$$

---

그런데 매번 미래가치를 계산하는 공식에 기초하여 금액을 계산할 수도 있지만 현재일시금(PV) ₩1에 대하여 다양한 기간과 이자율을 적용해서 일일이 미래가치를 계산해서 표로 만들어 놓는다면 미래가치를 보다 쉽게 계산할 수 있을 것이다.

이에 현재가치 ₩1에 대한 미래가치를 표로 만들어 놓은 것을 '₩1의 복리이자표'라고 하며 복리이자표는 아래와 같다.

● 복리이자표

| 기간(n) \ 이자율(r) | 5% | 6% | 7% | 8% | 9% | 10% |
|---|---|---|---|---|---|---|
| 1 | 1.05000 | 1.06000 | 1.07000 | 1.08000 | 1.09000 | 1.10000 |
| 2 | 1.10250 | 1.12360 | 1.14490 | 1.16640 | 1.18810 | 1.21000 |
| 3 | 1.15762 | 1.19102 | 1.22504 | 1.25971 | 1.29503 | 1.33100 |
| 4 | 1.21551 | 1.26248 | 1.31080 | 1.36049 | 1.41158 | 1.46410 |
| 5 | 1.27628 | 1.33823 | 1.40255 | 1.46933 | 1.53862 | 1.61051 |

위의 예제를 복리이자표에 근거하여 계산하면 ₩5,000,000 × 1.46933 = ₩7,346,650으로 계산할 수 있다.

---

미래가치 = ₩5,000,000 × $(1 + 0.08)^5$ = ₩7,346,650
미래가치 = ₩5,000,000 × <u>1.46933(5기간, 8%, 미래가치)</u> = ₩7,346,650

---

## 2. 일시금의 현재가치

일시금의 현재가치는 미래가치의 반대개념으로 미래 일시에 받을 금액을 복리를 적용한 이자로 할인하여 현시점의 가치로 환산한 금액을 말한다.

---

**예제 4-3** 현재가치

㈜한국은 3년 후 ₩1,331,000을 수령할 수 있는 예금에 가입하려고 한다. 이자율은 10%, 복리방식이라고 할 때 현재 얼마의 금액을 예치하면 되는가?

......................................................................

해답

$$PV = FV \div (1 + r)^3$$
$$= ₩1,331,000 \times \frac{1}{(1.1)^3}$$
$$= ₩1,000,000$$

---

현재가치의 계산 또한 현재가치 계산공식에 근거하여 금액을 측정할 수 있지만 이에 기초하여 미래일시금(FV) ₩1에 대하여 다양한 기간과 이자율을 적용해서 일일이 현재가치를 계산해서 표로 만들어 놓는다면 현재가치 계산이 보다 편리할 것이다. 이처럼 미래일시금 ₩1에 대한 현재가치를 계산하여 표로 만들어 놓은 것을 '₩1의 현가표'라고 하며, 현가계수표는 아래와 같다.

✅ 현가계수표

| 이자율(r) 기간(n) | 5% | 6% | 7% | 8% | 9% | 10% |
|---|---|---|---|---|---|---|
| 1 | 0.95238 | 0.94340 | 0.93458 | 0.92593 | 0.91743 | 0.90909 |
| 2 | 0.90703 | 0.89000 | 0.87344 | 0.85734 | 0.84168 | 0.82645 |
| 3 | 0.86384 | 0.83962 | 0.81630 | 0.79383 | 0.77218 | 0.75131 |
| 4 | 0.82270 | 0.79209 | 0.76290 | 0.73503 | 0.70843 | 0.68301 |
| 5 | 0.78353 | 0.74726 | 0.71299 | 0.68058 | 0.64993 | 0.62092 |

위의 예제를 현재가치계수표에 근거하여 계산하면 ₩1,331,000 × 0.75131 = ₩1,000,000으로 계산할 수 있다.

---

현재가치 = ₩1,331,000 × $\frac{1}{(1.1)^3}$ = ₩1,000,000

현재가치 = ₩1,331,000 × 0.75131(3기간, 10%, 현가계수) = ₩1,000,000

---

## 3. 연금의 현재가치

연금이란 매기 일정한 금액의 현금을 지급하거나 받는 것을 의미한다. 동일한 현금흐름이 매기 반복적으로 나타날 때 연금이라고 한다. 연금 형태의 현금흐름이 발생하는 가장 대표적인 것은 채권의 이자를 떠올릴 수 있다. 매기 일정한 이자를 지급하기로 약정한 채권은 채권의 만기까지 매 이자를 지급하는 시기마다 같은 현금흐름이 발생하게 된다. 이를 가리켜 연금이라고 한다.

만약 이자율이 10%이며, 1년 후부터 3년간 매년 ₩100,000씩 유입되는 경우 현재가치를 계산해 보면 아래와 같다.

| 수령시점 | 현재가치 | 현재가치(현가표) |
|---|---|---|
| 1년 후<br>2년 후<br>3년 후 | ₩100,000 ÷ (1.1) = ₩90,909<br>₩100,000 ÷ $(1.1)^2$ = ₩82,645<br>₩100,000 ÷ $(1.1)^3$ = ₩75,131 | ₩100,000 × 0.90909 = ₩90,909<br>₩100,000 × 0.82645 = ₩82,645<br>₩100,000 × 0.75131 = ₩75,131 |
| 현재가치 합계 | ₩248,685 | ₩100,000 × (0.90909 + 0.82645 + 0.75131) = ₩248,685 |

현가계수표를 이용하여 계산한 연금의 현재가치를 보면 결국 연금의 현재가치는 매기 반복되는 현금흐름에 해당 기간의 현재가치계수를 누적 합계한 금액과의 곱으로 계산되는 점을 확인할 수 있다. 즉, 연금의 현재가치는 각 기마다의 수령액의 현재가치를 찾아서 합계한 금액에 해당하므로 매기 수령하는 금액에 현가표상의 현가를 더한 연금현가를 곱하여 보다 간단하게 계산할 수도 있다. 이처럼 연금 1에 대해 다양한 기간과 이사율을 적용해서 일일이 연금의 현재가치를 계산하여 작성한 표를 '₩1의 연금현가표'라고 한다.

● 연금현가표

| 이자율(r)<br>기간(n) | 5% | 6% | 7% | 8% | 9% | 10% |
|---|---|---|---|---|---|---|
| 1 | 0.95238 | 0.94340 | 0.93458 | 0.92593 | 0.91743 | 0.90909 |
| 2 | 1.85941 | 1.83339 | 1.80802 | 1.78326 | 1.75911 | 1.73554 |
| 3 | 2.72325 | 2.67301 | 2.62432 | 2.57710 | 2.53129 | 2.48685 |
| 4 | 3.54595 | 3.46511 | 3.38721 | 3.31213 | 3.23972 | 3.16987 |
| 5 | 4.32948 | 4.21236 | 4.10020 | 3.99271 | 3.88965 | 3.79079 |

위의 예제를 연금현가표에 근거하여 계산하면 ₩100,000 × 2.48685 = ₩248,685으로 계산할 수 있다.

---

연금현재가치 = ₩100,000 × $[\dfrac{1}{(1+0.1)} + \dfrac{1}{(1+0.1)^2} + \dfrac{1}{(1+0.1)^3}]$ = ₩248,685

= ₩100,000 × 2.48685(3기간, 10%, 연금현가계수) = ₩248,685

---

## 4 화폐의 시간가치 계산사례

### 1. 액면이자율(표시이자율) = 시장이자율

예제
**4-4** 현재가치 회계

㈜한국은 20×1년 1월 1일 ㈜민국에 ₩1,000,000을 대여하였다. 대여금은 액면 ₩1,000,000, 만기는 20×3년 12월 31일이며, 매년 말 10%의 이자를 수령하기로 하였다. 20×1년 초 시장이자율은 10%이다.

[물음]
1. 20×1년 1월 1일의 장기대여금의 현재가치를 계산하시오.
2. 20×1년 1월 1일부터 20×3년 12월 31일까지 장기대여금의 회계처리를 하시오.

⋯⋯⋯⋯⋯⋯⋯⋯⋯⋯⋯⋯⋯⋯⋯⋯⋯⋯⋯⋯⋯⋯⋯⋯⋯⋯⋯⋯⋯⋯⋯⋯⋯

해답

1. 장기대여금의 현재가치
   = ₩1,000,000 × 0.75131(3기간, 10%, 현가) + ₩100,000 × 2.48685(3기간, 10%, 연금현가)
   = ₩1,000,000

2. 장기대여금 회계처리

| | | | | | |
|---|---|---|---|---|---|
| 20×1.1.1 | (차) 장기대여금 | 1,000,000 | (대) 현금 | 1,000,000 |
| 20×1.12.31 | (차) 현금 | 100,000 | (대) 이자수익 | 100,000 |
| 20×2.12.31 | (차) 현금 | 100,000 | (대) 이자수익 | 100,000 |
| 20×3.12.31 | (차) 현금 | 100,000 | (대) 이자수익 | 100,000 |
| | (차) 현금 | 1,000,000 | (대) 장기대여금 | 1,000,000 |

## 2. 액면이자율(표시이자율) < 시장이자율

> **예제 4-5** 현재가치 회계
>
> ㈜한국은 20×1년 1월 1일 ㈜민국에 ₩950,258를 대여하였다. 대여금은 액면 ₩1,000,000, 만기는 20×3년 12월 31일이며, 매년 말 8%의 이자를 수령하기로 하였다. 20×1년 초 시장이자율은 10%이다.
>
> [물음]
> 1. 20×1년 1월 1일의 장기대여금의 현재가치를 계산하시오.
> 2. 20×1년 1월 1일부터 20×3년 12월 31일까지 장기대여금의 회계처리를 하시오.
>
> ┄┄┄┄┄┄┄┄┄┄┄┄┄┄┄┄┄┄┄┄┄┄┄┄┄┄┄┄┄┄┄┄┄┄┄┄┄┄┄┄
>
> **해답**
>
> 1. 장기대여금의 현재가치
>    = ₩1,000,000 × 0.75131(3기간, 10%, 현가계수) + ₩80,000 × 2.48685(3기간, 10%, 연금현가계수)
>    = ₩950,258
>
> | 상각표 | | | | |
> |---|---|---|---|---|
> | 일자 | 유효이자(10%) | 표시이자(8%) | 상각액 | 장부금액 |
> | 20×1.1.1 | | | | ₩950,258 |
> | 20×1.12.31 | ₩95,026 | ₩80,000 | ₩15,026 | 965,284 |
> | 20×2.12.31 | 96,528 | 80,000 | 16,528 | 981,812 |
> | 20×3.12.31 | 98,188 | 80,000 | 18,188 | 1,000,000 |
> | 합계 | ₩289,742 | ₩240,000 | ₩49,742 | |
>
> 2. 장기대여금 회계처리
>
> | | | | | | |
> |---|---|---|---|---|---|
> | 20×1.1.1 | (차) 장기대여금 | 950,258 | (대) 현금 | 950,258 |
> | 20×1.12.31 | (차) 현금 | 80,000 | (대) 이자수익 | 95,026 |
> | | 장기대여금 | 15,026 | | |
> | 20×2.12.31 | (차) 현금 | 80,000 | (대) 이자수익 | 96,528 |
> | | 장기대여금 | 16,528 | | |
> | 20×3.12.31 | (차) 현금 | 80,000 | (대) 이자수익 | 98,188 |
> | | 장기대여금 | 18,188 | | |
> | | (차) 현금 | 1,000,000 | (대) 장기대여금 | 1,000,000 |

예제 [4-5]의 사례를 보면 장기대여를 하는 20×1년 1월 1일의 시장이자율은 10%이다. 그러나 액면이자율은 8%로 시장이자율보다 낮은 이자율로 결정되었다고 할 때, 20×1년 1월 1일 해당 장기대여금의 시간가치를 더 잘 설명하는 이자율은 시장이자율이다.

그러므로 장기대여금은 20×1년 초 시장이자율인 10%로 할인하며, 이에 따라 ₩950,258을 대여하게 된다.

이후 시간이 경과함에 따라 시간을 대여해 준 대여자에게는 이자수익이 발생하고, 시간을 차입한 차입자는 이자비용이 발생하게 되는데 이때의 이자수익과 이자비용은 시간에 대한 가치를 반영해야 하며 10%의 이자율이 시간에 대한 가치가 될 것이다.

그러나 실제 20×1년도 말에 받게 되는 현금수령액은 ₩80,000으로 시간에 대한 공정한 가치만큼 금액을 수령하지 못했기 때문에 해당 금액의 차이만큼 장기대여금의 장부금액을 증가시켜 만기에 돌려받게 되는 ₩1,000,000의 금액으로 증가시킨다.

이처럼 시간의 가치와 현금수령액의 차이만큼 장부금액을 증감시켜 나가는 방식을 유효이자율법이라고 하며, K-IFRS는 이자에 대한 회계처리로 유효이자율법만 인정하고 있다.

## 3. 액면이자율(표시이자율) > 시장이자율

> **예제 4-6  현재가치 회계**
>
> ㈜한국은 20×1년 1월 1일 ㈜민국에 ₩1,049,732를 대여하였다. 대여금은 액면 ₩1,000,000, 만기는 20×3년 12월 31일이며, 매년 말 12%의 이자를 수령하기로 하였다. 20×1년 초 시장이자율은 10%이다.
>
> [물음]
> 1. 20×1년 1월 1일의 장기대여금의 현재가치를 계산하시오.
> 2. 20×1년 1월 1일부터 20×3년 12월 31일까지 장기대여금의 회계처리를 하시오.
>
> ---
>
> **해답**
> 1. 장기대여금의 현재가치
>    = ₩1,000,000 × 0.75131(3기간, 10%, 현가계수) + ₩120,000 × 2.48685(3기간, 10%, 연금현가계수)
>    = ₩1,049,732

| 상각표 | | | | |
|---|---|---|---|---|
| 일자 | 유효이자(10%) | 표시이자(12%) | 상각액 | 장부금액 |
| 20×1.1.1 | | | | ₩1,049,732 |
| 20×1.12.31 | ₩104,973 | ₩120,000 | ₩15,027 | 1,034,705 |
| 20×2.12.31 | 103,471 | 120,000 | 16,529 | 1,018,176 |
| 20×3.12.31 | 101,824 | 120,000 | 18,176 | 1,000,000 |
| 합계 | ₩310,268 | ₩360,000 | ₩49,732 | |

### 2. 장기대여금 회계처리

| 일자 | 차변 | 금액 | 대변 | 금액 |
|---|---|---|---|---|
| 20×1.1.1 | (차) 장기대여금 | 1,049,732 | (대) 현금 | 1,049,732 |
| 20×1.12.31 | (차) 현금 | 120,000 | (대) 이자수익 | 104,973 |
| | | | 장기대여금 | 15,027 |
| 20×2.12.31 | (차) 현금 | 120,000 | (대) 이자수익 | 103,471 |
| | | | 장기대여금 | 16,529 |
| 20×3.12.31 | (차) 현금 | 120,000 | (대) 이자수익 | 101,824 |
| | | | 장기대여금 | 18,176 |
| | (차) 현금 | 1,000,000 | (대) 장기대여금 | 1,000,000 |

예제 [4-6]은 시간에 대한 가치인 10%보다 액면이자율이 더 큰 경우로 이 경우에는 시간에 대한 가치와의 차이분만큼 장기대여금의 장부금액을 줄여 만기 때 회수하는 금액으로 조정하는 회계처리를 한다.

---

**PLUS⁺ 화폐의 시간가치 연습문제**

**유형 1**

장부금액 ₩7,000인 토지를 20×3년 말에 ₩10,000을 수령하는 조건으로 20×1년 1월 1일 매각한 경우 회계처리를 수행하시오(20×1년 1월 1일 시장이자율 = 10%) (단, 3기간, 10%, 현가계수는 0.75131, 3기간, 10%, 연금현가계수는 2.48685이다).

① 현재가치 계산

PV = ₩10,000 × 0.75131 = ₩7,513

② 상각표

| 일자 | 유효이자 | 표시이자 | 상각액 | 장부금액 |
|---|---|---|---|---|
| 0 | | | | ₩7,513 |
| 1 | ₩751 | 0 | ₩751 | 8,264 |
| 2 | 826 | 0 | 826 | 9,090 |
| 3 | 910 | 0 | 910 | 10,000 |

③ 회계처리

| 일자 | 차변 | 금액 | 대변 | 금액 |
|---|---|---|---|---|
| 20×1.1.1 | (차) 장기미수금 | 7,513 | (대) 토지 | 7,000 |
| | | | 토지처분이익 | 513 |
| 20×1.12.31 | (차) 장기미수금 | 751 | (대) 이자수익 | 751 |
| 20×2.12.31 | (차) 장기미수금 | 826 | (대) 이자수익 | 826 |
| 20×3.12.31 | (차) 장기미수금 | 910 | (대) 이자수익 | 910 |
| | (차) 현금 | 10,000 | (대) 장기미수금 | 10,000 |

### 유형 2

장부금액 ₩200,000인 토지를 3년 후 ₩300,000을 수령하면서 매년 말 5%의 액면이자를 수령하기로 하고 20×1년 1월 1일 매각한 경우의 회계처리를 하시오(20×1년 1월 1일 시장이자율 = 10%) (단, 3기간, 10%, 현가계수는 0.75131, 3기간, 10%, 연금현가계수는 2.48685이다).

① 현재가치 계산

PV = ₩300,000 × 0.75131 + ₩15,000 × 2.48685 = ₩262,696

② 상각표

| 일자 | 유효이자 | 표시이자 | 상각액 | 장부금액 |
|---|---|---|---|---|
| 0 | | | | ₩262,696 |
| 1 | ₩26,270 | ₩15,000 | ₩11,270 | 273,966 |
| 2 | 27,397 | 15,000 | 12,397 | 286,363 |
| 3 | 28,637 | 15,000 | 13,637 | 300,000 |

③ 회계처리

| 20×1.1.1 | (차) 장기미수금 | 262,696 | (대) 토지 | 200,000 |
|---|---|---|---|---|
| | | | 토지처분이익 | 62,696 |
| 20×1.12.31 | (차) 현금 | 15,000 | (대) 이자수익 | 26,270 |
| | 장기미수금 | 11,270 | | |
| 20×2.12.31 | (차) 현금 | 15,000 | (대) 이자수익 | 27,397 |
| | 장기미수금 | 12,397 | | |
| 20×3.12.31 | (차) 현금 | 15,000 | (대) 이자수익 | 28,637 |
| | 장기미수금 | 13,637 | | |
| | (차) 현금 | 300,000 | (대) 장기미수금 | 300,000 |

### 유형 3

장부금액이 ₩200,000인 토지를 20×1년 1월 1일 매각하며 매각대금 수령은 3년 동안 매년 말 ₩100,000씩 수령하기로 하였다(20×1년 1월 1일 시장이자율 = 10%).

● 현가계수표

| 이자율(r) 기간(n) | 5% | 6% | 7% | 8% | 9% | 10% |
|---|---|---|---|---|---|---|
| 1 | 0.95238 | 0.94340 | 0.93458 | 0.92593 | 0.91743 | 0.90909 |
| 2 | 0.90703 | 0.89000 | 0.87344 | 0.85734 | 0.84168 | 0.82645 |
| 3 | 0.86384 | 0.83962 | 0.81630 | 0.79383 | 0.77218 | 0.75131 |
| 4 | 0.82270 | 0.79209 | 0.76290 | 0.73503 | 0.70843 | 0.68301 |
| 5 | 0.78353 | 0.74726 | 0.71299 | 0.68058 | 0.64993 | 0.62092 |

① 현재가치 계산

PV = ₩100,000 × 2.48685 = ₩248,685

② 상각표

| 일자 | 유효이자 | 표시이자 | 상각액 | 장부금액 |
|------|---------|---------|--------|---------|
| 0 | | | | ₩248,685 |
| 1 | ₩24,869 | – | ₩24,869 | 173,554 |
| 2 | 17,355 | – | 17,355 | 90,909 |
| 3 | 9,091 | – | 9,091 | 0 |

③ 회계처리

| 20×1.1.1 | (차) 장기미수금 | 248,685 | (대) 토지 | 200,000 |
|----------|----------------|---------|-----------|---------|
| | | | 토지처분이익 | 48,685 |
| 20×1.12.31 | (차) 현금 | 100,000 | (대) 이자수익 | 24,869 |
| | | | 장기미수금 | 75,131 |
| 20×2.12.31 | (차) 현금 | 100,000 | (대) 이자수익 | 17,355 |
| | | | 장기미수금 | 82,645 |
| 20×3.12.31 | (차) 현금 | 100,000 | (대) 이자수익 | 9,091 |
| | | | 장기미수금 | 90,909 |

### 유형 4

장부금액이 ₩200,000인 토지를 20×1년 1월 1일 매각하며 매각대금 수령은 매년 말 ₩100,000씩 3년간 수령하기로 하면서 매년 말 5%의 표시이자도 수령한다(20×1년 1월 1일 시장이자율 = 10%).

① 현재가치 계산

PV = ₩115,000 × 0.90909 + ₩110,000 × 0.82645 + ₩105,000 × 0.75131 = ₩274,342

② 상각표

| 일자 | 유효이자 | 표시이자 | 상각액 | 장부금액 |
|------|---------|---------|--------|---------|
| 0 | | | | ₩274,342 |
| 1 | ₩27,434 | ₩15,000 | ₩12,434 | 186,776 |
| 2 | 18,678 | 10,000 | 8,678 | 95,454 |
| 3 | 9,546 | 5,000 | 4,546 | 0 |

③ 회계처리

| 20×1.1.1 | (차) 장기미수금 | 274,342 | (대) 토지 | 200,000 |
|----------|----------------|---------|-----------|---------|
| | | | 토지처분이익 | 74,342 |
| 20×1.12.31 | (차) 현금 | 115,000 | (대) 이자수익 | 27,434 |
| | | | 장기미수금 | 87,566 |
| 20×2.12.31 | (차) 현금 | 110,000 | (대) 이자수익 | 18,678 |
| | | | 장기미수금 | 91,322 |
| 20×3.12.31 | (차) 현금 | 105,000 | (대) 이자수익 | 9,546 |
| | | | 장기미수금 | 95,454 |

## 제5절 재고자산

### 1 재고자산이란?

재고자산은 다음의 자산을 말한다.

> (1) 통상적인 영업과정에서 판매를 위하여 보유 중인 자산
> (2) 통상적인 영업과정에서 판매를 위하여 생산 중인 자산
> (3) 생산이나 용역제공에 사용될 원재료나 소모품

▶ 영업활동과정에서 판매를 목적으로 하여야 한다.

토지 및 건물 등의 부동산을 정상적인 영업과정에서 판매하기 위한 목적으로 보유하는 경우 이는 재고자산으로 분류될 것이다. 그러나 해당 부동산에 거주하면서 다른 매출로 수익을 얻는다면 이는 유형자산으로 분류되어야 하며, 임대수익 또는 시세차익 등을 목적으로 보유하는 경우에는 투자부동산으로 분류하는 것이 기업의 보유목적과 일치한다.

### 1. 재고자산의 종류

재고자산은 회사 업종에 따라 세분류에 차이가 있다. 상품매매업은 재고자산을 상품이라고 칭하며 제조업은 완성된 재고자산을 제품이라고 한다. 단, 제조업의 경우 제품을 생산하기 위해 여러 제조과정을 거치므로 그 과정에서 발생하는 원재료, 재공품, 반제품 등도 재고자산에 포함한다.

| 상품매매기업 | 상품 |
|---|---|
| 제조기업 | 제품, 재공품, 반제품, 원재료 등 |

### 2. 재고자산의 취득원가

재고자산은 취득원가와 순실현가능가치 중 낮은 금액으로 측정한다. 재고자산의 취득원가는 매입원가, 전환원가 및 재고자산을 현재의 장소와 현재의 상태로 이르게 하는 데 발생한 기타 원가 모두를 포함한다.

(1) 매입원가 : 매입가격 + 매입부대비용

① 재고자산의 매입원가 : 매입가격에 수입관세와 제세금(과세당국으로부터 추후 환급받을 수 있는 금액 제외), 매입운임, 하역료 그리고 완제품, 원재료 및 용역의 취득과정에 직접 관련된 기타 원가를 가산한 금액이다. 매입할인, 리베이트 및 기타 이와 유사한 항목은 매입원가를 결정할 때 차감한다.

② 순매입액, 순매출액

매입활동과 매출활동을 하는 경우 다음과 같은 각종 조정사항들이 발생할 수 있다.

| 매입환출(매출환입) | 하자를 원인으로 반품 |
|---|---|
| 매입에누리(매출에누리) | 하자를 원인으로 대금을 감액 |
| 매입할인(매출할인) | 결제대금의 조기지급, 회수에 따라 대금을 감액 |

③ 기타원가

기타원가는 재고자산을 현재의 장소와 상태에 이르게 하는 데 발생한 범위 내에서만 취득원가에 포함된다. 예컨대 특정한 고객을 위한 비제조간접원가 또는 제품 디자인원가를 재고자산의 원가에 포함하는 것이 적절할 수도 있다.

재고자산의 취득원가에 포함할 수 없으며 발생기간의 비용으로 인식하여야 하는 원가의 예는 다음과 같다.

> ㉠ 재료원가, 노무원가 및 기타 제조원가 중 **비정상적으로 낭비된 부분**
> ㉡ 후속 생산단계에 투입하기 전에 보관이 필요한 경우 **이외의 보관원가**
> ㉢ 재고자산을 현재의 장소와 현재의 상태로 이르게 하는 데 **기여하지 않은 관리간접원가**
> ㉣ **판매원가**

운반비용은 취득이나 생산과정에 수반되어 발생한 경우에만 재고자산의 매입원가에 포함시키고, 재고자산의 매입이나 생산 완료 후 단순한 위치 이동에 소요되는 운반비용의 경우에는 당기비용으로 인식한다. 창고비 등 재고자산의 보관비용도 취득이나 생산과정과 직접 관련된 경우에는 재고자산의 매입원가에 포함시키지만, 취득이나 생산 완료 후 당해 재고자산을 판매하기 전까지 단순히 보관하는 과정에서 발생하는 비용은 당기비용으로 인식한다.

재고자산을 후불조건으로 취득할 수도 있다. 계약이 실질적으로 금융요소를 포함하고 있다면, 해당 금융요소(예 정상신용조건의 매입가격과 실제지급액 간의 차이)는 금융이 이루어지는 기간 동안 **이자비용**으로 인식한다.

장기간 제조나 생산되는 재고자산도 적격자산에 해당되므로 당해 재고자산의 장기간 제조나 생산 등에 직접 관련된 차입원가가 있다면 이를 자본화한다.

(2) **제조원가 : 직접재료원가 + 전환원가 + 취득부대비용**

제조업의 경우 재고자산을 자가제조하여 취득원가를 구성한다. 제품을 만들기 위해 투입되는 직접비와 간접비 배분액에 해당 재고자산을 원하는 장소와 상태에 도달하게 하는 데 발생하는 취득부대비용을 가산하여 자가제조 재고자산의 취득원가로 측정한다.

① 재고자산의 전환원가는 직접노무원가 등 생산량과 직접 관련된 원가들 포함한다. 또한 원재료를 완제품으로 전환하는 데 발생하는 고정 및 변동 제조간접원가의 체계적인 배분액을 포함한다.

② 변동제조간접원가는 생산설비의 실제 사용에 기초하여 각 생산단위에 배부하고, 고정제조간접원가는 조업도에 따라 배분한다.

③ 고정제조간접원가는 생산설비의 **정상조업도(normal capacity)**에 기초하여 전환원가에 배부하고, 실제조업도가 정상조업도와 유사한 경우에는 실제조업도를 사용할 수 있다.

### (3) 원가측정방법

표준원가법이나 소매재고법 등의 방법으로 평가한 결과가 실제 원가와 유사한 경우에 편의상 사용할 수 있다. 이익률이 유사하고 품종변화가 심한 다품종 상품을 취급하는 유통업에서 실무적으로 다른 원가측정방법을 사용할 수 없는 경우에는 소매재고법을 사용할 수 있다.

## 2 기말재고금액

기말재고금액은 기말재고수량에 단위당 원가를 곱하여 계산한다. 기말재고자산의 가액을 결정하기 위해서는 우선 기말재고의 수량을 파악해야 하고, 기말재고의 단위당 원가를 계산한 후 이 둘을 곱하여 기말재고금액을 결정한다.

| 수량결정방법 | 단위원가결정방법 | |
|---|---|---|
| ① 계속기록법<br>② 실지재고조사법 | ① 개별법<br>② 선입선출법<br>③ 이동평균법 | ④ 총평균법<br>⑤ 후입선출법(인정되지 않음)<br>⑥ 소매재고법 |

## 1. 계속기록법(perpetual inventory method)

계속기록법은 재고자산의 입고와 출고를 장부에 계속적으로 기록하여 상품의 판매수량과 기말재고수량을 직접 파악하는 방법으로 장부상 수량을 파악하는 방법이라고도 한다. 계속기록법은 상품의 구입이나 판매가 발생하면 그때마다 수량과 단가를 기록하기 때문에 장부상으로 기말재고수량을 파악하는 것이 가능하다.

계속기록법은 실지재고조사법과 달리 기말 실사를 하기 전이라도 회계기간 중 보유재고를 파악할 수 있다는 장점이 있으나, 실사를 병행하지 않는다면 도난이나 감모 등의 수량 감소를 파악할 수 없다는 단점이 있다.

---

**예제 5-1** 계속기록법

㈜한국은 20×1년 1월 1일에 ₩300,000의 상품을 보유하고 있었으며 다음과 같은 영업활동을 수행하였다.

> 2월 10일 ₩500,000의 상품을 현금을 지급하고 매입하였다.
> 3월 20일 ₩400,000의 상품을 ₩700,000의 현금을 받고 판매하였다.
> 5월 10일 ₩200,000의 상품을 ₩400,000의 현금을 받고 판매하였다.
> 8월 5일 ₩100,000의 상품을 현금을 지급하고 매입하였다.

[물음]
㈜한국의 20×1년 회계처리를 수행하시오(단, ㈜한국은 계속기록법을 사용하여 매출과 매출원가를 기록한다).

---

| 해답 | | | | | | |
|---|---|---|---|---|---|---|
| 2월 10일 | (차) | 상품 | 500,000 | (대) | 현금 | 500,000 |
| 3월 20일 | (차) | 현금 | 700,000 | (대) | 매출 | 700,000 |
| | (차) | 매출원가 | 400,000 | (대) | 상품 | 400,000 |
| 5월 10일 | (차) | 현금 | 400,000 | (대) | 매출 | 400,000 |
| | (차) | 매출원가 | 200,000 | (대) | 상품 | 200,000 |
| 8월 5일 | (차) | 상품 | 100,000 | (대) | 현금 | 100,000 |

## 2. 실지재고조사법(physical inventory method)

실지재고조사법은 결산시점에 실제로 재고조사를 하여 기말재고 수량을 파악하는 방법이다. 실지재고조사법은 기중에는 수량을 파악하지 않고 기말시점에 수량을 파악하는 방법이며, 상품을 구입할 때는 매입으로, 상품을 판매하는 시점에는 매출만 기록한다.

실지재고조사법을 적용하면 상품재고장부만으로는 기말재고수량과 당기판매수량을 알 수 없다. 따라서 먼저 상품재고장으로부터 기초재고수량과 당기매입수량의 합계수량을 파악한 후, 실지재고조사에 의해 파악한 기말재고수량을 차감하여 당기판매수량을 계산한다.

---

**예제 5-2** 실지재고조사법

㈜한국은 20×1년 1월 1일에 ₩300,000의 상품을 보유하고 있었으며 다음과 같은 영업활동을 수행하였다.

> 2월 10일 ₩500,000의 상품을 현금을 지급하고 매입하였다.
> 3월 20일 ₩400,000의 상품을 ₩700,000의 현금을 받고 판매하였다.
> 5월 10일 ₩200,000의 상품을 ₩400,000의 현금을 받고 판매하였다.
> 8월 5일 ₩100,000의 상품을 현금을 지급하고 매입하였다.

[물음]
기말 현재 재고자산을 실사한 결과 ₩300,000임을 확인하였다고 할 때, ㈜한국의 20×1년 회계처리를 수행하시오(단, ㈜한국은 실지재고조사법을 사용하여 매출과 매출원가를 기록한다).

········································································································

| 해답 | | | | | | |
|---|---|---|---|---|---|---|
| 2월 10일 | (차) | 매입 | 500,000 | (대) | 현금 | 500,000 |
| 3월 20일 | (차) | 현금 | 700,000 | (대) | 매출 | 700,000 |
| 5월 10일 | (차) | 현금 | 400,000 | (대) | 매출 | 400,000 |
| 8월 5일 | (차) | 매입 | 100,000 | (대) | 현금 | 100,000 |
| 12월 31일 | (차) | 상품(기말) | 300,000 | (대) | 상품(기초) | 300,000 |
| | | 매출원가 | 600,000 | | 매입 | 600,000 |

## 3. 계속기록법과 실지재고조사법의 회계처리 요약

| 인식시기 | 계속기록법 | | 실지재고조사법 | |
|---|---|---|---|---|
| | 차변 | 대변 | 차변 | 대변 |
| ① 매입(외상) | 상품　×××　 | 매입채무　××× | 매입　××× | 매입채무　××× |
| ② 매출 | 현금　×××<br>매출원가　××× | 매출　×××<br>상품　××× | 현금　××× | 매출　××× |
| ③ 결산시점 | 결산분개 없음 | | 기말재고　×××<br>매출원가　××× | 기초재고　×××<br>매입(순)　××× |

### 3　재고자산의 단위원가 결정방법(원가흐름의 가정)

재고자산은 매입시점에 취득원가가 결정되어 자산으로 인식된다. 이후 당해 재고자산이 판매되면 자산에 계상되어 있는 금액 중 판매된 부분은 비용(매출원가)으로 대체되고, 판매되지 않은 부분은 기말재고자산으로 남게 된다. 이 중 기말재고금액은 기말재고수량과 단위당 원가(단위당 취득원가)의 곱으로 산출하는데 재고자산의 단위당 취득원가가 매입시점마다 상이하다면 얼마에 취득했던 재고자산이 판매되었는지 파악하는 것은 쉽지 않다.

$$기말재고금액 = 수량(Q) \times 단위원가(P)$$

가장 정확하게 기말재고수량에 곱하여질 단위당 취득원가를 구하는 방법은 실제 재고에 실제 단가를 적용하는 것이지만 재고자산을 매입하고 판매하는 과정이 빈번한 경우 일일이 단위당 원가를 확인하여 기말재고금액을 산출하기는 거의 불가능하다. 이에 따라 기업은 일정한 원가흐름가정에 따라 기말재고수량에 적용할 단위당 원가를 결정하게 된다.

이렇게 재고자산의 실물흐름과 관계없이 단위원가를 결정하는 것을 **원가흐름의 가정**(cost flow assumptions)이라고 하며, 매 회계기간별로 동일한 가정을 적용할 필요가 있다.

### 1. 개별법

① 개별법은 실제 재고에 실제 단가를 적용하는 방법이다. 즉, 개별법은 구입시점마다 상품의 원가에 해당하는 가격표를 부착한 후 실제 판매되었을 때나 기말재고금액을 계산할 때 부착된 가격표상의 단가를 적용해서 매출원가와 기말재고금액을 평가하는 방법이다.

② 개별법은 가장 정확한 매출원가와 기말재고금액 평가가 가능하지만 상품의 종류와 거래의 수가 많은 경우에는 현실적으로 적용하기가 매우 번거롭다.

③ 그러나 상호 교환이 가능한 재고자산의 경우 개별법을 적용하게 되면 판매되는 상품의 단가를 임의로 선택할 수 있기 때문에 이익조작의 여지가 있어 해당 경우에는 개별법을 금지하고 있다. 따라서 개별법은 상품의 종류가 적고 주로 고가인 보석, 골동품 등의 품목에 적용된다.

④ K-IFRS에서는 통상적으로 상호 교환될 수 없는 재고자산 항목의 원가와 특정 프로젝트별로 생산되고 분리되는 재화 또는 용역의 원가는 개별법을 사용하여 결정한다.

## 2. 선입선출법(First in First out : F.I.F.O)

① 선입선출법은 먼저 매입 또는 생산된 재고자산이 먼저 판매되고, 결과적으로 기말에 재고로 남아 있는 항목은 가장 최근에 매입 또는 생산된 항목이라고 가정하는 방법이다.

② 선입선출법은 매입한 순서대로 출고된다고 가정하는 것이므로 일반적인 물량흐름과 대체적으로 일치하는 방법이다. 또한 기말재고금액은 가장 최근에 매입한 단가로 대응되기 때문에 기말재고금액이 현행원가에 가장 가깝게 계산된다는 장점이 있다.

③ 그러나 구입단가가 계속 상승하는 경우에는 기말재고금액이 과대계상되고 매출원가는 과소계상되어 매출총이익이 과다하게 계상되는 것이 단점이다.

---

**예제 5-3 선입선출법**

㈜한국이 판매하는 의자의 20×1년 매입과 매출에 관한 자료는 다음과 같다.

| 일자 | 적요 | 수량 | 단가 |
|---|---|---|---|
| 1월 1일 | 기초재고 | 100개 | ₩90 |
| 3월 9일 | 매입 | 200개 | ₩150 |
| 5월 16일 | 매출 | 150개 | |
| 8월 20일 | 매입 | 50개 | ₩200 |
| 10월 25일 | 매입 | 50개 | ₩220 |
| 11월 28일 | 매출 | 200개 | |

해당 기업은 선입선출법을 적용하고 있다(단, 감모손실은 발생하지 않았다).

[물음]
1. 수량결정방법은 실지재고조사법이라고 할 때 매출원가와 기말재고금액을 결정하시오.
2. 수량결정방법은 계속기록법이라고 할 때 매출원가와 기말재고금액을 결정하시오.

........................................................................................

**해답**

1. 실지재고조사법
　(1) 기말재고수량 = 100개(기초재고수량) + 300개(매입량) − 350개(판매량) = 50개
　(2) 기말재고금액 = 50개(실사재고) × ₩220 = ₩11,000
　(3) 매출원가 = ₩9,000(기초재고) + ₩51,000(당기매입) − ₩11,000(기말재고) = ₩49,000

### 2. 계속기록법

상품재고장(선입선출법 적용)

| 날짜 | 적요 | 입고 | | | 출고 | | | 잔액 | | |
|---|---|---|---|---|---|---|---|---|---|---|
| | | 수량 | 단가 | 금액 | 수량 | 단가 | 금액 | 수량 | 단가 | 금액 |
| 1/1 | 기초재고 | 100 | 90 | 9,000 | | | | 100 | 90 | 9,000 |
| 3/9 | 매입 | 200 | 150 | 30,000 | | | | 100 | 90 | 9,000 |
| | | | | | | | | 200 | 150 | 30,000 |
| 5/16 | 매출 | | | | 100 | 90 | 9,000 | | | |
| | | | | | 50 | 150 | 7,500 | 150 | 150 | 22,500 |
| 8/20 | 매입 | 50 | 200 | 10,000 | | | | 150 | 150 | 22,500 |
| | | | | | | | | 50 | 200 | 10,000 |
| 10/25 | 매입 | 50 | 220 | 11,000 | | | | 150 | 150 | 22,500 |
| | | | | | | | | 50 | 200 | 10,000 |
| | | | | | | | | 50 | 220 | 11,000 |
| 11/28 | 매출 | | | | 150 | 150 | 22,500 | | | |
| | | | | | 50 | 200 | 10,000 | 50 | 220 | 11,000 |
| 12/31 | 기말재고 | | | | | | | 50 | 220 | 11,000 |
| | 합계 | 400 | | 60,000 | 350 | | 49,000 | | | |

(1) 매출원가 = ₩16,500 + ₩32,500 = ₩49,000
(2) 기말재고금액 = 50개 × ₩220 = ₩11,000

④ 선입선출법하에서는 위의 예제에서 보듯이 감모손실이 발생하지 않는다면 계속기록법과 실지재고조사법의 결과가 동일하다. 이는 선입선출법이 실제 물량흐름에 순응하는 방법이기 때문이다. 계속기록법을 적용하더라도 먼저 들어온 상품이 먼저 판매되기 때문에 가장 최근에 매입한 상품 순으로 기말재고가 남는다. 그러므로 수량계산방법이 어떤 것인지 관계없이 기말재고금액과 매출원가가 동일하게 된다.

## 3. 가중평균법

가중평균법은 기초재고자산과 회계기간 중에 매입 또는 생산된 재고자산이 골고루 판매되었다고 가정하는 것으로 기초재고자산과 회계기간 중 매입 또는 생산된 재고자산의 원가를 가중평균하여 단위원가를 결정하는 방법이다.

가중평균법을 사용할 경우 평균은 기업의 상황에 따라 주기적으로 계산하거나(월별, 분기별 가중평균법 등), 매입 또는 생산할 때마다(이동평균법) 계산할 수 있다.

① 총평균법(total weighted average cost method)

총평균법은 기말시점에 회계기간의 총원가를 총판매가능재고수량으로 나누어서 총평균단가를 산정하고 이 총평균단가를 기말 재고수량과 당기판매수량에 공통적으로 적용하여 기말재고금액과 매출원가금액을 산정하는 방법이다.

② 이동평균법(moving average cost method)

이동평균법은 상품을 매입 또는 생산할 때마다 직전의 재고금액에 새로 매입(생산)한 수량과 금액을 가산해서 가중평균단가를 새롭게 구하고 해당 단가를 판매 시 매출원가로 산정하는 방법이다. 해당 가중평균단가는 다음의 상품을 구입할 때까지 계속 단가로 적용하고 새로 상품을 구입하게 되면 다시 가중평균단가가 필요하기 때문에 매입할 때마다 판매 시 대응되는 단가 결정을 위해서 매출에 대응되는 원가를 결정하는 방법이다.

| 구분 | 총평균법 | 이동평균법 |
|---|---|---|
| 수량계산방법 | 실지재고조사법 | 계속기록법 |
| 단가계산시점 | 주기적(매월, 매년 등) | 상품 매입 시마다 |
| 평균단가 계산방법 | 총평균단가 $= \dfrac{기초재고액 + 당기매입액}{기초재고수량 + 당기매입수량}$ $= \dfrac{판매가능총원가}{판매가능총수량}$ | 이동평균단가 $= \dfrac{직전재고액 + 신규매입액}{직전재고수량 + 신규매입수량}$ |

**예제 5-4   가중평균법**

㈜한국에서 판매하는 의자의 20×1년 매입과 매출에 관한 자료는 다음과 같다.

| 일자 | 적요 | 수량 | 단가 |
|---|---|---|---|
| 1월 1일 | 기초재고 | 100개 | ₩90 |
| 3월 9일 | 매입 | 200개 | ₩150 |
| 5월 16일 | 매출 | 150개 | |
| 8월 20일 | 매입 | 50개 | ₩200 |
| 10월 25일 | 매입 | 50개 | ₩220 |
| 11월 28일 | 매출 | 200개 | |

해당 기업은 가중평균법을 적용하고 있다.

[물음]

1. 수량결정방법은 실지재고조사법이라고 할 때 매출원가와 기말재고금액을 결정하시오.
2. 수량결정방법은 계속기록법이라고 할 때 매출원가와 기말재고금액을 결정하시오.

**해답**

1. 총평균법
   (1) 총평균단가 = (₩9,000 + ₩51,000) ÷ 400개 = ₩150
   (2) 기말재고금액 = 50개 × ₩150 = ₩7,500
   (3) 매출원가 = ₩9,000(기초재고) + ₩51,000(당기매입) − ₩7,500(기말재고) = ₩52,500
       또는 350개(판매량) × ₩150 = ₩52,500

### 2. 이동평균법

상품재고장(이동평균법 적용)

| 날짜 | 적요 | 입고 | | | 출고 | | | 잔액 | | |
|------|------|------|------|------|------|------|------|------|------|------|
| | | 수량 | 단가 | 금액 | 수량 | 단가 | 금액 | 수량 | 단가 | 금액 |
| 1/1 | 기초재고 | 100 | 90 | 9,000 | | | | 100 | 90 | 9,000 |
| 3/9 | 매입 | 200 | 150 | 30,000 | | | | 300 | 130 | 39,000 |
| 5/16 | 매출 | | | | 150 | 130 | 19,500 | 150 | 130 | 19,500 |
| 8/20 | 매입 | 50 | 200 | 10,000 | | | | 200 | 147.5 | 29,500 |
| 10/25 | 매입 | 50 | 220 | 11,000 | | | | 250 | 162 | 40,500 |
| 11/28 | 매출 | | | | 200 | 162 | 32,400 | 50 | 162 | 8,100 |
| 12/31 | 기말재고 | | | | | | | 50 | 162 | 8,100 |
| | 합계 | 400 | | 60,000 | 350 | | 51,900 | | | |

- 3/9일 이동평균단가 = (₩9,000 + ₩30,000) ÷ 300개 = ₩130
- 10/25일 이동평균단가 = (₩29,500 + ₩11,000) ÷ 250개 = ₩162

(1) 매출원가 = ₩19,500 + ₩32,400 = ₩51,900
(2) 기말재고금액 = 50개 × ₩162 = ₩8,100

---

**예제 5-5** 원가흐름의 가정

다음은 ㈜한국의 20×1년 재고자산 관련 자료다. 선입선출법과 평균법으로 각각 기말재고금액을 계산하면 얼마인가? (단, 실지재고조사법을 적용하고, 재고자산감모손실과 평가손실은 없다.)

| 일자 | 내역 | 수량 | 매입단가 |
|------|------|------|----------|
| 1월 1일 | 기초재고 | 300개 | ₩150 |
| 3월 3일 | 매입 | 450 | 165 |
| 5월 6일 | 매출 | 600 | |
| 9월 3일 | 매입 | 300 | 180 |
| 12월 5일 | 매출 | 300 | |

**해답**

1. 선입선출법
   (1) 기말재고수량 = 300개(기초재고) + 750개(당기매입량) − 900개(판매량) = 150개
   (2) 기말재고금액 = 150개 × ₩180 = ₩27,000
2. 총평균법
   (1) 총평균단가 = (300개 × ₩150 + 450개 × ₩165 + 300개 × ₩180) ÷ 1,050개 = ₩165
   (2) 기말재고금액 = 150개 × ₩165 = ₩24,750

### 4. 적용개요

① 단위원가 결정방법에는 개별법, 선입선출법, 가중평균법이 있으며, 후입선출법은 국제회계기준에서 인정하지 않는다.

② 성격과 용도면에서 유사한 재고자산은 동일한 단위원가 결정방법을 적용하여야 하며, 성격이나 용도면에서 차이가 있는 재고자산에는 서로 다른 단위원가 결정방법을 적용할 수 있다.

③ 그러나 재고자산의 지역별 위치나 과세방식이 다르다는 이유만으로 동일한 재고자산에 다른 단위원가 결정방법을 적용하는 것은 정당화될 수 없다.

### 5. 원가흐름의 가정과 당기순이익 효과

① 앞서 여러 가지 원가흐름의 가정에 대해 살펴보았는데 어떤 원가흐름의 가정을 선택했는지에 따라 기말재고금액과 매출원가가 다른 것을 확인할 수 있었다. 즉, 어떤 원가흐름가정을 사용하여 재고자산을 평가하느냐에 따라 당기의 손익이 달라지는데 이를 원가흐름 가정의 당기순이익 효과라고 한다.

| 구분 | 선입선출법 | 이동평균법 | 총평균법 |
|---|---|---|---|
| 매출원가 | ₩49,000 | ₩51,900 | ₩52,500 |
| 재고자산 | ₩11,000 | ₩8,100 | ₩7,500 |

② 예제 [5-3, 5-4]에 의하면 선입선출법, 이동평균법, 총평균법의 기말재고금액과 매출원가의 크기는 기말재고금액의 경우 선입선출법이 가장 크고 그 다음은 이동평균법, 총평균법의 순서였다. 매출원가는 기말재고금액의 크기와 반대로 선입선출법이 가장 작고 당기순이익은 선입선출법이 가장 크다.

선입선출법의 기말재고금액이 가장 크게 계상된 이유는 매입 시마다 단가가 상승하는 인플레이션이 발생하였기 때문이다. 선입선출법은 가장 최근에 매입한 단가를 기말재고금액에 적용하므로 이동평균법, 총평균법을 적용하는 경우보다 기말재고금액이 크다.

---

〈원가흐름가정의 당기순이익 효과(물가상승 시)〉

기말재고금액           : 선입선출법 > 이동평균법 > 총평균법
매출원가(세후현금흐름)  : 선입선출법 < 이동평균법 < 총평균법
당기순이익(법인세 크기)  : 선입선출법 > 이동평균법 > 총평균법

※ 단, 매입단가가 지속적으로 하락하는 디플레이션의 경우 부등호 방향은 반대가 된다.

---

#### ⊘ 기말재고금액과 당기순이익의 관계

- 기말재고 증가 → 매출원가 감소 → 당기순이익 증가
- 기말재고 감소 → 매출원가 증가 → 당기순이익 감소

| | 20×1년 | 20×2년 | 20×1년 | 20×2년 |
|---|---|---|---|---|
| 기초재고<br>+ 당기매입<br>− 기말재고 | 증가 ↑ | 증가 ↑ | 감소 ↓ | 감소 ↓ |
| 매출원가 | 감소 ↓ | 증가 ↑ | 증가 ↑ | 감소 ↓ |
| 당기순이익 | 증가 ↑ | 감소 ↓ | 감소 ↓ | 증가 ↑ |

| 구분 | 재고누락 − 기말재고 제외<br>(재고 구입은 외상거래) | | 재고누락 − 기말재고 포함<br>(재고 구입은 외상거래) | |
|---|---|---|---|---|
| 재무상태 영향 | 재무상태표 | | 재무상태표 | |
| | 자산 과소 | 부채 과소 | 자산 불변 | 부채 과소 |
| | | 자본 불변<br>(이익불변) | | 자본 과대<br>(이익과대) |
| 순운전자본 | 유동자산(과소) − 유동부채(과소) = 불변 | | 유동자산(불변) − 유동부채(과소) = 과대 | |
| 유동비율 | $\dfrac{유동자산(과소)}{유동부채(과소)} = 변동$ | | $\dfrac{유동자산(불변)}{유동부채(과소)} = 과대$ | |
| 당좌비율 | $\dfrac{당좌자산(불변)}{유동부채(과소)} = 과대$ | | $\dfrac{당좌자산(불변)}{유동부채(과소)} = 과대$ | |

## 4 재고자산의 인식시점

### 1. 기말재고 포함 여부

기말재고금액의 과대 · 과소계상은 매출원가 및 당기순이익의 과대 · 과소계상으로 영향을 미친다. 이에 따라 기업은 기말재고금액을 정확하게 계상하여야 하는데 실지재고조사법으로 기말재고수량을 파악하는 기업이 실사수량만을 기말재고수량으로 계상하는 경우 당기 중 창고에 도착하지 않은 미착품이나 미판매된 재고수량 등을 누락하게 된다. 이에 실사수량에 포함되지 않는 재고자산에 대하여 매입자, 매출자로 구분한 뒤, 매입의 경우 당기 매입이 성립한 재고자산이라면 기말재고실사에 누락 시 이를 가산하며 재고자산을 판매한 매출자의 경우 매출이 성립하면 재고자산은 판매되어 매출원가로 대응되므로 기말재고에 포함하지 않지만, 매출이 성립하지 않은 재고자산은 실사재고에 포함되지 않은 경우 이를 가산해야 한다.

### 2. 다양한 재고자산 인식시점의 사례

(1) 미착품(운송 중인 재고)

미착품이란 운송 중에 있어 기업의 창고에 도달하지 못했거나 창고에서 이전된 재고를 의미한다. 미착품은 다시 상품주문 당시의 조건에 따라 누구의 재고자산으로 포함을 시킬 것인지가 결정된다.

① 선적지 인도조건(free on board shipping point) : 선적지 인도조건이란 판매자가 물건을 배에 선적한 시점에 매출로 기록하는 조건을 의미한다. 선적지 인도조건으로 물건을 구매할

경우 판매자는 선적이 완료된 시점에 그에 따른 위험과 보상이 구매자에게 이전되기 때문에 선적지 인도조건 기준으로 구입한 재고자산은 구매자의 기말재고자산에 포함한다.

② 도착지 인도조건(free on board destination) : 도착지 인도조건은 구매자가 상품을 선박에서 인수하는 시점에 법적소유권이 구매자에게 이전되는 조건이다. 이 경우 아직 운송 중일 때에는 이에 대한 위험과 보상이 구매자에게 이전되기 전이기 때문에 해당 자산은 판매자의 재고자산이 되며 구매자의 재고자산으로는 포함되지 않는다.

③ 운임 : 선적지 인도조건인지 도착지 인도조건인지에 따라 운임은 매입운임이 될 수도 판매운임이 될 수도 있다. 운임은 통상적으로 구매자와 판매자 양자 자율로 합의하는 것이나 특별한 언급이 없으면 소유자가 부담한다. 즉, 선적지 인도조건의 경우 구매자의 소유이기 때문에 운임은 매입운임이 되며 매입액에 가산하게 된다. 반면, 도착지 인도조건의 경우 해당 자산은 판매자의 소유이기 때문에 이때 부담한 운임은 판매운임이며, 판매자는 이를 당기 비용처리한다.

## (2) 위탁판매(적송품)

위탁판매란, 회사 자체의 판매망이 부족하여 상대적으로 판매망을 잘 갖춘 기업(수탁자)에게 판매를 위탁(위탁자)하고 이를 수탁 받은 수탁자가 제3자에게 물건을 판매할 때 위탁자의 매출로 기록하는 판매방식이다. 이렇게 수탁자에게 판매를 위탁하기 위해서 타인의 판매점에 보관되어 있는 상품을 적송품이라고 부른다. 적송품을 수탁자에게 보내기 위해서는 적송운임을 부담하는 경우가 있다. 이때 적송운임은 적송품 원가에 가산한다.

이러한 위탁판매의 경우에는 수탁자가 위탁품을 제3자에게 판매한 시점에 매출을 기록할 수 있기 때문에 수탁자가 물건을 판매하기 전까지는 위탁자의 기말재고자산에 포함하여야 한다.

## (3) 시용판매(시송품)

시용판매는 소비자가 일정한 시험사용기간 동안 상품을 사용한 뒤에 매입의 의사표시를 하면 판매가 성립하는 판매방식이다. 시송품은 시용판매기간 중에 있어 소비자가 해당 상품을 사용하고는 있지만 아직 매입의사를 표시하지 않아서 매출로 기록할 수 없는 상품을 말한다. 시송품은 고객이 매입의사를 표시하기 전까지는 판매회사의 소유이기 때문에 판매회사의 재고자산에 포함시켜야 한다.

## (4) 담보차입

회사는 자금 차입을 목적으로 재고자산을 담보로 제공하는 경우도 있다. 이 경우 담보를 위해 금융기관의 창고에 해당 재고자산이 이동되어 있을 수 있으나 담보차입은 자금을 차입하기 위한 것이지 판매한 것이 아니기 때문에 담보차입된 재고자산은 기말재고 실사 결과 누락되었다면 재고자산에 가산하여야 한다.

## (5) 할부판매

재고자산을 고객에게 인도하고 대금의 회수는 미래에 분할하여 회수하기로 한 경우 대금이 모두 회수되지 않았다고 하더라도 상품의 판매시점에 판매자의 재고자산에서 제외한다. 할부판매는 경제적 실질관점에서 보면 상품의 소유에 따른 위험과 보상이 구매자에게 이전되었기 때문에 판매자의 재고에 포함하지 않는다.

### (6) 재구매조건부판매

재구매조건부판매는 재고자산을 판매하여 자금을 조달하면서 추후 해당 재고자산을 재구입하겠다는 조건을 명시적 또는 묵시적으로 약속한 거래를 말한다. 해당 거래는 판매의 형식을 취하였지만 실질은 재고자산을 담보로 자금을 차입한 거래와 동일하다. 따라서 재고자산을 판매한 회사는 해당 재고자산을 차감하지 않고 차입거래로 회계처리한다.

| 구분 | | 재고포함 여부 |
|---|---|---|
| 미착품(운송 중인 상품) | 선적지인도조건 | 구매자 재고 |
| | 도착지인도조건 | 판매자 재고 |
| 위탁판매(적송품) | | 수탁자 보관분은 위탁자의 재고자산에 포함 |
| 시용판매(시송품) | | 매입의사 표시하지 않은 재고는 기말재고에 포함 |
| 담보제공자산 | | 차입자의 기말재고자산에 포함 |
| 할부판매상품 | | 판매자의 재고자산에서 제외 |
| 재구매조건부판매 | | 판매자의 재고자산에 포함 |

---

**예제 5-6** 재고자산의 인식시점

다음은 ㈜한국의 20×1년 1월 1일부터 12월 31일까지의 재고자산 매입과 관련된 자료이다.

| 항목 | 금액(취득원가기준) | 비고 |
|---|---|---|
| 기초재고자산 | ₩100,000 | |
| 당기매입액 | 500,000 | |
| 기말재고 실사액 | 50,000 | 창고 보유분 |
| 미착상품 | 30,000 | 도착지인도조건으로 현재 운송 중 |
| 적송품 | 100,000 | 60% 판매완료 |
| 시송품 | 30,000 | 고객이 매입의사를 표시한 금액 : ₩10,000 |
| 재구매조건부판매 | 40,000 | 재구매일 : 20×2.1.10 <br> 재구매가격 : ₩45,000 |
| 저당상품 | 20,000 | 차입금에 대하여 담보로 제공되어 있고, 기말재고자산 실사액에는 포함되어 있지 않음 |

해당 내용을 고려할 때, ㈜한국의 매출원가를 구하시오.

> 해답
>
> 1. 기말재고액
>     = ₩50,000(창고실사액) + ₩40,000(미판매된 적송품) + ₩20,000(매입의사 미표시 시송품) + ₩40,000
>       (재구매조건부판매) + ₩20,000(저당상품) = ₩170,000
>
> 2. 매출원가
>     = ₩100,000(기초재고자산) + ₩500,000(당기매입액) − ₩170,000(기말재고자산) = ₩430,000

## 5 감모손실과 평가손실

기말재고수량에 대해 계속기록법과 실지재고조사법을 병행하는 경우 업종 간의 차이는 있으나, 다양한 이유(자연 증발이나 감소, 도난, 파손 등)로 장부수량보다 실제수량이 적은 경우가 많다.

### 1. 재고자산감모손실

① 재고자산감모손실은 계속기록법과 실지재고조사법을 병행하는 기업에서 발생한다. 계속기록법은 장부상으로 기말재고의 수량을 파악하는 방법인데 실사를 한 결과 장부상으로 남아 있어야 할 수량보다 실제 수량이 적을 수가 있다. 이런 경우를 재고자산감모손실이라고 한다.

② 재고자산감모손실은 파손이나 부패, 증발 및 도난 등의 원인으로 발생할 수 있으며 한국채택국제회계기준에서는 감모손실에 대해서 비용으로 처리하도록 규정하고 있다. 그러나 일반기업회계기준에서는 감모손실의 원인을 찾아 원가성이 있는 감모(정상감모)에 대해서는 매출원가로, 원가성이 없는 감모(비정상감모)에 대해서는 영업외비용으로 처리하도록 규정하고 있다. 그러나 매출원가도 영업외비용두 모두 비용이기 때문에 비용총액에는 엉향이 없다.

---

**예제 5-7** 재고자산감모손실

㈜한국은 단위원가결정방법으로 가중평균법을 적용하고 있으며, 재고자산 관련 자료는 다음과 같다. ㈜한국은 실지재고조사법을 적용하고 있다.

- 기초재고 : ₩100,000 (수량 1,000개)
- 당기매입 : ₩1,100,000 (수량 9,000개)
- 당기매출 : 8,000개 (판매난가 : ₩200)

㈜한국이 기말에 재고를 실사한 결과 창고에 남아 있는 수량은 1,500개로 파악되었다. 이 중 정상감모는 60%, 비정상감모는 40%로 판명되었다.

[물음]
1. 재고자산감모손실의 금액을 파악하시오.

2. 재고자산감모손실을 전액 매출원가에 포함시키는 것으로 결정한 경우 기말수정분개를 하시오.
3. 재고자산감모손실을 정상감모는 매출원가, 비정상감모는 영업외비용에 포함시키는 것으로 결정한 경우 기말수정분개를 하시오.

---

해답

1. 재고자산감모손실
   = (장부상 수량 − 실사수량) × 단위당 원가
   = (2,000개 − 1,500개) × ₩120 = ₩60,000
   * 단위당 원가 = (₩100,000 + ₩1,100,000) ÷ 10,000개 = ₩120

2. 재고자산감모손실을 전액 매출원가에 포함시키는 경우 기말수정분개

   | (차) 상품(기말) | 180,000 | (대) 상품(기초) | 100,000 |
   |---|---|---|---|
   | 매출원가 | 1,020,000 | 매입 | 1,100,000 |

3. 재고자산감모손실 중 정상감모는 매출원가, 비정상감모는 영업외비용으로 포함시키는 경우 기말수정분개

   | (차) 상품(기말) | 180,000 | (대) 상품(기초) | 100,000 |
   |---|---|---|---|
   | 매출원가 | 1,020,000 | 매입 | 1,100,000 |
   | (차) 영업외비용 | 24,000 | (대) 매출원가 | 24,000 |

   * 재고자산감모손실 중 40%인 비정상감모는 매출원가가 아닌 영업외비용이기 때문에 매출원가에 포함된 ₩24,000은 영업외비용으로 계정대체를 한다(타계정대체).

## 2. 재고자산평가손실

① 재고자산금액을 결정할 때 수량에 곱해지는 단위원가는 취득원가이다. 그러나 한국채택국제회계기준에서는 취득원가보다 재고자산의 진부화 등의 영향으로 현재 재고자산의 시가가 취득원가보다 하락하였다면 시가를 이용하여 재고자산을 평가하도록 하고 있다. 이를 저가법이라고 한다.

② 재고자산평가손실의 기준점이 되는 시가는 순실현가능가치라 하는데 순실현가능가치(net realizable value : NRV)는 상품의 최종판매가격에서 판매과정 및 생산과정에서 발생할 추가비용을 차감한 금액을 말한다.

> 순실현가능가치(NRV) = 예상판매가액 − 예상판매부대비용 − 추가가공원가

③ 이처럼 취득원가와 순실현가능가치의 차이분을 재고자산평가손실이라고 하는데 한국채택국제회계기준에서는 이를 비용으로 인식하도록 규정하고 있다. 그러나 일반채택국제회계기준에서는 재고자산평가손실을 매출원가에 포함시키도록 규정하고 있는데, 비용계정과목 분류는 기업이 정할 수 있다.

④ 재고자산평가손실을 재무상태표에 표시하는 방법으로는 직접 재고자산을 감액하는 방법도 있지만, 재고자산평가충당금이라는 간접적 계정을 사용하여 표시하는 방법도 있다. 그러나 정보이용자의 관점에서는 재고자산평가충당금이라는 차감적 평가계정을 사용하는 것이 보다 많은 정보를 제공해주기 때문에 여기서는 재고자산평가충당금을 사용하여 회계처리를 하겠다.

---

**예제 5-8** 재고자산평가손실

㈜한국은 단위원가결정방법으로 가중평균법을 적용하고 있으며, 재고자산 관련 자료는 다음과 같다. ㈜한국은 실지재고조사법을 적용하고 있다.

- 기초재고 : ₩100,000 (수량 1,000개)
- 당기매입 : ₩1,100,000 (수량 9,000개)
- 당기매출 : 8,000개 (판매단가 : ₩200)

기말에 창고를 실사한 결과 재고수량은 2,000개로 감모손실은 없었다. 그러나 재고자산의 진부화 등의 영향으로 현재 기말재고의 단위당 예상 판매가격은 ₩100이며 상품판매를 위해 추가로 소요되는 비용은 ₩20이다. ㈜한국은 재고자산평가손실을 전액 매출원가에 포함시키고 있다.

[물음]
1. 재고자산평가손실을 계산하시오.
2. 재고자산평가손실을 전액 매출원가에 포함시킨다고 할 때 기말수정분개를 하시오.

·····

**[해답]**

1. 재고자산평가손실
   = 실사수량 × (취득원가 − 순실현가능가치)
   = 2,000개 × (₩120 − 80) = ₩80,000

2. 재고자산평가손실을 전액 매출원가에 포함시킨다고 할 때 기말수정분개

| (차) 상품(기말) | 240,000 | (대) 상품(기초) | 100,000 |
|---|---|---|---|
| 매출원가 | 960,000 | 매입 | 1,100,000 |
| (차) 매출원가 | 80,000 | (대) 재고자산평가충당금 | 80,000 |

## **6** 저가법(LCM : Lower of Cost or Market)

### 1. 저가법의 적용

재고자산은 저가법으로 평가한다. 저가법은 원가와 순실현가능가치 중 낮은 금액으로 측정하는 방법이다. 따라서 재고자산은 취득원가와 순실현가능가치 중 낮은 금액으로 측정한다.

<u>다만, 완성될 제품이 원가 이상으로 판매될 것으로 예상되는 경우에는 그 생산에 투입하기 위해 보유하는 원재료 및 기타 소모품을 감액하지 아니한다.</u> 그러나 원재료 가격이 하락하고, 그 원재료를 이용하여 완성될 제품의 원가가 순실현가능가치를 초과할 것으로 예상된다면 해당 원재료를 순실현가능가치로 감액한다. 이 경우 원재료의 현행대체원가는 순실현가능가치에 대한 최선의 이용가능한 측정치가 될 수 있다.

---

\* 재고자산 평가액 = 실사수량 × min[취득원가, 시가]

〈시가〉
- 상품, 제품, 재공품 : 순실현가능가치(예상판매가격 - 예상판매비용 - 추가가공원가)
- 원재료 : 현행대체원가

---

① 순실현가능가치는 정상적인 영업과정에서의 판매를 통해 실현될 것으로 기대하는 순매각금액(매각부대원가 차감 후)을 말한다. 이에 반해, 순공정가치는 재고자산의 주된(또는 가장 유리한) 시장에서 시장참여자 사이에서 일어날 수 있는 재고자산을 판매하는 정상거래의 가격에서 매각부대원가를 차감한 순액을 말한다.

② 순실현가능가치는 특정 기업의 특성이나 상황이 반영된 기업특유가치인 반면, 순공정가치는 정상적인 영업과정에서의 판매 여부를 고려하지 않고 시장에서 결정되는 정상거래 가격에 기초한다는 점이 다르다. 따라서 재고자산의 순실현가능가치와 순공정가치는 일치하지 않을 수 있다.

③ 순실현가능가치는 기업특유가치이지만, 공정가치는 그러하지 아니하다.

### 2. 저가법의 주장 근거와 단점

① 주장 근거 : 저가주의는 보수주의에 근거를 두고 있다. 보수주의에 의하면 대체적인 방법이 있는 경우에는 이익을 과대계상하는 것보다는 이익을 과소계상하는 것이 바람직하다는 것이다.

② 단점

　ⓐ 시가의 하락은 인식하면서 시가의 상승은 인식하지 않는 논리적인 일관성이 없다.

　ⓑ 저가법에서는 원가와 비교될 시가가 필요한데 **시가를 선택하는 데 어려움**이 있다.

　ⓒ 평가손실을 계상한 자산이 다음 회계연도 이후에 판매되는 경우에는 정상이익에 평가손실액을 더한 금액이 실현이익이 되어 더 많은 이익을 보고하는 **자기역전현상**이 발생한다.

### 3. 재고자산 저가법의 적용

① 재고자산을 순실현가능가치로 감액하는 저가법은 **항목별로** 적용한다. 그러나 경우에 따라서는 서로 유사하거나 관련 있는 항목들을 통합하여 적용하는 것이 적절할 수 있다.

② 그러나 완제품 또는 특정 산업이나 특정 지역의 영업부문에 속하는 모든 재고자산과 같은 분류에 기초하여 저가법을 적용하는 것은 적절하지 아니하다(총계기준 불가).

## 4. 순실현가능가치의 추정

순실현가능가치를 추정할 때에는 재고자산으로부터 실현가능한 금액에 대하여 추정일 현재 사용가능한 가장 신뢰성 있는 증거에 기초하여야 한다. 또한 보고기간 후 사건이 보고기간 말 존재하는 상황에 대하여 확인하여 주는 경우에는, 그 사건과 직접 관련된 가격이나 원가의 변동을 고려하여 추정하여야 한다.

순실현가능가치를 추정할 때 재고자산의 **보유목적도** 고려하여야 한다.

예컨대 경영안정화 등의 목적을 위해 일정 수량에 대해서 확정판매계약을 맺는 것이 그 예가 되겠다. 확정판매계약을 맺은 수량은 시가를 순실현가능가치가 아닌 계약가격에 기초하여야 한다.

확정판매계약을 맺은 수량 이외의 수량은 동일하게 순실현가능가치를 시가자료로 한다.

---

**예제 5-9** 항목별 저가법

㈜한국의 20×1년 말 현재 보유하고 있는 재고자산과 관련한 내용은 다음과 같다.

| 구분 | 취득원가 | 현행대체원가 | 순실현가능가치 |
|---|---|---|---|
| 원재료 A | ₩36,000 | ₩30,000 | ? |
| 원재료 B | 52,000 | 50,000 | ? |
| 제품 C | 259,000 | 252,000 | 247,000 |
| 제품 D | 128,000 | 129,000 | 131,000 |
| 상품 E | 141,000 | 146,000 | 138,000 |

다만, 원재료 A는 제품 C에 원재료 B는 제품 D에 각각 투입된다.

[물음]

㈜한국이 20×1년 말 계상하여야 할 재고자산평가손실을 계산하시오.

해답

| 구분 | 취득원가 | 시가 | 평가손실 |
|---|---|---|---|
| 원재료 A | ₩36,000 | ₩30,000 | ₩6,000 |
| 원재료 B | 52,000 | 50,000 | – |
| 제품 C | 259,000 | 247,000 | ₩12,000 |
| 제품 D | 128,000 | 131,000 | – |
| 상품 E | 141,000 | 138,000 | ₩3,000 |
| 합계 | ₩616,000 | ₩596,000 | ₩21,000 |

\* 원재료 B는 투입하여 제품 D가 되는데 제품 D가 저가법의 적용대상이 되지 않으므로 원재료 B도 감액하지 않는다.

---

---

**예제 5-10  확정판매계약**

㈜한국은 기말 현재 A제품을 1,000개 보유하고 있다. 이 중 600개는 ㈜민국과 확정판매계약이 체결되어 있다. 확정판매가격은 ₩500이며, 제품 A의 현재 일반 판매가격은 ₩530, 제품 A의 단위당 판매비용은 각각 ₩20이라고 할 때, ㈜한국의 재고자산평가손실을 계산하시오(단, 제품 A의 단위당 원가는 ₩520이다).

**[해답]**

재고자산의 저가법 적용 시 해당 자산의 보유목적도 고려하여야 한다.

(1) 확정판매계약 평가손실

　= 600개 × (₩520 − ₩480) = ₩24,000

　* 확정판매계약분 순실현가능가치 = ₩500(확정판매가격) − ₩20(판매비용) = ₩480

(2) 일반판매분 평가손실

　= 400개 × (₩520 − ₩510) = ₩4,000

　* 일반판매분 순실현가능가치 = ₩530(판매가격) − ₩20(판매비용) = ₩510

(3) 총평가손실 = ₩24,000 + ₩4,000 = ₩28,000

## 5. 재고자산평가손실의 환입

기업은 매 후속기간에 재고자산의 순실현가능가치를 재평가한다. 이 때 재고자산의 감액을 초래했던 상황이 해소되거나 경제상황의 변동으로 순실현가능가치가 상승하였다는 명백한 증거가 있는 경우에는 최초의 장부금액을 초과하지 않는 범위 내에서 평가손실을 환입한다.

기준서에서는 순실현가능가치의 상승으로 인한 재고자산평가손실환입은 환입이 발생한 기간의 비용으로 인식된 재고자산 금액의 차감액으로 인식하도록 규정하고 있다.

**예제 5-11  재고자산평가손실환입**

앞의 예제 [5-8]에서 재고자산평가손실을 인식한 이후 20×2년도에는 상품의 판매가격이 다시 ₩150으로 인상되었다고 할 때, 재고자산평가손실환입에 대한 분개를 하시오.

**[해답]**

* 재고자산평가손실의 환입은 본래의 장부금액을 한도로 한다.

(1) 상품의 단위당 순실현가능가치 = ₩150 − ₩20 = ₩130

(2) 단위당 재고자산평가손실환입액 = ₩120(본래의 장부금액) − ₩80 = ₩40

(차) 재고자산평가충당금　　　　80,000　　　(대) 재고자산평가손실환입(매출원가)　　80,000

**7** 재고자산감모손실 및 평가손실을 반영한 매출원가

기말에 실사를 통하여 계산된 실지재고수량과 장부수량을 비교하면 감모손실이 나타나며 재고자산의 취득원가와 순실현가능가치를 비교하면 평가손실이 발생한다. 즉, 재고자산금액을 파악하는 방법은 다음의 3가지로 정리할 수 있다.

---

① 장부상 기말재고금액 = 장부수량 × 취득원가
② 실사 기말재고금액 = 실사수량 × 취득원가
③ 저가기준 기말재고금액 = 실사수량 × min[취득원가, 순실현가능가치]

---

**예제 5-12** 재고자산감모손실 및 평가손실

㈜한국은 단위원가결정방법으로 가중평균법을 적용하고 있으며, 재고자산 관련 자료는 다음과 같다. ㈜한국은 실지재고조사법을 적용하고 있다.

- 기초재고 : ₩200,000(수량 500개)
- 당기매입 : ₩2,500,000(수량 5,500개)
- 당기매출 : 4,500개(판매단가 : ₩500)

㈜한국이 기말에 재고를 실사한 결과 창고에 남아 있는 수량은 1,000개로 파악되었다. 이 중 정상감모는 60%, 비정상감모는 40%로 판명되었다. 기말재고자산의 단위당 판매가격은 ₩420이며, 예상 판매비용은 ₩20이다. 재고자산평가손실은 전액 매출원가에 포함하기로 하였다.

[물음]
1. 재고자산감모손실을 계산하시오.
2. 재고자산평가손실을 계산하시오.
3. 재고자산감모손실 및 재고자산평가손실을 반영하여 기말수정분개를 하시오(정상감모는 매출원가, 비정상감모는 영업외비용으로 처리한다고 한다).
4. 재고자산감모손실 및 재고자산평가손실을 반영한 매출원가는 얼마인지 계산하시오.

.........................................................................................................................................

**해답**

1. 재고자산감모손실 = (1,500개 − 1,000개) × ₩450 = ₩225,000
   * 단위당 원가 = (₩200,000 + ₩2,500,000) ÷ 6,000개 = ₩450

2. 재고자산평가손실 = 1,000개 × (₩450 − ₩400) = ₩50,000
   * 순실현가능가치 = ₩420 − ₩20 = ₩400

3. 재고자산감모손실 및 재고자산평가손실을 반영한 기말수정분개

| | | | |
|---|---|---|---|
| (차) 상품(기말) | 450,000 | (대) 상품(기초) | 200,000 |
| 매출원가 | 2,250,000 | 매입 | 2,500,000 |
| (차) 영업외비용 | 90,000 | (대) 매출원가 | 90,000 |

| (차) 매출원가 | 50,000 | (대) 재고자산평가충당금 | 50,000 |
|---|---|---|---|

4. 재고자산감모손실 및 재고자산평가손실을 반영한 매출원가
= ₩2,250,000 − ₩90,000 + ₩50,000 = ₩2,210,000

---

**예제 5-13**  기존의 평가충당금이 있을 때

㈜한국의 20×2년도 기초상품재고액은 ₩150,000이며, 당기상품매입액은 ₩1,800,000이다. 기말에 재고 실사를 한 결과 200개의 재고자산이 있었고 단위당 취득원가는 ₩1,000이다. 해당 재고자산의 단위당 판매가격은 ₩1,100이고, 상품판매를 위하여 추가로 소요되는 비용은 단위당 ₩300이라 할 때 ㈜한국의 재고자산평가손실은 얼마이며, 회계처리는 어떻게 하여야 하는가? (단, ㈜한국은 재고자산평가손실을 매출원가에 포함시키고 재고자산평가충당금계정을 사용하고 있다. 전기 재고자산평가충당금계정에 ₩20,000의 잔액이 있다.)

**해답**

1. 기말수정분개

| 20×2년 12월 31일 (차) 상품(기말) | 200,000 | (대) 상품(기초) | 150,000 |
|---|---|---|---|
| 매출원가 | 1,750,000 | 매입 | 1,800,000 |

2. 재고자산평가손실
= 200개 × (₩1,000 − ₩800) = ₩40,000

3. 재고자산평가손실 회계처리

| 20×2년 12월 31일 (차) 매출원가 | 20,000 | (대) 재고자산평가충당금 | 20,000 |
|---|---|---|---|

☞ 재고자산평가충당금은 재무상태표 계정으로 잔액으로 관리되는 계정이다. 재고자산평가충당금으로 전기에 설정되어 이월된 금액이 ₩20,000이 있고, 20×2년도에 재무상태표상 남아 있어야 하는 재고자산평가충당금 잔액은 ₩40,000이므로 ₩40,000을 모두 설정하게 되면 잔액이 ₩60,000이 된다. 이는 재무상태표상에 추가로 ₩20,000의 금액이 더 쌓여있는 결과를 초래한다. 그러므로 20×2년 결산시점에 추가로 설정해 줘야 하는 재고자산평가충당금 금액은 ₩40,000 − ₩20,000 = ₩20,000 즉, ₩20,000의 금액을 기말에 설정하게 된다.

| ㈜한국 | 재무상태표 | 20×2.12.31. |
|---|---|---|
| 상품 | ₩200,000 | |
| 재고자산평가충당금 | (40,000) | |
| | ₩160,000 | |

### 8 재고자산의 추정

#### 1. 소매재고법(매출가격환원법, 매가환원법)

대형할인점이나 백화점 같이 다품종을 취급하는 유통업의 경우 기말재고금액을 수량과 단가의 곱으로 계산하기는 현실적으로 어렵다. 이러한 업종은 다품종이지만 이익률이 유사하고 입출고가 빈번한 특징을 가지고 있는데, 기준서에서는 이러한 특징을 가진 유통업은 기말재고금액을 매출가격환원법으로 평가하는 것을 허용하고 있다. 표준원가법이나 소매재고법 등의 방법으로 평가한 결과가 실제 원가와 유사한 경우에 편의상 사용할 수 있다.

매출가격환원법은 회계기간 중에는 각 제품의 금액자료를 매출가격으로 관리하다가 기말시점에는 기말재고의 매출가격에 원가율을 곱해서 기말재고자산의 원가를 계산하는 방법이다.

매출가격환원법은 원가율을 계산하는 방법으로 평균법과 선입선출법이 있다. 해당 방법에 따라 원가율 계산에 차이가 존재한다.

(1) [1단계] 원가율의 계산

| 구분 | 원가 | 판매가 | 구분 | 판매가 |
|---|---|---|---|---|
| 기초재고 | ××× | ××× | 순매출액 | ××× |
| 당기순매입 | ××× | ××× | 종업원할인 | ××× |
| 순인상 |  | ××× | 정상감모 | ××× |
| 순인하 |  | (×××) | 기말재고 | ××× |
| 비정상감모 | (×××) | (×××) |  |  |
| 합계 | ××× | ××× | 합계 | ××× |

소매재고법은 원가흐름에 대한 가정에 따라 다음과 같은 방법으로 구분된다.

① **평균원가 소매재고법** : 기초재고와 당기매입분을 합산하여 원가율을 계산하는 방법이다.

② **저가기준 소매재고법** : 저가기준 소매재고법은 전통적인 소매재고법이라고도 한다. 저가기준은 보수주의에 입각하여 매출원가를 많이 계상하는 방법이며, 기말재고를 가장 적게 계상한다. 이를 위해서는 원가율을 적게 계상해야 하므로 원가율 계산 시에 가격인하를 매출가격에 의한 판매가능액에서 차감하지 아니한다.

> 이익 ↓ → 매출원가 ↑ → 기말재고 ↓ → 원가율 ↓ → 순인하를 차감하지 않음

③ **선입선출 소매재고법** : 선입선출 소매재고법은 기초재고와 당기매입분을 구분하여 당기매입분을 통해 원가율을 계산하는 방법이다.

| 원가흐름가정 | 원가율 |
|---|---|
| 평균원가 | $\dfrac{[원가]\,기초재고액 + 당기매입액 - 비정상파손}{[매가]\,기초재고액 + 당기매입액 + 순인상 - 순인하 - 비정상파손}$ |
| 저가기준 평균법 | $\dfrac{[원가]\,기초재고액 + 당기매입액 - 비정상파손}{[매가]\,기초재고액 + 당기매입액 + 순인상 - 비정상파손}$ |
| 선입선출법 | $\dfrac{[원가]\,당기매입액 - 비정상파손}{[매가]\,당기매입액 + 순인상 - 순인하 - 비정상파손}$ |
| 저가기준 선입선출법 | $\dfrac{[원가]\,당기매입액 - 비정상파손}{[매가]\,당기매입액 + 순인상 - 비정상파손}$ |

→ 비정상파손은 원가, 매가 모두에서 차감한다.

(2) [2단계] 판매가격기준 기말재고 계산

　▶ 판매가격기준 기말재고

　　= 판매가능매가총액 − 순매출액 − 종업원할인 − 정상감모

(3) [3단계] 기말재고금액과 매출원가 계산

　▶ 기말재고금액(원가) = 기말재고금액(판매가) × 원가율

　▶ 매출원가 = 기초재고(원가) + 당기매입(원가) − 기말재고(원가)

\* 여기서 유의할 점은 원가율은 달라지지만 기말재고금액(판매가)은 동일하다는 점이다.

　▶ 특수항목의 조정방법

| 구분 | 조정방법 |
|---|---|
| 매입운반비 | 당기매입 원가에 가산한다 |
| 매입환출 | 당기매입 원가 및 당기매입 매가에서 모두 차감한다. |
| 매입할인, 매입에누리 | 당기매입 원가에서 차감한다. 매입할인이나 매입에누리가 상품매가의 하향조정에 반영된다면 당기매입 매가에서 차감한다. |
| 매출환입, 매출에누리 | 매출액에서 차감한다. |
| 정상파손 | 기말재고자산 매가 계산 시 차감한다. |
| 비정상파손 | 기말재고자산 매가 계산 시 차감되어야 하며, 원가율 계산과정에서도 원가와 매가 모두 차감한다. |
| 종업원할인 | 기말재고자산 매가에서만 차감한다. |

**예제 5-14** 소매재고법

㈜한국은 상품의 종류가 다양하고 입고 출고가 빈번하여 매출가격환원법을 적용하여 기말재고금액을 추정하고 있다. 개별상품별로 원가를 집계하지 않고 전체 상품의 원가와 판매가격을 다음과 같이 파악하고 있다.

| 구분 | 원가 | 판매가 |
|---|---|---|
| 기초재고금액 | ₩211,200 | ₩300,000 |
| 당기매입금액 | 1,500,000 | 2,000,000 |
| 매입환출 | 20,000 | 30,000 |
| 매입할인 | 30,000 | |
| 매입운임 | 60,000 | |
| 순인상액 | | 56,200 |
| 순인하액 | | 6,200 |
| 총매출 | | 1,600,000 |
| 매출환입 | | 100,000 |
| 종업원할인 | | 80,000 |
| 정상적 파손 | | 30,000 |
| 비정상적 파손 | 10,000 | 20,000 |

[물음]
1. 평균원가율을 계산하시오.
2. 평균원가율에 따른 기말재고금액과 매출원가를 계산하시오.
3. 선입선출원가율을 계산하시오.
4. 선입선출원가율에 따른 기말재고금액과 매출원가를 계산하시오.
5. 저가주의 평균법에 따른 기말재고금액과 매출원가를 계산하시오.
6. 저가주의 선입선출 소매재고법에 따른 기말재고금액과 매출원가를 계산하시오.

................................................................

해답

1. 평균원가율

| 구분 | 원가 | 판매가 | 구분 | 판매가 |
|---|---|---|---|---|
| 기초재고 | ₩211,200 | ₩300,000 | 순매출액 | ₩1,500,000 |
| 당기순매입 | 1,510,000 | 1,970,000 | 종업원할인 | 80,000 |
| 순인상 | | 56,200 | 정상감모 | 30,000 |
| 순인하 | | (6,200) | 기말재고 | 690,000 |
| 비정상감모 | (10,000) | (20,000) | | |
| 합계 | ₩1,711,200 | ₩2,300,000 | 합계 | ₩2,300,000 |

$$평균원가율 = \frac{₩211{,}200 + ₩1{,}510{,}000 - ₩10{,}000}{₩300{,}000 + ₩1{,}970{,}000 + ₩56{,}200 - ₩6{,}200 - ₩20{,}000} = 0.744$$

2. ① 기말재고금액(원가) = ₩690,000(기말재고금액 매가) × 0.744 = ₩513,360

   ② 매출원가 = ₩1,711,200 - ₩513,360 = ₩1,197,840

3. $선입선출원가율 = \dfrac{₩1{,}510{,}000 - ₩10{,}000}{₩1{,}970{,}000 + ₩56{,}200 - ₩6{,}200 - ₩20{,}000} = 0.75$

4. ① 기말재고금액(원가) = ₩690,000(기말재고금액 매가) × 0.75 = ₩517,500

   ② 매출원가 = ₩1,711,200 - ₩517,500 = ₩1,193,700

5. $저가주의(평균) 원가율 = \dfrac{₩211{,}200 + ₩1{,}510{,}000 - ₩10{,}000}{₩300{,}000 + ₩1{,}970{,}000 + ₩56{,}200 - ₩20{,}000} = 0.742$

   ① 기말재고금액(원가) = ₩690,000(기말재고금액 매가) × 0.742 = ₩511,980

   ② 매출원가 = ₩1,711,200 - ₩511,980 = ₩1,199,220

6. $저가주의 선입선출 원가율 = \dfrac{₩1{,}510{,}000 - ₩10{,}000}{₩1{,}970{,}000 + ₩56{,}200 - ₩20{,}000} = 0.748$

   ① 기말재고금액(원가) = ₩690,000(기말재고금액 매가) × 0.748 = ₩516,120

   ② 매출원가 = ₩1,711,200 - ₩516,120 = ₩1,195,080

## 2. 매출총이익(률)법

매출총이익법은 화재나 도난 등으로 재고자산이 소실된 경우처럼 기말재고를 실사하기 어려울 경우 재고자산을 추정하는 방법이다. 매출총이익법은 매출원가도, 기말재고도 추정에 근거하고 있기 때문에 기준서에서는 인정하지 않는 방법이다.

매출총이익법은 기업이 과거에 얻은 매출총이익률(매출총이익 / 매출액)이 계속 비슷한 수준을 유지할 것이라고 가정하고 기중 매출액에 매출원가율(1 - 매출총이익률)을 곱해서 매출원가를 계산한다. 이렇게 계산된 매출원가를 판매가능재고(기초재고 + 당기매입액)에서 차감하여 기말재고 추정액을 계산하는 방법이다.

(1) [1단계] 매출원가 계산(추정액)

　① 매출총이익률이 주어지는 경우

　　매출총이익 = 매출액 - 매출원가

　　매출총이익 ÷ 매출액 = (매출액 ÷ 매출액) - (매출원가 ÷ 매출액)

　　매출총이익률 = 1 - 매출원가율

　　→ 매출원가율 = (1 - 매출총이익률)

　② 원가대비 이익률(매출총이익률)이 주어지는 경우

　　원가대비 이익률이 20%라고 주어지는 경우 기업은 원가에 20%의 이윤을 붙여 판매를 한다는 뜻으로 매출원가 + 매출원가 × 20% = 판매가를 구성한다는 의미이다.

　　결국 매출원가 = 판매가 × $\dfrac{1}{1.2}$가 되며 이를 식으로 표현하면 아래와 같다.

$$\text{매출원가} = \text{매출액} \times \frac{1}{(1 + \text{매출총이익률})}$$

(2) [2단계] 기말재고금액(추정액)

기말재고금액(추정액) = 기초재고 + 당기매입 − 매출원가(추정액)

---

**예제 5-15    매출총이익법**

㈜한국의 창고가 화재로 소실되어 기말재고자산과 상품재고장이 모두 사라졌다. 매출원가와 기말재고자산금액을 추정하기 위해서 매출총이익법을 적용하기로 하고 과거의 매출총이익률을 계산한 결과 20%로 계산되었다.

- 기초재고금액    ₩1,200,000
- 당기매입금액     3,300,000
- 당기매출금액     5,000,000

[물음]
매출원가 금액과 소실된 재고자산을 계산하시오.

〈번외문제〉
만약 ㈜한국의 원가 대비 이익률이 25%인 경우의 기말재고추정액은 얼마인가?

- - - - - - - - - - - - - - - - - - - - - - - - - - - - - - - - - - - - - - - -

**해답**

(1) 매출원가 = 매출액 × 매출원가율
　　 = ₩5,000,000 × (1 − 20%) = ₩4,000,000
(2) 기말재고자산
　　 ₩1,200,000(기초재고) + ₩3,300,000(당기매입) − ₩4,000,000(매출원가) = ₩500,000

〈번외문제〉
(1) 매출원가 = 매출액 × $\frac{1}{1.25}$ = ₩5,000,000 × $\frac{1}{1.25}$ = ₩4,000,000
(2) 기말재고자산
　　 = ₩1,200,000(기초재고) + ₩3,300,000(당기매입) − ₩4,000,000(매출원가) = ₩500,000

---

(3) 매출채권과 매입채무의 T계정으로 주어지는 경우

① 매출총이익률법은 당기의 매출과 매입이 얼마인지를 파악하고 이를 토대로 재고자산을 추정하는 방법이다. 만약, 매출과 매입을 매출채권과 매입채무의 기초, 기말잔액 및 회수, 지급액으로 주어지는 경우 T계정을 분석하여 문제를 해석해야 한다.

| 매출채권 | | | |
|---|---|---|---|
| 기초 매출채권 | ××× | 회수액 | ××× |
| 외상매출 | ××× | 손상(대손) | ××× |
| | | 기말 매출채권 | ××× |

| 매입채무 | | | |
|---|---|---|---|
| 지급액 | ××× | 기초 매입채무 | ××× |
| | | | |
| 기말 매입채무 | ××× | 외상매입 | ××× |

② 단, 매출채권과 매입채무의 계정을 통해 매출과 매입을 파악할 경우 동 매출과 매입은 모두 외상거래를 가정한 경우의 매출과 매입이다.

---

**예제 5-16** 매출총이익법

㈜한국의 창고가 화재로 소실되었다. 매출원가와 기말재고자산금액을 추정하기 위해서 매출총이익법을 적용하기로 하고 과거의 매출총이익률을 계산한 결과 20%로 계산되었다.

당기의 모든 매출, 매입거래는 외상으로 이루어졌으며 매출채권의 기초잔액은 ₩100,000, 회수액은 ₩500,000, 기말매출채권의 잔액은 ₩60,000이다. 매입채무의 기초잔액은 ₩50,000, 지급액은 ₩350,000, 기말잔액은 ₩100,000이다. 기초재고자산이 ₩100,000이며, 화재 후 남은 재고가치는 ₩30,000이다.

[물음]
1. 화재시점의 기말재고를 추정하시오.
2. 재해손실을 구하시오.

····································································································

**해답**

1. 기말재고

| 매출채권 | | | |
|---|---|---|---|
| 기초 | ₩100,000 | 회수액 | ₩500,000 |
| 매출액 | 460,000 | 기말 | 60,000 |

| 매입채무 | | | |
|---|---|---|---|
| 지급액 | ₩350,000 | 기초 | ₩50,000 |
| 기말 | 100,000 | 매입액 | 400,000 |

| | |
|---|---|
| 기초재고자산 | ₩100,000 |
| 당기매입액 | 400,000 |
| 매출원가 | (368,000) ← ₩460,000 × (1 − 20%) |
| = 기말재고(추정) | ₩132,000 |

2. 재해손실
   = 소실시점의 기말재고추정액 − 소실시점의 재고가치
   = ₩132,000 − ₩30,000 = ₩102,000

### 9 기타의 회계처리

## 1. 매출이 확실시되는 농림어업 제품 등

선도계약이나 정부 보증 등으로 매출이 확실시되거나, 활성시장이 존재하여 판매되지 않을 위험이 무시할 수 있을 정도로 작은 경우 최초로 순실현가능가치로 측정하고, 이후 순실현가능가치의 변동을 당기손익으로 인식한다.

## 2. 일반상품 중개기업의 재고자산

① 옥수수, 구리, 석유 등 일반상품 중개기업이 단기간 내의 가격변동이나 중개이익을 목적으로 취득한 재고자산은 기준서 제1002호의 측정부분만 적용 배제한다.

② 최초로 순공정가치로 측정하고, 이후 순공정가치의 변동을 당기손익으로 인식한다.

## 3. 매입약정의 회계처리

① 재고자산의 선적시점에서 구매자와 판매자 간에 가격을 결정하고, 이러한 계약이 취소가능하다면 구매자는 보고기간 말 현재 아직 선적이 이루어지지 않은 재고자산에 대해서 아무런 회계처리도 필요하지 않다.

② 구매약정이 취소불능하며 사전에 계약금액과 구매물량이 결정되어 있는데, 보고기간 말 현재 계약금액이 시가보다 높다면 구매자는 매입약정의 이행으로부터 손실이 예상되므로 손실부담계약에 해당되어 보고기간 말에 부채와 비용을 인식한다.

### 10 활동성비율

활동성비율(activity ratio)은 매출액과 각종 자산들과의 관계를 측정해서 해당 자산이 얼마나 효율적으로 활용되고 있는지를 평가하는 비율이다.

## 1. 매출채권회전율

매출채권회전율(receivables turnover)은 매출액을 매출채권으로 나눈 비율로, 해당 매출채권이 현금화되는 속도 또는 매출채권에 대한 자산투자의 효율성을 측정하는 데 사용된다.

$$매출채권회전율 = \frac{매출액}{평균매출채권}$$

* 평균매출채권 = (기초매출채권 + 기말매출채권) ÷ 2

## 2. 매출채권평균회수(전)기간

① 매출채권평균회수기간이란 1년에 매출채권이 몇 번 회수되어 매출액을 구성하는지를 판단하는 비율이다.

$$매출채권평균회수기간 = \frac{365일}{매출채권회전율}$$

② 매출채권회전율과 매출채권평균회수기간은 서로 함께 판단하는 것이 보다 정확한 정보의 파악이 가능하다. 매출채권회전율이 높다는 것은 그만큼 매출채권회수기간이 짧다는 의미이며, 매출채권회수기간이 짧다는 것은 매출채권이 현금화되는 속도가 빠르다는 뜻이기 때문에 기업에는 보다 바람직하다고 볼 수 있다.

## 3. 재고자산회전율

재고자산회전율(inventory turnover)은 매출원가를 평균재고자산으로 나누어 계산한 비율이며, 이는 재고자산이 1년에 몇 번 회전하여 매출원가를 구성하는지를 나타낸다.

$$재고자산회전율 = \frac{매출원가}{평균재고자산}$$

\* 평균재고자산 = (기초재고자산 + 기말재고자산) ÷ 2

## 4. 재고자산평균회수(전)기간

$$재고자산평균회수기간 = \frac{365일}{재고자산회전율}$$

## 5. 정상영업주기

정상영업주기란 매출채권의 평균회수기간과 재고자산평균회수기간을 합한 것으로 기업이 원재료를 구입해서 제품을 생산하여 판매한 후 현금으로 회수되기까지의 기간을 알려준다.

정상영업주기 = 매출채권평균회수기간 + 재고자산평균회수기간

---

**예제 5-17** 정상영업주기

상품매매기업인 ㈜한국의 영업주기는 상품의 매입시점부터 판매 후 대금의 회수시점까지의 기간으로 정의된다. ㈜한국의 연 매출이 ₩960,000, 이에 대한 매출원가가 ₩768,000, 연평균 매출채권 잔액이 ₩40,000, 그리고 연평균 재고자산 가액이 ₩38,400이라고 할 때, ㈜한국의 평균영업주기를 계산하시오(단, 매출은 전액 외상매출이며 계산의 편의상 1년은 360일로 간주한다).

......

**해답**

(1) 매출채권회전율 = 매출액 ÷ 평균매출채권 = ₩960,000 ÷ ₩40,000 = 24회
(2) 매출채권평균회수기간 = 360일 ÷ 24회 = 15일
(3) 재고자산회전율 = 매출원가 ÷ 평균재고자산 = ₩768,000 ÷ ₩38,400 = 20회
(4) 재고자산평균회수기간 = 360일 ÷ 20회 = 18일
(5) 평균영업주기 = 15일 + 18일 = 33일

> **예제**
> **5-18** 활동성비율
>
> ㈜한국의 20×1년 재무제표에서 발췌한 자료는 다음과 같다.
>
> | | |
> |---|---|
> | • 기초매출채권 ₩750,000 | • 기말매출채권 ₩850,000 |
> | • 기초재고자산 ₩340,000 | • 기말재고자산 ₩460,000 |
> | • 매출채권회전율 3회, 재고자산회전율 5회 | |
>
> [물음]
> 1. 매출액을 구하시오.
> 2. 매출원가를 구하시오.
> 3. 매출총이익을 구하시오.
>
> ----------------------------------------------------------------
>
> **해답**
>
> 1. 매출액 = ₩800,000(평균매출채권) × 3회(매출채권회전율) = ₩2,400,000
>    * 평균매출채권 = (₩750,000 + ₩850,000) ÷ 2 = ₩800,000
> 2. 매출원가 = ₩400,000(평균재고자산) × 5회(재고자산회전율) = ₩2,000,000
>    * 평균재고자산 = (₩340,000 + ₩460,000) ÷ 2 = ₩400,000
> 3. 매출총이익 = ₩2,400,000(매출액) − ₩2,000,000(매출원가) = ₩400,000

---

### ◈ 농림어업

**(1) 농림어업이란?**

농림어업활동은 판매목적 또는 수확물이나 추가적인 생물자산으로의 전환목적으로 생물자산의 생물적 변환과 수확을 관리하는 활동을 말한다. 농림어업은 다음의 공통적인 특성을 가지고 있다.
① **변화할 수 있는 능력** : 살아있는 동물과 식물은 생물적 변환을 할 수 있는 능력이 있어야 한다.
② **변화의 관리** : 관리는 생물적 변환의 발생과정에 필요한 조건을 향상시키거나 적어도 유지시켜 생물적 변환을 용이하게 하며, 이러한 관리는 농림어업활동을 다른 활동과 구분하는 기준이 된다. 관리하지 않은 자원을 수확하는 것(원양어업, 천연림 벌채 등)은 농림어업활동에 해당하지 않는다.
③ **변화의 측정** : 생물적 변환으로 발생한 질적 변화나 양적 변화는 일상적인 관리기능으로 측정되고 관찰된다. 생물적 변환이란 생물자산에 질적 또는 양적 변화를 일으키는 성장, 퇴화, 생산 그리고 생식과정으로 구성된다.
   ㉠ 성장, 퇴화, 생식을 통한 자산의 변화
   ㉡ 우유, 양모 등과 같은 수확물의 생산
기업회계기준서 제1041호 '농림어업'은 생물자산, 수확시점의 수확물 및 관련된 정부보조금에 관한 회계처리에만 적용하며, 수확시점 이후의 수확물에 대해서는 기업회계기준서 제1002호 '재고자산' 등 다른 기준서를 적용한다.

**(2) 생물자산, 수확물의 최초인식**

생물자산이나 수확물은 다음의 조건이 모두 충족되는 경우에 인식한다.

> ① 과거사건의 결과로 통제 가능한 경제적효익이다.
> ② 자산과 관련된 미래경제적효익이 유입될 가능성이 높다.
> ③ 자산의 공정가치나 원가를 신뢰성 있게 측정할 수 있다.

생물자산은 최초의 인식시점과 매 보고기간 말에 순공정가치로 측정하고, 생물자산에서 수확된 수확물은 수확시점에 순공정가치로 측정하여야 한다. 순공정가치는 공정가치에서 추정 매각 부대원가를 차감한 금액을 말한다. 매각부대원가는 지급수수료, 양도 시 세금 등을 포함하나 해당 자산을 시장으로 운반하는 데 필요한 운반 및 기타 원가는 매각부대원가에서 제외한다. 생물자산을 최초 인식하는 시점에 순공정가치로 기록하기 때문에 취득 시부터 평가손실이 발생할 수 있다.

한편, 공정가치를 신뢰성 있게 측정할 수 없는 경우에는 원가에서 감가상각누계액과 손상차손누계액을 차감한 금액으로 측정한다. 이후 생물자산의 공정가치를 다시 신뢰성 있게 측정할 수 있게 되면 순공정가치로 측정한다. 단, 수확물은 항상 순공정가치로 측정한다.

| 구분 | 예시 | 측정 | 인식 및 측정 시점 |
|---|---|---|---|
| 생물자산 | 젖소, 양, 포도나무 등 | 순공정가치 | 최초 인식시점 및 매보고기간 말에 순공정가치로 측정 |
| 수확물 | 우유, 양모, 포도 | 순공정가치 | 수확시점에만 순공정가치로 측정 → 이후는 재고자산 |

(3) 순공정가치 평가에 따른 평가손익 처리
  ① 생물자산 : 생물자산을 최초 인식시점에 순공정가치로 인식하여 발생하는 평가손익 및, 기말 시점에 순공정가치의 변동으로 발생하는 평가손익은 전부 발생한 기간의 당기손익으로 반영한다.
  ② 수확물 : 수확물은 최초 인식시점에 순공정가치로 인식하여 발생하는 평가손익은 발생한 기간의 당기손익에 반영한다. 예컨대 포도나무에서 포도를 수확하는 경우 해당 포도는 수확시점에 평가손익이 발생할 수 있다. 수확물의 순공정가치 측정치는 재고자산이나 다른 적용가능한 다른 한국채택국제회계기준서를 적용하는 시점의 원가가 된다. 수확한 수확물을 거래처에 판매할 경우에는 재고자산의 판매로 회계처리한다. 또한 보고기간 말 현재 보유하고 있는 수확물의 순실현가능가치가 장부금액에 미달하면 재고자산에 대한 저가법 평가손실을 인식한다.

(4) 정부보조금
  ① 순공정가치로 측정하는 생물자산과 관련된 정부보조금에 다른 조건이 없는 경우에는 이를 수취할 수 있게 되는 시점에만 당기손익으로 인식한다.
  ② 순공정가치로 측정하는 생물자산과 관련된 정부보조금에 부수되는 조건이 있는 경우에는 그 조건을 충족하는 시점에만 당기손익으로 인식한다.

(5) 기타 고려사항
  ① 생물자산이나 수확물을 미래 일정시점에 판매하는 계약을 체결할 수 있다. 공정가치는 시장에 참여하는 구매자와 판매자가 거래하게 될 현행시장의 상황을 반영하기 때문에 계약가격이 공정가치의 측정에 반드시 목적적합한 것은 아니다. 따라서 계약이 존재한다고 하여 생물자산이나 수확물의 공정가치를 조정해야 하는 것은 아니다.
  ② 당해 자산에 대한 자금 조달 또는 수확 후 생물자산의 복구 관련 현금흐름(예를 들어, 수확 후 조림지에 나무를 다시 심는 원가)은 포함하지 아니한다.
  ③ 생물자산이 물리적으로 토지에 부속된 경우(예 조림지의 나무)가 흔히 있다. 토지에 부속된 생물자산에 대하여는 별도의 시장이 존재하지 않을 수 있으나, 결합된 자산, 즉 생물자산과 토지와 토지 개량이 하나로 결합된 자산에 대하여는 활성시장이 존재할 수 있다. 이 경우 생물자산의 공정가치를 측정하기 위하여 결합된 자산에 대한 정보를 사용할 수 있다.

(6) 생산용식물

① 다음의 모두에 해당되는 식물을 생산용식물이라고 하며, 이를 유형자산으로 분류하고 공정가치 측정을 하지 않는다. 유형자산은 원가모형 또는 재평가모형을 선택하여 회계처리한다.

> ㉠ 수확물을 생산하거나 공급하는 데 사용
> ㉡ 한 회계기간을 초과하여 생산물을 생산할 것으로 예상
> ㉢ 수확물로 판매될 가능성은 거의 없음

② 생산용식물에서 자라는 생산물은 생물자산에 해당하므로 순공정가치로 측정한다.

---

**예제 5-19  생물자산**

㈜한국은 20×1년 1월 1일에 1년 된 돼지 5마리를 보유하고 있다. ㈜한국은 20×1년 7월 1일에 1년 6개월 된 돼지 2마리와 새로 태어난 돼지 3마리를 매입하였다. 돼지의 일자별 마리당 순공정가치가 다음과 같을 때, ㈜한국이 동 생물자산과 관련하여 20×1년도 기말 재무상태표상에 표시할 생물자산은? (단, 20×1년 중 매각 등 감소된 돼지는 없다.)

| 일자 | 내용 | 마리당 순공정가치 |
|---|---|---|
| 20×1.1.1 | 1년 된 돼지 | ₩8,000 |
| 20×1.7.1 | 1년 6개월 된 돼지 | ₩12,000 |
| 20×1.7.1 | 새로 태어난 돼지 | ₩3,000 |
| 20×1.12.31 | 6개월 된 돼지 | ₩5,000 |
| 20×1.12.31 | 2년 된 돼지 | ₩15,000 |

················································································

**해답**

| 20×1.7.1 (차) 생물자산 | 33,000[1] | (대) 현금 | 33,000 |
|---|---|---|---|
| 20×1.12.31 (차) 생물자산 | 47,000 | (대) 생물자산평가이익 | 47,000[2] |

(1) 20×1년 7월 1일 생물자산 = ₩12,000 × 2마리 + ₩3,000 × 3마리 = ₩33,000
(2) 생물자산평가이익 = 3마리 × (₩5,000 − ₩3,000) + 5마리 × (₩15,000 − ₩8,000) + 2마리 × (₩15,000 − ₩12,000) = ₩47,000
(3) 20×1년 말 재무상태표에 표시할 생물자산 = 5마리 × ₩8,000(기초보유분) + ₩33,000 + ₩47,000 = ₩120,000

**01** ㈜감평의 20×1년도 상품 매입과 관련된 자료이다. 20×1년도 상품 매입원가는? (단, ㈜감평은 부가가치세 과세사업자이며, 부가가치세는 환급대상에 속하는 매입세액이다.) <u>21년 기출</u>

| 항목 | 금액 | 비고 |
|---|---|---|
| 당기매입 | ₩110,000 | 부가가치세 ₩10,000 포함 |
| 매입운임 | 10,000 | |
| 하역료 | 5,000 | |
| 매입할인 | 5,000 | |
| 리베이트 | 2,000 | |
| 보관료 | 3,000 | 후속 생산단계에 투입하기 전에 보관이 필요한 경우가 아님 |
| 관세납부금 | 500 | |

① ₩108,500  ② ₩110,300  ③ ₩110,500
④ ₩113,500  ⑤ ₩123,500

**해설**

매입원가 = ₩100,000(환급대상 부가가치세 제외한 매입금액) + ₩10,000(매입운임) + ₩5,000(하역료) − ₩5,000(매입할인) − ₩2,000(리베이트) + ₩500(관세납부금) = ₩108,500

**02** 재고자산에 관한 설명으로 옳지 않은 것은? <u>19년 관세사</u>

① 재고자산은 취득원가와 순실현가능가치 중 낮은 금액으로 측정한다.
② 재고자산의 취득원가는 매입원가, 전환원가 및 재고자산을 현재의 장소에 현재의 상태로 이르게 하는 데 발생한 기타 원가 모두를 포함한다.
③ 재료원가, 노무원가 및 기타 제조원가 중 비정상적으로 낭비된 부분은 재고자산의 취득원가에 포함할 수 없으며 발생기간의 비용으로 인식하여야 한다.
④ 표준원가법에 의한 원가측정방법은 그러한 방법으로 평가한 결과가 실제 원가와 유사한 경우에도 사용할 수 없다.
⑤ 매입할인, 리베이트 및 기타 유사한 항목은 재고자산의 매입원가를 결정할 때 차감한다.

**해설**

표준원가법에 의한 원가측정방법은 그러한 방법으로 평가한 결과가 실제 원가와 유사한 경우 편의상 사용할 수 있다.

## 03 재고자산 회계처리에 관한 설명으로 옳지 않은 것은? 16년 CTA

① 완성될 제품이 원가 이상으로 판매될 것으로 예상되더라도 생산에 투입하기 위해 보유한 원재료 가격이 현행대체원가보다 하락한다면 평가손실을 인식한다.

② 후속 생산단계에 투입하기 전에 보관이 필요한 경우 이외의 보관원가는 재고자산의 취득원가에 포함할 수 없으며 발생기간의 비용으로 인식한다.

③ 재고자산을 후불조건으로 취득하는 경우 계약이 실질적으로 금융요소를 포함하고 있다면, 해당 금융요소는 금융이 이루어지는 기간 동안 이자비용으로 인식한다.

④ 재고자산을 순실현가능가치로 감액한 평가손실과 모든 감모손실은 감액이나 감모가 발생한 기간에 비용으로 인식한다.

⑤ 당기에 비용으로 인식하는 재고자산 금액은 일반적으로 매출원가로 불리며, 판매된 재고자산의 원가와 배분되지 않은 제조간접원가 및 제조원가 중 비정상적인 부분의 금액으로 구성된다.

**해설**

완성될 제품이 원가 이상으로 판매되는 경우 생산에 투입하기 위해 보유한 원재료 가격이 현행대체원가보다 하락하더라도 평가손실을 인식하지 아니한다.

## 04 재고자산 회계처리에 관한 설명으로 옳지 않은 것은? 10년 CTA

① 재고자산의 단위원가 결정방법으로 후입선출법은 허용되지 않는다.

② 재고자산에 대한 단위원가 결정방법의 적용은 동일한 용도나 성격을 지닌 재고자산에 대해서는 동일하게 적용해야 하나, 지역별로 분포된 사업장이나 과세방식이 다른 사업장 산에는 동일한 재고자산이라도 원칙적으로 다른 방법을 적용한다.

③ 재고자산은 서로 유사하거나 관련 있는 항목들을 통합하여 적용하는 것이 적절하지 않는 한 항목별로 순실현가능가치로 감액하는 저가법을 적용한다.

④ 완성될 제품이 원가 이상으로 판매될 것으로 예상하는 경우에는 그 제품의 생산에 투입하기 위해 보유하는 원재료는 감액하지 아니한다.

⑤ 재고자산의 감액을 초래했던 상황이 해소되거나 경제상황의 변동으로 순실현가능가치가 상승한 명백한 증거가 있는 경우에는 최초의 장부금액을 초과하지 않는 범위 내에서 평가손실을 환입한다

**해설**

재고자산의 단위원가 결정방법은 성격과 용도에 따라 결정하며, 지역별 위치나 과세방식에 따라 동일한 재고자산에 대해 서로 다른 단위원가결정방법을 적용하는 것은 허용되지 않는다.

**05** 재고자산에 대한 설명으로 옳은 것은? `14년` `기출`

① 후속 생산단계에 투입하기 전에 보관이 필요한 경우 이외의 보관원가는 재고자산의 취득원가에 포함될 수 있다.

② 확정판매계약을 이행하기 위하여 보유하는 재고자산의 순실현가능가치는 계약가격에 기초하며, 확정판매계약의 이행에 필요한 수량을 초과하는 경우에는 일반 판매가격에 기초한다.

③ 재고자산의 지역별 위치나 과세방식이 다른 경우 동일한 재고자산에 다른 단위원가 결정방법을 적용할 수 있다.

④ 가중평균법의 경우 재고자산 원가의 평균은 기업의 상황에 따라 주기적으로 계산하거나 매입 또는 생산할 때마다 계산하여서는 아니 된다.

⑤ 완성될 제품이 원가 이상으로 판매될 것으로 예상하는 경우에는 해당 원재료를 순실현가능가치로 감액한다.

**해설**

① 후속생산단계에 투입하기 위해 보관이 필요한 경우 이외의 보관원가는 재고자산의 취득원가에 포함되지 아니한다.

③ 재고자산의 지역별 위치나 과세방식이 다르다는 이유만으로 동일한 재고자산에 다른 단위원가 결정방법을 적용하는 것은 정당화될 수 없다.

④ 가중평균법은 기업의 상황에 따라 주기적으로 계산하거나 매입 또는 생산할 때마다 계산한다.

⑤ 완성될 제품이 원가 이상으로 판매될 것으로 예상하는 경우에는 해당 원재료를 순실현가능가치로 감액하지 아니한다.

**06** ㈜관세는 재고자산에 대해 계속기록법과 가중평균법을 적용한다. 다음 자료를 이용하여 계산한 ㈜관세의 매출원가는? `21년` `관세사`

| 일자 | 내역 | 수량 | 단가 |
|---|---|---|---|
| 1월 1일 | 기초재고 | 150개 | ₩10 |
| 2월 1일 | 매입 | 150개 | ₩12 |
| 3월 1일 | 매출 | 100개 | |
| 6월 1일 | 매입 | 200개 | ₩15 |
| 9월 1일 | 매출 | 300개 | |
| 12월 31일 | 기말재고 | 100개 | |

① ₩3,670  ② ₩4,000  ③ ₩4,670

④ ₩5,000  ⑤ ₩5,670

1) 2월 1일 이동평균단가 = (₩1,500 + ₩1,800) ÷ 300개 = ₩11
2) 3월 1일 매출원가 = 100개 × ₩11 = ₩1,100
3) 6월 1일 이동평균단가 = (200개 × ₩11 + 200개 × ₩15) ÷ 400개 = ₩13
4) 9월 1일 매출원가 = 300개 × ₩13 = ₩3,900
5) 매출원가 = ₩1,100 + ₩3,900 = ₩5,000

**07** 다음은 (주)감평의 20×1년도 재고자산 거래와 관련된 자료이다. 다음 설명 중 옳지 않은 것은? 18년 기출

| 일자 | 적요 | 수량 | 단가 |
|---|---|---|---|
| 1월 1일 | 기초재고 | 100개 | ₩90 |
| 3월 9일 | 매입 | 200개 | 150 |
| 5월 16일 | 매출 | 150개 | – |
| 8월 20일 | 매입 | 50개 | 200 |
| 10월 25일 | 매입 | 50개 | 220 |
| 11월 28일 | 매출 | 200개 | – |

① 실지재고조사법을 적용하여 선입선출법을 사용할 경우 기말재고자산 금액은 ₩11,000 이다.
② 실지재고조사법을 적용하여 가중평균법을 사용할 경우 매출원가는 ₩52,500이다.
③ 선입선출법을 사용할 경우보다 가중평균법을 사용할 때 당기순이익이 더 작다.
④ 가중평균법을 사용한 경우, 실지재고조사법을 적용하였을 때보다 계속기록법을 적용 하였을 때 당기순이익이 더 크다.
⑤ 선입선출법을 사용할 경우, 계속기록법을 적용하였을 때보다 실지재고조사법을 적용 하였을 때 매출원가가 더 크다.

선입선출법을 사용할 경우, 감모손실이 발생하지 않는다면 계속기록법을 적용하였을 때와 실지재 고조사법을 적용하였을 때의 매출원가는 동일하다.

**08** 동일한 규격의 상품을 판매하는 ㈜관세의 1월 중 재고자산에 대한 거래내역은 다음과 같다. 선입선출법에 의한 ㈜관세의 1월 매출총이익은? (단, 재고자산감모손실과 평가손실은 없다)  `24년 관세사`

| 일자 | 내역 | 수량 | 매입단가 | 단위당 판매가격 |
|---|---|---|---|---|
| 1일 | 재고 | 150개 | ₩300 | |
| 3일 | 매입 | 200개 | ₩350 | |
| 8일 | 매출 | 180개 | | ₩600 |
| 15일 | 매입 | 350개 | ₩400 | |
| 26일 | 매출 | 250개 | | ₩600 |

① ₩94,000　　② ₩111,000　　③ ₩129,000
④ ₩155,643　　⑤ ₩165,000

**해설**

1) 매출액 = 180개 × ₩600 + 250개 × ₩600 = ₩258,000
2) 매출원가 = 150개 × ₩300 + 200개 × ₩350 + 80개 × ₩400 = ₩147,000
3) 매출총이익 = ₩258,000 − ₩147,000 = ₩111,000

**09** ㈜감평의 창고에 보관 중인 20×1년 말 상품 재고실사 금액은 ₩2,840이다. 다음자료를 반영한 이후 20×1년 말 재무상태표에 표시할 기말상품 금액은? `23년 기출`

- 기말 현재 일부 상품(원가 ₩100)을 물류회사에 보관 중이며, 보관료 ₩20을 지급하기로 하였다.
- 수탁회사에 적송한 상품(원가 ₩600) 중 20%는 기말까지 판매되지 않았다.
- 고객에게 발송한 시송품(원가 ₩500) 중 기말 현재 고객으로부터 매입의사표시를 통보받지 못한 상품이 ₩200이다.
- 20×1년 12월 28일에 도착지 인도조건으로 거래처에서 매입한 상품(원가 ₩250)이 기말 현재 운송 중에 있다.

① ₩3,260　　② ₩3,510　　③ ₩3,560
④ ₩3,740　　⑤ ₩3,810

**해설**

20×1년 말 기말상품 금액 = ₩2,840(상품 재고실사 금액) + ₩100(타처보관중인 재고) + ₩120(미판매된 적송품) + ₩200(매입의사 미표시 시송품) = ₩3,260
※ 보관료는 당기비용에 해당하며, 도착지 인도조건의 매입은 도착시점에 재고자산에 포함한다.

**10** ㈜대한이 재고자산을 실사한 결과 20×1년 12월 31일 현재 창고에 보관 중인 상품의 실사금액은 ₩2,000,000인 것으로 확인되었다. 추가자료 내용은 다음과 같다.

> (1) ㈜대한이 20×1년 12월 21일 ㈜서울로부터 선적지인도조건(F.O.B. shipping point)으로 매입한 원가 ₩250,000의 상품이 20×1년 12월 31일 현재 운송 중에 있다. 이 상품은 20×2년 1월 5일 도착예정이며, 매입 시 발생한 운임은 없다.
>
> (2) ㈜대한은 20×1년 10월 1일에 ㈜부산으로부터 원가 ₩150,000의 상품에 대해 판매를 수탁받았으며 이 중 원가 ₩40,000의 상품을 20×1년 11월 15일에 판매하였다. 나머지 상품은 20×1년 12월 31일 현재 ㈜대한의 창고에 보관 중이며 기말 상품의 실사금액에 포함되었다. 수탁 시 발생한 운임은 없다.
>
> (3) ㈜대한은 20×1년 12월 19일에 ㈜대전에게 원가 ₩80,000의 상품을 ₩120,000에 판매 즉시 인도하고 2개월 후 ₩130,000에 재구매하기로 약정을 체결하였다.
>
> (4) 20×1년 11월 10일에 ㈜대한은 ㈜강릉과 위탁판매계약을 체결하고 원가 ₩500,000의 상품을 적송하였으며, ㈜강릉은 20×1년 12월 31일 현재까지 이 중 80%의 상품을 판매하였다. 적송 시 발생한 운임은 없다.
>
> (5) ㈜대한은 단위당 원가 ₩50,000의 신상품 10개를 20×1년 10월 15일에 ㈜광주에게 전달하고 20×2년 2월 15일까지 단위당 ₩80,000에 매입할 의사를 통보해 줄 것을 요청하였다. 20×1년 12월 31일 현재 ㈜대한은 ㈜광주로부터 6개의 상품을 매입하겠다는 의사를 전달받았다.

**위의 추가자료 내용을 반영한 이후 ㈜대한의 20×1년 12월 31일 재무상태표에 표시될 기말상품재고액은 얼마인가? (단, 재고자산감모손실 및 재고자산평가손실은 없다고 가정한다.)** `19년 CPA`

① ₩2,330,000    ② ₩2,430,000    ③ ₩2,520,000

④ ₩2,530,000    ⑤ ₩2,740,000

**해설**

기말상품재고액 = ₩2,000,000(실사재고) + ₩250,000(선적지조건 매입) − ₩110,000(수탁받은 재고) + ₩80,000(재구매조건부판매) + ₩100,000(미판매된 적송품) + ₩200,000(매입의사 미표시한 시송품) = ₩2,520,000

**11** 20×1년 말 현재 ㈜감평의 외부감사 전 재무상태표 상 재고자산은 ₩1,000,000이다. ㈜감평은 실지재고조사법을 사용하여 창고에 있는 상품만을 기말재고로 보고하였다. 회계감사 중 공인회계사는 ㈜감평의 기말 재고자산과 관련하여 다음 사항을 알게 되었다.

- 20×1년 12월 27일 FOB 선적지 조건으로 ㈜한국에게 판매한 상품(원가 ₩300,000)이 20×1년 말 현재 운송 중에 있다.
- 수탁자에게 20×1년 중에 적송한 상품(원가 ₩100,000) 중 40%가 20×1년 말 현재 판매완료되었다.
- 고객에게 20×1년 중에 인도한 시송품의 원가는 ₩200,000이며, 이 중 20×1년 말까지 매입의사표시를 해 온 금액이 ₩130,000이다.
- 20×1년 12월 29일 FOB 도착지 조건으로 ㈜민국으로부터 매입한 상품(원가 ₩200,000)이 20×1년 말 현재 운송 중에 있다.

위의 내용을 반영하여 작성된 20×1년 말 재무상태표 상 재고자산은?  [18년 기출]

① ₩1,010,000　　② ₩1,110,000　　③ ₩1,130,000
④ ₩1,330,000　　⑤ ₩1,430,000

**해설**

정확한 기말재고 = ₩1,000,000(실사재고) + ₩60,000(미판매된 적송품) + ₩70,000(매입의사 미표시한 시송품) = ₩1,130,000

**12** 상품매매기업인 ㈜감평은 계속기록법과 실지재고조사법을 병행하고 있다. ㈜감평의 20×1년 기초재고는 ₩10,000(단가 ₩100)이고, 당기매입액은 ₩30,000(단가 ₩100), 20×1년 말 현재 장부상 재고수량은 70개이다. ㈜감평이 보유하고 있는 재고자산은 진부화로 인해 단위당 순실현가능가치가 ₩80으로 하락하였다. ㈜감평이 포괄손익계산서에 매출원가로 ₩36,000을 인식하였다면, ㈜감평의 20×1년 말 현재 실제재고수량은? (단, 재고자산감모손실과 재고자산평가손실은 모두 매출원가에 포함한다.)  [20년 기출]

① 40개　　② 50개　　③ 65개
④ 70개　　⑤ 80개

**해설**

1) 기말재고금액 = ₩10,000(기초재고) + ₩30,000(당기매입) − ₩36,000(매출원가) = ₩4,000
2) 실제재고수량 = ₩4,000(기말재고금액) ÷ ₩80(순실현가능가치) = 50개

**13**

유통업을 영위하고 있는 ㈜대한은 확정판매계약(취소불능계약)에 따른 판매와 시장을 통한 일반 판매를 동시에 수행하고 있다. ㈜대한이 20×1년 말 보유하고 있는 상품재고 관련 자료는 다음과 같다.

| 기말재고 내역 | | | | |
|---|---|---|---|---|
| 항목 | 수량 | 단위당 취득원가 | 단위당 일반판매가격 | 단위당 확정판매계약가격 |
| 상품 A | 300개 | ₩500 | ₩600 | – |
| 상품 B | 200개 | ₩300 | ₩350 | ₩280 |
| 상품 C | 160개 | ₩200 | ₩250 | ₩180 |
| 상품 D | 150개 | ₩250 | ₩300 | – |
| 상품 E | 50개 | ₩300 | ₩350 | ₩290 |

- 재고자산 각 항목은 성격과 용도가 유사하지 않으며, ㈜대한은 저가법을 사용하고 있고, 저가법 적용 시 항목기준을 사용한다.
- 확정판매계약(취소불능계약)에 따른 판매 시에는 단위당 추정 판매비용이 발생하지 않을 것으로 예상되며, 일반 판매 시에는 단위당 ₩20의 추정 판매비용이 발생할 것으로 예상된다.
- 재고자산 중 상품 B, 상품 C, 상품 E는 모두 확정판매계약(취소 불능계약) 이행을 위해 보유 중이다.
- 모든 상품에 대해 재고자산 감모는 발생하지 않았으며, 기초의 재고자산평가충당금은 없다.

㈜대한의 재고자산 평가와 관련된 회계처리가 20×1년도 포괄손익계산서의 당기순이익에 미치는 영향은 얼마인가? 20년 CPA

① ₩11,800 감소  ② ₩10,800 감소  ③ ₩9,700 감소
④ ₩8,700 감소  ⑤ ₩7,700 감소

**해설**

1) 상품 A = 평가손실 없음
2) 상품 B = 200개 × (₩300 − ₩280) = ₩4,000
3) 상품 C = 160개 × (₩200 − ₩180) = ₩3,200
4) 상품 D = 평가손실 없음
5) 상품 E = 50개 × (₩300 − ₩290) = ₩500
6) 평가손실 = ₩4,000 + ₩3,200 + ₩500 = ₩7,700 감소

**14** ㈜감평의 20×1년 기말 재고자산 자료가 다음과 같다.

| 종목 | 실사수량 | 단위당 취득원가 | 단위당 예상판매가격 |
|---|---|---|---|
| 상품 A | 100개 | ₩300 | ₩350 |
| 상품 B | 100개 | 200 | 250 |
| 상품 C | 200개 | 100 | 120 |

• 단위당 예상판매비용 : ₩30(모든 상품에서 발생)

상품 B의 70%는 확정판매계약(취소불능계약)을 이행하기 위하여 보유하고 있으며, 상품 B의 단위당 확정판매계약가격은 ₩220이다. 재고자산 평가와 관련하여 20×1년 인식할 당기손익은? (단, 재고자산의 감모는 발생하지 않았으며, 기초 재고자산평가충당금은 없다.) `22년 기출`

① 손실 ₩2,700    ② 손실 ₩700
③ ₩0    ④ 이익 ₩2,200
⑤ 이익 ₩3,200

**해설**

1) 상품 A : 취득원가(₩300) < 순실현가능가치(₩320) : 평가손실 발생하지 않음
2) 상품 B
    ㉠ 70개(확정판매계약) × (₩200 − ₩190) = ₩700 평가손실 발생
    ㉡ 30개(일반시장판매분)는 단위당 취득원가 ₩200보다 순실현가능가치 ₩220이 더 크므로 평가손실이 발생하지 않음
3) 상품 C = 200개 × (₩100 − ₩90) = ₩2,000 평가손실 발생
4) 20×1년에 인식할 당기손익(평가손실) = ₩700 + ₩2,000 = 손실 ₩2,700

**15** ㈜한국은 재고자산 수량결정과 관련하여 계속기록법을 채택하고 있다. 다음은 계속기록법으로 작성한 ㈜한국의 20×0년의 매출원가와 관련된 자료이다.

| 구분 | 수량 | 단가 | 합계 |
|---|---|---|---|
| 20×0년 초 재고자산 | 100개 | ₩300 | ₩30,000 |
| 20×0년 매입액 | 200개 | 300 | 60,000 |
| 20×0년 말 재고자산 | 150개 | 300 | 45,000 |

㈜한국이 20×0년 말 재고자산을 실사한 결과 재고자산감모수량이 30개(재고자산감모손실 ₩9,000) 발생하였다. 또한 ㈜한국은 20×0년 말 재고자산의 단위당 순실현가능가치가 ₩200으로 하락하여 재고자산평가손실을 인식하여야 한다. ㈜한국이

20×0년도에 인식할 재고자산평가손실은 얼마인가? (단, 재고자산감모손실을 먼저 인식한 후 재고자산평가손실을 산출함을 가정하고, 기초재고자산에 대한 평가충당금은 없었음) 10년 기출

① ₩6,000  ② ₩9,000  ③ ₩12,000

④ ₩15,000  ⑤ ₩18,000

**해설**

1) 재고자산감모손실(₩9,000) = (150개 − 실사수량) × ₩300
   → 실사수량 = 120개
2) 재고자산평가손실 = 120개 × (₩300 − ₩200) = ₩12,000

---

**16** ㈜감평은 상품에 관한 단위원가 결정방법으로 선입선출법을 이용하고 있으며 20×1년도 상품 관련 자료는 다음과 같다. 20×1년 말 재고실사결과 3개였으며 감모는 모두 정상적이다. 기말 현재 상품의 단위당 순실현가능가치가 ₩100일 때 ㈜감평의 20×1년도 매출총이익은? (단, 정상적인 재고자산감모손실과 재고자산평가손실은 모두 매출원가에 포함한다.) 16년 기출

| 항목 | 수량 | 단위당 취득원가 | 단위당 판매가격 | 금액 |
|---|---|---|---|---|
| 기초재고(1월 1일) | 20개 | ₩120 | − | ₩2,400 |
| 매입(4월 8일) | 30개 | 180 | − | 5,400 |
| 매출(5월 3일) | 46개 | − | ₩300 | 13,800 |

① ₩6,300  ② ₩6,780  ③ ₩7,020

④ ₩7,260  ⑤ ₩7,500

**해설**

1) 저가재고금액 = 3개(실사수량) × MIN[₩180(취득원가), ₩100(순실현가능가치)] = ₩300
2) 회계처리

| | | | |
|---|---|---|---|
| (차) 기말재고 | 300 | (대) 기초재고 | 2,400 |
| 매출원가 | 7,500 | 매입 | 5,400 |

3) 매출총이익 = ₩13,800 − ₩7,500 = ₩6,300

**17** ㈜감평의 20×1년도 상품관련 자료는 다음과 같다. 기말상품 실사수량은 30개이며, 수량감소분 중 40%는 정상감모손실이다. ㈜감평의 20×1의 매출원가는? (단, 정상감모손실과 평가손실은 매출원가에 포함한다.) `23년 기출`

| | 수량 | 단위당 취득원가 | 단위당 판매가격 | 단위당 순실현가능가치 |
|---|---|---|---|---|
| 기초재고 | 70개 | ₩60 | – | – |
| 매입 | 100개 | ₩60 | – | – |
| 매출 | 120개 | – | ₩80 | – |
| 기말재고 | 50개 | – | | ₩50 |

① ₩7,200  ② ₩7,500  ③ ₩7,680
④ ₩7,980  ⑤ ₩8,700

**해설**

1) 감모손실 = (50개 - 30개) × ₩60 = ₩1,200
    * 비정상감모손실 = ₩1,200 × 60% = ₩720
2) 저가재고금액 = 30개(실사수량) × MIN[₩60(취득원가), ₩50(순실현가능가치)] = ₩1,500
3) 20×1년의 매출원가 = ₩4,200(기초재고) + ₩6,000(당기매입) - ₩1,500(기말재고) - ₩720(비정상감모손실) = ₩7,980

**18** ㈜감평은 재고자산 평가방법으로 소매재고법을 적용하고 있다. 20×1년도 재고자산 관련 자료가 다음과 같은 경우, 평균원가법에 의한 20×1년 말 재고자산은? `19년 기출`

| 항목 | 원가 | 판매가 |
|---|---|---|
| 기초재고액 | ₩143,000 | ₩169,000 |
| 당기매입액 | 1,138,800 | 1,586,000 |
| 매가인상액 | | 390,000 |
| 인상취소액 | | 150,000 |
| 매가인하액 | | 110,000 |
| 당기매출액 | | 1,430,000 |

① ₩211,000  ② ₩237,000  ③ ₩309,400
④ ₩455,000  ⑤ ₩485,400

**해설**

1) 판매가능재고(매가) = ₩169,000(기초재고) + ₩1,586,000(당기매입) + ₩240,000(순인상) - ₩110,000(순인하) - ₩1,430,000(매출액) = ₩455,000
2) 원가율 = $\frac{₩143,000 + ₩1,138,800}{₩169,000 + ₩1,586,000 + ₩240,000 - ₩110,000}$ = 68%
3) 기말재고(원가) = ₩455,000 × 68% = ₩309,400

**19** ㈜감평의 20×1년 재고자산 관련 자료는 다음과 같다. 재고자산 가격결정 방법으로 선입선출-소매재고법을 적용할 경우 기말재고액(원가)은? (단, 단수차이는 가장 근사치를 선택한다.)  17년 기출

| 구분 | 매가 | 원가 |
|---|---|---|
| 기초재고자산 | ₩1,000,000 | ₩800,000 |
| 당기매입액 | 4,900,000 | 3,000,000 |
| 매출액 | 4,000,000 | |
| 인상액 | 500,000 | |
| 인하액 | 300,000 | |
| 인상취소액 | 200,000 | |
| 인하취소액 | 100,000 | |

① ₩1,125,806  ② ₩1,153,846  ③ ₩1,200,000
④ ₩1,266,667  ⑤ ₩1,288,136

해설

1) 기말재고(매가) = ₩1,000,000(기초재고) + ₩4,900,000(당기매입액) + ₩300,000(순인상) − ₩200,000(순인하) − ₩4,000,000(매출액) = ₩2,000,000

2) 선입선출 원가율 = $\dfrac{₩3,000,000}{₩4,900,000 + ₩300,000 − ₩200,000}$ = 60%

3) 기말재고(원가) = ₩2,000,000 × 60% = ₩1,200,000

**20** ㈜한국백화점은 선입선출법에 의한 저가기준 소매재고법을 이용하여 재고자산을 평가하고 있으며, 재고자산 관련자료는 다음과 같다. ㈜한국백화점이 20×1년도 포괄손익계산서에 인식할 매출원가는 얼마인가?  13년 CPA

| 구분 | 원가 | 소매가 |
|---|---|---|
| 기초재고액 | ₩2,000,000 | ₩3,000,000 |
| 당기매입액 | 6,000,000 | 9,600,000 |
| 매입운반비 | 100,000 | |
| 매입할인 | 318,000 | |
| 당기매춘애 | | 10,000,000 |
| 종업원할인 | | 500,000 |
| 순인상액 | | 200,000 |
| 순인하액 | | 300,000 |

① ₩6,502,000  ② ₩6,562,000  ③ ₩6,582,000
④ ₩6,602,000  ⑤ ₩6,642,000

해설

| 구분 | 원가율 | | 기말재고(판매가) | |
|---|---|---|---|---|
| | 원가 | 매가 | | |
| 기초재고 | ₩2,000,000 | ₩3,000,000 | * 매출액 | ₩10,000,000 |
| 순매입액 | 5,782,000 | 9,600,000 | 종업원할인 | 500,000 |
| 순인상액 | | 200,000 | 기말재고(매가) | 2,000,000 |
| 순인하액 | | (300,000) | | |
| 합계 | ₩7,782,000 | ₩12,500,000 | 합계 | ₩12,500,000 |

1) 원가율(저가기준 선입선출법) = ₩5,782,000 ÷ (₩9,600,000 + ₩200,000) = 59%
2) 기말재고(원가) = ₩2,000,000 × 59% = ₩1,180,000
3) 매출원가 = ₩7,782,000 − ₩1,180,000 = ₩6,602,000

**21** ㈜관세의 20×1년 재고자산 관련 자료는 다음과 같다. 원가기준 평균원가소매재고법에 따른 기말재고자산원가는? (단, 원가율 계산 시 소수점 둘째자리에서 반올림한다.)

22년 관세사

| 구분 | 원가 | 판매가 |
|---|---|---|
| 기초재고액 | ₩44,500 | ₩70,000 |
| 당기순매입액 | 105,000 | 140,000 |
| 순인상액 | | 7,000 |
| 순인하액 | | 3,500 |
| 당기순매출액 | | 112,000 |
| 정상적 파손 | | 1,500 |
| 비정상적 파손 | 350 | 500 |

① ₩64,750　　　　② ₩69,650　　　　③ ₩70,000
④ ₩70,700　　　　⑤ ₩71,050

해설

1) 기말재고자산(매가) = ₩70,000(기초재고액) + ₩140,000(당기순매입액) + ₩7,000(순인상액) − ₩3,500(순인하액) − ₩500(비정상적 파손) − ₩112,000(당기순매출액) − ₩1,500(정상적 파손) = ₩99,500
2) 원가기준 평균원가소매재고법 원가율 = (₩44,500 + ₩105,000 − ₩350) ÷ (₩70,000 + ₩140,000 + ₩7,000(순인상액) − ₩3,500(순인하액) − ₩500(비정상적파손)) = 70%
3) 기말재고자산(원가) = ₩99,500 × 70% = ₩69,650

**22** ㈜경솔은 20×3년 4월 10일 창고에 화재가 발생하여 재고자산의 대부분이 소실되었고, 화재 후 재고자산을 실사한 결과 그 원가는 ₩5,000으로 평가되었다. 회사는 재고자산 수량파악을 위해 실지재고조사법을 사용하며, 관련 장부를 검토한 결과 다음과 같은 자료를 얻었다. 이를 바탕으로 소실된 재고자산 원가를 계산하면 얼마인가?

04년 CTA

| | | | |
|---|---|---|---|
| • 당기 매출액 | ₩540,000 | • 당기 매입액 | ₩350,000 |
| • 기초상품재고액 | 80,000 | • 매입운임 | 20,000 |
| • 매입할인 | 10,000 | • 매출에누리 | 40,000 |
| • 매출운임 | 30,000 | • 매출총이익률 | 20% |

① ₩20,000      ② ₩25,000      ③ ₩30,000

④ ₩35,000      ⑤ ₩40,000

**해설**

| | | |
|---|---|---|
| 기초재고 | ₩80,000 | |
| + 당기순매입액 | 360,000 | ← ₩350,000 + ₩20,000 − ₩10,000 |
| − 매출원가 | (400,000) | ← ₩500,000 × 80% |
| 소실시점의 재고자산(추정치) | ₩40,000 | |
| − 실제 기말재고 | (5,000) | |
| = 재해손실(추정치) | ₩35,000 | |

**23** 12월 1일 화재로 인하여 창고에 남아있던 ㈜관세의 재고자산이 전부 소실되었다. ㈜관세는 모든 매입과 매출을 외상으로 하고 있으며 이용 가능한 자료는 다음과 같다. 매출총이익률이 30%라고 가정할 때 화재로 인한 추정재고손실액은?

21년 관세사

(1) 기초 재고자산 : ₩1,000
(2) 기초 매출채권 : ₩3,000
    12월 1일 매출채권 : ₩2,000
(3) 기초부터 12월 1일까지 거래
    * 매입액 : ₩80,000 (FOB 선적지인도조건으로 매입차서 12일 1일 현재 운송 중인 상품 ₩100 포함)
    * 매출채권 현금회수액 : ₩100,000

① ₩11,600      ② ₩12,600      ③ ₩13,600

④ ₩51,200      ⑤ ₩52,200

**해설**

1) 외상매출액 = ₩100,000(현금회수액) + ₩2,000(기말매출채권) − ₩3,000(기초매출채권) = ₩99,000
2) 기말재고 추정액 = ₩1,000(기초재고) + ₩80,000(매입액) − (₩99,000 × 70%) = ₩11,700
3) 재해손실 = ₩11,700 − ₩100(미착품) = ₩11,600

**24** ㈜대한은 20×1년도 말에 재고자산이 ₩20,000 증가하였고, 매입채무는 ₩15,000 감소되었으며, 매출채권은 ₩22,000 증가되었다. 20×1년도 매출채권 현금회수액이 ₩139,500이고, 매입채무 현금지급액이 ₩118,000일 때 20×1년도 매출총이익은? (단, 현금매입 및 현금매출은 없다고 가정한다.) `13년 기출`

① ₩38,500  ② ₩44,000  ③ ₩48,500
④ ₩58,500  ⑤ ₩78,500

**해설**

1) 매출액 = ₩139,500(매출채권 현금회수액) + ₩22,000(매출채권 증가액) = ₩161,500
2) 매입액 = ₩118,000(매입채무 현금지급액) − ₩15,000(매입채무 감소액) = ₩103,000
3) 매출원가 = ₩103,000(매입액) − ₩20,000(기말재고 증가액) = ₩83,000
4) 매출총이익 = ₩161,500(매출액) − ₩83,000(매출원가) = ₩78,500

**25** 다음 자료를 이용하여 계산한 기말매입채무 잔액은? (단, 매입은 모두 외상으로 한다.) `12년 기출`

| | | | |
|---|---|---|---|
| • 기초매입채무 | ₩8,000 | • 매입채무상환 | ₩35,000 |
| • 기초상품재고 | 12,000 | • 기말상품재고 | 11,000 |
| • 당기매출 | 50,000 | • 매출총이익 | 10,000 |

① ₩11,000  ② ₩12,000  ③ ₩13,000
④ ₩14,000  ⑤ ₩15,000

**해설**

1) 매출원가 = ₩50,000(당기매출) − ₩10,000(매출총이익) = ₩40,000
2) 매출원가(₩40,000) = ₩12,000(기초상품재고) + 당기매입액 − ₩11,000(기말상품재고)
  → 당기매입액 = ₩39,000
3) 기말매입채무 잔액 = ₩8,000(기초매입채무) + ₩39,000(당기매입액) − ₩35,000(매입채무상환)
  = ₩12,000

**26** 상품매매기업인 ㈜감평의 정상영업주기는 상품 매입시점부터 판매대금 회수시점까지 기간으로 정의된다. 20×1년 정상영업주기는 42일이며, 매출이 ₩1,000,000, 평균매출채권이 ₩50,000, 평균재고자산이 ₩40,000이라면 ㈜감평의 20×1년 매출원가는? (단, 매출은 전액 외상매출이고, 1년은 360일로 가정한다.) 15년 기출

① ₩520,000　　　　② ₩540,000　　　　③ ₩560,000

④ ₩580,000　　　　⑤ ₩600,000

해설

1) 매출채권회전율 = ₩1,000,000 ÷ ₩50,000 = 20회
2) 매출채권회수기간 = 360일 ÷ 20회 = 18일
3) 정상영업주기(42일) = 매출채권회수기간(18일) + 재고자산회수기간
　　→ 재고자산회수기간 = 24일
　　→ 재고자산회전율 = 15회
4) 매출원가 = ₩40,000(평균재고자산) × 15회(재고자산회전율) = ₩600,000

**27** 다음은 ㈜감평의 20×2년도 비교재무상태표의 일부분이다. ㈜감평의 20×2년도 매출채권평균회수기간이 73일이고 재고자산회전율이 3회일 때 20×2년도 매출총이익은? (단, 재고자산회전율 계산 시 매출원가를 사용하고, 평균재고자산과 평균매출채권은 기초와 기말의 평균값을 이용하며, 1년은 365일로 계산한다.) 16년 기출

| 계정과목 | 20×2년 12월 31일 | 20×1년 12월 31일 |
|---|---|---|
| 매출채권 | ₩240,000 | ₩200,000 |
| 재고자산 | 180,000 | 140,000 |

① ₩460,000　　　　② ₩580,000　　　　③ ₩620,000

④ ₩660,000　　　　⑤ ₩780,000

해설

1) 매출채권회전율 = 365일 ÷ 73일(매출채권평균회수기간) = 5회
2) 매출액 = ₩220,000(평균매출채권) × 5회(매출채권회전율) = ₩1,100,000
3) 매출원가 = ₩160,000(평균재고자산) × 3회(재고자산회전율) = ₩480,000
4) 매출총이익 = ₩1,100,000(매출액) − ₩480,000(매출원가) = ₩620,000

**28** ㈜감평의 20×1년 초 상품재고는 ₩30,000이며, 당기매출액과 당기상품매입액은 각각 ₩100,000과 ₩84,000이다. ㈜감평의 원가에 대한 이익률이 25%인 경우, 20×1년 재고자산회전율은? (단, 재고자산회전율 계산 시 평균상품재고와 매출원가를 사용한다.)  [17년 기출]

① 0.4회　　　　　② 1.5회　　　　　③ 2.0회
④ 2.5회　　　　　⑤ 3.0회

**해설**

1) 매출원가 = ₩100,000(당기매출액) × 1/1.25 = ₩80,000
2) 기말재고자산 = ₩30,000(기초재고) + ₩84,000(당기매입액) − ₩80,000(매출원가)
　　　　　　　　 = ₩34,000
3) 재고자산회전율 = ₩80,000(매출원가) ÷ ₩32,000(평균재고자산) = 2.5회

**29** 농림어업에 관한 회계처리로 옳지 않은 것은?  [15년 기출]

① 생물자산은 최초 인식시점과 매 보고기간 말 공정가치에서 추정 매각부대원가를 차감한 금액(순공정가치)으로 측정하여야 한다. 다만, 공정가치를 신뢰성 있게 측정할 수 없는 경우에는 제외한다.
② 생물자산에서 수확된 수확물은 수확시점에 순공정가치로 측정하여야 한다.
③ 생물자산을 최초 인식시점에 순공정가치로 인식하여 발생하는 평가손익과 생물자산의 공정가치 변동으로 발생하는 평가손익은 발생한 기간의 당기손익에 반영한다.
④ 수확물을 최초 인식시점에 순공정가치로 인식하여 발생하는 평가손익은 발생한 기간의 기타포괄손익에 반영한다.
⑤ 순공정가치로 측정하는 생물자산과 관련된 정부보조금에 다른 조건이 없는 경우에는 이를 수취할 수 있게 되는 시점에만 당기손익으로 인식한다.

**해설**

수확물을 최초에 순공정가치로 인식하여 발생하는 평가손익은 당기손익으로 인식한다.

**30** 농림어업 기준서의 내용으로 옳지 않은 것은?

① 생물자산은 공정가치를 신뢰성 있게 측정할 수 없는 경우를 제외하고는 최초인식시점과 매 보고기간 말에 순공정가치로 측정한다.

② 최초로 인식하는 생물자산을 공정가치로 신뢰성 있게 측정할 수 없는 경우에는 원가에서 감가상각누계액과 손상차손누계액을 차감한 금액으로 측정한다.

③ 생물자산을 최초인식시점에 순공정가치로 인식하여 발생하는 평가손익과 생물자산의 순공정가치 변동으로 발생하는 평가손익은 발생한 기간의 당기손익에 반영한다.

④ 수확물을 최초인식시점에 순공정가치로 인식하여 발생하는 평가손익은 발생한 기간의 당기손익에 반영한다.

⑤ 순공정가치로 측정하는 생물자산과 관련된 정부보조금에 부수되는 조건이 있는 경우에는 이를 수취할 수 있게 되는 시점에만 당기손익으로 인식한다.

**해설**

순공정가치로 측정하는 생물자산과 관련된 정부보조금에 부수되는 조건이 없는 경우에는 이를 수취할 수 있게 되는 시점에만 당기손익으로 인식한다.

**31** 생물자산, 수확물 및 가공품 등 농림어업에 관한 설명으로 옳지 않은 것은?

① 생물자산, 수확물 및 수확 후 가공품의 예시로 포도나무–포도–포도주를 들 수 있다.

② 수확물은 생물자산에서 수확한 생산물로 과거사건의 결과로 통제되며, 관련된 미래 경제적효익의 유입가능성이 높고 공정가치나 원가를 신뢰성 있게 측정할 수 있는 경우에 한하여 자산으로 인식된다.

③ 생물자산을 최초로 인식하는 시점에 시장공시가격을 구할 수 없고, 대체적인 공정가치측정치가 명백히 신뢰성이 없게 된 경우, 생물자산은 원가에서 감가상각누계액과 손상차손누계액을 차감한 금액으로 측정한다.

④ 수확물은 최초인식시점에 순공정가치로 인식하여 발생하는 평가손익은 발생한 기간의 기타포괄손익에 반영한다.

⑤ 순공정가치로 측정하는 생물자산과 관련된 정부보조금에 다른 조건이 없는 경우에는 이를 수취할 수 있게 되는 시점에만 당기손익으로 인식한다.

**해설**

수확물을 최초에 순공정가치로 인식하여 발생하는 평가손익은 당기손익으로 인식한다.

**32** ㈜신성축산은 20×1년 1월 초에 수익용으로 젖소를 ₩1,500,000에 매입하였는데, 그 젖소는 농림어업자산의 인식요건을 충족한다. 20×1년 12월 31일 젖소의 공정가치는 ₩2,250,000이며 사육에 소요된 비용은 ₩450,000이다. 20×1년 12월 말에 젖소로부터 원유를 생산하기 시작하였으며, 생산된 원유를 공정가치 ₩300,000에 판매하였다. 판매를 위해 ₩50,000의 비용이 발생되었다면, 20×1년도 ㈜신성축산의 당기순이익은?

① ₩300,000 ② ₩550,000 ③ ₩600,000
④ ₩1,000,000 ⑤ ₩1,050,000

**해설**

20×1년도 당기순이익 = ₩750,000(생물자산평가이익) − ₩450,000(사육비용) + ₩300,000(수확물평가이익) + ₩300,000(매출) − ₩300,000(매출원가) − ₩50,000(판매비용) = ₩550,000

**33** 20×1년 초 설립된 ㈜감평은 우유생산을 위하여 20×1년 2월 1일 어미 젖소 2마리 (1마리당 순공정가치 ₩1,500)를 1마리당 ₩1,500에 취득하였으며, 관련 자료는 다음과 같다.

- 20×1년 12월 27일 처음으로 우유100리터( ℓ )를 생산하였으며, 동 일자에 생산된 우유1리터( ℓ )당 순공정가치는 ₩10이다.
- 20×1년 12월 28일 ㈜감평은 생산된 우유100리터( ℓ ) 전부를 거래처인 ㈜대한에 1리터( ℓ )당 ₩12에 판매하였다.
- 20×1년 12월 29일 송아지 1마리가 태어났다. 이 시점의 송아지 순공정가치는 1마리당 ₩300이다.
- 20×1년 말 어미 젖소와 송아지의 수량 변화는 없으며, 기말 현재 어미 젖소의 순공정가치는 1마리당 ₩1,600이고 송아지의 순공정가치는 1마리당 ₩250이다.

㈜감평의 20×1년도 포괄손익계산서상 당기순이익 증가액은? 24년 기출

① ₩1,000 ② ₩1,350 ③ ₩1,500
④ ₩1,650 ⑤ ₩2,000

**해설**

| 20×1.2.1 | (차) 생물자산 | 3,000 | (대) 현금 | 3,000 |
|---|---|---|---|---|
| 20×1.12.27 | (차) 수확물 | 1,000 | (대) 수확물평가이익 | 1,000 |
| 20×1.12.28 | (차) 현금 또는 매출채권 | 1,200 | (대) 매출 | 1,200 |
| | (차) 매출원가 | 1,000 | (대) 수확물(재고자산) | 1,000 |
| 20×1.12.29 | (차) 생물자산 | 300 | (대) 생물자산평가이익 | 300 |
| 20×1.12.31 | (차) 생물자산 | 150 | (대) 생물자산평가이익 | 150 |

1) 20×1년 12월 31일 생물자산평가이익 = 2마리 × (₩1,600 − ₩1,500) + 1마리 × (₩250 − ₩300) = ₩150

2) 20×1년도 포괄손익계산서 상 당기순이익 증가액 = ₩1,000(수확물평가이익) + ₩1,200(매출) − ₩1,000(매출원가) + ₩300(생물자산평가이익) + ₩150(생물자산평가이익) = ₩1,650

답
| 01 ① | 02 ④ | 03 ① | 04 ② | 05 ② | 06 ④ | 07 ⑤ | 08 ② | 09 ① | 10 ③ |
|---|---|---|---|---|---|---|---|---|---|
| 11 ③ | 12 ② | 13 ⑤ | 14 ① | 15 ③ | 16 ① | 17 ④ | 18 ③ | 19 ③ | 20 ④ |
| 21 ② | 22 ④ | 23 ① | 24 ⑤ | 25 ② | 26 ⑤ | 27 ③ | 28 ④ | 29 ④ | 30 ⑤ |
| 31 ④ | 32 ② | 33 ④ | | | | | | | |

## 제6절 유형자산

### 1 유형자산이란?

유형자산이란? (Property, Plant and Equipment : PPE) 기업이 재화나 용역의 생산이나 제공, 타인에 대한 임대 또는 관리활동에 사용할 목적으로 보유하는 물리적 형태가 있는 자산으로서 한 회계기간을 초과하여 사용할 것이 예상되는 자산이다.

> 첫째, 기업이 정상적인 영업활동에 사용할 목적으로 보유하고 있어야 한다.
> 둘째, 물리적 형태가 있는 자산이어야 한다.
> 셋째, 한 회계기간을 초과하여 사용할 것이 예상되는 자산이어야 한다. 회계기간은 통상적으로 1년이므로 1년을 초과하여 사용할 것이 예상되지 않는 경우는 유형자산으로 보고되지 않고 당기의 비용으로 회계처리할 것이다.

### 1. 유형자산의 분류

| | | |
|---|---|---|
| ① 토지 | ② 건물 | ③ 기계장치 |
| ④ 구축물 | ⑤ 선박 | ⑥ 차량운반구 |
| ⑦ 공구와 기구 | ⑧ 비품 | ⑨ 건설 중인 자산 |

### 2. 유형자산의 회계처리

유형자산은 취득 후 사용단계를 거쳐 처분되는 일련의 단계를 거친다. 그러므로 유형자산은 다음의 4가지 회계처리로 나누어 볼 수 있다.
① 유형자산의 최초 취득원가의 결정　　　　② 유형자산의 사용에 따른 감가상각
③ 유형자산의 처분 시 유형자산 처분손익의 인식　④ 유형자산의 손상 및 재평가 회계처리

| 취득단계 | 사용단계 | 처분단계 |
|---|---|---|
| 취득원가 측정 | 취득원가를 내용연수 동안 체계적이고 합리적인 방법으로 배분(감가상각) | 유형자산 처분손익 |

### 3. 유형자산의 인식기준

유형자산으로 인식하기 위해서는 다음의 두 가지 인식기준을 모두 충족하여야 한다.

> (1) 자산으로부터 발생하는 미래경제적효익이 기업에 유입될 가능성이 높다.
> (2) 자산의 원가를 신뢰성 있게 측정할 수 있다.

상단의 인식기준은 '개념체계'에서 설명한 인식기준과 다소 차이가 있다. 이는 국제회계기준위원회

가 '개념체계'를 개정하면서 인식기준을 새롭게 정의했으나 자산과 부채의 회계처리를 규정하는 각 기준서는 아직 이를 반영하여 개정되지 않았기 때문이다. 그러나 '개념체계'는 실무에서 회계처리할 때 적용할 기준서가 아니므로 특정 자산이나 부채를 인식할 때에는 해당 기준서를 적용하면 된다. 예비부품, 대기성 장비 및 수선용구와 같은 항목이 유형자산의 정의를 충족하면 기준서 제1016호에 따라 인식하며, 그렇지 않다면 재고자산으로 분류한다. 또한 금형, 공구 및 틀 등과 같이 개별적으로 경미한 항목은 이를 개별 자산으로 구분하지 않고 통합하여 그 전체가치에 대하여 인식기준을 적용하는 것이 적절하다.

## 4. 최초 원가 및 후속 원가의 인식

유형자산과 관련된 모든 원가는 그 발생시점에 인식기준을 적용하여 평가한다. 이러한 원가에는 유형자산을 매입하거나 건설할 때 최초로 발생하는 원가뿐만 아니라 후속적으로 증설, 대체 또는 수선, 유지와 관련하여 발생한 원가를 포함한다. 따라서 최초 원가이든 후속 원가이든 관계없이 발생한 원가가 유형자산의 인식기준을 모두 충족하면 유형자산으로 인식하고, 그렇지 못하면 발생시점에서 당기손익으로 인식한다.

### (1) 최초 원가

안전 또는 환경상의 이유로 취득하는 유형자산은 그 자체로는 직접적인 미래경제적효익을 얻을 수 없지만, 다른 자산에서 미래경제적효익을 얻기 위하여 필요할 수 있다. 이러한 유형자산은 당해 유형자산을 취득하지 않았을 경우보다 관련 자산으로부터 미래경제적효익을 더 많이 얻을 수 있게 해주기 때문에 자산으로 인식할 수 있다.

### (2) 후속 원가

일상적인 수선·유지와 관련하여 발생하는 원가는 장부금액에 포함하여 인식하지 않고, 발생시점에 당기손익으로 인식한다. 그러나 특별한 상황에서 발생하는 후속 원가가 유형자산의 인식기준을 모두 충족한다면 유형자산으로 인식한다.

⤵ 유형자산의 교체 및 대체에 대한 회계처리

| 상황 | 분류 |
|---|---|
| 주요 부품이나 구성요소의 정기적 교체가 필요한 경우<br><br>반복적이지만 비교적 적은 빈도로 대체되거나, 비반복적으로 대체되는 경우 | 유형자산의 일부 대체 시 발생하는 원가가 인식기준을 충족하는 경우 해당 유형자산의 장부금액에 포함하여 인식하고, 대체되는 부분의 장부금액은 제거 |
| 유형자산의 계속 가동을 위해서 유형자산의 일부 대체에 관계없이 결함에 대한 정기적인 종합검사가 필요한 경우 | 정기적인 종합검사과정에서 발생하는 원가가 인식기준을 충족하는 경우 유형자산의 일부 대체로 보고 유형자산의 장부금액에 포함하여 인식. 이 경우 직전에 이루어진 종합검사에서의 원가와 관련되어 남아있는 장부금액은 제거 |

## 2 유형자산의 최초 측정

인식하는 유형자산은 원가(cost)로 측정한다. 원가란 자산을 취득하기 위하여 자산의 취득시점이나 건설시점에서 지급한 현금 또는 현금성자산이나 제공한 기타 대가의 공정가치를 말한다. 유형자산의 원가는 다음과 같이 구성된다.

> (1) 관세 및 환급불가능한 취득 관련 세금을 가산하고 매입할인과 리베이트 등을 차감한 구입가격
> (2) 경영진이 의도하는 방식으로 유형자산을 가동하는 데 필요한 장소와 상태에 이르게 하는 데 직접 관련되는 원가
> (3) 자산을 해체, 제거하거나 부지를 복구하는 데 소요될 것으로 최초에 추정되는 원가

### 1. 개별취득 시

다음에 해당하는 항목은 원가에 포함한다.

> ① 관세 및 환급불가능한 취득 관련 세금을 가산하고 매입할인과 리베이트 등을 차감
> ② 경영진이 의도하는 방식으로 자산을 가동하는 데 필요한 장소와 상태에 이르게 하는 데 직접 관련되는 원가
>     ⑦ 유형자산의 매입 또는 건설과 직접적으로 관련되어 발생한 종업원급여
>     ⑥ 설치장소 준비원가
>     ⑥ 최초의 운송 및 취급 관련원가
>     ⑥ 설치원가 및 조립원가
>     ⑩ 유형자산이 정상적으로 작동되는지 여부를 시험하는 과정에서 발생하는 원가(시운전비)
>     ⑪ 전문가에게 지급하는 수수료
> ③ 자산을 해체, 제거하거나 부지를 복구하는 데 소요될 것으로 최초에 추정되는 원가

기계장치를 취득하는 경우 공장에 기계장치를 설치하기 위한 장소를 미리 준비하는 데 소요되는 원가, 기계장치의 운송·설치·조립원가, 시운전 과정에서 소요된 원가 등이 모두 기계장치의 취득원가에 포함된다.

경영진이 의도하는 방식으로 유형자산을 가동할 수 있는 장소와 상태에 이르게 하는 동안에 재화(⑩ 자산이 정상적으로 작동되는지를 시험할 때 생산되는 시제품)가 생산될 수 있다. 그러나 재화를 판매하여 얻은 매각금액과 그 재화의 원가는 관련되는 기준서에 따라 당기손익으로 인식한다. 종전 기준서에서는 기계장치를 시운전하는 과정에서 생산된 시제품의 순매각금액을 유형자산의 취득원가에서 차감하였으나 실무적으로 단기간에 시제품이 매각되지 않을 수 있는데 시제품의 순매각금액을 취득원가에서 차감하면 매각 금액이 확정되지 않아 기계장치의 최초 측정금액을 결정할 수 없는 문제가 발생할 수 있다. 이에 기준서를 개정하여 경영진이 의도한 방식으로 사용하기 전에 생산되는 모든 재화의 매각금액과 그 재화의 원가를 당기손익으로 인식하도록 결정하였다.

그러나 다음의 경우에는 유형자산의 원가에 포함되지 아니한다.

> • 새로운 시설을 개설하는 데 소요되는 원가
> • 새로운 상품과 서비스를 소개하는 데 소요되는 원가(⑩ 광고 및 판촉활동과 관련된 원가)
> • 새로운 지역에서 또는 새로운 고객층을 대상으로 영업을 하는 데 소요되는 원가(⑩ 직원 교육훈련비)
> • 관리 및 기타 일반간접원가

유형자산이 경영진이 의도하는 방식으로 가동될 수 있는 장소와 상태에 이른 후에는 원가를 더 이상 인식하지 않는다. 따라서 유형자산을 사용하거나 이전하는 과정에서 발생하는 원가는 해당 유형자산의 장부금액에 포함하지 않는다.

이러한 원가의 예는 다음과 같다.

> ① 유형자산이 경영진이 의도하는 방식으로 **가동될 수** 있으나 아직 실제로 사용되지는 않고 있는 경우 또는 가동수준이 **완전조업도** 수준에 미치지 못하는 경우에 발생하는 원가
> ② 유형자산과 관련된 산출물에 대한 수요가 형성되는 과정에서 발생하는 가동손실과 같은 **초기 가동손실**
> ③ 기업의 영업 전부 또는 일부를 **재배치하거나 재편성하는** 과정에서 발생하는 원가

예를 들어 유형자산의 취득과정에서 파손이나 화재 등에 대비하기 위하여 보험에 가입하고 부담한 보험료는 유형자산의 장부금액에 포함되나, 취득 후 보유기간에 부담하는 보험료는 발생기간의 비용으로 인식한다.

## 2. 일괄취득 시(취득한 자산을 모두 사용하는 경우)

성질이 다른 여러 종류의 유형자산을 일괄 취득하고 대금을 지불하였을 경우 각각의 유형자산의 취득원가는 취득한 자산들의 공정시장 가치비율에 따라 배분한다.

---

**예제 6-1    일괄취득**

㈜한국은 건물과 구축물 토지를 총 ₩15,000,000에 취득하였고 대금은 현금으로 지불하였다. 취득시점의 공정시장 가치비율은 3:2:5이다. 이 경우 각각의 취득원가는 어떻게 되는지 분개로 설명하시오.

················································································

**[해답]**

| (차) 건물 | 4,500,000 | (대) 현금 | 15,000,000 |
|---|---|---|---|
| 구축물 | 3,000,000 | | |
| 토지 | 7,500,000 | | |

---

## 3. 자체 제작 시(건설 중인 자산)

기업은 직접 사용하기 위한 목적의 유형자산을 스스로 건설하는 경우도 있다. 이 경우에는 건설을 위하여 투입된 각종 원가를 적절히 계산하여 취득원가를 계산하게 된다.

자가건설은 건물에만 국한하는 것이 아니라 기업이 자체 사용을 목적으로 기계장치를 만들고 있는 것도 건설에 포함된다.

회계는 수익과 이에 대응하는 적절한 비용의 대응이 중요하다. 이는 유형자산을 자체 제작하는 경우에도 마찬가지이다. 유형자산은 완공시점 이후에 직접 영업활동 등에 사용함으로써 수익을 발생시킨다. 그러나 아직 유형자산이 완성되기 전까지는 수익은 발생하지 않고 각종 비용만 발생한다.

이와 같은 수익·비용 대응의 불일치를 제거하기 위해 유형자산이 완성되기 전까지 발생한 각종 원가들은 '건설중인 자산' 계정에 집계하고 이후 유형자산이 완성되면 사용가능한 시점부터 감가상각을 통해 비용처리한다.

즉, 유형자산을 건설하기 위해 소요된 재료비, 노무비 등의 비용발생액은 건설기간 동안에는 건설중인 자산에 집계하여 유형자산의 원가를 누적관리하다가 완공이 되면 유형자산이라는 계정으로 대체한다.

---

**예제 6-2** 건설 중인 자산

㈜한국은 본사 사옥으로 사용하기 위해서 건물을 직접 건설하고 있다. 건설기간 중에 다음과 같은 지출을 하였을 때 건물건설과 관련하여 회계처리를 하시오.

> 20×1년 1월 20일  건설에 사용할 목적으로 원재료비 ₩3,000,000을 현금으로 지급하였다.
> 20×1년 1월 30일  건물을 설계하기 위한 설계비로 ₩1,500,000을 현금으로 지급하였다.
> 20×1년 4월 25일  건물 골조공사비로 ₩2,500,000을 현금으로 지급하였다.
> 20×1년 7월 10일  건물 내부 인테리어 공사비로 ₩1,800,000을 현금으로 지급하였다.
> 20×1년 9월 5일   건물이 완공되어 본사 건물로 사용을 시작하였다.

**해답**

| 일자 | 차변 | 금액 | 대변 | 금액 |
|---|---|---|---|---|
| 20×1. 01. 20 | (차) 건설 중인 자산 | 3,000,000 | (대) 현금 | 3,000,000 |
| 20×1. 01. 30 | (차) 건설 중인 자산 | 1,500,000 | (대) 현금 | 1,500,000 |
| 20×1. 04. 25 | (차) 건설 중인 자산 | 2,500,000 | (대) 현금 | 2,500,000 |
| 20×1. 07. 10 | (차) 건설 중인 자산 | 1,800,000 | (대) 현금 | 1,800,000 |
| 20×1. 09. 05 | (차) 건물 | 8,800,000 | (대) 건설 중인 자산 | 8,800,000 |

---

## 3 유형자산 분류별 원가

### 1. 토지

토지는 구입가격에 중개수수료, 취득세 및 법률비용 등의 취득부대비용을 가산한 금액을 원가로 한다. 그러나 토지의 보유에 따른 세금(예 재산세, 종합부동산세)은 원가에 포함하지 않고 당기 비용으로 인식한다.

그러나 만일 재산세가 체납된 토지를 구입하면서 체납된 재산세를 대신 납부하기로 하고 구입한 경우 해당 금액은 토지 취득의 부대비용으로 원가에 가산한다.

한편, 토지 취득을 위해 불가피하게 국공채 등을 매입하게 되는 경우가 있다. 이때 국공채의 취득은 매입가액으로 하게 되는데 불가피하게 공정가치 이상으로 취득하게 되어 금액을 추가로 부담하게 된다. 그러므로 이러한 차액은 취득부대비용의 일종으로 원가에 가산한다. 즉, 국공채를 불가피하게 공정가치 이상으로 취득하게 되는 경우에는 취득금액과 공정가치의 차액을 유형자산의 원가에 가산한다. 토지 외에도 유형자산을 취득하는 과정에서 불가피하게 국공채를 공정가치보다 초과하여 매입하였다면 매입가액과 공정가치와의 차액은 유형자산의 원가에 가산한다.

토지를 사용하기 위하여 발생한 구획정리비용 및 정지비용도 토지의 원가에 포함된다.

또한 내용연수가 영구적인 배수공사비용 및 조경공사비용과 국가나 지방자치단체가 유지관리하는 진입도로 포장공사비 및 상하수도 공사비는 토지의 원가에 포함한다. 만일 내용연수가 영구적이지 않거나 기업이 유지관리하는 경우에는 토지의 원가에 포함할 수 없으며, 구축물 등의 과목으로 인식하고 감가상각한다.

| 토지 관련 지출 | | 회계처리 |
|---|---|---|
| 조경공사비용<br>배수공사비용 | 내용연수가 영구적 | 토지의 원가에 가산 |
| | 내용연수가 한정 | 구축물 등으로 인식 |
| 진입도로공사비<br>상하수도공사비 | 정부가 유지관리 | 토지의 원가에 가산 |
| | 회사가 유지관리 | 구축물 등으로 인식 |

한편, 건설 시작 전에 건설용지를 주차장 용도로 사용함에 따라 수익을 획득할 수 있다. 이러한 부수적인 영업활동은 유형자산을 경영진이 의도하는 방식으로 가동하는 데 필요한 장소와 상태에 이르게 하기 위해 필요한 활동이라고 볼 수 없으므로 관련 수익과 비용을 당기손익으로 인식하고, 별도의 수익과 비용 항목으로 구분하여 표시한다.

---

**예제 6-3** 토지의 원가

㈜한국은 20×1년 1월 1일 공장신축부지로 사용하기 위하여 건물이 있는 토지를 ₩500,000에 구입하였다. 토지와 건물의 공정가치 비율은 80% : 20%이며, 건물은 취득과 동시에 철거하였다. 건물의 철거비용은 ₩50,000이며, 철거로 발생한 폐자재는 ₩10,000에 처분하였다.

(1) ㈜한국은 구입한 토지와 관련하여 이전 소유자가 체납한 재산세 ₩30,000을 대신 납부하기로 하였다.
(2) ㈜한국은 공장으로 연결되는 진입로 포장공사와 관련하여 ₩100,000을 지급하였고 해당 진입로는 시청에서 유지보수하기로 하였다.
(3) ㈜한국은 토지를 구입하면서 국공채를 ₩100,000에 액면취득하였으나 취득시점의 공정가치는 ₩75,000이다.

㈜한국이 20×1년에 취득한 토지의 원가를 계산하시오.

**해답**

토지의 원가 = ₩500,000(토지 구입금액) + ₩50,000(건물 철거비용) − ₩10,000(폐자재 처분대가) + ₩30,000(체납재산세) + ₩100,000(진입로 포장공사비) + ₩25,000(국공채의 매입가액과 공정가치와의 차액) = ₩695,000

### 2. 토지와 건물의 일괄취득

① 토지와 건물 모두를 사용할 목적

토지와 건물을 모두 사용할 목적인 경우 **일괄구입**에 해당하기 때문에 토지와 건물의 원가는 일괄구입대가와 중개수수료 등 공통부대원가의 합계액을 개별 자산의 공정가치 비율로 안분하여 산정한다. 그러나 여기서 유의할 점은 토지, 건물에 각각 부과되는 취득세 등은 공통부대원가가 아니기 때문에 개별적으로 인식해야 한다.

② 토지만 사용할 목적

토지만 사용할 목적으로 건물이 있는 토지를 구입한 경우 해당 건물은 토지를 사용하기 위해 바로 철거를 할 예정이다. 이처럼 토지를 취득하기 위해서 건물까지 같이 구입하는 경우 건물을 철거하기 위한 비용도 추가로 발생한다.

이러한 비용은 토지를 사용가능한 상태로 만들기 위해 회피가 불가능한 지출이므로 토지의 원가에 가산하며, 건물 철거로 인해 발생한 폐자재를 처분하여 수입이 발생하면 이는 취득과정 중에 발생한 이익이므로 토지의 원가에서 차감한다.

### 3. 건물의 건설

① 외부위탁

건물을 위탁하여 건설하는 경우 건설원가에 각종 취득부대원가를 가산하여 원가를 산출한다. 한편, 사용 중인 건물을 철거하고 건물을 신축하는 경우에는 기존 건물의 장부금액과 철거비용은 전액 당기비용으로 처리한다.

② 자가건설

자가건설한 유형자산의 원가는 외부에서 구입한 유형자산과 같은 기준으로 적용한다. 즉, 자가건설에 따른 내부이익과 자가건설과정에서 원재료, 인력 및 기타 자원의 낭비로 인한 비정상적인 원가는 자산의 원가에 포함하지 않는다.

### 4 유형자산 취득형태별 원가

### 1. 교환취득

교환이란 하나 이상의 비화폐성 자산 또는 화폐성 자산과 비화폐성 자산이 결합된 대가와 교환하여 하나 이상의 유형자산을 취득하는 경우를 말한다. 유형자산을 다른 비화폐성 자산과 교환하여 취득하는 경우 다음 중 하나에 해당하는 경우가 아니라면 공정가치로 측정한다.

> (1) 교환거래에 상업적 실질이 결여된 경우
> (2) 취득한 자산과 제공한 자산 모두의 공정가치를 신뢰성 있게 측정할 수 없는 경우

자산의 교환거래에 상업적 실질이 결여되어 있다면 이는 손익이 발생되지 않는 단순교환으로 본다. 따라서 이러한 경우 제공한 자산의 장부금액을 취득원가로 측정함으로써 교환으로 인한 유형자산 처분손익을 인식하지 않는다. 이러한 회계처리는 취득한 자산과 제공한 자산의 공정가치를 모두

신뢰성 있게 측정할 수 없는 경우에도 적용한다.

위의 두 경우가 아니라면 공정가치로 취득원가를 인식한다. 이때 공정가치란 제공한 자산의 공정가치와 취득한 자산의 공정가치 중 더 명백한 금액을 말한다.

| 구분 | | 취득원가 |
|---|---|---|
| 상업적 실질이 있을 때 | 제공한 자산의 공정가치가 더 명백한 경우 | 제공한 자산의 공정가치 + 현금지급액 − 현금수취액 |
| | 취득한 자산의 공정가치가 더 명백한 경우 | 취득한 자산의 공정가치(현금수수액은 원가가 아닌 처분손익에 반영) |
| 상업적 실질이 없을 때 또는 모두의 공정가치를 알 수 없을 때 | | 제공한 자산의 장부금액 + 현금지급액 − 현금수취액 (처분손익을 인식하지 않음) |

상업적 실질이 있는지의 여부는 다음의 조건으로 판단한다.

---

**PLUS⁺ 교환거래에서 상업적 실질의 판단기준**

① 취득한 자산과 관련된 현금흐름의 구성(위험, 유출입시기, 금액)이 제공한 자산과 관련된 **현금흐름의 구성**과 다르다.
② 교환거래의 영향을 받는 영업 부분의 **기업특유가치**가 교환거래의 결과로 변동한다.
③ 위 ①이나 ②의 차이가 교환된 자산의 공정가치에 비하여 **중요**하다.

• 교환거래에 상업적 실질이 있는지 여부를 결정할 때 교환거래에 영향을 받는 영업 부분의 기업특유가치는 세후현금흐름을 반영하여야 한다.

---

**예제 6-4 교환취득**

(1) ㈜한국은 사용 중인 기계장치 X를 ㈜민국의 기계장치 Y와 교환하였다. 교환과 관련하여 ㈜한국은 ㈜민국에게 현금 ₩10,000을 지급하였다.
(2) 기계장치 X의 취득원가는 ₩100,000(감가상각누계액 ₩50,000)이며, 교환시점의 공정가치는 ₩35,000이다.

[물음]
1. 기계장치의 교환이 상업적 실질이 있는 경우의 ㈜한국의 회계처리를 하시오.
2. 기계장치의 교환이 상업적 실질이 없는 경우의 ㈜한국의 회계처리를 하시오.

..................................................................................................................

[해답]

1. 상업적 실질이 있는 경우 ㈜한국의 회계처리

| (차) 기계장치 Y | 45,000 | (대) 기계장치 X | 100,000 |
|---|---|---|---|
| 감가상각누계액 | 50,000 | 현금 | 10,000 |
| 유형자산처분손실 | 15,000 | | |

※ 기계장치 Y의 취득원가 = ₩35,000(제공한 자산의 공정가치) + ₩10,000(현금지급액) = ₩45,000

2. 상업적 실질이 없는 경우 ㈜한국의 회계처리

| (차) 기계장치 Y | 60,000 | (대) 기계장치 X | 100,000 |
| 감가상각누계액 | 50,000 | 현금 | 10,000 |

※ 기계장치 Y의 취득원가 = ₩50,000(제공한 자산의 장부금액) + ₩10,000(현금지급액) = ₩60,000

---

**예제 6-5** 교환취득

㈜대한은 자사가 소유하고 있는 기계장치를 ㈜세종이 소유하고 있는 차량운반구와 교환하였다. 두 기업의 유형자산에 관한 정보와 세부 거래 내용은 다음과 같다. ㈜대한과 ㈜세종의 교환취득 관련 회계처리를 수행하시오.

- 이 교환은 상업적 실질이 있는 거래이다.
- ㈜대한의 기계장치 공정가치가 더 명백하다.
- ㈜세종은 ㈜대한에게 공정가치의 차이인 ₩5,000을 지급하였다.

| 구분 | ㈜대한 기계장치 | ㈜세종 차량운반구 |
|---|---|---|
| 취득원가 | ₩50,000 | ₩50,000 |
| 감가상각누계액 | 30,000 | 20,000 |
| 공정가치 | 30,000 | 25,000 |
| 현금지급액 | 0 | 5,000 |
| 현금수취액 | 5,000 | 0 |

**해답**

(1) ㈜대한

| (차) 감가상각누계액 | 30,000 | (대) 기계장치 | 50,000 |
| 현금 | 5,000 | 유형자산처분이익 | 10,000 |
| 차량운반구 | 25,000 | | |

※ 차량운반구의 취득원가 = ₩30,000(제공한자산의 공정가치) − ₩5,000(현금수취액) = ₩25,000

(2) ㈜세종

| (차) 감가상각누계액 | 20,000 | (대) 차량운반구 | 50,000 |
| 기계장치 | 30,000 | 현금 | 5,000 |
| 유형자산처분손실 | 5,000 | | |

※ 기계장치의 취득원가 = ₩30,000(취득한 자산의 공정가치)

> **예제 6-6** 교환취득
>
> (주)한국은 20×1년 초 사용하던 기계장치 A(취득원가 ₩9,000, 감가상각누계액 ₩3,500)와 현금 ₩1,500을 제공하고 (주)민국의 기계장치 B와 교환하였다. 교환당시 기계장치 B의 공정가치는 ₩8,000이지만, 기계장치 A의 공정가치를 신뢰성 있게 측정할 수 없었다.
>
> **[물음]**
> 동 교환거래가 상업적실질이 있는 경우, ㈜한국의 교환과 관련한 회계처리를 수행하시오.
>
> ········································································································································
>
> **[해답]**
>
> ㈜한국이 사용하던 기계장치 A보다 취득한 자산인 기계장치 B의 공정가치가 더 명백하므로 교환으로 취득한 기계장치 B의 원가는 ₩8,000(취득한 자산의 공정가치)이다.
>
> | (차) 감가상각누계액 | 3,500 | (대) 기계장치 A | 9,000 |
> |---|---|---|---|
> | 기계장치 B | 8,000 | 현금 | 1,500 |
> | | | 기계장치처분이익 | 1,000 |

## 2. 정부보조에 의한 취득

정부보조금은 기업의 영업활동과 관련하여 과거나 미래에 일정한 조건을 충족하였거나 충족할 경우 기업에게 자원을 이전하는 형식의 정부지원을 말한다. 한편, 합리적으로 가치를 산정할 수 없는 정부지원과 기업의 정상적인 거래와 구분할 수 없는 정부와의 거래는 정부보조금에서 제외한다. 정부보조금은 정부보조금에 부수되는 조건의 준수와 보조금 수취에 대한 합리적인 확신이 있을 경우에만 정부보조금을 인식한다. 보조금의 수취 자체가 보조금에 부수되는 조건이 이행되었거나 이행될 것이라는 결정적인 증거를 제공하지는 않는다.

보조금을 수취하는 방법은 보조금에 대한 회계처리방법의 채택에 영향을 미치지 않는다. 정부보조금을 회계처리하는 방법에는 자본접근법과 수익접근법 두 가지 방법이 있다. 그러나 IFRS는 수익접근법만 인정한다.

① 자산관련보조금

자산관련보조금은 정부지원의 요건을 충족하는 기업이 장기성 자산을 매입, 건설하거나 다른 방법으로 취득하여야 하는 일차적 조건이 있는 정부보조금을 말한다. 자산관련보조금은 원가차감법(자산차감법) 또는 이연수익법 중 하나의 방법으로 회계처리한다.

㉠ 자산차감법(원가차감법) : 정부보조금을 관련 자산의 장부금액에 차감하여 표시하며 자산의 내용연수에 걸쳐 감가상각비를 감소시키는 방식으로 당기손익에 인식한다.

㉡ 이연수익법 : 정부보조금을 이연수익(부채)으로 표시하며 자산의 내용연수에 걸쳐 체계적이고 합리적인 기준으로 당기손익에 인식한다.

```
[자산차감법]
                              재무상태표
  표시 :   유형자산              ×××     │
          감가상각누계액         (×××)    │
          정부보조금             (×××)    │

  회계처리 : 정부보조금은 자산의 내용연수에 걸쳐 감가상각비를 감소시킨다.
          (감가상각대상금액 : 정부보조금 = 감가상각비 : ×)
          (차) 감가상각비         ×××      (대) 감가상각누계액      ×××
          (차) 정부보조금         ×××      (대) 감가상각비          ×××

  정부보조금 상환 시
          (차) 정부보조금         ×××      (대) 현금               ×××
              감가상각비          ×××
```

```
[이연수익법]
                              재무상태표
  표시 :   유형자산              ×××     │ 이연보조금            ×××
          감가상각누계액         (×××)    │

  회계처리 : 이연보조금은 자산의 내용연수에 걸쳐 당기손익으로 인식한다.
          (차) 감가상각비         ×××      (대) 감가상각누계액      ×××
          (차) 이연보조금         ×××      (대) 정부보조금수익      ×××

  정부보조금 상환 시
          (차) 이연보조금         ×××      (대) 현금               ×××
              정부보조금상환손실   ×××
```

② 수익관련 보조금

자산관련 보조금 이외의 보조금은 수익관련 보조금이라고 한다. 수익관련 보조금은 다음 중 하나의 방법을 선택하여 표시한다.

㉠ 포괄손익계산서에 별도의 계정이나 '기타수익'과 같은 일반계정으로 표시

㉡ 대체적인 방법으로 관련비용에서 차감하는 형식으로 회계처리

③ 정부보조금의 상환

㉠ 상환의무가 발생하게 된 정부보조금은 **회계추정의 변경**으로 회계처리한다.

㉡ 수익관련보조금을 상환하는 경우 보조금과 관련하여 인식된 미상각 이연계정에 먼저 적용하고, 이러한 이연계정을 초과하거나 이연계정이 없는 경우 초과금액 또는 상환금액을 즉시 당기손익으로 인식한다.

ⓒ 자산관련보조금을 상환하는 경우 상환금액만큼 자산의 장부금액을 증가시키거나 이연수익 에서 차감하여 기록하고, 보조금이 없었더라면 현재까지 당기손익으로 인식했어야 하는 추가 감가상각누계액은 즉시 당기손익으로 인식한다.

---

**예제 6-7 정부보조금**

㈜한국은 20×1년 1월 1일 내용연수 5년, 잔존가치 ₩0의 기계장치를 ₩100,000에 취득하였다. 해당 기계장치는 정액법으로 상각한다. ㈜한국이 해당 기계장치의 취득과 관련하여 20×1년 1월 1일 ₩50,000의 정부보조금을 수령하였다.

[물음]

1. 정부보조금을 자산차감법으로 처리한다고 할 경우 20×1년 1월 1일과 20×1년 12월 31일에 해야 할 회계처리와 20×1년 12월 31일의 장부금액을 계산하시오.

2. 정부보조금을 이연수익법으로 처리한다고 할 경우 20×1년 1월 1일과 20×1년 12월 31일에 해야 할 회계처리와 20×1년 12월 31일의 장부금액을 계산하시오.

.................................................................

[해답]

1. 자산차감법

| 20×1.1.1 | (차) 기계장치 | 100,000 | (대) 현금 | 100,000 |
|---|---|---|---|---|
| | (차) 현금 | 50,000 | (대) 정부보조금 | 50,000 |
| 20×1.12.31 | (차) 감가상각비 | 20,000 | (대) 감가상각누계액 | 20,000 |
| | (차) 정부보조금 | 10,000 | (대) 감가상각비 | 10,000 |

* 정부보조금에 대응되는 감가상각비 = ₩20,000 × (₩50,000/₩100,000) = ₩10,000
* 20×1.12.31 장부금액 = ₩100,000 − ₩20,000(감가상각누계액) − ₩40,000(정부보조금 잔액) = ₩40,000

2. 이연수익법

| 20×1.1.1 | (차) 기계장치 | 100,000 | (대) 현금 | 100,000 |
|---|---|---|---|---|
| | (차) 현금 | 50,000 | (대) 이연보조금 | 50,000 |
| 20×1.12.31 | (차) 감가상각비 | 20,000 | (대) 감가상각누계액 | 20,000 |
| | (차) 이연보조금 | 10,000 | (대) 정부보조금수익 | 10,000 |

* 20×1.12.31 장부금액 = ₩100,000 − ₩20,000(감가상각누계액) = ₩80,000

---

### 3. 복구의무 있는 취득

기업이 유형자산을 취득할 때, 추후 해체, 제거하고 이를 복구할 의무를 부담하는 경우가 있다. 이러한 복구의무에 따라 인식하는 부채를 복구충당부채라고 한다.

복구의무는 추후에 발생하는 것이지만 해당 유형자산을 취득하기 위해서는 복구의무를 회피할 수 없으므로 복구 시 발생하게 될 금액의 현재가치상당액을 해당 유형자산의 취득원가에 가산한다.

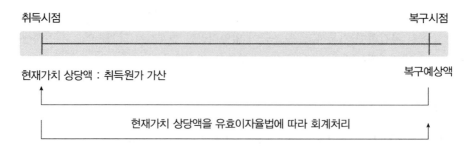

① 복구의무 있는 유형자산의 취득 시

복구의무가 있는 유형자산을 취득한 경우 유형자산의 취득, 건설, 개발에 따른 내용연수 종료시점의 복구비용을 적절한 이자율로 할인하고, 이렇게 할인된 현재가치금액을 복구충당부채의 과목으로 하여 부채로 인식함과 동시에 동 금액을 유형자산의 원가에 가산한다.

| (차) 유형자산 | ×××  | (대) 현금 | ××× |
|---|---|---|---|
| | | 복구충당부채 | ××× |

② 12월 31일(보고기간 말)

현재가치된 복구충당부채 금액은 유효이자율법에 따라 이자비용으로 인식하며, 해당 금액만큼 복구충당부채 장부금액을 증가시킨다. 복구충당부채의 후속측정 시 적용할 할인율은 역사적시장이자율(유형자산 취득 시 시장이자율)이 아니라 현행시장이자율이다. 기준서에서는 현재가치로 측정한 충당부채의 장부금액을 기간 경과에 따라 증가시킬 때 증가금액을 차입원가(즉, 이자비용)로 인식하도록 규정하고 있다.

| (차) 이자비용(복구충당부채전입액) | ×××  | (대) 복구충당부채 | ××× |
|---|---|---|---|
| (차) 감가상각비 | ×××  | (대) 감가상각누계액 | ××× |
| * 이자비용 = 복구충당부채 기초장부금액 × 유효이자율 | | | |

③ 복구공사시점

복구공사 수행 시 복구공사에 실제 소요되는 금액과 복구충당부채 금액을 비교하여 차손익을 계산하고 해당 차액을 복구공사손익이라는 과목으로 당기손익에 반영한다.

| (차) 복구충당부채 | ×××  | (대) 현금 | ××× |
|---|---|---|---|
| 복구공사손실 | ×××  | 또는 복구공사이익 | ××× |

한편, 취득 이후에 유형자산의 해체, 제거 및 복구의무를 부담하게 되는 경우에도 복구의무의 현재가치를 복구충당부채로 인식하고 그 만큼 당해 유형자산의 장부금액에 가산한다. 유형자산의 사용 중 복구의무가 발생하는 경우 기존의 유형자산 장부금액에 복구충당부채의 현재가치를 가산한 새로운 장부금액을 기준으로 잔여내용연수 동안 전진하여 감가상각한다. 유형자산의 해체, 제거 및 복구 의무가 재고자산을 생산하기 위해 유형자산을 사용한 결과로 생겼다면 이는 재고자산의 원가에 포함한다. 매 보고기간 말에 복구비용 추정치가 변동될 수 있으며, 현재가치 계산에 적용하는 할인율이 변동될 수도 있다.

예제
6-8

복구의무 있는 취득

㈜한국은 20×1년 1월 1일 소유하고 있는 임야에 내용연수 종료 후 원상복구의무가 있는 구축물을 설치하는데 ₩1,000,000을 지출하였다. 동 구축물의 내용연수는 5년, 잔존가치는 ₩0이고 정액법으로 상각하며 원가모형을 적용한다. 원상복구와 관련하여 예상되는 지출액은 ₩400,000이며, ㈜한국의 신용위험 등을 고려한 할인율은 연 10%이며, 기간 말 단일금액의 현가계수(10%, 5기간)는 0.62092이다. ㈜한국이 동 구축물과 관련하여 20×1년 1월 1일 인식할 취득금액은 얼마인가? 그리고 취득시점의 회계처리를 하시오.

해답

20×1.1.1  (차) 구축물          1,248,368        (대) 현금              1,000,000
                                                    복구충당부채         248,368

* 복구충당부채 = ₩400,000 × 0.62092 = ₩248,368

예제
6-9

복구충당부채의 후속측정

예제 [6-8]의 후속측정을 수행하시오.

[물음]
1. 20×1년 12월 31일의 회계처리를 하시오.
2. 내용연수 종료시점에 실제 지출액이 ₩350,000인 경우 내용연수 종료시점의 회계처리를 하시오.

해답

1. 20×1.12.31  (차) 이자비용         24,837       (대) 복구충당부채        24,837
              (차) 감가상각비       249,674       (대) 감가상각누계액     249,674
   * 이자비용 = ₩248,368 × 10% = ₩24,837
   * 감가상각비 = (₩1,248,368 − ₩0) × 1/5 = ₩249,674

2. 복구공사시점의 손익
   20×5.12.31  (차) 복구충당부채    400,000       (대) 현금              350,000
                                                    복구공사이익         50,000

## 4 장기할부취득

유형자산의 대금지급이 일반적인 신용기간을 초과하여 이연되는 경우 유형자산의 취득시점의 원가는 현금가격상당액으로 한다. 이때 현금가격상당액과 실제 총지급액과의 차액은 자본화대상이 되는 차입원가가 아닌 한 신용기간에 걸쳐 이자비용으로 인식한다.

만약, 대금지급기간이 1년 이내인 경우 화폐의 시간가치 효과를 반영하지 않은 실무적 간편법을 적용할 수 있다.

| (차) 유형자산 | ×××(PV) | (대) 장기미지급금 | ×××(PV) |

---

**예제 6-10** 할부취득

㈜한국은 20×1년 1월 1일 기계장치를 장기할부조건으로 구입하였다. 기계장치의 내용연수는 5년, 내용연수 종료시점의 잔존가치는 없으며, 정액법으로 감가상각한다.

㈜한국은 기계장치의 구입대금을 매년 말 ₩100,000씩 3년에 걸쳐 분할하여 지급하기로 하였다. 표시이자는 없으며, 유효이자율은 10%이다. 10%의 현재가치계수는 다음과 같다.

| 기간 | 현가계수 | 연금현가계수 |
|------|----------|--------------|
| 1 | 0.9091 | 0.9091 |
| 2 | 0.8264 | 1.7355 |
| 3 | 0.7513 | 2.4868 |

[물음]
1. ㈜한국이 기계장치의 원가로 인식할 금액을 계산하시오.
2. ㈜한국의 20×1년 1월 1일부터 20×3년 12월 31일까지의 회계처리를 하시오.

**해답**

1. 장기할부조건의 유형자산 취득원가는 현금가격상당액으로 한다. = ₩100,000 × 2.4868 = ₩248,680

| 구분 | 지급액 | 유효이자(10%) | 원금상환액 | 장부금액 |
|------|--------|---------------|------------|----------|
| 20×1.1.1 | | | | ₩248,680 |
| 20×1.12.31 | ₩100,000 | ₩24,868 | ₩75,132 | ₩173,548 |
| 20×2.12.31 | ₩100,000 | ₩17,355 | ₩82,645 | ₩90,903 |
| 20×3.12.31 | ₩100,000 | ₩9,097 | ₩90,903 | ₩0 |

2. 회계처리

| | | | | |
|---|---|---|---|---|
| 20×1.1.1 | (차) 기계장치 | 248,680 | (대) 장기미지급금 | 248,680 |
| 20×1.12.31 | (차) 이자비용 | 24,868 | (대) 현금 | 100,000 |
| | 장기미지급금 | 75,132 | | |
| | (차) 감가상각비 | 49,736 | (대) 감가상각누계액 | 49,736 |
| 20×2.12.31 | (차) 이자비용 | 17,355 | (대) 현금 | 100,000 |
| | 장기미지급금 | 82,645 | | |
| | (차) 감가상각비 | 49,736 | (대) 감가상각누계액 | 49,736 |
| 20×3.12.31 | (차) 이자비용 | 9,097 | (대) 현금 | 100,000 |
| | 장기미지급금 | 90,903 | | |
| | (차) 감가상각비 | 49,736 | (대) 감가상각누계액 | 49,736 |

## 5. 증여 등 무상취득

증여 등 무상으로 취득한 유형자산은 제공한 대가가 없기 때문에 제공한 대가의 공정가치를 취득원가로 할 수 없다. 그러나 증여 받은 재화도 자산의 정의를 충족하기 때문에 자산으로 인식하며, 증여 등 무상으로 취득한 자산의 경우는 최초 인식시점의 취득한 자산의 공정가치로 측정한다. 이때 증여 등 무상으로 취득한 자산의 공정가치에 해당하는 금액은 자산수증이익의 과목으로 하여 당기손익으로 인식한다.

> **예제 6-11  무상취득**
>
> ㈜한국은 20×1년 1월 1일 ₩200,000에 상당하는 기계장치를 무상으로 수증하였다. ㈜한국이 기계장치의 취득시점인 20×1년 1월 1일에 해야 할 회계처리를 하시오.
>
> ----------------------------------------
>
> **[해답]**
>
> 20×1.1.1  (차) 기계장치        200,000    (대) 자산수증이익        200,000

## 6. 현물출자에 의한 취득

유형자산을 취득하는 대가로 현금이 아닌 해당 기업의 주식을 발행하는 것을 현물출자라고 한다. 이때 유형자산의 취득원가는 취득 시점의 공정가치로 한다. 단, 발행주식의 공정가치가 더 명백한 경우에는 해당 주식의 공정가치로 한다.

> **예제 6-12  현물출자**
>
> ㈜한국은 20×1년 1월 1일 ₩400,000의 기계장치를 취득하면서 취득 대금으로는 해당 기업의 주식 100주를 발행하여 지급하였다. ㈜한국의 주당 액면가액은 ₩1,000이라고 할 때, 20×1년 1월 1일 ㈜한국의 회계처리를 하시오.
>
> ----------------------------------------
>
> **[해답]**
>
> 20×1.1.1  (차) 기계장치        400,000    (대) 자본금              100,000
>                                                 주식발행초과금        300,000
>
> 만약, 기계장치의 공정가치는 불분명하고 해당 주식의 공정가치 ₩390,000이 더 명백하다고 한다면 회계처리는 다음과 같다.
>
> 20×1.1.1  (차) 기계장치        390,000    (대) 자본금              100,000
>                                                 주식발행초과금        290,000

**5** 유형자산에 대한 취득 이후의 지출

유형자산은 취득 이후에도 다양한 후속 지출이 발생하게 된다. 유형자산과 관련된 모든 원가는 발생시점에 인식기준을 충족하는지 판단한다. 따라서 최초 원가이든 후속 원가(즉, 취득 후 사용 과정에서 발생하는 원가)이든 관계없이 발생한 원가가 유형자산의 인식기준을 충족하면 유형자산으로 인식하고, 그렇지 않은 경우 발생시점에서 당기손익으로 인식한다.

이 중 유형자산의 장부금액에 가산하는 후속지출을 자본적 지출(capital expenditure)이라고 하고, 당기 비용으로 회계처리하는 후속지출은 수익적 지출(revenue expenditure)이라 한다.

## 1. 자본적 지출

자본적 지출이란? 해당 지출의 결과로 인해 유형자산으로부터 기대되는 효익이 차기 이후까지 지속적으로 발생하는 것을 말한다. 이러한 지출은 수익·비용 대응의 관점에서 수익을 발생시키는 기간 동안 비용처리하는 것이 합리적인 회계처리이기 때문에 즉시 비용처리하지 않고 자산의 장부금액에 가산하였다가 잔여내용연수에 걸쳐 감가상각으로 비용처리한다.

✔ **자본적 지출의 예**

> ① 내용연수를 증가시키는 지출
> ② 해당 지출의 결과 산출되는 자산의 양과 질이 개선되는 지출
> ③ 원가절감에 기여하는 지출
> ④ 유형자산의 실질적인 가치를 증대시키는 지출

한편, 수익적 지출은 유형자산에 대한 지출의 효익이 당기에만 영향을 미치는 것으로 차기 이후에는 효익 창출에 기여하지 않기 때문에 지출 즉시 전액을 당기 비용으로 처리하는 것을 말한다. 대표적인 수익적 지출은 기존 생산설비의 현상유지만을 위한 수선유지비 등을 들 수 있다.

## 2. 정기적인 종합검사

① 항공기와 같은 유형자산은 이를 계속적으로 사용하기 위해 정기적인 종합검사가 필요할 수 있다. 종합검사는 일종의 수선, 유지비용으로 발생한 기간의 비용으로 인식할 수 있다. 그러나 정기적인 종합검사의 경우 종합검사의 효익을 이용하는 기간이 장기이기 때문에 이에 대응되는 비용도 합리적으로 배분해 줄 필요가 있다.

② 이에 따라 정기적인 종합검사과정에서 발생하는 원가가 인식기준을 충족하는 경우에는 유형자산의 일부가 대체되는 것으로 보아 해당 유형자산의 장부금액에 포함하여 인식한다. 이때 직전에 이루어진 종합검사에서 유형자산으로 인식했던 금액 중 남아있는 금액(미상각금액)을 제거하는데, 이러한 회계처리는 종합검사와 관련된 원가를 분리하여 인식하였는지 여부와 관계없다.

③ 유형자산의 원가로 인식한 종합검사원가는 이후 종합검사기간 동안 비용처리한다.

## 제6-1절 유형자산의 후속측정

### 1 감가상각

#### 1. 감가상각이란?

① 유형자산은 영업활동 과정 중에 사용할 목적으로 보유중인 자산으로서 취득시점 이후부터 영업 활동에 사용됨으로 인해 기업의 수익창출활동에 공헌하게 된다. 경제적효익은 시간이 경과함에 따라 점차 소멸하게 되며 이런 유형자산의 경제적효익의 감소를 비용으로 인식하는 것을 감가상각 (depreciation)이라고 한다.

② 감가상각은 이처럼 수익을 인식할 때 수익과 관련되는 비용을 인식하여야 한다는 수익·비용 대응에 근거한 회계처리이다.

③ 유형자산의 미래경제적효익의 감소원인은 복합적이므로 회사가 유형자산의 미래경제적효익의 감소분을 직접 관찰하여 화폐금액으로 측정하기는 어렵다. 대신 유형자산의 취득원가를 합리적 이고 체계적인 방법으로 배분하여 당기비용으로 인식하게 된다.

④ 즉, 감가상각의 인식은 유형자산의 취득원가에서 잔존가치를 차감한 감가상각대상금액을 내용연 수 동안 체계적인 방법에 근거하여 기간별로 배분함으로써 수익·비용 대응을 실현하는 원가배분 과정(cost allocation)이다.

#### 2. 감가상각의 3요소

감가상각비를 결정하기 위해서는 감가상각대상금액, 내용연수, 감가상각방법을 결정해야 한다.

① 감가상각대상금액

감가상각대상금액은 유형자산의 취득시점부터 내용연수의 종료시점까지 인식할 감가상각비의 총 액을 의미한다. 즉, 감가상각대상금액은 취득원가에서 잔존가액을 차감한 금액이다.

ㄱ 취득원가는 유형자산의 최초측정 시 장부에 기록한 금액으로 매입가액에 의도된 용도로 사 용가능한 상태에 도달하는 데 소요된 모든 부대비용을 가산한 금액이다.

ㄴ 잔존가액은 내용연수가 모두 경과한 후 해당 자산을 처분하였을 때 받을 것으로 예상하는 추정 처분가액에서 처분과 관련된 비용을 차감한 순처분가치를 의미한다.

② 내용연수

ㄱ 유형자산의 내용연수는 수익·비용 대응에 근거하여 자산을 사용하면서 경제적효익을 얻을 것으로 기대하는 기간으로 측정한다.

ㄴ 즉, 유형자산을 사용할 수 있을 것으로 기대되는 기간, 감가상각대상금액을 비용화하는 기간 을 내용연수(useful life)라 한다.

ㄷ 토지와 건물을 동시에 취득하는 경우에도 이들은 분리가능한 자산이므로 별개의 자산으로 회계처리한다. 채석장이나 매립지를 제외하고는 토지는 내용연수가 무한하므로 감가상각하지 않고, 건물만 내용연수 동안 감가상각한다. 이때 건물이 위치한 토지의 가치가 증가하더라도 건물의 감가상각대상금액은 변동되지 않는다.

ⓔ 복구원가를 토지 취득원가에 포함시켰다면 토지 자체는 감가상각하지 않더라도 토지 원가에 포함시킨 복구원가의 현재가치는 관련 경제적효익이 유입되는 기간에 감가상각해야 한다.

③ 감가상각방법

㉠ 유형자산의 감가상각방법으로 정액법, 체감잔액법(정률법, 이중체감법, 연수합계법), 생산량비례법을 열거하고 있다. 유형자산의 감가상각방법은 자산의 미래경제적효익이 소비되는 형태를 반영해야 한다.

㉡ 자산을 사용함으로써 창출되는 수익에 기초하여 감가상각을 하는 것은 적절하지 않다. 수익에 기초한 감가상각이란 감가상각대상금액을 자산의 경제적 내용연수에 걸쳐 창출될 것으로 예상되는 총수익에 대한 한 회계기간에 창출되는 수익의 비율에 기초하여 배분하는 것을 말한다. 원칙적으로 수익은 유형자산의 사용 또는 소비 방식을 반영하지 않으며, 다양한 투입요소, 판매활동, 판매수량 및 가격변동 등으로부터 영향을 받기 때문에 수익에 기초한 감가상각방법은 허용되지 않는다.

㉢ 감가상각방법은 적어도 매 회계연도 말에 재검토하며, 재검토 결과 자산에 내재된 미래경제적효익의 예상되는 소비형태에 중요한 변동이 있다면 이를 반영하기 위하여 감가상각방법을 변경한다. 감가상각방법의 변경은 회계추정치 변경으로 구분한다. 그러나 예상 소비형태가 변하지 않았다면 이미 선택한 감가상각방법을 매 회계기간에 일관성 있게 적용하여야 한다.

## ▌감가상각비 계산 ▌

(1) **정액법(Straight-line method)** : 정액법은 자산의 내용연수 동안 일정액을 감가상각비로 인식하는 방법이다.

$$연\ 감가상각비 = \frac{취득원가 - 잔존가치}{내용연수}$$
$$= 감가상각대상금액 \div 내용연수$$

**예제 6-13** 정액법

㈜한국은 20×1년 1월 1일 취득원가가 ₩1,000,000이며 잔존가치가 ₩100,000인 기계장치를 취득하였다. 해당 기계장치의 내용연수는 4년이다.

[물음]

1. 정액법에 따른 각 연도 말 감가상각비를 계산하시오.

| 연도 | 계산식 | 감가상각비 | 감가상각누계액 | 기말장부금액 |
|---|---|---|---|---|
| 20×1년 | (₩1,000,000-₩100,000)×1/4 | ₩225,000 | ₩225,000 | ₩775,000 |
| 20×2년 | (₩1,000,000-₩100,000)×1/4 | 225,000 | 450,000 | 550,000 |
| 20×3년 | (₩1,000,000-₩100,000)×1/4 | 225,000 | 675,000 | 325,000 |
| 20×4년 | (₩1,000,000-₩100,000)×1/4 | 225,000 | 900,000 | 100,000 |
| 합계 | | ₩900,000 | | |

2. 각 회계연도의 감가상각비 인식에 따른 회계처리를 하시오.

| | | | | | |
|---|---|---|---|---|---|
| 20×1.12.31 | (차) 감가상각비 | 225,000 | (대) 감가상각누계액 | 225,000 |
| 20×2.12.31 | (차) 감가상각비 | 225,000 | (대) 감가상각누계액 | 225,000 |
| 20×3.12.31 | (차) 감가상각비 | 225,000 | (대) 감가상각누계액 | 225,000 |
| 20×4.12.31 | (차) 감가상각비 | 225,000 | (대) 감가상각누계액 | 225,000 |

3. 20×1년 12월 31일 현재 기계장치만의 부분재무상태표를 작성하시오.

### 부분재무상태표

| ㈜한국 | | 20×1.12.31 |
|---|---|---|
| 유형자산 | | |
| 기계장치 | ₩1,000,000 | |
| 감가상각누계액 | (225,000) | |

## (2) 정률법(fixed-rate method)

① 정률법은 자산의 내용연수 동안 기초장부금액에 동일한 감가상각률을 곱하여 감가상각비를 인식하는 방법이다. 정률법은 기초 유형자산의 미래경제적효익의 가치를 반영하는 기초장부가액이 매 회계기간 일정 상각률로 소멸된다고 보는 방법이다.

② 정률법을 적용하게 되면 회계기간이 경과될수록 감가상각누계액이 증가하기 때문에 기초장부가액은 감소하게 되며 이에 따라 자산의 내용연수 동안 감가상각액이 매기 감소하는 방법이다. 즉, 내용연수의 초기에 더 많은 감가상각비를 인식하게 된다.

> 연 감가상각비 = 기초장부금액 × 감가상각률
> * 기초장부금액 = 취득원가 − 감가상각누계액

## (3) 이중체감법

이중체감법은 정액법의 배법이라고도 하며 기초장부금액에 정액법에 의한 상각률의 2배를 적용하여 감가상각비를 계산하는 방법이다.

> 연 감가상각비 = 기초장부금액 × $\dfrac{2}{\text{내용연수}}$

**예제 6-14 정률법**

㈜한국은 20×1년 1월 1일 취득원가가 ₩1,000,000이며 잔존가치가 ₩100,000인 기계장치를 취득하였다. 해당 기계장치의 내용연수는 4년이다.

[물음]

1. 정률법에 따른 각 연도 말 감가상각비를 계산하시오(단, 감가상각률은 0.438이다).

| 연도 | 계산식 | 감가상각비 | 감가상각누계액 | 기말장부금액 |
|---|---|---|---|---|
| 20×1년 | ₩1,000,000 × 0.438 | ₩438,000 | ₩438,000 | ₩562,000 |
| 20×2년 | ₩562,000 × 0.438 | 246,156 | 684,156 | 315,844 |
| 20×3년 | ₩315,844 × 0.438 | 138,339 | 822,495 | 177,505 |
| 20×4년 | ₩177,505 × 0.438 | 77,505* | 900,000 | 100,000 |
| 합계 | | ₩900,000 | | |

\* 단수차이 조정

2. 각 회계연도의 감가상각비 인식에 따른 회계처리를 하시오.

```
20×1.12.31  (차) 감가상각비  438,000   (대) 감가상각누계액  438,000
20×2.12.31  (차) 감가상각비  246,156   (대) 감가상각누계액  246,156
20×3.12.31  (차) 감가상각비  138,339   (대) 감가상각누계액  138,339
20×4.12.31  (차) 감가상각비   77,505   (대) 감가상각누계액   77,505
```

3. 20×1년 12월 31일 현재 기계장치만의 부분재무상태표를 작성하시오.

**부분재무상태표**

㈜한국        20×1.12.31

| 유형자산 | |
|---|---|
| 기계장치 | ₩1,000,000 |
| 감가상각누계액 | (438,000) |

**예제 6-15 이중체감법**

㈜한국은 20×1년 1월 1일 취득원가가 ₩1,000,000이며 잔존가치가 ₩100,000인 기계장치를 취득하였다. 해당 기계장치의 내용연수는 4년이다.

[물음]

1. 이중체감법에 따른 각 연도 말 감가상각비를 계산하시오.

| 연도 | 계산식 | 감가상각비 | 감가상각누계액 | 기말장부금액 |
|---|---|---|---|---|
| 20×1년 | ₩1,000,000 × 2/4 | ₩500,000 | ₩500,000 | ₩500,000 |
| 20×2년 | ₩500,000 × 2/4 | 250,000 | 750,000 | 250,000 |
| 20×3년 | ₩250,000 × 2/4 | 125,000 | 875,000 | 125,000 |
| 20×4년 | ₩125,000 × 2/4 | 25,000* | 900,000 | 100,000 |
| 합계 | | ₩900,000 | | |

※ 단수차이 조정

2. 각 회계연도의 감가상각비 인식에 따른 회계처리를 하시오.

| | | | | | | |
|---|---|---|---|---|---|---|
| 20×1.12.31 | (차) 감가상각비 | 500,000 | | (대) 감가상각누계액 | 500,000 |
| 20×2.12.31 | (차) 감가상각비 | 250,000 | | (대) 감가상각누계액 | 250,000 |
| 20×3.12.31 | (차) 감가상각비 | 125,000 | | (대) 감가상각누계액 | 125,000 |
| 20×4.12.31 | (차) 감가상각비 | 25,000 | | (대) 감가상각누계액 | 25,000 |

3. 20×1년 12월 31일 현재 기계장치만의 부분재무상태표를 작성하시오.

부분재무상태표

㈜한국　　　　　　　　　　　　　　　　　　　　　　　　　　　　　　20×1.12.31

| | | |
|---|---|---|
| 유형자산 | | |
| 기계장치 | ₩1,000,000 | |
| 감가상각누계액 | (500,000) | |

(4) 연수합계법(sum-of-the-years-digit method)

① 연수합계법은 취득원가에서 잔존가치를 차감한 금액을 내용연수의 합계에 대한 잔여 내용연수(내용연수의 역순)의 비율을 곱하여 감가상각비를 계산하는 방법이다.

② 연수합계법은 미상각내용연수가 내용연수 경과에 따라 감소하기 때문에 내용연수 초기에 감가상각비가 많이 계상되고, 시간이 지날수록 감가상각비가 감소하게 된다.

앞서, 정률법, 이중체감법 그리고 연수합계법은 초기에 감가상각비가 많이 계상되고 내용연수가 경과함에 따라 점차 감소하는 특징을 가진다. 이렇게 내용연수가 경과함에 따라 연도별 감가상각비가 감소하는 감가상각방법을 가속상각법(체감잔액법, declining balance method)이라고 한다. 체감잔액법은 내용연수의 초기에 유형자산으로부터 발생되는 수익이 많기 때문에 감가상각비를 많이 인식하고, 내용연수가 경과함에 따라 관련수익의 발생 또한 줄어들게 되기 때문에 감가상각비를 적게 인식하는 논리는 수익-비용 대응에는 보다 바람직하다고 할 수 있다.

$$\text{연 감가상각비} = (\text{취득원가} - \text{잔존가치}) \times \frac{\text{잔여내용연수}}{\text{내용연수합계}}$$
$$* \text{내용연수합계} = n(n+1) \div 2$$

---

**예제 6-16** 연수합계법

㈜한국은 20×1년 1월 1일 취득원가가 ₩1,000,000이며 잔존가치가 ₩100,000인 기계장치를 취득하였다. 해당 기계장치의 내용연수는 4년이다.

[물음]

1. 연수합계법에 따른 각 연도 말 감가상각비를 계산하시오.

| 연도 | 계산식 | 감가상각비 | 감가상각누계액 | 기말장부금액 |
|---|---|---|---|---|
| 20×1년 | (₩1,000,000−₩100,000) × 4/10 | ₩360,000 | ₩360,000 | ₩640,000 |
| 20×2년 | (₩1,000,000−₩100,000) × 3/10 | 270,000 | 630,000 | 370,000 |
| 20×3년 | (₩1,000,000−₩100,000) × 2/10 | 180,000 | 810,000 | 190,000 |
| 20×4년 | (₩1,000,000−₩100,000) × 1/10 | 90,000 | 900,000 | 100,000 |
| 합계 | | ₩900,000 | | |

2. 각 회계연도의 감가상각비 인식에 따른 회계처리를 하시오.

| 20×1.12.31 | (차) 감가상각비 | 360,000 | (대) 감가상각누계액 | 360,000 |
|---|---|---|---|---|
| 20×2.12.31 | (차) 감가상각비 | 270,000 | (대) 감가상각누계액 | 270,000 |
| 20×3.12.31 | (차) 감가상각비 | 180,000 | (대) 감가상각누계액 | 180,000 |
| 20×4.12.31 | (차) 감가상각비 | 90,000 | (대) 감가상각누계액 | 90,000 |

3. 20×1년 12월 31일 현재 기계장치만의 부분재무상태표를 작성하시오.

부분재무상태표

㈜한국　　　　　　　　　　　　　　　　　　　　　　　　　　20×1.12.31

| 유형자산 | | |
|---|---|---|
| 기계장치 | ₩1,000,000 | |
| 감가상각누계액 | (360,000) | |

---

(5) 생산량비례법(activity method)

① 생산량비례법은 취득원가에서 잔존가치를 차감한 금액을 총 예상생산량에 대비한 당기실제 생산량을 기준으로 감가상각비를 계산하는 방법이다.

② 이 방법은 실제 생산량에 근거하여 감가상각을 하기 때문에 수익−비용 대응에는 가장 적합한 방법이라 할 수 있다.

$$연\ 감가상각비 = (취득원가 - 잔존가치) \times \frac{당기실제생산량}{추정총생산량}$$

**예제 6-17**  생산량비례법

㈜한국은 20×1년 1월 1일 취득원가가 ₩1,000,000이며 잔존가치가 ₩100,000인 기계장치를 취득하였다. 해당 기계장치의 내용연수는 4년이며 총추정생산량은 1,000개로 추정된다.

[물음]

1. 내용연수 동안 실제 생산량은 다음과 같을 때 생산량비례법에 따른 각 연도의 감가상각비를 계산하시오(20×1년 : 400개 , 20×2년 : 300개, 20×3년 : 200개, 20×4년 : 100개).

| 연도 | 계산식 | 감가상각비 | 감가상각누계액 | 기말장부금액 |
|---|---|---|---|---|
| 20×1년 | (₩1,000,000 − ₩100,000) × (400개/1,000개) | ₩360,000 | ₩360,000 | ₩640,000 |
| 20×2년 | (₩1,000,000 − ₩100,000) × (300개/1,000개) | 270,000 | 630,000 | 370,000 |
| 20×3년 | (₩1,000,000 − ₩100,000) × (200개/1,000개) | 180,000 | 810,000 | 190,000 |
| 20×4년 | (₩1,000,000 − ₩100,000) × (100개/1,000개) | 90,000 | 900,000 | 100,000 |
| 합계 | | ₩900,000 | | |

2. 각 회계연도의 감가상각비 인식에 따른 회계처리를 하시오.

| | | | | | |
|---|---|---|---|---|---|
| 20×1.12.31 | (차) 감가상각비 | 360,000 | (대) 감가상각누계액 | 360,000 |
| 20×2.12.31 | (차) 감가상각비 | 270,000 | (대) 감가상각누계액 | 270,000 |
| 20×3.12.31 | (차) 감가상각비 | 180,000 | (대) 감가상각누계액 | 180,000 |
| 20×4.12.31 | (차) 감가상각비 | 90,000 | (대) 감가상각누계액 | 90,000 |

3. 20×1년 12월 31일 현재 기계장치만의 부분재무상태표를 작성하시오.

부분재무상태표

㈜한국                                                                20×1.12.31

| 유형자산 | |
|---|---|
| 기계장치 | ₩1,000,000 |
| 감가상각누계액 | (360,000) |

● 감가상각방법의 비교

| 구분 | 내용연수 동안 인식한 감가상각비 총액 = 감가상각대상금액 | 내용연수 종료시점의 장부금액 |
|---|---|---|
| 정액법 | ₩900,000 | ₩100,000 |
| 정률법 | ₩900,000 | ₩100,000 |
| 이중체감법 | ₩900,000 | ₩100,000 |
| 연수합계법 | ₩900,000 | ₩100,000 |
| 비례법 | ₩900,000 | ₩100,000 |

동일한 취득원가와 내용연수를 가진 기계장치를 대상으로 다양한 감가상각방법에 따른 감가상각비를 계산한 결과 각 연도에 비용처리되는 감가상각비는 달라도 내용연수 동안의 감가상각비 총액은 감가상각대상금액으로 동일하다. 그리고 내용연수 종료시점에는 어떤 감가상각방법을 선택하든 장부가액은 잔존가치로 동일하다.

**예제 6-18** 유형자산 기중취득

㈜한국은 20×1년 10월 1일 ₩5,000,000의 기계장치를 취득하였다. 해당 기계장치의 내용연수는 5년, 추정 잔존가치는 ₩500,000이다. 연도별 추정생산량이 다음과 같을 때 요구사항에 답하시오.

| | | |
|---|---|---|
| 20×1년 1,000개 | 20×2년 4,500개 | 20×3년 1,000개 |
| 20×4년 3,000개 | 20×5년 500개 | |

요구사항 : 다음 각각의 방법에 의하여 연도별 감가상각비를 구하시오.
1. 정액법
2. 정률법(상각률 0.35)
3. 연수합계법
4. 생산량비례법

**해답**

1. 정액법

| 연도 | 계산식 | 감가상각비 |
|---|---|---|
| 20×1년 | (₩5,000,000 − ₩500,000) × 1/5 × 3/12 | ₩225,000 |
| 20×2년 | (₩5,000,000 − ₩500,000) × 1/5 × 12/12 | ₩900,000 |
| 20×3년 | (₩5,000,000 − ₩500,000) × 1/5 × 12/12 | ₩900,000 |
| 20×4년 | (₩5,000,000 − ₩500,000) × 1/5 × 12/12 | ₩900,000 |
| 20×5년 | (₩5,000,000 − ₩500,000) × 1/5 × 12/12 | ₩900,000 |
| 20×6년 | (₩5,000,000 − ₩500,000) × 1/5 × 9/12 | ₩675,000 |

2. 정률법(상각률 0.35)

| 연도 | 계산식 | 감가상각비 |
|---|---|---|
| 20×1년 | ₩5,000,000 × 0.35 × 3/12 | ₩437,500 |
| 20×2년 | (₩5,000,000 − ₩437,500) × 0.35 × 12/12 | ₩1,596,875 |
| 20×3년 | (₩5,000,000 − ₩2,034,375) × 0.35 × 12/12 | ₩1,037,969 |
| 20×4년 | (₩5,000,000 − ₩3,072,344) × 0.35 × 12/12 | ₩674,680 |
| 20×5년 | (₩5,000,000 − ₩3,747,024) × 0.35 × 12/12 | ₩438,540 |
| 20×6년 | (₩5,000,000 − ₩4,185,564) × 0.35 × 9/12 | ₩314,436(단수차이) |

3. 연수합계법

| 연도 | 계산식 | 감가상각비 |
|---|---|---|
| 20×1년 | (₩5,000,000 − ₩500,000) × 5/15 × 3/12 | ₩375,000 |
| 20×2년 | (₩5,000,000 − ₩500,000) × 5/15 × 9/12<br>+ (₩5,000,000 − ₩500,000) × 4/15 × 3/12 | ₩1,425,000 |
| 20×3년 | (₩5,000,000 − ₩500,000) × 4/15 × 9/12<br>+ (₩5,000,000 − ₩500,000) × 3/15 × 3/12 | ₩1,125,000 |
| 20×4년 | (₩5,000,000 − ₩500,000) × 3/15 × 9/12<br>+ (₩5,000,000 − ₩500,000) × 2/15 × 3/12 | ₩825,000 |
| 20×5년 | (₩5,000,000 − ₩500,000) × 2/15 × 9/12<br>+ (₩5,000,000 − ₩500,000) × 1/15 × 3/12 | ₩525,000 |
| 20×6년 | (₩5,000,000 − ₩500,000) × 1/15 × 9/12 | ₩225,000 |

4. 생산량비례법

| 연도 | 계산식 | 감가상각비 |
|---|---|---|
| 20×1년 | (₩5,000,000 − ₩500,000) × (1,000개/10,000개) | ₩450,000 |
| 20×2년 | (₩5,000,000 − ₩500,000) × (4,500개/10,000개) | ₩2,025,000 |
| 20×3년 | (₩5,000,000 − ₩500,000) × (1,000개/10,000개) | ₩450,000 |
| 20×4년 | (₩5,000,000 − ₩500,000) × (3,000개/10,000개) | ₩1,350,000 |
| 20×5년 | (₩5,000,000 − ₩500,000) × (500개/10,000개) | ₩225,000 |

## 3. 감가상각자산의 구분

① 유형자산을 구성하는 일부의 원가가 해당 유형자산의 전체원가에 비교하여 중요하다면, 해당 유형자산을 감가상각할 때 그 부분은 별도로 구분하여 감가상각한다. 유형자산의 원가는 그 유형자산을 구성하고 있는 중요한 부분에 배분하여 각 부분별로 감가상각한다.

② 예컨대, 항공기를 소유하고 있는지 금융리스하고 있는지에 관계없이, 항공기 동체와 엔진을 별도로 구분하여 감가상각하는 것이 적절할 수 있다. 유형자산을 구성하고 있는 중요한 부분에 해당 유형자산의 다른 중요한 부분과 동일한 내용연수 및 감가상각방법을 적용하는 수가 있다. 이러한 경우에는 감가상각액을 결정할 때 하나의 집단으로 통합할 수 있다.

③ 유형자산의 전체원가에 비교하여 해당 원가가 중요하지 않은 부분도 별도로 분리하여 감가상각할 수 있다.

## 4. 감가상각액의 인식

① 감가상각액은 다른 자산의 장부금액에 포함되는 경우가 아니라면 당기손익으로 인식한다. 각 기간의 감가상각액은 일반적으로 당기손익으로 인식하지만, 제조설비의 감가상각액은 재고자산의 가공원가로 제조원가를 구성하고, 개발활동에 사용되는 유형자산의 감가상각액은 해당 무형자산의 원가에 포함될 수 있다.

② 유형자산의 감가상각은 해당 자산이 사용가능한 때부터 시작한다. 즉, 경영진이 의도하는 방식으로 자산을 가동하는 데 필요한 장소와 상태에 이른 때부터 시작한다.

③ 감가상각은 매각예정자산으로 분류되는 날과 제거되는 날 중 이른 날에 중지한다. 그러므로 유형자산이 운휴중이거나 적극적인 사용상태가 아니어도 감가상각이 완전히 이루어지기 전까지는 감가상각을 중단하지 않는다.

④ 그러나 예외적으로 다음의 경우는 감가상각액이 인식되지 않는다.

> ㉠ 유형자산의 사용정도에 따라 감가상각을 하는 경우 생산활동이 이루어지지 않을 때
> ㉡ 잔존가액이 장부금액을 초과할 때
> ㉢ 매각예정으로 분류되는 때
> ㉣ 공정가치모형으로 평가하는 투자부동산

⑤ 유형자산의 공정가치는 장부금액을 초과할 수 있다. 그러나 유형자산의 공정가치가 장부금액을 초과하더라도 잔존가치가 장부금액을 초과하지 않는 한 감가상각액을 계속 인식한다.

⑥ 유형자산의 잔존가치는 해당 자산의 장부금액과 같거나 큰 금액으로 증가할 수도 있다. 이 경우에는 자산의 잔존가치가 장부금액보다 작은 금액으로 감소될 때까지는 유형자산의 감가상각액은 영(0)이 된다.

⑦ 다음의 경우는 감가상각액을 인식한다.

> ㉠ 공정가치가 장부금액을 초과하는 자산  ㉡ 수선, 유지활동을 하는 자산
> ㉢ 가동하지 않은 자산  ㉣ 유휴상태에 있는 자산

## 5. 내용연수, 잔존가치, 감가상각방법의 검토

내용연수, 잔존가치, 감가상각방법은 적어도 매 회계연도 말에 재검토한다. 재검토결과 추정치가 변경되면 회계추정치 변경으로 회계처리한다.

---

**예제 6-19** 회계추정치 변경

㈜한국은 20×1년 1월 1일에 ₩880,000에 취득한 기계장치(내용연수 10년, 잔존가치 ₩0)를 정액법에 따라 감가상각해 오던 중 20×3년 1월 1일에 잔여내용연수를 5년으로 새롭게 추정하였다. 20×3년 12월 31일 기계장치 장부금액은?

----------

**해답**

(1) 20×3년 1월 1일 장부금액 = ₩880,000 − [(₩880,000 − ₩0) × 2/10] = ₩704,000
(2) 20×3년 감가상각비 = (₩704,000 − ₩0) × 1/5 = ₩140,800
(3) 20×3년 말 장부금액 = ₩704,000 − ₩140,800 = ₩563,200

---

> **예제 6-20** 회계추정치 변경
>
> ㈜한국은 20×1년 1월 1일 기계장치를 취득(취득원가 ₩620,000, 내용연수 5년, 잔존가치 ₩20,000)하고 이를 정액법으로 감가상각하였다. 20×3년 1월 1일 감가상각방법을 정액법에서 연수합계법으로 변경하였으나, 내용연수와 잔존가치는 변함이 없다. 20×3년 감가상각비는?
>
> ┄┄┄┄┄┄┄┄┄┄┄┄┄┄┄┄┄┄┄┄┄┄┄┄┄┄┄┄┄┄┄┄┄┄┄┄┄┄┄┄┄┄┄┄┄┄┄┄
>
> **해답**
>
> (1) 20×2년 말 감가상각누계액 = (₩620,000 − ₩20,000) × 2/5 = ₩240,000
> (2) 20×3년 감가상각비 = (₩380,000 − ₩20,000) × 3/6 = ₩180,000

## 2 유형자산의 제거

### (1) 유형자산 제거로 인한 손익

유형자산의 장부금액은 당해 자산을 처분하는 때와 사용이나 처분을 통하여 미래경제적효익이 기대되지 않을 때 제거한다. 유형자산의 제거로 인하여 발생하는 손익은 순매각금액과 장부금액의 차이로 결정한다.

순매각금액은 관련 처분비용을 차감한 후의 금액을 말하므로, 관련처분비용은 별도의 비용으로 인식하지 않고 처분손익에 반영한다.

유형자산의 처분 회계처리를 하기 전에 처분시점까지 인식하지 않은 감가상각비가 있다면 이를 먼저 인식한 후의 장부금액과 처분가액을 비교해야 한다.

> • 순매각금액 > 장부금액(감가상각 완료 후) : 유형자산처분이익
> • 순매각금액 < 장부금액(감가상각 완료 후) : 유형자산처분손실

---

**예제 6-21** 유형자산의 제거

㈜한국은 20×1년 1월 1일 ₩3,000,000에 건물을 취득하였다. 잔존가치는 없으며, 내용연수는 6년으로 추정되었다. 감가상각방법은 정액법을 사용한다. ㈜한국은 더 이상 건물을 사용하지 않게 되어 20×2년 10월 1일 ₩2,000,000에 처분하였을 경우 처분손익을 계산하고 처분 시 회계처리를 하시오.

..............................................................................................................................

**[해답]**

㈜한국은 취득시점부터 처분시점까지 다음의 회계처리를 하게 된다.

| | | | | | | |
|---|---|---|---|---|---|---|
| 20×1.1.1 | (차) 건물 | 3,000,000 | | (대) 현금 | 3,000,000 |
| 20×1.12.31 | (차) 감가상각비 | 500,000 | | (대) 감가상각누계액 | 500,000 |
| 20×2.10.1 | (차) 감가상각비 | 375,000 | | (대) 감가상각누계액 | 375,000 |
| | (차) 현금 | 2,000,000 | | (대) 건물 | 3,000,000 |
| | 감가상각누계액 | 875,000 | | | |
| | 유형자산처분손실 | 125,000 | | | |

* 해당 유형자산의 장부금액 = ₩3,000,000(취득원가) − ₩875,000(감가상각누계액) = ₩2,125,000
* 유형자산처분손실 = ₩2,000,000(순매각금액) − ₩2,125,000(장부금액) = (₩125,000)

## (2) 매각예정비유동자산으로의 대체

기업이 영업활동에서 사용하던 유형자산을 매각하기로 결정하였다면 당해 유형자산을 매각예정 비유동자산으로 분류하여야 한다. 사용하던 유형자산을 매각하기로 결정하면 유형자산을 장부금 액과 순공정가치 중 작은 금액으로 측정하여 매각예정비유동자산으로 재무상태표에 별도 구분표 시한다. 이때 유형자산의 장부금액보다 순공정가치가 작으면 차액을 손상차손으로 인식한다. 매각예정비유동자산으로 분류된 후에는 이를 실제로 사용하는지와 무관하게 감가상각을 하지 않는다.

## (3) 임대목적 보유 유형자산의 판매

정상적인 영업활동과정에서 타인에게 임대할 목적으로 보유하던 부동산이 아닌 유형자산을 판매하는 기업은 유형자산의 임대가 중단되고 판매목적으로 보유하게 되는 시점에 당해 자산의 장부금액을 재고자산으로 대체하여야 한다. 그리고 재고자산으로 대체한 자산을 판매할 경우 수익(매출)과 비용(매출원가)을 인식하여야 한다.

### 3 재평가모형

재평가모형(revaluation model)은 유형자산을 보고기간 말의 공정가치로 측정하는 방법을 말한다.

| 구분 | 내용 |
|---|---|
| 재평가모형의 최초 적용 | 회계정책 변경을 적용하지 않고, 재평가모형의 최초 적용연도의 유형자산 장부금액을 공정가치로 수정한다. 즉, 비교표시되는 과거기간의 재무제표를 소급하여 재작성하지 않는다. |
| 재평가모형에서 원가모형으로 변경 (이후 다시 재평가모형으로 변경 포함) | 회계정책의 변경에 해당되므로 비교표시되는 과거기간의 재무제표를 소급하여 재작성한다. |

재평가의 빈도는 재평가되는 유형자산의 공정가치 변동에 따라 달라진다. 경우에 따라서 매년 재평가가 필요할 수도 있고 3년이나 5년마다 재평가하는 것으로 충분한 경우도 있을 수 있다. 따라서 재평가는 매년 수행하는 것이 아니라 유형자산의 장부금액과 공정가치가 중요하게 차이가 나지 않도록 주기적으로 수행한다.

또한 기업이 유형자산에 대하여 재평가모형을 선택하였다면, 특정 유형자산을 재평가할 때는 해당 유형자산이 포함된 유형자산 분류 전체를 동시에 재평가한다. 예컨대 기업이 토지를 재평가하기로 한 경우 여러 개의 토지가 있더라도 동시에 재평가를 해야 한다. 이는 선택적 재평가에 따른 재무보고의 혼선을 방지하기 위한 목적이라고 할 수 있다. 그러나 해당 유형자산의 종류가 너무 많아 같은 날에 재평가하기가 어렵다면 순차적으로 재평가하는 것은 허용된다.

## 1. 재평가모형의 최초 적용

### (1) 비상각자산(예 토지)

유형자산을 처음으로 재평가하는 경우에는 공정가치와 장부금액의 차액에 해당하는 평가손익이 발생하게 된다. 유형자산의 재평가손익은 다음과 같이 회계처리한다.

① 재평가이익(공정가치 > 장부금액)

해당 차액은 재평가잉여금의 과목으로 하여 기타포괄손익으로 인식한다. 해당 누적액은 자본항목으로 보고한다.

| (차) 유형자산 | ××× | (대) 재평가잉여금 (기타포괄손익) | ××× |
|---|---|---|---|

② 재평가손실(공정가치 < 장부금액)

해당 차액은 재평가손실의 과목으로 하여 당기손익으로 인식한다.

| (차) 재평가손실 (당기비용) | ××× | (대) 유형자산 | ××× |
|---|---|---|---|

**예제 6-22** 재평가모형(비상각자산)

㈜한국은 20×1년 10월 1일 토지를 ₩1,500,000에 취득하였다. ㈜한국은 토지에 대하여 재평가 모형을 적용한다. 20×1년 말 토지의 공정가치에 따라 물음에 답하시오.

[물음]

1. 20×1년 12월 31일 공정가치가 ₩1,800,000일 때 회계처리를 하시오.
2. 20×1년 12월 31일 공정가치가 ₩1,400,000일 때 회계처리를 하시오.

[해답]

| | | | | | |
|---|---|---|---|---|---|
| 1. 20×1.12.31 | (차) 토지 | 300,000 | (대) 재평가잉여금 | 300,000 |
| 2. 20×1.12.31 | (차) 재평가손실 | 100,000 | (대) 토지 | 100,000 |

## 2. 재평가모형의 후속 재평가

재평가모형을 적용한 이후도 주기적으로 재평가를 실시한다. 이때는 최초의 재평가와 달리 기존에 재평가잉여금이 있는지 재평가손실이 있는지에 따라 회계처리가 달라진다.

① 전기 인식한 재평가잉여금이 있고 이후 재평가손실이 발생한 경우

전기 인식한 재평가잉여금이 있으면 재평가잉여금을 우선 상계하고 해당 금액을 초과하는 금액을 재평가손실로 당기손익에 반영한다.

| | | | |
|---|---|---|---|
| (차) 재평가잉여금 | ××× | (대) 유형자산 | ××× |
| 재평가손실 | ××× | | |

② 전기 인식한 재평가손실이 있고 이후 재평가이익이 발생한 경우

전기 인식한 재평가손실이 있으면 재평가손실에 해당하는 금액만큼 재평가이익으로 인식하고 해당 금액을 초과하는 금액은 재평가잉여금으로 기타포괄손익에 반영한다.

| | | | |
|---|---|---|---|
| (차) 유형자산 | ××× | (대) 재평가이익(재평가손실 한도) | ××× |
| | | 재평가잉여금 | ××× |

### ↪ 재평가의 회계처리

| 구분 | 회계처리 |
|------|----------|
| 재평가증가액 | 재평가증가액을 재평가잉여금(기타포괄손익)으로 인식한다. 단, 동일 자산에 대하여 이전에 당기손익(재평가손실)로 인식한 재평가감소액이 있다면 그 금액만큼 재평가증가액을 당기손익(재평가이익)으로 인식하고, 해당 금액을 초과하는 금액은 기타포괄손익(재평가잉여금)으로 인식한다. |
| 재평가감소액 | 재평가감소액을 당기손익(재평가손실)으로 인식한다. 단, 동일 자산에 대한 기타포괄손익(재평가잉여금)의 잔액이 있다면 그 금액만큼 재평가감소액을 기타포괄손익(재평가잉여금)의 감소로 인식하고, 잔여액이 있다면 당기손익(재평가손실)으로 인식한다. |

**예제 6-23** 재평가모형(비상각자산)

㈜한국은 20×1년 초 토지를 ₩100,000에 취득하였다. ㈜한국은 토지에 대해 재평가모형을 적용하며, 재평가는 매년 말 수행한다. 추가 취득이나 처분거래는 없고, 공정가치의 하락이 손상발생의 증거는 아니다.

[물음]

1. 20×1년부터 20×3년 말까지 매년 말 토지의 공정가치가 다음과 같을 때 ㈜한국이 수행해야 할 토지의 재평가 회계처리를 하시오.

| 구분 | 20×1년 말 | 20×2년 말 | 20×3년 말 |
|------|-----------|-----------|-----------|
| 공정가치 | ₩120,000 | ₩90,000 | ₩150,000 |

2. 20×1년부터 20×3년 말까지 매년 말 토지의 공정가치가 다음과 같을 때 ㈜한국이 수행해야 할 토지의 재평가 회계처리를 하시오.

| 구분 | 20×1년 말 | 20×2년 말 | 20×3년 말 |
|------|-----------|-----------|-----------|
| 공정가치 | ₩80,000 | ₩110,000 | ₩150,000 |

----

**해답**

1. 20×1.12.31   (차) 토지   20,000   (대) 재평가잉여금   20,000
   20×2.12.31   (차) 재평가잉여금   20,000   (대) 토지   30,000
              재평가손실   10,000
   20×3.12.31   (차) 토지   60,000   (대) 재평가이익   10,000
                                    재평가잉여금   50,000

2. 20×1.12.31   (차) 재평가손실   20,000   (대) 토지   20,000
   20×2.12.31   (차) 토지   30,000   (대) 재평가이익   20,000
                                    재평가잉여금   10,000
   20×3.12.31   (차) 토지   40,000   (대) 재평가잉여금   40,000

## 3. 감가상각자산(예 건물)

재평가모형 중 감가상각자산은 취득금액과 감가상각누계액의 구분이 되어 있기 때문에 재평가 결과를 재무상태표에 표시하기 위하여 기업회계기준서 제1016호에서는 재평가모형을 적용하는 경우 재평가시점의 감가상각누계액을 다음 중 하나의 방법으로 회계처리하도록 하고 있다.

① 비례수정법 : 재평가 후 자산의 장부금액이 재평가금액과 일치하도록 감가상각누계액과 총장부금액을 비례적으로 수정하는 방법이다.

② 감가상각누계액제거법(총제거법) : 총장부금액에서 기존의 감가상각누계액을 전액 제거하여 자산의 순장부금액이 재평가금액이 되도록 수정하는 방법이다.

예컨대 장부금액이 ₩8,000(취득금액 ₩10,000, 감가상각누계액 ₩2,000)인 기계장치를 보고기간말 현재 공정가치가 ₩9,600으로 평가하는 경우 수정하는 방법은 다음의 두 가지가 있을 수 있다.

| 구분 | 재평가 전 | 재평가 후 |
|---|---|---|
| 취득금액<br>감가상각누계액 | ₩10,000<br>(2,000) | ₩12,000<br>(2,400) |
| 장부금액 | ₩8,000 | ₩9,600 |
| | × 1.2 | |

비례수정법은 취득금액, 감가상각누계액을 비율만큼 비례적으로 수정하는 방법이다.

| (차) 기계장치 | 2,000 | (대) 감가상각누계액 | 400 |
|---|---|---|---|
| | | 재평가잉여금 | 1,600 |

동일한 내용의 재평가를 감가상각누계액제거법으로 회계처리하면 다음과 같다.

| 구분 | 재평가 전 | 재평가 후 |
|---|---|---|
| 취득금액<br>감가상각누계액 | ① ₩10,000<br>(2,000) | ② ₩9,600<br>0 |
| 장부금액 | ₩8,000 | ₩9,600 |

감가상각누계액제거법은 감가상각누계액을 제거한 후 장부금액을 공정가치가 되도록 수정하는 방법이다.

| (차) 감가상각누계액 | 2,000 | (대) 건물 | 400 |
|---|---|---|---|
| | | 재평가잉여금 | 1,600 |

| 예제 6-24 | 재평가모형 |
|---|---|

㈜한국은 20×1년 1월 1일 내용연수 5년, 잔존가치 ₩0인 건물을 ₩10,000에 취득하였다. ㈜한국의 결산일은 매년 12월 31일이며 정액법으로 감가상각한다. ㈜한국은 재평가모형을 적용하여 20×1년 12월 31일의 공정가치는 ₩12,000이다.

[물음]

1. 비례수정법으로 20×1년 1월 1일과 20×1년 12월 31일의 회계처리를 하시오.
2. 총제거법으로 20×1년 1월 1일과 20×1년 12월 31일의 회계처리를 하시오.

--------

[해답]

1. 비례수정법

| 20×1.1.1 | (차) 건물 | 10,000 | (대) 현금 | 10,000 |
|---|---|---|---|---|
| 20×1.12.31 | (차) 감가상각비 | 2,000 | (대) 감가상각누계액 | 2,000 |
| | (차) 건물 | 5,000 | (대) 감가상각누계액 | 1,000 |
| | | | 재평가잉여금 | 4,000 |

2. 총제거법

| 20×1.1.1 | (차) 건물 | 10,000 | (대) 현금 | 10,000 |
|---|---|---|---|---|
| 20×1.12.31 | (차) 감가상각비 | 2,000 | (대) 감가상각누계액 | 2,000 |
| | (차) 감가상각누계액 | 2,000 | (대) 재평가잉여금 | 4,000 |
| | 건물 | 2,000 | | |

## 4. 재평가 이후의 후속회계

### ① 재평가 이후 감가상각

재평가모형을 선택하여 공정가치로 재평가한 이후의 회계연도에는 재평가한 금액을 기준으로 감가상각을 한다.

$$재평가\ 이후\ 감가상각비 = \frac{전기말\ 재평가금액}{기초\ 현재\ 잔존내용연수}$$

### ② 재평가잉여금의 회계처리

재평가잉여금은 당기손익으로 재분류하지 못하며, 관련 유형자산이 제거될 때 이익잉여금으로 대체만 할 수 있다. 유형자산에 대해 인식한 재평가잉여금은 그 자산이 제거될 때 이익잉여금으로 직접 대체할 수 있는데 이때 "제거"는 처분만을 의미하는 것은 아니다. 감가상각 대상자산에 대한 재평가 시 재평가잉여금을 인식한 경우, 이후 재평가금액에 기초하여 감가상각을 하기 때문에 재평가한 다음 연도부터 인식할 감가상각비도 증가하게 된다. 이때 <u>재평가한 금액에 근거한 감가상각비와 최초 원가에 근거한 감가상각비의 차이만큼 재평가잉여금을 이익잉여금으로 대체할 수 있다.</u>

**예제 6-25** 재평가모형

㈜한국은 20×1년 1월 1일 내용연수 5년, 잔존가치 ₩0인 건물을 ₩10,000에 취득하였다. ㈜한국의 결산일은 매년 12월 31일로 정액법으로 감가상각한다.
㈜한국은 재평가모형을 적용하며 각 보고기간 말 현재 건물의 공정가치는 다음과 같다.
(20×1년 말 공정가치 : ₩12,000, 20×2년 말 공정가치 : ₩3,000)
㈜한국은 감가상각누계액을 우선 제거하는 방법을 사용한다고 할 때, 20×2년 12월 31일까지의 회계처리를 하시오(단, ㈜한국은 사용 중 재평가잉여금을 이익잉여금으로 대체하는 정책을 선택하고 있다).

**[해답]**

| | | | | | | |
|---|---|---|---|---|---|---|
| 20×1.1.1. | (차) 건물 | 10,000 | | (대) 현금 | 10,000 |
| 20×1.12.31 | (차) 감가상각비 | 2,000 | | (대) 감가상각누계액 | 2,000 |
| | (차) 감가상각누계액 | 2,000 | | (대) 재평가잉여금 | 4,000 |
| | 건물 | 2,000 | | | |
| 20×2.12.31 | (차) 감가상각비 | 3,000 | | (대) 감가상각누계액 | 3,000 |
| | (차) 재평가잉여금 | 1,000 | | (대) 이익잉여금 | 1,000 |
| | (차) 감가상각누계액 | 3,000 | | (대) 건물 | 9,000 |
| | 재평가잉여금 | 3,000 | | | |
| | 재평가손실 | 3,000 | | | |

**예제 6-26** 재평가모형

㈜한국은 20×1년 1월 1일 내용연수 5년, 잔존가치 ₩0인 건물을 ₩10,000에 취득하였다. ㈜한국의 결산일은 매년 12월 31일로 정액법으로 감가상각한다.
㈜한국은 재평가모형을 적용하며 각 보고기간 말 현재 건물의 공정가치는 다음과 같다.
(20×1년 말 공정가치 : ₩5,000, 20×2년 말 공정가치 : ₩9,000)
㈜한국은 감가상각누계액을 우선 제거하는 방법을 사용한다고 할 때, 20×2년 12월 31일까지의 회계처리를 하시오(단, ㈜한국은 사용 중 재평가잉여금을 이익잉여금으로 대체하는 정책을 선택하고 있지 않다).

**[해답]**

| | | | | | | |
|---|---|---|---|---|---|---|
| 20×1.1.1. | (차) 건물 | 10,000 | | (대) 현금 | 10,000 |
| 20×1.12.31 | (차) 감가상각비 | 2,000 | | (대) 감가상각누계액 | 2,000 |
| | (차) 감가상각누계액 | 2,000 | | (대) 건물 | 5,000 |
| | 재평가손실 | 3,000 | | | |
| 20×2.12.31 | (차) 감가상각비 | 1,250 | | (대) 감가상각누계액 | 1,250 |
| | (차) 감가상각누계액 | 1,250 | | (대) 재평가이익 | 3,000 |
| | 건물 | 4,000 | | 재평가잉여금 | 2,250 |

## 4 유형자산의 손상

### 1. 자산손상의 징후

자산손상은 유형자산의 장부금액이 회수가능액을 초과하는 경우를 말한다. 자산손상에 대한 여부는 기업이 매 회계연도 말에 검토하며, 자산손상의 징후가 있으면 자산의 회수가능액을 추정한다. 추정한 회수가능액이 장부금액에 미달하는 경우 손상차손을 인식한다.

① 자산손상의 객관적인 증거가 있다.

② 자산손상의 금액을 신뢰성 있게 측정할 수 있다.

손상 여부는 아래와 같이 자산손상의 내·외부 정보를 모두 검토하여 판단한다.

| 자산손상의 외부정보 | 자산손상의 내부정보 |
| --- | --- |
| ㉠ 회계기간 중에 자산의 시장가치가 시간의 경과나 정상적인 사용에 따라 하락할 것으로 기대되는 수준보다 유의적으로 더 하락하였다는 관측가능한 징후가 있다.<br>㉡ 기업경영상의 기술시장, 경제, 법률 환경이나 해당 자산을 사용하여 재화나 용역을 공급하는 시장에서 기업에 불리한 영향을 미치는 유의적인 변화가 회계기간 중에 발생하였거나 가까운 미래에 발생할 것으로 예상된다.<br>㉢ 시장이자율이 회계기간 중에 상승하여 자산의 사용가치를 계산하는 데 사용되는 할인율에 영향을 미쳐 자산의 회수가능액을 중요하게 감소시킬 가능성이 있다.<br>㉣ 기업의 순자산 장부금액이 해당 시가총액보다 크다. | ㉠ 자산이 진부화되거나 물리적으로 손상된 증거가 있다.<br>㉡ 회계기간 중에 기업에 불리한 영향을 미치는 유의적 변화가 자산의 사용범위 및 사용방법에서 발생하였거나 가까운 미래에 발생할 것으로 예상된다. 이러한 변화에는 자산의 유휴화, 해당 자산을 사용하는 영업부문을 중단하거나 구조 조정하는 계획, 예상 시점보다 앞서 자산을 처분하는 계획 그리고 비한정 내용연수를 유한 내용연수로 재평가하는 것 등을 포함한다.<br>㉢ 자산의 경제적 성과가 기대수준에 미치지 못하거나 못할 것으로 예상되는 증거를 내부보고를 통해 얻을 수 있다. |

### 2. 회수가능액의 추정

자산의 회수가능액은 순공정가치와 사용가치 중 큰 금액으로 결정한다.

> 회수가능액 = MAX [순공정가치, 사용가치]

① **순공정가치** : 합리적인 판단력과 거래의사가 있는 독립된 당사자 사이의 거래에서 자산의 매각으로부터 수취할 수 있는 금액에서 처분부대원가를 차감한 금액

② **사용가치** : 자산의 계속적인 사용과 최종 처분에서 기대되는 미래현금흐름을 추정하고, 이를 적절한 할인율로 할인한 현재가치

### 3. 손상차손의 인식

추정한 회수가능액이 자산의 장부금액에 미달하면 당해 자산에서 손상이 발생하였다고 본다. 이때 장부금액이란 당해연도 감가상각비가 반영된 후의 잔액을 의미하므로 유형자산의 손상차손은 유형자산의 감가상각 후 장부금액에서 회수가능액을 차감하여 계산한다.

유형자산손상차손은 포괄손익계산서 당기손익 항목에 반영하고 손상차손누계액의 과목으로 해당 유형자산의 차감계정으로 표시한다.

---

(차) 손상차손(당기비용)　　　　　×××　　　(대) 손상차손누계액　　　　　×××

* 손상차손 = 유형자산 감가상각 후 장부금액 − 회수가능액

---

## (1) 원가모형의 손상차손 및 손상차손환입

유형자산 후속측정 방법으로 원가모형을 선택하는 경우 매년 감가상각비만 인식한다. 원가모형으로 평가하던 자산이 손상검토 결과 손상여부가 확인되면 회수가능액을 추정한다. 회수가능액과 감가상각 후 장부금액과의 차이는 손상차손으로 당기의 비용으로 처리한다.

➲ 원가모형을 적용하는 자산의 손상 회계처리

| 구분 | 회계처리 |
|---|---|
| (1) 감가상각 후 장부금액 < 회수가능액 | 손상차손이 발생하지 않았으므로 손상과 관련된 회계처리를 수행할 필요가 없음 |
| (2) 감가상각 후 장부금액 > 회수가능액 | 손상이 발생하였으므로 감가상각 후 장부금액을 회수가능액까지 감액하며 해당 차액을 손상차손으로 당기비용에 반영 |

손상차손을 인식한 이후 유형자산은 회수가능액으로 수정된 장부금액을 기준으로 잔존내용연수에 걸쳐 감가상각비를 인식한다.

손상차손을 인식한 유형자산은 그 이후에는 손상 검토를 중단하는 것이 아니라 매 보고기간 말마다 손상이 더 발생하였는지 또는 과거에 인식한 손상차손이 더 이상 존재하지 않거나 감소된 것을 시사하는 징후가 있는지를 검토한다.

만약, 과거에 인식했던 손상차손이 더 이상 존재하지 않게 되었고 회복되었다는 객관적인 증거가 존재하는 경우 회복액을 손상차손환입의 과목으로 하여 당기손익으로 처리한다.

그러나 원가모형은 손상차손환입의 한도가 존재한다.

왜냐하면 원가모형은 매년 감가상각비만 인식하는 회계처리로 공정가평가를 하지 않는데 손상이 발생하였다가 환입되었다고 해서 원래의 원가모형으로 인식했을 때의 장부금액을 초과하여 환입할 수 없기 때문이다. 한도 없이 전액 환입을 인정하면 원가모형이 재평가모형으로 평가되는 결과가 초래된다.

그러므로 원가모형은 과거에 손상차손을 인식하기 전 장부금액의 감가상각후 잔액을 초과할 수 없다.

---

손상차손의 환입 = MIN[손상 전 유형자산의 감가상각후 장부금액, 회수가능액]
　　　　　　　　− 유형자산의 감가상각 후 장부금액

---

(차) 손상차손누계액　　　×××　　　　　(대) 손상차손환입　　　×××

---

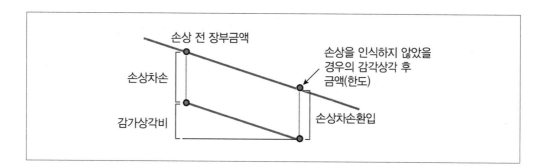

**예제 6-27 손상차손환입**

㈜한국은 20×2년 1월 1일에 기계장치(내용연수는 5년, 잔존가치는 없음)를 ₩100,000에 취득하였다. ㈜한국은 해당 기계장치에 대하여 원가모형을 적용하고 있으며, 감가상각방법으로 정액법을 사용한다. 20×2년 말 동 기계장치의 회수가능액이 ₩40,000으로 하락하여 손상차손을 인식하였다. 그러나 20×3년 말 동 기계장치의 회수가능액이 ₩70,000으로 회복되었다. 20×3년 말에 인식할 손상차손환입액은?

**해답**

(1) 20×2년 손상차손 = ₩80,000(20×2년 말 장부금액) − ₩40,000(회수가능액) = ₩40,000
(2) 20×3년 말 장부금액 = ₩40,000 − [(₩40,000 − ₩0) × 1/4] = ₩30,000
(3) 20×3년 손상차손환입액 = MIN[₩60,000, ₩70,000(회수가능액)] − ₩30,000 = ₩30,000
* 손상차손환입한도 = ₩100,000 − [(₩100,000 − ₩0) × 2/5] = ₩60,000

**예제 6-28 손상차손환입**

㈜한국은 20×1년 1월 1일 내용연수가 10년인 기계장치를 ₩1,000,000에 취득하여 정액법으로 감가상각을 하고 있다. ㈜한국은 기계장치에 원가모형을 적용한다. 20×2년 12월 31일 동 기계장치의 순공정가치는 ₩700,000, 사용가치는 ₩650,000으로 이는 손상의 증거가 된다.

[물음]
1. 기계장치의 잔존가치는 ₩0이라고 할 때, 20×2년 12월 31일 인식할 손상차손을 계산하시오.
2. 20×4년 12월 31일 기계장치의 회수가능액이 ₩700,000인 경우 ㈜한국이 인식할 손상차손환입을 계산하시오.
3. 20×4년 12월 31일 기계장치의 회수가능액이 ₩550,000인 경우 ㈜한국이 인식할 손상차손환입을 계산하시오.
4. 만약 기계장치의 잔존가치는 ₩50,000이라고 할 때 20×2년 12월 31일 인식할 손상차손을 계산하시오.

5. 20×4년 12월 31일 기계장치의 회수가능액이 ₩700,000인 경우 ㈜한국이 인식할 손상차손환입을 계산하시오(잔존가치 = ₩50,000).

6. 20×4년 12월 31일 기계장치의 회수가능액이 ₩550,000인 경우 ㈜한국이 인식할 손상차손환입을 계산하시오(잔존가치 = ₩50,000).

**[해답]**

1. 20×2년 손상차손
   (1) 20×2년 말 장부금액 = ₩1,000,000 − [(₩1,000,000 − ₩0) × 2/10] = ₩800,000
   (2) 20×2년 손상차손 = ₩800,000(장부금액) − ₩700,000(회수가능액) = ₩100,000
   * 회수가능액 = max[₩700,000(순공정가치), ₩650,000(사용가치)] = ₩700,000

2. 20×4년 12월 31일 손상차손환입액
   (1) 20×4년 12월 31일 장부금액
      = ₩700,000 − [(₩700,000 − ₩0) × 2/8] = ₩525,000
   (2) 원가모형의 손상차손환입한도(손상차손 인식 전 장부금액)
      = ₩1,000,000 − [(₩1,000,000 − ₩0) × 4/10] = ₩600,000
   (3) 손상차손환입액 = ₩600,000(환입한도) − ₩525,000(장부금액) = ₩75,000

3. 20×4년 12월 31일 손상차손환입액
   = ₩550,000(회수가능액) − ₩525,000(장부금액) = ₩25,000
   * 회수가능액이 환입한도에 미달하므로 회수가능액까지 전액 환입한다.

4. 20×2년 손상차손
   (1) 20×2년 말 장부금액 = ₩1,000,000 − [(₩1,000,000 − ₩50,000) × 2/10] = ₩810,000
   (2) 20×2년 손상차손 = ₩810,000(장부금액) − ₩700,000(회수가능액) = ₩110,000
   * 회수가능액 = max[₩700,000(순공정가치), ₩650,000(사용가치)] = ₩700,000

5. 20×4년 12월 31일 손상차손환입액
   (1) 20×4년 12월 31일 장부금액
      = ₩700,000 − [(₩700,000 − ₩50,000) × 2/8] = ₩537,500
   (2) 원가모형의 손상차손환입한도(손상차손 인식 전 장부금액)
      = ₩1,000,000 − [(₩1,000,000 − ₩50,000) × 4/10] = ₩620,000
   (3) 손상차손환입액 = ₩620,000(환입한도) − ₩537,500(장부금액) = ₩82,500

6. 20×4년 12월 31일 손상차손환입액
   = ₩550,000(회수가능액) − ₩537,500(장부금액) = ₩12,500
   * 회수가능액이 환입한도에 미달하므로 회수가능액까지 전액 환입한다.

## (2) 재평가모형 적용 자산의 손상

재평가모형을 적용할 경우 손상차손 인식 여부는 장부금액과 회수가능액을 비교해야 하며, 이때 장부금액은 재평가금액, 즉 재평가일의 공정가치를 말한다.

이에 따라 재평가모형을 적용하는 자산의 손상 회계처리는 다음의 두 단계를 거친다.

> 1단계 : 재평가 전 장부금액을 재평가금액(공정가치)으로 조정하는 재평가 회계처리
> 2단계 : 재평가금액과 회수가능액을 비교

단, 2단계 적용 시 자산의 처분부대원가를 무시할 수 없는 정도인 경우에만 손상차손을 인식한다. 처분부대원가가 미미한 경우 손상되었을 가능성이 희박하므로 회수가능성을 추정할 필요가 없다. 그러나 처분부대원가가 미미하지 않거나 중요하다면, 재평가되는 자산의 순공정가치는 항상 그 자산의 공정가치보다 작기 때문에 해당 자산은 손상된 것으로 이때는 손상회계처리를 하여야 한다.

🔖 재평가모형을 적용하는 자산의 손상 회계처리

| 구분 | 회계처리 |
|---|---|
| (1) 재평가금액 < 회수가능액 | 손상차손이 발생하지 않았으므로 손상과 관련된 회계처리를 수행할 필요가 없음 |
| (2) 재평가금액 > 회수가능액 | 손상차손이 발생. 재평가감소액으로 처리 |

재평가모형의 경우에는 손상차손을 재평가감소액으로 보아 재평가잉여금 잔액에 해당하는 금액까지는 재평가잉여금을 감소시켜 기타포괄손익으로 인식하고 초과하는 금액은 당기손익으로 인식한다.

> (차) 재평가잉여금(잔액이 있는 경우) ××× (대) 손상차손누계액 ×××
> 손상차손 ×××

## (3) 재평가모형의 손상환입

손상된 유형자산의 회수가능액이 회복되었다는 객관적 증거가 있고 금액이 측정가능한 경우 회복에 따른 회계처리를 한다. 이때 회복액 중에서 과거에 당기손익으로 인식한 손상차손에 해당하는 부분까지만 유형자산손상차손의 환입으로 하여 당기손익으로 처리하고, 그 초과분은 기타포괄손익으로 하여 재평가잉여금을 증가시킨다.

원가모형과는 달리 재평가모형은 회수가능액까지 한도 없이 장부금액을 증가시킬 수 있는데 당기손익으로 인식할 부분과 기타포괄손익으로 인식할 부분으로 나누어 회계처리가 된다.

> (차) 손상차손누계액 ××× (대) 손상차손환입(손상차손 한도) ×××
> 재평가잉여금 ×××

**예제 6-29** 재평가모형의 손상

㈜한국은 20×1년 1월 1일 건물을 ₩100,000에 취득하고 재평가모형을 적용하기로 하였다. 내용연수는 5년, 잔존가치는 없으며 정액법으로 감가상각한다.

20×2년 1월 1일 현재 건물의 장부금액과 재평가잉여금은 다음과 같다.

(장부금액 : ₩88,000 / 재평가잉여금 : ₩8,000)

해당 건물이 20×2년 12월 31일 손상징후를 보였으며 회수가능액을 추정했을 때 다음과 같을 때, 20×2년 12월 31일의 회계처리를 하시오(단, ㈜한국은 재평가잉여금의 이익잉여금 대체는 선택하지 않는다).

| 일자 | 공정가치 | 회수가능액 |
|---|---|---|
| 20×2.12.31 | ₩59,400 | ₩48,000 |

**[해답]**

| 20×1.12.31 | (차) 감가상각비 | 20,000 | (대) 감가상각누계액 | 20,000 |
|---|---|---|---|---|
| | (차) 감가상각누계액 | 20,000 | (대) 건물 | 12,000 |
| | | | 재평가잉여금 | 8,000 |
| 20×2.12.31 | (차) 감가상각비 | 22,000 | (대) 감가상각누계액 | 22,000 |
| | (차) 감가상각누계액 | 22,000 | (대) 건물 | 28,600 |
| | 재평가잉여금 | 6,600 | | |
| | (차) 재평가잉여금 | 1,400 | (대) 손상차손누계액 | 11,400 |
| | 손상차손 | 10,000 | | |

\* 20×2년 감가상각비 = (₩88,000 − ₩0) × 1/4 = ₩22,000

예제
6-30  재평가모형의 손상 및 환입

㈜한국은 20×1년 초 기계장치를 취득(취득원가 ₩1,000,000, 내용연수 5년, 잔존가치 ₩0, 정액법 상각)하였으며, 재평가모형을 적용함과 동시에 손상징후가 있을 경우 자산손상 기준을 적용하고 있다. 공정가치와 회수가능액은 다음과 같을 때, ㈜한국의 20×1년 1월 1일부터 20×3년 12월 31일까지의 회계처리를 하시오(단, 처분부대비용은 무시할 수 없을 정도이며, 재평가잉여금은 이익잉여금으로 대체하지 않는다).

| 구분 | 20×1년 말 | 20×2년 말 | 20×3년 말 |
|---|---|---|---|
| 공정가치 | ₩900,000 | ₩650,000 | ₩460,000 |
| 회수가능액 | 900,000 | 510,000 | 450,000 |

해답

| 20×1.12.31 | (차) 감가상각비 | 200,000 | (대) 감가상각누계액 | 200,000 |
|---|---|---|---|---|
| | (차) 감가상각누계액 | 200,000 | (대) 기계장치 | 100,000 |
| | | | 재평가잉여금 | 100,000 |
| 20×2.12.31 | (차) 감가상각비 | 225,000 | (대) 감가상각누계액 | 225,000 |
| | (차) 감가상각누계액 | 225,000 | (대) 기계장치 | 250,000 |
| | 재평가잉여금 | 25,000 | | |
| | (차) 재평가잉여금 | 75,000 | (대) 손상차손누계액 | 140,000 |
| | 손상차손 | 65,000 | | |
| 20×3.12.31 | (차) 감가상각비 | 170,000 | (대) 감가상각누계액 | 170,000 |
| | (차) 손상차손누계액 | 140,000 | (대) 기계장치 | 190,000 |
| | 감가상각누계액 | 170,000 | 손상차손환입 | 65,000 |
| | | | 재평가잉여금 | 55,000 |
| | (차) 재평가잉여금 | 10,000 | (대) 손상차손누계액 | 10,000 |

## 제7절 차입원가 자본화

### 1 차입원가의 인식

적격자산의 취득, 건설 또는 생산과 직접 관련되는 차입원가는 해당 자산 원가로 포함시키고, 기타 차입원가는 발생기간에 비용으로 인식한다.

#### 1. 적격자산 : 자본화대상자산

① 적격자산이란? : 의도된 용도로 사용하거나 판매 가능한 상태에 이르게 하는 데 상당한 기간을 필요로 하는 자산을 의미한다.

> 재고자산, 제조설비자산, 전력생산설비, 무형자산, 투자부동산

금융자산, 그리고 단기간 내에 생산되거나 제조되는 재고자산은 적격자산에 해당하지 아니한다. 취득시점에 의도된 용도로 사용할 수 있거나 판매가능한 상태에 있는 자산인 경우에도 적격자산에 해당하지 아니한다. 생물자산과 같이 공정가치로 측정되는 자산과 반복해서 대량으로 제조되거나 다른 방법으로 생산되는 재고자산에 대해서는 차입원가 자본화를 반드시 적용해야 하는 것은 아니다.

② 차입원가
  ㉠ 유효이자율법을 사용하여 계산된 이자비용
  ㉡ 금융리스 관련 금융원가
  ㉢ 외화차입금과 관련되는 외화차이 중 이자원가의 조정으로 볼 수 있는 부분

#### 2. 자본화의 개시

자본화개시일은 최초로 다음의 조건을 모두 충족시키는 날이다.

> ① 적격자산에 대하여 지출하고 있다.
> ② 차입원가를 발생시키고 있다.
> ③ 적격자산을 의도된 용도로 사용하거나 판매 가능한 상태에 이르게 하는 데 필요한 활동을 수행하고 있다.

적격자산을 의도된 용도로 사용하거나 판매 가능한 상태에 이르게 하는 데 필요한 활동은 해당 자산의 물리적인 제작뿐만 아니라, 그 이전단계에서 이루어진 기술 및 관리상의 활동도 포함한다. 예컨대, 물리적인 제작 전에 각종 인허가를 얻기 위한 활동 등을 들 수 있다. 그러나 자산의 상태에 변화를 가져오는 생산 또는 개발이 이루어지지 아니하는 상황에서 단지 해당 자산의 보유는 필요한 활동으로 보지 아니한다. 예컨대, 토지가 개발되고 있는 경우 개발과 관련된 활동이 진행되고 있는 기간 동안 발생한 차입원가는 자본화 대상에 해당한다. 그러나 건설목적으로 취득한 토지를 별다른 개발 활동 없이 보유하는 동안 발생한 차입원가는 자본화조건을 충족하지 못한다.

## 3. 자본화의 중단

① 적격자산에 대한 적극적인 개발활동을 중단한 기간에는 차입원가 자본화를 중단한다. 자산을 의도된 용도로 사용하거나 판매가능한 상태에 이르게 하는 데 필요한 활동을 중단한 기간에도 차입원가는 발생할 수 있으나, 이러한 차입원가는 미완성된 자산을 보유함에 따라 발생하는 비용으로서 자본화조건을 충족하지 못한다.

② 단, 상당한 기술 및 관리활동을 진행하고 있는 기간, 자산을 의도된 용도로 사용가능하거나 판매가능한 상태에 이르기 위한 과정에 있어 일시적인 지연이 필수적인 경우에는 차입원가 자본화를 중단하지 않는다.

## 4. 자본화 종료 : 자산취득시점

적격자산을 의도된 용도로 사용하거나 판매가능한 상태에 이르게 하는 데 필요한 거의 모든 활동이 완료된 시점에 차입원가의 자본화를 종료한다.

① 적격자산이 물리적으로 완성된 경우라면 일상적인 건설 관련 후속 관리업무 등이 진행되고 있더라도 해당 자산을 의도된 용도로 사용할 수 있거나 판매가능한 상태에 있는 것으로 본다.

② 구입자 또는 사용자의 요청에 따른 내장공사 등의 중요하지 않은 작업만이 남아 있는 경우라면 거의 모든 건설활동이 종료된 것으로 본다.

③ 적격자산의 건설활동을 여러 부분으로 나누어 완성하고, 남아있는 부분의 건설활동을 계속 진행하고 있더라도 이미 완성된 부분이 사용가능하다면, 해당 부분을 의도된 용도로 사용하거나 판매가능한 상태에 이르게 하는 데 필요한 거의 모든 활동을 완료한 시점에 차입원가의 자본화를 종료한다. 그 예로는 각각의 건물별로 사용가능한 여러 동의 건물로 구성된 복합업무시설을 들 수 있다.

④ 개별부분이 사용되기 위해 자산전체의 건설활동이 완료되어야 하는 적격자산의 예로는 제철소와 같이 동일한 장소에서 여러 생산부문별 공정이 순차적으로 이루어지는 여러 생산공정을 갖춘 산업설비를 들 수 있다.

## 2 차입원가의 자본화

## 1. 적격자산의 연평균지출액

적격자산의 취득, 건설 또는 제조와 직접 관련된 차입원가는 해당 적격자산과 관련된 지출이 발생하지 아니하였다면 부담하지 않았을 차입원가이다.

적격자산의 건설과 관련한 차입금은 특정차입금과 일반차입금으로 구분한다.

특정차입금은 적격자산의 건설만을 위해 차입한 차입금이며, 일반차입금은 일반적인 목적으로 자금을 차입하고 이를 적격자산의 취득을 위해 사용한 차입금이다.

이러한 지출액이 적격자산의 취득원가를 구성하며, 차입원가 자본화 계산 시에는 연평균지출액을 사용한다.

> 연평균지출액 = 지출액 × (지출일부터 자본화종료시점까지의 기간/12)

연평균지출액을 구하기 위해서는 차입원가의 발생과 관련된 지출액만 포함해야 한다. 이에 다음과 같은 고려사항이 발생할 수 있다.

① 적격자산 건설을 위해 정부로부터 수령한 **보조금**은 연평균지출액에서 **차감한다.**

② 자본화기간이 두 회계기간에 걸쳐 있는 경우 전기 이전에 지출한 금액은 지출시점에 관계없이 기초에 지출한 것으로 본다.

## 2. 특정차입금의 차입원가

적격자산을 취득하기 위한 목적으로 차입한 자금(특정차입금)에 한하여, 회계기간 동안 그 차입금으로부터 실제 발생한 차입원가에서 해당 차입금의 일시적인 운용에서 생긴 투자수익을 차감한 금액을 자본화가능차입원가로 결정한다.

적격자산에 사용할 목적으로 조달한 자금을 일시적으로 타처에 운용하여 투자수익을 수령하는 경우도 있다. 그러나 이와 같은 투자수익은 차입원가 자본화의 대상에 포함할 수 없으므로 자본화가능차입원가는 회계기간 동안 발생한 차입원가에서 차입금의 일시적 운용으로 획득한 모든 투자수익을 차감하여 결정한다.

① **자본화할 차입원가**

> 특정차입금의 차입원가 자본화 = 자본화기간 중 발생한 차입원가 − 일시투자수익(자본화기간)

② 특정차입금은 차입원가 자본화의 한도가 없다.

③ 특정차입금은 자본화기간의 제약을 받는다.

④ 적격자산을 취득하기 위하여 특정목적차입금을 차입하였으나 그 자산이 현재 의도된 용도로 사용(또는 판매) 가능하게 되는 경우, 특정목적차입금을 일반목적차입금에 포함시킨다.

예를 들어 갑회사가 20×1년에 A와 B 자산을 취득하는데 20×1년 1월 초에 특정차입금을 1년 6개월간 차입하였고, B자산을 취득하기 위하여 일반목적차입금을 사용한다고 가정할 때, A자산이 20×1년 9월 말 사용가능한 상태에 도달한다면 특정목적차입금에서 발생한 20×1년도의 9개월분은 취득원가로 20×1년 10월부터는 일반목적차입금에 포함시켜 자본화이자율을 계산한다.

## 3. 일반차입금의 차입원가

일반적인 목적으로 자금(일반차입금)을 차입하고 이를 적격자산의 취득을 위해 사용하는 경우에는 해당 자산의 관련 지출액에 **자본화이자율(capitalization rate)**을 적용하는 방식으로 자본화가능차입원가를 결정한다.

일반차입금은 특정차입금이 있는 경우 특정차입금을 사용한 후의 지출액에 자본화이자율을 곱하여 산정한다. 그러므로 특정차입금이 있는 경우에는 특정차입금에 대한 차입원가를 먼저 자본화한 후에 일반차입금에 대한 차입원가를 산정하여 자본화한다.

자본화이자율은 회계기간 동안의 일반차입금에서 발생한 차입원가를 기간별로 가중평균하여 산정한다. 이렇게 산정된 자본화이자율을 적용하여 계산된 일반차입금의 차입원가는 실제 일반차입금에서 발생한 이자비용을 초과할 수 없다.

① 자본화할 차입원가

> ▶ 일반차입금의 차입원가 자본화
>   = [연평균지출액 − 특정차입금 연평균 지출액] × 자본화이자율
>
> ▶ 자본화이자율
>   $$= \frac{\text{일반차입금에 대한 회계기간 중 발생한 차입원가}}{\text{일반차입금의 연평균차입액}}$$

② 일반차입금은 실제 발생한 이자비용을 한도로 자본화한다.

③ 일반차입금은 자본화기간의 제약을 받지 않으며, 일시투자수익을 제외하지 않는다.

## 4. 특정차입금과 일반차입금의 차입원가 차이

① 특정차입금과 관련된 차입원가는 한도 없이 자본화하지만, 일반차입금 관련 차입원가는 실제 발생한 이자비용을 한도로 하여 자본화한다.

② 특정차입금 관련 차입원가는 자금의 일시적 운용에서 생긴 수익을 차감하지만, 일반차입금 관련 차입원가는 자금의 일시적 운용에서 생긴 수익은 차감하지 아니한다.

---

**예제 7-1**　차입원가 자본화

㈜한국은 20×1년 1월 1일에 건물을 신축하기 시작하였으며, 동 건물은 차입원가 자본화의 적격자산에 해당된다. 총 건설비는 ₩200,000이며, 20×1년 1월 1일에 ₩100,000, 10월 1일에 ₩50,000, 그리고 20×2년 7월 1일에 ₩50,000을 각각 지출하였다. 동 건물은 20×2년 9월 30일에 완공될 예정이며, ㈜한국의 차입금 내역은 다음과 같다.

| 차입금 | A | B | C |
|---|---|---|---|
| | ₩30,000 | ₩50,000 | ₩100,000 |
| 차입일 | 20×1년 1월 1일 | 20×0년 1월 1일 | 20×1년 7월 1일 |
| 상환일 | 20×2년 9월 30일 | 20×2년 12월 31일 | 20×3년 6월 30일 |
| 이자율 | 연 8% | 연 10% | 연 6% |

차입금 중 A는 동 건물의 취득을 위한 목적으로 특정하여 차입한 자금(특정차입금)이며, 나머지는 일반목적으로 차입하여 건물의 취득을 위하여 사용한 자금(일반차입금)이다. 이자율은 모두 단리이며, 이자는 매년 말에 지급한다. 20×1년도에 자본화할 차입원가는 얼마인가? (단, 평균지출액과 이자는 월할계산한다.)

**해답**

(1) 20×1년 연평균지출액
   $= ₩100,000 × 12/12 + ₩50,000 × 3/12 = ₩112,500$
(2) 특정목적차입금의 차입원가 자본화
   $= ₩30,000 × 8\% × 12/12 = ₩2,400$
(3) 일반목적차입금의 차입원가 자본화
   $= (₩112,500 - ₩30,000) × 8\% = ₩6,600(한도 ₩8,000)$

   $* \text{ 자본화이자율} = \dfrac{₩5,000 + ₩3,000}{₩50,000 × 12/12 + ₩100,000 × 6/12} = 8\%$
(4) 20×1년도 총 차입원가 자본화금액 $= ₩2,400(특정차입금) + ₩6,600(일반차입금) = ₩9,000$

---

**예제 7-2**   차입원가 자본화

12월 결산법인인 ㈜한국은 사옥을 건설하기 위해 20×1년 1월 1일 ㈜민국건설과 도급계약을 체결하였다. ㈜한국은 사옥건설을 위해 다음과 같이 지출하였고 공사는 20×2년 6월 30일 완공되었다.

| 20×1.1.1 | ₩180,000 | 20×2.1.1 | ₩70,000 |
|---|---|---|---|

㈜한국의 20×1년도 차입금 중 차입금 A는 특정차입금, 차입금 B, C는 일반차입금이며, 20×2년도에 신규로 조달된 차입금은 없다.

| 차입금 | 차입일 | 차입금액 | 상환일 | 이자율 |
|---|---|---|---|---|
| A | 20×1.1.1 | ₩50,000 | 20×2.6.30 | 연 12%(단리) |
| B | 20×0.1.1 | ₩60,000 | 20×2.12.31 | 연 8%(단리) |
| C | 20×0.1.1 | ₩80,000 | 20×3.12.31 | 연 11.5%(단리) |

[물음]
1. 20×1년 회계연도의 자본화할 차입원가를 계산하시오.
2. 20×2년 회계연도의 자본화할 차입원가를 계산하시오.
3. 사옥의 취득원가를 계산하시오.

.................................................................................

**해답**

1. 20×1년 차입원가 자본화
   (1) 연평균지출액 $= ₩180,000 × 12/12 = ₩180,000$
   (2) 특정차입금 자본화 $= ₩50,000 × 12\% × 12/12 = ₩6,000$
   (3) 자본화이자율 $= \dfrac{₩4,800 + ₩9,200}{₩60,000 × 12/12 + ₩80,000 × 12/12} = 10\%$

(4) 일반차입금 자본화

= (₩180,000 − ₩50,000) × 10% = ₩13,000(한도 : ₩14,000)

(5) 차입원가 자본화 = ₩6,000(특정차입금) + ₩13,000(일반차입금) = ₩19,000

2. 20×2년 차입원가 자본화

(1) 연평균지출액 = (₩180,000 + ₩70,000) × 6/12 = ₩125,000

(2) 특정차입금 자본화 = ₩50,000 × 12% × 6/12 = ₩3,000

(3) 자본화이자율 = $\dfrac{₩4,800 + ₩9,200}{₩60,000 \times 12/12 + ₩80,000 \times 12/12}$ = 10%

(4) 일반차입금 자본화

= [₩125,000 − (₩50,000 × 6/12)] × 10% = ₩10,000(한도 : ₩14,000)

(5) 차입원가 자본화 = ₩3,000(특정차입금) + ₩10,000(일반차입금) = ₩13,000

3. 사옥의 취득원가

= ₩250,000(지출액) + ₩19,000(20×1년 자본화금액) + ₩13,000(20×2년 자본화금액)

= ₩282,000

## 01  유형자산에 관한 설명으로 옳지 않은 것은?

① 건설시작 전에 건설용지를 주차장으로 사용함에 따라 획득한 수익은 건설원가에 포함하지 아니한다.

② 재평가는 보고기간 말 장부금액이 공정가치와 중요하게 차이가 나지 않도록 주기적으로 수행한다.

③ 유형자산에 내재된 미래경제적효익이 다른 자산의 생산에 사용된다면 감가상각액은 해당 자산 원가의 일부가 된다.

④ 항공기를 감가상각할 경우 동체와 엔진을 별도로 구분하여 감가상각하는 것이 적절할 수 있다.

⑤ 자산에 내재된 미래경제적효익의 예상 소비형태가 유의적으로 달라졌다면 감가상각 방법을 변경하고 회계정책 변경으로 처리한다.

**해설**

자산에 내재된 미래경제적효익의 예상 소비형태가 유의적으로 달라졌다면 감가상각방법을 변경하고 회계추정의 변경으로 처리한다.

## 02  유형자산의 원가와 관련된 회계처리 중 옳은 것은?    15년 CTA

① 안전 또는 환경상의 이유로 취득하는 유형자산은 해당 유형자산을 취득하지 않았을 경우보다 관련 자산으로부터 미래경제적효익을 더 많이 얻을 수 있게 해주기 때문에 자산으로 인식할 수 있다.

② 특정기간 동안 재고자산을 생산하기 위해 유형자산을 사용한 결과로 동 기간에 발생한 그 유형자산을 해체, 제거하거나 부지를 복구할 의무의 원가는 유형자산의 원가에 포함한다.

③ 유형자산을 사용하거나 이전하는 과정에서 발생하는 원가는 해당 유형자산의 장부금액에 포함하여 인식한다.

④ 자가건설에 따른 내부이익과 자가건설 과정에서 원재료, 인력 및 기타 자원의 낭비로 인한 비정상적인 원가는 자산의 원가에 포함한다.

⑤ 대금지급이 일반적인 신용기간을 초과하여 이연되는 경우, 현금가격상당액과 실제 총지급액과의 차액은 자본화하지 않아도 유형자산의 원가에 포함한다.

해설

② 특정기간 동안 재고자산을 생산하기 위해 유형자산을 사용한 결과로 동 기간에 발생한 그 유형자산을 해체, 제거하거나 부지를 복구할 의무의 원가는 재고자산의 원가에 포함한다.

③ 유형자산을 사용하거나 이전하는 과정에서 발생하는 원가는 장부금액에 포함하지 않는다.

④ 자가건설에 따른 내부이익과 자가건설 과정에서 원재료, 인력 및 기타 자원의 낭비로 인한 비정상적인 원가는 자산의 원가에 포함하지 않는다.

⑤ 대금지급기간이 일반적인 신용기간을 초과하여 이연되는 경우, 현금가격상당액과 실제 총지급액의 차액은 자산의 원가에 가산하지 않는 한 유효이자율법에 따라 이자비용으로 인식한다.

## 03 유형자산에 관한 설명으로 옳은 것은? 14년 기출

① 유형자산은 다른 자산의 미래경제적효익을 얻기 위해 필요하더라도, 그 자체로의 직접적인 미래경제적효익을 얻을 수 없다면 인식할 수 없다.

② 유형자산이 경영진이 의도하는 방식으로 가동될 수 있으나 가동수준이 완전조업도 수준에 미치지 못하는 경우에 발생하는 원가는 유형자산의 원가에 포함한다.

③ 유형자산의 원가는 경영진이 의도하는 방식으로 자산을 가동하는 데 필요한 장소와 상태에 이르게 하는 데 직접 관련되는 원가를 포함한다.

④ 건설이 시작되기 전에 건설용지를 주차장 용도로 사용함에 따라 획득한 수익은 유형자산의 원가에서 차감한다.

⑤ 교환거래에 상업적 실질이 있는지 여부를 결정할 때 교환거래의 영향을 받는 영업부문의 기업특유가치는 세전현금흐름을 반영하여야 한다.

해설

① 유형자산의 미래경제적효익은 직접 및 간접적인 효익을 모두 포함한다.

② 완전조업도 수준에 미치지 못하는 경우에 발생하는 원가는 유형자산의 원가에 포함하지 않는다.

④ 건설이 시작되기 전에 건설용지를 주차장 용도로 사용함에 따라 획득한 수익은 유형자산의 원가가 아닌 별도의 당기손익(영업외손익)으로 인식한다.

⑤ 교환거래에 상업적 실질이 있는지 여부를 결정할 때 교환거래의 영향을 받는 영업 부문의 기업특유가치는 세후현금흐름을 반영하여야 한다.

## 04 유형자산의 장부금액에 가산하지 않는 항목을 모두 고른 것은?  15년 기출

> ㄱ. 시험과정에서 생산된 재화의 순매각금액
> ㄴ. 유형자산의 매입 또는 건설과 직접적으로 관련되어 발생한 종업원급여
> ㄷ. 기업의 영업 전부 또는 일부를 재배치하거나 재편성하는 과정에서 발생하는 원가
> ㄹ. 설치장소 준비 원가
> ㅁ. 정기적인 종합검사과정에서 발생하는 원가가 인식기준을 충족하는 경우

① ㄱ       ② ㄱ, ㄷ       ③ ㄴ, ㄹ
④ ㄴ, ㄷ, ㅁ       ⑤ ㄷ, ㄹ, ㅁ

**해설**

ㄱ. 시험과정에서 생산된 재화의 순매각금액 : 당기손익으로 인식
ㄷ. 재배치, 재편성하는 과정에서 발생하는 원가 : 유형자산의 장부금액에 포함하지 않음

## 05 유형자산의 취득원가에 포함되는 것을 모두 고른 것은?  19년 기출

> ㄱ. 영업활동의 전부 또는 일부를 재배치하는 과정에서 발생하는 원가
> ㄴ. 유형자산의 매입 또는 건설과 직접 관련되어 발생한 종업원 급여
> ㄷ. 관세 및 환급불가능한 취득 관련 세금
> ㄹ. 새로운 상품이나 용역을 소개하는 데 소요되는 원가
> ㅁ. 설치장소를 준비하는 원가

① ㄱ, ㄴ, ㄷ       ② ㄱ, ㄴ, ㄹ       ③ ㄴ, ㄷ, ㄹ
④ ㄴ, ㄷ, ㅁ       ⑤ ㄷ, ㄹ, ㅁ

**해설**

영업활동의 전부 또는 일부를 재배치하는 과정에서 발생하는 원가는 장부금액에 포함하지 않으며, 새로운 상품이나 용역을 소개하는 데 소요되는 원가도 취득원가에 포함하지 않는다.

**06** 토지의 취득원가에 포함해야 할 항목을 모두 고른 것은?  `20년` `기출`

> ㄱ. 토지 중개수수료 및 취득세
> ㄴ. 직전 소유자의 체납재산세를 대납한 경우, 체납재산세
> ㄷ. 회사가 유지·관리하는 상하수도 공사비
> ㄹ. 내용연수가 영구적이지 않은 배수공사비용 및 조경공사비용
> ㅁ. 토지의 개발이익에 대한 개발부담금

① ㄱ, ㄴ, ㄷ      ② ㄱ, ㄴ, ㅁ      ③ ㄱ, ㄷ, ㄹ
④ ㄱ, ㄷ, ㅁ      ⑤ ㄴ, ㄹ, ㅁ

**해설**

회사가 유지·관리하는 상하수도 공사비나 내용연수가 영구적이지 않은 배수공사비용 및 조경공사비용은 토지가 아닌 구축물(별도자산)로 인식한다.

**07** ㈜대한은 철강제조공장을 신축하기 위하여 토지를 취득하였는데 이 토지에는 철거예정인 창고가 있었다. 다음 자료를 고려하여 토지의 취득원가를 계산하면 얼마인가?  `14년` `CTA`

| | |
|---|---|
| − 토지 취득가격 | ₩700,000 |
| − 토지 취득세 및 등기비용 | 50,000 |
| − 토지 중개수수료 | 10,000 |
| − 공장신축전 토지를 임시주차장으로 운영함에 따른 수입 | 40,000 |
| − 창고 철거비용 | 30,000 |
| − 창고 철거 시 발생한 폐자재 처분 수입 | 20,000 |
| − 영구적으로 사용가능한 하수도 공사비 | 15,000 |
| − 토지의 구획정리비용 | 10,000 |

① ₩775,000      ② ₩780,000      ③ ₩795,000
④ ₩815,000      ⑤ ₩835,000

**해설**

1) 토지의 취득원가 = ₩700,000(토지 취득가격) + ₩50,000(토지 취득세 및 등기비용) + ₩10,000(토지 중개수수료) + ₩30,000(창고 철거비용) − ₩20,000(창고 철거 시 발생한 폐자재 처분 수입) + ₩15,000(영구적으로 사용가능한 하수도 공사비) + ₩10,000(토지의 구획정리비용) = ₩795,000

• 공장신축전 토지를 임시주차장으로 운영함에 따른 수입은 토지의 원가가 아닌 별도의 영업외손익으로 인식한다.

**08** ㈜국제는 해당 연도 초에 설립한 후 유형자산과 관련하여 다음과 같은 지출을 하였다.

| | |
|---|---|
| • 건물이 있는 토지 구입대금 | ₩2,000,000 |
| • 토지취득 중개수수료 | 80,000 |
| • 토지 취득세 | 160,000 |
| • 공장건축허가비 | 10,000 |
| • 신축공장건물 설계비 | 50,000 |
| • 기존건물 철거비 | 150,000 |
| • 기존건물 철거 중 수거한 폐건축자재 판매대금 | 100,000 |
| • 토지 정지비 | 30,000 |
| • 건물신축을 위한 토지굴착비용 | 50,000 |
| • 건물 신축원가 | 3,000,000 |
| • 건물 신축용 차입금의 차입원가(전액 자본화기간에 발생) | 10,000 |

**위 자료를 이용할 때 토지와 건물 각각의 취득원가는? (단, 건물은 당기 중 완성되었다.)**

14년 기출

| | 토지 | 건물 |
|---|---|---|
| ① | ₩2,220,000 | ₩3,020,000 |
| ② | ₩2,320,000 | ₩3,110,000 |
| ③ | ₩2,320,000 | ₩3,120,000 |
| ④ | ₩2,420,000 | ₩3,120,000 |
| ⑤ | ₩2,420,000 | ₩3,220,000 |

**해설**

1) 토지의 취득원가 = ₩2,000,000 + ₩80,000(중개수수료) + ₩160,000(취득세) + ₩150,000 (기존건물 철거비) − ₩100,000(폐자재 판매대금) + ₩30,000(토지 정지비) = ₩2,320,000
2) 건물의 취득원가 = ₩10,000(공장건축허가비) + ₩50,000(설계비) + ₩50,000(토지굴착비용) + ₩3,000,000(건물신축원가) + ₩10,000(차입원가) = ₩3,120,000

**09** ㈜서울은 영업활동에 필요한 유형자산 취득과 관련하여 다음의 항목을 지출하였다. 토지의 취득원가는? (단, 관련 시설의 유지 및 보수는 ㈜서울의 책임임) 11년 기출

| 항목 | 금액 |
|---|---|
| 토지 구입대금 | ₩1,000,000 |
| 토지 취득관련 중개수수료 | 50,000 |
| 토지 취득 및 등록세 | 80,000 |
| 신축공장 건축허가비 | 5,000 |
| 신축공장 건물설계비 | 60,000 |
| 토지의 정지 및 측량비 | 35,000 |
| 건물공사원가 | 1,500,000 |
| 건물 완공 후 조경공사비(내용연수 : 영구적) | 25,000 |
| 배수시설 공사비(내용연수 : 영구적) | 12,000 |
| 울타리와 주차장 공사비(내용연수 : 3년) | 14,000 |

① ₩1,202,000  ② ₩1,216,000  ③ ₩1,322,000
④ ₩1,350,000  ⑤ ₩1,364,000

해설

1) 토지의 취득원가 = ₩1,000,000(구입대금) + ₩50,000(취득관련 중개수수료) + ₩80,000(취득 및 등록세) + ₩35,000(측량비) + ₩25,000(조경공사비) + ₩12,000(배수시설 공사비) = ₩1,202,000

**10** ㈜세무는 20×1년 초 가건물이 있던 공장부지를 취득하여 기존의 가건물을 철거하고 건물을 신축하였다. 관련 자료기 다음과 같을 때, 건물의 취득원가는? 18년 CTA

| | | | |
|---|---|---|---|
| • 토지구입대금 | ₩20,000 | • 토지소유권이전비 | ₩3,000 |
| • 토지의 정지 및 측량비 | 50,000 | • 진입로 공사비 | 30,000 |
| • 건물신축 허가비 | 25,000 | • 가건물 철거비 | 18,000 |
| • 신축건물 공사원가 | 150,000 | • 가건물 철거 부산물 매각수입 | 5,000 |
| • 건축설계비 | 15,000 | • 토지분 재산세 | 4,000 |
| • 건물등록비 | 20,000 | • 울타리 설치공사 | 13,000 |

① ₩185,000  ② ₩210,000  ③ ₩223,000
④ ₩228,000  ⑤ ₩241,000

해설

건물의 취득원가 = ₩25,000(건물신축 허가비) + ₩150,000(신축건물 공사원가) + ₩15,000(건축설계비) + ₩20,000(건물등록비) = ₩210,000

**11** ㈜인상은 20×1년에 사용하고 있던 지게차를 새로운 모델의 지게차로 교환하였다. (구)지게차의 취득원가는 ₩40,000,000, 감가상각누계액은 ₩25,000,000이고, 감정평가사가 평가한 공정가치는 ₩17,000,000이다. 지게차 판매회사는 (구)지게차의 가치를 ₩20,000,000으로 인정하고 추가적으로 현금 ₩30,000,000을 지급받는 조건으로 ㈜인상의 (구)지게차를 (신)지게차로 교환하였다. 다음 중 이 교환거래를 인식하는 방법으로 맞는 것은 어느 것인가? (단, ㈜인상이 보유하고 있던 (구)지게차의 공정가치 평가는 감정평가사의 평가가 더 명백하다.) `11년` `CPA`

① 이 교환거래에 상업적 실질이 있다고 판단되는 경우, ㈜인상의 장부상에 (신)지게차의 취득원가는 ₩50,000,000으로 인식된다.

② 이 교환거래에 상업적 실질이 있다고 판단되는 경우, ㈜인상은 ₩3,000,000의 유형자산처분이익을 계상한다.

③ 이 교환거래에 상업적 실질이 없다고 판단되는 경우, ㈜인상은 ₩2,000,000의 유형자산처분이익을 계상한다.

④ 이 교환거래에 상업적 실질이 없다고 판단되는 경우, ㈜인상의 장부상에 (신)지게차의 취득원가는 ₩45,000,000으로 인식된다.

⑤ 이 교환거래에 상업적 실질이 있다고 판단되는 경우, ㈜인상이 인식할 유형자산처분이익(손실)은 없다.

**해설**

1) 상업적 실질이 있을 때

| (차) 감가상각누계액 | 25,000,000 | (대) (구)지게차 | 40,000,000 |
|---|---|---|---|
| (신)지게차 | 47,000,000 | 현금 | 30,000,000 |
| | | 유형자산처분이익 | 2,000,000 |

\* (신)지게차 취득원가 = ₩17,000,000(제공한 자산의 공정가치) + ₩30,000,000(현금지급액) = ₩47,000,000

2) 상업적 실질이 없을 때

| (차) 감가상각누계액 | 25,000,000 | (대) (구)지게차 | 40,000,000 |
|---|---|---|---|
| (신)지게차 | 45,000,000 | 현금 | 30,000,000 |

\* (신)지게차 취득원가 = ₩15,000,000(제공한 자산의 장부금액) + ₩30,000,000(현금지급액) = ₩45,000,000

**12** ㈜서울은 20×1년 초에 기계장치(취득원가 ₩100,000, 감가상각누계액 ₩20,000)를 다음과 같은 조건(ㄱ, ㄴ, ㄷ) 가운데 하나로 ㈜한국의 유형자산과 교환하였다. ㈜서울의 입장에서 유형자산처분이익이 높은 순서대로 배열된 것은? (단, 각 거래는 독립적인 상황으로 가정함) `11년 기출`

> ㄱ. ㈜서울의 기계장치 공정가치는 ₩85,000이며, ㈜한국의 건물과 교환하였다. ㈜서울은 교환 시 현금 ₩15,000을 지급하였다. 단, 이 거래는 상업적 실질이 존재하는 거래이다.
>
> ㄴ. ㈜서울의 기계장치 공정가치는 ₩90,000이며, ㈜한국의 토지와 교환하였다. ㈜서울은 교환 시 현금 ₩20,000을 수령하였다. 단, 이 거래는 상업적 실질이 존재하는 거래이다.
>
> ㄷ. ㈜서울의 기계장치 공정가치는 ₩90,000이며, ㈜한국의 동종 기계장치와 교환하였다. ㈜서울은 교환 시 현금 ₩25,000을 수령하였다. 단, 이 거래는 상업적 실질이 존재하지 않는 거래이다.

① ㄱ > ㄴ > ㄷ     ② ㄱ > ㄷ > ㄴ     ③ ㄴ > ㄱ > ㄷ
④ ㄴ > ㄷ > ㄱ     ⑤ ㄷ > ㄴ > ㄱ

**해설**

ㄱ. 회계처리

| (차) 건물 | 100,000 | (대) 기계장치 | 100,000 |
|---|---|---|---|
| 감가상각누계액 | 20,000 | 현금 | 15,000 |
| | | 유형자산처분이익 | 5,000 |

\* 건물 취득원가 = ₩85,000(제공한 자산의 공정가치) + ₩15,000(현금지급액) = ₩100,000

ㄴ. 회계처리

| (차) 토지 | 70,000 | (대) 기계장치 | 100,000 |
|---|---|---|---|
| 감가상각누계액 | 20,000 | 유형자산처분이익 | 10,000 |
| 현금 | 20,000 | | |

\* 토지 취득원가 = ₩90,000(제공한 자산의 공정가치) − ₩20,000(현금수령액) = ₩70,000

ㄷ. 상업적 실질이 없으므로 유형자산처분이익은 ₩0이다.

**13** ㈜감평은 20×8년 3월 1일 사용 중이던 기계장치를 ㈜대한의 신형 기계장치와 교환하면서 ₩4,000의 현금을 추가로 지급하였다. ㈜감평이 사용하던 기계장치는 20×5년에 ₩41,000에 취득한 것으로 교환당시 감가상각누계액은 ₩23,000이고 공정가치는 ₩21,000이다. 한편, 교환시점 ㈜대한의 신형 기계장치의 공정가치는 ₩26,000이다. 동 교환거래가 상업적 실질이 있으며 ㈜감평의 사용중이던 기계장치의 공정가치가 더 명백한 경우 ㈜감평이 교환거래로 인해 인식할 처분손익은?  18년 기출

① 이익 ₩3,000  ② 이익 ₩4,000  ③ 손실 ₩3,000

④ 손실 ₩4,000  ⑤ 이익 ₩1,000

**해설**

| (차) (신)기계장치 | 25,000 | (대) (구)기계장치 | 41,000 |
|---|---|---|---|
| 감가상각누계액 | 23,000 | 현금 | 4,000 |
| | | 유형자산처분이익 | 3,000 |

* (신)기계장치 취득원가 = ₩21,000(제공한 자산의 공정가치) + ₩4,000(현금지급액) = ₩25,000

**14** ㈜감평은 기계장치를 ㈜대한의 기계장치와 교환하였다. 교환시점에 두 회사가 소유하고 있던 기계장치의 장부금액과 공정가치는 다음과 같다.

| 구분 | ㈜감평 | ㈜대한 |
|---|---|---|
| 취득원가 | ₩1,000,000 | ₩1,200,000 |
| 감가상각누계액 | 300,000 | 600,000 |
| 공정가치 | 600,000 | − |

이 기계장치의 교환과 관련하여 ㈜감평은 ㈜대한으로부터 현금 ₩50,000을 추가로 수령하였다. ㈜감평이 교환거래로 인식해야 할 처분손익은? (단, 교환거래는 상업적 실질이 있다.)  16년 기출

① 처분이익 ₩50,000  ② 처분손실 ₩50,000  ③ 처분이익 ₩100,000

④ 처분손실 ₩100,000  ⑤ 처분손실 ₩150,000

**해설**

〈교환 회계처리〉

| (차) 감가상각누계액 | 300,000 | (대) (구)기계장치 | 1,000,000 |
|---|---|---|---|
| 현금 | 50,000 | | |
| (신)기계장치 | 550,000 | | |
| 유형자산처분손실 | 100,000 | | |

* (신)기계장치 취득원가 = ₩600,000(제공한 자산의 공정가치) − ₩50,000(현금수령액) = ₩550,000

**15** ㈜감평은 기계장치(장부금액 ₩2,000, 공정가치 ₩3,500)를 제공하고, ㈜한국의 건물과 현금 ₩700을 취득하는 교환거래를 하였다. 건물의 공정가치는 ₩2,500으로 기계장치의 공정가치보다 더 명백하며, 이 교환거래는 상업적 실질이 있다고 할 때, ㈜감평이 인식할 유형자산처분손익은?  `23년 기출`

① 유형자산처분손익 ₩0         ② 유형자산처분손실 ₩1,200

③ 유형자산처분이익 ₩1,200     ④ 유형자산처분손실 ₩2,200

⑤ 유형자산처분이익 ₩2,200

**해설**

1) ㈜감평이 교환으로 취득한 자산의 원가 = ₩2,500(취득한 자산의 공정가치)
2) 교환거래로 인한 회계처리

| | | | |
|---|---|---|---|
| (차) 건물 | 2,500 | (대) 기계장치 | 2,000 |
| 현금 | 700 | 유형자산처분이익 | 1,200 |

**16** 유형자산의 교환거래 시 취득원가에 관한 설명으로 옳지 않은 것은?  `17년 기출`

① 교환거래의 상업적 실질이 결여된 경우에는 제공한 자산의 장부금액을 취득원가로 인식한다.

② 취득한 자산과 제공한 자산의 공정가치를 모두 신뢰성 있게 측정할 수 없는 경우에는 취득한 자산의 장부금액을 취득원가로 인식한다.

③ 유형자산을 다른 비화폐성 자산과 교환하여 취득하는 경우 제공한 자산의 공정가치를 신뢰성 있게 측정할 수 있다면 취득한 자산의 공성가지가 더 명백한 경우를 제외하고는 취득원가는 제공한 자산의 공정가치로 측정한다.

④ 취득한 자산의 공정가치가 제공한 자산의 공정가치보다 더 명백하다면 취득한 자산의 공정가치를 취득원가로 한다.

⑤ 제공한 자산의 공정가치를 취득원가로 인식하는 경우 현금을 수령하였다면 이를 취득원가에서 차감하고, 현금을 지급하였다면 취득원가에 가산한다.

**해설**

취득한 자산과 제공한 자산의 공정가치를 모두 신뢰성 있게 측정할 수 없는 경우에는 제공한 자산의 장부금액을 취득원가로 인식한다.

**17** ㈜대한은 20×1년 7월 1일 폐기물처리장을 신축하여 사용하기 시작하였으며, 해당 공사에 대한 대금으로 ₩4,000,000을 지급하였다. 이 폐기물처리장은 내용연수 4년, 잔존가치는 ₩46,400, 원가모형을 적용하며 감가상각방법으로는 정액법을 사용한다. ㈜대한은 해당 폐기물 처리장에 대해 내용연수 종료시점에 원상복구의무가 있으며, 내용연수 종료시점의 복구비용(충당부채의 인식요건을 충족)은 ₩800,000으로 예상된다. ㈜대한의 복구충당부채에 대한 할인율은 연 10%이며, 폐기물처리장 관련 금융원가 및 감가상각비는 자본화하지 않는다. ㈜대한의 동 폐기물처리장 관련 회계처리가 20×1년도 포괄손익계산서의 당기순이익에 미치는 영향은 얼마인가? (단, 금융원가 및 감가상각비는 월할 계산하며, 단수차이로 인해 오차가 있다면 가장 근사치를 선택한다.) `20년` `CPA`

| 기간 | 단일금액 ₩1의 현재가치(10%) |
|---|---|
| 3년 | 0.7513 |
| 4년 | 0.6830 |

① ₩1,652,320 감소   ② ₩1,179,640 감소   ③ ₩894,144 감소
④ ₩589,820 감소   ⑤ ₩374,144 감소

**해설**

1) 복구충당부채 계상액 = ₩800,000 × 0.6830 = ₩546,400
2) 취득원가 = ₩4,000,000 + ₩546,400(복구충당부채) = ₩4,546,400
3) 20×1년도 감가상각비 = (₩4,546,400 − ₩46,400) × 1/4 × 6/12 = ₩562,500
4) 20×1년도 이자비용 = ₩546,400 × 10% × 6/12 = ₩27,320
5) 20×1년도 당기순이익에 미치는 영향 = ₩562,500 + ₩27,320 = ₩589,820 감소

**18** ㈜한국은 20×3년 1월 1일에 저유설비를 신축하기 위하여 기존건물이 있는 토지를 ₩10,000,000에 취득하였다. 기존건물을 철거하는 데 ₩500,000이 발생하였으며, 20×3년 4월 1일 저유설비를 신축완료하고 공사대금으로 ₩2,400,000을 지급하였다. 이 저유설비의 내용연수는 5년, 잔존가치는 ₩100,000이며, 원가모형을 적용하여 정액법으로 감가상각한다. 이 저유설비의 경우 내용연수 종료 시에 원상복구의무가 있으며, 저유설비 신축완료시점에서 예상되는 원상복구비용의 현재가치는 ₩200,000이다. ㈜한국은 저유설비와 관련된 비용을 자본화하지 않는다고 할 때, 동 저유설비와 관련하여 20×3년도 포괄손익계산서에 인식할 비용은 얼마인가? (단, 무위험이자율에 ㈜한국의 신용위험을 고려하여 산출된 할인율은 연 9%이며, 감가상각은 월할계산한다.) `14년` `CTA`

① ₩361,500   ② ₩375,000   ③ ₩388,500
④ ₩513,500   ⑤ ₩518,000

해설·

1) 20×3년 4월 1일 구축물 취득원가 = ₩2,400,000 + ₩200,000(복구충당부채) = ₩2,600,000
2) 20×3년도 감가상각비 = (₩2,600,000 − ₩100,000) × 1/5 × 9/12 = ₩375,000
3) 20×3년도 이자비용 = ₩200,000 × 9% × 9/12 = ₩13,500
4) 20×3년도에 인식할 비용 = ₩375,000(감가상각비) + ₩13,500(이자비용) = ₩388,500

19 ㈜감평은 20×1년 초에 해양구조물을 ₩4,000,000(내용연수 5년, 잔존가치 없음, 정액법 상각)에 취득하여 사용하고 있다. 동 해양구조물은 사용기간 종료시점에 원상복구해야 할 의무가 있으며, 종료시점의 원상복구예상금액은 ₩500,000으로 추정되었다. 원가모형을 적용할 경우 ㈜감평이 동 해양구조물의 회계처리와 관련하여 20×1년도 포괄손익계산서에 비용으로 처리할 총 금액은? (단, 유효이자율은 연 10%이며 단일금액 ₩1의 현가계수(5년, 10%)는 0.6209이다.)  16년 기출

① ₩800,000          ② ₩831,046          ③ ₩862,092
④ ₩893,135          ⑤ ₩900,000

해설

1) 복구충당부채 = ₩500,000 × 0.6209 = ₩310,450
2) 20×1년 초 회계처리

| (차) 해양구조물 | 4,310,450 | (대) 현금 | 4,000,000 |
|---|---|---|---|
|  |  | 복구충당부채 | 310,450 |

3) 20×1년 말 회계처리

| (차) 감가상각비 | 862,090 | (대) 감가상각누계액 | 862,090 |
|---|---|---|---|
| (차) 이자비용 | 31,045 | (대) 복구충당부채 | 31,045 |

4) 20×1년도 비용 = ₩862,090(감가상각비) + ₩31,045(이자비용) = ₩893,135

**20** ㈜감평은 20×1년 초에 폐기물처리시설(내용연수 5년, 잔존가치 ₩0, 정액법 월할상각)을 ₩1,000,000에 취득하였다. 주변민원으로 20×1년 10월 초부터 3개월간 가동이 일시 중단되었다. 20×2년 초에 사용종료(4년 후)시 환경복구(지출 추정금액 ₩300,000, 현재가치 계산에 적용할 할인율 연 6%)를 조건으로 시설을 재가동하였다. 20×2년도 동 폐기물처리시설의 감가상각비는? (단, 금액은 소수점 첫째자리에서 반올림하여 계산한다.) 23년 기출

| 기간 | 단일금액 ₩1의 현재가치(할인율 = 6%) |
|------|-----------------------------------|
| 4 | 0.7921 |
| 5 | 0.7473 |

① ₩244,838  ② ₩247,526  ③ ₩259,408
④ ₩268,548  ⑤ ₩271,908

**해설**
1) 20×1년 말 장부금액 = ₩1,000,000 − [(₩1,000,000 − ₩0) × 1/5] = ₩800,000
2) 20×2년 초 복구충당부채 = ₩300,000 × 0.7921 = ₩237,630
3) 20×2년 감가상각비 = (₩800,000 + ₩237,630 − ₩0) × 1/4 = ₩259,408

**21** 정부보조금의 회계처리에 관한 설명으로 옳지 않은 것은? 16년 CTA

① 정부보조금에 부수되는 조건의 준수와 보조금 수취에 대한 합리적인 확신이 있을 경우에만 정부보조금을 인식한다.
② 자산의 취득과 이와 관련된 보조금의 수취는 재무상태표에 보조금이 관련 자산에서 차감하여 표시되는지와 관계없이 현금흐름표에 별도 항목으로 표시한다.
③ 정부보조금을 인식하는 경우, 비상각자산과 관련된 정부보조금이 일정한 의무의 이행도 요구한다면 그 의무를 충족시키기 위한 원가를 부담하는 기간에 그 정부보조금을 당기손익으로 인식한다.
④ 정부보조금을 인식하는 경우, 수익관련보조금은 당기손익의 일부로 별도의 계정이나 기타수익과 같은 일반계정으로 표시한다. 대체적인 방법으로 관련비용에서 보조금을 차감할 수도 있다.
⑤ 정부보조금을 인식한 후에 상환의무가 발생하면 회계정책의 변경으로 회계처리한다.

**해설**
정부보조금을 인식한 후에 상환의무가 발생하면 회계추정의 변경으로 회계처리한다.

**22** ㈜관세는 20×1년 1월 1일에 생산에 필요한 기계장치를 ₩1,000,000에 취득하면서 정부로부터 ₩100,000의 보조금을 받았다. 정부보조금은 기계장치를 1년 이상 사용한다면 정부에 상환할 의무가 없다. 취득한 기계장치의 추정내용연수는 5년이며, 잔존가치는 없고, 정액법으로 감가상각한다. ㈜관세의 20×3년 12월 31일 재무상태표에 표시될 기계장치의 장부금액은? (단, ㈜관세는 기계장치의 장부금액을 계산할 때, 정부보조금을 차감하여 표시한다.) `16년 관세사`

① ₩360,000          ② ₩400,000

③ ₩540,000          ④ ₩720,000

⑤ ₩1,000,000

**해설**

1) 20×3년 말 감가상각누계액 = (₩1,000,000 − ₩0) × 3/5 = ₩600,000
2) 20×3년 말 정부보조금 잔액 = ₩100,000 − [(₩100,000 − ₩0) × 3/5] = ₩40,000
3) 20×3년 말 기계장치 장부금액 = ₩1,000,000 − ₩600,000(감가상각누계액) − ₩40,000 (정부보조금) = ₩360,000

**23** ㈜한국은 20×6년 1월 1일 ₩3,000,000을 주고 설비를 구입하였다. 설비의 내용연수는 10년, 잔존가치는 없는 것으로 추정하였다. 회사는 이 설비 취득에 대하여 상환의무가 없으며 유형자산의 취득으로 사용이 제한된 정부보조금 ₩1,500,000을 수령하였다. 감가상각은 정액법을 이용한다. 해당 설비의 20×6년 말 장부금액과 20×6년도 감가상각비는 얼마인가? (단, 정부보조금 회계처리는 관련자산차감방법으로 한다.)

① 설비 기말장부금액 ₩1,400,000, 감가상각비 ₩300,000
② 설비 기말장부금액 ₩1,400,000, 감가상각비 ₩150,000
③ 설비 기말장부금액 ₩1,385,000, 감가상각비 ₩300,000
④ 설비 기말장부금액 ₩1,350,000, 감가상각비 ₩300,000
⑤ 설비 기말장부금액 ₩1,350,000, 감가상각비 ₩150,000

**해설**

| 20×6.1.1 | (차) 설비자산 | 3,000,000 | (대) 현금 | 3,000,000 |
|---|---|---|---|---|
| | (차) 현금 | 1,500,000 | (대) 정부보조금 | 1,500,000 |
| 20×6.12.31 | (차) 감가상각비 | 300,000 | (대) 감가상각누계액 | 300,000 |
| | (차) 정부보조금 | 150,000 | (대) 감가상각비 | 150,000 |

* 20×6년 말 설비의 장부금액
= ₩3,000,000 − ₩300,000(감가상각누계액) − ₩1,350,000(정부보조금) = ₩1,350,000

**24** ㈜대한은 20×1년 초 정부보조금 ₩3,000,000을 지원받아 기계장치(내용연수 3년, 잔존가치 ₩1,000,000)를 ₩10,000,000에 취득하였다. ㈜대한은 기계장치에 대해 원가모형을 적용하며, 연수합계법으로 감가상각한다. ㈜대한이 정부보조금을 기계장치의 차감항목으로 회계처리하였다면, 20×2년 말 기계장치의 장부금액은?

13년 기출

① ₩1,000,000      ② ₩1,500,000      ③ ₩2,000,000

④ ₩2,500,000      ⑤ ₩3,000,000

**해설**

1) 20×2년 감가상각누계액 = (₩10,000,000 − ₩1,000,000) × 5/6 = ₩7,500,000
2) 20×2년 말 정부보조금 잔액 = ₩3,000,000 − (₩3,000,000 × 5/6) = ₩500,000
3) 20×2년 말 장부금액
 = ₩10,000,000 − ₩7,500,000(감가상각누계액) − ₩500,000(정부보조금) = ₩2,000,000

**25** 상품매매기업인 ㈜감평은 20×1년 초 건물(취득원가 ₩10,000,000, 내용연수 10년, 잔존가치 ₩0, 정액법 상각)을 취득하면서 다음과 같은 조건의 공채를 액면금액으로 부수 취득하였다.

- 액면금액: ₩2,000,000
- 발행일: 20×1년 1월 1일, 만기 3년
- 액면이자율: 연 4%(매년 말 이자지급)
- 유효이자율: 연 8%

㈜감평이 동 채권을 상각후원가 측정(AC) 금융자산으로 분류할 경우, 건물과 상각후원가 측정(AC) 금융자산 관련 거래가 20×1년 당기순이익에 미치는 영향은? (단, 건물에 대해 원가모형을 적용하고, 계산금액은 소수점 첫째 자리에서 반올림하며, 단수차이로 인한 오차가 있으면 가장 근사치를 선택한다.)

20년 기출

| 기간 | 단일금액 ₩1의 현재가치 | | 정상연금 ₩1의 현재가치 | |
|---|---|---|---|---|
| | 4% | 8% | 4% | 8% |
| 3 | 0.8890 | 0.7938 | 2.7751 | 2.5771 |

① ₩143,501 증가      ② ₩856,499 감소      ③ ₩877,122 감소

④ ₩920,000 감소      ⑤ ₩940,623 감소

해설
1) 20×1년 초 AC 금융자산의 공정가치 = ₩2,000,000 × 0.7938 + ₩80,000 × 2.5771
   = ₩1,793,768
2) 20×1년 초 건물의 취득가액 = ₩10,000,000 + ₩206,232(공채 부수취득에 따른 차액)
   = ₩10,206,232
3) 20×1년 말 건물의 감가상각비 = ₩10,206,232 × 1/10 = ₩1,020,623
4) 20×1년 말 AC금융자산의 이자수익 = ₩1,793,768 × 8% = ₩143,501
5) 20×1년 당기순이익에 미치는 영향 = (₩1,020,623) + ₩143,501 = (₩877,122) 감소

26  ㈜감평이 본사 건물 취득시점부터 취득 후 2년간 지출은 다음과 같다. 동 건물과 관련하여 ㈜감평이 20×3년도 포괄손익계산서에 인식할 당기비용은? (단, 감가상각은 월할상각한다.)  17년 기출

- 20×1.7.1. 건물 취득원가 ₩1,000,000(내용연수 4년, 잔존가치 ₩0, 연수합계법으로 감가상각)
- 20×2.1.1. 엘리베이터 교체 ₩200,000(자본적 지출에 해당, 추정 잔여내용연수 4년으로 변경, 잔존가치는 변동 없음)
- 20×3.1.1. 건물 도색 ₩50,000(수익적 지출에 해당, 내용연수와 잔존가치 변동없음, 정액법으로 감가상각방법 변경)

① ₩200,000      ② ₩250,000      ③ ₩300,000
④ ₩350,000      ⑤ ₩400,000

해설
1) 20×2년 1월 1일 장부금액
   = ₩1,000,000 − [(₩1,000,00 − ₩0) × 4/10 × 6/12] + ₩200,000(자본적 지출)
   = ₩1,000,000
2) 20×2년도 감가상각비 = (₩1,000,000 − ₩0) × 4/10 = ₩400,000
3) 20×3년도 감가상각비 = (₩600,000 − ₩0) × 1/3 = ₩200,000(정액법)
4) 20×3년도 당기비용 = ₩200,000(감가상각비) + ₩50,000(수익적 지출) = ₩250,000

**27** ㈜국세는 20×1년 1월 1일에 본사 사옥을 ₩1,000,000에 취득(내용연수 5년, 잔존가치 ₩100,000)하고 연수합계법으로 감가상각한다. ㈜국세는 20×2년 초에 본사 사옥의 증축을 위하여 ₩200,000을 지출하였으며 이로 인해 잔존가치는 ₩20,000 증가하였고, 내용연수는 2년 더 연장되었다. ㈜국세가 20×2년 초에 감가상각방법을 이중체감법(상각률은 정액법 상각률의 2배)으로 변경하였다면, 20×2년도에 인식해야 할 감가상각비는 얼마인가? (단, ㈜국세는 본사 사옥에 대하여 원가모형을 적용한다.)

`14년 CTA`

① ₩145,000      ② ₩150,000      ③ ₩240,000

④ ₩260,000      ⑤ ₩300,000

**해설**

1) 20×1년 감가상각비 = (₩1,000,000 − ₩100,000) × 5/15 = ₩300,000
2) 20×2년 초 장부금액 = ₩700,000 + ₩200,000 = ₩900,000
   (20×2년 초에 ₩200,000을 지출하여 내용연수 및 잔존가치가 증가하였으므로 이는 자산의 인식요건을 충족하는 지출이기에 해당 금액은 장부금액에 가산한다.)
3) 20×2년 감가상각비 = ₩900,000 × 2/6 = ₩300,000

**28** 유형자산의 감가상각에 관한 설명으로 옳지 않은 것은?  `10년 CTA`

① 유형자산의 감가상각방법은 자산의 미래경제적효익이 소비되는 형태를 반영한다.
② 유형자산의 감가상각은 자산이 사용가능한 때부터 시작한다.
③ 유형자산에 내재된 미래경제적효익이 다른 자산을 생산하는 데 사용되는 경우 유형자산의 감가상각액은 해당자산 원가의 일부가 된다.
④ 정액법으로 감가상각하는 경우, 감가상각이 완전히 이루어지기 전이라도 유형자산이 가동되지 않거나 유휴상태가 되면 감가상각을 중단해야 한다.
⑤ 매 회계연도 말 재검토 결과 자산에 내재된 미래경제적효익의 예상되는 소비형태에 유의적인 변동이 있다면, 변동된 소비형태를 반영하기 위하여 감가상각방법을 변경한다.

**해설**

유형자산이 가동되지 않거나 유휴상태가 되더라도 감가상각이 완전히 이루어지기 전까지는 감가상각을 중단하지 않는다.

**29** 유형자산의 감가상각에 관한 설명으로 옳지 않은 것은?　17년 기출

① 건물이 위치한 토지의 가치가 증가할 경우 건물의 감가상각대상금액이 증가한다.

② 유형자산을 수선하고 유지하는 활동을 하더라도 감가상각의 필요성이 부인되는 것은 아니다.

③ 유형자산의 사용정도에 따라 감가상각을 하는 경우에는 생산활동이 이루어지지 않을 때 감가상각액을 인식하지 않을 수 있다.

④ 유형자산의 잔존가치는 해당 자산의 장부금액과 같거나 큰 금액으로 증가할 수도 있다.

⑤ 유형자산의 공정가치가 장부금액을 초과하더라도 잔존가치가 장부금액을 초과하지 않는 한 감가상각액을 계속 인식한다.

**해설**

건물이 위치한 토지의 가치가 증가하더라도 건물의 감가상각대상금액이 증가하지 않는다.

**30** ㈜감평은 20×1년 초 업무용 건물을 ₩2,000,000에 취득하였다. 구입 당시에 동 건물의 내용연수는 5년이고 잔존가치는 ₩200,000으로 추정되었다. (주)감평은 감가상각방법으로 연수합계법을 사용하여 왔으나 20×3년 초에 정액법으로 변경하고, 동일 시점에 잔존가치를 ₩20,000으로 변경히였다. 20×3년도 포괄손익계산서상 감가상각비는?　18년 기출

① ₩144,000　　　　　　　　　② ₩300,000

③ ₩360,000　　　　　　　　　④ ₩396,000

⑤ ₩400,000

**해설**

1) 20×2년 말 감가상각누계액 = (₩2,000,000 − ₩200,000) × 9/15 = ₩1,080,000

2) 20×3년 감가상각비 = (₩920,000 − ₩20,000) × 1/3 = ₩300,000

**31** ㈜감평은 20×1년 초에 차량운반구를 ₩10,000,000에 취득하였다. 취득 시에 차량운반구의 내용연수는 5년, 잔존가치는 ₩1,000,000, 감가상각방법은 연수합계법이다. 20×4년 초에 ㈜감평은 차량운반구의 내용연수를 당초 5년에서 7년으로, 잔존가치는 ₩500,000으로 변경하였다. ㈜감평이 20×4년에 인식할 차량운반구에 대한 감가상각비는? <u>14년 기출</u>

① ₩575,000 ② ₩700,000 ③ ₩920,000
④ ₩990,000 ⑤ ₩1,120,000

**해설**

1) 20×3년 12월 31일 장부금액
   = ₩10,000,000 − [(₩10,000,000 − ₩1,000,000) × (5 + 4 + 3)/15] = ₩2,800,000
2) 20×4년 감가상각비 = (₩2,800,000 − ₩500,000) × 4/10 = ₩920,000
* 잔여내용연수 = 5년 − 3년 + 2년 = 4년

**32** ㈜감평은 20×1년 4월 1일 건물신축을 위해 토지, 건물과 함께 기계장치를 일괄하여 ₩20,000,000(토지, 건물, 기계장치의 공정가치 비율은 5 : 3 : 2)에 취득하여 사용하고 있다. 기계장치의 잔여내용연수는 4년이고, 잔존가치는 없는 것으로 추정하였으며 연수합계법을 적용하여 감가상각한다. 기계장치와 관련하여 ㈜감평이 20×1년에 인식할 감가상각비는? (단, 감가상각은 월할 계산한다.) <u>16년 기출</u>

① ₩1,200,000 ② ₩1,500,000 ③ ₩1,600,000
④ ₩1,800,000 ⑤ ₩2,000,000

**해설**

1) 일괄취득 시 기계장치 취득원가 = ₩20,000,000 × 2/10 = ₩4,000,000
2) 20×1년도 기계장치 감가상각비 = (₩4,000,000 − ₩0) × 4/10 × 9/12 = ₩1,200,000

**33** ㈜한국은 20×0년 초에 사옥건설을 위해 토지를 ₩3,000,000에 구입하였다. 20×0년 말과 20×1년 말 동 토지의 공정가치는 각각 ₩3,500,000과 ₩2,800,000으로 평가되었다. ㈜한국이 토지 최초 인식 후 재평가모형을 선택한다면, 위 토지의 재평가로 인해 ㈜한국의 20×1년도 당기순이익에 미치는 영향은 얼마인가? <u>10년 기출</u>

① ₩0 ② 감소 ₩200,000 ③ 감소 ₩700,000
④ 증가 ₩200,000 ⑤ 증가 ₩700,000

**해설**

| 20×0년 초 | (차) 토지 | 3,000,000 | (대) 현금 | 3,000,000 |
| 20×0년 말 | (차) 토지 | 500,000 | (대) 재평가잉여금 | 500,000 |
| 20×1년 말 | (차) 재평가잉여금 | 500,000 | (대) 토지 | 700,000 |
| | 재평가손실(당기손실) | 200,000 | | |

**34** ㈜서울은 20×1년 초에 토지를 ₩10,000에 취득하여 사용하기 시작하였다. 20×1년 말과 20×2년 말 현재 동 토지의 공정가치는 각각 ₩11,000과 ₩9,500이다. ㈜서울은 매기간 말에 토지를 공정가치로 평가하는 재평가모형을 적용한다. ㈜서울의 토지의 회계처리에 관한 설명으로 옳지 않은 것은? 　12년 기출

① 토지재평가가 20×1년과 20×2년 당기손익에 미치는 영향은 없다.
② 20×1년 말과 20×2년 말 재평가잉여금의 잔액은 각각 ₩1,000과 ₩0이다.
③ 만약 ㈜서울이 20×2년 초에 동 토지를 모두 처분하였다면, 20×1년 말에 인식한 재평가잉여금은 당기손익으로 재분류할 수 없다.
④ 만약 ㈜서울이 20×3년 초에 동 토지를 ₩9,600에 처분하였다면, ㈜서울은 처분이익 ₩100을 당기손익으로 인식한다.
⑤ ㈜서울의 20×2년 당기손익으로 보고할 토지재평가손실은 ₩500이다.

**해설**

| 20×1년 초 | (차) 토지 | 10,000 | (대) 현금 | 10,000 |
| 20×1.12.31 | (차) 토지 | 1,000 | (대) 재평가잉여금 | 1,000 |
| 20×2.12.31 | (차) 재평가잉여금 | 1,000 | (대) 토지 | 1,500 |
| | 재평가손실(당기손실) | 500 | | |
| 20×3년 초 | (차) 현금 | 9,600 | (대) 토지 | 9,500 |
| | | | 토지처분이익 | 100 |

→ 재평가잉여금은 처분 시 당기손익으로 재분류할 수는 없으며, 이익잉여금으로만 대체할 수 있다.

**35** ㈜감평은 20×1년 초 토지 A(취득원가 ₩1,000)와 토지 B(취득원가 ₩2,000)를 각각 취득하고, 재평가모형을 적용하였다. 동 2건의 토지에 대하여 공정가치가 다음과 같을 때, 각 연도별 당기순이익 또는 기타포괄이익에 미치는 영향으로 옳은 것은? (단, 토지에 대한 재평가잉여금의 일부를 이익잉여금으로 대체하지 않는다.) `24년 기출`

|  | 20×1년 말 | 20×2년 말 | 20×3년 말 |
| --- | --- | --- | --- |
| 토지 A | ₩1,100 | ₩950 | ₩920 |
| 토지 B | 1,700 | 2,000 | 2,100 |

① 20×1년 말 토지 A로부터 당기순이익 ₩100이 증가한다.
② 20×2년 말 토지 A로부터 당기순이익 ₩150이 감소한다.
③ 20×2년 말 토지 B로부터 기타포괄이익 ₩300이 증가한다.
④ 20×3년 말 토지 A로부터 기타포괄이익 ₩30이 감소한다.
⑤ 20×3년 말 토지 B로부터 기타포괄이익 ₩100이 증가한다.

**해설**

1) 토지 A의 재평가회계처리

| 20×1.12.31 | (차) 토지 | 100 | (대) 재평가잉여금(기타포괄이익) | 100 |
| --- | --- | --- | --- | --- |
| 20×2.12.31 | (차) 재평가잉여금 | 100 | (대) 토지 | 150 |
|  | 재평가손실(당기손실) | 50 | | |
| 20×3.12.31 | (차) 재평가손실(당기손실) | 30 | (대) 토지 | 30 |

2) 토지 B의 재평가회계처리

| 20×1.12.31 | (차) 재평가손실(당기손실) | 300 | (대) 토지 | 300 |
| --- | --- | --- | --- | --- |
| 20×2.12.31 | (차) 토지 | 300 | (대) 재평가이익(당기손익) | 300 |
| 20×3.12.31 | (차) 토지 | 100 | (대) 재평가잉여금(기타포괄이익) | 100 |

① 20×1년 말 토지 A로부터 당기순이익은 불변한다.
② 20×2년 말 토지 A로부터 당기순이익 ₩500이 감소한다.
③ 20×2년 말 토지 B로부터 기타포괄이익은 불변한다.
④ 20×3년 말 토지 A로부터 기타포괄이익은 불변한다.

**36**

㈜국세는 20×1년 1월 1일에 건물을 ₩3,000,000에 취득하여 본사 건물로 사용하였다. 동 건물의 내용연수는 5년 잔존가치는 ₩0이며, 정액법으로 감가상각한다. 또한 ㈜국세는 건물에 대하여 재평가모형을 적용하여 매년 말 감가상각 후 주기적으로 재평가를 하고 있으며, 동 건물의 연도별 공정가치는 다음과 같다.

| | |
|---|---|
| • 20×1년 말 : ₩3,200,000 | • 20×2년 말 : ₩1,500,000 |

동 건물과 관련하여 ㈜국세가 20×2년도에 당기손익으로 인식할 재평가손실은 얼마인가? (단, ㈜국세는 자산의 순장부금액을 재평가금액으로 수정할 때 기존의 감가상각누계액을 모두 제거하는 방법을 적용하여 회계처리하고 있으며, 재평가잉여금을 해당 자산을 사용하면서 이익잉여금으로 대체하는 방법은 선택하지 않고 있다. 또한 손상차손은 고려하지 않는다.)

10년 CTA

① ₩100,000 　　② ₩300,000 　　③ ₩500,000
④ ₩700,000 　　⑤ ₩900,000

**해설**

| | | | | | |
|---|---|---|---|---|---|
| 20×1년 1월 1일 | (차) 건물 | 3,000,000 | (대) 현금 | | 3,000,000 |
| 20×1년 12월 31일 | (차) 감가상각비 | 600,000 | (대) 감가상각누계액 | | 600,000 |
| | (차) 감가상각누계액 | 600,000 | (대) 재평가잉여금 | | 800,000 |
| | 건물 | 200,000 | | | |
| 20×2년 12월 31일 | (차) 감가상각비 | 800,000 | (대) 감가상각누계액 | | 800,000 |
| | (차) 감가상각누계액 | 800,000 | (대) 건물 | | 1,700,000 |
| | 재평가잉여금 | 800,000 | | | |
| | 재평가손실 | 100,000 | | | |

**37** 재평가모형을 적용하고 있는 ㈜한국은 20×1년 1월 1일 건물을 ₩10,000,000에 구입하였는데, 내용연수는 5년, 잔존가치는 ₩2,000,000이고 정액법으로 감가상각하고 있다. ㈜한국은 20×1년 말과 20×2년 말 재평가한 결과, 건물의 공정가치는 각각 ₩7,000,000과 ₩6,000,000으로 판단되었다. 한편 20×2년 1월 1일 건물을 점검한 결과 연수합계법이 보다 체계적이고 합리적인 것으로 추정되어 감가상각방법을 변경하였고, 잔존가치는 ₩0으로 추정되었다. 20×2년 말 재평가와 관련하여 재무제표에 인식되는 내용으로 옳은 것은? (단, 매년 말 감가상각 후 재평가한다.) 13년 기출

① 재평가이익(당기이익)　　　　　　　　₩1,800,000
② 재평가잉여금(기타포괄이익)　　　　　₩1,800,000
③ 재평가이익(당기이익)　　　　　　　　　₩800,000
　　재평가잉여금(기타포괄이익)　　　　₩1,000,000
④ 재평가이익(당기이익)　　　　　　　　₩1,400,000
　　재평가잉여금(기타포괄이익)　　　　　₩400,000
⑤ 재평가손실(당기손실)　　　　　　　　₩1,800,000

해설

| | | | | | |
|---|---|---|---|---|---|
| 20×1.1.1 | (차) 건물 | 10,000,000 | (대) 현금 | 10,000,000 | |
| 20×1.12.31 | (차) 감가상각비 | 1,600,000 | (대) 감가상각누계액 | 1,600,000 | |
| | (차) 감가상각누계액 | 1,600,000 | (대) 건물 | 3,000,000 | |
| | 재평가손실 | 1,400,000 | | | |
| 20×2.12.31 | (차) 감가상각비 | 2,800,000 | (대) 감가상각누계액 | 2,800,000 | |
| | (차) 감가상각누계액 | 2,800,000 | (대) 건물 | 1,000,000 | |
| | | | 재평가이익 | 1,400,000 | |
| | | | 재평가잉여금 | 400,000 | |

\* 20×2년 감가상각비 = (₩7,000,000 − ₩0) × 4/10 = ₩2,800,000

**38** ㈜서울은 20×1년 초 기계장치를 ₩2,000,000에 취득하였다. 동 기계장치의 내용연수는 10년이고 잔존가치는 ₩200,000이며, 정액법으로 감가상각한다. 20×2년 말 순공정가치가 ₩800,000(사용가치 ₩900,000)으로 급격히 하락하여, ㈜서울은 동 기계장치를 손상처리하였다. ㈜서울이 원가모형을 채택하는 경우, 20×2년의 유형자산 손상차손액을 계산하면? 11년 기출

① ₩640,000　　　　　② ₩740,000　　　　　③ ₩840,000
④ ₩880,000　　　　　⑤ ₩900,000

1) 20×2년 말 장부금액 = ₩2,000,000 − [(₩2,000,000 − ₩200,000) × 2/10] = ₩1,640,000
2) 손상차손 = ₩1,640,000(장부금액) − ₩900,000(회수가능액) = ₩740,000

**39** ㈜감평은 20×1년 초 기계장치(취득원가 ₩1,600,000, 내용연수 4년, 잔존가치 ₩0, 정액법 상각)를 취득하였다. ㈜감평은 기계장치에 대해 원가모형을 적용한다. 20×1년 말 동 기계장치에 손상징후가 존재하여 회수가능액을 결정하기 위해 다음과 같은 정보를 수집하였다.

- 20×1년 말 현재 기계장치를 처분할 경우, 처분금액은 ₩760,000이며 처분관련 부대원가는 ₩70,000이 발생할 것으로 추정된다.
- ㈜감평이 동 기계장치를 계속하여 사용할 경우, 20×2년 말부터 내용연수 종료시점까지 매년 말 ₩300,000의 순현금유입과, 내용연수 종료시점에 ₩20,000의 기계 철거 관련 지출이 발생할 것으로 예상된다.
- 현재가치 측정에 사용할 할인율은 연 12%이다.

| 기간 | 단일금액 ₩1의 현재가치<br>(할인율 = 12%) | 정상연금 ₩1의 현재가치<br>(할인율 = 12%) |
|---|---|---|
| 3 | 0.7118 | 2.4018 |

㈜감평이 20×1년 유형자산(기계장치) 손상차손으로 인식할 금액은? (단, 계산금액은 소수점 첫째 자리에서 반올림하며, 단수차이로 인한 오차가 있으면 가장 근사치를 선택한다.)  20년 기출

① ₩465,194       ② ₩470,000       ③ ₩479,460
④ ₩493,696       ⑤ ₩510,000

1) 20×1년 말 감가상각 후 장부금액 = ₩1,600,000 − (₩1,600,000 × 1/4) = ₩1,200,000
2) 회수가능액 = MAX[순공정가치(₩690,000), 사용가치(₩706,304)] = ₩706,304
   * 20×1년 말 사용가치 = ₩300,000 × 2.4018 − ₩20,000(철거비) × 0.7118 = ₩706,304
3) 20×1년 손상차손 = ₩1,200,000 − ₩706,304 = ₩493,096

**40** ㈜국세는 20×1년 1월 1일에 기계장치를 ₩1,000,000에 취득하여 제품생산에 사용하였다. 동 기계장치의 내용연수는 5년, 잔존가치는 ₩0이며, 정액법으로 감가상각한다. ㈜국세는 20×1년 말 동 기계장치의 순공정가치가 ₩500,000, 사용가치가 ₩600,000임을 확인하고 기계장치에 대하여 손상차손을 인식하였다. 20×2년도에는 추가적인 자산 손상이나 손상차손 환입을 시사하는 징후가 나타나지 않았다. 그러나 20×3년 말에는 기계장치의 회수가능액이 ₩700,000으로 상승하였다. ㈜국세가 기계장치와 관련하여 20×3년도에 인식할 손상차손환입액은 얼마인가? (단, ㈜국세는 기계장치에 대하여 원가모형을 선택하고 있으며, 손상차손과 손상차손환입은 감가상각 후에 인식된다고 가정한다.) `10년` **CTA**

① ₩100,000　　② ₩200,000　　③ ₩250,000
④ ₩300,000　　⑤ ₩400,000

**해설**
1) 20×1년 말 장부금액 = ₩1,000,000 − [(₩1,000,000 − ₩0) × 1/5] = ₩800,000
2) 20×1년 말 손상차손 = ₩800,000(장부금액) − ₩600,000(회수가능액) = ₩200,000
3) 20×3년 말 장부금액 = ₩600,000 − [(₩600,000 − ₩0) × 2/4] = ₩300,000
4) 20×3년도 손상차손환입액 = MIN[₩400,000(환입한도), ₩700,000(회수가능액)] − ₩300,000 (장부금액) = ₩100,000
* 환입한도 = ₩1,000,000 − [(₩1,000,000 − ₩0) × 3/5] = ₩400,000

**41** ㈜세무는 20×1년 1월 1일 기계장치를 ₩1,000,000(내용연수 5년, 잔존가치 ₩0, 정액법 감가상각, 원가모형 적용)에 취득하여 제품생산에 사용하였다. 매 회계연도 말 기계장치에 대한 회수가능액은 다음과 같으며, 회수가능액 변동은 기계장치의 손상 또는 그 회복에 따른 것이다. 동 거래가 20×3년도 ㈜세무의 당기순이익에 미치는 영향은? `16년` **CTA**

| 구분 | 20×1년 말 | 20×2년 말 | 20×3년 말 |
|---|---|---|---|
| 회수가능액 | ₩700,000 | ₩420,000 | ₩580,000 |

① ₩120,000 감소　　② ₩20,000 감소　　③ ₩20,000 증가
④ ₩120,000 증가　　⑤ ₩160,000 증가

1) 20×1년 말 장부금액 = ₩1,000,000 − [(₩1,000,000 − ₩0) × 1/5] = ₩800,000
2) 20×1년 말 손상차손 = ₩800,000(장부금액) − ₩700,000(회수가능액) = ₩100,000
3) 20×2년 말 장부금액 = ₩700,000 − [(₩700,000 − ₩0) × 1/4] = ₩525,000
4) 20×2년 말 손상차손 = ₩525,000(장부금액) − ₩420,000(회수가능액) = ₩105,000
5) 20×3년 말 장부금액 = ₩420,000 − [(₩420,000 − ₩0) × 1/3] = ₩280,000
6) 20×3년도 손상차손환입액 = MIN[₩400,000(환입한도), ₩580,000(회수가능액)] − ₩280,000
   (장부금액) = ₩120,000
   * 환입한도 = ₩1,000,000 − [(₩1,000,000 − ₩0) × 3/5] = ₩400,000
7) 20×3년도 당기순이익에 미치는 영향 = (₩140,000) + ₩120,000 = (₩20,000) 감소

**42** ㈜감평은 20×1년 1월 1일에 기계장치를 ₩1,000,000에 취득하였다(잔존가치 ₩0, 내용연수 5년, 정액법 감가상각, 원가모형 적용). 20×3년 12월 31일에 동 기계장치의 순공정가치는 ₩300,000으로 하락하였으며, 사용가치는 ₩250,000으로 추정되어 손상을 인식하였다. 20×4년 12월 31일에 동 기계장치의 회수가능액이 ₩230,000으로 회복되고 손상차손환입 요건을 충족하는 경우 ㈜감평이 계상할 손상차손 환입액은?

15년 기출

① ₩30,000　　② ₩50,000　　③ ₩75,000
④ ₩80,000　　⑤ ₩105,000

1) 20×4년 말 장부금액 = ₩300,000 − [(₩300,000 − ₩0) × 1/2] = ₩150,000
2) 손상차손환입액 = MIN[₩200,000(환입한도), ₩230,000(회수가능액)] − ₩150,000(장부금액)
   = ₩50,000
※ 환입한도 = ₩1,000,000 − [(₩1,000,000 − ₩0) × 4/5] = ₩200,000

**43** ㈜감평은 20×1년 1월 1일에 건물을 ₩5,000,000에 취득(내용연수 10년, 잔존가치 ₩0, 정액법 감가상각)하였다. 20×1년 말 및 20×2년 말 기준 원가모형을 적용하는 건물의 순공정가치는 각각 ₩3,600,000과 ₩3,900,000이고, 사용가치는 각각 ₩3,000,000 과 ₩4,300,000이다. ㈜감평은 건물의 회수가능액과 장부금액의 차이가 중요하고 손 상징후가 있는 것으로 판단하여 손상차손(손상차손 환입)을 인식하였다. 관련 설명으로 옳지 않은 것은?  17년 기출

① 20×2년도에 감가상각비로 ₩400,000을 인식한다.
② 20×1년 말 재무상태표에 표시되는 건물 장부금액은 ₩3,600,000이다.
③ 20×2년 말 재무상태표에 표시되는 건물 장부금액은 ₩4,000,000이다.
④ 20×1년도에 손상차손으로 ₩900,000을 인식한다.
⑤ 20×2년도에 손상차손환입으로 ₩1,100,000을 인식한다.

해설

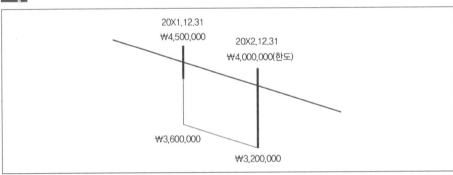

→ 20×2년도의 손상차손환입액은 ₩800,000이다.

**44** 차량운반구에 대해 재평가모형을 적용하고 있는 ㈜대한은 20×1년 1월 1일에 영업용으로 사용할 차량운반구를 ₩2,000,000(잔존가치: ₩200,000, 내용연수: 5년, 정액법 상각)에 취득하였다. 동 차량운반구의 20×1년 말 공정가치와 회수가능액은 각각 ₩1,800,000으로 동일하였으나, 20×2년 말 공정가치는 ₩1,300,000이고 회수가능액은 ₩1,100,000으로 자산손상이 발생하였다. 동 차량운반구와 관련하여 ㈜대한이 20×2년 포괄손익계산서에 당기비용으로 인식할 총 금액은 얼마인가? (단, 차량운반구의 사용기간 동안 재평가잉여금을 이익잉여금으로 대체하지 않는다.) 21년 CPA

① ₩200,000      ② ₩360,000      ③ ₩400,000
④ ₩540,000      ⑤ ₩600,000

**해설**

| | | | | | |
|---|---|---|---|---|---|
| 20×1.1.1. | (차) 차량운반구 | 2,000,000 | (대) 현금 | 2,000,000 |
| 20×1.12.31. | (차) 감가상각비 | 360,000 | (대) 감가상각누계액 | 360,000 |
| | (차) 감가상각누계액 | 360,000 | (대) 차량운반구 | 200,000 |
| | | | 재평가잉여금 | 160,000 |
| 20×2.12.31. | (차) 감가상각비 | 400,000 | (대) 감가상각누계액 | 400,000 |
| | (차) 감가상각누계액 | 400,000 | (대) 차량운반구 | 500,000 |
| | 재평가잉여금 | 100,000 | | |
| | (차) 재평가잉여금 | 60,000 | (대) 손상차손누계액 | 200,000 |
| | 손상차손 | 140,000 | | |

→ 20×2년 당기비용 총액 = ₩400,000(감가상각바) + ₩140,000(손상차손) = ₩540,000

**45** 갑회사는 20×1년 7월 초에 취득원가 ₩4,000,000의 기계장치를 취득하여 사용하기 시작하였다. 동 기계장치의 잔존가치는 취득원가의 10%, 내용연수는 5년으로 추정하였다. 갑회사는 연수합계법에 따라 감가상각을 하며, 결산일은 12월 31일이다. 20×3년 4월 초에 갑회사는 동 기계장치를 현금을 수령하고 처분하였으며, 처분손실 ₩120,000을 계상하였다. 회사가 정상적으로 감가상각을 하였다면 기계장치 처분 시 수령한 현금은 얼마인가?

① ₩2,620,000  ② ₩2,140,000  ③ ₩1,740,000
④ ₩1,960,000  ⑤ ₩1,920,000

**해설**

1) 20×1년 7월 초 ~ 20×3년 3월 말까지 감가상각누계액(1년 9개월)
= (₩4,000,000 − ₩400,000) × 5/15 + (₩4,000,000 − ₩400,000) × 4/15 × 9/12
= ₩1,920,000

2) 20×3년 4월 초 장부금액 = ₩4,000,000(취득원가) − ₩1,920,000(감가상각누계액)
= ₩2,080,000

3) 20×3년 자산 처분 시 수령한 현금 = ₩2,080,000 − ₩120,000(처분손실) = ₩1,960,000

## 46 차입원가의 회계처리와 관련하여 적격자산에 관한 설명으로 옳지 않은 것은?

19년 관세사

① 적격자산의 취득, 건설 또는 생산과 직접 관련된 차입원가는 당해 적격자산과 관련된 지출이 발생하지 아니하였다면 부담하지 않았을 차입원가이다.
② 금융자산과 단기간 내에 제조되거나 다른 방법으로 생산되는 재고자산은 적격자산에 해당하지 아니한다.
③ 적격자산을 의도된 용도로 사용(또는 판매) 가능하게 하는 데 필요한 활동은 당해 자산의 물리적인 제작뿐만 아니라 그 이전 단계에서 이루어진 기술 및 관리상의 활동도 포함한다.
④ 적격자산에 대한 적극적인 개발활동을 중단한 기간에는 차입원가의 자본화를 중단한다.
⑤ 적격자산을 취득하기 위한 목적으로 특정하여 차입한 자금에 한하여, 회계기간 동안 그 차입금으로부터 실제 발생한 차입원가에서 당해 차입금의 일시적 운용에서 생긴 투자수익을 가산한 금액을 자본화가능차입원가로 결정한다.

**해설**

특정차입금은 당해 차입금의 일시적 운용에서 생긴 투자수익을 차감한 금액을 자본화가능차입원가로 결정한다.

## 47 ㈜감평은 20×1년 초 공장건물을 신축하기 시작하여 20×1년 말에 완공하였다. 다음은 공장건물의 신축을 위한 ㈜감평의 지출액과 특정차입금 및 일반차입금에 대한 자료이다.

| 구분 | 연평균금액 | 이자비용 |
|---|---|---|
| 공장건물에 대한 지출액 | ₩320,000 | |
| 특정차입금 | 160,000 | ₩18,400 |
| 일반차입금 | 100,000 | 12,000 |

20×1년 공장건물과 관련하여 자본화할 차입원가는? (단, 이자비용은 20×1년 중에 발생한 금액이며, 공장건물은 차입원가를 자본화하는 적격자산에 해당된다.) 18년 기출

① ₩12,000      ② ₩18,400      ③ ₩30,400
④ ₩31,200      ⑤ ₩37,600

**해설**

1) 자본화이자율 = ₩12,000 ÷ ₩100,000 = 12%
2) 일반차입금에 대한 자본화금액 = (₩320,000 − ₩160,000) × 12% = ₩19,200(한도 : ₩12,000)
3) 자본화할 차입원가 = ₩18,400(특정차입금) + ₩12,000(일반차입금) = ₩30,400

**48** ㈜강남은 사옥을 건설하기 위하여 20×2년 1월 1일에 ㈜대한과 건설계약을 체결하였다. ㈜강남의 사옥은 20×3년 6월 30일에 준공될 예정이고, ㈜강남은 사옥건설을 위해 다음과 같이 지출하였다.

| 일자 | 20×2.1.1 | 20×2.7.1 | 20×2.10.1 | 20×3.1.1 |
|------|----------|----------|-----------|----------|
| 금액 | ₩50,000 | ₩50,000 | ₩60,000 | ₩70,000 |

㈜강남의 차입금은 다음과 같다.

| 차입금 | 차입일 | 차입금액 | 상환일 | 이자율 | 이자지급조건 |
|--------|--------|----------|--------|--------|--------------|
| K은행 | 20×2.1.1 | ₩50,000 | 20×3.6.30 | 12% | 단리/매년말지급 |
| A은행 | 20×1.1.1 | ₩30,000 | 20×3.6.30 | 10% | 단리/매년말지급 |
| B은행 | 20×1.1.1 | ₩50,000 | 20×4.12.31 | 12% | 단리/매년말지급 |

이들 차입금 중 K은행에서의 차입금은 ㈜강남의 사옥건설을 위한 특정차입금이며, A은행 차입금과 B은행 차입금은 일반차입금이다. ㈜강남의 건설중인 사옥은 차입원가 자본화의 적격자산에 해당된다. 이에 대하여 ㈜강남이 20×2년 자본화할 차입원가의 금액은?  12년 기출

① ₩4,500      ② ₩6,000      ③ ₩9,000

④ ₩10,500      ⑤ ₩13,500

**해설**

1) 연평균지출액 = ₩50,000 × 12/12 + ₩50,000 × 6/12 + ₩60,000 × 3/12 = ₩90,000
2) 특정차입금 이자비용 = ₩50,000 × 12% × 12/12 = ₩6,000
3) 자본화이자율 = (₩3,000 + ₩6,000) ÷ (₩30,000 × 12/12 + ₩50,000 × 12/12)
   = 11.25%
4) 일반차입금 이자비용 = (₩90,000 − ₩50,000) × 11.25% = ₩4,500
5) 20×2년 자본화할 금액 = ₩6,000(특정차입금) + ₩4,500(일반차입금) = ₩10,500

**49** ㈜한국은 20×1년 7월 1일 사옥신축을 위하여 ㈜민국과 건설계약을 체결하였다. 사옥의 건설기간은 20×1년 7월 1일부터 20×2년 12월 31일까지이다. ㈜한국은 동 사옥건설과 관련하여 20×1년 7월 1일과 10월 1일에 각각 ₩3,000,000과 ₩6,000,000을 지출하였다. 건설기간 동안 ㈜한국의 차입금과 관련된 내용은 다음과 같다.

| 차입금 | A | B | C |
|---|---|---|---|
| 차입금액 | ₩2,000,000 | ₩2,000,000 | ? |
| 차입일 | 20×0.9.1 | 20×1.1.1 | 20×1.7.1 |
| 상환일 | 20×3.8.31 | 20×2.12.31 | 20×3.6.30 |
| 연이자율 | 10% | 8% | 10% |
| 이자지급조건 | 매년 말 후급 | | |

차입금 A와 차입금 B는 일반차입금이며, 차입금 C는 동 사옥건설을 위하여 차입한 특정차입금으로 ㈜한국은 차입과 동시에 사옥건설을 위하여 전액 지출하였다. ㈜한국이 동 사옥건설과 관련하여 20×1년도에 자본화한 일반차입금의 차입원가가 ₩135,000 이라면, ㈜한국이 금융기관으로부터 차입한 차입금 C는? (단, 이자는 월할계산한다.)

13년 기출

① ₩750,000　　　　② ₩1,000,000　　　　③ ₩2,000,000

④ ₩2,500,000　　　　⑤ ₩3,000,000

**해설**

1) 연평균지출액 = ₩3,000,000 × 6/12 + ₩6,000,000 × 3/12 = ₩3,000,000
2) 자본화이자율 = (₩2,000,000 × 10% + ₩2,000,000 × 8%) ÷ (₩2,000,000 × 12/12 + ₩2,000,000 × 12/12) = 9%
3) 일반차입금 차입원가(자본화) = [₩3,000,000 − (C × 6/12)] × 9% = ₩135,000
   → C = ₩3,000,000

**50** ㈜감평은 20×1년 1월 1일에 공장건물을 신축하여 20×2년 9월 30일에 완공하였다. 공장건물 신축 관련 자료가 다음과 같을 때, ㈜감평이 20×1년도에 자본화할 차입원가는?  17년 기출

(1) 공사비 지출

| 일자 | 금액 |
|---|---|
| 20×1.1.1 | ₩600,000 |
| 20×1.7.1 | 500,000 |
| 20×2.3.1 | 500,000 |

(2) 차입금 현황

| 종류 | 차입금액 | 차입기간 | 연이자율 |
|---|---|---|---|
| 특정차입금 | ₩300,000 | 20×1.4.1 ~ 20×1.12.31 | 3% |
| 일반차입금 A | 500,000 | 20×1.7.1 ~ 20×2.12.31 | 4% |
| 일반차입금 B | 1,000,000 | 20×1.10.1 ~ 20×3.12.31 | 5% |

① ₩29,250        ② ₩31,500        ③ ₩34,875

④ ₩37,125        ⑤ ₩40,125

해설

1) 연평균지출액 = ₩600,000 × 12/12 + ₩500,000 × 6/12 = ₩850,000

2) 특정차입금 자본화 = ₩300,000 × 3% × 9/12 = ₩6,750

3) 일반차입금 자본화 = [₩850,000 − (₩300,000 × 9/12)] × 4.5% = ₩28,125(₩22,500 한도)

   * 자본화이자율 = $\dfrac{₩500,000 × 4\% × 6/12 + ₩1,000,000 × 5\% × 3/12}{₩500,000 × 6/12 + ₩1,000,000 × 3/12}$ = 4.5%

4) 20×1년 자본화할 차입원가 = ₩6,750(특정차입금) + ₩22,500(일반차입금) = ₩29,250

## 51

㈜감평은 특정차입금 없이 일반차입금을 사용하여 건물을 신축하였다. 건물은 차입원가 자본화 대상인 적격자산이다. 신축 건물과 관련한 자료가 다음과 같을 경우, 20×1년도에 자본화할 차입원가(A)와 20×2년도에 자본화할 차입원가(B)는? (단, 계산 시 월할 계산하며, 전기에 자본화한 차입원가는 적격자산의 연평균 지출액 계산 시 포함하지 않는다.)    22년 기출

- 공사기간 : 20×1년 5월 1일 ~ 20×2년 6월 31일
- 공사비 지출 :

| 20×1년 5월 1일 | 20×1년 10월 1일 | 20×2년 4월 1일 |
|---|---|---|
| ₩300,000 | ₩200,000 | ₩100,000 |

- 일반차입금 자본화 연이자율

| 20×1년 | 20×2년 |
|---|---|
| 10% | 8% |

- 실제 발생한 이자비용

| 20×1년 | 20×2년 |
|---|---|
| ₩20,000 | ₩24,200 |

|   | (A) | (B) |   | (A) | (B) |
|---|---|---|---|---|---|
| ① | ₩20,000 | ₩22,000 | ② | ₩20,000 | ₩24,200 |
| ③ | ₩20,000 | ₩25,000 | ④ | ₩25,000 | ₩22,000 |
| ⑤ | ₩25,000 | ₩24,200 | | | |

**해설**

1) 20×1년도 자본화할 차입원가(A)
   1. 20×1년도 연평균지출액 = ₩300,000 × 8/12 + ₩200,000 × 3/12 = ₩250,000
   2. 20×1년도 자본화할 차입원가 = ₩250,000 × 10% = ₩25,000(한도 : ₩20,000)
                                  = ₩20,000(A)
2) 20×2년도 자본화할 차입원가(B)
   1. 20×2년도 연평균지출액 = ₩500,000(20×1년도 지출액) × 6/12 + ₩100,000 × 3/12
                            = ₩275,000
   2. 20×2년도 자본화할 차입원가 = ₩275,000 × 8% = ₩22,000(한도 : ₩24,200)
                                  = ₩22,000(B)

**52** ㈜대한은 20×1년 3월 1일부터 공장건물 신축공사를 실시하여 20×2년 10월 31일에 해당 공사를 완료하였다. 동 공장건물은 차입원가를 자본화하는 적격자산이다. ㈜대한의 신축공사와 관련된 자료는 다음과 같다.

| 구분 | 20×1.3.1 | 20×1.10.1 | 20×2.1.1 | 20×2.10.1 |
|------|----------|-----------|----------|-----------|
| 공사대금 지출액 | ₩200,000 | ₩400,000 | ₩300,000 | ₩120,000 |

| 종류 | 차입금액 | 차입기간 | 연 이자율 |
|------|----------|----------|-----------|
| 특정차입금 A | ₩240,000 | 20×1.3.1 ~ 20×2.10.31 | 4% |
| 일반차입금 B | ₩240,000 | 20×1.3.1 ~ 20×2.6.30 | 4% |
| 일반차입금 C | ₩60,000 | 20×1.6.1 ~ 20×2.12.31 | 10% |

㈜대한이 20×2년에 자본화할 차입원가는 얼마인가? (단, 전기 이전에 자본화한 차입원가는 연평균 지출액 계산 시 포함하지 아니하며, 연평균 지출액, 이자비용은 월할 계산한다.)

20년 CPA

① ₩16,800       ② ₩17,000       ③ ₩18,800

④ ₩20,000       ⑤ ₩20,800

**해설**

1) 특정차입금 = ₩240,000 × 4% × 10/12 = ₩8,000
2) 자본화이자율 = (₩4,800 + ₩6,000) ÷ (₩240,000 × 6/12 + ₩60,000 × 12/12) = 6%
3) 연평균지출액 = ₩600,000(전기지출액) × 10/12 + ₩300,000 × 10/12 + ₩120,000 × 1/12 = ₩760,000
   * 진기시출액은 20×2년 1월 1일 지출액으로 본다.
4) 일반차입금 자본화금액 = (₩760,000 − ₩200,000) × 6% = ₩33,600(한도 : ₩10,800)
5) 20×2년도 자본화금액 = ₩8,000(특정차입금) + ₩10,800(일반차입금) = ₩18,800

답 ▶ 01 ⑤ 02 ① 03 ③ 04 ② 05 ④ 06 ② 07 ③ 08 ③ 09 ① 10 ②
11 ④ 12 ③ 13 ① 14 ④ 15 ③ 16 ② 17 ④ 18 ③ 19 ④ 20 ③
21 ⑤ 22 ① 23 ⑤ 24 ③ 25 ③ 26 ② 27 ⑤ 28 ④ 29 ① 30 ②
31 ③ 32 ① 33 ② 34 ① 35 ⑤ 36 ① 37 ④ 38 ② 39 ④ 40 ①
41 ② 42 ② 43 ⑤ 44 ④ 45 ④ 46 ⑤ 47 ③ 48 ④ 49 ⑤ 50 ①
51 ① 52 ③

## 제8절 무형자산

무형자산(intangible assets)은 물리적 실체는 없지만 식별가능한 비화폐성 자산으로 정의한다. K-IFRS에서는 무형자산의 보유목적을 특정하지 않고 있어 무형자산으로 분류될 가능성을 제한하지 않았다. 단, 유형자산과는 달리 무형자산은 물리적 실체가 없기 때문에 무형자산으로 인식되기 위해서는 보다 엄격한 조건이 요구된다.

K-IFRS에서는 무형자산으로 정의되기 위해서 **식별가능성, 통제, 미래경제적효익**이라는 세 가지 조건을 **모두 충족**해야 한다고 규정하고 있다.

---

**PLUS⁺ 무형자산의 구분**

일부 무형자산은 법적 서류나 필름과 같은 물리적 형태에 담겨 있을 수 있다. 유형의 요소와 무형의 요소를 모두 갖추고 있는 자산을 유형자산 또는 무형자산으로 구분하기 위해서는 어느 요소가 더 유의적인지를 고려하여야 한다.

- 컴퓨터로 제어되는 기계장치가 특정 컴퓨터소프트웨어가 없으면 가동이 불가능한 경우에는 그 소프트웨어를 관련된 하드웨어의 일부로 보아 유형자산으로 회계처리한다.
- 컴퓨터의 운영시스템에도 동일하게 적용되어, 관련된 하드웨어의 일부가 아닌 소프트웨어는 무형자산으로 회계처리한다.
- 연구와 개발활동으로 인하여 물리적 형체(시제품 등)가 있는 자산이 만들어지더라도, 그 자산의 물리적 요소는 무형자산 요소, 즉 내재된 지식에 부수적인 것으로 본다.

---

### 1 무형자산으로 정의되기 위한 요건

#### 1. 식별가능성

식별가능성이란 무형자산으로 정의되기 위해서는 해당 자산이 존재한다는 사실을 입증할 수 있어야 함을 의미한다. 자산은 다음 중 하나에 해당하는 경우에 식별가능하다.

① 자산이 **분리가능**하다. 즉, 기업의 의도와는 무관하게 기업에서 분리하거나 분할할 수 있고, 개별적으로 또는 관련된 계약, 식별가능한 자산이나 부채와 함께 매각, 이전, 라이선스, 임대, 교환할 수 있다.
② 자산이 **계약상 권리 또는 기타 법적 권리**로부터 발생한다. 이 경우 그러한 권리가 이전가능한지 여부 또는 기업이나 기타 권리와 의무에서 분리가능한지 여부는 고려하지 않는다.

무형자산의 정의에서 영업권과 구별하기 위하여 무형자산이 식별가능할 것을 요구한다. 사업결합으로 인식하는 영업권은 사업결합에서 획득하였지만 개별적으로 식별하여 인식하는 것이 불가능한 그 밖의 자산에서 발생하는 미래경제적효익을 나타내는 자산이다.

## 2. 자원에 대한 통제

자원에서 유입되는 미래경제적효익을 확보할 수 있고, 그 효익에 대한 제3자의 접근을 제한할 수 있을 때 기업은 그 자산을 통제하고 있는 것이다.

일반적으로 무형자산의 미래경제적효익에 대한 통제능력은 법적 권리에서 나오지만, 권리의 법적 집행가능성이 통제의 필요조건은 아니다.

① 시장에 대한 지식과 기술적 지식

시장에 대한 지식이나 기술적 지식은 계약상의 제약이나 법에 의해 법적 권리로 보호된다면 기업은 그러한 지식으로부터 얻을 수 있는 미래경제적효익을 통제하고 있는 것이다.

② 숙련된 종업원과 교육훈련

㉠ 기업은 숙련된 종업원으로 구성된 팀을 보유할 수 있고, 교육훈련을 통하여 습득된 미래경제적효익을 가져다 줄 수 있는 종업원의 기술 향상을 식별할 수 있다. 그리고 기업은 이러한 숙련된 기술을 계속하여 이용할 수 있을 것으로 기대할 수 있다.

㉡ 그러나 기업이 숙련된 종업원을 보유하고 있고, 그러한 숙련된 기술을 계속하여 사용할 수 있을 것으로 기대한다고 하더라도 그러한 종업원으로부터 발생하는 미래경제적효익에 대해 충분한 통제능력을 가지고 있지 않기 때문에 무형자산의 정의를 충족할 수 없다. 이와 유사한 사유로 특정 경영능력이나 기술적 재능도 그것을 사용하여 미래경제적효익을 확보하는 것이 법적 권리에 의하여 보호되지 않거나 무형자산 정의의 기타 요건을 충족하지 않는다면 일반적으로 무형자산의 정의를 충족할 수 없다.

③ 고객관계와 고객충성도

기업은 고객관계와 고객충성도를 잘 유지함으로써 고객이 계속하여 거래할 것이라고 기대할 수 있다. 그러나 그러한 고객관계나 고객충성도를 지속할 수 있는 법적 권리나 그것을 통제할 방법이 없다면 일반적으로 고객관계와 고객충성도로 창출될 미래경제적효익에 대해서는 충분한 통제를 가지고 있지 않다.

④ 계약에 의하지 않은 고객관계에 대한 교환취득(비계약적 고객관계의 교환취득)

㉠ 고객과의 관계를 보호할 법적 권리가 없는 경우라도, 동일하거나 유사한, 계약에 의하지 않은 고객과의 관계를 교환하는 거래는 고객과의 관계로부터 기대되는 미래경제적효익을 통제할 수 있다는 증거를 제공한다.

㉡ 이러한 거래는 해당 고객과의 관계가 분리가능하다는 증거도 제공하며, 기업이 통제하고 있다는 증거를 제시하므로 무형자산의 정의를 충족한다.

㉢ 그러므로 '계약에 의하지 않은 고객관계'는 무형자산의 정의를 충족하기 때문에 고객 관련 무형자산으로 인식된다.

## 3. 미래경제적효익

미래경제적효익은 해당 무형자산을 통하여 유입이 증대되거나 원가가 절감되는 등의 효익을 얻는 것을 의미한다. 무형자산의 미래경제적효익은 제품의 매출, 용역수익, 원가절감 또는 자산의 사용에 따른 기타 효익의 형태로 발생할 수 있다.

## 2 무형자산의 인식 및 최초 측정

### 1. 무형자산의 인식

무형자산의 인식(recognition)이란 무형자산의 정의를 충족한 자산 중 추가로 다음의 두 가지 인식 조건을 충족하여 재무제표에 계상하는 것을 의미한다.

인식조건은 확률조건과 금액조건 두 가지로 이루어져 있다.

> ① 자산에서 발생하는 미래경제적효익이 기업에 유입될 가능성이 높다.
> ② 금액을 신뢰성 있게 측정할 수 있다.

위의 조건은 무형자산을 취득하거나 내부적으로 창출하기 위하여 최초로 발생한 원가와, 취득이나 완성 후에 증가, 대체, 수선을 위하여 발생한 원가에 적용한다.

미래경제적효익을 가져오는 지출이 발생하였더라도 다음과 같은 인식조건을 충족하지 못한다면 해당 지출은 자산이 아닌 발생한 기간의 비용으로 인식한다.

발생시점에 비용으로 인식하는 지출의 예는 다음과 같다.

> ① **사업개시원가** : 법적 실체를 설립하는 데 발생한 법적비용과 사무비용과 같은 설립원가, 새로운 시설이나 사업을 개시하기 위하여 발생한 지출(개업원가), 또는 새로운 영업을 시작하거나 새로운 제품이나 공정을 시작하기 위하여 발생하는 지출(신규영업 준비원가)
> ② **교육훈련비** : 직원들의 교육 훈련을 위한 지출
> ③ **광고선전비** : 광고 또는 판매촉진 활동을 위한 지출
> ④ **조직개편비** : 기업의 전부 또는 일부의 이전 또는 조직 개편과 관련된 지출

한국채택국제회계기준에서 무형자산으로 인식될 수 있는 예는 다음과 같다. 그러나 이는 예시이므로 기업의 상황에 따라 다양한 무형자산이 식별될 수 있다.

> 컴퓨터 소프트웨어, 특허권, 개발비, 웹사이트원가, 어업권, 산업재산권 등…

그러나 취득이나 완성 후의 지출을 사업 전체가 아닌 특정 무형자산에 직접 귀속시키기 어려운 경우가 많으므로 무형자산으로 인식하지 않는다.

브랜드, 제호, 출판표제, 고객목록, 그리고 이와 실질이 유사한 항목(외부에서 취득하였는지 또는 내부적으로 창출하였는지에 관계없이)에 대한 취득이나 완성 후의 지출은 무형자산으로 인식하지 않는다. 이들을 위한 지출은 해당 사업의 전체 지출과 신뢰성 있게 구분할 수 없기 때문이다.

### 2. 개별취득

일반적으로 무형자산을 개별취득하기 위하여 지급하는 가액은 그 자산이 갖는 미래경제적효익이 기업에 유입될 확률을 충족한 것으로 본다. 즉, 개별취득하는 무형자산은 미래경제적효익의 유입가능성 조건을 항상 충족하는 것으로 본다.

무형자산은 최초에 원가로 측정한다. 무형자산을 외부에서 취득한 경우 무형자산의 원가는 매입가액에 취득부대비용을 가산하며, 매입할인, 리베이트 등은 차감한다.

① 구입가격(매입할인과 리베이트를 차감하고 수입관세와 환급받을 수 없는 제세금을 포함한다)
② 자산을 의도된 목적으로 사용하는 데 직접 관련되는 원가

💿 취득원가에 포함 또는 제외되는 항목

| 구분 | 내용 |
|---|---|
| 취득원가 포함 | ① 자산을 사용가능한 상태로 만드는 데 직접적으로 발생하는 종업원급여<br>② 자산을 사용가능한 상태로 만드는 데 직접적으로 발생하는 전문가 수수료<br>③ 자산이 적절하게 기능을 발휘하는지 검사하는 데 발생하는 원가 |
| 취득원가 제외 | ① 새로운 제품이나 용역의 홍보원가(광고와 판매촉진활동 원가 포함)<br>② 새로운 지역에서 또는 새로운 계층의 고객을 대상으로 사업을 수행하는 데에서 발생하는 원가(교육훈련비 포함)<br>③ 관리원가와 기타 일반경비원가 |

무형자산 취득원가의 인식은 그 자산을 경영자가 의도하는 방식으로 운용될 수 있는 상태에 이르면 중지한다. 따라서 무형자산을 사용하거나 재배치하는 데 발생하는 원가는 자산의 장부금액에 포함하지 않는다.

① 경영자가 의도하는 방식으로 운용할 수 있으나 아직 사용하지 않고 있는 기간에 발생한 원가
② 자산의 산출물에 대한 수요가 확립되기 전까지 발생하는 손실과 같은 초기 영업손실

무형자산의 개발과 관련한 영업활동 중에는 해당 자산을 경영자가 의도하는 방식으로 운영될 수 있는 상태에 이르게 하는 데 반드시 필요하지 않은 부수적인 활동도 있다. 이러한 부수적인 영업활동 관련 수익과 비용은 즉시 당기손익으로 인식한다.

만약, 무형자산에 대한 대금지급기간이 일반적인 신용기간보다 긴 경우 무형자산의 취득원가는 현금가격상당액이 된다. 현금가격상당액과 실제 총지급액과의 차액은 자본화하지 않는 한 신용기간에 걸쳐 이자비용으로 인식한다.

## 3. 내부적으로 창출한 무형자산

기업은 무형자산을 스스로 창출하기도 한다. 무형자산을 창출하기 위해서는 연구 및 개발활동을 수행하며 해당 과정을 거쳐 자산성을 충족한 경우 개발비라는 자산으로 인식한다. 이를 위해선 우선 연구활동과 개발활동을 구분하여야 한다.

### ① 연구활동

연구활동은 주로 새로운 지식이나 기술을 얻기 위한 활동을 말하며, 연구비라는 과목으로 발생한 기간에 비용으로 처리한다. 무형자산을 창출하기 위한 내부프로젝트를 연구단계와 개발단계로 구분할 수 없는 경우에는 그 프로젝트에서 발생한 지출은 모두 **연구단계**에서 발생한 것으로 본다.

| 구분 | 내용 |
|------|------|
| 연구활동 | ① 새로운 지식을 얻고자 하는 활동<br>② 연구결과 또는 기타 지식을 탐색, 평가, 최종 선택 및 응용하는 활동<br>③ 재료, 장치, 제품, 공정, 시스템, 용역 등에 대한 여러가지 대체안을 탐색하는 활동<br>④ 새롭거나 개선된 재료, 장치, 제품, 공정, 시스템, 용역 등에 대한 여러가지 대체안을 제안, 설계, 평가 및 최종 선택하는 활동 |

② 개발활동

개발활동은 연구단계보다 진척되어 있는 단계로 6가지 자산 인식 요건을 모두 충족한 이후의 금액은 자산(개발비)으로 인식한다. <u>이미 비용으로 인식한 지출은 추후에 인식요건을 충족한다고 하더라도 무형자산의 취득원가로 인식할 수 없다</u>.

| 구분 | 내용 |
|------|------|
| 개발활동 | ① 생산 전 또는 사용 전의 시제품과 모형을 설계, 제작 및 시험하는 활동<br>② 새로운 기술과 관련된 공구, 금형, 주형 등을 설계하는 활동<br>③ 상업적 생산목적이 아닌 소규모의 시험공장을 설계, 건설 및 가동하는 활동<br>④ 새롭거나 개선된 재료, 제품, 공정, 시스템 및 용역 등에 대하여 최종적으로 선정된 안을 설계, 제작 및 시험하는 활동 |

• 개발단계의 자산인식요건

① 기술적 실현가능성 : 무형자산을 사용하거나 판매하기 위해 그 자산을 완성할 수 있는 기술적 실현가능성

② 기업의 의도 : 무형자산을 완성하여 사용하거나 판매하려는 기업의 의도

③ 무형자산을 사용하거나 판매할 수 있는 기업의 능력

④ 무형자산의 산출물이나 무형자산 자체를 거래하는 시장이 존재함을 제시할 수 있거나 또는 무형자산을 내부적으로 사용할 것이라면 그 유용성을 제시할 수 있음

⑤ 무형자산의 개발을 완료하고 그것을 판매하거나 사용하는 데 필요한 기술적, 재정적 자원 등의 입수가능성

⑥ 개발과정에서 발생한 무형자산 관련 지출을 신뢰성 있게 측정할 수 있는 능력

내부적으로 창출한 무형자산의 원가는 무형자산의 인식기준과 개발단계 지출을 무형자산으로 인식할 수 있는 6가지 사항을 최초로 충족시킨 이후에 발생한 지출금액의 합으로 한다.

내부적으로 창출한 무형자산의 원가는 그 자산의 창출, 제조 및 경영자가 의도하는 방식으로 운영될 수 있게 준비하는 데 필요한 직접 관련된 모든 원가를 포함한다.

◐ 내부적으로 창출된 무형자산의 원가에 포함되는 직접 관련 원가의 예

① 무형자산의 창출에 사용되었거나 소비된 재료원가, 용역원가 등
② 무형자산의 창출을 위하여 발생한 종업원급여
③ 법적 권리를 등록하기 위한 수수료
④ 무형자산의 창출에 사용된 특허권과 라이선스의 상각비
⑤ 무형자산의 내부 창출에 직접 관련된 차입원가

◐ 내부적으로 창출된 무형자산의 원가에 포함하지 않는 예

① 판매비, 관리비 및 기타 일반 경비 지출. 다만, 무형자산을 의도한 용도로 사용할 수 있도록 준비하는 데 직접 관련된 경우는 제외
② 당해 자산이 계획된 성과를 달성하기 전에 발생한 명백한 비효율로 인한 손실과 초기 영업손실
③ 자산을 운용하는 직원의 교육훈련과 관련된 지출

연구개발 활동의 결과 신기술을 확보하여 여기에 대한 특허권 등을 취득하는 경우도 있다. 이러한 경우에는 이미 무형자산으로 인식한 개발활동 지출과 구분하여 특허권 등을 취득하는 데 소요된 직접원가를 산업재산권 등 별개의 무형자산 과목으로 인식한다.

---

**예제 8-1** 내부창출 무형자산

다음은 당기 중 ㈜한국이 내부개발 프로젝트의 수행과 관련하여 발생시킨 비용이다.

| 구분 | 연구단계 | 개발단계 | 기타 |
|---|---|---|---|
| 연구직원급여 | ₩50,000 | ₩100,000 | ₩20,000 |
| 재료구입액 | 30,000 | 250,000 | |
| 감가상각비 | 20,000 | 50,000 | |
| 위탁용역비 | 15,000 | 60,000 | 30,000 |
| 이사비용 | 10,000 | 20,000 | 15,000 |

이 중 기타비용은 연구단계인지 개발단계인지 구분이 곤란한 항목이다.

[물음]
다음 중 ㈜한국이 무형자산으로 인식해야 할 금액은 얼마인지 계산하시오(단, 개발단계에서 발생한 지출은 무형자산의 인식조건을 충족한다).

........................................................................................

**해답**

무형자산(= 개발비) = ₩480,000(개발단계 지출액)
* 기타는 연구단계로 분류하며 연구단계에서 발생한 지출은 모두 연구비로 하여 당기비용으로 처리한다.

## 4. 내부적으로 창출한 영업권

① 내부적으로 창출한 영업권은 무형자산으로 인식하지 않는다. 내부적으로 창출한 영업권은 원가를 신뢰성 있게 측정할 수 없고 기업이 통제하고 있는 식별가능한 자원이 아니기 때문에 자산으로 인식하지 아니한다.

② 영업권은 사업결합 과정에서 취득·인수하는 피취득자 순자산의 공정가치를 초과하여 이전대가를 지급할 경우에만 인식한다. (사업결합으로 매입한 영업권)

## 5. 교환으로 인한 취득

무형자산의 교환에 의한 취득도 유형자산과 마찬가지로 상업적 실질이 있는 거래인 경우 제공한 자산의 공정가치에 현금수수를 고려하여 취득원가로 측정한다.

## 6. 웹 사이트 원가

웹 사이트는 내부적으로 창출된 무형자산으로 본다. 따라서 자체적으로 개발한 웹 사이트는 일반적인 무형자산 인식기준을 충족하고 개발단계에서 발생한 지출이 무형자산으로 인식되기 위해서 갖추어야 할 6가지 사항을 모두 제시할 수 있는 경우에만 무형자산으로 인식한다.

한편, 기업이 주로 자체의 재화와 용역의 판매촉진과 광고를 위해 웹 사이트를 개발한 경우에는 개발에 대한 모든 지출을 발생시점의 비용으로 인식한다.

## 7. 사업결합으로 인한 취득

사업결합으로 취득하는 무형자산은 항상 인식기준을 충족하는 것으로 보며, 원가는 취득일의 공정가치로 한다. 사업결합 전에 무형자산을 피취득자가 인식하였는지 여부와 무관하게 취득자는 취득일에 피취득자의 무형자산을 영업권과 분리하여 인식한다. 따라서 피취득자가 진행하고 있는 연구, 개발 프로젝트가 무형자산의 정의를 충족하는 경우 취득자는 영업권과 분리하여 별도의 자산으로 인식한다.

### (1) 영업권

영업권은 무형자산 기준서에서 인정된 것이 아니라 사업결합기준서에서 무형자산으로 인식하였다. 영업권은 기업의 잠재력, 브랜드 가치 등에 의해 다른 기업에 비하여 초과 잠재력을 가지고 있는 경우를 의미한다. 영업권은 합병 과정에서 유상으로 취득하는 대금과 해당 기업의 순자산 공정가치와의 차액으로 측정하는데, 해당 기업이 가지고 있는 순자산의 공정가치보다 초과 지불한 이전대가에는 해당 회사의 잠재력이 포함되어 있고 이는 자산성이 있다는 것이다.

이에 따라 한국채택국제회계기준에서는 다른 기업을 합병, 영업양수도 등을 통하여 **유상취득하**는 경우에만 **영업권**을 인식하도록 한다.

### (2) 영업권의 평가

영업권은 합병 및 영업양수 등의 경우에 유상으로 취득한 것만을 무형자산으로 인식할 수 있으며, 내부창출 영업권은 무형자산으로 인식할 수 없다.

영업권을 평가하는 방법으로는 초과이익환원법, 순이익환원법, 종합평가계정법, 연매법 등이 있다.

① **초과이익환원법** : 초과이익환원법은 특정기업의 초과순이익이 무한히 계속 발생한다고 가정하고, 그 초과순이익의 현재가치를 계산하여 영업권으로 보는 방법이다.

$$영업권 = \frac{(평균순이익 - 순자산의\ 공정가치 \times 정상이익률)}{할인율}$$

해당 식의 경우는 초과이익이 무한히 발생한다는 전제하에 계산된 식이며, 이때의 할인율은 초과이익률을 의미한다.

② **순이익환원법** : 순이익환원법은 특정기업의 초과이익률을 알 수 없을 때 대신 정상이익률을 적용하여 계산하는 방법이다.

$$영업권 = \frac{평균순이익}{정상이익률} - 순자산의\ 공정가치$$

③ **연매법** : 연매법은 특정기업의 초과이익이 일정기간 동안만 지속한다고 보고 그 기간 동안의 초과이익을 단순히 합계하여 계산하는 방법이다.

영업권 = 매년의 초과이익 × 초과순이익의 지속연수
• 초과이익 = 평균순이익 − (순자산의 공정가치 × 정상이익률)

④ **종합평가계정법** : 합병이나 영업양수 시에 적용되는 평가방법으로 기업 전체의 평가액이 순자산(자산 − 부채)의 공정가치를 초과하는 금액을 영업권으로 보는 견해이다.

• 영업권 = 이전대가 − 피취득자의 순자산공정가치
 − 이전대가 > 피취득자의 순자산 공정가치 : 영업권
 − 이전대가 < 피취득자의 순자산 공정가치 : 염가매수차익
(단, 염가매수차익은 바로 인성되는 것이 아니라 피취득자의 순자산 공정가치를 재검토한 후에도 염가매수차익일 때만 인정한다. 염가매수차익은 당기손익이다)

㉠ 우발부채 : 사업결합 시 인식원칙의 예외로 과거 사건에서 발생한 현재의무이고, 공정가치를 신뢰성 있게 측정할 수 있으면 사업결합에서 인수한 우발부채를 식별가능부채로 인식한다.

㉡ 재취득한 권리 : 취득자는 무형자산으로 인식한 재취득한 권리의 가치를 관련 계약의 잔여 계약기간에 기초하여 측정한다.

㉢ 취득자는 피취득자로부터 승계한 세무상 결손금에 대해서 이연법인세자산을 식별가능자산의 일부로 인시한다.

㉣ 사업결합 시 부담한 수수료는 별도 비용으로 회계처리한다. 즉, 사업결합 시 부담한 수수료는 영업권 금액에는 영향을 주지 않는다.

> **예제**
> **8-2**  영업권
>
> ㈜한국의 순자산의 공정가치가 ₩2,000,000인 ㈜민국을 매입하고자 한다. ㈜민국의 매년 순이익에 대한 자료는 다음과 같다. 단, 동종기업의 정상이익률은 10%이다.
>
> | 연도 | 순이익 |
> |---|---|
> | 20×1년 | ₩300,000 |
> | 20×2년 | 300,000 |
> | 20×3년 | 350,000 |
> | 20×4년 | 600,000(중단사업이익 ₩100,000 포함) |
> | 20×5년 | 450,000 |
>
> [물음]
> 1. 순이익환원법에 따라 영업권을 평가하시오.
> 2. 초과이익환원법(할인율 12%)에 따라 영업권을 평가하시오.
> 3. 연매법(초과이익 5년간 지속)에 따라 영업권을 평가하시오.
>
> ----------------------------------
>
> (해답)
>
> 1. 순이익환원법
>
> $$영업권평가액 = \frac{평균순이익}{정상이익률} - 순자산의\ 공정가치$$
>
> $$= \frac{₩380,000}{0.1} - ₩2,000,000 = ₩1,800,000$$
>
> * 평균순이익 = (₩300,000 + ₩300,000 + ₩350,000 + ₩500,000 + ₩450,000)/5년
>   = ₩380,000
> (평균순이익 산정 시 비경상적, 비반복적으로 발생하는 중단사업손익 등의 경우는 고려하지 않는다.)
>
> 2. 초과이익환원법
>
> $$영업권평가액 = \frac{평균순이익 - 순자산의\ 공정가치 \times 정상이익률}{할인율}$$
>
> $$= [₩380,000 - (₩2,000,000 \times 0.1)] \div 0.12 = ₩1,500,000$$
>
> 3. 연매법
>
> $$영업권평가액 = 초과이익 \times 초과이익\ 지속연수$$
> $$= (₩380,000 - ₩2,000,000 \times 0.1) \times 5년 = ₩900,000$$

**예제 8-3** 영업권

㈜한국은 20×1년 12월 31일 ㈜민국을 ₩300,000에 인수하였다. 합병 당일 ㈜민국의 재무상태표는 다음과 같다고 할 때, ㈜한국의 영업권을 계산하시오.

**재무상태표**

㈜민국                                                                     20×1.12.31

| | 공정가치 | | 공정가치 |
|---|---|---|---|
| 현금 및 현금성자산 | ₩150,000 | 단기차입금 | ₩100,000 |
| 재고자산 | 50,000 | 매입채무 | 80,000 |
| 유형자산 | 70,000 | 장기차입금 | 10,000 |
| 무형자산 | 30,000 | 자본금 | – |
| 자산 총계 | ₩300,000 | 부채 및 자본 총계 | ₩300,000 |

**[해답]**

(1) 순자산의 공정가치 = ₩300,000(자산의 공정가치) – ₩190,000(부채의 공정가치) = ₩110,000
(2) 영업권 = ₩300,000(이전대가) – ₩110,000(순자산의 공정가치) = ₩190,000

---

**예제 8-4** 영업권

㈜한국은 당기초에 ㈜민국을 사업결합하였으며 관련 자료는 다음과 같다.

- ㈜민국의 순자산 장부금액 : ₩1,000,000
- ㈜민국의 순자산 공정가치 : ₩1,300,000
- 이전대가로 지급한 현금 : ₩1,500,000

위 자료에서 ㈜민국의 순자산 장부금액 및 공정가치에는 ㈜민국이 보유한 산업재산권이 제외되어 있는 상태이다. 취득일 현재 산업재산권의 장부금액은 ₩50,000이다.

[물음]

1. 산업재산권의 공정가치를 ₩40,000으로 측정할 수 있는 경우 ㈜한국이 취득일에 인식할 영업권을 구하시오.

2. 산업재산권의 공정가치를 측정할 수 없는 경우 ㈜한국이 취득일에 인식할 영업권을 구하시오.

**[해답]**

1. 산업재산권의 공정가치를 신뢰성 있게 측정할 수 있는 경우 피취득자의 인식 여부와 관계없이 무형자산으로 인식한다.
   (1) 순자산의 공정가치 = ₩1,300,000 + ₩40,000(무형자산) = ₩1,340,000
   (2) 영업권 = ₩1,500,000(이전대가) – ₩1,340,000 = ₩160,000

2. 산업재산권의 공정가치를 신뢰성 있게 측정할 수 없는 경우
   (1) 영업권 = ₩1,500,000(이전대가) − ₩1,300,000 = ₩200,000

### (3) 영업권의 후속 측정

① 영업권은 상각하지 않으며 손상 여부와 관계없이 매년 손상검사를 수행한다.

② 또한 영업권은 손상의 적용은 있지만 손상의 환입은 인식하지 않는다.

| 구분 | 내용 |
|---|---|
| 개별취득 | 순구입가격 − 매입할인, 리베이트 + 수입관세, 환급불가능한 제세금 + 의도된 용도로 사용할 수 있도록 준비하는 데 직접 관련되는 원가<br>* 대금지급기간이 일반적인 신용기간보다 긴 경우 : 현금가격상당액 |
| 사업결합으로 인한 취득 | 취득일의 공정가치(피취득자의 인식 여부와 무관함) |
| 교환취득 | 유형자산과 동일 |
| 내부적으로 창출한 영업권 | 무형자산으로 인식하지 않음 |

## 8. 비용의 인식

다음 중 하나에 해당하지 않는 무형항목 관련 지출은 발생시점에 비용으로 인식한다.

① 인식기준을 충족하는 무형자산의 취득원가의 일부가 되는 경우
② 사업결합에서 취득하였으나 무형자산으로 인식할 수 없는 경우. 이 경우에는 취득일의 영업권으로 인식한 금액의 일부가 된다.

## 3 무형자산의 후속 측정

무형자산은 원가모형과 재평가모형을 선택하여 후속 측정할 수 있다. 재평가모형을 적용하여 무형자산을 회계처리하는 경우에는, 같은 분류의 기타 모든 자산도 그에 대한 활성시장이 없는 경우를 제외하고는 동일한 방법을 적용하여 회계처리한다.

무형자산에 대하여 재평가모형을 선택한 경우 자산의 선택적 재평가나 재무제표에서 서로 다른 기준일의 취득원가와 가치가 혼재된 금액을 보고하는 것을 방지하기 위하여 같은 분류 내의 무형자산 항목들은 동시에 재평가한다.

## 1. 원가모형

무형자산을 원가모형으로 측정하는 경우 무형자산은 취득원가에서 상각누계액과 손상차손누계액을 차감한 금액을 장부금액으로 한다.

(1) 내용연수

① 무형자산은 유형자산과는 달리 내용연수가 한정되지 않는 비한정의 경우도 존재한다. 그러므로 무형자산은 가장 먼저 내용연수가 유한한지 비한정인지를 결정하여야 한다.

② 내용연수가 유한한 경우는 유형자산과 마찬가지로 상각을 통해 비용처리하지만 내용연수가 비한정인 경우는 매년 손상검사를 통해 비용처리한다.

| 구분 | 회계처리 |
|---|---|
| 내용연수가 유한 | 미래경제적효익이 소비되는 형태를 반영한 방법으로 내용연수 동안 상각함 |
| 내용연수가 비한정 | ① 내용연수가 비한정인 무형자산은 상각하지 아니한다. 내용연수가 비한정인 무형자산은 매년 그리고 손상징후가 있을 때 손상검사를 수행한다.<br>② 내용연수가 비한정이라는 의미가 무한을 의미하지는 않는다. 내용연수가 비한정이라는 의미는 내용연수의 예측가능한 제한이 없다는 의미이다.<br>③ 손상검사는 회계연도 중 어느 때라도 할 수 있으며 매년 같은 시기에 실시한다.<br>④ 비한정 내용연수를 유한 내용연수로 변경하는 경우 회계추정치 변경으로 회계처리한다.<br>⑤ 비한정 내용연수를 유한 내용연수로 재추정하는 것은 그 자산의 손상을 시사하는 하나의 징후가 된다. 따라서 손상검사를 하고, 장부금액이 회수가능액을 초과하면 손상차손을 인식한다. |

(2) 상각

무형자산의 상각은 당해 무형자산이 사용가능한 때(즉, 자산을 경영자가 의도하는 방식으로 운영할 수 있는 위치와 상태에 이르렀을 때)부터 시작한다. 무형자산의 상각은 매각예정비유동자산으로 분류되는 날과 제거되는 날 중 이른 날에 중지한다. 또한, 무형자산은 그 자산을 사용하지 않을 때에도 상각을 중지하지 않는다. 무형자산은 내용연수 동안 체계적이고 합리적인 방법으로 상각한다.

① 상각대상금액

상각대상금액은 무형자산의 취득원가에서 잔존가치를 차감한 금액이다. 무형자산의 잔존가치는 내용연수 종료 시점에 순처분가액으로 계산한다.

내용연수가 유한한 무형자산의 잔존가치는 다음의 하나에 해당하는 경우를 제외하고는 영(0)으로 본다.

> ㉠ 내용연수 종료시점에 제3자가 자산을 구입하기로 한 약정이 있다.
> ㉡ 무형자산의 활성시장이 있고, 잔존가치를 그 활성시장에 기초하여 결정할 수 있으며 그러한 활성시장이 내용연수 종료 시점에 존재할 가능성이 높다.

무형자산의 잔존가치는 해당 자산의 장부금액과 크거나 같을 수 있다. 무형자산의 잔존가치가 장부금액 이상으로 증가하는 경우 잔존가치가 장부금액 미만으로 감소할 때까지 무형자산의 상각액은 영(0)이 된다.

② 내용연수

내용연수가 유한한 무형자산이라면 무형자산의 상각대상금액은 그 자산의 추정내용연수 동안 체계적인 방법으로 배분한다.

무형자산의 추정내용연수는 계약상 권리 또는 법적 권리의 기간과 자산의 예상사용기간 중 짧은 기간으로 한다. 무형자산의 내용연수는 경제적 요인과 법적 요인의 영향을 받는데 내용연수는 이러한 요인에 의하여 결정된 기간 중 **짧은** 기간으로 한다.

③ 상각방법

무형자산의 상각방법은 무형자산의 경제적효익이 소비되는 형태를 반영하여 정액법, 체감잔액법, 생산량비례법 중에서 선택하되, 소비되는 형태를 신뢰성 있게 결정할 수 없는 경우에는 정액법을 사용한다. 무형자산의 사용을 포함하는 활동에서 창출되는 수익에 기초한 상각방법은 반증할 수 없는 한 적절하지 않다고 간주한다.

무형자산의 상각이 다른 자산의 제조와 관련된 경우라면 관련자산의 제조원가로, 그 밖의 경우에는 판매비와 관리비로 계상한다. 예컨대, 제조공정 개발과 관련된 개발비의 상각은 제조원가로 하여 재고자산의 원가에 포함시키며, 산업재산권에 포함되어 있는 상표권의 상각은 제조와 관련이 없으므로 판매비와 관리비로 처리한다.

| 구분 | 유형자산 | 무형자산 |
|---|---|---|
| 감가상각방법 | 경제적효익이 소비되는 방법을 반영한 방법 | 신뢰성 있게 결정할 수 없는 경우에는 정액법 |
| 잔존가치 | 내용연수 종료시점의 순처분가치 | 잔존가치는 일반적으로 0으로 본다. |
| 회계처리 | 간접법 | 직접법 |

**예제 8-5** 무형자산의 상각

㈜한국은 20×1년 1월 1일 ₩7,000,000을 지급하고 특허권을 구입하였다. 특허권의 등록을 위해 ₩500,000의 수수료를 지급하고 특허권을 취득, 등록하였다. 특허권의 법적 유효기간은 10년이나 경쟁사들의 기술 개발 등을 고려하면 해당 특허권은 5년 이후에는 사용하기 어려울 것으로 예측된다. 해당 특허권의 취득시점과 20×1년 12월 31일 상각시점의 회계처리를 하시오.

[해답]

특허권의 취득원가는 매입가액과 취득 시 부대비용을 가산하여 측정한다.

20×1년 1월 1일 (차) 특허권 7,500,000 (대) 현금 7,500,000
20×1년 12월 31일 (차) 상각비 1,500,000* (대) 특허권 1,500,000

* 무형자산상각비 = (₩7,500,000 − ₩0) × 1/5 = ₩1,500,000

※ 특허권의 상각방법과 잔존가치가 주어지지 않았지만 무형자산은 특별한 언급이 없다면 정액법으로 잔존가치는 ₩0으로 상각한다.

## 2. 재평가모형

### (1) 재평가 실시

최초 인식 후의 무형자산은 재평가일의 공정가치에서 이후의 상각누계액과 손상차손누계액을 차감한 재평가금액을 장부금액으로 한다. 공정가치는 활성시장을 기초로 하여 결정한다. 무형자산에 대한 활성시장이 존재하지 않는 경우 재평가모형을 적용할 수 없다.

또한 정부보조를 통하여 취득하고 명목상 금액으로 인식한 무형자산에도 재평가모형을 적용할 수 있다.

### (2) 재평가빈도

보고기간 말에 자산의 장부금액이 공정가치와 중요하게 차이가 나지 않도록 주기적으로 재평가를 실시한다. 그러므로 재평가빈도는 매년일 수도 있지만 그렇지 않을 수도 있다.

### (3) 재평가자산의 표시

무형자산을 재평가하는 경우 재평가일의 상각누계액은 다음 중 하나로 처리한다.
① 비례적 수정방법 : 재평가 후의 자산의 장부금액이 재평가금액과 일치하도록 자산의 총장부금액의 변동에 비례하여 상각누계액을 수정한다.
② 상각누계액 제거방법 : 상각누계액을 자산의 총장부금액에서 제거한 순액을 자산의 재평가금액으로 수정한다.

### (4) 재평가차손익의 회계처리

① 재평가 증 : 장부금액이 재평가로 증가된 경우 해당 증가액은 재평가잉여금이라는 과목으로 기타포괄손익으로 인식한다. 그러나 전기 이전 재평가로 인한 재평가손실이 있다면 이를 한도로 재평가이익이라는 당기이익을 인식한 후 초과분은 재평가잉여금의 과목으로 사본으로 인식한다.
② 재평가 감 : 장부금액이 재평가로 감소된 경우 해당 감소액은 재평가손실이라는 과목으로 당기손익으로 인식한다. 그러나 전기 이전 재평가로 인한 재평가잉여금이 있다면 이를 한도로 재평가잉여금이라는 자본의 감소를 먼저 인식한 후 초과분은 재평가손실의 과목으로 당기손익으로 인식한다.
③ 재평가잉여금 : 자본에 가감한 재평가잉여금의 잔액은 해당 잉여금이 실현되는 시점에 이익잉여금으로 직접 대체할 수 있다. 자산의 폐기나 처분 시점에 이익잉여금으로 실현하는 정책을 회사가 선택한 경우 대체가 가능하다. 또한 일부 잉여금은 자산을 사용하면서도 실현될 수 있다. 이러한 경우의 재평가잉여금은 재평가된 장부금액을 기초로 한 상각액과 자산의 역사적원가를 기초로 하여 인식하였을 경우의 상각액의 차이가 된다. 재평가잉여금을 이익잉여금으로 대체하는 것은 당기손익을 통하여 이루어지지 않는다.

(5) 무형자산의 활성시장이 존재하지 않는 경우

① 재평가한 무형자산과 같은 분류 내의 무형자산을 그 자산에 대한 활성시장이 없어서 재평가 할 수 없는 경우에는 취득원가에서 상각누계액과 손상차손누계액을 차감한 금액으로 표시 한다.

② 재평가한 무형자산의 공정가치를 더 이상 활성시장을 기초로 하여 결정할 수 없는 경우에는 자산의 장부금액은 활성시장을 기초로 한 최종 재평가일의 재평가금액에서 이후의 상각누계 액과 손상차손누계액을 차감한 금액으로 한다.

③ 재평가한 무형자산에 대하여 더 이상 활성시장이 존재하지 않는다는 것은 자산이 손상되어 손상검사를 할 필요가 있다는 것을 나타내는 것일 수 있다.

④ 만약, 다시 자산의 공정가치를 활성시장을 기초로 하여 결정할 수 있는 경우에는 그날부터 재평가모형을 적용한다.

---

**예제 8-6** 무형자산의 재평가

㈜한국은 20×1년 12월 31일 다음과 같은 무형자산을 보유하고 있다.
취득원가 ₩500,000 (상각누계액 ₩100,000) ㈜한국은 무형자산을 재평가모형으로 측정하였으며,
20×1년 12월 31일 현재 무형자산의 재평가금액은 ₩600,000이다.

[물음]
1. 20×1년 12월 31일의 ㈜한국의 회계처리를 하시오(단, ㈜한국은 상각누계액을 전액 제거하는 방법을 사용한다).
2. 20×2년 1월 1일 ㈜한국이 해당 무형자산을 ₩650,000에 처분하였다고 할 때, 처분손익을 계산 하시오(단, ㈜한국은 처분 시 이익잉여금으로 대체하는 회계처리를 선택하고 있다고 가정한다).

[해답]
1. 20×1년 12월 31일 회계처리

| (차) 상각비 | 100,000 | (대) 상각누계액 | 100,000 |
| (차) 상각누계액 | 100,000 | (대) 재평가잉여금 | 200,000 |
| 무형자산 | 100,000 | | |

2. 20×2년 1월 1일 회계처리

| (차) 현금 | 650,000 | (대) 무형자산 | 600,000 |
| | | 무형자산처분이익 | 50,000 |
| (차) 재평가잉여금 | 200,000 | (대) 이익잉여금 | 200,000 |

### 3. 무형자산의 후속 지출

무형자산의 취득 이후 지출도 해당 요건을 모두 충족하면 자산으로 처리하고, 그렇지 않은 경우에는 발생한 기간의 비용으로 인식한다.

① 미래경제적효익을 증가시킬 가능성이 높다.

② 관련 지출을 신뢰성 있게 측정할 수 있다.

그러나 무형자산은 취득 후의 추가 지출이 무형자산으로부터의 경제적효익이 증가될 것인지의 여부를 판단하는 것이 매우 어렵고, 그러한 지출을 특정 무형자산에 귀속시키는 것도 어렵다. 따라서 취득 또는 완성 후의 지출을 무형자산의 자본적 지출로 처리하는 것은 매우 제한적인 경우에만 허용되어야 한다.

### 4. 무형자산의 제거 및 손상

#### (1) 제거

① 무형자산은 처분하는 때 또는 사용이나 처분으로부터 미래경제적효익이 기대되지 않을 때 재무상태표에서 제거하고, 제거로 인하여 발생하는 손익은 해당 자산을 제거할 때 당기손익으로 인식한다.

② 무형자산 제거로 인한 손익은 순매각금액과 장부가액의 차이로 결정한다. 무형자산의 매각대가를 장기연불조건으로 수취하는 경우 현금가격상당액으로 결정한다.

#### (2) 손상

① 기업은 보고기간 말마다 무형자산에 대해서 자산손상을 시사하는 징후가 있는지 검토하고, 만약 그러한 징후가 있다면 해당 자산의 회수가능액을 추정한다. 단, 자산손상 징후에 관계없이 회수가능액과 장부금액을 비교하여 손상검사를 하는 경우도 있다.

| 구분 | 손상검사 절차 |
|---|---|
| 내용연수 비한정 무형자산, 아직 사용할 수 없는 무형자산 | 1년에 한번은 손상검사를 수행한다. 손상검사는 연차 회계기간 중 어느 때라도 가능하며 서로 다른 무형자산은 각기 다른 시점에 손상검사를 할 수 있다. 다만, 해당 회계연도 중에 이런 무형자산을 처음으로 인식한 경우 해당 회계연도 말 전에는 손상검사를 수행한다. |
| 사업결합으로 취득한 영업권 | 1년에 한번은 손상검사를 수행한다. |

② 원가모형 및 재평가모형의 손상은 유형자산과 회계처리가 동일하다.

01  권리의 법적 집행가능성은 통제의 필요조건이다. (    )

02  무형자산은 물리적 실체는 없지만 식별가능한 비화폐성 자산을 말한다. (    )

03  연구와 개발활동으로 인하여 물리적 형태가 있는 자산이 만들어진다면, 그 자산의 물리적 요소는 유형자산으로 인식한다. (    )

04  컴퓨터로 제어되는 기계장치가 특정 컴퓨터소프트웨어가 없으면 가동이 불가능한 경우 그 소프트웨어를 관련된 하드웨어의 일부로 보아 유형자산으로 회계처리한다. (    )

05  이미 비용으로 인식한 지출은 후속적으로 무형자산의 취득원가로 인식할 수 없다. (    )

06  내부적으로 창출한 영업권은 무형자산으로 인식한다. (    )

07  내부적으로 창출한 브랜드, 제호, 출판표제, 고객목록과 이와 실질이 유사한 항목은 무형자산으로 인식하지 않는다. (    )

08  내용연수가 유한한 무형자산의 내용연수는 경제적 요인과 법적 요인에 의해 결정된 기간 중 짧은 기간으로 한다. (    )

09  무형자산을 창출하기 위한 내부 프로젝트를 연구단계와 개발단계로 구분할 수 없는 경우에는 그 프로젝트에서 발생한 지출은 모두 개발단계에서 발생한 것으로 본다. (    )

10  기초가 되는 자원에서 유입되는 미래경제적효익을 확보할 수 있고 그 효익에 대한 제3자의 접근을 제한할 수 있다면 기업은 자산을 통제하고 있는 것이다. (    )

11  무형자산의 상각은 자산이 사용가능한 때부터 시작한다. (    )

12  무형자산의 잔존가치는 장부금액보다 큰 금액으로 증가할 수 없다. (    )

13  무형자산의 상각방법은 자산의 경제적효익이 소비되는 형태를 반영한 방법이어야 한다. 다만, 소비되는 형태를 신뢰성 있게 결정할 수 없는 경우에는 정액법을 사용한다. (    )

14 내용연수가 한정인 무형자산은 상각하지 않는다. (　)

15 시장에 대한 지식과 기술적 지식이 저작권, 계약상의 제약이나 법에 의한 종업원의 기밀유지 의무와 같은 법적 권리에 의하여 보호된다면, 기업은 그러한 지식에서 얻을 수 있는 미래경제적효익을 통제하고 있는 것이다. (　)

16 자산의 공정가치를 신뢰성 있게 측정할 수 있다면, 사업결합 전에 그 자산을 피취득자가 인식하였는지 여부에 관계없이, 취득자는 취득일에 피취득자의 무형자산을 영업권과 분리하여 인식한다. (　)

17 새롭거나 개선된 재료, 장치, 제품, 공정, 시스템이나 용역에 대한 여러 가지 대체안을 제안, 설계, 평가, 최종 선택하는 활동은 개발활동이다. (　)

18 상업적 생산 목적으로 실현가능한 경제적 규모가 아닌 시험공장을 설계, 건설, 가동하는 활동은 연구활동이다. (　)

19 연구결과나 기타 지식을 탐색, 평가, 최종 선택, 응용하는 활동은 연구활동이다. (　)

20 영업권은 손상 여부와 관계없이 매년 손상검사를 한다. 손상차손의 인식 후 손상 환입의 객관적인 증거가 있는 경우 손상차손을 환입한다. (　)

01　권리의 법적 집행가능성은 통제의 필요조건이다. ( ✕ )
　　▶ 권리의 법적 집행가능성은 통제의 필요조건은 아니다.

02　무형자산은 물리적 실체는 없지만 식별가능한 비화폐성 자산을 말한다. ( ○ )

03　연구와 개발활동으로 인하여 물리적 형태가 있는 자산이 만들어진다면, 그 자산의 물리적 요소는 유형
　　자산으로 인식한다. ( ✕ )
　　▶ 연구와 개발활동으로 인하여 물리적 형태가 있는 자산이 만들어지더라도 그 자산의 물리적 요소는
　　　지식에 부수적인 것으로 보아 무형자산으로 인식한다.

04　컴퓨터로 제어되는 기계장치가 특정 컴퓨터소프트웨어가 없으면 가동이 불가능한 경우 그 소프트웨어
　　를 관련된 하드웨어의 일부로 보아 유형자산으로 회계처리한다. ( ○ )

05　이미 비용으로 인식한 지출은 후속적으로 무형자산의 취득원가로 인식할 수 없다. ( ○ )

06　내부적으로 창출한 영업권은 무형자산으로 인식한다. ( ✕ )
　　▶ 내부적으로 창출한 영업권은 무형자산으로 인식하지 않는다.

07　내부적으로 창출한 브랜드, 제호, 출판표제, 고객목록과 이와 실질이 유사한 항목은 무형자산으로 인식
　　하지 않는다. ( ○ )

08　무형자산의 내용연수는 경제적 요인과 법적 요인에 의해 결정된 기간 중 짧은 기간으로 한다. ( ○ )

09　무형자산을 창출하기 위한 내부 프로젝트를 연구단계와 개발단계로 구분할 수 없는 경우에는 그 프로
　　젝트에서 발생한 지출은 모두 개발단계에서 발생한 것으로 본다. ( ✕ )
　　▶ 연구단계와 개발단계로 구분할 수 없는 경우 그 프로젝트에서 발생한 지출은 모두 연구단계에서
　　　발생한 것으로 본다.

10　기초가 되는 자원에서 유입되는 미래경제적효익을 확보할 수 있고 그 효익에 대한 제3자의 접근을
　　제한할 수 있다면 기업은 자산을 통제하고 있는 것이다. ( ○ )

11　무형자산의 상각은 자산이 사용가능한 때부터 시작한다. ( ○ )

12　무형자산의 잔존가치는 장부금액보다 큰 금액으로 증가할 수 없다. ( ✕ )
　　▶ 무형자산의 잔존가치는 장부금액보다 크거나 같을 수 있다.

13 무형자산의 상각방법은 자산의 경제적효익이 소비되는 형태를 반영한 방법이어야 한다. 다만, 소비되는 형태를 신뢰성 있게 결정할 수 없는 경우에는 정액법을 사용한다. ( ○ )

14 내용연수가 한정인 무형자산은 상각하지 않는다. ( X )
➡ 내용연수가 비한정인 무형자산은 상각하지 않는다.

15 시장에 대한 지식과 기술적 지식이 저작권, 계약상의 제약이나 법에 의한 종업원의 기밀유지 의무와 같은 법적 권리에 의하여 보호된다면, 기업은 그러한 지식에서 얻을 수 있는 미래경제적효익을 통제하고 있는 것이다. ( ○ )

16 자산의 공정가치를 신뢰성 있게 측정할 수 있다면, 사업결합 전에 그 자산을 피취득자가 인식하였는지 여부에 관계없이, 취득자는 취득일에 피취득자의 무형자산을 영업권과 분리하여 인식한다. ( ○ )

17 새롭거나 개선된 재료, 장치, 제품, 공정, 시스템이나 용역에 대한 여러 가지 대체안을 제안, 설계, 평가, 최종 선택하는 활동은 개발활동이다. ( X )
➡ 연구활동이다.

18 상업적 생산 목적으로 실현가능한 경제적 규모가 아닌 시험공장을 설계, 건설, 가동하는 활동은 연구활동이다. ( X )
➡ 개발활동이다.

19 연구결과나 기타 지식을 탐색, 평가, 최종 선택, 응용하는 활동은 연구활동이다. ( ○ )

20 영업권은 손상 여부와 관계없이 매년 손상검사를 한다. 손상차손의 인식 후 손상 환입의 객관적인 증거가 있는 경우 손상차손을 환입한다. ( X )
➡ 영업권은 손상차손의 인식은 있지만 손상차손의 환입은 없다.

답➡ 01 X 02 ○ 03 X 04 ○ 05 ○ 06 X 07 ○ 08 ○ 09 X 10 ○
11 ○ 12 X 13 ○ 14 X 15 ○ 16 ○ 17 X 18 X 19 ○ 20 X

## 01 무형자산에 관한 설명으로 옳지 않은 것은? 13년 기출

① 무형자산을 최초로 인식할 때에는 공정가치로 측정한다.
② 최초에 비용으로 인식한 무형자산에 대한 지출은 그 이후에 무형자산의 원가로 인식할 수 없다.
③ 자산에서 발생하는 미래경제적효익이 기업에 유입될 가능성이 높고 자산의 원가를 신뢰성 있게 측정할 수 있을 때에만 무형자산을 인식한다.
④ 자산을 사용가능한 상태로 만드는 데 직접적으로 발생하는 종업원 급여와 같은 직접 관련되는 원가는 무형자산의 원가에 포함한다.
⑤ 새로운 지역에서 또는 새로운 계층의 고객을 대상으로 사업을 수행하는 데서 발생하는 원가 등은 무형자산 원가에 포함하지 않는다.

**해설**
무형자산을 최초로 인식할 때에는 원가로 측정한다.

## 02 무형자산에 관한 설명으로 옳지 않은 것은? 10년 CTA

① 사업결합으로 취득한 연구개발프로젝트의 경우 사업결합 전에 그 자산을 피취득자가 인식하였는지 여부에 관계없이 취득일에 무형자산의 정의를 충족한다면 취득자는 영업권과 분리하여 별도의 무형자산으로 인식한다.
② 내부적으로 창출한 브랜드, 제호, 출판표제, 고객목록은 무형자산으로 인식하지 않는다.
③ 자산을 운용하는 직원의 교육훈련과 관련된 지출은 내부적으로 창출한 무형자산의 원가에 포함한다.
④ 무형자산을 창출하기 위한 내부프로젝트를 연구단계와 개발단계로 구분할 수 없는 경우에는 그 프로젝트에서 발생한 지출은 모두 연구단계에서 발생한 것으로 본다.
⑤ 교환거래(사업결합과정에서 발생한 것이 아닌)로 취득한 동일하거나 유사한, 비계약적 고객관계는 고객관계를 보호할 법적 권리가 없는 경우에도 무형자산의 정의를 충족한다.

**해설**
자산을 운용하는 직원의 교육훈련과 관련된 지출은 내부적으로 창출한 무형자산의 원가에 포함하지 않고 발생한 시점의 비용으로 인식한다.

## 03 다음 중 무형자산의 회계처리에 대한 설명으로 타당하지 않은 것은? [10년 CPA]

① 최초에 비용으로 인식한 무형항목에 대한 지출은 그 이후에 무형자산의 원가로 인식할 수 없다.

② 내용연수가 유한한 무형자산의 잔존가치는 해당 자산의 장부금액과 같을 수는 있으나, 장부금액보다 더 클 수는 없다.

③ 내부적으로 창출한 영업권은 무형자산으로 인식하지 않는다.

④ 내용연수가 비한정인 무형자산은 상각하지 아니하지만, 내용연수가 유한한 무형자산은 상각하고 상각기간과 상각방법은 적어도 매 보고기간 말에 검토한다.

⑤ 무형자산의 회계정책으로 원가모형이나 재평가모형을 선택할 수 있다.

**해설**

무형자산의 잔존가치는 해당 자산의 장부금액과 같거나 큰 금액으로 증가할 수 있으며, 이 경우 해당 자산의 잔존가치가 장부금액보다 작은 금액으로 감소될 때까지는 무형자산의 상각액은 영(0)이 된다.

## 04 다음 중 무형자산에 관한 설명으로 옳지 않은 것은?

① 무형자산은 해당 자산으로부터 발생하는 미래의 경제적효익이 기업에 유입될 가능성이 높고 자산의 원가를 신뢰성 있게 측정할 수 있을 때 인식한다.

② 프로젝트의 연구단계에서 발생한 지출은 항상 발생한 기간의 비용으로 처리한다.

③ 내부적으로 창출된 브랜드, 고객목록 및 이와 유사한 항목에 대한 지출은 무형자산으로 인식하지 않는다.

④ 생산 전 또는 사용 전의 시제품과 모형을 설계, 제작 및 시험하는 활동은 연구단계로 구분한다.

⑤ 무형자산에 대한 지출로서 과거 회계연도의 재무제표나 중간재무제표에서 비용으로 인식한 지출은 그 후의 기간에 무형자산의 취득원가로 인식할 수 없다.

**해설**

생산 전 또는 사용 전의 시제품과 모형을 설계, 제작 및 시험하는 활동은 개발단계이다.

## 05 무형자산에 관한 설명으로 옳지 않은 것은? 23년 기출

① 무형자산은 손상의 징후가 있거나 그 자산을 사용하지 않을 때에 상각을 중지한다.

② 무형자산의 인식기준을 충족하지 못해 비용으로 인식한 지출은 그 이후에 무형자산의 원가로 인식할 수 없다.

③ 내부적으로 창출한 영업권은 자산으로 인식하지 아니한다.

④ 개별취득 무형자산은 자산에서 발생하는 미래경제적효익의 유입가능성이 높다는 인식기준을 항상 충족한다.

⑤ 무형자산으로 정의되려면 식별가능성, 자원에 대한 통제와 미래경제적효익의 존재를 충족하여야 한다.

**해설**

무형자산은 매각예정으로 분류되거나 제거되는 날 중 이른 날에 상각을 중지한다.

## 06 기업회계기준서 제1038호 '무형자산'에서 "내부적으로 창출한 무형자산의 원가는 그 자산의 창출, 제조 및 경영자가 의도하는 방식으로 운영될 수 있게 준비하는 데 필요한 직접 관련된 모든 원가를 포함한다"고 설명하고 있다. 다음 중 내부적으로 창출한 무형자산의 원가에 포함하지 않는 것은 무엇인가? 19년 CPA

① 무형자산의 창출에 사용되었거나 소비된 재료원가, 용역원가

② 무형자산에 대한 법적 권리를 등록하기 위한 수수료

③ 무형자산의 창출을 위하여 발생한 종업원급여

④ 무형자산을 운용하는 직원의 교육훈련과 관련된 지출

⑤ 무형자산의 창출에 사용된 특허권과 라이선스의 상각비

**해설**

무형자산을 운용하는 직원의 교육훈련과 관련된 지출은 무형자산 원가에 포함하지 않는다.

## 07 무형자산에 관한 설명으로 옳지 않은 것은?  16년 기출

① 내부적으로 창출한 영업권은 자산으로 인식하지 않는다.
② 사업결합으로 인식하는 영업권은 사업결합에서 획득하였지만 개별적으로 식별하여 별도로 인식하는 것이 불가능한 그 밖의 자산에서 발생하는 미래경제적효익을 나타내는 자산이다.
③ 무형자산을 창출하기 위한 내부 프로젝트를 연구단계와 개발단계로 구분할 수 없는 경우에는 그 프로젝트에서 발생한 지출은 모두 연구단계에서 발생한 것으로 본다.
④ 자산에서 발생하는 미래경제적효익이 기업에 유입될 가능성이 높고 자산의 원가를 신뢰성 있게 측정할 수 있는 경우에만 무형자산을 인식한다.
⑤ 경영자가 의도하는 방식으로 운용될 수 있으나 아직 사용하지 않고 있는 기간에 발생한 원가는 무형자산의 장부금액에 포함한다.

**해설**

경영자가 의도하는 방식으로 운용될 수 있으나 아직 사용하지 않고 있는 기간에 발생한 원가는 무형자산의 장부금액에 포함하지 않는다.

## 08 무형자산에 관한 다음 설명 중 옳은 것은?  18년 CPA

① 무형자산을 최초로 인식할 때에는 공정가치로 측정한다.
② 내용연수가 비한정인 무형자산은 상각하지 않는다.
③ 내용연수가 비한정인 무형자산을 유한 내용연수로 재평가하는 경우에는 자산손상의 징후에 해당되지 않으므로 손상차손을 인식하지 않는다.
④ 내용연수가 유한한 무형자산의 잔존가치는 내용연수 종료 시점에 제3자가 자산을 구입하기로 한 약정이 있다고 하더라도 영(0)으로 본다.
⑤ 미래경제적효익 창출에 대해 식별가능하고 해당 원가를 신뢰성 있게 결정할 수 있는 경우에는 내부적으로 창출한 영업권이라도 무형자산으로 인식할 수 있다.

**해설**

① 무형자산을 최초로 인식할 때에는 원가로 측정한다.
③ 내용연수기 비한정인 무형자산을 유한 내용연수로 재평가하는 경우에는 자산손상의 징후에 해당한다.
④ 내용연수가 유한한 무형자산의 잔존가치는 내용연수 종료 시점에 제3자가 자산을 구입하기로 한 약정이 있다면 영(0)으로 보지 않는다.
⑤ 내부적으로 창출한 영업권은 무형자산으로 인식하지 않는다.

## 09

다음은 ㈜감평의 20×1년 연구 및 개발활동 지출에 관한 자료이다. ㈜감평이 20×1년에 연구활동으로 분류해야 하는 금액은? 15년 기출

- 새로운 지식을 얻고자 하는 활동 : ₩100,000
- 연구결과나 기타 지식을 최종 선택하는 활동 : ₩200,000
- 생산이나 사용 전의 시제품과 모형을 제작하는 활동 : ₩350,000
- 상업적 생산목적으로 실현가능한 경제적 규모가 아닌 시험공장을 건설하는 활동 : ₩400,000

① ₩300,000          ② ₩450,000          ③ ₩500,000
④ ₩550,000          ⑤ ₩600,000

해설

연구활동 : 새로운 지식을 얻고자 하는 활동, 연구결과나 기타 지식을 최종 선택하는 활동

## 10

무형자산 회계처리에 관한 설명으로 옳은 것을 모두 고른 것은? 19년 기출

ㄱ. 내용연수가 비한정적인 무형자산은 상각하지 않고, 무형자산의 손상을 시사하는 징후가 있을 경우에 한하여 손상검사를 수행해야 한다.
ㄴ. 무형자산을 창출하기 위한 내부 프로젝트를 연구단계와 개발단계로 구분할 수 없는 경우에는 그 프로젝트에서 발생한 지출은 모두 연구단계에서 발생한 것으로 본다.
ㄷ. 브랜드, 제호, 출판표제, 고객목록 및 이와 실질이 유사한 항목은 그것을 외부에서 창출하였는지 또는 내부적으로 창출하였는지에 관계없이 취득이나 완성 후의 지출은 발생시점에 무형자산의 원가로 인식한다.
ㄹ. 내용연수가 유한한 무형자산의 잔존가치는 적어도 매 회계연도 말에는 검토하고, 잔존가치의 변동은 회계추정의 변경으로 처리한다.
ㅁ. 무형자산은 처분하는 때 또는 사용이나 처분으로부터 미래경제적효익이 기대되지 않을 때 재무상태표에서 제거한다.

① ㄱ, ㄴ, ㄷ          ② ㄱ, ㄷ, ㄹ          ③ ㄱ, ㄹ, ㅁ
④ ㄴ, ㄷ, ㅁ          ⑤ ㄴ, ㄹ, ㅁ

해설

ㄱ. 내용연수가 비한정인 무형자산은 상각하지 않고, 매년 그리고 손상징후가 있을 때 손상검사를 수행한다.
ㄷ. 브랜드, 제호, 출판표제, 고객목록 및 이와 실질이 유사한 항목은 그것을 외부에서 창출하였는지 또는 내부적으로 창출하였는지에 관계없이 취득이나 완성 후의 지출은 무형자산 원가로 인식하지 아니한다.

**11** 무형자산의 회계처리에 관한 설명으로 옳은 것을 모두 고른 것은?  24년 기출

> ㄱ. 경영자가 의도하는 방식으로 운용될 수 있으나 아직 사용하지 않고 있는 기간에 발생한 원가는 무형자산의 장부금액에 포함한다.
> ㄴ. 자산을 사용가능한 상태로 만드는데 직접적으로 발생하는 종업원 급여와 같은 직접 관련되는 원가는 무형자산의 원가에 포함한다.
> ㄷ. 최초에 비용으로 인식한 무형항목에 대한 지출은 그 이후에 무형자산의 원가를 신뢰성 있게 측정할 수 있다면 무형자산으로 인식할 수 있다.
> ㄹ. 새로운 지역에서 또는 새로운 계층의 고객을 대상으로 사업을 수행하는 데서 발생하는 원가 등은 무형자산 원가에 포함하지 않는다.

① ㄱ, ㄴ      ② ㄱ, ㄷ      ③ ㄱ, ㄹ
④ ㄴ, ㄷ      ⑤ ㄴ, ㄹ

**해설**

ㄱ. 경영자가 의도하는 방식으로 운용될 수 있으나 아직 사용하지 않고 있는 기간에 발생한 원가는 무형자산의 장부금액에 포함하지 아니한다.
ㄷ. 최초에 비용으로 인식한 무형항목에 대한 지출은 그 이후에 무형자산의 원가로 인식할 수 없다.

**12** 상품매매기업인 ㈜감평은 20×1년 1월 1일 특허권(내용연수 5년, 잔존가치 ₩0)과 상표권(비한정적 내용연수, 잔존가치 ₩0)을 각각 ₩100,000과 ₩200,000에 취득하였다. ㈜감평은 무형자산에 대해 원가모형을 적용하며, 정액법에 의한 월할상각을 한다. 특허권과 상표권 회수가능액 자료가 다음과 같을 때, 20×2년도 포괄손익계산서에 인식할 당기비용은? (단, 20×2년 말 모든 무형자산의 회수가능액 감소는 손상징후에 해당된다.)  17년 기출

| 구분 | 특허권 | 상표권 |
|---|---|---|
| 20×1년 말 회수가능액 | ₩90,000 | ₩200,000 |
| 20×2년 말 회수가능액 | 35,000 | 120,000 |

① ₩45,000      ② ₩105,000      ③ ₩120,000
④ ₩125,000      ⑤ ₩145,000

**해설**

1) 특허권 회계처리

| | | | | | |
|---|---|---|---|---|---|
| 20×1.1.1 | (차) 특허권 | 100,000 | (대) 현금 | 100,000 |
| 20×1.12.31 | (차) 상각비 | 20,000 | (대) 특허권 | 20,000 |
| 20×2.12.31 | (차) 상각비 | 20,000 | (대) 특허권 | 20,000 |
| | (차) 손상차손 | 25,000 | (대) 특허권 | 25,000 |

2) 상표권은 내용연수가 비한정인 무형자산으로 상각하지 않고 매년 말 손상검토한다. 20×2년에 손상이 발생하였으므로 손상차손 = ₩200,000 − ₩120,000 = ₩80,000

3) 20×2년 당기비용 = ₩20,000(상각비) + ₩25,000(손상차손) + ₩80,000(상표권 손상차손)
= ₩125,000

**13** 20×3년 초 ㈜대한은 ㈜세종의 보통주식 100%를 취득하여 흡수합병하면서 합병대가로 ₩200,000을 지급하였으며, 합병관련 자문수수료로 ₩20,000이 지출되었다. 합병 시 ㈜세종의 재무상태표는 다음과 같다.

**재무상태표**

| ㈜ 세종 | 20×3년 1월 1일 현재 | | (단위 : 원) |
|---|---|---|---|
| 매출채권 | ₩46,000 | 매입채무 | ₩92,000 |
| 상품 | 50,000 | 납입자본 | 60,000 |
| 토지 | 78,000 | 이익잉여금 | 22,000 |
| 자산총계 | ₩174,000 | 부채와 자본총계 | ₩174,000 |

20×3년 초 ㈜대한이 ㈜세종의 자산, 부채에 대하여 공정가치로 평가한 결과, 매출채권과 매입채무는 장부금액과 동일하고, 상품은 장부금액 대비 20% 더 높고, 토지는 장부금액 대비 40% 더 높았다. ㈜대한이 흡수합병과 관련하여 인식할 영업권은 얼마인가?

14년 CTA

① ₩76,800　　② ₩86,800　　③ ₩96,800

④ ₩118,000　　⑤ ₩138,000

**해설**

〈사업결합 회계처리〉

| (차) 매출채권 | 46,000 | (대) 매입채무 | 92,000 |
|---|---|---|---|
| 상품 | 60,000 | 현금 | 200,000 |
| 토지 | 109,200 | | |
| 영업권 | 76,800 | | |
| (차) 합병수수료(비용) | 20,000 | (대) 현금 | 20,000 |

합병수수료는 영업권에 영향을 주지 않는다.

**14** ㈜서울은 20×1년 초에 ㈜한국을 흡수합병하기로 하고 ㈜한국의 주주들에게 ₩55,000,000을 지급하였다. 합병시점에서 ㈜한국의 식별가능한 자산과 부채의 장부금액 및 공정가치는 다음과 같다.

| 구분 | 장부금액 | 공정가치 |
|---|---|---|
| 비유동자산 | ₩27,000,000 | ₩31,000,000 |
| 유동자산 | 8,000,000 | 9,000,000 |
| 비유동부채 | 5,000,000 | 6,000,000 |
| 유동부채 | 6,000,000 | 6,000,000 |

이 합병을 통해 ㈜서울이 인식할 영업권은? 11년 기출

① ₩0      ② ₩3,000,000      ③ ₩4,000,000
④ ₩27,000,000      ⑤ ₩31,000,000

해설

1) 순자산의 공정가치
  = ₩31,000,000 + ₩9,000,000 − ₩6,000,000 − ₩6,000,000
  = ₩28,000,000
2) 영업권 = ₩55,000,000(이전대가) − ₩28,000,000(순자산의 공정가치) = ₩27,000,000

**15** ㈜대한은 20×1년 12월 31일에 현금 ₩120,000을 지불하고 ㈜민국을 합병하였다. 취득일 현재 ㈜민국의 식별가능한 순자산 장부금액과 공정가치는 다음과 같다.

| 구분 | 장부금액 | 공정가치 |
|---|---|---|
| 기타자산 | ₩20,000 | ₩24,000 |
| 유형자산 | 60,000 | 108,000 |
| 부채 | 40,000 | 40,000 |
| 자본 | 40,000 | |

(추가사항)
㈜민국은 자원유출가능성은 높지 않아 장부에 반영하지 않았던 우발부채가 있으며, 우발부채의 취득일 현재 신뢰성 있는 공정가치 측정치는 ₩8,000이었다.

취득일에 합병과 관련하여 ㈜대한이 인식할 영업권은? 13년 기출

① ₩28,000      ② ₩36,000      ③ ₩40,000
④ ₩72,000      ⑤ ₩80,000

해설

1) 순자산의 공정가치 = ₩24,000 + ₩108,000 − ₩40,000 − ₩8,000(충당부채) = ₩84,000
   → ㈜민국이 우발부채를 인식하지 않았더라도 공정가치를 측정할 수 있으면 ㈜대한은 이를
   충당부채로 인식한다.
2) 영업권 = ₩120,000(이전대가) − ₩84,000(순자산의 공정가치) = ₩36,000

**16** ㈜감평은 20×4년 1월 1일 ㈜대한을 흡수합병하였다. 합병관련 자료가 다음과 같을
때 합병 시 영업권의 금액은? 15년 기출

(1) 합병일 현재 ㈜대한의 재무상태표는 다음과 같다.

| | |
|---|---|
| • 현금 | ₩2,000,000 |
| • 매출채권 | 4,000,000 |
| • 토지 | 4,000,000 |
| • 건물 | 14,000,000 |
| • 매입채무 | 2,000,000 |
| • 장기차입금 | 4,000,000 |
| • 자본금 | 12,000,000 |
| • 이익잉여금 | 6,000,000 |

(2) 합병일 현재 토지와 건물의 공정가치는 각각 ₩10,000,000과 ₩20,000,000이며,
그외 자산과 부채의 공정가치는 장부금액과 동일하다.
(3) ㈜감평은 합병대가로 현금 ₩3,500,000과 보통주 100,000주(액면가 ₩100, 발행가
₩150, 시가 ₩300)를 발행하여 교부하였다.

① ₩1,550,000          ② ₩2,500,000          ③ ₩3,500,000
④ ₩4,500,000          ⑤ ₩15,500,000

해설

1) 합병 시 순자산의 공정가치
   = (₩2,000,000 + ₩4,000,000 + ₩10,000,000 + ₩20,000,000) − ₩2,000,000 − ₩4,000,000
   = ₩30,000,000
2) 이전대가(공정가치) = ₩3,500,000 + 100,000주 × ₩300 = ₩33,500,000
3) 영업권 = ₩33,500,000(이전대가) − ₩30,000,000(순자산의 공정가치) = ₩3,500,000

답 ▶
01 ① 02 ③ 03 ② 04 ④ 05 ①
06 ④ 07 ⑤ 08 ② 09 ① 10 ⑤
11 ⑤ 12 ④ 13 ① 14 ④ 15 ②
16 ③

## 제9절 투자부동산

**1** 투자부동산의 의의

### 1. 투자부동산이란?

투자부동산이란 임대수익이나 시세차익 또는 이 둘 모두를 얻기 위하여 소유자나 금융리스의 이용자가 보유하고 있는 부동산을 의미한다.

투자부동산은 기업이 보유하고 있는 다른 자산과 거의 독립적으로 현금흐름을 창출한다는 점에서 자가사용부동산, 재고자산과 구별된다.

즉, 부동산은 보유목적에 따라 다음과 같이 구별한다.

① 임대수익, 시세차익 목적 : 투자부동산

② 재화의 생산이나 용역의 제공 또는 관리목적 : 유형자산(자가사용부동산)

③ 정상적인 영업과정에서 판매를 목적 : 재고자산

### 2. 투자부동산의 예

> ① 장기 시세차익을 얻기 위하여 보유하고 있는 토지
> ② 장래 사용목적을 결정하지 못한 채로 보유하고 있는 토지
> ③ 직접 소유하고 운용리스로 제공하고 있는 건물(또는 보유하고 있는 건물에 관련되고 운용리스로 제공하고 있는 사용권자산)
> ④ 운용리스로 제공하기 위하여 보유하고 있는 건물
> ⑤ 미래에 투자부동산으로 사용하기 위하여 건설 또는 개발 중인 부동산

\* 리스는 리스제공자 입장에서 금융리스와 운용리스로 분류한다. 리스제공자이 입장에서 자산의 소유에 따른 위험과 보상의 대부분을 리스이용자에게 이전하는 리스를 금융리스라고 하고, 자산의 소유에 따른 위험과 보상의 대부분을 리스이용자에게 이전하지 않는 리스를 운용리스라고 한다. 리스이용자는 금융리스나 운용리스에 따라 회계처리가 달라지지 않는다.

### 3. 투자부동산이 아닌 예

> ① 통상적인 영업과정에서 판매하기 위한 부동산이나 이를 위하여 건설 또는 개발 중인 부동산
> ② 제3자를 위하여 건설 또는 개발 중인 부동산
> ③ 자가사용부동산(미래에 자가사용하기 위한 부동산, 미래에 개발 후 자가사용할 부동산 종업원이 사용하고 있는 부동산(종업원이 시장가격으로 임차료를 지급하고 있는지는 관계없음), 처분예정인 자가사용부동산 포함)
> ④ 금융리스로 제공한 부동산

### 4. 처분예정인 부동산의 분류

처분예정인 부동산의 분류는 다음과 같다.

① 처분예정 자가사용부동산 : 투자부동산으로 분류하지 않는다. 분류변경하지 않고 계속하여 자가사용부동산으로 분류한다.
② 처분예정 투자부동산 : 투자부동산으로 분류한다.

## 5. 투자부동산의 구분

### (1) 이중 목적

부동산 중 일부는 임대수익이나 시세차익 목적이며, 일부분은 재화의 생산이나 용역의 제공 또는 관리목적에 사용하기 위하여 보유할 수 있다. 이 경우 다음과 같이 회계처리한다.

① 부분별로 분리하여 매각(또는 금융리스로 제공)할 수 있으면 각 부분을 분리하여 회계처리한다.
② 부분별로 분리하여 매각할 수 없다면, 재화나 용역의 생산이나 제공 또는 관리목적에 사용하기 위하여 보유하는 부분이 경미한 경우에만 해당 부동산을 투자부동산으로 분류한다.

### (2) 부수적인 용역 제공

① 부동산 중에서 부동산의 소유자가 사용자에게 부수적인 용역을 제공하는 경우가 있다. 대표적으로 건물임대 시 소유자가 제공하는 관리용역의 서비스가 그 예이다.
② 반면, 부동산의 소유자가 제공하는 용역이 중요한 경우도 있다. 호텔에서 투숙객에게 제공하는 용역은 전체 계약에서 중요한 비중을 차지한다. 이러한 경우에는 소유자가 직접 경영하는 호텔에 대해 자가사용부동산으로 분류한다.
③ 전체 계약에서 그러한 용역의 비중이 중요하지 않다면 부동산 소유자는 해당 부동산을 투자부동산으로 분류하며, 용역이 중요한 비중을 차지하면 자가사용부동산으로 분류한다.

### (3) 지배기업 또는 다른 종속기업에게 부동산을 리스하는 경우

지배기업 또는 다른 종속기업에게 부동산을 리스하는 경우는 연결재무제표와 개별재무제표에 따라 다음과 같이 분류된다.

① 연결재무제표에서는 투자부동산으로 분류할 수 없다. 연결재무제표에서 리스제공자와 리스이용자는 모두 연결실체이므로 자가사용부동산이다.
② 지배기업의 별도재무제표 또는 종속기업의 개별재무제표에서는 투자부동산의 정의를 충족하면 투자부동산으로 분류한다.

| 구분 | | 내용 |
|---|---|---|
| 일부만 투자부동산 | 분리하여 매각 가능 | 각 부분을 분리하여 회계처리 |
| | 분리매각 불가능 | 자가사용 부분이 경미한 경우에만 해당 부동산을 투자부동산으로 분류 |
| 부동산 소유자가 부수적 용역을 제공 | 제공하는 용역이 경미 | 투자부동산으로 분류 |
| | 제공하는 용역이 유의적 | 자가사용부동산으로 분류 |

## 2 투자부동산의 인식 및 측정

### 1. 인식

소유 투자부동산은 다른 자산과 마찬가지로 다음과 같은 조건을 모두 충족할 때 자산으로 인식한다.

> (1) 투자부동산에서 발생하는 미래경제적효익의 유입가능성이 높다.
> (2) 투자부동산의 원가를 신뢰성 있게 측정할 수 있다.

**투자부동산은 최초 인식시점에 원가로 측정하며, 거래원가는 최초 측정에 포함한다.** 투자부동산의 원가에는 당해 자산을 취득하기 위하여 최초로 발생한 원가와 후속적으로 발생한 추가원가, 대체원가가 포함되며, 일상적으로 발생하는 유지원가는 발생기간의 비용으로 인식한다.

### 2. 개별취득

투자부동산을 최초로 인식하는 경우 인식시점에서 **원가로 측정(거래원가 포함)**한다.
투자부동산을 장기 후불조건으로 취득하는 경우는 현금가격상당액으로 하며, 명목금액과 현금가격상당액의 차이는 자본화하지 않는 한 신용기간에 걸쳐 이자비용으로 인식한다.
그러나 다음의 항목은 투자부동산의 원가에 포함하지 아니한다.

> ① 경영진이 의도하는 방식으로 부동산을 운영하는 데 필요한 상태에 이르게 하는 데 직접 관련이 없는 초기원가
> ② 계획된 사용수준에 도달하기 전에 발생하는 부동산의 운영손실
> ③ 건설이나 개발 과정에서 발생한 비정상적인 원재료, 인력 및 기타 자원의 낭비 금액

### 3. 교환취득

교환취득 시는 유형자산과 회계처리가 동일하다.

## 3 투자부동산의 후속 측정

**투자부동산은 원가모형이나 공정가치모형 중 하나를 선택하여 모든 투자부동산에 적용한다.** 공정가치모형에서 원가모형으로 변경하는 것은 더욱 적절하게 표시하게 될 가능성은 매우 낮다.
모든 기업은 투자부동산의 측정이나 공시를 위하여 공정가치를 측정하여야 한다. 투자부동산의 공정가 평가는 전문가의 도움을 받을 수 있으나 반드시 의무적으로 할 필요는 없다.

### 1. 원가모형

원가모형을 선택한 경우 모든 투자부동산은 투자부동산의 원가를 내용연수에 걸쳐 감가상각한다. 다만, 투자부동산에 원가모형을 적용하더라도 투자부동산의 공정가치 정보를 주석에 공시해야 하므로 투자부동산을 보유하는 모든 기업은 투자부동산의 공정가치를 측정할 필요가 있다. 원가모형과 공정가치모형 간의 선택은 회계정책의 변경에 해당한다.

## 2. 공정가치모형

① 투자부동산의 평가방법으로 공정가치모형을 선택한 경우 공정가치를 신뢰성 있게 측정하기 어려운 경우가 아니라면, 최초 인식 후 모든 투자부동산을 공정가치로 측정한다.

② 리스이용자는 리스계약에 따라 이전받은 자산을 사용권자산으로 인식하는데, 만약에 이전받은 부동산을 임대목적으로 사용한다면 사용권자산을 투자부동산으로 분류한다. 이때 회사가 투자부동산에 공정가치모형을 적용한다면, 모든 투자부동산에 대해서 공정가치모형을 적용해야 하므로 투자부동산으로 분류한 사용권자산에 대해서도 공정가치모형을 적용한다.

③ 공정가치모형을 선택한 경우 감가상각은 하지 않고 매년 공정가치 변동에 따른 손익은 발생한 기간의 당기손익에 반영한다.

④ 공정가치모형은 매년 공정가치를 평가하여 해당 차익을 당기손익으로 인식하기 때문에 감가상각 여부와 무관하게 해당 회계기간의 당기손익효과가 동일하므로 감가상각을 인식하지 않는다.

| 원가모형 | 공정가치모형 |
| --- | --- |
| 경제적 내용연수 동안 감가상각 | 감가상각하지 않고, 매년 말 공정가치로 평가하며 평가과정에서 발생한 평가손익은 당기손익으로 회계처리 |

| 계정과목 | 평가모형 | 평가시기 | 평가손익 | 감가상각 여부 |
| --- | --- | --- | --- | --- |
| 유형자산 | 재평가모형 | 주기적 | 당기손익, 기타포괄손익 | O |
| 투자부동산 | 공정가치모형 | 매년 | 당기손익 | × |

**예제 9-1** 투자부동산 후속 측정

㈜한국은 20×1년 1월 1일 내용연수 5년, 잔존가치 ₩0의 건물을 ₩500,000에 구입하였다. ㈜한국은 해당 건물을 정액법으로 감가상각한다.
㈜한국은 해당 건물을 투자부동산으로 분류하였으며 해당 건물의 각 보고기간 말 공정가치는 다음과 같다.

| 20×1년 말 | 20×2년 말 |
| --- | --- |
| ₩550,000 | ₩400,000 |

[물음]
1. ㈜한국이 해당 투자부동산에 대해 원가모형을 적용한다고 할 때, 해당 부동산의 취득시점부터 20×2년 말까지의 회계처리를 하시오.
2. ㈜한국이 해당 투자부동산에 대해 공정가치모형을 적용한다고 할 때, 해당 부동산의 취득시점부터 20×2년 말까지의 회계처리를 하시오.

1. 원가모형

| | | | | | |
|---|---|---|---|---|---|
| 20×1.1.1 | (차) 투자부동산 | 500,000 | (대) 현금 | 500,000 |
| 20×1.12.31 | (차) 감가상각비 | 100,000 | (대) 감가상각누계액 | 100,000 |
| 20×2.12.31 | (차) 감가상각비 | 100,000 | (대) 감가상각누계액 | 100,000 |

2. 공정가치모형

| | | | | | |
|---|---|---|---|---|---|
| 20×1.1.1 | (차) 투자부동산 | 500,000 | (대) 현금 | 500,000 |
| 20×1.12.31 | (차) 투자부동산 | 50,000 | (대) 투자부동산평가이익 | 50,000 |
| 20×2.12.31 | (차) 투자부동산평가손실 | 150,000 | (대) 투자부동산 | 150,000 |

* 20×1년 투자부동산평가이익 = ₩550,000(20×1년 말 공정가치) − ₩500,000 = ₩50,000
* 20×2년 투자부동산평가손실 = ₩400,000(20×2년 말 공정가치) − ₩550,000(직전연도 말 공정가치)
 = (₩150,000)

## ▌투자부동산 제거 ▌

① 투자부동산을 처분하거나, 사용을 영구히 중지하고 처분으로도 더 이상의 경제적효익을 기대할 수 없는 경우에는 재무상태표에서 제거한다.
② 투자부동산의 손상, 멸실 또는 포기로 제3자에게서 받는 보상은 받을 수 있게 되는 시점에 당기손익으로 인식한다.

## 4 투자부동산 계정대체

투자부동산의 계정대체는 사용목적 변경이 확인된 시점에 계정대체를 진행한다. 사용목적 변경으로 인한 투자부동산의 대체는 다음과 같이 사실로 입증되는 경우에만 발생한다.

① 자가사용을 개시하는 경우 투자부동산을 자가사용부동산으로 대체한다.
② 자가사용을 종료하는 경우 투자부동산으로 대체한다.
③ 정상적인 영업과정에서 판매하기 위한 개발을 시작하는 경우 투자부동산을 재고자산으로 대체한다.
④ 제3자에게 운용리스로 제공하는 경우 재고자산을 투자부동산으로 대체한다.

계정대체는 사용목적의 변경이 입증되는 경우에만 가능하다. 그러므로 **투자부동산을 개발하지 않고 처분하려는 경우에는 재무상태표에서 제거될 때까지 투자부동산으로 분류하며 재고자산으로 대체하지 않는다.** 이와 유사하게 투자부동산을 재개발하여 미래에도 투자부동산으로 사용하고자 하는 경우에는 새개발기간 동안에도 계속 투자부동산으로 분류하며 자가사용부동산으로 대체하지 않는다.

### (1) 투자부동산(원가) → 재고자산, 자가사용부동산(원가)

투자부동산을 원가모형으로 측정하는 경우 대체가 발생할 때 대체 전 자산의 장부금액을 승계하며 원가금액을 변경하지 않는다.

(2) 투자부동산(공정가치모형) → 재고자산 또는 자가사용부동산

사용목적 변경시점의 공정가치를 재고자산 또는 자가사용부동산의 원가로 측정하며 계정대체
시점의 공정가치의 차이분은 당기손익으로 회계처리한다.

(3) 자가사용부동산 → 투자부동산(공정가치모형)

사용목적 변경시점의 공정가치를 투자부동산의 원가로 간주하며 자가사용부동산의 장부금액과
대체시점의 공정가치의 차액을 유형자산 **재평가회계처리**와 동일하게 처리한다.

(4) 재고자산 → 투자부동산(공정가치모형)

사용목적 변경시점의 공정가치를 투자부동산의 원가로 간주하며 재고자산의 장부금액과 대체시
점의 공정가치의 차액을 당기손익으로 인식한다.

(5) 건설 중인 자산 → 건물로 계정대체시

- 건설 중인 자산(원가집계) → 투자부동산(원가모형) : 원가를 그대로 승계
- 건설 중인 자산(원가집계) → 투자부동산(공정가치모형) : 계정대체시점의 공정가치를 투자부
  동산의 원가로 간주하고 원가와 공정가치금액과의 차액을 **당기손익**으로 인식한다.

---

**예제 9-2　투자부동산 계정대체**

㈜한국은 20×1년 1월 1일 임대목적으로 사용하던 건물을 자가사용 목적으로 사용목적 변경을 하
였다. ㈜한국은 투자부동산에 대하여 공정가치모형을 적용하고 있다.
20×1년 1월 1일 해당 부동산의 장부금액은 ₩100,000이며, 사용목적 변경시점의 해당 건물의
공정가치는 ₩130,000이라고 할 때, 사용목적 변경시점의 회계처리를 하시오.

**[해답]**

| 20×1.1.1 | (차) 자가사용부동산 | 130,000 | (대) 투자부동산 | 100,000 |
|---|---|---|---|---|
| | | | 투자부동산평가이익 | 30,000 |

▶ 만약 ㈜한국의 건물이 자가사용부동산이었고, 해당 건물을 공정가치모형을 사용하는 투자부동산으로 계정
대체를 한다면 회계처리는 다음과 같다.

| 20×1.1.1 | (차) 투자부동산 | 130,000 | (대) 자가사용부동산 | 100,000 |
|---|---|---|---|---|
| | | | 재평가잉여금 | 30,000 |

**예제 9-3** 투자부동산 계정대체

㈜한국은 20×2년 7월 1일 임대목적으로 사용하던 건물을 자가사용 목적으로 사용목적 변경을 하였다. ㈜한국은 투자부동산에 대하여 공정가치모형을 적용하고 있다.

20×1년 1월 1일 해당 부동산의 취득원가는 ₩100,000이며, 20×1년 12월 31일 공정가치는 ₩120,000이었다. 사용목적 변경시점의 해당 건물의 공정가치는 ₩130,000이다. ㈜한국은 자가사용부동산에 대해서는 원가모형을 적용하며 20×2년 7월 1일 기준으로 잔존내용연수는 4년, 잔존가치 ₩0에 감가상각방법은 정액법을 적용한다. ㈜한국의 부동산 취득시점부터 20×2년 12월 31일까지의 회계처리를 하시오.

─────────────────────────────────────────────

**[해답]**

| 20×1.1.1 | (차) 투자부동산 | 100,000 | (대) 현금 | 100,000 |
|---|---|---|---|---|
| 20×1.12.31 | (차) 투자부동산 | 20,000 | (대) 투자부동산평가이익 | 20,000 |
| 20×2.7.1 | (차) 유형자산 | 130,000 | (대) 투자부동산 | 120,000 |
| | | | 투자부동산평가이익 | 10,000 |
| 20×2.12.31 | (차) 감가상각비 | 16,250 | (대) 감가상각누계액 | 16,250 |

\* 20×2년 감가상각비 = (₩130,000 − ₩0) × 1/4 × 6/12 = ₩16,250

## 01 투자부동산에 해당하지 않는 것은? `14년 기출`

① 장기 시세차익을 얻기 위하여 보유하고 있는 토지(단, 정상적인 영업과정에서 단기간에 판매하기 위하여 보유하는 토지는 제외)

② 미래에 개발 후 자가사용할 부동산

③ 미래에 투자부동산으로 사용하기 위하여 건설 또는 개발중인 부동산

④ 직접 소유(또는 금융리스를 통해 보유)하고 운용리스로 제공하고 있는 건물

⑤ 장래 사용목적을 결정하지 못한 채로 보유하고 있는 토지

**해설**

미래에 개발 후 자가사용할 부동산은 자가사용부동산(유형자산)에 해당한다.

## 02 투자부동산에 해당되는 항목을 모두 고른 것은? `15년 기출`

> ㄱ. 장래 사용목적을 결정하지 못한 채로 보유하고 있는 토지
> ㄴ. 직접 소유 또는(금융리스를 통해 보유)하고 운용리스로 제공하고 있는 건물
> ㄷ. 제3자를 위하여 건설 또는 개발 중인 부동산
> ㄹ. 자가사용부동산
> ㅁ. 처분예정인 자가사용부동산
> ㅂ. 금융리스로 제공한 부동산
> ㅅ. 운용리스로 제공하기 위하여 보유하고 있는 미사용 건물
> ㅇ. 미래에 투자부동산으로 사용하기 위하여 건설 또는 개발 중인 부동산

① ㄱ, ㄴ, ㄹ      ② ㄱ, ㄴ, ㅅ, ㅇ

③ ㄱ, ㄷ, ㅁ, ㅂ      ④ ㄴ, ㄷ, ㅂ, ㅇ

⑤ ㄱ, ㄴ, ㄷ, ㅁ, ㅅ, ㅇ

**해설**

ㄷ : 재고자산

ㄹ, ㅁ : 자가사용부동산

ㅂ : 금융리스로 제공한 부동산은 투자부동산에 해당하지 않는다.

**03** 투자부동산의 분류에 관한 설명으로 옳지 않은 것은?    `23년` `기출`

① 미사용부동산을 운용리스로 제공한 경우에는 투자부동산으로 분류한다.

② 리스계약에 따라 이전받은 부동산을 다시 제3자에게 임대한다면 리스이용자는 해당 사용권자산을 투자부동산으로 분류한다.

③ 지배기업이 다른 종속기업에게 자가사용 건물을 리스하는 경우 당해 건물은 연결재무제표에 투자부동산으로 분류할 수 없다.

④ 건물 소유자가 그 건물의 사용자에게 제공하는 부수적 용역의 비중이 경미하면 해당 건물을 투자부동산으로 분류한다.

⑤ 처분예정인 자가사용부동산은 투자부동산으로 분류한다.

**해설**

처분예정인 자가사용부동산은 자가사용부동산으로 분류한다.


**04** 투자부동산에 관한 설명으로 옳지 않은 것은?    `19년` `기출`

① 미래에 투자부동산으로 사용하기 위하여 건설 또는 개발 중인 부동산은 투자부동산에 해당한다.

② 소유 투자부동산은 최초 인식시점에 원가로 측정하며, 거래원가는 최초 측정치에 포함한다.

③ 통상적인 영업과정에서 판매하기 위한 부동산이나 이를 위하여 건설 또는 개발 중인 부동산은 투자부동산에 해당하지 않는다.

④ 투자부동산을 개발하지 않고 처분하기로 결정하는 경우에는 재고자산으로 재분류한다.

⑤ 투자부동산에 대하여 공정가치모형을 선택한 경우, 투자부동산의 공정가치 변동으로 발생하는 손익은 발생한 기간의 당기손익에 반영한다.

**해설**

투자부동산을 개발하지 않고 처분하기로 결정하는 경우에도 투자부동산으로 분류한다. 즉, 재고자산으로 재분류하지 않는다.

**05** 기업회계기준서 제1040호 '투자부동산'에 대한 다음 설명 중 옳지 않은 것은? <sub></sub> 13년 CPA

① 소유 투자부동산은 최초 인식시점에 원가로 측정하며, 거래 원가는 최초 측정치에 포함한다.

② 계획된 사용수준에 도달하기 전에 발생하는 부동산의 운영 손실은 투자부동산의 원가에 포함한다.

③ 투자부동산을 후불조건으로 취득하는 경우의 원가는 취득시점의 현금가격상당액으로 하고, 현금가격상당액과 실제 총지급액의 차액은 신용기간 동안의 이자비용으로 인식한다.

④ 투자부동산을 공정가치로 측정해 온 경우라면 비교할 만한 시장의 거래가 줄어들거나 시장가격 정보를 쉽게 얻을 수 없게 되더라도, 당해 부동산을 처분할 때까지 또는 자가사용부동산으로 대체하거나 통상적인 영업과정에서 판매하기 위하여 개발을 시작하기 전까지는 계속하여 공정가치로 측정한다.

⑤ 공정가치모형을 적용하는 경우 투자부동산의 공정가치 변동으로 발생하는 손익은 발생한 기간의 당기손익에 반영한다.

**해설**

계획된 사용수준에 도달하기 전에 발생하는 부동산의 운영 손실은 투자부동산의 원가에 포함하지 않는다.

**06** ㈜국세는 20×2년 1월 1일에 임대수익을 얻을 목적으로 건물 A를 ₩150,000,000에 취득하였다. 건물 A의 내용연수는 10년이고, 잔존가치는 없는 것으로 추정하였다. 20×2년 12월 31일 건물 A의 공정가치는 ₩140,000,000이다. ㈜국세가 건물 A에 대해 공정가치모형을 적용하는 경우 20×2년도 평가손익으로 인식할 금액은 얼마인가? (단, ㈜국세는 통상적으로 건물을 정액법으로 감가상각한다.) 12년 CTA

① ₩0
② ₩5,000,000 평가이익
③ ₩5,000,000 평가손실
④ ₩10,000,000 평가이익
⑤ ₩10,000,000 평가손실

**해설**

투자부동산을 공정가치 모형으로 평가하는 경우에는 감가상각을 하지 않는다.
20×2년 1월 1일    (차) 투자부동산        150,000,000    (대) 현금        150,000,000
20×2년 12월 31일 (차) 투자부동산평가손실  10,000,000    (대) 투자부동산    10,000,000

**07** ㈜감평은 20×1년 초 투자 목적으로 건물을 ₩2,000,000에 취득하여 공정가치모형을 적용하였다. 건물의 공정가치 변동이 다음과 같을 때, ㈜감평의 20×2년도 당기순이익에 미치는 영향은? (단, 필요할 경우 건물에 대해 내용연수 8년, 잔존가치 ₩0, 정액법으로 감가상각한다.) 18년 **기출**

| 구분 | 20×1년 말 | 20×2년 말 |
|------|-----------|-----------|
| 공정가치 | ₩1,900,000 | ₩1,800,000 |

① 영향 없음                    ② ₩100,000 감소
③ ₩200,000 감소               ④ ₩350,000 감소
⑤ ₩450,000 감소

**해설**

20×2년 당기순이익에 미치는 영향 = 투자부동산의 평가손실
투자부동산 평가손실 = ₩1,800,000(20×2년 말 공정가치) − ₩1,900,000(20×1년 말 공정가치)
　　　　　　　　　 = (₩100,000) 감소

**08** ㈜감평은 20×1년 초 임대목적으로 건물(취득원가 ₩1,000, 내용연수 10년, 잔존가치 ₩0, 정액법 감가상각)을 취득하여 이를 투자부동산으로 분류하였다. 20×1년 말 건물의 공정가치가 ₩930일 때 (A)공정가치모형과 (B)원가모형을 각각 적용할 경우 ㈜감평의 20×1년도 당기순이익에 미치는 영향은? (단, 해당 건물은 매각예정으로 분류되어 있지 않다.) 22년 **기출**

| | (A) | (B) | | (A) | (B) |
|---|-----|-----|---|-----|-----|
| ① | ₩70 감소 | ₩100 감소 | ② | ₩70 감소 | ₩70 감소 |
| ③ | ₩30 감소 | ₩100 감소 | ④ | ₩30 증가 | ₩70 감소 |
| ⑤ | ₩30 증가 | ₩30 증가 | | | |

**해설**

1) (A)공정가치모형 = ₩930(20×1년 말 공정가치) − ₩1,000(20×1년 초 취득원가)
　　　　　　　　 = (₩70)평가손실
　→ 20×1년도 당기순이익 ₩70 감소
2) (B)원가모형(감가상각비) = (₩1,000 − ₩0) × 1/10 = ₩100 감소

**09** ㈜서울은 투자부동산에 대하여는 공정가치모형을, 유형자산에 대하여는 재평가모형을 사용하여 후속측정을 하고 있다. 다음의 자료에 의하여 20×2년 후속측정과 관련하여 당기손익과 기타포괄손익으로 계상할 금액은?  [11년 기출]

| 구분 | 20×1년 초 취득원가 | 20×1년 말 공정가치 | 20×2년 말 공정가치 |
|---|---|---|---|
| 건물(투자부동산) | ₩1,000,000 | ₩1,200,000 | ₩1,100,000 |
| 토지(유형자산) | 5,000,000 | 4,750,000 | 5,050,000 |

| | 당기손익 | 기타포괄손익 | | 당기손익 | 기타포괄손익 |
|---|---|---|---|---|---|
| ① | ₩50,000 손실 | ₩0 | ② | ₩150,000 이익 | ₩50,000 손실 |
| ③ | ₩150,000 이익 | ₩50,000 이익 | ④ | ₩200,000 이익 | ₩0 |
| ⑤ | ₩100,000 이익 | ₩50,000 손실 | | | |

해설

1) 건물(투자부동산) : 투자부동산은 감가상각하지 않고 매년 공정가로 평가한다.
   20×2.12.31 (차) 투자부동산평가손실(당기손실) 100,000    (대) 건물(투자부동산) 100,000
2) 토지(재평가모형)
   20×1.12.31  (차) 재평가손실  250,000  (대) 토지                  250,000
   20×2.12.31  (차) 토지        300,000  (대) 재평가이익(당기손익)    250,000
                                               재평가잉여금(기타포괄손익)  50,000
3) 20×2년 당기손익에 미치는 영향 = (₩100,000) + ₩250,000 = ₩150,000 이익
4) 20×2년 기타포괄손익 = ₩50,000 이익

**10** 투자부동산의 계정대체와 평가에 관한 설명으로 옳지 않은 것은?  [16년 기출]

① 투자부동산을 원가모형으로 평가하는 경우에는 투자부동산, 자가사용부동산, 재고자산 사이에 대체가 발생할 때에 대체 전 자산의 장부금액을 승계한다.
② 자가사용부동산을 공정가치로 평가하는 투자부동산으로 대체하는 경우, 사용목적 변경시점까지 그 부동산을 감가상각하고 발생한 손상차손을 인식한다.
③ 재고자산을 공정가치로 평가하는 투자부동산으로 대체하는 경우, 재고자산의 장부금액과 대체시점의 공정가치의 차액은 기타포괄손익으로 인식한다.
④ 공정가치로 평가하게 될 자가건설 투자부동산의 건설이나 개발이 완료되면 해당일의 공정가치와 기존 장부금액의 차액은 당기손익으로 인식한다.
⑤ 공정가치로 평가한 투자부동산을 자가사용부동산이나 재고자산으로 대체하는 경우, 후속적인 회계를 위한 간주원가는 사용목적 변경시점의 공정가치가 된다.

해설

재고자산을 공정가치로 평가하는 투자부동산으로 대체하는 경우, 재고자산의 장부금액과 대체시점의 공정가치의 차액은 당기손익으로 인식한다.

**11** ㈜한국은 20×0년 1월 1일 본사사옥으로 사용할 목적으로 건물을 ₩400,000에 취득하였다. 건물의 내용연수는 10년, 잔존가치는 없으며 정액법으로 감가상각한다. 본사사옥으로 사용하던 중 ㈜한국은 20×1년 7월 1일 투자부동산으로 사용목적을 변경하였고 투자부동산은 공정가치모형을 적용한다. ㈜한국의 건물의 공정가치가 다음과 같을 때, ㈜한국의 20×1년도 당기순이익에 미치는 영향은 얼마인가?

| 20×1년 7월 1일 | 20×1년 12월 31일 |
|---|---|
| ₩350,000 | ₩390,000 |

① ₩10,000 손실      ② ₩10,000 이익      ③ ₩20,000 손실

④ ₩20,000 이익      ⑤ ₩40,000 이익

**해설**

| 20×0.12.31 | (차) 감가상각비 | 40,000 | (대) 감가상각누계액 | 40,000 |
|---|---|---|---|---|
| 20×1.7.1 | (차) 감가상각비 | 20,000 | (대) 감가상각누계액 | 20,000 |
|  | (차) 투자부동산 | 350,000 | (대) 건물 | 400,000 |
|  | 감가상각누계액 | 60,000 | 재평가잉여금 | 10,000 |
| 20×1.12.31 | (차) 투자부동산 | 40,000 | (대) 투자부동산평가이익 | 40,000 |

→ 20×1년 당기순이익에 미치는 영향 = ₩40,000(평가이익) − ₩20,000(감가상각비)

= ₩20,000 이익

**12** 상품매매기업인 ㈜감평은 20×0년 말 취득한 건물(취득원가 ₩2,400,000, 내용연수 10년, 잔존가치 ₩0, 정액법 상각)을 유형자산으로 분류하여 즉시 사용개시 하고, 동 건물에 대해 재평가모형을 적용하기로 하였다. 20×1년 10월 1일 ㈜감평은 동 건물을 투자부동산으로 계정 대체하고 공정가치모형을 적용하기로 하였다. 시점별 건물의 공정가치는 다음과 같다.

| 20×0년 말 | 20×1년 10월 1일 | 20×1년 말 |
|---|---|---|
| ₩2,400,000 | ₩2,300,000 | ₩2,050,000 |

동 건물 관련 회계처리가 20×1년 당기순이익과 기타포괄이익에 미치는 영향은 각각 얼마인가? (단, 재평가잉여금은 이익잉여금으로 대체하지 않으며, 감가상각은 월할계산한다.) `20년 기출`

| | 당기순이익 | 기타포괄이익 | | 당기순이익 | 기타포괄이익 |
|---|---|---|---|---|---|
| ① | ₩180,000 감소 | ₩80,000 증가 | ② | ₩180,000 감소 | ₩350,000 증가 |
| ③ | ₩430,000 감소 | ₩80,000 증가 | ④ | ₩430,000 감소 | ₩350,000 증가 |
| ⑤ | ₩430,000 감소 | ₩430,000 감소 | | | |

20×1.10.1 (차) 감가상각비 180,000 (대) 감가상각누계액 180,000

(차) 감가상각누계액 180,000 (대) 건물 2,400,000

투자부동산 2,300,000 재평가잉여금 80,000

20×1.12.31 (차) 투자부동산평가손실 250,000 (대) 투자부동산 250,000

1) 20×1년 당기순이익에 미치는 영향 = (₩180,000) + (₩250,000) = (₩430,000) 감소
2) 20×1년 기타포괄이익에 미치는 영향 = ₩80,000(재평가잉여금) 증가

**13** ㈜감평은 20×1년 초 임대수익을 목적으로 건물을 ₩320,000에 취득하고 공정가치 모형을 적용하였다. ㈜감평은 20×2년 9월 1일 동 건물을 자가사용건물로 대체하였으며, 정액법(내용연수 10년, 잔존가치 ₩0)으로 상각(월할상각)하고 재평가모형을 적용하였다. 시점별 건물의 공정가치는 다음과 같다.

| 20×1년 말 | 20×2년 9월 1일 | 20×2년 말 |
|---|---|---|
| ₩340,000 | ₩330,000 | ₩305,000 |

동 건물 관련 회계처리가 20×2년 당기순이익에 미치는 영향은? `23년 기출`

① ₩14,000 감소 ② ₩21,000 감소 ③ ₩24,000 감소
④ ₩25,000 감소 ⑤ ₩35,000 감소

20×2.9.1 (차) 건물(유형자산) 330,000 (대) 투자부동산 340,000

투자부동산평가손실 10,000

20×2.12.31 (차) 감가상각비 11,000 (대) 감가상각누계액 11,000

(차) 감가상각누계액 11,000 (대) 건물(유형자산) 25,000

재평가손실 14,000

※ 20×2년 감가상각비 = (₩330,000 − ₩0) × 1/10 × 4/12 = ₩11,000
→ 20×2년 당기순이익에 미치는 영향 = (₩10,000) + (₩11,000) + (₩14,000) = ₩35,000 감소

답▶ 01 ② 02 ② 03 ⑤ 04 ④ 05 ②
06 ⑤ 07 ② 08 ① 09 ③ 10 ③
11 ④ 12 ③ 13 ⑤

## 제10절　금융자산

회계에서 금융상품이란 금융기관에서 취급하는 상품을 의미하는 것이 아니며 금융자산, 금융부채, 지분상품을 아우르는 포괄적인 개념이다.

K-IFRS는 금융상품을 거래당사자 일방에게 금융자산을 발생시키고, 동시에 다른 거래상대방에게는 금융부채나 지분상품을 발생시키는 모든 계약으로 정의하고 있다.

### 1. 금융상품의 분류

#### (1) 금융자산

> ① 현금
> ② 다른 기업의 지분상품 : 주식 등
> ③ 거래상대방에게서 현금 등 금융자산을 수취할 계약상 권리
> > ㉠ 거래상대방에게서 현금 등 금융자산을 수취할 계약상 권리 : 은행예치금, 투자사채, 대여금, 수취채권 등
> > ㉡ 잠재적으로 유리한 조건으로 거래상대방과 금융자산이나 금융부채를 교환하기로 한 계약상 권리
> ④ 자기지분상품으로 결제하거나 결제할 수 있는 다음 중 하나의 계약
> > ㉠ 수취할 자기지분상품의 수량이 변동가능한 비파생상품
> > ㉡ 확정수량의 자기지분상품에 대하여 확정금액의 현금 등 금융자산을 교환하여 결제하는 방법이 아닌 방법으로 결제되거나 결제될 수 있는 파생상품

#### (2) 금융부채

거래상대방에게서 현금 등 금융자산을 인도할 계약상 의무

#### (3) 지분상품

기업의 자산에서 모든 부채를 차감한 후의 잔여지분을 나타내는 모든 계약

### 2. 금융항목과 비금융항목의 사례

① 금융상품을 수취, 인도 또는 교환하는 계약상 권리 또는 계약상 의무는 그 자체로 금융상품이다. 연쇄적인 계약상 권리나 의무가 궁극적으로는 현금을 수취 또는 지급하게 되거나 지분상품을 취득 또는 발행하게 되는 경우, 해당 계약상 권리와 의무는 금융상품의 정의를 충족한다.

② 그러나 미래경제적효익이 현금 등 금융자산을 수취할 권리가 아니라 재화나 용역의 수취인 자산(선급비용)은 금융자산이 아니다. 또한 계약에 의하지 않은 자산(예 당기법인세자산)은 금융자산이 아니다.

| 구분 | 자산 | 부채 |
|---|---|---|
| 금융항목 | 현금 및 현금성자산, 매출채권, 대여금, 투자지분상품, 투자채무상품 등 | 매입채무, 미지급금, 차입금, 사채 등 |
| 비금융항목 | 선급금, 선급비용, 재고자산, 유형자산, 무형자산 등 | 선수금, 선수수익, 미지급법인세, 충당부채 등 |

## 1 현금 및 현금성자산

## 1. 현금 및 현금성자산의 분류

### (1) 현금

| 현금 | 통화(외화포함) 및 통화대용증권 |
|---|---|
| | 당좌예금, 보통예금 |

① 회계에서는 현금을 단순히 일상생활에서 통용하는 지폐, 주화로만 설명하지 않고 기타 통화 대용증권, 요구불예금을 포함하여 설명하고 있다.

② 현금은 유동성이 뛰어난 자산이기 때문에 현금처럼 통용될 수 있는 것이라면 따로 분류하는 것보다는 현금이라는 분류체계 내에서 합산하여 보여주는 것이 정보이용자에게 보다 유용하기 때문이다.

### (2) 통화대용증권

① 통화대용증권은 현금처럼 통용되는 것으로 자기앞수표, 타인발행수표, 송금환, 우편환증서, 배당금지급통지표, 지급일이 도래한 공사채 이자표, 기한이 도래한 받을어음 등이 그 예이다.

② 그러나 이와 용어가 유사한 우표, 수입인지는 통화대용증권이 아니라 기업의 중요성 판단에 따라 자산 또는 비용처리되며, 선일자수표는 매출채권으로 분류한다. 또한 직원에게 대여한 가불금은 대여금으로 회계처리하는 점을 유의하여야 한다. 즉, 통화대용증권은 현금처럼 통용되는 것을 일컫는 것이기에 이를 주의하여 분류할 수 있어야 한다.

### (3) 요구불예금

① 요구불예금은 다시 당좌예금과 보통예금으로 구분한다.

② 보통예금은 수시 입출금이 자유로운 금융상품을 의미하며, 당좌예금은 기업이 자유롭게 당좌수표 등을 발행할 수 있는 계좌로 유동성이 높다는 점에서 현금으로 분류한다.

| 구분 | 사례 |
|---|---|
| 통화 | 지폐, 주화, 외화, 지점전도금 포함 |
| 통화대용증권 | 타인발행수표, 송금환, 우편환, 만기도래 현금배당권, 만기도래 사채이자표, 만기도래어음, 일람출급어음, 기타 통화와 즉시 교환가능한 증서 |
| 현금 및 현금성자산 제외항목 | 차용증서(대여금 등으로 구분), 선일자수표(매출채권, 미수금 등으로 구분), 수입인지・우표(소모품 등으로 구분), 부도수표, 부도어음 |
| 당좌예금, 보통예금 | 당좌예금과 보통예금은 기한의 개념이 없음. 그러나 사용제한 당좌예금 및 보통예금은 사용제한이 결산일로부터 1년 이내에 해제되는지의 여부에 따라 단기금융상품 또는 장기금융상품으로 구분 가능 |

### (4) 현금성자산

기업들은 단기 자금을 활용하기 위해서 각종 단기 투자자산에 예치하는 경우가 많다. 이들 중 유동성이 매우 높은 단기 투자자산은 확정된 금액의 현금으로 전환이 용이하며, 가치변동의 위험이 경미한 자산이 있는데 이를 가리켜 현금성자산(cash equivalents)으로 분류한다.
현금성자산은 다음과 같은 특징을 가진다.

① 가치변동의 위험이 경미하다.
② 확정된 금액의 현금으로 전환이 용이하다.
③ 취득일로부터 만기일이 3개월 이내에 도래한다.

위와 같은 세 가지 요건을 충족하는 경우 현금성자산으로 분류하며 가장 대표적인 현금성자산의 예로는 취득시점부터 만기가 3개월 이내에 도래하는 채권, 취득 당시 상환일이 3개월 내에 도달하는 상환우선주, 취득 당시 만기가 3개월 내에 도달하는 양도성 예금 증서(CD), 3개월 이내에 환매조건을 가진 환매채(RP), 초단기 금융상품(MMF) 등이 있다. 현금성자산은 법적 형식과 관계없이 실질적인 현금을 포함한다. 이러한 현금 및 현금성자산은 기업들이 관리할 때는 별도의 계정을 설정하여 관리하지만 재무상태표에 보고할 때는 현금 및 현금성자산(cash and cash equivalents)이라는 단일의 계정으로 보고한다.

---

> **예제 10-1** 현금 및 현금성자산
>
> ㈜한국의 20×1년 12월 31일 금고에는 다음과 같은 자산이 있었다. 이 중 재무상태표에 현금 및 현금성자산으로 표시될 금액은 얼마인가?
>
> | | |
> |---|---:|
> | • 현금 | ₩700,000 |
> | • 타인발행수표 | ₩2,000,000 |
> | • 만기가 도래한 공사채 이자표 | ₩500,000 |
> | • 선일자수표 | ₩500,000 |
> | • 취득 시 만기가 2개월인 환매채 | ₩800,000 |
> | • 송금환 | ₩100,000 |
> | • 우표 | ₩200,000 |
> | • 배당금지급통지표 | ₩300,000 |
> | • 취득 당시 만기가 4개월인 사채 | ₩500,000 |
>
> - - - - - - - - - - - - - - - - - - - - - - - - - - - - - - - - -
>
> **해답**
>
> | | |
> |---|---:|
> | 현금 | ₩700,000 |
> | 타인발행수표 | 2,000,000 |
> | 만기가 도래한 공사채 이자표 | 500,000 |
> | 취득 시 만기가 2개월인 환매채 | 800,000 |
> | 송금환 | 100,000 |
> | 배당금지급통지표 | 300,000 |
> | = 합계 | ₩4,400,000 |
>
> → 우표 및 취득 당시 만기가 3개월을 초과한 사채는 현금 및 현금성자산으로 분류될 수 없다.

## 2. 은행계정조정표

### (1) 은행계정조정표란?

① 기업은 정기적으로 당좌예금의 정확한 금액을 파악한다. 이를 위해 기업들은 회계상의 장부와 은행의 잔고증명서를 확인하며, 이때 이 둘의 잔액이 같지 않다면 원인을 찾아 이를 조정할 필요가 있다.

② 이때 작성하는 표를 은행계정조정표(bank reconciliation)라고 한다. 잔액이 불일치하는 원인은 기업과 은행 쪽에서 각각 발생할 수 있기 때문에 해당 원인을 찾아 잔액이 일치하도록 조정하는 작업을 하게 된다.

③ 은행과 회사의 당좌예금잔액의 차이는 직원의 오류나 부정에 의하여 발생할 수도 있지만, 대부분 은행과 기업 간 기록시점의 차이에서 발생한다.

(2) 기업의 불일치 원인

① 추심어음

추심이란 기업이 만기가 도래한 어음에 대하여 금액을 지급해 달라는 의사를 표시하는 것을 의미한다. 어음이 만기가 되고 정상적으로 추심이 되었다면 해당 금액은 기업의 당좌예금 계좌로 입금이 되었을 것이다. 그러나 은행에서 기업에게 추심어음의 입금결과를 통지하지 않았다면 기업은 추심어음의 입금 여부를 파악하지 못하였을 것이다. 그러므로 기업은 추심 어음의 입금 사실을 확인한 후에 당좌예금 잔액을 늘리는 회계처리를 하는 것이다.

② 부도수표, 부도어음

기업은 타사로부터 받은 수표 등을 은행에 예입하고 이와 동시에 당좌예금을 증가하는 기록 을 한다. 그러나 타사의 수표가 부도수표로 판명나게 되면 은행에서는 부도수표 금액만큼 당좌예금이 감소하지만 기업은 이를 통보받지 못하였다면 당좌예금 계좌가 과대계상되어 있 다. 부도수표는 확인된 시점에 기업의 당좌예금 계좌에서 차감한다.

부도어음도 마찬가지이다. 어음을 추심하였으나 부도로 판명난 경우 기업의 당좌예금은 과대 계상되어 있다. 이런 경우 회사는 부도어음으로 통지 받은 때에 당좌예금 잔액을 감소시킨다.

③ 각종 수수료(은행수수료 등)

당좌차월에 대한 이자와 같은 은행서비스에 대한 수수료는 은행계좌에서는 차감되었으나 기 업들은 통보를 받지 못한 경우 계좌에서 차감하지 않은 경우가 있다. 이처럼 수수료가 은행 당좌계좌에서는 차감되었으나 기업은 통보를 받지 않은 경우 회사 측 잔액이 과대계상되어 있기 때문에 회사 측 잔액을 감소시킨다.

④ 이자수익(추심이자 등)

당좌예금 잔액에 대하여 이자수익이 발생한 경우 은행측은 당좌예금 잔액을 늘리지만 기업 들은 통지를 받지 못하여 이자수익의 발생여부를 반영하지 못한 경우가 있다. 추심과정에서 도 추심이자 등이 발생할 수 있으나 기업들은 통지를 받지 못한 경우 당좌예금 잔액이 과소 하게 기재될 수 있다. 이처럼 발생된 이자수익 등이 은행 당좌계좌에서는 증가되었으나 기업 은 통보를 받지 않은 경우 회사 측 잔액이 과소계상되어 있기 때문에 회사 측 잔액을 증가 시킨다.

⑤ 미통지예금

미통지예금은 거래처에서 대금결제를 위해 기업의 당좌예금계좌에 직접 입금하였으나 회사 측에는 통지를 하지 않아서 회사 측의 잔액이 과소계상된 경우이다. 이 경우에는 회사 측이 해당 금액만큼 당좌예금 잔액을 증가시킨다.

⑥ 기장오류

오류는 은행, 기업 모두 발생할 수 있다. 오류는 오류가 발생한 쪽에서 이를 조정하며, 오류 의 발생형태에 따라 가산조정 또는 차감조정된다.

(3) 은행의 불일치 원인

① 미기입예금(미기록예금)

타사 발행수표를 은행에 입금하여 회사 측은 당좌예금계정에 기록하였으나 은행에는 업무마감시간 이후에 도착하였거나 기타 사유로 은행의 당좌예금계정에 아직 기록되지 않은 경우를 의미한다. 이 경우에는 은행 측 잔액이 과소계상되어 있으므로 은행 측 잔액을 증가시킨다.

② 기발행미인출수표

기업이 당좌수표를 발행하였으나 수표 수취인이 아직 은행에 대금 지급을 요구하지 않은 경우에는 은행은 기업이 수표를 발행했다는 사실을 알지 못하여 은행 측 당좌예금계정 잔액이 과대계상된다. 이 경우에는 은행 측 잔액을 감소시킨다.

③ 기장오류

기업과 은행이 기장 중 오류가 발생하게 되면 오류를 발생한 측에서 조정한다. 오류가 발생한 원인을 찾아 그에 맞는 조정을 한다.

| 회사측 당좌예금잔액 | | 은행측 당좌예금잔액 | |
|---|---|---|---|
| 추심어음 | + | | |
| 부도수표 | − | | |
| 이자수익 | + | 기발행미인출수표 | − |
| 이자비용 | − | 미기입예금 | + |
| 미통지입금 | + | 오류 | ± |
| 오류 | ± | | |
| 수정 후 회사 측 당좌예금잔액 | | 수정 후 은행 측 당좌예금잔액 | |

**예제 10-2** 은행계정조정표

20×1년 12월 31일 현재 ㈜한국의 당좌예금 잔액은 ₩55,000,000이며, 주거래은행인 K은행에서 통보받은 당좌예금 잔액은 ₩56,500,000으로 잔액 차이가 있음을 알게 되었다. 잔액 차이가 발생한 원인을 살펴보니 다음과 같을 때 정확한 당좌예금 잔액을 확인하고 수정분개를 하시오.

(1) 12월 30일 ㈜한국은 거래처에서 발행한 수표 ₩8,500,000을 은행에 예금하였으나, 은행은 마감 후 입금되어 아직 입금처리하지 않았다.

(2) 12월 30일 K은행 직원의 실수로 타 기업의 당좌예금에서 차감해야 하는 금액 ₩1,000,000을 ㈜한국의 당좌예금 계좌에서 인출하였다.

(3) 12월에 ㈜한국이 발행한 수표 중에서 현재까지 인출되지 않은 금액은 ₩12,000,000이다.

(4) K은행에서는 예금에 대한 이자수익 ₩500,000을 당좌예금에 가산하였으나 ㈜한국은 현재까지 회사장부에 반영하지 않았다.

(5) 거래처에서 은행계좌에는 입금하였으나 아직 통지하지 않은 예금이 ₩1,500,000이다.

(6) 12월 중에 ㈜한국이 은행으로부터 통지받지 못한 은행수수료는 ₩3,000,000이다.

**해답**

은행계정조정표

20×1년 12월 31일 현재

| 조정 전 회사잔액 | ₩55,000,000 | 조정 전 은행잔액 | ₩56,500,000 |
|---|---|---|---|
| 이자수익 | 500,000 | 미기입예금 | 8,500,000 |
| 미통지예금 | 1,500,000 | 기장오류 | 1,000,000 |
| 이자비용 | (3,000,000) | 기발행미인출수표 | (12,000,000) |
| **조정 후 회사잔액** | **₩54,000,000** | **조정 후 은행잔액** | **₩54,000,000** |

〈㈜한국의 결산수정분개〉

① 이자수익

    (차) 당좌예금     500,000         (대) 이자수익         500,000

② 미통지예금

    (차) 당좌예금   1,500,000         (대) 매출채권      1,500,000

③ 은행수수료

    (차) 지급수수료  3,000,000       (대) 당좌예금      3,000,000

## 2 금융자산의 분류

### 1. 금융자산의 성격에 따른 분류

기업이 보유하고 있는 금융자산은 해당 금융자산의 성격에 따라 투자지분상품과 투자채무상품으로 분류할 수 있다.

#### (1) 투자지분상품

① 투자지분상품(equity instrument)은 다른 회사의 순자산에 대한 소유권을 나타내는 지분상품인 주식에 대한 투자와 일정금액으로 소유지분을 취득할 수 있는 권리를 나타내는 지분상품인 지분옵션에 대한 투자를 말한다.

② 지분상품의 투자자는 지분상품의 보유기간 중에 배당수익과 해당 투자지분상품의 매각에 따른 시세차익을 통하여 투자원금과 투자이익을 회수한다.

③ 투자지분상품에는 상장주식, 비상장주식, 주식인수옵션 등이 있다.

#### (2) 투자채무상품

① 투자채무상품(debt instrument)은 다른 회사에 대하여 금전을 청구할 수 있는 권리를 표시하는 상품에 대한 투자를 말한다.

② 투자자는 투자채무상품의 보유기간 중에 피투자회사로부터 수령하는 이자와 투자채무상품의 매각시의 시세차익을 통해 투자원금과 투자이익을 회수한다.

③ 투자채무상품에는 대여금, 회사채, 국공채 등이 있다.

## 2. 보유목적에 의한 금융자산 분류

기업이 취득한 금융자산은 금융자산의 계약상 현금흐름의 특성과 금융자산관리를 위한 사업모형이라는 두 가지 판단기준에 근거하여 분류한다.

### (1) 금융자산의 계약상 현금흐름

금융자산의 계약상 현금흐름 특성이란 계약조건에 따라 원금과 원금 잔액에 대한 이자 지급만의 현금흐름이 특정일에 생기는 특성을 말한다.

① 원리금만으로 구성 : 원금과 원금잔액에 대한 이자지급만으로 구성된 계약상 현금흐름

② 원리금 이외로 구성 : 원리금 지급만으로 구성되지 않은 기타 계약상 현금흐름

### (2) 금융자산관리를 위한 사업모형 : 금융자산의 보유의도

기업이 현금흐름을 창출하기 위해 금융자산을 관리하는 방식을 말하는 것으로 다음의 세 가지 사업모형으로 구분한다.

① 수취목적 사업모형 : 계약상 현금흐름 수취목적

② 수취와 매도목적 사업모형 : 계약상 현금흐름 수취 외에도 매도를 위해 보유함

③ 기타목적 사업모형 : 금융자산을 매도 등 기타 목적을 위해 보유함

### (3) 금융자산의 분류

금융자산은 해당 금융자산의 계약상 현금흐름의 특성과 금융자산관리를 위한 사업모형에 따라 세 범주로 구분한다.

① 상각후원가 측정 금융자산(AC금융자산) : 금융자산을 보유하는 기간 동안 원리금 지급만으로 구성되어 있는 현금흐름이 발생하며, 계약상 현금흐름을 수취하는 것을 목적으로 하는 사업모형 하에서 해당 금융자산을 보유하는 경우 상각후원가 측정 금융자산으로 분류한다.

② 기타포괄손익-공정가치 측정 금융자산(FVOCI 금융자산) : 금융자산을 보유하는 기간 동안 원리금 지급만으로 구성되어 있는 현금흐름이 발생하며, 계약상 현금흐름을 수취하면서, 동시에 매도하는 것을 목적으로 하는 사업모형하에서 해당 금융자산을 보유하는 경우에는 해당 금융자산을 기타포괄손익-공정가치 측정 금융자산으로 분류한다.

③ 당기손익-공정가치 측정 금융자산(FVPL 금융자산) : 금융자산을 보유하는 기간 동안 원리금 지급으로 구성되어 있는 현금흐름이 발행하며, 기타 목적으로 보유하는 경우 또는 계약상현금흐름이 발생하지 않는 경우 당기손익-공정가치 측정 금융자산으로 분류한다.

| 구분 | 단기매매 목적 | 기타포괄손익 선택 시 |
|---|---|---|
| 지분상품 | 원칙 : FVPL | FVOCI 선택 |

| 구분 | 사업모형 | | |
|---|---|---|---|
| | 현금흐름수취 | 수취 + 매도 | 기타목적 |
| 채무상품 | 상각후원가 측정 금융자산 | 기타포괄손익-공정가치 측정 금융자산 | 당기손익-공정가치 측정 금융자산 |
| 최초 지정 | 당기손익-공정가치 측정 금융자산으로 지정 | | – |

## 3. 기타포괄손익-공정가치 선택 금융자산

지분상품은 계약상 현금흐름이 원금과 원금 잔액에 대한 이자의 지급으로만 구성되어 있는 SPPI의 요건을 충족하지 못하므로 당기손익-공정가치 측정 금융자산으로 분류한다. 그러나 기업은 단기매매목적도 아니고 조건부대가도 아닌 지분상품을 기타포괄손익-공정가치 측정 금융자산으로 분류되도록 선택할 수 있다. 이러한 선택은 최초 인식시점에서만 가능하며, 이후에 취소할 수 없다.

## 4. 당기손익-공정가치 측정 금융자산 지정

상각후원가 측정 금융자산 또는 기타포괄손익-공정가치 측정 금융자산으로 분류될 항목을 당기손익-공정가치 측정 금융자산으로 지정할 수 있다. 단, 지정은 회계불일치를 제거하거나 유의적으로 줄이는 경우에 한하여 가능하다. 이러한 지정은 최초 인식시점에서만 가능하며, 한 번 지정하면 이를 취소할 수 없다.

### 3 투자지분상품

투자목적으로 취득한 지분상품은 당기손익-공정가치 측정 금융자산(FVPL금융자산)으로 분류하는 것이 원칙이다. 다만, 단기매매 이외의 목적으로 취득한 지분상품 중에서 후속적인 공정가치변동에 따른 손익을 기타포괄손익으로 인식하기로 선택한 경우에는 기타포괄손익-공정가치 선택 지분상품으로 분류할 수 있다. 다만, 이러한 선택은 최초 인식시점에만 가능하며 이후에는 불가능하다. 또한, 최초의 선택은 취소할 수 없다.

## 1. 당기손익-공정가치 측정 금융자산(FVPL금융자산)

FVPL금융자산은 주로 단기간 내에 매각하거나 재매입할 목적으로 취득하는 금융자산을 말한다.

(1) 최초 인식과 측정(취득원가)

① 금융자산은 최초인식시점의 공정가치로 측정한다. 일반적으로 최초인식시점의 공정가치는 거래가격(제공하거나 수취한 대가의 공정가치)이다. 금융자산의 정형화된 매입·매도에 대해서는 매매일 또는 결제일 회계처리 방법 중 하나를 선택하여 인식한다.

② FVPL금융자산은 계약당사자가 되는 때 재무상태표에 인식하며 최초 인식 시 공정가치로 측정한다. FVPL금융자산 취득과정에서 소요되는 각종의 부대비용을 거래원가라고 하는데 FVPL금융자산은 취득 시 거래원가를 당기비용으로 인식한다.

---

**예제 10-3** FVPL금융자산의 취득

다음의 상황을 보고 회계처리를 하시오.

(1) 단기시세차익을 목적으로 A의 주식 10주(액면 ₩5,000)를 주당 ₩6,000에 현금으로 매입하였다.

(2) 단기시세차익을 목적으로 C회사의 주식 10주(액면 ₩1,000)를 주당 ₩8,000에 매입하였다. 매입수수료는 ₩4,000이 발생하였고 수수료와 함께 현금으로 매입하였다.

──────────────────────────────────────────

해답

| | | | | | |
|---|---|---|---|---|---|
| (1) (차) FVPL금융자산 | 60,000 | | (대) 현금 | 60,000 | |
| (2) (차) FVPL금융자산 | 80,000 | | (대) 현금 | 84,000 | |
| 수수료 | 4,000 | | | | |

## (2) 배당금수익

지분증권에 투자한 경우에는 배당금수익을 얻을 수 있다. 현금배당의 경우에는 배당을 받을 권리와 금액이 확정되는 시점(피투자회사의 주주총회일)에 배당금수익(당기손익)을 인식한다. 단, 주식배당은 투자자의 부가 증가하지 않으므로 손익으로 인식하지 않으며, 투자자는 별도의 회계처리를 수행하지 않는다.

예제 10-4  배당금수익

㈜한국은 A회사의 주식을 취득하여 FVPL금융자산으로 분류하였다. A회사는 배당을 결의하였고 그 결과 ₩50,000의 현금배당을 수령하였다. 다음의 거래를 분개하시오.

──────────────────────────────────────────

해답

| | | | |
|---|---|---|---|
| (차) 현금 | 50,000 | (대) 배당금수익 | 50,000 |

## (3) 후속 측정(기말평가)

① FVPL금융자산을 취득하여 결산일 현재 보유하고 있는 경우에는 이를 공정가치로 평가하여야 한다. 공정가치로 평가한 결과 장부금액과 공정가치가 차이가 나게 되면 이러한 공정가치의 변동분은 FVPL금융자산평가손익(당기손익)으로 회계처리한다.

> FVPL금융자산 평가손익 = 금융자산의 공정가치 − 금융자산의 장부금액
>
> * 장부금액은 당기 취득 시 취득금액, 전기에 취득한 경우는 전기말의 공정가치

② 공정가치는 시장성이 있는 유가증권이라면 시장가격을 공정가치로 보며, 시장가격은 보고기간 말 현재의 종가로 한다. 다만, 보고기간 말 현재의 종가가 없으며 보고기간 말과 해당 유가증권의 직전 거래일 사이에 중요한 경제적 상황의 변화가 없는 경우에는 직전거래일의 종가로 할 수 있다.

**예제 10-5** FVPL금융자산의 기말평가

(1) 보유 중인 FVPL금융자산의 장부금액은 ₩1,000,000이고 기말의 공정가치는 ₩1,200,000이라고 할 때, 기말 평가에 관한 회계처리를 하시오.

(2) 보유 중인 FVPL금융자산의 취득금액은 ₩500,000이며 현재의 장부금액은 ₩550,000이다. 기말의 공정가치가 ₩500,000이라고 할 때 기말 평가에 관한 회계처리를 하시오.

**해답**

| | | | | |
|---|---|---|---|---|
| (1) (차) FVPL금융자산 | 200,000 | (대) FVPL금융자산평가이익 | 200,000 |
| (2) (차) FVPL금융자산평가손실 | 50,000 | (대) FVPL금융자산 | 50,000 |

### (4) 후속 측정(처분)

① FVPL금융자산을 처분하게 되면 처분하는 금액과 장부금액을 비교하여 그 차액을 FVPL금융자산처분손익(당기손익)으로 처리한다. 이때 처분금액은 각종 수수료 등을 차감한 후의 금액인 순처분금액이다.

② 만약, 동일한 유가증권을 여러 번에 걸쳐 각기 다른 금액으로 취득하였을 경우에는 처분시점에 어떠한 유가증권이 먼저 처분된 것인지를 결정해야 할 필요성이 있다. 이때에는 원가흐름의 가정에 따라 선입선출법, 가중평균법 등 합리적인 방법을 선택하고 특별한 사정이 없는 한 매기 동일하게 적용한다.

**예제 10-6** FVPL금융자산의 처분

다음의 상황을 보고 회계처리를 하시오.

(1) FVPL금융자산(장부금액 ₩1,800,000)을 ₩2,000,000에 처분하고 매각수수료 ₩50,000을 차감한 잔액 ₩1,950,000을 현금으로 수령하였다.

(2) FVPL금융자산 100주는 2월 1일에 주당 ₩5,000에 취득하였고, 2월 5일에는 같은 주식을 주당 ₩6,500에 200주 취득하였다. 그리고 2월 20일에는 해당 주식 150주를 주당 ₩5,500에 처분하였으며 매각대금은 전액 현금으로 수령하였다(단, 원가흐름의 가정은 이동평균법 적용).

**해답**

| | | | | |
|---|---|---|---|---|
| (1) (차) 현금 | 1,950,000 | (대) FVPL금융자산 | 1,800,000 |
| | | FVPL금융자산처분이익 | 150,000 |
| (2) (차) 현금 | 825,000 | (대) FVPL금융자산 | 900,000 |
| FVPL금융자산처분손실 | 75,000 | | |

\* FVPL금융자산 장부가액 = (₩500,000 + ₩1,300,000) ÷ 300주 = ₩6,000/주

예제
**10-7** FVPL금융자산

㈜한국은 20×1년 초에 ㈜민국 지분상품을 취득하면서 매매수수료 ₩1,000을 포함하여 총 ₩96,000을 지급하였으며, 당기손익 - 공정가치 측정 금융자산으로 분류하였다. 20×1년 말 현재 ㈜민국 지분상품의 공정가치는 ₩102,000이며, 20×2년 7월 1일 당해 지분상품을 ₩105,000에 모두 처분하였다. ㈜한국의 20×1년 초 취득시점부터 처분시점까지의 회계처리를 하시오.

----

**해답**

| | | | | | | |
|---|---|---|---|---|---|---|
| 20×1년 초 | (차) | FVPL금융자산 | 95,000 | (대) | 현금 | 96,000 |
| | | 수수료 | 1,000 | | | |
| 20×1.12.31 | (차) | FVPL금융자산 | 7,000 | (대) | FVPL금융자산평가이익 | 7,000 |
| 20×2.7.1 | (차) | 현금 | 105,000 | (대) | FVPL금융자산 | 102,000 |
| | | | | | FVPL금융자산처분이익 | 3,000 |

## 2. 기타포괄손익-공정가치 선택 지분상품(FVOCI 선택 금융자산)

### (1) 최초 측정

FVOCI금융자산은 최초 인식 시 공정가치로 측정한다. FVOCI금융자산의 취득과 직접 관련되는 거래원가는 최초 인식하는 공정가치에 가산하여 측정한다.

### (2) 배당금수익

지분증권에 투자한 경우에는 배당금수익을 얻을 수 있다. 현금배당의 경우에는 배당을 받을 권리와 금액이 확정되는 시점(피투자회사의 주주총회일)에 배당금수익(당기손익)을 인식한다. 단, 주식배당은 투자자의 부가 증가하지 않으므로 손익으로 인식하지 않으며, 투자자는 별도의 회계처리를 수행하지 않는다.

### (3) 후속 측정

① FVOCI금융자산은 매년 공정가치로 측정한다. 다만, 활성시장에서 공시되는 시장가격이 없고 공정가치를 신뢰성 있게 측정할 수 없는 지분상품은 원가로 측정한다.

② FVOCI금융자산의 공정가치 변동에 따른 손익은 기타포괄손익으로 인식한다. 누적된 기타포괄손익은 관련된 금융자산이 제거되는 시점에 이익잉여금으로 대체할 수 있다.

③ 처분이익이 발생한 경우(잔액이 FVOCI금융자산평가이익인 경우)

| | | | | | |
|---|---|---|---|---|---|
| (차) | 현금 | ××× | (대) | FVOCI금융자산 | ××× |
| (차) | FVOCI금융자산평가이익 | ××× | (대) | 미처분이익잉여금 | ××× |

④ 처분 시 공정가치로 평가 후 매도함으로써 당기손익으로 인식할 처분손익은 없다. 단, 처분 과정에서 거래원가를 부담한 경우 거래원가는 처분손실로 당기손실에 반영한다.

**예제 10-8** FVOCI금융자산

㈜한국은 20×1년 초 시장성 있는 ㈜민국의 주식을 ₩1,000에 취득하고 FVOCI금융자산으로 분류하였다. 20×1년 말 ㈜민국의 주식 공정가치는 ₩1,100, 20×2년 공정가치는 ₩800이다. ㈜한국은 20×3년 3월 10일에 해당 주식을 ₩1,200에 처분하였다고 할 때 일자별 회계처리를 하시오(단, ㈜한국은 해당 지분상품을 매도 시 기타포괄손익누계액을 이익잉여금으로 대체한다).

〔해답〕

| 20×1.1.1 | (차) FVOCI금융자산 | 1,000 | (대) 현금 | 1,000 |
| 20×1.12.31 | (차) FVOCI금융자산 | 100 | (대) FVOCI금융자산평가이익 | 100 |
| 20×2.12.31 | (차) FVOCI금융자산평가이익 | 100 | (대) FVOCI금융자산 | 300 |
| | FVOCI금융자산평가손실 | 200 | | |
| 20×3.3.10 | (차) FVOCI금융자산 | 400 | (대) FVOCI금융자산평가손실 | 200 |
| | | | FVOCI금융자산평가이익 | 200 |
| | (차) 현금 | 1,200 | (대) FVOCI금융자산 | 1,200 |
| | (차) FVOCI금융자산평가이익 | 200 | (대) 미처분이익잉여금 | 200 |

**예제 10-9** FVOCI금융자산

㈜한국은 A주식을 20×1년 중 ₩105,000(거래원가 ₩5,000이 포함된 금액)에 취득하고 이를 FVOCI금융자산으로 선택하였다. FVOCI금융자산과 관련된 거래가 다음과 같을 때 일자별 회계처리를 수행하시오.

| 구분 | 20×1년 말 공정가치 | 20×2년 말 공정가치 | 20×3년 초 처분가액(공정가치) |
|---|---|---|---|
| A주식 | ₩130,000 | ₩85,000 | ₩95,000 |

〔해답〕

| 취득 시 | (차) FVOCI금융자산 | 105,000 | (대) 현금 | 105,000 |
| 20×1년 말 | (차) FVOCI금융자산 | 25,000 | (대) FVOCI금융자산평가이익 | 25,000 |
| 20×2년 말 | (차) FVOCI금융자산평가이익 | 25,000 | (대) FVOCI금융자산 | 45,000 |
| | FVOCI금융자산평가손실 | 20,000 | | |
| 20×3년 초 | (차) FVOCI금융자산 | 10,000 | (대) FVOCI금융자산평가손실 | 10,000 |
| | (차) 현금 | 95,000 | (대) FVOCI금융자산 | 95,000 |

## 4 투자채무상품

투자채무상품은 금전을 청구할 수 있는 권리를 표시하는 상품에 대한 투자를 말한다. 투자목적의
채무상품은 계약상 현금흐름이 원리금으로 구성되어 있고 원리금을 수취할 목적으로만 취득한 경우
상각후원가 측정 금융자산으로 분류한다. 그러나 계약상 현금흐름이 원리금으로만 구성되어 있고,
수취목적 이외에 매도할 목적도 보유하고 있는 경우는 기타포괄손익-공정가치 측정 금융자산으로
분류한다. 이를 제외한 채무상품의 취득은 모두 당기손익-공정가치 측정 금융자산으로 분류한다.

## 1. 당기손익 - 공정가치 측정 금융자산(FVPL금융자산)

### (1) 최초 측정

① 채무상품을 원리금을 수취할 목적이 아닌 매도 등의 기타 목적으로 취득하는 경우 최초 인식시
점의 공정가치로 인식하고 취득과 직접 관련된 거래원가는 발생 즉시 당기비용으로 처리한다.

② 채무상품의 공정가치는 미래 현금흐름을 공정가치 측정 시의 시장이자율로 할인한 현재가치상
당액이 된다.

### (2) 후속 측정

① 채무상품의 보유로 수령하는 약정이자는 FVPL금융자산의 경우 약정이자(표시이자)만 이자
수익으로 인식한다.

② 이자수익을 인식한 이후 보고기간 말의 공정가치로 평가하고 장부금액과의 차액은 FVPL금
융자산평가손익의 과목으로 하여 당기손익으로 처리한다.

### (3) 제거

FVPL금융자산의 양도가 금융자산의 제거요건을 충족하는 경우 수취한 대가와 해당 금융자산의
장부금액의 차이를 당기손익으로 인식한다.

---

**예제 10-10** FVPL금융자산

㈜한국은 20×1년 1월 1일 ㈜민국이 발행한 사채를 ₩97,000에 취득하고 FVPL금융자산
으로 분류하였다. 해당 사채의 액면금액은 ₩100,000이며, 표시이자율은 8%, 유효이자율
은 10%이다. ㈜한국은 해당 사채 취득과 관련하여 수수료 ₩1,000을 현금으로 지급하였다.
해당 사채의 20×1년 12월 31일 공정가치가 ₩98,500이라고 할 때, 사채의 취득시점부터
20×1년 12월 31일까지의 회계처리를 하시오.

**해답**

| 20×1.1.1 | (차) FVPL금융자산 | 97,000 | (대) 현금 | 98,000 |
|---|---|---|---|---|
| | 수수료 | 1,000 | | |

| 20×1.12.31 | (차) 현금 | 8,000 | (대) 이자수익 | 8,000 |
|---|---|---|---|---|
| | (차) FVPL금융자산 | 1,500 | (대) FVPL금융자산평가이익 | 1,500 |

▶ 20×2년 1월 1일 해당 채무상품을 ₩99,000에 처분하였다면?

| 20×2.1.1 | (차) 현금 | 99,000 | (대) FVPL금융자산 | 98,500 |
|---|---|---|---|---|
| | | | FVPL금융자산처분이익 | 500 |

## 2. 상각후원가 측정 금융자산(AC금융자산)

### (1) 최초 측정

① 채무상품의 현금흐름이 원금과 이자만으로 구성되어 있고, 원리금만을 수취할 목적으로 취득한 채무상품은 상각후원가 측정 금융자산으로 분류한다. 특정 금융자산을 상각후원가 측정 금융자산으로 분류한다고 하여 반드시 만기까지 보유해야 하는 것은 아니다.

② 상각후원가 측정 금융자산은 최초 인식 시 공정가치로 측정하며, 상각후원가 측정 금융자산의 취득과 직접 관련되는 거래원가는 최초 인식하는 공정가치에 가산하여 측정한다.

### (2) 후속 측정

① 상각후원가 측정 금융자산은 유효이자율법을 사용하여 상각후원가로 측정한다.

② 이자수익은 금융자산의 총 장부금액에 유효이자율을 적용하는 유효이자율법으로 계산한다. 다만 다음의 경우는 제외한다.

> ㉠ 최초 발생시점이나 매입할 때 신용이 손상되어 있는 금융자산(이하 '취득시 신용이 손상되어 있는 금융자산'이라 한다). 그러한 금융자산의 경우에는 최초 인식시점부터 상각후원가에 신용조정 유효이자율을 적용한다.
> ㉡ 취득 시 신용이 손상되어 있는 금융자산은 아니지만 후속적으로 신용이 손상된 금융자산. 그러한 금융자산의 경우에는 후속보고기간에 상각후원가에 유효이자율을 적용한다.

### (3) 제거

상각후원가 측정 금융자산의 양도가 금융자산의 제거요건을 만족하는 경우 수취한 순매각금액과 해당 금융자산의 상각후원가와의 차액을 **상각후원가 측정 금융자산처분손익(당기손익)**으로 인식한다.

---

**예제 10-11** AC금융자산

㈜한국은 20×1년 초 액면가액 ₩100,000, 액면이자율 8%(연1회 지급), 만기 3년인 회사채를 원리금수취목적으로 ₩95,026(유효이자율 10%)에 취득하였다. ㈜한국의 취득시점부터 만기시점까지 연도별 회계처리를 하시오.

해답

(1) 상각표

| 일자 | 유효이자(10%) | 표시이자(8%) | 상각액 | 장부금액 |
|---|---|---|---|---|
| 20×1.1.1 | | | | ₩95,026 |
| 20×1.12.31 | ₩9,503 | ₩8,000 | ₩1,503 | 96,529 |
| 20×2.12.31 | 9,653 | 8,000 | 1,653 | 98,182 |
| 20×3.12.31 | 9,818 | 8,000 | 1,818 | 100,000 |
| 합계 | ₩28,974 | ₩24,000 | ₩4,974 | |

(2) 일자별 회계처리

| | | | | | | |
|---|---|---|---|---|---|---|
| 20×1.1.1 | (차) 상각후원가측정금융자산 | 95,026 | (대) 현금 | 95,026 |
| 20×1.12.31 | (차) 현금 | 8,000 | (대) 이자수익 | 9,503 |
| | 상각후원가측정금융자산 | 1,503 | | |
| 20×2.12.31 | (차) 현금 | 8,000 | (대) 이자수익 | 9,653 |
| | 상각후원가측정금융자산 | 1,653 | | |
| 20×3.12.31 | (차) 현금 | 8,000 | (대) 이자수익 | 9,818 |
| | 상각후원가측정금융자산 | 1,818 | | |
| | (차) 현금 | 100,000 | (대) 상각후원가측정금융자산 | 100,000 |

▶ 해당 금융자산을 20×3년 1월 1일에 ₩99,000에 매도하였다면 회계처리는 다음과 같다.

| 20×3.1.1 | (차) 현금 | 99,000 | (대) 상각후원가측정금융자산 | 98,182 |
|---|---|---|---|---|
| | | | 상각후원가측정금융자산처분이익 | 818 |

## 3. 기타포괄손익-공정가치 측정 금융자산(FVOCI금융자산)

(1) 최초 측정

① 채무상품의 계약상 현금흐름이 원금과 이자로만 구성되어 있으며, 원리금을 수취하면서 동시에 매도할 목적으로 취득하는 경우는 FVOCI금융자산으로 분류한다.

② FVOCI금융자산은 최초 인식 시 공정가치로 측정한다. FVOCI금융자산의 취득과 직접 관련되는 거래원가는 최초 인식하는 공정가치에 가산하여 측정한다.

(2) 후속 측정

① FVOCI금융자산은 보고기간 말의 공정가치로 재무상태표에 보고한다. 다만, FVOCI금융자산의 취득금액과 액면금액이 다른 경우에는 취득금액과 액면금액과의 차액인 할인 또는 할증차금을 해당 채무상품의 상환기간에 걸쳐 유효이자율법으로 상각하여 취득금액에 가감하고 이자수익으로 인식한다.

② FVOCI금융자산의 공정가치와 이자수익을 반영한 후의 장부금액과의 차액은 FVOCI금융자산평가손익의 과목으로 하여 포괄손익계산서의 기타포괄손익으로 분류한다.

③ 기타포괄손익으로 인식한 FVOCI금융자산평가손익의 누적액은 재무상태표의 자본항목으로 표시한다. FVOCI금융자산평가손익의 누적액은 취득한 회계연도 말부터 발생한 FVOCI금융자산평가이익과 FVOCI금융자산평가손실을 서로 상계한 금액이기 때문에 언제나 채무상품의 공정가치와 상각후원가의 차액이 된다.

> 재무상태표의 FVOCI금융자산평가손익의 누적액
> = FVOCI금융자산의 공정가치 − FVOCI금융자산의 상각후원가

### (3) FVOCI금융자산의 처분

① FVOCI금융자산을 처분하는 경우 처분금액과 장부금액의 차액은 FVOCI금융자산처분손익의 과목으로 하여 당기손익에 반영한다. 해당 채무상품의 공정가치 평가로 인하여 **자본항목으로 계상된 FVOCI금융자산평가손익의 누적액은 해당 채무상품을 처분하는 시점에 FVOCI금융자산처분손익(당기손익)으로 재분류한다.**

② FVOCI금융자산의 장부금액에 FVOCI금융자산평가손익을 가감한 금액은 해당 채무상품의 상각후원가가 된다. 따라서 FVOCI금융자산처분손익은 언제나 해당 채무상품의 처분금액과 상각후원가의 차액이 된다.

> FVOCI금융자산처분손익 = FVOCI금융자산의 처분금액 − FVOCI금융자산의 상각후원가

**예제 10-12** FVOCI금융자산

㈜한국은 20×1년 초 액면가액 ₩100,000, 액면이자율 8%(연1회 지급), 만기 3년인 회사채를 현금흐름수취 및 매두 등이 목적으로 ₩95,026(유효이자율 10%)에 취득하였다. 해당 사채의 20×1년 12월 31일, 20×2년 12월 31일의 공정가치가 각각 ₩97,000, ₩98,500이라고 할 때, 20×2년 12월 31일까지의 회계처리를 하시오(단, ㈜한국은 해당 사채를 FVOCI금융자산으로 분류하였다고 한다).

해답

| | | | | | |
|---|---|---|---|---|---|
| 20×1.1.1 | (차) FVOCI금융자산 | 95,026 | (대) 현금 | | 95,026 |
| 20×1.12.31 | (차) 현금 | 8,000 | (대) 이자수익 | | 9,503 |
| | FVOCI금융자산 | 1,503 | | | |
| | (차) FVOCI금융자산 | 471 | (대) FVOCI금융자산평가이익 | | 471 |
| 20×2.12.31 | (차) 현금 | 8,000 | (대) 이자수익 | | 9,653 |
| | FVOCI금융자산 | 1,653 | | | |
| | (차) FVOCI금융자산평가이익 | 153 | (대) FVOCI금융자산 | | 153 |

> \* ㈜한국이 해당 사채를 20×3년 1월 1일 ₩99,000에 처분하였다고 할 때, 회계처리를 하시오.
>
> 20×3.1.1   (차) 현금                        99,000   (대) FVOCI금융자산              98,500
>               FVOCI금융자산평가이익      318           FVOCI금융자산처분이익          818
>
> → FVOCI금융자산처분이익 = ₩99,000 − ₩98,182(20×2년 말 상각후원가) = ₩818 처분이익

## 5 손상

기업은 매 보고기간 말에 금융자산의 신용위험의 증가 정도를 평가하고, 미래에 수취하지 못할 현금흐름을 추정하여 금융자산을 감액하면서 비용을 인식할 필요가 있는데 이를 손상차손이라 한다. 기준서 제1109호는 기대손실모형에 따라 보고기간 말에 과거와 현재의 정보뿐만 아니라 미래전망정보까지 이용하여 미래에 회수하지 못할 금액을 추정하여 손상차손을 인식하도록 규정하고 있다.

### 1. 투자지분상품의 손상

손상이란 금융자산의 취득 후 발생하는 해당 금융자산의 예상 신용손실을 당기손익으로 조기에 인식하는 것이다. 그러나 지분상품의 경우에는 신용손실위험이 없으므로 손상회계처리의 대상이 아니다.

### 2. 투자채무상품의 손상 : FVPL 금융자산은 신용손실의 적용대상이 아니다.

(1) 상각후원가 측정 금융자산

상각후원가 측정 금융자산의 최초인식 후 신용위험으로 인해 기대신용손실이 발생하는 경우 금융자산의 장부금액을 감액하고 이를 손상차손으로 당기손익에 인식한다. 금융자산의 손상은 두 단계로 구분하여 판단한다.

① 신용위험이 발생한 경우

㉠ 신용위험이 유의적으로 증가하지 않은 경우에는 12개월 기대신용손실에 해당하는 금액을 손상차손으로 인식한다. 만약, 신용위험이 유의적으로 증가한 경우는 전체기간 기대신용손실에 해당하는 금액을 손상차손으로 당기손익에 인식한다.

> 기대신용손실 = 신용손실추정액 × 채무불이행발생확률

㉡ 신용위험의 경우에는 손상차손을 인식하더라도 이자수익은 손상 전의 상각후원가인 총장부금액에 유효이자율을 적용한다(유효이자율 변경 ×).

㉢ 신용위험 발생 시 회계처리는 다음과 같다.

> (차) 금융자산손상차손      ×××      (대) 손실충당금          ×××

② 신용이 손상된 경우

㉠ 금융자산의 신용이 손상된 경우 전체기간 기대신용손실에 해당하는 금액을 손상차손으로 당기손익에 인식한다.

$$\boxed{\text{기대신용손실} = \text{총장부금액} - (\text{추정 미래 현금흐름을 최초의 유효이자율로 할인한 현재가치})}$$

    ⓛ 신용이 손상된 경우 회계처리는 다음과 같다.

| (차) 손실충당금 | ××× | (대) 상각후원가금융자산 | ××× |
|---|---|---|---|
| 금융자산손상차손 | ××× | | |

    ⓒ 손상차손을 인식한 후 이자수익은 손상후 순장부금액인 상각후원가에 유효이자율을 적용한다.

③ 손상의 회복 시

    손상이 회복되었다면 금융자산손상환입으로 당기손익으로 인식한다.

| (차) 손실충당금 | ××× | (대) 금융자산손상차손환입 | ××× |
|---|---|---|---|

한편, 덜 정교한 신용위험 관리시스템을 가지고 있는 기업을 지원하기 위해 매출채권 등에 대해서는 전체기간 기대신용손실을 측정하도록 하고 있다. 이러한 이유로 다음의 금융자산에 대해서는 항상 전체기간 기대신용손실을 측정한다.

ⓐ 유의적인 금융요소를 포함하고 있지 않은 매출채권이나 계약자산
ⓑ 유의적인 금융요소를 포함하고 있는 매출채권이나 계약자산에 대해서 전체기간 기대신용손실 금액으로 손실충당금을 측정하는 것을 회계정책으로 선택한 경우
ⓒ 리스채권으로서 전체기간 기대신용손실로 측정하는 것을 회계정책으로 선택한 경우

## 3. 신용위험의 유의적 증가 여부의 판단

(1) 금융자산을 최초 인식한 후 다음과 같은 사건이 발생할 경우 금융자산의 신용위험이 유의적으로 승가할 수 있다.

① 발행자나 차입자의 유의적인 재무적 어려움
② 채무불이행이나 연체 같은 계약 위반
③ 차입자의 재무적 어려움에 관련된 경제적 또는 계약상 이유로 당초 차입조건의 불가피한 완화
④ 차입자의 파산가능성이 높아지거나 그 밖의 재무구조조정 가능성이 높아짐
⑤ 재무적 어려움으로 해당 금융자산에 대한 활성시장의 소멸
⑥ 이미 발생한 신용손실을 반영하여 크게 할인한 가격으로 금융자산을 매입하거나 창출하는 경우

전기에 금융상품의 신용위험이 낮다고 보았으나 당기 말에는 신용위험이 낮다고 보지 않을 경우 전체기간 기대신용손실을 인식하는 것이 아니라, 최초 인식 후에 신용위험이 유의적으로 증가하였는지를 판단하여 전체기간 기대신용손실을 인식할 것인지 또는 12개월의 기대신용손실을 인식할 것인지 결정한다.

기대신용손실은 현재가치 측정치로 최초 인식시점에 산정한 유효이자율이나 이에 근사한 이자율로 보고기간 말을 기준으로 할인한다. 그러나 취득 시 신용이 손상되어 있는 금융자산에 대한 기대신용손실은 최초 인식시점에 산정한 신용조정 유효이자율로 할인한다.

---

**예제 10-13** 기대신용손실

㈜한국은 20×1년 1월 1일에 ㈜민국이 발행한 사채를 동일자에 취득하였으며, 취득 시 신용이 손상되어 있지는 않다. 사채의 조건은 다음과 같다.

- 액면금액 : ₩1,000,000
- 이자지급 : 연 4%를 매년 12월 31일에 후급
- 상환일 : 20×3년 12월 31일 일시상환
- 사채발행 시 유효이자율 : 연 6% (3기간, 6%, 현가계수 0.83962, 3기간, 6%, 연금현가계수 2.67301)

[물음]
1. ㈜한국은 사업모형 및 사채의 현금흐름 특성을 고려하여 취득한 사채를 AC 금융자산으로 분류하였다. ㈜한국은 20×1년 말에 AC 금융자산의 신용위험이 유의하게 증가하지 않았다고 판단하고 12개월 기대신용손실을 ₩10,000으로 추정하였다. 20×1년 말에 ㈜한국이 해야 할 이자수익 및 손상차손 인식의 회계처리를 수행하시오.
2. ㈜한국은 20×2년 말에 AC 금융자산의 신용위험이 유의하게 증가하였다고 판단하고 전체기간 기대신용손실을 ₩100,000으로 추정하였다. 20×2년 말에 ㈜한국이 수행해야 할 이자수익 및 손상차손 인식의 회계처리를 하시오.

---

**해답**

(1) 20×1년도 회계처리

| (차) 현금 | 40,000 | (대) 이자수익 | 56,792 |
| AC 금융자산 | 16,792 | | |
| (차) 손상차손 | 10,000 | (대) 손실충당금 | 10,000 |

(2) 20×2년도 회계처리

| (차) 현금 | 40,000 | (대) 이자수익 | 57,800 |
| AC 금융자산 | 17,800 | | |
| (차) 손상차손 | 90,000 | (대) 손실충당금 | 90,000 |

전기말에 비해 기대신용손실이 ₩90,000 증가하였으므로 해당 차이만큼 손실충당금을 인식한다.

---

**예제 10-14** 상각후원가 측정 금융자산의 손상

㈜한국은 20×1년 1월 1일 액면금액 ₩100,000의 ㈜민국의 사채를 ₩87,318에 취득하고 상각후원가 측정 금융자산으로 분류하였다. ㈜민국 사채의 만기는 4년으로 취득일의 유효이자율은 10%, 표시이자율은 6%, 이자지급일은 매년 12월 31일이다. ㈜민국의 사채는 20×2년 중 손상대상이 되었으며, 추정 미래 현금흐름은 다음과 같다. 20×2년 말 수령할 표시이자는 전액 수령하였고 20×2년 말 현행시장이자율은 14%이다.

| 구분 | 20×3년 말 | 20×4년 말 |
|---|---|---|
| 액면금액 | | ₩60,000 |
| 표시이자 | ₩3,000 | ₩3,000 |

㈜민국의 사채는 20×3년 중 회수가능액이 회복되었으며, 회수가능액의 회복은 손상차손을 인식한 이후에 발생한 사건과 객관적으로 관련이 있다. 20×3년 말 현재 ㈜민국 사채의 회수가능액은 ₩80,000이라고 할 때, ㈜한국의 사채 취득시점부터 20×3년 말까지의 회계처리를 하시오.

| 기간 | 10% | | 14% | |
|---|---|---|---|---|
| | 현가계수 | 연금현가계수 | 현가계수 | 연금현가계수 |
| 1 | 0.9091 | 0.9091 | 0.8772 | 0.8772 |
| 2 | 0.8264 | 1.7355 | 0.7695 | 1.6467 |

**해답**

| 20×1.1.1 | (차) 상각후원가금융자산 | 87,318 | (대) 현금 | 87,318 |
|---|---|---|---|---|
| 20×1.12.31 | (차) 현금 | 6,000 | (대) 이자수익 | 8,732 |
| | 상각후원가금융자산 | 2,732 | | |
| 20×2.12.31 | (차) 현금 | 6,000 | (대) 이자수익 | 9,005 |
| | 상각후원가금융자산 | 3,005 | | |
| | (차) 상각후원가금융자산손상차손 | 38,264 | (대) 손실충당금 | 38,264 |
| 20×3.12.31 | (차) 현금 | 3,000 | (대) 이자수익 | 5,479 |
| | 상각후원가금융자산 | 2,479 | | |
| | (차) 손실충당금 | 22,730 | (대) 손상차손환입 | 22,730 |

* 20×2년 말 회수가능액 = ₩60,000 × 0.8264 + ₩3,000 × 1.7355 = ₩54,791
* 20×2년 말 손상차손 = ₩93,055(20×2년 말 상각후원가) − ₩54,791 = ₩38,264
* 20×3년 이자수익 = ₩54,791 × 10% = ₩5,479

---

**(2) FVOCI금융자산**

FVOCI금융자산의 최초인식 후 신용위험으로 인해 기대신용손실이 발생하는 경우 이를 <u>손상차손으로 당기손익에 인식</u>한다. 다만, FVOCI금융자산은 손상차손을 감액할 때 손실충당금을 사용하지 않고 기타포괄손익(FVOCI금융자산평가손익)에서 조정한다. 이렇게 함으로써 연도 말 재무제표에는 보고기간 말 공정가치로 장부에 기재되게 된다.

① 신용위험이 발생한 경우

FVOCI금융자산의 경우 손상차손을 인식하기 전에 공정가치 변동손익을 기타포괄손익으로 인식한다. 이후 FVOCI평가손익 중 신용위험으로 인한 손상차손 효과는 당기손익으로 대체한다. 한편, 신용위험발생으로 인한 손상의 경우 손상차손 인식 후 이자수익은 손상전 상각후원가인 총장부금액에 유효이자율을 적용해야 한다.

② 신용이 손상된 경우

FVOCI금융자산의 경우 손상차손을 인식하기 전에 공정가치 변동손익을 기타포괄손익으로 인식한다. 이후 FVOCI평가손익 중 신용의 손상으로 인한 손상차손 효과는 당기손익으로 대체한다. 신용위험으로 인한 손상과 달리 신용이 손상되었다면 손상차손인식 후 이자수익은 손상 후 상각후원가인 순장부금액에 유효이자율을 적용한다.

## 6 금융자산의 재분류

취득한 금융자산은 취득시점에 금융자산의 현금흐름의 특성과 기업의 금융자산 관리를 위한 사업모형에 따라 상각후원가 측정 금융자산, 기타포괄손익-공정가치 측정 금융자산, 당기손익-공정가치 측정 금융자산의 세 가지 항목으로 분류하고, 최초 인식과 후속 측정을 수행한다. 따라서 **기업이 금융자산을 관리하는 사업모형을 변경하는 경우에는 영향 받는 모든 금융자산을 재분류**해야 한다. 한편, 현금흐름이 원금과 이자만으로 구성되어 있지 않은 **지분상품이나 파생상품은 사업모형을 선택할 수 없으므로 재분류가 불가능**하다.

금융자산을 재분류하는 경우에 금융자산의 재분류를 초래하는 사업모형의 변경 후 첫 번째 보고기간의 첫 번째 날에 수행하며, **재분류일부터 전진적으로 적용**한다.

또한 재분류 전에 인식한 손익(손상차손이나 손상차손환입을 포함)이나 이자는 수정하지 않는다.

## 1. 투자지분상품

현금흐름이 원금과 이자로만 구성되어 있지 않은 지분상품이나 파생상품은 사업모형을 선택할 수 없으므로 **재분류가 불가능**하다.

## 2. 투자채무상품

### (1) 상각후원가 측정에서 당기손익-공정가치 측정 금융자산으로의 변경

금융자산을 상각후원가 측정 범주에서 당기손익-공정가치 측정 범주로 재분류하는 경우에 재분류일의 공정가치로 측정한다. 금융자산의 재분류 전 상각후원가와 공정가치의 차이에 따른 손익은 당기손익으로 인식한다.

### (2) 상각후원가 측정에서 기타포괄손익-공정가치 측정 금융자산으로의 변경

금융자산을 상각후원가 측정 범주에서 기타포괄손익-공정가치 측정 범주로 재분류하는 경우에 **재분류일의 공정가치로 측정**한다. 금융자산의 재분류 전 상각후원가와 공정가치의 차이에 따른 손익은 기타포괄손익으로 인식한다.

⑶ 기타포괄손익 공정가치 측정에서 상각후원가 측정 금융자산으로의 변경

금융자산을 기타포괄손익 측정 범주에서 상각후원가 측정 범주로 재분류하는 경우에 재분류일의 공정가치로 측정한다. 금융자산의 재분류 전 평가손익에 따른 기타포괄손익누계액은 상각후원가의 장부금액에서 조정한다. 변경에 따라 유효이자율을 재계산하지는 않는다.

⑷ 기타포괄손익 공정가치 측정에서 당기손익–공정가치 측정 금융자산으로의 변경

금융자산을 기타포괄손익 측정 범주에서 당기손익 측정 범주로 재분류하는 경우에 재분류일의 공정가치로 측정한다. 금융자산의 재분류 전 평가손익에 따른 기타포괄손익누계액은 재분류조정에 따라 당기손익으로 대체한다. 변경에 따라 유효이자율을 재계산하지는 않는다.

⑸ 당기손익–공정가치 측정에서 상각후원가 측정 금융자산으로의 변경

금융자산을 당기손익–공정가치 측정 범주에서 상각후원가 측정 범주로 재분류하는 경우에 재분류일의 공정가치가 새로운 총장부금액이 된다. 이 경우 재분류일을 해당 금융자산의 최초인식일로 보며 <u>유효이자율은 재분류일의 금융자산 공정가치에 기초하여 다시 산정한다.</u>

⑹ 당기손익–공정가치 측정에서 기타포괄손익–공정가치 측정 금융자산으로의 변경

금융자산을 당기손익–공정가치 측정 범주에서 기타포괄손익–공정가치 측정 범주로 재분류하는 경우에 계속 공정가치로 측정한다. 이 경우 <u>유효이자율은 재분류일의 금융자산 공정가치에 기초하여 다시 산정한다.</u>

| 구분 | | 내용 |
|---|---|---|
| AC 금융자산 | FVPL 금융자산 | 재분류일의 공정가치로 측정하고, 재분류 전 상각후원가와 공정가치의 차이를 당기손익으로 인식 |
| | FVOCI 금융자산 | 재분류일이 공정가치로 측정하고, 재분류 전 상각후원가와 공정가치의 차이를 기타포괄손익으로 인식. 재분류에 따라 유효이자율과 기대신용손실 측정치는 조정하지 않음 |
| FVOCI 금융자산 | FVPL 금융자산 | 계속 공정가치로 측정하고 재분류 전에 인식한 기타포괄손익누계액은 재분류일에 재분류조정으로 자본에서 당기손익으로 재분류 |
| | AC 금융자산 | 재분류일의 공정가치로 측정하고, 재분류 전에 인식한 기타포괄손익누계액은 자본에서 제거하고 재분류일의 금융자산의 공정가치에서 조정한다. 재분류에 따라 유효이자율과 기대신용손실 측정치는 조정하지 않음 |
| FVPL 금융자산 | FVOCI 금융자산 | 계속 공정가치로 측정하고, 재분류일의 공정가치에 기초하여 유효이자율을 다시 계산 |
| | AC 금융자산 | 재분류일의 공정가치가 새로운 총장부금액이 되며, 이를 기초로 유효이자율을 다시 계산 |

예제
**10-15**  금융자산의 재분류

㈜한국은 20×1년 1월 1일에 액면 ₩100,000의 회사채를 ₩87,318에 취득(액면이자 6%)하고, FVOCI금융자산으로 분류하였다. 취득 시 유효이자율은 10%이었다. ㈜한국은 20×2년 중 사업모형이 변경되어 이를 AC금융자산으로 변경하였다. 20×1년 말 공정가치는 ₩89,000이었고 20×2년 말 유효이자율은 8%, 사채의 공정가치는 ₩96,433이다. ㈜한국의 취득시점부터 재분류시점까지의 회계처리를 하시오.

해답

| 20×1.1.1 | (차) FVOCI금융자산 | 87,318 | (대) 현금 | 87,318 |
|---|---|---|---|---|
| 20×1.12.31 | (차) 현금 | 6,000 | (대) 이자수익 | 8,732 |
| | FVOCI금융자산 | 2,732 | | |
| | (차) FVOCI금융자산평가손실 | 1,050 | (대) FVOCI금융자산 | 1,050 |
| 20×2.12.31 | (차) 현금 | 6,000 | (대) 이자수익 | 9,005 |
| | FVOCI금융자산 | 3,005 | | |
| | (차) FVOCI금융자산 | 4,428 | (대) FVOCI금융자산평가손실 | 1,050 |
| | | | FVOCI금융자산평가이익 | 3,378 |
| 20×3.1.1 | (차) AC금융자산 | 96,433 | (대) FVOCI금융자산 | 96,433 |
| | FVOCI금융자산평가이익 | 3,378 | AC금융자산 | 3,378 |

## 7  금융자산의 제거

### 1. 금융자산 제거의 판단

금융자산은 당해 금융자산의 현금흐름에 대한 계약상 권리가 소멸하거나 당해 금융자산을 아래와 같은 방법으로 양도하며 그 양도가 위험과 보상의 이전 정도에 따른 제거조건을 충족하는 경우 제거한다.
① 금융자산의 현금흐름을 수취할 계약상 권리의 양도
② 금융자산의 현금흐름을 수취할 계약상 권리를 보유하고 있으나 그 현금흐름을 거래 상대방에게 지급할 의무를 부담하는 경우
금융자산을 양도하는 경우에는 양도자가 금융자산의 소유에 따른 위험과 보상의 보유 정도를 평가하여 아래와 같이 회계처리한다.

| 위험과 보상 이전 | 회계처리 |
|---|---|
| 위험과 보상을 대부분 이전 | 금융자산 제거하고 양도에 따라 발생한 권리와 의무를 자산, 부채로 인식 |
| 위험과 보상의 대부분 보유 | 금융자산을 계속 보유한 것으로 회계처리 |
| 위험과 보상 대부분을 보유 혹은 이전하지 않은 경우 | • 양도자가 금융자산을 통제하고 있지 않은 경우<br> － 금융자산을 제거하고 발생한 권리, 의무를 자산·부채로 인식<br>• 양도자가 금융자산을 계속 통제하는 경우<br> － 금융자산에 지속적으로 관여하는 정도까지 금융자산을 보유 |

| 구분 | 사례 |
|---|---|
| 위험과 보상의<br>대부분을 이전하는 경우 | ① 금융자산을 아무런 조건 없이 매도한 경우<br>② 양도자가 매도한 금융자산을 재매입시점의 공정가치로 재매입할 수 있는 권리를 보유하고 있는 경우<br>③ 양도자가 매도한 금융자산에 대한 콜옵션을 보유하고 있거나 양수자가 당해 금융자산에 대한 풋옵션을 보유하고 있지만, 당해 콜옵션이나 풋옵션이 깊은 외가격 상태이기 때문에 만기 이전에 당해 옵션이 내가격 상태가 될 가능성이 매우 낮은 경우 |
| 위험과 보상의<br>대부분을 보유하는 경우 | ① 양도자가 매도 후에 미리 정한 가격 또는 매도가격에 양도자에게 금전을 대여하였더라면 그 대가로 받았을 이자수익을 더한 금액으로 양도자산을 재매입하는 거래의 경우<br>② 유가증권대여계약을 체결한 경우<br>③ 시장위험 익스포저를 양도자에게 다시 이전하는 총수익스왑 체결과 함께 금융자산을 매도한 경우<br>④ 양도자가 매도한 금융자산에 대한 콜옵션을 보유하고 있거나 양수자가 당해 금융자산에 대한 풋옵션을 보유하고 있으며, 당해 콜옵션이나 풋옵션이 깊은 내가격 상태이기 때문에 만기 이전에 당해 옵션이 외가격 상태가 될 가능성이 매우 낮은 경우<br>⑤ 양도자가 양수자에게 발생가능성이 높은 신용손실의 보상을 양수자에게 보증하면서 단기 수취채권을 매도한 경우 |

### 2. 양도자산에 대한 관리용역 제공

금융자산 전체가 제거조건을 충족하는 양도로 금융자산을 양도하고, 수수료를 받는 대가로 해당 양도자산의 관리용역을 제공하기도 한다. 이 경우 양도자는 관리용역제공계약과 관련하여 자산이나 부채를 인식한다. 관리용역제공 계약노 현금 등 금융자산을 수취하거나 인도할 계약상 권리 또는 의무에 해당되므로 금융상품의 정의를 충족한다.

### 3. 금융자산의 변경손익

금융자산의 계약상 현금흐름이 재협상되거나 변경되었으나 그 금융자산이 제거되지 아니하는 경우에는 해당 금융자산의 총 장부금액을 재계산하고 변경손익을 당기손익으로 인식한다. 해당 금융자산의 총 장부금액은 재협상되거나 변경된 계약상 현금흐름을 해당 금융자산의 최초 유효이자율(또는 취득 시 신용이 손상되어 있는 금융자산의 경우에는 신용조정 유효이자율)로 재계산한다. 발생한 원가나 수수료는 변경된 금융자산의 장부금액에 반영하여 해당 금융자산의 남은 존속기간에 상각한다.

### 4. 금융자산의 제각

금융자산 전체나 일부의 회수를 합리적으로 예상할 수 없는 경우에는 해당 금융자산의 총 장부금액을 직접 줄인다. 제각은 금융자산을 제거하는 사건으로 본다.

## 8  대여금 및 수취채권

대여금 및 수취채권은 지급금액이 확정되었거나 결정가능하며 활성시장에서 가격이 공시되지 않는 금융자산을 말한다. 이 중 수취채권(receivables)은 기업이 고객에게 상품을 판매하거나 거래상대 방에게 자금을 대여하고 나중에 대금을 받기로 한 권리를 말하며, 수취채권은 매출채권과 비매출채 권으로 구분할 수 있다. 비매출채권은 미수금, 단기대여금, 미수수익 등이 있다.

### 1. 매출채권

① 기업은 상품을 판매하는 등의 경영활동과정 중에서 현금을 바로 수취하는 것이 아니라 외상거 래를 하는 경우가 많다. 이 경우에는 나중에 현금을 수취할 수 있는 계약상 권리인 수취채권이 발생하게 된다.

② 이 중에서도 상품, 제품의 판매나 용역의 제공 등 기업의 주된 영업활동에서 발생하는 채권을 매 출채권(trade receivable)이라 부른다. 매출채권은 다시 일반적인 외상거래 채권인 외상 매출금 (account receivable)과 어음을 수취하는 경우의 받을어음(note receivable)으로 나뉜다.

③ 그러나 통상적으로 외상매출금과 받을어음을 구분하는 경우보다는 매출채권으로 통칭해서 부르 는 경우가 많다. 그리하여 기중에는 외상매출금과 받을어음 계정을 분리하여 회계처리하는데, 재무상태표를 작성할 때에는 외상매출금과 받을어음의 금액을 통합하여 매출채권이라는 단일계 정을 이용하여 표시한다.

### 2. 비매출채권

비매출채권은 상거래가 아닌 기타 거래로 인해서 발생한 수취채권을 말한다.

#### (1) 미수금

미수금은 기업 본래의 주요 영업활동 이외에서 발생한 수취채권을 말한다. 예컨대 상기업이 비 품을 외상으로 판매하였을 때 미수금이라는 계정과목을 사용한다. 이와 같은 거래에서 어음으 로 대금을 수령하였다고 하더라도 미수금계정에 기록해야 한다.

#### (2) 대여금

대여금은 거래 상대방에게 차용증서나 어음을 받고 금전을 빌려 주는 경우를 의미한다. 만기가 1년 이내에 도래하면 단기대여금, 만기가 1년을 초과하게 되면 장기대여금으로 구분한다.

#### (3) 대손회계처리

위와 같은 수취채권은 신용으로 한 거래이기 때문에 거래처가 파산하거나 재해를 입는 등의 지 급불능위험이 존재한다. 거래처가 지급능력을 상실하여 더 이상 수취채권의 자산성을 인정할 수 없을 때 대손회계처리를 한다. 즉, 대손(bad debt)이란, 매출채권이 회수할 수 없는 상태가 된 것을 의미한다. 단지 회수 가능성이 낮다는 것으로는 대손이라고 할 수 없고 매출채권의 회 수 불능이 확실해졌을 때 대손 회계처리를 하게 된다.

① 매출채권의 손상(대손)이란?

    ㉠ 매출채권은 기업이 외상으로 상품 등을 판매 시 발생하는 수취채권으로 일정기간 경과후 현금을 회수하게 되는데 이 사이에 거래 상대방이 경영사정이 악화되는 등의 사유로 매출 채권을 장부에 기록된 금액보다 회수하지 못하게 되는 사정이 발생할 수 있다.

    ㉡ 이처럼 매출채권을 실제 현금으로 회수하지 못하게 되는 것을 손상(대손)이라고 한다. 그러나 손상이 확정되는 시점까지 기다려서 손상회계처리를 하는 것보다 미리 기말시점 에 향후 손상이 예상되는 금액만큼을 기말 매출채권 잔액상에서 반영해 줄 필요가 있다.

    ㉢ 따라서 해당 매출채권에서 발생할 것으로 예상되는 금액을 기말 시점에 추정하여 손실충 당금을 설정하고 이와 관련된 비용을 손상차손(대손상각비)으로 계상하는 것을 보충법이 라고 한다.

    ㉣ 이러한 대손회계처리는 매출채권으로 인한 수익과 비용을 동일연도에 반영함으로써 수익・ 비용 대응을 이루고 매출채권을 회수가능금액으로 추정하여 과대평가를 방지한다는 장점이 있다. 그러나 기말에 손실예상금액을 주관적으로 추정한다는 점은 문제점으로 볼 수 있다. 재무상태표상 손실충당금은 매출채권에 대한 차감계정으로 표시되며 재무상태표에 표시되 는 매출채권의 순액(매출채권−손실충당금)은 기업이 추정한 회수가능금액을 나타낸다.

② 손상확정 시

    ㉠ 거래처의 파산 등이 확정되어 더 이상 매출채권을 회수할 수 없을 것이라고 확정이 되면 기업은 손상회계처리를 한다. 이처럼 매출채권이 회수 불가능하다는 것이 확정되었을 때 손상의 확정이라는 표현을 쓴다.

    ㉡ 이 경우 회계처리를 통해 매출채권을 제거하는 회계처리를 해야 하는데 이때 상대방 계정 으로는 기말에 설정한 손실충당금을 먼저 사용한다. 만약 손상 확정된 금액이 손실충당금 계정의 잔액을 초과한다면 그 초과금액만큼은 손상차손으로 하여 당기비용으로 처리한다.

> **예제 10-16** 손상의 확정
>
> ㈜한국의 20×1년 매출채권의 기초금액은 ₩500,000(손실충당금 ₩50,000)이다. 기중에 다음 과 같은 사건이 발생하였을 경우 이에 해당하는 회계처리를 하시오.
> 20×1년 5월 10일 거래처 중 한곳이 파산하여 매출채권 ₩100,000이 손상확정되었다.
>
> ----
>
> [해답]
>
> | 20×1.5.10 | (차) 손실충당금 | 50,000 | (대) 매출채권 | 100,000 |
> |---|---|---|---|---|
> | | 손상차손 | 50,000 | | |

③ 손상처리한 채권의 회수

    손상이 확정되어 장부상에서 제거하였던 매출채권이 다시 회수되는 경우는 우선 손상 시 회 계처리하였던 계정과목을 회복시키는 회계처리를 진행한 후 정상적으로 매출채권을 회수한 회계처리를 진행한다.

---

**예제 10-17**  손상채권의 회수

㈜한국이 20×1년 손상처리한 매출채권 중 ₩100,000이 20×2년 1월 10일 회수되었다.

---

**[해답]**

| 20×2.1.10 | (차) 매출채권 | 100,000 | (대) 손실충당금 | 100,000 |
| | (차) 현금 | 100,000 | (대) 매출채권 | 100,000 |

위의 두 분개를 합하면 다음과 같다.

| 20×2.1.10 | (차) 현금 | 100,000 | (대) 손실충당금 | 100,000 |

④ 기말 결산시점(손상의 예상)

    ㉠ 기말 결산시점이 되면 기업은 매출채권의 잔액에 일정한 설정률을 고려하여 손실충당금을 설정하게 된다. 이때 유의할 점은 기말 매출채권 잔액에 설정률을 곱하여 계산된 금액은 기말시점에 재무상태표상에 남아 있어야 하는 충당금을 의미한다는 것이다.

    ㉡ 만약 기말에 예상된 손실충당금이 현재 남아있는 손실충당금잔액보다 크다면 추가로 손실충당금을 설정하지만, 현재 남아 있는 손실충당금잔액이 예상된 손실충당금보다 많다면 그 차이금액을 환입하는 회계처리를 한다.

⑤ 기대신용손실

    한국채택국제회계기준에서는 보고기간 말의 매출채권에 대하여 상각후원가로 측정하는 금융자산손상의 규정을 적용하여 회수가능성을 검토하도록 하고 있다. 즉, 매출채권의 기말잔액을 기준으로 손실예상액을 추정하여 손실충당금을 설정하는 방법을 원칙으로 한다. 이때 매출채권에 대한 손실예상액의 추정은 매출채권의 추정 미래 현금흐름의 감소액을 기준으로 한다. 손상추산액을 추정하는 방법으로는 연령분석법을 사용한다. 연령분석법은 보고기간 말 기준으로 매출채권의 장부금액을 매출채권을 인식한 시점부터 경과된 기간을 기준으로 몇 개의 집단으로 나누어 각 집단별로 다른 손실예상률을 곱하여 손상추산액을 산정하는 방법이다.

| 연령구분 | 매출채권금액 | | 손실예상률 | | 손실예상액 |
|---|---|---|---|---|---|
| 30일 이내 | ××× | × | 1% | = | ××× |
| 30~60일 이내 | ××× | × | 5% | = | ××× |
| 60~120일 이내 | ××× | × | 7% | = | ××× |
| 120일 이상 | ××× | × | 15% | = | ××× |
| 합계 | ××× | | | | ××× |

연령분석법을 통하여 추산한 금액은 보고기간 말에 손실충당금으로 보고되어야 하는 금액이다.

㉠ 손실충당금 잔액 < 매출채권 잔액 × 설정률

| (차) 손상차손 | ××× | (대) 손실충당금 | ××× |
|---|---|---|---|

㉡ 손실충당금 잔액 > 매출채권 잔액 × 설정률

| (차) 손실충당금 | ××× | (대) 손상차손환입 | ××× |
|---|---|---|---|

---

**예제 10-18**    손실충당금

㈜한국의 20×1년 초 부분재무상태표는 다음과 같다.

**부분재무상태표**

㈜한국                                                               20×1.1.1

| 매출채권 | ₩500,000 | |
|---|---|---|
| 손실충당금 | (40,000) | 460,000 |

20×1년 중 ㈜한국의 거래는 다음과 같다.

3월 10일 전기에 매출한 ₩20,000의 매출채권이 손상확정되었다.
4월 18일 당기에 매출한 ₩7,000의 매출채권이 손상확정되었다.
8월 10일 전기에 손상처리한 매출채권 ₩5,000이 회수되었다.
9월 20일 3월 10일에 손상처리한 매출채권 중 ₩10,000이 회수되었다.
12월 31일 기말 현재 매출채권 잔액은 ₩700,000이며, 매출채권의 미래 현금으로 회수가 예상되는 금액은 ₩650,000이다.

㈜한국의 20×1년 손상과 관련한 회계처리를 수행하시오.

**[해답]**

| 3/10 | (차) 손실충당금 | 20,000 | (대) 매출채권 | 20,000 |
|---|---|---|---|---|
| 4/18 | (차) 손실충당금 | 7,000 | (대) 매출채권 | 7,000 |
| 8/10 | (차) 현금 | 5,000 | (대) 손실충당금 | 5,000 |
| 9/20 | (차) 현금 | 10,000 | (대) 손실충당금 | 10,000 |
| 12/31 | (차) 손상차손 | 22,000 | (대) 손실충당금 | 22,000 |

\* 12월 31일 현재 손실예상액 = ₩700,000 − ₩650,000 = ₩50,000
\* 12월 31일 현재 손실충당금잔액 = ₩40,000 − ₩20,000 − ₩7,000 + ₩5,000 + ₩10,000 − ₩20,000

---

**(4) 받을어음의 할인**

① 기업에서 상품대금으로 받는 어음은 그 결제가 몇 개월 후에 이루어지는 것이 대부분이다. 그러므로 어음거래를 주로 하는 기업에서는 자금 조달에 어려움을 겪는 경우가 종종 있다.

② 이러한 경우 기업에서는 어음을 만기일이 되기 전에 은행 또는 그 밖의 금융기관에 양도하고 일정한 이자 및 수수료를 차감한 잔액을 받는 경우가 있는데 이를 어음의 할인(discounting of notes receivable)이라고 한다.

③ 이 경우 어음할인은 어음을 할인할 당시 실질적으로 매출채권에 대한 위험과 보상을 대부분 이전하였는지 아니면 여전히 보유하고 있는지에 따라 회계처리가 달라진다. 만약 매출채권에 대한 위험과 보상을 대부분 금융기관에 이전한 경우에는 매출채권을 매각한 것으로 본다. 그러므로 이 경우에는 매출채권을 장부에서 제거하게 된다. 반면, 매출채권에 대한 위험과 보상이 이전되지 않는 경우에는 실질적으로 매출채권을 담보로 자금을 차입한 것과 동일하다. 이에 해당될 경우에는 매출채권을 장부상 제거할 수 없으며 차입금으로 회계처리한다.

---

어음의 할인액 = 어음의 만기가치 × 할인율 × (할인월수/12)

---

매출채권처분손실(또는 이자비용)
= (어음의 만기가치 − 할인액) − (어음의 액면금액 + 할인일까지 경과이자)
= 현금수령액 − 할인일의 어음가치

---

| (차) 현금 | ×××  | (대) 매출채권 | ××× |
| 매출채권처분손실 | ×××  | 이자수익 | ××× |

---

**예제**
**10-19**  받을어음의 할인

㈜한국은 6개월부 무이자부 어음 ₩3,000,000을 20×1년 3월 1일 수령하였다. 그러나 2개월이 지난 후 자금사정이 여의치 않아 K은행을 찾아가 5%의 할인율을 적용 받고 현금을 수령하였다.

[물음]
1. 위의 어음할인이 매출채권에 대한 위험과 보상을 대부분 이전한 경우일 때
2. 위의 어음할인이 매출채권에 대한 위험과 보상을 대부분 이전하지 않은 경우일 때 각 상황별로 이에 해당하는 회계처리를 하시오.

········································································································

**해답**

1. 매각거래 해당 시

| 20×1.5. | (차) 현금 | 2,950,000 | (대) 매출채권 | 3,000,000 |
| | 매출채권처분손실 | 50,000 | | |

　* 어음할인액 = ₩3,000,000 × 5% × 4/12 = ₩50,000

2. 매각거래에 해당하지 않을 경우

| 20×1.5.1 | (차) 현금 | 2,950,000 | (대) 단기차입금 | 3,000,000 |
| | 이자비용 | 50,000 | | |

**예제 10-20** 받을어음의 할인

㈜한국은 6개월부 3% 이자부 어음 ₩3,000,000을 20×1년 3월 1일 수령하였다. 그러나 2개월이 지난 후 자금사정이 여의치 않아 K은행을 찾아가 5%의 할인율을 적용 받고 현금을 수령하였다.

[물음]

1. 위의 어음할인이 매출채권에 대한 위험과 보상을 대부분 이전한 경우일 때
2. 위의 어음할인이 매출채권에 대한 위험과 보상을 대부분 이전하지 않은 경우일 때 각 상황별로 이에 해당하는 회계처리를 하시오.

----

**[해답]**

1. 매각거래 해당 시

| 20×1.5.1 | (차) 현금 | 2,994,250 | (대) 매출채권 | 3,000,000 |
|---|---|---|---|---|
| | 매출채권처분손실 | 20,750 | 이자수익 | 15,000 |

- 만기금액 = ₩3,000,000 + ₩3,000,000 × 3% × 6/12 = ₩3,045,000
- 어음 할인액 = ₩3,045,000 × 5% × 4/12 = ₩50,750
- 현금수령액 = ₩3,045,000(만기금액) − ₩50,750(할인액) = ₩2,994,250
- 이자수익 = ₩3,000,000 × 3% × 2/12(보유기간) = ₩15,000
- 매출채권처분손실 = ₩3,015,000(할인일의 어음가치) − ₩2,994,250(현금수령액) = ₩20,750

2. 매각거래에 해당하지 않을 경우

| 20×1.5.1 | (차) 현금 | 2,994,250 | (대) 단기차입금 | 3,000,000 |
|---|---|---|---|---|
| | 이자비용 | 20,750 | 이자수익 | 15,000 |

## 01 금융상품에 해당하는 것을 모두 고른 것은?　　　15년 기출

> ㄱ. 국공채를 기초자산으로 발행된 약속어음
> ㄴ. 대여금　　ㄷ. 매출채권　　ㄹ. 선급비용　　ㅁ. 투자사채
> ㅂ. 산업재산권　　ㅅ. 선수수익　　ㅇ. 미지급법인세　　ㅈ. 충당부채

① ㄱ, ㄴ, ㄹ　　　　② ㄱ, ㄴ, ㄷ, ㅁ　　　　③ ㄱ, ㄷ, ㅁ, ㅅ
④ ㄴ, ㄷ, ㅁ, ㅇ　　　⑤ ㄴ, ㄹ, ㅂ, ㅇ, ㅈ

**해설**

금융상품은 거래당사자 어느 한쪽에게는 금융자산을 생기게 하고, 다른 거래상대방에게는 금융부채나 지분상품이 생기게 하는 모든 계약이다. 선급비용은 금융자산이 아닌 재화, 용역을 수취할 권리이며, 산업재산권은 무형자산, 선수수익은 재화나 용역을 제공할 의무이며, 충당부채는 계약관계로 이루어진 채무가 아니므로 금융상품이 아니다.

## 02 ㈜관세의 20×1년 말 재무상태표의 현금 및 현금성자산은 ₩30,000이다. 다음 자료를 이용할 때 20×1년 말 ㈜관세의 외국환통화($)는? (단, 20×1년 말 기준환율은 $1 = ₩1,100이다.)　　21년 관세사

> • 지점전도금　₩500　　　　　　　• 우편환　₩3,000
> • 당좌예금　₩400　　　　　　　　• 선일자수표　₩1,000
> • 만기가 도래한 국채이자표　₩500　• 외국환통화　（　？　）
> • 배당금지급통지표　₩7,500　　　• 차용증서　₩1,000
> • 양도성예금증서(취득 : 20×1년 12월 1일, 만기 : 20×2년 1월 31일)　₩500

① $10　　　　　　② $16　　　　　　③ $20
④ $26　　　　　　⑤ $30

**해설**

1) 현금 및 현금성자산(₩30,000) = ₩500(지점전도금) + ₩3,000(우편환) + ₩400(당좌예금) + ₩500(만기가 도래한 국채 이자표) + ₩7,500(배당금지급통지표) + ₩500(양도성예금증서) + 외국환통화
　→ 외국환통화 = ₩17,600($16)

**03** 20×1년 말 ㈜세무와 관련된 자료는 다음과 같다. 20×1년 말 ㈜세무의 재무상태표에 표시해야 하는 현금 및 현금성자산은? (단, 사용이 제한된 것은 없다.) 16년 CTA

---

(1) ㈜세무의 실사 및 조회자료
- 소액현금 : ₩100,000
- 지급기일이 도래한 공채이자표 : ₩200,000
- 수입인지 : ₩100,000
- 양도성예금증서(만기 20×2년 5월 31일) : ₩200,000
- 타인발행당좌수표 : ₩100,000
- 우표 : ₩100,000
- 차용증서 : ₩300,000
- 은행이 발급한 당좌예금잔액증명서 금액 : ₩700,000

(2) ㈜세무와 은행 간 당좌예금잔액 차이 원인
- 은행이 ㈜세무에 통보하지 않은 매출채권 추심액 : ₩50,000
- 은행이 ㈜세무에 통보하지 않은 은행수수료 : ₩100,000
- ㈜세무가 해당 연도에 발행했지만 은행에서 미인출된 수표 : ₩200,000
- 마감시간 후 입금으로 인한 은행 미기입예금 : ₩300,000

---

① ₩1,050,000 　　② ₩1,200,000 　　③ ₩1,300,000

④ ₩1,350,000 　　⑤ ₩1,400,000

해설

1) 20×1년 말 재무상태표에 표시해야 하는 현금 및 현금성자산

| | |
|---|---|
| 소액현금 | ₩100,000 |
| 지급기일이 도래한 공채이자표 | 200,000 |
| 타인발행당좌수표 | 100,000 |
| 당좌예금 | 800,000 |
| 현금 및 현금성자산 합계 | ₩1,200,000 |

* 양도성예금증서는 취득일로부터 만기가 90일을 초과하기 때문에 현금성자산으로 분류할 수 없다.

2) 은행계정조정표

| 수정 전 은행잔액 | ₩700,000 | 수정 전 회사잔액 | | ₩850,000 |
|---|---|---|---|---|
| 기발행미인출수표 | (₩200,000) | 추심어음 | | ₩50,000 |
| 미기입예금 | 300,000 | 은행수수료 | | (100,000) |
| 수정 후 은행잔액 | ₩800,000 | 수정 후 회사잔액 | | ₩800,000 |

**04**

12월 말 결산법인인 대한상사의 20×6년 12월 말 현재 은행측 당좌예금 잔액은 ₩2,850,000이며, 은행계정조정표 작성과정에 나타난 다음 자료를 활용하여 20×6년 12월 31일 현재 재무상태표에 계상하여야 할 정확한 당좌예금잔액(= A)과 조정 전 회사 장부상 당좌예금 잔액(= B)을 추정하면 얼마인가? `06년 CTA`

> (1) 거래처에 지급한 수표 중 2장(수표번호 133 : ₩320,000, 수표번호 134 : ₩440,000) 이 은행에서 아직까지 결제되지 않고 있다.
> (2) 매출처인 부산상사에서 외상대금 ₩330,000을 은행에 입금하였으나, 대한상사에는 아직 통보되지 않았다.
> (3) 다른 회사의 당좌차월이자 ₩17,000을 은행의 오류로 대한상사의 당좌예금구좌에서 차감하였으나, 대한상사에는 이 사실이 아직 통보되지 않았다.
> (4) 대한상사의 정기예금에 대한 이자 ₩24,000이 당좌예금구좌에 입금되었으나, 대한상사에는 아직 통보되지 않았다.
> (5) 거래처로부터 받은 당좌수표 ₩700,000을 회사장부에 입금으로 기록하였으나, 은행 업무 마감으로 다음 연도 초에 은행에서 입금처리되었다.
> (6) 추심의뢰한 받을어음 ₩550,000이 추심되어 당좌예금구좌로 입금되었으나, 대한상사에 아직 통보되지 않았다.
> (7) 현금 ₩450,000을 은행의 당좌예금구좌로 입금하면서 회사 장부상에는 ₩540,000 이 입금된 것으로 잘못 기재하였다.

| | A | B |
|---|---|---|
| ① | ₩2,807,000 | ₩1,951,000 |
| ② | ₩2,841,000 | ₩2,024,000 |
| ③ | ₩2,807,000 | ₩1,993,000 |
| ④ | ₩2,807,000 | ₩2,041,000 |
| ⑤ | ₩2,841,000 | ₩2,255,000 |

**해설**

| 수정 전 은행잔액 | | ₩2,850,000 | 수정 전 회사잔액 (B) | | ₩1,993,000 |
|---|---|---|---|---|---|
| 기발행미인출수표 | | (₩760,000) | 미통지입금 | | ₩330,000 |
| 은행오류 | | 17,000 | 이자수익 | | 24,000 |
| 미기입예금 | | 700,000 | 추심어음 | | 550,000 |
| | | | 회사오류 | | (90,000) |
| 수정 후 은행잔액(A) | | ₩2,807,000 | 수정 후 회사잔액 | | ₩2,807,000 |

**05** ㈜한국은 결산을 앞두고 당좌예금의 계정 잔액을 조정하기 위해 은행에 예금 잔액을 조회한 결과 20×1년 12월 31일 잔액은 ₩125,400이라는 회신을 받았다. ㈜한국의 당좌예금 장부상의 수정 전 잔액은 ₩149,400이다. ㈜한국의 내부감사인은 차이의 원인에 대해 분석하였고, 다음과 같은 사실을 확인하였다.

- ㈜한국이 20×1년 12월 31일에 입금한 ₩50,000이 은행에서는 20×2년 1월 4일자로 입금 처리되었다.
- ㈜한국이 발행한 수표 중에서 20×1년 12월 3일에 발행한 수표(N. 164) ₩20,000이 아직 인출되지 않았다.
- ㈜한국이 발행한 수표(N. 173)의 발행액은 ₩21,000이었으나 회계담당자가 이를 ₩12,000으로 잘못 기록하였다.
- ㈜한국이 발행한 수표(N. 182) ₩15,000을 은행의 착오로 다른 기업의 계좌에서 출금 처리하였다.

위 자료를 이용할 때 20×1년 말 ㈜한국의 수정 후 당좌예금 잔액은? `14년` `기출`

① ₩134,400　　　　② ₩140,400　　　　③ ₩158,400

④ ₩168,400　　　　⑤ ₩171,400

**해설**

은행의 수정 후 당좌예금 잔액 = ₩125,400 + ₩50,000(미기입예금) − ₩20,000(기발행미인출 수표) − ₩15,000(오류) = ₩140,400

**06** ㈜감평은 20×1년 12월 31일 주거래은행으로부터 당좌예금잔액증명서상 잔액이 ₩7,810,000이라는 통지를 받았으나, 회사의 12월 31일 현재 총계정원장상 당좌예금 잔액과 불일치하였다. ㈜감평이 이러한 불일치의 원인을 조사한 결과 다음과 같은 사항을 발견하였다. 이들 자료를 활용하여 ㈜감평의 수정 전 당좌예금계정 잔액(A)과 수정 후 재무상태표에 당좌예금으로 계상할 금액(B)은? `19년` `기출`

- ㈜감평이 발행하고 인출 기록한 수표 ₩2,100,000이 은행에서 아직 지급되지 않았다.
- 매출거래처로부터 받아 예금한 수표 ₩1,500,000이 부도 처리되었으나, ㈜감평의 장부에 기록되지 않았다.
- 주거래은행에 추심의뢰한 받을어음 ₩500,000이 ㈜감평의 당좌예금 계좌로 입금 처리되었으나, 통보받지 못하였다.
- 지난 달 주거래은행에 현금 ₩190,000을 당좌예입하면서 회계직원의 실수로 장부상 ₩910,000으로 잘못 기장된 것이 확인되었다.

① A : ₩5,990,000    B : ₩5,210,000
② A : ₩5,990,000    B : ₩5,710,000
③ A : ₩7,430,000    B : ₩5,710,000
④ A : ₩7,430,000    B : ₩6,430,000
⑤ A : ₩9,530,000    B : ₩7,310,000

**해설**

| 수정 전 회사잔액(A) | ₩7,430,000 | 수정 전 은행잔액 | ₩7,810,000 |
|---|---|---|---|
| 부도수표 | (₩1,500,000) | 기발행미인출수표 | (₩2,100,000) |
| 받을어음 | 500,000 | | |
| 오류 | (720,000) | | |
| 수정 후 회사잔액(B) | ₩5,710,000 | 수정 후 은행잔액 | ₩5,710,000 |

**07** (주)관세의 20×1년 당기손익 – 공정가치 측정 금융자산 관련 자료는 다음과 같다. 동 금융자산과 관련하여 (주)관세가 20×1년 인식할 당기손익은?  `22년 관세사`

- 4월 1일 : (주)한국의 주식 50주를 거래원가 ₩1,500을 포함하여 ₩41,500에 취득
- 6월 9일 : 4월 1일 취득한 주식 중 30주를 주당 ₩900에 처분(처분 시 거래원가는 없음)
- 12월 31일 : (주)한국의 주당 공정가치는 ₩700임

① ₩1,000 손실                    ② ₩500 손실
③ ₩0                              ④ ₩1,000 이익
⑤ ₩3,000 이익

**해설**

1) 취득 시 수수료 : (₩1,500) 당기비용
2) 6/9일 처분손익 = 30주 × (₩900 − ₩800) = ₩3,000 처분이익
   * 주당 취득원가 = ₩40,000 ÷ 50주 = ₩800
3) 20×1년 평가손익 = 20주 × (₩700 − ₩800) = (₩2,000) 평가손실
4) 20×1년에 인식할 당기손익 = (₩1,500) + ₩3,000 + (₩2,000) = (₩500) 손실

**08** ㈜서울은 20×1년 중에 ₩10,100을 지급하고 지분상품을 취득하였는데, 지급액 중 ₩100은 매매수수료이다. 20×1년 말 현재 지분상품의 공정가치는 ₩11,000이며, ㈜서울은 20×2년 초에 지분상품 전체를 ₩11,200에 처분하였다. ㈜서울이 이 지분상품을 FVPL금융자산으로 인식할 경우, 이에 대한 회계처리가 20×1년과 20×2년 당기순이익에 미치는 영향은? <small>12년 기출 수정</small>

① 20×1년 ₩100 감소, 20×2년 ₩1,200 증가
② 20×1년 ₩900 증가, 20×2년 ₩200 증가
③ 20×1년 ₩900 증가, 20×2년 ₩900 증가
④ 20×1년 ₩1,000 증가, 20×2년 ₩200 증가
⑤ 20×1년 ₩1,000 증가, 20×2년 ₩1,200 증가

**해설**

1) 20×1년도 당기순이익 영향 = ₩1,000(FVPL금융자산평가이익) − ₩100(수수료비용)
= ₩900 증가
2) 20×2년도 당기순이익 영향 = ₩11,200(처분금액) − ₩11,000(장부금액) = ₩200(FVPL금융자산처분이익) 증가

**09** ㈜대한은 ㈜세종의 주식을 다음과 같이 취득 및 처분하였다. 20×1년 3월 1일 이전에 보유하고 있는 ㈜세종의 주식은 없으며, ㈜대한은 ㈜세종의 주식을 FVPL금융자산으로 구분하였다. 일자별 자료는 다음과 같다.

- 20×1.3.1 : 주식 20주를 주당 ₩1,000에 취득, 수수료 ₩1,000을 지불
- 20×1.5.1 : 주식 30주를 주당 ₩1,200에 취득, 수수료 ₩1,500을 지불
- 20×1.10.1 : 주식 10주를 주당 ₩1,500에 처분, 수수료 ₩1,500을 지불
- 20×1.12.31 : 기말 종가는 주당 ₩1,400이다.

㈜대한은 주식의 단가산정과 관련하여 이동평균법을 이용한다. ㈜대한이 20×1년 포괄손익계산서에 인식할 FVPL금융자산평가손익은? <small>14년 기출 수정</small>

① 평가이익 ₩5,200
② 평가이익 ₩11,200
③ 평가손실 ₩10,200
④ 평가손실 ₩12,200
⑤ 평가손실 ₩15,200

**해설**

| 20×1.3.1 | (차) FVPL 금융자산 | 20,000 | (대) 현금 | 21,000 |
|---|---|---|---|---|
| | 수수료 | 1,000 | | |
| 20×1.5.1 | (차) FVPL 금융자산 | 36,000 | (대) 현금 | 37,500 |
| | 수수료 | 1,500 | | |
| 20×1.10.1 | (차) 현금 | 13,500 | (대) FVPL 금융자산 | 11,200 |
| | | | FVPL금융자산처분이익 | 2,300 |
| 20×1.12.31 | (차) FVPL 금융자산 | 11,200 | (대) FVPL금융자산평가이익 | 11,200 |

1) 20×1년 5월 1일 이동평균단가 = (₩20,000 + ₩36,000) ÷ 50주 = ₩1,120
2) 20×1년 말 평가손익 = 40주 × (₩1,400 − ₩1,120) = ₩11,200 평가이익

**10** ㈜대전은 20×1년 중에 단기적인 자금운용을 목적으로 유가증권거래소에서 A주식 10주, 20주, 30주를 각각 주당 ₩500, ₩300, ₩100에 순차적으로 취득하였다. 20×1년 말 A주식의 공정가치는 주당 ₩200이었다. 한편, 20×2년 중 ㈜대전은 보유하고 있던 A주식 20주를 주당 ₩350에 매각하였다. 동 매각거래로 인하여 20×2년도 포괄손익계산서에 인식되는 처분손익은 얼마인가? (단, 거래비용은 없다.)

13년 관세사

① ₩2,500 손실  ② ₩1,500 손실  ③ ₩1,000 손실
④ ₩1,500 이익  ⑤ ₩3,000 이익

**해설**

1) FVPL금융자산처분손익 = 20주 × (₩350 − ₩200) = ₩3,000 이익
* FVPL금융자산의 경우는 기말에 공정가치로 평가하기 때문에 처분손익은 처분금액과 직전 연차보고기간 말 공정가치의 차액에 해당한다.

**11** ㈜관세는 20×1년 10월 31일 상장회사인 ㈜대한의 주식을 단기간 내에 매각할 목적으로 ₩6,000에 취득하면서 거래수수료 ₩100을 추가로 지출하였다. ㈜관세는 20×1년 12월 20일 보유 중인 ㈜대한의 주식 중 50%를 ₩3,200에 처분하였으며, 20×1년 말 현재 ㈜관세가 보유 중인 ㈜대한의 주식의 공정가치는 ₩3,600이다. 동 주식과 관련된 거래가 ㈜관세의 20×1년도 포괄손익계산서의 당기순이익에 미치는 효과는?    16년 관세사

① ₩100 감소　　　　② ₩0　　　　③ ₩200 증가
④ ₩600 증가　　　　⑤ ₩700 증가

**해설**
1) 수수료비용 = (₩100)
2) FVPL금융자산처분손익 = ₩3,200 − ₩3,000 = ₩200 이익
3) FVPL금융자산평가손익 = ₩3,600 − ₩3,000 = ₩600 이익
→ 20×1년 당기순이익에 미치는 효과 = (₩100) + ₩200 + ₩600 = ₩700 증가

**12** ㈜하늘은 20×1년 초에 지분상품 ₩10,000을 취득하여 FVOCI금융자산으로 분류하였다. 해당 지분상품의 공정가치는 20×1년 말에 ₩14,000, 20×2년 말에 ₩8,000이었다. 20×2년도 포괄손익계산서상 기타포괄손익과 20×2년 말 재무상태표상의 기타포괄손익누계액은 각각 얼마인가? (단, 손상발생의 객관적인 증거는 없다.)    11년 관세사

|  | 기타포괄손익 | 기타포괄손익누계액 |
|---|---|---|
| ① | ₩0 | ₩0 |
| ② | (−)₩2,000 | (−)₩2,000 |
| ③ | (−)₩6,000 | (−)₩6,000 |
| ④ | (−)₩2,000 | (−)₩6,000 |
| ⑤ | (−)₩6,000 | (−)₩2,000 |

**해설**
| 20×1.12.31 (차) FVOCI금융자산 | 4,000 | (대) FVOCI금융자산평가이익 | 4,000 |
|---|---|---|---|
| 20×2.12.31 (차) FVOCI금융자산평가이익 | 4,000 | (대) FVOCI금융자산 | 6,000 |
| FVOCI금융자산평가손실 | 2,000 | | |

**13** ㈜관세는 20×1년 초 지분상품을 거래원가 ₩2,000을 포함하여 ₩52,000에 구입하였고, 이 지분상품의 20×1년 말 공정가치는 ₩49,000이다. ㈜관세는 20×2년 4월 초 공정가치인 ₩51,000에 지분상품을 처분하였다. 이 지분상품을 (A)당기손익-공정가치 측정 금융자산으로 인식했을 때와 (B)기타포괄손익-공정가치 측정 금융자산으로 최초 선택하여 인식했을 때 처분으로 인한 당기손익은? (단, 처분 시 거래원가는 발생하지 않았다.) 19년 관세사

|     | (A) | (B) |
| --- | --- | --- |
| ① | ₩0 | 손실 ₩1,000 |
| ② | ₩0 | ₩0 |
| ③ | ₩0 | 이익 ₩2,000 |
| ④ | 이익 ₩2,000 | ₩0 |
| ⑤ | 이익 ₩2,000 | 이익 ₩1,000 |

해설

1) 당기손익-공정가치 측정 금융자산처분손익 = ₩51,000(처분금액) - ₩49,000 = ₩2,000 이익
2) 기타포괄손익-공정가치 선택 금융자산은 처분시 당기손익을 인식하지 않는다.

**14** ㈜관세는 20×1년 초 사채(액면금액 ₩100,000, 4년 만기, 표시이자율 연 7%, 이자는 매년 말 지급)를 ₩90,490에 취득하고 상각후원가 측정 금융자산으로 분류하였다. 취득 당시 사채의 유효이자율은 연 10%이다. 20×1년 말 동 사채의 공정가치가 ₩92,000일 때, 20×1년 말 상각후원가 측정 금융자산의 장부금액은? (단, 금융자산 손상은 없다.) 22년 관세사

① ₩89,951  ② ₩92,000
③ ₩92,539  ④ ₩94,049
⑤ ₩97,490

해설

20×1년 말 장부금액 = ₩90,490 + ₩90,490 ×10% - ₩7,000 = ₩92,539

**15** ㈜국세는 다음과 같은 조건으로 발행된 채무상품을 20×2년 1월 1일에 취득하여 기타포괄손익–공정가치 측정 금융자산으로 분류하였다.

- 액면금액 : ₩20,000,000
- 액면이자 : 연 5%, 매년 12월 31일 지급
- 발행일 : 20×2년 1월 1일
- 만기 : 3년
- 유효이자율 : 연 8%

동 금융자산의 20×2년 말 이자수취 후 공정가치가 ₩18,800,000인 경우 ㈜국세가 인식해야 할 기타포괄손익–공정가치 측정 금융자산 평가손익은 얼마인가? (단, 현가계수는 아래의 표를 이용한다.) `12년` `CTA`

| 구분 | 기간 말 단일금액 ₩1의 현재가치 | | 정상연금 ₩1의 현재가치 | |
|---|---|---|---|---|
| | 5% | 8% | 5% | 8% |
| 1 | 0.95238 | 0.92593 | 0.95238 | 0.92593 |
| 2 | 0.90703 | 0.85734 | 1.85941 | 1.78327 |
| 3 | 0.86384 | 0.79383 | 2.72325 | 2.57710 |

① ₩476,296 평가손실
② ₩129,996 평가손실
③ ₩129,996 평가이익
④ ₩346,300 평가이익
⑤ ₩476,296 평가이익

**해설**

1) 20×2년 1월 1일 취득원가
    = ₩20,000,000 × 0.79383 + ₩1,000,000 × 2.57710 = ₩18,453,700

2) 20×2년 말 상각후원가
    = ₩18,453,700 + ₩18,453,700 × 8% − ₩1,000,000 = ₩18,929,996

3) 20×2년 말 기타포괄손익–공정가치 측정 금융자산 평가손실
    = ₩18,800,000(20×2년 말 공정가치) − ₩18,929,996(20×2년 말 상각후원가) = (₩129,996)

**16** ㈜관세는 ㈜한국이 20×1년 1월 1일에 발행한 사채(액면금액 ₩100,000, 표시이자율 연 13%, 매년 말 이자지급, 만기 3년)를 발행시점에서 ₩95,434에 취득하여 기타포괄금융자산(장부금액과 공정가치의 차이를 기타포괄손익으로 인식하는 금융자산)으로 분류하였다. 취득당시 유효이자율은 15%이었다. 20×1년 12월 31일 현재 기타포괄금융자산의 공정가치는 ₩95,000이다. ㈜관세가 기타포괄금융자산과 관련하여 20×1년도에 인식할 총포괄이익은? (단, 계산 시 화폐금액은 소수점 첫째 자리에서 반올림하며, 단수차이로 인한 오차가 있으면 가장 근사치를 선택한다.) <u>17년 관세사</u>

① ₩1,749　　　　　② ₩12,566　　　　　③ ₩13,000

④ ₩14,315　　　　　⑤ ₩16,064

> **해설**
> 1) 20×1년 12월 31일의 장부금액 = ₩95,434 + ₩95,434 × 15% − ₩13,000 = ₩96,749
> 2) 기타포괄금융자산 평가손실 = ₩95,000(공정가치) − ₩96,749(장부금액) = (₩1,749)
> 3) 총포괄이익 = ₩14,315(이자수익) − ₩1,749(평가손실) = ₩12,566

**17** ㈜관세는 20×1년 초 채무상품(액면금액 ₩100,000, 표시이자율 연 15%, 매년 말 이자지급, 5년 만기)을 ₩110,812에 구입하여 기타포괄손익－공정가치 측정 금융자산으로 분류하였다. 취득 당시 유효이자율은 연 12%이고, 20×1년 말 동 채무상품의 공정가치가 ₩95,000이다. 20×1년 ㈜관세가 이 금융자산과 관련하여 인식할 기타포괄손실은? (단, 화폐금액은 소수점 첫째 자리에서 반올림한다.) <u>19년 관세사</u>

① ₩10,812　　　　　② ₩14,109　　　　　③ ₩15,812

④ ₩17,434　　　　　⑤ ₩17,515

> **해설**
> 1) 20×1년 12월 31일 장부금액
>    = ₩110,812 × 1.12 − ₩15,000 = ₩109,109
> 2) 20×1년 말 기타포괄손실
>    = ₩95,000(20×1년 말 공정가치) − ₩109,109(20×1년 말 장부금액) = (₩14,109) 평가손실

**18** ㈜감평은 20×1년 1월 1일에 액면금액 ₩500,000(표시이자율 연 10%, 만기 3년, 매년 말 이자 지급)의 사채를 ₩475,982에 취득하고, 당기손익−공정가치 측정 금융자산으로 분류하였다. 동 사채의 취득 당시 유효이자율은 연 12%이며, 20×1년 말 공정가치는 ₩510,000이다. 상기 금융자산(사채) 관련 회계처리가 ㈜감평의 20×1년도 당기순이익에 미치는 영향은? (단, 단수차이로 인한 오차가 있다면 가장 근사치를 선택한다.) `22년 기출`

① ₩84,018 증가    ② ₩70,000 증가    ③ ₩60,000 증가
④ ₩34,018 증가    ⑤ ₩10,000 증가

**해설**

1) 20×1년도 이자수익(=표시이자) = ₩500,000 × 10% = ₩50,000
2) 20×1년도 평가이익 = ₩510,000(20×1년 말 공정가치) − ₩475,982(20×1년 초 장부금액)
   = ₩34,018 평가이익
3) 20×1년도 당기순이익에 미치는 영향 = ₩50,000(이자수익) + ₩34,018(평가이익)
   = ₩84,018 증가

**19** 20×1년 1월 1일 (주)감평은 (주)한국이 동 일자에 발행한 사채(액면금액 ₩1,000,000, 액면이자율 연 4%, 이자는 매년 말 지급)를 ₩896,884에 취득하였다. 취득 당시 유효이자율은 연 8%이다. 20×1년 말 동 사채의 이자수취 후 공정가치는 ₩925,000이며, 20×2년 초 ₩940,000에 처분하였다. (주)감평의 동 사채 관련 회계처리에 관한 설명으로 옳지 않은 것은? (단, 계산금액은 소수점 첫째 자리에서 반올림하며, 단수차이로 인한 오자가 있으면 가장 근사치를 선택한다.) `20년 기출`

① 당기손익−공정가치(FVPL) 측정 금융자산으로 분류하였을 경우, 20×1년 당기순이익은 ₩68,116 증가한다.
② 상각후원가(AC) 측정 금융자산으로 분류하였을 경우, 20×1년 당기순이익은 ₩71,751 증가한다.
③ 기타포괄손익−공정가치(FVOCI) 측정 금융자산으로 분류하였을 경우, 20×1년 당기순이익은 ₩71,751 증가한다.
④ 상각후원가(AC) 측정 금융자산으로 분류하였을 경우, 20×2년 당기순이익은 ₩11,365 증가한다.
⑤ 기타포괄손익−공정가치(FVOCI) 측정 금융자산으로 분류하였을 경우, 20×2년 당기순이익은 ₩15,000 증가한다.

투자채무상품은 AC로 분류하나 FVOCI로 분류하나 처분손익은 동일하다.

1) 20×1년 말 AC금융자산 장부금액 = ₩896,884 × 1.08 − ₩40,000 = ₩928,635
2) 20×2년 초 AC금융자산 처분이익 = ₩940,000 − ₩928,635 = ₩11,365 증가
3) FVPL금융자산으로 분류된 채무상품의 20×1년도 당기순이익 = ₩40,000(표시이자) + ₩28,116
   (평가이익) = ₩68,116 증가

**20** ㈜감평은 20×1년 초 액면금액 ₩100,000의 ㈜한국의 사채를 ₩95,026에 취득하고, 취득 후 상각후원가로 측정한다. ㈜한국 사채의 만기는 20×3년 말이고 취득 당시 유효이자율은 연 10%, 표시이자율은 연 8%이며 이자지급일은 매년 말이다. 20×1년 말 이자는 정상적으로 수취되었다. 그러나 20×2년 초 ㈜한국의 재무상태 악화로 액면금액은 만기에 회수할 수 있지만 추후 이자수취는 불가능한 것으로 판단하여 손상차손을 인식한다면, 그 손상차손은 얼마인가? (단, 가장 근사치를 선택할 것)  10년 기출

| 기간 | 10% | |
|---|---|---|
| | 1회금액 ₩1의 현재가치 | 기말연금 ₩1의 현재가치 |
| 1 | 0.90909 | 0.90909 |
| 2 | 0.82645 | 1.73554 |
| 3 | 0.75131 | 2.48685 |

① ₩12,381     ② ₩12,431     ③ ₩13,884
④ ₩13,914     ⑤ ₩14,015

1) 20×1년 말 상각후원가 = ₩95,026 + ₩95,026 × 10% − ₩8,000 = ₩96,529
2) 20×2년 초 회수가능액 = ₩100,000 × 0.82645 = ₩82,645
3) 손상차손 = ₩96,529(상각후원가) − ₩82,645(회수가능액) = ₩13,884

**21** 금융상품에 관한 설명으로 옳지 않은 것은?

① 종류별로 금융상품을 공시하는 경우에는 공시하는 정보의 특성에 맞게, 금융상품의 특성을 고려하여 금융상품을 종류별로 분류하여야 한다.
② 기타포괄손익-공정가치로 측정하는 금융자산의 장부금액은 손실충당금에 의해 감소되지 않는다.
③ 당기손익-공정가치로 측정되는 지분상품은 후속적 공정가치 변동을 기타포괄손익으로 표시하도록 최초 인식시점에 선택할 수 있다.
④ 금융자산과 금융부채를 상계하면 손익이 발생할 수 있다.
⑤ 금융자산의 회수를 합리적으로 예상할 수 없는 경우에는 해당 금융자산의 총 장부금액을 직접 줄인다.

해설
금융자산과 금융부채를 재무상태표에 순액으로 표시하는 경우 공시되는 금액은 상계되는 금액을 한도로 한다. 예를 들어, 금융자산의 총액이 금융부채의 총액보다 많다면, 금융자산을 공시하는 표에는 금융자산 전체금액과 금융부채의 전체금액이 포함될 것이다. 그러나 금융부채를 공시하는 표에는 금융부채 전체 금액이 포함되는 반면, 금융부채 금액과 같은 금융자산 금액만이 포함될 것이므로 상계과정에서 손익이 발생하지 않는다.

## 22 금융상품에 관한 설명으로 옳은 것은?  19년 기출

① 당기손익−공정가치로 측정되는 '지분상품에 대한 특정 투자'에 대해서는 후속적인 공정가치 변동은 최초 인식시점이라 하더라도 기타포괄손익으로 표시하도록 선택할 수 없다.

② 측정이나 인식의 불일치, 즉 회계불일치의 상황이 아닌 경우 금융자산은 금융자산의 관리를 위한 사업모형과 금융자산의 계약상 현금흐름의 특성 모두에 근거하여 상각후원가, 기타포괄손익−공정가치, 당기손익−공정가치로 측정되도록 분류한다.

③ 금융자산 전체나 일부의 회수를 합리적으로 예상할 수 없는 경우에도 해당 금융자산의 총 장부금액을 직접 줄일 수는 없다.

④ 기타포괄손익−공정가치 측정 금융자산의 기대신용손실을 조정하기 위한 기대신용손실액(손상차손)은 당기손실로 인식하고, 기대신용손실환입액(손상차손환입)은 기타포괄손익으로 인식한다.

⑤ 금융자산을 상각후원가 측정범주에서 기타포괄손익−공정가치 측정 범주로 재분류하는 경우 재분류일의 공정가치로 측정하며, 재분류 전 상각후원가와 공정가치 차이에 따른 손이은 당기손익으로 인식한다.

해설
① 최초 인식시점에 '지분상품에 대한 특정 투자'에 대해 기타포괄손익으로 표시하도록 선택할 수 있다.

③ 금융자산 전체나 일부의 회수를 합리적으로 예상할 수 없는 경우에는 해당 금융자산의 총 장부금액을 직접 줄인다.

④ 기대신용손실의 손실액 및 기대신용손실환입액은 당기손익으로 인식한다.

⑤ 재분류 전 상각후원가와 공정가치의 차이에 따른 손익은 기타포괄손익으로 인식된다.

**23** 다음은 ㈜한국의 20×8년 말 재무상태표에 보고된 매출채권에 대한 손실충당금과 20×9년 중 거래내용이다. 아래 자료를 이용하여 회계처리 할 경우 20×9년도의 당기순이익은 얼마나 감소하는가? 10년 기출

- 20×8년 말 매출채권은 ₩15,500,000이고, 매출채권에 대한 손실충당금은 ₩372,000이다.
- 20×9년 1월 중 매출채권 ₩325,000이 회수불능으로 판명되어 해당 매출채권을 제거하였다.
- 20×8년 중 회수불능채권으로 처리한 매출채권 중 ₩85,000을 20×9년 3월에 현금으로 회수하였다.
- 20×9년 말 매출채권 잔액은 ₩12,790,000이고, 이 잔액에 대한 손실충당금은 ₩255,800으로 추정되었다.

① ₩123,800  ② ₩208,800  ③ ₩210,000
④ ₩255,800  ⑤ ₩325,000

해설

| 20×9년 회수불능 시 | (차) 손실충당금 | 325,000 | (대) 매출채권 | 325,000 |
| 20×9년 회수 시 | (차) 현금 | 85,000 | (대) 손실충당금 | 85,000 |
| 20×9년 기말결산 시 | (차) 손상차손 | 123,800 | (대) 손실충당금 | 123,800 |

* 손실충당금 설정액 = ₩255,800(기말손실충당금) − (₩372,000 − ₩325,000 + ₩85,000)
  = ₩123,800

**24** ㈜관세의 20×1년 말과 20×2년 말 재무상태표의 매출채권 관련 부분이다.

| 구분 | 20×1년 말 | 20×2년 말 |
| --- | --- | --- |
| 매출채권 | ₩100,000 | ₩300,000 |
| 손실충당금 | (5,000) | (6,000) |

㈜관세는 20×2년 7월 초 매출채권 ₩7,000이 회수불능으로 확정되어 장부에서 제각하였으나, 동년도 12월 초 제각한 매출채권 중 ₩3,000을 회수하였다. (주)관세의 매출채권과 관련한 20×2년도 손상차손은? 20년 관세사

① ₩2,000  ② ₩3,000  ③ ₩5,000
④ ₩6,000  ⑤ ₩8,000

해설

| 20×2년 7월 | (차) 손실충당금 | 5,000 | (대) 매출채권 | 7,000 |
| | 손상차손 | 2,000 | | |
| 20×2년 12월 초 | (차) 현금 | 3,000 | (대) 손실충당금 | 3,000 |
| 20×2년 12월 말 | (차) 손상차손 | 3,000 | (대) 손실충당금 | 3,000 |

→ 20×2년 손상차손 = ₩2,000 + ₩3,000 = ₩5,000

**25** ㈜감평은 고객에게 상품을 판매하고 약속어음(액면금액 ₩5,000,000, 만기 6개월, 표시이자율 연 6%)을 받았다. ㈜감평은 동 어음을 3개월간 보유한 후 은행에 할인하면서 은행으로부터 ₩4,995,500을 받았다. 동 어음에 대한 은행의 연간 할인율은? (단, 이자는 월할계산한다.)  **19년 기출**

① 8%　　　　　　　② 10%　　　　　　　③ 12%

④ 14%　　　　　　　⑤ 16%

**해설**

1) 만기금액 = ₩5,000,000 + ₩5,000,000 × 6% × 6/12 = ₩5,150,000
2) 할인액 = ₩5,150,000(만기금액) − ₩4,995,500(현금수령액) = ₩154,500
　　　　 = ₩5,150,000 × 할인율 × 3/12 = ₩154,500
　　　　 → 할인율 = 12%

**26** ㈜대한은 20×1년 6월 1일 상품에 대한 판매대금으로 만기가 20×1년 9월 30일인 액면금액 ₩1,200,000의 어음을 거래처로부터 수취하였다. ㈜대한은 20×1년 9월 1일 동 어음을 은행에서 할인하였으며, 은행의 할인율은 연 12%였다. 동 어음이 무이자부어음인 경우와 연 10% 이자부어음인 경우로 구분하여 어음할인 시 ㈜대한이 인식할 매출채권처분손실을 계산하면 각각 얼마인가? (단, 어음할인은 제거요건을 충족시킨다고 가정하며 이자는 월할계산한다.)

| | 무이자부어음 | 연 10% 이자부어음 |
|---|---|---|
| ① | 처분손실 ₩24,000 | 처분손실 ₩12,400 |
| ② | 처분손실 ₩24,000 | 처분손실 ₩2,400 |
| ③ | 처분손실 ₩12,000 | 처분손실 ₩27,600 |
| ④ | 처분손실 ₩12,000 | 처분손실 ₩2,400 |
| ⑤ | 처분손실 ₩10,000 | 처분손실 ₩12,400 |

**해설**

1) 무이자부어음
　1. 할인액 = ₩1,200,000 × 12% × 1/12 = ₩12,000
　2. 처분손실 = ₩1,188,000(현금수령액) − ₩1,200,000(할인일의 어음가치) = ₩12,000
2) 연 10% 이자부어음
　1. 만기금액 = ₩1,200,000 + ₩1,200,000 × 10% × 4/12 = ₩1,240,000
　2. 할인액 = ₩1,240,000 × 12% × 1/12 = ₩12,400
　3. 처분손실 = ₩1,227,600(현금수령액) − ₩1,230,000(할인일의 어음가치) = ₩2,400

**27** 20×1년 1월 1일 ㈜한국은 이자부 받을어음 ₩1,000,000(만기 9개월, 표시이자율 연 10%)을 거래처로부터 수취하였다. 20×1년 7월 1일 ㈜대한은행에서 연 12%로 할인하였다. 동 할인이 제거요건을 충족하는 경우, 매출채권처분손실은? (단, 이자는 월할 계산한다.) [13년 기출]

① ₩1,875　　　　② ₩5,000　　　　③ ₩7,250

④ ₩17,250　　　　⑤ ₩32,250

**해설**

매출채권처분손실 = 현금수령액 − 할인일의 어음가치

1) 어음만기금액 = ₩1,000,000 + ₩1,000,000 × 10% × 9/12 = ₩1,075,000
2) 할인액 = ₩1,075,000 × 12% × 3/12 = ₩32,250
3) 현금수령액 = ₩1,075,000(만기금액) − ₩32,250(할인액) = ₩1,042,750
4) 할인일의 어음가치 = ₩1,000,000 + ₩1,000,000 × 10% × 6/12 = ₩1,050,000
5) 매출채권처분손실 = ₩1,042,750 − ₩1,050,000 = (₩7,250)

**28** ㈜감평은 20×1년 4월 1일에 거래처에 상품을 판매하고 그 대가로 이자부 약속어음 (3개월 만기, 표시이자율 연 5%, 액면금액 ₩300,000)을 수취하였다. 동 어음을 1개월 보유하다가 주거래은행에서 연 8% 이자율로 할인할 경우, 어음할인액과 금융자산 처분손실은? (단, 어음할인은 금융자산 제거요건을 충족함) [17년 기출]

|  | 할인액 | 처분손실 |
|---|---|---|
| ① | ₩4,000 | ₩1,550 |
| ② | ₩4,000 | ₩2,500 |
| ③ | ₩4,000 | ₩4,000 |
| ④ | ₩4,050 | ₩1,550 |
| ⑤ | ₩4,050 | ₩2,500 |

**해설**

1) 어음의 만기금액 = ₩300,000 + ₩300,000 × 5% × 3/12 = ₩303,750
2) 할인액 = ₩303,750 × 8% × 2/12 = ₩4,050
3) 처분손실 = 현금수령액 − 할인일의 어음가치
= (₩303,750 − ₩4,050) − [₩300,000 + (₩300,000 × 5% × 1/12)]
= (₩1,550)

답 ▶ 01 ② 02 ② 03 ② 04 ③ 05 ② 06 ③ 07 ② 08 ② 09 ② 10 ⑤
11 ⑤ 12 ⑤ 13 ④ 14 ③ 15 ② 16 ② 17 ② 18 ① 19 ⑤ 20 ③
21 ④ 22 ② 23 ① 24 ③ 25 ③ 26 ④ 27 ③ 28 ④

## 제11절 금융부채

금융부채(financial liabilities)는 거래상대방에게 현금 등 금융자산을 인도하기로 한 계약상 의무를 의미한다. 금융부채는 다음의 부채를 말한다.

> (1) 다음 중 하나에 해당하는 계약상 의무
>   ① 거래상대방에게 현금 등 금융자산을 인도하기로 한 계약상 의무
>   ② 잠재적으로 불리한 조건으로 거래상대방과 금융자산이나 금융부채를 교환하기로 한 계약상 의무
> (2) 자기지분상품으로 결제되거나 결제될 수 있는 다음 중 하나의 계약
>   ① 인도할 자기지분상품의 수량이 변동가능한 비파생상품
>   ② 확정수량의 자기지분상품에 대하여 확정금액의 현금 등 금융자산을 교환하여 결제하는 방법이 아닌 방법으로 결제되거나 결제될 수 있는 파생상품

### 1 금융부채와 지분상품의 구분

금융부채와 지분상품은 회계상 실질에 따라 판단하여야 한다. 법적 형식보다는 경제적 실질에 따라 금융부채와 지분상품을 구분하여 회계처리하는데, 금융부채와 지분상품을 구분하는 원칙은 무조건적인 회피가능성의 유무이다. 금융자산을 결제하기 위해 현금 등 금융자산의 인도를 회피할 수 있는 무조건적인 권리를 가지고 있을 때 지분상품으로 분류하고 그 외에는 금융부채로 분류한다.

#### 1. 상환우선주

상환우선주는 법적 형식으로는 주식, 즉 지분상품이다. 그러나 상환우선주는 다음과 같은 상환조건이 부가되어 있는 경우가 있다.

> ① 의무상환
> ② 보유자 요구 시 상환
> ③ 발행자 요구 시 상환

상환우선주 중에서 의무상환, 보유자 요구 시 상환조건은 해당 우선주의 상환을 위해 현금 등 금융자산의 인도를 회피할 수 없기 때문에 금융부채로 분류한다.
발행자 요구 시 상환조건은 지분상품으로 분류한다.

#### 2. 조건부 결제규정

조건부 결제규정은 해당 조건의 달성 여부에 따라 금융자산 등의 인도의무를 회피할 수 없기 때문에 금융부채로 분류한다. 그러나 예외적으로 청산이 조건이거나 조건 자체가 유효하지 않은 경우는 지분상품으로 분류한다.

### 3. 풋가능금융상품

풋가능금융상품은 금융자산의 보유자가 풋을 행사하는 경우 금융자산 등의 인도를 회피할 수 없기 때문에 금융부채로 분류한다. 그러나 모든 풋가능상품이 금융부채라고 할 수는 없다.

### 2 금융부채의 분류

금융부채는 최초 인식시점에서는 공정가치로 측정하지만 후속적으로 ① 상각후원가로 측정하는 금융부채와 ② 상각후원가로 측정하지 않고 별도의 후속측정기준을 적용하는 금융부채로 분류하고, ③ 당기손익-공정가치 측정 금융부채로 지정하는 경우도 있다. 상각후원가로 측정하는 금융부채의 대표적인 사례가 사채이다. 이 장에서는 사채의 발행과 상환에 따른 회계처리를 학습할 것이다.

### 1. 사채

① 기업은 필요한 자금을 조달하기 위해 주식을 발행하기도 하지만 사채를 발행하기도 한다. 사채는 주식과는 달리 이자금액 및 시기를 미리 예측할 수 있기 때문에 기업 입장에서는 자금 계획을 세우기에 용이하며, 주식발행보다 큰 규모의 자금을 조달할 수 있다.

② 사채(corporate bond)란 이처럼 이자와 원금 등 확정채무 사항이 표시되어 있는 증권을 발행하여 자금을 조달하는 것을 말한다. 사채를 발행하는 회사는 일정한 기간마다 약정된 이자를 지급하고, 만기에는 원금을 상환하게 된다.

③ 사채발행자의 회계처리는 사채의 투자자 회계처리와 맞닿아 있다. 사채의 발행자도 액면금액, 표시이자, 시장이자를 고려하여 회계처리를 하게 되며 투자자로부터 현금 등을 수취하기 때문에 발행자의 회계처리는 투자자의 회계처리와 비교하여 기억하면 보다 쉽게 이해할 수 있다.

### 2. 사채의 발행

사채의 발행자는 사채를 발행하여 조달한 자금을 부채로 기록하고 사채를 구입한 투자자는 이를 금융자산으로 기록한다. 투자자는 당기손익-공정가치 측정 금융자산, 상각후원가 측정 금융자산, 기타포괄손익-공정가치 측정 금융자산 중에서 하나를 선택하여 기록할 것이다. 이처럼 사채의 발행자도 투자자와 마찬가지로 다음과 같은 사항을 고려하여 회계처리를 하게 된다.

① 표시이자율(액면이자율)

  ㉠ 표시이자율은 사채를 발행할 때 권면에 기재되어 있는 이자율로 약정이자율이라고도 불린다.

  ㉡ 사채의 발행자는 표시이자금액만큼 정기적인 이자지급일에 해당 금액을 지급하게 되며, 표시이자율은 정기적으로 지급할 이자를 결정하는 이자율이 된다.

② 시장이자율

  ㉠ 시장이자율은 표시이자율과 관계없이 사채를 투자하는 투자자들이 해당 투자를 통해 얻기를 기대하는 수익률을 말한다. 이는 투자자들이 해당 사채 대신 동일한 위험의 다른 금융상품에 투자한다면 받을 것이라 기대하는 이자율을 의미하며 사채 투자자들이 사채에 투자하게 될 때 포기하게 되는 효익이라 하여 기회비용을 뜻하기도 한다.

ⓛ 그러므로 사채의 발행자는 결국 투자자들에게 시장이자율만큼의 수익은 보장해주어야 한다. 만약 시장이자율만큼을 보장해 주지 않는다면 해당 사채를 투자하려는 투자자는 아무도 없을 것이다. 그렇기 때문에 시장이자율이 궁극적으로 사채 발행자가 부담하게 되는 이자율이 된다.

ⓒ 시장이자율은 표시이자율과 일치하는 경우도 있지만, 표시이자율은 이미 사채 권면에 기록되어 있는 이자율이기 때문에 실제 사채를 발행하는 때의 시장이자율과 같지 않은 경우도 많다. 그렇기 때문에 사채는 시장이자율과 표시이자율의 차이로 인하여 액면금액보다 더 적은 금액이 유입되기도, 액면금액보다 더 많은 금액이 유입되기도 한다.

③ 발행금액

ⓐ 발행금액은 투자자가 사채를 매입할 때 지급하는 가격임과 동시에 발행자의 입장에서는 사채발행을 통해 지급받는 가격이 된다.

ⓑ 발행금액은 사채의 미래 현금흐름의 현재가치로 계산이 된다. 이때는 표시이자율이 아닌 시장이자율로 미래 현금흐름을 할인하게 된다. 시장이자율이 궁극적으로 사채의 발행자가 부담하는 이자율임과 동시에 투자자가 기대하는 이자율이기 때문이다.

## 3. 사채의 발행 유형

| 구분 | 표시이자율과 시장이자율과의 관계 |
|---|---|
| 할인발행 | 표시이자율 < 시장이자율 |
| 액면발행 | 표시이자율 = 시장이자율 |
| 할증발행 | 표시이자율 > 시장이자율 |

① 액면발행

사채를 발행하는 시점의 시장이자율과 표시이자율이 같을 때 사채의 발행시점에 기업으로 유입되는 현금액은 사채의 액면가액이 된다.

| (차) 현금 | ×××(발행가액) | (대) 사채 | ×××(액면가액) |
|---|---|---|---|

② 할인발행

사채를 발행하는 시점의 시장이자율보다 표시이자율이 낮은 경우 사채의 발행시점에 기업으로 유입되는 현금액은 액면금액보다 작게 된다. 이 경우 사채는 할인발행되며 사채의 발행가액과 액면가액의 차이가 나타나고 이 금액을 사채할인발행차금이라고 한다. 사채할인발행차금은 재무상태표에 표시할 때 사채의 액면금액에서 차감하는 형식으로 표시되며 사채의 상환기간 동안 유효이자율법에 의하여 상각한다.

| (차) 현금 | ×××(발행가액) | (대) 사채 | ×××(액면가액) |
|---|---|---|---|
| 사채할인발행차금 | ××× | | |

③ 할증발행

사채를 발행하는 시점의 시장이자율보다 표시이자율이 높은 경우 사채의 발행시점에 기업으로 유입되는 현금액은 액면금액보다 크게 된다. 이 경우 사채는 할증발행되며 사채의 발행가액과 액면가액의 차이가 나타나고 이 금액을 사채할증발행차금이라고 한다. 사채할증발행차금은 재무상태표에 표시할 때 사채의 액면금액에서 가산하는 형식으로 표시되며, 사채의 상환기간 동안 유효이자율법에 의하여 상각한다.

| (차) 현금 | ×××(발행가액) | (대) 사채 | ×××(액면가액) |
|---|---|---|---|
| | | 사채할증발행차금 | ××× |

| 〈할인발행〉<br>부분재무상태표 | | 〈할증발행〉<br>부분재무상태표 | |
|---|---|---|---|
| 비유동부채 | | 비유동부채 | |
| 사채 | ××× | 사채 | ××× |
| 사채할인발행차금 | (×××) | 사채할증발행차금 | ××× |

**예제 11-1** 사채의 발행

20×1년 1월 1일 시장이자율이 다음과 같을 때 ㈜한국이 발행한 액면가액 ₩1,000,000, 만기 3년, 표시이자율이 10%인 사채의 발행가액을 결정하시오. 단, 현재가치계수는 다음과 같다.

| 시장이자율 | 단일금액 ₩1의 3년 현재가치요소 | 정상연금 ₩1의 3년 현재가치요소 |
|---|---|---|
| 8% | 0.79383 | 2.5771 |
| 10% | 0.75131 | 2.4869 |
| 12% | 0.71178 | 2.4018 |

1. 시장이자율이 8%인 경우
2. 시장이자율이 10%인 경우
3. 시장이자율이 12%인 경우

**해답**

1. 시장이자율이 8%인 경우 발행가액
   = ₩1,000,000 × 0.79383 + ₩100,000 × 2.5771 = ₩1,051,540(할증발행)

2. 시장이자율이 10%인 경우 발행가액
   = ₩1,000,000 × 0.75131 + ₩100,000 × 2.4869 = ₩1,000,000(액면발행)

3. 시장이자율이 12%인 경우 발행가액
   = ₩1,000,000 × 0.71178 + ₩100,000 × 2.4018 = ₩951,960(할인발행)

## 4. 사채발행비

① 사채발행금액은 사채발행으로 수취한 금액에 사채발행비(사채발행수수료와 사채발행과 직접 관련한 기타비용)를 차감한 후의 금액을 말한다.

> 사채발행금액 = 시장이자율로 현재가치 계산된 사채금액 − 사채발행비

② 사채발행비가 발생하게 되면 유효이자율과 시장이자율은 차이가 존재한다. 시장이자율은 사채발행시점에 동일한 기간을 예치하였을 때 통상적으로 기대하는 이자율이라면, 유효이자율은 미래 현금흐름을 현재 발행금액과 일치시켜주는 할인율이기 때문이다. 그러므로 사채발행비가 발생하면 사채발행금액을 기초로 시행착오법 등에 근거하여 유효이자율을 재계산하여야 한다. 사채발행비가 발생하면 유효이자율이 시장이자율보다 더 크다.

> 〈사채할인발행 시〉
> ㉠ 사채발행비가 있는 경우 : 유효이자율 > 시장이자율 > 표시이자율
> ㉡ 사채발행비가 없는 경우 : 유효이자율 = 시장이자율 > 표시이자율

---

**예제 11-2** 사채발행금액

㈜한국은 20×1년 1월 1일 액면 ₩100,000인 사채(만기 : 20×3년 12월 31일, 표시이자율 8%, 시장이자율 10%, 이자지급일 : 매년 말 1회)를 발행하였다. ㈜한국은 사채발행과 관련하여 수수료 ₩4,633을 지불하였다고 할 때 다음 물음에 답하시오(단, 10%의 1원의 3기간 단일금액 현가계수는 0.75131, 10%의 1원의 3기간 연금현가계수는 2.48685이다).

[물음]
1. 사채의 발행금액을 계산하시오.
2. 유효이자율을 계산하시오.

. . . . . . . . . . . . . . . . . . . . . . . . . . . . . . . . . . . . . . . . . . . . . . . . . . . . . . . . . . . .

**해답**

1. 사채의 발행금액
   = ₩100,000 × 0.75131 + ₩8,000 × 2.48685 − ₩4,633(사채발행비)
   = ₩90,393

2. 유효이자율
   ₩90,393 = ₩100,000 × (3기간, R%, 현가계수) + ₩8,000 × (3기간, R%, 연금현가계수)
   → 위의 식을 시행착오법으로 계산하면 12%의 유효이자율이 재계산된다.

## 3 금융부채의 후속 측정

### 1. 사채상환기간 동안의 회계처리

사채가 할인 또는 할증발행된 경우에는 매 결산기마다 인식되는 이자비용과 실제로 사채권자에게 지급되는 이자금액과는 차이가 존재하게 된다. 사채상환기간 동안 발생한 이자비용은 장부금액에 유효이자만큼 발생되며 사채권자에게 지급하는 금액은 표시이자이기 때문에 이 둘의 차이를 유효이자율법에 따라 이자비용에 가감하게 된다.

---

**예제 11-3** 사채후속측정

앞의 예제 [11-1]를 참고하여 사채상환기간 동안의 회계처리를 하시오.

1. 시장이자율이 8%인 경우
2. 시장이자율이 10%인 경우
3. 시장이자율이 12%인 경우

---

**해답**

1. 시장이자율이 8%인 경우(할증발행)
   ① 상각표

| 일자 | 유효이자(8%) | 표시이자(10%) | 상각액 | 장부금액 |
|---|---|---|---|---|
| 20×1.1.1 | | | | ₩1,051,540 |
| 20×1.12.31 | ₩84,123 | ₩100,000 | ₩15,877 | 1,035,663 |
| 20×2.12.31 | 82,853 | 100,000 | 17,147 | 1,018,516 |
| 20×3.12.31 | 81,484 | 100,000 | 18,516 | 1,000,000 |
| 합계 | ₩248,460 | ₩300,000 | ₩51,540 | |

   ② 회계처리

| | | | | | | |
|---|---|---|---|---|---|---|
| 20×1.1.1 | (차) 현금 | 1,051,540 | (대) 사채 | 1,000,000 |
| | | | 사채할증발행차금 | 51,540 |
| 20×1.12.31 | (차) 이자비용 | 84,123 | (대) 현금 | 100,000 |
| | 사채할증발행차금 | 15,877 | | |
| 20×2.12.31 | (차) 이자비용 | 82,853 | (대) 현금 | 100,000 |
| | 사채할증발행차금 | 17,147 | | |
| 20×3.12.31 | (차) 이자비용 | 81,484 | (대) 현금 | 100,000 |
| | 사채할증발행차금 | 18,516 | | |
| | (차) 사채 | 1,000,000 | (대) 현금 | 1,000,000 |

2. 시장이자율이 10%인 경우(액면발행)
   ① 회계처리

| | | | | | |
|---|---|---|---|---|---|
| 20×1.1.1 | (차) 현금 | 1,000,000 | (대) 사채 | 1,000,000 |
| 20×1.12.31 | (차) 이자비용 | 100,000 | (대) 현금 | 100,000 |
| 20×2.12.31 | (차) 이자비용 | 100,000 | (대) 현금 | 100,000 |
| 20×3.12.31 | (차) 이자비용 | 100,000 | (대) 현금 | 100,000 |
| | (차) 사채 | 1,000,000 | (대) 현금 | 1,000,000 |

3. 시장이자율이 12%인 경우(할인발행)
   ① 상각표

| 일자 | 유효이자(12%) | 표시이자(10%) | 상각액 | 장부금액 |
|---|---|---|---|---|
| 20×1.1.1 | | | | ₩951,960 |
| 20×1.12.31 | ₩114,235 | ₩100,000 | ₩14,235 | 966,195 |
| 20×2.12.31 | 115,943 | 100,000 | 15,943 | 982,138 |
| 20×3.12.31 | 117,862 | 100,000 | 17,862 | 1,000,000 |
| 합계 | ₩348,040 | ₩300,000 | ₩48,040 | |

   ② 회계처리

| | | | | | |
|---|---|---|---|---|---|
| 20×1.1.1 | (차) 현금 | 951,960 | (대) 사채 | 1,000,000 |
| | 사채할인발행차금 | 48,040 | | |
| 20×1.12.31 | (차) 이자비용 | 114,235 | (대) 현금 | 100,000 |
| | | | 사채할인발행차금 | 14,235 |
| 20×2.12.31 | (차) 이자비용 | 115,943 | (대) 현금 | 100,000 |
| | | | 사채할인발행차금 | 15,943 |
| 20×3.12.31 | (차) 이자비용 | 117,862 | (대) 현금 | 100,000 |
| | | | 사채할인발행차금 | 17,862 |
| | (차) 사채 | 1,000,000 | (대) 현금 | 1,000,000 |

| 구분 | 사채발행기간 동안 총이자비용 | 매기 인식해야 할 이자비용 |
|---|---|---|
| 액면발행 | 표시이자금액의 합계 | 표시이자금액 |
| 할인발행 | 표시이자금액 합계<br>+ 사채할인발행차금 | 표시이자금액<br>+ 사채할인발행차금 상각액 |
| 할증발행 | 표시이자금액 합계<br>− 사채할증발행차금 | 표시이자금액<br>− 사채할증발행차금 상각액 |

## 2. 유효이자율법과 정액법의 비교

유효이자율법은 매년 이자비용부담률 또는 이자수익률을 유효이자율로 일정하게 하는 방법이다. 유효이자율이란 사채의 미래 현금흐름의 현재가치와 취득금액을 동일하게 하는 이자율을 말한다.

> 〈채무인 경우〉
>
> 이자비용부담률 = $\dfrac{\text{이자비용}}{\text{기초채무 장부금액}}$ = 유효이자율(매년 일정)

> 〈채권인 경우〉
>
> 투자수익률 = $\dfrac{\text{이자수익}}{\text{기초채권 장부금액}}$ = 유효이자율(매년 일정)

위 식에서 이자수익과 이자비용을 계산하면 다음과 같다.

> • 이자수익 = 기초채권 장부금액 × 유효이자율
> • 이자비용 = 기초채무 장부금액 × 유효이자율

이에 반하여 정액법은 한국채택국제회계기준에서는 인정하지 않지만 총할인(할증)발행차금을 사채기간으로 나눠 연간상각(환입)액을 일정하게 계산하는 방법이다.

(1) 정액법

| 사채할인발행의 경우 | 사채할증발행의 경우 |
|---|---|
| $\dfrac{\text{이자비용 일정}}{\text{사채장부금액}}$ | $\dfrac{\text{이자비용 일정}}{\text{사채장부금액}}$ |
| → 사채할인발행의 경우는 사채장부금액이 매년 증가하지만 이자비용이 일정하다 보니 이자율이 낮아지게 된다. | → 사채할증발행의 경우는 사채장부금액이 매년 감소하지만 이자비용이 일정하다 보니 이자율이 높아지게 된다. |

정액법은 이처럼 사채장부금액의 증감과 관계없이 이자비용이 일정하여 실효이자율이 매기 변동하는 문제가 있다. 이에 따라 한국채택국제회계기준에서는 이자와 관련된 회계처리에 대해서는 유효이자율법만 인정한다.

(2) 유효이자율법

| 사채할인발행의 경우 | 사채할증발행의 경우 |
|---|---|
| $\dfrac{\text{이자비용 증가}}{\text{사채장부금액 증가}}$ = 이자율 일정 | $\dfrac{\text{이자비용 감소}}{\text{사채장부금액 감소}}$ = 이자율 일정 |
| → 사채할인발행의 경우는 사채장부금액이 매년 증가하며, 이에 따라 이자비용도 증가하다 보니 이자율이 일정하게 된다. | → 사채할증발행의 경우는 사채장부금액이 매년 감소하고, 이에 따라 이자비용이 감소하다 보니 이자율이 일정하게 된다. |

유효이자율법은 할인발행의 경우 사채장부금액의 증가에 따라 이자비용도 증가하고, 할증발행의 경우는 사채장부금액의 감소에 따라 이자비용도 감소하기 때문에 이자율이 일정하다는 장점이 있다.

## 3. 사채의 연도별 비교

| 구분 | | 할인발행 | 할증발행 |
|---|---|---|---|
| 장부금액 | | 증가 | 감소 |
| 이자비용 | 정액법 | 불변 | 불변 |
| | 유효이자율법 | 증가 | 감소 |
| 상각액 | 정액법 | 불변 | 불변 |
| | 유효이자율법 | 증가 | 증가 |
| 실효이자율 | 정액법 | 감소 | 증가 |
| | 유효이자율법 | 불변 | 불변 |
| 초기이자비용 | | 정액법 > 유효이자율법 | 정액법 < 유효이자율법 |
| 초기상각액 | | 정액법 > 유효이자율법 | 정액법 > 유효이자율법 |

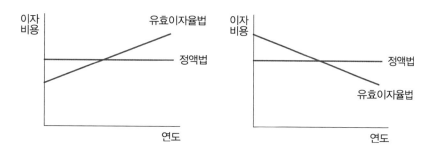

## 4 사채의 만기상환 및 조기상환

### 1. 만기상환

사채는 발행시점에 지급시기와 지급금액이 확정되어 있기 때문에 사채는 만기시점에 액면금액을 사채 투자자에게 지급하며 상환되는 만기상환이 대부분을 이룬다. 이렇게 만기시점에 사채를 상환하는 것을 만기상환이라고 하며, 만기에 정해진 금액을 상환하기 때문에 상환에 따른 손익은 발생하지 않는다. 예컨대 사채의 액면금액이 ₩1,000,000이라고 하면, 만기에 다음과 같이 회계처리가 될 것이다.

| (차) 사채 | 1,000,000 | (대) 현금 | 1,000,000 |
|---|---|---|---|

### 2. 조기상환

앞서 사채의 만기상환은 상환에 따른 손익이 발생하지 않음을 확인하였다. 그러나 사채의 발행자와 투자자는 사채의 만기가 도래하지 않았음에도 그 전에 사채를 상환하는 경우가 있는데 이를 만기 이전 상환, 즉 **조기상환(early redemption)**이라고 한다. 사채를 조기에 상환하게 되면 상환하는 금액과 상환시점의 사채 장부금액과의 차이가 발생할 수 있으며 이에 따라 사채상환손익(당기손익)이 발생할 수 있다.

> ① 상환금액 > 장부금액 : 조기상환손실(당기손실)
> ② 상환금액 < 장부금액 : 조기상환이익(당기이익)

사채를 조기에 상환하게 되면 투자자는 조기상환에 따른 처분가액을 지급받게 되며 이에 따라 투자자는 처분손익(당기손익)이 발생하게 된다.

> ① 처분금액 > 장부금액 : 금융자산처분이익(당기이익)
> ② 처분금액 < 장부금액 : 금융자산처분손실(당기손실)

이처럼 만기일 이전에 사채를 상환하게 되면 투자자와 발행자는 위와 같이 손실과 이익을 같은 금액으로 기록하게 된다.

---

**예제 11-4    조기상환**

㈜한국은 20×1년 1월 1일 액면이 ₩1,000,000이며, 액면이자율은 8%, 만기가 3년이고 매년 말 이자를 지급하는 사채를 발행하였다. 20×1년 1월 1일 시장이자율은 10%이며, 이에 따라 ₩950,258으로 할인발행되었다. ㈜한국은 해당 사채를 20×2년 1월 1일 ₩960,000에 조기상환하였다.

[물음]
㈜한국의 사채 발행시점부터 조기상환시점까지의 회계처리를 하시오.

.......................................................................................................................

**해답**

| | | | | | |
|---|---|---|---|---|---|
| 20×1.1.1 | (차) 현금 | 950,258 | (대) 사채 | 1,000,000 |
| | 사채할인발행차금 | 49,742 | | |
| 20×1.12.31 | (차) 이자비용 | 95,026 | (대) 현금 | 80,000 |
| | | | 사채할인발행차금 | 15,026 |
| 20×2.1.1 | (차) 사채 | 1,000,000 | (대) 현금 | 960,000 |
| | | | 사채할인발행차금 | 34,716 |
| | | | 사채상환이익 | 5,284 |

**참고**

위의 사채를 투자한 투자자의 입장에서 회계처리하면 다음과 같다. 단, 투자자는 해당 사채를 상각후원가측정 금융자산으로 분류하였다고 가정한다.

| | | | | | |
|---|---|---|---|---|---|
| 20×1.1.1 | (차) 상각후원가측정금융자산 | 950,258 | (대) 현금 | 950,258 |
| 20×1.12.31 | (차) 현금 | 80,000 | (대) 이자수익 | 95,026 |
| | 상각후원가측정금융자산 | 15,026 | | |
| 20×2.1.1 | (차) 현금 | 960,000 | (대) 상각후원가측정금융자산 | 965,284 |
| | 상각후원가측정금융자산처분손실 | 5,284 | | |

사채를 이자지급 후 일정기간 경과 후 상환하게 되면 경과이자 여부를 고려하여야 한다. 만약, 사채 상환금액에 경과이자가 포함되어 있으면 사채의 장부금액도 경과이자가 포함된 금액으로 비교하여야 한다.

---

① 사채상환손익 = 사채상환금액(경과이자 포함) − 사채의 장부금액(경과이자 포함)
② 사채상환손익 = 사채상환금액(경과이자 제외) − 사채의 장부금액(경과이자 제외)

---

**예제 11-5** 이자지급일 후 일정기간 경과 후 상환

㈜한국은 20×1년 1월 1일 액면금액 ₩1,000,000, 액면이자율 6%, 3년 만기 회사채를 20×1년 1월 1일에 발행하였다. 사채 발행 당시의 시장이자율은 10%이다.
㈜한국은 해당 사채를 20×2년 5월 1일 경과이자를 포함하여 ₩1,000,000에 상환하였다고 할 때, 사채상환손익 및 회계처리를 하시오(단, 10%의 1원의 3기간 단일현가계수는 0.7513이고, 10%의 1원의 3기간 연금현가계수는 2.48680이다).

--------------------------------------------------

**[해답]**

1. 사채의 발행금액
   = ₩1,000,000 × 0.7513 + ₩60,000 × 2.4868 = ₩900,508

2. 회계처리

| 20×1.1.1 | (차) 현금 | 900,508 | (대) 사채 | 1,000,000 |
|---|---|---|---|---|
| | 사채할인발행차금 | 99,492 | | |
| 20×1.12.31 | (차) 이자비용 | 90,051 | (대) 현금 | 60,000 |
| | | | 사채할인발행차금 | 30,051 |
| 20×2.5.1 | (차) 이자비용 | 31,019 | (대) 미지급이자 | 20,000 |
| | | | 사채할인발행차금 | 11,019 |
| | (차) 사채 | 1,000,000 | (대) 현금 | 1,000,000 |
| | 미지급이자 | 20,000 | 사채할인발행차금 | 58,422 |
| | 사채상환손실 | 38,422 | | |

3. 사채상환손익
   1) 20×2년 5월 1일 경과이자 포함 장부금액
      = ₩930,559 + ₩930,559 × 10% × 4/12 − ₩961,578
   2) 사채상환손익 = ₩1,000,000 − ₩961,578 = ₩38,422 상환손실

## 5 다양한 사채의 발행

### 1. 권면발행일 후 발행

사채의 발행은 사채권면에 표시된 발행일(사채권면발행일)과 실제발행일이 일치하는 경우가 대부분이다. 그러나 발행 당시의 사정에 따라 사채권면발행일과 실제발행일이 일치하지 않는 경우도 발생한다. 이때는 권면발행일부터 발생하고 있는 이자를 고려하여 발행가액을 결정해야 한다. 사채의 실제발행일이 사채권면발행일과 일치하지 않은 경우, 즉 사채권면발행일 후 일정기간이 경과하여 사채가 발행되면 다음과 같은 계산과정을 거쳐 발행금액이 결정된다.

① 사채권면발행일에서의 사채 현재가치를 계산한다. 단, 사채의 현재가치를 계산할 때 사용하는 이자율은 사채권면발행일의 이자율이 아니라 실제발행일의 유효이자율을 사용한다. 사채의 공정가치는 발행 당시의 시장이자율로 측정하므로 실제발행일의 유효이자율을 사용하여 측정한다.

② 사채권면발행일로부터 실제사채발행일까지의 사채가치 증가액을 계산한다.

> 사채가치 증가액 = 권면발행일의 현재가치 × 유효이자 × (권면발행일~실제발행일의 기간) / 12

③ ①과 ②를 합한 금액이 사채발행자가 수령하는 현금수취액이 된다.

④ 사채권면발행일로부터 실제발행일까지의 액면이자 발생액을 계산한다. 사채의 이자는 권면상 발행일로부터 발생한다.

⑤ ③과 ④를 차감한 금액이 사채의 발행금액(발생이자 제외)이 된다.

| | |
|---|---|
| 사채권면발행일의 발행금액(실제발행일의 유효이자) | ××× |
| + 사채가치 증가액(권면발행일 ~ 실제발행일) | ××× |
| 현금수령액(발생이자 포함 사채발행금액) | ××× |
| − 액면이자(권면발행일 ~ 실제발행일) | (×××) |
| 실제발행일의 사채발행금액(발생이자 제외) | ××× |

예제
**11-6** 권면발행일 후 발행

㈜한국은 액면금액 ₩1,000,000, 액면이자율 8%, 만기 20×3년 12월 31일, 이자지급일은 매년 말인 사채를 20×1년 4월 1일에 발행하였다. 사채의 권면상 발행일은 20×1년 1월 1일이다. 권면 발행일의 시장이자율은 9%이고, 사채발행 당시의 시장이자율은 10%이다.

| 시장이자율 | 단일금액 ₩1의 3년 현재가치요소 | 정상연금 ₩1의 3년 현재가치요소 |
|---|---|---|
| 9% | 0.7722 | 2.5313 |
| 10% | 0.7513 | 2.4868 |

[물음]

1. 20×1년 4월 1일 ㈜한국의 현금수령액을 계산하시오.

2. 20×1년 4월 1일 사채의 발행금액을 계산하시오.

3. 사채발행시의 회계처리를 하시오.

4. 20×1년 12월 31일의 회계처리를 하시오.

5. 20×2년 12월 31일의 회계처리를 하시오

.........................................................................................................

해답

1. 권면발행일 후 발행

   (1) 20×1년 1월 1일 사채의 현재가치(실제발행일 10%로 할인)
      = ₩1,000,000 × 0.7513 + ₩80,000 × 2.4868 = ₩950,244

   (2) 20×1.1.1 ~ 20×1.3.31 유효이자 증가분
      = ₩950,244 × 10% × 3/12 = ₩23,756

   (3) 20×1.4.1 현금수령액 = ₩950,244 + ₩23,756 = ₩974,000

   (4) 20×1.1.1 ~ 20×1.3.31 액면이자
      = ₩80,000 × 3/12 = ₩20,000

   (5) 20×1.4.1 사채의 발행금액(이자 제외)
      = ₩974,000 − ₩20,000 = ₩954,000

2. 20×1년 4월 1일 사채의 발행금액 = ₩954,000

3. 사채발행 회계처리

   | (차) 현금 | 974,000 | (대) 사채 | 1,000,000 |
   |---|---|---|---|
   | 사채할인발행차금 | 46,000 | 미지급이자 | 20,000 |

4. 20×1.12.31 회계처리

   | (차) 이자비용 | 71,268 | (대) 현금 | 80,000 |
   |---|---|---|---|
   | 미지급이자 | 20,000 | 사채할인발행차금 | 11,268 |

   * 이자비용 = ₩950,244 × 10% × 9/12 = ₩71,268

5. 20×2.12.31 회계처리

   | (차) 이자비용 | 96,527 | (대) 현금 | 80,000 |
   |---|---|---|---|
   | | | 사채할인발행차금 | 16,527 |

   * 이자비용 = ₩965,268(20×2년 1월 1일 장부금액) × 10% = ₩96,527

## 2. 1년에 이자를 다회 지급하는 사채의 발행

지금까지는 사채의 이기를 1년에 1회 지급하는 형태의 발행만 살펴보았다. 그러나 사채는 분기에 이자를 지급하기도, 반기에 이자를 지급하기도 한다. 이렇게 1년에 여러 번에 걸쳐 이자를 지급하게 되면 사채의 발행금액 계산에서 기간과 이자율을 조정할 필요가 있다.

* 1년에 n회 이자지급 시
  이자율 = 연이자율 ÷ n
  기간 = n × 이자지급횟수

**예제 11-7** 1년에 이자를 2회 지급하는 사채

㈜한국은 20×1년 1월 1일 다음과 같은 조건의 회사채를 발행하였다.

- 액면금액 : ₩1,000,000
- 액면이자율 : 10%
- 시장이자율 : 12%
- 사채만기일 : 20×5년 12월 31일
- 이자지급일 : 6월 30일, 12월 31일 (1년에 2회)

연금현가계수는 아래와 같다고 할 때 물음에 답하시오.

| 구분 | 6% | 12% |
|---|---|---|
| 4년 | 3.47 | 3.03 |
| 5년 | 4.21 | 3.60 |
| 9년 | 6.80 | 5.33 |
| 10년 | 7.36 | 5.65 |

[물음]
1. 사채의 발행금액을 계산하시오.
2. 이자지급일인 20×1년 6월 30일과 20×1년 12월 31일의 회계처리를 하시오.
3. 20×2년 1월 1일 해당 사채를 ₩950,000에 상환한 경우 사채상환손익을 계산하시오.

해답

1. 사채의 발행금액
   1년에 이자를 2회 지급하는 사채이기 때문에 기간은 5년 × 2회로 10기간, 이자율은 12% ÷ 2회 = 6%, 10% ÷ 2회 = 5%로 변경하고 계산한다.

   = ₩1,000,000 × 0.56(10기간, 6%, 현가계수) + ₩50,000 × 7.36(10기간, 6%, 연금계수)
   = ₩928,000

   | 20×1.1.1 | (차) 현금 | 928,000 | (대) 사채 | 1,000,000 |
   |---|---|---|---|---|
   | | 사채할인발행차금 | 72,000 | | |

2. 이자지급일의 회계처리

   | 20×1.6.30 | (차) 이자비용 | 55,680 | (대) 현금 | 50,000 |
   |---|---|---|---|---|
   | | | | 사채할인발행차금 | 5,680 |
   | 20×1.12.31 | (차) 이자비용 | 56,021 | (대) 현금 | 50,000 |
   | | | | 사채할인발행차금 | 6,021 |

3. 사채상환 시 상환손익
   = ₩950,000(상환금액) − ₩939,701(장부금액) = ₩10,299 상환손실

| 20×2.1.1 | (차) 사채 | 1,000,000 | (대) 현금 | 950,000 |
|---|---|---|---|---|
| | 사채상환손실 | 10,299 | 사채할인발행차금 | 60,299 |

## 3. 연속상환사채

연속상환사채는 액면금액을 만기에 일시에 상환하는 것이 아니라 매 보고기간 말마다 일정한 액면금액을 상환하는 사채이다. 연속상환사채는 액면금액이 매 연도 말 달라질 수 있으므로 표시이자상당액 산출에 유의하여야 한다.

---

### 예제 11-8 연속상환사채

㈜한국은 20×1년 1월 1일에 액면금액 ₩1,200,000, 표시이자율 연 5%, 매년 말 이자를 지급하는 조건의 사채(매년 말에 액면금액 ₩400,000씩을 상환하는 연속상환사채)를 발행하였다(단, 사채발행 당시의 유효이자율은 연 6%, 계산금액은 소수점 첫째 자리에서 반올림, 단수차이로 인한 오차는 가장 근사치를 선택한다).

| 기간 | 단일금액 ₩1의 현재가치 | | 정상연금 ₩1의 현재가치 | |
|---|---|---|---|---|
| | 5% | 6% | 5% | 6% |
| 1 | 0.9524 | 0.9434 | 0.9524 | 0.9434 |
| 2 | 0.9070 | 0.8900 | 1.8594 | 1.8334 |
| 3 | 0.8638 | 0.8396 | 2.7232 | 2.6730 |

[물음]
㈜한국의 20×1년 초 발행시점부터 20×2년 말까지 회계처리를 수행하시오.

................................................................

**[해답]**

(1) 20×1년 초 사채의 발행금액 = ₩460,000 × 0.9434 + ₩440,000 × 0.8900 + ₩420,000 × 0.8396 = ₩1,178,196

(2) ㈜한국의 회계처리

| 20×1년 초 | (차) 현금 | 1,178,196 | (대) 사채 | 1,200,000 |
|---|---|---|---|---|
| | 사채할인발행차금 | 21,804 | | |
| 20×1년 말 | (차) 이자비용 | 70,692 | (대) 현금 | 60,000 |
| | | | 사채할인발행차금 | 10,692 |
| | (차) 사채 | 400,000 | (대) 현금 | 400,000 |
| 20×2년 말 | (차) 이자비용 | 47,333 | (대) 현금 | 40,000 |
| | | | 사채할인발행차금 | 7,333 |
| | (차) 사채 | 400,000 | (대) 현금 | 400,000 |

---

## 6 금융부채로 분류되는 상환우선주

### 1. 금융부채로 분류되는 상환우선주

회계는 법적 형식보다는 거래의 실질을 우선한다. 상환우선주는 상법상으로는 지분상품으로 분류하지만 발행자가 보유자에게 확정되었거나 확정가능한 미래의 시점에 확정되었거나 확정가능한 금액을 의무적으로 상환해야 하거나, 우선주의 보유자가 발행자에게 특정일이나 그 이후에 확정되었거나 확정가능한 금액의 상환을 청구할 수 있는 권리를 보유하는 경우 이러한 상환우선주를 금융부채로 분류한다.

### 2. 회계처리

| 구분 | 회계처리 |
|---|---|
| 비누적적 상환우선주 | ① 상환금액과 상환금액의 현재가치의 차이 금액은 상각하여 이자비용으로 인식 <br> ② 배당금 지급액은 자본요소에 관련되므로 이익의 배분으로 인식 |
| 누적적 상환우선주 | ① 배당을 포함하여 현재가치를 계산하고, 상환금액과 현재가치의 차이금액을 상각하여 이자비용으로 인식 <br> ② 배당금 지급액은 부채요소에 관련되므로 이자비용으로 인식 |

---

**예제 11-9** 상환우선주

㈜한국은 20×1년 초에 상환우선주 100주(주당 액면금액 ₩1,000, 연배당률 5%)를 발행하였다. ㈜한국은 상환우선주를 20×4년 초에 주당 ₩1,200에 의무적으로 상환해야 한다. 상환우선주 발행 당시 유효이자율은 연 10%이다(3기간, 10%, 현가계수는 0.751, 3기간, 10%, 연금현가계수는 2.487이다).

[물음]
1. 해당 우선주가 누적적 우선주인 경우 20×1년 말까지의 회계처리를 하시오. 단, ㈜한국은 배당금을 매년 말에 지급한다.
2. 해당 우선주가 비누적적 우선주인 경우 20×1년 말까지의 회계처리를 하시오. 단, ㈜한국은 배당금을 매년 말에 지급한다.

......................................................................

**해답**

1. 누적적 우선주인 경우
   (1) 금융부채 발행금액 = ₩120,000 × 0.751 + ₩5,000 × 2.487 = ₩102,555
   (2) 회계처리

   | 20×1년 초 | (차) 현금 | 102,555 | (대) 금융부채(우선주) | 102,555 |
   |---|---|---|---|---|
   | 20×1.12.31 | (차) 이자비용 | 10,255 | (대) 현금 | 5,000 |
   | | | | 금융부채(우선주) | 5,255 |

2. 비누적적 우선주인 경우
   (1) 금융부채 발행금액 = ₩120,000 × 0.751 = ₩90,120

(2) 회계처리

| | | | | | |
|---|---|---|---:|---|---:|
| 20×1년 초 | (차) 현금 | | 90,120 | (대) 금융부채(우선주) | 90,120 |
| 20×1.12.31 | (차) 이자비용 | | 9,012 | (대) 금융부채(우선주) | 9,012 |
| | (차) 이익잉여금 | | 5,000 | (대) 현금 | 5,000 |

## 7 별도의 후속 측정기준 적용 금융부채

다음의 항목은 상각후원가로 측정하지 않고 별도의 후속 측정을 규정하고 있다.

(1) 당기손익-공정가치 측정(FVPL) 금융부채
(2) 금융자산의 양도가 제거 조건을 충족하지 못하거나, 지속적 관여 접근법이 적용되는 경우에 생기는 금융부채
(3) 금융보증계약
(4) 시장이자율보다 낮은 이자율로 대출하기로 한 약정
(5) 사업결합에서 취득자가 인식하는 조건부 대가

### 1. 당기손익 - 공정가치 측정 금융부채(FVPL 금융부채)

당기손익-공정가치 측정 금융부채는 후속적으로 공정가치 변동을 당기손익으로 인식한다. 당기손익-공정가치 측정 금융부채에는 위험회피수단으로 회계처리하지 않는 파생상품부채, 공매자가 차입한 금융자산을 인도할 의무, 단기간에 재매입할 의도로 발행하는 금융부채, 그리고 최근의 실제 운용형태가 단기적 이익획득의 목적이라는 증거가 있으며, 공동으로 관리하는 특정 금융상품 포트폴리오의 일부인 금융부채 등이 포함된다.

### 2. 당기손익 - 공정가치 측정 항목으로 지정

금융자산의 당기손익-공정가치 측정항목으로 지정하는 것과 마찬가지로 금융부채도 당기손익-공정가치 측정(FVPL) 항목으로 지정할 수 있다. 다음의 두 가지 조건 중 하나 이상을 충족하여 정보를 더 목적적합하게 하는 경우 지정할 수 있고 지정 후 이를 취소할 수 없다.

① 당기손익-공정가치 측정 항목으로 지정하면 회계불일치를 제거하거나 유의적으로 줄인다.
② 문서화된 위험관리전략이나 투자전략에 따라 금융상품 집합을 공정가치 기준으로 관리하고 그 성과를 평가하며, 그 정보를 주요 경영진에게 그러한 공정가치 기준에 근거하여 내부적으로 제공한다.

회계불일치 해소를 위해 상각후원가 또는 기타포괄손익으로 측정되었을 금융부채를 당기손익-공정가치 측정 항목으로 지정하면 공정가치 변동을 모두 당기손익으로 인식하게 된다. 다만, 금융부채의 신용위험 변동에 따른 금융부채의 공정가치 변동은 기타포괄손익으로 인식하고, 그 이외의 공정가치 변동은 당기손익으로 인식한다.

| (차) 금융부채 | ××× | (대) 금융부채평가이익(OCI) | ××× |
| | | 금융부채평가이익(PL) | ××× |

기타포괄손익으로 인식한 금액은 후속적으로 당기손익으로 재분류하지 않는다. 그러나 금융부채의 신용위험 변동효과를 기타포괄손익으로 인식하는 회계처리가 당기손익의 회계불일치를 일으키거나 확대하는 경우 해당 부채의 모든 손익(신용위험 변동효과 포함)을 당기손익으로 인식한다.

> **예제 11-10** 당기손익 – 공정가치 측정 금융부채
>
> ㈜감평은 20×1년 중 공정가치선택권을 적용한 당기손익 – 공정가치 측정 금융부채 ₩80,000을 최초 인식하였다. 20×1년 말 해당 금융부채의 공정가치는 ₩65,000으로 하락하였다. 공정가치 변동 중 ₩5,000은 ㈜감평의 신용위험 변동으로 발생한 것이다(단, ㈜감평의 신용위험 변동은 당기손익의 회계불일치를 일으키거나 확대하지는 않는다).　　　　　　　　　　　　　　　　21년 기출
>
> [물음]
> 20×1년 말 금융부채 공정가치 평가에 따른 회계처리를 수행하시오.
>
> ·····································································································
>
> 해답
>
> | (차) 금융부채 | 15,000 | (대) 금융부채평가이익(OCI) | 5,000 |
> | | | 금융부채평가이익(PL) | 10,000 |

## 3. 지속적 관여 접근법 적용 시 인식하는 금융부채

양도자가 양도자산의 소유에 따른 위험과 보상의 대부분을 보유하지도 않고 이전하지도 않을 경우, 양도자가 양도자산을 통제하고 있다면 그 양도자산에 지속적으로 관여하는 정도까지 그 양도자산을 계속 인식한다. 이때 지속적 관여 정도는 양도자산의 가치 변동에 양도자가 노출되는 정도를 말한다. 양도자가 양도자산에 대하여 일부만 보증을 제공하는 형태로 지속적 관여가 이루어지는 경우 '지속적관여자산' 계정을 인식하며 관련 부채도 함께 인식한다.

지속적 관여 정도까지 인식하는 양도자산과 관련 부채의 최초 인식금액은 다음과 같이 측정한다.

| 구분 | 인식금액 |
| --- | --- |
| 지속적관여자산 | ① 양도자산의 장부금액과 ② 수취한 대가 중 상환을 요구받을 수 있는 최대금액(보증금액) 중 적은 금액 |
| 관련 부채 | 보증금액 + 보증의 공정가치(일반적으로 보증의 대가로 수취한 금액) |

# 제11절 금융부채

객관식 문제

**01** 도매업을 영위하는 ㈜관세의 거래 중 금융부채를 발생시키는 거래를 모두 고른것은?

23년 관세사

> ㄱ. 상품 ₩1,000을 외상으로 구입하였다.
> ㄴ. 건물 임대료 ₩1,000을 미리 수취하였다.
> ㄷ. 상품을 판매하기로 하고 계약금 ₩1,000을 수취하였다.
> ㄹ. 일반사채(액면금액 ₩1,000, 표시이자율 연 8%, 만기 3년, 매년 말 이자지급)를 액면발행하였다.

① ㄱ, ㄷ                    ② ㄱ, ㄹ                    ③ ㄴ, ㄷ
④ ㄴ, ㄹ                    ⑤ ㄷ, ㄹ

**해설**

상품을 외상으로 구입함에 따른 매입채무와 사채는 금융부채에 해당한다.

ㄴ : 건물 임대료 ₩1,000을 미리 수취한 경우 선수임대료를 계상하며, 선수임대료는 금융부채에 해당하지 아니한다.

ㄷ. 상품을 판매하기로 하고 계약금 ₩1,000을 수취한 것은 선수금에 해당하며 선수금은 금융부채에 해당하지 아니한다.

**02** 한국채택국제회계기준은 사채의 회계처리에 대하여 원칙적으로 유효이자율법을 적용할 것을 규정하고 있다. 시채의 회계처리와 관련한 다음 설명 중 옳은 것은?

① 유효이자율법 적용 시 할증발행차금 상각액은 매기 감소한다.
② 유효이자율법 적용 시 할인발행차금 상각액은 매기 감소한다.
③ 할증발행된 경우 이자비용은 매기 증가한다.
④ 할인발행된 경우 이자비용은 매기 감소한다.
⑤ 사채발행 시점에서 사채발행비가 지출된 경우 발행 당시의 유효이자율은 발행 당시의 시장이자율보다 높다.

**해설**

① 유효이자율법 적용 시 할증발행차금 상각액은 매기 증가한다.
② 유효이자율법 적용 시 할인발행차금 상각액은 매기 증가한다.
③ 할증발행된 경우 이자비용은 매기 감소한다.
④ 할인발행된 경우 이자비용은 매기 증가한다.

**03** ㈜서울은 20×4년 1월 1일에 액면 ₩100,000의 사채(표시이자율 10%, 만기 3년)를 ₩95,200에 발행하였다. 발행사채의 유효이자율이 12%인 경우 ㈜서울이 이 사채로 인하여 만기까지 부담해야 할 총 이자비용은 얼마인가?  04년 CTA

① ₩30,000　　　　② ₩32,000　　　　③ ₩34,800

④ ₩45,000　　　　⑤ ₩36,000

**해설**

1) 사채의 할인발행 시 만기까지 부담하는 총 이자비용 = 표시이자합계 + 사채할인발행차금
   = ₩100,000 × 10% × 3년 + ₩4,800(사채할인발행차금) = ₩34,800

**04** ㈜한국은 20×1년 1월 1일 다음과 같은 사채를 발행하였다. 사채할증발행차금을 유효이자율법으로 상각하는 경우 20×2년 이자비용은 얼마인가?

- 액면금액 : ₩100,000
- 표시이자율 : 연 12%
- 만기 : 3년
- 이자지급일 : 매년 말
- 시장이자율 : 연 10%

〈현가계수표〉

| 기간 | 10% | 12% |
|---|---|---|
| 1기간 | 0.90909 | 0.89286 |
| 2기간 | 0.82645 | 0.79719 |
| 3기간 | 0.75131 | 0.71178 |
| 합계 | 2.48685 | 2.40183 |

① ₩10,497　　　　② ₩10,347　　　　③ ₩10,183

④ ₩10,109　　　　⑤ ₩12,000

**해설**

1) 20×1년 초 사채발행금액 = ₩100,000 × 0.75131 + ₩12,000 × 2.48685 = ₩104,973
2) 20×1년 말 장부금액 = ₩104,973 + ₩104,973 × 10% − ₩12,000 = ₩103,471
3) 20×2년 이자비용 = ₩103,471 × 10% = ₩10,347

**05** ㈜감평은 20×1년 1월 1일에 사채를 발행하여 매년 말 액면이자를 지급하고 유효이자율법에 의하여 상각한다. 20×2년 말 이자와 관련된 회계처리는 다음과 같다.

| (차변) 이자비용  6,000 | (대변) 사채할인발행차금  3,000 |
|---|---|
| | 현금              3,000 |

위 거래가 반영된 20×2년 말 사채의 장부금액이 ₩43,000으로 표시되었다면, 사채의 유효이자율은? (단, 사채의 만기는 20×3년 12월 31일이다.)  `17년` `기출`

① 연 11%    ② 연 12%    ③ 연 13%

④ 연 14%    ⑤ 연 15%

`해설`

1) 20×2년 초 장부금액 = ₩43,000(20×2년 말 장부금액) − ₩3,000(사채할인발행차금)
   = ₩40,000
2) 20×2년 유효이자율 = ₩6,000(20×2년 이자비용) ÷ ₩40,000(20×2년 초 장부금액) = 15%

**06** ㈜관세는 20×1년 1월 1일에 액면금액이 ₩40,000, 3년 만기 사채를 ₩36,962에 할인발행하였다. 사채 발행 시 유효이자율은 연 9%이고, 이자는 매년 말 후급한다. 20×2년 1월 1일 현재 사채의 장부금액이 ₩37,889이라고 하면 사채의 표시이자율은? (단, 계산 시 화폐금액은 소수점 첫째 자리에서 반올림한다.)  `16년` `관세사`

① 5.8%    ② 6.0%    ③ 6.2%

④ 6.5%    ⑤ 7.0%

`해설`

1) 20×2년 1월 1일 사채의 장부금액(₩37,889) = ₩36,962 + ₩36,962 × 9% − 표시이자
   → 표시이자금액 = ₩2,400
2) 표시이자율 = ₩2,400 ÷ ₩40,000(액면금액) = 6%

**07** ㈜감평은 20×1년 1월 1일에 액면금액 ₩1,000,000(표시이자율 연 8%, 매년 말 이자지급, 만기 3년)의 사채를 발행하였다. 발행 당시 시장이자율은 연 13%이다. 20×1년 12월 31일 현재 동 사채의 장부금액은 ₩916,594이다. 동 사채와 관련하여 ㈜감평이 20×3년도 인식할 이자비용은? (단, 단수차이로 인한 오차가 있으면 가장 근사치를 선택한다.)  `18년` `기출`

① ₩103,116    ② ₩107,026    ③ ₩119,157

④ ₩124,248    ⑤ ₩132,245

해설

1) 20×2년 12월 31일 장부금액 = ₩916,594 × 1.13 − ₩80,000 = ₩955,751
2) 20×3년 이자비용 = ₩955,751 × 13% = ₩124,248

## 08 ㈜한국은 20×1년 1월 1일 다음과 같은 연속상환사채를 발행하였다.

- 액면금액 : ₩3,000,000
- 표시이자율 : 연 10%
- 만기 : 20×3년 12월 31일
- 이자지급일 : 매년 말
- 유효이자율 : 연 12%
- 동 사채는 연속상환사채로 매년 말 원금 ₩1,000,000씩 상환한다.

| 기간 | 10% | 12% |
|---|---|---|
| 1기간 | 0.90909 | 0.89286 |
| 2기간 | 0.82645 | 0.79719 |
| 3기간 | 0.75131 | 0.71178 |
| 합계 | 2.48685 | 2.40183 |

유효이자율법에 의해 사채할인(할증)발행차금을 상각(환입)하는 경우 20×2년 이자비용은 얼마인가?

① ₩200,000              ② ₩217,859              ③ ₩233,801
④ ₩248,036              ⑤ ₩290,030

해설

1) 20×1년 초 사채발행금액
    = ₩1,300,000 × 0.89286 + ₩1,200,000 × 0.79719 + ₩1,100,000 × 0.71178
    = ₩2,900,304
2) 20×1년 말 장부금액
    = ₩2,900,304 + ₩2,900,304 × 12% − ₩1,300,000 = ₩1,948,340
3) 20×2년 이자비용
    = ₩1,948,340 × 12% = ₩233,801

**09** ㈜감평은 20×1년 초 사채(액면금액 ₩60,000, 표시이자율 연 10%, 매년 말 이자지급, 만기 3년, 매년 말 ₩20,000씩 원금상환 조건)를 발행하였다. 동 사채의 발행당시 유효이자율은 연 12%이다. 다음 현재가치를 이용하여 계산한 사채의 발행가액과 20×2년도에 인식할 이자비용은? (단, 금액은 소수점 첫째자리에서 반올림하여 계산한다.) `23년` `기출`

⟨단일금액 ₩1의 현재가치⟩

| 기간 | 10% | 12% |
|------|------|------|
| 1년 | 0.9091 | 0.8929 |
| 2년 | 0.8264 | 0.7972 |
| 3년 | 0.7513 | 0.7118 |

| | 발행가액 | 20×2년 이자비용 | | 발행가액 | 20×2년 이자비용 |
|---|---|---|---|---|---|
| ① | ₩48,353 | ₩3,165 | ② | ₩48,353 | ₩3,279 |
| ③ | ₩52,487 | ₩3,934 | ④ | ₩58,008 | ₩4,676 |
| ⑤ | ₩58,008 | ₩6,961 | | | |

**해설**

1) 20×1년 초 발행가액 = ₩26,000 × 0.8929 + ₩24,000 × 0.7972 + ₩22,000 × 0.7118
   = ₩58,008
2) 20×1년 말 장부금액 = ₩58,008 × 1.12 − ₩26,000 = ₩38,969
3) 20×2년 이자비용 = ₩38,969 × 12% = ₩4,676

**10** ㈜한국은 자금조달을 위하여 액면금액 ₩20,000(액면이자율 연 8%, 사채권면상 발행일 20×1년 1월 1일, 만기 3년, 매년 말 이자지급)인 사채를 20×1년 4월 1일에 발행했다. 권면상 발행일인 20×1년 1월 1일의 시장이자율은 연 10%, 실제발행일의 시장이자율이 연 12%라고 할 때 ㈜한국의 20×1년 말 재무상태표에 표시될 사채의 장부금액은 얼마인가? (단, 사채발행과 관련한 거래비용은 없으며, 현가계수는 아래 표를 이용한다. 또한 계산금액은 소수점 첫째 자리에서 반올림하며, 이 경우 단수 차이로 인해 약간의 오차가 있으면 가장 근사치를 선택한다.) `10년` `CPA`

| 구분 | 기간 말 ₩1의 현재가치(단일금액) | | | 정상연금 ₩1의 현재가치 | | |
|------|------|------|------|------|------|------|
| | 0% | 10% | 12% | 8% | 10% | 12% |
| 1년 | 0.9259 | 0.9091 | 0.8929 | 0.9259 | 0.9091 | 0.8929 |
| 2년 | 0.8573 | 0.8264 | 0.7972 | 1.7833 | 1.7355 | 1.6901 |
| 3년 | 0.7938 | 0.7513 | 0.7118 | 2.5771 | 2.4868 | 2.4018 |

① ₩18,221            ② ₩18,648            ③ ₩19,080
④ ₩19,305            ⑤ ₩20,000

해설
1) 20×1년 초 현재가치(12%) = ₩20,000 × 0.7118 + ₩1,600 × 2.4018 = ₩18,079
2) 20×1년 말 장부금액 = ₩18,079 + ₩18,079 × 12% − ₩1,600 = ₩18,648

**11** ㈜대한은 20×1년 1월 1일에 액면금액 ₩1,000,000(표시이자율 연 8%, 이자지급일 매년 12월 31일, 만기일 20×3년 12월 31일)의 사채를 발행하려고 했으나 실패하고, 9개월이 경과된 20×1년 10월 1일에 동 사채를 ㈜세종에게 발행하였다. 20×1년 1월 1일과 사채발행일 현재 유효이자율은 연 10%로 동일하며, ㈜세종은 만기보유목적으로 취득하였다. ㈜대한이 20×1년 10월 1일에 사채발행으로 수취할 금액은? (단, 현가계수는 다음의 표를 이용하고, 단수 차이로 인한 오차가 있으면 가장 근사치를 선택한다.) `14년 기출`

| 3년 | 8% | 10% |
|---|---|---|
| 단일금액 ₩1의 현가계수 | 0.79383 | 0.75131 |
| 정상연금 ₩1의 현가계수 | 2.57719 | 2.48685 |

① ₩950,258  ② ₩961,527  ③ ₩1,000,000
④ ₩1,021,527  ⑤ ₩1,060,000

해설
1) 20×1.1.1 사채의 장부금액(10%) = ₩1,000,000 × 0.75131 + ₩80,000 × 2.48685
　　　　　　= ₩950,258
2) 20×1.10.1 현금수령액 = ₩950,258 + ₩950,258 × 10% × 9/12 = ₩1,021,527

**12** ㈜서울은 20×7년 1월 1일 액면금액 ₩10,000, 표시이자율 연 12%(이자는 매년 말 지급), 유효이자율 연 10%, 3년 만기, 수의상환사채를 ₩10,500에 발행하였다. ㈜서울은 수의상환선택권을 행사하여 20×9년 1월 1일 동 사채 전체를 ₩10,300에 상환하였다. 이 거래와 관련하여 ㈜서울이 인식할 사채상환손익은? `11년 기출`

① ₩115 손실  ② ₩115 이익  ③ ₩315 손실
④ ₩315 이익  ⑤ ₩200 손실

해설
1) 20×9년 1월 1일 사채의 장부금액
　= ₩10,500 + ₩10,500 × 10% − ₩1,200 + ₩10,350 × 10% − ₩1,200 = ₩10,185
2) 사채상환손익
　= ₩10,300(상환가액) − ₩10,185(장부금액) = ₩115 손실

**13** ㈜감평은 20×1년 1월 1일 액면금액이 ₩1,000,000이고, 표시이자율 연 10%(이자는 매년 말 지급), 만기 3년인 사채를 시장이자율 연 8%로 발행하였다. ㈜감평이 20×2년 1월 1일 동 사채를 ₩1,100,000에 조기상환할 경우, 사채의 조기상환손익은? (단, 단수차이가 있으면 가장 근사치를 선택한다.) `16년` `기출`

| 기간 | 단일금액 ₩1의 현재가치 | | 정상연금 ₩1의 현재가치 | |
|---|---|---|---|---|
| | 8% | 10% | 8% | 10% |
| 1 | 0.9259 | 0.9091 | 0.9259 | 0.9091 |
| 2 | 0.8573 | 0.8264 | 1.7833 | 1.7355 |
| 3 | 0.7938 | 0.7513 | 2.5771 | 2.4868 |

① ₩64,369 손실    ② ₩64,369 이익    ③ ₩134,732 손실
④ ₩134,732 이익    ⑤ ₩0

**해설**

1) 사채의 발행가액 = ₩1,000,000 × 0.7938 + ₩100,000 × 2.5771 = ₩1,051,510
2) 20×1년 12월 31일 장부금액
   = ₩1,051,510 + ₩1,051,510 × 8% − ₩100,000 = ₩1,035,631
3) 20×2년 1월 1일 조기상환손익
   = ₩1,100,000(상환금액) − ₩1,035,631(장부금액) = ₩64,369 손실

**14** ㈜대한은 20×1년 초 장부금액이 ₩965,260이고 액면금액이 ₩1,000,000인 사채 (표시이자율 연 10%)를 20×1년 7월 1일에 경과이자를 포함하여 ₩970,000에 상환하였다. 동 사채의 이지지급일은 매년 12월 31일이고 사채 발행 시의 유효이자율은 연 12%이었다. ㈜대한이 20×1년도에 인식할 사채상환손익은 얼마인가? (단, 이자는 월할계산하며, 소수점 첫째 자리에서 반올림한다.) `14년` `CTA`

① ₩53,176 이익    ② ₩34,740 이익    ③ ₩4,740 손실
④ ₩11,092 손실    ⑤ ₩13,176 손실

**해설**

1) 20×1.7.1 경과이자 포함한 장부금액
   = ₩965,260 + ₩965,260 × 12% × 6/12 = ₩1,023,176
2) 사채상환이익 = ₩970,000(상환금액) − ₩1,023,176(장부금액) = ₩53,176 이익

**15** ㈜감평은 20×1년 1월 1일 액면금액 ₩1,000,000(만기 3년, 표시이자율 연 6%, 매년 말 이자지급)의 사채를 발행하였으며, 사채의 발행 당시 유효이자율은 연 8%이었다. ㈜감평은 20×2년 6월 30일 사채를 조기상환하였다. 조기상환 시 발생한 사채상환손실은 ₩32,000이다. ㈜감평이 유효이자율법을 적용할 때, 상환일까지의 경과이자를 포함한 사채조기상환금액은? (단, 이자비용은 월할계산하고, 계산금액은 소수점 첫째자리에서 반올림하며, 단수차이로 인한 오차가 있으면 가장 근사치를 선택한다.)

19년 기출

| 기간 | 단일금액 ₩1의 현재가치 | | 정상연금 ₩1의 현재가치 | |
|---|---|---|---|---|
| | 6% | 8% | 6% | 8% |
| 1 | 0.9434 | 0.9259 | 0.9434 | 0.9259 |
| 2 | 0.8900 | 0.8574 | 1.8334 | 1.7833 |
| 3 | 0.8396 | 0.7938 | 2.6730 | 2.5771 |

① ₩970,872  ② ₩996,300  ③ ₩1,004,872
④ ₩1,034,872  ⑤ ₩1,073,444

**해설**

1) 20×1.1.1 발행금액 = ₩1,000,000 × 0.7938 + ₩60,000 × 2.5771 = ₩948,426
2) 20×1년 말 장부금액 = ₩948,426 + ₩948,426 × 8% − ₩60,000 = ₩964,300
3) 20×2년 6월 30일 경과이자를 포함한 장부금액 = ₩964,300 + ₩964,300 × 8% × 6/12 = ₩1,002,872
4) 사채 조기상환금액 = ₩1,002,872(장부금액) + ₩32,000(상환손실) = ₩1,034,872

## 제12절 충당부채, 우발부채 및 우발자산

부채(liabilities)란, 과거사건에 의하여 발생하였으며, 경제적효익이 내재된 자원이 기업으로부터 이전되는 현재의무이다. 현재의무는 법적인 의무뿐만 아니라 의제의무도 포함된다. 법적의무란, 법에 의하여 이행이 강제되어 있는 의무를 뜻하며 대부분의 매입채무, 미지급금은 법적의무라고 할 수 있다. 그러나 기업은 거래를 원활하게 하기 위한 목적 등 다양한 사유로 인하여 상대방이 정당한 이행의 기대를 가지게 행동하는 경우도 있다. 이처럼 과거사건의 결과로 상대방이 이행할 것이라는 정당한 기대를 가지게 행동하였다면 이 또한 의무발생사건이라고 할 수 있고 이러한 의무를 의제의무라고 한다. 그러므로 부채가 되는 의무에는 법적의무와 의제의무를 모두 포함한다고 하겠다.

### 1 부채의 분류

#### 1. 유동부채와 비유동부채

(1) 유동부채(current liabilities)

① 유동부채는 보고기간 말로부터 기산하여 부채의 지급시기가 1년 이내에 도래하는 부채를 의미한다. 그러나 영업과 관련된 부채는 정상영업주기와 1년 중에 큰 것을 기준으로 유동, 비유동을 구분한다.

② 이에 따라 유동부채에 포함되는 사례로는 매입채무, 미지급금, 단기차입금, 예수금, 유동성 장기차입금 등이 있다.

(2) 비유동부채(non-current liabilities)

① 비유동부채는 보고기간 말로부터 기산하여 부채의 지급시기가 1년 이내에 도래하지 않는 장기부채를 의미한다.

② 비유동부채는 사채, 장기차입금, 장기미지급금 등이 있다.

#### 2. 금융부채와 비금융부채

(1) 금융부채

① 금융부채는 거래상대방에게 현금 등 금융자산을 인도하기로 한 계약상 의무를 의미한다. 금융부채가 되기 위해서는 계약관계로 구성되어야 한다.

② 금융부채의 대표적인 사례에는 사채, 매입채무, 미지급금, 차입금 등이 있다.

(2) 비금융부채

① 금융부채 이외의 부채를 비금융부채라고 한다.

② 비금융부채에는 미지급법인세, 의제의무, 선수금, 선수수익, 충당부채 등이 포함된다.

## 3. 확정채무와 추정채무

### (1) 확정채무
① 확정채무는 지급의 시기와 지급금액이 확정되어 있는 채무를 의미한다.
② 대부분의 채무는 이행의 시기와 금액이 확정되어 있는 확정채무이며 이에 대한 예로는 매입채무, 미지급금, 차입금, 사채 등이 있다.

### (2) 추정채무
① 추정채무는 지급의 시기 또는 금액이 불확실한 채무를 의미한다.
② 추정채무는 다시 불확실성의 정도에 따라 재무상태표에 부채로 인식하는 충당부채와 주석으로 공시하는 우발부채로 구분할 수 있다.

## 2 유동부채

### 1. 매입채무
기업의 일반적 상거래에서 발생하는 지급의무 중 재고자산의 구매와 같이 주요 영업활동에 관한 지급의무는 매입채무(trade payable)로 인식한다. 매입채무는 단순 외상거래에서 발생한 외상매입금(account payable)과 어음을 발행하여 지급하는 지급어음(note payable)으로 구분된다.

### 2. 미지급금
① 기계나 건물 등의 유형자산 등 판매목적이 아닌 자산을 외상으로 매각한 경우와 같이 주요 상거래 이외의 원인으로 발생하는 채권을 미수금이라 한다.
② 한편, 미수금과는 반대로 재고자산 이외의 자산을 구입할 때 발생하는 채무는 미지급금(account payable-nontrade)으로 기록한다. 예컨대, 유형자산을 외상으로 매입하는 경우에 지급할 채무는 매입채무가 아니라 미지급금으로 기록한다.
③ 미수금과 미지급금의 만기일이 재무상태표 작성시점부터 1년 이내에 도래하는가에 따라 단기미수금(유동자산)과 장기미수금(비유동자산), 단기미지급금(유동부채)과 장기미지급금(비유동부채)으로 분류하여 보고한다.

### 3. 미지급비용
① 기업은 발생주의에 의하여 당기에 수익으로 인식하였으나 현금을 수취하지 못한 금액을 미수수익(accrued revenue)으로 회계처리한다.
② 한편 당기의 비용으로 인식되지만 지급이 이루어지지 않은 금액은 미지급비용(accrued expense)으로 분류한다.

## 4. 선수금

① 상품이나 제품을 구입할 목적으로 미리 그 구입대금의 일부를 계약금 형태로 공급자에게 지급한 경우에는 이를 선급금(advance payment) 계정의 차변에 기록한다. 선급금은 미래에 상품을 공급받을 권리를 나타내는 자산계정이며 나중에 상품을 실제로 공급받는 시점에서 지급할 금액과 상계된다.

② 한편, 상품이나 제품의 매출에 대해 대금을 미리 수취한 경우에는 선수금(advance received from customers) 계정의 대변에 기록한다. 예컨대, 상품판매회사가 계약 직후 계약금으로 공급대가의 일정비율을 먼저 수취한 경우에는 선수금으로 처리한다. 이후 추후에 상품을 판매하여 매출을 인식하면 선수금을 차감한다.

### 예제 12-1 상품권회계

㈜한국백화점은 20×1년 10월 10일 상품권 100매를 한 장당 ₩10,000에 판매하였다. 상품권의 액면금액도 ₩10,000이다. ㈜한국백화점은 상품권을 판매하였을 때 매출로 인식하지 않고 이를 물건과 교환할 때 매출로 인식한다. 20×1년 12월 25일 상품권 중 50매를 같은 금액의 물건으로 교환하였다고 할 때, 각 일자별 회계처리를 하시오.

**[해답]**

| | | | | | |
|---|---|---|---|---|---|
| 20×1.10.10 | (차) 현금 | 1,000,000 | (대) 상품권선수금 | 1,000,000 |
| 20×1.12.25 | (차) 상품권선수금 | 500,000 | (대) 매출 | 500,000 |

## 5. 선수수익

① 미래에 발생하는 수익을 미리 수취한 경우에는 선수수익(unearned revenue)으로 인식한다.

② 미리 받은 수익은 당기의 수익이 아니라 차기 이후의 수익에 해당하는 것이기 때문에 기말시점에는 채무로 계상한다. 선수수익에는 선수이자, 선수임대료 등이 있다.

## 6. 예수금

① 기업의 경영활동에는 부가가치세 및 종업원의 근로소득세와 같이 제3자에게 지급해야 할 금액을 기업이 미리 받아 일시적으로 보관하는 경우가 발생한다. 이 경우에는 해당 금액을 유동부채에 속하는 예수금(withholding)의 계정으로 기록하게 된다.

② 예컨대, 회사가 직원에게 급여를 지급하면 직원은 일정금액을 소득세로 납부해야 한다. 회사는 급여를 지급할 때 소득세에 해당하는 부분을 직원에게 지급하지 않고 보관하고 있다가 이를 추후에 세무서에 대신 납부한다. 이때 소득세 부분은 예수금이라는 부채계정으로 표시하고, 추후에 납부할 때 예수금을 차감한다.

## 7. 미지급법인세

① 미지급법인세는 법인세비용 중에서 세무서에 납부하지 않은 법인세 미납액을 의미한다. 법인세는 회계기간 동안의 당기순이익에 세무조정을 가감하여 계산된 과세소득에 일정한 세율을 곱하여 산출한다.

② 이렇게 계산된 법인세는 당기법인세부담액이 되며, 이미 납부한 금액이 있다면 이를 차감한 금액이 미지급법인세금액이 된다.

## 8. 유동성장기차입금

① 유동성장기차입금(current portion of long-term loan payable)은 원래의 차입금은 장기차입금이었으나 시일이 경과됨에 따라 상환기일이 보고기간 말로부터 1년 이내로 도래하는 차입금을 의미한다.

② 즉, 비유동부채인 사채나 장기차입금 등으로 분류된 항목 중에서 1년 이내에 상환기일이 도래하는 금액을 유동부채로 재분류한 차입금이라고 할 수 있다. 이러한 차입금은 원래의 유동차입금과 구분을 하기 위해 유동성장기차입금으로 기록한다.

## 9. 가수금

① 가수금은 재무상태표 계정에서는 나타날 수 없는 임시의 계정이다.

② 가수금은 현금은 수령하였지만 어떤 계정과목으로 분류할지 확실하지 않아 임시로 수령액을 기록하는 계정을 말한다. 가수금은 미결산항목으로 결산시점에는 적절한 계정과목을 찾아 대체하는 회계처리로 제거한다.

| 구분 | 자산계정 | 부채계정 |
|---|---|---|
| 상품의 외상거래 | 매출채권 | 매입채무 |
| 금전의 대여 | 대여금 | 차입금 |
| 상품 이외의 외상거래 | 미수금 | 미지급금 |
| 상품매입 전 일부지급 | 선급금 | 선수금 |
| 수익과 비용의 이연 | 선급비용 | 선수수익 |
| 수익과 비용의 발생 | 미수수익 | 미지급비용 |

## 3 충당부채와 우발부채

## 1. 충당부채란?

충당부채는 지출의 시기 또는 금액이 불확실한 부채를 의미한다. 충당부채는 다음의 인식요건을 모두 충족하는 경우 재무상태표에 부채로 인식한다.

---

① 과거 사건의 결과로 현재의무(법적의무 또는 의제의무)가 존재한다.
② 해당 의무를 이행하기 위하여 자원의 유출 가능성이 높다.
③ 의무의 이행에 소요되는 금액을 신뢰성 있게 추정할 수 있다.

---

(1) 현재의무의 존재

① 현재의무는 법적의무와 의제의무가 모두 포함된다. 법적의무는 명시적 또는 묵시적 조항에 따른 계약, 법률, 기타 법적 효력에 의하여 발생하는 의무를 말한다.

② 의제의무는 과거의 실무관행, 발표된 경영방침 또는 구체적이고 유효한 약속 등을 통하여 기업이 특정 책임을 부담하겠다는 것을 상대방에게 공표하고 그 결과 기업이 해당 책임을 이행할 것이라는 정당한 기대를 상대방이 가지게 되었을 때 발생하는 의무를 말한다.

(2) 과거사건(Past Event)

① 현재의무를 발생시키는 과거사건을 의무발생사건이라고 한다. 의무발생사건이 되기 위해서는 해당 사건으로부터 발생된 의무를 이행하는 것 외에는 실질적인 대안이 없어야 한다.

② 재무제표는 미래시점의 예상 재무상태가 아니라 보고기간 말의 재무상태를 표시하는 것이므로, 미래 영업을 위하여 발생하게 될 비용에 대하여는 충당부채를 인식하지 않는다. 재무상태표에 인식되는 부채는 보고기간 말에 존재하는 부채에 국한한다.

③ 충당부채로 인식되기 위해서는 과거사건으로 인한 의무가 기업의 미래행위와 독립적이어야 한다. 예컨대, 불법적인 환경오염으로 인한 범칙금이나 환경정화비용의 경우에는 기업의 미래행위에 관계없이 해당 의무의 이행에 경제적효익이 내재된 자원의 유출이 수반되므로 충당부채를 인식한다. 유류설비 등에 의하여 이미 발생한 피해에 대해 기업의 복구의무가 있다면, 기업의 복구의무가 있는 범위 내에서 충당부채를 인식한다.

④ 반면, 법에서 정하는 환경기준을 충족시키기 위해서 또는 상업적 압력 때문에 공장에 특정 정화장치를 설치하기 위한 비용지출을 계획하고 있거나 그런 비용지출이 필요한 경우에는 공장 운영방식을 바꾸는 등의 미래행위를 통하여 미래의 지출을 회피할 수 있으므로, 해당 지출은 현재의무가 아니며 충당부채도 인식하지 아니한다.

⑤ 의무의 이행 상대방은 누구인지 반드시 알아야 하는 것은 아니며 경우에 따라서는 일반 대중도 상대방이 될 수 있다. 의무는 반드시 상대방에 대한 확약을 수반하게 되므로, 경영진 또는 이사회의 결정으로 기업이 자신의 책임을 이행할 것이라는 정당한 기대를 상대방이 가질 수 있을 정도로 충분히 구체적인 방법으로 보고기간 말 이전에 상대방에게 의사전달 되어야만 해당 결정은 의제의무를 발생시키는 것으로 본다.

⑥ 어떤 사건은 발생 당시에는 현재의무를 발생시키지 않지만 추후에 의무를 발생시킬 수도 있다. 대표적으로 관련된 법규의 제·개정에 따라 이전에는 의무가 없었지만 의무가 발생하게 되는 경우가 이에 해당한다. 이 경우에는 발생한 환경오염에 대해 지금 당장 복구의무가 없지만 추후 새로운 법규가 그러한 환경오염을 복구하도록 강제하거나 기업이 그러한 복구의무를 의제의무로서 공식적으로 수용한다면, 해당 법규의 제·개정시점 또는 기업의 공식적인 수용시점에 그 환경오염은 의무발생사건이 된다. 입법예고된 법규의 세부사항이 아직 확정되지 않은 경우에는 해당 법규안대로 제정될 것이 거의 확실한 때에만 의무가 발생한 것으로 본다.

**(3) 자원의 유출가능성**

① 부채로 인식되기 위해서는 현재의무의 존재뿐만 아니라 해당 의무를 이행하기 위해 경제적 효익이 내재된 자원의 유출가능성이 높아야 한다.

② 통상적으로는 보고기간 말 현재의무가 존재할 가능성이 존재하지 아니할 가능성보다 높은 경우(50% 초과)에는 과거사건이 현재의무를 발생시킨 것으로 간주한다.

> ㉠ 자원의 유출가능성이 높은 경우에는 충당부채를 인식한다.
> ㉡ 현재의무의 존재가능성이 높지 아니한 경우에는 우발부채를 공시한다. 다만, 해당 의무의 이행을 위하여 경제적효익이 내재된 자원의 유출가능성이 아주 낮은 경우에는 공시하지 아니한다.

**(4) 의무에 대한 신뢰성 있는 추정**

충당부채는 지급의 시기와 금액이 불확실한 불확정 채무이기 때문에 금액을 측정하는 것이 아닌 추정치를 재무상태표에 부채로 인식한다. 추정치를 사용하는 것은 재무제표 작성의 필수적인 과정이며 신뢰성 있는 추정은 재무제표의 신뢰성을 손상시키지 아니한다. 극히 드문 경우로 신뢰성 있는 금액의 추정이 불가능한 경우에는 부채로 인식하지 아니하고 우발부채로 공시한다.

① 기대가치로 측정

㉠ 충당부채로 인식하여야 하는 금액과 관련된 불확실성은 상황에 따라 판단한다. 측정하고자 하는 충당부채가 다수의 항목과 관련되는 경우에는 해당 의무는 모든 가능한 결과와 그와 관련된 확률을 가중평균하여 추정한다. 이러한 통계적 추정방법을 '기대가치'라고 한다.

㉡ 만약, 가능한 결과가 연속적인 범위 내에 분포하고 각각의 발생확률이 동일한 경우에는 해당 범위의 중간 값을 사용한다.

---

**예제 12-2    기대가치**

㈜한국은 제조상 결함이 발생하면 이를 보증하는 정책을 공표하고 있다. 판매한 제품에 대해서 중요하지 아니한 결함이 발생하면 ₩1,000,000의 수선비용이 발생한다. 만약, 중요한 결함이 발생한다면 수선비용은 ₩4,000,000이 발생한다. 기업의 과거경험 및 미래예상에 따르면 판매된 재화 중 75%는 전혀 결함이 발생하지 아니하고, 20%는 중요하지 아니한 결함, 나머지 5%는 중요한 결함이 발생할 것으로 예상된다.

**[물음]**
수선의무와 관련하여 충당부채로 인식할 금액을 계산하시오.

.......................................................................................................................

**[해답]**

기대가치 = ₩1,000,000 × 20% + ₩4,000,000 × 5% = ₩400,000

---

② 위험과 불확실성
- ㉠ 충당부채에 대한 최선의 추정치를 구할 때에는 관련된 사건과 상황에 대한 불가피한 위험과 불확실성을 고려한다.
- ㉡ 그러나 불확실성을 이유로 과도한 충당부채를 계상하거나 부채를 과대표시하는 것은 정당화되지 아니한다.

③ 현재가치
- ㉠ 화폐의 시간가치 효과가 중요한 경우 충당부채는 의무를 이행하기 위하여 예상되는 지출액의 현재가치로 평가한다.
- ㉡ 할인율은 부채의 특유 위험과 화폐의 시간가치에 대한 현행 시장의 평가를 반영한 세전 이율이다. 할인율에는 미래현금흐름을 추정할 때 고려된 위험을 반영하지 않는다. 충당부채를 현재가치로 평가하는 경우 충당부채의 장부금액을 기간 경과에 따라 증가시키고, 해당 증가금액은 차입원가(즉, 이자비용)로 인식한다.

④ 예상되는 자산처분
- ㉠ 자산의 예상처분이익은 충당부채 측정에 고려하지 아니한다.
- ㉡ 해당 자산처분이 충당부채를 발생시킨 사건과 밀접하게 관련되어 있더라도 해당 자산의 예상처분이익은 충당부채를 측정하는 데 고려하지 아니한다.

⑤ 기타 고려사항
- ㉠ 현재의무를 이행하기 위하여 필요한 지출 금액에 영향을 미치는 미래 사건이 일어날 것이라는 충분하고 객관적인 증거가 있는 경우에는 그 미래사건을 고려하여 충당부채 금액을 추정한다.
- ㉡ 충당부채를 최초 인식한 후 매 보고기간 말마다 충당부채의 잔액을 검토하고, 보고기간 말 현재 최선의 추정치를 반영하여 조정한다. 이러한 조정은 회계추정치 변경에 해당한다.
- ㉢ 한편, 의무를 이행하기 위하여 경제적효익이 있는 자원을 유출할 가능성이 높지 않게 된 경우에는 관련 충당부채를 환입한다.

(5) 충당부채의 변제(제3자에 의한 변제)
- ① 충당부채를 변제하기 위하여 필요한 지출액의 일부 또는 전부를 제3자가 변제할 것이 예상되는 경우에 기업은 의무를 이행한다면 변제 받을 것이 거의 확실시되는 때에 한하여 변제금액을 인식하고 별도의 자산으로 처리한다. 다만, 자산으로 인식하는 금액은 관련 충당부채를 초과할 수 없다.
- ② 기업은 전체 의무금액을 충당부채로 인식하고, 기업이 의무를 이행한다면 변제를 받을 것이 거의 확실시되는 때에 한하여 예상변제금액을 별도 자산으로 인식한다.
- ③ 그러나 충당부채와 관련하여 포괄손익계산서에 인식된 비용은 제3자의 변제와 관련하여 인식한 금액과 상계하여 표시할 수 있다.

### (6) 연대의무

① 제3자와 연대하여 의무를 지는 경우에는 **이행할 전체의무 중 제3자가 이행할 것으로 기대되는 부분을 우발부채로 처리한다.** 신뢰성 있게 추정할 수 없는 드문 경우를 제외하고는 해당 의무 중에서 경제적효익이 내재된 자원의 유출가능성이 높은 부분에 대하여 충당부채를 인식한다.

② 우발부채는 당초에 예상하지 못한 상황에 따라 변화할 수 있기 때문에, 경제적효익이 내재된 자원의 유출가능성이 높아졌는지 지속적으로 검토한다. 만약, 과거에는 우발부채로 처리하였더라도 미래경제적효익의 유출가능성이 높아졌다면 변화가 발생한 기간의 재무제표에 충당부채로 인식한다.

### (7) 미래예상영업손실과 손실부담계약

① 미래의 예상영업손실은 충당부채로 인식하지 아니한다. 그러나 해당 계약이 손실부담계약이라면 관련된 현재의무를 충당부채로 인식하고 측정한다.

② 손실부담계약이란 계약상 의무에 따라 발생하는 회피불가능한 원가가 해당 계약에 의하여 얻을 것으로 기대하는 경제적효익을 초과하는 계약이다.

> 손실부담계약 : 회피불가능한 원가 > 계약으로 기대되는 경제적효익

> \* 회피불가능원가 = min [㉠, ㉡]
> ㉠ 계약이행원가 : 계약을 이행하기 위하여 소요되는 원가
> ㉡ 계약해지원가 : 해지 시 지급해야 할 보상금 또는 위약금

③ 손실부담계약에 대한 충당부채를 인식하기 전에 해당 손실부담계약을 이행하기 위하여 사용하는 자산에서 발생하는 손상차손을 먼저 인식한다.

### (8) 제품보증충당부채

① 기업이 판매한 제품의 결함에 대하여 사후적인 보증을 제공하는 경우를 판매보증 또는 제품보증이라고 한다.

② 제품보증은 보증용역에 대하여는 수익이 창출되지 않는다고 보아, 제품의 판매가격 전액을 수익으로 인식하고, 제품판매로부터 발생할 판매보증비용을 추정하여 판매보증비용과 판매보증충당부채를 인식하는 방법이다. 판매보증을 한 기업은 판매한 제품으로 인해 사후적으로 부담이 예상되는 보증에 충당하기 위해 판매보증충당부채를 설정한다.

| 거래시점 | 차변 | | 대변 | |
|---|---|---|---|---|
| 제품판매시점 | (차) 현금 | ×××  | (대) 매출 | ××× |
| 결산시점 | (차) 제품보증비 | ×××  | (대) 제품보증충당부채 | ××× |
| 보증비용 발생 시 | (차) 제품보증충당부채 | ×××  | (대) 현금 | ××× |

---

예제
12-3    제품보증충당부채

㈜한국은 제품 판매에 따른 품질보증서비스를 실시하고 있다. ㈜한국은 판매한 제품에 대하여 2년간 수리를 보장하고 있다. ㈜한국은 과거의 경험으로 보아 판매한 당해에는 매출액의 1%, 그 다음 해에는 3%의 보증비용이 발생할 것으로 추정된다. ㈜한국의 20×1년과 20×2년의 매출액과 실제 발생한 보증수리비용은 아래와 같다.

| 연도 | 매출액 | 실제보증비용 |
|---|---|---|
| 20×1년 | ₩90,000,000 | ₩1,400,000 |
| 20×2년 | ₩240,000,000 | ₩3,200,000 |

보증수리와 관련된 자료가 위와 같다고 할 때 20×2년도 현재의 제품보증충당부채 잔액은 얼마인가?

-----

해답

20×1.12.31    (차) 제품보증비          3,600,000    (대) 제품보증충당부채    3,600,000
              (차) 제품보증충당부채    1,400,000    (대) 현금                1,400,000
* 제품보증충당부채 = ₩90,000,000 × 4% = ₩3,600,000

20×2.12.31    (차) 제품보증비          9,600,000    (대) 제품보증충당부채    9,600,000
              (차) 제품보증충당부채    3,200,000    (대) 현금                3,200,000
* 제품보증충당부채 = ₩240,000,000 × 4% = ₩9,600,000

→ 20×2년 제품보증충당부채 잔액 = ₩3,600,000 − ₩1,400,000 + ₩9,600,000 − ₩3,200,000
                              = ₩8,600,000

---

(9) 경품충당부채

① 기업은 다양한 프로모션 정책의 일환으로 경품제공을 하는 경우가 있다. 경품을 제공하겠다는 기업 정책은 구매자에게 정당한 기대를 가지게 하므로 기업은 이러한 의무를 부담해야 한다. 경품충당부채는 이러한 의무 이행에 예상되는 금액을 경품충당부채로 재무상태표에 인식하게 한다.

② 그러나 경품으로 제공하겠다는 금액 전체가 이행될 것으로 기업은 기대하지 않는다. 충당부채는 이행할 경우 예상되는 합리적인 금액으로 추정해야 하므로 경품충당부채는 다음과 같이 회수율을 고려하여 계산한다.

> * 경품충당부채 인식액 = 제공할 경품의 원가 × 회수율

| 거래시점 | 차변 | | 대변 | |
|---|---|---|---|---|
| 제품판매시점 | (차) 현금 | ××× | (대) 매출 | ××× |
| 경품재고 구입 시 | (차) 재고(경품) | ××× | (대) 현금 | ××× |
| 충당부채 인식 | (차) 경품비 | ××× | (대) 경품충당부채 | ××× |
| 경품 제공 시 | (차) 경품충당부채 | ××× | (대) 재고(경품) | ××× |

**예제 12-4** 경품충당부채

㈜한국은 책을 판매하는 기업으로 책 1권당 쿠폰 5매를 제공한다. 쿠폰 20매를 모아오면, 스탠드 1대를 제공한다. 제공하는 스탠드의 원가는 ₩10,000이다. ㈜한국은 제공한 쿠폰의 50%가 상환될 것으로 추정하고 있다. 20×1년 동안 판매된 교재는 1,000권이었으며, 쿠폰은 500매가 회수되었다.

[물음]
1. 20×1년도의 경품충당부채 기말잔액을 구하시오.
2. 20×1년도 회사의 회계처리를 하시오.

------

**해답**

1. 20×1년도 경품충당부채
   (1) 경품비용 = [(5매 × 1,000권) ÷ 20매] × ₩10,000 × 50%(회수율) = ₩1,250,000
   (2) 경품으로 교환된 금액 = ₩1,250,000 × [500매 ÷ (5,000매 × 50%)] = ₩250,000
   (3) 경품충당부채 잔액 = ₩1,250,000 − ₩250,000 = ₩1,000,000

2. 회계처리
   20×1.12.31  (차) 경품비용    1,250,000  (대) 경품충당부채  1,250,000
               (차) 경품충당부채  250,000  (대) 경품재고      250,000

⑽ 구조조정충당부채

구조조정은 경영진의 계획과 통제에 따라 사업의 범위 또는 사업수행방식을 중요하게 변화시키는 일련의 절차를 말한다.

① 구조조정충당부채의 인식기준

구조조정과 관련된 충당부채는 다음의 인식기준을 모두 충족하는 경우에만 인식한다.

> ㉠ 구조조정에 대한 공식적이며 **구체적인 계획**에 의하여 구조조정의 대상이 되는 사업, 구조조정에 소요되는 지출, 구조조정계획의 이행시기 등을 확인할 수 있다.
> ㉡ 기업이 구조조정계획에 착수하였거나 구조조정의 주요 내용을 공표함으로써 구조조정의 영향을 받을 당사자가 기업이 구조조정을 이행할 것이라는 **정당한 기대**를 가져야 한다.

구조조정계획 이행에 착수한 증거로 볼 수 있는 사례는 공장의 해체, 자산의 매각, 구조조정계획에 관한 주요 내용의 공표 등을 들 수 있다. 구조조정과 관련된 소비자, 공급자 및 종업원과 같은 당사자들이 기업이 구조조정을 이행할 것이라는 정당한 기대를 가지게 할 정도로 충분히 구체적인 구조조정계획의 공표가 있는 경우에만 해당 구조조정과 관련된 의제의무가 발생한다.

또한 구조조정계획은 가능한 한 신속하고 빠른 시기에 완결되어야 한다. 구조조정의 착수가 상당히 지연되거나 비합리적으로 장기간이 소요될 것으로 예상되는 경우에는 구조조정계획이 변경될 가능성이 있으므로 현재 기업이 구조조정계획을 이행할 것이라는 정당한 기대가 형성되었다고 볼 수 없다.

보고기간 말 전에 경영진 또는 이사회가 구조조정계획을 수립하였더라도 보고기간 말 전에 다음 중 적어도 하나에 해당하는 사건이 발생하지 않았다면 보고기간 말에 의제의무가 발생하지 아니한 것으로 본다.

> ㉠ 구조조정계획의 착수
> ㉡ 구조조정의 영향을 받을 당사자가 기업이 구조조정을 이행할 것이라는 정당한 기대를 가질 정도로 구조조정계획의 주요 내용을 충분히 구체적으로 공표

구조조정충당부채에서 기업이 매각의 이행을 약정하기 전까지, 즉 구속력 있는 매각계약을 체결하기 전에는 사업매각과 관련된 의무가 발생하지 않는다.

② 구조조정충당부채로 인식할 수 있는 지출

구조조정충당부채로 인식할 수 있는 지출은 구조조정과 직접 관련하여 발생하여야 하고, 다음의 요건을 모두 충족하여야 한다.

> ㉠ 구조조정과 관련하여 필수적으로 발생하는 지출
> ㉡ 기업의 계속적인 영업활동과 관련 없는 지출

그러므로 다음과 관련한 지출은 미래 영업활동과 관계된 것이기 때문에 구조조정충당부채에 포함하지 아니한다.

> ㉠ 계속 근무하는 직원에 대한 교육 훈련과 재배치
> ㉡ 마케팅
> ㉢ 새로운 제도와 물류체제의 구축에 대한 투자

구조조정을 완료하는 날까지 발생할 것으로 예상되는 영업손실은 충당부채로 인식하지 아니한다. 단, 손실부담계약과 관련된 예상영업손실은 충당부채로 인식한다.

구조조정의 일환으로 자산의 매각을 계획하는 경우라도 구조조정과 관련된 자산의 예상처분이익은 구조조정충당부채를 측정하는 데 반영하지 아니한다.

**예제 12-5** 구조조정충당부채

결산일이 12월 31일인 ㈜한국은 A사업부를 폐쇄하기로 결정하고 20×1년 12월 20일 이사회 승인 후 주요 내용을 공표하였다. 이에 따라 직원들은 구조조정계획에 대한 정당한 기대를 가지게 되었다. 구조조정과 관련하여 예상되는 지출과 손실은 다음과 같다.

- 해고직원들의 퇴직금 : ₩5,000,000
- 사업부 이동에 따른 직원 교육훈련비 : ₩2,000,000
- 구조조정 완료시까지 예상되는 영업손실 : ₩500,000
- 구조조정 관련 자산의 예상처분이익 : ₩800,000

[물음]
㈜한국이 20×1년 재무제표에 충당부채로 인식할 금액을 계산하시오.

**해답**

구조조정충당부채는 구조조정과 관련하여 회피불가능한 추정치의 금액으로 인식한다.
구조조정충당부채로 인식할 금액은 해고직원들의 퇴직금인 ₩5,000,000이다.
사업부 이동에 따른 직원 교육훈련비는 발생시점의 비용으로 인식하며, 예상영업손실 및 예상처분이익은 충당부채에서 고려하지 않는다.

## 2. 우발부채

우발부채는 충당부채와는 달리 부채로 인식하지 않는다. 우발부채는 다음의 ① 또는 ②에 해당하는 잠재적 부채를 말하며, 언제든지 재무상태표에 부채로 계상될 가능성이 있기 때문에 주석으로 공시한다.

① 과거사건은 발생하였으나 그 존재 여부가 기업이 전적으로 통제할 수 없는 하나 또는 그 이상의 불확실한 미래사건의 발생 여부에 의하여서만 확인되는 잠재적인 의무

② 과거사건이나 거래의 결과로 발생한 현재의무이지만 그 의무를 이행하기 위한 자원의 유출가능성이 높지 않거나 해당 의무를 이행하기 위한 금액을 신뢰성 있게 추정할 수 없는 경우

◎ 충당부채와 우발부채의 비교

| 구분 | 금액의 신뢰성 있는 추정 가능 | 추정불가능 |
|---|---|---|
| 자원의 유출가능성 높음 | 충당부채 | 우발부채로 |
| 유출가능성 높지 않음 | 우발부채로 주석 공시 | 주석 공시 |
| 유출가능성 거의 없음 | 공시하지 않음 | 공시하지 않음 |

### 3. 우발자산

① 우발자산은 과거사건이나 거래의 결과로 발생할 가능성이 있으며, 기업이 전적으로 통제할 수 없는 하나 또는 그 이상의 불확실한 미래사건의 발생 여부에 의해서만 그 존재여부가 확인되는 잠재적인 자산을 말한다.

② 회계에서 자산은 확실해질 때까지 선인식하지 않는다. 그러므로 우발자산은 금액의 유입가능성이 높아지더라도 주석으로 공시하고 자산으로 인식하지 않는다. 다만, 금액의 유입가능성이 거의 확실하다면 더 이상 우발자산이 아니므로 재무상태표상 자산으로 인식한다.

## 4 사례별 인식

### 사례 1  제품보증

제조자는 제품을 판매하는 시점에 구매자에게 제품보증을 약속한다. 판매 후 3년 안에 제조상 결함이 명백한 경우 제조자는 판매계약조건에 따라 수선해 주거나 대체해 준다. 과거 경험에 비추어 보면 제품보증에 따라 일부 청구가 있을 가능성이 높다. 즉, 청구될 가능성이 청구되지 않을 가능성보다 높다.

→ 충당부채로 인식

### 사례 2  오염된 토지 : 법률의 제정이 거의 확실한 경우

기업은 석유사업을 영위하는 중이며 오염을 유발하고 있지만 사업이 운영되고 있는 특정 국가의 법률이 요구하는 경우에만 오염된 토지를 정화한다. 이러한 사업이 운영되고 있는 한 국가에서 오염된 토지를 정화하여야 한다는 법규가 제정되지 않았고, 기업은 몇 년에 걸쳐 그 국가의 토지를 오염시켜 왔다. 이미 오염된 토지를 정화하는 것을 의무화하는 법률 초안이 연말 후에 곧 제정될 것이 기말 현재 거의 확실하다.

→ 토지정화를 요구하는 법률 제정이 거의 확실하므로 토지의 오염은 의무발생사건이다. 자원의 유출가능성이 높아졌으므로(법률 제정 거의 확실) 충당부채로 인식한다.

### 사례 3  오염된 토지와 의제의무

환경관련법규가 없는 국가에서 기업이 오염을 유발하는 석유사업을 운영하고 있다. 그러나 기업은 사업을 운영하면서 오염된 토지를 정화할 의무를 부담한다는 환경정책을 대외적으로 표방하고 있다. 해당 기업은 대외에 표방한 그 정책을 준수할 사실이 있다.

→ 정당한 기대가 발생한 의제의무로 자원의 유출가능성이 높기에 충당부채로 인식한다.

### 사례 4  환불정책

한 소매상은 고객이 제품에 만족하지 못한 경우 법적의무가 없더라도 환불을 해주는 정책을 시행하고 있다. 해당 환불정책은 널리 알려져 있다.

→ 고객이 정당한 기대를 가지게 되므로 의제의무가 발생하였으며, 자원의 유출가능성이 높으므로 환불원가에 대한 최선의 추정치로 충당부채로 인식한다.

### 사례 5    사업부의 폐쇄

20×1년 12월 20일 이사회에서 사업부를 폐쇄하기로 결정하였다. 20×1년 12월 31일 현재 이러한 의사결정을 받는 당사자들에게 알리지 않았고, 해당 결정을 수행하기 위한 어떠한 절차도 수행되지 않았다.

→ 충당부채로 인식하지 않는다.

### 사례 6    법규정에 따른 매연여과장치의 설치

새로운 법규에 따라 20×1년 6월까지 매연여과장치를 공장에 설치하여야 한다. 기업은 지금까지 매연여과장치를 설치하지 않고 있다.

① 20×1년 12월 31일 현재
해당 법규에 따르는 매연여과장치의 설치원가에 대한 의무발생사건이 없으므로 의무는 존재하지 않는다. 그러므로 충당부채를 인식하지 않는다.

② 20×1년 12월 31일 현재 매연을 발생시켰다면?
여전히 매연여과장치 설치에 따른 의무는 없지만 공장이 법규를 위반하는 의무발생사건이 발생하였으므로 법규에 따른 벌과금을 내야 하는 의무는 발생하였다. 지금처럼 벌과금이 부과될 가능성이 부과되지 않을 가능성보다 높은 경우는 해당 의무에 대한 최선의 추정치로 충당부채를 인식한다.

### 사례 7    소송사건

20×1년 중 ㈜한국은 소송사건에 계류되었다. 법률전문가는 20×1년 12월 31일로 종료되는 재무제표의 작성일에는 기업의 책임이 없을 가능성이 높다고 조언하였다. 그러나 20×2년 12월 31일로 종료하는 재무제표 작성일에는 법률전문가가 기업이 책임을 지게 될 가능성이 높다고 조언하였다.

① 20×1년 12월 31일 : 충당부채로 인식하지 아니한다. 유출될 가능성이 희박하지 않다면 그러한 사항을 우발부채로 주석 공시한다.

② 20×2년 12월 31일 : 이용가능한 증거를 통해 현재의무의 발생가능성이 높고, 자원의 유출가능성이 높으므로 해당 의무를 이행하기 위한 금액에 대한 최선의 추정치로 충당부채를 인식한다.

### 사례 8    수선유지의무

기술적인 이유로 5년마다 대체할 필요가 있는 내벽을 갖고 있는 용광로가 있다. 보고기간 말에 이 내벽은 3년 동안 사용되었다.

→ 보고기간 말에 내벽을 교체하는 의무는 기업의 미래행위와 독립적이지 않다. 내벽의 교체 여부는 기업의 의사결정에 따라 종속적인 성격을 가지므로 충당부채를 인식하지 않는다.

01  기업의 현재의무는 법적의무뿐만 아니라 의제의무도 포함된다. (    )

02  충당부채와 우발부채는 재무상태표에 부채로 인식한다. (    )

03  이용할 수 있는 모든 증거를 고려하여 보고기간 말에 현재의무가 존재할 가능성이 존재하지 아니할 가능성보다 높은 경우에는 과거사건이 현재의무를 발생시킨 것으로 간주한다. (    )

04  충당부채와 관련한 미래 예상손실은 충당부채 인식에 고려한다. (    )

05  충당부채로 인식되기 위해서는 과거사건으로 인한 의무가 기업의 미래행위와 종속적이어야 한다. (    )

06  법에서 정하는 환경기준을 충족시키기 위해서 또는 상업적 압력 때문에 공장에 특정 정화장치를 설치하기 위한 비용지출을 계획하고 있거나 그런 비용지출이 필요한 경우에는 해당 지출은 충당부채로 인식한다. (    )

07  불법적인 환경오염으로 인한 범칙금이나 환경정화비용의 경우에는 충당부채를 인식한다. (    )

08  충분하고 객관적인 증거로 볼 때, 새로운 법규가 제정될 것이 거의 확실시된다면 해당 법규의 효과를 고려하여 충당부채를 측정한다. (    )

09  당초 충당부채로 인식한 금액은 충당부채와 관련된 지출에 대해서만 사용한다. (    )

10  과거에 우발부채로 처리하였다면 미래경제적효익의 유출가능성이 높아진 경우에도 재무제표에 충당부채로 인식하지 않는다. (    )

11  해당 의무를 이행하기 위하여 경제적효익이 내재된 자원의 유출가능성이 아주 낮은 경우라도 주석으로 공시한다. (    )

12  제품보증 또는 이와 유사한 계약 등 다수의 유사한 의무가 있는 경우 의무이행에 필요한 자원의 유출가능성은 해당 유사한 의무 전체를 고려하여 결정한다. (    )

13  자산의 예상처분이익은 충당부채를 측정하는 데 고려하지 아니한다. (   )

14  의무이행을 위하여 경제적효익을 갖는 자원의 유출가능성이 더 이상 높지 않은 경우에는 관련 충당부채를 환입한다. (   )

15  기업이 매각의 이행을 약정하기 전까지, 즉 구속력 있는 매각계약을 체결하기 전에는 사업매각과 관련된 의무가 발생하지 아니한다. (   )

16  충당부채와 관련하여 포괄손익계산서에 인식된 비용은 제3자의 변제와 관련하여 인식한 금액과 상계하여 표시할 수 있다. (   )

17  매 보고기간 말에 충당부채의 잔액을 검토하고, 보고기간 말 현재 최선의 추정치를 반영하여 조정한다. (   )

18  손실부담계약은 계약상 의무에 따라 발생하는 회피불가능한 원가가 해당 계약에 의하여 얻을 것으로 기대되는 경제적효익을 초과하는 계약이다. (   )

19  손실부담계약에서 회피불가능한 원가는 계약이행원가와 계약해지에 따른 원가 중 큰 금액이다. (   )

20  우발자산은 수익의 실현이 거의 확실시된다면 재무상태표에 자산으로 인식한다. (   )

21  화폐의 시간가치 효과가 중요한 경우 충당부채는 의무를 이행하기 위하여 예상되는 지출액의 현재가치로 평가한다. (   )

22  어떤 의무에 대하여 제3자와 연대하여 의무를 지는 경우 이행하여야 하는 전체의무 중에서 제3자가 이행할 것으로 기대되는 부분에 한하여 충당부채로 처리한다. (   )

01  기업의 현재의무는 법적의무뿐만 아니라 의제의무도 포함된다. ( O )

02  충당부채와 우발부채는 재무상태표에 부채로 인식한다. ( ✕ )
➡ 충당부채는 재무상태표에 부채로 인식하지만 우발부채는 부채로 인식하지 않는다.

03  이용할 수 있는 모든 증거를 고려하여 보고기간 말에 현재의무가 존재할 가능성이 존재하지 아니할 가능성보다 높은 경우에는 과거사건이 현재의무를 발생시킨 것으로 간주한다. ( O )

04  충당부채와 관련한 미래 예상손실은 충당부채 인식에 고려한다. ( ✕ )
➡ 미래 예상손실은 충당부채 인식에 고려하지 않는다.

05  충당부채로 인식되기 위해서는 과거사건으로 인한 의무가 기업의 미래행위와 종속적이어야 한다. ( ✕ )
➡ 충당부채로 인식되기 위해서는 과거사건으로 인한 의무가 기업의 미래행위와 독립적이어야 한다.

06  법에서 정하는 환경기준을 충족시키기 위해서 또는 상업적 압력 때문에 공장에 특정 정화장치를 설치하기 위한 비용지출을 계획하고 있거나 그런 비용지출이 필요한 경우에는 해당 지출은 충당부채로 인식한다. ( ✕ )
➡ 해당 지출은 기업의 미래행위와 독립적이지 않기 때문에 충당부채로 인식하지 않는다.

07  불법적인 환경오염으로 인한 범칙금이나 환경정화비용의 경우에는 충당부채를 인식한다. ( O )

08  충분하고 객관적인 증거로 볼 때, 새로운 법규가 제정될 것이 거의 확실시된다면 해당 법규의 효과를 고려하여 충당부채를 측정한다. ( O )

09  당초 충당부채로 인식한 금액은 충당부채와 관련된 지출에 대해서만 사용한다. ( O )

10  과거에 우발부채로 처리하였다면 미래경제적효익의 유출가능성이 높아진 경우에도 재무제표에 충당부채로 인식하지 않는다. ( ✕ )
➡ 과거에 우발부채로 처리하였더라도 미래경제적효익의 유출가능성이 높아진 경우에는 재무제표에 충당부채로 인식한다.

11  해당 의무를 이행하기 위하여 경제적효익이 내재된 자원의 유출가능성이 아주 낮은 경우 주석으로 공시한다. ( ✕ )
➡ 해당 의무를 이행하기 위하여 경제적효익이 내재된 자원의 유출가능성이 아주 낮은 경우에는 공시하지 않는다.

12  제품보증 또는 이와 유사한 계약 등 다수의 유사한 의무가 있는 경우 의무이행에 필요한 자원의 유출가능성은 해당 유사한 의무 전체를 고려하여 결정한다. ( O )

13  자산의 예상처분이익은 충당부채를 측정하는 데 고려하지 아니한다. ( O )

14 의무이행을 위하여 경제적효익을 갖는 자원의 유출가능성이 더 이상 높지 않은 경우에는 관련 충당부채를 환입한다. ( O )

15 기업이 매각의 이행을 약정하기 전까지, 즉 구속력 있는 매각계약을 체결하기 전에는 사업매각과 관련된 의무가 발생하지 아니한다. ( O )

16 충당부채와 관련하여 포괄손익계산서에 인식된 비용은 제3자의 변제와 관련하여 인식한 금액과 상계하여 표시할 수 있다. ( O )

17 매 보고기간 말에 충당부채의 잔액을 검토하고, 보고기간 말 현재 최선의 추정치를 반영하여 조정한다. ( O )

18 손실부담계약은 계약상 의무에 따라 발생하는 회피불가능한 원가가 해당 계약에 의하여 얻을 것으로 기대되는 경제적효익을 초과하는 계약이다. ( O )

19 손실부담계약에서 회피불가능한 원가는 계약이행원가와 계약해지에 따른 원가 중 큰 금액이다. ( ✕ )
➡ 손실부담계약에서 회피불가능한 원가는 계약이행원가와 계약해지에 따른 원가 중 작은 금액이다.

20 우발자산은 수익의 실현이 거의 확실시된다면 재무상태표에 자산으로 인식한다. ( O )

21 화폐의 시간가치 효과가 중요한 경우 충당부채는 의무를 이행하기 위하여 예상되는 지출액의 현재가치로 평가한다. ( O )

22 어떤 의무에 대하여 제3자와 연대하여 의무를 지는 경우 이행하여야 하는 전체의무 중에서 제3자가 이행할 것으로 기대되는 부분에 한하여 충당부채로 처리한다. ( ✕ )
➡ 전체의무 중 제3자가 이행할 것으로 기대되는 부분은 우발부채로 주석에 공시한다.

답 ▶  01 O  02 X  03 O  04 X  05 X  06 X  07 O  08 O  09 O  10 X
      11 X  12 O  13 O  14 O  15 O  16 O  17 O  18 O  19 X  20 O
      21 O  22 X

## 01

충당부채를 인식할 수 있는 상황을 모두 고른 것은? (단, 금액은 모두 신뢰성 있게 측정할 수 있다.) 24년 기출

> ㄱ. 법률에 따라 항공사의 항공기를 3년에 한 번씩 정밀하게 정비하도록 하고 있는 경우
> ㄴ. 새로운 법률에 따라 매연 여과장치를 설치하여야 하는데, 기업은 지금까지 매연 여과장치를 설치하지 않은 경우
> ㄷ. 법적규제가 아직 없는 상태에서 기업이 토지를 오염시켰지만, 이에 대한 법률 제정이 거의 확실한 경우
> ㄹ. 기업이 토지를 오염시킨 후 법적의무가 없음에도 불구하고 오염된 토지를 정화한다는 방침을 공표하고 준수하는 경우

① ㄱ, ㄴ       ② ㄱ, ㄷ
③ ㄴ, ㄷ       ④ ㄴ, ㄹ
⑤ ㄷ, ㄹ

**해설**

ㄱ, ㄴ : 항공사의 대수선 및 여과장치설치는 의무발생사건에 해당하지 않으므로 충당부채로 인식할 수 있는 상황에 해당하지 아니한다.

## 02

다음 중 충당부채, 우발부채 및 우발자산에 대한 설명으로 옳지 않은 것은 어느 것인가? 11년 CPA

① 충당부채로 인식되기 위해서는 과거사건으로 인한 의무가 기업의 미래행위와 독립적이어야 한다. 따라서 불법적인 환경오염으로 인한 범칙금이나 환경정화비용의 경우에는 충당부채로 인식한다.
② 충당부채는 부채로 인식하는 반면, 우발부채와 우발자산은 부채와 자산으로 인식하지 않는다.
③ 당초에 다른 목적으로 인식된 충당부채를 어떤 지출에 대하여 사용하게 되면 다른 두 사건의 영향이 적절하게 표시되지 않으므로 당초 충당부채에 관련된 지출에 대해서만 그 충당부채를 사용한다.

④ 의무발생사건이 되기 위해서는 해당 사건으로부터 발생된 의무를 이행하는 것 외에는 실질적인 대안이 없어야 한다. 이러한 경우는 의무의 이행을 법적으로 강제할 수 있거나 기업이 해당 의무를 이행할 것이라는 정당한 기대를 상대방이 가지는 경우에만 해당한다.

⑤ 재무제표는 재무제표 이용자들의 현재 및 미래 의사결정에 유용한 정보를 제공하는 데에 그 목적이 있다. 따라서 미래영업을 위하여 발생하게 될 원가에 대해서 충당부채로 인식한다.

**해설**

재무제표는 미래 시점의 예상 재무상태가 아니라 보고기간 말의 재무상태를 표시하는 것이므로, 미래 영업을 위하여 발생하게 될 원가에 대하여는 충당부채를 인식하지 아니한다.

## 03 충당부채, 우발부채 및 우발자산에 관한 설명으로 옳은 것은? 15년 CTA

① 우발자산은 경제적효익의 유입가능성이 높아지더라도 공시하지 않는다.

② 손실부담계약을 체결하고 있는 경우에는 관련된 현재의무를 충당부채로 인식하지 않는다.

③ 충당부채를 현재가치로 평가하는 경우 적용될 할인율은 부채의 특유위험과 화폐의 시간가치에 대한 현행 시장의 평가를 반영한 세후 이율이다.

④ 충당부채와 관련하여 포괄손익계산서에 인식된 비용은 제3자의 변제와 관련하여 인식한 금액과 상계하여 표시할 수 있다.

⑤ 화폐의 시간가치 효과가 중요한 경우에도 충당부채는 현재가치로 평가하지 않는다.

**해설**

① 우발자산은 경제적효익의 유입가능성이 높아지면 주석에 공시한다.

② 손실부담계약을 체결하고 있는 경우에는 관련된 현재의무를 충당부채로 인식한다.

③ 충당부채를 현재가치로 평가하는 경우 적용될 할인율은 부채의 특유위험과 화폐의 시간가치에 대한 현행 시장의 평가를 반영한 세전이율이다.

⑤ 화폐의 시간가치 효과가 중요한 경우에는 충당부채는 현재가치로 평가한다.

**04** 충당부채와 우발부채에 관한 설명으로 옳지 않은 것은?　16년 기출

① 충당부채를 인식하기 위해서는 해당 의무를 이행하기 위하여 경제적효익을 갖는 자원이 유출될 가능성이 매우 높아야 한다.

② 우발부채는 경제적효익을 갖는 자원의 유출을 초래할 현재의무가 있는지의 여부가 아직 확인되지 아니한 잠재적 의무이므로 부채로 인식하지 않는다.

③ 재무제표는 미래 시점의 예상 재무상태가 아니라 보고기간 말의 재무상태를 표시하는 것이므로, 미래영업을 위하여 발생하게 될 원가에 대하여는 충당부채를 인식하지 않는다.

④ 충당부채로 인식되기 위해서는 과거사건으로 인한 의무가 기업의 미래행위(즉, 미래 사업행위)와 독립적이어야 한다.

⑤ 상업적 압력 때문에 공장에 특정 정화장치를 설치하기 위한 비용지출을 계획하고 있는 경우 공장운영방식을 바꾸는 등의 미래행위를 통하여 미래의 지출을 회피할 수 있으므로 해당 지출은 현재의무가 아니며 충당부채도 인식하지 아니한다.

**해설**

경제적효익을 갖는 자원의 유출 가능성이 높아야 한다(매우 높다 ×).

**05** 충당부채와 우발부채에 관한 설명으로 옳지 않은 것은?　17년 기출

① 제3자와 연대하여 의무를 지는 경우에는 이행할 전체의무 중 제3자가 이행할 것으로 예상되는 부분을 우발부채로 인식한다.

② 충당부채로 인식되기 위해서는 과거사건의 결과로 현재의무가 존재하여야 한다.

③ 충당부채를 현재가치로 평가할 때 할인율은 부채의 특유한 위험과 화폐의 시간 가치에 대한 현행 시장의 평가를 반영한 세전 이율을 적용한다.

④ 충당부채와 관련하여 포괄손익계산서에 인식한 비용은 제3자의 변제와 관련하여 인식한 금액과 상계하여 표시할 수 있다.

⑤ 과거에 우발부채로 처리하였다면 이후 충당부채의 인식조건을 충족하더라도 재무제표의 신뢰성 제고를 위해서 충당부채로 인식하지 않는다.

**해설**

과거에 우발부채로 처리하였더라도 이후 충당부채의 인식조건을 충족하면 충당부채로 인식한다.

## 06 충당부채, 우발부채 및 우발자산에 관한 설명으로 옳지 않은 것은? 18년 기출

① 충당부채는 현재의무이고 이를 이행하기 위하여 경제적효익이 있는 자원을 유출할 가능성이 높고 해당 금액을 신뢰성 있게 추정할 수 있으므로 부채로 인식한다.

② 제품보증이나 이와 비슷한 계약 등 비슷한 의무가 다수 있는 경우에 의무 이행에 필요한 자원의 유출 가능성은 해당 의무 전체를 고려하여 판단한다.

③ 재무제표는 미래 시점의 예상 재무상태가 아니라 보고기간 말의 재무상태를 표시하는 것이므로, 미래 영업에서 생길 원가는 충당부채로 인식한다.

④ 손실부담계약은 계약상 의무의 이행에 필요한 회피 불가능 원가가 그 계약에서 받을 것으로 예상되는 경제적효익을 초과하는 계약을 말한다.

⑤ 우발자산은 과거사건으로 생겼으나, 기업이 전적으로 통제할 수는 없는 하나 이상의 불확실한 미래 사건의 발생 여부로만 그 존재 유무를 확인할 수 있는 잠재적 자산을 말한다.

해설
재무제표는 미래 시점의 예상 재무상태가 아니라 보고기간 말의 재무상태를 표시하는 것이므로, 미래 영업에서 생길 원가는 충당부채로 인식하지 않는다.

## 07 ㈜태평은 20×1년 말 현재 다음과 같은 사항에 대한 회계처리를 고심하고 있다.

가. 20×1년 12월 15일 이사회에서 회사의 조직구조 개편을 포함한 구조조정계획이 수립되었으며, 이를 수행하는 데 ₩250,000의 비용이 발생할 것으로 추정하였다. 그러나 20×1년말까지 회사는 동 구조조정계획에 착수하지 않았다.

나. 회사는 경쟁업체가 제기한 특허권 무단 사용에 대한 소송에 제소되어 있다. 만약 동 소송에서 패소한다면 ㈜태평이 배상하여야 하는 손해배상금액은 ₩100,000으로 추정된다. ㈜태평의 자문 법무법인에 따르면 이러한 손해배상이 발생할 가능성은 높지 않다고 한다.

다. 회사가 사용중인 공장 구축물의 내용연수가 종료되면 이를 철거하고 구축물이 정착되어 있던 토지를 원상으로 회복하여야 한다. 복구비용은 ₩200,000으로 추정되며 그 현재가치 금액은 ₩140,000이다.

라. 회사가 판매한 제품에 제조상 결함이 발견되어 이에 대한 보증 비용이 ₩200,000으로 예상되고, 그 지출 가능성이 높다. 한편, 회사는 동 예상비용을 보험사에 청구하였으며 50%만큼 변제받기로 하였다.

### ㈜태평이 20×1년 말 재무상태표에 계상하여야 할 충당부채의 금액은 얼마인가? (단, 위에서 제시된 금액은 모두 신뢰성 있게 측정되었다.) 14년 CPA

① ₩240,000　　② ₩340,000　　③ ₩440,000

④ ₩590,000　　⑤ ₩690,000

**해설**

가. 구조조정계획에 착수하지 않았으므로 충당부채로 인식하지 않는다.

나. 소송 패소가능성이 높지 않기 때문에 우발부채로 주석 공시한다.

다. 복구충당부채의 현재가치금액인 ₩140,000을 충당부채로 인식한다.

라. 보증 비용의 지출가능성이 높으므로 ₩200,000을 전액 충당부채로 인식하고, 보험사의 변제 분은 별도의 자산으로 인식한다.

\* 20×1년 말 재무상태표상 충당부채의 금액 = ₩140,000 + ₩200,000 = ₩340,000

**08** 다음 20×1년 말 ㈜감평의 자료에서 재무상태표에 표시될 충당부채 금액은? (단, 현 재가치 계산은 고려하지 않는다.) 17년 기출

• 20×1년 초에 취득한 공장건물은 정부와의 협약에 의해 내용연수가 종료되면 부속 토지를 원상으로 회복시켜야 하는데, 그 복구비용은 ₩500,000이 발생될 것으로 추정된다.

• 20×1년 말에 새로운 회계시스템의 도입으로 종업원들에 대한 교육훈련이 20×2년에 진행될 예정이며, 교육훈련비용으로 ₩300,000의 지출이 예상된다.

• 20×1년 초에 구입한 기계장치는 3년마다 한 번씩 대대적인 수리가 필요한데, 3년 후 ₩600,000의 수리비용이 발생될 것으로 추정된다.

① ₩0　　② ₩500,000

③ ₩600,000　　④ ₩800,000

⑤ ₩1,100,000

**해설**

1) 복구비용은 충당부채로 현재 추정된 금액(₩500,000)을 인식한다.

2) 직원의 교육훈련비는 발생시점의 비용으로 충당부채로 인식하지 않는다.

3) 기계장치의 수리비는 미래행위와 독립적이지 않으므로 충당부채로 인식하지 않는다.

**09** ㈜감평이 20×1년 말 재무상태표에 계상하여야 할 충당부채는? (단, 아래에서 제시된 금액은 모두 신뢰성 있게 측정되었다.) 21년 기출

| 사건 | 비고 |
|---|---|
| 20×1년 9월 25일에 구조조정 계획이 수립되었으며 예상비용은 ₩300,000으로 추정된다. | 20×1년 말까지는 구조조정계획의 이행에 착수하지 않았다. |
| 20×1년 말 현재 소송이 제기되어 있으며, 동 소송에서 패소 시 배상하여야 할 손해배상금액은 ₩200,000으로 추정된다. | ㈜감평의 자문 법무법인에 의하면 손해발생 가능성은 높지 않다. |
| 미래의 예상 영업손실이 ₩450,000으로 추정된다. | |
| 회사가 사용 중인 공장 구축물 철거 시, 구축물이 정착되어 있던 토지는 원상복구의무가 있다. 원상복구원가는 ₩200,000으로 추정되며 그 현재가치는 ₩120,000이다. | |
| 판매한 제품에서 제조상 결함이 발견되어 보증비용 ₩350,000이 예상되며, 그 지출가능성이 높다. 동 보증은 확신유형 보증에 해당한다. | 예상비용을 보험사에 청구하여 50%만큼 변제받기로 하였다. |

① ₩295,000
② ₩470,000
③ ₩550,000
④ ₩670,000
⑤ ₩920,000

해설

20×1년 말 충당부채 = ₩120,000(구축물 복구충당부채) + ₩350,000(제품보증충당부채 전액)
= ₩470,000

• 구조조정은 계획은 수립되었으나 이행에 착수하지 않았으므로 충당부채로 인식하지 않으며, 손해배상 소송은 그 발생가능성이 높지 않으므로 우발부채로 주석공시한다. 미래의 예상영업손실도 충당부채로 인식하지 않는다.

**10** ㈜감평은 제품 구입 후 1년 이내에 발생하는 제품의 결함에 대하여 제품보증을 실시하고 있다. 20×3년에 판매된 제품에 대하여 중요하지 않은 결함이 발생한다면 ₩50,000의 수리 비용이 발생하고, 치명적인 결함이 발생하면 ₩200,000의 수리비용이 발생한다. 과거경험률에 따르면 70%는 결함이 없으며, 20%는 중요하지 않은 결함이 발생하며, 10%는 치명적인 결함이 발생한다고 할 때 20×3년 말에 제품보증당부채로 인식할 금액은? (단, 20×3년 말까지 발생한 수리비용은 없다.) `15년` `기출`

① ₩10,000　　　　② ₩20,000　　　　③ ₩30,000
④ ₩200,000　　　⑤ ₩250,000

**해설**

제품보증충당부채(기대가치) = ₩50,000 × 20% + ₩200,000 × 10% = ₩30,000


**11** 20×1년부터 ㈜한국은 판매상품에 대해 3년간 보증해주는 신제품을 판매하였다. 동업계의 과거경험에 따르면 보증비용은 매출된 해에는 매출액의 2%, 매출 다음 해에는 매출액의 3%, 매출 2년 후에는 매출액의 5%로 추정된다. 처음 3년 동안의 매출과 실제 지출한 보증비용에 관한 자료는 다음과 같다.

| 구분 | 매출 | 보증비지출 |
|---|---|---|
| 20×1년 | ₩150,000 | ₩3,000 |
| 20×2년 | 450,000 | 12,000 |
| 20×3년 | 750,000 | 45,000 |
| 합계 | ₩1,350,000 | ₩60,000 |

㈜한국의 20×3년 12월 31일 재무상태표에 표시되는 제품보증충당부채는 얼마인가?

① ₩135,000　　　　② ₩82,500　　　　③ ₩75,000
④ ₩60,000　　　　⑤ ₩52,500

**해설**

판매시점에 인식해야 할 제품보증비 추정액은 총매출액이 10%이다.
20×3년 말 제품보증충당부채
= ₩1,350,000(3년간 총 매출액) × 10% − ₩60,000(실제 제품보증비 지출액) = ₩75,000

**12** 20×1년부터 ㈜감평은 제품판매 후 2년 동안 제품하자보증을 실시하고 있다. 20×2 년도에 판매된 제품에 대하여 경미한 결함은 ₩100, 치명적인 결함은 ₩4,000의 수리비용이 발생한다. 과거 경험에 따르면 10%는 경미한 결함이, 5%는 치명적인 결함이 발생할 것으로 예상된다. 20×1년 말에 제품보증충당부채 잔액은 ₩200이다. 20×2년 기중에 20×1년 판매된 제품에 대한 수리비용이 ₩300 지출되었다면, ㈜감평의 20×2년도 재무제표에 보고할 제품보증비와 제품보증충당부채는? 23년 기출

| | 제품보증비 | 제품보증충당부채 | | 제품보증비 | 제품보증충당부채 |
|---|---|---|---|---|---|
| ① | ₩100 | ₩310 | ② | ₩210 | ₩210 |
| ③ | ₩210 | ₩310 | ④ | ₩310 | ₩210 |
| ⑤ | ₩310 | ₩310 | | | |

**해설**

1) 20×2년 제품보증비 추정액 = ₩100 × 10% + ₩4,000 × 5% = ₩210

2) 20×2년 제품보증회계처리

| (차) 제품보증충당부채 | 200 | (대) 현금 | 300 |
|---|---|---|---|
| 제품보증비 | 100 | | |
| (차) 제품보증비 | 210 | (대) 제품보증충당부채 | 210 |

3) 20×2년도 제품보증비 = ₩100 + ₩210 = ₩310

4) 20×2년도 제품보증충당부채 = ₩200(20×1년 말 잔액) − ₩200(제품수리비용 지출) + ₩210(20×2년 말 설정액) = ₩210

**13**

㈜한국은 제품 판매를 촉진하기 위하여 제품을 구입하는 고객에게 판매액 ₩1,000마다 1장씩의 경품권을 교부하고 있으며, 경품권 1장과 현금 ₩100을 가져오는 고객에게 경품용 제품 1개를 제공하고 있다. ㈜한국은 경품용 제품을 개당 ₩300에 구입하였으며, 교부한 경품권 중 60%가 회수될 것으로 추정하고 있다. 경품과 관련된 다음 자료를 이용하여 계산한 ㈜한국의 20×2년 말 경품부채 잔액은?  `12년` `기출`

| | |
|---|---|
| • 20×1년 말 경품부채 | ₩120,000 |
| • 20×2년 제품 매출액 | ₩2,400,000 |
| • 20×2년 중 회수된 경품권 | 1,000장 |

① ₩108,000        ② ₩160,000        ③ ₩208,000

④ ₩288,000        ⑤ ₩408,000

**해설**

1) 20×2년 경품충당부채 설정액
   = (₩2,400,000 ÷ ₩1,000) × ₩200 × 60% = ₩288,000
2) 20×2년 경품지급액
   = 1,000장 × ₩200 = ₩200,000
3) 20×2년 말 경품부채 잔액
   = ₩120,000(기초잔액) + ₩288,000(설정액) − ₩200,000(지급액) = ₩208,000

답▶
| 01 ⑤ | 02 ⑤ | 03 ④ | 04 ① | 05 ⑤ |
| 06 ③ | 07 ② | 08 ② | 09 ② | 10 ③ |
| 11 ③ | 12 ④ | 13 ③ | | |

## 제13절 자본

자본이란 자산총액에서 부채총액을 차감한 잔액으로서 잔여지분, 소유주지분, 순자산이라고도 한다. 자본은 기업의 소유주인 주주에게 귀속될 자산을 의미한다. 회계에서 자본은 자산총액에서 부채총 액을 차감한 잔여액으로 측정한다. 즉, 자본은 자체적으로 평가하는 것이 아니라 자산과 부채의 평가 후 부수적으로 산출되는 특징을 가지고 있으며, 자산과 부채의 변화에 따라 종속적으로 변화하 는 특징을 가지고 있다.

### 1 자본의 분류

우리나라의 일반기업회계기준에서 자본은 다음과 같이 구분하고 있다.

---

Ⅰ. 자본금
  1. 보통주자본금
  2. 우선주자본금

Ⅱ. 자본잉여금
  1. 주식발행초과금
  2. 기타자본잉여금
    − 감자차익
    − 자기주식처분이익

Ⅲ. 자본조정
  1. 자기주식
  2. 기타자본조정
    (1) 가산항목
      − 미교부주식배당금
      − 주식선택권 등
    (2) 차감항목
      − 주식할인발행차금
      − 감자차손
      − 자기주식처분손실

Ⅳ. 기타포괄손익누계액
  1. 재평가잉여금
  2. 기타포괄손익−공정가치 측정 금융자산평가손익 등

Ⅴ. 이익잉여금(또는 결손금)
  1. 법정적립금
    − 이익준비금
  2. 임의적립금
    − 사업확장적립금, 감채기금적립금, 결손보전적립금 등
  3. 미처분이익잉여금(또는 미처리결손금)

---

자본을 발생원천으로 구분하면 자본거래와 손익거래로 분류할 수 있다. 자본금, 자본잉여금, 자본조정은 주주와의 거래로 인한 자본의 증감이기에 자본거래, 기타포괄손익누계액과 이익잉여금은 주주와의 거래 이외의 손익거래로 인한 자본 증가분이기에 손익거래로 구분한다. 자본을 이처럼 자본거래와 손익거래로 구분하는 이유는 배당과 관련해서 중요하다. 왜냐하면 배당의 재원은 손익거래의 결과만 해당되어야 하기 때문이다. 주주에게 배당을 할 때 그 재원으로 자본거래 결과분을 활용하게 된다면, 이는 청산이 된다. 주주가 출자한 금액을 환급해 주는 상황이 되기 때문이다. 따라서 자본은 납입자본과 이익잉여금으로 구분하고 영업활동을 통해 얻은 이익잉여금이 있는 경우에만 그 한도 내에서 주주에게 배당을 하게 된다.

## 1. 자본금

### (1) 자본금

자본금(capital stock)은 발행주식수에 액면금액을 곱하여 산정한다. 자본금은 주주가 납입한 금액 중 액면금액에 해당하는 부분이다. 실제 발행가액이 얼마였는지와 관계없이 자본금은 발행주식수에 액면금액을 곱하여 계산된다.

### (2) 주식의 발행

주식은 발행 당시 발행가액과 액면금액에 따라 액면발행, 할증발행, 할인발행의 3가지 형태로 구분한다.

① **액면발행**(발행가액 = 액면가액)

| (차) 현금 | ××× | (대) 자본금 | ××× |
|---|---|---|---|

② **할증발행**(발행가액 > 액면가액)

| (차) 현금 | ××× | (대) 자본금 | ××× |
|---|---|---|---|
| | | 주식발행초과금 | ××× |

주식을 발행할 때 가장 일반적인 형태는 할증발행이다. 액면가액은 자본금을 산정하기 위한 금액일 뿐이기 때문에 실제 시세를 반영하지 못한다. 그렇기 때문에 주식을 발행할 때는 액면금액이 아닌 발행 당시의 시세에 근거하여 발행가액이 결정되고 이에 따라 액면금액보다 높은 가격으로 발행되는 것이 대부분이기 때문이다.

이처럼 주식의 발행가액이 액면가액보다 크다면 발행가액과 액면가액의 차이만큼 차액이 생기게 되고 이는 주식발행초과금으로 기록한다. 다만, 전기부터 누적되어 온 주식할인발행차금 잔액이 있다면 상계 후 잔액으로 기록한다.

③ **할인발행**(발행가액 < 액면가액)

| (차) 현금 | ××× | (대) 자본금 | ××× |
|---|---|---|---|
| 주식할인발행차금 | ××× | | |

주식의 발행가액이 액면가액에 미달하게 되면 액면가액에 미달된 발행가액을 주식할인발행차금으로 처리하고 이는 재무상태표의 자본조정항목으로 분류하여 자본에서 차감하는 형식으로 기재한다. 주식의 할인발행은 거의 드물지만 주식회사의 경우 특별한 경우에 한하여 가능하도록 규정하고 있다. 주식할인발행차금은 전기 이전의 주식발행초과금이 있으면 상계 후 잔액으로 기록한다.

---

**예제 13-1** 주식의 발행

㈜한국은 20×1년 1월 1일 액면가액 ₩5,000의 보통주 100주를 주당 ₩7,000에 발행하였다. 이후 20×1년 10월 1일 액면가액 ₩5,000의 보통주 100주를 주당 ₩3,500에 발행하였다고 할 때 일자별 회계처리를 하시오(단, 전기 이전의 주식발행초과금, 주식할인발행차금 잔액은 없다).

**해답**

| | | | | | |
|---|---|---|---|---|---|
| 20×1년 1월 1일 | (차) 현금 | 700,000 | (대) 자본금 | | 500,000 |
| | | | 주식발행초과금 | | 200,000 |
| 20×1년 10월 1일 | (차) 현금 | 350,000 | (대) 자본금 | | 500,000 |
| | 주식발행초과금 | 150,000 | | | |

\* 주식발행초과금 잔액이 ₩200,000이 있으므로 이를 우선 상계한다.

---

**예제 13-2** 주식의 발행

다음은 ㈜한국의 20×1년 자본에 관한 자료이다. 위의 거래를 일자별로 회계처리하시오.

- 1월 1일 액면금액 ₩5,000인 주식 1,000주를 액면금액으로 발행하였다.
- 2월 9일 액면금액 ₩5,000인 주식 1,000주를 ₩7,000에 발행하였다.
- 4월 6일 액면금액 ₩5,000인 주식 1,000주를 ₩3,500에 발행하였다.
- 8월 7일 액면금액 ₩5,000인 주식 1,000주를 ₩4,000에 발행하였다.

**해답**

| | | | | | |
|---|---|---|---|---|---|
| 1월 1일 | (차) 현금 | 5,000,000 | (대) 자본금 | | 5,000,000 |
| 2월 9일 | (차) 현금 | 7,000,000 | (대) 자본금 | | 5,000,000 |
| | | | 주식발행초과금 | | 2,000,000 |
| 4월 6일 | (차) 현금 | 3,500,000 | (대) 자본금 | | 5,000,000 |
| | 주식발행초과금 | 1,500,000 | | | |
| 8월 7일 | (차) 현금 | 4,000,000 | (대) 자본금 | | 5,000,000 |
| | 주식발행초과금 | 500,000 | | | |
| | 주식할인발행차금 | 500,000 | | | |

④ 신주발행비

신주발행비는 신주를 발행하면서 부담하는 각종 발행수수료, 증자등기비용, 주권인쇄비 등의 비용을 의미한다. 신주발행과 직접 관련되는 해당 비용은 신주발행금액에서 직접 차감한다. 신주발행비가 존재하게 되면 이는 주식할인발행차금과 동일한 효과가 발생하며, 주식발행초과금이 있으면 우선 상계하고 주식발행초과금이 없다면 주식할인발행차금으로 기록한다.

〈신주발행비〉
주식발행초과금이 있는 경우
(차) 주식발행초과금 ×××        (대) 현금        ×××

주식발행초과금이 없는 경우
(차) 주식할인발행차금 ×××        (대) 현금        ×××

**예제 13-3    신주발행비**

㈜한국은 20×1년 1월 1일 주당 액면금액이 ₩5,000인 보통주 10주를 ₩7,000에 발행하였다. 해당 주식을 발행하면서 신주발행비가 ₩1,000 발생하였고 이를 현금으로 납부하였다고 할 때, 주식 발행 시의 회계처리를 하시오.

**해답**

| 20×1.1.1 | (차) 현금 | 69,000 | (대) 자본금 | 50,000 |
|---|---|---|---|---|
| | | | 주식발행초과금 | 19,000 |

만약, 해당 주식을 ₩4,000에 발행하였고 신주발행비가 ₩1,000이 발생하였다면 회계처리는 이래와 같다.

| 20×1.1.1 | (차) 현금 | 39,000 | (대) 자본금 | 50,000 |
|---|---|---|---|---|
| | 주식할인발행차금 | 11,000 | | |

## 2. 자본잉여금

자본잉여금(additional paid in capital)은 손익거래가 아닌 자본거래로부터 발생하는 순자산의 증가금액을 말한다. 자본잉여금은 주주와의 거래로 인하여 발생하는 것으로 손익거래에서 발생하는 이익잉여금과는 구별되어야 한다.

### (1) 주식발행초과금

주식발행초과금은 주식의 발행가액이 액면가액을 초과하는 경우 그 초과금액을 말한다. 주식 발행 당시 신주발행수수료 등 신주발행을 위하여 직접 발생한 비용이 있다면 이는 주식발행초과금에서 차감한다.

## (2) 감자차익

감자란 결손보전, 사업축소 등의 이유로 자본금을 감소시키는 것을 말한다. 감자는 실질적 감자와 형식적 감자로 나눌 수 있다.

### ① 실질적 감자(유상감자)

실질적 감자는 자본금이 감소함과 동시에 자본도 감소하는 것을 의미한다. 실질적 감자는 주로 기업의 규모를 축소하여 탄력 있는 사업 운영을 위한 목적으로 실행되며, 합병 등의 사유로 인해 회사의 재산상태를 조정할 필요성이 있을 때 행해진다.

---

**예제 13-4**   유상감자

㈜한국은 20×1년 10월 1일 보통주 1,000주(액면금액 ₩5,000)를 1주당 ₩7,000에 매입소각하였다. 그리고 20×1년 12월 20일 보통주 800주(액면금액 ₩5,000)를 1주당 ₩1,500에 매입소각하였다. 해당 거래 이외의 자본거래는 없다고 할 때 일자별 회계처리를 하시오.

---

**해답**

| 20×1년 10월 1일 | (차) 자본금 | 5,000,000 | (대) 현금 | 7,000,000 |
|---|---|---|---|---|
| | 감자차손 | 2,000,000 | | |
| 20×1년 12월 20일 | (차) 자본금 | 4,000,000 | (대) 현금 | 1,200,000 |
| | | | 감자차손 | 2,000,000 |
| | | | 감자차익 | 800,000 |

\* 감자차익과 감자차손은 상계 후 잔액으로 보고한다.

---

### ② 형식적 감자(무상감자)

형식적 감자란 자본금은 감소하였지만 자본에는 영향이 없는 감자를 의미한다. 형식적 감자는 회사에 거액의 결손금이 발생하여 장기간 이익배당을 할 수 없을 때 주로 이루어진다. 형식적 감자는 주주가 이미 납입한 주금액의 일부를 이월결손금과 상계처리하고 나머지 납입액은 자본잉여금으로 처리한다.

---

**예제 13-5**   무상감자

㈜한국은 20×1년 12월 31일 이월결손금 ₩6,000,000을 보존하기 위하여 액면 ₩5,000의 주식 3,000주를 주당 액면 ₩2,000으로 변경하기로 의결하였다.

---

**해답**

| 20×1.12.31 | (차) 자본금 | 9,000,000 | (대) 이월결손금 | 6,000,000 |
|---|---|---|---|---|
| | | | 감자차익 | 3,000,000 |

\* 형식적 감자는 감자차익만 발생한다.

---

PLUS⁺ 주식분할, 주식병합, 주식배당, 무상증자의 비교

주식분할, 주식병합, 주식배당, 무상증자는 공통적으로 자본 총계에는 영향이 없다. 주식분할은 기존의 주식을 쪼개어 여러 개로 나누는 것이며, 주식병합은 기존의 주식을 하나로 합치는 것이다. 주식배당은 이익잉여금을 재원으로 자본금을 늘리는 것이고, 무상증자는 자본잉여금을 재원으로 자본금을 늘리는 것이다.
이들은 자본총계에는 영향이 없지만 자본 분류범주 내에서 몇 가지의 변동사항을 발생시킨다.

| 구분 | 주식배당 | 무상증자 | 주식분할 | 주식병합 |
|---|---|---|---|---|
| 자본총계 | 불변 | 불변 | 불변 | 불변 |
| 자본금 | 증가 | 증가 | 불변 | 불변 |
| 이익잉여금 | 감소 | 감소가능 | 불변 | 불변 |
| 자본잉여금 | 불변 | 감소가능 | 불변 | 불변 |
| 액면가액 | 불변 | 불변 | 감소 | 증가 |
| 발행주식수 | 증가 | 증가 | 증가 | 감소 |

## 3. 자본조정

자본조정이란 자본거래에서 발생한 것으로서 자본금, 자본잉여금으로 구분하기 어려운 것들을 그 내용이 확실해질 때까지 임시적으로 유보한 성격의 항목들이다. 자본조정항목에는 자본에 가산하는 항목과 자본에서 차감하는 항목으로 구분된다.

### (1) 주식할인발행차금

① 주식할인발행차금은 주식발행 시 발행가액이 액면가액보다 낮게 발행되는 경우 액면가액에 미달하는 금액을 의미한다.
② 주식할인발행차금은 비용이 아니라 이익잉여금처분항목으로서 발행 당시 장부상 주식발행초과금이 존재하는 경우에는 주식발행초과금의 범위 내에서 주식할인발행차금을 상계처리하고 잔액을 자본조정(차감항목)으로 분류한다.

### (2) 감자차손

① 감자차손은 자본금을 소각할 때 액면가액보다 소각을 위해 지불한 금액이 더 큰 경우 발생하는 것으로 자본의 차감항목이다.
② 감자차손은 감자차익과 우선 상계하고 남은 잔액을 자본조정(차감항목)으로 분류한 후 이익잉여금으로 처분한다.

**(3) 미교부주식배당금**

① 미교부주식배당금은 주식배당을 결의한 때 계상되는 과목으로 이익잉여금처분계산서에 주식배당액으로 하여 자본에 가산한다.

② 미교부주식배당금은 주식배당을 지급할 때 자본금과 상계하여 처리한다.

**(4) 자기주식**

① 자기주식이란 이미 발행한 주식을 소각하거나 재발행할 목적으로 보유하고 있는 것으로 상법상 자기주식 취득은 엄격한 제한이 있다. 이에 따라 자기주식에는 의결권, 배당을 받을 권리 등 주주로서의 기본적인 권리가 배제되며, 발행주식수 산정에서도 제외된다.

② 자기주식은 자본금을 소각하는 용도 또는 보유 후 재발행 등으로 사용할 수 있는데 자본금을 소각하는 용도로 사용한다면 감자와 동일하다. 그러나 자기주식은 재발행을 하게 되면 매입가격과 발행가액의 차이에 따라 자기주식처분손익이 발생하게 된다.

| 구분 | 내용 | 회계처리 | | | |
|------|------|------|------|------|------|
| | | 차변 | | 대변 | |
| 취득 시 | 취득원가법 | (차) 자기주식 | ××× | (대) 현금 | ××× |
| 처분 시<br>(재발행) | 처분금액 > 취득원가 | (차) 현금 | ××× | (대) 자기주식<br>　　자기주식처분이익<br>　　(자본잉여금) | ×××<br>××× |
| | 처분금액 < 취득원가 | (차) 현금<br>　　자기주식처분이익<br>　　자기주식처분손실 | ×××<br>×××<br>××× | (대) 자기주식 | ××× |
| 소각 시 | 자본금 < 취득원가 | (차) 자본금<br>　　감자차손 | ×××<br>××× | (대) 자기주식 | ××× |
| | 자본금 > 취득원가 | (차) 자본금 | ××× | (대) 자기주식<br>　　감자차손(잔액)<br>　　감자차익 | ×××<br>×××<br>××× |

**예제 13-6** 자기주식

㈜한국은 20×1년 초 보통주 10주를 주당 ₩5,000(액면가액 ₩5,000)에 발행하고 회사를 설립하였다. 그 후 다음과 같은 거래가 발생하였다고 할 때, 해당 거래를 분개하시오.

(1) 보통주 2주를 주당 ₩7,000에 재취득하였다.
(2) 보통주 2주를 주당 ₩4,500에 재취득하였다.
(3) ₩7,000에 취득한 자기주식 1주를 ₩8,000에 처분하였다.
(4) ₩4,500에 취득한 자기주식 1주를 ₩3,000에 처분하였다.
(5) ₩7,000에 취득한 자기주식을 소각하였다.
(6) ₩4,500에 취득한 자기주식을 소각하였다.

[해답]

| | | | | | |
|---|---|---|---|---|---|
|(1)|(차) 자기주식|14,000|(대) 현금|14,000|
|(2)|(차) 자기주식|9,000|(대) 현금|9,000|
|(3)|(차) 현금|8,000|(대) 자기주식|7,000|
| | | |자기주식처분이익|1,000|
|(4)|(차) 현금|3,000|(대) 자기주식|4,500|
| |자기주식처분이익|1,000| | |
| |자기주식처분손실|500| | |
|(5)|(차) 자본금|5,000|(대) 자기주식|7,000|
| |감자차손|2,000| | |
|(6)|(차) 자본금|5,000|(대) 자기주식|4,500|
| | | |감자차손|500|

③ 사기주식은 유가증권과 마찬가지로 여러 번에 걸쳐 취득할 수 있다. 취득 시 매입단가가 상이한 경우 원가흐름가정이 필요하다.

**예제 13-7** 자기주식

㈜한국은 자기주식과 관련해서 다음과 같은 거래를 하였다. 각 거래의 내용을 보고 회계처리하시오(단, ㈜한국은 자기주식과 관련하여 원가흐름의 가정은 선입선출법을 택하고 있다).

· 20×1년 3월 10일 사기수식 1,000주(액면₩5,000)를 주당 ₩8,000에 취득하였다.
· 20×1년 4월 8일 자기주식 500주(액면₩5,000)를 주당 ₩6,000에 취득하였다.
· 20×1년 5월 10일 자기주식 800주를 주당 ₩7,000에 처분하였다.
· 20×1년 5월 20일 자기주식 400주를 주당 ₩6,500에 처분하였다.
· 20×1년 7월 5일 자기주식 300주(액면₩5,000)를 주당 ₩7,000에 취득하였다.
· 20×1년 9월 15일 자기주식 500주를 주당 ₩8,500에 처분하였다.

---

해답

| 20×1. 3.10 | (차) 자기주식 | 8,000,000 | (대) 현금 | 8,000,000 |
| 20×1. 4. 8 | (차) 자기주식 | 3,000,000 | (대) 현금 | 3,000,000 |
| 20×1. 5.10 | (차) 현금 | 5,600,000 | (대) 자기주식 | 6,400,000[1] |
|  | 자기주식처분손실 | 800,000 |  |  |
| 20×1. 5.20 | (차) 현금 | 2,600,000 | (대) 자기주식 | 2,800,000[2] |
|  | 자기주식처분손실 | 200,000 |  |  |
| 20×1. 7. 5 | (차) 자기주식 | 2,100,000 | (대) 현금 | 2,100,000 |
| 20×1. 9.15 | (차) 현금 | 4,250,000 | (대) 자기주식 | 3,200,000[3] |
|  |  |  | 자기주식처분손실 | 1,000,000 |
|  |  |  | 자기주식처분이익 | 50,000 |

1) 자기주식 = 800주 × ₩8,000 = ₩6,400,000
2) 자기주식 = 200주 × ₩8,000 + 200주 × ₩6,000 = ₩2,800,000
3) 자기주식 = 300주 × ₩6,000 + 200주 × ₩7,000 = ₩3,200,000

## 4. 이익잉여금

① 이익잉여금(retained earnings)은 기업의 이익창출활동의 결과로 얻어진 이익 중에서 배당을 하지 않고 사내에 유보되어 있는 금액을 말한다.

② 이익잉여금은 손익거래의 결과로 얻어진 금액이기 때문에 배당의 재원이 되며 향후 기업활동을 위하여 유보해 둘 수도 있다.

③ 또한 이익잉여금은 기업의 그동안의 이익창출활동의 결과가 누적되어 있는 잔액이기 때문에 당기의 영업실적이 당기순손실이라고 하면 이익잉여금을 감액하고, 당기순이익이라면 이익잉여금이 증가한다.

④ 즉, 이익잉여금은 포괄손익계산서와 재무상태표를 연결해 주는 계정이라고 할 수 있다. 회계기간 중에는 손익항목이 포괄손익계산서의 작성 기초가 되지만, 손익항목을 마감한 결과는 이익잉여금으로 누적 집계함으로써 손익항목이 재무상태표 항목으로 전환된다.

## 2 이익잉여금의 처분

### 1. 이익잉여금의 종류

이익잉여금이란 손익활동을 통하여 발생한 당기순이익 중에서 자본전입되거나 사외유출되지 않고 사내에 유보된 잉여금을 말한다. 이익잉여금은 유보이익이라고 하기도 한다. 이익잉여금은 법정적립금, 임의적립금, 미처분이익잉여금으로 구분하여 표시한다.

#### (1) 법정적립금

법정적립금은 상법의 규정에 의해 적립이 강제된 금액을 말한다. 법정적립금에는 이익준비금, 재무구조개선적립금 등이 있다.

① 이익준비금 : 상법의 규정에 의하여 기업이 매 결산기에 금전에 의한 이익배당액(주식배당 제외)의 10% 이상의 금액을 자본금의 1/2에 달할 때까지 적립하여야 하는 적립금이다. 법정적립금은 결손보전과 자본전입 이외의 목적으로는 사용할 수 없다.

② 재무구조개선적립금 : 상장법인재무관리규정에 따른 적립금을 의미한다. 이 또한 관련 규정에 의하여 강제적으로 적립되는 법정적립금으로 결손보전이나 자본전입 이외의 목적으로 사용될 수 없다.

### (2) 임의적립금

① 임의적립금은 법의 규정에 따라 강제적으로 적립하는 것이 아니라 회사의 정관 규정에 의해 특별히 적립하거나 주주총회의 결의에 의하여 특정 목적을 위해 적립한 금액을 말한다.

② 임의적립금에는 사업확장적립금, 감채기금적립금, 결손보전적립금, 별도적립금 등이 있다.

③ 임의적립금은 회사의 규정에 따라 배당하지 않고 유보시킨 금액이므로 임의적립금을 설정했던 목적이 달성되면 남은 잔액은 다시 미처분이익잉여금으로 이입해야 한다.

### (3) 미처분이익잉여금

① 미처분이익잉여금은 전기이월이익잉여금에 당기순이익(또는 당기순손실) 등을 가감한 금액을 말한다.

② 미처분이익잉여금은 전기이월미처분이익잉여금에 회계정책의 변경효과, 중요한 전기오류수정손익, 중간배당을 가감하고 당기순이익을 가산하여 산출한다.

## 2. 이익잉여금의 처분

회사의 영업활동의 결과 이익이 발생하면 이를 배당을 통해 주주에게 지급할 것인지 아니면 사내에 유보할 것인지를 결정하여야 한다. 이익잉여금의 처분은 주주총회의 권한으로 회계기가 말의 이익잉여금 산액은 수수총회의 승인 후에 처분 절차를 거치게 된다. 이익잉여금의 처분은 이처럼 회사의 이익 중 사외 유출부분, 내부 유보부분 등을 결정하고 차기로 이월시킬 이익잉여금을 산출하는 과정을 의미한다.

### (1) 이익잉여금 처분유형

① **사외유출** : 현금배당, 상여 등

② **사내유보** : 법정적립금 및 임의적립금으로의 적립

③ **자본조정 항목과의 상계** : 주식할인발행차금 등 자본조정 (−)항목과 상계

### (2) 배당

영업활동의 결과로 발생한 이익잉여금은 주주를 위한 배당의 재원이 된다. 배당은 현금배당과 주식배당으로 구분할 수 있다.

① 현금배당

    ㉠ 배당기준일 : 배당기준일은 배당을 받을 권리가 있는 주주를 확정하는 날로, 통상적으로 는 결산일 이전의 특정일을 기준으로 한다. 배당기준일은 주주를 확정하기 위한 기준일 일 뿐이기 때문에 별도의 회계처리는 없다.

    ㉡ 배당결의일 : 배당결의일이란 배당의무의 발생일로서, 주주총회의 결의에 의하여 배당 의무가 발생하며, 이 시점에 발행회사는 배당금을 지급할 의무만큼 부채(미지급배당금) 를 인식한다.

    ㉢ 배당지급일 : 배당지급일이란 배당의무의 이행일이다.

---

**예제 13-8     현금배당**

㈜한국은 20×1년 12월 31일 현재 보통주 500주를 보유하고 있다. 액면금액은 주당 ₩5,000 이며, 배당률은 10%이다. ㈜한국은 12월 29일을 배당기준일로 하고 있으며, 배당결의일은 20×2년 3월 10일이다. ㈜한국은 원안대로 배당결의를 하였으며 20×2년 4월 10일 배당금을 지급하였다. ㈜한국의 배당기준일, 배당결의일 및 배당지급일의 분개를 하시오.

......

해답

(1) 배당기준일 : 배당기준일은 주주명부를 확정하는 날로 별도의 회계처리는 없다.

(2) 배당결의일

    20×2.3.10   (차) 미처분이익잉여금    250,000       (대) 미지급배당금    250,000

    * 배당금 = 500주 × ₩5,000 × 10% = ₩250,000

(3) 배당지급일

    20×2.4.10   (차) 미지급배당금    250,000       (대) 현금    250,000

---

② 주식배당

주식배당은 배당가능한 미처분이익잉여금을 사외로 유출시키는 것이 아닌 자본화를 결정하 는 것으로 수권주식수 범위 내에서 현금 대신 주식으로 배당하는 것을 말한다.

    ㉠ 배당기준일 : 배당기준일은 배당을 받을 권리가 있는 주주를 확정하는 날로, 통상적으로 는 결산일 이전의 특정일을 기준으로 한다. 배당기준일은 주주를 확정하기 위한 기준일 일 뿐이기 때문에 별도의 회계처리는 없다.

    ㉡ 배당결의일 : 배당결의일이란 배당의무의 발생일로서, 주주총회의 결의에 의하여 배당 의무가 발생하며, 이 시점에 발행회사는 배당금을 지급할 의무만큼 자본(미교부주식배당 금)을 인식하는 회계처리를 한다.

    ㉢ 배당지급일 : 배당지급일이란 배당의무의 이행일이다.

> **예제 13-9**  주식배당
>
> ㈜한국은 20×1년 12월 31일 현재 보통주 500주를 보유하고 있다. 액면금액은 주당 ₩5,000
> 이며, 배당률은 10%이다. ㈜한국은 12월 29일을 배당기준일로 하고 있으며, 배당결의일은
> 20×2년 3월 10일이다. ㈜한국은 원안대로 주식배당결의를 하였으며 20×2년 4월 10일 주식
> 을 지급하였다. ㈜한국의 배당기준일, 배당결의일 및 배당지급일의 분개를 하시오.
> ......................................................................................................................................
> **[해답]**
>
> (1) 배당기준일 : 배당기준일은 주주명부를 확정하는 날로 별도의 회계처리는 없다.
>
> (2) 배당결의일
>
> | 20×2.3.10 | (차) 미처분이익잉여금 | 250,000 | (대) 미교부주식배당금 | 250,000 |
>
> \* 배당금 = 500주 × ₩5,000 × 10% = ₩250,000
>
> (3) 배당지급일
>
> | 20×2. 4.10 | (차) 미교부주식배당금 | 250,000 | (대) 자본금 | 250,000 |

## 3. 이익잉여금처분계산서

한국채택국제회계기준에서는 이익잉여금의 처분을 주주총회 결의일이 속하는 연도의 장부에 반영
하도록 규정하고 있다. 당기 말이 20×1년 12월 31일이라고 한다면 해당 재무상태표에 기록되어
있는 이익잉여금은 주주총회가 열리기 전의 잔액으로 집계되어 있다. 주주총회는 통상적으로 차기
3월경에 진행하기 때문에 재무상태표의 이익잉여금 잔액은 이익잉여금 처분을 하기 전의 금액으로
기록되어 있다. 그렇기 때문에 실제로 이익잉여금의 처분 시점과 차이가 존재하게 된다. 그러므로
재무상태표의 이익잉여금 잔액과 실제 차기로 이월되는 차기이월이익잉여금의 차이를 설명할 계산
서가 필요하며, 이를 이익잉여금처분계산서라 한다.

### (1) 이익잉여금처분계산서 기본구조

① 이익잉여금처분계산서는 미처분이익잉여금, 임의적립금 등의 이입액, 이익잉여금처분액,
차기이월미처분이익잉여금으로 구분하여 표시한다.

② 미처분이익잉여금은 전기이월미처분이익잉여금(또는 전기이월미처리결손금)에 회계정책의
변경으로 인한 누적효과, 중요한 전기오류수정손익, 중간배당액 및 당기순이익(또는 당기순
손실)을 가감하여 산출한다.

---

\* **결산일의 회계처리**

- 전기이월이익잉여금의 대체

  (차) 전기이월이익잉여금 　×××　 (대) 처분전이익잉여금 　×××

- 당기순이익의 대체

  (차) 집합손익(당기순이익) 　×××　 (대) 처분전이익잉여금 　×××

---

③ 이익잉여금처분액은 법정적립금(이익준비금 등), 임의적립금, 배당금, 이익잉여금처분에 의한 상각 등으로 구분하여 표시한다.

　㉠ 법정적립금(이익준비금 등)

　㉡ 임의적립금(감채기금적립금, 사업확장적립금 등)

　㉢ 배당금 : 현금배당 및 주식배당

　㉣ 이익잉여금처분에 의한 상각 : 주식할인발행차금상각, 자기주식처분손실 잔액, 감자차손 잔액

---

(차) 미처분이익잉여금 　×××　 (대) 이익준비금 　×××
　　　　　　　　　　　　　　　　　　 미지급배당금 　×××
　　　　　　　　　　　　　　　　　　 미교부주식배당금 　×××
　　　　　　　　　　　　　　　　　　 임의적립금 　×××
　　　　　　　　　　　　　　　　　　 차기이월이익잉여금 　×××

---

④ 이익잉여금처분계산서 양식

---

Ⅰ. 미처분이익잉여금
　　1. 전기이월미처분이익잉여금
　　2. 회계정책 변경의 누적효과
　　3. 전기오류수정(중요한 오류)
　　4. 중간배당액㉠
　　5. 당기순이익

Ⅱ. 임의적립금 이입액

Ⅲ. 이익잉여금 처분액
　　1. 이익준비금㉡
　　2. 임의적립금 적립
　　3. 현금배당 및 주식배당
　　4. 주식할인발행차금 상각㉢
　　5. 자기주식처분손실 상각㉢

Ⅳ. 차기이월미처분이익잉여금

---

　㉠ 상법상 연 1회에 한하여 정관의 규정에 따라 이사회 결의로 중간배당을 실시할 수 있다. 중간배당은 현금배당만 가능하며, 직전 회계연도 말 배당가능잉여금을 재원으로 실시한다.

ⓛ 이익준비금은 상법상 금전에 의한 이익배당액의 1/10을 의무적으로 적립해야 한다. 다만 자본금의 1/2에 달할 때까지 적립하며, 최소비율이 10%이며 그 이상의 적립도 가능하다. 그리고 이익준비금은 금전에 의한 이익배당액을 재원으로 하기 때문에 중간배당이 있다면 중간배당액과 기말 현금배당액을 합산한 금액을 기준으로 이익준비금을 설정한다.
ⓒ 자본조정의 차감항목은 회사의 선택에 따라 이익잉여금과 상계가 가능하다.

---

**예제 13-10** 이익잉여금 처분

㈜한국의 20×1년 주주총회 직후 작성한 20×1년도 재무상태표상 자본은 다음과 같다.

| | |
|---|---|
| • 보통주자본금 | ₩12,000,000 |
| • 주식발행초과금 | 3,000,000 |
| • 이익준비금 | 2,000,000 |
| • 임의적립금 | 1,000,000 |
| • 차기이월미처분이익잉여금 | 500,000 |

㈜한국의 20×2년도 당기순이익은 ₩2,000,000이며, 20×2년도 주주총회일에 다음과 같이 이익잉여금 처분을 결의하였다.

| | |
|---|---|
| • 현금배당 | ₩2,500,000 |
| • 이익준비금적립 | 400,000 |
| • 임의적립금이입 | 1,000,000 |

20×2년 결산일 및 주주총회일에 ㈜한국이 해야 할 분개를 행하시오.

.................

**[해답]**

1. 결산일 분개

| (차) 전기이월이익잉여금 | 500,000 | (대) 미처분이익잉여금 | 500,000 |
|---|---|---|---|
| (차) 집합손익 | 2,000,000 | (대) 미처분이익잉여금 | 2,000,000 |

2. 이익잉여금처분일 분개

| (차) 임의적립금 | 1,000,000 | (대) 미처분이익잉여금 | 1,000,000 |
|---|---|---|---|
| (차) 미처분이익잉여금 | 3,500,000 | (대) 미지급배당금 | 2,500,000 |
| | | 이익준비금 | 400,000 |
| | | 차기이월이익잉여금 | 600,000 |

## 3 배당금의 배분

주식의 종류는 보통주와 우선주로 나뉜다. 보통주는 의결권을 가지고 기업의 경영활동에 참여할 수 있는 반면에 우선주는 의결권은 없지만 이익배분에 있어서 우선권을 가지는 주식을 말한다. 특별한 언급이 없으면 주식은 보통주를 의미한다. 그러나 우선주는 특정 사항에 관해서 보통주에 비하여 우선적인 권리가 부여되어 있는데 그중 배당에 관한 우선권이 부여된 우선주에는 누적적 우선주와 참가적 우선주가 있다.

### 1. 누적적 우선주

① 누적적 우선주(cumulative preferred stock)는 특정 회계연도에 사전에 정해진 일정 배당률에 미달하여 배당금을 수령한 경우, 수령하지 못한 배당금을 이후 회계연도에 우선하여 지급받을 수 있는 권리가 부여된 우선주를 말한다.

② 누적적 우선주는 당기에 배당을 지급받지 못하였을 경우 해당 권리가 누적되어 향후 배당금을 지급할 때 가장 우선순위로 미지급배당금을 교부받게 된다.

> 누적적 우선주배당금 = 우선주자본금 × 배당률 × 미지급된 횟수(당기포함)

### 2. 참가적 우선주

① 참가적 우선주(participating preferred stock)는 사전에 정해진 일정 배당률만큼을 우선 수령하고도 배당금이 남는 경우 남는 금액에 관하여 다시 이익배당에 참여할 권리가 보장된 우선주를 말한다.

② 참가적 우선주는 다시 추가적인 참가비율에 한도가 없는 완전참가적 우선주와 한도가 있는 부분참가적 우선주로 나누어진다.

③ 완전참가적 우선주는 배당금을 지급하고 남은 금액에 대하여 자본금비율로 안분하여 추가로 배당을 지급받는다. 반면, 부분참가적 우선주는 예컨대 당기 배당률이 4%이고, 7% 부분참가라고 할 때 당기분 중에서 이미 지급받은 4%를 제외하고 추가적으로 3%만큼 배당에 참여할 수 있는 우선주를 의미한다.

④ 그러나 부분참가적 우선주는 동일한 조건의 완전참가적 우선주를 가정했을 때의 배당금을 초과할 수 없다.

예제
**13-11**  여러가지 우선주

다음은 ㈜한국의 20×3년 12월 31일의 자본금 현황이다.

| | |
|---|---|
| • 보통주 자본금(액면금액 ₩5,000) | ₩1,500,000 |
| • 우선주 자본금(액면금액 ₩5,000) | ₩1,000,000 |

㈜한국은 20×1년도와 20×2년도의 배당금을 지급하지 못했고, 20×4년도 주주총회에서 총 ₩600,000의 배당금을 지급하기로 결의하였다.
우선주 배당률은 8%라고 할 때, 보통주와 우선주의 배당금을 각각 계산하시오.

[물음]
1. 비누적적, 비참가적 우선주
2. 비누적적, 완전참가적 우선주
3. 누적적, 비참가적 우선주
4. 누적적, 완전참가적 우선주
5. 누적적, 부분참가적(12%) 우선주

⋯⋯⋯⋯⋯⋯⋯⋯⋯⋯⋯⋯⋯⋯⋯⋯⋯⋯⋯⋯⋯⋯⋯⋯⋯⋯⋯⋯⋯⋯⋯⋯⋯⋯⋯⋯⋯⋯⋯⋯

해답

1. 비누적적, 비참가적

| 구분 | 우선주 | 보통주 |
|---|---|---|
| 배당금(당기분) | ₩80,000 | ₩520,000 |

　* 우선주배당금(당기분) = ₩1,000,000 × 8% = ₩80,000

2. 비누적적, 완전참가적

| 구분 | 우선주 | 보통주 |
|---|---|---|
| 배당금(당기분) | ₩80,000 | ₩120,000 |
| 추가배당금 | ₩160,000 | ₩240,000 |
| 합계 | ₩240,000 | ₩360,000 |

* 보통주 당기배당금 = ₩1,500,000 × 8% = ₩120,000
* 우선주 추가배당 = (₩600,000 − ₩200,000) × (₩1,000,000/₩2,500,000) = ₩160,000

3. 누석석, 비참가적 우선주

| 구분 | 우선주 | 보통주 |
|---|---|---|
| 배당금(미지급) | ₩160,000(2년) | − |
| 배당금(당기분) | ₩80,000 | ₩360,000 |
| 합계 | ₩240,000 | ₩360,000 |

4. 누적적, 완전참가적 우선주

| 구분 | 우선주 | 보통주 |
|---|---|---|
| 배당금(미지급) | ₩160,000(2년) | – |
| 배당금(당기분) | ₩80,000 | ₩120,000 |
| 추가배당금 | ₩96,000 | ₩144,000 |
| 합계 | ₩336,000 | ₩264,000 |

\* 우선주 추가배당금 = (₩600,000 − ₩360,000) × (₩1,000,000/₩2,500,000) = ₩96,000

5. 누적적, 부분참가적(12%) 우선주

| 구분 | 우선주 | 보통주 |
|---|---|---|
| 배당금(미지급) | ₩160,000(2년) | – |
| 배당금(당기분) | ₩80,000 | ₩120,000 |
| 추가배당금 | ₩40,000 | ₩200,000 |
| 합계 | ₩280,000 | ₩320,000 |

\* 우선주 추가배당금 = ₩1,000,000 × (12% − 8%) = ₩40,000

**01** 다음은 ㈜한국의 기초 및 기말 재무제표 자료 중 일부이다.

| 구분 | 기초 | 기말 |
|---|---|---|
| 자산총계 | ₩11,000,000 | ₩15,000,000 |
| 부채총계 | 5,000,000 | 6,000,000 |

당기 중 무상증자 ₩1,000,000이 있었으며, 현금배당 ₩500,000 및 주식배당 ₩300,000이 결의 및 지급되고 토지재평가이익 ₩100,000이 있었다면, 당기순이익은? (단, 토지재평가는 당기에 처음으로 실시하였다.)   15년 CTA

① ₩2,400,000        ② ₩2,800,000        ③ ₩3,000,000
④ ₩3,400,000        ⑤ ₩3,600,000

**해설**

1) 기초 자본총계 = ₩11,000,000 − ₩5,000,000 = ₩6,000,000
2) 기말 자본총계 = ₩15,000,000 − ₩6,000,000 = ₩9,000,000
3) 기말 자본총계(₩9,000,000) = ₩6,000,000(기초자본) − ₩500,000(현금배당) + ₩100,000 (재평가이익) + 당기순이익
   → 당기순이익 = ₩3,400,000
\* 무상증자와 주식배당은 자본총계에는 영향이 없다.

**02** ㈜감평의 20×1년 중 발생한 자본항목 사건이다.

| | | | |
|---|---|---|---|
| • 무상증자 시행 | 500 | • 주식배당 결의 | 300 |
| • 자기주식 취득 | 600 | • 자기주식 소각 | 600 |
| • 당기순이익 발생 | 1,000 | • 기타포괄이익 발생 | 800 |

20×1년 초 ㈜감평의 자본은 ₩10,000이고 이 외에 자본항목 사건은 없다고 가정할 때, 20×1년 말 ㈜감평의 자본은?   21년 기출

① ₩10,400        ② ₩11,000        ③ ₩11,200
④ ₩11,600        ⑤ ₩11,800

**해설**

20×1년 말 ㈜감평의 자본 = ₩10,000(20×1년 초 자본) − ₩600(자기주식 취득) + ₩1,000(당기순이익 발생) + ₩800(기타포괄이익 발생) = ₩11,200
※ 무상증자 시행, 주식배당 결의, 자기주식 소각은 자본총계가 불변한다.

**03** 다음은 ㈜감평의 20×1년도 기초와 기말 재무상태표의 금액이다.

| 구분 | 20×1년 기초 | 20×1년 기말 |
|------|-------------|-------------|
| 자산총계 | ₩5,000 | ₩7,000 |
| 부채총계 | 2,500 | 3,400 |

㈜감평은 20×1년 중에 ₩300의 유상증자와 ₩100의 무상증자를 각각 실시하였으며, 현금배당 ₩200을 지급하였다. 20×1년도 당기에 유형자산 관련 재평가잉여금이 ₩80만큼 증가한 경우 ㈜감평의 20×1년도 포괄손익계산서 상 당기순이익은? (단, 재평가잉여금의 변동 외에 다른 기타자본요소의 변동은 없다.)　22년 기출

① ₩820　　　　　　　　　　② ₩900
③ ₩920　　　　　　　　　　④ ₩980
⑤ ₩1,000

**해설**

1) 20×1년 기초 자본총계 = ₩5,000(기초자산총계) − ₩2,500(기초부채총계) = ₩2,500
2) 20×1년 기말 자본총계 = ₩7,000(기말자본총계) − ₩3,400(기말부채총계) = ₩3,600
3) 20×1년 기말 자본총계(₩3,600) = ₩2,500(기초자본총계) + ₩300(유상증자) − ₩200(현금배당) + ₩80(기타포괄손익) + 당기순이익
→ 20×1년도 당기순이익 = ₩920

**04** ㈜대한은 주당 액면금액 ₩5,000인 보통주 500주를 주당 ₩15,000에 발행하였다. 발행대금은 전액 당좌예금에 입금되었으며, 주식인쇄비 등 주식발행과 직접 관련된 비용 ₩500,000이 지급되었다. 유상증자 직전에 주식할인발행차금 미상각잔액 ₩800,000이 존재할 때, ㈜대한의 유상증자로 인한 자본의 증가액은 얼마인가?　14년 CPA

① ₩2,500,000　　　　② ₩4,500,000　　　　③ ₩6,200,000
④ ₩7,000,000　　　　⑤ ₩7,500,000

**해설**

자본의 증가액 = 500주 × ₩15,000(주식발행금액) − ₩500,000(직접비용) = ₩7,000,000

**05** ㈜관세는 20×1년 1월 1일 보통주(액면금액 ₩5,000) 1,000주를 주당 ₩6,000에 발행하여 회사를 설립하고, 20×1년 7월 1일 보통주(액면금액 ₩5,000) 1,000주를 주당 ₩7,000에 발행하는 유상증자를 실시하였다. 설립과 유상증자 과정에서 주식발행이 없었다면 회피할 수 있고 해당 거래와 직접적으로 관련된 원가 ₩500,000과 간접적으로 관련된 원가 ₩200,000이 발생하였다. ㈜관세의 20×1년 12월 31일 재무상태표에 보고할 주식발행초과금은?                        19년 관세사

① ₩2,000,000          ② ₩2,300,000          ③ ₩2,500,000
④ ₩2,800,000          ⑤ ₩3,000,000

**해설**

주식발행과 직접적으로 관련된 원가는 주식발행금액에서 차감한다. 간접적으로 관련된 원가는 비용으로 회계처리한다.

주식발행초과금 = 1,000주 × (₩6,000 − ₩5,000) + 1,000주 × (₩7,000 − ₩5,000) − ₩500,000 (주식발행과 직접 관련된 원가) = ₩2,500,000

**06** 자본에 관한 설명으로 옳지 않은 것은?                        18년 관세사

① 자본금은 발행된 주식의 액면금액 합계를 의미하므로, 기업이 무액면주식을 발행하는 경우 자본금의 변동은 없다.
② 자본총액은 그 기업이 발행한 주식의 시가총액 또는 순자산을 나누어서 처분하거나 기업 전체로 처분할 때 받을 수 있는 대가와 일치하지 않는 것이 일반적이다.
③ 자본은 기업의 자산에서 모든 부채를 차감한 후의 잔여지분이다.
④ 무상증자나 무상감자(형식적 감자)가 있는 경우 원칙적으로 기업의 자본총계는 변하지 않는다.
⑤ 자본은 자산 및 부채와 함께 재무상태의 측정에 직접 관련되는 요소이다.

**해설**

무액면주식은 이사회에서 자본금을 결정하며, 무액면주식을 발행하는 경우에도 자본금은 증가한다.

**07** 다음 중 각 거래결과로 인한 자본변동의 방향이 다른 하나는 어느 것인가? (단, 각 사건들은 서로 독립적이라고 가정한다.) 03년 CPA

① 보유하고 있던 자기주식(취득원가 @₩450) 15주를 ₩500에 처분하였다.

② 지분율 25%인 피투자회사로부터 당기순이익 ₩220,000이 발생했음을 보고받았고, 동시에 현금배당액 ₩55,000을 받았다.

③ 주주총회 결과 기존 주주들에게 12%의 주식배당을 실시하기로 하고, 즉시 신주를 발행하여 교부하였다. 주식배당 직전시점의 자본금은 ₩10,000,000이며, 이익잉여금도 충분하다.

④ 수정 전 시산표상 ₩21,000으로 기록되어 있는 FVOCI 금융자산의 기말현재 공정가치는 ₩21,500이다.

⑤ 액면가액이 주당 ₩10,000인 주식 300주를 주당 ₩8,000에 할인발행하였다.

해설

주식배당을 실시하는 경우 자본총액은 불변이지만 그 외의 지문은 모두 자본이 증가한다.

**08** 무상증자, 주식배당, 주식분할 및 주식병합 간의 비교로 옳지 않은 것은? 19년 관세사

① 무상증자, 주식배당 및 주식병합의 경우 총자본은 변하지 않지만 주식분할의 경우 총자본은 증가한다.

② 무상증자와 주식배당의 경우 자본금은 증가한다.

③ 주식배당과 주식분할의 경우 자본잉여금은 변하지 않는다.

④ 주식배당의 경우 이익잉여금이 감소하지만 주식분할의 경우 이익잉여금은 변하지 않는다.

⑤ 무상증자, 주식배당 및 주식분할의 경우 발행주식수가 증가하지만 주식병합의 경우 발행주식수가 감소한다.

해설

주식분할의 경우도 총자본은 변하지 않는다.

**09** ㈜우진은 20×5년 2월에 자기주식 100주를 주당 ₩3,000에 취득하였으며, 3월에 자기주식 200주를 주당 ₩6,000에 취득하였다. 이후 ㈜우진은 9월에 보유하고 있던 자기주식 중 200주를 주당 ₩5,500에 매각하였다. 처분한 자기주식의 단가를 총평균법으로 계산할 경우 ㈜우진이 인식해야 할 자기주식처분손익은 얼마인가? 05년 CTA

① 처분이익 ₩250,000  ② 처분이익 ₩300,000  ③ 처분이익 ₩100,000

④ 처분손실 ₩233,333  ⑤ 처분손실 ₩100,000

**해설**

1) 자기주식의 평균단가 = (100주 × ₩3,000 + 200주 × ₩6,000) ÷ 300주 = ₩5,000
2) 자기주식처분이익 = 200주 × (₩5,500 − ₩5,000) = ₩100,000

**10** ㈜감평은 1주당 액면금액이 ₩1,000인 보통주 10,000주를 발행한 상태에서 20×6년 중 다음과 같은 자기주식 거래가 있었다. 회사는 재발행된 자기주식의 원가를 선입선출법으로 측정하며, 20×6년 9월 1일 현재 자기주식처분손실 ₩25,000이 있다.

- 9월 1일 자기주식 500주를 1주당 ₩1,100에 취득하였다.
- 9월 15일 자기주식 300주를 1주당 ₩1,200에 취득하였다.
- 10월 1일 자기주식 400주를 1주당 ₩1,200에 재발행하였다.
- 10월 9일 자기주식 300주를 1주당 ₩1,050에 재발행하였다.

**자기주식거래결과 20×6년 말 자기주식처분손익은?**　　16년 기출

① 자기주식처분이익 ₩15,000　　② 자기주식처분손실 ₩15,000
③ 자기주식처분이익 ₩20,000　　④ 자기주식처분손실 ₩20,000
⑤ 자기주식처분손실 ₩25,000

**해설**

〈회계처리〉

| | | | | | |
|---|---|---|---|---|---|
| 20×6. 9.1 | (차) 자기주식 | 550,000 | (대) 현금 | | 550,000 |
| 20×6.9.15 | (차) 자기주식 | 360,000 | (대) 현금 | | 360,000 |
| 20×6.10.1 | (차) 현금 | 480,000 | (대) 자기주식 | | 440,000 |
| | | | 자기주식처분손실 | | 25,000 |
| | | | 자기주식처분이익 | | 15,000 |
| 20×6.10.9 | (차) 현금 | 315,000 | (대) 자기주식 | | 350,000 |
| | 자기주식처분이익 | 15,000 | | | |
| | 자기주식처분손실 | 20,000 | | | |

* 10월 9일 처분시 자기주식 장부금액 = 100주 × ₩1,100 + 200주 × ₩1,200 = ₩350,000

## 11

㈜감평의 20×2년 자본관련 자료이다. 20×2년 말 자본총계는? (단, 자기주식 거래는 선입선출법에 따른 원가법을 적용한다.) 23년 기출

---

(1) 기초자본
- 보통주 자본금(주당 액면금액 ₩500, 발행주식수 40주)       ₩20,000
- 보통주 주식발행초과금       4,000
- 이익잉여금       30,000
- 자기주식(주당 ₩600에 10주 취득)       (6,000)
- 자본총계       ₩48,000

(2) 기중자본거래
- 4월 1일 자기주식 20주를 1주당 ₩450에 취득
- 5월 25일 자기주식 8주를 1주당 ₩700에 처분
- 6월 12일 자기주식 3주를 소각
- 8월 20일 주식발행초과금 ₩4,000과 이익잉여금 중 ₩5,000을 재원으로 무상증자 실시

(3) 20×2년 당기순이익 : ₩50,000

---

① ₩77,300      ② ₩87,500      ③ ₩94,600

④ ₩96,250      ⑤ ₩112,600

해설

20×2년 말 자본총계 = ₩48,000(기초자본) − ₩9,000(자기주식 취득) + ₩5,600(자기주식 처분) + ₩50,000(20×2년 당기순이익) = ₩94,600

※ 자기주식의 소각 및 무상증자는 자본총계가 불변한다.

**12** ㈜세무의 20×1년 중 자본 관련 자료가 다음과 같을 때, 20×1년도 자본 증가액은? (단, ㈜세무는 주당 액면금액이 ₩1,000인 보통주만을 발행하고 있다.) `17년` CTA

> • 2월 1일 : 보통주 200주를 주당 ₩1,500에 유상증자
> • 3월 31일 : 자기주식 50주를 주당 ₩1,000에 취득
> • 5월 10일 : 3월 31일에 취득한 자기주식 중 20주를 소각
> • 7월 1일 : 상장기업 A사 주식 150주를 주당 ₩1,500에 취득하여 FVOCI 선택 금융자산으로 분류
> • 8월 25일 : 보통주 50주를 무상감자
> • 9월 1일 : 보통주 100주를 주당 ₩800에 유상감자
> • 12월 31일 : 상장기업 A사 주식 공정가치 주당 ₩1,200

① ₩55,000  ② ₩105,000  ③ ₩115,000
④ ₩125,000  ⑤ ₩235,000

해설

자본증가액 = ₩300,000(유상증자) − ₩50,000(자기주식 취득) − ₩80,000(유상감자) − ₩45,000(FVOCI 평가손실) = ₩125,000

**13** ㈜대한은 20×4년 초에 설립되었으며 설립 이후 자본금의 변동 및 배당금 지급은 없었다. ㈜대한의 보통주자본금과 우선주자본금의 내역은 다음과 같다.

> • 보통주(주당 액면금액 ₩5,000)                                    ₩10,000,000
> • 누적적 비참가적 우선주(배당률 3%, 주당 액면금액 ₩5,000)        5,000,000

㈜대한이 20×6년 3월 2일 주주총회에서 ₩1,000,000의 현금배당을 최초로 결의하였다면, 보통주 주주에게 지급할 배당금은 얼마인가? `14년` CTA

① ₩300,000  ② ₩450,000  ③ ₩550,000
④ ₩700,000  ⑤ ₩850,000

해설

| 구분 | 우선주 | 보통주 |
|------|--------|--------|
| 미지급분 | ₩150,000 | − |
| 당기분 | ₩150,000 | 나머지(₩1,000,000 − ₩300,000 = ₩700,000) |

**14** 다음은 20×1년 초에 설립한 ㈜감평의 20×2년 말 현재 자본금과 관련한 정보이다. 설립 이후 20×2년 말까지 자본금과 관련한 변동은 없었다.

- 보통주자본금 : ₩100,000(액면금액 @₩500, 발행주식수 200주)
- 우선주자본금 : ₩50,000(액면금액 @₩500, 발행주식수 100주)

㈜감평은 20×1년도에 현금배당이나 주식배당을 하지 않았으며, 20×2년도에 ₩13,000의 현금배당금 지급을 결의하였다. 우선주의 배당률은 5%이며 우선주가 누적적, 완전참가적이라면 우선주와 보통주에 대한 배당금은?  14년 기출

|   | 우선주 | 보통주 |   |   | 우선주 | 보통주 |
|---|--------|--------|---|---|--------|--------|
| ① | ₩3,000 | ₩10,000 | | ② | ₩5,000 | ₩8,000 |
| ③ | ₩6,000 | ₩7,000 | | ④ | ₩6,500 | ₩6,500 |
| ⑤ | ₩8,000 | ₩5,000 | | | | |

해설

| 구분 | 우선주(누적, 완전참가) | 보통주 |
|------|------------------------|--------|
| 미지급분 | ₩50,000 × 5% = ₩2,500 | – |
| 당기분<br>완전참가 | ₩2,500<br>₩1,000 | ₩100,000 × 5% = ₩5,000<br>₩2,000 |
| 합계액 | ₩6,000 | ₩7,000 |

\* 완전참가 우선주 추가배분 = (₩13,000 − ₩10,000) × (₩50,000/₩150,000) = ₩1,000

**15** ㈜감평은 20×1년부터 20×3년까지 배당가능이익의 부족으로 배당금을 지급하지 못하였으나, 20×4년도에는 영업의 호전으로 ₩220,000을 현금배당할 계획이다. ㈜감평의 20×4년 12월 31일 발행주식수가 보통주 200주(주당 액면 금액 ₩3,000, 배당률 4%)와 우선주 100주(비누적적, 완전참가적 우선주, 주당 액면금액 ₩2,000, 배당률 7%)인 경우, 보통주배당금으로 배분해야 할 금액은?  17년 기출

① ₩120,000        ② ₩136,500        ③ ₩140,000
④ ₩160,500        ⑤ ₩182,000

해설

| 구분 | 우선주(비누적, 완전참가) | 보통주 |
|---|---|---|
| 미지급분 | – | – |
| 당기분 | 100주 × ₩2,000 × 7% = ₩14,000 | 200주 × ₩3,000 × 4% = ₩24,000 |
| 추가배분 | ₩45,500 | ₩136,500 |
| 합계 | ₩59,500 | ₩160,500 |

\* 우선주 추가배분 = (₩220,000 − ₩14,000 − ₩24,000) × (₩200,000/₩800,000)
= ₩45,500

**16** 20×1년 초 설립된 ㈜감평의 자본계정은 다음과 같으며, 설립 후 20×3년 초까지 자본금 변동은 없었다. 우선주에 대해서는 20×1년도에 배당가능이익이 부족하여 배당금을 지급하지 못한 ㈜감평이 20×3년 초 ₩500의 현금배당을 결의하였을 때, 우선주에 배분될 배당금은? 24년 기출

• 보통주 자본금 : 액면금액 ₩20, 발행주식수 200주(배당률 4%)
• 우선주 자본금 : 액면금액 ₩20, 발행주식수 50주(누적적, 완전참가적, 배당률 5%)

① ₩100        ② ₩108        ③ ₩140
④ ₩148        ⑤ ₩160

해설

| 구분 | 우선주 | 보통주 |
|---|---|---|
| 미지급(1년) | ₩50 | – |
| 당기분 | ₩50 | ₩160 |
| 참가분 | ₩48 | ₩192 |
| 합계 | ₩148 | ₩352 |

우선주에 추가배분되는 배당금 = (₩500 − ₩260) × (₩1,000/₩5,000) = ₩48
→ 잔여배당금은 우선주와 보통주의 자본금 비율로 배분한다.

답 01 ④  02 ③  03 ③  04 ④  05 ③
06 ①  07 ③  08 ①  09 ③  10 ④
11 ③  12 ④  13 ④  14 ③  15 ④
16 ④

## 제14절　복합금융상품

### 1　복합금융상품의 개요

복합금융상품(Compound Financial Instrument)은 **부채요소와 자본요소를 모두 가지고 있는 금융상품**을 뜻한다. 복합금융상품은 부채요소와 자본요소를 모두 가지고 있기 때문에 이를 부채와 자본으로 구분하여 인식한다. 부채와 자본의 측정방법은 차이가 존재하며 후속측정에서도 차이가 존재하기 때문에 가장 먼저 부채요소를 결정하고 이에 따라 자본요소를 결정하여 재무상태표에 인식한다. 복합금융상품 중 가장 대표적인 금융상품은 전환사채와 신주인수권부사채이다.

① **전환사채(CB)** : 전환사채는 유가증권의 보유자가 일정한 조건 하에서 전환권을 행사할 수 있는 사채이며, 전환권을 행사하면 사채권자에서 주주가 된다.

② **신주인수권부사채(BW)** : 신주인수권부사채는 사채권자로서의 권리도 존속하면서, 일정한 조건 하에 신주인수권을 행사할 수 있는 권리가 부여된 사채를 말한다.

### 2　전환사채

### 1. 전환사채란?

① 전환사채는 사채로 발행하여 사채권자로서의 지위를 가지고 있다가 일정한 조건하에 전환권을 행사하면 사채권자에서 주주로 전환될 수 있는 권리가 부여된 사채를 말한다. 전환사채는 사채 보유기간 중에는 이자수익을 얻고 이후 주가 상승 시 주주로 전환하여 부가적인 이익을 기대할 수 있다.

② 전환사채는 전환권이 부여되어 있기 때문에 통상적으로 전환권이 없는 사채에 비하여 표시이자율이 낮게 형성되는 경우들이 많다. 반면, 전환사채는 전환권 행사를 기대하며 낮은 표시이자율을 감수하였으나 전환권을 만기까지 행사하지 못하게 된다면 기회비용이 발생하므로 상환할증금이라는 조건이 부여되는 경우도 있다.

### 2. 전환사채의 최초 발행

#### (1) 전환사채의 부채요소와 자본요소

전환사채의 발행자는 금융상품의 조건을 평가하여 해당 금융상품이 자본요소와 부채요소를 모두 가지고 있는지를 결정하여야 하며 각 요소별로 금융부채, 금융자산 또는 지분상품으로 분류하여야 한다. 이때, 자본요소는 자산과 부채의 변화에 따라 종속적으로 변화하는 특징을 가지고 있기 때문에 자본요소와 부채요소 중에서는 부채요소를 먼저 결정한다.

보통주로 전환될 수 있는 사채의 발행자는 부채요소와 자본요소를 다음과 같이 결정한다.

① 자본요소가 결합되지 않은 유사한 사채를 발행하였을 때와 같은 방법으로 공정가치를 측정하여 부채요소의 장부금액을 결정한다.

② 자본요소의 장부금액은 복합금융상품의 발행가액에서 부채요소의 장부금액을 차감하여 결정한다. 전환권을 행사할 가능성이 변동하는 경우에도(특히, 특정 보유자의 입장에서 전환권의 행사가 경제적으로 유리해지는 경우에도) 전환상품의 부채요소와 자본요소의 분류를 수정하지 않는다. 예컨대, 전환으로 인해 보유자에게 발생하는 세무효과의 차이 등으로 인하여 보유자는 예상대로 행동하지 않을 수 있다. 더욱이 전환의 가능성은 때에 따라 변동한다. 발행자가 미래에 원리금을 지급할 계약상 의무는 전환, 금융상품의 만기의 도래 또는 그 밖의 거래를 통하여 소멸되기 전까지는 미결제된 상태로 유지된다.

복합금융상품은 부채요소와 자본요소로 분리하여 재무상태표에 표시한다. 자본요소에 해당하는 금액은 '전환권대가'라는 과목으로 하여 자본에 표시된다.

> 부채요소 = 미래 현금흐름을 일반사채시장이자율로 할인한 금액
> (이자 + 액면금액 + 상환할증금)

> 전환권대가 = 발행금액 – 부채요소(미래 현금흐름을 일반사채 시장이자율로 할인한 금액)

**부분재무상태표**

| | |
|---|---|
| | 부채 |
| | 전환사채 ××× |
| | 전환권조정 (×××) ××× |
| | 자본 |
| | 전환권대가 ××× |

**(2) 전환사채의 발행 : 상환할증금이 없는 조건**

전환사채는 상환할증금이 없는 조건과 상환할증금이 있는 조건으로 구분된다. 상환할증금이 없는 조건으로 발행한 전환사채는 가장 먼저 부채요소를 결정하고 발행가액과의 차액으로 자본요소를 결정한다. 자본요소는 전환권대가라는 계정과목으로 구분하여 인식한다.

① 발행일의 회계처리

| (차) 현금 | ××× | (대) 전환사채 | ××× |
|---|---|---|---|
| 전환권조정 | ××× | 전환권대가(자본) | ××× |

상환할증금이 없는 조건에서 전환권조정과 전환권대가의 금액은 일치한다. 전환권대가는 자본항목이므로 후속적으로 평가하지 않고 **전환권을 행사할 때 주식발행초과금으로 대체할 수** 있다.

② 결산일의 회계처리

| (차) 이자비용 | ××× | (대) 현금 | ××× |
|---|---|---|---|
| | | 전환권조정 | ××× |

③ 전환권 행사일의 회계처리

| (차) 전환사채 | ××× | (대) 전환권조정 | ××× |
|---|---|---|---|
| | | 자본금 | ××× |
| | | 주식발행초과금 | ××× |
| (차) 전환권대가 | ××× | (대) 주식발행초과금 | ××× |

---

**예제 14-1** 전환사채

㈜한국은 20×1년 1월 1일 다음과 같은 조건으로 전환사채를 발행하였다. 단, 결산일은 12월 31일이다.

(1) 사채의 발행가액 : ₩100,000(액면발행)
(2) 표시이자율 : 연 7%(매년 말 지급)
(3) 일반사채 시장이자율 : 연 15%
(4) 전환조건 : 전환사채 액면가액 ₩10,000당 보통주 1주(액면가액 ₩5,000) 발행
(5) 만기 : 20×3년 12월 31일

단, 3년 15% 현가계수는 0.65752, 3년 15% 연금현가계수는 2.28320이다.

[물음]
1. 전환사채의 부채요소와 자본요소를 분류하시오.
2. 전환사채 발행일의 회계처리를 하시오.
3. 20×1년 12월 31일의 회계처리를 하시오.
4. 20×2년 12월 31일의 회계처리를 하시오.
5. 만약, 20×3년 1월 1일에 전환사채 전액을 전환청구한 경우 회계처리를 하시오.
6. 만약, 20×3년 1월 1일에 ₩60,000의 전환청구를 한 경우의 회계처리를 하시오.

...........................................................................................................

**해답**

1. 전환사채의 부채요소와 자본요소
    (1) 부채요소 = ₩100,000 × 0.65752 + ₩7,000 × 2.2832 = ₩81,734
    (2) 자본요소 = ₩100,000(발행금액) − ₩81,734(부채요소의 공정가치) = ₩18,266

2. 발행일의 회계처리

| 20×1.1.1 (차) 현금 | 100,000 | (대) 전환사채 | 100,000 |
|---|---|---|---|
| 전환권조정 | 18,266 | 전환권대가 | 18,266 |

3. 20×1년 12월 31일 회계처리

〈상각표〉

| 일자 | 유효이자(15%) | 표시이자(7%) | 상각액 | 장부금액 |
|---|---|---|---|---|
| 20×1.1.1 | | | | ₩81,734 |
| 20×1.12.31 | ₩12,260 | ₩7,000 | ₩5,260 | 86,994 |
| 20×2.12.31 | 13,049 | 7,000 | 6,049 | 93,043 |
| 20×3.12.31 | 13,957 | 7,000 | 6,957 | 100,000 |
| 합계 | ₩39,266 | ₩21,000 | ₩18,266 | |

| 20×1.12.31 | (차) 이자비용 | 12,260 | (대) 현금 | 7,000 |
|---|---|---|---|---|
| | | | 전환권조정 | 5,260 |

4. 20×2년 12월 31일 회계처리

| 20×2.12.31 | (차) 이자비용 | 13,049 | (대) 현금 | 7,000 |
|---|---|---|---|---|
| | | | 전환권조정 | 6,049 |

5. 20×3년 1월 1일 전액 상환청구 시

| 20×3.1.1 | (차) 전환사채 | 100,000 | (대) 전환권조정 | 6,957 |
|---|---|---|---|---|
| | | | 자본금 | 50,000 |
| | | | 주식발행초과금 | 43,043 |
| | (차) 전환권대가 | 18,266 | (대) 주식발행초과금 | 18,266 |

6. 20×3년 1월 1일 60% 상환청구 시

| 20×3.1.1 | (차) 전환사채 | 60,000 | (대) 전환권조정 | 4,174 |
|---|---|---|---|---|
| | | | 자본금 | 30,000 |
| | | | 주식발행초과금 | 25,826 |
| | (차) 전환권대가 | 10,960 | (대) 주식발행초과금 | 10,960 |

전환사채를 발행하는 경우 사채할인발행차금 계정과목 대신에 전환권조정이라는 계정과목을 사용한다. 전환권조정은 상환할증금이 없는 경우 사채할인발행차금과 성격이 같지만 상환할증금이 있는 조건은 전환권조정과 사채할인발행차금은 같지 않다.

전환사채는 할증금 유무에 따라 서로 다른 표기방법에 따른 차이를 줄이기 위해 전환권조정이라는 계정과목을 사용하여 표시하고 있다.

전환사채의 전환권 청구 시 전환사채는 청구한 비율만큼 부채요소를 감소시키고 해당 금액만큼 주식을 발행한다. 전환사채 청구 시 감소한 부채비율만큼 자본은 증가한다. 그리고 전환권대가는 전환을 청구한 비율만큼 자본잉여금으로 대체할 수 있다.

(3) 전환사채의 발행 : 상환할증금이 있는 조건

▶ 상환할증금이란?

상환할증금(call premium)은 전환사채 보유자가 권리행사기간 내에 권리를 행사하지 않을 경우 발행회사가 일정한 수익률을 보장하기 위해서 만기에 액면금액에 추가하여 지급하기로 약정한 금액이다. 상환할증금은 만기까지 전환권을 행사하지 않은 경우에만 지급될 금액이다. 따라서 보유자가 권리행사를 만기 전에 하여 보통주를 교부받았을 경우는 지급할 필요가 없으나 권리를 행사하지 않으면 추가로 지급해야 하는 일종의 우발부채의 성격을 가지고 있다. 상환할증금은 상환할증률로 제시할 수도 있다. 상환할증률이란 발행자가 보유자에게 최대한 보증하는 수익률로 상환할증률이 12%이며 표시이자율이 7%라면, 발행자는 12%에서 7%를 차감한 5%의 금액을 만기에 일시금으로 지급한다.

> \* 상환할증금 = 액면가액 × (보장수익률 − 표시이자율) × 보장수익률의 연금미래가치계수

상환할증금은 발행자 입장에서는 부채요소이므로 부채요소의 공정가치를 결정할 때 상환할증금도 고려해야 한다.

> • 상환할증금
> 보장수익률 > 표시이자율인 경우에 발생한다.
> 상환할증금은 만기에 전환권을 행사하지 않은 경우에 지급한다.
> 상환할증금은 사채상환할증금이라는 과목으로 인식한다.

> **상환할증금의 계산**
> ㈜한국은 20×1년 1월 1일에 액면금액 ₩1,000,000 액면이자율 8%, 만기 3년, 매년 말 이자지급조건으로 전환사채를 액면발행하였다. 보장수익률이 10%라고 할 때, 상환할증금은 얼마인가? (단, 만기 3년, 10%의 연금미래가치는 3.31이다.)
>
> → 상환할증금 = ₩1,000,000 × (10% − 8%) × 3.31 = ₩66,200

① 발행일의 회계처리

상환할증금이 있는 조건의 부채요소의 공정가치는 원금과 이자와 상환할증금의 현재가치를 유사한 조건의 일반사채 시장이자율로 할인한 값이다.

전환권대가는 발행금액에 부채요소의 공정가치를 차감하여 계산한다.

| | | | |
|---|---|---|---|
| (차) 현금 | ××× | (대) 전환사채 | ××× |
| 전환권조정 | ××× | 사채상환할증금 | ××× |
| | | 전환권대가(자본) | ××× |

상환할증금이 있는 조건에서 전환권조정은 상환할증금과 전환권대가의 합과 같다. 전환권대가는 전환권을 행사할 때 행사한 비율만큼 주식발행초과금(자본잉여금)으로 대체할 수 있다.

② 결산일의 회계처리

| | | | | |
|---|---|---|---|---|
| (차) 이자비용 | ××× | (대) 현금 | | ××× |
| | | 전환권조정 | | ××× |

③ 전환권 행사일의 회계처리

| | | | | |
|---|---|---|---|---|
| (차) 전환사채 | ××× | (대) 전환권조정 | | ××× |
| 사채상환할증금 | ××× | 자본금 | | ××× |
| | | 주식발행초과금 | | ××× |
| (차) 전환권대가 | ××× | (대) 주식발행초과금 | | ××× |

전환권 행사 시 사채상환할증금은 행사하는 비율에 해당하는 만큼을 감액한다. 전환권대가 또한 전환권을 행사하는 비율만큼 주식발행초과금으로 대체할 수 있다.

| 부분재무상태표 | |
|---|---|
| | 부채 |
| | 전환사채 ××× |
| | 상환할증금 ××× |
| | 전환권조정 (×××) ××× |
| | |
| | 자본 |
| | 전환권대가 ××× |

---

**예제 14-2** 전환사채

㈜한국은 20×1년 1월 1일 다음과 같은 조건으로 전환사채를 발행하였다. 단, 결산일은 12월 31일이다.

(1) 사채의 발행가액 : ₩100,000(액면발행)

(2) 표시이자율 : 연 7%(매년 말 지급)

(3) 일반사채 시장이자율 : 연 15%

(4) 전환조건 : 전환사채 액면가액 ₩10,000당 보통주 1주(액면가액 ₩5,000) 발행

(5) 만기 : 20×3년 12월 31일

(6) 사채상환할증금 : 액면가액이 116.87%(보장수익률 12%)로 할증상환

단, 3년 15% 현가계수는 0.65752, 3년 15% 연금현가계수는 2.28320이다.

[물음]

1. 전환사채의 부채요소와 자본요소를 분류하시오.

2. 전환사채 발행일의 회계처리를 하시오.

3. 20×1년 12월 31일의 회계처리를 하시오.

4. 20×2년 12월 31일의 회계처리를 하시오.

5. 만약, 20×3년 1월 1일에 전환사채 전액을 전환청구한 경우 회계처리를 하시오.

6. 만약, 20×3년 1월 1일에 ₩60,000의 전환청구를 한 경우의 회계처리를 하시오.

········································································································

해답

1. 전환사채의 부채요소와 자본요소

   (1) 부채요소 = ₩116,870 × 0.65752 + ₩7,000 × 2.2832 = ₩92,826

   (2) 자본요소 = ₩100,000(발행금액) − ₩92,826(부채요소의 공정가치) = ₩7,174

2. 발행일의 회계처리

   | 20×1.1.1 | (차) 현금 | 100,000 | (대) 전환사채 | 100,000 |
   |---|---|---|---|---|
   | | 전환권조정 | 24,044 | 사채상환할증금 | 16,870 |
   | | | | 전환권대가 | 7,174 |

   * 전환권조정 = 사채상환할증금 + 전환권대가 = ₩16,870 + ₩7,174 = ₩24,044
   전환권조정은 전환사채의 액면가액에서 차감하는 형식으로 보고하며 유효이자율법에 따라 상각하면서 이자비용으로 인식한다.

3. 20×1년 12월 31일 회계처리

   〈상각표〉

   | 일자 | 유효이자(15%) | 표시이자(7%) | 상각액 | 장부금액 |
   |---|---|---|---|---|
   | 20×1.1.1 | | | | ₩92,826 |
   | 20×1.12.31 | ₩13,924 | ₩7,000 | ₩6,924 | 99,750 |
   | 20×2.12.31 | 14,963 | 7,000 | 7,963 | 107,713 |
   | 20×3.12.31 | 16,157 | 7,000 | 9,157 | 116,870 |
   | 합계 | ₩45,044 | ₩21,000 | ₩24,044 | |

   | 20×1.12.31 | (차) 이자비용 | 13,924 | (대) 현금 | 7,000 |
   |---|---|---|---|---|
   | | | | 전환권조정 | 6,924 |

4. 20×2년 12월 31일 회계처리

   | 20×2.12.31 | (차) 이자비용 | 14,963 | (대) 현금 | 7,000 |
   |---|---|---|---|---|
   | | | | 전환권조정 | 7,963 |

5. 20×3년 1월 1일 전액 상환청구 시

   | 20×3.1.1 | (차) 전환사채 | 100,000 | (대) 전환권조정 | 9,157 |
   |---|---|---|---|---|
   | | 사채상환할증금 | 16,870 | 자본금 | 50,000 |
   | | | | 주식발행초과금 | 57,713 |
   | | (차) 전환권대가 | 7,174 | (대) 주식발행초과금 | 7,174 |

6. 20×3년 1월 1일 60% 상환청구 시

| 20×3.1.1 | (차) 전환사채 | 60,000 | (대) 전환권조정 | 5,494 |
|---|---|---|---|---|
| | 사채상환할증금 | 10,122 | 자본금 | 30,000 |
| | | | 주식발행초과금 | 34,628 |
| | (차) 전환권대가 | 4,304 | (대) 주식발행초과금 | 4,304 |

\* 전환권 청구 시 발행하는 주식수 = ₩60,000 ÷ ₩10,000 = 6주
\* 전환권 청구 시 자본금 = 6주 × ₩5,000 = ₩30,000

▶ 전환사채 전환

• 전환사채 전환 시 주식발행금액 = 전환사채의 장부금액 + 전환권대가
• 전환사채 발행 시 증가하는 자본 = 전환사채 발행 시 감소하는 부채
• 전환사채 발행 시 주식발행초과금 증가 = 주식발행금액 − 자본금
  = 전환사채의 장부금액 + 전환권 대가 − 자본금

## (4) 전환사채의 거래원가

전환사채의 발행과 관련된 거래원가는 배분된 발행금액에 비례하여 부채요소와 자본요소로 배분한다.

거래원가 중 부채요소에 배분될 금액
  = 거래원가 × (부채요소에 배분된 금액/전환사채 발행금액)

## (5) 전환사채의 재매입 및 전환조건의 변경

① 전환사채 재매입

㉠ 전환사채를 재매입하는 경우 부채요소와 자본요소에 배분하는 금액은 전환사채가 발행되는 시점에 발행금액을 각 요소별로 배분한 방법과 동일하다.

㉡ 부채요소의 재매입

| (차) 전환사채 | ××× | (대) 현금 | ××× |
|---|---|---|---|
| 사채상환손실 | ××× | 전환권조정 | ××× |
| (당기손익) | | | |

㉢ 자본요소의 재매입

| (차) 전환권대가 | ××× | (대) 현금 | ××× |
|---|---|---|---|
| 전환권재매입손실 | ××× | | |
| (자본항목) | | | |

---

**예제 14-3**   전환사채 재매입

㈜한국은 20×1년 1월 1일 다음과 같은 조건의 전환사채를 액면발행하였다.

> 액면가액 : ₩1,000,000
> 표시이자율 : 연 5%
> 일반사채 시장수익률 : 연 10%
> (3기간, 10%, 현가계수는 0.75131, 3기간, 10%, 연금현가계수는 2.48685)
> 이자지급일 : 매년 12월 31일
> 만기상환일 : 20×3년 12월 31일
> 상환기일에 액면금액의 109.74%를 일시상환하는 전환사채

㈜한국은 20×2년 1월 1일에 전환사채 전부를 동일자의 공정가치인 ₩1,050,000에 조기상환하였다. 조기상환일 현재 일반사채의 시장수익률은 연 12%이다(2기간, 12%, 현가계수는 0.79719, 2기간, 12%, 연금현가계수는 1.69005이다).

[물음]
20×2년 1월 1일 ㈜한국이 조기상환 시 해야 할 회계처리를 하라.

....................................................................................................

**해답**

1. 20×1년 초 부채요소의 공정가치
   = ₩1,097,400 × 0.75131 + ₩50,000 × 2.48685 = ₩948,830
2. 20×1년 초 전환권대가
   = ₩1,000,000(발행금액) − ₩948,830 = ₩51,170
3. 20×1년 말 부채요소의 장부금액
   = ₩948,830 + ₩948,830 × 10% − ₩50,000 = ₩993,713
4. 20×2년 상환 당시 부채요소의 공정가치(12%)
   = ₩1,097,400 × 0.79719 + ₩50,000 × 1.69005 = ₩959,339
   → 20×2년 초 자본요소 = ₩1,050,000 − ₩959,339 = ₩90,661
5. 회계처리
   〈부채요소의 상환〉

   | (차) 전환사채 | 1,000,000 | (대) 현금 | 959,339 |
   |---|---|---|---|
   | 사채상환할증금 | 97,400 | 전환권조정 | 103,687 |
   | | | 사채상환이익 | 34,374 |

   〈자본요소의 상환〉

   | (차) 전환권대가 | 51,170 | (대) 현금 | 90,661 |
   |---|---|---|---|
   | 전환권재매입대가(자본) | 39,491 | | |

② 전환사채의 조건변경

　조건변경이란? 전환사채의 조기전환을 유도하기 위해서 좀 더 유리한 전환비율을 제시하거나 특정 시점 이전의 전환에 대해서는 추가적인 대가를 지급하는 것을 말한다. 조건변경으로 인한 손실은 조건이 변경되는 시점에 당기손익으로 인식한다.

> \* 조건변경으로 인한 손실
> 　= 변경된 조건에서 보유자가 수취하게 될 대가의 공정가치 - 원래의 조건에서 전환으로 인하여 보유자가 수취하였을 대가의 공정가치

## 3 신주인수권부사채

신주인수권부사채의 회계처리는 전환사채와 유사하다. 다만, 신주인수권부사채는 권리가 행사되더라도 사채권자로서의 권리는 만기까지 존속한다는 점에서 차이가 존재한다.

### 1. 신주인수권부사채의 최초 발행

#### (1) 신주인수권부사채의 자본요소와 부채요소

　신주인수권부사채의 발행자는 금융상품의 조건을 평가하여 해당 금융상품이 자본요소와 부채요소를 모두 가지고 있는지를 결정하여야 하며 각 요소별로 금융부채, 금융자산 또는 지분상품으로 분류하여야 한다. 이때, 자본요소는 자산과 부채의 변화에 따라 종속적으로 변화하는 특징을 가지고 있기 때문에 자본요소와 부채요소 중에서는 부채요소를 먼저 결정한다.

　보통주로 전환될 수 있는 사채의 발행자는 부채요소와 자본요소를 다음과 같이 결정한다.

① 자본요소가 결합되지 않은 유사한 사채를 발행하였을 때와 같은 방법으로 공정가치를 측정하여 부채요소의 장부금액을 결정한다.

② 자본요소의 장부금액은 복합금융상품의 발행가액에서 부채요소의 공정가치를 차감하여 결정한다.

| 부분재무상태표 | |
|---|---|
| | 부채 |
| | 　신주인수권부사채　　×××  |
| | 　신주인수권조정　　(×××)　×××  |
| | |
| | 자본 |
| | 　신주인수권대가　　　　×××  |

(2) 신주인수권부사채의 발행 : 상환할증금이 없는 조건

신주인수권부사채도 상환할증금이 없는 조건과 상환할증금이 있는 조건으로 구분된다.

① 발행일의 회계처리

| | | | | |
|---|---|---|---|---|
| (차) 현금 | ××× | (대) 신주인수권부사채 | ××× |
| 신주인수권조정 | ××× | 신주인수권대가 | ××× |

상환할증금이 있다면 발행일의 회계처리는 다음과 같다.

| | | | | |
|---|---|---|---|---|
| (차) 현금 | ××× | (대) 신주인수권부사채 | ××× |
| 신주인수권조정 | ××× | 사채상환할증금 | ××× |
| | | 신주인수권대가 | ××× |

② 결산일의 회계처리

| | | | | |
|---|---|---|---|---|
| (차) 이자비용 | ××× | (대) 현금 | ××× |
| | | 신주인수권조정 | ××× |

③ 신주인수권 행사일의 회계처리

| | | | | |
|---|---|---|---|---|
| (차) 현금 | ××× | (대) 자본금 | ××× |
| | | 주식발행초과금 | ××× |
| (차) 신주인수권대가 | ××× | (대) 주식발행초과금 | ××× |

상환할증금이 있다면 신주인수권 행사일의 회계처리는 다음과 같다.

| | | | | |
|---|---|---|---|---|
| (차) 현금 | ××× | (대) 자본금 | ××× |
| 사채상환할증금 | ××× | 주식발행초과금 | ××× |
| | | 신주인수권조정 | ××× |
| (차) 신주인수권대가 | ××× | (대) 주식발행초과금 | ××× |

신주인수권부사채의 경우는 신주인수권을 행사하면 주금액에 해당하는 만큼의 현금을 납입하고 주식을 교부받는다. 그러므로 신주인수권부사채는 존속되고, 기업에는 주금액 만큼의 현금이 유입된다. 신주인수권대가는 신주인수권을 행사할 경우 자본잉여금(주식발행초과금)으로 행사한 비율에 해당하는 만큼 대체할 수 있다.

**예제 14-4** 신주인수권부사채

㈜한국은 20×1년 1월 1일 다음과 같은 조건으로 신주인수권부사채를 발행하였다. 단, 결산일은 12월 31일이다.

(1) 사채의 발행가액 : ₩100,000(액면발행)

(2) 표시이자율 : 연 8%(매년 말 지급)

(3) 일반사채 시장이자율 : 연 13%

(4) 신주인수권 행사 : 신주인수권부사채 액면가액 ₩10,000당 보통주 1주(액면가액 ₩5,000)를 ₩10,000에 구입할 수 있다.

(5) 만기 : 20×3년 12월 31일(단, 3년 13% 현가계수는 0.6931, 3년 13% 연금현가계수는 2.3612이다.)

[물음]

1. 신주인수권부사채의 부채요소와 자본요소를 분류하시오.

2. 신주인수권부사채 발행일의 회계처리를 하시오.

3. 20×1년 12월 31일의 회계처리를 하시오.

4. 20×2년 12월 31일의 회계처리를 하시오.

5. 만약, 20×3년 1월 1일에 신주인수권 전액을 행사한 경우 회계처리를 하시오.

6. 만약, 20×3년 1월 1일에 ₩60,000의 신주인수권을 행사한 경우의 회계처리를 하시오.

**해답**

1. 신주인수권부사채의 부채요소와 자본요소

(1) 부채요소 = ₩100,000 × 0.6931 + ₩8,000 × 2.3612 = ₩88,200

(2) 자본요소 = ₩100,000(발행금액) − ₩88,200(부채요소의 공정가치) = ₩11,800

2. 발행일의 회계처리

| 20×1.1.1 | (차) 현금 | 100,000 | (대) 신주인수권부사채 | 100,000 |
|---|---|---|---|---|
| | 신주인수권조정 | 11,800 | 신주인수권대가 | 11,800 |

3. 20×1년 12월 31일 회계처리

〈상각표〉

| 일자 | 유효이자(13%) | 표시이자(8%) | 상각액 | 장부금액 |
|---|---|---|---|---|
| 20×1.1.1 | | | | ₩88,200 |
| 20×1.12.31 | ₩11,466 | ₩8,000 | ₩3,466 | 91,666 |
| 20×2.12.31 | 11,917 | 8,000 | 3,917 | 95,583 |
| 20×3.12.31 | 12,417 | 8,000 | 4,417 | 100,000 |
| 합계 | ₩35,800 | ₩24,000 | ₩11,800 | |

|  | 20×1.12.31 (차) 이자비용 | 11,466 | (대) 현금 | 8,000 |
|---|---|---|---|---|
|  |  |  | 신주인수권조정 | 3,466 |

**4. 20×2년 12월 31일 회계처리**

|  | 20×2.12.31 (차) 이자비용 | 11,917 | (대) 현금 | 8,000 |
|---|---|---|---|---|
|  |  |  | 신주인수권조정 | 3,917 |

**5. 20×3년 1월 1일 전액 상환청구 시**

|  | 20×3.1.1 (차) 현금 | 100,000 | (대) 자본금 | 50,000 |
|---|---|---|---|---|
|  |  |  | 주식발행초과금 | 50,000 |
|  | (차) 신주인수권대가 | 11,800 | (대) 주식발행초과금 | 11,800 |

**6. 20×3년 1월 1일 60% 상환청구 시**

|  | 20×3.1.1 (차) 현금 | 60,000 | (대) 자본금 | 30,000 |
|---|---|---|---|---|
|  |  |  | 주식발행초과금 | 30,000 |
|  | (차) 신주인수권대가 | 7,080 | (대) 주식발행초과금 | 7,080 |

\* 60% 신주인수권 행사 시 자본증가액 = ₩60,000(현금유입액)

## 01

㈜ABC는 20×1년 1월 1일 액면금액이 ₩1,000,000이며, 상환기일이 20×3년 12월 31일, 만기 3년의 전환사채를 액면발행하였다. 동 사채의 액면이자율은 연 5%로 매년 말 이자를 지급한다. 이 전환사채와 동일한 일반사채의 시장이자율은 연 12%이며 만기까지 전환되지 않은 전환사채에 대한 연 보장수익률은 액면금액의 10%이다. 20×1년 1월 1일 전환사채 발행 시 계상되는 전환권대가는 얼마인가? (단, 계산과정에서 소수점 이하는 첫째 자리에서 반올림한다. 그러나 계산방식에 따라 단수 차이로 인해 오차가 있는 경우, 가장 근사치를 선택한다.)  **14년 CPA**

| 3년 기준 | 5% | 10% | 12% |
|---|---|---|---|
| 단일금액 ₩1의 현재가치 | 0.8638 | 0.7513 | 0.7118 |
| 정상연금 ₩1의 현재가치 | 2.7232 | 2.4868 | 2.4018 |
| 정상연금 ₩1의 미래가치 | 3.1525 | 3.3100 | 3.3744 |

① ₩50,307    ② ₩40,307    ③ ₩30,307
④ ₩90,397    ⑤ ₩170,397

**해설**

1) 상환할증금
   = ₩1,000,000 × (10% − 5%) × 3.3100(보장수익률의 미래가치) = ₩165,500
2) 20×1년 1월 1일 부채요소의 공정가치(일반사채시장이자율 12%로 할인)
   = ₩1,165,500 × 0.7118 + ₩50,000 × 2.4018 = ₩949,693
3) 전환권대가 = ₩1,000,000(발행금액) − ₩949,693(부채요소의 공정가치) = ₩50,307

## 02

㈜국세는 20×1년 1월 1일에 다음과 같은 조건의 전환사채를 액면발행하였다.

- 액면금액 : ₩1,000,000
- 만기 : 20×5년 12월 31일
- 이자 : 매년 12월 31일에 액면금액의 연 8%를 현금으로 지급
- 전환조건 : 전환사채 발행시점부터 1개월 경과 후 만기시점까지 전환청구 가능, 전환가격은 전환사채 액면금액 ₩5,000당 보통주(주당 액면 ₩5,000) 1주로 전환가능
- 전환사채를 중도에 전환하지 않고 만기까지 보유한 경우 전환사채 액면금액의 105%를 지급함
- 전환사채 발행시점의 유효이자율은 연 10%임

동 전환사채 발행 직전 ㈜국세의 자산총액은 ₩10,000,000, 부채총액은 ₩6,000,000 이었다. 동 전환사채 발행 직후 ㈜국세의 부채비율(부채/자본)은 얼마인가? (단, 현가 계수는 아래의 표를 이용한다. 부채비율은 소수점 셋째 자리에서 반올림하며, 단수 차 이로 인한 오차가 있으면 가장 근사치를 선택한다.)　12년 CTA

| 기간 | 단일금액 ₩1의 현재가치 | | 정상연금 ₩1의 현재가치 | |
|---|---|---|---|---|
| | 8% | 10% | 8% | 10% |
| 1 | 0.92593 | 0.90909 | 0.92593 | 0.90909 |
| 2 | 0.85734 | 0.82645 | 1.78327 | 1.73554 |
| 3 | 0.79383 | 0.75131 | 2.57710 | 2.48685 |
| 4 | 0.73503 | 0.68302 | 3.31213 | 3.16987 |
| 5 | 0.68058 | 0.62092 | 3.99271 | 3.79079 |

① 1.22　　　　　② 1.48　　　　　③ 1.50
④ 1.64　　　　　⑤ 1.72

해설

1) 발행시점의 부채요소 = ₩1,050,000 × 0.62092 + ₩80,000 × 3.79079 = ₩955,229
2) 전환권대가 = ₩1,000,000 − ₩955,229(부채요소의 공정가치) = ₩44,771
3) 전환사채 발행 직후 부채비율 = (₩6,000,000 + ₩955,229) ÷ (₩4,000,000 + ₩44,771) = 1.72

**03** ㈜감평은 20×1년 초 전환사채(액면금액 ₩10,000, 만기 3년, 표시이자율 연 3%, 매년 말 이자지급)를 액면발행하였다. 사채 발행 당시 전환권이 없는 일반사채의 시장이자율은 연 8%이며, 전환권 미행사 시 만기일에 연 7%의 수익을 보장한다. 동 전환사채가 만기 상환될 경우, 다음 미래가치를 이용하여 계산한 상환할증금은? (단, 금액은 소수점 첫째자리에서 반올림하여 계산한다.)　23년 기출

〈단일금액 ₩1의 미래가치〉

| 기간 | 7% | 8% |
|---|---|---|
| 1년 | 1.070 | 1.080 |
| 2년 | 1.145 | 1.166 |
| 3년 | 1.225 | 1.260 |

① ₩1,119　　　　② ₩1,286　　　　③ ₩1,299
④ ₩1,376　　　　⑤ ₩1,402

해설

상환할증금 = ₩400 + ₩400 × 1.070 + ₩400 × 1.145 = ₩1,286

## 04

㈜감평은 20×1년 1월 1일에 액면금액 ₩500,000의 전환사채를 다음과 같은 조건으로 액면발행하였다.

- 표시이자율: 연 6%(매년 말 지급)
- 전환사채 발행당시 일반사채의 시장이자율: 연 10%
- 만기일: 20×3년 12월 31일

전환사채의 만기 상환조건이 액면상환조건인 경우의 전환권대가(A)와 할증상환조건(보장수익률 8%, 상환할증금 ₩32,464)인 경우의 전환권대가(B)는? (단, 계산금액은 소수점 첫째 자리에서 반올림하고, 단수차이로 인한 오차가 있으면 가장 근사치를 선택한다.)

19년 기출

| 기간 | 단일금액 ₩1의 현재가치 | | 정상연금 ₩1의 현재가치 | |
|---|---|---|---|---|
| | 8% | 10% | 8% | 10% |
| 3 | 0.7938 | 0.7513 | 2.5771 | 2.4869 |

① A : ₩24,878  B : ₩488
② A : ₩25,787  B : ₩17
③ A : ₩25,787  B : ₩25,353
④ A : ₩49,743  B : ₩25,353
⑤ A : ₩49,743  B : ₩17

#### 해설

1) 할증금이 없는 경우 부채요소의 공정가치 = ₩500,000 × 0.7513 + ₩30,000 × 2.4869
   = ₩450,257
2) 할증금이 없는 경우 전환권대가(A) = ₩500,000(발행금액) − ₩450,257(부채요소) = ₩49,743
3) 할증금이 있는 경우 부채요소의 공정가치 = ₩532,464 × 0.7513 + ₩30,000 × 2.4869
   = ₩474,647
4) 할증금이 있는 경우 전환권대가(B) = ₩500,000(발행금액) − ₩474,647(부채요소) = ₩25,353

**05**  ㈜감평은 20×1년 1월 1일에 다음 조건의 전환사채를 발행하였다.

- 액면금액 : ₩2,000,000
- 표시이자율 : 연 7%
- 일반사채의 시장이자율 : 연 12%
- 이자지급일 : 매년 12월 31일
- 상환조건 : 20×3년 12월 31일에 액면금액의 110.5%로 일시상환
- 전환가격 : ₩3,000(보통주 주당 액면금액 ₩1,000)

만일 위 전환사채에 상환할증금 지급조건이 없었다면, 상환할증금 지급조건이 있는 경우에 비해 포괄손익계산서에 표시되는 20×1년 이자비용은 얼마나 감소하는가? (단, 현재가치는 다음과 같으며 계산결과는 가장 근사치를 선택한다.) 17년 기출

| 기간 | 단일금액 ₩1의 현재가치 | | 정상연금 ₩1의 현재가치 | |
|---|---|---|---|---|
| | 7% | 12% | 7% | 12% |
| 1 | 0.9346 | 0.8929 | 0.9346 | 0.8929 |
| 2 | 0.8734 | 0.7972 | 1.8080 | 1.6901 |
| 3 | 0.8163 | 0.7118 | 2.6243 | 2.4018 |

① ₩17,938
② ₩10,320
③ ₩21,215
④ ₩23,457
⑤ ₩211,182

**해설**

상환할증금 지급조건과 상환할증금 미지급조건의 장부금액 차이는 상환할증금의 현재가치이다. 이자비용에 영향을 미치는 부분도 상환할증금의 현재가치에 대한 이자비용이다.
1) 상환할증금의 현재가치 = ₩2,000,000 × 10.5% × 0.7118 = ₩149,478
2) 이자비용 차이 = ₩149,478 × 12% = ₩17,938

**06** ㈜한국은 20×1년 1월 1일 만기 3년, 액면 ₩10,000의 전환사채를 액면발행하였다. 전환사채의 표시이자율은 연 7%이고, 이자는 매년 말에 지급한다. 전환조건은 다음과 같다.

> • 사채액면 ₩10당 1주의 보통주(액면가액 ₩5)로 전환
> • 전환권이 행사되지 않은 부분에 대해서는 액면금액의 110%를 일시상환

발행시점에 전환권이 부여되지 않은 동일한 조건의 일반사채 시장이자율은 연 11%이었다. 20×2년 1월 1일 사채 액면금액의 35%가 전환되었을 경우, 전환권 행사가 20×2년 1월 1일 ㈜한국의 재무상태표상 자본총계에 미치는 영향은? (단, 이자율 11%의 3년에 대한 단일금액 ₩1의 현가계수와 정상연금 ₩1의 현가계수는 각각 0.7312와 2.4437이며, 단수 차이로 인한 오차가 있으면 가장 근사치를 선택한다.)

13년 기출

① ₩86 증가          ② ₩1,750 증가          ③ ₩1,794 증가
④ ₩1,880 증가          ⑤ ₩3,544 증가

**해설**

1) 20×1년 1월 1일 부채요소 공정가치
   = ₩11,000 × 0.7312 + ₩700 × 2.4437 = ₩9,754
2) 20×1년 12월 31일 부채요소 장부금액
   = ₩9,754 + ₩9,754 × 11% − ₩700 = ₩10,127
3) 20×2년 자본총계의 영향 = 부채의 감소액
   = ₩10,127 × 35% = ₩3,544 증가

**07** ㈜감평은 20×1년 1월 1일 다음과 같은 조건의 전환사채(만기 3년)를 액면발행하였다. 20×3년 1월 1일에 액면금액의 40%에 해당하는 전환사채가 보통주로 전환될 때 인식되는 주식발행초과금은? (단, 전환권대가는 전환 시 주식발행초과금으로 대체되며, 단수차이로 인한 오차가 있으면 가장 근사치를 선택한다.)

18년 기출

> • 액면금액 : ₩1,000,000
> • 표시이자율 : 연 5%
> • 이자지급시점 : 매년 12월 31일
> • 일반사채의 시장이자율 : 연 12%
> • 전환가격 : ₩2,000(보통주 주당 액면금액 ₩1,000)
> • 상환할증금 : 만기상환 시 액면금액의 119.86%로 일시상환

| 기간 | 단일금액 ₩1의 현재가치 | | 정상연금 ₩1의 현재가치 | |
|---|---|---|---|---|
| | 5% | 12% | 5% | 12% |
| 1 | 0.9524 | 0.8929 | 0.9524 | 0.8929 |
| 2 | 0.9070 | 0.7972 | 1.8594 | 1.6901 |
| 3 | 0.8638 | 0.7118 | 2.7233 | 2.4018 |

① ₩166,499      ② ₩177,198

③ ₩245,939      ④ ₩256,638

⑤ ₩326,747

**해설**

1) 20×1년 초 부채의 공정가치 = ₩1,198,600 × 0.7118 + ₩50,000 × 2.4018 = ₩973,253
2) 20×1년 초 전환권대가 = ₩1,000,000 − ₩973,253 = ₩26,747
3) 20×2년 초 부채의 장부금액 = ₩973,253 × 1.12 − ₩50,000 = ₩1,040,043
4) 20×3년 초 부채의 장부금액 = ₩1,040,043 × 1.12 − ₩50,000 = ₩1,114,849
5) 20×3년 초 증가하는 주식발행초과금 = ₩1,114,849 × 40% − (200주 × ₩1,000) + ₩26,747 × 40% = ₩256,638
* 전환권 행사 시 발행되는 주식수 = ₩400,000(행사금액) ÷ ₩2,000(전환가격) = 200주

**08** 다음은 (주)감평이 20×1년 1월 1일 액면발행한 전환사채와 관련된 자료이다.

- 액면금액: ₩100,000
- 20×1년 1월 1일 전환권조정: ₩11,414
- 20×1년 12월 31일 전환권조정 상각액: ₩3,087
- 전환가격: ₩1,000(보통주 주당 액면금액 ₩500)
- 상환할증금: 만기에 액면금액의 105.348%

20×2년 1월 1일 전환사채 액면금액의 60%에 해당하는 전환사채가 보통주로 전환될 때, 증가하는 주식발행초과금은? (단, 전환사채 발행시점에서 인식한 자본요소(전환권대가) 중 전환된 부분은 주식발행초과금으로 대체하며, 계산금액은 소수점 첫째 자리에서 반올림하며, 단수차이로 인한 오차가 있으면 가장 근사치를 선택한다.) 20년 기출

① ₩25,853    ② ₩28,213    ③ ₩28,644
④ ₩31,853    ⑤ ₩36,849

해설

1) 20×1년 1월 1일 전환사채 발행 당시의 부분재무상태표

| 부분재무상태표 | | |
|---|---|---|
| 자산 | 부채 | |
| | 전환사채 | ₩100,000 |
| | 상환할증금 | 5,348 |
| | 전환권조정 | (11,414) |
| | 장부금액 | ₩93,934 |
| | 자본 | |
| | 전환권대가 | ₩6,066 |

2) 20×2년 초 부채요소의 장부금액 = ₩93,934 + ₩3,087(전환권조정 상각액) = ₩97,021

3) 20×2년 전환사채 행사 시 증가하는 주식발행초과금

= ₩97,021 × 60% − 자본금 + 전환권대가 대체액

= ₩58,213 − (60주 × ₩500) + ₩6,066 × 60% = ₩31,853

**09** ㈜한국은 20×1년 1월 1일에 다음과 같은 조건의 전환사채를 액면발행하였다.

- 액면가액 : ₩1,000,000
- 일반사채 시장수익률 : 연 10%
- 표시이자율 : 연 5%(매년 말 후급)
- 만기상환일 : 20×3년 12월 31일

동 전환사채는 전환권을 행사하지 않을 경우 상환기일에 액면가액의 109.74%를 상환하는 조건이다. 20×2년 초에 액면가액의 60%에 해당하는 전환사채가 주식으로 전환되었을 경우 20×2년도에 인식할 전환사채 이자비용은 얼마인가? (단, 기초시점을 전환간주일로 하며, 기간 3년, 10%, ₩1의 현가계수는 0.75131이고 연금현가계수는 2.48685이다.)

① ₩94,883  ② ₩36,529  ③ ₩39,749

④ ₩38,184  ⑤ ₩41,726

해설

1) 20×1년 초 부채요소의 공정가치

= ₩1,097,400 × 0.75131 + ₩50,000 × 2.48685 = ₩948,830

2) 20×1년 초 자본요소

= ₩1,000,000(발행금액) − ₩948,830(부채요소) = ₩51,170

3) 20×1년 말 부채요소의 장부금액

= ₩948,830 + ₩948,830 × 10% − ₩50,000 = ₩993,713

4) 20×2년 이자비용 = ₩993,713 × 40% × 10% = ₩39,749

\* 전환사채는 전환권 행사 시 부채요소가 감소하므로 남은 부채의 장부금액에서 이자가 발생한다.

**10** ㈜서울은 현재의 신용등급으로 만기 3년, 표시이자율 연 12%, 액면금액 ₩1,000,000 의 일반사채를 액면발행할 수 있다. ㈜서울은 20×1년 1월 1일에 만기 3년, 표시이자율 연 8%, 액면금액 ₩1,000,000의 비분리형 신주인수권부사채를 액면발행하였다. 동 신주인수권부사채는 상환할증금이 없으며, 이자는 매년 말 지급된다. 신주인수권의 행사가격은 ₩25,000, 행사비율은 100%이며, 각 신주인수권은 액면금액이 ₩5,000 인 보통주 1주를 매입할 수 있다. 신주인수권의 공정가치는? (단, 현가계수는 다음과 같음)  `11년 기출`

| (3년 기준) | 연 8% | 연 12% |
|---|---|---|
| 단일금액 ₩1의 현가계수 | 0.7938 | 0.7118 |
| 정상연금 ₩1의 현가계수 | 2.5771 | 2.4018 |

① ₩96,056　　　　② ₩98,065　　　　③ ₩100,092

④ ₩110,029　　　　⑤ ₩120,092

**해설**

1) 부채요소의 공정가치
= ₩1,000,000 × 0.7118 + ₩80,000 × 2.4018 = ₩903,944
2) 신주인수권의 공정가치
= ₩1,000,000(발행가액) − ₩903,044(부채요소의 공정가치) = ₩96,056

**11** ㈜국세는 20×3년 1월 1일 액면금액이 ₩1,000,000인 비분리형 신주인수권부사채 (상환기일 20×7년 12월 31일, 5년 만기, 표시이자율 연 7%, 이자는 매년 말 후급조건)를 액면발행하였다. 이 신주인수권부사채와 동일한 조건의 일반사채의 유효이자율은 연 10%이며, 만기까지 신주인수권을 행사하지 않을 경우 액면금액의 110%를 보장한다. 신주인수권부사채의 발행 시 동 사채의 장부금액은 얼마인가? (단, 현가계수는 아래 표를 이용한다.)  `14년 CTA`

| 기간 | 기간 말 단일금액 ₩1의 현재가치 | | 정상연금 ₩1의 현재가치 | |
|---|---|---|---|---|
| | 7% | 10% | 7% | 10% |
| 1 | 0.9346 | 0.9091 | 0.9346 | 0.9091 |
| 2 | 0.8734 | 0.8264 | 1.8080 | 1.7355 |
| 3 | 0.8163 | 0.7513 | 2.6243 | 2.4868 |
| 4 | 0.7629 | 0.6830 | 3.3872 | 3.1698 |
| 5 | 0.7130 | 0.6209 | 4.1002 | 3.7908 |

① ₩848,346　　　　② ₩886,256　　　　③ ₩948,346

④ ₩986,256　　　　⑤ ₩1,000,000

신주인수권부사채 발행 시의 사채 장부금액
= ₩1,100,000 × 0.6209 + ₩70,000 × 3.7908 = ₩948,346

**12** ㈜대한은 20×1년 1월 1일에 만기 3년, 액면이자율 5%(이자는 매년 말 지급), 액면금액 ₩1,000,000의 비분리형 신주인수권부사채를 액면발행하였다. 신주인수권의 행사기간은 발행일로부터 1개월이 경과한 날부터 상환기일 30일 전까지이다. 신주인수권부사채는 상환할증 조건이 없으며, 신주인수권의 행사조건은 사채 액면금액 ₩20,000당 보통주(주당 액면 ₩5,000) 1주를 인수(행사가격 ₩20,000)할 수 있다. 20×3년 1월 1일 신주인수권의 60%가 행사되었다. 이러한 신주인수권의 행사로 인한 ㈜대한의 자본증가액은? (단, ㈜대한은 신주인수권부사채 발행시점에서의 신용등급으로 만기 3년, 액면이자율 10%, 액면금액 ₩1,000,000의 일반사채를 액면발행할 수 있다. 또한 기간 3, 1원의 현재가치 및 연금현재가치는 0.7513, 2.48680이다.)

13년 CTA

① ₩500,000     ② ₩512,180     ③ ₩562,180
④ ₩600,000     ⑤ ₩674,616

해설

자본의 증가는 자산의 증가 또는 부채의 감소로 발생한다.
신주인수권부사채는 신주인수권 행사를 위한 주금의 납입이 필요하므로 증가한 자본은 신주인수권 행사를 위해 납입한 현금에 해당한다.
1) 발행주식수 = ₩1,000,000 ÷ ₩20,000 = 50주
2) 증가하는 자본 = 50주 × 60% × ₩20,000 = ₩600,000

답 ▶ 01 ① 02 ⑤ 03 ② 04 ④ 05 ①
06 ⑤ 07 ④ 08 ④ 09 ③ 10 ①
11 ③ 12 ④

# Chapter 03

**포괄손익계산서 및 현금흐름표**

## 제15절 ｜ 고객과의 계약에서 생기는 수익

수익(revenue)은 자본참여자의 출자관련 증가분을 제외한 자본의 증가를 수반하는 것으로서 회계기간의 정상적인 활동에서 발생하는 경제적효익의 총유입(유입가치)을 의미한다. 수익은 고객에게 기업의 재화나 용역을 제공하고 대가를 받기로 한 계약에서 발생하는 것으로 부가가치세처럼 제3자를 대신해서 받는 것은 수익으로 보지 않는다. 또한 고객에게 판매를 쉽게 하기 위해 행하는 같은 사업 영역에 있는 기업 간의 비화폐성 교환은 수익으로 보지 않는다.

또한 해당 기준서는 계약 상대방이 고객인 경우에만 적용한다. 고객이란 기업의 통상적인 활동의 산출물인 재화나 용역을 대가와 교환하여 획득하기로 그 기업과 계약한 당사자를 말한다. 계약 당사자가 고객이 아니라면 수익이 발생하더라도 해당 기준서를 적용하지 않는다.

### 1 수익인식의 5단계

#### 1. 수익인식의 5단계

> Step1. 계약식별 : 고객과의 계약을 식별한다.
> Step2. 수행의무식별 : 고객에게 수행할 의무를 식별한다.
> Step3. 거래가격 산정 : 의무이행에 대한 대가로 받을 권리로 측정한다.
> Step4. 거래가격 배분 : 거래가격을 계약 내 수행의무에 배분한다.
> Step5. 수익인식 : 고객에 대한 수행의무를 이행할 때 수익을 인식한다.

##### (1) 고객과의 계약을 식별

계약은 둘 이상의 당사자 사이에 집행 가능한 권리와 의무가 생기게 하는 합의로서 서면, 구두 또는 사업관행에 따라 승인될 수 있다. 다음 기준을 모두 충족하는 경우에만 고객과의 계약으로 회계처리한다.

> ① 계약당사자들이 계약을 승인하고 각자의 의무를 수행하기로 확약한다.
> ② 이전할 재화나 용역과 관련된 각 당사자의 권리를 식별할 수 있다.
> ③ 이전할 재화나 용역의 지급조건을 식별할 수 있다.
> ④ 계약에 상업적 실질이 있다(계약의 결과로 기업의 미래현금흐름의 위험, 시기, 금액이 변동될 것으로 예상된다).
> ⑤ 재화나 용역에 대한 대가의 회수가능성이 높다.

계약의 각 당사자가 전혀 수행되지 않은 계약에 대해 상대방에게 보상하지 않고 종료할 수 있는 일방적이고 집행 가능한 권리를 갖는다면 그 계약은 존재하지 않는 것으로 본다.

만약, 계약개시 시점에 이러한 판단기준을 충족하지 못한 채 고객으로부터 대가를 수령하였다면 고객에게 재화나 용역을 이전해야 하는 의무가 남아 있지 않고 약속한 대가를 대부분 받았으며 환불되지 않는 경우와 계약이 종료되었고 고객으로부터 받은 대가가 환불되지 않는 경우 받은 대가를 수익으로 인식하고 그 전까지는 부채로 인식하게 된다.

고객과의 계약이 계약 개시시점에 5가지 요건을 충족하는 경우에는 **사실과 상황에 유의적인 변동 징후가 없는 한** 이러한 기준들을 재검토하지 않는다. 그러나 고객의 대가 지급능력이 유의적으로 악화된다면 고객에게 이전할 나머지 재화나 용역에 대해서만 회수가능성을 재검토한다.

---

※ **계약의 결합**

같은 고객(또는 그 고객의 특수관계자)과 동시에 또는 가까운 시기에 둘 이상의 계약을 체결한 경우 다음 기준 중 하나를 충족하면 단일 계약으로 회계처리한다.

① 복수의 계약을 하나의 상업적 목적으로 일괄 협상한다.

② 한 계약에서 지급하는 대가(금액)는 다른 계약의 가격이나 수행에 따라 달라진다.

③ 복수의 계약에서 약속한 재화나 용역(또는 각 계약에서 약속한 재화나 용역의 일부)이 단일수행의무에 해당한다.

---

### (2) 수행의무식별

수행의무(performance obligations)란 고객과의 계약에서 재화나 용역을 이전하기로 한 약속을 말한다. 수익은 계약별로 인식하는 것이 아니라 식별된 수행의무별로 인식하기 때문에 하나의 계약이 여러 개의 수행의무로 이루어져 있다면 전체 거래가격을 각 수행의무에 배분한 후 수행의무의 이행에 따라 수익을 각각 인식한다. 고객의 고객에 대한 약속도 수행의무가 될 수 있다. 기업은 계약 개시시점에 고객과의 계약에서 약속한 재화나 용역을 검토하여 고객에게 다음 중 어느 하나를 이전하기로 한 각 약속을 하나의 수행의무로 식별한다.

---

① 구별(distinct)되는 재화나 용역(또는 재화나 용역의 묶음)

② 실질적으로 서로 같고 고객에게 이전하는 방식도 같은 '일련의 구별되는 재화나 용역'

---

### ① 구별되는 재화나 용역

일반적으로 고객과의 계약에는 기업이 고객에게 이전하기로 약속하는 재화나 용역을 분명히 기재하나, 여기에만 한정되는 것은 아니다. 이는 계약체결일에 기업의 사업 관행, 공개한 경영방침, 특정 성명(서)에서 암시되는 약속이 기업이 재화나 용역을 고객에게 이전할 것이라는 정당한 기대를 하도록 한다면, 이러한 약속도 고객과의 계약에 포함될 수 있기 때문이다. 계약을 이행하기 위해 해야 하지만, 고객에게 재화나 용역을 이전하는 활동이 아니라면 (⑩ 계약준비를 위해 수행하는 다양한 관리업무) 그 활동은 수행의무에 포함되지 않는다.

다음에서 언급하는 두 가지 기준을 모두 충족한다면 고객에게 약속한 재화나 용역은 구별되는 것이다.

> ① 고객이 재화나 용역 그 자체에서 효익을 얻거나, 고객이 쉽게 구할 수 있는 다른 자원과 함께하여 그 재화나 용역에서 효익을 얻을 수 있다(그 재화나 용역이 구별될 수 있다).
> ② 고객에게 재화나 용역을 이전하기로 하는 약속을 계약 내의 다른 약속과 별도로 식별해 낼 수 있다(그 재화나 용역을 이전하기로 하는 약속은 계약상 구별된다).

위의 문단은 재화나 용역이 구별되기 위해서는 재화나 용역 그 자체가 구별되어야 할 뿐만 아니라 **계약상으로도 구별되어야** 할 것을 요구한다.

기업이 보통 재화나 용역을 별도로 판매한다는 사실은 고객이 재화나 용역 그 자체에서 효익을 얻거나 쉽게 구할 수 있는 다른 자원과 함께하여 효익을 얻을 수 있음을 보여주는 예이다. 약속한 재화나 용역을 구별하기 위해서는 계약상으로도 구별되어야 한다. 계약상 구별 여부를 파악하는 목적은 계약상 그 약속의 성격이 각 재화나 용역을 개별적으로 이전하는 것인지, 아니면 약속된 재화나 용역을 투입한 결합 품목(들)을 이전하는 것인지를 판단하는 것이다. 복수의 재화나 용역을 이전하는 계약이라면 이를 계약상 별도로 식별할 수 있는지에 따라 기업의 수행의무가 단일의 수행의무가 될 수도 있고 복수의 수행의무가 될 수도 있다. 다음은 고객에게 재화나 용역을 이전하기로 한 약속을 별도로 식별해 낼 수 없음을 나타내는 요소(이에 한정되지는 않음)이다.

> ① 기업은 해당 재화나 용역과 그 계약에서 약속한 다른 재화나 용역을 통합하는 유의적인 용역을 제공한다. 다시 말해서, 기업은 고객이 특정한 **결합산출물**(들)을 생산하거나 인도하기 위한 투입물로서 그 재화나 용역을 사용하고 있다.
> ② 하나 이상의 해당 재화나 용역은 그 계약에서 약속한 하나 이상의 다른 재화나 용역을 유의적으로 **변형하거나 고객 맞춤화**하거나, 계약에서 약속한 하나 이상의 다른 재화나 용역에 의해 변형되거나 고객 맞춤화된다.
> ③ 해당 재화나 용역은 **상호의존도나 상호관련성이 매우 높다**. 다시 말해서 각 재화나 용역은 그 계약에서 하나 이상의 다른 재화나 용역에 의해 유의적으로 영향을 받는다.

② 실질적으로 같고 이전하는 방식도 같은 일련의 구별되는 재화나 용역

기업이 일정 기간에 같은 재화나 용역을 연속적으로 제공하는 상황(예 청소용역 제공, Cable TV 용역 제공 등)에서 수행의무를 식별할 때 일관성을 높이기 위하여 필요하다. 즉, 일련의 구별되는 재화나 용역이 기간에 걸쳐 이행하는 수행의무의 기준을 충족하고, 같은 방법을 사용하여 진행률을 측정한다면, 여러 개의 수행의무로 보지 않고 단일 수행의무로 본다.

그리고 단일 수행의무를 기간에 걸쳐 이행하는 것으로 보기 때문에 기간에 걸쳐 수익을 인식한다.

(3) 거래가격 산정

거래가격(transaction price)은 고객에게 약속한 재화나 용역을 이전하고 그 대가로 기업이 받을 권리를 갖게 될 것으로 예상하는 금액이며, 제3자를 대신해서 회수한 금액(예 부가가치세)은 제외한다. 거래가격은 궁극적으로 기업이 수익으로 인식할 금액인데, 다음의 사항이 미치는 영향을 모두 고려하여 거래가격을 산정한다. 거래가격을 산정하기 위하여 기업은 재화나 용역을 현행 계약

에 따라 약속대로 고객에게 이전할 것이고 이 계약은 취소·갱신·변경되지 않을 것이라고 가정한다.

① 변동대가
② 변동대가 추정치의 제약
③ 계약에 있는 유의적인 금융요소
④ 비현금 대가
⑤ 고객에게 지급할 대가

① 변동대가

계약에서 약속한 대가는 고정금액, 변동금액 또는 둘 다를 포함할 수 있다. 계약에서 약속한 대가에 변동금액이 포함된 경우, 거래가격은 고정된 금액이 아니기 때문에 거래가격을 추정해야 한다. 대가는 할인, 리베이트, 환불, 공제, 가격할인, 장려금, 성과보너스, 위약금이나 그 밖의 비슷한 항목 때문에 변동될 수 있다. 기업이 대가를 받을 권리가 미래 사건의 발생 여부에 달려 있는 경우에도 약속한 대가는 변동될 수 있다.

◉ 변동대가 추정 방법

| 방법 | 내용 |
|---|---|
| 기댓값 | 기댓값은 가능한 대가의 범위에 있는 모든 금액에 각 확률을 곱한 금액의 합이다. 특성이 비슷한 계약이 많은 경우 기댓값은 변동대가의 적절한 추정치일 수 있다. |
| 가능성이 가장 높은 금액 | 가능성이 가장 높은 금액은 가능한 대가의 범위에서 가능성이 가장 높은 단일 금액이다. 계약에서 가능한 결과치가 두 가지뿐일 경우에는 가능성이 가장 높은 금액이 변동대가의 적절한 추정치가 될 수 있다. |

**예제 15-1  변동대기**

㈜한국은 거래처에 20×1년 1월 1일 제품 A를 개당 ₩100에 공급하기로 계약을 체결하였다. 계약에는 만약 고객이 1년 동안 제품 A를 1,000개 넘게 구매하는 경우 개당 가격을 ₩90으로 소급하여 낮추기로 하였다. ㈜한국은 20×1년 3월 31일 제품 A를 75개 판매하였으나 연간 1,000개는 넘지 않을 것으로 예상하였다. 그러나 20×1년 6월 30일 ㈜한국은 추가로 500개를 판매하였고 연간 판매량이 1,000개를 초과할 것으로 예상하였다. ㈜한국이 20×1년 3월 31일과 20×1년 6월 30일에 매출과 관련한 회계처리를 하시오(단, 모든 판매는 외상판매이다).

----

**해답**

| 20×1.3.31 | (차) 매출채권 | 7,500 | (대) 매출 | 7,500 |
|---|---|---|---|---|
| 20×1.6.30 | (차) 매출채권 | 44,250 | (대) 매출 | 44,250 |

(1) 20×1.3.31 매출액 = 75개 × ₩100 = ₩7,500
(2) 20×1.6.30 매출액 = 500개 × ₩90 − [75개 × (₩100 − ₩90)] = ₩44,250

② 변동대가 추정치의 제약

기준서 제1115호는 변동대가의 추정치가 너무 불확실하거나, 기업이 고객에게 재화나 용역을 이전하고 그 대가로 받을 권리를 갖게 될 금액을 충실하게 나타내지 못하는 경우에는 이를 거래가격에 포함시키지 않도록 하였다. 이를 변동대가 추정치의 제약이라고 하는데, 변동대가 추정치를 제약하면 그만큼 수익을 덜 인식하게 된다.

> 변동대가와 관련된 불확실성이 나중에 해소될 때, 이미 인식한 누적 수익 금액 중 유의적인 부분을 되돌리지(환원하지) 않을 가능성이 매우 높은 정도까지만 추정된 변동대가(금액)의 일부나 전부를 거래가격에 포함한다. 변동대가와 관련된 불확실성이 나중에 해소될 때 이미 인식한 누적수익금액 중 유의적인 부분을 되돌리지 않을 가능성이 매우 높을지를 평가할 경우 수익의 환원가능성 및 크기를 모두 고려한다.

다음의 항목들이 있는 경우 변동대가 추정치를 거래가격에 포함시키지 않는다(수익을 인식하지 않는다).

> ㉠ 대가(금액)가 기업의 영향력이 미치지 못하는 요인(예 시장의 변동성, 제3자의 판단이나 행동, 날씨 상황, 약속한 재화나 용역의 높은 진부화 위험)에 매우 민감하다.
> ㉡ 대가(금액)에 대한 불확실성이 장기간 해소되지 않을 것으로 예상된다.
> ㉢ 비슷한 유형의 계약에 대한 기업의 경험이 제한적이거나, 제한된 예측치만 제공한다.
> ㉣ 폭넓게 가격할인을 제공하거나, 비슷한 상황에 있는 비슷한 계약의 지급조건을 변경하는 관행이 있다.
> ㉤ 계약에서 생길 수 있는 대가가 다수이고 그 범위도 넓다.

③ 변동대가 추정치의 제약 - 반품권이 있는 판매

일부 계약에서는 기업이 고객에게 제품에 대한 통제를 이전하고, 다양한 이유로 제품을 반품할 권리를 고객에게 부여하기도 한다. 반품권이 있는 판매에서 수익금액을 산정할 때 변동대가의 인식 및 측정원칙을 사용한다.

즉, 반품권과 관련된 불확실성이 나중에 해소될 때, 이미 인식한 누적 수익 금액 중 유의적인 부분을 되돌리지 않을 가능성이 매우 높은 정도까지만 수익을 인식한다. 따라서 반품될 것으로 예상되는 금액에 대해서는 수익을 인식하지 않고, 환불부채(refund liability)를 인식한다. 또한 고객이 반품권을 행사할 때 기업이 재화를 회수할 수 있는 권리를 별개의 자산(반환제품회수권)으로 인식한다.

반품기간에 언제라도 반품을 받기로 하는 기업의 약속은 수행의무로 회계처리하지 않는다. 즉, 환불부채는 수행의무로 보지 않으므로 거래가격을 배분하지 않는다.

보고기간 말마다 기업은 제품을 이전하고 그 대가로 권리를 갖게 될 것으로 예상하는 금액을 다시 평가하고, 이에 따라 거래가격과 인식된 수익 금액을 바꾼다. 그리고 보고기간 말마다 반품 예상량의 변동에 따라 환불부채의 측정치를 새로 수정하고, 이에 따라 생기는 조정액을 수익(또는 수익의 차감)으로 인식한다.

〈재고자산의 통제 이전 시점〉

| (차) 계약자산 | ×××(1) | (대) 매출 | ×××(2) |
|---|---|---|---|
| | | 환불부채 | ×××(2) |
| (차) 매출원가 | ×××(3) | (대) 재고자산 | ××× |
| 반환제품회수권 | ×××(3) | | |

(1) 계약자산은 고객에게 재화나 용역을 이전하고 고객에게서 대가를 받을 권리를 말한다. 이에 반해 수취채권은 대가를 받을 무조건적인 권리를 말한다. 반품조건부로 재고자산을 판매할 경우 반품 기한이 종료되기 전까지는 대가를 받을 무조건적인 권리가 있지 않으므로 매출채권이 아니라 계약자산을 인식한다.

(2) 반품기한 내에 반품될 것으로 추정되는 거래가격을 환불부채로 인식하고, 반품되지 않을 것으로 추정되는 나머지 금액을 매출로 인식한다.

(3) 재고자산을 감소시키면서 매출원가를 인식하는데, 반품될 것으로 추정되는 매출원가 해당액을 반환제품회수권으로 인식하고, 반품되지 않을 것으로 추정되는 나머지 금액을 매출원가로 인식한다.

〈재고자산 반품 시〉

| (차) 환불부채 | ×××(4) | (대) 계약자산 | ×××(4) |
|---|---|---|---|
| (차) 재고자산 | ×××(5) | (대) 반환제품회수권 | ×××(5) |

(4) 반품된 재고자산의 판매가격만큼 계약자산과 환불부채를 상계한다.

(5) 반품된 재고자산을 증가시키고 그만큼 반환제품회수권을 감소시킨다.

〈반품기한 내에 반품되지 않은 경우〉

| (차) 환불부채 | ×××(6) | (대) 매출 | ×××(6) |
|---|---|---|---|
| (차) 매출원가 | ×××(7) | (대) 반환제품회수권 | ×××(7) |

(6) 반품기한이 경과된 경우 환불부채를 감소시키면서 매출을 인식한다.

(7) 반품기한이 경과된 경우 반환제품회수권을 감소시키면서 매출원가를 인식한다.

반품기한이 경과되면 고객으로부터 대가를 받을 무조건적인 권리를 갖게 되므로 계약자산을 수취채권으로 대체한다.

---

**예제 15-2  환불부채**

㈜한국은 거래처인 ㈜민국에게 20×1.3.1에 재화 ₩15,000,000(원가 ₩12,000,000)을 외상으로 인도하였다. ㈜한국은 인도시점에서 ㈜민국에게 20×1.6.30까지 반품권을 부여하였다.

[물음]
1. 재화의 인도시점에 반품가능성을 합리적으로 추정할 수 없는 경우 회계처리를 하시오.
2. 매출 중 ₩2,000,000(원가 ₩1,600,000)의 반품이 추정되는 경우 회계처리를 하시오.

해답

1. 반품가능성을 합리적으로 추정할 수 없는 경우에는 인도시점(20×1.3.1)에 수익을 인식할 수 없으므로 매출회계처리는 없다. 반품기한 경과 시 반품이 전혀 없다면 20×1.6.30에 매출을 인식한다.

| | | | | | |
|---|---|---|---|---|---|
| 20×1.3.1 | (차) 계약자산 | 15,000,000 | (대) 환불부채 | 15,000,000 |
| | (차) 반환제품회수권 | 12,000,000 | (대) 재고자산 | 12,000,000 |
| 20×1.6.30 | (차) 환불부채 | 15,000,000 | (대) 매출 | 15,000,000 |
| | (차) 매출원가 | 12,000,000 | (대) 반환제품회수권 | 12,000,000 |

2. 반품예상가능성을 합리적으로 예측가능한 경우 반품예상금액을 매출이 아닌 환불부채로, 회수예상되는 자산은 반환제품회수권으로 인식한다.

| | | | | |
|---|---|---|---|---|
| 20×1.3.1 | (차) 계약자산 | 15,000,000 | (대) 매출 | 13,000,000 |
| | | | 환불부채 | 2,000,000 |
| | (차) 매출원가 | 10,400,000 | (대) 재고자산 | 12,000,000 |
| | 반환제품회수권 | 1,600,000 | | |

④ **계약에 있는 유의적인 금융요소**

거래가격을 산정할 때 계약 당사자들 간에(명시적 또는 암묵적으로) 합의한 지급시기 때문에 고객에게 재화나 용역을 이전하면서 유의적인 금융효익이 고객이나 기업에 제공되는 경우, 화폐의 시간가치가 미치는 영향을 반영하여 약속된 대가를 조정한다.

계약을 개시할 때 기업이 고객에게 약속한 재화나 용역을 이전하는 시점과 고객이 그에 대한 대가를 지급하는 시점 간의 기간이 1년 이내일 것으로 예상한다면 유의적인 금융요소의 영향을 조정하지 않는 실무적 간편법을 쓸 수 있다.

만약, 계약에 다음 요인 중 어느 하나라도 존재하는 경우 금융요소가 없다고 본다.

> ㉠ 고객이 재화나 용역의 대가를 선급하였고, 그 재화나 용역의 이전 시점은 **고객의 재량**에 따른다.
> ㉡ 고객이 약속한 대가 중 상당한 금액이 변동될 수 있으며, 그 대가의 금액과 시기는 고객이나 **기업이 실질적으로 통제할 수 없는** 미래 사건의 발생 여부에 따라 달라진다.
> ㉢ 약속한 대가와 재화나 용역의 현금판매가격 간의 차이가 고객이나 기업에 대한 **금융제공 외의 이유**로 생기며, 그 금액 차이는 그 차이가 나는 이유에 따라 달라진다.

기업이 현금판매가격으로 수익을 인식하기 위해서 유의적인 금융요소를 반영하여 약속한 대가(금액)를 조정할 때, 계약 개시시점에 기업과 고객이 별도 금융거래를 한다면 반영하게 될 할인율(고객의 신용특성을 반영한 이자율)을 사용한다. 그러나 계약 개시 후에는 이자율이나 그 밖의 상황이 달라져도(예 고객의 신용위험 평가의 변동) 그 할인율을 새로 수정하지 않는다.

**예제 15-3** 할부판매

㈜한국은 20×1년 1월 1일 총수취액 ₩10,000,000의 할부매출을 하면서 인도금으로 ₩4,000,000을 즉시 수령하고, 잔금 ₩6,000,000은 20×1년부터 20×3년까지 매년 12월 31일에 ₩2,000,000씩 3년에 걸쳐서 수령하기로 하였다. 이 거래에는 유의적인 금융요소가 포함되어 있으며, 계약 할인율은 연 10%로서 계약 개시시점에 ㈜한국과 고객이 별도 금융거래를 한다면 반영하게 될 할인율로 판단된다.

[물음]

1. 총수취액 ₩10,000,000을 ㈜한국이 인식할 매출액과 이자수익으로 구분하시오.
2. 20×1년부터 20×3년까지 매 회계연도 말(12월 31일)에 재무상태표에 표시될 매출채권 장부금액과 매년 포괄손익계산서에 표시될 이자수익을 나타내는 매출채권 장부금액 조정표를 작성하시오.

──────────────────────────────

해답

1. 매출액 = ₩4,000,000 + ₩2,000,000 × 2.48685(기간 3, 10%, 연금현가계수) = ₩8,973,700
   이자수익 = ₩10,000,000(총수취액) − ₩8,973,700(매출액) = ₩1,026,300

2. 매출채권 장부금액 조정

| 일자 | 현금수령액 | 이자수익(10%) | 원금회수액 | 매출채권 장부금액 |
|---|---|---|---|---|
| 20×1.1.1 | ₩4,000,000 | − | − | ₩4,973,700 |
| 20×1.12.31 | 2,000,000 | ₩497,370 | 1,502,630 | 3,471,070 |
| 20×2.12.31 | 2,000,000 | 347,107 | 1,652,893 | 1,818,177 |
| 20×3.12.31 | 2,000,000 | 181,823 | 1,818,177 | 0 |
| 합계 | ₩10,000,000 | ₩1,026,300 | ₩8,973,700 | |

**예제 15-4** 계약에 있는 유의적인 금융요소

㈜한국은 거래처에 20×1년 1월 1일 제품 A를 2년 후에 이전하기로 하고 ₩4,000을 수령하였다. 기업의 증분차입이자율이 6%라면 제품 판매시점까지의 회계처리를 하시오.

──────────────────────────────

해답

| | | | | | |
|---|---|---|---|---|---|
| 20×1.1.1 | (차) 현금 | 4,000 | (대) 계약부채 | 4,000 |
| 20×1.12.31 | (차) 이자비용 | 240 | (대) 계약부채 | 240 |
| 20×2.12.31 | (차) 이자비용 | 254 | (대) 계약부채 | 254 |
| | (차) 계약부채 | 4,494 | (대) 매출 | 4,494 |

\* 20×1년 이자비용 = ₩4,000 × 6% = ₩240
\* 20×2년 이자비용 = ₩4,240 × 6% = ₩254

⑤ 비현금 대가

　　㉠ 고객이 현금 외의 형태로 대가를 약속한 계약의 경우에 거래가격을 산정하기 위하여 비현금 대가를 공정가치로 측정한다.

　　㉡ 비현금 대가의 공정가치를 합리적으로 추정할 수 없는 경우에는 그 대가와 교환하여 고객에게 약속한 재화나 용역의 개별 판매가격을 참조하여 간접적으로 그 대가를 측정한다.

　　㉢ 비현금 대가의 공정가치가 대가의 형태 때문에 변동되는 경우에는 변동대가 추정치의 제약 규정을 적용하지 않으며, 대가의 형태가 아닌 다른 이유로 변동된다면 변동대가 추정치의 제약 규정을 적용한다.

⑥ 고객에게 지급할 대가

　　㉠ 고객에게 지급할 대가가 고객에게서 받은 구별되는 재화나 용역에 대한 지급이 아니라면, 그 대가는 거래가격, 즉 수익에서 차감하여 회계처리한다.

　　㉡ 고객에게 지급할 대가가 고객에게서 받은 구별되는 재화나 용역에 대한 지급이라면, 다른 공급자에게서 구매한 경우와 같은 방법으로 회계처리한다.

　　㉢ 고객에게 지급할 대가가 고객에게서 받은 구별되는 재화나 용역의 공정가치를 초과한다면, 그 초과액을 거래가격에서 차감하여 회계처리한다. 만약, 고객에게서 받은 재화나 용역의 공정가치를 합리적으로 추정할 수 없다면, 고객에게 지급할 대가 전액을 거래가격에서 차감한다.

## (4) 거래가격을 수행의무에 배분

① 개별 판매가격 추정

거래가격은 일반적으로 계약에서 약속한 각 구별되는 재화나 용역의 상대적 개별 판매가격을 기준으로 수행의무에 배분한다. 이때 개별 판매가격이란 기업이 고객에게 약속한 재화나 용역을 별도로 판매할 경우의 가격을 말한다.

---

㈜한국은 거래처에 20×1.1.1 제품 A, B, C를 ₩1,000에 판매하기로 하였다. 각 제품은 서로 다른 시기에 공급이 이루어지며 개별 제품을 판매하는 경우 가격은 다음과 같다. 각 제품별로 인식하여야 할 거래금액은 얼마인가?

| 제품 A | 제품 B | 제품 C | 합계 |
|--------|--------|--------|------|
| ₩500 | ₩250 | ₩750 | ₩1,500 |

A : ₩1,000 × (₩500/₩1,500) = ₩333
B : ₩1,000 × (₩250/₩1,500) = ₩167
C : ₩1,000 × (₩750/₩1,500) = ₩500

---

● 개별 판매가격의 추정방법

| 방법 | 내용 |
| --- | --- |
| 시장평가 조정 접근법 | 기업이 재화나 용역을 판매하는 시장을 평가하여 그 시장에서 고객이 그 재화나 용역에 대해 지급하려는 가격을 추정 |
| 예상원가 이윤 가산 접근법 | 수행의무를 이행하기 위한 예상원가를 예측하고, 여기에 그 재화나 용역에 대한 적절한 이윤을 더하는 방법 |
| 잔여접근법 | 총 거래가격에서 계약에서 약속한 그 밖의 재화나 용역의 관측 가능한 개별 판매가격의 합계를 차감하여 추정 |

**잔여접근법**은 같은 재화나 용역을 서로 다른 고객들에게 광범위한 금액으로 판매하거나(즉, 대표적인 개별 판매가격을 분간할 수 없어 판매가격이 매우 다양), 재화나 용역의 가격을 아직 정하지 않았고 과거에 그 재화나 용역을 따로 판매한 적이 없어 판매가격이 불확실한 경우에만 사용이 가능하다.

② 할인액의 배분

할인액 전체가 계약상 하나 이상의 일부 수행의무에만 관련된다는 관측 가능한 증거가 있는 때 외에는 할인액을 계약상 모든 수행의무에 비례하여 배분한다. 그러나 다음의 기준을 모두 충족하면 할인액 전체를 일부 수행의무들에만 배분한다.

(1) 기업이 계약상 각각 구별되는 재화나 용역을 보통 따로 판매한다.
(2) 또 기업은 (1)의 재화나 용역 중 일부를 묶고 그 묶음 내의 재화나 용역의 개별 판매가격보다 할인하여 그 묶음을 보통 따로 판매한다.
(3) (2)에서 기술한 재화나 용역의 각 묶음의 할인액이 계약의 할인액과 실질적으로 같고, 각 묶음의 재화나 용역을 분석하면 계약의 전체 할인액이 귀속되는 수행의무(들)에 대한 관측 가능한 증거를 제공한다.

할인액을 배분하는 경우, 잔여접근법을 사용하여 재화나 용역의 개별 판매가격을 추정하기 전에 그 할인액을 배분한다.

**예제 15-5**  할인액의 배분

㈜한국은 A, B, C의 세 가지 제품을 개별 판매하는데, 개별 판매가격은 각각 ₩500, ₩300 및 ₩200이다. ㈜한국은 보통 제품 B와 C를 묶어서 ₩400에 판매한다. ㈜한국은 고객에게 ₩900에 제품 A, B 및 C를 판매하기로 계약을 체결하였다. ㈜한국은 서로 다른 시점에 3가지 제품의 통제를 이전한다. 제품 A, B, C에 배분되는 거래가격은 각각 얼마인가?

> **[해답]**
>
> ㈜한국은 A, B, C의 개별판매가격의 합이 약속된 대가를 초과하므로 ₩100의 할인을 받는다. B, C를 묶어서 판매한다는 관측가능한 증거가 있으므로 할인액은 B, C에만 배분한다.
> A = ₩500
> B = ₩300 − [₩100 × (₩300/₩500)] = ₩240
> C = ₩200 − [₩100 × (₩200/₩500)] = ₩160

**예제 15-6  할인액의 배분**

㈜한국은 ₩1,200에 제품 A, B, C를 판매하기로 고객과 계약을 체결하였다. ㈜한국은 서로 다른 시점에 각 제품에 대한 수행의무를 이행할 것이다. ㈜한국은 보통 제품 A를 별도로 판매하므로 개별 판매가격 ₩600을 직접 관측할 수 있으나, 제품 B와 C의 개별 판매가격은 직접 관측할 수 없으므로 추정하기로 하였다. ㈜한국은 제품 B에는 시장평가 조정 접근법을 사용하여 ₩300으로 개별 판매가격을 추정하였고, 제품 C에는 예상원가 이윤 가산법을 사용하여 ₩700으로 개별 판매가격을 추정하였다. 제품 A, B, C에 배분되는 거래가격은 각각 얼마인가?

> **[해답]**
>
> 제품 A, B, C의 개별 판매가격의 합계액 ₩1,600(₩600 + 300 + 700)이 약속된 대가 ₩1,200을 초과하므로 고객은 제품 묶음을 구매하면서 ₩400의 할인을 받는다. 전체 할인이 귀속되는 수행의무에 대한 관측가능한 증거가 없기 때문에 갑회사는 할인액 ₩400을 제품 A, B, C에 비례적으로 배분하여 다음과 같이 거래가격을 결정한다.
> A = ₩600 − [₩400 × (₩600/₩1,600)] = ₩450
> B = ₩300 − [₩400 × (₩300/₩1,600)] = ₩225
> C = ₩700 − [₩400 × (₩700/₩1,600)] = ₩525

③ 거래가격의 변동

계약을 개시한 다음에 거래가격은 여러 가지 이유로 변동될 수 있다. 여기에는 변동대가를 매 보고기간마다 다시 추정함으로써 거래가격이 계약 개시 후에 변동되는 것도 포함된다. 거래가격의 후속 변동은 계약 개시시점과 같은 기준(즉, 계약 개시시점에 정한 개별 판매가격 기준)으로 계약상 수행의무에 배분한다. 따라서 **계약을 개시한 후의 개별 판매가격의 변동을 반영하기 위해 거래가격을 다시 배분하지는 않는다.** 이행된 수행의무에 배분되는 금액은 거래가격이 변동되는 기간에 수익으로 인식하거나 수익에서 차감한다.

(5) 수행의무의 이행 시기 판단 및 수익의 인식

기간에 걸쳐 수행의무를 이행하면 기간에 걸쳐 수익으로 인식하고, 한 시점에 수행의무를 이행하면 한 시점에 수익을 인식하도록 규정하고 있다.

자산에 대한 통제란 자산을 사용하도록 지시하고 자산의 나머지 효익의 대부분을 획득할 수 있는 능력을 말한다. 또한 통제에는 다른 기업이 자산의 사용을 지시하고 그 자산에서 효익을 획득하지 못하게 하는 능력이 포함된다. 고객이 자산을 통제하는지를 판단할 때 그 자산을 재매입하는 약정을 고려한다. 예를 들어 기업이 자산을 판매하면서 미래 특정일에 특정 가격으로 그 자산을 재매입하는 계약을 체결했다면, 고객은 해당 자산을 통제하지 못하므로 기업은 자산의 판매로 회계처리하지 못하고, 그 자산을 계속 인식하여야 한다.

① 기간에 걸쳐 통제 이전

다음의 기준 중 어느 하나를 충족하면 기업은 재화나 용역에 대한 통제를 기간에 걸쳐 이전한 것으로 본다. 즉, 진행기준을 적용하여 수익을 인식한다.

> ① 고객은 기업이 수행하는 대로 기업의 수행에서 제공하는 효익을 동시에 얻고 소비한다.
> ② 기업이 수행하여 만들어지거나 가치가 높아지는 대로 고객이 통제하는 자산(예 재공품)을 기업이 만들거나 그 자산 가치를 높인다.
> ③ 기업이 수행하여 만든 자산이 기업 자체에는 대체 용도가 없고, 지금까지 수행을 완료한 부분에 대해 집행가능한 지급청구권이 기업에 있다.

② 한 시점에 통제 이전

수행의무가 전술한 세 가지 기준 중 어느 하나도 충족하지 못하는 경우 그 수행의무는 한 시점에 이행되는 것이다. 고객이 약속된 자산을 통제하고 기업이 수행의무를 이행하는 시점을 판단하기 위해 다음과 같은 통제 이전의 지표(이에 한정되지는 않음)를 참고하여야 한다.

> ① 기업은 자산에 대해 현재 지급청구권이 있다.
> ② 고객에게 자산의 법적 소유권이 있다.
> ③ 기업이 자산의 물리적 점유를 이전하였다.
> ④ 자산의 소유에 따른 유의적인 위험과 보상이 고객에게 있다.
> ⑤ 고객이 자산을 인수하였다.

기간에 걸쳐 수익을 인식하는 경우 투입법 혹은 산출법에 따라 진행률을 측정하되 비슷한 수행의무에는 일관되게 적용하여야 한다. 진행률은 보고기간 말마다 다시 측정하되 회계추정의 변경으로 회계처리한다. 만일 진행률을 합리적으로 추정할 수 없다면 산출물을 합리적으로 측정할 수 있을 때까지 발생원가 범위 내에서 수익을 인식한다.

| 구분 | 진행률의 측정 | 예시 |
|---|---|---|
| 산출법 | 약속한 재화나 용역의 가치와 비교하여 고객에게 이전한 재화나 용역이 가치에 비례하여 측정 | 용역시간당 금액을 청구 |
| 투입법 | 수행의무 이행에 예상되는 총 투입물 대비 실제 투입물에 비례하여 측정 | 발생원가 혹은 사용 기계시간 |

투입법을 적용하는 경우 수행정도를 나타내지 못하는 투입물의 영향은 제외하고 진행률을 산정한다. 건설계약에서 공사개시시점의 토지구입비는 수행 정도를 합리적으로 반영한다고 볼 수 없으므로 진행률을 측정할 때 제외한다.

## 2. 계약변경

계약변경이란 계약 당사자들이 승인한 계약범위나 계약가격(또는 둘 다)을 변경하는 것을 의미하며, 주문변경, 공사변경, 수정이라고도 한다. 계약 당사자가 집행 가능한 권리와 의무를 새로 설정하거나 기존의 집행 가능한 권리와 의무를 변경하기로 승인할 때 계약변경이 존재한다. **계약변경은 서면으로, 구두합의로, 기업의 사업 관행에서 암묵적으로 승인될 수 있다. 계약당사자들이 계약변경을 승인하지 않았다면, 계약변경의 승인을 받을 때까지는 기존 계약에 이 기준서를 계속 적용한다.** 계약 당사자들끼리 계약변경의 범위나 가격(또는 둘 다)에 다툼이 있거나, 당사자들이 계약범위의 변경을 승인하였지만 아직 이에 상응하는 가격 변경을 결정하지 않았더라도 계약변경으로 신설되거나 변경되는 권리와 의무를 집행할 수 있다고 판단되면, 계약변경은 존재할 수 있다.

① 계약변경이 다음의 2개 조건을 모두 충족하면 별도 계약으로 회계처리한다.
   ㉠ 구별되는 약속한 재화나 용역이 추가되어 계약의 범위가 확장된다.
   ㉡ 개별 판매가격을 반영하여 적절히 조정된 대가만큼 계약가격이 상승한다.
② 위의 2개 조건을 모두 충족하지 못하는 경우
   ㉠ 나머지 재화, 용역이 그 이전에 이전한 재화, 용역과 구별되는 경우 기존 계약을 종료하고 새로운 계약을 체결한 것처럼 회계처리한다.
   ㉡ 나머지 재화, 용역이 그 이전에 이전한 재화, 용역과 구별되지 않는 경우 기존 계약의 일부인 것처럼 회계처리한다(누적효과 일괄조정 기준).

---

**예제 15-7  계약변경**

㈜한국은 제품 70개를 고객에게 개당 ₩1,000에 판매하기로 약속하였고, 해당 제품은 6개월에 걸쳐 고객에게 이전된다. ㈜한국은 한 시점에 각 제품에 대한 통제를 이전한다. ㈜한국은 제품 60개에 대한 통제를 고객에게 이전한 다음에, 계약을 변경하여 동일한 제품 30개를 추가로 고객에게 납품하기로 하였다. 추가 제품 30개는 최초 계약에 포함되지 않았다.

[물음]
1. 계약 변경 시 추가 제품 30개에 대한 가격은 개당 ₩900으로 결정하였다. 추가 제품 계약변경 시점에 그 제품의 개별 판매가격을 반영하여 가격이 책정되었으며 이미 이전한 제품과 구별된다. 이 경우 이미 이전한 제품 60개와 향후 이전할 제품 40개에 대해서 얼마의 수익을 인식하는지 설명하시오.
2. 추가 제품 30개에 대한 가격을 개당 ₩900으로 결정하였는데, 개당 ₩900의 가격은 추가 제품의 개별 판매가격을 반영하지 않은 것이라고 가정하고 다시 답하시오. (단, 추가 제품은 이미 이전한 제품과 구별된다.)

---

> **해답**
>
> 1. 추가 제품 30개는 원래 제품과 구별되며 개별 판매가격을 반영하였으므로 별도계약으로 본다.
>    기존 계약의 수익 = 60개 × ₩1,000 = ₩60,000
>    기존 계약 중 아직 수행하지 않은 수행의무의 수익 = 10개 × ₩1,000 = ₩10,000
>    추가 제품의 수익 = 30개 × ₩900 = ₩27,000
> 2. 추가 제품 30개는 원래 제품과 구별되지만 개별 판매가격을 반영하지 않았으므로 새로운 계약으로 본다.
>    기존 계약의 수익 = 60개 × ₩1,000 = ₩60,000
>    새로운 계약 = (10개 × ₩1,000 + 30개 × ₩900) ÷ 40개 = ₩925
>    나머지 40개는 수행의무를 이행시마다 개당 ₩925씩 수익을 인식한다.

## 3. 기타의 고려사항

### (1) 계약체결 증분원가

고객과 계약을 체결하기 위해 들인 원가로서 계약을 체결하지 않았다면 들지 않았을 원가이다. **계약체결 증분원가는 회수될 것으로 예상되는 경우에는 이를 자산으로 인식한다.** 계약체결 여부와 무관하게 드는 계약체결원가는 계약체결 여부와 관계없이 고객에게 그 원가를 명백히 청구할 수 있는 경우가 아니라면 발생시점에 비용으로 인식한다.

### (2) 계약이행원가

계약이행원가는 기준을 모두 충족하는 경우에만 자산으로 인식하고 그 외의 경우에는 발생시점에 비용으로 인식한다.

### (3) 계약자산, 수취채권, 계약부채

① **계약자산** : 고객이 대가를 지급하기 전이나 지급기일 전에 기업이 고객에게 재화나 용역을 이전을 수행할 경우 기업은 계약자산을 인식한다.
② **수취채권** : 대가를 받을 무조건적인 권리를 말한다.
③ **계약부채** : 기업이 고객에게 재화나 용역을 이전하기 전에 고객에게서 받은 대가로서 고객에게 재화나 용역을 이전해야 하는 기업의 의무를 말한다.

### (4) 보증

① **확신유형의 보증** : 제품이 합의된 규격에 부합하므로 당사자들이 의도한 대로 작동할 것이라는 확신을 고객에게 주는 보증이다. **확신유형의 보증은 수행의무가 아니므로 충당부채로 회계처리한다.**
② **용역유형의 보증** : 제품이 합의된 규격에 부합한다는 확신에 더하여 고객에게 용역을 제공하는 보증으로 용역유형의 보증은 수행의무이기 때문에 해당 수행의무에 거래가격을 배분한다.

### (5) 본인과 대리인의 구분

고객에게 정해진 재화나 용역이 이전되기 전에 기업이 그 정해진 재화나 용역을 통제하고, 따라서 본인임을 나타내는 지표에는 다음의 사항이 포함되지만 이에 한정되지는 않는다.

> ① 정해진 재화나 용역을 제공하기로 하는 약속을 이행할 **주된 책임**이 기업에 있다.
> ② 정해진 재화나 용역이 고객에게 이전되기 전이나, 고객에게 통제가 이전된 후에 이 기업에 **재고위험**이 있다 예 반품권이 있는 경우).
> ③ 정해진 재화나 용역의 가격을 결정할 재량이 기업에 있다.

기업이 고객에게 재화나 용역이 이전되기 전에 그 정해진 재화나 용역을 통제한다면 본인이므로 **총액으로 수익을 인식**한다. 그러나 대리인에 해당하는 경우 **순액으로 수익을 인식**한다.

### (6) 미인도청구약정

미인도청구약정이란 기업이 고객에게 제품의 대가를 청구하지만 미래 한 시점에 고객에게 이전할 때까지 기업이 제품을 물리적으로 점유하는 계약을 말한다.
① 미인도청구약정은 고객이 언제 제품을 통제하는지 파악하여 수익을 인식한다.
② 미인도청구약정은 고객이 청구하여야 하며, 약정은 실질적이어야 한다.

### (7) 재매입약정

재매입약정은 자산을 판매하고, 그 자산을 다시 사기로 약속하거나 다시 살 수 있는 선택권을 갖는 계약이다. 재매입약정은 자산을 다시 사야 하는 기업의 의무(선도), 자산을 다시 살 수 있는 기업의 권리(콜옵션), 그리고 고객이 요청하면 자산을 다시 사야하는 기업의 의무(풋옵션)의 3가지 형태로 나타난다.

① 선도나 콜옵션

기업이 자산을 판매 후 해당 자산을 다시 사야하는 의무가 있거나 그 자산을 다시 살 수 있는 권리가 있다면, 고객은 당해 자산을 통제하지 못한다. 고객이 자산을 통제하지 못하므로, 기업은 고객에게 자산을 이전할 때 수익을 인식하지 못한다.

| 구분 | 회계처리 |
|---|---|
| 재매입가격 < 원래 판매가격 | 리스로 회계처리 |
| 재매입가격 ≥ 원래 판매가격 | 금융약정으로 회계처리 |

예를 들어 기업이 고객에게 자산을 ₩1,000에 판매하고, 2년 후에 이를 ₩700에 다시 살 수 있는 권리가 있거나 다시 사야 한다면, 이는 고객에게 2년 동안 자산을 사용하게 하고 ₩300의 사용료를 받는 것과 다름없으므로 리스로 회계처리한다.

이에 반해, 기업이 고객에게 자산을 ₩1,000에 판매하고, 2년 후에 이를 ₩1,100에 다시 살 수 있는 권리가 있거나, 다시 사야 한다면 해당 거래는 실질상 기업이 고객에게 자산을 담보로 제공하고 고객으로부터 ₩1,000을 차입한 후 2년 후에 이자를 포함하여 ₩1,100을 갖는 것과 다르지 않다. 이에 따라 해당 재매입약정은 금융약정으로 회계처리한다. 한편, 옵션이 행사되지 않은 채 소멸되면 부채를 제거하고 수익을 인식한다.

**예제 15-8  재매입약정**

㈜한국은 20×1년 12월 1일에 고객 A와 재고자산 100개를 개당 ₩100(원가 ₩80)에 판매하기로 계약을 체결하고 재고자산을 현금으로 판매하였다. 계약에 따르면 ㈜한국은 20×2년 2월 1일에 해당 재고자산을 개당 ₩120의 행사가격으로 재매입할 수 있는 콜옵션을 보유하고 있다. ㈜한국은 20×2년 2월 1일 해당 콜옵션을 행사하지 않았다.

[물음]
㈜한국의 재화 인도시점부터 20×2년 2월 1일까지의 회계처리를 수행하시오.

**해답**

재매입가격이 원래판매가격보다 높으므로 금융약정으로 회계처리한다.

| 20×1.12.1 | (차) 현금 | 10,000 | (대) 계약부채 | 10,000 |
|---|---|---|---|---|
| 20×1.12.31 | (차) 이자비용 | 1,000 | (대) 계약부채 | 1,000 |
| 20×2.2.1 | (차) 이자비용 | 1,000 | (대) 계약부채 | 1,000 |
| | (차) 계약부채 | 12,000 | (대) 매출 | 12,000 |
| | (차) 매출원가 | 8,000 | (대) 재고자산 | 8,000 |

② 풋옵션

재매입약정의 결과로 고객의 요청에 따라 기업이 자산을 다시 사야 할 의무가 있는 경우 재매입가격이 원래 판매가격이나 예상 시장가치보다 높은지, 그리고 계약 개시시점에 고객이 그 권리를 행사할 경제적 유인이 유의적인지를 고려하여 회계처리한다.

| 구분 | | 회계처리 |
|---|---|---|
| 재매입가격 < 원래 판매가격 | 권리행사의 경제적 유인이 유의적임 | 리스로 회계처리 |
| | 권리행사의 경제적 유인이 유의적이지 않음 | 반품권이 있는 판매로 회계처리 |
| 재매입가격 ≥ 원래 판매가격 | 재매입가격 > 예상 시장가치 | 금융약정으로 회계처리 |
| | 재매입가격 ≤ 예상 시장가치 & 풋옵션 행사 유인이 유의적이지 않음 | 반품권이 있는 판매로 회계처리 |

## 2 거래형태별 수익인식

### 1. 다양한 수익인식사례

| 구분 | 내용 |
|---|---|
| 위탁판매 | 수탁자가 제3자에게 재화를 판매한 시점에 수익 인식 |
| 시용판매 | 고객이 매입의사를 표시하는 시점 |
| 할부판매 | 재화를 고객에게 판매한 시점<br>판매가격은 대가의 현재가치로서 수취할 할부금액을 내재이자율로 할인한 금액 |
| 설치조건부 판매 | 설치용역이 별도 수행의무로 식별되는 경우 각각을 별도 수행의무로 보아 수익을 인식한다. 반면, 별도 수행의무로 식별되지 않는 경우에는 설치와 재화의 판매를 하나의 수행의무로 보아 재화의 통제가 이전되는 시점에 수익을 인식한다. |
| 미인도청구판매 | 구매자가 소유권을 가지는 때 |
| 제한된 반품권이 부여된 판매 | 반품가능성을 예측하기 어렵다면 구매자가 공식적으로 재화의 선적을 수락한 시점이나 재화를 인도받은 후 반품기간이 종료된 시점에 수익 인식<br>• 반품예상액을 합리적으로 추정할 수 있는 경우 : 제품 등의 인도시점에 반품예상액을 제외한 금액을 수익을 인식하고 반품으로 회수할 자산을 반환제품회수권으로 인식 |
| 검사조건부판매 | ① 재화나 용역이 합의된 규약에 부합하는지 객관적으로 판단 가능한 경우 : 실제로 인수되었으므로 형식적인 고객 인수 절차와 관계없이 수익 인식<br>② 재화나 용역이 합의된 규약에 부합하는지 객관적으로 판단 불가능한 경우 : 고객이 인수하는 시점에 수익인식 |
| 중간상에 대한 판매 | 수익은 소유에 따른 위험과 보상이 구매자에게 이전되는 시점에 인식하나, 구매자가 실질적으로 대리인 역할만을 한다면 위탁판매로 처리 |
| 출판물 및 이와 유사한 품목의 구독 | ① 해당 품목의 가액이 매기 비슷한 경우에는 발송기간에 걸쳐 정액기준으로 수익 인식<br>② 품목의 가액이 기간별로 다른 경우에는 발송된 품목의 판매가액이 구독신청을 받은 모든 품목의 추정 총판매가액에서 차지하는 비율에 따라 수익 인식 |
| 임대업, 대행업, 전자쇼핑몰 등 | 기업이 고객에게 재화가 이전되기 전에 해당 재화에 대한 통제권을 가지지 않는 경우에 대리인으로서 판매가액 총액을 수익으로 계상할 수 없으며, 받을 권리를 가지는 판매수수료만을 수익으로 인식<br>• 임대업 : 임대료만을 수익으로 인식(임대매장 수익과 무관)<br>• 대행업 : 판매수수료만을 수익으로 계상<br>• 전자쇼핑몰 : 제품공급자로부터 받은 제품을 인터넷상에서 중개판매하거나 경매하고 수수료를 수취하는 전자쇼핑몰 운영회사는 관련 수수료만을 수익으로 인식 |

(1) 위탁판매

① 상품의 적송 시

㉠ 위탁판매란 상품의 판매를 수탁자에게 위탁하고 그 대가로 수수료를 지급하는 형태의 판매를 말한다. 이때 판매를 부탁한 기업을 위탁자, 판매를 부탁받은 기업을 수탁자라고 한다.

ⓛ 위탁자는 수탁자가 소비자에게 물건을 판매할 때 수익을 인식하며, 수탁자는 이에 따른 수수료를 수익으로 인식한다.

ⓒ 위탁판매를 위해서는 수탁자 보관창고로 물건을 보내야 되는데, 이때 보낸 물품을 적송품이라고 한다. 적송 과정에서 발송하는 운임이 발생하면 이는 **적송운임**이라고 하여 **적송품 원가로 처리한다.** 적송운임은 적송품을 판매가능한 상태로 도달하기 위해 부담한 지출이므로 적송품 원가에 가산한다.

| (차) 적송품 | ××× | (대) 재고자산 | ××× |
|---|---|---|---|
| | | 적송운임(현금) | ××× |

② 수탁자 판매 시

ⓐ 수탁자가 제3자에게 해당 재화를 판매한 시점에 수익을 인식하며, 수탁자는 이에 대해 일정 수수료를 수익으로 인식한다. 혹, 위탁자가 해당 물건의 판매를 위해 광고선전비 등을 부담하는 경우는 판매 시 비용으로 회계처리한다.

ⓑ 또한 수탁자가 판매 시에 위탁자가 판매운임을 부담하는 경우도 있는데 이 또한 판매 시에 비용으로 처리한다.

| (차) 현금(외상매출금) | ××× | (대) 매출 | ××× |
|---|---|---|---|
| 위탁수수료 | ××× | | |
| 판매운임 등 | ××× | | |
| (차) 매출원가 | ××× | (대) 적송품 | ××× |

**예제 15-9** 위탁판매

㈜한국은 20×1년 10월 1일 ㈜민국과 위탁판매계약을 체결하고 상품 100개를 발송하였다. 발송 시 운임이 ₩50,000 발생하였으며, 상품의 취득원가는 ₩10,000이다.
㈜민국은 20×1년 10월 31일까지 상품 80개를 판매하였으며 개당 판매가격은 ₩15,000이다.
㈜민국은 판매금액의 10%를 수수료로 받으며, 이를 제외한 금액을 ㈜한국의 계좌로 송금하였다.

[물음]
1. ㈜한국이 위탁판매로 인식할 매출총이익과 20×1년 10월 31일 현재 적송품으로 보고할 금액을 계산하시오.
2. ㈜한국이 매출원가를 계속기록법에 따라 인식한다고 할 때, 상품의 발송시점 및 판매대금 수령 시의 회계처리를 하시오.

**1. 매출총이익과 적송품**

(1) 매출총이익

| | |
|---|---:|
| 매출액(80개 × ₩15,000) | ₩1,200,000 |
| 매출원가(₩1,050,000 × 80%) | (840,000) |
| 매출총이익 | ₩360,000 |

(2) 적송품

= 총적송품(₩1,050,000) × 20% = ₩210,000

**2. ㈜한국의 회계처리**

| | | | | | |
|---|---|---|---:|---|---:|
| 20×1.10.1 | (차) 적송품 | | 1,050,000 | (대) 재고자산 | 1,000,000 |
| | | | | 적송운임 | 50,000 |
| 20×1.10.31 | (차) 현금 | | 1,080,000 | (대) 매출 | 1,200,000 |
| | 위탁수수료 | | 120,000 | | |
| | (차) 매출원가 | | 840,000 | (대) 적송품 | 840,000 |

## (2) 상품권 회계처리

① 상품권은 상품권을 판매할 때는 수익으로 인식하지 않고 이를 물건으로 교환할 때 수익으로 인식한다. 따라서 상품권을 발행하여 현금을 수령하는 시점에는 상품권의 액면금액을 선수금의 과목으로 하여 부채로 계상한다. 만일 상품권을 할인하여 발행하는 경우에는 상품권의 액면금액과 수령한 현금의 차액을 상품권 할인액의 과목으로 하여 선수금의 차감계정으로 재무상태표에 공시한다.

| | | | | |
|---|---|---|---|---|
| (차) 현금 | ××× | (대) 선수금 | ××× |
| 상품권할인액 | ××× | | |

② 상품권을 추후 상품으로 교환하는 때에는 이를 매출로 인식하고, 상품의 판매금액과 액면금액의 차액만큼 현금을 지급하였다면 이를 제외하고 매출로 기록한다. 상품권을 할인판매하였다면 상품권 할인액을 매출 시에 매출에누리로 대체한다.

| | | | | |
|---|---|---|---|---|
| (차) 선수금 | ××× | (대) 매출 | ××× |
| | | 현금(지급액) | ××× |
| (차) 매출에누리 | ××× | (대) 상품권할인액 | ××× |

③ 상품권의 유효기간이 경과하였으나 상법상의 소멸시효가 완성되지 않은 경우에는 유효기간이 경과된 시점에서 상품권에 명시된 비율에 따라 당기수익으로 인식하고, 상법상의 소멸시효가 완성된 경우에는 소멸시효가 완성된 시점에서 잔액을 전부 당기수익으로 인식한다.

**예제 15-10** 상품권 판매

㈜한국은 20×3년 2월 1일 액면금액 ₩5,000인 상품권 2,000매를 1매당 ₩4,800에 최초로 발행하였다. 고객은 상품권 액면금액의 60% 이상을 사용하면 잔액을 현금으로 돌려받을 수 있으며, 상품권의 만기는 발행일로부터 3년이다. ㈜한국은 20×3년 12월 31일까지 회수된 상품권 400매에 대해 상품인도와 더불어 잔액 ₩120,000을 현금으로 지급하였다.

[물음]

1. ㈜한국의 20×3년 상품권과 관련하여 인식할 순매출액을 계산하시오.
2. ㈜한국의 20×3년도 일자별 회계처리를 하시오.

---

**해답**

1. 순매출액

| | | |
|---|---|---|
| 상품권 회수액 | 400매 × ₩5,000 | ₩2,000,000 |
| 현금 환불액 | | (120,000) |
| 상품권할인액 | 400매 × ₩200 | (80,000) |
| 순매출액 | | ₩1,800,000 |

2. ㈜한국의 일자별 회계처리

| | | | | | |
|---|---|---|---|---|---|
| 20×3.2.1 | (차) 현금 | 9,600,000 | (대) 선수금 | | 10,000,000 |
| | 상품권할인액 | 400,000 | | | |
| 20×3.12.31 | (차) 선수금 | 2,000,000 | (대) 현금 | | 120,000 |
| | 매출에누리 | 80,000 | 상품권할인액 | | 80,000 |
| | | | 매출액 | | 1,880,000 |

(3) 장기할부판매

① 할부판매는 재화를 고객에게 판매하고 판매대금을 일정기간에 걸쳐 회수하는 형태의 판매를 말하며, 판매시점에 수익을 인식한다.

② 할부판매 중 명목금액과 현재가치의 차이가 중요한 장기할부판매는 현재가치로 평가한 금액을 수익으로 인식하고, 기간의 경과에 따라 이자수익을 인식한다.

**예제**
**15-11**   장기할부판매

㈜한국은 20×1년 1월 1일 취득원가 ₩200,000의 상품을 ₩300,000에 판매하고 판매대금은 3년간 매년 말 ₩100,000씩 회수하기로 하였다. 20×1년 1월 1일의 유효이자율은 10%이며, 표시이자는 없다. 3년, 10%의 현가계수는 0.7513, 3년 10%의 연금현가계수는 2.4868이라고 할 때, ㈜한국의 할부판매에 따른 매출액과 20×3년 12월 31일까지의 회계처리를 하시오.

**[해답]**

(1) 장기할부판매의 매출액 = ₩100,000 × 2.4868 = ₩248,680

(2) 일자별 회계처리

| | | | | | |
|---|---|---:|---|---|---:|
| 20×1.1.1 | (차) 장기매출채권 | 248,680 | (대) 매출 | | 248,680 |
| | (차) 매출원가 | 200,000 | (대) 재고자산 | | 200,000 |
| 20×1.12.31 | (차) 장기매출채권 | 24,868 | (대) 이자수익 | | 24,868 |
| | (차) 현금 | 100,000 | (대) 장기매출채권 | | 100,000 |
| 20×2.12.31 | (차) 장기매출채권 | 17,355 | (대) 이자수익 | | 17,355 |
| | (차) 현금 | 100,000 | (대) 장기매출채권 | | 100,000 |
| 20×3.12.31 | (차) 장기매출채권 | 9,090 | (대) 이자수익 | | 9,090 |
| | (차) 현금 | 100,000 | (대) 장기매출채권 | | 100,000 |

\* 시험에는 주로 장기할부판매의 매출액과 20×1년 12월 31일의 장부금액을 많이 질문한다.
　20×1년 12월 31일의 장부금액은 ₩248,680 + ₩24,868 − ₩100,000 = ₩173,548이다.

**3** 라이선스

라이선스는 기업의 지적재산권에 대한 고객의 권리를 말한다. 만약, 고객과의 계약에서 라이선스를 부여하는 수행의무가 다른 재화나 용역으로 구별되지 않는다면 단일의 수행의무로 본다.
국제회계기준에서는 고객에게 부여한 라이선스를 '접근권'과 '사용권'으로 구분한다. 라이선스가 '접근권'이라면 라이선스 사용기간에 걸쳐 수익을 인식하고, '사용권'인 경우 라이선스를 부여하는 시점에 수익을 인식한다.

| 구분 | 의미 | 수익인식 방법 |
|---|---|---|
| 접근권 | 일정기간 판매자가 갱신 등 관리하는 지적재산에 접근할 권리 | 사용기간에 걸쳐 수익인식 |
| 사용권 | 라이선스를 부여한 시점에 존재하는 지적재산권을 사용할 권리 | 부여일에 수익인식 |

## **4** 수익인식의 추가 고려사항

### 1. 수익인식의 고려사항

(1) 이미 수익으로 인식한 금액은 추후 회수가능성이 불확실해지더라도 이미 인식한 수익금액을 조정하지 않는다. 용역제공의 경우는 진행률을 신뢰성 있게 측정할 수 있어야 수익을 인식할 수 있다.

(2) 진행률의 결정방법

① 산출법 : 계약에서 약속한 재화나 용역의 나머지 부분의 가치와 비교하여 지금까지 이전한 재화나 용역이 고객에게 주는 가치의 직접 측정에 기초하여 진행률을 측정하는 방법이다. 지금까지 수행을 완료한 정도를 조사, 달성한 결과에 대한 평가와 같은 방법이 포함된다.

② 투입법 : 해당 수행의무의 이행에 예상되는 총 투입물 대비 수행의무를 이행하기 위한 기업의 노력이나 투입물(예 소비한 자원, 발생원가, 경과한 시간)에 기초하여 진행률을 측정하는 방법이다.

(3) 불특정 다수의 활동에 의해 용역제공이 수행되는 경우 그 진행률을 더 잘 나타낼 수 있는 다른 방법이 없다면 정액기준 적용이 가능하다. 다만, 특정활동이 다른 활동에 비해 특히 유의적인 때에는 그 활동이 수행될 때까지 수익인식을 연기한다.

(4) 용역제공거래의 성과를 신뢰성 있게 추정할 수 없는 경우

| 회수가능액은 확인 가능 | 회수가능액도 확인 어려움 |
|---|---|
| 수익 = min[회수가능액, 누적발생원가]<br>비용 = 실제 발생한 원가 | 수익은 인식하지 않음<br>발생원가는 비용으로 인식 |

수행의무의 산출물을 합리적으로 측정할 수 없으나 수행의무를 이행할 때 든 원가가 회수될 것으로 예상된다면, 기업은 수행의무의 산출물을 합리적으로 측정할 수 있을때까지 발생원가의 범위에서만 수익을 인식한다.

(5) 이자수익 등

① 이자수익은 유효이자율법으로 인식한다.

② 로열티수익은 관련된 약정의 실질을 반영하여 발생기준에 따라 인식한다.

③ 배당수익은 주주로서 배당을 받을 권리가 확정되는 시점에 인식한다.

## 2. 다양한 수익인식 사례

| 구분 | 내용 |
|---|---|
| 설치수수료 | 재화가 판매되는 시점에 수익을 인식하는 재화의 판매에 부수되는 설치의 경우를 제외하고는 설치의 진행률에 따라 수익으로 인식 |
| 제품판매가격에 포함된 용역수수료 | 제품판매가격에 판매 후 제공할 용역(소프트웨어 판매의 경우 판매 후 지원 및 제품개선 용역)에 대한 식별가능한 금액이 포함되어 있는 경우에는 그 금액을 이연하여 용역수행기간에 걸쳐 수익으로 인식 |
| 광고수수료 | 광고매체수수료는 광고 또는 상업방송이 대중에게 전달될 때 인식하고, 광고제작수수료는 광고 제작의 진행률에 따라 인식 |
| 보험대리수수료 | ① 보험대리인이 추가로 용역을 제공할 필요가 없는 경우에는 보험대리인은 대리인이 받았거나 받을 수수료를 해당 보험의 효과적인 개시일 또는 갱신일에 수익으로 인식<br>② 대리인이 보험계약기간에 추가로 용역을 제공할 가능성이 높은 경우에는 수수료의 일부 또는 전부를 이연하여 보험계약기간에 걸쳐 수익으로 인식 |
| 입장료 | 행사가 개최되는 시점에 인식<br>만약, 하나의 입장권으로 여러 행사에 참여할 수 있는 경우의 입장료 수익은 각각의 행사를 위한 용역의 수행된 정도가 반영된 기준에 따라 각 행사에 배분하여 인식 |
| 수강료 | 강의기간에 걸쳐 수익으로 인식 |
| 입회비, 입장료 및 회원가입비 | ① 회비가 회원가입만을 위한 것이고 기타 모든 용역이나 제품의 제공대가가 별도로 수취되거나 별도의 연회비가 있다면, 이러한 회비는 회수의 유의적인 불확실성이 없는 시점에 수익으로 인식<br>② 회비를 납부하고 회원가입기간 동안 무상으로 용역이나 간행물을 제공받거나 재화나 용역을 비회원보다 저렴한 가격으로 구매할 수 있는 경우에는 이러한 효익이 제공되는 시기, 성격 및 가치를 반영하는 기준으로 수익 인식 |

## 5 고객충성제도

### 1. 고객충성제도

계약에서 추가 재화나 용역을 취득할 수 있는 선택권을 고객에게 부여하고, <u>그 선택권이 계약을 체결하지 않으면 받을 수 없는 중요한 권리를 고객에게 제공하는 경우에만 그 선택권은 계약에서 수행의무를 발생시킨다.</u>

#### (1) 선택권 부여 시 회계처리

선택권이 고객에게 중요한 권리를 제공한다면, 고객은 사실상 미래 재화나 용역의 대가를 기업에게 미리 지급한 것이기 때문에 그 미래 재화나 용역이 이전되거나 선택권이 만료될 때 수익으로 인식한다.

기업은 고객에게 이전하는 재화나 용역과 선택권의 상대적 개별 판매가격에 기초하여 거래가격을 배분한다.

#### (2) 시점별 회계처리

① 제품 판매 시

| (차) 수취채권 또는 현금 | ××× | (대) 매출 | ××× |
|---|---|---|---|
| | | 계약부채 | ××× |

② 선택권 교환 시 회계처리

| (차) 계약부채 | ××× | (대) 매출 | ××× |
|---|---|---|---|

---

**예제 15-12** 고객충성제도

㈜한국은 구매금액 ₩100당 1포인트를 부여하는 고객충성제도를 운용한다. 각 포인트는 ㈜한국의 제품을 미래에 구매할 때 ₩1의 할인과 교환할 수 있다. 20×1년 중에 ㈜한국은 ₩300,000의 매출을 하면서 고객에게 3,000포인트를 주었다. ㈜한국은 포인트 중 90%가 회수될 것으로 예상하였으며 교환될 가능성에 기초하여 포인트의 개별 판매가격을 ₩0.9로 추정하였다. 20×1년 말 현재 1,500포인트가 교환되었다. ㈜한국의 회계처리를 제품의 판매시점과 포인트 교환시로 나누어 설명하시오.

----

**해답**

(1) 포인트의 개별판매가격 = 3,000포인트 × ₩0.9 = ₩2,700
(2) 포인트에 대해 인식할 거래가격 = ₩300,000 × (₩2,700/₩302,700) = ₩2,676

⟨제품 판매 시⟩

| (차) 현금 | 300,000 | (대) 매출 | 297,324 |
|---|---|---|---|
| | | 계약부채 | 2,676 |

⟨포인트 회수 시⟩

| (차) 계약부채 | 1,487 | (대) 매출 | 1,487 |
|---|---|---|---|

\* 계약부채에서 매출로 인식할 금액 = ₩2,676 × (1,500포인트/2,700포인트) = ₩1,487

# 제15절 고객과의 계약에서 생기는 수익 객관식 문제

**01** 20×1년 초 설립된 ㈜감평은 커피머신 1대를 이전(₩300)하면서 2년간 일정량의 원두를 공급(₩100)하기로 하는 계약을 체결하여 약속을 이행하고 현금 ₩400을 수령하였다. 이 계약이 고객과의 계약에서 생기는 수익의 기준을 모두 충족할 때 수익 인식 5단계 과정에 따라 순서대로 옳게 나열한 것은? (단, 거래가격의 변동요소는 고려하지 않는다.) [24년 기출]

> ㄱ. 거래가격을 ₩400으로 산정
> ㄴ. 고객과의 계약에 해당하는지 식별
> ㄷ. 거래가격 ₩400을 커피머신 1대 이전에 대한 수행의무 1(₩300)과 2년간 원두공급에 대한 수행의무 2(₩100)에 배분
> ㄹ. 커피머신 1대 이전의 수행의무 1과 2년간 원두 공급의 수행의무 2로 수행의무 식별
> ㅁ. 수행의무 1(₩300)은 커피머신이 인도되는 시점에 수익을 인식하며, 수행의무 2(₩100)는 2년간 기간에 걸쳐 수익인식

① ㄱ → ㄴ → ㄷ → ㄹ → ㅁ      ② ㄴ → ㄱ → ㅁ → ㄷ → ㄹ
③ ㄴ → ㄹ → ㄱ → ㄷ → ㅁ      ④ ㅁ → ㄷ → ㄱ → ㄴ → ㄹ
⑤ ㅁ → ㄹ → ㄴ → ㄱ → ㄷ

**해설**
ㄴ : 계약식별 → ㄹ : 수행의무 식별 → ㄱ : 거래가격 산정 → ㄷ : 거래가격을 수행의무에 배분 → ㅁ : 수익인식

**02** 수익의 인식에 관한 설명으로 옳지 않은 것은? [20년 CTA]

① 거래가격은 고객에게 약속한 재화나 용역을 이전하고 그 대가로 기업이 받을 권리를 갖게 될 것으로 예상하는 금액이며, 제삼자를 대신해서 회수한 금액(예 일부 판매세)은 제외한다.
② 약속한 재화나 용역이 구별되지 않는다면, 구별되는 재화나 용역의 묶음을 식별할 수 있을 때까지 그 재화나 용역을 약속한 다른 재화나 용역과 결합한다.
③ 변동대가(금액)는 기댓값 또는 가능성이 가장 높은 금액 중에서 고객이 받을 권리를 갖게 될 대가(금액)를 더 잘 예측할 것으로 예상하는 방법을 사용하여 추정한다.
④ 계약의 각 당사자가 전혀 수행되지 않은 계약에 대해 상대방(들)에게 보상하지 않고 종료할 수 있는 일방적이고 집행 가능한 권리를 갖는다면, 그 계약은 존재하지 않는다고 본다.
⑤ 계약을 개시한 다음에는 계약 당사자들이 수행의무를 실질적으로 변경하는 계약변경을 승인하지 않는 한, 자산이 기업에 대체 용도가 있는지를 다시 판단하지 않는다.

**해설**

변동대가(금액)는 기댓값 또는 가능성이 가장 높은 금액 중에서 기업이 받을 권리를 갖게 될 대가(금액)를 더 잘 예측할 것으로 예상하는 방법을 사용하여 추정한다.

## 03  거래가격의 산정에 대한 기준서의 내용이 아닌 것은?

① 계약의 이행을 정해진 기간 내에 완료하지 못하면 위약금을 지급하기로 하였을 때 위약금은 별도의 비용으로 인식한다.

② 변동대가는 기댓값 또는 가능성이 가장 높은 금액 중 기업이 받을 권리를 갖게 될 대가를 더 잘 예측할 것으로 예상하는 방법을 사용하여 추정한다.

③ 계약에 유의적인 금융요소가 포함되는 경우 현금판매가격으로 수익을 인식하되, 계약 개시 후에는 이자율이나 그 밖의 상황이 달라져도 현금판매가격을 측정할 때 사용한 할인율을 수정하지 않는다.

④ 고객이 현금 이외의 형태로 대가를 약속한 경우 비현금 대가를 공정가치로 측정하여 거래가격을 산정한다.

⑤ 고객에게 지급할 대가가 고객에게서 받은 구별되는 재화나 용역에 대한 지급이 아니라면, 그 대가는 수익에서 차감하여 회계처리한다.

**해설**

위약금은 별도의 비용으로 인식하는 것이 아니라 거래가격에서 차감한다.

## 04  고객과의 계약에서 생기는 수익에 관한 설명으로 옳지 않은 것은?  `21년` `기출`

① 거래가격을 산정하기 위해서는 계약 조건과 기업의 사업 관행을 참고하며, 거래가격에는 제삼자를 대신해서 회수한 금액은 제외한다.

② 고객과의 계약에서 약속한 대가는 고정금액, 변동금액 또는 둘 다를 포함할 수 있다.

③ 변동대가의 추정이 가능한 경우, 계약에서 가능한 결과치가 두 가지뿐일 경우에는 기댓값이 변동대가의 적절한 추정치가 될 수 있다.

④ 기업이 받을 권리를 갖게 될 변동대가(금액)에 미치는 불확실성의 영향을 추정할 때에는 그 계약 전체에 하나의 방법을 일관되게 적용한다.

⑤ 고객에게서 받은 대가의 일부나 전부를 고객에게 환불할 것으로 예상하는 경우에는 환불부채를 인식한다.

**해설**

변동대가의 추정이 가능한 경우, 계약에서 가능한 결과치가 두 가지뿐일 경우에는 가능성이 가장 높은 금액이 변동대가의 적절한 추정치가 될 수 있다.

## 05 거래가격을 수행의무에 배분하는 것과 관련된 설명이다. 옳지 않은 것은?

① 단일의 수행의무만 있는 계약의 경우에는 거래가격의 배분이 필요하지 않으나, 수행 의무가 여러 개일 경우 거래가격을 각 수행의무에 배분해야 한다.

② 계약 개시시점에 계약상 각 수행의무의 대상인 구별되는 재화나 용역의 개별 판매가 격을 산정하고, 이 개별 판매가격에 비례하여 거래가격을 배분한다.

③ 재화나 용역의 개별 판매가격을 직접 관측할 수 없다면 시장평가 조정 접근법 등의 방법을 통해 개별 판매가격을 추정한다.

④ 예상원가 이윤 가산 접근법은 같은 재화나 용역을 서로 다른 고객들에게 광범위한 금액으로 판매하거나, 재화나 용역의 가격을 아직 정하지 않았고 과거에 그 재화나 용역을 따로 판매한 적이 없는 경우에만 사용이 가능하다.

⑤ 개별 판매가격이란 기업이 고객에게 약속한 재화나 용역을 별도로 판매할 경우의 가격을 말한다.

> 해설
>
> 잔여접근법은 같은 재화나 용역을 서로 다른 고객들에게 광범위한 금액으로 판매하거나, 재화나 용역의 가격을 아직 정하지 않았고 과거에 그 재화나 용역을 따로 판매한 적이 없는 경우에만 사용이 가능하다.

## 06 기업회계기준서 제1115호 '고객과의 계약에서 생기는 수익'에 대한 다음 설명 중 옳지 않은 것은? `18년` `CPA`

① 계약이란 둘 이상의 당사자 사이에 집행 가능한 권리와 의무가 생기게 하는 합의이다.

② 하나의 계약은 고객에게 재화나 용역을 이전하는 여러 약속을 포함하며, 그 재화나 용역들이 구별된다면 약속은 수행의무이고 별도로 회계처리한다.

③ 거래가격은 고객이 지급하는 고정된 금액을 의미하며, 변동대가는 포함하지 않는다.

④ 거래가격은 일반적으로 계약에서 약속한 각 구별되는 재화나 용역의 상대적 개별 판매가격을 기준으로 배분한다.

⑤ 기업이 약속한 재화나 용역을 고객에게 이전하여 수행의무를 이행할 때(또는 기간에 걸쳐 이행하는 대로) 수익을 인식한다.

> 해설
>
> 고객과의 계약에서 약속한 대가는 고정금액, 변동금액 또는 둘 다를 포함할 수 있다.

## 07 고객과의 계약에서 생기는 수익에 관한 설명으로 옳은 것은?  23년 기출

① 계약의 결과로 기업의 미래 현금흐름의 위험, 시기, 금액이 변동될 것으로 예상되지 않는 경우에도 고객과의 계약으로 회계처리할 수 있다.
② 계약은 서면으로, 구두로, 기업의 사업 관행에 따라 암묵적으로 체결할 수 있다.
③ 이전할 재화나 용역의 지급조건을 식별할 수 없는 경우라도 고객과의 계약으로 회계처리할 수 있다.
④ 계약변경은 반드시 서면으로만 승인될 수 있다.
⑤ 고객과의 계약에서 식별되는 수행의무는 계약에 분명히 기재한 재화나 용역에만 한정된다.

**해설**

① 고객과의 계약으로 회계처리하기 위해서는 계약에 상업적 실질이 있어야 한다. 계약에 상업적 실질이 있다는 것은 계약의 결과로 기업의 미래 현금흐름의 위험, 시기, 금액이 변동될 것으로 예상된다는 것을 의미한다. 계약의 결과로 기업의 미래 현금흐름의 위험, 시기, 금액이 변동될 것으로 예상되지 않는 경우에는 고객과의 계약으로 회계처리하지 않는다.
③ 고객과의 계약으로 회계처리하기 위해서는 이전할 재화나 용역의 지급조건을 식별할 수 있어야 한다.
④ 계약변경은 서면으로, 구두합의로, 기업의 사업 관행에서 암묵적으로 승인될 수 있다. 계약당사자들이 계약변경을 승인하지 않았다면, 계약변경의 승인을 받을 때까지는 기존 계약에 이 기준서를 계속 적용한다.
⑤ 고객과의 계약에서 식별되는 수행의무는 계약에 분명히 기재한 재화나 용역에만 한정되지 아니한다.

## 08 고객과의 계약에서 생기는 수익에 관한 설명으로 옳지 않은 것은?  22년 기출

① 고객과의 계약에서 약속한 대가에 변동금액이 포함된 경우 기업은 고객에게 약속한 재화나 용역을 이전하고 그 대가로 받을 권리를 갖게 될 금액을 추정한다.
② 고객이 재화나 용역의 대가를 선급하였고 그 재화나 용역의 이전 시점이 고객의 재량에 따라 결정된다면, 기업은 거래가격을 산정할 때 화폐의 시간가치가 미치는 영향을 고려하여 약속된 대가(금액)를 조정해야 한다.
③ 적절한 진행률 측정방법에는 산출법과 투입법이 포함되며, 진행률 측정방법을 적용할 때 고객에게 통제를 이전하지 않은 재화나 용역은 진행률 측정에서 제외한다.
④ 고객과의 계약체결 증분원가가 회수될 것으로 예상된다면 이를 자산으로 인식한다.
⑤ 고객이 기업이 수행하는 대로 기업의 수행에서 제공하는 효익을 동시에 얻고 소비한다면, 기업은 재화나 용역에 대한 통제를 기간에 걸쳐 이전하는 것이므로 기간에 걸쳐 수익을 인식한다.

해설

고객이 재화나 용역의 대가를 선급하였고 그 재화나 용역의 이전 시점이 고객의 재량에 따라 결정
된다면, 고객과의 계약에 유의적인 금융요소가 없으므로 화폐의 시간가치가 미치는 영향을 고려하
지 않는다.

## 09 기업회계기준서 제1115호 '고객과의 계약에서 생기는 수익'의 측정에 대한 다음 설명 중 옳은 것은?  20년 CPA

① 거래가격의 후속변동은 계약 개시시점과 같은 기준으로 계약상 수행의무에 배분한
다. 따라서 계약을 개시한 후의 개별 판매가격 변동을 반영하기 위해 거래가격을 다
시 배분해야 한다. 이행된 수행의무에 배분되는 금액은 거래가격이 변동되는 기간에
수익으로 인식하거나 수익에서 차감한다.

② 계약을 개시할 때 기업이 고객에게 약속한 재화나 용역을 이전하는 시점과 고객이
그에 대한 대가를 지급하는 시점 간의 기간이 1년 이내일 것이라고 예상한다면 유의
적인 금융요소의 영향을 반영하여 약속한 대가를 조정하지 않는 실무적 간편법을
쓸 수 있다.

③ 고객이 현금 외의 형태의 대가를 약속한 계약의 경우, 거래가격은 그 대가와 교환하
여 고객에게 약속한 재화나 용역의 개별판매가격으로 측정하는 것을 원칙으로 한다.

④ 변동대가는 가능한 대가의 범위 중 가능성이 가장 높은 금액으로 측정하며 기댓값
방식은 적용할 수 없다.

⑤ 기업이 고객에게 대가를 지급하는 경우, 고객에게 지급할 대가가 고객에게서 받은
구별되는 재화나 용역에 대한 지급이 아니라면 그 대가는 판매비로 회계처리한다.

해설

① 거래가격의 후속변동은 계약 개시시점과 같은 기준으로 계약상 수행의무에 배분한다. 따라서
계약을 개시한 후의 개별 판매가격 변동을 반영하기 위해 거래가격을 다시 배분하지 않는다.
이행된 수행의무에 배분되는 금액은 거래가격이 변동되는 기간에 수익으로 인식하거나 수익에
서 차감한다.

③ 고객이 현금 외의 형태의 대가를 약속한 계약의 경우, 거래가격은 비현금대가의 공정가치로
측정하는 것을 원칙으로 한다.

④ 변동대가는 가능한 대가의 범위 중 가능성이 가장 높은 금액 또는 기댓값 방식을 적용할 수
있다.

⑤ 기업이 고객에게 대가를 지급하는 경우, 고객에게 지급할 대가가 고객에게서 받은 구별되는
재화나 용역에 대한 지급이 아니라면 그 대가는 거래가격에서 차감한다.

**10** '고객과의 계약에서 생기는 수익'과 관련된 내용 중 기간에 걸쳐 수행의무를 이행하는 것은? 23년 관세사

① 고객은 기업이 수행하는 대로 기업의 수행에서 제공하는 효익을 동시에 얻고 소비한다.
② 고객이 자산을 인수하였다.
③ 고객에게 자산의 법적 소유권이 있다.
④ 자산의 소유에 따른 유의적인 위험과 보상이 고객에게 있다.
⑤ 기업이 자산의 물리적 점유를 이전하였다.

해설

②③④⑤는 한 시점에 수행의무를 이행하는 사례에 해당한다.

**11** ㈜대한은 20×1년 1월 1일에 원가가 ₩4,500,000인 상품을 판매하면서 그 대금은 매년 말 ₩2,000,000씩 3회에 걸쳐 현금을 수취하기로 하였다. 동 거래로 20×1년도와 20×2년도의 포괄손익계산서상 당기순이익은 각각 얼마나 증가되는가? (단, 유효이자율은 10%이며, 현가계수는 아래 표를 이용한다. 계산금액은 소수점 첫째 자리에서 반올림하며, 이 경우 단수 차이로 인해 약간의 오차가 있으면 가장 근사치를 선택한다.) 11년 CTA

〈현가계수표〉

| 기간 | 기간 말 단일금액 ₩1의 현재가치 10% | 정상연금 ₩1의 현재가치 10% |
|---|---|---|
| 1년 | 0.90909 | 0.90909 |
| 2년 | 0.82645 | 1.73554 |
| 3년 | 0.75131 | 2.48685 |

|  | 20×1년 | 20×2년 |  | 20×1년 | 20×2년 |
|---|---|---|---|---|---|
| ① | ₩497,370 | ₩347,107 | ② | ₩497,370 | ₩500,000 |
| ③ | ₩971,070 | ₩347,107 | ④ | ₩971,070 | ₩500,000 |
| ⑤ | ₩1,500,000 | ₩0 |  |  |  |

해설

| 20×1.1.1 | (차) 장기매출채권 | 4,973,700 | (대) 매출 | 4,973,700 |
|---|---|---|---|---|
|  | (차) 매출원가 | 4,500,000 | (대) 상품 | 4,500,000 |
| 20×1.12.31 | (차) 현금 | 2,000,000 | (대) 이자수익 | 497,370 |
|  |  |  | 장기매출채권 | 1,502,630 |
| 20×2.12.31 | (차) 현금 | 2,000,000 | (대) 이자수익 | 347,107 |
|  |  |  | 장기매출채권 | 1,652,893 |

1) 20×1년도 포괄손익계산서상 당기순이익 증가금액
   = ₩4,973,700 − ₩4,500,000 + ₩497,370 = ₩971,070
2) 20×2년도 포괄손익계산서상 당기순이익 증가금액 = ₩347,107(이자수익)

**12** ㈜관세는 20×1년 7월 1일 원가 ₩80,000의 재고자산을 판매하고 계약금으로 현금 ₩10,000을 수령한 후 다음과 같이 대금을 수령하기로 하였다. 재고자산 판매일 현재 할인율이 연 10%일 때 동 거래로 인하여 발생되는 ㈜관세의 20×1년 매출총이익은? (단, 명목가치와 현재가치의 차이는 중요하고, 정상연금 ₩1의 현재가치는 2.4868 (3기간, 10%)이다.) 21년 관세사

| 20×2년 6월 30일 | 20×3년 6월 30일 | 20×4년 6월 30일 |
|---|---|---|
| ₩30,000 | ₩30,000 | ₩30,000 |

① ₩3,730     ② ₩4,604     ③ ₩8,334

④ ₩10,000     ⑤ ₩20,000

**해설**

1) 매출액 = ₩10,000 + ₩30,000 × 2.4868 = ₩84,604
2) 매출총이익 = ₩84,604(매출액) − ₩80,000(매출원가) = ₩4,604

**13** ㈜한국은 20×1년 1월 1일 ㈜민국에 ₩100,000을 받고 20×2년 12월 31일 제품을 인도하는 판매계약을 체결하였다. 증분차입이자율이 10%인 경우 ㈜한국이 20×2년 인식할 매출액은 얼마인가?

① ₩0     ② ₩100,000     ③ ₩110,000

④ ₩121,000     ⑤ ₩115,000

**해설**

20×2년 매출액 = ₩100,000 × $(1.1)^2$ = ₩121,000

**14** ㈜감평은 20×1년 1월 1일 제품을 판매하기로 ㈜한국과 계약을 체결하였다. 동 제품에 대한 통제는 20×2년 말에 ㈜한국으로 이전된다. 계약에 의하면 ㈜한국은 ㉠ 계약을 체결할 때 ₩100,000을 지급하거나 ㉡ 제품을 통제하는 20×2년 말에 ₩125,440을 지급하는 방법 중 하나를 선택할 수 있다. 이 중 ㈜한국은 ㉠을 선택함으로써 계약체결일에 현금 ₩100,000을 ㈜감평에게 지급하였다. ㈜감평은 자산 이전시점과 고객의 지급시점 사이의 기간을 고려하여 유의적인 금융요소가 포함되어 있다고 판단하고 있으며, ㈜한국과 별도 금융거래를 한다면 사용하게 될 증분차입이자율 연 10%를 적절한 할인율로 판단한다. 동 거래와 관련하여 ㈜감평이 20×1년 말 재무상태표에 계상할 계약부채의 장부금액(A)과 20×2년도 포괄손익계산서에 인식할 매출수익(B)은? 20년 기출

| | (A) | (B) | | (A) | (B) |
|---|---|---|---|---|---|
| ① | ₩100,000 | ₩100,000 | ② | ₩110,000 | ₩121,000 |
| ③ | ₩110,000 | ₩125,440 | ④ | ₩112,000 | ₩121,000 |
| ⑤ | ₩112,000 | ₩125,440 | | | |

해설

| 20×1.1.1 | (차) 현금 | 100,000 | (대) 계약부채 | 100,000 |
|---|---|---|---|---|
| 20×1.12.31 | (차) 이자비용 | 10,000 | (대) 계약부채 | 10,000 |
| 20×2.12.31 | (차) 이자비용 | 11,000 | (대) 계약부채 | 11,000 |
| | (차) 계약부채 | 121,000 | (대) 매출 | 121,000 |

**15** ㈜관세는 20×1년 1월 1일 제품 200개(개당 원가 ₩200)를 개당 ₩300에 판매하는 계약을 ㈜한국과 체결하고 즉시 제품을 인도하였으며, 동 자산에 대한 통제는 ㈜한국에 이전되었다. 동 거래는 45일 이내에 반품하면 즉시 환불해 주는 반품권이 부여된 거래이다. 이러한 경험이 상당히 많은 ㈜관세는 과거 경험 등에 기초하여 판매수량의 5%가 반품될 것으로 추정하였다. 동 거래로 ㈜관세가 20×1년 1월 1일에 인식할 부채는? 20년 관세사

① ₩0       ② ₩1,000       ③ ₩2,000
④ ₩3,000       ⑤ ₩4,000

해설

환불부채 = 200개 × 5% × ₩300 = ₩3,000

**16** ㈜세무는 20×1년 12월 31일 개당 원가 ₩150인 제품 100개를 개당 ₩200에 현금 판매하였다. ㈜세무는 판매 후 30일 이내에 고객이 반품하면 전액 환불해주고 있다. 반품률은 5%로 추정되며, 반환제품 회수비용, 반환제품 가치하락 및 판매당일 반품은 없다. 동 거래에 관한 설명으로 옳지 않은 것은? `19년` `CTA`

① 20×1년 인식할 매출액은 ₩19,000이다.

② 20×1년 인식할 이익은 ₩4,750이다.

③ '환불이 발생할 경우 고객으로부터 제품을 회수할 권리'를 20×1년 말 자산으로 인식 하며, 그 금액은 ₩750이다.

④ 동 거래의 거래가격은 변동대가에 해당하기 때문에 받을 권리를 갖게 될 금액을 추정 하여 수익으로 인식한다.

⑤ 20×1년 말 인식할 부채는 ₩250이다.

해설

| 20×1년 말 | (차) 현금 | 20,000 | (대) 매출 | 19,000 |
|---|---|---|---|---|
| | | | 환불부채 | 1,000 |
| | (차) 매출원가 | 14,250 | (대) 재고자산 | 15,000 |
| | 반환제품회수권 | 750 | | |

20×1년 말 인식할 부채금액은 ₩1,000이다.


**17** ㈜서울은 20×1년 7월 1일에 액면금액이 ₩100,000인 상품권 1,000매를 한 매당 ₩95,000에 발행하였다. 고객은 상품권 금액의 80% 이상을 사용하면 잔액을 현금으로 돌려받을 수 있다. 상품권의 만기는 발행일로부터 5년이다. 20×1년 12월 31일까지 상품권 사용에 의한 매출로 200매가 회수되었으며, 매출과정에서 ₩2,500,000이 거스 름돈으로 지급되었다. 20×1년에 ㈜서울이 상품권과 관련하여 수익(순매출액)으로 인 식할 금액은? `11년` `기출`

① ₩16,500,000　　② ₩17,500,000　　③ ₩19,000,000

④ ₩20,000,000　　⑤ ₩95,000,000

해설

순매출액 = ₩95,000 × 200매 − ₩2,500,000(현금지급액) = ₩16,500,000

**18** 고객과의 계약에서 생기는 수익에 관한 설명으로 옳지 않은 것은? 24년 관세사

① 자산은 고객이 그 자산을 통제할 때 또는 기간에 걸쳐 통제하게 되는 대로 이전된다.

② 자산에 대한 통제란 자산을 사용하도록 지시하고 자산의 나머지 효익의 대부분을 획득할 수 있는 능력을 말한다.

③ 기간에 걸쳐 이행하는 수행의무의 진행률은 보고기간 말마다 다시 측정한다.

④ 기간에 걸쳐 이행하는 수행의무의 적절한 진행률 측정방법에는 산출법과 투입법이 포함된다.

⑤ 기업이 만든 자산이 기업에 대체 용도는 있지만 지급청구권은 없다면, 기간에 걸쳐 수익을 인식한다.

**해설**

기업이 만든 자산이 기업에 대체 용도가 없으며, 지금까지 이행을 완료한 부분에 대한 지급청구권이 있어야 기간에 걸쳐 수익을 인식한다.

**19** 건강식품을 생산하는 ㈜감평은 ㈜대한에 판매를 위탁하고 있다. ㈜감평은 20×1년 초 단위당 판매가격이 ₩2,000(단위당 원가 ₩1,400)인 건강식품 100단위를 ㈜대한에 발송하였으며, 운반비 ₩8,000을 운송업체에 현금으로 지급하였다. 한편, ㈜대한은 ㈜감평으로부터 수탁한 건강식품 중 60%를 20×1년도에 판매하였다. ㈜감평은 판매 금액의 5%를 ㈜대한에 수수료로 지급한다. 이 거래로 20×1년도에 ㈜대한이 인식할 수익(A)과 ㈜감평이 인식할 매출원가(B)는? 19년 기출

① A: ₩6,000    B: ₩84,000

② A: ₩6,000    B: ₩88,800

③ A: ₩6,240    B: ₩84,000

④ A: ₩6,240    B: ₩88,800

⑤ A: ₩8,000    B: ₩84,000

**해설**

1) ㈜대한의 수익(수수료)
   - ₩2,000 × 60단위 × 5% = ₩6,000
2) ㈜감평의 매출원가
   = [(₩1,400 × 100단위) + ₩8,000(적송운임)] × 60% = ₩88,800

**20** 다음은 ㈜감평의 수익 관련 자료이다.

- ㈜감평은 20×1년 초 ㈜한국에게 원가 ₩50,000의 상품을 판매하고 대금은 매년 말 ₩40,000씩 총 3회에 걸쳐 현금을 수취하기로 하였다.
- ㈜감평은 20×1년 12월 1일 ㈜대한에게 원가 ₩50,000의 상품을 ₩120,000에 현금 판매하였다. 판매계약에는 20×2년 1월 31일 이전에 ㈜대한이 요구할 경우 ㈜감평이 판매한 제품을 ₩125,000에 재매입해야 하는 풋옵션이 포함된다. 20×1년 12월 1일에 ㈜감평은 재매입일 기준 제품의 예상 시장가치는 ₩125,000 미만이며, 풋옵션이 행사될 유인은 유의적일 것으로 판단하였으나, 20×2년 1월 31일까지 풋옵션은 행사되지 않은 채 소멸하였다.

㈜감평이 20×2년에 인식해야 할 총수익은? (단, 20×1년 초 ㈜한국의 신용특성을 반영한 이자율은 5%이고, 계산금액은 소수점 첫째 자리에서 반올림하며, 단수차이로 인한 오차가 있으면 가장 근사치를 선택한다.) 20년 기출

| 기간 | 단일금액 ₩1의 현재가치<br>(할인율 = 5%) | 정상연금 ₩1의 현재가치<br>(할인율 = 5%) |
|---|---|---|
| 3 | 0.8638 | 2.7232 |

① ₩0
② ₩120,000
③ ₩125,000
④ ₩128,719
⑤ ₩130,718

**해설**

1) 20×1년 초 일반적인 신용기간을 이연하여 판매한 매출의 매출채권 = ₩40,000 × 2.7232 = ₩108,928
   → 20×1년 말 매출채권 장부금액 = ₩108,928 × 1.05 − ₩40,000 = ₩74,374
   → 20×2년도 이자수익 = ₩74,374 × 5% = ₩3,719
2) 해당 거래는 재구매조건부 판매로 풋옵션 행사가 유의적이라고 판단하였기 때문에 20×1년 12월 1일에는 매출이 아닌 차입거래로 인식한다.

| 20×1.12.1 | (차) 현금 | 120,000 | (대) 계약부채 | 120,000 |
|---|---|---|---|---|
| 20×1.12.31 | (차) 이자비용 | 2,500 | (대) 계약부채 | 2,500 |
| 20×2.1.31 | (차) 이자비용 | 2,500 | (대) 계약부채 | 2,500 |
| | (차) 계약부채 | 125,000 | (대) 매출 | 125,000 |
| | (차) 매출원가 | 50,000 | (대) 상품 | 50,000 |

   → 재구매조건부 판매시 ₩120,000과 ₩125,000과의 차이금액은 이자비용이 되며, 풋옵션이 행사되지 않은 채 소멸되었기 때문에 소멸된 20×2년도에 매출을 인식한다.
3) 20×2년 총수익 = ₩3,719(이자수익) + ₩125,000(매출) = ₩128,719

**21** 갑회사는 구매금액 ₩10당 1점을 고객에게 보상하는 고객충성제도를 운영한다. 고객은 향후 갑회사의 제품을 구매할 때 ₩1의 할인을 포인트 1점과 교환할 수 있다. 20×1년 중에 갑회사는 고객에게 총 ₩1,000,000을 판매하면서 100,000포인트를 제공하였으며, 갑회사는 1포인트의 개별 판매가격을 ₩0.94로 추정하였다. 갑회사는 20×1년 말 현재 총 100,000포인트 중 94%가 교환될 것으로 추정하였으나, 20×2년 말에는 총 100,000포인트 중 96%가 교환될 것으로 추정치를 변경하였다. 20×1년과 20×2년에 실제로 고객이 교환한 포인트는 각각 40,000포인트와 35,000포인트이다. 갑회사가 고객에게 부여한 포인트에 대해서 20×2년도에 인식할 수익은 얼마인가?

① ₩30,564        ② ₩31,993        ③ ₩33,438
④ ₩36,563        ⑤ ₩40,000

**해설**

1) 포인트의 개별판매가격 = 100,000포인트 × ₩0.94 = ₩94,000
2) 포인트의 거래가격 = ₩1,000,000 × (₩94,000/₩1,094,000) = ₩85,923
3) 20×1년 포인트수익 = ₩85,923 × (40,000포인트/94,000포인트) = ₩36,563
4) 20×2년 포인트수익 = ₩85,923 × (75,000포인트/96,000포인트) − ₩36,563 = ₩30,564

**22** ㈜관세는 20×1년부터 고객충성제도를 운영하고 있으며, 관련 자료는 다음과 같다.

- 구매 ₩10당 고객충성포인트 1점을 고객에게 보상하며, 각 포인트는 ㈜관세의 제품을 미래에 구매할 때 ₩1의 할인과 교환할 수 있다.
- 20×1년 3월 1일에 고객은 제품을 총 ₩20,000에 구매하고 미래 구매에 교환할 수 있는 2,000포인트를 얻었다. 대가는 고정금액이고 구매한 제품의 개별 판매가격은 총 ₩20,000이다.
- 20×1년 3월 1일에 ㈜관세는 1,800포인트가 교환될 것으로 예상하였으며, 교환될 가능성에 기초하여 포인트의 개별 판매가격을 총 ₩1,800으로 추정하였다.
- ㈜관세가 고객에게 포인트를 제공하는 약속은 수행의무이다.

㈜관세가 20×1년 3월 1일에 인식할 수익은? (단, 포인트의 유효기간은 3년이며, 화폐금액은 소수점 첫째자리에서 반올림한다.)  `24년 관세사`

① ₩18,200        ② ₩18,349        ③ ₩19,621
④ ₩20,000        ⑤ ₩21,800

**해설**

3월 1일에 인식할 수익은 재화에 대한 거래가격이다.
재화에 대한 거래가격 = ₩20,000 × (₩20,000/₩21,800) = ₩18,349

답 ▶ 01 ③  02 ③  03 ①  04 ③  05 ④  06 ③  07 ②  08 ②  09 ②  10 ①
11 ③  12 ②  13 ④  14 ②  15 ④  16 ⑤  17 ①  18 ⑤  19 ②  20 ④
21 ①  22 ②

## 제16절 건설계약

### 1 건설계약의 기초

#### 1. 건설계약

(1) 건설계약의 정의

① 건설계약(construction contract)은 단일 자산의 건설이나 설계, 기술 및 기능 또는 그 최종 목적이나 용도에 있어서 밀접하게 상호 연관되거나 상호 의존적인 복수 자산의 건설을 위해 구체적으로 협의된 계약을 말한다.

② 건설계약은 교량, 건물, 도로 같은 단일 자산을 건설하기 위해 체결할 수도 있고 상호 의존적인 복수 자산을 대상으로 할 수도 있다.

#### 2. 계약수익과 계약원가

(1) 계약수익의 구성항목

① 계약수익은 건설사업자가 발주자로부터 지급받을 건설계약금액에 근거하여 계상한다. 계약수익은 수령하였거나 수령할 대가의 공정가치로 측정한다. 계약수익은 다음의 항목으로 구성된다. 계약금액은 계약의 이행 중 변경이 가능하다.

> ㉠ 최초에 합의한 계약금액
> ㉡ 공사변경, 보상금 및 장려금에 따라 추가되는 금액으로서 다음을 모두 충족하는 것
>     ⓐ 수익으로 귀결될 높은 가능성
>     ⓑ 금액의 신뢰성 있는 측정 가능성

② 공사변경은 계약상 수행하는 공사의 범위를 발주자의 지시에 따라 변경하는 것을 말한다. 공사변경에 따라 계약수익은 증가하거나 감소할 수 있다. 공사변경의 예로는 건설대상 자산의 사양이나 설계, 계약기간 등을 변경하는 것을 들 수 있다. 공사변경은 다음을 모두 충족하는 경우에 공사변경을 계약수익에 포함한다.

㉠ 발주자가 공사변경과 변경에 따른 수익금액을 승인할 가능성이 높다.

㉡ 수익금액을 신뢰성 있게 측정할 수 있다.

③ 보상금은 건설사업자가 계약금액에 포함되어 있지 않은 원가를 발주자나 다른 당사자에게서 보상받으려는 금액이다. 예컨대 발주자에 의하여 공사가 지체되거나, 제시한 사양이나 설계에 오류가 있거나, 공사변경과 관련하여 분쟁이 있는 경우 보상금이 발생할 수 있다. 보상금에 따른 수익금액은 측정하는 데 불확실성이 높으며 협상의 결과에 따라 달라질 수 있다. 따라서 보상금은 다음을 모두 충족하는 경우에 계약수익에 포함한다.

㉠ 협상이 상당히 진전되어 발주자가 보상금의 청구를 수락할 가능성이 높다.

㉡ 발주자가 수락할 가능성이 높은 금액을 신뢰성 있게 측정할 수 있다.

④ 장려금은 특정 성과기준을 충족하거나 초과하는 경우 건설사업자에게 지급되는 추가금액이다. 예컨대, 공사계약의 조기 완료에 대하여 건설사업자에게 계약상 정해진 장려금이 지급될 수 있다. 장려금은 다음을 모두 충족하는 경우에 계약수익에 포함한다.

　㉠ 계약이 충분히 진행되어 특정 성과기준을 충족하거나 초과할 가능성이 높다.

　㉡ 장려금을 신뢰성 있게 측정할 수 있다.

## (2) 계약원가의 구성항목

계약원가는 특정계약에 직접 관련된 원가, 계약활동 전반에 귀속될 수 있는 공통원가로서 특정 계약에 배분할 수 있는 원가, 계약조건에 따라 발주자에게 청구할 수 있는 기타원가로 구성된다.

① 특정 계약에 직접 관련된 원가

　㉠ 현장감독을 포함한 현장인력의 노무원가

　㉡ 건설에 사용된 재료원가

　㉢ 계약에 사용된 생산설비와 건설장비의 감가상각비

　㉣ 생산설비, 건설장비 및 재료를 현장으로 운반하거나 현장에서 운반하는 데 소요되는 원가

　㉤ 생산설비와 건설장비의 임차원가

　㉥ 계약과 직접 관련된 설계와 기술지원원가

　㉦ **예상하자보수원가를 포함한 복구 및 보증공사의 추정원가**

　㉧ 제3자의 보상금 청구

이러한 원가는 계약수익에 포함되지 않은 부수적 이익만큼 차감될 수 있다. 이러한 부수적 이익의 예로 잉여자재를 판매하거나 계약종료시점에 생산설비와 건설장비를 처분하여 발생하는 이익을 들 수 있다.

② 계약활동 전반에 귀속될 수 있는 공통원가로서 특정 계약에 배분할 수 있는 원가

　㉠ 보험료

　㉡ 특정 계약에 직접 관련되지 않은 설계와 기술지원원가

　㉢ 건설간접원가

　㉣ 차입원가

③ 계약조건에 따라 발주자에게 청구할 수 있는 기타원가

계약조건에 보상받을 수 있도록 규정되어 있는 일부 일반관리원가와 개발원가

이러한 원가는 체계적이고 합리적인 방법에 따라 배분하며, 유사한 성격의 모든 원가에 일관되게 적용한다. 원가배분은 건설활동의 정상조업도 수준에 기초한다. 건설간접원가에는 건설인력의 급여 지급에 대한 사무처리원가를 포함한다.

그러나 다음의 원가는 계약원가에서 제외된다.

> 계약원가 제외항목
> ㉠ 계약에 보상이 명시되어 있지 않은 일반관리원가
> ㉡ 판매원가
> ㉢ 계약에 보상이 명시되어 있지 않은 연구개발원가
> ㉣ 특정계약에 사용하지 않는 유휴 생산설비나 건설장비의 감가상각비

한편, 공사계약체결 전에 원가가 발생할 수 있다. 대량의 건설사업의 경우는 관련 계약을 수주하기 위해 여러 가지 비용이 드는 경우가 많다. 이를 공사계약 체결 전 발생원가, 즉 수주비라고 하는데 이러한 수주비는 개별적으로 식별이 가능하며, 신뢰성 있게 측정가능하고, 계약의 체결가능성이 높은 경우 계약원가에 포함할 수 있다. 그러나 이미 비용으로 처리하였다면, 추후 계약이 체결되더라도 이를 다시 공사계약원가에 포함할 수 없다.

## 2 건설계약의 계약수익과 비용의 인식

### 1. 계약수익과 비용의 인식

(1) 건설계약의 결과를 신뢰성 있게 추정할 수 있는 경우

계약수익과 계약원가를 진행기준에 따라 각각 수익과 비용으로 인식한다.
① 건설계약에 손실이 예상되는 경우 관련 손실을 즉시 인식한다.
② 계약수익으로 이미 인식한 금액의 회수가능성에 불확실성이 발생한 경우 계약수익을 조정하지 않고, 당기비용으로 인식한다.

(2) 진행률의 결정

① 산출법 : 계약에서 약속한 재화나 용역의 나머지 부분의 가치와 비교하여 지금까지 이전한 재화나 용역이 고객에게 주는 가치의 직접 측정에 기초하여 진행률을 측정하는 방법이다. 지금까지 수행을 완료한 정도를 조사, 달성한 결과에 대한 평가와 같은 방법이 포함된다.
② 투입법 : 해당 수행의무의 이행에 예상되는 총 투입물 대비 수행의무를 이행하기 위한 기업의 노력이나 투입물(예 소비한 자원, 발생원가, 경과한 시간)에 기초하여 진행률을 측정하는 방법이다.

> 누적발생원가에서 제외되는 항목
> ㉠ 아직 계약공사를 위해 설치, 사용 또는 적용이 되지 않은 재료의 원가와 같은 계약상 미래 활동과 관련된 계약원가
> ㉡ 하도급계약에 따라 수행될 공사에 대해 하도급자에게 선급한 금액

(3) 회계처리

| 구분 | 회계처리 | | | |
|---|---|---|---|---|
| 지출시 | (차) 미성공사 | ××× | (대) 현금 | ××× |
| 대금청구 시 | (차) 공사미수금 | ××× | (대) 진행청구액 | ××× |
| 대금회수 시 | (차) 현금 | ××× | (대) 공사미수금 | ××× |
| 기말결산 시 | (차) 계약원가<br>    미성공사 | ×××<br>××× | (대) 계약수익 | ××× |

(4) 계약수익의 계산

당기계약수익 = (당기의 총 계약금액 × 당기누적진행률) − 전기누적계약수익

계약금액은 계약변경 등에 의하여 연도별로 변동될 수 있다.

$$진행률 = \frac{당기말\ 현재\ 누적계약원가}{추정총계약원가(= 누적발생원가 + 추가소요원가)}$$

(5) 재무상태표 공시

① 미성공사 잔액(누적) > 진행청구액(누적) : 차액을 계약자산(미청구공사)로 표시한다. 계약자산은 유동자산이다.

② 미성공사 잔액(누적) < 진행청구액(누적) : 차액을 계약부채(초과청구공사)로 표시한다. 계약부채는 유동부채이다.

| 재무상태표 | | | |
|---|---|---|---|
| 유동자산 | | | |
|  계약자산 | | | |
|   미성공사 | ××× | | |
|   진행청구액 | (×××) | ××× | |

| 재무상태표 | | | |
|---|---|---|---|
| | 유동부채 | | |
| |  계약부채 | | |
| |   진행청구액 | ××× | |
| |   미성공사 | (×××) | ××× |

## 2. 건설계약의 결과를 신뢰성 있게 추정할 수 없는 경우

① 수익은 회수가능성이 높은 발생한 계약원가의 범위 내에서만 인식한다.

② 계약원가는 발생한 기간의 비용으로 인식한다.

> \* 계약수익 = min[누적계약원가 발생액, 회수가능액] − 전기누적계약수익
> \* 계약원가 = 당기계약원가 발생액

③ 회수가능성이 높지 않은 계약원가는 즉시 비용으로 인식한다.

④ 건설계약에서 손실이 예상되는 경우 관련 손실을 즉시 비용으로 인식한다.

## 3. 원가기준 이외의 진행률을 사용하는 경우

① 계약수익 = (당기 말 건설계약금액 × 당기진행률) − 전기누적계약수익

② 계약원가 = (당기 말 추정총계약원가 × 당기진행률) − (전기 말 추정총계약원가 × 전기진행률)

③ 미성공사 장부금액 = 누적발생계약원가 + 누적이익 인식액

### 3 손실이 예상되는 공사

건설계약의 경우는 장기간에 걸쳐 공사가 수행되기 때문에 상황의 변화에 따라서 당초 예상했던 총계약원가가 총계약수익을 초과할 수도 있다. 이와 같은 상황을 손실이 예상되는 공사라고 한다. 기준서에서는 손실이 예상되는 경우는 공사완공 시까지 손실의 귀속을 늦추는 것이 아니라 **예상되는 손실을 즉시 비용으로 인식**한다.

## 1. 손실이 예상되는 경우의 계약원가

| 구분 | 계약원가 인식액 |
|---|---|
| 손실예상연도 | 당기발생 계약원가 + 예상손실액 |
| 손실예상 다음연도(공사완공 시) | 당기발생 계약원가 − 전기인식 예상손실액 |

\* 예상손실액 = 당기 총 계약손실예상액 × (1 − 당기진행률)

---

**예제 16-1** 건설계약

㈜한국건설은 20×1년 초에 ㈜대한과 교량건설을 위한 건설계약을 발주금액 ₩10,000,000에 체결하였다. 총 공사기간은 계약일로부터 3년인데, 20×2년도에 공사내용의 일부 변경에 따른 계약원가 추가 발생으로 건설계약금액을 ₩2,000,000 증가시키는 것으로 합의하였다. 동 건설 계약과 관련된 연도별 자료는 다음과 같다.

| 구분 | 20×1년 | 20×2년 | 20×3년 |
|---|---|---|---|
| 실제 계약원가 발생액 | ₩2,400,000 | ₩4,950,000 | ₩3,150,000 |
| 연도말 예상 추가계약원가 | 5,600,000 | 3,150,000 | – |
| 계약대금 청구액 | 2,500,000 | 5,500,000 | 4,000,000 |
| 계약대금 회수액 | 2,300,000 | 5,400,000 | 4,300,000 |

㈜한국건설이 진행률을 누적발생계약원가에 기초하여 계산한다고 할 때, 동 건설계약과 관련하여 ㈜한국건설의 일자별 회계처리를 하시오.

해답

| 구분 | 20×1년 | 20×2년 | 20×3년 |
|---|---|---|---|
| 실제발생원가 | ₩2,400,000 | ₩4,950,000 | ₩3,150,000 |
| 추가계약원가 | 5,600,000 | 3,150,000 | – |
| 총공사예정원가 | 8,000,000 | 10,500,000 | 10,500,000 |
| 진행률 | 30% | 70% | 100% |
| 공사수익 | 3,000,000 | 5,400,000 | 3,600,000 |
| 공사원가 | (2,400,000) | (4,950,000) | (3,150,000) |
| 공사이익 | ₩600,000 | ₩450,000 | ₩450,000 |

\* 20×1년 공사수익 = ₩10,000,000 × 30% = ₩3,000,000
\* 20×2년 공사수익 = ₩12,000,000 × 70% - ₩3,000,000 = ₩5,400,000
진행률을 누적원가기준으로 측정하는 경우 계약원가는 당기실제발생원가금액과 같다.

〈회계처리〉
20×1년
① 계약원가 발생 시 (차) 미성공사　　2,400,000　　(대) 현금　　2,400,000
② 대금 청구 시　　(차) 계약미수금　　2,500,000　　(대) 진행청구액　　2,500,000
③ 대금 회수 시　　(차) 현금　　2,300,000　　(대) 계약미수금　　2,300,000
④ 결산 시　　(차) 공사원가　　2,400,000　　(대) 공사수익　　3,000,000
　　　　미성공사　　600,000

\* 20×1년도 미성공사 = ₩10,000,000 × 30% = ₩3,000,000
\* 20×1년도 진행청구액 = ₩2,500,000
\* 20×1년도 계약자산(미청구공사) = ₩3,000,000(미성공사) - ₩2,500,000(진행청구액) = ₩500,000
\* 20×1년도 공사미수금 = ₩2,500,000 - ₩2,300,000 = ₩200,000

20×2년
① 계약원가 발생 시 (차) 미성공사　　4,950,000　　(대) 현금　　4,950,000
② 대금 청구 시　　(차) 계약미수금　　5,500,000　　(대) 진행청구액　　5,500,000
③ 대금 회수 시　　(차) 현금　　5,400,000　　(대) 계약미수금　　5,400,000
④ 결산 시　　(차) 공사원가　　4,950,000　　(대) 공사수익　　5,400,000
　　　　미성공사　　450,000

\* 20×2년도 미성공사 = ₩12,000,000 × 70% = ₩8,400,000
\* 20×2년도 진행청구액(누적) = ₩8,000,000
\* 20×2년도 계약자산(미청구공사) = ₩8,400,000(미성공사) - ₩8,000,000(진행청구액) = ₩400,000
\* 20×2년도 공사미수금 = ₩8,000,000 - ₩7,700,000 = ₩300,000

20×3년

| | | | | | | |
|---|---|---|---|---|---|---|
| ① 계약원가 발생 시 | (차) | 미성공사 | 3,150,000 | (대) | 현금 | 3,150,000 |
| ② 대금 청구 시 | (차) | 계약미수금 | 4,000,000 | (대) | 진행청구액 | 4,000,000 |
| ③ 대금 회수 시 | (차) | 현금 | 4,300,000 | (대) | 계약미수금 | 4,300,000 |
| ④ 결산 시 | (차) | 공사원가 | 3,150,000 | (대) | 공사수익 | 3,600,000 |
| | | 미성공사 | 450,000 | | | |
| | (차) | 진행청구액 | 12,000,000 | (대) | 미성공사 | 12,000,000 |

**예제 16-2** 손실예상공사

㈜한국은 20×1년 1월 1일 ㈜민국의 건설공사를 ₩1,000,000에 수주하였다. 해당 건설공사는 3년이 소요되는 공사이다. 해당 건설공사의 계약관련 사항이 다음과 같을 때 물음에 답하시오. (단, ㈜한국은 해당 건설공사의 진행률을 누적원가 기준으로 측정한다.)

| 구분 | 20×1년 | 20×2년 | 20×3년 |
|---|---|---|---|
| 당기발생계약원가 | ₩360,000 | ₩361,000 | ₩329,000 |
| 추정총계약원가 | 900,000 | 1,030,000 | 1,050,000 |
| 계약대금청구액 | 350,000 | 350,000 | 300,000 |
| 계약대금수령액 | 280,000 | 300,000 | 420,000 |

[물음]
1. ㈜한국이 각 회계연도에 인식할 계약손익을 계산하시오.
2. ㈜한국의 일자별 회계처리를 하시오.
3. 각 연도별 미성공사금액과 진행청구액을 계산하고, 계약자산인지 계약부채인지 계산하시오.

해답

1. 각 회계연도의 계약손익

| 구분 | 20×1년 | 20×2년 | 20×3년 |
|---|---|---|---|
| 실제발생원가 | ₩360,000 | ₩721,000 | ₩1,050,000 |
| 총공사예정원가 | 900,000 | 1,030,000 | 1,050,000 |
| 진행률 | 40% | 70% | 100% |
| 공사수익 | 400,000 | 300,000 | 300,000 |
| 공사원가 | (360,000) | (361,000) | (329,000) |
| 예상손실액 | – | (9,000) | 9,000 |
| 공사손익 | ₩40,000 | (₩70,000) | (₩20,000) |

## 2. 연도별 회계처리

### 20×1년

| | | | | | | | |
|---|---|---|---|---|---|---|---|
| ① 계약원가 발생 시 | (차) 미성공사 | 360,000 | | (대) 현금 | 360,000 |
| ② 대금 청구 시 | (차) 계약미수금 | 350,000 | | (대) 진행청구액 | 350,000 |
| ③ 대금 회수 시 | (차) 현금 | 280,000 | | (대) 계약미수금 | 280,000 |
| ④ 결산 시 | (차) 공사원가 | 360,000 | | (대) 공사수익 | 400,000 |
| | 미성공사 | 40,000 | | | |

\* 20×1년도 미성공사 = ₩1,000,000 × 40% = ₩400,000

\* 20×1년도 진행청구액 = ₩350,000

\* 20×1년도 계약자산(미청구공사) = ₩400,000(미성공사) − ₩350,000(진행청구액) = ₩50,000

\* 20×1년도 공사미수금 = ₩350,000 − ₩280,000 = ₩70,000

### 20×2년

| | | | | | | |
|---|---|---|---|---|---|---|
| ① 계약원가 발생 시 | (차) 미성공사 | 361,000 | | (대) 현금 | 361,000 |
| ② 대금 청구 시 | (차) 계약미수금 | 350,000 | | (대) 진행청구액 | 350,000 |
| ③ 대금 회수 시 | (차) 현금 | 300,000 | | (대) 계약미수금 | 300,000 |
| ④ 결산 시 | (차) 공사원가 | 370,000 | | (대) 공사수익 | 300,000 |
| | | | | 미성공사 | 61,000 |
| | | | | 충당부채 | 9,000 |

※ 20×2년도 미성공사 = ₩1,000,000 × 70% = ₩700,000

※ 20×2년도 진행청구액 = ₩700,000

※ 20×2년도 계약자산(계약부채) = ₩700,000(미성공사) − ₩700,000(진행청구액) = ₩0

### 20×3년

| | | | | | | |
|---|---|---|---|---|---|---|
| ① 계약원가 발생 시 | (차) 미성공사 | 329,000 | | (대) 현금 | 329,000 |
| ② 대금 청구 시 | (차) 계약미수금 | 300,000 | | (대) 진행청구액 | 300,000 |
| ③ 대금 회수 시 | (차) 현금 | 420,000 | | (대) 계약미수금 | 420,000 |
| ④ 결산 시 | (차) 공사원가 | 329,000 | | (대) 공사수익 | 300,000 |
| | | | | 미성공사 | 29,000 |
| | (차) 충당부채 | 9,000 | | (대) 공사원가 | 9,000 |
| | (차) 진행청구액 | 1,000,000 | | (대) 미성공사 | 1,000,000 |

별해

건설계약에서 손실이 예상되는 공사는 공사가 완공되기 전이라도 손실이 예상되는 시점에 모든 손익을 귀속시키고자 하는 것이 핵심이다. 해당 사례의 경우에도 20×2년도에 해당 공사의 계약금액이 ₩1,000,000이지만 이미 공사예상원가가 ₩1,030,000이므로 ₩30,000의 총손실이 예상된다.

20×2년도에 총손실 ₩30,000을 귀속시키기 위해서는 전기에 인식한 ₩40,000의 이익을 고려하여 20×2년도에 ₩70,000을 손실로 인식하게 된다.

\* 총손실(₩30,000) = ₩40,000(20×1년도의 이익) + 20×2년도의 손실

　→ 20×2년도의 손실 = (₩70,000)

또한 20×3년도는 이미 20×2년도에 이 공사는 ₩1,030,000의 비용이 드는 공사라고 예상하였는데 실제는 총 ₩1,050,000의 원가가 발생하였다. 20×3년도는 예상했던 바에서 벗어난 정도가 손실 또는 이익이 된다.

20×3년도의 손실 = ₩1,050,000 − ₩1,030,000(20×2년도 예상비용) = (₩20,000)

만약, 20×3년도의 실제발생원가가 ₩980,000이라면 ₩50,000의 이익이 보고된다.

---

**예제 16-3**  진행률을 알 수 없을 때

㈜한국은 20×1년 1월 1일 ㈜민국과 건물 건설계약을 체결하였다. 해당 공사의 도급금액은 ₩300,000이며, 공사는 20×4년 12월 31일 완공된다. ㈜한국은 20×1년도와 20×2년도는 추가 예정원가를 예측할 수 없어 진행률은 산정할 수 없지만 공사대금의 회수가능성은 높은 것으로 예상하였다. 그리고 20×3년도는 건설계약의 결과를 신뢰성 있게 추정할 수 있게 되었다고 할 때, 아래의 물음에 답하시오.

| 구분 | 20×1년 | 20×2년 | 20×3년 |
|---|---|---|---|
| 당기발생원가 | ₩50,000 | ₩100,000 | ₩50,000 |
| 추가예정원가 | ? | ? | ₩50,000 |

[물음]

건설계약의 결과는 신뢰성 있게 추정할 수 없지만, 공사대금의 회수가능성은 높다고 할 때, 연도별로 인식할 계약수익, 계약원가 및 계약이익을 계산하시오.

................................................................................

**해답**

| 구분 | 20×1년 | 20×2년 | 20×3년 |
|---|---|---|---|
| 공사수익 | ₩50,000 | ₩100,000 | ₩90,000 |
| 공사원가 | ₩50,000 | ₩100,000 | ₩50,000 |
| 공사이익 | ₩0 | ₩0 | ₩40,000 |

* 20×1년 공사수익 = min[누적발생원가, 누적회수가능액]
    = min[₩50,000, ₩50,000] = ₩50,000
* 20×2년 공사수익 = min[누적발생원가, 누적회수가능액] − 전기수익인식액
    = min[₩150,000, ₩150,000] − ₩50,000 = ₩100,000
* 20×3년 공사수익 = ₩300,000 × 80% − ₩150,000 = ₩90,000

만약 해당 계약이 계약원가의 회수가능성도 높지 않다면, 수익은 인식하지 않고 발생한 원가만 비용으로 인식한다.

01 ㈜감평은 20×1년 중 ㈜한국이 주문한 맞춤형 특수기계를 ₩10,000에 제작하는 계약을 체결하였다. 20×1년에 발생한 제작원가는 ₩2,000이고, 추정총원가는 ₩8,000이다. 20×2년에 설계변경이 있었고, 이로 인한 원가상승을 반영하여 계약금액을 ₩12,000으로 변경하였다. 20×2년에 발생한 제작원가는 ₩4,000이고, 추정 총원가는 ₩10,000이다. 이 기계는 20×3년 3월 31일에 완성되었다. 원가기준 투입법으로 진행률을 측정할 때, ㈜감평이 동 계약과 관련하여 20×2년도에 인식할 이익은?

19년 기출

① ₩300        ② ₩400        ③ ₩500
④ ₩600        ⑤ ₩700

**해설**

1) 20×1년 진행률 = ₩2,000 ÷ ₩8,000 = 25%
2) 20×1년 계약이익 = (₩10,000 − ₩8,000) × 25% = ₩500 이익
3) 20×2년 진행률 = ₩6,000 ÷ ₩10,000 = 60%
4) 20×2년 계약이익 = (₩12,000 − ₩10,000) × 60% − ₩500 = ₩700 이익

02 ㈜대한은 20×1년 1월 1일에 댐건설을 위하여 정부와 건설계약(공사기간 3년, 도급금액 ₩12,000,000)을 체결하고 계약금 ₩600,000을 수취하였다. ㈜대한은 동 건설계약의 수익을 진행기준으로 인식하며, 발생한 누적계약원가를 기준으로 진행률을 계산한다. 동 건설계약과 관련된 연도별 자료가 다음과 같을 때 옳지 않은 것은?

13년 CTA

| 구분 | 20×1년 | 20×2년 | 20×3년 |
|---|---|---|---|
| 당기 실제 발생계약원가 | ₩4,000,000 | ₩2,600,000 | ₩4,400,000 |
| 연도 말 예상 추가계약원가 | 6,000,000 | 4,400,000 | − |
| 공사대금 청구액(계약금 포함) | 2,800,000 | 3,200,000 | 6,000,000 |
| 공사대금 회수액(계약금 포함) | 2,600,000 | 3,000,000 | 6,400,000 |

① 20×2년도 공사손실은 ₩200,000이다.
② 20×3년도 계약수익은 ₩4,800,000이다.
③ 20×1년 말 계약자산 금액은 ₩2,000,000이다.
④ 20×2년 말 미성공사 금액은 ₩7,200,000이다.
⑤ 20×1년 말 공사미수금 금액은 ₩800,000이다.

**해설**

1) 연도별 공사손익

| 구분 | 20×1년 | 20×2년 | 20×3년 |
|---|---|---|---|
| 누적발생원가 | ₩4,000,000 | ₩6,600,000 | ₩11,000,000 |
| 추가소요원가 | 6,000,000 | 4,400,000 | – |
| 총공사예정원가 | 10,000,000 | 11,000,000 | 11,000,000 |
| 진행률 | 40% | 60% | 100% |
| 공사수익 | 4,800,000 | 2,400,000 | 4,800,000 |
| 공사원가 | (4,000,000) | (2,600,000) | (4,400,000) |
| 공사이익 | ₩800,000 | ₩(200,000) | ₩400,000 |

2) 20×1년 말 계약자산(미청구공사)
= ₩4,800,000(미성공사) − ₩2,800,000(진행청구액) = ₩2,000,000

3) 20×2년 말 미성공사
= ₩6,600,000 + ₩600,000 = ₩7,200,000

4) 20×1년 말 공사미수금
= ₩2,800,000(진행청구액) − ₩2,600,000(현금회수액) = ₩200,000

**03** ㈜서울은 20×1년 2월 1일에 총계약금액 ₩6,000의 공장건설계약을 수주하였다. 이 공장은 20×3년 말에 완공될 예정이며, 건설에 소요될 원가는 ₩4,000으로 추정되었으며, 관련 자료는 다음과 같다.

| 구분 | 20×1년 | 20×2년 | 20×3년 |
|---|---|---|---|
| 누적건설원가 | ₩1,500 | ₩2,640 | ₩4,600 |
| 남은 건설원가 | 2,500 | 1,760 | 0 |
| 누적계약대금 회수액 | 2,000 | 4,000 | 6,000 |

㈜서울은 이 계약에 대해 진행기준에 따라 수익을 인식한다면, 20×2년의 건설계약이익은? 14년 기출

① ₩210   ② ₩628   ③ ₩750
④ ₩960   ⑤ ₩1,350

**해설**

1) 20×1년 진행률 = ₩1,500 ÷ ₩4,000 = 37.5%
2) 20×1년 계약이익 = (₩6,000 − ₩4,000) × 37.5% = ₩750
3) 20×2년 진행률 = ₩2,640 ÷ ₩4,400 = 60%
4) 20×2년 계약이익 = (₩6,000 − ₩4,400) × 60% − ₩750(20×1년 이익) = ₩210

**04** ㈜대한은 20×1년 초 총계약금액이 ₩600,000인 교량 신축공사를 수주하였다. 공사기간은 20×1년 초부터 3년이며, 20×1년에 이 교량의 총계약원가는 ₩500,000으로 추정되었으나 완공 후 실제 총원가는 ₩540,000이 소요되었다. 다음 자료를 이용하여 ㈜대한이 진행기준에 따라 인식할 20×2년 계약이익은?

| 구분 | 20×1년 | 20×2년 | 20×3년 |
|---|---|---|---|
| 실제발생누적계약원가 | ₩200,000 | ₩390,000 | ₩540,000 |
| 완성 시까지 잔여계약원가 예상액 | 300,000 | 130,000 | – |

① ₩10,000　　　　② ₩20,000　　　　③ ₩30,000

④ ₩40,000　　　　⑤ ₩50,000

**해설**

1) 20×1년 진행률 = ₩200,000 ÷ ₩500,000 = 40%
2) 20×2년 진행률 = ₩390,000 ÷ ₩520,000 = 75%
3) 20×1년 계약이익 = (₩600,000 − ₩500,000) × 40% = ₩40,000
4) 20×2년 계약이익 = (₩600,000 − ₩520,000) × 75% − ₩40,000 = ₩20,000

**05** ㈜세무는 20×1년 초 ㈜대한과 건설계약(공사기간 3년, 계약금액 ₩850,000)을 체결하였다. 관련 자료가 다음과 같을 때, 20×1년 말 미청구공사금액(또는 초과청구공사금액)과 20×2년도 계약이익은? (단, 진행기준으로 수익을 인식하고 진행률은 누적발생계약원가를 추정총계약원가로 나눈 비율로 측정한다.) 20년 CTA

| 구분 | 20×1년 | 20×2년 | 20×3년 |
|---|---|---|---|
| 누적발생계약원가 | ₩432,000 | ₩580,000 | ₩740,000 |
| 추정총계약원가 | 720,000 | 725,000 | 740,000 |
| 계약대금청구금액 | 390,000 | 310,000 | 150,000 |
| 계약대금수령금액 | 450,000 | 200,000 | 200,000 |

| | 20×1년 말 미청구공사(초과청구공사) | 20×2년도 계약이익 |
|---|---|---|
| ① | 초과청구공사 ₩0 | ₩78,000 |
| ② | 초과청구공사 ₩20,000 | ₩22,000 |
| ③ | 초과청구공사 ₩20,000 | ₩78,000 |
| ④ | 미청구공사 ₩120,000 | ₩22,000 |
| ⑤ | 미청구공사 ₩120,000 | ₩78,000 |

**해설**

1) 20×1년도 진행률 = ₩432,000 ÷ ₩720,000 = 60%
   - 20×1년도 계약이익 = (₩850,000 − ₩720,000) × 60% = ₩78,000
   - 20×1년도 미성공사 = ₩432,000 + ₩78,000 = ₩510,000
   - 20×1년 말 미청구공사 = ₩510,000(미성공사) − ₩390,000(진행청구액) = ₩120,000
2) 20×2년도 진행률 = ₩580,000 ÷ ₩725,000 = 80%
   - 20×2년도 계약이익 = (₩850,000 − ₩725,000) × 80% − ₩78,000(20×1년도 계약이익)
                        = ₩22,000 이익

**06** ㈜감평은 20×1년 초에 도급금액 ₩1,000,000인 건설공사를 수주하고, 20×3년 말에 공사를 완공하였다. 이와 관련된 원가자료는 다음과 같다. ㈜감평이 20×1년도 포괄손익계산서에 인식할 공사손익과 20×1년 말 재무상태표에 표시할 계약자산(또는 계약부채) 금액은? (단, 진행률은 발생누적계약원가를 추정총계약원가로 나눈 비율로 계산한다.)  17년 기출

| 구분 | 20×1년 | 20×2년 | 20×3년 |
|---|---|---|---|
| 실제 발생계약원가 | ₩320,000 | ₩200,000 | ₩250,000 |
| 연도말 예상 추가원가 | 480,000 | 280,000 | − |
| 계약대금 청구액 | 350,000 | 350,000 | 300,000 |

| | 계약이익(손실) | 계약자산(계약부채) |
|---|---|---|
| ① | ₩80,000 | ₩50,000 |
| ② | ₩60,000 | ₩30,000 |
| ③ | ₩60,000 | ₩(30,000) |
| ④ | ₩80,000 | ₩(50,000) |
| ⑤ | ₩80,000 | ₩30,000 |

**해설**

1) 20×1년 진행률 = ₩320,000 ÷ (₩320,000 + ₩480,000) = 40%
2) 20×1년 계약이익 = (₩1,000,000 − ₩800,000) × 40% = ₩80,000
3) 20×1년 말 미성공사 = ₩1,000,000 × 40% = ₩400,000
4) 20×1년 진행청구액 = ₩350,000
5) 20×1년 계약자산 = ₩400,000(미성공사) − ₩350,000(진행청구액) = ₩50,000

**07** ㈜감평은 20×1년 초 총 계약금액이 ₩1,200인 공사계약을 체결하고, 20×3년 말에 완공하였다. 다음 자료를 기초로 ㈜감평이 20×1년도 재무제표에 인식할 공사이익과 계약자산(또는 계약부채)은? (단, 진행률은 누적발생공사원가를 추정총공사원가로 나눈 비율로 계산한다.) `23년` `기출`

| | 20×1년 | 20×2년 | 20×3년 |
|---|---|---|---|
| 실제발생 공사원가 | ₩300 | ₩500 | ₩350 |
| 완성시까지 예상 추가 공사원가 | 700 | 200 | – |
| 공사대금 청구액 | 400 | 300 | 500 |
| 공사대금 회수액 | 320 | 200 | 680 |

| | 공사이익 | 계약자산(계약부채) | | 공사이익 | 계약자산(계약부채) |
|---|---|---|---|---|---|
| ① | ₩40 | ₩40 | ② | ₩60 | ₩40 |
| ③ | ₩60 | ₩(40) | ④ | ₩80 | ₩40 |
| ⑤ | ₩80 | ₩(40) | | | |

**해설**

1) 20×1년 진행률 = ₩300 ÷ (₩300 + ₩700) = 30%
2) 20×1년 공사이익 = (₩1,200 − ₩1,000) × 30% = ₩60
3) 20×1년 미성공사 = ₩1,200 × 30% = ₩360
4) 20×1년 계약부채 = ₩360(미성공사) − ₩400(진행청구액) = ₩(40)

**08** ㈜한국건설은 20×1년 초에 ㈜대한과 교량건설을 위한 건설계약을 발주금액 ₩10,000,000에 체결하였다. 총 공사기간은 계약일로부터 3년인데, 20×2년도에 공사내용의 일부 변경에 따른 계약원가 추가 발생으로 건설계약금액을 ₩2,000,000 증가시키는 것으로 합의하였다. 동 건설계약과 관련된 연도별 자료는 다음과 같다.

| 구분 | 20×1년 | 20×2년 | 20×3년 |
|---|---|---|---|
| 실제 계약원가 발생액 | ₩2,400,000 | ₩4,950,000 | ₩3,150,000 |
| 연도말 예상 추가계약원가 | 5,600,000 | 3,150,000 | – |
| 계약대금 청구액 | 2,500,000 | 5,500,000 | 4,000,000 |
| 계약대금 회수액 | 2,500,000 | 5,500,000 | 4,000,000 |

㈜한국건설이 진행률을 누적발생계약원가에 기초하여 계산한다고 할 때, 동 건설계약과 관련하여 ㈜한국건설이 20×2년 말 재무상태표상 인식할 계약자산(계약부채)금액은 얼마인가? `14년` `CPA`

① 계약자산  ₩100,000

② 계약자산  ₩400,000

③ 계약자산  ₩500,000

④ 계약부채  ₩100,000

⑤ 계약부채  ₩400,000

**해설**

| 구분 | 20×1년 | 20×2년 | 20×3년 |
|---|---|---|---|
| 실제발생원가 | ₩2,400,000 | ₩4,950,000 | ₩3,150,000 |
| 추가계약원가 | 5,600,000 | 3,150,000 | – |
| 총공사예정원가 | 8,000,000 | 10,500,000 | 10,500,000 |
| 진행률 | 30% | 70% | 100% |
| 공사수익 | 3,000,000 | 5,400,000 | 3,600,000 |
| 공사원가 | (2,400,000) | (4,950,000) | (3,150,000) |
| 공사이익 | ₩600,000 | ₩450,000 | ₩450,000 |

1) 20×2년 말 미성공사잔액 = ₩3,000,000 + ₩5,400,000 = ₩8,400,000

2) 20×2년 말 진행청구액잔액 = ₩2,500,000 + ₩5,500,000 = ₩8,000,000

3) 20×2년 말 계약자산(미청구공사)

 = ₩8,400,000(미성공사) − ₩8,000,000(진행청구액) = ₩400,000


**09** 건설업체 ㈜감평은 20×1년 5월 1일 ㈜대한과 도급계약을 체결하였다. ㈜감평은 진행기준에 의해 수익과 비용을 인식하며 진행률은 발생한 누적계약원가를 추정총계약원가로 나눈 비율로 측정한다. 공사기간은 20×4년 12월 31일까지이다. 최초 계약금액은 ₩100,000이었으며, 계약금액의 변동내역, 원가 등에 관한 자료가 다음과 같을 때 20×3년 말 계약자산 잔액은?  13년 기출

(단위 : ₩)

| 연도 | 20×1 | 20×2 | 20×3 | 20×4 |
|---|---|---|---|---|
| 당기 계약금액의 증가분 (공사변경, 보상금, 장려금) | 0 | 0 | 20,000 | 10,000 |
| 누적발생 계약원가 | 20,000 | 45,000 | 68,000 | 86,000 |
| 각 연도 말에 추정한 예상추가원가 | 60,000 | 45,000 | 17,000 | – |
| 대금청구액 | 30,000 | 40,000 | 20,000 | 40,000 |
| 대금회수액 | 20,000 | 30,000 | 20,000 | 60,000 |

① ₩3,000　　② ₩4,000　　③ ₩5,000

④ ₩6,000　　⑤ ₩7,000

**해설**

1) 20×3년 진행률 = ₩68,000 ÷ (₩68,000 + ₩17,000) = 80%
2) 미성공사 = ₩120,000 × 80% = ₩96,000
3) 진행청구액(누적) = ₩30,000 + ₩40,000 + ₩20,000 = ₩90,000
4) 계약자산(미청구공사) = ₩96,000(미성공사) − ₩90,000(진행청구액) = ₩6,000

**10** ㈜국세는 20×1년 1월 1일에 서울시로부터 계약금액 ₩7,000,000인 축구경기장 건설계약을 수주하였다. 동 공사는 20×3년 말에 완공되었으며, 동 건설계약과 관련된 자료는 다음과 같다.

| 구분 | 20×1년 | 20×2년 | 20×3년 |
|---|---|---|---|
| 총공사계약원가 | ₩6,000,000 | ₩7,500,000 | ₩7,500,000 |
| 당기발생원가 | 1,500,000 | 4,500,000 | 1,500,000 |
| 계약대금청구 | 2,000,000 | 2,500,000 | 2,500,000 |
| 계약대금회수 | 1,800,000 | 2,500,000 | 2,700,000 |

동 건설계약과 관련하여 진행기준으로 수익을 인식하는 ㈜국세가 20×2년도 포괄손익계산서에 인식할 손실은 얼마인가? (단, 주어진 자료에서 구할 수 있는 진행률을 사용하여 계산한다.) **10년 CTA**

① ₩100,000    ② ₩250,000    ③ ₩500,000
④ ₩650,000    ⑤ ₩750,000

**해설**

| 구분 | 20×1년 | 20×2년 | 20×3년 |
|---|---|---|---|
| 실제발생원가 | ₩1,500,000 | ₩4,500,000 | ₩1,500,000 |
| 총공사계약원가 | 6,000,000 | 7,500,000 | 7,500,000 |
| 진행률 | 25% | 80% | 100% |
| 공사수익 | 1,750,000 | 3,850,000 | 1,400,000 |
| 공사원가 | (1,500,000) | (4,500,000) | (1,500,000) |
| 예상공사손실 | − | (100,000)* | 100,000 |
| 공사손익 | ₩250,000 | (₩750,000) | ₩0 |

\* 손실이 예상되는 공사는 예상손실을 즉시 비용으로 인식한다.
　총손실 (₩500,000) × (1 − 80%) = (₩100,000)

**11** ㈜감평은 20×1년 1월 1일에 공사계약(계약금액 ₩6,000)을 체결하였으며 20×3년 말에 완공될 예정이다. ㈜감평은 진행기준에 따라 수익과 비용을 인식하며, 진행률은 추정총계약원가 대비 발생한 누적계약원가의 비율을 사용한다. 공사 관련 자료가 다음과 같을 때 20×2년의 공사계약손실은? `16년` `기출`

| 구분 | 20×1년 | 20×2년 |
|---|---|---|
| 발생한 누적계약원가 | ₩1,200 | ₩5,100 |
| 완성까지 추가계약원가 예상액 | 3,600 | 2,400 |
| 계약대금 회수액 | 1,300 | 2,500 |

① ₩1,300  ② ₩1,320  ③ ₩1,500
④ ₩1,620  ⑤ ₩1,800

**해설**

1) 20×1년 진행률 = ₩1,200 ÷ (₩1,200 + ₩3,600) = 25%
2) 20×1년 이익 = (₩6,000 − ₩4,800) × 25% = ₩300
3) 20×2년도 총 계약원가예상액 = ₩5,100 + ₩2,400 = ₩7,500
   → 해당 계약의 총손실 = ₩7,500 − ₩6,000 = ₩1,500
4) 총손실(₩1,500) = ₩300(20×1년 이익) + 20×2년도 계약손실(?)
   → 20×2년도 계약손실 = ₩1,800

**12** ㈜감평은 20×3년 초 건설공사를 수주하였다. 공사기간은 20×5년 말까지이며, 총공사계약금액은 ₩1,000,000이다. 20×3년 공사진행 과정에서 발생한 비용은 ₩500,000이다. 전체 공사에서 손실이 발생하지 않을 것으로 예상되었으나, 총공사예정원가와 진행률을 신뢰성 있게 추정할 수 없다. 이때 ㈜감평이 20×3년에 공사계약에서 인식할 손익은? (단, 발생원가의 회수가능성은 높다고 판단된다.) `15년` `기출`

① ₩1,000,000 이익  ② ₩500,000 이익  ③ ₩0
④ ₩500,000 손실  ⑤ ₩1,000,000 손실

**해설**

진행률을 알 수 없으나 회수가능성은 높은 경우 수익은 MIN[회수가능액, 누적발생원가]로 측정한다.
1) 20×3년 계약수익 = MIN[₩500,000(발생원가), ₩500,000(회수가능액)] = ₩500,000
2) 20×3년 계약원가 = ₩500,000(실제 발생비용)
3) 20×3년 계약이익 = ₩500,000(계약수익) − ₩500,000(계약원가) = ₩0

답▶ 01 ⑤ 02 ⑤ 03 ① 04 ② 05 ④
06 ① 07 ③ 08 ② 09 ④ 10 ⑤
11 ⑤ 12 ③

## 제17절 종업원급여

### 1 종업원급여

**1. 종업원급여**

① 종업원급여(employee benefits)는 종업원이 제공한 근무용역과 교환하거나 해고하면서 기업이 제공하는 모든 종류의 대가를 말한다. 종업원은 이사와 그 밖의 경영진도 포함한다.

② 기업이 종업원 등으로부터 제공받은 용역에 대한 대가로 기업은 대가를 지불하는데 종업원급여는 다음과 같이 부채와 비용을 인식한다.

　㉠ 미래에 지급할 종업원급여와 교환하여 종업원이 근무용역을 제공하는 때에 부채를 인식한다.

　㉡ 종업원급여와 교환하여 종업원이 제공한 근무용역에서 발생하는 경제적효익을 기업이 소비할 때 비용을 인식한다.

**2. 종업원급여의 네 가지 범주**

(1) 단기종업원급여

　종업원이 관련 근무용역을 제공하는 연차보고기간 이후 12개월 이내에 결제될 것으로 예상되는 종업원급여(해고급여 제외)를 말한다.

(2) 기타장기종업원급여

(3) 퇴직급여

(4) 해고급여 : 해고급여는 다음 중 하나의 결과로서 종업원을 해고하는 대가로 제공되는 종업원급여를 말한다.

　① 통상적인 퇴직시점 이전에 종업원을 해고하고자 하는 기업의 결정

　② 해고의 대가로 기업이 제안하는 급여를 수락하는 종업원의 결정

### 2 단기종업원급여

종업원이 근무용역을 제공한 회계기간의 말부터 12개월 이내에 지급기일이 전부 도래하는 종업원급여를 말한다. 단기종업원급여는 다음의 급여를 포함한다. 다만, 종업원이 해당 근무용역을 제공하는 연차보고기간 말 이후 12개월 이전에 전부 결제될 것으로 예상되는 경우에 한정한다.

- 이익분배금과 상여금
- 임금, 사회보장분담금(예 국민연금)
- 단기유급휴가 : 유급연차휴가 또는 유급병가
- 현직종업원을 위한 비화폐성급여(예 의료, 주택, 자동차, 무상 또는 일부 보조로 제공되는 재화나 용역)

## 1. 단기종업원급여의 인식과 측정

① 단기종업원급여는 종업원이 근무용역을 제공한 회계기간에 해당 근무용역과 교환하여 지급이 예상되는 할인되지 않은 금액으로 인식한다.

② 기말 결산시점에 기업은 이미 지급한 금액이 더 많다면 해당 경우에는 자산(선급비용)으로 인식하고, 이미 지급한 금액이 해당 급여의 할인되지 않은 금액보다 적은 경우에는 부채(미지급비용)로 인식한다. 만약, 해당 급여를 한국채택국제회계기준서에 따라 다른 자산의 원가에 포함하는 경우는 제외한다.

## 2. 단기유급휴가

① 유급휴가는 해당 유급휴가가 차기로 이월되는지 아니면 이월되지 않고 소멸되는지에 따라 누적유급휴가, 비누적유급휴가로 구분된다.

② 종업원급여는 기말 결산시점에 차기에 유출될 것으로 예상되는 금액을 인식하는 것이므로 누적된 유급휴가 중 당기분은 합리적인 추정을 통해 재무상태표에 부채로 인식해야 한다. 그러나 비누적되는 유급휴가의 경우는 기말결산시점에 부채로 인식할 금액은 없다.

③ 이익잉여금과 상여금은 해당 회계연도의 종업원의 근무용역의 대가로 기업이 지불해야 하는 현재의무로 해당 금액을 신뢰성 있게 추정이 가능하다면 기말 결산시점에 추정금액을 재무상태표에 부채로 인식한다.

④ 종업원이 특정기간 계속 근무하는 것을 조건으로 이익을 분배받는 이익분배제도도 종업원이 해당 회계기간 동안 근무용역을 제공함에 따라 기업에 의제의무가 발생하였으므로 신뢰성 있는 추정을 통해 부채로 인식한다. 이러한 의제의무를 측정할 때에는 일부 종업원이 이익분배금을 받지 못하고 퇴사할 가능성도 고려한다.

---

〈이익분배제도 및 상여금〉

기업은 회계연도 당기순이익의 일정 부분을 해당 회계연도에 근무한 종업원에게 지급하는 이익분배제도를 두고 있다. 해당 회계연도에 퇴사자가 없다고 가정할 경우 이익분배금의 총액은 당기순이익의 3%가될 것이다. 그러나 실제로 일부 종업원이 이익분배금을 수령하지 못하고 퇴사할 것을 고려한다면 2.5%의 분배금이 지급될 것으로 추정한다.

→ 해당 사례에서 기업이 부채와 비용으로 인식할 금액은 직원이 이익분배 및 상여금을 지급받지 못하고 퇴사할 가능성을 고려한 2.5%이다.

회계처리는 다음과 같다.

(차) 단기종업원급여(비용)　　×××　　　　(대) 미지급급여(부채)　　×××

---

⑤ 이익분배제도 및 상여금에 따라 기업이 부담하는 의무는 종업원이 제공하는 근무용역에 의하여 발생하는 것이므로 주주에게 배분하는 이익분배제도와는 구분된다. 그러므로 **이익분배제도 및 상여금제도와 관련된 원가의 배분은 이익분배가 아닌 당기 비용으로 인식한다.**

**3** 기타장기종업원급여

급여 전부나 일부의 지급기일이 종업원의 관련 근무용역이 제공된 회계기간의 말부터 12개월 이내에 도래하지 않는 종업원급여를 말한다. 기타장기종업원급여의 경우 보험수리적가정을 포함한 재측정요소를 기타포괄손익으로 인식하지 않으므로 다른 기준서에 따라 자산의 원가에 포함되는 경우를 제외하고는 당기손익으로 인식한다.

**4** 해고급여

① 통상적인 퇴직시점 이전에 종업원을 해고하고자 하는 기업의 결정 또는 일정한 대가와 교환하여 자발적 명예퇴직을 수락하고자 하는 종업원의 결정의 결과로 지급되는 종업원 급여
② 지급기일이 보고기간 후 12개월이 지난 후에 도래하는 경우 확정급여채무의 현재가치 계산에 적용하는 할인율을 사용하여 할인한다.

**5** 퇴직급여

퇴직급여는 퇴직 이후에 지급하는 종업원급여(해고급여와 단기종업원급여 제외)를 말한다. 퇴직급여제도는 종업원이 퇴직한 때 또는 퇴직한 후에 일시불이나 연금의 형식으로 급여를 지급하기로 하는 약정을 말한다. 퇴직급여제도에서 종업원에게 지급하는 급여와 급여지급을 위해 사용자가 납부하는 기여금은 종업원이 퇴직하기 전에 이미 명문의 규정이나 관행에 따라 결정되거나 추정할 수 있다. 일반적으로 퇴직급여제도는 제도의 규약에서 도출되는 경제적 실질에 따라 확정기여제도 또는 확정급여제도로 분류된다.

**1. 퇴직급여제도의 종류**

(1) 확정기여제도(defined contribution plans)

① 확정기여제도는 종업원에게 지급할 퇴직급여금액이 기금에 출연하는 기여금과 그 투자수익에 의하여 결정되는 퇴직급여제도를 말한다.
② 확정기여제도는 다음과 같은 특성을 가진다.
ⓐ 확정기여제도에서 가입자의 미래급여금액은 사용자나 가입자가 출연하는 기여금과 기금의 운영효율성 및 투자수익에 따라 결정된다.
ⓑ 일반적으로 사용자는 기금에 기여금을 출연함으로써 급여지급의무를 다한다.
ⓒ 현재 기여금이나 미래 기여금의 예상수준 및 투자수익에 기초하여 달성될 미래급여를 추정하기 위하여 보험계리인의 자문을 받는 경우도 있지만 일반적으로 그러한 보험계리인의 자문이 요구되는 것은 아니다.
ⓓ 기업의 법적의무나 의제의무는 기업이 기금에 출연하기로 약정한 금액으로 한정된다. 종업원이 받을 퇴직급여액은 기업과 종업원이 퇴직급여제도나 보험회사에 출연하는 기여금과 그 기여금에서 발생하는 투자수익에 따라 결정된다. 그 결과 <u>종업원이 보험수리적위험</u>

(급여가 기대 이하일 위험)과 투자위험(투자한 자산이 기대급여액을 지급하는 데 충분하지 못하게 될 위험)을 실질적으로 부담한다.

③ 확정기여제도의 가입자는 퇴직급여제도의 구성원과 퇴직급여제도에 따라 급여에 대한 자격을 획득한 그 밖의 자를 말한다. 가입자는 기여금이 출연되었는지, 수급권 보호를 위해 적절한 통제가 실행되고 있는지에 관심이 있다. 그러므로 확정기여제도의 보고목적은 제도와 그 투자성과에 대한 정보를 정기적으로 제공하는 데 있다.

### (2) 확정급여제도(defined benefit plans)

① 확정급여제도는 종업원에게 지급할 퇴직급여금액이 일반적으로 종업원의 임금과 근무연수에 기초하여 산정식에 의해 결정되는 퇴직급여제도를 말한다.

② 확정급여제도에서의 약정퇴직금의 지급은 제도의 재무상태, 출연자의 미래 기여금 출연능력, 제도의 투자성과 및 운영효율성에 따라 달라진다.

③ 확정급여제도는 다음과 같은 특성을 가진다.

　㉠ 기업의 의무는 약정한 급여를 전, 현직 종업원에게 지급하는 것이다.

　㉡ 기업이 보험수리적위험(실제급여액이 기대급여액을 초과할 위험)과 투자위험을 실질적으로 부담한다. 보험수리적 실적이나 투자실적이 예상보다 저조하다면 기업의 의무는 증가할 수 있다.

　㉢ 확정급여제도의 재무제표에는 약정퇴직급여의 보험수리적 현재가치와 급여지급에 이용 가능한 순자산 사이의 관계, 그리고 약정급여를 위한 기금적립정책에 대한 설명이 있어야 한다.

　㉣ 보험수리적 가정의 변동 등을 측정하기 위해 전문적인 보험계리인의 참여가 요구된다.

## 2. 퇴직급여제도의 회계처리

### (1) 확정기여제도

① 확정기여제도에서 기업의 의무는 정해진 기여금을 납부하는 것이다. 그러므로 확정기여제도의 회계처리는 보험수리적 손익이 발생하지 않기 때문에 정해진 기여금을 납부하며, 납부금이 부족한지 남는지에 따른 결산회계로 구분된다.

　㉠ 기여금의 납부

| (차) 퇴직급여 | ××× | (대) 현금 | ××× |
|---|---|---|---|

　㉡ 기여금의 부족납부

| (차) 퇴직급여 | ××× | (대) 미지급비용 | ××× |
|---|---|---|---|

ⓒ 기여금의 초과납부

| (차) 선급비용 | ×××  | (대) 퇴직급여 | ×××  |
|---|---|---|---|

② 확정기여제도에서 기여금이 종업원의 근무용역을 제공하는 연차보고기간 말 이후 12개월 이전에 전부 결제될 것으로 예상되지 않는 경우에는 할인율을 사용하여 할인한다.

## (2) 확정급여제도

확정급여제도는 기업이 퇴직금을 지급해야 할 의무를 부담한다. 기업이 확정급여제도를 도입한 경우 미래에 종업원이 퇴직할 경우 지급해야 할 퇴직급여채무에 상응하는 금액을 사외기금(사외적립자산)에 출연하고, 사외기금을 운용하는 금융기관은 출연받은 금액을 운용하여 투자수익을 실현하게 된다. 이후 종업원이 퇴직하면 기업이 아니라 사외적립자산에서 직접 종업원에게 퇴직급여를 일시금 또는 연금형태로 지급한다. 그러므로 확정급여제도를 사용하는 기업은 종업원에게 퇴직금을 지급하는 의무와 이를 위한 사외적립기금을 관리하는 두 부분으로 퇴직급여를 관리하게 된다. 이때 종업원에게 지급해야 할 퇴직금은 확정급여채무, 기업 밖에 기금으로 적립해 둔 자산을 사외적립자산이라고 한다.

① 확정급여채무

ⓐ 확정급여채무의 현재가치

퇴직금은 회계기간에 근무용역을 제공한 대가로 기업이 지급해야 할 의무이다. 그러나 퇴직금은 당장 지급되는 것이 아니라 퇴직시점에 지급되기 때문에 현재가치된 금액을 채무로 인식해야 한다.

그러므로 **확정급여채무의 현재가치는** 종업원이 당기와 과거기간에 근무용역을 제공하여 **발생한 채무를 결제하는 데 필요한 예상 미래지급액의 현재가치를** 말한다. 확정급여채무의 현재가치는 사외적립자산의 공정가치를 차감하기 전 총 채무액을 말한다.

확정급여채무의 현재가치는 **예측단위적립방식(projected unit credit method)을** 사용하여 결정한다. 예측단위적립방식은 퇴직급여채무의 일부가 보고기간 말 이후 12개월 이전에 결제될 것으로 예상되더라도 퇴직급여채무 전부를 할인한다.

> ⓐ 종업원이 퇴직하는 시점의 퇴직급여를 보험수리적 평가방법을 적용하여 추정한다.
>   • 종업원이 일시불로 급여를 수령할 것으로 예상하는 경우 : 일시불급여액
>   • 종업원이 연금을 수령할 것으로 예상하는 경우 : 예상연금지급액의 현재가치로 측정
> ⓑ 퇴직급여액을 종업원의 근무기간에 걸쳐 배분한다.
> ⓒ 각 근무기간에 배분된 금액을 **우량회사채의 시장수익률을** 참조하여 결정한 할인율로 현재가치를 평가한다.
>   • 우량회사채의 수익률이 없다면 보고기간 말 현재 국공채의 시장수익률을 사용한다.
>   • **할인율에는 화폐의 시간가치가 반영되지만 보험수리적 위험이나 투자위험이 반영되지는 않는다.** 할인율에는 퇴직급여의 예상지급시기가 반영된다.

> **예제 17-1** 예측단위적립방식
>
> ㈜한국은 종업원이 퇴직한 시점에 일시불급여를 지급한다. 일시불급여는 종업원의 퇴직 전 최종임금의 1%에 근무연수를 곱하여 산정된다. 종업원의 연간임금은 1차연도에 ₩10,000이며 향후 매년 7%(복리)씩 상승하는 것으로 가정한다. 연간 할인율은 10%라고 가정한다. 편의상 이 사례에서는 종업원이 당초 예상보다 일찍 또는 늦게 퇴직할 가능성을 반영하기 위해 필요한 추가적인 조정은 없다고 가정한다.
>
> [물음]
> 퇴직급여는 예측단위적립방식에 의하여 결정된다고 할 때, 5년간 매년 당기근무원가와 매년 도말 확정급여채무의 현재가치를 계산하시오.
>
> **해답**
>
> | 구분 | 1 | 2 | 3 | 4 | 5 |
> |---|---|---|---|---|---|
> | 귀속급여 | | | | | |
> |   과거연도 | – | 131 | 262 | 393 | 524 |
> |   해당 연도(퇴직 전 최종임금의 1%) | 131 | 131 | 131 | 131 | 131 |
> |   해당 연도와 과거연도 | 131 | 262 | 393 | 524 | 655 |
> | 기초 확정급여채무의 현재가치 | – | 89 | 196 | 324 | 476 |
> | 이자원가(할인율=10%) | – | 9 | 20 | 33 | 48 |
> | 당기근무원가 | 89 | 98 | 108 | 119 | 131 |
> | 기말 확정급여 채무의 현재가치 | 89 | 196 | 324 | 476 | 655 |
>
> 퇴직 전 최종임금의 1% = ₩100 × $(1.07)^4$ = ₩131
> 1차연도의 당기근무원가 = ₩131 ÷ $(1.1)^4$ = ₩89
> 2차연도의 당기근무원가 = ₩131 ÷ $(1.1)^3$ = ₩98
> 1차연도의 이자비용 = ₩89 × 10% = ₩9
> 1차연도 말 확정급여채무의 현재가치 = ₩89 + ₩9 + ₩98 = ₩196

ⓛ 당기근무원가

당기근무원가는 예측단위적립방식에 의하여 계산된 현재가치 금액으로 당기에 근무용역을 제공한 대가로 퇴직하는 시점에 수령할 것으로 예상되는 금액의 현재가치라고 할 수 있다. 당기근무원가는 다른 자산의 원가에 포함하는 경우를 제외하고는 퇴직급여의 과목으로 하여 당기손익으로 인식한다.

| (차) 퇴직급여(당기근무원가) | ×××  | (대) 확정급여채무 | ××× |

ⓒ 이자비용

확정급여채무는 현재가치된 금액의 누적합계이므로 기간의 경과에 따라 이자비용이 발생한다. 이자비용은 한 회계기간 동안의 확정급여채무 현재가치의 증가액을 의미한다.

| (차) 퇴직급여(이자비용) | ×××  | (대) 확정급여채무 | ×××  |
|---|---|---|---|

이자비용은 기초잔액에 연차 보고기간 초에 결정한 할인율을 적용하여 인식한다. 연차보고기간 초는 전년도 보고기간 말을 의미하는 것으로 보면 된다. 확정급여채무의 장부금액이 기중 변동되면 변동된 잔액을 고려하여 이자비용을 산출한다.

ㄹ 과거근무원가

과거근무원가는 제도개정이나 축소로 인해 종업원의 과거기간 근무용역에 대한 확정급여채무의 현재가치가 변동하는 경우 그 변동액을 말한다. 제도의 개정은 확정급여제도를 도입 또는 철회하거나, 기존의 확정급여제도하에서 지급될 급여를 변경할 때 일어나며, 제도의 축소는 제도의 대상이 되는 종업원 수를 유의적으로 감소시킬 때 발생한다.

과거근무원가는 급여가 새로 생기거나 변동되어 확정급여채무의 현재가치가 증가하는 경우가 될 수도 있고, 기존 급여가 철회되거나 변동되어 확정급여채무의 현재가치가 감소하는 경우가 될 수도 있다. 과거근무원가는 다음 중 이른 날에 비용으로 인식한다.

ⓐ 제도의 개정이나 축소가 발생할 때
ⓑ 관련되는 구조조정원가나 해고급여를 인식할 때

| (차) 퇴직급여(과거근무원가) | ×××  | (대) 확정급여채무 | ×××  |
|---|---|---|---|

---

**예제 17-2**  확정급여채무의 장부금액

㈜한국은 퇴직급여제도로 확정급여제도를 채택하고 있다. 다음은 확정급여제도와 관련된 ㈜한국의 20×1년도 자료이다.

• 확정급여채무의 기초 장부금액 = ₩340,000
• 당기근무원가 = ₩80,000
• 퇴직금 지급액 = ₩60,000
• 과거근무원가 = ₩30,000

20×1년 초 확정급여채무의 이자원가계산에 적용할 할인율은 연 10%이다. 퇴직금지급과 기여금 납부액은 모두 기말에 발생하였다. 퇴직금지급은 사외적립자산에서 지급한다.

[물음]
㈜한국의 20×1년 말 확정급여채무의 기말장부금액을 계산하시오.

해답

1. 확정급여제도의 회계처리

| (차) 퇴직급여(당기근무원가) | 80,000 | (대) 확정급여채무 | 80,000 |
|---|---|---|---|
| (차) 퇴직급여(이자비용) | 34,000 | (대) 확정급여채무 | 34,000 |

　　　* 이자비용 = ₩340,000 × 10% = ₩34,000

| (차) 퇴직급여(과거근무원가) | 30,000 | (대) 확정급여채무 | 30,000 |
|---|---|---|---|
| (차) 확정급여채무 | 60,000 | (대) 사외적립자산 | 60,000 |

2. 확정급여채무의 기말장부금액

= ₩340,000(기초장부금액) + ₩34,000(이자비용) + ₩80,000(당기근무원가) + ₩30,000(과거근무원가) − ₩60,000(퇴직금지급액) = ₩424,000

　　ⓜ 보험수리적 손익

확정급여채무의 장부금액은 회계기간 말에 재측정한다. 확정급여채무의 장부금액이 일정한 보험수리적 가정과 경험조정 등에 의해 변동되었다면 기말 재무상태표에 인식되어야 할 금액은 이러한 보험수리적 손익이 반영된 이후의 금액이다.

그러므로 기업은 확정급여채무의 장부금액을 보험수리적 손익을 반영한 이후의 금액과 비교하여 가감하게 된다. 보험수리적 손익은 당기손익이 아닌 재측정요소로 기타포괄손익누계액으로 인식한다. 보험수리적 손익에 따른 재측정요소는 후속기간에 당기손익으로 재분류되지 아니한다. 그러나 기타포괄손익에 인식된 금액을 자본 내에서 대체할 수 있다. 보험수리적 손익(actuarial gains and losses)은 보험수리적 가정의 변동과 경험조정으로 인한 확정급여채무 현재가치의 변동을 말한다. 이때 경험조정이란 이전의 보험수리적 가정과 실제로 발생한 결과의 차이효과를 말한다.

보험수리적 손익이 발생하는 원인의 예는 다음과 같다.

> ⓐ 종업원의 이직률, 조기퇴직률, 사망률, 임금상승률, 급여 또는 의료원가가 실제로는 당초 예상보다 높거나 낮은 경우
> ⓑ 급여지급선택권과 관련된 가정의 변동효과
> ⓒ 종업원의 이직률, 조기퇴직률, 사망률, 임금상승률, 급여 또는 의료원가에 대한 추정치가 변경됨에 따른 효과
> ⓓ 할인율의 변경에 따른 효과

보험수리적 손익이 발생하면 회계처리는 다음과 같다.

| (차) 재측정요소(보험수리적 손실) | ××× | (대) 확정급여채무 | ××× |
|---|---|---|---|
| (차) 확정급여채무 | ××× | (대) 재측정요소(보험수리적이익) | ××× |

〈확정급여채무〉
= 기초잔액 + 이자비용 + 당기근무원가 + 과거근무원가 − 퇴직금지급 ± 보험수리적손익
= 기말 확정급여채무 현재가치

> **예제 17-3** 확정급여채무의 보험수리적 손익
>
> ㈜한국은 퇴직급여제도로 확정급여제도를 채택하고 있다. 다음은 확정급여제도와 관련된 ㈜한국의 20×1년도 자료이다.
>
> - 확정급여채무의 기초 장부금액 = ₩500,000
> - 당기근무원가 = ₩70,000
> - 퇴직금 지급액 = ₩30,000
>
> 20×1년 초 확정급여채무의 이자원가계산에 적용할 할인율은 연 10%이다. 퇴직금지급과 기여금 납부액은 모두 기말에 발생하였다. 퇴직금지급은 사외적립자산에서 지급한다.
>
> [물음]
> ㈜한국의 20×1년 12월 31일 현재 확정급여채무의 현재가치는 ₩610,000이라고 할 때, 재측정요소와 회계처리를 하시오.
>
> ---
>
> **해답**
>
> 1. 확정급여제도의 회계처리
>
> | | | | | |
> |---|---|---|---|---|
> | (차) 퇴직급여(당기근무원가) | 70,000 | (대) 확정급여채무 | 70,000 |
> | (차) 퇴직급여(이자비용) | 50,000 | (대) 확정급여채무 | 50,000 |
>
> * 이자비용 = ₩500,000 × 10% = ₩50,000
>
> | | | | | |
> |---|---|---|---|---|
> | (차) 확정급여채무 | 30,000 | (대) 사외적립자산 | 30,000 |
>
> 2. 보험수리적 손익
>
> = ₩610,000(기말 확정급여채무의 현재가치) − ₩590,000(기말 확정급여채무 장부금액)
> = ₩20,000(보험수리적 손실)
>
> | | | | | |
> |---|---|---|---|---|
> | (차) 보험수리저 손실(제측정요소) | 20,000 | (대) 확정급여채무 | 20,000 |

② 사외적립자산

　사외적립자산은 기업으로부터 기여금을 받아 이를 운용하고 종업원에게 퇴직급여를 지급하는 역할을 맡은 기금이 보유하고 있는 자산을 말한다. 사외적립자산은 공정가치로 측정하며, 확정급여채무의 현재가치에서 차감하여 순확정급여부채의 과목으로 하여 재무상태표에 표시한다.

　㉠ 사외적립자산의 이자수익

　　사외적립자산은 기초 장부금액에서 기간의 경과에 따라 이자수익이 발생한다. 이자수익은 실제수익이 아닌 **기대수익**으로 인식한다. 사외적립자산의 실제수익으로 인식하면 사외적립자산의 금액 변동이 클 수 있어 예측가능성을 침해하기 때문이다. 사외적립자산의 이자수익은 확정급여채무의 이자비용 측정 시 사용한 할인율을 사용한다.

ⓛ 사외적립자산에의 적립 및 퇴직금 지급

기업은 기중 퇴직급여의 지급으로 사외적립자산이 부족하거나 당기에 발생한 퇴직급여에 충당하기 위해 사외적립자산에 추가적으로 **출연**한다. 또한 종업원에게 퇴직급여 지급 사유가 발생하면 사외적립자산에서 지출하므로 퇴직급여의 지급은 확정급여채무와 사외적립자산을 상계하는 방식으로 처리된다.

---

[사외적립자산의 적립]
(차) 사외적립자산　　　　×××　　　　(대) 현금　　　　×××

[퇴직급여의 지급]
(차) 확정급여채무　　　　×××　　　　(대) 사외적립자산　　　　×××

---

**예제 17-4** 사외적립자산의 장부금액

㈜한국은 퇴직급여제도로 확정급여제도를 채택하고 있다. 다음은 확정급여제도와 관련된 ㈜한국의 20×1년도 자료이다.

- 사외적립자산의 기초 장부금액 = ₩300,000
- 사외적립자산 출연금 = ₩60,000
- 퇴직금 지급액 = ₩40,000

20×1년 초 확정급여채무의 이자원가계산에 적용할 할인율은 연 10%이다. 퇴직금지급과 기여금 납부액은 모두 기말에 발생하였다. 퇴직금지급은 사외적립자산에서 지급한다.

[물음]
㈜한국의 20×1년 말 사외적립자산의 기말장부금액을 계산하시오.

---

[해답]

1. 사외적립자산의 회계처리
   (차) 사외적립자산　　　　60,000　　　　(대) 현금　　　　60,000
   (차) 사외적립자산　　　　30,000　　　　(대) 퇴직급여(이자수익)　　　　30,000
   　＊ 이자수익 = ₩300,000 × 10% = ₩30,000
   (차) 확정급여채무　　　　40,000　　　　(대) 사외적립자산　　　　40,000

2. 사외적립자산의 기말장부금액
   = ₩300,000(기초장부금액) + ₩30,000(이자수익) + ₩60,000(출연금) − ₩40,000(퇴직금지급액)
   = ₩350,000

ⓒ 사외적립자산의 실제수익

사외적립자산의 이자수익은 실제수익이 아닌 기대수익으로 장부금액에 인식하였다. 기업은 기말 결산시점에 사외적립자산의 실제수익을 확인하게 되고, 이때 기대수익과 실제수익과의 차이를 조정하게 된다. 사외적립자산의 기대수익과 실제수익의 차이는 재측정요소로 인식하며, 기타포괄손익누계액으로 장부에 기록한다.

| | | | | |
|---|---|---|---|---|
| [기대수익 < 실제수익] | | | | |
| (차) 사외적립자산 | ×××| (대) 재측정요소 | ××× | |
| [기대수익 > 실제수익] | | | | |
| (차) 재측정요소 | ××× | (대) 사외적립자산 | ××× | |

---

**예제 17-5** 사외적립자산의 공정가치

㈜한국은 퇴직급여제도로 확정급여제도를 채택하고 있다. 다음은 확정급여제도와 관련된 ㈜한국의 20×1년도 자료이다.

- 사외적립자산의 기초 장부금액 = ₩300,000
- 사외적립자산 출연금 = ₩60,000
- 퇴직금 지급액 = ₩40,000

20×1년 초 확정급여채무의 이자원가계산에 적용할 할인율은 연 10%이다. 퇴직금지급과 기여금 납부액은 모두 기말에 발생하였다. 퇴직금지급은 사외적립자산에서 지급한다.

[물음]
㈜한국의 20×1년 말 실제수익은 ₩60,000이라고 할 때, 재측정요소를 구하고 회계처리를 하시오.

---

**[해답]**

1. 사외적립자산의 회계처리

| | | | |
|---|---|---|---|
| (차) 사외적립자산 | 60,000 | (대) 현금 | 60,000 |
| (차) 사외적립자산 | 30,000 | (대) 퇴직급여(이자수익) | 30,000 |

   * 이자수익 = ₩300,000 × 10% = ₩30,000

| | | | |
|---|---|---|---|
| (차) 확정급여채무 | 40,000 | (대) 사외적립자산 | 40,000 |

2. 사외적립자산의 재측정요소

   = ₩60,000(실제수익) - ₩30,000(기대수익) = ₩30,000

| | | | |
|---|---|---|---|
| (차) 사외적립자산 | 30,000 | (대) 재측정요소 | 30,000 |

> 〈사외적립자산〉
> = 기초잔액 + 이자수익 + 퇴직금 출연금액 − 퇴직금지급 ± 재측정요소 = 기말 공정가치

- 사외적립자산의 재측정요소는 기대수익으로 측정된 이자수익과 사외적립자산의 실제수익과의 차이이며, 기타포괄손익으로 분류하고 당기손익으로 재분류는 금지된다.

### 3. 재무상태표 공시

재무상태표에 공시할 때에는 확정급여채무와 사외적립자산을 각각 보고하는 것이 아니라 순확정급여부채(부채) 또는 순확정급여자산(자산)으로 보고한다.

| 순확정급여부채(자산) | | 재측정요소(기타포괄손익) | |
|---|---|---|---|
| 확정급여채무 기말 현재가치 | ××× | 확정급여채무의 보험수리적 손익 | ××× |
| 사외적립자산 기말 공정가치 | (×××) | 사외적립자산의 재측정요소 | ××× |
| 자산인식상한 조정금액 | ××× | 자산인식상한효과의 변동 | ××× |
| 순확정급여부채(자산) | ××× | 재측정요소 계 | ××× |

재측정요소는 후속기간에 당기손익으로 재분류되지 않으며, 자본 내에서 대체할 수 있다.

### 4. 당기에 퇴직급여로 인식할 비용

당기에 포괄손익계산서에 퇴직급여로 인식할 비용은 당기근무원가, 이자비용, 과거근무원가에서 이자수익을 차감하여 계산한다. 정산손익이 있다면 해당 손익도 당기손익에 반영한다.

### 5. 자산인식 상한

① 자산인식의 상한은 환급이나 제도에 대한 미래기여금 절감의 형태로 이용가능한 경제적효익의 현재가치를 의미한다.
② 자산인식 상한을 초과하여 조정을 하게 된 조정액은 재측정요소(자산인식 상한효과)로서 기타포괄손익으로 인식한다.

**예제 17-6** 확정급여제도

㈜한국은 퇴직급여제도로 확정급여제도를 채택하고 있다. 다음은 확정급여제도와 관련된 ㈜한국의 자료이다.

| 구분 | 20×1년 | 20×2년 |
|---|---|---|
| 당기근무원가 | ₩50,000 | ₩60,000 |
| 퇴직금지급액 | 40,000 | 52,000 |
| 사외적립자산에 대한 기여금 납부액 | 59,000 | 64,000 |
| 기초 확정급여채무의 현재가치 | 450,000 | 520,000 |
| 기초 사외적립자산의 공정가치 | 380,000 | 460,000 |

20×1년 초 확정급여채무의 이자원가계산에 적용할 할인율은 연 10%이다. 퇴직금지급과 기여금 납부액은 모두 기말에 발생하였다. 퇴직금지급은 사외적립자산에서 지급한다.

[물음]
1. ㈜한국의 20×1년 보험수리적 손익을 계산하시오.
2. ㈜한국의 20×1년 사외적립자산에 대한 이자수익을 계산하시오.
3. ㈜한국의 20×1년 재측정요소로 인식되는 사외적립자산의 수익을 계산하시오.
4. ㈜한국이 20×1년 당기손익으로 인식할 금액을 계산하시오.
5. ㈜한국이 20×1년 재측정요소로 인식할 금액을 계산하시오.

---

**[해답]**

1. 20×1년 보험수리적 손익
   (1) 20×1년 확정급여채무의 장부금액 = ₩450,000(기초장부금액) + ₩45,000(이자비용) + ₩50,000(당기근무원가) − ₩40,000(퇴직금지급액) = ₩505,000
   (2) 20×1년 보험수리적 손실 = ₩520,000(20×1년 말 현재가치) − ₩505,000 = ₩15,000

2. 20×1년 사외적립자산에 대한 이자수익
   = ₩380,000 × 10% = ₩38,000

3. 20×1년 재측정요소로 인식되는 사외적립자산의 수익
   (1) 20×1년 말 사외적립자산의 장부금액 = ₩380,000(기초금액) + ₩38,000(이자수익) + ₩59,000(기여금납부액) − ₩40,000(퇴직금지급액) = ₩437,000
   (2) 20×1년 사외적립자산 재측정요소 = ₩460,000(20×1년 말 공정가치) − ₩437,000 = ₩23,000
   (3) 사외적립자산 수익 = ₩38,000 + ₩23,000 = ₩61,000

4. 20×1년 당기손익으로 인식할 금액
   = ₩45,000(이자비용) + ₩50,000(당기근무원가) − ₩38,000(이자수익) = ₩57,000

5. 20×1년 재측정요소
   = (₩15,000) + ₩23,000 = ₩8,000

● 퇴직급여제도의 회계처리 요약

| 구분 | 확정기여제도 | 확정급여제도 |
|---|---|---|
| 특징 | ① 기업의 법적의무나 의제의무는 기업이 기금에 출연하기로 약정한 금액으로 한정<br>② 종업원이 받을 퇴직급여액은 기업과 종업원이 퇴직급여제도나 보험회사에 출연하는 기여금과 그 기여금에서 발생하는 투자수익에 따라 결정되므로 보험수리적 위험과 투자위험은 종업원이 부담 | ① 기업의 의무는 약정한 퇴직급여를 전·현직 종업원에게 지급하는 것<br>② 보험수리적 위험과 투자위험은 기업이 부담 |
| 회계처리 | ① 일정기간 종업원이 근무용역을 제공하였을 때 기업은 그 근무용역과 교환하여 확정기여제도에 납부해야 할 기여금에서 이미 납부한 기여금을 차감한 후 부채(미지급비용)로 인식<br>(차) 퇴직급여 ×× (대) 미지급비용 ××<br><br>② 이미 납부한 기여금이 보고기간 말 이전에 제공된 근무용역에 대해 납부해야 하는 기여금을 초과하는 경우 초과 기여금 때문에 미래 지급액에 감소하거나 현금이 환급되는 만큼을 자산(선급비용)으로 인식<br>(차) 선급비용 ×× (대) 퇴직급여 ××<br><br>③ 퇴직금의 전부나 일부의 납부기일이 종업원의 근무용역이 제공된 회계기간의 말부터 12개월 이내에 도래하지 않은 경우에는 적절한 할인율을 적용하여 할인 | ① 당기에 퇴직급여로 인식할 비용<br>  당기근무원가            ×××<br> ± 과거근무원가, 정산손익   ×××<br> + 확정급여채무의 이자비용  ×××<br> − 사외적립자산의 이자수익  (×××)<br>     퇴직급여            ×××<br>– 당기근무원가란 해당 연도에 귀속되는 퇴직급여의 현재가치이다.<br>– 과거근무원가는 제도의 개정이나 축소로 인해 발행하는 확정급여채무 현재가치의 변동<br>– 정산손익이란?<br>  확정급여제도에 따라 발생한 급여의 전부나 일부에 대한 법적의무나 의제의무를 기업이 더 이상 부담하지 않기로 하는 거래를 의미하며, 정산일에 결정되는 확정급여채무의 현재가치와 정산가격의 차이를 정산손익이라고 함<br><br>② 확정급여채무의 이자비용<br>  = 확정급여채무잔액 × 할인율<br><br>③ 사외적립자산의 이자수익(기대수익)<br>  = 사외적립자산잔액 × 할인율<br>* 해당 할인율은 확정급여채무의 할인율을 사용한다. |

## 01 '퇴직급여제도에 의한 회계처리와 보고'에 관한 설명으로 옳지 않은 것은? 11년 CTA

① 확정기여제도에서 가입자의 미래급여금액은 사용자나 가입자가 출연하는 기여금과 기금의 운영효율성 및 투자수익에 따라 결정된다.

② 확정기여제도의 재무제표에는 약정퇴직급여의 보험수리적 현재가치와 급여지급에 이용가능한 순자산 사이의 관계, 그리고 약정급여를 위한 기금적립정책에 대한 설명이 있어야 한다.

③ 확정급여제도는 종업원에게 지급할 퇴직급여금액이 일반적으로 종업원의 임금과 근무연수에 기초하는 산정식에 의해 결정되는 퇴직급여제도이다.

④ 가득급여는 종업원의 미래 계속 근무와 관계없이 퇴직급여제도에 따라 받을 권리가 있는 급여를 의미한다.

⑤ 기금적립은 퇴직급여를 지급할 미래의무를 충족하기 위해 사용자와는 구별된 실체(기금)에 자산을 이전하는 것을 의미한다.

**해설**

약정퇴직급여의 보험수리적 현재가치와 급여지급에 이용가능한 순자산 사이의 관계, 그리고 약정급여를 위한 기금적립정책에 대한 설명은 확정급여제도의 재무제표에 필요하다.

## 02 확정기여제도와 확정급여제도에 관한 설명으로 옳지 않은 것은? 10년 기출

① 확정기여제도에서는 기업이 별개의 실체에 고정기여금을 납부한다.

② 확정급여제도에서 기업의 의무는 약정한 퇴직급여를 종업원에게 지급하는 것이다.

③ 확정기여제도보다 확정급여제도의 회계처리가 비교적 복잡하다.

④ 확정급여제도에서는 채무와 비용의 측정에 보험수리적 가정이 요구된다.

⑤ 확정기여제도에서는 기업이 적립금의 투자위험을 부담한다.

**해설**

확정기여제도에서는 종업원이 투자위험을 부담하며, 확정급여제도는 기업이 투자위험을 부담한다.

**03** 다음은 ㈜한국이 채택하고 있는 퇴직급여제도와 관련한 20×1년도 자료이다.

> 가. 20×1년 초 확정급여채무의 현재가치와 사외적립자산의 공정가치는 각각 ₩4,500,000 과 ₩4,200,000이다.
>
> 나. 20×1년 말 확정급여채무의 현재가치와 사외적립자산의 공정가치는 각각 ₩5,000,000 과 ₩3,800,000이다.
>
> 다. 20×1년 말 일부 종업원의 퇴직으로 퇴직금 ₩1,000,000을 사외적립자산에서 지급 하였으며, 20×1년 말 추가로 적립한 기여금 납부액은 ₩200,000이다.
>
> 라. 20×1년에 종업원이 근무용역을 제공함에 따라 증가하는 예상미래퇴직급여지급액의 현재가치는 ₩500,000이다.
>
> 마. 20×1년 말 확정급여제도의 일부 개정으로 종업원의 과거근무기간의 근무용역에 대한 확정급여채무의 현재가치가 ₩300,000 증가하였다.
>
> 바. 20×1년 초와 20×1년 말 현재 우량회사채의 연 시장수익률은 각각 8%, 10%이며, 퇴직급여채무의 할인율로 사용한다.

㈜한국의 확정급여제도로 인한 20×1년도 포괄손익계산서의 당기순이익과 기타포괄 이익에 미치는 영향은 각각 얼마인가? (단, 법인세 효과는 고려하지 않는다.)

`14년 CPA`

| | 당기순이익에 미치는 영향 | | 기타포괄이익에 미치는 영향 | |
|---|---|---|---|---|
| ① | ₩548,000 | 감소 | ₩52,000 | 감소 |
| ② | ₩600,000 | 감소 | ₩300,000 | 감소 |
| ③ | ₩830,000 | 감소 | ₩270,000 | 감소 |
| ④ | ₩830,000 | 감소 | ₩276,000 | 증가 |
| ⑤ | ₩824,000 | 감소 | ₩276,000 | 감소 |

**해설**

1) 20×1년 말 확정급여채무 현재가치(₩5,000,000) = ₩4,500,000(기초잔액) + ₩360,000(이자 비용) + ₩500,000(당기근무원가) + ₩300,000(과거근무원가) − ₩1,000,000(퇴직금 지급액) + ₩340,000(보험수리적손실)

2) 20×1년 말 사외적립자산 공정가치(₩3,800,000) = ₩4,200,000(기초잔액) + ₩336,000(이자 수익) + ₩200,000(기여금 납부액) − ₩1,000,000(지급액) + ₩64,000(재측정요소)

3) 20×1년 당기순이익 영향 = ₩360,000(이자비용) + ₩500,000(당기근무원가) + ₩300,000 (과거근무원가) − ₩336,000(이자수익) = ₩824,000 감소

4) 20×1년 기타포괄이익에 미치는 영향 = (₩340,000) + ₩64,000 = ₩276,000 감소

**04** ㈜한국은 퇴직급여제도로 확정급여제도를 채택하고 있다. 다음은 확정급여제도와 관련된 ㈜한국의 20×1년 자료이다. 퇴직금의 지급과 사외적립자산의 추가납입은 20×1년 말에 발생하였으며, 20×1년 초 현재 우량회사채의 시장이자율은 연 5%로 20×1년 중 변동이 없었다.

| | |
|---|---|
| • 20×1년 초 확정급여채무 장부금액 | ₩500,000 |
| • 20×1년 초 사외적립자산 공정가치 | 400,000 |
| • 당기근무원가 | 20,000 |
| • 퇴직금지급액(사외적립자산에서 지급함) | 30,000 |
| • 사외적립자산 추가납입액 | 25,000 |
| • 확정급여채무의 보험수리적 손실 | 8,000 |
| • 사외적립자산의 실제 수익 | 25,000 |

20×1년 말 ㈜한국의 재무상태표에 계상될 순확정급여부채는 얼마인가? `15년` `CPA`

① ₩65,000　　　② ₩73,000　　　③ ₩95,000

④ ₩100,000　　　⑤ ₩103,000

**해설**

1) 20×1년 말 확정급여채무 현재가치 = ₩500,000(기초잔액) + ₩25,000(이자비용) + ₩20,000(당기근무원가) − ₩30,000(지급액) + ₩8,000(보험수리적 손실) = ₩523,000
2) 20×1년 말 사외적립자산 공정가치 = ₩400,000(기초잔액) + ₩20,000(이자수익) + ₩25,000(납입액) − ₩30,000(지급액) + ₩5,000(재측정요소) = ₩420,000
3) 20×1년 말 순확정급여부채 = ₩523,000 − ₩420,000 = ₩103,000

**05** 확정급여제도를 시행하고 있는 ㈜송림의 20×1년 관련 자료는 다음과 같다.

- 20×1년 초 사외적립자산의 장부금액은 ₩3,000,000이다.
- 사외적립자산의 기대수익은 사외적립자산 장부금액의 연 5%이다.
- 20×1년 말 사외적립자산의 공정가치는 ₩3,200,000이다.
- 20×1년 말에 기여금 ₩150,000을 납부하였다.
- 20×1년 말에 퇴직금 ₩200,000을 지급하였다.

위 자료를 이용할 때 20×1년 사외적립자산의 실제수익은? `14년` `기출`

① ₩200,000　　　② ₩250,000　　　③ ₩300,000

④ ₩350,000　　　⑤ ₩400,000

1) 20×1년 말 사외적립자산 공정가치(₩3,200,000) = ₩3,000,000 + ₩150,000(이자수익)
   + ₩150,000(기여금) − ₩200,000(퇴직금 지급액) + ₩100,000(재측정요소)
2) 사외적립자산 실제수익 = ₩150,000(기대수익) + ₩100,000(재측정요소) = ₩250,000

**06** ㈜감평은 확정급여제도를 운영하고 있으며, 20×1년도 관련 자료는 다음과 같다. 20×1년도 기타포괄손익으로 인식할 확정급여채무의 재측정요소는? 22년 기출

| | |
|---|---|
| • 기초 확정급여채무의 현재가치 | ₩100,000 |
| • 기초 사외적립자산의 공정가치 | 90,000 |
| • 퇴직금 지급액(사외적립자산에서 지급) | 12,000 |
| • 포괄손익계산서 상 당기손익 인식 퇴직급여 관련 비용 | 28,000 |
| • 이자비용 | 10,000 |
| • 이자수익 | 9,000 |
| • 기말 확정급여채무의 현재가치 | 128,000 |
| • 기말 사외적립자산의 공정가치 | 99,000 |

① 재측정손실 ₩2,000                  ② 재측정손실 ₩3,000
③ 재측정손익 없음                     ④ 재측정이익 ₩2,000
⑤ 재측정이익 ₩3,000

1) 포괄손익계산서 상 당기손익 인식 퇴직급여 관련 비용(₩28,000)
   = ₩10,000(이자비용) − ₩9,000(이자수익) + 당기근무원가 → 당기근무원가 = ₩27,000
2) 기말 확정급여채무의 장부금액
   = ₩100,000 + ₩10,000(이자비용) + ₩27,000(당기근무원가) − ₩12,000(퇴직금 지급액)
   = ₩125,000
3) 20×1년도 기타포괄손익으로 인식할 확정급여채무의 재측정요소
   = ₩128,000(기말 확정급여채무의 현재가치) − ₩125,000(기말 확정급여채무의 장부금액)
   = 재측정손실 ₩3,000
* 채무가 ₩3,000 증가하므로 재측정손실이 ₩3,000 인식된다.

**07** 다음은 ㈜감평이 채택하고 있는 확정급여제도와 관련한 자료이다.

| | |
|---|---|
| • 확정급여채무 계산 시 적용하는 할인율 | 연 5% |
| • 기초 확정급여채무의 현재가치 | ₩700,000 |
| • 기초 사외적립자산의 공정가치 | 600,000 |
| • 당기근무원가 | 73,000 |
| • 사외적립자산에 대한 기여금 출연(기말 납부) | 90,000 |
| • 퇴직급여 지급액(사외적립자산에서 기말 지급) | 68,000 |
| • 기말 사외적립자산의 공정가치 | 670,000 |
| • 기말 재무상태표에 표시된 순확정급여부채 | 100,000 |

㈜감평의 확정급여제도 적용이 포괄손익계산서의 당기순이익과 기타포괄이익에 미치는 영향은 각각 얼마인가? 19년 기출

| | 당기순이익에 미치는 영향 | 기타포괄이익에 미치는 영향 |
|---|---|---|
| ① | ₩108,000 감소 | ₩48,000 감소 |
| ② | ₩108,000 감소 | ₩48,000 증가 |
| ③ | ₩108,000 감소 | ₩12,000 감소 |
| ④ | ₩78,000 감소 | ₩12,000 증가 |
| ⑤ | ₩78,000 감소 | ₩12,000 감소 |

해설

1) 기말 확정급여채무 현재가치(₩770,000) = ₩700,000(기초잔액) + ₩35,000(이자비용) + ₩73,000(당기근무원가) − ₩68,000(퇴직금지급액) + ₩30,000(보험수리적손실)
2) 기말 사외적립자산이 공정가치(₩670,000) = ₩600,000(기초잔액) + ₩30,000(이자수익) + ₩90,000(기여금 출연) − ₩68,000(퇴직금지급액) + ₩18,000(재측정요소)
3) 당기순이익에 미치는 영향 = ₩35,000(이자비용) + ₩73,000(당기근무원가) − ₩30,000(이자수익) = ₩78,000 감소
4) 기타포괄이익에 미치는 영향 = (₩30,000) + ₩18,000 = ₩12,000 감소

**08** ㈜감평의 20×2년 퇴직급여 관련 정보가 다음과 같을 때 이로 인해 20×2년도 기타 포괄손익에 미치는 영향은? (단, 기여금의 출연과 퇴직금의 지급은 연도 말에 발생하였다고 가정한다.) `16년 기출`

| | |
|---|---|
| • 기초 확정급여채무 현재가치 | ₩24,000 |
| • 기초 사외적립자산 공정가치 | 20,000 |
| • 당기근무원가 | 3,600 |
| • 기여금 출연 | 4,200 |
| • 퇴직금 지급 | 2,300 |
| • 기말 확정급여채무 현재가치 | 25,000 |
| • 기말 사외적립자산 공정가치 | 22,000 |
| • 확정급여채무 계산 시 적용할 할인율 | 연 5% |

① ₩1,500 감소    ② ₩900 감소    ③ ₩0
④ ₩600 증가    ⑤ ₩2,400 증가

**해설**

1) 기말 확정급여채무 현재가치(₩25,000) = ₩24,000(기초) + ₩1,200(이자비용) + ₩3,600(당기근무원가) − ₩2,300(퇴직금지급) − ₩1,500(보험수리적이익)
2) 기말 사외적립자산 공정가치(₩22,000) = ₩20,000(기초) + ₩1,000(이자수익) + ₩4,200(기여금출연) − ₩2,300(퇴직금지급) − ₩900(재측정손실)
3) 기타포괄손익에 미치는 영향 = ₩1,500(증가) − ₩900(감소) = ₩600 증가

**09** 20×1년 1월 1일에 설립된 ㈜감평은 확정급여제도를 운영하고 있다. 20×1년도 관련 자료가 다음과 같을 때, 20×1년 말 재무상태표의 기타포괄손익누계액에 미치는 영향은? (단, 확정급여채무 계산 시 적용하는 할인율은 연 10%이다.) `24년 기출`

| | |
|---|---|
| 기초 확정급여채무의 현재가치 | ₩120,000 |
| 기초 사외적립자산의 공정가치 | 90,000 |
| 퇴직급여 지급액(사외적립자산에서 기말 지급) | 10,000 |
| 당기 근무원가 | 60,000 |
| 사외적립자산에 기여금 출연(기말 납부) | 20,000 |
| 기말 확정급여채무의 현재가치 | 190,000 |
| 기말 사외적립자산의 공정가치 | 110,000 |

① ₩2,000 감소    ② ₩2,000 증가    ③ 영향 없음
④ ₩7,000 감소    ⑤ ₩7,000 증가

해설

1) 기말 확정급여채무의 현재가치(₩190,000) = ₩120,000(기초 확정급여채무의 현재가치) + ₩12,000(이자비용) + ₩60,000(당기 근무원가) − ₩10,000(퇴직급여 지급액) + ₩8,000 (보험수리적손실)
2) 기말 사외적립자산 공정가치(₩110,000) = ₩90,000(기초 사외적립자산 공정가치) + ₩9,000 (이자수익) − ₩10,000(퇴직급여 지급액) + ₩20,000(기여금 출연) + ₩1,000(재측정요소)
3) 20×1년 말 기타포괄손익누계액에 미치는 영향 = ₩8,000(보험수리적손실) 감소 + ₩1,000 (재측정요소) 증가 = ₩7,000 감소

**10** ㈜감평은 확정급여제도를 채택하고 있으며, 20×1년 초 순확정급여부채는 ₩20,000 이다. ㈜감평의 20×1년도 확정급여제도와 관련된 자료는 다음과 같다.

- 순확정급여부채(자산) 계산시 적용한 할인율은 연 6%이다.
- 20×1년도 당기근무원가는 ₩85,000이고, 20×1년 말 퇴직종업원에게 ₩38,000의 현금이 사외적립자산에서 지급되었다.
- 20×1년 말 사외적립자산에 ₩60,000을 현금으로 출연하였다.
- 20×1년에 발생한 확정급여채무의 재측정요소(손실)는 ₩5,000이고, 사외적립자산의 재측정요소(이익)는 ₩2,200이다.

㈜감평이 20×1년 말 재무상태표에 순확정급여부채로 인식할 금액과 20×1년도 포괄손익계산서상 당기손익으로 인식할 퇴직급여 관련 비용은?  20년 기출

| | 순확정급여부채 | 퇴직급여 관련 비용 | | 순확정급여부채 | 퇴직급여 관련 비용 |
|---|---|---|---|---|---|
| ① | ₩11,000 | ₩85,000 | ② | ₩11,000 | ₩86,200 |
| ③ | ₩43,400 | ₩86,200 | ④ | ₩49,000 | ₩85,000 |
| ⑤ | ₩49,000 | ₩86,200 | | | |

해설

1) 20×1년 말 순확정급여부채 = ₩20,000(기초 잔액) + ₩1,200(순이자) + ₩85,000(당기 근무원가) − ₩60,000(사외적립자산) + ₩2,800(재측정요소 순액) = ₩49,000
   * 퇴직종업원에게 지급한 현금은 부채와 자산에 동일한 금액이 반대로 영향을 주기 때문에 순확정급여부채에 영향을 주지 않는다.
2) 퇴직급여관련비용 = ₩1,200(순이자) + ₩85,000(당기근무원가) = ₩86,200

답  01 ② 02 ⑤ 03 ⑤ 04 ⑤ 05 ②
    06 ② 07 ⑤ 08 ④ 09 ④ 10 ⑤

## 제18절 주식기준보상

### 1 주식기준보상의 유형

주식기준보상이란 기업이 재화나 용역을 제공받는 대가로 기업의 지분상품을 부여하거나, 기업의 주식이나 다른 지분상품의 가격에 기초한 금액만큼의 부채를 부담하는 거래를 말한다. 주식기준보상은 기업과 거래상대방과의 계약이다. 기업과 거래상대방이 주식기준보상거래를 하기로 계약한다면 기업과 거래상대방은 주식기준보상약정을 맺는다. 해당 약정은 거래상대방에게 일정한 가득조건을 부여하는 경우가 대부분이다. 가득조건이란 해당 주식기준보상을 수령하기 위해서 갖추어야 할 조건이다. 가득조건이 충족이 된다면 거래상대방은 해당 약정에 따라 기업의 지분상품을 수령하거나, 기업의 주식이나 다른 지분상품의 가격에 기초하여 결정되는 금액만큼 현금이나 기타자산을 수령할 수 있다.

#### (1) 주식결제형

기업이 재화나 용역을 제공받는 대가로 기업의 주식이나 **주식선택권** 등 지분상품을 부여하는 주식기준보상거래를 말한다.

#### (2) 현금결제형

기업이 재화나 용역을 제공받는 대가로 기업의 주식이나 다른 **지분상품**의 가격에 기초한 금액만 **큼의 부채를** 부담하는 주식기준보상거래를 말한다.

#### (3) 선택형

기업이 제공받는 재화나 용역에 대한 결제방식으로, 기업 또는 재화나 용역의 공급자가 약정에 따라 현금지급이나 지분상품의 발행 중 하나를 선택할 수 있는 거래를 말한다.

### 2 가득조건

가득(vested)이란? 주식기준보상약정에 따라 거래상대방이 현금, 그 밖의 자산 또는 기업의 지분상품을 받을 자격을 획득하였다는 것을 말한다. 가득조건이 충족되어야 하는 기간을 가득기간이라고 한다. 가득조건은 다양한 형태가 존재한다. 기업이 종업원의 장기근속을 유도하기 위해 프로모션의 형태로 주식기준보상약정을 맺게 되었다면 기업은 당연히 일정기간 근무를 해야 해당 주식기준보상약정을 행사할 수 있도록 할 것이다. 이때 근무는 가득조건이 될 것이고 근무를 해야 하는 기간은 가득기간이 될 것이다. 종업원은 근무를 하면서 점점 가득조건을 채워 나갈 것이며, 해당 조건을 모두 가득하였을 때 주식기준보상약정을 행사할 수 있다. 그 외에도 기업은 일정한 매출액, 영업이익 증가를 위해 주식기준보상약정을 활용할 수도 있다. 매출액, 영업이익이 목표한 바를 초과한다면 주식기준보상을 제공하겠다는 약정을 통해 기업의 목표와 종업원의 동기부여를 연결시키기도

한다. 이처럼 가득조건은 다양한 형태로 존재하는데 가득조건은 용역제공조건과 성과조건으로 구분할 수 있다. 성과조건은 다시 비시장조건과 시장조건으로 구분된다.

(1) 용역제공조건(근무조건) : 거래상대방이 일정기간 근속하여야 하는 조건

(2) 성과조건 : 거래상대방이 일정기간 동안 특정한 성과를 달성하여야 하는 조건
  ① 비시장조건 : 목표이익, 목표판매량, 목표매출액 등
  ② 시장조건 : 목표주가의 달성 등 지분상품의 시장가격에 관련된 조건

### 3  주식결제형 주식기준보상

주식결제형 주식기준보상이란 기업이 재화나 용역을 제공받는 대가로 주식, 주식선택권(주식을 행사가에 살 수 있는 권리) 또는 그 밖의 지분상품을 발행하는 거래이다.

## 1. 보상원가의 측정

보상원가는 기업이 주식기준보상거래를 통해 거래상대방에게서 제공받는 재화나 용역의 원가를 말한다. 주식기준보상거래의 거래상대방이 종업원인 경우 보상원가는 다음과 같은 방법으로 측정한다.
① 원칙 : 제공받는 재화나 용역의 공정가치
② 제공받는 재화나 용역의 공정가치를 신뢰성 있게 측정할 수 없는 경우 : 부여한 지분상품의 공정가치에 기초하여 재화나 용역의 공정가치를 간접적으로 측정한다.

종업원에게 제공받는 용역의 가치는 일반적으로 신뢰성 있게 측정할 수 없기 때문에 보상원가는 **부여한 지분상품의 공정가치에 기초하여 측정**한다. 주식기준보상거래에서의 지분상품 공정가치는 **부여일에 측정**한다. 부여일 이후 공정가치가 변동하더라도 추정치는 변경하지 않는다.

## 2. 보상원가의 인식

① 주식기준보상약정을 거래상대방과 체결하는 경우 일정한 가득조건이 있는 경우가 대부분이다. 그러나 만약, 부여한 지분상품이 즉시 가득이 된다면 부여일에 지분상품을 인식한다.

| (차) 주식보상비용(비용) | ××× | (대) 주식선택권(자본) | ××× |

② 그러나 주식기준보상약정에 가득조건이 부여되어 있다면 주식선택권은 가득된 기간에 걸쳐 인식한다. 종업원에게 일정 용역을 제공해야 하는 조건이라면 용역을 제공한 기간에 따라 지분상품의 공정가치를 배분하여 인식한다. 3년 근무조건이라면 부여일의 자본의 공정가치를 3년에 걸쳐 인식한다.

| 1년차 : (차) 주식보상비용(비용) | ××× | (대) 주식선택권(자본) | ××× |
| 2년차 : (차) 주식보상비용(비용) | ××× | (대) 주식선택권(자본) | ××× |
| 3년차 : (차) 주식보상비용(비용) | ××× | (대) 주식선택권(자본) | ××× |

③ 가득조건은 계약이므로 변경될 수 있다. 만약, 가득조건이 비시장성과 조건이라면 후속적인 정보에 따라 기대가득기간의 추정치를 변경할 수 있다. 하지만 시장성과 조건인 경우 기대가득기간의 추정치는 부여한 주식선택권의 공정가치를 추정할 때 사용한 가정과 일관되어야 하므로 후속적으로 수정하지 않는다.

## 3. 주식기준보상거래의 회계처리

### (1) 보고기간 말

① 주식기준보상약정의 보상원가는 부여한 지분상품의 총액을 의미한다. 보상원가는 주식기준보상약정의 약정일에 이미 결정되어 있다. 이를 가득조건에 따라 배분하는 것이 주식기준보상거래의 회계처리이다.

② 그러나 지분상품의 수량은 변동이 가능하다. 종업원 100명에게 주식기준보상약정을 제공하였다고 하더라도 100명이 모두 가득할지 여부는 변동이 가능하기 때문이다. 그러므로 지분상품의 수량은 가득기간 종료시점에 가득될 것으로 예상되는 수량에 대한 최선의 추정치에 따른다.

> • 보상원가 = 부여일의 공정가치 × 가득될 지분상품의 수량(변동가능)

### (2) 가득기간 동안의 보상원가 인식

① 보고기간 말의 보상원가는 용역제공조건인 경우 용역제공비율에 따라 가득기간에 걸쳐 인식한다. 가득기간에 걸쳐 인식되는 주식보상비용은 당기 말까지 인식할 누적보상원가에서 전기말까지 인식한 누적보상원가를 차감하여 계산한다.

> • 주식보상비용 = 당기 말 누적보상원가 인식액 − 전기 말 누적보상원가 인식액
> = 당기 말 보상원가 × 당기 말 용역제공비율 − 전기 말 보상원가 × 전기 말 용역제공비율

② 가득기간 중의 보상원가는 주식기준보상이라는 과목으로 당기비용으로 인식한다. 해당 보상원가가 자산인식요건을 충족하지 않는 한 당기 비용으로 인식하며, 해당 비용만큼 주식선택권을 증가시키는 회계처리를 한다.

> (차) 주식기준보상(당기비용)　×××　　(대) 주식선택권　×××

**예제 18-1** 주식기준보상

㈜한국은 20×1년 1월 1일 종업원 500명에게 각각 주식선택권 100개를 부여하고 3년의 용역제공조건을 부여하였다. 부여일 현재 주식선택권의 단위당 공정가치는 ₩15으로 추정되었으며, 종업원에게 부여한 주식선택권의 행사가격은 ₩120, 주당 액면금액은 ₩100이다.

㈜한국은 주식선택권의 부여일 현재 종업원 중 20%가 부여일로부터 3년 이내에 퇴사하여 주식선택권을 상실할 것으로 추정하였다. 각 보고기간 말 현재 잔여인원과 가득기간 종료일까지의 퇴사추정비율은 다음과 같다.

| 구분 | 20×1년 | 20×2년 | 20×3년 |
|---|---|---|---|
| 잔여인원 | 480명 | 458명 | 443명 |
| 퇴사추정비율 | 15% | 12% | 11.4% |

[물음]

1. ㈜한국이 주식선택권과 관련하여 가득기간 중의 각 보고기간 말 보상원가를 계산하고 각 회계연도에 인식할 주식보상비용을 계산하시오.
2. ㈜한국이 주식선택권의 부여일로부터 가득기간 종료일까지 해야 할 회계처리를 하시오.

---

**해답**

1. 주식기준보상원가

| 일자 | 주식기준보상(비용) | 주식선택권 |
|---|---|---|
| 20×1년 | = 500명 × (1 − 15%) × 100개 × ₩15 × 1/3 = ₩212,500 | ₩212,500 |
| 20×2년 | = 500명 × (1 − 12%) × 100개 × ₩15 × 2/3 − ₩212,500 = ₩227,500 | ₩440,000 |
| 20×3년 | = 443명 × 100개 × ₩15 × 3/3 − ₩440,000 = ₩224,500 | ₩664,500 |

2. 회계처리

| | | | | | |
|---|---|---|---|---|---|
| 20×1.12.31 | (차) 주식보상비용 | 212,500 | (대) 주식선택권 | 212,500 |
| 20×2.12.31 | (차) 주식보상비용 | 227,500 | (대) 주식선택권 | 227,500 |
| 20×3.12.31 | (차) 주식보상비용 | 224,500 | (대) 주식선택권 | 224,500 |

## (3) 가득기간 이후 회계처리

① 종업원이 가득조건을 충족하였다면 종업원은 권리행사를 할 수 있다. 주식선택권은 행사가격으로 주식을 살 수 있는 권리이므로 종업원은 행사가격만큼 현금을 납입한다.

② 주식선택권이 행사가 되면 기업은 주식선택권을 제거하고 주식을 발행하게 된다.

| (차) 현금(행사가격) | ××× | (대) 자본금(액면가) | ××× |
|---|---|---|---|
| 주식선택권(부여일의 공정가) | ××× | 주식발행초과금 | ××× |

---

**예제 18-2** 주식기준보상

앞의 예제 [18-1]을 참고하여 다음 물음에 답하시오.

**[물음]**

주식선택권 중 1,000개의 권리가 행사되어 신주를 발행, 교부하였다면, ㈜한국의 회계처리를 하시오.

········································································································································

**[해답]**

(1) 현금수령액 = 1,000개 × ₩120 = ₩120,000
(2) 주식선택권 = 1,000개 × ₩15 = ₩15,000
(3) 자본금 = 1,000주 × ₩100 = ₩100,000
(4) 회계처리

| (차) 현금 | 120,000 | (대) 자본금 | 100,000 |
|---|---|---|---|
| 주식선택권 | 15,000 | 주식발행초과금 | 35,000 |

---

③ 가득일 이후 상실 또는 만기소멸되는 주식선택권 : 기업이 제공받는 재화나 용역에 상응하는 자본의 증가를 인식한 경우 가득일이 지난 뒤에는 이미 인식한 자본을 수정하지 않는다. 가득된 지분상품이 추후에 상실되거나 주식선택권이 행사되지 않더라도 이미 재화나 용역을 제공받았다는 사실에는 변함이 없으므로 가득기간이 끝난 후 주식선택권이 상실되거나 만기소멸되더라도 이미 인식한 금액은 환입되지 않는다. 다만, 자본으로 인식한 주식선택권을 다른 자본계정으로 대체할 수는 있다.

## 4. 성과조건 주식기준보상

① 성과조건이 부여된 경우는 종업원에게 제시된 성과가 달성되는지 여부를 고려해서 각 보고기간 말의 보상원가를 합리적으로 추정한다.
② 성과조건에 따라 가득기간이 결정되는 경우에는 부여일 현재 가장 실현가능성이 높다고 판단되는 성과조건 결과에 기초해서 보상원가를 추정하여 미래 가득기간에 걸쳐 배분한다.
③ 비시장조건은 조건에 따라 기대가득기간을 수정하지만, 시장조건은 기대가득기간을 수정하지 않는다.

**예제 18-3** 주식기준보상 – 성과조건

㈜한국은 20×1년 1월 1일 종업원 100명에게 각각 주식선택권 100개를 부여하였다. 부여일 현재 주식선택권의 단위당 공정가치는 ₩300으로 추정되었다. ㈜한국은 시장점유율이 20% 이상 되는 경우에 가득되며, 각 보고기간 말의 기대가득기간은 다음과 같이 추정된다.

| 20×1년 말 | 20×2년 말 |
|---|---|
| 3년 | 4년 |

㈜한국은 주식선택권을 부여한 종업원들의 퇴사자 수는 다음과 같다.

| 구분 | 보고기간 말까지의<br>실제 누적 퇴사자수 | 가득기간 종료시점까지 추가로<br>예상되는 퇴사자수 |
|---|---|---|
| 20×1년 말 | 5명 | 10명 |
| 20×2년 말 | 12명 | 18명 |

[물음]
1. ㈜한국이 주식선택권과 관련하여 20×1년과 20×2년에 인식할 주식보상비용을 계산하시오.
2. ㈜한국의 20×1년, 20×2년의 회계처리를 수행하시오.

········································································

**해답**

1. 주식보상비용
   (1) 20×1년 말 주식보상비용
   = (100명 − 5명 − 10명) × 100개 × ₩300(공정가치) × 1/3 = ₩850,000
   → 20×1년의 경우 기대가득기간은 3년이다.

   (2) 20×2년 말 주식보상비용
   = (100명 − 12명 − 18명) × 100개 × ₩300(공정가치) × 2/4 − ₩850,000 = ₩200,000
   → 20×2년의 경우 기대가득기간은 4년이다. 비시장성과조건의 경우는 기대가득기간을 주식보상 비용 추정시 수정한다.

2. 회계처리

| 20×1.12.31 | (차) 주식보상비용 | 850,000 | (대) 주식선택권 | 850,000 |
|---|---|---|---|---|
| 20×2.12.31 | (차) 주식보상비용 | 200,000 | (대) 주식선택권 | 200,000 |

**4 중도청산**

① 주식기준보상약정을 맺은 기업과 종업원은 가득기간이 경과되기 전에 주식기준보상약정을 취소하는 경우도 있다. 중도청산은 부여한 지분상품이 취소되는 경우는 포함하지만, 가득조건이 충족되지 않아 부여된 지분상품이 상실되는 경우는 포함하지 않는다.

② 주식기준보상약정을 중도에 청산하는 경우는 부여한 지분상품이 일찍 가득된 것으로 보아서 만약 중도청산하지 않았다면 남은 잔여가득기간에 걸쳐 인식할 주식기준보상원가를 즉시 인식한다.

③ 또한 주식기준보상약정을 중도청산할 경우 일정한 청산금액을 지불하는 경우가 있는데, 만약 중도청산 시 지급한 금액이 중도청산일 현재의 공정가치보다 크다면 이는 기업이 중도청산을 이유로 공정가를 초과하여 부담한 비용에 해당하므로 이 경우에는 당기의 비용으로 인식한다.

④ 그리고 중도청산일까지 주식기준보상약정에 따라 인식한 장부금액과 중도청산일 현재의 공정가치를 비교하여 차이가 존재한다면 이는 주식선택권을 재매입함에 따라 발생하는 손익이기 때문에 자본항목으로 처리한다.

---

중도청산 시 지급한 현금 > 지분상품의 공정가치 > 중도청산일 장부금액
당기비용(주식기준보상)    주식선택권청산손실(자본)

---

**예제 18-4**    주식기준보상 − 중도청산

㈜한국은 20×1년 1월 1일에 종업원 500명에게 각각 주식선택권 100개를 부여하고, 3년의 용역제공조건을 부과하였다. ㈜한국은 주식선택권의 부여일 현재 단위당 공정가치를 ₩15로 추정하였다. ㈜한국은 20×3년 12월 31일까지 퇴사자가 없을 것으로 추정하였고 실제 결과도 당초 추정과 동일하였다.

[물음]
1. ㈜한국이 가득기간인 20×3년 12월 31일까지 인식할 각 회계연도의 주식보상비용을 계산하시오.
2. 만약 ㈜한국이 20×2년 12월 31일에 부여한 주식선택권을 개당 현금 ₩20(개당 공정가치는 ₩17)으로 전액 중도청산하였다고 할 경우 각 일자별 회계처리를 하시오.

..................................................................................

**해답**

1. 각 회계연도의 주식보상비용
   (1) 20×1년 주식보상비용
      = 500명 × 100개 × ₩15 × 1/3 = ₩250,000
   (2) 20×2년 주식보상비용
      = 500명 × 100개 × ₩15 × 2/3 − ₩250,000 = ₩250,000
   (3) 20×3년 주식보상비용
      = 500명 × 100개 × ₩15 × 3/3 − ₩500,000 = ₩250,000
2. 20×2년 말에 중도청산
   (1) 주식선택권청산손실 = (₩17 − ₩15) × 500명 × 100개 = ₩100,000
   (2) 중도청산 시 당기비용 = (₩20 − ₩17) × 500명 × 100개 = ₩150,000
   (3) 회계처리

   | | | | | | |
   |---|---|---|---|---|---|
   | 20×2.12.31 | (차) 주식기준보상 | 250,000 | (대) 주식선택권 | 250,000 |
   | | (차) 주식기준보상 | 250,000 | (대) 주식선택권 | 250,000 |
   | | (차) 주식선택권 | 750,000 | (대) 현금 | 1,000,000 |
   | | 중도청산손실 | 150,000 | | |
   | | 재매입손실(자본요소) | 100,000 | | |

## 5 조건변경

### 1. 조건변경

① 주식기준보상약정을 체결한 이후 이미 부여한 지분상품의 조건을 변경하는 경우가 있다. 조건 변경은 지분상품의 부여일 이후에 주식기준보상약정의 내용을 변경하는 것을 말한다.

② 조건변경은 종업원에게 유리한 조건변경만 인식한다. 만약, 주식기준보상약정의 변경이 총공정 가치를 감소시키거나 종업원에게 불리하게 이루어지는 경우에는 조건변경은 없는 것으로 본다.

### 2. 종업원에게 유리한 조건변경

종업원에게 유리하게 변경되는 조건은 행사가격의 인하 등으로 지분상품의 공정가치가 증가하거 나, 지분상품의 수량이 증가하고 가득조건이 변경되는 등의 3가지 경우가 있다.

#### (1) 지분상품의 공정가치 증가

① 조건변경으로 인하여 부여한 지분상품의 공정가치가 증가한다면 부여한 지분상품의 대가로 제공받는 근무용역에 대해 인식할 금액을 측정할 때 그 측정치에 증분공정가치를 포함하여 인식한다.

> • 증분공정가치 = 변경된 지분상품의 공정가치 – 당초 지분상품 공정가치

② 증분공정가치는 잔여 가득기간에 걸쳐 기존의 주식기준보상약정에 추가로 인식한다.

#### (2) 지분상품의 수량이 증가

보상원가를 인식할 때 그 측정치에 추가로 부여한 지분상품의 조건변경일 현재 공정가치를 포함한다.

---

**예제 18-5** 증분공정가치

㈜한국은 20×1년 1월 1일에 종업원 500명에게 각각 주식선택권 100개를 부여하고, 3년의 용역제공조건을 부여하였다. ㈜한국은 주식선택권의 단위당 공정가치를 ₩150으로 추정하였으며, 3년 동안 100명이 퇴사하여 주식선택권을 상실하게 될 것으로 추정하였다.

주식선택권 부여 이후 ㈜한국의 주가가 지속적으로 하락함에 따라 20×1년 12월 31일 ㈜한국은 주식선택권의 행사가격을 하향조정하였다. 20×1년 중에는 40명이 퇴사하였고 ㈜한국은 추가로 70명이 20×2년과 20×3년에 퇴사할 것으로 추정하였다. 따라서 20×1년 12월 31일 현재 가득기간 중 퇴사할 것으로 추정되는 종업원수는 총 110명이다. 20×2년에 실제로 35명이 퇴사하였으며 ㈜한국은 20×3년에 추가로 30명이 퇴사할 것으로 추정하였다. 따라서 가득기간(3년)에 걸쳐 퇴사하는 종업원수는 20×2년 말 현재 총 105명으로 추정되었다. 20×3년에 실제로 28명이 퇴사하여 총퇴사자수는 103명이 되었다. 근무를 계속한 397명은 20×3년 12월 31일에 주식선택권을 가득하였다.

행사가격을 조정한 날에 ㈜한국은 당초 주식선택권의 공정가치를 ₩50으로 추정하였고, 조정된 주식선택권의 공정가치를 ₩80으로 추정하였다.

[물음]

㈜한국이 20×3년까지 주식기준보상과 관련한 회계처리를 하시오.

──────────────────────────────────

해답

(1) 증분공정가치

= 조건변경 후 변경된 지분상품의 공정가치 - 조건변경 당시 당초 지분상품의 공정가치

= ₩80 - ₩50 = ₩30

(2) 주식보상비용

20×1년 = (500명 - 110명) × ₩150(공정가치) × 100개 × 1/3 = ₩1,950,000

20×2년 = (500명 - 105명) × ₩150(공정가치) × 100개 × 2/3 + (500명 - 105명) × ₩30
        (증분공정가치) × 100개 × 1/2 - ₩1,950,000 = ₩2,592,500

20×3년 = (500명 - 103명) × (₩150 + ₩30) × 100개 - ₩4,542,500 = ₩2,603,500

(3) 회계처리

| | | | | | |
|---|---|---|---|---|---|
| 20×1.12.31 | (차) 주식보상비용 | 1,950,000 | (대) 주식선택권 | 1,950,000 |
| 20×2.12.31 | (차) 주식보상비용 | 2,592,500 | (대) 주식선택권 | 2,592,500 |
| 20×3.12.31 | (차) 주식보상비용 | 2,603,500 | (대) 주식선택권 | 2,603,500 |

## 3. 종업원에게 불리한 조건변경

부여한 지분상품의 조건이 변경되어 주식기준보상약정의 총공정가치를 감소시키거나 종업원에게 불리하게 이루어지는 경우(행사가격의 증가, 부여한 지분상품의 수량 감소, 가득기간의 연장, 성과조건의 추가 등) 조건이 변경되지 않은 것으로 보고 부여한 지분상품의 대가로 제공받는 근무용역을 계속해서 인식한다.

### 6 부여한 지분상품의 공정가치를 신뢰성 있게 추정할 수 없는 경우

드문 경우이기는 하지만, 부여한 지분상품의 공정가치를 측정기준일 현재 신뢰성 있게 추정할 수 없는 경우에는 거래상대방에게서 재화나 용역을 제공받는 날을 기준으로 지분상품을 내재가치로 최초 측정한다. 내재가치로 측정 시 가득일 이후에도 매 보고기간 말과 최종결제일에 내재가치를 재측정하고, 내재가치의 변동을 당기손익으로 인식한다.

### 7 현금결제형

현금결제형 주식기준보상거래는 기업이 재화나 용역을 제공받는 대가로 기업의 주식이나 다른 지분상품의 가격(또는 가치)에 기초한 금액만큼 현금이나 그 밖의 자산을 지급해야 하는 부채를 재화나 용역의 공급자에게 부담하는 주식기준보상거래이다.

### 1. 측정기준

현금결제형 주식기준보상거래의 경우, 제공받는 재화나 용역과 그 대가로 부담하는 부채를 부채의 공정가치로 측정한다. 또한 부채가 결제될 때까지 매 보고기간 말과 결제일에 부채의 공정가치를 재측정하고, 공정가치의 변동은 당기손익으로 인식한다.

### 2. 공정가치의 측정

공정가치는 근무용역을 제공받는 기간에 걸쳐 측정한다. 주가차액보상권을 부여함에 따라 부담하는 부채는 부여일과 부채의 결제가 이루어질 때까지 매 보고기간 말 및 결제일에 주가차액보상권의 공정가치로 측정한다. 공정가치는 옵션의 가격결정모형에 근거하여 측정되며, 이때 주가차액보상권의 부여조건과 측정기준일까지 종업원에게 근무용역을 제공받은 정도를 고려한다.

---

**예제 18-6** 현금결제형

㈜감평은 20×1년 1월 1일 종업원 100명에게 각각 현금결제형 주가차액보상권 100개씩을 부여하고, 2년의 용역제공조건을 부과하였다. 연도별 종업원의 실제 퇴사인원 및 추정퇴사인원은 다음과 같다.

20×1년도 : 실제 퇴사인원은 6명이며, 20×2년에 추가로 4명이 퇴사할 것으로 추정

20×2년도 : 실제 퇴사인원은 7명이며, 20×2년도 말 시점의 계속근무자는 주가차액보상권을 모두 가득하였다.

매 회계연도 말에 현금결제형 주가차액보상권의 공정가치는 다음과 같다.

| 구분 | 공정가치/개 |
|---|---|
| 20×1년 | ₩400 |
| 20×2년 | ₩420 |

20×2년 12월 31일까지 ㈜감평의 회계처리를 수행하시오.

··········································································································

**[해답]**

1) 20×1년 12월 31일 (차) 보상비용 1,800,000 (대) 장기미지급비용 1,800,000
   * 20×1년도 보상비용 = (100명 − 6명 − 4명) × 100개 × ₩400 × 1/2 = ₩1,800,000

2) 20×2년 12월 31일 (차) 보상비용 1,854,000 (대) 장기미지급비용 1,854,000
   * 20×2년도 보상비용 = 87명 × 100개 × ₩420 × 2/2 − ₩1,800,000 = ₩1,854,000

---

**01** ㈜한국은 20×1년 초 50명의 종업원에게 2년 용역제공조건의 주식선택권을 각각 200개씩 부여하였다. 부여일 현재 주식선택권의 단위당 공정가치는 ₩2,000으로 추정되었으며, 10%의 종업원이 2년 이내에 퇴사하여 주식선택권을 상실할 것으로 예상하였다. 20×1년 중 4명이 퇴사하였으며, 20×1년 말에 ㈜한국은 20×2년 말까지 추가로 퇴사할 것으로 추정되는 종업원의 수를 2명으로 변경하였다. 20×2년 중 실제로 3명이 퇴사하였다. 따라서 20×2년 말 현재 주식선택권을 상실한 종업원은 총 7명이 되었으며, 총 43명의 종업원에 대한 주식선택권(8,600개)이 가득되었다. 동 주식선택권과 관련하여 20×1년도와 20×2년도에 인식할 당기비용은? (단, 주식기준보상거래에서 종업원으로부터 제공받은 용역은 자산의 인식요건을 충족하지 못하였다.) `15년` CTA

|  | 20×1년 | 20×2년 |  | 20×1년 | 20×2년 |
|---|---|---|---|---|---|
| ① | ₩8,600,000 | ₩8,800,000 | ② | ₩8,600,000 | ₩9,000,000 |
| ③ | ₩8,800,000 | ₩8,400,000 | ④ | ₩8,800,000 | ₩8,600,000 |
| ⑤ | ₩9,000,000 | ₩8,400,000 |  |  |  |

해설

1) 20×1년도 보상비용 = (50명 − 6명) × 200개 × ₩2,000 × 1/2 = ₩8,800,000
2) 20×2년도 보상비용 = (50명 − 7명) × 200개 × ₩2,000 × 2/2 − ₩8,800,000
               = ₩8,400,000

**02** ㈜감평은 20×1년 7월 1일 임직원 40명에게 다음과 같은 조건으로 1인당 100개의 주식선택권을 부여하였다. 20×1년 말 현재 2명이 퇴사하였으며, 가득기간 종료시점(20×4년 6월 30일) 이전까지 2명이 추가 퇴사할 것으로 예상된다. 20×1년에 인식할 주식보상비용은? (단, 주식보상비용은 월할계산한다.) `15년` 기출

- 가득조건 : 20×4년 6월 30일까지 근무
- 행사가격 : ₩6,000
- 주식선택권의 1개당 공정가치 : ₩5,000
- 기대행사기간 : 5년

① ₩1,800,000       ② ₩2,160,000       ③ ₩2,400,000
④ ₩3,000,000       ⑤ ₩3,600,000

해설

20×1년의 주식보상비용 = (40명 − 2명 − 2명) × 100개 × ₩5,000 × (6개월/36개월)
                   = ₩3,000,000

**03** ㈜감평은 20×1년 1월 종업원 70명에게 향후 3년 동안의 계속 근무 용역제공조건으로 가득되는 주식결제형 주식선택권을 1명당 50개씩 부여하였다. 권리 부여일 현재 주식선택권의 개당 공정가치는 ₩10(향후 변동없음)으로 추정되며, 연도별 종업원 퇴직현황은 다음과 같다.

| 연도 | 실제 퇴직자(명) | 추가 퇴직 예상자(명) |
|---|---|---|
| 20×1년 | 6 | 10 |
| 20×2년 | 8 | 5 |

㈜감평의 20×2년 말 재무상태표상 주식선택권 장부금액은? `23년 기출`

① ₩8,000        ② ₩9,000        ③ ₩17,000
④ ₩18,667       ⑤ ₩25,500

**해설**

20×2년 말 재무상태표상 주식선택권 = (70명 – 14명 – 5명) × 50개 × ₩10 × 2/3 = ₩17,000

**04** ㈜관세는 20×1년 초 최고경영자 갑에게 주식선택권(개당 ₩1,000에 ㈜관세의 보통주 1주를 취득할 수 있는 권리)을 부여하고, 2년의 용역제공조건과 동시에 제품의 판매증가율과 연관된 성과조건을 다음과 같이 부과하였다. 20×1년 초 현재 주식선택권의 개당 공정가치는 ₩600으로 추정되었다.

| 2년 평균 판매증가율 | 용역제공조건 경과 후 가득되는 주식선택권 수량 |
|---|---|
| 10% 미만 | 없음 |
| 10% 이상 ~ 20% 미만 | 100개 |
| 20% 이상 | 300개 |

20×1년 초 제품의 2년 평균 판매증가율은 12%로 추정되었으며, 실제로 20×1년 판매증가율은 12%이다. 따라서 ㈜관세는 갑이 주식선택권 100개를 가득할 것으로 예상하고 20×1년의 주식보상비용을 인식하였다. 하지만 20×2년 ㈜관세의 2년 평균 판매증가율은 22%가 되어 20×2년 말 갑은 주식선택권 300개를 가득하였다. ㈜관세가 주식선택권과 관련하여 20×2년 포괄손익계산서에 인식할 주식보상비용은? `19년 관세사`

① ₩30,000       ② ₩60,000       ③ ₩90,000
④ ₩150,000      ⑤ ₩180,000

**해설**

1) 20×1년도 보상비용 = 100개 × ₩600 × 1/2 = ₩30,000
2) 20×2년도 보상비용 = 300개 × ₩600 × 2/2 – ₩30,000 = ₩150,000

**05** ㈜감평은 20×1년 초에 부여일로부터 3년의 지속적인 용역제공을 조건으로 직원 100명에게 주식선택권을 1인당 10개씩 부여하였다. 20×1년 초 주식선택권의 단위당 공정가치는 ₩150이며, 주식선택권은 20×4년 초부터 행사할 수 있다. ㈜감평의 연도별 실제 퇴직자 수 및 추가퇴직 예상자 수는 다음과 같다.

| 구분 | 실제 퇴직자 수 | 추가퇴직 예상자 수 |
|---|---|---|
| 20×1년 말 | 5명 | 15명 |
| 20×2년 말 | 8명 | 17명 |

㈜감평은 20×1년 말에 주식선택권의 행사가격을 높이는 조건변경을 하였으며, 이러한 조건변경으로 주식선택권의 단위당 공정가치가 ₩30 감소하였다. 20×2년도 인식할 보상비용은? 18년 기출

① ₩16,000 　　　② ₩30,000 　　　③ ₩40,000
④ ₩56,000 　　　⑤ ₩70,000

해설

주식선택권의 행사가격을 높이는 조건변경은 이를 없는 것으로 본다.
1) 20×1년 보상비용 = (100명 − 20명) × 10개 × ₩150 × 1/3 = ₩40,000
2) 20×2년 보상비용 = (100명 − 13명 − 17명) × 10개 × ₩150 × 2/3 − ₩40,000 = ₩30,000

**06** ㈜세무는 20×3년 1월 1일 종업원 40명에게 1인당 주식선택권 40개씩 부여하였다. 동 주식선택권은 종업원이 향후 3년 동안 ㈜세무에 근무해야 가득된다. 20×3년 1월 1일 현재 주식선택권의 단위당 공정가치는 ₩300으로 추정되었으며, 행사가격은 단위당 ₩600이다. 각 연도말 주식선택권의 공정가치와 퇴직종업원수는 다음과 같다.

| 연도 말 | 주식선택권 단위당 공정가치 | 실제 퇴직자 | 추가 퇴직 예상자 |
|---|---|---|---|
| 20×3 | ₩300 | 2명 | 6명 |
| 20×4 | 400 | 4 | 2 |
| 20×5 | 500 | 1 | − |

20×6년 초에 가득된 주식선택권의 50%가 행사되어 ㈜세무가 주식(단위당 액면금액 ₩500)을 교부하였다면, 주식선택권 행사로 증가되는 자본은? 16년 CTA

① ₩66,000 　　　② ₩198,000 　　　③ ₩264,000
④ ₩330,000 　　　⑤ ₩396,000

해설

1) 20×5년 말 재무상태표상 주식선택권 = 33명 × 40개 × ₩300 × 3/3 = ₩396,000
2) 20×6년 초 50% 행사 시

 (차) 현금               396,000        (대) 자본금               330,000

    주식선택권          198,000            주식발행초과금      264,000

* [별해] 주식선택권 행사로 증가하는 자본을 질문하였기 때문에 주식선택권 행사로 증가하는 자산을 계산하면 된다. 주식선택권 행사로 주식선택권을 가득한 33명 중 절반이 ₩600의 행사금액만큼 현금을 기업에 제공하기 때문에 33명 × 40개 × ₩600 × 50% = ₩396,000이 증가한다.

**07** ㈜감평은 20×1년 초 부여일로부터 3년의 용역제공을 조건으로 직원 50명에게 각각 주식선택권 10개를 부여하였으며, 부여일 현재 주식선택권의 단위당 공정가치는 ₩1,000으로 추정되었다. 주식선택권 1개로는 1주의 주식을 부여받을 수 있는 권리를 가득일로부터 3년간 행사가 가능하며, 총 35명의 종업원이 주식선택권을 가득하였다. 20×4년 초 주식선택권을 가득한 종업원 중 60%가 본인의 주식선택권 전량을 행사하였다면, ㈜감평의 주식발행초과금은 얼마나 증가하는가? (단, ㈜감평 주식의 주당 액면금액은 ₩5,000이고, 주식선택권의 개당 행사가격은 ₩7,000이다.) `20년` `기출`

① ₩630,000            ② ₩1,050,000            ③ ₩1,230,000
④ ₩1,470,000          ⑤ ₩1,680,000

해설

1) 주식선택권 행사 시 분개

 (차) 현금        수량 × ₩7,000(행사가격)   (대) 자본금        수량 × ₩5,000(액면금액)
    주식선택권 수량 × ₩1,000(공정가)           주식발행초과금            ?

2) 주식선택권 행사 시 증가하는 주식발행초과금 = 35명 × 10개 × 60% × ₩3,000
                              = ₩630,000

**08** ㈜감평은 20×1년 초 부여일로부터 3년의 용역제공을 조건으로 직원 50명에게 각각 주식선택권 10개를 부여하였다. 부여일 현재 주식선택권의 단위당 공정가치는 ₩1,000으로 추정되었으며, 매년 말 추정한 주식선택권의 공정가치는 다음과 같다.

| 20×1.12.31 | 20×2.12.31 | 20×3.12.31 | 20×4.12.31 |
|------------|------------|------------|------------|
| ₩1,000 | ₩1,100 | ₩1,200 | ₩1,300 |

주식선택권 1개당 1주의 주식을 부여받을 수 있으며 권리가득일로부터 3년간 행사가 가능하다. ㈜감평은 20×1년 말과 20×2년 말에 가득기간 중 직원의 퇴사율을 각각 25%와 28%로 추정하였으며, 20×1년도와 20×2년도에 실제로 퇴사한 직원은 각각 10명과 2명이다. 20×3년 말 주식선택권을 가득한 직원은 총 35명이다. 20×4년 1월 1일 주식선택권을 가득한 종업원 중 60%가 본인의 주식선택권 전량을 행사하였을 경우 이로 인한 ㈜감평의 자본 증가액은? (단, ㈜감평 주식의 주당 액면금액은 ₩5,000이고 주식선택권의 개당 행사가격은 ₩6,000이다.) 22년 기출

① ₩210,000                    ② ₩420,000
③ ₩1,050,000                  ④ ₩1,260,000
⑤ ₩1,470,000

**해설**

1) 주식선택권 행사로 인한 자본증가액 = 주식선택권 행사로 기업에 유입되는 현금수령액
   = 35명 × 10개 × 60% × ₩6,000(행사가격) = ₩1,260,000

**09** ㈜대한은 20×8년 1월 1일에 판매직 종업원 100명에게 각각 현금결제형 주가차액보상권 100개씩을 부여하고, 2년의 용역제공조건을 부과하였다. 연도별 판매직 종업원의 실제 퇴사인원 및 추정 퇴사인원은 다음과 같다.

- 20×8년도 : 실제 퇴사인원은 6명이며, 20×9년도에는 추가로 4명이 퇴사할 것으로 추정하였다.
- 20×9년도 : 실제 퇴사인원은 7명이며, 20×9년도 말 시점의 계속근무자는 주가차액보상권을 모두 가득하였다.

매 회계연도 말에 현금결제형 주가차액보상권의 공정가치와 20×9년에 행사된 현금결제형 주가차액보상권 현금지급액의 내역은 다음과 같다.

| 구분 | 공정가치/개 | 현금지급액(내재가치)/개 |
|------|------------|----------------------|
| 20×8년 | ₩400 | – |
| 20×9년 | ₩420 | ₩410 |

20×9년 12월 31일에 종업원 50명이 주가차액보상권을 행사했을 때, 20×9년도에 인식해야 할 보상비용은 얼마인가? [11년 CTA]

① ₩902,000 ② ₩1,800,000 ③ ₩1,804,000
④ ₩2,050,000 ⑤ ₩3,604,000

**해설**

1) 20×8년 주식보상비용 = 90명 × 100개 × ₩400 × 1/2 = ₩1,800,000
2) 20×9년 주식보상비용 = 87명 × 100개 × ₩420 × 2/2 − ₩1,800,000 − (50명 × 100개 × ₩10) = ₩1,804,000

**10** ㈜감평은 20×1년 초 종업원 100명에게 현금결제형 주가차액보상권을 각각 20개씩 부여하고 2년간의 용역제공조건을 부과하였다. ㈜감평은 20×1년에 ₩6,000, 20×2년에 ₩6,500을 주식보상비용으로 인식하였다. 20×1년 초부터 20×2년 말까지 30명의 종업원이 퇴사하였으며, 20×3년 말 종업원 10명이 권리를 행사하였다. 20×3년 말 현금결제형 주가차액보상권의 개당 공정가치는 ₩15, 개당 내재가치는 ₩10이라고 할 때, ㈜감평이 20×3년 인식할 주식보상비용은? [21년 기출]

① ₩5,500 ② ₩6,000 ③ ₩7,000
④ ₩7,500 ⑤ ₩8,500

**해설**

1) 20×2년 말 장기미지급비용 = ₩6,000 + ₩6,500 = ₩12,500
2) 20×3년 주식보상비용 = 70명 × 20개 × ₩15 − ₩12,500(20×2년 말 누적 장기미지급비용) − (10명 × 20개 × ₩5) = ₩7,500
→ 20×3년에 10명이 권리를 행사하였고 권리행사자는 개당 내재가치 ₩10만큼 권리를 실현하였으나 20×3년 말에 주가차액보상권의 개당 공정가치 ₩15으로 평가하였으므로 ₩15과 ₩10의 차액인 개당 ₩5원의 차이금액을 주식보상비용에서 차감한다.

답▶ 01 ③ 02 ④ 03 ③ 04 ④ 05 ②
06 ⑤ 07 ① 08 ④ 09 ③ 10 ④

## 제19절   법인세

### 1   법인세회계의 의의

#### 1. 법인세

법인세는 회계기간 중 법인이 창출한 과세소득에 대하여 일정한 세율에 근거하여 계산된 금액으로 국가에 대해 납부하는 금액을 말한다. 이러한 법인세는 법인세법에 근거하여 계산되며 세법에 근거한 과세소득에 일정한 세율을 곱하여 산출한다. 그렇기 때문에 법인세의 계산 근거가 되는 것은 과세소득이며, 회계상의 이익과는 차이가 발생하게 된다. 그렇다고 과세소득과 회계상 이익이 크게 차이를 보이는 것은 아니다. 법인세법은 이미 많은 부분에서 한국채택국제회계기준을 수용하고 있기 때문에 과세소득을 새롭게 산출하는 것이 아니라 회계상 이익에서 일정한 금액을 가감하여 과세소득을 산출하는 방식을 선택하고 있다.

이처럼 회계상 이익에서 과세소득으로 금액을 변경하는 것을 세무조정이라고 한다.
그렇다면 회계상 이익과 과세소득은 왜 차이가 발생하게 되는 것일까?
회계상 이익과 세법상 과세소득의 차이는 회계상 목표와 세법상 목표의 차이에서 기인하는데 회계는 수익·비용의 대응에 따른 정확한 당기순이익 산출에 있는 반면, 세법은 정부의 재정활동 수행을 위한 조세수입 확보 및 사회적 목표 달성에 있기 때문에 회계상 손익과 세법상 과세소득은 차이가 있다. 그러므로 법인세법에 근거한 세액을 회계상 이익에서 차감하게 되면 수익과 비용이 올바르게 대응되지 않기 때문에 수익, 비용의 올바른 대응을 위해선 회계이익에 해당하는 법인세, 즉 법인세비용을 회계이익에서 차감하여야 한다.

#### 2. 회계이익과 과세소득의 차이

| 회계 | 세무조정 | 법인세법 |
|---|---|---|
| 수익<br>비용 | 익금산입, 손금불산입<br>손금산입, 익금불산입 | 익금<br>손금 |
| 이익 | | 과세소득 |

(1) 세무조정의 종류

① 일시적 차이가 아닌 것(기타의 차이)

기타의 차이는 특정 연도 과세소득 산출 시 차감 또는 가산하였으나, 차기 이후 과세소득 산출 시 아무런 조정을 하지 않아 소멸하지 않는 차이로 대표적으로 접대비의 한도초과액이 있다. 접대비의 경우 회계에서는 당기 비용으로 인식하지만, 세법에서는 손금으로 반영하는 한도액을 두고 있으므로 접대비가 세법상 한도를 초과하는 경우 당기 손금에 반영하지 않는다. 단, 차기 이후까지 접대비 한도초과액이 이월되지는 않는다.

그 외에도 각종 비과세 등의 규정이 이에 해당한다. 비과세규정은 세법이 과세권을 포기한 부분이기 때문에 일시적 차이가 아닌 해당 회계연도만 영향을 받는 세무조정사항이다. 일시적 차이가 아닌 부분은 당기법인세 계산과정에만 영향을 초래하며 차기 이후에는 영향을 초래하지 않는다.

② 일시적 차이인 것

일시적 차이는 재무상태표상 자산·부채의 장부금액과 세무기준액의 차이다. 재무상태표상 자산·부채의 장부금액과 세무기준액은 대부분 같은 금액이나 회계기준과 세법에서 자산·부채의 측정기준이나 수익·비용의 인식 시점 등을 서로 다르게 규정하는 경우 두 금액은 동일하지 않을 수 있다.

대표적으로 감가상각비가 이에 해당한다.

예컨대 회계에서는 감가상각기간을 법적 내용연수와 경제적 내용연수 중 짧은 것으로 하고 있다. 20×1년 1월 1일 취득한 기계장치의 취득원가가 ₩100,000이고, 경제적 내용연수는 2년이며, 잔존가치 없이 정액법으로 감가상각한다고 하자.

그렇다면 회계에서는 비용을 아래와 같이 각 회계연도 이익에서 차감한다.

| 구분 | 20×1년 | 20×2년 |
|---|---|---|
| 감가상각비 | ₩50,000 | ₩50,000 |
| 비용인식액 | ₩50,000 | ₩50,000 |

그러나 법인세법에서는 법인세법에서 규정하고 있는 기준상각기간이 존재한다. 예컨대 기계장치는 총 4년간 감가상각해야 한다고 세법에 규정되어 있다면 법인세법은 아래와 같이 비용을 인식하여야 한다.

| 구분 | 20×1년 | 20×2년 | 20×3년 | 20×4년 |
|---|---|---|---|---|
| 감가상각비 | ₩25,000 | ₩25,000 | ₩25,000 | ₩25,000 |
| 비용인식액 | ₩25,000 | ₩25,000 | ₩25,000 | ₩25,000 |

회계와 세법에서 모두 비용으로 인식하는 총액은 ₩100,000으로 같지만, 비용을 인식하는 기간의 차이가 존재하게 된다. 위와 같은 차이를 일시적 차이라고 하며 이 경우는 유보라는 세무조정사항이 발생하게 된다.

유보는 이러한 일시적 차이를 나타내는 세무용어로 유보는 추인을 통해 소멸되는 특징을 가지고 있다. 만약, 회계이익에 가산하는 경우는 플러스 유보라고 하며, 회계이익에서 차감하는 유보는 마이너스 유보라고 한다.

위와 같이 감가상각비의 인식액이 차이가 존재하게 되면 세무조정사항은

20×1년 감가상각비 25,000(유보)

20×2년 감가상각비 25,000(유보)

20×3년 감가상각비 25,000(△유보)

20×4년 감가상각비 25,000(△유보)가 된다.

그런데 이러한 유보는 추인을 통해 향후 과세소득에 영향을 초래하게 되는데 차기 이후 과세기간에 과세소득을 줄여주는 유보는 자산성을 가지고 있으며, 향후 과세소득을 늘리려는 유보는 부채의 성격을 가지고 있다.

> ㉠ 가산할 일시적 차이 : 자산이나 부채의 장부금액이 회수나 결제되는 미래 회계기간의 과세소득 결정 시 가산할 금액이 되는 일시적 차이
> ㉡ 차감할 일시적 차이 : 자산이나 부채의 장부금액이 회수나 결제되는 미래 회계기간의 과세소득 결정 시 차감할 금액이 되는 일시적 차이

그리하여 이러한 유보가 가지는 자산과 부채의 효과를 고려하여 당기순이익에 대응되는 법인세비용을 찾는 것이 법인세회계의 목표라고 할 수 있다.

## 2 법인세회계

### 1. 법인세회계의 계산 순서

(1) 당기법인세액의 계산

① 당기 및 과거기간에 대한 당기법인세 중 아직 납부되지 않은 부분을 당기법인세부채(부채)로 인식한다.

② 과거 기간에 이미 납부한 금액이 그 기간 동안 납부하여야 할 금액을 초과한 경우는 그 초과금액을 당기법인세자산으로 인식한다.

(2) 이연법인세자산과 이연법인세부채의 인식

① 가산할 일시적 차이(이연법인세부채)

㉠ 다음의 경우를 제외하고는 모든 가산할 일시적 차이에 대하여 이연법인세부채를 인식한다.

ⓐ 영업권을 최초로 인식할 때

ⓑ 자산 또는 부채가 최초로 인식되는 거래가 사업결합거래가 아니고, 거래 당시 회계이익이나 과세소득에 영향을 미치지 않는 거래

㉡ 가산할 일시적 차이의 예

발생기준에 따라 이자수익을 회계이익에 포함하지만 과세소득에는 현금이 수취될 때 포함되는 경우, 세무상 감가상각누계액이 회계상 감가상각누계액보다 더 큰 경우 등

② 차감할 일시적 차이(이연법인세자산)

㉠ 다음의 경우를 제외하고, 차감할 일시적 차이가 사용될 수 있는 과세소득의 발생가능성이 높은 경우에 모든 차감할 일시적 차이에 대하여 이연법인세자산으로 인식한다.

ⓐ 사업결합거래가 아니고

ⓑ 거래 당시 회계이익이나 과세소득에 영향을 미치지 않는 거래

ⓛ 이연법인세자산을 인식할 수 있는 경우

| 충분한 가산할 일시적 차이 | 차감할 일시적 차이의 소멸이 예상되는 회계기간 또는 이연법인세자산으로 인하여 발생되는 세무상 결손금이 소급공제되거나 이월공제될 수 있는 회계기간에 소멸이 예상되는 충분한 가산할 일시적 차이가 있는 경우 |
|---|---|
| 충분한 과세소득 | 차감할 일시적 차이가 소멸될 회계기간에 동일 과세당국과 동일 과세대상기업에 관련된 충분한 과세소득이 발생할 가능성이 높은 경우 |
| 세무정책에 의한 과세소득의 창출 | 세무정책으로 적절한 기간에 과세소득을 창출할 수 있는 경우 |

③ 기타 고려사항

ⓖ 미사용 세무상결손금과 세액공제는 미래 과세소득의 발생가능성이 높은 경우 그 범위 안에서 이연법인세자산을 인식한다.

ⓛ 매 보고기간 말에 인식되지 않은 이연법인세자산을 재검토하여 회수가능성이 높아진 범위까지 과거 인식되지 않은 이연법인세자산을 인식한다.

(3) 법인세비용의 측정

① 당기법인세 = (회계상 이익 ± 당기발생 세무조정) × 현행세율

② 이연법인세자산과 이연법인세부채의 측정

ⓖ 보고기간 말까지 제정되었거나 실질적으로 제정된 세율(및 세법)에 근거하여 해당 자산이 실현되거나 부채가 결제될 회계기간에 적용될 것으로 기대되는 세율(누진세율하에서는 평균세율)을 사용하여 측정한다.

ⓛ 이연법인세자산과 이연법인세부채의 계산

| 이연법인세부채 | = 당기말 현재 가산할 일시적 차이 잔액 × 세율 |
|---|---|
| 이연법인세자산 | = 당기말 현재 차감할 일시적 차이(미사용 세무상결손금)잔액 × 세율 |

ⓒ 법인세비용

| (차) 이연법인세자산 | ××× | (대) 미지급법인세 | ××× |
|---|---|---|---|
| 법인세비용(대차차액) | ××× | 이연법인세부채 | ××× |

당기 재무상태표에 계상해야 하는 이연법인세자산(부채)는 당기말 현재 남아있는 이연법인세자산(부채)의 기말잔액을 의미한다. 재무상태표에 표시될 이연법인세부채(자산)의 기말잔액을 확정한 후 전기이월 이연법인세자산(부채)의 잔액과 비교하여 당기 이연법인세부채(자산)의 변동을 인식하는 결산수정분개를 수행한다.

---

**예제 19-1** 회계상 이익과 세무상 익금

㈜한국은 20×1년 7월 1일에 건물을 임대하고 3년분 임대료 ₩150,000을 선불로 받았다. 세법상 임대소득의 귀속시기를 현금기준으로 결정한다고 가정하고 20×1년 12월 31일 재무상태표에 계상될 이연법인세자산 또는 부채는 얼마인가? (그 밖의 일시적 차이는 없고, 세율은 30%로 이후 변동사항은 없다.)

........................................................................

**해답**

(1) 세법상 20×1년 익금 = ₩150,000 ↔ 회계상 수익 = ₩25,000
(2) 회계상 수익과 세법상 익금의 차이만큼 ₩125,000 익금산입이 발생한다.
    해당 금액은 추후 손금산입을 통해 추인되기 때문에 이연법인세자산 효과가 있다.
(3) 이연법인세자산 = ₩125,000 × 30% = ₩37,500

---

**예제 19-2** 법인세비용

㈜한국의 20×1년도 법인세비용차감전순이익은 ₩200,000이며, 법인세율은 20%이다. 법인세율은 향후에도 20%로 유지된다.
㈜한국의 세무조정 과정 중에서 다음과 같은 세무조정사항이 발생하였다.

(1) 접대비한도초과액 : ₩30,000
(2) 감가상각비 한도초과액 : ₩50,000
(3) 미수이자 발생액 : ₩20,000

감가상각비 한도초과액은 전액 20×2년도에 손금산입되며, 미수이자 발생액도 전액 20×2년도에 익금산입된다고 할 때, ㈜한국의 20×1년도 법인세비용 및 이연법인세자산, 부채를 계산하시오.

........................................................................

**해답**

1. 당기법인세

| | |
|---|---|
| 법인세비용차감전순이익 | ₩200,000 |
| 접대비한도초과액 | 30,000 |
| 감가상각비한도초과액 | 50,000 |
| 미수이자 | (20,000) |
| = 과세소득 | ₩260,000 |
| 세율 | × 20% |
| = 당기법인세 | ₩52,000 |

2. 이연법인세자산, 이연법인세부채
   감가상각비 한도초과액은 차기에 손금산입으로 추인되므로 자산효과가 있다.

이연법인세자산 = ₩50,000 × 20% = ₩10,000

미수이자는 차기에 익금산입으로 추인되므로 부채효과가 있다.

이연법인세부채 = ₩20,000 × 20% = ₩4,000

3. 법인세비용

| | | | |
|---|---|---|---|
| (차) 이연법인세자산 | 10,000 | (대) 미지급법인세 | 52,000 |
| 법인세비용 | 46,000 | 이연법인세부채 | 4,000 |

---

**예제 19-3 법인세회계**

㈜한국의 20×1년도 세무조정 관련 자료는 다음과 같다.

- 법인세비용차감전순이익 : ₩10,000,000
- 세무조정사항 :
  재고자산평가손실 : ₩400,000
  당기 정기예금 미수이자 : (₩200,000)
  접대비 한도초과 : ₩300,000
- 적용 법인세율 : 20%

20×1년도 말 법인세비용 계상 시 20×2년도 적용 세율이 18%로 개정될 것임이 발표되었다. (단, 20×1년에 처음 이연법인세회계를 적용하였고, 전기이월 일시적 차이는 없으며 미래에 충분한 과세소득이 발생할 것으로 예상된다.)

[물음]

20×1년두 법인세회계처리를 하시오.

- - - - - - - - - - - - - - - - - - - - - - - - - - - - - - - - - - - - - - - - - -

[해답]

(1) 당기법인세(법인세부담액) = [₩10,000,000 + ₩400,000 − ₩200,000 + ₩300,000] × 20%
= ₩2,100,000

(2) 이연법인세자산 = ₩400,000(차감할 일시적 차이) × 18% = ₩72,000
이연법인세부채 = ₩200,000(가산할 일시적 차이) × 18% = ₩36,000

(3) 법인세 회계처리

| | | | |
|---|---|---|---|
| (차) 이연법인세자산 | 72,000 | (대) 미지급법인세 | 2,100,000 |
| 법인세비용 | 2,064,000 | 이연법인세부채 | 36,000 |

---

**예제 19-4** 법인세회계

앞서 예제 [19-3] 이후 20×2년도 ㈜한국에는 다음과 같은 세무조정사항이 발생하였다.

- 법인세비용차감전순이익 : ₩10,000,000
- 세무조정사항 :
  - 전기 재고자산평가손실 : (₩400,000)
  - 전기 정기예금 미수이자 : ₩200,000
  - 당기 정기예금 미수이자 : (₩250,000)
  - 감가상각비 한도초과 : ₩100,000
  - 벌금 및 과태료 : ₩500,000
- 적용 법인세율 : 18%

[물음]
20×2년도 법인세회계처리를 하시오.

.....................................................................................................................

**해답**

(1) 20×2년도 당기법인세(법인세부담액)
= [₩10,000,000 − ₩400,000 + ₩200,000 − ₩250,000 + ₩100,000 + ₩500,000] × 18%
= ₩1,827,000

(2) 20×2년 말 일시적 차이의 잔액
- 이연법인세자산 = ₩100,000 × 18% = ₩18,000
- 이연법인세부채 = ₩250,000 × 18% = ₩45,000

전기에 발생한 일시적 차이는 20×2년 현재 소멸되었다.

(3) 법인세 회계처리

| (차) 법인세비용 | 1,890,000 | (대) 미지급법인세 | 1,827,000 |
|---|---|---|---|
| | | 이연법인세자산 | 54,000 |
| | | 이연법인세부채 | 9,000 |

## 3 자본에 가감하는 법인세효과

### 1. 자본에 가감하는 법인세효과

동일 회계기간 또는 다른 회계기간에, 당기손익 이외로 인식되는 항목과 관련된 당기법인세와 이연법인세는 당기손익 이외의 항목으로 인식된다.

① 동일 회계기간 또는 다른 회계기간에 기타포괄손익에 인식된 항목과 관련된 금액은 기타포괄손익으로 인식한다.

② 동일 회계기간 또는 다른 회계기간에 자본에 직접 인식된 항목과 관련된 금액은 자본에 직접 인식한다.

다음과 같이 회계처리하면, 기타포괄손익 또는 자본에 직접 가감되는 항목에 대한 당기법인세 또는 이연법인세는 해당 항목에 직접 가감하여 해당 항목을 세효과 반영 후 순액으로 표시하게 된다.

### 2. 자본에 가감하는 법인세효과의 종류

#### (1) 자기주식처분이익

회계에서는 자기주식처분손익을 자본항목으로 분류하나 세법에서는 당기의 과세소득을 구성하므로 자기주식처분이익에 따른 법인세부담액은 법인세비용에 반영하지 않고, 자기주식처분손익에서 직접 조정한다.

> **예제 19-5** 자기주식처분이익
>
> ㈜한국의 기초 자기주식 취득금액은 ₩40,000이며, 기말에 자기주식 처분금액은 ₩50,000이다. 당기의 법인세차감전순이익이 ₩100,000이며 세율은 30%라고 할 때, 법인세비용을 계산하시오.
>
> **[해답]**
>
> (1) 당기법인세 = (₩100,000 + ₩10,000) × 30% = ₩33,000
> (2) 자기주식처분이익에 따른 과세효과 = ₩10,000 × 30% = ₩3,000
> (3) 회계처리
> | (차) 법인세비용 | 33,000 | (대) 미지급법인세 | 33,000 |
> | (차) 자기주식처분이익 | 3,000 | (대) 법인세비용 | 3,000 |
>
> → 자기주식처분이익으로 인한 법인세비용은 당기손익이 아닌 자기주식처분이익에서 직접 가감한다.

#### (2) 재평가잉여금, 기타포괄손익-공정가치 측정 금융자산 평가손익

기타포괄손익에 인식된 항목과 관련된 금액은 기타포괄손익으로 인식한다.

#### (3) 복합금융상품의 자본요소에 대한 최초 인식에서 발생하는 금액

회계에서는 복합금융상품을 부채요소와 자본요소를 분리하여 인식하나, 세무상으로는 모두 부채요소로 구분하는 경우 자본요소와 관련된 법인세효과는 자본에 직접 가감한다.

## 4 재무제표 표시

### 1. 재무제표의 표시 및 공시

#### (1) 유동, 비유동의 구분

재무상태표의 자산 및 부채를 유동·비유동구분법에 따라 표시하는 경우 이연법인세자산, 이연법인세부채를 비유동항목으로 분류한다.

#### (2) 상계표시

① 다음 조건을 모두 충족하는 경우 당기법인세자산과 부채를 상계표시할 수 있다.
    ㉠ 기업이 인식된 금액에 대한 법적으로 집행 가능한 상계권리를 가지고 있다.
    ㉡ 기업이 순액으로 결제하거나, 자산을 실현하는 동시에 부채를 결제할 의도가 있다.
② 다음 조건을 모두 충족하는 경우 이연법인세자산과 부채를 상계표시할 수 있다.
    ㉠ 기업이 당기법인세자산과 당기법인세부채를 상계할 수 있는 법적으로 집행 가능한 상계권리를 가지고 있다.
    ㉡ 이연법인세자산과 이연법인세부채가 다음의 각 경우에 동일한 과세당국에 의해서 부과되는 법인세와 관련되어 있다.
        ⓐ 과세대상기업이 동일한 경우
        ⓑ 과세대상기업은 다르지만 당기법인세부채와 자산을 순액으로 결제할 의도가 있거나, 중요한 금액의 이연법인세부채가 결제되거나 이연법인세자산이 회수될 미래의 각 회계기간마다 자산을 실현하는 동시에 부채를 결제할 의도가 있는 경우

#### (3) 법인세비용의 표시

① 정상활동 손익과 관련된 법인세비용을 포괄손익계산서에 표시한다.
② 중단영업과 관련된 손익은 관련 법인세비용을 차감한 후의 순액으로 별도 표시한다.
③ 기타포괄손익과 관련된 법인세효과는 순액으로 표시할 수도 관련 법인세효과를 별도로 표시할 수도 있다.

## 제19절 법인세

객관식 문제

**01** 법인세 회계처리에 대한 다음 설명으로 옳지 않은 것은?    16년 CPA

① 이연법인세자산과 부채는 현재가치로 할인하지 아니한다.

② 모든 가산할 일시적 차이에 대하여 이연법인세부채를 인식하는 것을 원칙으로 한다.

③ 당기 및 과거기간에 대한 당기법인세 중 납부되지 않은 부분을 부채로 인식한다. 만일 과거기간에 이미 납부한 금액이 그 기간 동안 납부하여야 할 금액을 초과하였다면 그 초과금액은 자산으로 인식한다.

④ 이연법인세자산과 부채는 보고기간 말까지 제정되었거나 실질적으로 제정된 세율(및 세법)에 근거하여 해당 자산이 실현되거나 부채가 결제될 회계기간에 적용될 것으로 기대되는 세율을 사용하여 측정한다.

⑤ 이연법인세자산의 장부금액은 매 보고기간 말에 검토한다. 이연법인세자산의 일부 또는 전부에 대한 혜택이 사용되기에 충분한 과세소득이 발생할 가능성이 더 이상 높지 않다면, 이연법인세자산의 장부금액을 감액시킨다. 감액된 금액은 사용되기에 충분한 과세소득이 발생할 가능성이 높아지더라도 다시 환입하지 아니한다.

해설

이연법인세자산의 장부금액은 매 보고기간 말에 검토하며 감액된 금액이 사용되기에 충분한 과세소득이 발생할 가능성이 높아지면 다시 환입한다.

**02** 법인세에 관한 설명으로 옳은 것을 모두 고른 것은?    24년 관세사

ㄱ. 법인세비용(수익)은 당기법인세비용(수익)과 이연법인세비용(수익)으로 구성된다.

ㄴ. 기업이 집행가능한 상계권리를 가지고 있는 경우 또는 기업이 순액으로 결제할 의도가 있는 경우에는 당기법인세자산과 당기법인세부채를 상계한다.

ㄷ. 이연법인세자산의 장부금액은 매 보고기간 말에 검토한다.

ㄹ. 기업 간 비교가능성을 높이기 위해 이연법인세자산과 이연법인세부채는 현재가치로 할인한다.

① ㄱ, ㄷ　　　　　　② ㄱ, ㄹ　　　　　　③ ㄴ, ㄷ

④ ㄴ, ㄹ　　　　　　⑤ ㄷ, ㄹ

해설

ㄴ. 기업이 집행가능한 상계권리와 순액으로 결제할 의도가 모두 충족되는 경우 당기법인세자산과 당기법인세부채를 상계한다.

ㄹ. 이연법인세자산과 이연법인세부채는 현재가치로 할인하지 아니한다.

**03** ㈜서울은 영업 첫해인 20×1년의 법인세비용차감전순이익은 ₩800,000이고 과세소득은 ₩1,200,000이며, 이 차이는 일시적 차이로서 향후 2년간 매년 ₩200,000씩 소멸될 것이다. 20×1년과 20×2년의 법인세율은 40%이고 20×1년에 개정된 세법에 따라 20×3년부터 적용될 법인세율은 35%이다. ㈜서울이 이 차이에 관하여 20×1년 말 재무상태표상에 기록하여야 하는 이연법인세자산 또는 이연법인세부채의 금액은? (단, 이연법인세자산 또는 이연법인세부채는 각각 자산과 부채의 인식요건을 충족한다.) 14년 기출

① 이연법인세자산 ₩140,000      ② 이연법인세부채 ₩140,000
③ 이연법인세자산 ₩150,000      ④ 이연법인세부채 ₩150,000
⑤ 이연법인세자산 ₩160,000

**해설**

차감할 일시적 차이는 이연법인세자산으로 해당 차이의 소멸시점에 적용될 세율을 적용한다.
이연법인세자산 = ₩200,000 × 40% + ₩200,000 × 35% = ₩150,000

**04** ㈜감평의 20×5년 법인세와 관련된 자료가 다음과 같을 때, 법인세비용, 이연법인세자산, 이연법인세부채는 각각 얼마인가? 15년 기출

㈜감평은 20×5년 2월 5일에 설립되었다. 20×5년 법인세차감전순이익은 ₩10,000,000이며, 여기에는 당기손익금융자산평가손실(차감할 일시적 차이) ₩100,000이 포함되어 있다. 법인세율은 20% 단일세율이며, 그 외 세무조정사항은 없다(단, 법인세율은 일정하고 법인세비용차감전순이익은 미래에도 지속되는 것으로 가정한다).

| | 법인세비용 | 이연법인세자산 | 이연법인세부채 |
|---|---|---|---|
| ① | ₩2,000,000 | ₩20,000 | ₩0 |
| ② | ₩2,000,000 | ₩0 | ₩20,000 |
| ③ | ₩2,020,000 | ₩20,000 | ₩20,000 |
| ④ | ₩2,020,000 | ₩20,000 | ₩0 |
| ⑤ | ₩2,020,000 | ₩0 | ₩20,000 |

**해설**

1) 당기법인세 = (₩10,000,000 + ₩100,000) × 20% = ₩2,020,000
2) 이연법인세자산 = ₩100,000 × 20% = ₩20,000
3) 회계처리

  (차) 이연법인세자산     20,000     (대) 미지급법인세    2,020,000
      법인세비용       2,000,000

**05** (주)관세의 20×1년도 법인세와 관련된 자료가 다음과 같을 때 20×1년도 법인세비용은? (단, 차감할 일시적 차이와 세무상결손금이 사용될 수 있는 미래 과세소득의 발생 가능성은 높고 20×1년 1월 1일 현재 이연법인세자산(부채)은 없다.) `17년` `관세사`

| | |
|---|---|
| • 법인세비용차감전순이익 | ₩240,000 |
| • 접대비 한도초과액 | ₩20,000 |
| • 감가상각비 한도초과액 | ₩40,000 |
| • 20×1년도 법인세율 | 20% |
| • 20×2년도 이후 법인세율 | 30% |

① ₩48,000　　　　② ₩52,000　　　　③ ₩60,000

④ ₩72,000　　　　⑤ ₩78,000

**해설**

1) 당기법인세 = (₩240,000 + ₩20,000 + ₩40,000) × 20% = ₩60,000
2) 이연법인세자산 = ₩40,000(감가상각비 한도초과액) × 30% = ₩12,000
3) 20×1년도 법인세비용 = ₩60,000(미지급법인세) − ₩12,000(이연법인세자산) = ₩48,000

**06** ㈜감평의 20×6년 말 법인세와 관련된 자료는 다음과 같으며 차감할 일시적 차이의 실현가능성은 거의 확실하다.

| | |
|---|---|
| • 조세특례제한법상 준비금전입액 | ₩40,000 |
| • 감가상각비 한도초과액 | 30,000 |
| • 당기손익금융자산평가이익 | 10,000 |
| • 법인세율 | 20% |

㈜감평의 20×6년 말 이연법인세자산과 이연법인세부채 금액은? (단, 이연법인세자산과 이연법인세부채는 상계하지 않으며, 법인세율은 변하지 않는다고 가정한다.) `16년` `기출`

| | 이연법인세자산 | 이연법인세부채 | | 이연법인세자산 | 이연법인세부채 |
|---|---|---|---|---|---|
| ① | ₩4,000 | ₩6,000 | ② | ₩6,000 | ₩10,000 |
| ③ | ₩8,000 | ₩12,000 | ④ | ₩10,000 | ₩10,000 |
| ⑤ | ₩10,000 | ₩6,000 | | | |

**해설**

1) 이연법인세자산 = ₩30,000(감가상각비 한도초과액) × 20% = ₩6,000
2) 이연법인세부채 = [₩40,000(준비금전입액) + ₩10,000(평가이익)] × 20% = ₩10,000

**07** ㈜감평은 20×1년 1월 1일에 설립되었다. 20×1년도 ㈜감평의 법인세비용차감전순이익은 ₩1,000,000이며, 법인세율은 20%이고, 법인세와 관련된 세무 조정사항은 다음과 같다.

- 감가상각비 한도초과액은 ₩50,000이고, 동 초과액 중 ₩30,000은 20×2년에, ₩20,000은 20×3년에 소멸될 것으로 예상된다.
- 접대비한도초과액은 ₩80,000이다.
- 20×1년 말에 정기예금(20×2년 만기)에 대한 미수이자는 ₩100,000이다.

20×1년 중 법인세법의 개정으로 20×2년부터 적용되는 법인세율은 25%이며, 향후 ㈜감평의 과세소득은 계속적으로 ₩1,000,000이 될 것으로 예상된다. ㈜감평이 20×1년도 포괄손익계산서에 인식할 법인세비용과 20×1년 말 재무상태표에 표시할 이연법인세자산(또는 부채)은? (단, 이연법인세자산과 이연법인세부채는 상계하여 표시한다.) 17년 기출

|   | 법인세비용 | 이연법인세 |   | 법인세비용 | 이연법인세 |
|---|---|---|---|---|---|
| ① | ₩218,500 | ₩12,500(부채) | ② | ₩206,000 | ₩12,500(자산) |
| ③ | ₩206,000 | ₩12,500(부채) | ④ | ₩218,500 | ₩37,500(자산) |
| ⑤ | ₩218,500 | ₩37,500(부채) |   |   |   |

해설

|  | 20×1년 | 20×2년(25%) | 20×3년(25%) |
|---|---|---|---|
| 법인세비용차감전순이익 | ₩1,000,000 | | |
| 감가상각비 한도초과액 | 50,000 | (₩30,000) | (₩20,000) |
| 접대비한도초과액 | 80,000 | | |
| 미수이자 | (100,000) | ₩100,000 | |
| = 과세소득 | ₩1,030,000 | | |
| × 세율 | 20% | | |
| = 당기법인세 | ₩206,000 | | |

1) 이연법인세자산 = ₩50,000 × 25% = ₩12,500
   이연법인세부채 = ₩100,000 × 25% = ₩25,000
   이연법인세자산, 부채는 상계하여 ₩12,500(부채)로 표시한다.

2) 회계처리

| (차) 법인세비용 | 218,500 | (대) 미지급법인세 | 206,000 |
|---|---|---|---|
|  |  | 이연법인세부채 | 12,500 |

**08** 다음은 20×1년 초 설립한 ㈜감평의 법인세 관련 자료이다.

> • 20×1년 세무조정사항
>   －감가상각비한도초과액          ₩125,000
>   －접대비한도초과액             60,000
>   －정기예금 미수이자            25,000
> • 20×1년 법인세비용차감전순이익     ₩490,000
> • 연도별 법인세율은 20%로 일정하다.
> • 이연법인세자산(부채)의 실현가능성은 거의 확실하다.

**20×1년 법인세비용은?** 20년 기출

① ₩85,000          ② ₩98,000          ③ ₩105,000

④ ₩110,000         ⑤ ₩122,000

**해설**

1) 당기법인세 = [₩490,000(회계이익) + ₩125,000(감가상각비한도초과액) + ₩60,000(접대비한도초과액) − ₩25,000(미수이자)] × 20% = ₩130,000
2) 이연법인세자산 = ₩125,000(감가상각비한도초과액) × 20% = ₩25,000
   이연법인세부채 = ₩25,000(미수이자) × 20% = ₩5,000
3) 법인세회계처리

| (차) 이연법인세자산 | 25,000 | (대) 미지급법인세 | 130,000 |
|---|---|---|---|
| 법인세비용 | 110,000 | 이연법인세부채 | 5,000 |

**09** 20×1년 초 설립한 ㈜감평의 법인세 관련 자료이다. ㈜감평의 20×1년도 유효법인세율은? (단, 유효법인세율은 법인세비용을 법인세비용차감전순이익으로 나눈 값으로 정의한다.) 21년 기출

> • 20×1년 세무조정사항
>   －벌과금 손금불산입     ₩20,000
>   －접대비한도초과액       15,000
>   －감가상각비한도초과액   15,000
> • 20×1년도 법인세비용차감전순이익은 ₩500,000이며, 이연법인세자산(부채)의 실현가능성은 거의 확실하다.
> • 연도별 법인세율은 20%로 일정하다.

① 19.27%          ② 20%            ③ 21.4%

④ 22%            ⑤ 22.8%

**해설**

1) 과세소득 = ₩500,000(회계이익) + ₩20,000(벌과금) + ₩15,000(접대비한도초과액) + ₩15,000(감가상각비한도초과액) = ₩550,000
2) 당기법인세 = ₩550,000 × 20% = ₩110,000
3) 이연법인세자산 = ₩15,000(감가상각비 한도초과액) × 20% = ₩3,000
4) 20×1년도 법인세회계

(차) 이연법인세자산　　　　　3,000　　(대) 미지급법인세　　　　　110,000
　　법인세비용　　　　　107,000
5) 유효법인세율 = ₩107,000 ÷ ₩500,000 = 21.4%

**10** 20×1년 초에 설립된 ㈜세무의 20×1년도 포괄손익계산서상 법인세비용차감전순이익은 ₩700,000이고, 법인세율은 20%이다. 당기 법인세부담액을 계산하기 위한 세무조정사항 및 이연법인세자산(부채) 자료가 다음과 같을 때, 20×1년도 법인세비용은?　20년 CTA

- 20×1년도에 당기손익–공정가치측정금융자산평가손실로 ₩100,000을 인식하였으며, 동 금융자산은 20×2년에 처분한다.
- 20×1년 세법상 손금한도를 초과하여 지출한 접대비는 ₩100,000이다.
- 20×1년 정기예금(만기 20×2년)에서 발생한 이자 ₩20,000을 미수수익으로 인식하였다.
- 20×2년 법인세율은 18%로 예상된다.
- 일시적 차이가 사용될 수 있는 미래 과세소득의 발생가능성은 높다.

① ₩158,000　　② ₩161,600　　③ ₩176,000
④ ₩179,600　　⑤ ₩190,400

**해설**

1) 과세소득 = ₩700,000(회계이익) + ₩100,000(당기손익–공정가치측정금융자산평가손실) + ₩100,000(접대비 한도초과액) − ₩20,000(미수이자) = ₩880,000
2) 당기법인세 = ₩880,000 × 20% = ₩176,000
3) 이연법인세자산 = ₩100,000(당기손익–공정가치측정금융자산평가손실) × 18% = ₩18,000
4) 이연법인세부채 = ₩20,000(미수이자) × 18% = ₩3,600
5) 20×1년도 법인세회계처리

(차) 이연법인세자산　　　　18,000　　(대) 미지급법인세　　　　176,000
　　법인세비용　　　　161,600　　　　이연법인세부채　　　　3,600

답▶ 01 ⑤ 02 ① 03 ③ 04 ① 05 ①
06 ② 07 ① 08 ④ 09 ③ 10 ②

## 제20절 주당이익

### 1 주당이익(Earnings Per Share : EPS)

주당이익은 보통주 1주당 이익이 얼마인지를 나타내는 지표를 의미한다. 주당이익은 기업 간의 비교에 유용한 지표인데, 일반적으로 당기순이익의 크기는 기업의 규모에 비례하지만 실질적으로 주주에게 귀속되는 이익은 단순히 당기순이익의 크기에만 비례하지 않는다. 주당이익을 동일한 회계기간에 다른 기업과 비교하는 것이 당기순이익의 단순 비교보다는 더 합리적인 의사결정에 도움을 준다.

#### 1. 주당이익의 유용성

① 비교가능성의 제고 : 주당이익은 투자규모를 고려한 투자단위당 이익이므로 특정 기업의 경영성과를 기간 간, 기업 간 비교에 유용하다.

② 배당성향의 파악 : 주당이익을 주당배당금과 비교함으로써 회계기간 중 창출한 이익 중 어느 정도를 주주에게 배당하는지에 관한 유용한 정보를 제공한다.

③ 주가수익비율(PER : Price-Earning Ratio) 계산의 기초자료 : 주가와 주당이익을 비교함으로써 특정 기업의 주가가 다른 기업과 비교하여 과대 또는 과소평가되었는지 여부에 대한 유용한 정보를 제공한다.

#### 2. 주당이익의 한계

① 미래 수익력을 나타내지 못함 : 주당이익은 과거 경영성과의 결과치를 근거로 계산되기 때문에 기업의 미래 수익창출능력을 나타내지 못한다.

② 질석 정보를 제공하지 못함 : 주당이익은 특정 기업이 영위하고 있는 업종의 특성이나 위험 등 질적인 정보를 제공하지 못한다.

③ 규모의 경제효과를 고려하지 않음 : 기업규모가 증가할수록 주당이익은 증가하며, 일정규모를 지나면 규모가 증가할수록 주당이익이 감소하는 것이 일반적인데 주당이익은 이러한 내용을 반영하지 못한다.

#### 3. 주당이익의 재무제표 공시

① 주당이익은 포괄손익계산서의 총포괄이익 또는 별개의 손익계산서의 당기순이이 다음에 표시한다. 이익의 분배에 대해 서로 다른 권리를 가지는 보통주 종류별로 기본주당이익과 희석주당이익을 계속영업이익과 당기순이익에 대하여 계산하고 포괄손익계산서에 표시한다. 기본주당이익과 희석주당이익이 같은 경우에는 포괄손익계산서에 한 줄로 표시할 수 있다.

② 기본주당이익과 희석주당이익은 제시되는 모든 기간에 대하여 동등한 비중으로 제시한다.

③ 한편, 중단영업에 대해 보고하는 기업은 중단영업에 대한 기본주당이익과 희석주당이익을 포괄손익계산서에 표시하거나 주석으로 공시한다. 기본주당이익과 희석주당이익은 부(-)의 금액인 경우에도 표시한다.

## 2 기본주당이익

기본주당이익은 회계기간의 경영성과에 대한 보통주 1주당 지분의 측정치를 제공하는 것을 목적으로 한다. 기본주당이익은 지배기업의 보통주에 귀속되는 특정 회계기간의 당기순손익(분자)을 그 기간에 유통된 보통주식수를 가중평균한 주식수(분모)로 나누어 계산한다.

### 1. 기본주당이익 계산

$$기본주당이익 = \frac{보통주귀속이익(당기순이익 - 우선주배당금)}{가중평균유통보통주식수}$$

(1) 보통주귀속이익

보통주는 우선주 등 이익을 우선 배분받는 주주를 제외한 나머지 잔여이익을 분배받는다. 보통주 상호 간에는 동등한 비율로 배당을 수령한다. 그러므로 보통주 귀속이익을 결정할 때는 우선주의 몫을 우선 배분하고 남는 잔여이익으로 측정한다.

① 우선주 배당금

　㉠ 우선주 배당금은 지배기업에 귀속되는 계속영업이익 및 지배기업에 귀속되는 당기순손익에서 자본으로 분류된 우선주에 대한 세후 우선주배당금, 우선주 상환 시 발생한 차액 및 유사한 효과를 조정한 금액으로 측정한다.

　㉡ 법인세비용과 부채로 분류되는 우선주에 대한 배당금을 포함하여 지배기업의 보통주에 귀속되는 특정 회계기간에 인식된 모든 수익과 비용 항목은 지배기업의 보통주에 귀속되는 특정 회계기간의 당기순손익 결정에 포함한다.

　㉢ 우선주 배당금은 우선주의 종류에 따라 구분한다.

| 누적적 우선주 | 해당 우선주가 누적적 우선주라면, 배당결의 여부와 관계없이 해당 회계기간과 관련한 배당금을 차감 |
|---|---|
| 비누적적 우선주 | 비누적적 우선주라면 해당 회계기간에 관련하여 배당결의된 배당금만 차감 |

　㉣ 누적적 우선주의 경우는 배당결의 여부와 무관하게 주당이익 계산 시 보통주 귀속이익에서 차감하였으므로 전기 이전에 배당하지 못했던 금액을 누적하여 배당하였을 경우에도 전기 이전의 기간과 관련하여 당기에 지급되거나 결의된 누적적 우선주 배당금은 제외한다.

② 공개매수방식의 우선주 재매입

    ㉠ 우선주를 재매입하기 위해 지급한 대가의 공정가치가 우선주의 장부금액을 초과하는 금액은 우선주 주주에 대한 이익분배의 성격을 가지므로 보통주 귀속이익에서 차감한다.

    ㉡ 반대로, 우선주의 장부금액이 우선주의 재매입을 위하여 지급하는 대가의 공정가치를 초과하는 경우에는 그 차액을 가산한다.

③ 전환우선주 조기전환 유도

전환우선주의 조기전환을 유도하기 위해서 처음의 전환조건에 따라 발행될 보통주의 공정가치를 초과하여 지급하는 보통주나 그 밖의 대가의 공정가치는 전환우선주에 대한 이익배분으로 보고 차감한다.

## (2) 가중평균유통보통주식수

주당이익 산정을 위한 주식수는 재무상태표 작성일 현재의 주식수를 그대로 사용하는 것이 아니라 **회계기간에 유통된 보통주식수를 유통된 기간으로 가중평균한 주식수를 이용**한다. 가중평균유통보통주식수는 기초의 유통보통주식수에 회계기간 중 취득한 자기주식수나 유상증자를 통해 신규로 발행된 보통주식수를 각각의 유통기간에 따른 **가중치**를 고려하여 조정한 보통주식수이다. 그렇다면 가중치는 어떤 기준을 사용해야 하는가? 일반적으로 유통기간에 따른 가중치는 그 회계기간의 총 일수에 대한 특정 보통주의 유통일수 비율(일할 계산)로 산정하며, 가중평균에 대한 합리적인 근사치도 사용될 수 있다. 그러나 수험목적으로는 일할 계산을 하기 어렵기 때문에 통상적으로 월할로 가중평균한다.

① **보통주 유통일수 계산 시 기산일** : 주식발행의 대가를 받을 권리가 발생하는 시점

| 현금 납입 | 현금을 받을 권리가 발생하는 날 |
|---|---|
| 채무상품의 전환 | 최종이자 발생일의 다음날 |
| 채무변제를 위해 보통주를 발행 | 채무변제일 |
| 자산을 취득하기 위해 보통주를 발행 | 그 자산의 취득을 인식한 날 |
| 용역의 대가로 보통주를 발행 | 용역제공일 |
| 사업결합 이전대가의 일부로 발행된 보통주 | 취득일 |

② **보통주로 반드시 전환하여야 하는 금융상품** : 계약체결시점부터 보통주식수에 포함한다.

③ **자기주식의 취득** : 취득일부터 보통주식수 계산에 차감한다.

④ **자기주식의 발행(처분)** : 발행일부터 보통주식수 계산에서 가산한다.

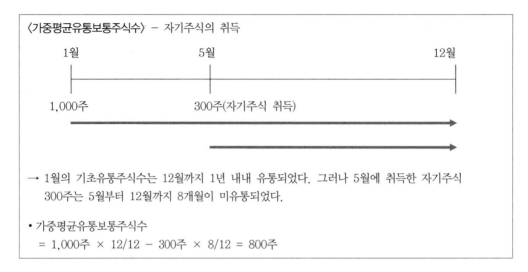

⑤ **조건부발행보통주** : 모든 필요조건이 충족한 날에 발행된 것으로 보아 보통주식수에 포함한다.

⑥ 자원의 실질적인 변동을 유발하지 않으면서 유통보통주식수가 변동되는 경우
(예 무상증자, 자본전입, 주식분할, 주식병합, 공정가치 미만의 유상증자를 통한 무상증자 요소 등) : 비교표시되는 최초기간의 개시일에 그러한 사건이 일어난 것처럼 비례적으로 조정한다. 단, 잠재적 보통주의 전환은 제외한다.

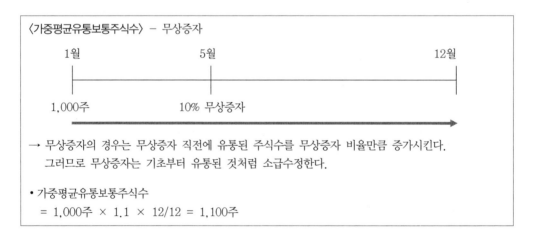

**예제 20-1** 기본주당이익

20×1년 ㈜한국의 기초유통주식수는 1,000주이다. 20×1년 7월 1일 주식배당을 10% 실시하였으며, 10월 1일 자기주식 100주를 취득하였다. 20×1년 당기순이익이 ₩1,075,000이라고 할 때, 기본주당이익을 구하시오(단, 우선주는 없다).

**[해답]**

(1) 가중평균유통보통주식수
= 1,000주 × 1.1 × 12/12 − 100주 × 3/12 = 1,075주

(2) 기본주당이익
= ₩1,075,000 ÷ 1,075주 = ₩1,000

**예제 20-2** 기본주당이익

20×1년 ㈜한국의 기초유통주식수는 1,000주이다. 20×1년 5월 1일 시가로 유상증자 150주를 발행하였으며, 12월 1일 자기주식 60주를 취득하였다. ㈜한국의 우선주 자본금은 ₩1,000,000이며, 배당률은 10%이다. 20×1년 당기순이익이 ₩2,290,000이라고 할 때, 기본주당이익을 구하시오.

**[해답]**

(1) 가중평균유통보통주식수
= 1,000주 × 12/12 + 150주 × 8/12 − 60주 × 1/12 = 1,095주

(2) 기본주당이익
= [₩2,290,000 − (₩1,000,000 × 10%)] ÷ 1,095주 = ₩2,000

⑦ 공정가치 미만의 유상증자 : 유상증자를 실시한 경우는 현금납입이 있기 때문에 납입일부터 가중평균하여 가중평균유통보통주식수를 계산한다. 다만, 주주우선배정의 방식에 따라 공정가치 미만으로 유상증자를 실시하는 경우 주식의 발행금액이 주식의 공정가치보다 낮기 때문에 공정가치에 의한 유상증자와 무상증자가 혼합된 성격을 갖는다고 본다. 공정가치 미만의 유상증자를 실시한 경우 발행된 보통주는 공정가치 유상증자로 발행된 보통주와 무상증자로 발행된 보통주로 구분한다.

  ㉠ 공정가치 유상증자 시 발행가능주식수 : 유상증자 납입액 / 유상증자 권리행사일 전의 공정가치

  ㉡ 무상증자 주식수 : 공정가치 미만 유상증자로 발행된 주식수 − 공정가치 유상증자 시 발행가능주식수

$$\text{* 무상증자 비율} = \frac{\text{무상증자 주식수}}{\text{유상증자 전 유통주식수 + 공정가치 유상증자 시 발행가능주식수}}$$

---

**예제 20-3** 가중평균유통보통주식수

㈜한국의 20×1년 초 유통보통주식수는 10,000주였다. ㈜한국은 20×1년 3월 1일 유상증자 1,500주를 결정하였다. 해당 유상증자는 주주우선배정방식으로 발행되었으며, 20×1년 3월 1일 유상증자 시 주당 발행가격은 ₩1,000으로서 권리락 직전일의 종가인 주당 ₩1,500보다 현저히 낮았다. ㈜한국의 20×1년도 기본주당순이익계산을 위한 가중평균유통보통주식수는? (단, 가중평균유통보통주식수는 월할계산한다.)

·····················································································································

**해답**

(1) 공정가치 미만의 유상증자
   ① 공정가치 유상증자 시 발행가능주식수 = (1,500주 × ₩1,000) ÷ ₩1,500 = 1,000주
   ② 무상증자 주식수 = 1,500주 − 1,000주 = 500주
(2) 기초유통보통주식수에 배부되는 무상증자 주식수
   = 500주 × (10,000주/11,000주) = 455주
(3) 가중평균유통주식수
   = (10,000주 + 455주) × 12/12 + (1,000주 + 45주) × 10/12
   = 11,326주

---

## 3 희석주당이익

### 1. 의의

희석주당이익은 잠재적 보통주가 보통주로 유통되었을 경우를 고려하여 주당이익을 계산하는 것을 의미한다. 잠재적 보통주란 보통주를 받을 수 있는 권리가 보유자에게 부여된 금융상품이나 계약을 말한다. 잠재적 보통주는 보통주로 전환된다면 주당이익을 낮출 수 있다. 잠재적 보통주가 있다면 이러한 잠재적 보통주가 모두 보통주로 전환되었을 때 주당이익 하락효과가 있으므로 잠재적 보통주가 행사되었을 경우의 주당이익을 보여줌으로써 주당이익이 가장 작게 계산되었을 때를 고려할 수 있게 하는 데 의미가 있다.

그러나 잠재적 보통주를 모두 희석주당이익에 고려하는 것은 아니다. 희석주당이익은 희석효과가 있는 경우에만 그 영향을 고려하는 데 희석효과가 있는 잠재적 보통주를 희석성 잠재적 보통주(dilutive potential ordinary shares)라고 한다.

잠재적 보통주의 예는 다음과 같다.

① 보통주로 전환할 수 있는 금융부채나 지분상품(예 전환사채, 전환우선주)

② 옵션과 주식매입권(예 옵션, 신주인수권, 주식선택권)

③ 사업인수나 자산취득과 같이 계약상 합의에 따라 조건이 충족되면 발행하는 보통주(예 조건부 주식)

희석주당이익을 계산하기 위해서는 희석성 잠재적 보통주의 영향을 고려하여 지배기업의 보통주에 귀속되는 당기순손익 및 가중평균유통보통주식수를 조정한다.

지배기업의 보통주에 귀속되는 당기순손익에 희석성 잠재적 보통주와 관련하여 그 회계기간에 인식된 배당과 이자비용에서 법인세효과를 차감한 금액을 가산하고, 그 밖의 희석성 잠재적 보통주가 보통주로 전환되었다면 변동되었을 수익 또는 비용을 조정한다.

분모의 가중평균유통보통주식수에는 모든 희석성 잠재적 보통주가 보통주로 전환되었다고 가정할 경우 추가적으로 유통되었을 가중평균유통보통주식수를 가산한다.

$$희석주당이익 = \frac{보통주귀속이익 \pm 조정금액}{가중평균유통보통주식수 + 조정주식수}$$

## 2. 희석성 잠재적 보통주에 따른 희석주당이익

희석성 잠재적 보통주는 크게 보통주로 전환하기 위해 추가적인 자금이 필요한지 아닌지에 따라 전환가정법과 자기주식법을 이용하여 희석주당이익을 계산한다.

전환가정법은 전환권을 행사할 경우 보통주로 전환되는 금융상품 및 계약으로 희석주당이익을 계산하기 위해서 실제로는 전환 청구를 하지 않았더라도 전환하였다고 가정한 후 조정사항을 고려해 희석주당이익을 계산하는 방법이다.

### (1) 전환가정법

① 전환가정일

㉠ 희석주당이익을 계산하기 위한 보통주식수는 기본주당순이익 계산을 위해 계산한 가중평균유통보통주식수에 희석성 잠재적 보통주가 모두 전환될 경우에 발행되는 보통주의 가중평균유통보통주식수를 가산하여 계산한다.

㉡ 희석성 잠재적 보통주는 회계기간의 기초부터 전환한 것으로 보지만, 당기에 발행된 경우는 그 발행일에 전환된 것으로 본다.

② 증분주식수의 계산

㉠ 잠재적 보통수는 당기에 모두 전환청구를 하지 않았다면 기초부터 전환된 것으로 보고 전환되었을 때의 수량을 가중평균유통보통주식수 산정에 고려한다.

㉡ 하지만 당기에 일부의 전환청구가 있었다면 희석주당이익 계산 시 증분주식수는 다음과 같이 계산한다.

| 당기에 전환청구한 부분 | 기초부터 전환청구일까지 가중평균 |
|---|---|
| 당기에 전환청구하지 않은 부분 | 기초부터 말일까지 가중평균 |

③ 분자조정사항

㉠ 전환가정법을 사용한다면 기초부터 보통주로 유통되었다고 보기 때문에 전환사채의 경우 이자비용을 부담할 필요가 없다. 당기순이익은 세금효과가 고려된 금액이므로 분자에는 이자비용의 세후금액을 추가로 가산한다.

㉡ 만약, 전환사채가 아닌 전환우선주라면 해당 우선주는 기초부터 보통주로 전환되었다고 가정하기 때문에 우선주 배당금을 지급할 필요가 없다. 그러므로 전환우선주의 경우는 분자에 우선주배당금을 가산하여 희석주당이익을 계산한다.

---

1. 전환사채

$$희석주당이익 = \frac{기본주당이익\ 계산시의\ 이익 + 이자비용(1-법인세율)}{기본주당이익\ 계산을\ 위한\ 보통주식수 + 전환사채액면금액\ /\ 전환가격}$$

2. 전환우선주

$$희석주당이익 = \frac{기본주당이익\ 계산시의\ 이익 + 전환우선주\ 배당금}{기본주당이익\ 계산을\ 위한\ 보통주식수 + 전환우선주자본금\ /\ 전환가격}$$

---

**예제 20-4** 희석주당이익 – 전환금융상품

㈜한국의 손익상황 및 전환사채와 관련된 사항은 다음과 같다.

(1) 당기순이익 : ₩1,000,000
(2) 가중평균유통보통주식수 : 1,000주(단, 우선주는 없다.)
(3) 전환사채 발행금액 : ₩100,000(액면발행)
(4) 전환사채 전환조건 : 사채 액면 ₩2,500당 보통주 1주로 전환가능
(5) 전환사채의 부채요소에 대한 이자비용 : ₩20,000(단, 법인세율은 30%이다.)

[물음]
희석주당이익을 계산하시오.

**[해답]**

1. 기본주당이익 = ₩1,000,000 ÷ 1,000주 = ₩1,000

2. 희석주당이익 $= \dfrac{₩1,000,000 + ₩20,000(1 - 30\%)}{1,000주 + 40주} = ₩975$(희석)

  * 조정주식수 = ₩100,000 ÷ 2,500 = 40주
  * 조정금액 = 이자비용 × (1 - 법인세율) = ₩20,000 × (1 - 30%) = ₩14,000

예제
**20-5** 희석주당이익 – 전환우선주

㈜한국의 손익상황 및 전환우선주와 관계된 사항은 다음과 같다.

(1) 당기순이익 : ₩2,000,000

(2) 자본금의 내역
  ① 보통주자본금(1,000주 × ₩5,000) ₩5,000,000
  ② 전환우선주자본금(500주 × ₩5,000) ₩2,500,000(배당률 10%)

(3) 전환우선주는 전기에 발행한 것으로 당기에 전환청구한 우선주는 없다.

[물음]

1. 희석주당이익을 계산하시오.

2. 만약, 전환우선주가 20×1년 7월 1일에 발행하였다고 할 때, 희석주당이익을 계산하시오(단, 전환간주일 개념은 고려하지 않는다).

........................................................................................................

해답

• 기본주당이익 = [₩2,000,000 − (₩2,500,000 × 10%)] ÷ 1,000주 = ₩1,750

1. 희석주당이익
  = [₩1,750,000 + ₩250,000(우선주 배당금)] ÷ (1,000주 + 500주) = ₩1,333(희석)

2. 만약 전환우선주가 기중 발행이라면?
  − 기본주당이익 = [₩2,000,000 − (₩2,500,000 × 10%)] ÷ 1,000주 = ₩1,750
  − 희석주당이익 = ₩2,000,000 ÷ [1,000주 + (500주 × 6/12)] = ₩1,600(희석)

(2) **자기주식법** : 옵션, 주식선택권, 신주인수권 등

① 자기주식법

  ㉠ 자기주식법이란 희석주당이익을 계산할 때 희석효과가 있는 옵션이나 주식매입권이 행사된 것으로 가정한다. 옵션이나 신주인수권 등은 행사가 되기 위해서는 금액을 납입해야 하는데 희석효과를 고려하는 경우 행사를 위한 금액은 유입되지 않았다.

  ㉡ 그러므로 이 금액에 대해서 일정한 가정이 필요한데, 자기주식법이란 이 금액으로 자기주식을 매입하였다고 가정하는 것이다. 즉, 권리행사에서 예상되는 현금유입액을 회계기간의 평균시장가격으로 발행하여 유입된 것으로 가정한다.

  ㉢ 그 결과 권리를 행사할 때 발행하여야 할 보통주식수와 회계기간의 평균시장가격으로 발행한 것으로 가정하여 환산한 보통주식수의 차이는 무상으로 발행한 것으로 보아 희석주당순이익을 계산하기 위한 보통주식수에 포함한다. 이를 자기주식법이라 한다.

② 자기주식법에 의한 증분주식수 계산

㉠ 자기주식법은 옵션이나 신주인수권이 행사되어 주식이 발행된 것으로 가정함과 동시에 행사 시 유입된 현금으로 자기주식을 매입하였다고 가정한다. 이때 자기주식은 **평균시장가격으로 매입**하였다고 본다. 결과적으로 옵션이나 신주인수권이 행사되어 유통되는 주식수는 다음과 같이 계산된다.

> • 가산할 증분주식수
> = 권리행사 시 발행되는 주식수 − 유입되는 현금으로 취득가능한 자기주식수

㉡ 자기주식법으로 계산하는 옵션과 주식매입권은 회계기간의 보통주 평균시장가격보다 낮은 금액으로 보통주를 발행하는 결과를 가져올 수 있는 경우에 희석효과가 있다.

㉢ 예컨대, 신주인수권행사로 발행할 보통주식수는 1,000주이고 행사가격은 ₩6,000이라고 가정해 보자. 만약, 당기 중 보통주의 시장가격이 ₩10,000이라면 취득가능한 주식수는 [1,000주 × (₩6,000/₩10,000) = 600주]이고, 희석주당이익을 계산하기 위한 보통주식수에 가산할 주식수는 1,000주 − 600주 = 400주이다.

③ 주식선택권의 조정 행사가격

㉠ 주식기준보상이 적용되는 주식선택권의 경우, 행사가격에는 주식선택권이나 그 밖의 주식기준보상약정에 따라 미래에 유입될 재화나 용역의 공정가치가 포함된다. 예컨대, 주식기준보상거래에서 주식선택권을 행사할 때 행사가격은 ₩5,000이고 잔여가득기간 동안 추가로 용역을 제공했을 때의 주식선택권 1개당 용역의 공정가치가 ₩500이라면 주식보상거래에서의 행사가격은 다음과 같다.

> • 행사가격 = 주식선택권 행사시 행사가격 + 추가로 제공해야 할 용역의 개당 공정가치
> = ₩5,000 + ₩500 = ₩5,500

㉡ 주식기준보상의 경우 아직 가득기간을 충족하지 않은 주식선택권을 가득했다고 가정하고 희석주당이익을 계산하기 때문에 가득기간을 모두 채웠을 때의 행사가격을 그대로 사용하는 것이 아니라 추가로 제공해야 할 용역의 공정가치를 고려하여 이를 가산한 행사가격을 사용한다.

㉢ 주식기준보상이 적용되는 주식선택권의 경우 잔여 가득기간 동안에 추가적인 용역을 제공해야 하므로 그 용역에 대한 비용이 발생하기 때문에 추가로 발생한 그 용역의 공정가치를 행사가격에 포함하는 것이다. 행사가격을 조정한 이후의 조정주식수 계산은 자기주식법을 사용한다.

PART 01

### 예제 20-6  희석주당이익

다음의 자료를 이용하여 기본주당순이익과 희석주당이익을 계산하시오.

(1) 당기순이익 : ₩2,000,000
(2) 보통주 자본금(1,000주 × ₩5,000) : ₩5,000,000
(3) 신주인수권부사채 액면 : ₩5,000,000(₩10,000당 주식 1주 구입가능)
(4) 신주인수권부사채의 행사가격은 주당 ₩6,000, 보통주 평균시장가격은 ₩10,000이다.

---

**해답**

1. 기본주당순이익 = ₩2,000,000 ÷ 1,000주 = ₩2,000
2. 희석주당순이익

   (1) 자기주식법 = 500주 × $(1 - \dfrac{₩6,000}{₩10,000})$ = 200주

   (2) 희석주당순이익 = ₩2,000,000 ÷ (1,000주 + 200주) = ₩1,667(희석)

• 만약 신주인수권부사채가 당기 7월 1일에 발행하였다면?
  희석주당순이익 = ₩2,000,000 ÷ (1,000주 + 200주 × 6/12) = ₩1,818
• 당기 중 40%의 신주인수권이 10월 1일 행사되어 보통주 200주가 교부되었다면?
 (1) 기본주당순이익 = ₩2,000,000 ÷ (1,000주 + 200주 × 3/12) = ₩1,905
 (2) 희석주당순이익 계산을 위한 보통주식수 계산

   ① 당기 행사분 = 200주 × $(1 - \dfrac{₩6,000}{₩10,000})$ × 9/12 = 60주

   ② 당기 미행사분 = 300주 × $(1 - \dfrac{₩6,000}{₩10,000})$ × 12/12 = 120주

   ③ 희석주당이익 = ₩2,000,000 ÷ (1,050주 + 60주 + 120주) = ₩1,626(희석)

### 예제 20-7  희석주당이익

㈜한국의 20×1년 1월 1일 현재 유통보통주식수는 10,000주이다. ㈜한국은 20×1년 1월 1일에 주식선택권 2,000개를 부여하였다. 주식선택권의 내용은 다음과 같다.

(1) 가득기간 : 20×1.1.1 ~ 20×3.12.31
(2) 행사가격 : ₩3,000
(3) 총보상원가 : ₩600,000

㈜한국의 20×1년 당기순이익은 ₩3,000,000이다. 회사의 20×1년 연평균주가는 ₩5,000이고, 20×1년 12월 31일 현재의 주가는 ₩6,000이다. 법인세율은 25%이다.

[물음]
1. ㈜한국의 20×1년 기본주당순이익을 계산하시오.
2. ㈜한국의 20×1년 희석주당순이익을 계산하시오.

---

해답

1. 20×1년 기본주당순이익 = ₩3,000,000 ÷ 10,000주 = ₩300

2. 20×1년 희석주당순이익
   (1) 희석주당이익을 위한 보통주식수
      - 조정행사가격 = ₩3,000 + (₩600,000/₩2,000) = ₩3,300
      - 조정주식수 = 2,000주 × $(1 - \dfrac{₩3,300}{₩5,000})$ × 12/12 = 680주
   (2) 조정이익 = (₩600,000 ÷ 3년) × (1 − 0.25) = ₩150,000
   (3) 희석주당이익
      = [₩3,000,000 + ₩150,000] ÷ (10,000주 + 680주) = ₩295

---

## (3) 조건부 발행보통주

① 조건부 발행보통주는 그 조건이 충족된 상태라면 이미 발행되어 유통되고 있는 것으로 보아 회계기간 초부터 희석주당이익을 계산하기 위한 보통주식수에 포함한다.

② 만약, 조건이 충족되지 않은 상태라면 희석주당이익을 계산하기 위해서 회계기간 말이 조건 기간의 만료일이라면 보통주식수만큼 보통주식수 계산에 포함한다. 실제로 조건기간이 만료 될 때까지 조건이 충족되지 않은 경우에도 계산결과를 수정하지 않는다.

---

예제
**20-8**    조건부발행보통주

㈜한국의 20×1년 1월 1일 보통주식수는 1,000,000주이며, 전기의 사업결합과 관련해서 다음 의 조건에 따라 보통주를 추가로 발행하기로 합의하였다.

• 영업점조건 : 새로 개점되는 영업점 1개당 보통주 5,000주 발행

㈜한국은 5월 1일과 9월 1일에 영업점을 개점하였으며, 20×1년도 당기순이익으로 ₩2,900,000 을 보고하였다.

[물음]
㈜한국의 20×1년 주당이익을 계산하시오.

......

해답

(1) 가중평균유통보통주식수 = 1,000,000 × 12/12 + 5,000주 × 8/12 + 5,000주 × 4/12
                          = 1,005,000주
(2) 기본주당이익 = ₩2,900,000 ÷ 1,005,000주 = ₩2.9

---

| 전환우선주 | 희석성 잠재적보통주에 대한 배당금 |
|---|---|
| 전환사채 | 해당 회계기간의 이자비용 × (1-법인세율) |
| 그 밖의 희석성 잠재적 보통주 | 희석성 잠재적보통주를 보통주로 전환하였다면 발생하였을 그 밖의 수익 또는 비용의 변동사항 |

〈분모고려사항〉

① 회계기간의 기초에 전환된 것으로 보되, 당기에 발행된 것은 그 발행일에 전환된 것으로 본다.

② 해당 기간에 효력을 잃었거나 유효기간이 지난 잠재적 보통주는 해당 기간 중 유통한 기간에 대해서만 희석주당이익 계산에 포함한다.

③ 당기에 보통주로 전환된 잠재적 보통주는 기초부터 전환일의 전일까지 희석주당이익 계산에 포함한다.

④ 잠재적 보통주의 계약조건에 따라 희석성 잠재적 보통주의 전환으로 인하여 발행되는 보통주식수가 결정되는 경우 잠재적 보통주의 보유자에게 가장 유리한 전환비율이나 행사가격을 적용하여 계산한다.

01 ㈜한국의 20×9년도 당기순이익은 ₩3,000,000이며, 20×9년 초 유통보통주식수는 10,000주이다. ㈜한국은 20×9년 3월 1일 유상증자를 실시하여 보통주 5,000주를 발행하였으며, 20×9년 8월 1일에는 보통주 1,000주의 자기주식을 취득하였다. 그리고 ㈜한국은 20×9년도 당기순이익에 대해 우선주 배당 ₩250,000을 실시하기로 결의하였다. ㈜한국의 20×9년도 기본주당순이익은 얼마인가? (단, 가중평균유통보통주식수는 월수를 기준으로 계산함) 16년 기출

① ₩150　　　　　② ₩175　　　　　③ ₩200

④ ₩225　　　　　⑤ ₩250

**해설**

1) 가중평균유통보통주식수 = 10,000주 × 12/12 + 5,000주 × 10/12 − 1,000주 × 5/12
　　　　　　　　　　　　　　= 13,750주
2) 기본주당순이익 = (₩3,000,000 − ₩250,000) ÷ 13,750주 = ₩200

02 주당이익 계산에 있어서 해당 기간 및 비교 표시되는 모든 기간의 가중평균유통보통주식수는 잠재적 보통주의 전환을 제외하고, 상응하는 자원의 변동 없이 유통보통주식수를 변동시키는 사건을 반영하여 조정한다. 다음 중 상응하는 자원의 변동 없이 유통보통주식수를 변동시키는 사례가 아닌 것은? 10년 기출

① 다른 거래 없이 1주당 액면 ₩100인 주식 5주를 액면 ₩500인 주식 1주로 병합하였다.
② 다른 거래 없이 1주당 액면 ₩5,000인 주식 1주를 액면 ₩500인 주식 10주로 분할하였다.
③ 이익준비금을 자본금으로 전입하였다.
④ 주식발행초과금을 자본금으로 전입하였다.
⑤ 기존 주주로부터의 차입금을 자본으로 전환하였다.

**해설**

주식배당, 주식분할, 주식병합, 무상증자는 자원의 변동 없이 주식수만 변동하는 사례에 해당한다. 기존 주주로부터의 차입금을 자본으로 전환하면 부채가 감소하므로 해당 재원만큼 자원이 변동한다.

## 03 주당이익에 관한 설명으로 옳지 않은 것은? 19년 관세사

① 기본주당이익 정보의 목적은 회계기간의 경영성과에 대한 지배기업의 보통주 1주당 지분의 측정치를 제공하는 것이다.

② 기본주당이익은 지배기업의 보통주에 귀속되는 특정 회계기간의 당기순손익을 그 기간에 유통된 보통주식수를 가중평균한 주식수로 나누어 계산한다.

③ 사업결합 이전대가의 일부로 발행된 보통주의 경우 취득일을 가중평균유통보통주식수를 산정하는 기산일로 한다.

④ 보통주로 반드시 전환하여야 하는 전환금융상품은 전환시점부터 기본주당이익을 계산하기 위한 보통주식수에 포함한다.

⑤ 잠재적보통주는 보통주로 전환된다고 가정할 경우 주당계속영업이익을 감소시키거나 주당계속영업손실을 증가시킬 수 있는 경우에만 희석성 잠재적보통주로 취급한다.

**해설**

보통주로 반드시 전환하여야 하는 전환금융상품은 계약체결시점부터 기본주당이익을 계산하기 위한 보통주식수에 포함한다.

## 04 ㈜한국의 20×3년 초 유통보통주식수는 5,000주이며 20×3년도 중 보통주식수의 변동내역은 다음과 같다.

- 20×3년 4월 1일에 보통주 1,000주를 시장가격으로 발행하였다.
- 20×3년 8월 1일에 10%의 주식배당을 하였다.
- 20×3년 12월 1일에 자기주식 600주를 취득하였다.

20×3년도 당기순이익이 ₩5,522,000이었다면, ㈜한국의 기본주당순이익은 얼마인가? (단, 가중평균유통보통주식수는 월할계산한다.) 14년 CTA

① ₩840      ② ₩868      ③ ₩880
④ ₩928      ⑤ ₩960

**해설**

1) 가중평균유통보통주식수
   = 5,000주 × 1.1 × 12/12 + 1,000주 × 1.1 × 9/12 − 600주 × 1/12 = 6,275주
2) 기본주당순이익 = ₩5,522,000 ÷ 6,275주 = ₩880

**05** ㈜관세의 20×1년 보통주 관련 자료이다. ㈜관세의 20×1년 기본주당이익 산정을 위한 가중평균유통보통주식수는? (단, 가중평균유통보통주식수 산정 시 월수를 가중 치로 사용한다) 18년 관세사

| 일자 | 내역 |
|------|------|
| 1.1 | 기초 유통주식수 10,000주 |
| 4.1 | 25% 무상증자 실시 |
| 7.1 | 5,000주 유상증자(7월 1일 현금납입되었으며, 공정가치로 발행하였음) |
| 10.1 | 자기주식 1,000주 취득 |

① 14,125주                    ② 14,750주
③ 15,250주                    ④ 15,375주
⑤ 15,875주

**해설**

가중평균유통보통주식수
$= 10{,}000주 \times 1.25 \times 12/12 + 5{,}000주 \times 6/12 - 1{,}000주 \times 3/12 = 14{,}750주$

**06** 20×1년 설립된 ㈜감평의 20×1년 주식과 관련된 자료는 다음과 같다.

- 20×1년 1월 초 유통주식수 : 보통주 5,000주, 우선주 300주
- 6월 초 모든 주식에 대해 무상증자 10% 실시
- 10월 초 보통주 자기주식 300주 취득
- 20×1년도 당기순이익 : ₩900,000

20×1년 ㈜감평의 기본주당이익이 ₩162일 때, 우선주 배당금은? (단, 기간은 월할 계산한다.) 23년 기출

① ₩21,150            ② ₩25,200            ③ ₩27,510
④ ₩32,370            ⑤ ₩33,825

**해설**

1) 20×1년 가중평균유통보통주식수 $= 5{,}000주 \times 1.1 \times 12/12 - 300주 \times 3/12 = 5{,}425주$
2) 20×1년 기본주당이익(₩162) $= (₩900{,}000 - 우선주배당금) \div 5{,}425주$
   → 우선주배당금 = ₩21,150

**07** ㈜세무의 20×6년 당기순이익은 ₩2,450,000이며, 기초 유통보통주식수는 1,800주이다. 20×6년 9월 1일 주주우선배정방식으로 보통주 300주를 유상증자하였다. 이때 발행금액은 주당 ₩40,000이며, 유상증자 직전 종가는 주당 ₩60,000이다. ㈜세무의 20×6년 기본주당순이익은? (단, 가중평균유통보통주식수는 월할계산한다.)

16년 CTA

① ₩1,167  ② ₩1,225  ③ ₩1,250
④ ₩1,289  ⑤ ₩1,321

**해설**

1) 공정가치 미만의 유상증자
   ① 공정가치 유상증자 주식수 = 300주 × (₩40,000/₩60,000) = 200주
   ② 무상증자 주식수 = 300주 − 200주 = 100주
   ③ 무상증자 주식수 배분(기초유통보통주식수 부분) = 100주 × (1,800주/2,000주) = 90주
2) 가중평균유통보통주식수 = 1,890주 × 12/12 + 210주 × 4/12 = 1,960주
3) 기본주당순이익 = ₩2,450,000 ÷ 1,960주 = ₩1,250

**08** ㈜감평의 20×1년도 발행주식 변동내역은 다음과 같다.

|  |  | 보통주 | 우선주 |
|---|---|---|---|
| 1월 1일 | 발행주식수 | 6,400주 | 5,000주 |
| 4월 1일 | 유상증자 | 2,000주 | − |
| 7월 1일 | 무상증자 20% | 1,680주 | − |
| 12월 31일 | 합계 | 10,080주 | 5,000주 |

4월 1일 유상증자한 보통주 1주당 발행금액은 ₩1,600이고, 권리락 직전일의 주당 공정가치는 ₩2,000이다. 우선주 1주당 배당금은 ₩60이고, 20×1년도 당기순이익은 ₩1,353,360이다. 20×1년도 기본주당순이익은? (단, 가중평균유통보통주식수 계산은 월할계산한다.)

19년 기출

① ₩110  ② ₩120  ③ ₩130
④ ₩140  ⑤ ₩150

**해설**

1) 가중평균유통보통주식수 = (6,400주 + 320주(공정가 미만 유상증자 중 무상증자분)) × 1.2 + 1,680주 × 1.2 × 9/12 = 9,576주
2) 기본주당이익 = [₩1,353,360 − (5,000주 × ₩60)] ÷ 9,576주 = ₩110

**09** 20×1년 1월 1일 설립한 (주)감평의 20×1년 보통주(주당 액면금액 ₩5,000) 변동현황은 다음과 같다.

| 구분 | 내용 | 보통주 증감 |
|---|---|---|
| 1월 1일 | 유통보통주식수 | 10,000주 증가 |
| 4월 1일 | 무상증자 | 2,000주 증가 |
| 7월 1일 | 유상증자 | 1,800주 증가 |
| 10월 1일 | 자기주식 취득 | 1,800주 감소 |

20×1년 7월 1일 주당 ₩5,000에 유상증자가 이루어졌으며, 유상증자 직전 주당공정가치는 ₩18,000이다. 20×1년 기본주당순이익이 ₩900일 때, 당기순이익은? (단, 우선주는 없고, 가중평균유통보통주식수는 월할계산한다.) 〔20년 기출〕

① ₩10,755,000  ② ₩10,800,000  ③ ₩11,205,000
④ ₩11,766,600  ⑤ ₩12,273,750

**해설**

1) 공정가치 미만의 유상증자
   ① 공정가치 유상증자 주식수 = 1,800주 × (₩5,000/₩18,000) = 500주
   ② 무상증자 주식수 = 1,800주 − 500주 = 1,300주
   ③ 무상증자 주식수 배분(기초유통주식수 부분) = 1,300주 × (12,000주/12,500주)
                                             = 1,248주
2) 가중평균유통보통주식수 = 13,248주 × 12/12 + 552주 × 6/12 − 1,800주 × 3/12
                         = 13,074주
3) 당기순이익 = 13,074주 × ₩900(기본주당순이익) = ₩11,766,600

**10** 결산일이 12월 31일인 ㈜서울의 20×6년도 기초유통보통주식수와 기초유통우선주식수는 각각 10,000주(액면가액 ₩1,000)와 4,000주(누적적 및 비참가적 전환우선주, 액면가액 ₩500, 연배당률 8%, 우선주 2주당 보통주 1주 전환)이다. ㈜서울의 20×6년도 당기순이익이 ₩12,000,000일 때, 기본주당이익 및 희석주당이익은 각각 얼마인가? (단, 20×6년도에 우선주전환 등의 자본거래는 없으며, 소수점 이하는 반올림한다.) 〔07년 CPA〕

|  | 기본주당이익 | 희석주당이익 |  | 기본주당이익 | 희석주당이익 |
|---|---|---|---|---|---|
| ① | ₩1,184 | ₩1,000 | ② | 1,200 | 857 |
| ③ | 1,184 | 857 | ④ | 1,000 | 987 |
| ⑤ | 1,200 | 987 | | | |

**해설**

1) 기본주당이익 = (₩12,000,000 − 4,000주 × ₩500 × 8%) ÷ 10,000주 = ₩1,184
2) 희석주당이익 = ₩12,000,000 ÷ (10,000주 + 2,000주) = ₩1,000

**11**  ㈜갑의 20×1년 당기순이익은 ₩1,232,500이며, 20×1년 초 유통되고 있는 보통주식수는 3,000주이다. 다음 자료를 이용하면 20×1년 포괄손익계산서상 ㈜갑의 희석주당이익은 얼마인가?  `12년 CPA`

> • 20×1년 7월 1일에 15%의 주식배당을 하였다.
> • 20×1년 10월 1일에 보통주 1,000주를 시장가격으로 발행하였다.
> • 20×1년 11월 1일에 자기주식 1,200주를 취득하였다.
> • ㈜갑은 직전연도에 1매당 보통주 2주로 교환 가능한 전환사채 500매를 발행하였는데, 20×1년 중 해당 전환사채는 보통주로 전환되지 않았다. 20×1년도 전환사채 관련 이자비용은 ₩200,000이며 법인세율은 30%이다.

① ₩300  ② ₩305  ③ ₩318
④ ₩321  ⑤ ₩335

**해설**

1) 가중평균유통보통주식수
   = 3,000주 × 1.15 × 12/12 + 1,000주 × 3/12 − 1,200주 × 2/12 = 3,500주
2) 기본주당이익 = ₩1,232,500 ÷ 3,500주 = ₩352
3) 희석주당이익 = [₩1,232,500 + ₩200,000(1 − 30%)] ÷ (3,500주 + 1,000주) = ₩305

**12** ㈜감평은 20×6년 10월 1일 전환사채권자의 전환권 행사로 1,000주의 보통주를 발행하였다. 20×6년 말 주당이익 관련 자료가 다음과 같을 때 20×6년도 기본주당이익과 희석주당이익은? (단, 유통보통주식수 계산시 월할계산하며 전환간주일 개념은 적용하지 않는다.)  16년 기출

- 기초유통보통주식수 8,000주
- 당기순이익 ₩198,000
- 보통주 1주당 액면금액 ₩1,000
- 전환사채 액면금액은 ₩1,000,000이며 전환가격은 1주당 ₩500
- 포괄손익계산서상 전환사채의 이자비용은 ₩15,000
- 법인세율 20%

|  | 기본주당이익 | 희석주당이익 |  | 기본주당이익 | 희석주당이익 |
|---|---|---|---|---|---|
| ① | ₩24 | ₩22 | ② | ₩24 | ₩21 |
| ③ | ₩24 | ₩20 | ④ | ₩25 | ₩21 |
| ⑤ | ₩25 | ₩22 | | | |

**해설**

1) 가중평균유통보통주식수 = 8,000주 × 12/12 + 1,000주 × 3/12 = 8,250주
2) 기본주당이익 = ₩198,000 ÷ 8,250주 = ₩24
3) 희석주당이익 = [₩198,000 + ₩15,000(1 − 20%)] ÷ (8,250주 + 1,000주 × 9/12 + 1,000주 × 12/12) = ₩21

답 01 ③ 02 ⑤ 03 ④ 04 ③ 05 ②
06 ① 07 ③ 08 ① 09 ④ 10 ①
11 ② 12 ②

## 제21절 리스

### 1 리스의 개념

## 1. 리스의 개념

리스는 리스제공자가 자산의 사용권을 합의된 기간 동안 리스이용자에게 이전하고 리스이용자는 그 대가로 사용료를 리스제공자에게 지급하는 계약을 말한다.

일단 리스이용자는 자신이 필요로 하는 특정 자산을 제조, 판매하는 회사를 선정한 후 리스제공자와 리스계약을 체결한다. 리스제공자가 자산의 제조, 판매회사에게 리스자산을 발주하면 제조, 판매회사는 계약한 물건을 리스이용자에게 이전하고, 리스제공자는 당해 자산의 매입대금을 제조, 판매회사에게 지급한다. 이때 리스자산의 법적 소유권은 리스제공자가 소유한다. 이후 리스이용자는 리스계약에 따라 리스기간 동안 리스제공자에게 사용료를 지급한다. 리스기간이 종료되면 계약에 따라 리스이용자가 사용하던 리스자산의 법적 소유권이 무상 또는 유상으로 리스이용자에게 이전될 수도 있고, 사용하던 리스자산을 리스제공자에게 반환할 수도 있다.

## 2. 리스의 유형

### (1) 리스의 유형

① 금융리스(financing lease)는 리스자산의 소유에 따른 대부분의 위험과 보상이 리스이용자에게 이전되는 리스를 말한다. 금융리스는 리스이용자가 리스자산을 취득한 것으로 보아 자산으로 인식한다.

② 운용리스(operating lease)는 금융리스 이외의 리스를 말한다.

기준서 제1116호는 리스이용자의 입장에서 운용리스 또는 금융리스의 구분을 적용하지 않는다. 반면 리스제공자의 입장에서는 자산의 소유에 따른 위험과 보상의 대부분을 계속 보유하고 있다면 운용리스로 분류하고, 자산의 소유에 따른 위험과 보상의 대부분을 리스이용자에게 이전하면 금융리스로 분류하도록 규정하고 있다. 따라서 기준서 제1116호에 따르면 리스이용자와 리스제공자가 특정 리스에 대해서 더 이상 대칭적인 회계처리를 하지 않는다.

### (2) 리스기간

리스기간은 해지불능기간과 다음 기간을 포함하여 산정한다.

① 리스이용자가 리스 연장선택권을 행사할 것이 상당히 확실한 경우에 그 선택권의 대상 기간
② 리스이용자가 리스 종료선택권을 행사하지 않을 것이 상당히 확실한 경우에 그 선택권의 대상 기간

예를 들어 계약상 리스기간이 5년인데, 리스이용자가 5년 후에 리스기간을 2년 더 연장할 수 있는 권리가 있고 이러한 권리를 행사할 것이 상당히 확실하다면, 리스기간을 7년으로 보고 회계처리를 한다.

## 2 리스의 분류

리스는 리스자산의 소유에 따른 위험과 보상의 대부분을 이전하는지 그렇지 않은지에 따라 금융리스와 운용리스로 구분한다. 리스의 분류는 리스약정일에 결정된다.

### 1. 일반적으로 금융리스로 분류하는 사례

① 리스기간 종료시점까지 리스자산의 소유권이 리스이용자에게 이전되는 경우
② 리스이용자가 선택권을 행사할 수 있는 시점의 공정가치보다 충분하게 낮을 것으로 예상되는 가격으로 리스자산을 매수할 수 있는 선택권을 가지고 있으며, 그 선택권을 행사할 것이 리스약정일 현재 거의 확실한 경우
③ 리스자산의 소유권이 이전되지 않더라도 리스기간이 리스자산 경제적 내용연수의 상당부분을 차지하는 경우
④ 리스약정일 현재 최소리스료의 현재가치가 적어도 리스자산 공정가치의 대부분에 상당하는 경우
⑤ 리스이용자만이 중요한 변경 없이 사용할 수 있는 특수한 성격의 리스자산인 경우

### 2. 금융리스로 분류될 수 있는 상황의 지표

리스가 금융리스로 분류될 수 있는 상황의 지표(개별적으로나 결합되어)는 다음과 같다.
① 리스이용자가 리스를 해지할 수 있는 경우에 리스이용자가 해지에 관련되는 리스제공자의 손실을 부담하는 경우
② 잔존자산의 공정가치 변동에서 생기는 손익이 리스이용자에게 귀속되는 경우
③ 리스이용자가 시장리스료보다 현저하게 낮은 리스료로 다음 리스기간에 리스를 계속할 능력이 있는 경우
전술한 지표는 항상 결정적인 것이 아니다. 따라서 계약의 속성을 종합적으로 고려하여 리스를 분류하여야 한다.

### 3. 운용리스로 분류되는 경우의 예

계약의 다른 속성들을 고려할 때 기초자산의 소유에 따른 위험과 보상의 대부분을 이전하지 않는다는 점이 분명하다면 그 리스는 운용리스로 분류한다.
① 리스기간 종료시점에 기초자산의 소유권을 그 시점의 공정가치에 해당하는 변동지급액으로 이전하는 경우
② 변동리스료가 있고 그 결과로 리스제공자가 기초자산의 소유에 따른 위험과 보상의 대부분을 이전하지 않는 경우

### 4. 토지와 건물의 리스

① 토지와 건물을 함께 리스하는 경우 각각 분리하여 리스를 분류한다. 토지와 건물을 함께 리스하는 경우 토지와 건물에 대한 임차권의 상대적 공정가치에 비례하여 최소리스료를 각각 배분한다.
② 토지와 건물 모두에 대한 소유권이 리스기간 종료시점까지 리스이용자에게 이전된다면 하나의 금융리스로 분류한다.

## 5. 리스 용어의 정리

### (1) 리스약정일

리스계약일과 리스의 주요사항에 대한 계약당사자들의 합의일 중 이른 날을 의미한다. 리스의 분류는 리스약정일에 결정된다.

### (2) 리스기간개시일

리스이용자가 리스자산의 사용권을 행사할 수 있게 된 날(리스기간이 시작하는 날)을 말한다. 리스기간개시일은 리스에 따른 자산, 부채, 수익 및 비용을 적절하게 인식하는 **최초인식일**이 된다.

### (3) 내재이자율

① 리스약정일 현재 리스료와 무보증잔존가치의 현재가치 합계액을 리스자산의 공정가치와 리스제공자의 리스개설직접원가의 합계액과 일치시키는 할인율이다.

② 만약, 내재이자율을 알 수 없다면 리스이용자의 증분차입이자율을 사용한다. 리스이용자의 증분차입이자율은 리스이용자가 유사한 리스에 대해 부담해야 할 이자율을 말한다. 만약, 그러한 이자율을 결정할 수 없는 경우에는 리스약정일에 리스이용자가 유사한 조건과 담보로 리스자산의 구입에 필요한 자금을 차입할 경우의 이자율이다.

### (4) 리스총투자와 리스순투자

① 리스총투자 : 금융리스에서 리스제공자가 수령하는 리스료와 무보증잔존가치의 합계액
② 리스순투자 : 리스총투자를 내재이자율로 할인한 금액이다.
③ 미실현이자수익 : 리스총투자와 리스순투자의 차이이다.

### (5) 리스개설직접원가

리스의 협상 및 계약에 직접 관련하여 발생하는 증분원가(다만, 제조자나 판매자인 리스제공자에 의하여 발생하는 원가는 제외)를 말한다.

### (6) 해지불능리스

다음 각각의 경우를 제외하고는 해지할 수 없는 리스를 말한다.
① 발생할 가능성이 희박한 우발상황이 나타나는 경우
② 리스제공자가 허락하는 경우
③ 리스이용자가 동일한 리스제공자와 해당 자산이나 동등한 자산에 대하여 새로운 리스를 체결하는 경우
④ 리스약정일에 판단하였을 때, 해당 리스가 계속될 것이 거의 확실할 정도의 추가적인 금액을 리스이용자가 지급하는 경우

### (7) 보증잔존가치와 무보증잔존가치

잔존가치는 보증잔존가치와 무보증잔존가치로 구분된다.

① 보증잔존가치는 다음과 같이 정의된다.

> ㉠ 리스이용자의 경우, 리스이용자나 리스이용자의 특수관계자가 보증한 잔존가치 부분(어떤 경우에나 보증금액은 지급될 수 있는 최대금액)
> ㉡ 리스제공자의 경우, 리스이용자가 보증한 잔존가치 부분 또는 리스제공자와 특수관계가 없고 재무적으로 이행할 능력이 있는 제3자가 보증한 잔존가치 부분

② 무보증잔존가치는 리스제공자가 실현할 수 있을지 확실하지 않거나 리스제공자의 특수관계자만이 보증한 리스자산의 잔존가치 부분을 말한다.

## 3 리스이용자의 회계처리

## 1. 최초 측정

| (차) 사용권자산 | ×××  | (대) 리스부채 | ××× |

### (1) 리스부채의 최초 측정

리스이용자는 리스개시일에 그날 현재 지급되지 않은 리스료의 현재가치로 리스부채를 측정한다. 즉, 리스이용자는 리스계약에 따라 리스개시일에 리스료를 지급할 의무를 부담하므로 리스료의 현재가치로 리스부채를 최초 측정한다.

리스료의 현재가치를 측정할 때, 그 리스의 내재이자율을 쉽게 산정할 수 있는 경우에는 그 이자율로 리스료를 할인하며, 내재이자율을 쉽게 산정할 수 없는 경우에는 리스이용자의 증분차입이자율을 사용한다.

리스부채의 최초 측정에 포함되는 리스료는 다음 금액으로 구성된다.

> ① 고정리스료
> ② 지수나 요율(이율)에 따라 달라지는 변동리스료
> ③ 잔존가치보증에 따라 리스이용자가 지급할 것으로 예상되는 금액
> ④ 리스이용자가 매수선택권을 행사할 것이 상당히 확실한 경우 그 매수선택권의 행사가격
> ⑤ 리스기간이 리스이용자의 종료선택권 행사를 반영하는 경우에 그 리스를 종료하는 데 드는 위약금

### (2) 사용권자산의 최초 측정

리스이용자는 리스개시일에 **사용권자산을 원가로** 측정한다.

사용권자산의 원가는 다음의 항목으로 구성된다.

> ① 리스부채 최초 측정금액
> ② 리스개시일이나 그 전에 지급한 리스료(받은 리스 인센티브는 차감)
> ③ **리스이용자가 부담하는 리스개설직접원가**
> ④ 리스 기초자산의 원상복구에 소요될 원가 추정치

리스료의 현재가치로 리스부채를 최초 측정하였다면, 이 금액으로 사용권자산을 최초 측정한다. 리스개설직접원가란 리스를 체결하지 않았더라면 부담하지 않았을 리스체결의 증분원가를 말한다. 리스이용자가 리스개설직접원가를 부담하였다면 이는 자산의 취득부대비용이나 다름없기 때문에 사용권자산의 최초 측정금액에 포함시킨다.

## 2. 후속측정

### (1) 리스부채

리스부채를 최초 측정한 후에는 다음과 같이 **유효이자율법에 따라** 리스부채의 이자비용을 인식하고 장부금액을 조정하는 회계처리를 한다. 이때 유효이자율은 당초 리스부채를 최초 측정할 때 사용한 할인율(내재이자율 또는 리스이용자의 증분차입이자율)을 말한다.

| (차) 이자비용 | ×××  | (대) 현금 | ××× |
|---|---|---|---|
| 리스부채 | ××× | | |

### (2) 사용권자산

#### ① 측정기준

리스이용자는 일반적으로 사용권자산을 원가로 측정하고 이후 감가상각 및 손상차손을 인식한다. 그러나 리스이용자는 유형자산의 유형에 관련되는 모든 사용권자산에 대해 재평가모형을 적용하기로 선택할 수 있다. 한편, 리스이용자가 투자부동산에 대해서 공정가치모형을 적용하는 경우 모든 투자부동산에 대해서 공정가치모형을 적용해야 하므로 투자부동산의 정의를 충족하는 사용권자산에 대해서도 공정가치모형을 적용한다. 또한 공정가치로 측정하는 투자부동산에 대해서는 자산손상을 적용하지 않으므로 사용권자산에 대해서 공정가치모형을 적용하더라도 손상차손은 인식하지 않는다.

#### ② 상각 및 손상

✔ 사용권자산의 상각기간

| 구분 | 상각기간 |
|---|---|
| 리스기간 종료시점까지 리스이용자에게 기초자산의 소유권을 이전하는 경우 또는 사용권자산의 원가에 리스이용자가 매수선택권을 행사할 것임이 반영되는 경우 | 리스개시일부터 기초자산의 내용연수 종료시점까지 상각 |
| 그 밖의 경우 | 리스개시일부터 기초자산의 내용연수 종료일과 리스기간 종료일 중 이른 날까지 상각 |

사용권자산의 상각비를 인식할 경우 반환할 리스자산의 잔존가치를 고려할 필요 없이 장부금액 전부를 리스기간에 걸쳐 상각하면 될 것이다. 기준서 제1116호는 보증잔존가치가 아니라 잔존가치 보증으로 인하여 리스종료 시 지급할 것으로 예상되는 금액을 리스부채와 사용권자산의 최초 측정에 포함하였기 때문에 보증잔존가치를 고려하여 상각비를 계산할 이유가 없다.

한편, 리스이용자는 사용권자산이 손상되었는지를 판단하고, 식별되는 손상차손을 인식한다.

③ 사용권자산과 리스부채 장부금액의 일치 여부

리스개시일에 사용권자산과 리스부채 최초 측정금액에 리스개설직접원가 등이 포함될 수 있으므로 두 금액은 동일하지 않을 수 있다. 또한, 리스개시일에 사용권자산과 리스부채 금액이 일치하더라도 이후 후속측정 과정으로 인해 리스기간 동안 사용권자산과 리스부채의 장부금액은 동일하지 않다.

## 3. 리스의 인식면제

전술한 바와 같이 리스이용자는 리스에 대해서 사용권자산과 리스부채를 인식한다. 그러나 모든 리스에 대해 이러한 회계처리를 요구하면 리스이용자의 실무 부담이 클 수 있으므로 다음의 리스에 대해서는 사용권자산과 리스부채를 인식하지 않는 회계처리를 선택할 수 있다.

---

(1) 단기리스
(2) 소액 기초자산 리스

---

### (1) 단기리스

리스개시일 기준으로 리스기간이 12개월 이하인 리스를 말한다. 매수선택권이 있는 리스는 단기리스에 해당되지 않는다. 단기리스에 대한 인식면제의 선택은 사용권이 관련되어 있는 기초자산의 유형별로 한다. 기초자산의 유형이란 기업의 영업에서 특성과 용도가 비슷한 기초자산의 집합을 말한다. 리스이용자가 단기리스에 대해서 사용권자산과 리스부채를 인식하지 않기로 선택하였는데, 리스변경이 있거나, 리스기간에 변경이 있는 경우에는 그 리스를 새로운 리스로 본다.

### (2) 소액 기초자산 리스

소액 기초자산 리스에서 소액이 얼마를 의미하는지 명시적 언급은 없으나 기초자산이 새 것일 때 USD5,000 이하인 경우를 소액으로 염두에 둔 것으로 기준서가 설명하고 있다. 리스대상 자산의 연식에 관계없이 새 것의 가치에 기초하여 기초자산의 가치를 **절대적 기준**에 따라 평가하되, 자동차 리스는 소액자산 리스에 해당하지 않을 것이나 태블릿, 개인컴퓨터, 소형 사무용 가구, 전화기 등은 소액 기초자산에 해당된다고 예시하고 있다. 소액 기초자산 리스에 대한 인식 면제의 선택은 **리스별**로 적용한다.

### (3) 회계처리

리스이용자가 단기리스 및 소액 기초자산 리스에 대해서 인식 면제 규정을 적용하기로 선택하였다면, 해당 리스에 관련되는 리스료를 리스기간에 걸쳐 정액 기준이나 다른 체계적인 기준에 따라 비용으로 인식한다. 다른 체계적인 기준이 리스이용자의 효익의 형태를 더 잘 나타내는 경우에는 그 기준을 적용한다.

한편 리스이용자가 인식 면제 규정을 적용할 경우에 리스이용자는 소액 기초자산 리스(단기리스는 아님)에 관련하여 인식한 비용을 공시하여야 한다.

## 4. 재무제표 표시

### (1) 재무상태표

리스이용자는 재무상태표에 사용권자산을 다른 자산과 구분하여 표시하거나, 그 내용을 주석으로 공시한다. 사용권자산과 마찬가지로 리스부채도 다른 부채와 구분하여 표시하거나 공시한다.

### (2) 포괄손익계산서

리스이용자는 리스부채에 대한 이자비용과 사용권자산의 감가상각비를 구분하여 포괄손익계산서에 표시한다.

### (3) 현금흐름표

리스부채 원금에 해당하는 현금 지급액은 재무활동 현금흐름으로 분류하고, 이자에 해당되는 현금 지급액은 기준서 제1007호 '현금흐름표'의 요구사항을 적용하여 영업활동 또는 재무활동 현금흐름으로 분류한다. 리스부채 측정치에 포함되지 않은 단기리스료, 소액자산 리스료 및 변동리스료의 현금 지급액은 영업활동 현금흐름으로 분류한다.

---

**예제 21-1**  리스이용자

㈜한국은 20×1년 1월 1일 ㈜민국리스와 다음과 같은 조건으로 리스계약을 체결하였다.

(1) 리스자산은 기계장치로 기계의 공정가치는 ₩271,224이다.
(2) 리스기간은 3년이며, 리스료는 매년 말 ₩100,000씩 지급한다.
(3) 기계의 내용연수는 5년, 정액법으로 상각하며, 잔존가치는 없다.
(4) 리스기간 종료 시 ₩30,000에 소유권을 이전하는 조건이며, 리스약정일 현재 해당 매수선택권은 행사가 확실시된다.
(5) 리스제공자의 내재이자율은 10%이며, 리스이용자는 내재이자율을 알고 있다(단, 3년, 10%, 연금현가계수는 2.48685, 3년 10% 현가계수는 0.75131이다).

[물음]
리스이용자의 리스기간 전체의 회계처리를 수행하시오.

---

**[해답]**

1) 리스부채 = ₩100,000 × 2.48685 + ₩30,000 × 0.75131 = ₩271,224
   - 리스부채 상각표

| 일자 | 고정리스료 | 이자비용(10%) | 부채상환액 | 장부금액 |
|---|---|---|---|---|
| 20×1.1.1 | | | | ₩271,224 |
| 20×1.12.31 | ₩100,000 | ₩27,122 | ₩72,878 | 198,346 |
| 20×2.12.31 | ₩100,000 | 19,835 | 80,165 | 118,181 |
| 20×3.12.31 | ₩100,000 | 11,819 | 88,181 | 30,000 |
| 합계 | ₩300,000 | ₩58,776 | ₩241,224 | |

2) 리스이용자의 회계처리

| | | | | | | |
|---|---|---|---|---|---|---|
| 20×1년 초 | (차) 사용권자산 | 271,224 | (대) 리스부채 | 271,224 |
| 20×1.12.31 | (차) 이자비용 | 27,122 | (대) 현금 | 100,000 |
| | 리스부채 | 72,878 | | |
| | (차) 상각비 | 54,245 | (대) 사용권자산 | 54,245 |
| 20×2.12.31 | (차) 이자비용 | 19,835 | (대) 현금 | 100,000 |
| | 리스부채 | 80,165 | | |
| | (차) 상각비 | 54,245 | (대) 사용권자산 | 54,245 |
| 20×3.12.31 | (차) 이자비용 | 11,819 | (대) 현금 | 100,000 |
| | 리스부채 | 88,181 | | |
| | (차) 상각비 | 54,245 | (대) 사용권자산 | 54,245 |
| | (차) 리스부채 | 30,000 | (대) 현금 | 30,000 |

\* 상각비 = ₩271,224 ÷ 5년(경제적 내용연수) = ₩54,245

---

**예제 21-2** 리스이용자

㈜감평은 20×1년 초에 다음과 같은 조건으로 리스계약을 체결하고 기계장치를 리스하였다.

(1) 리스기간 : 20×1년 1월 1일부터 20×5년 12월 31일까지
(2) 리스료 : 연간 고정리스료 ₩100,000
(3) 할인율 : 내재이자율을 쉽게 산정할 수 없으며, ㈜감평의 증분차입이자율은 연 5%이다.
(4) 기계장치의 내용연수는 6년이며, 리스기간 종료 시 기계장치는 리스제공자에게 반환한다.
(5) ㈜감평이 부담한 리스개설직접원가 : ₩20,000

[물음]
1. 리스료를 매년 12월 31일에 지급하는 경우 리스부채의 최초 측정금액을 계산하고, 리스기간 동안 리스부채의 기말 장부금액을 조정하는 표를 작성하라.
2. 사용권자산의 최초 측정금액을 계산하고, 사용권자산을 정액법으로 상각할 때 리스기간 동안 매년 인식할 사용권자산의 상각비를 계산하라.

**해답**

1. 리스부채의 최초 측정금액 = ₩100,000 × 4.32948 = ₩432,948

| 일자 | 고정리스료 | 이자비용(5%) | 부채상환액 | 장부금액 |
|---|---|---|---|---|
| 20×1.1.1 | | | | ₩432,948 |
| 20×1.12.31 | ₩100,000 | ₩21,647 | ₩78,353 | 354,595 |
| 20×2.12.31 | 100,000 | 17,730 | 82,270 | 272,325 |
| 20×3.12.31 | 100,000 | 13,616 | 86,384 | 185,941 |
| 20×4.12.31 | 100,000 | 9,297 | 90,703 | 95,238 |
| 20×5.12.31 | 100,000 | 4,762 | 95,238 | 0 |
| 합계 | ₩500,000 | ₩67,052 | ₩432,948 | |

2. 사용권자산의 최초 측정금액 = ₩432,948 + ₩20,000(리스개설직접원가) = ₩452,948
   • 연간 사용권자산 상각비 = ₩452,948 ÷ 5년(리스기간과 내용연수 중 짧은 기간) = ₩90,590

〈20×1.1.1〉

| (차) 사용권자산 | 452,948 | (대) 리스부채 | 432,948 |
| | | 현금(리스개설직접원가) | 20,000 |

〈20×1.12.31〉

| (차) 이자비용 | 21,647 | (대) 현금 | 100,000 |
| 리스부채 | 78,353 | | |
| (차) 사용권자산상각비 | 90,590 | (대) 사용권자산 | 90,590 |

## 5. 리스부채의 재평가

리스이용자는 리스개시일 후에 리스료에 변동이 생기는 경우 수정리스료를 산정하여 리스부채를 다시 측정한다. 이때 리스부채의 재평가금액으로 리스부채의 장부금액을 조정하면서 사용권자산의 장부금액을 조정한다. 그러나 사용권자산의 장부금액이 0으로 줄어들고, 리스부채의 측정치가 그보다 많이 줄어드는 경우에, 리스이용자는 나머지 재측정 금액을 당기손익으로 인식한다.

① 리스부채 재측정 상황과 회계처리

| 구분 | 수정 리스료의 산정 | 적용할 할인율 |
|---|---|---|
| 연장선택권 또는 종료선택권의 행사여부에 따라 리스기간에 변경이 있는 경우 | 변경된 리스기간에 기초하여 수정 리스료 산정 | 수정 할인율로서 남은 기간의 내재이자율을 적용하되, 내재이자율을 쉽게 산정할 수 없는 경우 재평가시점의 증분차입이자율로 산정 |
| 기초자산의 매수선택권 평가에 변동이 있는 경우 | 매수선택권에 따라 지급할 금액의 변동을 반영하여 수정 리스료 산정 | |
| 잔존가치보증에 따라 지급할 것으로 예상되는 금액에 변동이 있는 경우 | 잔존가치보증에 따라 지급할 것으로 예상되는 금액의 변동을 반영하여 수정 리스료 산정 | 리스료의 변동이 변동이자율의 변동으로 생긴 경우가 아니라면 변경되지 않은 원래 할인율을 사용하고, 리스료의 변동이 변동이자율의 변동으로 생긴 경우라면 그 이자율 변동을 반영한 수정 할인율 사용 |
| 리스료를 산정할 때 사용한 지수나 요율(이율)의 변동으로 생기는 미래 리스료에 변동이 생기는 경우 | 변경된 계약상 지급액에 기초하여 남은 리스기간의 수정 리스료 산정 | |

**예제 21-3** 리스부채의 재평가

㈜한국은 20×1년 초에 다음과 같은 소선으로 건불 1개 증블 리스하였다.

• 리스기간 : 20×1년 1월 1일부터 20×3년 12월 31일까지
• 고정리스료 : 20×1년부터 20×3년까지 매년 말 ₩200,000씩 지급
• 연장선택권 : 리스 종료 시 리스이용자가 1년간 리스기간 연장 가능, 연장기간 동안 리스료는 20×4년 말에 ₩160,000 지급
• 리스개설직접원가 : ㈜한국이 ₩20,000 부담

㈜한국은 리스개시일에 연장선택권을 행사할 것이 상당히 확실하지 않다고 보았으나, 20×3년 초에 연장선택권을 행사할 것이 상당히 확실한 것으로 바뀌었다. 리스제공자의 내재이자율은 쉽게 산정할 수 없으나, ㈜한국의 증분차입이자율은 20×1년 초 현재 연 4%, 20×3년 초 현재 연 6%이며 관련 현재가치 계수는 다음과 같다.

| 기간 | 연 4% | | 연 6% | |
|---|---|---|---|---|
| | ₩1의 현가계수 | 정상연금 현가계수 | ₩1의 현가계수 | 정상연금 현가계수 |
| 1 | 0.9615 | 0.9615 | 0.9434 | 0.9434 |
| 2 | 0.9246 | 1.8861 | 0.8900 | 1.8334 |
| 3 | 0.8890 | 2.7751 | 0.8396 | 2.6730 |
| 4 | 0.8548 | 3.6299 | 0.7921 | 3.4651 |

다음의 내용을 고려하여 ㈜한국의 20×3년 말까지의 회계처리를 하시오.

........................................................................................

해답

1. 리스부채 = ₩200,000 × 2.7751(3기간, 4%, 연금현가계수) = ₩555,020
2. 사용권자산 = ₩555,020(리스부채) + ₩20,000(리스개설직접원가) = ₩575,020

| 20×1.1.1 | (차) 사용권자산 | 575,020 | (대) 리스부채 | 555,020 |
|---|---|---|---|---|
| | | | 현금(리스개설직접원가) | 20,000 |
| 20×1.12.31 | (차) 상각비 | 191,673 | (대) 사용권자산 | 191,673 |
| | (차) 이자비용 | 22,201 | (대) 현금 | 200,000 |
| | 리스부채 | 177,799 | | |
| 20×2.12.31 | (차) 상각비 | 191,673 | (대) 사용권자산 | 191,673 |
| | (차) 이자비용 | 15,089 | (대) 현금 | 200,000 |
| | 리스부채 | 184,911 | | |
| 20×3.1.1 | (차) 사용권자산 | 138,770 | (대) 리스부채 | 138,770 |
| 20×3.12.31 | (차) 상각비 | 165,222 | (대) 사용권자산 | 165,222 |
| | (차) 이자비용 | 19,865 | (대) 현금 | 200,000 |
| | 리스부채 | 180,135 | | |

※ 20×1년 말 상각비 = ₩575,020 ÷ 3년 = ₩191,673
※ 20×3년 초 리스부채 재측정 금액 = 잔여리스기간의 리스료를 6%로 할인한 현재가치
= ₩200,000 × 0.9434 + ₩160,000 × 0.8900 = ₩331,080
※ 20×3년 이자비용 = ₩331,080 × 6% = ₩19,865
※ 20×3년 상각비 = [₩191,673(20×2년 말 장부금액) + ₩138,770] ÷ 2년 = ₩165,222

**예제 21-4** 리스부채의 재평가

20×1년 1월 1일에 ㈜한국은 ㈜민국으로부터 사무실로 사용하기 위해 건물 1개 층을 다음과 같은 조건으로 리스하였다.

- 리스기간 : 20×1년 1월 1일부터 20×6년 12월 31일까지
- 리스료 : 매년 12월 31일에 리스료 지급. 20×1년과 20×2년에는 연간 ₩60,000 지급. 이후 2년 단위로 소비자물가지수의 변동을 반영하여 리스료 조정. 20×3년과 20×4년의 리스료는 20×3년 초의 소비자물가지수를 반영하여 산정하고, 20×5년과 20×6년의 리스료는 20×5년 초의 소비자물가지수를 반영하여 산정
- 리스로 사용하는 건물은 리스기간 종료 시 리스제공자에게 반환
- 할인율 : 리스의 내재이자율은 쉽게 산정할 수 없으나, 리스이용자의 증분차입이자율은 6%로 산정
- 리스개설직접원가는 없다.

[물음]
1. 리스개시일에 ㈜한국이 해야 할 분개를 하시오.
2. 20×1년과 20×2년의 리스부채와 관련된 회계처리를 하시오.
3. 리스개시일의 소비자물가지수는 120이며, 20×3년 초에는 130으로 발표되었다. 리스료의 변동을 반영하여 20×3년 초에 리스부채를 재평가하는 분개를 하시오. (단, 20×3년 초 현재 리스이용자의 증분차입이자율은 연 7%이다.)

**해답**

1. 리스부채의 최초 측정금액 = ₩60,000 × 4.91732(6기간, 6%, 연금현가계수) = ₩295,039
   사용권자산 최초 측정금액 = ₩295,039

   〈리스개시일〉 (차) 사용권자산 295,039 (대) 리스부채 295,039

2. 리스부채 회계처리

   | | | | | | |
   |---|---|---|---|---|---|
   | 20×1.12.31 | (차) 이자비용 | 17,702 | (대) 현금 | 60,000 |
   | | 리스부채 | 42,298 | | |
   | 20×2.12.31 | (차) 이자비용 | 15,164 | (대) 현금 | 60,000 |
   | | 리스부채 | 44,836 | | |

3. 20×3년 이후 연간리스료 = ₩60,000 × 130/120 = ₩65,000
   1) 변동이자율의 변동에 따라 리스료가 변동된 것이 아니므로 원래 할인율(6%)을 이용하여 리스부채를 재평가한다.
   2) 리스료변동을 반영하여 새평가한 20×3년 초 리스부채
      = ₩65,000 × 3.46511(4기간, 6%, 연금현가계수) = ₩225,232

   〈리스부채 재평가〉 (차) 사용권자산 17,327 (대) 리스부채 17,327

   ※ 기존 리스부채 = ₩295,039 - ₩42,298 - ₩44,836 = ₩207,905
   ※ 새로운 리스부채 = ₩225,232
   ※ 리스부채 재측정시 리스부채의 차액 = ₩225,232 - ₩207,905 = ₩17,327

## 6. 리스변경

리스변경이란 하나 이상의 기초자산 사용권의 추가 또는 종료, 계약상 리스기간의 연장 또는 단축 등으로 리스의 범위나 리스대가가 변경되는 것을 말한다.

| 구분 | | 회계처리 |
|---|---|---|
| 기초자산 사용권이 추가되어 리스의 범위가 넓어진다. | 개별가격에 적절히 조정되는 만큼 리스대가가 증액된다. | 별도계약으로 회계처리 |
| | 리스대가가 증액되지 않는다. | 수정할인율로 리스부채를 재측정하고 사용권자산에서 조정한다. |

| 구분 | | 회계처리 |
|---|---|---|
| 기초자산 사용권이 추가되지만 리스의 범위가 넓어지지 않는다. | 리스의 범위가 좁아진다. | 사용권자산과 리스부채를 비례적으로 줄이고 차액을 당기손익으로 인식한다. 수정할인율로 리스부채를 재측정하고 사용권자산에서 조정한다. |
| | 리스의 범위가 좁아지지 않으며 리스기간이 연장되거나 단축된다. | 변경된 대가를 수정할인율로 할인하여 리스부채를 재측정하고 사용권자산에서 조정한다. |

---

**예제 21-5**     리스변경

㈜한국은 20×1년 1월 1일에 사무실 공간 2,000m²를 5년 동안 리스하는 계약을 체결하였다. 리스료는 매년 12월 31일에 ₩100,000씩 지급하며, 내재이자율은 쉽게 산정할 수 없으나 리스이용자의 증분차입이자율은 5%로 산정하였다. 20×3년 초에 ㈜한국은 리스기간 중 남은 3년 동안 사무실의 공간을 2,000m²에서 1,000m²로 줄이기로 리스제공자와 합의하였다. 남은 3년 동안 리스료는 매년 12월 31일에 ₩60,000씩 지급한다. 20×3년 초 현재 내재이자율은 쉽게 산정할 수 없으나, 리스이용자의 증분차입이자율은 6%로 산정하였다.

[물음]
20×3년 말까지 ㈜한국이 해야 할 회계처리를 하시오.

·······································································································································

**[해답]**

1. 20×1년 초 리스부채 최초 측정금액 = ₩100,000 × 4.32948(5기간, 5%, 연금현가계수) = ₩432,948

2. 20×3년 초 리스부채 장부금액 = ₩100,000 × 2.72325(3기간, 5%, 연금현가계수) = ₩272,325
   20×3년 초 사용권자산 장부금액 = ₩432,948 × 3/5 = ₩259,769

3. 20×3년 초 재측정한 리스부채 = ₩60,000 × 2.67301(3기간, 6%, 연금현가계수) = ₩160,381

4. 리스변경일의 회계처리
   사무실 공간을 50% 감소하였으므로 조정 후 차액을 당기손익으로 인식한다.

| | | | |
|---|---|---|---|
| (차) 리스부채 | 136,163 | (대) 사용권자산 | 129,885 |
| | | 리스변경이익 | 6,278 |
| (차) 사용권자산 | 24,219 | (대) 리스부채 | 24,219 |

 \* 리스부채 조정액 = ₩160,381 − (₩272,325 − ₩136,163) = ₩24,219

5. 20×3년 말 회계처리
 • 리스부채 이자비용 = ₩160,381 × 6% = ₩9,623
 • 사용권자산 상각비 = (₩259,769 − ₩129,885 + ₩24,219)÷3년 = ₩51,368

---

**예제 21-6** 리스변경

㈜한국은 사무실 공간 2,000m2를 20×1년 1월 1일부터 10년간 리스하는 계약을 체결한다. 연간 리스료는 ₩100,000이며 매년 12월 31일에 지급한다. ㈜한국은 20×6년 초에 연 리스료를 ₩100,000에서 ₩90,000으로 줄이기로 리스제공자와 합의하였다. 리스개시일의 내재이자율은 쉽게 산정할 수 없으며, 리스이용자의 증분차입이자율은 연 5%이다. 20×6년 초 현재 리스이용자의 증분차입이자율은 연 6%이다. (5기간, 5%, 연금현가계수 4.32948, 5기간 6%, 연금현가계수는 4.212360이다.)

[물음]
20×6년 초 리스변경 시 ㈜한국이 해야 할 회계처리를 하시오.

[해답]

1. 20×6년 초 리스변경 직전 리스부채의 장부금액
 = ₩100,000 × 4.32948(5기간, 5%, 연금현가계수) = ₩432,948

2. 20×6년 초 리스변경을 반영한 후 리스부채 장부금액
 = ₩90,000 × 4.21236(5기간, 6%, 연금현가계수) = ₩379,112

3. 리스부채 조정액 = ₩379,112 − ₩432,948 = (₩53,836)

| | | | | |
|---|---|---|---|---|
| 20×6년 초 | (차) 리스부채 | 53,836 | (대) 사용권자산 | 53,836 |

---

## 4 리스제공자의 회계처리

### 1. 리스의 분류

리스제공자는 기초자산을 취득하여 이를 리스이용자에게 이전한다. 기초자산이 리스이용자에게 이전되더라도 법적 소유권은 리스제공자가 계속 보유한다.

기준서에서는 기초자산의 소유에 따른 위험과 보상의 대부분을 리스이용자에게 이전하지 않는 리스는 운용리스로 분류하고, 기초자산의 소유에 따른 위험과 보상의 대부분을 리스이용자에게 이전하는 리스를 금융리스로 분류하도록 규정하고 있다.

## 2. 리스제공자의 금융리스 회계처리

### (1) 내재이자율

기준서에는 내재이자율을 리스료 및 무보증잔존가치의 현재가치를 기초자산의 공정가치와 리스제공자의 리스개설직접원가의 합계액과 동일하게 하는 할인율로 정의하고 있다.

> 기초자산 공정가치 + 리스제공자의 리스개설직접원가
> = 리스료의 현재가치 + 무보증잔존가치의 현재가치(단, 현재가치는 내재이자율로 할인)

리스료의 현재가치와 무보증잔존가치의 현재가치의 합계액을 리스순투자라고 부른다.

리스료의 현재가치에는 무보증잔존가치가 포함되지 않는데, 리스이용자가 보증하지 않은 잔존가치에 대한 의무를 부담할 이유가 없으므로 리스부채의 최초 측정 시 무보증잔존가치를 포함하지 않는다. 이에 반해 금융리스의 리스제공자는 리스료의 현재가치와 무보증잔존가치의 현재가치의 합계액인 리스순투자로 수취채권(리스채권)을 인식한다. 리스종료 시 리스제공자는 리스이용자가 사용하던 자산을 돌려받을 것이므로 그 자산의 잔존가치(보증잔존가치 + 무보증잔존가치)를 최초 리스채권을 인식할 때 포함하는 것이다.

### (2) 최초 측정

리스개시일에 리스제공자가 금융리스에 따라 보유하는 자산을 리스순투자와 동일한 금액의 수취채권으로 표시하도록 규정하고 있다.

| 〈기초자산 취득 시〉 | | | |
|---|---|---|---|
| (차) 선급리스자산 | ××× | (대) 현금 | ××× |
| 〈리스개설직접원가 발생〉 | | | |
| (차) 리스개설직접원가 | ××× | (대) 현금 | ××× |
| 〈리스개시일〉 | | | |
| (차) 리스채권 | ××× | (대) 선급리스자산 | ××× |
| | | 리스개설직접원가 | ××× |

**리스채권의 최초 인식금액은 리스순투자와 동일한 금액**인데, 리스순투자는 리스료의 현재가치와 무보증잔존가치의 현재가치의 합계액이고 이 금액은 리스자산의 공정가치와 리스개설직접원가의 합계액과 동일하다.

### (3) 후속측정

리스채권에 대해서 리스기간에 걸쳐 다음과 같이 금융수익을 인식한다. 즉, 수령하는 리스료에 대해서 금융수익과 리스채권의 원금회수로 구분하여 회계처리한다.

| (차) 현금 | ××× | (대) 이자수익 | ××× |
|---|---|---|---|
| | | 리스채권 | ××× |

리스채권에 대해서 이자수익을 인식하는 방법은 채무상품에 대하여 유효이자율법을 적용하여 이자수익을 인식하는 방법과 동일하다. 리스채권은 리스이용자로부터 회수해야 할 금융자산에 해당한다. 리스채권 측정에 무보증잔존가치가 포함되어 있는 경우 추정 무보증잔존가치를 정기적으로 검토한다. 만약에 추정 무보증잔존가치가 줄어든 경우에 리스제공자는 리스기간에 걸쳐 수익 배분액을 조정하고, 발생된 감소액을 즉시 인식한다. 무보증잔존가치 추정의 변경에 따른 리스채권의 감소를 손상차손으로 인식하는 회계처리를 하면 될 것이다.

---

**예제 21-7** 리스제공자

㈜한국은 기계장치 1대를 다음과 같은 조건으로 ㈜민국에게 금융리스한다.

(1) 리스기간 : 20×1년 1월 1일부터 20×3년 12월 31일까지
(2) 고정리스료 : 리스이용자는 리스기간 동안 매년 12월 31일에 ₩100,000씩 지급
(3) 잔존가치 보증 : 리스종료 시 기계장치를 리스제공자에게 반환하되, 예상 잔존가치 ₩30,000 중 ₩20,000을 리스이용자가 보증
(4) ㈜한국의 리스개설직접원가 : ₩10,000
(5) 내재이자율 : 연 5%(3기간, 5%, 현가계수 : 0.86384, 3기간, 5%, 연금현가계수 : 2.72325)

[물음]
1. 리스순투자의 최초 측정금액을 계산하고 리스개시일에 ㈜한국이 해야 할 회계처리를 하시오. 단, 기계장치의 공정가치(취득원가와 동일)와 리스제공자의 리스개설직접원가의 합계액은 리스순투자와 동일하다.
2. 리스기간 동안 리스채권의 장부금액을 조정하는 표를 작성하라.
3. 20×3년 말 리스 종료 시 리스제공자가 기초자산을 반환받을 때의 회계처리를 하라. 단, 반환받는 시점에서 기초자산의 실제 잔존가치가 ₩30,000, ₩23,000 및 ₩15,000인 경우로 구분하여 회계처리하라.
4. (물음 1)과 관련하여 20×2년 초에 무보증잔존가치의 추정을 ₩10,000에서 ₩7,000으로 변경하였을 때 20×2년 초의 회계처리를 하고, 잔여 리스기간 2년 동안 리스채권의 장부금액을 조정하는 표를 작성하라.

⋯⋯⋯⋯⋯⋯⋯⋯⋯⋯⋯⋯⋯⋯⋯⋯⋯⋯⋯⋯⋯⋯⋯⋯⋯⋯⋯⋯⋯⋯⋯⋯⋯⋯⋯⋯⋯

[해답]

1. 리스순투자 = 리스료와 무보증잔존가치의 현재가치
= ₩100,000 × 2.72325 + ₩20,000(보증잔존가치) × 0.86384 + ₩10,000(무보증잔존가치) × 0.86384
= ₩298,240

〈리스개시일〉

| (차) 리스채권 | 298,240 | (대) 선급리스자산 | 288,240 |
| | | 현금 | 10,000 |

2. 리스채권의 장부금액 조정표

| 일자 | 고정리스료 | 이자수익 | 채권회수액 | 장부금액 |
|---|---|---|---|---|
| 20×1.1.1 | | | | ₩298,240 |
| 20×1.12.31 | ₩100,000 | ₩14,912 | ₩85,088 | 213,152 |
| 20×2.12.31 | 100,000 | 10,658 | 89,342 | 123,810 |
| 20×3.12.31 | 100,000 | 6,190 | 93,810 | 30,000 |
| 합계 | ₩300,000 | ₩31,760 | ₩268,240 | |

〈20×1.12.31〉
(차) 현금 　　　　　　100,000　　　　(대) 이자수익　　　　　14,912
　　　　　　　　　　　　　　　　　　　　리스채권　　　　　85,088

3. 실제 잔존가치에 따른 회계처리
① 실제 잔존가치가 ₩30,000인 경우
(차) (리스)자산　　　30,000　　　(대) 리스채권　　　30,000
② 실제 잔존가치가 ₩23,000인 경우
(차) (리스)자산　　　23,000　　　(대) 리스채권　　　30,000
　　잔존가치보증손실　7,000
③ 실제 잔존가치가 ₩15,000인 경우
(차) (리스)자산　　　15,000　　　(대) 리스채권　　　30,000
　　잔존가치보증손실　10,000
　　현금　　　　　　　5,000

4. 20×2년 초 추정의 변경을 반영한 리스순투자
= ₩100,000 × 1.85941(2기간, 5%, 연금현가계수) + ₩20,000(보증잔존가치) × 0.90703(2기간, 5%, 현가계수) + ₩7,000(무보증잔존가치) × 0.90703(2기간, 5%, 현가계수) = ₩210,431
〈20×2년 초 리스채권 조정〉
(차) 손상차손　　　2,721　　　(대) 리스채권　　　2,721

| 일자 | 고정리스료 | 이자수익 | 채권회수액 | 장부금액 |
|---|---|---|---|---|
| 20×2.1.1 | | | | ₩210,431 |
| 20×2.12.31 | ₩100,000 | ₩10,522 | ₩89,478 | 120,953 |
| 20×3.12.31 | 100,000 | 6,047 | 93,958 | 27,000 |

(4) 제조자 또는 판매자인 리스제공자

제조자 또는 판매자가 취득 또는 제조한 자산을 고객에게 금융리스방식으로 판매하는 경우도
있다. 이러한 리스를 **판매형리스**라고도 하는데, 주로 제조자 또는 판매자의 마케팅 수단으로
이용한다. 제조, 판매자가 리스제공자인 금융리스의 경우 당해 자산의 취득원가와 공정가치가
일치하지 않기 때문에 리스제공자는 이자수익뿐만 아니라 매출총이익을 통해서도 수익을 창출
한다는 것이 일반적인 금융리스와 구별되는 점이다.

제조, 판매자가 리스제공자인 경우에는 리스개시일에 매출과 매출원가를 모두 인식하고, 이후
에는 일반적인 금융리스와 동일하게 유효이자율법을 적용하여 이자수익과 리스채권의 회수를
구분하여 다음과 같이 회계처리한다.

| 〈리스개시일〉 | | | |
|---|---|---|---|
| (차) 리스채권 | ××× | (대) **매출** | ××× |
| 매출원가 | ××× | (재고)자산 | ××× |
| 〈리스료 회수〉 | | | |
| (차) 현금 | ××× | (대) 이자수익 | ××× |
| | | 리스채권 | ××× |

리스제공자는 다음의 금액으로 매출과 매출원가를 인식한다.

- 매출 = MIN[기초자산의 공정가치, 리스료의 현재가치]
- 매출원가 = 기초자산의 원가 − 무보증잔존가치의 현재가치

매출은 기초자산의 공정가치와 리스료를 **시장이자율**로 할인한 현재가치 중 작은 금액으로 인식
하다. 리스료의 현재가치를 계산할 때 시장이자율을 적용하도록 하는 이유는 리스제공자가 의
도적으로 낮은 이자율을 사용하여 거래에서 생기는 전체 이익 중 과도한 부분을 리스개시일에
인식할 수 없도록 하기 위함이다.

리스료에는 보증잔존가치가 포함되지만 무보증잔존가치는 포함되지 않는다. 매출을 인식할 때
무보증잔존가치를 제외하기 때문에 매출원가를 인식할 때에도 판매하는 기초자산의 원가에서
무보증잔존가치의 현재가치를 뺀 금액으로 매출원가를 인식한다.

제조자 또는 판매자인 리스제공자는 금융리스 체결과 관련하여 부담하는 원가를 리스개시일에 비
용으로 인식한다.

<table>
<tr><td>예제<br>21-8</td><td>판매형리스</td></tr>
</table>

컴퓨터 제조, 판매가 주업인 ㈜한국은 생산 완료한 컴퓨터 설비를 다음과 같은 조건으로 을회사에게 판매하였는데, 이 거래의 실질은 금융리스이다.

- 컴퓨터 설비 : ㈜한국의 제조원가(장부금액) ₩2,000,000, 공정가치 ₩2,600,000
- 을회사의 컴퓨터 사용기간 : 20×1년 1월 1일부터 20×3년 12월 31일까지
- 을회사의 컴퓨터 사용료 : 매년 12월 31일에 ₩1,000,000씩 지급
- 반환조건 : 을회사는 사용기간 종료시점에서 컴퓨터 설비를 ㈜한국에 반환해야 함
- 컴퓨터 설비의 잔존가치 : 20×3년 말 예상잔존가치 ₩100,000
- ㈜한국이 제시한 할인율 : 연 6%(시장이자율보다 인위적으로 낮은 이자율임)
- 시장이자율 : 연 10%
- ㈜한국이 부담할 리스계약단계에서 발생한 비용 : ₩5,000

[물음]

1. 을회사가 예상잔존가치 ₩60,000만 보증하는 경우 ㈜한국이 인식할 매출액, 매출원가 및 매출총이익을 각각 계산하라.
2. (물음 1)과 관련하여 ㈜한국이 20×1년 1월 1일에 해야 할 회계처리를 하라.
3. (물음 1)과 관련하여 20×1년부터 20×3년을 포함하는 리스채권의 장부금액 조정표를 작성하라.

--------

해답

1. 회사제시 이자율이 시장이자율보다 인위적으로 낮기 때문에 시장이자율 10%를 적용하여 현재가치를 계산한다.
   ① 리스료의 현재가치 = ₩1,000,000 × 2.48685 + ₩60,000 × 0.75131 = ₩2,531,929
   ② 매출액 = MIN[₩2,600,000, ₩2,531,929] = ₩2,531,929
   ③ 매출원가 = ₩2,000,000 − (₩40,000 × 0.75131) = ₩1,969,948
   ④ 매출총이익 = ₩2,531,929 − ₩1,969,948 = ₩561,981

2. 회계처리

   (차) 리스채권          2,561,981      (대) 매출          2,531,929
         매출원가          1,969,948         (재고) 자산     2,000,000
   (차) 판매비             5,000      (대) 현금             5,000

| 일자 | 고정리스료 | 이자수익 | 채권회수액 | 장부금액 |
|---|---|---|---|---|
| 20×1.1.1 | | | | ₩2,561,981 |
| 20×1.12.31 | ₩1,000,000 | ₩256,198 | ₩743,802 | 1,818,179 |
| 20×2.12.31 | 1,000,000 | 181,818 | 818,182 | 999,997 |
| 20×3.12.31 | 1,000,000 | 100,003 | 899,997 | 100,000 |
| 합계 | ₩3,000,000 | ₩538,019 | ₩2,461,981 | |

## 3. 리스제공자의 운용리스 회계처리

### (1) 인식과 측정

리스제공자는 정액기준이나 다른 체계적인 기준으로 운용리스의 리스료를 수익으로 인식한다. 리스제공자는 다른 체계적인 기준이 기초자산의 사용으로 생기는 효익이 감소되는 형태를 더 잘 나타내는 기준이라면, 그 기준을 적용한다. 리스제공자는 운용리스체결 과정에서 부담하는 리스개설직접원가를 기초자산의 장부금액에 더하고, 리스료 수익과 같은 기준으로 리스기간에 걸쳐 비용으로 인식한다.

운용리스 대상 기초자산의 감가상각 정책은 리스제공자가 소유한 다른 비슷한 자산의 보통 감가상각 정책과 일치하여야 한다. 또한 리스제공자는 운용리스 대상 기초자산이 손상되었는지 판단하고 식별된 손상차손을 회계처리한다.

### (2) 재무상태표 표시 : 리스제공자는 기초자산의 특성에 따라 재무상태표에 운용리스대상 기초자산을 표시한다. 따라서 운용리스 대상 기초자산이 부동산이라면 재무상태표에는 투자부동산에 포함하여 표시하고, 부동산 이외의 자산이라면 유형자산 등으로 표시한다.

---

**예제 21-9  리스제공자의 운용리스 회계처리**

㈜한국은 소유 건물 중 1개를 리스이용자에게 다음과 같은 조건으로 리스하였으며, 이는 운용리스에 해당한다.

- 리스기간 : 20×1년 1월 1일부터 5년간
- 리스료 : 20×1년의 리스료는 면제, 20×2년부터 매년 12월 31일에 ₩100,000씩 지급
- ㈜한국의 리스개설직접원가 : ₩10,000

운용리스 대상 건물의 리스개시일 현재 장부금액은 ₩2,000,000이며, 잔존 내용연수는 20년이다. ㈜한국은 소유하고 있는 모든 건물에 대해서 잔존가치 없이 정액법으로 감가상각을 한다.

[물음]
㈜한국은 정액기준으로 리스료 수익을 인식하기로 하였다. 20×1년에 ㈜한국이 운용리스와 관련하여 해야 될 모든 회계처리를 하시오.

.......................................................................................................

**[해답]**

1. 매 연도에 인식할 리스료 수익 = (₩100,000 × 4회) ÷ 5년 = ₩80,000
2. 건물 감가상각비 = ₩2,000,000 × 1/20년 + ₩10,000(리스개설직접원가) × 1/5년(리스기간)
   = ₩102,000

〈20×1.12.31〉

| | | | | |
|---|---|---|---|---|
| (차) 미수수익 | 80,000 | (대) 리스료수익 | 80,000 |
| (차) 감가상각비 | 102,000 | (대) 감가상각누계액 | 102,000 |

---

## 01 리스제공자 입장에서 일반적으로 금융리스로 분류될 수 있는 조건이 아닌 것은?

24년 기출

① 리스기간 종료시점에 기초자산의 소유권을 그 시점의 공정가치에 해당하는 변동 지급액으로 이전하는 경우
② 기초자산의 소유권이 이전되지는 않더라도 리스기간이 기초자산의 경제적 내용연수의 상당 부분(major part)을 차지하는 경우
③ 리스약정일 현재, 리스료의 현재가치가 적어도 기초자산 공정가치의 대부분에 해당하는 경우
④ 기초자산이 특수하여 해당 리스이용자만이 주요한 변경 없이 사용할 수 있는 경우
⑤ 리스이용자가 선택권을 행사할 수 있는 날의 공정가치보다 충분히 낮을 것으로 예상되는 가격으로 기초자산을 매수할 수 있는 선택권을 가지고 있고, 그 선택권을 행사할 것이 리스약정일 현재 상당히 확실한 경우

**해설**

리스제공자 입장에서 일반적으로 금융리스로 분류되려면 리스자산의 위험과 보상이 리스이용자에게 이전되어야 한다. 그러나 리스기간 종료시점에 기초자산의 소유권을 그 시점의 공정가치에 해당하는 변동 지급액으로 이전하는 경우 리스자산의 위험과 보상이 리스이용자에게 이전되었다고 볼 수 없으므로 일반적으로 금융리스로 분류될 수 있는 조건에 해당하지 아니한다.

## 02 리스 회계처리에 관한 설명으로 옳지 않은 것은?

11년 기출

① 리스약정일은 리스계약일과 리스의 주요사항에 대한 계약당사자들의 합의일 중 이른 날이다.
② 리스기간개시일은 리스이용자가 리스자산의 사용권을 행사할 수 있게 된 날로 리스자산의 최초인식일이 된다.
③ 리스기간 중에 리스자산의 소유권이 리스이용자에게 이전되는 경우에는 금융리스로 분류한다.
④ 리스의 분류는 리스기간개시일을 기준으로 결정한다.
⑤ 리스기간은 리스이용자가 자산을 리스하기로 약정을 맺은 해지불능기간과 리스이용자가 리스를 연장할 수 있는 선택권을 가지고 있으며, 리스이용자가 그 선택권을 행사할 것이 리스약정일 현재 거의 확실한 경우 그 추가기간을 포함한다.

**해설**

리스의 분류는 리스약정일을 기준으로 결정한다. 리스기간개시일은 상각의 개시시점이다.

## 03 기업회계기준서 제1116호 '리스'에 대한 다음 설명 중 옳은 것은? 19년 CPA

① 리스기간이 12개월 이상이고 기초자산이 소액이 아닌 모든 리스에 대하여 리스이용자는 자산과 부채를 인식하여야 한다.

② 일부 예외적인 경우를 제외하고, 단기리스나 소액 기초자산 리스를 이용하는 리스이용자는 해당 리스에 관련되는 리스료를 리스기간에 걸쳐 정액 기준이나 다른 체계적인 기준에 따라 비용으로 인식할 수 있다.

③ 리스이용자의 규모, 특성, 상황이 서로 다르기 때문에, 기초자산이 소액인지는 상대적 기준에 따라 평가한다.

④ 단기리스에 대한 리스회계처리 선택은 리스별로 적용해야 한다.

⑤ 소액 기초자산 리스에 대한 리스회계처리 선택은 기초자산의 유형별로 적용해야 한다.

**해설**

① 리스기간이 12개월을 초과하고 기초자산이 소액이 아닌 모든 리스에 대하여 리스이용자가 자산과 부채를 인식하도록 요구한다.

③ 기초자산이 소액인지는 절대적 기준에 따라 평가한다.

④ 단기리스에 대한 선택은 사용권이 관련되어 있는 기초자산의 유형별로 한다.

⑤ 소액 기초자산 리스에 대한 선택은 리스별로 할 수 있다.

## 04 리스에 관한 설명으로 옳은 것을 모두 고른 것은? 23년 기출

ㄱ. 단기리스나 소액 기초자산 리스를 제외한 모든 리스에 대해서 리스이용자는 사용권자산과 리스부채를 인식해야 한다.

ㄴ. 리스이용자는 리스의 내재이자율을 쉽게 산정할 수 없는 경우에는 리스제공자의 증분차입이자율을 사용하여 리스료를 할인한다.

ㄷ. 리스이용자는 사용권자산이 손상되었는지를 판단하고 식별된 손상차손을 회계처리하기 위하여 자산손상 기준서를 적용한다.

ㄹ. 투자부동산의 정의를 충족하는 사용권자산은 재무상태표에 투자부동산으로 표시한다.

① ㄱ, ㄴ　　　　　　② ㄱ, ㄷ　　　　　　③ ㄷ, ㄹ
④ ㄱ, ㄷ, ㄹ　　　　⑤ ㄴ, ㄷ, ㄹ

**해설**

ㄴ. 리스이용자는 리스의 내재이자율을 쉽게 산정할 수 없는 경우에는 리스이용자의 증분차입이자율을 사용하여 리스료를 할인한다.

**05** ㈜대한은 20×1년 1월 1일 ㈜한국리스로부터 기계장치를 리스하기로 하고, 동 일자에 개시하여 20×3년 12월 31일에 종료하는 금융리스계약을 체결하였다. 연간 정기리스료 는 매년 말 ₩1,000,000을 후급하며, 내재이자율은 연 10%이다. 리스기간 종료 시 예상 잔존가치는 ₩1,000,000이다. 리스개설과 관련한 법률비용은 ㈜대한은 ₩100,000을 지 급하였다. 리스기간 종료시점에 ㈜대한은 염가매수선택권을 ₩500,000에 행사할 것이 리스약정일 현재 거의 확실하다. 기계장치의 내용연수는 5년이고, 내용연수 종료시점의 잔존가치는 없으며, 기계장치는 정액법으로 감가상각한다. ㈜대한이 동 리스거래와 관련 하여 20×1년도에 인식할 이자비용과 감가상각비의 합계는 얼마인가? (단, 계산방식에 따라 단수 차이로 인해 오차가 있는 경우, 가장 근사치를 선택한다.) `14년` `CPA`

| 기간 | 단일금액 ₩1의 현재가치 (할인율 = 10%) | 정상연금 ₩1의 현재가치 (할인율 = 10%) |
|---|---|---|
| 1 | 0.9091 | 0.9091 |
| 2 | 0.8265 | 1.7355 |
| 3 | 0.7513 | 2.4869 |
| 4 | 0.6830 | 3.1699 |
| 5 | 0.6209 | 3.7908 |

① ₩746,070  ② ₩766,070  ③ ₩858,765
④ ₩878,765  ⑤ ₩888,765

**해설**

20×1.1.1   (차) 사용권자산    2,962,550    (대) 리스개설직접원가    100,000
                                                         리스부채    2,862,550

\* 리스부채 = ₩1,000,000 × 2.4869 + ₩500,000 × 0.7513 = ₩2,862,550

20×1.12.31   (차) 이자비용    286,255    (대) 현금    1,000,000
                   리스부채    713,745
           (차) 상각비    592,510    (대) 사용권자산    592,510

\* 상각비 = (₩2,962,550 − ₩0) ÷ 5년 = ₩592,510
\* 이자비용과 상각비의 합계 = ₩286,255 + ₩592,510 = ₩878,765

**06** 20×0년 11월 1일 ㈜세무는 ㈜대한리스로부터 업무용 컴퓨터 서버(기초자산)를 리스하는 계약을 체결하였다. 리스기간은 20×1년 1월 1일부터 3년이며, 고정리스료는 리스개시일에 지급을 시작하여 매년 ₩500,000씩 총 3회 지급한다. 리스계약에 따라 ㈜세무는 연장선택권(리스기간을 1년 연장할 수 있으며 동시에 기초자산의 소유권도 리스이용자에게 귀속)을 20×3년 12월 31일에 행사할 수 있으며, 연장된 기간의 리스료 ₩300,000은 20×4년 1월 1일에 지급한다. 리스개시일 현재 ㈜세무가 연장선택권을 행사할 것은 상당히 확실하다. 20×1년 1월 1일 기초자산인 업무용 컴퓨터 서버(내용연수 5년, 잔존가치 ₩0, 정액법으로 감가상각)가 인도되어 사용 개시되었으며, ㈜세무는 리스개설과 관련된 법률비용 ₩30,000을 동 일자에 지출하였다. ㈜세무의 증분차입이자율은 10%이며, 리스관련 내재이자율은 알 수 없다. 이 리스거래와 관련하여 ㈜세무가 20×1년에 인식할 이자비용과 사용권자산 상각비의 합계액은? **19년 CTA**

| 기간 | 단일금액 ₩1의 현재가치(할인율 10%) | 정상연금 ₩1의 현재가치(할인율 10%) |
|------|------------------------------------|-------------------------------------|
| 1년 | 0.9091 | 0.9091 |
| 2년 | 0.8264 | 1.7355 |
| 3년 | 0.7513 | 2.4869 |
| 4년 | 0.6830 | 3.1699 |

① ₩408,263  ② ₩433,942  ③ ₩437,942
④ ₩457,263  ⑤ ₩481,047

**해설**

1) 리스부채 = ₩500,000 + ₩500,000 × 1.7355 + ₩300,000 × 0.7513 = ₩1,593,140

2) 사용권자산 = ₩1,593,140(리스부채) + ₩30,000(리스개설직접원가) = ₩1,623,140

3) 사용권자산 상각비 = ₩1,623,140 ÷ 5년 = ₩324,628

   * 연장선택권 행사와 동시에 소유권이 이용자에게 귀속되므로 기초자산의 내용연수에 걸쳐 상각한다.

4) 이자비용 = ₩1,093,140 × 10% = ₩109,314

∴ 상각비와 이자비용의 합계액 = ₩324,628 + ₩109,314 = ₩433,942

**07** ㈜감평(리스이용자)은 20×1년 1월 1일에 ㈜한국리스(리스제공자)와 다음과 같은 리스계약을 체결하였다.

- 리스개시일 : 20×1년 1월 1일
- 리스기간 : 20×1년 1월 1일부터 20×3년 12월 31일까지
- 고정리스료 : 매년 말 ₩1,000,000 후급
- ㈜감평은 리스기간 종료일에 ㈜한국리스에게 ₩300,000을 지급하고, 기초자산(리스자산)의 소유권을 이전 받기로 하였다.
- ㈜감평과 ㈜한국리스는 리스개시일에 리스개설직접원가로 각각 ₩100,000과 ₩120,000을 지출하였다.
- 리스개시일 현재 기초자산의 내용연수는 4년이고, 잔존가치는 ₩0이다.

㈜감평은 사용권자산에 대해 원가모형을 적용하고 있으며 정액법으로 감가상각한다. 리스 관련 내재이자율은 알 수 없으나 ㈜감평의 증분차입이자율이 연 10%라고 할 때, 상기 리스거래와 관련하여 ㈜감평이 20×1년도에 인식할 비용총액은? (단, 상기 리스계약은 소액 기초자산 리스에 해당하지 않으며, 감가상각비의 자본화는 고려하지 않는다. 또한, 단수차이로 인한 오차가 있다면 가장 근사치를 선택한다.) 22년 기출

| 기간 | 단일금액 ₩1의 현재가치 | 정상연금 ₩1의 현재가치 |
|---|---|---|
| | 10% | 10% |
| 3 | 0.75131 | 2.48685 |

① ₩532,449    ② ₩949,285    ③ ₩974,285
④ ₩1,175,305    ⑤ ₩1,208,638

해설

1) 리스개시일의 리스부채 = ₩1,000,000 × 2.48685 + ₩300,000 × 0.75131 = ₩2,712,243
2) 리스개시일의 사용권자산 = ₩2,712,243(리스부채) + ₩100,000(리스이용자의 리스개설직접원가) = ₩2,812,243
3) 20×1년도 사용권자산 상각비 = (₩2,812,243 − ₩0) × 1/4(내용연수) = ₩703,061
4) 20×1년도 이자비용 = ₩2,712,243 × 10% = ₩271,224
5) 20×1년에 인식할 비용총액 = ₩703,061 + ₩271,224 = ₩974,285

**08** ㈜감평은 리스이용자로 사무실용 건물을 20×1년 초부터 4년간 리스하는 계약(연간 리스료 매년 말 ₩90,000 지급)을 체결하였다. ㈜감평은 리스개시일인 20×1년 초에 리스부채로 ₩311,859을 인식하였다. 한편, 2년이 경과된 20×3년 초 ㈜감평은 리스회사와 매년 말 연간 리스료 ₩70,000을 지급하기로 합의하였다. 20×3년 초 리스변경을 반영한 후 ㈜감평의 리스부채 장부금액은? (단, 리스의 내재이자율은 쉽게 산정할 수 없으나, 리스개시일과 20×3년 초 리스이용자인 ㈜감평의 증분차입이자율은 각각 연 6%와 연 8%이다.) `19년` **기출**

| 기간 | 정상연금 ₩1의 현재가치 | |
|---|---|---|
| | 6% | 8% |
| 1 | 0.9434 | 0.9259 |
| 2 | 1.8334 | 1.7833 |
| 3 | 2.6730 | 2.5771 |
| 4 | 3.4651 | 3.3121 |

① ₩124,831      ② ₩128,338      ③ ₩159,456
④ ₩231,847      ⑤ ₩242,557

**해설**

20×3년 초 리스부채 = ₩70,000 × 1.7833(2년, 8%, 연금현가) = ₩124,831
• 새로운 리스부채는 잔여 리스기간 동안 리스변경일의 할인율을 적용하여 산정한다.

**09** 20×1년 1월 1일 ㈜한국플랜트는 ㈜대한리스회사와 다음과 같은 조건으로 금융리스 계약을 체결하였다.

- 리스자산(기계장치)의 공정가치 : ₩500,000(경제적 내용연수 4년, 잔존가치 ₩0, 정액법 상각)
- 리스기간은 3년이고 리스료는 매년 말 정액지급
- ㈜한국플랜트는 리스기간 종료 시 ₩50,000을 지급하고 소유권을 이전받음
- 내재이자율은 10%
  (3기간의 10% 정상연금 현가계수는 2.48685, 현가계수는 0.75131)
  (4기간의 10% 정상연금 현가계수는 3.16986, 현가계수는 0.68301)

리스기간 동안 매년 말 지급되는 연간리스료는 얼마인가? (단, 계산금액은 소수점 첫째 자리에서 반올림하며, 이 경우 단수 차이로 인해 약간의 오차가 있으면 가장 근사치를 선택한다.) `11년` **CTA**

① ₩124,350      ② ₩150,000      ③ ₩161,915

④ ₩166,667      ⑤ ₩185,952

해설

1) ₩500,000(리스자산의 공정가치) = Y(연간리스료) × 2.48685 + ₩50,000 × 0.75131

   → Y = ₩185,952

**10** ㈜대한은 20×1년 1월 1일 ㈜민국리스와 다음과 같은 조건의 금융리스계약을 체결하였다.

- 리스개시일 : 20×1년 1월 1일
- 리스기간 : 20×1년 1월 1일부터 20×4년 12월 31일까지
- 리스자산의 리스개시일의 공정가치는 ₩1,000,000이고 내용연수는 5년이다. 리스자산의 내용연수 종료시점의 잔존가치는 없으며, 정액법으로 감가상각한다.
- ㈜대한은 리스기간 종료 시 ㈜민국리스에게 ₩100,000을 지급하고, 소유권을 이전받기로 하였다.
- ㈜민국리스는 상기 리스를 금융리스로 분류하고, ㈜대한은 리스개시일에 사용권자산과 리스부채로 인식한다.
- 리스의 내재이자율은 연 8%이며, 그 현가계수는 아래의 표와 같다.

| 할인율 | 8% | |
|---|---|---|
| 기간 | 단일금액 ₩1의 현재가치 | 정상연금 ₩1의 현재가치 |
| 4년 | 0.7350 | 3.3121 |
| 5년 | 0.6805 | 3.9927 |

㈜민국리스가 리스기간 동안 매년 말 수취하는 연간 고정리스료는 얼마인가? (단, 단수차이로 인해 오차가 있다면 가장 근사치를 선택한다.)    20년 CPA

① ₩233,411      ② ₩244,132      ③ ₩254,768

④ ₩265,522      ⑤ ₩279,732

해설

1) 리스자산의 공정가치(₩1,000,000) = 고정리스료 × 3.3121 + ₩100,000 × 0.7350

   → 고정리스료 = ₩279,732

**11** ㈜감평은 20×1년 초 다음과 같은 금융리스계약에 의해 기계장치를 사용하기로 하였다.

> • 리스기간 : 3년(리스기간 종료 후 리스자산 반환조건)
> • 매년 말 정기리스료 : ₩150,000
> • 보증잔존가치 : ₩30,000
> • 보증잔존가치 중 보증이 예상되는 금액 : ₩30,000
> • 추정 무보증잔존가치 : ₩20,000
> • 리스제공자의 리스개설직접원가 : ₩50,000
> • 리스제공자의 내재이자율 : 10%

위의 자료에 근거할 때 20×1년 초 동 기계장치의 공정가치는? (단, 이자율 10%의 3년에 대한 단일금액 ₩1의 현가계수와 정상연금 ₩1의 현가계수는 각각 0.7513과 2.4868이며, 단수 차이로 인한 오차가 있으면 가장 근사치를 선택한다.) 13년 기출

① ₩345,559  ② ₩360,585  ③ ₩388,086

④ ₩395,559  ⑤ ₩410,585

**해설**

※ 기계장치의 공정가치 + 리스제공자의 리스개설직접원가 = 리스료의 현재가치 + 무보증잔존가치의 현재가치

1) 기계장치의 공정가치 = ₩150,000 × 2.4868 + ₩30,000(보증잔존가치) × 0.7513 + ₩20,000(무보증잔존가치) × 0.7513 − ₩50,000(리스제공자의 리스개설직접원가) = ₩360,585

**12** (주)감평은 20×1년 1월 1일 (주)한국리스로부터 기계장치(기초자산)를 리스하는 계약을 체결하였다. 계약상 리스기간은 20×1년 1월 1일부터 4년, 내재이자율은 연 10%, 고정리스료는 매년 말 일정금액을 지급한다. (주)한국리스의 기계장치 취득금액은 ₩1,000,000으로 리스개시일의 공정가치이다. (주)감평은 리스개설과 관련하여 법률비용 ₩75,000을 지급하였으며, 리스기간 종료시점에 (주)감평은 매수선택권을 ₩400,000에 행사할 것이 리스약정일 현재 상당히 확실하다. 리스거래와 관련하여 (주)감평이 매년 말 지급해야 할 고정리스료는? (단, 계산금액은 소수점 첫째 자리에서 반올림하고, 단수차이로 인한 오차가 있으면 가장 근사치를 선택한다.) 20년 기출

| 기간 | 단일금액 ₩1의 현재가치(할인율 10%) | 정상연금 ₩1의 현재가치(할인율 10%) |
|---|---|---|
| 4 | 0.6830 | 3.1699 |
| 5 | 0.6209 | 3.7908 |

① ₩198,280  ② ₩200,000  ③ ₩208,437

④ ₩229,282  ⑤ ₩250,000

고정리스료는 리스제공자가 결정한다. 해당 문제에서는 리스이용자인 ㈜감평의 리스개설직접원가가 제시되어 있는데 리스료 결정에 반영되는 리스개설직접원가는 리스제공자의 리스개설직접원가이므로 해당 부분을 잘 구분하여야 한다.

1) 기계장치 공정가(₩1,000,000) + 리스제공자의 리스개설직접원가(₩0) = 고정리스료 × 3.1699 (4기간, 10%, 연금현가계수) + ₩400,000(매수선택권 행사가격) × 0.6830
   → 고정리스료 = ₩229,282

**13** ㈜한국리스는 20×0년 초 ㈜민국과 운용리스계약을 체결하였다. 리스계약과 관련된 주요 내용은 다음과 같다. 아래 리스계약의 회계처리가 ㈜한국리스의 20×0년도 당기순이익을 얼마나 증가시키는가? (단, 리스자산의 사용효익이 감소하는 기간별 형태를 잘 나타내는 별도의 체계적 방법은 없음) 10년 기출

---

- ㈜한국리스는 리스자산인 기계장치를 20×0년 초에 ₩200,000에 취득함과 동시에 ㈜민국에 제공하였다.
- 동 리스자산의 내용연수와 잔존가치는 각각 10년과 ₩20,000으로 추정되며, 정액법으로 감가상각한다.
- 리스기간은 20×0년 초부터 3년간이며, 리스료는 20×0년 말에 ₩45,000, 20×1년 말에 ₩40,000, 20×2년 말에 ₩32,000을 수령하기로 하였다.
- ㈜한국리스의 리스개설직접원가는 ₩6,000이고, 동 금액을 20×0년 초에 현금으로 지급하였다.

---

① ₩15,000          ② ₩19,000          ③ ₩21,000
④ ₩27,000          ⑤ ₩30,000

리스자산의 사용효익이 감소하는 기간별 형태를 잘 나타내는 체계적인 방법이 없다면 리스료는 정액기준으로 인식한다.

1) 리스료수익 = (₩45,000 + ₩40,000 + ₩32,000) ÷ 3 = ₩39,000
2) 감가상각비 = (₩200,000 − ₩20,000) × 1/10년 = ₩18,000
3) 리스개설직접원가 = ₩6,000 ÷ 3년 = ₩2,000
4) 당기순이익 = ₩39,000(리스료수익) − ₩18,000(감가상각비) − ₩2,000(리스개설직접원가)
   = ₩19,000

**14** 다음은 ㈜대한의 리스계약과 관련된 자료이다.

- 자동차 제조회사인 ㈜대한은 ㈜민국에게 제조된 차량(제조원가 ₩2,000,000)을 판매하는 리스계약(금융리스)을 체결하였다.
- 리스기간은 20×1년 1월 1일부터 20×3년 12월 31일까지이고, 해지불능리스이다. 정기리스료 ₩1,071,693을 매년 말 수취한다.
- 리스기간 종료시점의 잔존가치는 ₩300,000으로 추정되는데 리스이용자는 이 중 ₩100,000을 보증한다.
- 시장이자율은 연 10%이지만, ㈜대한은 ㈜민국에게 인위적으로 낮은 연 8% 이자율을 제시하였다.
- 판매시점의 차량의 공정가치는 ₩3,000,000이었다.

| 구분 | 단일금액 ₩1의 현재가치 | | 정상연금 ₩1의 현재가치 | |
|------|------|------|------|------|
| | 8% | 10% | 8% | 10% |
| 3년 | 0.7938 | 0.7513 | 2.5771 | 2.4868 |

상기 거래로 ㈜대한이 20×1년도 포괄손익계산서에 보고할 매출총이익은? (단, 단수차이로 인해 오차가 있다면 가장 근사치를 선택한다.) 18년 CPA

① ₩665,086            ② ₩740,216            ③ ₩815,346
④ ₩890,476            ⑤ ₩1,000,000

해설

판매형리스의 경우 매출액은 min[리스자산의 공정가치, 리스료의 현재가치]로 구한다.

1) 리스료의 현재가치 = ₩1,071,693 × 2.4868(3기간, 10%, 연금현가계수) + ₩100,000(보증잔존가치) × 0.7513(3기간, 10%, 현가계수) = ₩2,740,216

2) 매출액 = min[₩3,000,000, ₩2,740,216] = ₩2,740,216

3) 매출원가 = ₩2,000,000 − (₩200,000 × 0.7513) = ₩1,849,740

4) 매출총이익 = ₩2,740,216(매출액) − ₩1,849,740(매출원가) = ₩890,476

답▶ 01 ① 02 ④ 03 ② 04 ④ 05 ④
06 ② 07 ③ 08 ① 09 ⑤ 10 ⑤
11 ② 12 ④ 13 ② 14 ④

## 제22절  회계정책, 회계추정치 변경과 오류

### 1  회계변경

회계변경이란? 기업회계기준이나 관계 법령의 제정, 개정, 경제환경의 변화, 기술 및 경영환경의 변화 등으로 기업이 현재 채택하고 있는 회계정책이나 회계추정을 다른 회계정책이나 회계추정으로 변경하는 것을 말한다. 회계변경은 회계정보의 비교가능성을 저해하기 때문에 회계변경이 인정되기 위해서는 타당한 근거가 존재해야 한다. 회계변경은 회계정보의 질적 속성 중 계속성(일관성)을 저하시키는 반면에 목적적합성을 증대시킨다. 이러한 회계변경은 회계정책의 변경과 회계추정의 변경으로 구분된다.

### 1. 회계정책의 적용

① 회계정책이란 기업이 재무제표를 작성·표시하기 위하여 적용하는 구체적인 원칙, 근거, 관행, 규칙 및 실무를 말한다. 거래, 기타 사건 또는 상황에 한국채택국제회계기준을 구체적으로 적용하는 경우, 그 항목에 적용될 회계정책은 한국채택국제회계기준을 반영하여 결정될 것이다.

② 한국채택국제회계기준은 회계정책의 적용대상인 거래, 기타사건 및 상황에 관한 정보가 목적적합하고 신뢰성 있게 재무제표에 반영될 수 있도록 한다. 그러나 기업의 재무상태, 재무성과 또는 현금흐름을 특정한 의도대로 표시하기 위하여 한국채택국제회계기준에 위배된 회계정책을 적용하는 것은 그것이 중요하지 않더라도 적절하다고 할 수 없다.

③ 한국채택국제회계기준에서 특정 범주별로 서로 다른 회계정책을 적용하도록 규정하거나 허용하는 경우를 제외하고는 유사한 거래, 기타 사건 및 상황에는 동일한 회계정책을 선택하여 일관성 있게 적용한다. 만약, 한국채택국제회계기준에서 범주별로 서로 다른 회계정책을 적용하도록 규정하거나 허용하는 경우, 각 범주에 대하여 선택한 회계정책을 일관성 있게 적용한다.

### 2. 경영진이 회계정책을 개발하는 경우 고려사항

거래, 기타 사건 또는 상황에 대하여 구체적으로 적용할 수 있는 한국채택국제회계기준이 없는 경우, 경영진은 판단에 따라 회계정책을 개발 및 적용하여 회계정보를 작성할 수 있으며, 이때 회계정보는 다음과 같은 특성을 모두 보유하여야 한다.

① 이용자의 경제적 의사결정 요구에 **목적적합**하다.
② 신뢰할 수 있다. 신뢰할 수 있는 재무제표는 다음의 속성을 모두 포함한다.
  ⊙ 기업의 재무상태, 재무성과 및 현금흐름을 **충실하게 표현**한다.
  ⓒ 거래, 기타 사건 및 상황의 단순한 법적 형태가 아닌 경제적 실질을 반영한다.
  ⓒ 중립적이다. 즉, 편의가 없다.
  ⓔ 신중하게 고려한다.
  ⓜ 중요한 사항을 빠짐없이 고려한다.

위의 판단을 하는 경우, 경영진은 다음 사항을 순차적으로 참조하여 적용가능성을 고려한다.

① 내용상 유사하고 관련되는 회계논제를 다루는 한국채택국제회계기준의 규정과 지침

② 자산, 부채, 수익, 비용에 대한 '개념체계'의 정의, 인식기준 및 측정개념

위의 판단을 하는 경우, 경영진은 유사한 개념체계를 사용하여 회계기준을 개발하는 국제회계 기준위원회 이외의 회계기준제정기구가 가장 최근에 발표한 회계기준, 기타의 회계문헌과 인정 된 산업관행을 고려할 수 있다.

⊙ 1순위 : 유사한 회계논제를 다루는 한국채택국제회계기준의 규정

ⓒ 2순위 : 개념체계의 정의, 인식기준 및 측정개념

ⓒ 3순위 : 유사한 개념체계를 사용하여 회계기준을 개발하는 국제회계기준위원회 이외의 회 계기준제정기구가 가장 최근에 발표한 회계기준

ⓔ 4순위 : 기타의 회계문헌과 인정된 산업관행

## 3. 회계정책의 변경

회계정책의 변경이란 재무제표의 작성과 보고에 적용하던 회계정책을 다른 회계정책으로 바꾸는 것을 말한다. 회계정책의 변경은 한국채택국제회계기준에서 인정하는 회계정책 내에서의 변경을 의미 한다. 따라서 회계정책의 변경은 한국채택국제회계기준에서 대체적인 회계처리방법을 허용하는 경우 에만 가능하다. 측정기준의 변경은 회계정책의 변경에 해당한다.

---

회계정책 변경의 예

① 재고자산 단가결정방법을 선입선출법에서 평균법으로 변경

② 탐사평가자산으로 인식되는 지출을 규정하는 회계정책의 변경

③ 투자부동산 평가방법을 원가모형에서 공정가치모형으로 변경

④ 표시통화의 변경

⑤ 유·무형자산의 측정방법을 원가모형에서 재평가모형으로 변경

※ 난, 원가보형에서 재평가모형으로 최초 변경할 경우 소급적용에 예외를 둔다. 정책변경에는 해당하지만 최초 변경 시에는 소급적용하지 않고 전진적용한다.

---

그러나 다음의 경우에는 회계정책의 변경에 해당하지 않는다.

---

회계정책 변경에 해당하지 않는 경우

① 과거에 발생한 거래와 실질이 다른 거래, 기타 사건 또는 상황에 대하여 다른 회계정책을 적용하는 경우

② 과거에 발생하지 않았거나 발생하였어도 중요하지 않았던 거래, 기타 사건 또는 상황에 대하여 새로운 회 계정책을 적용하는 경우

---

이전에는 발생하지 않아 기록하지 않았던 것을 새롭게 기록하게 되는 것은 회계정책의 변경이라고 볼 수 없다.

이러한 회계정책의 변경은 비교가능성을 저해할 우려가 크기 때문에 다음과 같이 예외적으로 해당 요건을 충족한 경우에만 가능하다.

---

**회계정책을 변경할 수 있는 예**

① 한국채택국제회계기준에서 회계정책의 변경을 요구하는 경우

② 회계정책 변경을 반영한 재무제표가 거래, 기타 사건 또는 상황이 재무상태, 재무성과 또는 현금흐름에 미치는 영향에 대하여 신뢰성 있고 더 목적적합한 정보를 제공하는 경우

---

## 4. 회계정책 변경의 적용

### (1) 개요

회계정책의 변경은 특정기간에 미치는 영향이나 누적효과를 실무적으로 결정할 수 없는 경우를 제외하고는 다음과 같이 회계처리한다.

① 경과규정이 있는 한국채택국제회계기준을 최초 적용하는 경우에 발생하는 회계정책의 변경은 해당 경과규정에 따라 회계처리한다.

② 경과규정이 없는 한국채택국제회계기준을 최초 적용하는 경우에 발생하는 회계정책의 변경이나 자발적인 회계정책의 변경은 소급적용한다.

한국채택국제회계기준을 조기 적용하는 것은 자발적인 회계정책의 변경에 해당하지 아니한다. 거래, 기타 사건 또는 상황에 구체적으로 적용되는 한국채택국제회계기준이 없는 경우, 경영진은 유사한 개념체계를 사용하여 회계기준을 개발하는 국제회계기준위원회 이외의 회계기준제정기구가 가장 최근에 발표한 회계기준에 기초한 회계정책을 적용할 수 있다. 만약, 그러한 회계기준의 개정에 따라 회계정책을 변경하기로 하였다면 이 경우의 회계변경은 자발적인 회계정책의 변경으로 회계처리하고 공시한다.

### (2) 소급법

① 회계정책의 소급적용이란? 새로운 회계정책을 처음부터 적용한 것처럼 거래, 기타 사건 및 상황에 적용하는 것을 말한다. 회계정책의 변경은 특정기간에 미치는 영향이나 누적효과를 실무적으로 결정할 수 없는 경우를 제외하고는 소급적용한다.

② 소급법(retroactive method)은 회계변경의 누적효과를 계산하여, 이를 전기손익수정항목으로 회계변경연도의 기초이익잉여금을 수정하는 방법이다. 비교목적으로 공시되는 전기재무제표는 변경된 방법으로 소급적용하여 재작성된다.

③ 누적효과(cumulative effect)는 회계변경연도 이전의 기간에 변경 후의 방법으로 회계처리하였을 경우의 순자산과 변경 전의 방법으로 회계처리했을 경우의 순자산의 차액을 말한다.

---

〈전기오류 누적효과〉

1. 새로운 방법으로 회계처리했을 때의 기초이월이익잉여금
2. 기존의 방법으로 회계처리했을 때의 기초이월이익잉여금
   = 회계변경의 누적효과(1 − 2)

---

> **예제 22-1** 회계정책의 변경
>
> ㈜한국은 20×2년 중 보유중인 토지를 원가모형에서 재평가모형으로 측정기준을 변경하기로 하였다. ㈜한국은 재평가모형을 최초로 적용하는 것은 아니다. ㈜한국이 보유중인 토지의 취득원가는 ₩100,000이며 공정가치는 20×1년 말 ₩80,000, 20×2년 말 ₩140,000이다.
>
> **[물음]**
> ㈜한국이 20×2년 중 토지와 관련하여 해야 할 회계처리를 하시오.
>
> ----------------------------------------
>
> **[해답]**
>
> 20×2.1.1 (차) 이월이익잉여금 20,000 (대) 토지 20,000
> * 회계변경의 누적효과 = 원가모형의 토지 기초장부금액 – 재평가모형의 토지 기초장부금액
> = ₩100,000 – ₩80,000 = ₩20,000
>
> 20×2.12.31 (차) 토지 60,000 (대) 재평가이익 20,000
> 재평가잉여금 40,000

④ 새로운 회계정책을 소급적용하는 경우, 새로운 회계정책을 실무적으로 적용할 수 있는 가장 이른 과거기간의 비교정보부터 적용한다. 만약, 기초와 기말 시점의 재무상태표에 미치는 누적효과의 금액을 실무적으로 결정할 수 없는 경우는 소급적용할 수 없다. 비교표시된 재무제표의 회계기간보다 앞선 기간에 귀속되는 영향은 비교표시된 가장 이른 과거기간의 자본 중 영향받는 구성요소의 기초금액을 조정하여 반영한다.

⑤ 회계정책의 변경은 특정기간에 미치는 영향이나 누적효과를 실무적으로 결정할 수 없는 경우를 제외하고 회계정책의 변경을 소급적용하는 경우, 비교표시되는 가장 이른 과거기간의 영향을 받는 자본의 각 구성요소의 기초 금액과 각 과거기간의 기타 대응금액을 새로운 회계정책이 처음부터 적용된 것처럼 조정한다.

  ㉠ 비교표시되는 하나 이상의 과거기간의 비교정보에 대해 특정기간에 미치는 회계정책 변경의 영향을 실무적으로 결정할 수 없는 경우, 실무적으로 소급적용할 수 있는 가장 이른 회계기간(당기일 수 있음)의 자산 및 부채의 기초장부금액에 새로운 회계정책을 적용하고, 그에 따라 변동하는 자본 구성요소의 기초금액 조정한다.

  ㉡ 당기 기초시점에 과거기간 전체에 대한 새로운 회계정책 적용의 누적효과를 실무적으로 결정할 수 없는 경우, 실무적으로 적용할 수 있는 가장 이른 날부터 새로운 회계정책을 전진적용하여 비교정보를 재작성한다.

⑥ 소급법의 장점과 단점

| 소급법의 장점 | ㉠ 재무제표 간에 적용된 회계정책이 동일함에 따라 재무제표의 계속성이 유지된다.<br>㉡ 회계정책의 변경효과가 재무제표에 충분히 반영된다. |
|---|---|
| 소급법의 단점 | ㉠ 재무제표의 신뢰성이 훼손된다.<br>㉡ 자의적인 소급법 적용 시 이익이 조작될 염려가 있다. |

**예제 22-2** 회계정책의 변경

㈜한국(결산일 12월 31일)은 20×1년 초 건물을 ₩1,000,000에 취득하였다. 건물의 내용연수는 10년이며, 잔존가치 없이 정액법으로 상각하며 원가모형을 적용한다. 한편, 20×1년 말, 20×2년 말 건물의 공정가치는 각각 ₩850,000과 ₩920,000이다. ㈜한국은 건물을 취득시점부터 투자부동산으로 분류하였다. 20×2년부터 건물에 대하여 공정가치모형을 적용하려고 한다. 20×2년 말에 작성하는 다음과 같은 두 연도 비교재무제표의 양식에 들어갈 금액을 계산하시오.

| 과목 | 20×1년 | 20×2년 |
|---|---|---|
| 투자부동산(순액) | ① | ④ |
| 감가상각비 | ② | ⑤ |
| 투자부동산평가손익 | ③ | ⑥ |

해답

투자부동산에 대하여 원가모형을 공정가치모형으로 변경하는 것은 회계정책의 변경에 해당하며 소급적용한다. 소급적용에 따라 20×1년도 재무제표부터 공정가치모형을 적용한 것으로 관련 재무제표를 재작성한다.

| 과목 | 20×1년 | 20×2년 |
|---|---|---|
| 투자부동산(순액) | ① ₩850,000 | ④ ₩920,000 |
| 감가상각비 | ② ₩0 | ⑤ ₩0 |
| 투자부동산평가손익 | ③ (₩150,000) | ⑥ ₩70,000 |

## 5. 회계추정치 변경

### (1) 회계추정치 변경

회계추정치 변경은 새로운 정보의 획득이나 상황이 새롭게 변화하면서 기존의 추정치가 바뀌게 되는 때를 의미한다. 기존의 추정이 잘못된 것이 아니라 상황이 변화하게 되면서 지금까지 사용해오던 회계적 추정치를 바꾸는 것을 말한다.

합리적 추정을 사용하는 것은 재무제표 작성의 필수적인 과정이며 재무제표의 신뢰성을 손상시키지 않는다. 추정의 근거가 되었던 상황의 변화, 새로운 정보의 획득, 추정 경험의 축적이 있는 경우 추정의 수정은 필요할 수 있다. 회계추정치 변경효과를 전진적으로 인식하는 것은 그 변경이 발생한 시점 이후부터 거래, 그 밖의 사건 및 상황에 적용하는 것을 말한다. 회계추정치 변경은 기대신용손실에 대한 손실충당금 변경과 같이 당기손익에만 영향을 미치는 경우도 있고, 감가상각자산의 추정내용연수 변경이나 감가상각자산에 대한 미래경제적효익의 소비형태 변경은 당기 및 미래기간에 걸쳐 영향을 미친다.

(2) 회계추정의 변경에 해당하는 예

> **회계추정 변경의 예**
> ① 유형자산 및 무형자산의 경제적 내용연수, 잔존가치 및 감가상각방법의 변경
> ② 무형자산의 내용연수를 비한정에서 한정으로 변경
> ③ 기대신용손실에 대한 손실충당금
> ④ 보증의무에 대한 충당부채
> ⑤ 정부보조금의 사용요건 등을 충족하지 못하여 상환의무가 발생하게 된 정부보조금
> ⑥ 재고자산 항목의 순실현가능가치

(3) 회계추정변경의 회계처리
① 회계추정의 변경효과를 다음의 회계기간의 당기손익에 포함하여 전진적으로 인식한다.
  ㉠ 변경이 발생한 기간에만 영향을 미치는 경우에는 변경이 발생한 기간
  ㉡ 변경이 발생한 기간과 미래기간에 모두 영향을 미치는 경우
② 회계추정의 변경이 자산 및 부채의 장부금액을 변경하거나 자본의 구성요소에 관련되는 경우 회계추정을 변경한 기간에 관련 자산, 부채 또는 자본 구성요소의 장부금액을 조정하여 회계추정의 변경효과를 인식한다.
③ 회계추정의 변경순서
  ㉠ 변경된 시점의 장부금액을 계산한다.
  ㉡ 새로운 추정치를 1번의 장부금액에 적용하여 계산한다.

---

**예제 22-3** 회계추정치 변경

㈜한국은 20×1년 1월 1일 내용연수 5년, 잔존가치 ₩0의 건물을 ₩500,000에 취득하여 정액법으로 감가상각하였다. ㈜한국은 20×3년 중 감가상각방법을 연수합계법으로 변경하고 기초 현재 잔존내용연수를 4년, 잔존가치는 ₩50,000으로 추정을 변경하였다고 할 때, 20×3년에 인식할 감가상각비를 계산하시오.

해답
(1) 20×3년 1월 1일 장부금액 = ₩500,000 − [(₩500,000 − ₩0) × 2/5] = ₩300,000
(2) 20×3년도 감가상각비 = (₩300,000 − ₩50,000) × 4/10 = ₩100,000
(3) 회계처리 : (차) 감가상각비       100,000    (대) 감가상각누계액       100,000

---

예제
22-4    회계추정치 변경

㈜한국은 20×1년 1월 1일 기계장치를 ₩500,000에 취득하였다. 취득 당시 기계장치의 잔존 가치는 ₩50,000이었으며, 내용연수는 5년으로 추정하였다. 기계장치는 정액법으로 감가상각 한다. ㈜한국은 20×3년 1월 1일 앞으로의 잔존내용연수를 4년으로, 잔존가치를 ₩100,000으로 변경하였다. 감가상각방법도 연수합계법으로 변경하였다고 할 때, 다음 물음에 답하시오.

[물음]
1. ㈜한국이 20×3년에 인식할 기계장치의 감가상각비를 계산하시오.
2. ㈜한국의 회계변경으로 인한 세전이익의 영향을 계산하시오.

.......................................................................

해답

1. 20×3년 감가상각비
   (1) 20×3년 1월 1일 장부금액 = ₩500,000 − [(₩500,000 − ₩50,000) × 2/5] = ₩320,000
   (2) 20×3년 감가상각비 = (₩320,000 − ₩100,000) × 4/10 = ₩88,000
2. 추정의 변경에 따른 세전이익의 영향
   변경 후 감가상각비        ₩88,000
   변경 전 감가상각비          90,000
   ─────────────────────────────
   = 세전이익의 영향        ₩2,000 증가

## 2 오류

### 1. 오류수정

① 오류는 과거기간 동안에 재무제표를 작성할 때 신뢰할 만한 정보를 이용하지 못했거나 잘못 이용하여 발생한 재무제표의 누락이나 왜곡표시를 말한다. 오류는 다양한 원인에 의해 발생할 수 있다. 단순 회계담당자의 착오일 수도 있고, 실제 예측하지 못했던 오류도 있을 수 있다.

② 오류는 이전에 사용한 방법이 한국채택국제회계기준에서 인정하지 않는 것을 기준에서 인정하는 방법으로 변경하는 것이라고 할 수 있다. 당기 중에 발견한 당기의 잠재적 오류는 재무제표의 발행승인일 전에 수정한다. 그러나 중요한 오류(material error)를 후속기간에 발견하는 경우, 이러한 전기오류는 해당 후속기간의 재무제표에 비교표시된 재무정보를 재작성하여 수정한다.

③ 어떠한 항목이 개별적으로나 집합적으로 재무제표에 기초한 경제적 의사결정에 영향을 미치는 경우 그 항목의 누락이나 왜곡표시는 중요하다. 중요성은 관련 상황을 고려하여 누락이나 왜곡 표시의 크기와 성격에 따라 결정된다.

④ 오류는 어떠한 항목이 개별적으로나 집합적으로 재무제표에 기초한 경제적 의사결정에 영향을 미치는 중요한 오류와 그렇지 않은 오류로 구분한다.

## 2. 오류의 유형

오류는 다음과 같이 구분한다.

### (1) 손익에 영향을 미치지 않는 오류

손익에 영향이 없는 오류는 주로 계정분류의 착오에서 오는 경우가 많다.

① 재무상태표에 영향을 미치는 오류

㉠ 자산, 부채, 자본의 계정 분류상의 오류

㉡ 투자부동산을 유형자산으로 분류하는 경우, 매출채권과 매입채무를 약정 없이 상계하는 경우 등

② 손익계산서에만 영향을 미치는 오류

㉠ 손익계산서의 수익, 비용의 분류상의 오류와 상계 등에 의해 발생하는 오류

㉡ 무형자산상각비를 영업외비용으로 분류하는 경우, 이자수익과 이자비용을 상계하는 경우

### (2) 손익에 영향을 미치는 오류

재무상태표와 손익계산서 모두에 영향을 미치는 오류

① 자동적으로 상쇄되는 오류(자동조정오류)

한 회계기간에 발생한 오류가 다음 회계기간에는 반대의 형태로 나타나 자동적으로 상쇄됨으로써 수정되는 오류이다.

> ㉠ 미지급비용, 미수수익의 과대계상 또는 과소계상
> ㉡ 재고자산의 과대계상 또는 과소계상
> ㉢ 선급비용, 선수수익의 과대계상 또는 과소계상

② 자동적으로 상쇄되지 않는 오류(비자동조정오류)

한 회계기간에 발생한 오류의 영향이 다음 회계기간까지 상쇄되지 않는 오류이다.

> • 유형자산 등의 자본적 지출을 수익적 지출로 처리하거나 수익적 지출을 자본적 지출로 처리

## 3. 오류의 회계처리

### (1) 소급적용

① 특정 기간에 미치는 오류의 영향이나 오류의 누적효과를 실무적으로 적용할 수 없는 경우를 제외하고는 중요한 전기오류가 발견된 이후 최초로 발행을 승인하는 재무제표에 다음과 같이 전기오류를 소급하여 수정한다.

㉠ 오류가 발생한 과거기간의 재무제표가 비교표시되는 경우에는 그 재무정보를 재작성한다.

㉡ 오류가 비교표시되는 가장 이른 과거기간 이전에 발생한 경우에는 가장 이른 과거기간의 자산, 부채 및 자본의 기초금액을 재작성한다.

② 오류의 누적효과를 실무적으로 결정할 수 없는 경우, 실무적으로 소급재작성할 수 있는 가장 이른 회계기간(실무적으로 당기일 수 있음)의 자산, 부채 및 자본의 기초금액을 재작성한다. 당기 기초시점에 과거기간 전체에 대한 오류의 누적효과를 실무적으로 결정할 수 없는 경우, 실무적으로 적용할 수 있는 가장 이른 날부터 전진적으로 오류를 수정하여 비교정보를 재작성한다.

(2) 오류수정 회계처리

① 오류수정의 일반원칙은 회사 측 회계처리와 올바른 회계처리를 먼저 한 후, 두 회계처리의 차이를 회계처리한다. 적용순서는 다음과 같다.

> ㉠ 회사 측 회계처리
> ㉡ 올바른 회계처리
> ㉢ 수정분개 : 회사 측 회계처리의 역분개 + 올바른 회계처리

② 오류 회계처리를 할 때 손익계산서 계정들은 발생한 회계기간별로 구분하여 표시하고 재무상태표 계정들은 차기로 이월되는 계정이기 때문에 발생한 회계기간별로 구분할 필요는 없다.

③ 재무상태표 계정은 실질계정이므로 계정과목별로 상계하여 대차잔액만을 순액표시하면 된다. 그러나 손익계산서 계정은 장부가 마감되지 않은 마지막 회계기간의 손익계산서 계정들만 계정과목별로 상계하여 순액표시한다.

④ 장부가 마감된 이전 회계기간의 손익계산서 계정은 계정과목과 발생한 회계기간에 관계없이 모두 상계하여 순액표시하고 이월이익잉여금의 과목으로 처리한다.

**예제 22-5** 자동조정오류

㈜한국은 20×2년 다음과 같은 중요한 오류를 발견하였다.
각 물음에 따라 오류수정에 대한 회계처리를 하시오.

[물음]
1. 20×2년 기말재고 ₩1,000을 과대계상하였다. 단, 20×2년의 장부는 아직 마감되지 아니하였다.
2. 20×2년 기말재고 ₩1,000을 과대계상하였다. 단, 20×2년 장부는 마감되었다.
3. 20×1년 기말재고 ₩1,000을 과대계상하였다. 20×2년 기말재고는 오류 없이 정상적으로 집계되었다. 20×2년 장부는 아직 마감되지 아니하였다.
4. 20×1년 기말재고 ₩1,000을 과대계상하였다. 20×2년 기말재고는 오류 없이 정상적으로 집계되었다. 20×2년 장부는 마감되었다.

해답

1. 회계처리

   (차) 매출원가                        1,000           (대) 기말재고자산        1,000

   → 장부가 마감되기 전에 발견한 오류이므로 기말재고자산을 감액하고 매출원가를 증가시킨다.

2. 회계처리

   (차) 이익잉여금(전기오류수정손실)   1,000        (대) 기초재고자산        1,000

   → 장부가 마감된 후에 발견한 오류이므로 매출원가를 수정할 수 없다. 매출원가는 마감을 통해 이익 잉여금으로 집계되었기 때문이다. 그러므로 해당 오류를 수정하기 위해서는 이익잉여금을 가감할 수밖에 없다. 기말재고자산은 기초재고자산으로 이월집계되었기 때문에 재고자산은 기초재고자산 을 감액하는 형태로 오류수정한다.

3. 회계처리

   (차) 이익잉여금(전기오류수정손실)   1,000        (대) 매출원가        1,000

   → 장부가 마감되기 전에 발견한 오류이므로 매출원가를 감액할 수 있다.

4. 회계처리

   20×1년도의 재고자산 오류를 20×2년 장부 마감 후 발견하였다면 오류의 효과는 상쇄되어 수정분개 할 사항은 없다.

---

**예제 22-6**    자동조정오류

㈜한국은 20×2년도 회계처리과정에서 다음과 같은 오류를 발견하였다.

유동자산으로 처리해야 할 선급비용을 당기비용으로 처리
20×1년 : ₩2,000, 20×2년 : ₩3,000

[물음]

해당 오류는 중요한 오류라고 할 때, 20×2년도 오류수정 후 당기순이익은 어떻게 변화하는지 설명하시오.

- - - - - - - - - - - - - - - - - - - - - - - - - - - - - - - - - - -

해답

| 구분 | 20×1년도 | 20×2년도 |
|---|---|---|
| 20×1년도 선급비용 오류 | ₩2,000 과소계상 | ₩2,000 과대계상 |
| 20×2년도 선급비용 오류 | – | ₩3,000 과소계상 |
| 오류 영향 | ₩2,000 과소계상 | ₩1,000 과소계상 |

---

**예제 22-7** 자동조정오류

㈜한국은 20×3년 말 장부마감 전 과거 3개년의 회계장부를 검토한 결과 다음과 같은 기말 재고자산 오류를 발견하였다. 이는 중요한 오류로 해당 오류를 수정하는 분개를 행하시오.

| 20×1년 말 | 20×2년 말 | 20×3년 말 |
|---|---|---|
| ₩28,000 과소계상 | ₩40,000 과소계상 | ₩32,000 과대계상 |

**[해답]**

재고자산오류는 2회계기간이 지나면 자동으로 상계되는 성격을 가지고 있다(자동조정오류).
20×3년도 말 회계연도의 영향이 있는 것은 20×2년도와 20×3년도의 기말재고 오류이다.

```
        20×3년도 기초재고     ₩40,000 과소계상
   +        당기매입              −
  (−)   20×3년도 기말재고     ₩32,000 과대계상
   =    20×3년도 매출원가     ₩72,000 과소계상
```

| 20×3.12.31 | (차) 매출원가 | 40,000 | (대) 이익잉여금 | 40,000 |
|---|---|---|---|---|
| | (차) 매출원가 | 32,000 | (대) 기말재고 | 32,000 |

---

**예제 22-8** 비자동조정오류

㈜한국은 20×1년 1월 1일에 ₩100,000을 주고 구입한 기계장치를 전액 수선비로 비용처리하 였다. 기계장치는 잔존가치 ₩0, 내용연수 5년으로 감가상각한다고 할 때, ㈜한국이 20×3년도 결산과정 중에 해당 오류를 발견하였다고 할 경우, 오류에 관한 회계처리를 하시오.

**[해답]**

1. 회사의 회계처리

| 20×1.1.1 | (차) 수선비 | 100,000 | (대) 현금 | 100,000 |
|---|---|---|---|---|

2. 올바른 회계처리

| 20×1.1.1 | (차) 기계장치 | 100,000 | (대) 현금 | 100,000 |
|---|---|---|---|---|
| 20×1.12.31 | (차) 감가상각비 | 20,000 | (대) 감가상각누계액 | 20,000 |
| 20×2.12.31 | (차) 감가상각비 | 20,000 | (대) 감가상각누계액 | 20,000 |
| 20×3.12.31 | (차) 감가상각비 | 20,000 | (대) 감가상각누계액 | 20,000 |

3. 오류수정분개

| 20×3.12.31 | (차) 기계장치 | 100,000 | (대) 감가상각누계액 | 60,000 |
|---|---|---|---|---|
| | 감가상각비 | 20,000 | 이익잉여금 | 60,000 |

오류수정분개를 할 때는 재무상태표 계정의 잔액을 먼저 찾은 뒤 손익계산서 계정을 정리한다.

**3** 기타 고려사항

① 회계정책의 변경과 회계추정의 변경이 구분하기 곤란한 경우는 회계추정의 변경으로 본다. 만약, 변경된 회계정책을 과거의 회계기간부터 실무적으로 전진적용할 수 없는 경우에도 회계정책은 변경할 수 있다.

② 기업은 회계추정치를 개발하기 위해 측정기법과 투입변수를 사용한다. 측정기법에는 추정기법과 평가기법이 포함된다. 측정기법이나 투입변수의 변경이 회계추정치에 미치는 영향은 전기오류수정에서 비롯되지 않는 한 회계추정치 변경으로 본다. 단, 측정기준의 변경은 회계추정치 변경이 아니라 회계정책의 변경에 해당한다.

③ 전기오류를 소급적용하는 경우 다음의 사항을 공시한다.

　　㉠ 전기오류의 성격

　　㉡ 실무적으로 적용할 수 있는 범위까지 비교표시된 각 과거기간의 다음 항목

　　　　ⓐ 오류수정의 영향을 받는 재무제표의 각 항목별 수정금액

　　　　ⓑ 기본주당이익과 희석주당이익의 수정금액

　　㉢ 비교표시 되는 가장 이른 과거기간의 기초금액의 수정금액

　　㉣ 특정 과거기간에 대하여 실무적으로 소급재작성할 수 없는 경우, 그 사유 및 오류수정의 적용방법과 적용한 시기에 관한 내용

## 01 회계정책, 회계추정의 변경 및 오류에 대한 다음 설명 중 옳지 않은 것은? 18년 CPA

① 전기오류의 수정은 오류가 발견된 기간의 당기손익으로 보고한다.

② 전기오류는 특정기간에 미치는 오류의 영향이나 오류의 누적 효과를 실무적으로 결정할 수 없는 경우를 제외하고는 소급재작성에 의하여 수정한다.

③ 회계정책의 변경과 회계추정의 변경을 구분하는 것이 어려운 경우에는 회계추정의 변경으로 본다.

④ 당기 기초시점에 과거기간 전체에 대한 새로운 회계정책 적용의 누적효과를 실무적으로 결정할 수 없는 경우, 실무적으로 적용할 수 있는 가장 이른 날부터 새로운 회계정책을 전진적용하여 비교정보를 재작성한다.

⑤ 과거에 발생하였지만 중요하지 않았던 거래, 기타 사건 또는 상황에 대하여 새로운 회계정책을 적용하는 경우는 회계정책의 변경에 해당하지 않는다.

> **해설**
> 전기오류의 수정은 오류가 발견된 기간의 당기손익으로 보고하지 않는다.

## 02 다음 중 회계변경에 관한 설명으로 옳지 않은 것은?

① 기업이 하나의 일반적으로 인정된 회계원칙에서 다른 회계원칙으로 바꾸는 것을 회계정책의 변경이라 한다.

② 감가상각자산의 내용연수 또는 감가상각에 내재된 미래경제적효익의 기대소비형태가 변하는 경우 회계정책의 변경으로 처리한다.

③ 회계정책의 변경에 대해서는 소급법을 적용하여 재무제표를 작성한다.

④ 회계정책의 변경과 회계추정의 변경을 구분하는 것이 어려운 경우에는 이를 회계추정의 변경으로 본다.

⑤ 과거에 발생하지 않았거나 발생하였어도 중요하지 않았던 거래, 기타 사건 또는 상황에 대하여 새로운 회계정책을 적용하는 경우는 회계정책의 변경에 해당하지 않는다.

> **해설**
> 감가상각자산의 내용연수 또는 기대소비형태의 변경은 회계추정의 변경이다.

**03** **회계변경과 오류수정에 관한 설명으로 옳지 않은 것은?**

① 기업은 회계정책의 변경을 반영한 재무제표가 거래, 기타사건 또는 상황이 재무상태, 경영성과 또는 현금흐름에 미치는 영향에 대하여 신뢰성 있고 더 목적적합한 정보를 제공하는 경우 회계정책을 변경할 수 있다.

② 특정 범주별로 서로 다른 회계정책을 적용하도록 규정하거나 허용하는 경우를 제외하고는 유사한 거래, 기타 사건 및 상황에서는 동일한 회계정책을 선택하여 일관성 있게 적용한다.

③ 측정기준의 변경은 회계정책의 변경이 아니라 회계추정의 변경에 해당한다.

④ 전기오류는 특정기간에 미치는 오류의 영향이나 오류의 누적효과를 실무적으로 결정할 수 없는 경우를 제외하고는 소급재작성에 의하여 수정한다.

⑤ 단순히 세법의 규정을 따르기 위한 회계변경이나 이익조정을 주된 목적으로 하는 회계변경은 인정되지 않는다.

해설
측정기준의 변경은 회계정책의 변경에 해당한다.

**04** **다음 회계변경 중 그 성격이 다른 하나는?**

① 감가상각방법을 정액법에서 정률법으로 변경

② 금융자산에 대한 대손가능성 추정의 변경

③ 재고자산의 단가결정방법을 선입선출법에서 평균법으로 변경

④ 재고자산의 진부화에 대한 판단 변경

⑤ 손실충당금의 대손율 변경

해설
재고자산의 단가결정방법 변경은 회계정책의 변경이며, 나머지는 회계추정의 변경이다.

## 05 회계변경에 관한 설명으로 옳지 않은 것은?　11년 기출

① 기업이 하나의 일반적으로 인정된 회계원칙(GAAP)에서 다른 회계원칙(GAAP)으로 바꾸는 것을 회계정책의 변경이라 한다.

② 감가상각자산의 내용연수 또는 감가상각에 내재된 미래경제적효익의 기대소비행태가 변하는 경우 회계정책의 변경으로 처리한다.

③ 회계정책의 변경을 반영한 재무제표가 특정 거래, 기타 사건 또는 상황이 재무상태, 경영성과 또는 현금흐름에 미치는 영향에 대해서 신뢰성 있고 더 목적적합한 정보를 제공하는 경우 회계정책의 변경이 가능하다.

④ 회계정책의 변경에 대해서는 소급법을 적용하여 재무제표를 작성한다.

⑤ 회계정책의 변경과 회계추정의 변경을 구분하는 것이 어려운 경우 이를 회계추정의 변경으로 본다.

**해설**

감가상각의 내용연수, 잔존가치, 감가상각방법의 변경은 회계추정의 변경으로 회계처리한다.

## 06 회계정책, 회계추정의 변경 및 오류에 관한 설명으로 옳은 것은?　17년 기출

① 측정기준의 변경은 회계정책의 변경이 아니라 회계추정의 변경에 해당한다.

② 회계추정의 변경효과를 전진적으로 인식하는 것은 추정의 변경을 그것이 발생한 시점 이후부터 거래, 기타 사건 및 상황에 적용하는 것을 말한다.

③ 과거에 발생한 거래와 실질이 다른 거래, 기타 사건 또는 상황에 대하여 다른 회계정책을 적용하는 경우에도 회계정책의 변경에 해당한다.

④ 과거기간의 금액을 수정하는 경우 과거기간에 인식, 측정, 공시된 금액을 추정함에 있어 사후에 인지된 사실을 이용할 수 있다.

⑤ 회계정책의 변경과 회계추정의 변경을 구분하는 것이 어려운 경우에는 이를 회계정책의 변경으로 본다.

**해설**

① 측정기준의 변경은 회계정책의 변경이다.

③ 과거와 실질이 다른 거래에 대해 다른 회계정책을 적용하는 것은 회계정책의 변경에 해당하지 않는다.

④ 사후에 인지된 사실을 과거 기간의 금액 수정에 이용할 수 없다.

⑤ 회계정책의 변경과 회계추정의 변경을 구분하는 것이 어려운 경우에는 이를 회계추정의 변경으로 본다.

**07** ㈜한국의 20×1년도 재무제표에는 기말재고자산이 ₩750 과소계상되어 있으나, 20×2년도 기말재고자산은 정확하게 계상되어 있다. 동 재고자산 오류가 수정되지 않은 ㈜한국의 20×1년도와 20×2년도의 당기순이익은 각각 ₩3,800과 ₩2,700이다. ㈜한국은 오류를 수정하여 비교재무제표를 재작성하고자 한다. 20×1년 초 이익잉여금이 ₩11,500인 경우, 20×2년 말 이익잉여금은? `17년 기출`

① ₩14,200          ② ₩15,200          ③ ₩15,950

④ ₩18,000          ⑤ ₩18,750

**해설**

\* 20×1년도 재고자산의 오류는 20×2년에는 자동조정되므로 20×2년 말 이익잉여금에는 영향이 없다.

20×2년 말 이익잉여금 = ₩11,500 + ₩3,800 + ₩2,700 = ₩18,000

**08** ㈜감평의 20×1년도 회계오류 수정 전 법인세비용차감전순이익은 ₩500,000이다. 오류수정과 관련된 자료는 다음과 같다. `19년 기출`

| 구분 | 20×0년 | 20×1년 |
|---|---|---|
| 기말재고자산 과대(과소)계상 | ₩12,000 과소 | ₩5,000 과대 |
| 선급비용을 당기비용으로 처리 | ₩4,000 | ₩3,000 |

**회계오류 수정 후 ㈜감평의 20×1년도 법인세비용차감전순이익은?**

① ₩476,000          ② ₩482,000          ③ ₩486,000

④ ₩488,000          ⑤ ₩492,000

**해설**

1) 재고자산

| | | |
|---|---|---|
| 기초재고 | ₩12,000 | 과소 |
| − 기말재고 | ₩5,000 | 과대 |
| = 매출원가 | ₩17,000 | 과소 |
| 당기순이익 | ₩17,000 | 과대 |

2) 선급비용

| 20×0년도 당기순이익 | ₩4,000 | 20×1년도 당기순이익 | (₩4,000) |
|---|---|---|---|
| | | 20×1년도 선급비용 오류 | ₩3,000 |
| | | = (₩1,000) 감소 | |

3) 수정 후 법인세비용차감전순이익 = ₩500,000 − ₩17,000 − ₩1,000 = ₩482,000

**09** ㈜감평은 20×1년부터 20×3년까지 매년 말 다음과 같이 기말재고자산을 과소 또는 과대계상하였으며 오류수정 전 20×2년도와 20×3년도의 당기순이익은 각각 ₩200 과 ₩250이다. 20×3년도 장부가 마감되기 전 오류를 발견하고 해당 오류가 중요하 다고 판단하였을 경우, 오류수정 후 20×3년도 당기순이익은? 24년 기출

| 20×1년도 | 20×2년도 | 20×3년도 |
|---|---|---|
| ₩30 과소계상 | ₩10 과소계상 | ₩20 과대계상 |

① ₩190        ② ₩220        ③ ₩230

④ ₩240        ⑤ ₩250

**해설**

1) 20×3년도 기초재고                    ₩10 과소계상
  (−) 20×3년도 기말재고            ₩20 과대계상
  = 20×3년도 매출원가             ₩30 과소계상
  20×3년도 당기순이익             ₩30 과대계상
2) 20×3년도 오류수정 후 당기순이익 = ₩250 − ₩30 = ₩220

**10** ㈜감평은 20×3년도부터 재고자산 평가방법을 선입선출법에서 가중평균법으로 변경 하였다. 이러한 회계정책의 변경은 한국채택국제회계기준에서 제시하는 조건을 충족 하며, ㈜감평은 이러한 변경에 대한 소급효과를 모두 결정할 수 있다. 다음은 ㈜감평 의 재고자산 평가방법별 기말재고와 선입선출법에 의한 당기순이익이다.

| 구분 | 20×1년 | 20×2년 | 20×3년 |
|---|---|---|---|
| 기말재고자산: | | | |
|   선입선출법 | ₩1,100 | ₩1,400 | ₩2,000 |
|   가중평균법 | 1,250 | 1,600 | 1,700 |
| 당기순이익 | ₩21,000 | ₩21,500 | ₩24,000 |

회계변경 후 20×3년도 당기순이익은? (단, 20×3년도 장부는 마감 전이다.)

18년 기출

① ₩23,500        ② ₩23,700        ③ ₩24,000

④ ₩24,300        ⑤ ₩24,500

해설

1) 20×1년의 재고자산 소급효과는 자동으로 조정되었으며 20×3년 당기순이익에 미치는 영향은 20×2년 기말재고 및 20×3년의 기말재고이다.

|  |  |
|---|---|
| 20×3년 기초재고자산 | ₩200 증가 |
| (−) 20×3년 기말재고자산 | ₩300 감소 |
| = 20×3년 매출원가 | ₩500 증가 |
| 20×3년 당기순이익 | ₩500 감소 |

2) 수정 후 당기순이익 = ₩24,000 − ₩500 = ₩23,500

**11** ㈜감평은 재고자산을 20×1년 말까지 평균법을 적용해 오다가 20×2년 초 선입선출법으로 회계정책을 변경하였다. 다음은 20×1년 말과 20×2년 말의 평가방법별 재고자산 금액이다.

| 구분 | | 20×1년 말 | 20×2년 말 |
|---|---|---|---|
| 재고자산금액 | 평균법 | ₩2,800 | ₩2,200 |
| | 선입선출법 | 2,500 | 2,800 |

평균법을 적용한 20×2년 당기순이익이 ₩2,000일 때, 변경 후 20×2년 당기순이익은? (단, 동 회계정책 변경은 한국채택국제회계기준에서 제시하는 조건을 충족하는 것이며, 선입선출법으로의 회계정책 변경에 대한 소급효과를 모두 결정할 수 있다고 가정한다.) 21년 기출

① ₩1,400      ② ₩2,000
③ ₩2,300      ④ ₩2,600
⑤ ₩2,900

해설

|  |  |
|---|---|
| 20×2년 기초재고 | ₩300 감소 |
| (−) 20×2년 기말재고 | ₩600 증가 |
| = 20×2년 매출원가 | ₩900 감소 |
| 20×2년 당기순이익 | ₩900 증가 |

→ 변경 후 20×2년 당기순이익 = ₩2,000 + ₩900 = ₩2,900

답 ▶ 01 ①   02 ②   03 ③   04 ③   05 ②   06 ②
07 ④   08 ②   09 ②   10 ①   11 ⑤

## 제23절  현금흐름표

### 1  현금흐름표의 의의

#### 1. 현금흐름표의 목적

① 현금흐름표는 일정기간 동안의 기업의 현금흐름을 나타내는 재무제표로서 현금의 유입과 유출에 대한 정보를 제공할 목적으로 작성한다. 현금에 대한 정보는 기업의 활동을 파악하는 데 필수적이므로 발생기준 회계 이외에도 현금의 이동을 보여주는 현금흐름표가 필요하다.

② 현금흐름표는 이처럼 재무제표 이용자의 현금흐름 정보에 대한 요구를 충족시키기 위해 작성된다.

#### 2. 현금흐름표에서의 현금의 범위

① 재무상태표의 현금 및 현금성자산을 의미한다.

② 지분상품은 현금성자산에서 제외하되, 상환일이 정해져 있고 취득일로부터 상환일까지의 기간이 단기인 우선주와 같이 실질적인 현금성자산은 포함한다. 은행차입은 일반적으로 재무활동으로 분류된다. 그러나 금융회사의 요구에 따라 즉시 상환하여야 하는 당좌차월은 기업의 현금관리의 일부를 구성하므로 현금 및 현금성자산의 구성요소에 포함하지 않는다.

> 현금흐름표의 현금 = 재무상태표의 현금 및 현금성자산 - 특정요건을 충족하는 당좌차월

③ 현금 및 현금성자산을 구성하는 항목 간 이동은 영업활동, 투자활동 및 재무활동의 일부가 아닌 현금관리의 일부이므로 이러한 항목간의 변동은 현금흐름에서 제외하며 현금관리는 잉여현금을 현금성자산에 투자하는 것을 포함한다.

#### 3. 현금흐름정보의 효익

① 현금흐름표는 다른 재무제표와 같이 사용되는 경우 순자산의 변화, 재무구조(유동성과 지급능력 포함), 그리고 변화하는 상황과 기회에 적응하기 위하여 현금흐름의 금액과 시기를 조절하는 능력을 평가하는 데 유용한 정보를 제공한다.

② 현금 및 현금성자산의 창출능력 평가 및 서로 다른 기업의 미래 현금흐름의 현재가치를 비교, 평가하는 모형 개발에 도움을 준다.

③ 동일한 거래와 사건에 대하여 서로 다른 회계처리를 적용함에 따라 발생하는 영향을 제거함으로써 영업성과에 대한 기업 간의 비교가능성이 제고된다.

④ 역사적 현금흐름정보는 미래 현금흐름의 금액, 시기 및 확실성에 대한 지표로 자주 사용되며, 과거에 추정한 미래 현금흐름의 정확성을 검증하고, 수익성과 순현금흐름 간의 관계 및 물가변동의 영향을 분석하는 데 유용하다.

## 2 현금흐름표의 구성

현금흐름표는 회계기간 동안 발생한 현금흐름을 **영업활동, 투자활동 및 재무활동**으로 분류한다. 기업은 사업 특성을 고려하여 가장 적절한 방법으로 영업활동, 투자활동 및 재무활동에서 발생하는 현금흐름을 표시한다. 활동에 따른 분류는 이러한 활동이 기업의 재무상태와 현금및현금성자산의 금액에 미치는 영향을 재무제표 이용자가 평가할 수 있도록 정보를 제공한다. 또한 이 정보는 각 활동 간의 관계를 평가하는 데 사용될 수 있다.

하나의 거래에는 서로 다른 활동으로 분류되는 현금흐름이 포함될 수 있다. 예를 들어 이자와 차입금을 함께 상환하는 경우, 이자지급은 영업활동으로 분류될 수 있고 원금상환은 재무활동으로 분류된다.

| 구분 | 내용 | 재무상태표 과목 |
|------|------|------------------|
| 영업활동 | 제품의 생산과 상품 및 용역의 구매, 판매활동과 관련 있는 현금흐름 | 매출채권, 재고자산, 선급금, 선급비용, 매입채무, 선수금, 미지급비용, 선수수익 등 |
| 투자활동 | 현금의 대여와 회수활동, 유가증권, 투자자산, 유형자산 및 무형자산의 취득과 처분활동 등 | 대여금, 투자자산, 유형자산, 무형자산 등 |
| 재무활동 | 현금의 차입 및 상환활동, 신주발행이나 배당금의 지급활동 등과 같이 부채 및 자본계정에 영향을 미치는 거래 | 단기차입금, 장기차입금, 자본금, 현금배당 등 |

### 1. 영업활동 현금흐름

영업활동 현금흐름은 주로 기업의 주요 수익창출활동에서 발생하므로 일반적으로 당기순손익의 결정에 영향을 미치는 거래나 그 밖의 사건의 결과로 발생한다.

> 영업활동 현금흐름의 예
> ① 재화의 판매와 용역 제공에 따른 현금유입
> ② 로열티, 수수료, 중개료 및 기타수익에 따른 현금유입
> ③ 재화와 용역의 구입에 따른 현금유출
> ④ 종업원과 관련하여 직, 간접으로 발생하는 현금유출
> ⑤ 법인세의 납부 또는 환급. 다만, 재무활동과 투자활동에 명백히 관련되는 것은 제외
> ⑥ 단기매매 목적으로 보유하는 계약에서 발생하는 현금유입과 현금유출

설비 매각과 같은 일부 거래에서도 인식된 당기순손익의 결정에 포함되는 처분손익이 발생할 수도 있지만 그러한 거래와 관련된 현금흐름은 투자활동 현금흐름이다.

그러나 타인에게 임대할 목적으로 보유하다가 후속적으로 판매목적으로 보유하는 자산을 제조하거나 취득하기 위한 현금 지급액은 영업활동 현금흐름이다. 이러한 자산의 임대 및 후속적인 판매로 수취하는 현금도 **영업활동 현금흐름**이다. 기업의 단기매매목적으로 보유하는 유가증권의 취득과 판매는 재고자산과 유사하기 때문에 영업활동으로 분류한다. 따라서 금융회사의 현금 선지급이나 대출채권은 은행업의 주요 수익창출활동과 관계가 있기 때문에 일반적으로 영업활동으로 분류한다.

## 2. 투자활동 현금흐름

투자활동 현금흐름은 미래 수익과 미래 현금흐름을 창출할 자원의 확보를 위하여 지출된 정도를 나타내기 때문에 현금흐름을 별도로 구분 공시하는 것이 중요하다. 재무상태표에 자산으로 인식되는 지출만이 투자활동으로 분류하기에 적합하다.

---

**투자활동 현금흐름의 예**

① 유형자산, 무형자산 및 기타 장기성 자산의 취득에 따른 현금유입 또는 유출, 이 경우 현금유출에는 자본화된 개발원가와 자가건설 유형자산에 관련된 지출이 포함

② 다른 기업의 지분상품이나 채무상품 및 조인트벤처 투자지분의 취득에 따른 현금유입 또는 유출(현금성자산으로 간주되는 상품이나 단기매매목적으로 보유하는 상품의 취득에 따른 유출액 또는 상품의 처분에 따른 유입액은 제외)

③ 제3자에 대한 선급금 및 대여금, 선급금 및 대여금의 회수에 따른 현금유입(금융회사의 현금 선지급과 대출채권은 제외)

④ 선물계약, 선도계약, 옵션계약 및 스왑계약에 따른 현금유입 또는 유출(단기매매목적으로 계약을 보유하거나 현금유입 또는 유출이 재무활동으로 분류되는 경우는 제외)

---

파생상품계약에서 식별가능한 거래에 대하여 위험회피회계를 적용하는 경우, 그 계약과 관련된 현금흐름은 위험회피대상 거래의 현금흐름과 동일하게 분류한다.

무형자산에서 연구단계의 지출은 당기비용(판매비와 관리비)으로 인식하고, 개발단계의 지출은 6가지의 조건을 모두 충족하는 경우에 한하여 무형자산으로 인식한다. 따라서 연구단계의 지출은 영업활동현금흐름으로 분류하고, 무형자산의 인식조건을 충족하는 개발단계의 지출은 투자활동현금흐름으로 분류한다.

이자지급액 중 유·무형자산에 자본화한 금액(자본화 차입원가)은 유·무형자산의 취득에 소요된 지출로 보고 투자활동 현금흐름으로 분류한다.

## 3. 재무활동 현금흐름

재무활동은 기업의 납입자본과 차입금의 크기 및 구성내용에 변동을 가져오는 활동을 말한다. 재무활동 현금흐름은 미래 현금흐름에 대한 자본 제공자의 청구권을 예측하는 데 유용하기 때문에 현금흐름을 별도로 구분 공시하는 것이 중요하다.

---

**재무활동 현금흐름의 예**

① 주식이나 기타 지분상품의 발행에 따른 현금유입

② 주식의 취득이나 상환에 따른 소유주에 대한 현금유출

③ 담보, 무담보부사채 및 어음의 발행과 기타 장·단기차입에 따른 현금유입

④ 차입금의 상환에 따른 현금유출

⑤ 리스이용자의 리스부채 상환에 따른 현금유출

---

## 4. 이자, 배당금 및 법인세

이자와 배당금의 수취 및 지급에 따른 현금흐름은 각각 별도로 공시한다. 각 현금흐름은 매 기간 일관성 있게 영업활동, 투자활동 또는 재무활동으로 분류한다.

금융회사의 경우 이자지급, 이자수입 및 배당금수입은 일반적으로 영업활동현금흐름으로 분류한다. 그러나 다른 업종의 경우 이자지급, 이자수입 및 배당금수입은 당기순손익의 결정에 영향을 미치므로 영업활동 현금흐름으로 분류할 수 있다.

① 이자지급, 이자수입, 배당금수입은 영업활동 현금흐름으로 분류 가능. 대체적인 방법으로 이자지급, 이자수입 및 배당금수입은 각각 재무활동 현금흐름 및 투자활동 현금흐름으로 분류 가능하다.

② 배당금 지급은 재무활동 현금흐름으로 분류 가능. 대체적인 방법으로 영업활동 현금흐름으로 분류 가능하다.

③ 법인세는 재무활동과 투자활동에 명백히 관련되지 않는 한 영업활동 현금흐름으로 분류한다.

## 3 현금흐름표의 양식

## 1. 간접법

① 간접법은 영업에서 창출된 현금을 세부적인 활동으로 구분하지 않고 전체를 하나로 묶어서 계산한다. 간접법은 포괄손익계산서와 재무상태표를 이용하여 그중에서 현금의 변동만을 발췌하는 방법을 택한다.

② 재무상태표에서 '자산 = 부채 + 자본'으로 구성되어 있다. 이 중 자산에 포함되어 있는 현금의 이동만을 보여주는 표가 현금흐름표이기 때문에 이 식은 다음과 같이 분류할 수 있다.

> 현금 + 현금 외 자산총계 = 부채총계 + 자본총계

> 현금의 이동 + 자산의 이동 = 부채의 이동 + 자본의 이동

> * 현금의 이동 = 부채의 이동 + 자본의 이동 − 자산의 이동

③ 이동은 기말과 기초의 차이로 나타낼 수 있는데 결국 현금의 이동은 부채와 자본의 이동은 동일한 방향으로, 자산의 이동은 반대 방향으로 기감힘으로써 인이질 수 있다는 결론에 도달한다. 그리하여 간접법으로 현금흐름표를 작성할 때는 **재무상태표 계정에서 부채와 자본의 증가는 같은 부호, 자산의 이동은 반대 부호**로 현금의 이동을 파악하는 것이다.

④ 또한 포괄손익계산서 항목은 동일한 이동을 보여주는 재무제표인데 그중에서도 영업활동, 투자활동, 재무활동을 구분하여 가감할 필요가 있다.

⑤ 간접법은 법인세비용차감전순이익에서 영업활동이 대부분을 차지하기 때문에 영업활동 현금흐름을 파악할 때는 법인세비용차감전순이익에서 투자활동, 재무활동과 관계된 항목을 가감하여 영업활동과 관계된 포괄손익계산서 항목만 남도록 조정하는 방법을 택한다.

| | | |
|---|---|---|
| 당기순이익 | ××× | 1) 비현금비용(가산) |
|   법인세비용 | ××× |    감가상각비, 매출채권 외의 대손상각비, 사채할인 |
|   이자비용 | ××× |    발행차금상각, 외화환산손실, 퇴직급여 외 |
|   비현금비용 가산 | ××× | |
|   비현금수익 차감 | (×××) | 2) 비현금수익(차감) |
| 투자, 재무관련손익 | |    손실충당금환입, 사채할증발행차금환입, 외화환산 |
|   (이익은 차감, 손실은 가산) | ± ××× |    이익, 장기투자증권손상차손환입 등 |
|   영업활동 관련 자산, 부채의 증감 | | |
|   자산의 증가는 차감 | ± ××× | 3) 투자, 재무관련손익 |
|   부채의 증가는 가산 | ± ××× |    유가증권처분손익, 유형자산처분손익, 무형자산처 |
| 영업에서 창출된 현금 | ××× |    분손익, 사채상환손익 등 |
|   이자지급 | (×××) | |
|   법인세지급 | (×××) | 4) 영업활동 관련 자산, 부채 |
| 영업활동 순현금흐름 | ××× |    매출채권, 선수금, 재고자산, 매입채무, 선급금, 당 |
| | |    기법인세자산(부채), 이연법인세자산(부채), 미수 |
| | |    수익, 선수수익, 미지급비용, 선급비용 등 |

\* 영업활동 현금흐름 계산 시 다음 항목은 당기순이익의 조정사항이 아니다.

| 구분 | 사례 |
|---|---|
| 현금수익, 비용 | 법인세 추납액, 법인세환급액, 유가증권(현금성자산)처분손익, 매입할인, 매출할인 |
| 손익계산서항목이 아닌 것 | 기타포괄손익 − 공정가치 측정 금융자산 평가손익, 자기주식처분손익 |
| 영업활동 관련 자산, 부채가 아닌 사례 | 유형자산의 증감, 차입금의 증감 |

**예제 23-1** 영업활동 현금흐름(간접법)

㈜한국의 20×1년도 포괄손익계산서는 다음과 같다.

| | |
|---|---|
| • 매출액 | ₩20,000 |
| • 매출원가 | (10,000) |
| • 대손상각비(손상차손) | (1,000) |
| • 감가상각비 | (1,000) |
| • 유형자산처분이익 | 2,000 |
| • 법인세비용차감전순이익 | ₩10,000 |

또한 재무상태표의 변동은 아래와 같다.

| 구분 | 기초잔액 | 기말잔액 |
|---|---|---|
| 매출채권(순액) | ₩1,000 | ₩2,000 |
| 재고자산 | ₩500 | ₩1,200 |
| 매입채무 | ₩2,000 | ₩1,000 |

이를 기준으로 영업활동현금흐름을 찾아보면 우선 손익계산서 계정을 가감한다.
투자활동과 관계있는 감가상각비와 유형자산처분이익은 영업활동 현금흐름에서 가감하여 조정한다.

| | |
|---|---|
| • 법인세비용차감전순이익 | ₩10,000 |
| • 감가상각비 | 1,000 |
| • 유형자산처분이익 | (2,000) |

그 뒤 재무상태표 계정에서는 영업활동과 관계 있는 계정과목의 증감을 분석하면 된다. 매출채권, 재고자산, 매입채무 모두 영업활동과 관계있는 재무상태표 계정이므로 자산의 증가는 반대로, 부채와 자본의 증가는 같은 부호로 가감한다.

........................

**해답**

| | |
|---|---|
| 법인세비용차감전순이익 | ₩10,000 |
| 감가상각비 | 1,000 |
| 유형사산서분이익 | (2,000) |
| | ₩9,000 |
| 매출채권(순액)의 증가 | (1,000) |
| 재고자산의 증가 | (700) |
| 매입채무의 감소 | (1,000) |
| 영업활동 순현금흐름 | ₩6,300 |

---

**예제 23-2**  영업활동으로 인한 현금흐름(간접법)

㈜한국의 20×1년도 당기순이익은 ₩91,000이다. ㈜한국의 재무제표 자료가 다음과 같다고 할 때, 영업활동 현금흐름을 계산하시오(단, 이자지급 및 법인세납부는 영업활동으로 분류한다).

| 이자비용 | ₩2,000 | 감가상각비 | ₩1,000 |
|---|---|---|---|
| 유형자산처분손실 | 3,000 | 사채상환이익 | 2,000 |
| 법인세비용 | 7,000 | 미지급이자의 증가 | 1,000 |
| 재고자산(순액)의 증가 | 3,000 | 매출채권(순액)의 증가 | 2,000 |
| 매입채무의 증가 | 3,000 | 당기법인세부채의 감소 | 3,000 |

---

**해답**

영업활동현금흐름을 간접법으로 계산하기 위해서는 당기순이익에서 포괄손익계산서 중 영업활동과 무관한 손익은 가감하고, 재무상태표에서 영업활동과 관계된 계정과목의 증감을 가감하여 계산한다.

| | |
|---|---|
| 당기순이익 | ₩91,000 |
| 감가상각비 | 1,000 |
| 유형자산처분손실 | 3,000 |
| 사채상환이익 | (2,000) |
| 미지급이자의 증가 | 1,000 |
| 재고자산(순액)의 증가 | (3,000) |
| 매출채권(순액)의 증가 | (2,000) |
| 매입채무의 증가 | 3,000 |
| 당기법인세부채의 감소 | (3,000) |
| 영업활동 현금흐름 | ₩89,000 |

→ 포괄손익계산서 항목 중 감가상각비, 유형자산처분손실은 투자활동 현금흐름에 해당하는 항목이며, 사채상환이익은 재무활동 현금흐름이다.

**예제 23-3** 영업활동현금흐름(간접법)

㈜한국의 20×1년도 현금흐름표상 영업에서 창출된 현금(영업으로부터 창출된 현금)은
₩100,000이다. 다음에 제시된 자료를 이용하여 ㈜한국의 20×1년도 포괄손익계산서상 법인
세비용차감전순이익을 구하시오(단, 이자와 배당금 수취, 이자지급 및 법인세납부는 영업활동
으로 분류한다).

| 감가상각비 | ₩2,000 | 미지급이자 감소 | ₩1,500 |
|---|---|---|---|
| 유형자산처분이익 | 1,000 | 재고자산(순액) 증가 | 3,000 |
| 이자비용 | 5,000 | 매입채무 증가 | 4,000 |
| 법인세비용 | 4,000 | 매출채권(순액) 증가 | 2,500 |
| 배당금수익 | 1,500 | 미수배당금 감소 | 1,000 |
| 미지급법인세 감소 | 2,000 | | |

**해답**

K-IFRS에서는 간접법으로 영업활동을 표시한다고 하더라도 이자와 배당금 수취, 이자지급 및 법인세납
부는 직접법으로 표기하도록 요구하고 있다.

| | |
|---|---|
| 법인세비용차감전순이익 | ₩97,000 |
| 감가상각비 | 2,000 |
| 유형자산처분이익 | (1,000) |
| 이자비용 | 5,000 |
| 배당금수익 | (1,500) |
| 재고자산(순액) 증가 | (3,000) |
| 매입채무 증가 | 4,000 |
| 매출채권(순액) 증가 | (2,500) |
| 영업에서 창출된 현금 | ₩100,000 |
| 이자지급액 | (6,500) |
| 법인세지급액 | (6,000) |
| 배당금수취 | 2,500 |
| 영업활동순현금흐름 | ₩90,000 |

| 이자비용 | (₩5,000) | 법인세비용 | (₩4,000) | 배당금수익 | ₩1,500 |
|---|---|---|---|---|---|
| 미지급이자 감소 | (1,500) | 미지급법인세감소 | (2,000) | 미수배당금 감소 | 1,000 |
| = 이자지급액 | (₩6,500) | = 법인세지급액 | (₩6,000) | = 배당금수취액 | ₩2,500 |

⑥ 이처럼 간접법은 영업에서 창출된 현금을 고객으로부터 유입된 현금이나 공급자와 종업원에 대
한 현금유출의 세부적인 항목으로 구분하지 않고 전체를 하나로 묶어서 계산한다.

## 2. 직접법(영업활동)

① 직접법은 간접법과는 달리 각 활동별로 현금흐름을 세부적으로 구분하여 표시한다. 직접법은 현금을 수반하여 발생한 수익 또는 비용항목을 총액으로 표시하되, 현금유입액은 원천별로, 현금유출액은 용도별로 분류하여 표시한다.

② 직접법은 간접법과는 달리 포괄손익계산서 계정 및 재무상태표 계정과목에서 해당 항목과 직접 관계되는 항목을 찾아 가감한다. 현금흐름을 파악하는 방법은 간접법의 논리와 동일하다. 다만, 간접법은 당기순이익에서 무관한 현금흐름을 가감해 영업활동과 관계된 항목만 남기는 방법을 택하였다면, 직접법은 관계된 과목을 직접 가감한다는 점에서 차이가 난다.

③ 재무상태표 계정과목은 부채와 자본의 증가는 같은 부호로, 자산의 증가는 반대로 가감한다.

| 영업활동현금흐름 | |
|---|---|
| 고객으로부터 유입된 현금 | ××× |
| 공급자와 종업원에 대한 현금유출 | (×××) |
| 영업에서 창출된 현금 | ××× |
| 이자지급 | (×××) |
| 법인세의 납부 | (×××) |
| 영업활동순현금흐름 | ××× |

| 구분 | 관련 계정과목 |
|---|---|
| 고객으로부터 유입된 현금 | 매출액, 대손상각비, 손실충당금환입, 제거채권회수액, 매출채권, 선수금, 손실충당금 |
| 배당금수익 | 배당금수익, 미수배당금 |
| 이자수익 | 이자수익, 채권할인취득액상각, 채권할증취득액환입, 미수이자, 선수이자 |
| 매입, 종업원 등 | 매출원가, 판매비와 관리비, 감가상각비, 무형자산상각비, 재고자산, 매입채무, 선급금, 퇴직급여충당부채 |
| 이자비용 | 이자비용, 사채할인발행차금상각, 사채할증발행차금환입, 장기채무할인차금상각, 장기채무할증차금환입, 선급이자, 미지급이자 |
| 법인세 | 법인세비용, 법인세추납액, 법인세환급액, 당기법인세부채, 선급법인세, 이연법인세자산, 이연법인세부채 |

④ 직접법은 원천별로 용도별로 현금흐름을 직접 가감하기 때문에 관계된 계정과목을 잘 구분하여야 한다.

### (1) 고객으로부터의 유입된 현금액

① 고객으로부터 유입된 현금액은 기업이 재화나 용역을 고객에게 판매하거나 제공하고 회수한 현금액으로 **매출로 인한 현금유입액**이라고도 한다. 이를 파악하기 위해서는 우선 매출과 관계된 계정을 파악한다.

② 포괄손익계산서 계정으로는 매출액, 대손상각비(손상차손), 손실충당금환입, 외환손익 등이 있다. 미수금과 대여금 관련한 금액은 가감해서는 안 된다. 외환손익은 매출채권과 관련된 외환손익만 가감한다.

③ 재무상태표 계정에는 매출채권, 손실충당금, 선수금 등이 있고 이들 계정은 기초와 기말금액의 차이를 계산하여 순액을 가감한다.

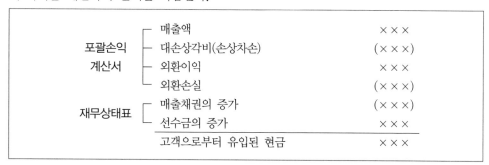

| 포괄손익 계산서 | 매출액 | ×× × |
|---|---|---|
| | 대손상각비(손상차손) | (×× ×) |
| | 외환이익 | ×× × |
| | 외환손실 | (×× ×) |
| 재무상태표 | 매출채권의 증가 | (×× ×) |
| | 선수금의 증가 | ×× × |
| | 고객으로부터 유입된 현금 | ×× × |

④ 직접법은 간접법과는 달리 포괄손익계산서, 재무상태표에서 해당 현금유입, 유출과 관계된 과목을 직접 찾아 가감하는 방법이라고 하겠다. 한국채택국제회계기준에서는 직접법을 간접법보다는 권장한다.

(2) 공급자와 종업원에 대한 현금유출

공급자와 종업원에 대한 현금유출액은 포괄손익계산서의 매출원가, 물류원가 및 관리비와 관련된 현금유출액을 말한다.

① 공급자에 대한 현금유출액은 재고자산의 매입과 관련된 현금유출액을 의미하므로 매입과 관련된 계정들을 파악하여야 한다. 매입과 관련된 손익계산서 계정에는 매출원가, 재고자산감모손실, 재고자산평가손실 및 외환손익이 있다. 이번에는 유출이기 때문에 매출원가는 부( )의 금액에서 출발한다. 재무상태표 계정에는 재고자산, 선급금, 매입채무 등의 계정이 있다.

② 종업원에 대한 현금유출액은 급여 관련 계정과목이 이에 해당한다. 손익계산서에는 급여, 주식결제형 주식보상비용(급여에 포함된 경우)이 있고 재무상태표 계정에는 선급급여, 미지급급여 등이 있다.

✅ 공급자에 대한 현금유출

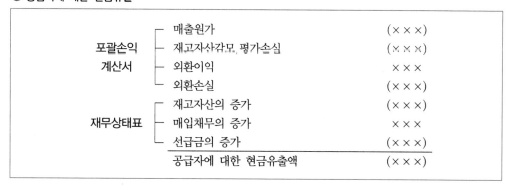

| 포괄손익 계산서 | 매출원가 | (×× ×) |
|---|---|---|
| | 재고자산감모, 평가손실 | (×× ×) |
| | 외환이익 | ×× × |
| | 외환손실 | (×× ×) |
| 재무상태표 | 재고자산의 증가 | (×× ×) |
| | 매입채무의 증가 | ×× × |
| | 선급금의 증가 | (×× ×) |
| | 공급자에 대한 현금유출액 | (×× ×) |

✅ 종업원에 대한 현금유출

| | | |
|---|---|---|
| 포괄손익<br>계산서 | 급여 | (×××) |
| | 주식결제형 주식보상비용 | ××× |
| 재무상태표 | 선급급여의 증가 | (×××) |
| | 미지급급여의 증가 | ××× |
| | 종업원에 대한 현금유출액 | (×××) |

**예제 23-4** 현금흐름표(직접법)

다음은 ㈜한국의 20×1년도 재무제표의 일부 자료이다. 직접법을 사용하여, 고객으로부터 유입된 현금흐름과 공급자에 대해 유출된 현금흐름을 계산하시오.

(1) 재무상태표

| 계정과목 | 기초 | 기말 |
|---|---|---|
| 매출채권(순액) | ₩100,000 | ₩150,000 |
| 재고자산 | ₩50,000 | ₩30,000 |
| 매입채무 | ₩60,000 | ₩100,000 |
| 선수금 | ₩30,000 | ₩10,000 |

(2) 손익계산서 일부자료

- 매출액 : ₩500,000
- 매출원가 : ₩300,000
- 대손상각비(손상차손) : ₩10,000
- 재고자산평가손실 : ₩30,000

해답

(1) 고객으로부터 유입된 현금흐름

| | |
|---|---|
| 매출액 | ₩500,000 |
| 대손상각비(손상차손) | (10,000) |
| 매출채권(순액) 증가 | (50,000) |
| 선수금의 감소 | (20,000) |
| = 고객으로부터 현금유입액 | ₩420,000 |

PART 01

    **(2) 공급자에 대해 유출된 현금흐름**

| | |
|---|---:|
| 매출원가 | (₩300,000) |
| 재고자산평가손실 | (30,000) |
| 재고자산 감소 | 20,000 |
| 매입채무 증가 | 40,000 |
| = 공급자에 대한 현금유출액 | (₩270,000) |

## (3) 이자의 지급

이자의 지급은 영업활동이나 재무활동 중 하나의 활동으로 분류할 수 있다. 이자와 관련된 손익계산서는 **이자비용, 사채할인발행차금, 전환권조정, 신주인수권조정상각액(+), 사채할증발행차금상각액(−)**이 있으며, 재무상태표 계정에는 **선급이자, 미지급이자** 등이 있다.

    ✅ **이자의 지급**

| | | |
|---|---|---:|
| **포괄손익** | 이자비용 | (×××) |
| **계산서** | 사채할인발행차금 상각액 | ××× |
| | 사채할증발행차금 상각액 | (×××) |
| **재무상태표** | 선급이자의 증가 | (×××) |
| | 미지급이자의 증가 | ××× |
| | 이자지급액 | (×××) |

## (4) 이자의 수취

이자의 수취도 이자의 지급과 마찬가지로 영업활동이나 투자활동 중 하나의 활동으로 분류할 수 있다. 이자의 수취와 관련 있는 손익계산서 계정은 **이자수익, 상각후원가, 기타포괄금융자산 할인취득액 상각(−), 상각후원가, 기타포괄금융자산할증취득액 상각(+)**이 있으며 재무상태표 계정에는 **미수이자, 선수이자**가 있다.

    ✅ **이자의 수취**

| | | |
|---|---|---:|
| **포괄손익** | 이자수익 | ××× |
| **계산서** | 상각후원가, 기타포괄 상각액 | (×××) |
| | 상각후원가, 기타포괄 상각액 | ××× |
| **재무상태표** | 미수이자의 증가 | (×××) |
| | 선수이자의 증가 | ××× |
| | 이자수취액 | ××× |

### (5) 법인세의 납부

① 법인세의 납부는 손익계산서의 법인세비용을 기준으로 계산한다. **법인세비용은 특별한 경우를 제외하고는 영업활동으로 분류한다.**

② 법인세와 관련한 손익계산서 계정에는 법인세비용이며, 재무상태표 계정인 **이연법인세자산(부채), 미수법인세환급액, 미지급법인세**가 있다.

◆ 법인세의 납부

| | | |
|---|---|---|
| | 법인세비용 | (×××) |
| 재무상태표 | 이연법인세자산의 증가 | (×××) |
| | 미지급법인세의 증가 | ××× |
| | 법인세지급액 | (×××) |

---

**예제 23-5** 이자지급으로 인한 현금유출액

㈜한국의 재무상태표와 손익계산서의 자료를 통해 이자의 지급으로 인한 현금유출액을 구하시오.

(1) 재무상태표

| 구분 | 기초 | 기말 |
|---|---|---|
| 미지급이자 | ₩30,000 | ₩100,000 |
| 선급이자 | ₩50,000 | ₩30,000 |

(2) 손익계산서
 - 이자비용 : ₩200,000

.........................................

**해답**

| | |
|---|---|
| 이자비용 | (₩200,000) |
| 선급이자의 감소 | 20,000 |
| 미지급이자의 증가 | 70,000 |
| = 이자지급에 따른 현금유출액 | (₩110,000) |

---

**4 투자활동 및 재무활동 현금흐름**

투자활동 현금흐름과 재무활동 현금흐름은 총현금유입과 총현금유출을 주요 항목별로 구분하여 총액으로 표시하는 것을 원칙으로 한다. 다만, 다음의 경우에는 순증감액으로 보고할 수 있다.

(1) 현금흐름이 기업의 활동이 아닌 고객의 활동을 반영하는 경우로서 고객을 대리함에 따라 발생하는 현금 유입과 현금유출
(2) 회전율이 높고 금액이 크며 만기가 짧은 항목과 관련된 현금유입과 현금유출

투자활동, 재무활동은 영업활동과는 달리 기중 거래가 많지 않기 때문에 수험을 위해서는 기중거래를 분석하여 현금유입, 현금유출을 직접 파악하는 것이 보다 용이할 것이다.

예컨대, 올해 건물의 취득과 처분 외에는 거래가 없었다고 한다면, 취득시, 처분시의 거래를 파악해서 이에 따른 현금유입과 현금유출을 직접 분개를 통해 파악하는 것이다.

---

**예제 23-6    투자활동 현금흐름**

㈜한국의 20×1년 건물과 관련된 자료가 다음과 같을 때, 투자활동에 따른 현금흐름을 파악하시오.

| 구분 | 기초 | 기말 |
|---|---|---|
| 건물 | ₩200,000 | ₩300,000 |
| 감가상각누계액 | ₩50,000 | ₩70,000 |

〈추가자료〉
• 20×1년 중에 건물(취득원가 : ₩100,000, 감가상각누계액 : ₩30,000)을 ₩60,000에 매각하였다.
• 당기의 건물과 관련된 거래는 모두 현금으로 이루어졌으며, 건물의 처분과 취득만 발생하였다.

..............................................................................................................

**해답**

(1) 건물의 처분

| (차) 현금 | 60,000 | (대) 건물 | 100,000 |
|---|---|---|---|
| 감가상각누계액 | 30,000 | | |
| 유형자산처분손실 | 10,000 | | |

 * 건물은 ₩200,000(기초) − ₩100,000(매각) + 취득 = ₩300,000(기말)이 되므로 당기에 취득한 건물은 ₩200,000이다.

(2) 건물의 취득

| (차) 건물 | 200,000 | (대) 현금 | 200,000 |
|---|---|---|---|

 * 감가상각누계액은 ₩50,000(기초잔액) − ₩30,000(처분) + 감가상각비 = ₩70,000이 되므로 당기의 감가상각비는 ₩50,000이다.

(3) 당기의 감가상각비

| (차) 감가상각비 | 50,000 | (대) 감가상각누계액 | 50,000 |
|---|---|---|---|

(4) 투자활동현금흐름

| 투자활동으로 인한 현금유입액 | ₩60,000 |
|---|---|
| 투자활동으로 인한 현금유출액 | (₩200,000) |
| = 투자활동 순현금흐름 | (₩140,000) |

01 현금흐름표는 회계기간 동안 발생한 현금흐름을 영업활동, 투자활동 및 재무활동으로
분류하여 보고한다. 다음 중 현금흐름의 분류가 다른 것은? 10년 CTA

① 리스이용자의 리스부채 상환에 따른 현금유출
② 판매목적으로 보유하는 재고자산을 제조하거나 취득하기 위한 현금유출
③ 보험회사의 경우 보험금과 관련된 현금유출
④ 기업이 보유한 특허권을 일정기간 사용하도록 하고 받은 수수료 관련 현금유입
⑤ 단기매매 목적으로 보유하는 계약에서 발생한 현금유입

해설
리스이용자의 리스부채 상환에 따른 현금유출은 재무활동 현금흐름이다.

02 현금흐름표에 관한 설명으로 옳지 않은 것은? 13년 CTA

① 현금흐름표는 회계기간 동안 발생한 현금흐름을 영업활동, 투자활동 및 재무활동으
로 분류하여 보고한다.
② 영업활동은 기업의 주요 수익창출활동, 그리고 투자활동이나 재무활동이 아닌 기타
의 활동을 말한다.
③ 투자활동은 유·무형자산, 다른 기업의 지분상품이나 채무상품 등의 취득과 처분활
동, 제3자에 대한 대여 및 회수활동 등을 포함한다.
④ 재무활동은 기업의 납입자본과 차입금의 크기 및 구성내용에 변동을 가져오는 활동
을 말한다.
⑤ 간접법을 적용하여 표시한 영업활동 현금흐름은 직접법에 의한 영업활동 현금흐름
에서는 파악할 수 없는 정보를 제공하기 때문에 미래현금흐름을 추정하는 데 보다
유용한 정보를 제공한다.

해설
직접법을 적용하여 표시한 영업활동 현금흐름은 간접법에 의한 영업활동 현금흐름에서는 파악할
수 없는 정보를 제공하기 때문에 미래현금흐름을 추정하는 데 보다 유용한 정보를 제공한다.

**03** ㈜감평의 20×1년도 포괄손익계산서상 당기순이익은 ₩800,000으로 보고되었다. 다음 자료에 의해 간접법으로 구한 20×1년도 영업활동 현금흐름은? `19년` `기출`

| | |
|---|---|
| • 토지(장부금액 ₩3,000,000) 처분금액 | ₩3,100,000 |
| • 매출채권(총액) 증가 | 165,000 |
| • 매출채권손실충당금 증가 | 5,000 |
| • 매입채무 증가 | 80,000 |
| • 매출채권손상차손 | 20,000 |
| • 감가상각비 | 120,000 |
| • 개발비 지출 | 180,000 |

① ₩740,000    ② ₩760,000    ③ ₩840,000
④ ₩900,000    ⑤ ₩920,000

**해설**

영업활동 현금흐름 = ₩800,000(당기순이익) − ₩100,000(토지처분이익) − ₩165,000(매출채권 증가) + ₩5,000(손실충당금 증가) + ₩80,000(매입채무 증가) + ₩120,000(감가상각비) = ₩740,000

**04** 다음 자료를 이용할 경우 20×1년도 현금흐름표에 계상될 영업활동순현금흐름은 얼마인가? `12년` `CTA`

| | |
|---|---|
| • 당기순이익 | ₩250,000 |
| • 감가상각비 | 40,000 |
| • 사채상환이익 | 35,000 |
| • FVOCI금융자산처분손실 | 20,000 |
| • 배당금지급 | 80,000 |
| • 유상증자 | 110,000 |

• 자산 및 부채 계정잔액의 일부

| 구분 | 20×1년 1월 1일 | 20×1년 12월 31일 |
|---|---|---|
| 매출채권(순액) | ₩50,000 | ₩70,000 |
| 단기대여금 | 110,000 | 130,000 |
| 유형자산(순액) | 135,000 | 95,000 |
| 매입채무 | 40,000 | 30,000 |
| 미지급비용 | 30,000 | 45,000 |

① ₩260,000 유입    ② ₩265,000 유입    ③ ₩270,000 유입
④ ₩275,000 유입    ⑤ ₩290,000 유입

영업활동 순현금흐름 = ₩250,000(당기순이익) + ₩40,000(감가상각비) − ₩35,000(사채상환이익) + ₩20,000(FVOCI금융자산처분손실) − ₩20,000(매출채권 증가) − ₩10,000(매입채무 감소) + ₩15,000(미지급비용의 증가) = ₩260,000

**05** ㈜관세의 20×2년도 포괄손익계산서에는 당기순이익 ₩600, 유형자산처분이익 ₩300, 감가상각비 ₩200이 계상되어 있으며, 비교재무상태표의 주요 자산 및 부채 계정은 다음과 같다.

| 구분 | 20×2년 말 | 20×1년 말 |
|---|---|---|
| 매출채권(순액) | ₩900 | ₩500 |
| 선급비용 | 200 | 400 |
| 매입채무 | 300 | 200 |
| 단기차입금 | 500 | 200 |

㈜관세의 20×2년 영업활동 현금흐름은? 20년 관세사

① ₩200 현금유입   ② ₩400 현금유입   ③ ₩600 현금유입
④ ₩200 현금유출   ⑤ ₩400 현금유출

영업활동 현금흐름 = ₩600(당기순이익) − ₩300(유형자산처분이익) + ₩200(감가상각비) − ₩400(매출채권 증가) + ₩200(선급비용 감소) + ₩100(매입채무 증가) = ₩400 현금유입
• 단기차입금은 재무활동과 관련된 부채이므로 영업활동현금흐름에는 포함하지 않는다.

**06** 다음은 ㈜감평의 20×1년 현금흐름표 작성을 위한 자료이다.

| 감가상각비 | ₩40,000 | 미지급이자 증가액 | ₩5,000 |
|---|---|---|---|
| 유형자산처분손실 | 20,000 | 매출채권 증가액 | 15,000 |
| 이자비용 | 25,000 | 재고자산 감소액 | 4,000 |
| 법인세비용 | 30,000 | 매입채무 감소액 | 6,000 |
| 미지급법인세 감소액 | 5,000 | 당기순이익 | 147,000 |

㈜감평은 간접법으로 현금흐름표를 작성하며, 이자지급 및 법인세납부를 영업활동으로 분류한다. 20×1년 ㈜감평이 현금흐름표에 보고해야 할 영업활동 순현금흐름은?
17년 기출

① ₩160,000  ② ₩165,000  ③ ₩190,000

④ ₩195,000  ⑤ ₩215,000

**해설**

영업활동 순현금흐름 = ₩147,000(당기순이익) + ₩40,000(감가상각비) + ₩20,000(유형자산처분손실) − ₩5,000(미지급법인세 감소액) + ₩5,000(미지급이자 증가액) − ₩15,000(매출채권 증가액) + ₩4,000(재고자산 감소액) − ₩6,000(매입채무 감소액) = ₩190,000

## 07 다음은 ㈜감평의 20×1년도 현금흐름표를 작성하기 위한 자료이다.

(1) 20×1년도 포괄손익계산서 자료
- 당기순이익 : ₩100,000
- 대손상각비 : ₩5,000(매출채권에서 발생)
- 감가상각비 : ₩20,000
- 유형자산처분이익 : ₩7,000
- 사채상환손실 : ₩8,000

(2) 20×1년 말 재무상태표 자료
- 20×1년 기초금액 대비 기말금액의 증감은 다음과 같다.

| 자산 | | 부채 | |
|---|---|---|---|
| 계정과목 | 증가(감소) | 계정과목 | 증가(감소) |
| 재고자산 | (₩80,000) | 매입채무 | (₩4,000) |
| 매출채권(순액) | 50,000 | 미지급급여 | 6,000 |
| 유형자산(순액) | (120,000) | 사채(순액) | (90,000) |

### ㈜감평의 20×1년도 영업활동순현금흐름은? [18년 기출]

① ₩89,000  ② ₩153,000  ③ ₩158,000

④ ₩160,000  ⑤ ₩161,000

**해설**

영업활동 순현금흐름 = ₩100,000(당기순이익) + ₩20,000(감가상각비) − ₩7,000(유형자산처분이익) + ₩8,000(사채상환손실) + ₩80,000(재고자산 감소) − ₩4,000(매입채무 감소) − ₩50,000(매출채권 증가) + ₩6,000(미지급급여 증가) = ₩153,000

**08** 20×1년도 ㈜한국의 다음 자료를 이용하여 계산된 20×1년도 당기순이익은? (단, 이자지급 및 법인세납부는 영업활동으로 분류한다.) `13년 기출`

- 현금흐름표상 영업활동순현금흐름은 ₩182,000이다.
- 포괄손익계산서상 사채상환손실, 이자비용 및 감가상각비는 각각 ₩15,000, ₩10,000 및 ₩5,000이다.
- 법인세비용은 ₩8,000이다.
- 매출채권은 ₩20,000 증가하였다.
- 재고자산은 ₩10,000 감소하였다.
- 매입채무는 ₩15,000 증가하였다.

① ₩148,000   ② ₩157,000   ③ ₩163,000
④ ₩173,000   ⑤ ₩178,000

해설

20×1년도 당기순이익($x$) + ₩15,000(사채상환손실) + ₩5,000(감가상각비) − ₩20,000(매출채권의 증가) + ₩10,000(재고자산의 감소) + ₩15,000(매입채무의 증가) = ₩182,000
→ 당기순이익($x$) = ₩157,000

**09** ㈜감평의 20×1년 현금흐름표 작성을 위한 자료이다.

| 당기순이익 | ₩147,000 | 감가상각비 | ₩5,000 |
|---|---|---|---|
| 법인세비용 | 30,000 | 매출채권 감소액 | 15,000 |
| 유형자산처분이익 | 20,000 | 재고자산 증가액 | 4,000 |
| 이자비용 | 25,000 | 매입채무 감소액 | 6,000 |
| 이자수익 | 15,000 | 배당금수익 | 8,000 |

㈜감평의 20×1년 영업에서 창출된 현금은? `23년 기출`

① ₩159,000   ② ₩161,000   ③ ₩167,000
④ ₩169,000   ⑤ ₩189,000

해설

20×1년 영업에서 창출된 현금 = ₩147,000(당기순이익) + ₩5,000(감가상각비) + ₩30,000(법인세비용) − ₩20,000(유형자산처분이익) + ₩25,000(이자비용) − ₩15,000(이자수익) − ₩8,000(배당금수익) + ₩15,000(매출채권 감소액) − ₩4,000(재고자산 증가액) − ₩6,000(매입채무 감소액) = ₩169,000
※ 영업에서 창출된 현금은 이자수입, 이자지급, 배당금수입, 법인세지급액을 별도로 표시하기 위하여 당기순이익에서 제거한다.

**10**  다음은 ㈜대한의 20×1년도 이자지급과 관련된 자료이다.

- 포괄손익계산서에 인식된 이자비용 ₩20,000에는 사채할인발행차금 상각액 ₩2,000 이 포함되어 있다.
- 재무상태표에 인식된 이자 관련 계정과목의 기초 및 기말잔액은 다음과 같다.

| 계정과목 | 기초잔액 | 기말잔액 |
|---|---|---|
| 미지급이자 | ₩2,300 | ₩3,300 |
| 선급이자 | ₩1,000 | ₩1,300 |

㈜대한의 20×1년도 이자지급으로 인한 현금유출액은 얼마인가?  `14년` `CTA`

① ₩16,300      ② ₩17,300      ③ ₩18,700

④ ₩21,300      ⑤ ₩22,700

**해설**

| | |
|---|---|
| 이자비용 | (₩18,000) |
| 미지급이자 증가 | 1,000 |
| 선급이자 증가 | (₩300) |
| = 이자지급액 | (₩17,300) |

**11**  ㈜관세의 20×1년의 기초 미지급사채이자는 ₩220이고, 기말 미지급사채이자는 ₩250 이다. 20×1년도 사채이자비용이 ₩6,000(사채할인발행차금 상각액 ₩400 포함)이 라면, ㈜관세가 20×1년에 현금으로 지급한 이자액은?  `18년` `관세사`

① ₩5,030      ② ₩5,200      ③ ₩5,570

④ ₩5,970      ⑤ ₩6,000

**해설**

| | |
|---|---|
| 이자비용 | (₩5,600) |
| 미지급사채 증가 | ₩30 |
| = 이자지급액 | (₩5,570) |

**12** 다음은 ㈜대한의 20×1년도 재무제표의 일부 자료이다. 직접법을 사용하여 20×1년도 현금흐름표의 영업활동 현금흐름을 구할 때, 고객으로부터 유입된 현금흐름과 공급자에 대해 유출된 현금흐름으로 옳은 것은? 10년 **CPA**

### 1. 재무상태표의 일부

| 계정과목 | 기초잔액 | 기말잔액 |
|---|---|---|
| 매출채권(총액) | ₩200,000 | ₩140,000 |
| 손실충당금 | 10,000 | 14,000 |
| 재고자산 | 60,000 | 50,000 |
| 매입채무 | 50,000 | 100,000 |
| 선수금 | 10,000 | 8,000 |

### 2. 포괄손익계산서의 일부

| 계정과목 | 금액 |
|---|---|
| 매출액 | ₩1,500,000 |
| 매출원가 | 1,000,000 |
| 손상차손 | 7,000 |
| 재고자산평가손실 | 50,000 |
| 외환차익(매입채무 관련) | 20,000 |

㈜대한은 재고자산평가손실과 외환차익을 매출원가에 반영하지 않는다.

| | 고객으로부터 유입된 현금흐름 | 공급자에 대해 유출된 현금흐름 |
|---|---|---|
| ① | ₩1,555,000 | ₩970,000 |
| ② | 1,555,000 | 995,000 |
| ③ | 1,560,000 | 950,000 |
| ④ | 1,560,000 | 970,000 |
| ⑤ | 1,560,000 | 995,000 |

**해설**

| 고객으로부터 유입된 현금흐름 | | 공급자에 대해 유출된 현금흐름 | |
|---|---|---|---|
| 매출액 | ₩1,500,000 | 매출원가 | (₩1,000,000) |
| 손상차손 | (7,000) | 재고자산평가손실 | (50,000) |
| 매출채권 감소 | 60,000 | 외환차익 | 20,000 |
| 손실충당금 증가 | 4,000 | 재고자산 감소 | 10,000 |
| 선수금 감소 | (2,000) | 매입채무 증가 | 50,000 |
| = 현금유입액 | ₩1,555,000 | = 현금유출액 | (₩970,000) |

**13** 다음 자료를 이용하여 20×0년도 ㈜한국이 재고자산 공급자에게 지급한 현금유출액을 구하면 얼마인가? (단, 아래 자료에서 제시된 재고자산감모손실은 비정상적인 것으로 매출원가에는 포함되어 있지 않으며, 재고자산매입은 모두 외상으로 이루어짐)

10년 기출

• ㈜한국의 포괄손익계산서(20×0년) 자료
  – 매출원가 : ₩50,000
  – 재고자산감모손실 : ₩2,000
• ㈜한국의 재무상태표(20×0년) 자료

| 구분 | 20×0년 초 | 20×0년 말 |
|---|---|---|
| 재고자산 | ₩10,000 | ₩20,000 |
| 매입채무 | 8,000 | 12,000 |

① ₩32,000      ② ₩46,000      ③ ₩50,000
④ ₩58,000      ⑤ ₩64,000

**해설**

| | |
|---|---|
| 매출원가 | (₩50,000) |
| 재고자산감모손실 | (2,000) |
| 재고자산 증가 | (10,000) |
| 매입채무 증가 | 4,000 |
| = 공급자 현금유출액 | (₩58,000) |

**14** 다음은 ㈜감평의 20×1년도 재무제표 자료의 일부이다.

(1) 기초 및 기말 계정잔액

| 구분 | 20×1.1.1 | 20×1.12.31 |
|---|---|---|
| 선급보험료 | ₩2,500 | ₩2,000 |
| 선수임대료 | 4,000 | 5,000 |

(2) 포괄손익계산서에 계상되어 있는 보험료비용은 ₩4,000, 임대료수익은 ₩5,000이다.

**20×1년도에 보험료 및 임대료와 관련하여 발생한 순현금흐름(유입−유출)은?**

14년 기출

① ₩500      ② ₩1,000      ③ ₩1,500
④ ₩2,000      ⑤ ₩2,500

**해설**

| | |
|---|---|
| 보험료비용 | (₩4,000) |
| 임대료수익 | 5,000 |
| 선급보험료 감소 | 500 |
| 선수임대료 증가 | 1,000 |
| = 순현금흐름 | ₩2,500 |

**15** 다음은 ㈜감평의 20×1년도 재무제표의 일부 자료이다.

(1) 재무상태표의 일부 자료

| 계정과목 | 기초잔액 | 기말잔액 |
|---|---|---|
| 매출채권(순액) | ₩140 | ₩210 |
| 선급영업비용 | 25 | 10 |
| 미지급영업비용 | 30 | 50 |

(2) 포괄손익계산서의 일부 자료

| | |
|---|---|
| 매출액 | ₩410 |
| 영업비용 | 150 |

위 자료에 기초한 20×1년도 ㈜감평의 (A)고객으로부터 유입된 현금흐름과 (B)영업비용으로 유출된 현금흐름은? 22년 기출

| | (A) | (B) | | (A) | (B) | | (A) | (B) |
|---|---|---|---|---|---|---|---|---|
| ① | ₩335 | ₩155 | ② | ₩340 | ₩115 | ③ | ₩340 | ₩145 |
| ④ | ₩350 | ₩115 | ⑤ | ₩350 | ₩155 | | | |

**해설**

| | | | | |
|---|---|---|---|---|
| 매출액 | ₩410 | 영업비용 | | (₩150) |
| 매출채권(순액) 증가 | (70) | 선급영업비용 감소 | | 15 |
| | | 미지급영업비용 증가 | | 20 |
| (A)고객으로부터 유입된 현금흐름 | ₩340 | (B)영업비용으로 유출된 현금흐름 | | (₩115) |

Chapter
**04**

# 기타주제

## 제24절 재무제표 분석

재무회계는 정보이용자의 의사결정에 유용한 정보를 제공하는 것을 그 목적으로 하고 있다. 정보이용자는 이러한 재무회계 정보를 이용하여 많은 경제적 의사결정을 하게 되는데 특히 재무제표는 기업의 안정성, 수익성, 활동성 등을 분석하기 위한 기초자료가 된다. 정보이용자들은 재무제표를 통해 기업의 재무상태 및 수익성 등을 다양한 분석적 방법을 토대로 검토함으로써 기업의 상태를 진단하게 되며, 진단된 자료를 통해 경제적 의사결정을 수행하게 된다.

이처럼 재무제표분석은 흔히 경영분석이라고도 하는데, 기업이 보고한 재무제표를 정보이용자들이 어떻게 활용하고 있는지를 보여주는 사례라고 할 수 있다.

### 1 재무제표 분석의 목적

재무제표에는 재무상태표, 포괄손익계산서, 자본변동표, 현금흐름표가 있고 이들 재무제표는 해당 기업의 재무상태, 경영성과 등의 정보를 제공하고 있다. 그러나 전체적인 항목들의 금액 중 보다 효과적으로 기업을 파악하기 위해서는 이를 분석할 필요성이 존재한다. 즉, 재무제표 분석이란 재무제표에 주어진 숫자를 여러 방법으로 분석해 봄으로써 재무제표가 제공하는 정보를 더 쉽게 해석할 수 있게 해주는 것이다.

### 1. 재무비율 분석

재무비율은 재무제표상에 표기된 한 항목의 수치를 다른 항목의 수치로 나눈 것이나. 재무비율은 기업의 안전성을 파악하는 비율과 수익성을 파악하는 비율 등으로 구분할 수 있다.

### 2 안전성비율

기업의 안전성을 파악하는 비율로는 유동성비율(liquidity ratio)과 레버리지비율(leverage ratio) 등이 있으며, 주로 기업이 채무상환능력이 있는지를 파악할 때 사용한다.

### 1. 유동비율(current ratio)

① 유동비율은 유동자산을 유동부채로 나누어 비율을 계산하는 것으로 단기간의 채무를 상환할 능력이 되는지를 판단하는 유동성비율이다. 유동자산은 보고기간 말로부터 1년 이내 현금화가 가능한 자산을 의미하며, 유동부채는 보고기간 말로부터 1년 이내 지급기일이 도래하는 부채를 의미하므로 이를 나누어봄으로써, 단기에 상환해야 할 채무를 변제할 수 있는 유동자산이 어느 정도가 되는지를 판단해 보는 것이다.

$$유동비율 = \frac{유동자산}{유동부채}$$

② 유동비율은 해당 비율이 높을수록 단기채무를 변제할 만한 충분한 자산이 있는 것으로 평가되기 때문에 주로 단기차입금을 융통할 때 금융기관에서 보조지표로 많이 활용한다.

③ 유동비율은 200% 이상을 안전한 수준으로 통상적으로 판단한다.

## 2. 당좌비율(quick ratio)

① 당좌비율은 당좌자산(유동자산-재고자산)을 유동부채로 나눈 비율이다. 당좌자산은 유동자산 중에서도 가장 빠르게 현금화가 가능한 자산들이며, 이를 기준으로 유동부채의 상환능력을 평가한다면 기업의 단기채무에 대한 지급능력을 평가하는 데 유동비율보다 더 효과적인 비율이 될 수 있다. 흔히 당좌비율은 신속비율이라고 부르며 유동성비율의 한 종류다.

$$당좌비율 = \frac{당좌자산}{유동부채}$$

② 당좌자산은 유동자산에서 재고자산을 차감하여 결정하는데, 재고자산은 영업활동을 위해 보유 중인 자산으로 재고자산은 기업이 어떠한 영업을 하고 있는지, 그리고 적절한 재고자산 보유정책을 쓰고 있는지에 따라 변동이 될 수 있는 우려가 많다. 그러나 재고자산은 유동자산으로 분류하는데 그렇기 때문에 유동비율은 이러한 재고자산의 포함에 따라 때로는 단기채무의 상환능력을 파악하는 데는 적합하지 못할 수 있다.

③ 그러나 당좌비율은 재고자산을 제외하고 유동부채의 상환능력을 파악하는 비율이기 때문에 유동부채에 대한 지급능력 여부는 유동비율과 당좌비율을 모두 파악해 볼 필요가 있다. 전통적으로 당좌비율은 100% 이상이면 양호하다고 판단한다.

| | |
|---|---|
| 당좌자산 | 판매과정을 거치지 않고 보고기간 종료일로부터 1년 이내에 현금화할 수 있는 자산 현금 및 현금성자산, 단기금융상품, 당기손익증권, 매출채권(외상매출금, 받을어음), 단기대여금, 미수수익, 미수금. 선급금, 선급비용, 선납세금, 현금과부족 등 |
| 유동자산 | 당좌자산과 재고자산 |
| 유동부채 | 매입채무, 미지급금, 예수금, 가수금, 선수금, 단기차입금, 당기법인세부채, 미지급비용, 선수수익, 유동성장기부채, 미지급배당금 등 |
| 비유동자산 | 투자자산(장기금융상품, 기타포괄증권, 장기대여금, 상각후원가 측정 금융자산, 투자부동산), 유형자산, 무형자산, 기타비유동자산(보증금, 장기매출채권, 장기미수금 등) |
| 비유동부채 | 사채, 장기차입금, 퇴직급여충당부채 |

## 3. 부채비율(debt to equity ratio)

① 부채비율은 총부채를 자기자본으로 나눈 비율인데, 추가적으로 부채를 조달할 필요성이 있거나, 혹은 채권자가 본인이 투자한 자금을 회수하는 데 불확실성이 없는지를 평가해보는 지표로 활용된다. 즉, 부채비율은 채권자들의 위험부담 정도와 손익확대효과 정도를 평가하는 기초정보로서 의미가 있다.

② 부채비율이 높다면 그만큼 채권자들은 본인의 자금이 회수가능한지에 대한 안전도를 낮게 볼수 밖에 없다.

$$부채비율 = \frac{총부채(유동부채 + 비유동부채)}{자기자본}$$

③ 부채비율은 그 시점의 부채와 자기자본으로 파악하는 지표이기 때문에 정태적인 성격을 가지고 있다. 그러므로 이를 보완하기 위해서는 동태적인 비율도 활용해야 한다.

## 4. 이자보상비율

① 이자보상비율(times interest earned)은 이자지급능력을 나타내는 비율이다. 이자보상비율은 이자비용 및 법인세비용을 차감하기 전의 순이익(EBIT : Earnings Before Interest and Tax)을 이자비용으로 나누어서 계산한다.

$$이자보상비율 = \frac{EBIT}{이자비용}$$

\* EBIT = 이자비용 + 법인세비용차감전순이익

② 해당 비율은 기업이 부담하는 이자비용에 대비하여 어느 정도의 현금흐름이 발생하는지를 파악하는 데 활용하는 지표로 영업활동으로부터 얻어지는 현금흐름이 이자비용에 비해 어느 정도의 여유가 있는지 확인해 볼 수 있다.

③ 흔히 이자보상비율은 5배 이상을 양호한 수준으로 보고 있다.

## 5. 자기자본비율

자기자본비율은 총자본 중에서 자기자본이 차지하고 있는 비중을 표시하는 비율로서 기업의 안전성을 측정, 판단하는 비율로 사용된다.

$$자기자본비율 = \frac{자기자본}{총자본}$$

### **3** 수익성비율

① 수익성비율(profitability ratio)은 투자한 자본에 대해 어느 정도의 경영성과를 달성했는지를 파악하거나, 비용을 보전하고도 어느 정도 이익을 낼 수 있는지를 판단할 수 있는 정보를 제공한다.

② 수익성비율은 특히 외부이용자들이 기업에 대한 경제적 의사결정을 할 때 가장 많이 활용하는 지표이기도 하다.

## 1. 매출액이익률

① 매출액이익률(ROS : Return On Sales)은 일정기간 동안의 매출액으로부터 여러 비용들을 차감한 이익항목들의 비율로 나누어 계산하는 지표로 영업이익을 매출액으로 나누면 매출액영업이익률, 매출총이익을 매출액으로 나누면 매출총이익률 등 여러 비율로 계산할 수 있다.

$$매출액영업이익률 = \frac{영업이익}{매출액}$$

② 매출액영업이익률은 매출액 ₩1당 영업이익이 얼마인지를 보여주는 지표로써, 해당 비율이 높을수록 수익성은 더 양호하다고 판단할 수 있다.

③ 매출액순이익률은 매출액 ₩1당 당기순이익이 얼마인가를 보여주는 비율이다.

## 2. 총자산이익률

① 총자산이익률(ROA : Return On Aassets)은 여러 가지의 회계적 이익을 총자산으로 나누어 계산하는 비율이다. 해당 지표는 주로 경영자가 기업에 조달된 총자본(총자산)에 대한 투자효율성을 평가하는 비율로 총자산이익률에는 총자산영업이익률과 총자산순이익률이 있다.

$$총자산순이익률 = \frac{당기순이익}{총자산}$$

② 총자산영업이익률은 총자산을 활용하여 어느 정도의 영업이익을 내고 있는지 그 능력이 얼마나 양호한지를 나타내는 비율이라고 할 수 있다.

$$총자산영업이익률 = \frac{영업이익}{총자산}$$

## 3. 주가수익률

① 주가수익률(PER : Price-Earnings Ratio)은 주당 시가를 주당순이익으로 나눈 지표이다.

$$주가수익률 = \frac{주당 \ 시가}{EPS(주당순이익)}$$

② 주가수익률은 주로 주식의 투자를 판단할 때 비교지표로 많이 활용한다. 주가수익률이 동일한 영업을 하는 회사에 비하여 낮게 형성되어 있다면 이는 잠재적으로 주가가 상승할 수 있는 여력으로 판단되는 반면에 계속하여 주가수익률이 하락하고 있다면 이는 투자자들이 해당 기업에 대한 판단이 부정적이라는 것을 암시한다.

③ 그러나 주가수익률은 해당 지표만 가지고는 고평가·저평가인지를 판단하기 곤란하며, 동종 업종이나 전기 등의 비교지표를 통해 고평가·저평가를 판단하는 것이 필요하다.

## 4. 자기자본이익률(ROE : Return On Equity)

① 자기자본이익률은 총자산 가운데 부채를 제외한 자기자본 금액만을 기준으로 수익성을 측정하는 비율지표이다.

$$\text{자기자본이익률} = \frac{\text{당기순이익}}{\text{자기자본}} = \frac{\text{주당순이익(EPS)}}{\text{주당순자산(BPS)}}$$

② ROE는 빚은 제외하고 순수 자기자본으로 얼마의 이익을 냈는가를 나타내는 지표로 주주들의 순수 투자자금에 대한 이익률이다.

③ 해당 ROE지표는 듀퐁사의 분해공식에 의해 다음과 같이 분해할 수 있다.

> * ROE = (순이익/매출액) × (매출액/총자산) × (총자산/자기자본)
>      = 매출액순이익률 × 총자산회전율 × (1 + 부채비율)

## 4 활동성비율

활동성비율(activity ratio)은 매출액과 각종 자산들과의 관계를 측정해서 해당 자산이 얼마나 효율적으로 활용되고 있는지를 평가하는 비율이다.

### 1. 매출채권회전율

매출채권회전율(receivables turnover)은 매출액을 매출채권으로 나눈 비율로, 해당 매출채권이 현금화되는 속도 또는 매출채권에 대한 자산투자의 효율성을 측정하는 데 사용된다.

> $$\text{매출채권회전율} = \frac{\text{매출액}}{\text{평균매출채권}}$$
> * 평균매출채권 = (기초매출채권 + 기말매출채권) ÷ 2

### 2. 매출채권평균회수기간

① 매출채권평균회수기간이란 1년에 매출채권이 몇 번 회수되어 매출액을 구성하는지를 판단하는 비율이다.

$$매출채권평균회수기간 = \frac{365일}{매출채권회전율}$$

② 매출채권회전율과 매출채권평균회수기간은 서로 함께 판단하는 것이 보다 정확한 정보의 파악이 가능하다. 매출채권회전율이 높다는 것은 그만큼 매출채권회수기간이 짧다는 소리이며, 매출채권회수기간이 짧다는 것은 매출채권이 현금화되는 속도가 빠르다는 뜻이기 때문에 기업에는 보다 바람직하다고 볼 수 있다.

### 3. 재고자산회전율과 재고자산평균회수기간

① 재고자산회전율(inventory turnover)은 매출원가를 평균재고자산으로 나누어 계산한 비율이며, 이는 재고자산이 1년에 몇 번 회전하여 매출원가를 구성하는지를 나타낸다.

$$재고자산회전율 = \frac{매출원가}{평균재고자산}$$

② 재고자산회전율도 재고자산평균회수기간과 함께 사용할 때 보다 더 자세한 활동성 여부를 판단할 수 있다.

$$재고자산평균회수기간 = \frac{365일}{재고자산회전율}$$

### 4. 정상영업주기

정상영업주기린 매출채권의 평균회수기간과 재고자산평균회수기간을 합한 것으로 기업이 원재료를 구입해서 제품을 생산하여 판매한 후 현금으로 회수되기까지의 기간을 알려준다.

$$정상영업주기 = 매출채권평균회수기간 + 재고자산평균회수기간$$

### 5  기타 재무비율

### 1. 매출액증가율

① 매출액증가율은 전기 대비하여 어느 정도 매출액이 증가하였는지를 파악할 수 있는 지표로 기업의 외형적인 성장세를 나타내는 대표적인 비율이다.

$$매출액증가율 = (당기매출액 - 전기매출액) \div 전기매출액$$

② 증가율과 관련된 비율은 총자산이나 순이익이 어느 정도 증가하였는지 비율로도 활용할 수 있다.

> 총자산증가율 = (기말총자산 − 기초총자산) ÷ 기초총자산
> 순이익증가율 = (당기순이익 − 전기순이익) ÷ 전기순이익

## 2. 배당비율

기업의 배당과 관련한 비율에는 배당성향, 배당수익률 등이 있다.

① 배당성향

　　㉠ 배당성향은 기업의 1주당 순이익에 어느 정도의 배당을 주는지를 판단하는 지표로서 배당성향은 주당배당금을 1주당 순이익으로 나누어 계산한다.

$$배당성향 = \frac{주당\ 배당금}{주당\ 순이익}$$

　　㉡ 배당성향이 높을수록 1주당 순이익에 배당금이 차지하는 비율이 높음을 의미한다. 배당성향은 무조건 높은 것이 좋은 것은 아니다. 배당금을 많이 배분한다는 의미는 기업이 미래의 성장동력보다는 현재의 영업에 안주하고 있다는 의미로 해석되기도 하기 때문이다.

　　㉢ 그 외에도 배당수익률을 배당 지표로 판단하기도 한다.

② 배당수익률

배당수익률(dividend field)은 주당배당액을 주당시장가격으로 나눈 비율로서 주주가 배당수익으로 얻은 수익률을 나타낸다.

$$배당수익률 = \frac{주당\ 배당액}{주당\ 시장가격}$$

재무비율은 이처럼 재무제표의 다양한 자료를 토대로 보다 나은 경제적 의사결정을 하기 위한 참고자료라고 할 수 있다. 그러나 재무제표 분석은 기업에서 보고한 재무제표에 근거하여 행하여지는데 기업이 보고하는 재무제표 자체가 신뢰성이 없다면 재무비율 분석은 무의미해진다는 점, 그리고 재무제표는 이미 발생한 결과를 신뢰성 있게 보여주는 데 의미가 있기 때문에 이를 통하여 기업의 향후 미래가치를 온전히 판단하기에는 무리가 있다는 단점들도 존재한다. 그러나 재무비율분석을 통해 외부이용자들은 기업을 비교분석할 수 있으므로 의사결정 시 참고할 만한 가치가 있는 자료임에는 틀림이 없다고 하겠다.

**01** ㈜한국은 거래처에서 수령한 받을어음을 담보로 어음금액을 어음기간 동안 은행에서 단기차입하였다. 이 거래가 유동비율과 부채비율에 미치는 영향으로 옳은 것은? (단, 이 거래가 반영되기 전 회사의 유동비율은 100%, 부채비율은 200%이다.)

① 유동비율은 증가하고, 부채비율은 감소한다.
② 유동비율은 감소하고, 부채비율은 증가한다.
③ 유동비율은 변함없고, 부채비율은 증가한다.
④ 유동비율과 부채비율이 모두 증가한다.
⑤ 유동비율과 부채비율이 모두 불변한다.

해설

1) 회계처리
   (차) 현금(유동자산)　　　　　×××　　(대) 단기차입금(유동부채)　　　×××
2) 유동비율 = (유동자산 ÷ 유동부채)
   → 유동비율은 같은 금액의 유동자산과 유동부채가 변동하므로 비율은 변함없다.
3) 부채비율 = (부채총액 ÷ 자본총액)
   → 해당거래로 자본총액은 변함이 없지만 부채총액은 증가하므로 비율은 증가한다.

**02** ㈜관세의 20×1년 재무자료는 다음과 같다.

| | | | |
|---|---|---|---|
| • 매출액 | ₩10,000 | • 기초유동자산 | ₩3,500 |
| • 기초재고자산 | ₩1,000 | • 기말유동자산 | ₩3,000 |
| • 기말재고자산 | ₩2,000 | • 기초유동부채 | ₩1,000 |
| • 당기재고자산 매입액 | ₩8,500 | • 기말유동부채 | ₩1,500 |

**유동자산은 재고자산과 당좌자산으로만 구성된다. 다음 중 옳은 것은?**　19년 관세사

① 20×1년 재고자산회전율은 8회보다 높다.
② 20×1년 말 유동비율은 20×1년 초보다 높다.
③ 20×1년 초 당좌비율은 20×1년 말보다 높다.
④ 20×1년 매출총이익률은 15%이다.
⑤ 20×1년 말 유동비율은 20×1년 말 당좌비율보다 낮다.

해설

1) 매출원가 = ₩1,000(기초재고) + ₩8,500(매입) − ₩2,000(기말재고) = ₩7,500

| 구분 | 20×1년 초 | 20×1년 말 |
|------|-----------|-----------|
| 유동비율 | ₩3,500 ÷ ₩1,000 = 350% | ₩3,000 ÷ ₩1,500 = 200% |
| 당좌비율 | (₩3,500 − 1,000) ÷ 1,000 = 250% | (₩3,000 − 2,000) ÷ 1,500 = 약 67% |

① 20×1년 재고자산회전율 = ₩7,500 ÷ 1,500(평균재고) = 5회

④ 20×1년 매출총이익률 = ₩2,500(매출총이익) ÷ ₩10,000 = 25%

---

**03** 다음은 ㈜한국의 20×2년 12월 31일 재무상태표이다.

| 재무상태표 | | | |
|---|---|---|---|
| ㈜한국 | 20×2년 12월 31일 현재 | | (단위:원) |
| 현금 | ₩2,000 | 매입채무 | ? |
| 매출채권 | ? | 단기차입금 | ₩2,000 |
| 재고자산 | ? | 사채 | ₩10,000 |
| 유형자산 | ₩20,000 | 자본금 | ? |
| | | 이익잉여금 | ₩5,000 |
| 자산 합계 | ₩50,000 | 부채와 자본 합계 | ₩50,000 |

**20×2년 12월 31일 현재 유동비율이 300%일 때, 자본금은?**

① ₩15,000        ② ₩20,000        ③ ₩23,000

④ ₩25,000        ⑤ ₩30,000

해설

1) 유동비율(300%) = 유동자산(₩30,000) ÷ 유동부채

　→ 유동부채 = ₩10,000

2) 자본금 = ₩50,000(부채와 자본합계) − ₩10,000(유동부채) − ₩10,000(사채) − ₩5,000
　(이익잉여금) = ₩25,000

**04** ㈜감평의 20×1년 12월 31일 현재 재무상태는 다음과 같다.  `19년 기출`

| | | | |
|---|---|---|---|
| • 자산총계 | ₩880,000 | • 비유동부채 | ₩540,000 |
| • 매출채권 | ₩120,000 | • 자본총계 | ₩100,000 |
| • 재고자산 | ₩240,000 | | |
| • 비유동자산 | ₩520,000 | | |

만약 ㈜감평이 현금 ₩50,000을 단기차입한다고 가정하면 이러한 거래가 당좌비율(A)과 유동비율(B)에 미치는 영향은?

① A: 영향 없음    B: 영향 없음    ② A: 감소    B: 증가

③ A: 감소    B: 감소    ④ A: 증가    B: 증가

⑤ A: 증가    B: 감소

**해설**

1) 기존의 당좌비율 = ₩120,000(당좌자산) ÷ ₩240,000(유동부채) = 50%
    새로운 당좌비율(A) = 당좌자산과 유동부채가 같은 금액으로 증가하나 작은 금액이 더 큰 폭으로 증가하므로 새로운 당좌비율은 증가한다.
2) 기존의 유동비율 = ₩360,000(유동자산) ÷ ₩240,000(유동부채) = 150%
    새로운 유동비율(B) = 유동자산과 유동부채가 같은 금액으로 증가하나 작은 금액이 더 큰 폭으로 증가하므로 새로운 유동비율은 감소한다.

**05** 회사의 유동비율은 200%이다. 회사가 외상매입금을 현금으로 지불하였다면, 유동비율과 자산회전율에 미치는 영향은?

| | 유동비율 | 자산회전율 |
|---|---|---|
| ① | 증가 | 증가 |
| ② | 증가 | 감소 |
| ③ | 감소 | 증가 |
| ④ | 감소 | 감소 |
| ⑤ | 불변 | 불변 |

**해설**

1) 유동비율 : 기존의 유동비율이 1보다 크고 유동자산과 유동부채가 동시에 감소하였으므로 유동비율은 증가한다.
2) 자산회전율 = 매출 / 평균총자산이고 자산이 감소(현금감소)하였으므로 자산회전율은 증가한다.

**06** ㈜감평의 20×1년도 재무제표 및 자본 관련 자료가 다음과 같을 때 총자산이익률은? (단, 총자산이익률 계산 시 평균자산을 이용한다.) `24년 기출`

| | | | |
|---|---|---|---|
| • 기초자산 | ₩10,000 | • 기말자산 | ₩11,000 |
| • 기초부채 | 9,000 | • 기말부채 | 9,500 |
| • 무상증자 실시 | ₩250 | • 주식배당 결의 | ₩100 |
| • 자기주식 취득 | 150 | • 현금배당 결의 | 165 |
| • 당기순이익 발생 | ? | • 기타포괄이익 발생 | 80 |

① 7%          ② 9%          ③ 11%

④ 13%          ⑤ 15%

**해설**

1) 기초자본 = ₩10,000(기초자산) − ₩9,000(기초부채) = ₩1,000
2) 기말자본 = ₩11,000(기말자산) − ₩9,500(기말부채) = ₩1,500
3) 기말자본(₩1,500) = ₩1,000(기초자본) − ₩150(자기주식 취득) − ₩165(현금배당 결의)
   + ₩80(기타포괄이익 발생) + 당기순이익(?)
   → 당기순이익(?) = ₩735
4) 총자산이익률 = ₩735(당기순이익) ÷ ₩10,500(평균자산) = 7%

**07** 재무비율분석과 관련된 설명으로 옳은 것은?

① 기업영업활동의 수익성을 분석하는 주요 비율로 자기자본이익률과 이자보상비율이 사용된다.

② 총자산이익률은 매출액순이익률과 총자산회전율의 곱으로 표현할 수 있다.

③ 유동성비율은 기업의 단기지급능력을 분석하는 데 사용되며 유동비율, 당좌비율, 총자산이익률이 주요 지표이다.

④ 이자보상비율은 기업의 이자지급능력을 측정하는 지표로 이자 및 법인세비용차감전 이익을 이자비용으로 나누어 구하며 그 비율이 낮은 경우 지급능력이 양호하다고 판단할 수 있다.

⑤ 유동비율은 높을수록 좋다.

**해설**

① 이자보상비율은 안전성을 분석하는 비율이다.
③ 총자산이익률은 유동성비율에 해당하지 않는다.
④ 이자보상비율은 그 비율이 높을 경우 지급능력이 양호하다고 판단할 수 있다.
⑤ 유동비율은 단기간의 지급능력을 보여주는 지표이지만 유동비율이 높은 경우 적절한 투자를 하지 못한 유동자금이 많다는 뜻이 될 수 있어 높을수록 좋다고 단정할 수 없다.

**08** ㈜감평의 20×1년 말 예상되는 자산과 부채는 각각 ₩100,000과 ₩80,000으로 부채비율(총부채 ÷ 주주지분) 400%가 예상된다. ㈜감평은 부채비율을 낮추기 위해 다음 대안들을 검토하고 있다. 다음 설명 중 옳지 않은 것은? (단, ㈜감평은 모든 유형자산에 대하여 재평가모형을 적용하고 있다.) 20년 기출

- 대안Ⅰ : 토지A 처분(장부금액 ₩30,000, 토지재평가잉여금 ₩1,000, 처분손실 ₩5,000 예상) 후 처분대금으로 차입금 상환
- 대안Ⅱ : 유상증자(₩25,000) 후 증자금액으로 차입금 상환
- 대안Ⅲ : 토지B에 대한 재평가 실시(재평가이익 ₩25,000 예상)

① 토지A 처분대금으로 차입금을 상환하더라도 부채비율은 오히려 증가한다.
② 토지A를 처분만 하고 차입금을 상환하지 않으면 부채비율은 오히려 증가한다.
③ 유상증자 대금으로 차입금을 상환하면 부채비율은 감소한다.
④ 유상증자만 하고 차입금을 상환하지 않더라도 부채비율은 감소한다.
⑤ 토지B에 대한 재평가를 실시하면 부채비율은 감소한다.

**해설**

1) 대안 I의 회계처리
   → 해당 거래로 부채는 ₩25,000 감소하며, 자본은 ₩5,000 감소한다.
   거래 이후 부채비율 = ₩55,000 ÷ ₩15,000 = 약 367%로 부채비율이 감소한다.

| (차) 현금 | 25,000 | (대) 토지 | 30,000 |
|---|---|---|---|
| 처분손실 | 5,000 | | |
| (차) 차입금 | 25,000 | (대) 현금 | 25,000 |

**09** 다음은 ㈜강남의 20×1년도 재무비율과 관련된 정보이다.

| | |
|---|---|
| • 유동비율 | 250% |
| • 당좌비율 | 100% |
| • 자본대비 부채비율 | 200% |
| • 재고자산회전율 | 5회 |
| • 유동부채 | ₩2,000 |
| • 비유동부채 | ₩3,000 |

위 자료를 이용할 때 20×1년도 ㈜강남의 매출원가와 자본은? (단, 유동자산은 당좌자산과 재고자산만으로 구성되며, 재고자산의 기초와 기말 금액은 동일하다.) 14년 기출

|     | 매출원가 | 자본 |     | 매출원가 | 자본 |
| --- | --- | --- | --- | --- | --- |
| ① | ₩15,000 | ₩2,500 | ② | ₩15,000 | ₩10,000 |
| ③ | ₩25,000 | ₩2,500 | ④ | ₩25,000 | ₩10,000 |
| ⑤ | ₩10,000 | ₩2,500 |     |     |     |

**해설**

1) 유동자산 = ₩2,000(유동부채) × 250%(유동비율) = ₩5,000
2) 당좌자산 = ₩2,000(유동부채) × 100%(당좌비율) = ₩2,000
3) 재고자산 = ₩5,000(유동자산) − ₩2,000(당좌자산) = ₩3,000
4) 매출원가 = ₩3,000(재고자산) × 5회(재고자산회전율) = ₩15,000
5) 자본 = ₩5,000(부채총액) ÷ 200%(자본대비 부채비율) = ₩2,500

**10** ㈜관세의 20×1년 말 현재 재무비율과 관련된 자료는 다음과 같다.

| | | | |
| --- | --- | --- | --- |
| • 당좌자산 | ₩200 | • 재고자산 | ₩100 |
| • 비유동자산 | 700 | • 비유동부채 | 400 |
| • 당좌비율 | 100% | | |
| • 유동자산은 당좌자산과 재고자산으로만 구성 | | | |
| • 기초자본과 기말자본의 차이는 당기순이익으로만 구성 | | | |

㈜관세의 20×1년도 당기순이익이 ₩160인 경우 20×1년도 자기지본이익률은?
(단, 자기자본이익률 계산 시 평균자본을 사용한다.)  23년 관세사

① 27%  ② 34%  ③ 40%
④ 50%  ⑤ 67%

**해설**

1) 당좌비율(100%) = ₩200(당좌자산) ÷ 유동부채
   → 유동부채 = ₩200

| 재무상태표 | | | |
| --- | --- | --- | --- |
| 당좌자산 | ₩200 | 유동부채 | ₩200 |
| 재고자산 | 100 | 비유동부채 | 400 |
| 비유동자산 | 700 | 자본 | 400 |

2) 기초자본 = ₩400(기말자본) − ₩160(20×1년도 당기순이익) = ₩240
3) 20×1년도 자기자본이익률 = ₩160(당기순이익) ÷ ₩320(평균자본) = 50%

**11** ㈜한국의 20×2년도 자료가 다음과 같을 때, ㈜한국의 20×2년도 자기자본순이익률 (ROE = 당기순이익/자기자본)은? (단, 기타포괄손익은 없다고 가정한다.)

> • 자산총액 : ₩2,000억(배당으로 인해 기초와 기말 금액이 동일함)
> • 매출액순이익률 : 10%
> • 총자산회전율 : 0.5
> • 부채비율(= 부채/자기자본) : 300%

① 5%  ② 10%  ③ 15%
④ 20%  ⑤ 25%

해설

자기자본순이익률 = 매출액순이익률 × 총자산회전율 × (1 + 부채비율)
= 10% × 0.5 × (1 + 300%) = 20%

**12** 다음 자료를 이용하여 계산한 ㈜한국의 20×1년 매출액순이익률은? 12년 기출

| 자산총액 | ₩900억 |
|---|---|
| 자기자본순이익률(당기순이익/자본) | 15% |
| 총자산회전율 | 0.5회 |
| 부채비율(부채/자본) | 200% |

• 기초자산과 기말자산 금액은 동일
• 기초자본과 기말자본 금액은 동일

① 2%  ② 4%  ③ 6%
④ 8%  ⑤ 10%

해설

자기자본순이익률 = 매출액순이익률 × 총자산회전율 × (1 + 부채비율)
15% = 매출액순이익률 × 0.5회 × (1 + 200%)
→ 매출액순이익률 = 10%

**13** 상품매매기업인 ㈜한국의 정상영업주기는 상품매입시점부터 판매대금 회수시점까지의 기간으로 정의된다. 20×1년 정상영업주기는 42일이며, 매출이 ₩1,000,000, 평균매출채권이 ₩50,000, 평균재고자산이 ₩40,000이라면, ㈜한국의 20×1년 매출원가는? (단, 매출은 전액 외상매출이고, 1년은 360일로 가정한다.)

① ₩540,000  ② ₩560,000  ③ ₩580,000
④ ₩600,000  ⑤ ₩620,000

**해설**

1) 매출채권회전율 = ₩1,000,000(매출액) ÷ ₩50,000(평균매출채권) = 20회
   → 매출채권 평균회수기간 = 360일 ÷ 20회 = 18일
2) 재고자산회수기간 = 42일(정상영업주기) − 18일(매출채권회수기간) = 24일
3) 재고자산회전율 = 360일 ÷ 24일 = 15회
4) 매출원가 = ₩40,000(평균재고자산) × 15회(재고자산회전율) = ₩600,000

**14** ㈜감평은 20×1년 초 액면가 ₩5,000인 보통주 200주를 주당 ₩15,000에 발행하여 설립되었다. 다음은 ㈜감평의 20×1년 중 자본거래이다.

- 20×1년 10월 1일 주가 안정을 위해 보통주 100주를 주당 ₩10,000에 취득
- 20×1년 당기순이익 ₩1,000,000

경영진은 20×2년 초 부채비율(총부채 ÷ 주주지분) 200%를 160%로 낮추기 위한 방안을 실행하였다. 20×2년 초 실행된 방안으로 옳은 것은? `20년` `기출`

① 자기주식 50주를 소각
② 자기주식 50주를 주당 ₩15,000에 처분
③ 보통주 50주를 주당 ₩10,000에 유상증자
④ 이익잉여금 ₩750,000을 재원으로 주식배당
⑤ 주식발행초과금 ₩750,000을 재원으로 무상증자

**해설**

1) 20×1년 말 자본총계 = ₩3,000,000(기초자본) − ₩1,000,000(자기주식의 취득) + ₩1,000,000(당기순이익) = ₩3,000,000
2) 자기주식 50주를 주당 ₩15,000에 처분 시 부채총계는 변화하지 않지만 자본총계는 자기주식처분에 따른 현금유입액 만큼 증가하므로 ₩750,000 증가한다.
   → 20×2년 초 부채비율 200% = ₩6,000,000(부채총계) ÷ ₩3,000,000(주주지분)
   해당 거래 후 부채비율 = ₩6,000,000 ÷ ₩3,750,000 = 160%
3) 보통주를 유상증자하는 경우도 자본총계가 증가하지만 부채비율은 ₩6,000,000 ÷ ₩3,500,000 = 약 171%가 된다.
※ 자기주식의 소각, 주식배당, 무상증자는 자본총계를 변화시키지 않으므로 부채비율은 영향을 받지 않는다.

## 제25절  보고기간 후 사건

**1**  보고기간 후 사건

### 1. 보고기간 후 사건이란?

① 보고기간 말과 재무제표 발행승인일 사이에 발생한 유리하거나 불리한 사건을 의미한다.

> \* 재무제표를 발행한 이후에 주주에게 승인을 받기 위하여 제출하는 경우 재무제표 발행승인일은 주
> 주총회일이 아니라 재무제표를 발행한 날, 즉 이사회가 발행승인한 날이다. 경영진은 별도의 감독
> 이사회(비집행이사로만 구성)의 승인을 얻기 위하여 재무제표를 발행하는 경우가 있다. 그러한 경
> 우, 경영진이 감독이사회에 재무제표를 제출하기 위하여 승인한 날이 재무제표 발행승인일이다. 보
> 고기간 후 사건은 이익이나 선별된 재무정보를 공표한 후에 발생하였더라도, 재무제표 발행승인일
> 까지 발생한 모든 사건을 포함한다.

② 보고기간 후 사건은 수정이 가능한 사건과 그렇지 않은 사건으로 분류한다. 대부분의 사건은
보고기간 후 재무제표를 수정할 수 없는 사건이다.

### 2. 수정을 요하는 보고기간 후 사건

> ① 보고기간 말에 존재하였던 현재의무가 보고기간 후에 소송사건의 확정에 의해 확인되는 경우
> ② 보고기간 말에 이미 자산손상이 발생되었음을 나타내는 정보를 보고기간 후에 입수하는 경우나
> 이미 손상차손을 인식한 자산에 대하여 손상차손금액의 수정이 필요한 정보를 보고기간 후에 입
> 수하는 경우
> ③ 보고기간 말 이전에 구입한 자산의 취득원가나 매각한 자산의 대가를 보고기간 후에 결정하는 경우
> ④ 보고기간 말 이전 사건의 결과로서 보고기간 말에 종업원에게 지급해야 할 법적의무나 의제의무
> 가 있는 이익분배나 상여금지급 금액을 보고기간 후에 확정하는 경우
> ⑤ 재무제표가 부정확하다는 것을 보여주는 부정이나 오류를 발견한 경우

보고기간 말에 존재하였던 상황에 대한 정보를 보고기간 후에 추가로 입수한 경우에는 그 정보를
반영하여 공시 내용을 수정한다.

### 3. 수정을 요하지 않는 보고기간 후 사건

보고기간 말과 재무제표 발행승인일 사이에 발생한 투자자산의 시장가치 하락은 수정을 요하지 않
는 보고기간 후 사건이다.

## 4. 수정을 요하지 않는 보고기간 후 사건 중 주석공시사항

① 보고기간 후에 발생한 주요 사업결합 또는 주요 종속기업의 처분

② 영업중단계획의 발표

③ 자산의 주요 구입, 자산을 매각예정으로 분류, 자산의 기타 처분, 정부에 의한 주요 자산의 수용

④ 보고기간 후에 발생한 화재로 인한 주요 생산설비의 파손

⑤ 주요한 구조조정계획의 공표나 이행착수

⑥ 보고기간 후에 발생한 주요한 보통주 거래와 잠재적 보통주 거래

⑦ 보고기간 후에 발생한 자산 가격이나 환율의 비정상적 변동

⑧ 당기법인세 자산과 부채 및 이연법인세 자산과 부채에 중요한 영향을 미치는 세법이나 세율에 대한 보고기간 후의 변경 또는 변경 예고

⑨ 유의적인 지급보증 등에 의한 우발부채의 발생이나 유의적인 약정의 체결

⑩ 보고기간 후에 발생한 사건에만 관련되어 제기된 주요한 소송의 개시

**01** 다음 중 보고기간 후 발생사건에서 재무제표의 수정을 요하지 않는 사항은 무엇인가?

① 보고기간 말 이후 재무제표 발행승인일 전에 기존에 보유하고 있던 기타포괄금융자산의 공정가치가 현저히 하락한 경우

② 보고기간 말 현재 재고자산에 대한 재고자산평가충당금 금액이 보고기간 후에 재고자산의 판매로 인하여 수정을 요하는 경우

③ 보고기간 말에 지급의무가 존재하였던 종업원에 대한 상여금액을 보고기간 후에 확정하는 경우

④ 보고기간 말 이전에 계류 중인 소송사건이 보고기간 후에 확정되어 금액 수정을 요하는 경우

⑤ 보고기간 말 현재 존재하였던 매출채권에 대한 손실충당금 금액이 보고기간 후에 매출처의 심각한 재무상태의 악화로 수정을 요하는 경우

**해설**

보고기간 말 이후에 투자자산의 시장가치 하락은 보고기간 말의 상황과 관련된 것이 아니기 때문에 재무제표의 수정을 요하지 않는다(예 주가하락).

**02** 다음은 각각 독립적인 사건으로, '재무제표에 인식된 금액의 수정을 요하는 보고기간 후 사건'에 해당하는 것을 모두 고른 것은?    16년 기출

> ㄱ. 보고기간 말에 존재하였던 현재의무가 보고기간 후에 소송사건의 확정에 의해 확인되는 경우
> ㄴ. 보고기간 말과 재무제표 발행승인일 사이에 투자자산의 공정가치가 하락하는 경우
> ㄷ. 보고기간 말 이전에 구입한 자산의 취득원가나 매각한 자산의 대가를 보고기간 후에 결정하는 경우

① ㄱ                    ② ㄴ                    ③ ㄴ, ㄷ
④ ㄱ, ㄷ                ⑤ ㄱ, ㄴ, ㄷ

**해설**

보고기간 말과 재무제표 발행승인일 사이의 투자자산 공정가치 하락은 수정을 요하지 않는 보고기간 후 사건이다. 수정을 요하는 보고기간 후 사건은 보고기간 말 이전에 이미 존재하였던 상황을 보고기간 말과 재무제표발행승인일 사이에 확인하는 경우에 해당한다.

## 03 보고기간 후 사건에 관한 설명으로 옳지 않은 것은? [17년 기출]

① 보고기간 후부터 재무제표 발행승인일 전 사이에 배당을 선언한 경우에는 보고기간 말에 부채로 인식한다.

② 보고기간 말 이전에 구입한 자산의 취득원가나 매각한 자산의 대가를 보고기간 후에 결정하는 경우는 수정을 요하는 보고기간 후 사건이다.

③ 보고기간 말과 재무제표 발행승인일 사이에 투자자산의 공정가치의 하락은 수정을 요하지 않는 보고기간 후 사건이다.

④ 보고기간 후에 발생한 화재로 인한 주요 생산 설비의 파손은 수정을 요하지 않는 보고기간 후 사건이다.

⑤ 경영진이 보고기간 후에, 기업을 청산하거나 경영활동을 중단할 의도를 가지고 있다고 판단하는 경우에는 계속기업의 기준에 따라 재무제표를 작성해서는 아니 된다.

**해설**
보고기간 후부터 재무제표 발행승인일 전 배당선언은 배당선언일의 부채로 인식한다.

## 04 ㈜감평은 20×1년 12월 31일자로 종료되는 회계연도 재무제표의 이사회 승인을 앞두고 있다. 아래의 각 상호 독립된 사건은 재무제표에 반영되어 있지 않지만 보고기간 말 이후 발생한 것이다. '수정을 요하는 보고기간 후 사건'을 모두 고른 것은? (단, 주석으로 공시되는 금액은 제외한다.) [19년 기출]

> ㄱ. 관계회사의 금융기관 차입에 대해 ₩30,000의 지급보증 약정을 체결하였다.
> ㄴ. 생산공장에 화재가 발생하여 ₩50,000의 생산설비가 파손되었다.
> ㄷ. 20×1년 말 현재 피고로 계류 중이던 손해배상소송에서 ₩10,000의 손해배상 확정판결을 받았다.
> ㄹ. 내부규정에 의해 20×1년 말 지급하여야 할 상여금 지급액이 ₩25,000으로 확정되었다.

① ㄱ, ㄴ      ② ㄱ, ㄷ      ③ ㄴ, ㄹ
④ ㄷ, ㄹ      ⑤ ㄴ, ㄷ, ㄹ

**해설**
관계회사의 금융기관 차입에 대한 지급보증 약정과 생산공장의 화재 발생은 수정을 요하는 보고기간 후 사건에 해당하지 않는다.

답 ▶ 01 ① 02 ④ 03 ① 04 ④

## 제26절 환율변동효과

### 1 기능통화

기능통화는 영업활동이 이루어지는 주된 경제환경의 통화이다. 기능통화 이외의 다른 통화를 외화라고 한다. 표시통화는 재무제표를 표시할 때 사용하는 통화이다. 일반적으로 영업활동이 이루어지는 주된 경제 환경은 주로 현금을 창출하고 사용하는 환경을 말한다.

#### (1) 기능통화의 결정

① 재화와 용역의 공급가격에 주로 영향을 미치는 통화(공급가격을 표시하고 결제하는 통화)

② 재화와 용역의 공급가격을 주로 결정하는 경쟁요인과 법규가 있는 국가의 통화

#### (2) 재화를 공급하거나 용역을 제공하는 데 드는 노무원가, 재료원가와 그 밖의 원가에 주로 영향을 미치는 통화(흔히 이러한 원가를 표시하고 결제하는 통화)

다음 사항도 기능통화의 증거가 될 수 있다(재무활동으로 조달되는 통화, 영업활동에서 유입되어 통상적으로 보유하는 통화).

### 2 화폐성 항목과 비화폐성 항목

#### (1) 화폐성 항목

① 화폐성 항목의 본질적 특징은 확정되었거나 결정가능할 수 있는 화폐단위의 수량으로 받을 권리나 지급할 의무라는 것이다.

② 예컨대, 현금으로 지급하는 연금과 그 밖의 종업원급여, 현금으로 상환하는 충당부채, 부채로 인식하는 현금배당 등이 화폐성 항목에 속한다.

#### (2) 비화폐성 항목

① 비화폐성 항목의 본질적 특징은 확정되었거나 결정가능할 수 있는 화폐단위의 수량으로 받을 권리나 지급할 의무가 없다는 것이다.

② 예컨대, 재화와 용역에 대한 선급금, 영업권, 무형자산, 재고자산, 유형자산, 비화폐성 자산의 인도에 의해 상환되는 충당부채 등이 비화폐성 항목에 속한다.

**3** 기능통화에 의한 외화거래의 보고

## 1. 최초 인식

외화거래는 외화로 표시되어 있거나 외화로 결제되어야 하는 거래로서 다음을 포함한다.

① 외화로 가격이 표시되어 있는 재화나 용역의 매매

② 지급하거나 수취할 금액이 외화로 표시된 자금의 차입이나 대여

③ 외화로 표시된 자산의 취득이나 처분, 외화로 표시된 부채의 발생이나 상환

기능통화로 외화거래를 최초로 인식하는 경우 거래일의 외화와 기능통화 사이의 현물환율을 외화금액에 적용하여 기록한다. 거래일은 한국채택국제회계기준에 따라 거래의 인식요건을 최초로 충족하는 날이다. 만약, 기간 거래의 경우에 모든 외화거래에 대하여 해당 기간의 평균환율을 사용할 수 있다. 그러나 환율이 중요하게 변동된 경우에 해당기간의 평균환율을 사용하는 것은 부적절하다.

## 2. 후속 보고기간 말

매 보고기간 말은 다음과 같이 보고한다.

① 화폐성 외화항목은 **마감환율**로 환산한다.

② 역사적원가로 측정하는 비화폐성 외화항목은 **거래일의 환율**로 환산한다.

③ 공정가치로 측정하는 비화폐성 외화항목은 **공정가치가 결정된 날의 환율**로 환산한다.

◆ 보고기간 말의 외화환산방법

| 구분 | | 환율 | 외환차이의 처리 |
|---|---|---|---|
| 화폐성 항목 | | 마감환율 | 당기손익 |
| 비화폐성 항목 | 역사적원가 측정 | 거래일의 환율 | 해당 사항 없음 |
| | 공정가치 측정 | 공정가치 측정일의 환율 | 비화폐성 항목에서 발생한 손익과 합산 처리 |

보고기업의 해외사업장에 대한 순투자의 일부인 화폐성 항목에서 생기는 외환차이는 보고기업의 별도재무제표나 해외사업장의 개별재무제표에서 당기손익으로 적절하게 인식한다. 그러나 보고기업과 해외사업장을 포함하는 재무제표(예 해외사업장이 종속기업인 경우의 연결재무제표)에서는 이러한 외환차이를 처음부터 기타포괄손익으로 인식하고 관련 순투자의 처분시점에 자본에서 당기손익으로 재분류한다.

**예제 26-1** 화폐성항목

㈜한국은 20×1년 10월 1일에 미국으로 $1,000의 외상매출을 하였다. $1,000의 매출채권 중 $400은 20×1년 12월 1일에 회수하였으며, 나머지 $600는 20×2년 2월 1일에 회수하였다. ㈜한국의 기능통화는 원화이며, 달러화 대비 원화의 환율은 다음과 같다.

| 일자 | 20×1.10.1 | 20×1.12.1 | 20×1.12.31 | 20×2.2.1 |
|---|---|---|---|---|
| 환율 | ₩1,000 | ₩1,030 | ₩1,020 | ₩1,010 |

[물음]
㈜한국의 20×1년 10월 1일부터 20×2년 2월 1일까지의 회계처리를 수행하시오.

[해답]

| 20×1.10.1 | (차) 매출채권 | 1,000,000[1] | (대) 매출 | 1,000,000 |
|---|---|---|---|---|
| 20×1.12.1 | (차) 현금 | 412,000[2] | (대) 매출채권 | 400,000 |
| | | | 외환차익 | 12,000 |
| 20×1.12.31 | (차) 매출채권 | 12,000[3] | (대) 외화환산이익 | 12,000 |
| 20×2.2.1 | (차) 현금 | 606,000[4] | (대) 매출채권 | 612,000 |
| | 외환차손 | 6,000 | | |

1) $1,000 × ₩1,000 = ₩1,000,000
2) $400 × ₩1,030 = ₩412,000
3) $600 × (₩1,020 − ₩1,000) = ₩12,000
4) $600 × ₩1,010 = ₩606,000

**예제 26-2** 환율변동효과

㈜한국은 상품을 수입하여 가공한 후 다시 수출하는 기업이다. ㈜한국은 A상품을 기중에 $200에 취득(당시 환율은 ₩1,000/$)하여 12월 31일 현재 보유하고 있다. A상품의 판매가는 현재 $160 이다. ㈜한국은 기능통화로 원화를 사용하고 있으며 회계기간은 1월 1일부터 12월 31일까지이다.

[물음]
1. 20×1년 12월 31일의 환율이 ₩1,200/$인 경우에 재고자산 손상차손으로 인식할 금액을 계산하시오.
2. 20×1년 12월 31일의 환율이 ₩1,300/$인 경우에 재고자산 손상차손으로 인식할 금액을 계산하시오.

**해답**

1. 재고자산 손상차손
   (1) 취득일의 원화금액 = $200 × ₩1,000 = ₩200,000
   (2) 20×1년 12월 31일 순실현가능가치의 원화금액 = $160 × ₩1,200 = ₩192,000
   (3) 재고자산 손상차손 = ₩200,000 − ₩192,000 = ₩8,000

2. 재고자산 손상차손
   (1) 취득일의 원화금액 = $200 × ₩1,000 = ₩200,000
   (2) 20×1년 12월 31일 순실현가능가치의 원화금액 = $160 × ₩1,300 = ₩208,000
   (3) 원화로 측정한 순실현가능가치가 원화로 측정한 취득금액보다 크기 때문에 재고자산손상차손은 인식하지 않는다.

**예제 26-3** 환율변동효과

㈜한국은 20×1년 1월 1일 미국에 있는 건물(취득원가 $5,000, 내용연수 5년, 잔존가치 $0, 정액법 상각)을 취득하였다. ㈜한국은 건물에 대하여 재평가모형을 적용하고 있으며, 20×1년 12월 31일 현재 동 건물의 공정가치는 $6,000로 장부금액과의 차이는 중요하다. ㈜한국의 기능통화는 원화이며, 20×1년 1월 1일과 20×1년 12월 31일의 환율은 각각 ₩1,800/$과 ₩1,500/$이고, 20×1년의 평균환율은 ₩1,650/$이다. ㈜한국이 20×1년 말 재무상태표에 인식해야 할 건물에 대한 재평가잉여금을 계산하시오.

**해답**

(1) 20×1년 1월 1일 건물의 취득원가 = $5,000 × ₩1,800 = ₩9,000,000
(2) 20×1년 12월 31일 감가상각 후 장부금액 = ₩9,000,000 − (₩9,000,000 × 1/5) = ₩7,200,000
(3) 20×1년 12월 31일 공정가치 = $6,000 × ₩1,500 = ₩9,000,000
(4) 20×1년 말 재평가잉여금 = ₩9,000,000(공정가치) − ₩7,200,000(장부금액) = ₩1,800,000

01 환율변동효과 중 기능통화에 의한 외환거래의 보고에 대한 다음 설명 중 가장 옳지 않은 것은?

① 매 보고기간 말에 화폐성 외화항목은 마감환율로 환산하고, 이때 발생하는 외환차이는 별도의 자본항목인 기타포괄손익으로 보고한다.

② 외화거래를 기능통화로 최초 인식하는 경우에 그 거래일의 외화와 기능통화 사이의 현물환율을 외화금액에 적용하여 기록한다. 여기서 거래일은 인식요건을 최초로 충족하는 날이다.

③ 매 보고기간 말에 역사적원가로 측정하는 비화폐성 외화항목은 거래일의 환율로 환산하며, 이때 외환차이는 발생하지 않는다.

④ 매 보고기간 말에 공정가치로 측정하는 비화폐성 외화항목은 공정가치가 결정된 날의 환율로 환산한다.

⑤ 해당 비화폐성 항목에서 생긴 손익을 기타포괄손익으로 인식하는 경우에 그 손익에 포함된 환율변동효과도 기타포괄손익으로 인식한다.

**해설**

화폐성 외화항목은 마감환율로 환산하고 이때 발생하는 외환차이는 당기손익으로 인식한다.

02 ㈜한국은 20×9년 중 외국에 있는 금융기관으로부터 만기 3년의 외화표시 부채 $1,000을 차입하여 상각후원가로 평가하였다. 차입 일자에 달러 현물의 마감환율은 $1당 ₩1,000이었다. 20×9년 말 현재 달러의 외화현물에 대한 마감환율이 $1당 ₩1,100으로 상승하였다면, 장기외화차입금에 대한 환율의 상승분 ₩100,000은 포괄손익계산서에 어떻게 보고되는가? `10년` `기출`

① 당기이익으로 보고된다.

② 기타포괄이익으로 보고된다.

③ 공정가치평가손실로 보고된다.

④ 당기손실로 보고된다.

⑤ 기타포괄손실로 보고된다.

**해설**

화폐성 외화항목은 마감환율로 환산하고 이때 발생하는 외환차이는 당기손익으로 인식한다.
환율 상승으로 차입금이 증가하였으므로 당기손실로 보고된다.

**03** 기능통화에 대한 외화거래의 인식 및 측정으로 옳지 않은 것은?   11년 기출

① 기능통화로 외화거래를 최초로 인식하는 경우에 거래일의 외화와 기능통화 사이의 현물환율을 외화금액에 적용하여 기록한다.

② 거래일은 거래의 인식조건을 최초로 충족하는 날이다. 실무적으로는 거래일의 실제 환율에 근접한 환율을 자주 사용한다.

③ 공정가치로 측정하는 비화폐성 외화항목은 평균환율로 환산한다.

④ 역사적원가로 측정하는 비화폐성 외화항목은 거래일의 환율로 환산한다.

⑤ 비화폐성항목에서 생긴 손익을 기타포괄손익으로 인식하는 경우 그 손익에 포함된 환율변동효과도 기타포괄손익으로 인식한다.

**해설**

공정가치로 측정하는 비화폐성 외화항목은 공정가치 측정일의 환율로 환산한다.

**04** 20×1년 12월 1일 원화가 기능통화인 ㈜서울은 해외 거래처에 US $5,000의 상품을 판매하고 판매대금은 2개월 후인 20×2년 1월 31일에 회수하였다. 이 기간 중 US $ 대비 원화의 환율은 아래와 같으며, 회사는 회계기준에 준거하여 외화거래 관련 회계처리를 적절하게 수행하였다.

- 20×1년 12월 1일 : US $1 = ₩1,030
- 20×1년 12월 31일 : US $1 = ₩1,060
- 20×2년 1월 31일 : US $1 = ₩1,050

대금결제일인 20×2년 1월 31일에 ㈜서울이 인식할 외환차익 혹은 외환차손은?

14년 기출

① 외환차손  ₩50,000
② 외환차손  ₩100,000
③ 외환차익  ₩100,000
④ 외환차익  ₩150,000
⑤ 외환차손  ₩150,000

**해설**

1) 20×1년 12월 31일 매출채권 = $5,000 × ₩1,060 = ₩5,300,000
2) 20×2년 1월 31일 현금회수액 = $5,000 × ₩1,050 = ₩5,250,000
3) 20×2년 1월 31일 외환차손 = ₩5,250,000 − ₩5,300,000 = ₩50,000

**05** ㈜감평은 20×1년 10월 1일 미국에 소재한 토지를 영업에 사용할 목적으로 $10,000에 취득하였고 20×1년 12월 31일 현재 토지의 공정가치 $12,000이다. ㈜감평의 재무제표는 원화로 환산표시하며, 이 기간 중 $ 대비 원화의 환율은 다음과 같다.

- 20×1년 10월 1일 : $1 = ₩1,000
- 20×1년 12월 31일 : $1 = ₩1,030
- 20×2년 3월 1일 : $1 = ₩1,050

㈜감평이 20×2년 3월 1일에 위 토지의 50%를 $6,000에 매각하였을 때, 원가모형에 의한 유형자산처분이익은? 15년 기출

① ₩18,000  ② ₩300,000  ③ ₩1,000,000
④ ₩1,180,000  ⑤ ₩1,300,000

**해설**

원가모형의 토지는 공정가치로 평가하지 않는다. 외화 구입자산은 구입 당시의 환율로 인식한다.

| | | | | | |
|---|---|---|---|---|---|
|20×1.10.1|(차) 토지|10,000,000|(대) 현금|10,000,000|
|20×2.3.1|(차) 현금|6,300,000|(대) 토지|5,000,000|
| | | |유형자산처분이익|1,300,000|

\* 취득현금 = $6,000 × ₩1,050 = ₩6,300,000

〈보고기간 말의 외화환산방법〉

| 구분 | | 환율 | 외환차이의 처리 |
|---|---|---|---|
| 화폐성 항목 | | 마감환율 | 당기손익 |
| 비화폐성 항목 | 역사적원가 측정 | 거래일의 환율 | 해당 사항 없음 |
| | 공정가치 측정 | 공정가치 측정일의 환율 | 비화폐성 항목에서 발생한 손익과 합산처리 |

답 ▶ 01 ① 02 ④ 03 ③ 04 ① 05 ⑤

## 제27절 매각예정비유동자산과 중단영업

### 1 매각예정분류

**(1) 매각예정비유동자산**

① 매각예정비유동자산은 해당 자산의 장부금액이 계속사용이 아닌 매각거래를 통하여 주로 회수되는 경우의 비유동자산을 말한다. 매각예정으로 분류되는 경우는 처분자산집단도 해당되는데, 처분자산집단이란 단일거래를 통해 매각이나 다른 방법으로 함께 처분될 예정인 자산의 집합과 해당 자산에 직접 관련되어 이전될 부채를 말한다.

② 비유동자산(또는 처분자산집단)이 매각예정으로 분류하기 위해서는 현재의 상태에서 통상적이고 관습적인 거래조건만으로 즉시 매각가능해야 하며, 매각될 가능성이 매우 높아야 한다. 매각될 가능성이 매우 높다는 것은 발생하지 않을 가능성보다 발생할 가능성이 유의적으로 더 높은 경우를 말한다.

**(2) 매각될 가능성이 매우 높으려면 다음의 조건을 모두 충족하여야 한다.**

① 적절한 지위의 경영진이 자산(또는 처분자산집단)의 매각계획을 확약하고, 매수자를 물색하고 매각계획을 이행하기 위한 적극적인 업무진행을 이미 시작하였어야 한다.

② 해당 자산(또는 처분자산집단)의 현행 공정가치에 비추어 볼 때 합리적인 가격 수준으로 적극적으로 매각을 추진하여야 한다.

③ 분류시점에서 1년 이내에 매각완료요건이 충족될 것으로 예상되며, 계획을 이행하기 위하여 필요한 조치로 보아 그 계획이 유의적으로 변경되거나 철회될 가능성이 낮아야 한다.

**(3) 보고기간 후에 충족된 경우**

매각예정으로 분류되는 요건이 보고기간 후에 충족된 경우에는 해당 비유동자산(또는 처분자산집단)은 보고기간 후 발행되는 해당 재무제표에서 매각예정으로 분류할 수 없다. 하지만 해당 요건이 보고기간 후 공표될 재무제표 발행승인 이전에 충족된다면 해당 내용을 주석으로 공시한다.

### 2 폐기될 비유동자산

① 폐기될 비유동자산(또는 처분자산집단)은 해당 장부금액이 원칙적으로 계속 사용함으로써 회수되기 때문에 매각예정으로 분류할 수 없다. 하지만, 폐기될 처분자산집단이 중단영업에 해당한다면 처분자산집단의 성과와 현금흐름을 사용이 중단된 날에 중단영업으로 표시한다.

② 일시적으로 사용을 중단한 비유동자산은 폐기될 자산으로 회계처리할 수 없다.

**3** 비유동자산의 측정

## 1. 비유동자산의 측정

① 매각예정으로 분류된 비유동자산(또는 처분자산집단)은 순공정가치와 장부금액 중 작은 금액으로 측정한다.

> 매각예정으로 분류된 비유동자산의 가액 = MIN[순공정가치, 장부금액]

② 1년 이후에 매각될 것으로 예상된다면 매각부대원가는 현재가치로 측정한다.

## 2. 손상차손 및 환입액의 인식

① 자산(또는 처분자산집단)의 최초 또는 향후 순공정가치의 하락은 손상차손으로 인식한다. 자산의 순공정가치가 증가하면 이익을 인식하되, 해당 금액은 과거에 인식하였던 손상차손누계액을 초과할 수 없다.

② 비유동자산이 매각예정으로 분류되거나 매각예정으로 분류된 처분자산집단의 일부이면 그 자산은 감가상각하지 않는다. 매각예정으로 분류된 처분자산집단의 부채와 관련된 이자와 기타 비용은 계속해서 인식한다.

## 3. 매각계획의 변경

매각예정으로 분류되던 자산(또는 처분자산집단)이 매각예정분류기준을 더 이상 충족할 수 없는 경우에는 해당 자산을 매각예정으로 분류할 수 없다. 더 이상 매각예정으로 분류할 수 없거나 매각예정으로 분류된 처분자산집단에 포함될 수 없는 비유동자산에 대하여는 다음 중 작은 금액으로 측정한다.

> ① 해당 자산을 매각예정으로 분류하기 전 장부금액에 감가상각, 상각 또는 재평가 등 매각예정으로 분류하지 않았더라면 인식하였을 조정사항을 반영한 금액
> ② 매각하지 않기로 결정한 날의 회수가능액

더 이상 매각예정으로 분류할 수 없는 비유동자산의 장부금액에 반영하는 조정금액은 매각예정분류기준이 더 이상 충족되지 않는 기간의 계속영업손익에 포함한다.

## 4 중단영업의 표시

### 1. 중단영업의 표시

(1) 중단영업은 이미 처분되었거나 매각예정으로 분류되고 다음 중 하나에 해당하는 기업의 구분단위이다.

① 별도의 주요 사업계열이나 영업지역이다.

② 별도의 주요 사업계열이나 영업지역을 처분하려는 단일 계획의 일부이다.

③ 매각만을 목적으로 취득한 종속기업이다.

(2) 중단영업은 다음의 합계를 포괄손익계산서에 단일금액으로 표시한다.

① 세후 중단영업손익

② 중단영업에 포함된 자산이나 처분자산집단을 순공정가치로 측정하거나 처분함에 따른 세후 손익

(3) 기업의 구분단위를 매각예정으로 더 이상 분류할 수 없는 경우 중단영업으로 표시하였던 해당 구분단위의 영업성과를 비교표시되는 모든 회계기간에 재분류하여 계속영업손익에 포함하고 과거 기간에 해당하는 금액이 재분류되었음을 주석으로 기재한다.

### 2. 계속영업과 관련된 평가손익

매각예정으로 분류하였으나 중단영업의 정의를 충족하지 않는 비유동자산을 재측정하여 인식하는 평가손익은 계속영업손익에 포함한다.

### 3. 매각예정으로 분류된 비유동자산이나 처분자산집단의 표시

① 매각예정으로 분류된 비유동자산은 다른 자산과 별도로 재무상태표에 표시한다. 매각예정으로 분류된 처분자산집단에 포함되는 자산이나 부채는 다른 자산이나 부채와 별도로 재무상태표에 표시한다. 해당 자산과 부채는 상계하여 단일금액으로 표시할 수 없다.

② 매각예정으로 분류된 비유동자산과 관련하여 기타포괄손익으로 인식한 손익누계액은 별도로 표시한다.

③ 과거 재무상태표에 매각예정으로 분류된 비유동자산 또는 처분자산집단에 포함된 자산과 부채의 금액은 최근 재무상태표의 분류를 반영하기 위하여 재분류하거나 재작성하지 아니한다.

## 01 매각예정으로 분류된 비유동자산 또는 처분자산집단에 관한 설명으로 옳은 것은?

22년 기출

① 매각예정으로 분류하였으나 중단영업의 정의를 충족하지 않는 비유동자산(또는 처분자산집단)을 재측정하여 인식하는 평가손익은 계속영업손익에 포함한다.

② 소유주에 대한 분배예정으로 분류된 비유동자산(또는 처분자산집단)은 공정가치와 장부금액 중 작은 금액으로 측정한다.

③ 비유동자산이 매각예정으로 분류되거나 매각예정으로 분류된 처분자산집단의 일부이더라도 그 자산은 감가상각 또는 상각을 중단하지 아니한다.

④ 매각예정으로 분류된 비유동자산(또는 처분자산집단)은 공정가치와 장부금액 중 큰 금액으로 측정한다.

⑤ 매각예정으로 분류된 처분자산집단의 부채와 관련된 이자와 기타 비용은 인식을 중단한다.

### 해설

② 소유주에 대한 분배예정으로 분류된 비유동자산(또는 처분자산집단)은 분배부대원가 차감 후 공정가치와 장부금액 중 작은 금액으로 측정한다.

③ 비유동자산이 매각예정으로 분류되거나 매각예정으로 분류된 처분자산집단의 일부이면 그 자산은 감가상각(또는 상각)하지 아니한다.

④ 매각예정으로 분류된 비유동자산(또는 처분자산집단)은 공정가치에서 처분부대원가를 뺀 금액과 장부금액 중 작은 금액으로 측정한다.

⑤ 매각예정으로 분류된 처분자산집단의 부채와 관련된 이자와 기타 비용은 계속해서 인식한다.

## 02 매각예정으로 분류된 비유동자산 또는 처분자산집단의 회계처리에 관한 설명으로 옳지 않은 것은? 24년 기출

① 매각예정으로 분류된 비유동자산(또는 처분자산집단)은 공정가치에서 처분부대원가를 뺀 금액과 장부금액 중 큰 금액으로 측정한다.

② 1년 이후에 매각될 것으로 예상된다면 처분부대원가는 현재가치로 측정하고, 기간 경과에 따라 발생하는 처분부대원가 현재가치의 증가분은 금융원가로서 당기손익으로 회계처리한다.

③ 매각예정으로 분류하였으나 중단영업의 정의를 충족하지 않는 비유동자산(또는 처분자산집단)을 재측정하여 인식하는 평가손익은 계속영업손익에 포함한다.

④ 비유동자산이 매각예정으로 분류되거나 매각예정으로 분류된 처분자산집단의 일부이면 그 자산은 감가상각(또는 상각)하지 아니한다.

⑤ 매각예정으로 분류된 처분자산집단의 부채와 관련된 이자와 기타 비용은 계속해서 인식한다.

해설

매각예정으로 분류된 비유동자산(또는 처분자산집단)은 공정가치에서 처분부대원가를 뺀 금액과 장부금액 중 작은 금액으로 측정한다.

답 ▶ 01 ① 02 ①

## 제28절 관계기업투자주식

### 1 관계기업투자

#### 1. 유의적인 영향력

① 투자자가 직접 또는 간접으로 피투자자에 대한 의결권의 20% 이상 소유하는 경우 유의적인 영향력이 있는 것으로 본다.

② 유의적인 영향력을 판단하는 경우 잠재적 의결권의 존재와 영향을 고려한다.

③ 지분율이 20% 미만이라고 하더라도 다음의 경우에는 유의적인 영향력이 있다.

> ㉠ 피투자회사의 이사회나 이에 준하는 의사결정기구에의 참여
> ㉡ 배당이나 다른 분배에 관한 의사결정에 참여하는 것을 포함하여 정책결정과정에 참여
> ㉢ 투자자와 피투자자 사이의 중요한 거래
> ㉣ 경영진의 상호 교류
> ㉤ 필수적 기술정보의 제공

#### 2. 관계기업

① 관계기업이란 파트너십과 같이 법인격이 없는 실체를 포함하는 기업으로, 투자자가 해당 기업에 대하여 유의적인 영향력이 있는 기업을 의미한다.

② 관계기업은 종속기업이 아니며, 공동기업 투자지분도 아니다.

### 2 지분법회계

#### 1. 지분법의 정의

① 지분법은 투자자산을 최초에 원가로 인식하고, 취득시점 이후 발생한 피투자자의 순자산 변동액 중 투자자의 지분을 해당 투자자산에 가감하여 보고하는 방법이다.

② 피투자자의 당기순손익 중 투자자의 지분은 투자자의 당기순손익으로 인식하고, 피투자자의 순자산변동이 기타포괄손익의 증감으로 발생하는 경우 그 증감액 중 투자자의 지분은 투자자의 기타포괄손익(지분법자본변동)으로 인식한다.

③ 지분법을 적용할 때는 유의적인 영향력 판단과는 다르게 잠재적 의결권의 행사가능성이나 전환가능성을 반영하지 않고, 현재 소유하고 있는 지분율에 기초하여 산정한다.

#### 2. 지분법손익

> • 지분법손익 = (피투자회사의 당기순손익 – 상향, 하향거래 미실현이익 + 상향, 하향거래 실현이익) × 투자회사 지분율 – 피투자회사 순자산의 BV와 FV의 차이 조정 + 당기 염가매수차익

| 〈회계처리〉 | | |
|---|---|---|
| (차) 관계기업투자주식 | ××× | (대) 지분법손익 ××× |

| 〈배당금 지급 시〉 | | |
|---|---|---|
| (차) 현금 | ××× | (대) 관계기업투자주식 ××× |

## 3. 관계기업투자주식 기말 장부금액

• 관계기업투자주식 기말 장부금액
= (관계기업 기말자본 + 관계기업 자산, 부채의 BV와 FV차이 조정 후 잔액 − 미실현이익 잔액) × 투자회사
지분율 + 영업권 잔액

---

**예제 28-1  지분법회계**

㈜서울은 12월 결산법인이다. ㈜서울은 20×1년 1월 1일 ㈜한국의 유통보통주식 10,000주 가운데 30%에 해당하는 주식을 주당 ₩1,000에 취득함으로써 ㈜한국에 유의적인 영향력을 행사하게 되었다. 20×1년 9월 1일 ㈜한국은 ₩200,000의 현금배당을 선언하고 지급하였다. 20×1년 12월 31일 ㈜한국은 20×1년 당기순이익으로 ₩1,000,000을 보고하였다. 20×1년 12월 31일 ㈜서울이 보유하고 있는 ㈜한국 주식과 관련하여 재무제표에 보고해야 할 관계기업투자주식과 지분법손익은 얼마인가? (단, ㈜서울이 20×1년 1월 1일에 ㈜한국의 주식취득 시 투자제거 차익은 없다고 가정한다.)

---

**해답**

| 20×1.1.1. | (차) 관계기업투자주식 | 3,000,000 | (대) 현금 | 3,000,000 |
|---|---|---|---|---|
| 20×1.9.1 | (차) 현금 | 60,000 | (대) 관계기업투자주식 | 60,000 |

\* 배당금액 = ₩200,000 × 30%(지분율) = ₩60,000

| 20×1.12.31. | (차) 관계기업투자주식 | 300,000 | (대) 지분법이익 | 300,000 |
|---|---|---|---|---|

\* 지분법이익 = ₩1,000,000(당기순이익) × 30% = ₩300,000

→ 20×1년 말 관계기업투자주식 장부금액 = ₩3,000,000 − ₩60,000 + ₩300,000 = ₩3,240,000

---

**예제 28-2** 지분법회계

12월 결산법인인 ㈜한국은 20×1년 초에 ㈜대한이 발행한 주식의 25%인 200주를 주당 ₩5,000에 현금으로 매입하였다. 20×1년 말 ㈜대한은 당기순이익 ₩6,000,000을 보고하였으며, 동일자에 주주들에게 배당금 ₩300,000을 지급하였다. 이상의 거래만을 고려할 경우 20×1년 말 ㈜한국의 지분법적용투자주식과 지분법이익은 얼마인가?

······

**해답**

(1) 지분법투자주식 취득 시  (차) 관계기업투자주식  1,000,000    (대) 현금        1,000,000
(2) 지분법이익           (차) 관계기업투자주식  1,500,000    (대) 지분법이익     1,500,000
  * 지분법이익 = ₩6,000,000(당기순이익) × 25%(지분율) = ₩1,500,000
(3) 배당금지급          (차) 현금          75,000    (대) 관계기업투자주식    75,000
  * 배당금지급 = ₩300,000(총배당금) × 25%(지분율) = ₩75,000
(4) 지분법적용투자주식 = ₩1,000,000 + ₩1,500,000 − ₩75,000 = ₩2,425,000

---

## 4. 기타 고려사항

① 가장 최근의 이용가능한 관계기업의 재무제표를 사용한다. 투자자와 관계기업의 보고기간 종료일이 상이한 경우에는 실무적으로 적용할 수 없는 경우가 아니면 투자자의 재무제표와 동일한 보고기간 종료일로 관계기업 재무제표를 재작성한다.

② 어떠한 경우라도 투자자와 관계기업의 보고기간 종료일 간의 차이는 3개월 이내이어야 한다.

## 5. 지분법 사용 중단

① 유의적인 영향력을 상실한 날부터 지분법 사용을 중단하고 공정가치로 측정한다.

② 다음의 ㉠과 ㉡의 차이를 당기손익으로 인식한다.

  ㉠ 보유하는 투자자산의 공정가치와 관계기업에 대한 지분의 일부처분으로 발생한 대가의 공정가치

  ㉡ 유의적인 영향력을 상실한 시점의 투자자산의 장부금액

## 3 공동약정

### 1. 공동약정이란?

공동약정은 둘 이상의 당사자들이 공동지배력을 보유하는 다음과 같은 특징을 갖는 약정을 말한다 (당사자들이 계약상 약정에 구속되며, 계약상 약정은 둘 이상의 당사자들에게 약정의 공동지배력을 부여한 경우).

\* 공동지배력은 관련활동에 대한 결정에 약정을 집합적으로 지배하는 당사자들 전체의 동의가 요구될 때에만 존재한다.

### 2. 공동약정의 유형

① 공동영업 : 약정의 공동지배력을 보유하는 당사자들이 약정의 자산에 대한 권리와 부채에 대한 의무를 보유하는 공동약정을 말하며, 공동영업 당사자들을 공동영업자라고 한다.

② 공동기업 : 약정의 공동지배력을 보유하는 당사자들이 약정의 순자산에 대한 권리를 보유하는 공동약정을 말하며, 공동기업 당사자들을 공동기업 참여자라 한다.

> • 별도기구로 구조화되지 않은 약정은 공동영업으로 구분한다.
> • 별도기구로 구조화된 약정의 경우 법적 형식, 계약상 약정의 조건 및 기타 사실과 상황을 고려하여 공동영업 또는 공동기업으로 구분한다(거래의 실질).
> • 공동기업 참여자는 공동기업에 대한 자신의 지분을 투자자산으로 인식하고, 지분법으로 회계처리한다.

## 4 비지배지분

### 1. 비지배지분 귀속 당기순이익

> = (종속기업 당기순손익 − 종속기업 순자산의 BV와 FV 차이의 당기분 조정 − 당기발생 상향 미실현이익 + 전기 미실현이익 중 당기 상향 실현이익) × 비지배지분율

### 2. 비지배지분

> = (종속기업 자본 + 종속기업 순자산의 BV와 FV 차이 조정 후 잔액 − 당기말 상향 미실현이익 잔액) × 비지배지분율

## 제28절 관계기업투자주식

**01** ㈜백두는 20×3년 1월 1일 ㈜한라의 발행주식총수 중 80%를 ₩452,000에 현금 취득하였다. 주식취득일 현재 ㈜한라의 자산과 부채는 아래의 유형자산을 제외하고는 장부금액과 공정가치가 일치하였다.

| 구분 | 장부금액 | 공정가치 | 차액 |
|---|---|---|---|
| 토지 | ₩150,000 | ₩160,000 | ₩10,000 |
| 건물 | 110,000 | 140,000 | 30,000 |

취득 당시 ㈜한라의 자본금은 ₩400,000이고, 이익잉여금은 ₩100,000이었다. ㈜백두와 ㈜한라의 20×3년도 당기순이익은 각각 ₩450,000과 ₩200,000이며, 배당지급액은 없다. 영업권의 손상차손은 발생하지 않았으며, 건물에 대하여는 잔존내용연수 10년 동안 잔존가치 ₩0으로 하여 정액법으로 감가상각한다. 20×3년 말 현재 연결재무상태표상 비지배지분은 얼마인가? 04년 CTA

① ₩100,000      ② ₩140,000      ③ ₩147,400
④ ₩148,000      ⑤ ₩150,000

**해설**

비지배지분 = (종속기업 자본 + 종속기업 순자산의 BV와 FV 차이 조정 후 잔액 − 당기말 상향
미실현이익 잔액) × 비지배지분율
= (₩700,000 + ₩37,000 − ₩0) × 20% = ₩147,400

**02** 20×1년 1월 1일 ㈜감평은 장부상 순자산가액이 ₩460,000인 ㈜대한의 보통주 70%를 현금 ₩440,000에 취득하였다. 취득일 현재 ㈜대한의 자산 및 부채에 관한 장부금액과 공정가치는 건물을 제외하고 모두 일치하였다. 건물의 장부금액과 공정가치는 각각 ₩70,000과 ₩150,000이고 잔여내용연수는 10년, 잔존가치는 없고 정액법으로 상각한다. ㈜대한은 20×1년도 당기순이익으로 ₩120,000을 보고하였으며, 이를 제외하면 20×1년 자본의 변동은 없다. 20×1년 말 연결재무제표에 기록될 비지배지분은? (단, 비지배지분은 종속기업의 식별가능한 순자산의 공정가치에 비례하여 측정한다.) 16년 기출

① ₩33,600      ② ₩138,000      ③ ₩162,000
④ ₩171,600      ⑤ ₩195,600

**해설**

1) 20×1년 1월 1일 비지배지분 = (₩460,000 + ₩80,000) × 30% = ₩162,000
2) 20×1년 12월 31일 비지배지분 = ₩162,000 + (₩120,000 − ₩8,000) × 30% = ₩195,600

**03** ㈜국세는 20×3년 초에 ㈜대한의 주식 20%를 ₩50,000에 취득하면서 유의적인 영향력을 행사할 수 있게 되었다. 추가자료는 다음과 같다.

> - 20×3년 중에 ㈜대한은 토지를 ₩20,000에 취득하고 재평가모형을 적용하였다.
> - ㈜대한은 20×3년 말 당기순이익 ₩10,000과 토지의 재평가에 따른 재평가이익 ₩5,000을 기타포괄이익으로 보고하였다.
> - 20×3년 중에 ㈜대한은 중간배당으로 현금 ₩3,000을 지급하였다.

㈜국세의 20×3년 말 재무상태표에 인식될 관계기업투자주식은 얼마인가? 14년 CTA

① ₩51,400        ② ₩52,400        ③ ₩53,600

④ ₩55,000        ⑤ ₩62,000

**해설**

1) 20×3년 말 관계기업투자주식 = ₩50,000(기초금액) − ₩600(배당금수령액) + ₩2,000(지분법이익) + ₩1,000(지분법자본변동) = ₩52,400
2) 지분법이익 = ₩10,000(피투자회사의 당기순이익) × 20%(지분율) = ₩2,000
3) 지분법자본변동 = ₩5,000(피투자회사의 기타포괄손익) × 20%(지분율) = ₩1,000

**04** ㈜관세는 20×1년 초 ㈜한국의 의결권 있는 보통주 30%(30주)를 주당 ₩5,000에 취득하여 유의적인 영향력을 행사하게 되었다. 취득 당시 ㈜한국의 식별가능한 순자산 공정가치와 장부금액은 일치하였다. 20×1년 중 ㈜관세는 ㈜한국으로부터 주당 ₩400의 중간배당금을 현금으로 수취하였고, 20×1년 말 ㈜한국은 당기순이익 ₩10,000을 보고하였다. ㈜관세가 동 관계기업투자주식과 관련하여 20×1년 인식할 당기손익은? (단, 손상차손은 고려하지 않으며, ㈜한국은 보통주만 발행하였다.) 22년 관세사

① ₩12,000 손실        ② ₩0        ③ ₩3,000 이익

④ ₩12,000 이익        ⑤ ₩15,000 이익

**해설**

1) 20×1년도 지분법이익 = ₩10,000(피투자회사의 당기순이익) × 30% = ₩3,000 이익
* 중간배당금은 배당금수익으로 인식하지 않고 관계기업투자주식 장부금액에서 차감한다.

**05** ㈜감평은 20×1년 초 ㈜한국의 의결권주식 20%를 ₩300,000에 취득하고 지분법을 적용하는 관계기업투자주식으로 분류하였다. 취득 당시 ㈜한국의 순자산 장부금액은 ₩1,000,000이었으며, 토지와 건물(내용연수 10년, 정액법상각)의 장부금액에 비해 공정가치가 각각 ₩100,000, ₩200,000 더 높은 것을 제외하고 자산과 부채의 장부금액은 공정가치와 일치하였다. 20×1년도에 ㈜한국은 당기순이익과 기타포괄이익을 각각 ₩100,000, ₩30,000 보고하였으며, ₩15,000의 현금배당을 실시하였다. ㈜감평의 20×1년 말 관계기업투자주식의 장부금액은? `23년` `기출`

① ₩312,000　　　　　② ₩316,000　　　　　③ ₩319,000
④ ₩320,000　　　　　⑤ ₩326,000

**해설**

1) 20×1년 지분법이익 = [₩100,000 − (₩200,000 × 1/10)] × 20% = ₩16,000
2) 20×1년 지분법자본변동 = ₩30,000(기타포괄이익) × 20% = ₩6,000
3) 20×1년 말 관계기업투자주식 장부금액 = ₩300,000(20×1년 초 관계기업투자주식 장부금액) + ₩16,000(지분법이익) + ₩6,000(지분법자본변동) − ₩3,000(현금배당금 수령액) = ₩319,000

**06** 지분법을 적용하는 관계기업의 회계처리에 관한 설명으로 옳지 않은 것은? `23년` `관세사`

① 관계기업에 대한 투자를 최초 인식할 때는 원가로 측정한다.
② 피투자자의 당기순손익 중 투자자의 몫은 투자자의 당기순손익으로 인식한다.
③ 기타포괄손익으로 인하여 피투자자의 순자산변동이 발생한 경우 그 변동액 중 투자자의 몫은 투자자의 기타포괄손익으로 인식한다.
④ 관계기업이 해외사업장과 관련된 누적 외환차이가 있고 기업이 유의적인 영향력을 상실하여 지분법 사용을 중단한 경우 기업은 해외사업장과 관련하여 이전에 기타포괄손익으로 인식했던 손익을 당기손익으로 재분류할 수 없다.
⑤ 피투자자에게서 받은 현금배당액은 투자자산의 장부금액을 줄여준다.

**해설**

관계기업이 해외사업장과 관련된 누적 외환차이가 있고 기업이 유의적인 영향력을 상실하여 지분법 사용을 중단한 경우 기업은 해외사업장과 관련하여 이전에 기타포괄손익으로 인식했던 손익을 당기손익으로 재분류한다.

**07** ㈜대한은 20×1년 1월 1일 ㈜서울의 의결권주식 30%(300주)를 주당 ₩1,500에 취득함으로써 유의적인 영향력을 행사할 수 있게 되어 관계기업투자주식으로 분류하였다. 취득 당시 ㈜서울의 순자산 장부금액은 ₩900,000이었다. 취득 당시 ㈜서울의 재고자산과 토지의 공정가치가 장부금액에 비해 각각 ₩100,000과 ₩200,000 더 높고 나머지 자산과 부채는 장부금액과 공정가치가 일치하였다. ㈜서울의 재고자산은 20×1년에 모두 판매되었다. 20×1년도 ㈜서울이 보고한 당기순이익은 ₩200,000이며 기타포괄이익은 ₩40,000이었다. ㈜서울은 20×1년 12월 31일에 ₩30,000의 현금배당을 실시하였다. ㈜대한이 지분법을 적용할 경우 20×1년도 말 관계기업투자주식은? `13년` `기출`

① ₩423,000    ② ₩461,000    ③ ₩483,000
④ ₩513,000    ⑤ ₩522,000

**해설**

1) 지분법이익 = [₩200,000 − ₩100,000(재고자산)] × 30% = ₩30,000
2) 지분법자본변동 = ₩40,000 × 30% = ₩12,000
3) 관계기업투자주식 = 300주 × ₩1,500 + ₩30,000(지분법이익) + ₩12,000(지분법자본변동) − ₩9,000(현금배당) = ₩483,000

**08** ㈜한국은 20×1년 12월 31일 ㈜소한의 의결권주식의 20%(20주)를 ₩20,000에 취득하여 중대한 영향력을 행사하게 되었다. 취득당시 ㈜소한의 자산과 부채의 장부가액은 공정가치와 일치하였으며 투자차액은 없었다. ㈜소한은 20×2년 8월 20일 중간배당금으로 현금 ₩10,000을 지급하였다. ㈜소한의 20×2년도 순자산변동은 당기순이익 ₩40,000과 기타포괄손익−공정가치 측정 금융자산 평가손실 ₩10,000에 의해 발생하였다. ㈜한국의 20×2년도 지분법이익과 20×2년 말 지분법적용 투자주식은? (단, ㈜한국과 ㈜소한의 결산일은 12월 31일이다.)

| | 지분법이익 | 지분법적용투자주식 | | 지분법이익 | 지분법적용투자주식 |
|---|---|---|---|---|---|
| ① | ₩8,000 | ₩24,000 | ② | ₩6,000 | ₩28,000 |
| ③ | ₩10,000 | ₩26,000 | ④ | ₩8,000 | ₩26,000 |
| ⑤ | ₩10,000 | ₩24,000 | | | |

**해설**

1) 지분법이익 = ₩40,000 × 20% = ₩8,000
2) 20×2년 말 지분법적용 투자주식 = ₩20,000 − ₩2,000(배당금수령액) + ₩8,000(지분법이익) − ₩2,000(지분법자본변동) = ₩24,000

답 ▶ **01** ③ **02** ⑤ **03** ② **04** ③ **05** ③
**06** ④ **07** ③ **08** ①

## 제29절 특수관계자 공시

### 1. 특수관계자 공시의 목적

기업은 영업활동의 일부를 특수관계자인 종속기업, 조인트벤처, 관계기업 등을 통해 수행하는 경우가 있다. 이와 같은 특수관계자와의 거래로 인하여 기업의 당기순손익과 재무상태에 영향을 미칠수 있다. 더불어 특수관계자 간의 거래가 없더라도 특수관계 자체가 기업의 당기순손익과 재무상태에 영향을 미칠 수 있다. 이와 같은 이유로 특수관계자거래, 특수관계자와의 채권·채무 잔액 및 특수관계에 대한 이해는 재무제표 이용자가 기업이 직면하고 있는 위험과 기회에 대한 평가를 포함하여 기업의 영업을 평가하는 데 영향을 줄 수 있다.

### 2. 특수관계자의 범위

(1) 직접 또는 하나 이상의 중개자를 통하여 간접으로

　(가) 당해 기업을 지배하거나, 당해 기업의 지배를 받거나 또는 당해 기업과 동일지배하에 있는 자(지배기업, 종속기업 및 동일지배하에 있는 다른 종속기업을 포함한다)

　(나) 당해 기업에 유의적인 영향력을 행사할 수 있는 지분을 소유한 자

　(다) 당해 기업을 공동지배하는 자

(2) 당해 기업의 관계기업

(3) 당해 기업이 참여자로 있는 공동기업

(4) 당해 기업이나 당해 기업의 지배기업의 주요 경영진의 일원

(5) (1)이나 (4)에 해당하는 개인의 가까운 가족 : 당해 기업과의 거래 관계에서 당해 개인의 영향을 받거나 당해 개인에게 영향력을 행사하는 것으로 예상되는 가족으로서 다음의 경우를 포함한다 (자녀 및 배우자(사실상 배우자 포함), 배우자의 자녀, 당해 개인이나 배우자의 피부양자).

(6) (4)나 (5)에 해당하는 개인이 직·간접으로 지배하거나, 공동지배하거나, 유의적인 영향력 또는 중대한 의결권을 행사할 수 있는 기업

(7) 당해 기업이나 당해 기업의 특수관계자에 해당하는 기업의 종업원 급여를 위한 퇴직급여제도

특수관계 유무를 고려할 때 단지 법적 형식뿐만 아니라 실질 관계에도 주의를 기울여야 한다.

### 3. 특수관계자 공시

지배기업과 종속기업 사이의 관계는 거래의 유무에 관계없이 공시하며, 기업은 지배기업의 명칭을 공시한다. 다만, 최상위 지배자와 지배기업이 다를 경우 최상위 지배자의 명칭도 공시한다. 또한 주요 경영진에 대한 보상의 총액과 분류별(단기종업원급여, 퇴직급여, 기타장기급여, 해고급여, 주식기준보상) 금액을 공시한다. 특수관계자거래가 있는 경우 거래와 채권·채무 잔액에 대한 정보뿐만 아니라 특수관계의 성격도 공시한다. 이때 독립된 당사자 사이의 거래 조건에 따라 거래가 이루어졌음을 입증할 수 있는 경우에 한하여 특수관계자거래가 그러한 조건으로 이루어졌다는 사실을 공시한다.

## 01 특수관계자 공시에 관한 설명으로 옳지 않은 것은? `17년` `CTA`

① 지배기업과 종속기업 간의 관계는 거래유무에 관계없이 공시한다. 기업은 지배기업의 명칭을 공시한다.

② 연결실체 내 다른 기업들과의 특수관계자거래와 채권·채무 잔액은 기업의 재무제표에 공시한다. 투자기업과, 공정가치로 측정하여 당기손익에 반영하는 그 종속기업 간을 제외하고 연결실체 내 기업 간 특수관계자거래와 채권·채무 잔액은 그 연결실체의 연결재무제표를 작성할 때 제거된다.

③ 보고기업에 유의적인 영향력이 있는 개인이나 그 개인의 가까운 가족은 보고기업의 특수관계자로 본다. 이때 개인의 가까운 가족의 범위는 자녀 및 배우자로 한정한다.

④ 주요 경영진에 대한 보상의 총액과 분류별 금액을 공시한다. 분류별 금액에는 단기종업원급여, 퇴직급여, 기타 장기급여, 해고급여, 주식기준보상이 해당된다.

⑤ 특수관계는 기업의 당기순손익과 재무상태에 영향을 미칠 수 있다. 또한 특수관계자거래가 없더라도 특수관계 자체가 기업의 당기순손익과 재무상태에 영향을 줄 수 있다.

**해설**

개인의 가까운 가족의 범위는 당해 기업과의 거래 관계에서 당해 개인의 영향을 받거나 당해 개인에게 영향력을 행사하는 것으로 예상되는 가족으로서 다음의 경우를 포함한다(자녀 및 배우자(사실상 배우자 포함), 배우자의 자녀, 당해 개인이나 배우자의 피부양자).

## 02 특수관계자 공시에 관한 설명으로 옳지 않은 것은? 24년 기출

① 보고기업에 유의적인 영향력이 있는 개인이나 그 개인의 가까운 가족은 보고기업의 특수관계자로 보며, 이때 개인의 가까운 가족의 범위는 자녀 및 배우자로 한정한다.

② 지배기업과 종속기업 사이의 관계는 거래의 유무에 관계없이 공시한다.

③ 특수관계자거래가 있는 경우, 재무제표에 미치는 특수관계의 잠재적 영향을 파악하는 데 필요한 거래, 채권·채무 잔액에 대한 정보뿐만 아니라 특수관계의 성격도 공시한다.

④ 기업의 재무제표에 미치는 특수관계자거래의 영향을 파악하기 위하여 분리하여 공시할 필요가 있는 경우를 제외하고는 성격이 유사한 항목은 통합하여 공시할 수 있다.

⑤ 지배기업과 최상위 지배자가 일반이용자가 이용할 수 있는 연결재무제표를 작성하지 않는 경우에는 일반이용자가 이용할 수 있는 연결재무제표를 작성하는 가장 가까운 상위의 지배기업의 명칭도 공시한다.

**해설**

개인의 가까운 가족의 범위는 당해 기업과의 거래 관계에서 당해 개인의 영향을 받거나 당해 개인에게 영향력을 행사하는 것으로 예상되는 가족으로서 다음의 경우를 포함한다(자녀 및 배우자(사실상 배우자 포함), 배우자의 자녀, 당해 개인이나 배우자의 피부양자).

답 01 ③ 02 ①

# 원가관리회계

Chapter

01

# 원가회계

## 제1절  원가계산의 기초

### 1  원가회계의 의의

원가회계는 외부정보이용자 및 내부정보이용자의 원가에 관한 의사결정에 있어 유용한 정보를 제공하기 위한 회계분야이다.

#### 1. 원가회계와 재무회계의 비교

원가회계는 재무회계와는 달리 제품원가계산과 같은 재화나 용역의 원가와 관련된 정보를 제공하는 재무회계적 요소와 경영자의 관리적 의사결정과 성과평가 등에 관한 정보를 제공하는 관리회계적 요소들을 모두 포함한 개념이다.

즉, 원가회계는 기업의 제품제조와 관련된 원가자료를 바탕으로 필요에 따라 외부정보이용자를 위한 정보(재무회계)와 경영자를 위한 정보(관리회계)를 모두 제공한다.

**☑ 원가회계와 관리회계의 구분**

> 원가회계는 원가자료의 집계와 배부 및 분석에 초점을 두고 있다면, 관리회계는 기업 내부의 계획과 통제 및 특수한 의사결정에 원가정보를 활용하는 측면에 초점을 두고 있다.
> 그러나 관리회계를 위한 기초자료는 대부분 제품원가자료이므로 원가회계와 관리회계를 구분하는 것은 쉽지 않고, 원가정보의 생산과 활용에 대한 강조의 차이 정도라고 할 수 있다.

**☑ 원가회계와 재무회계의 구분**

> 원가회계는 제품생산에 투입되는 원가계산을 기본목적으로 한다. 소비된 원가 중 미소멸된 원가는 재고자산이라는 계정으로 재무상태표에, 소멸된 원가(수익창출에 기여한 원가)는 매출원가라는 계정으로 손익계산서에 표시되어 재무회계 정보생산을 위한 자료를 제공하며, 관리회계시스템에 의사결정, 계획 및 성과평가를 위한 기본자료를 제공한다.
> 즉, 원가회계의 정보는 재무회계와 관리회계 양측에 관련 정보를 제공하면서 연결고리의 역할을 수행하는 것이다.

| 재무회계 | | | | 원가회계 |
|---|---|---|---|---|
| 재무<br>상태표 | 자산 | ← 재고자산 ← | | 미소멸원가 |
| | 부채 | | | |
| | 자본 | | | |
| 손익<br>계산서 | 수익 | ← 매출원가 ← | | 소멸원가 |
| | 비용 | | | |

## 2. 원가계산의 목적

### (1) 제품의 원가계산 목적

원가회계는 제품 생산에 투입된 원가요소를 집계해서 단위당 원가를 측정하고 이를 토대로 매출원가와 기말재고자산 금액을 결정한다.

### (2) 관리적 의사결정에 필요한 정보의 제공

원가정보는 관리자가 기업의 원가에 대한 정보를 파악하고 이를 통해 경영계획을 수립, 통제하는 데 필요한 정보를 제공한다.

### (3) 경영자의 성과평가에 필요한 정보의 제공

경영자의 성과를 종합적으로 평가하기 위한 원가정보를 제공한다.

## 3. 상기업과 제조기업의 비교

상기업의 당기상품매입액은 제조기업의 당기제품제조원가와 대응되는 개념으로, 상기업의 당기상품매입액은 기중 매입내역을 정리하여 간단히 계산할 수 있으나 제조기업이 당기제품제조원가는 상대적으로 복잡한 절차를 거쳐 계산된다.

### (1) 재고자산

① 상기업 : 상품

② 제조기업 : 제품, 재공품, 원재료

### (2) 매출원가 계산

① 상기업 : 매출원가 = 기초상품재고 + 당기상품매입액 − 기말상품재고

② 제조기업 : 매출원가 = 기초제품재고 + 당기제품제조원가 − 기말제품재고

## 4. 원가계산방법

| 생산형태별 원가집계방법에 따라 | | 원가계산의 범위에 따라 | | 원가측정방법(시점)에 따라 |
|---|---|---|---|---|
| 개별원가계산 | | 전부원가계산 | | 실제원가계산 |
| | × | 변동원가계산 | × | 정상원가계산 |
| 종합원가계산 | | 초변동원가계산 | | 표준원가계산 |

## 2 원가의 개념과 분류

'원가(cost)'란 특정한 목적을 달성하기 위해 희생된 경제적 자원을 화폐단위로 측정한 것을 말한다. 구체적으로 원가자료를 이용하기 위한 원가의 분류 집계 방법은 다양하다. 원가정보의 활용목적에 따라 원가를 분류하고 측정하는 방법도 달라진다.

## 1. 원가의 분류

### (1) 제조원가와 판매비와 관리비

① 제조원가 : 제품을 제조하는 과정에서 사용되어 소멸되는 모든 원가를 의미한다. 제품을 생산하기 위해서는 원재료를 공정에 투입하고, 생산설비를 이용해서 가공하며 그 과정에서 여러 가지 유형의 제조원가가 발생한다.

② 판매비와 관리비 : 제품의 생산과 관계없이 판매나 관리활동에서 발생하는 원가를 의미한다. 판매비는 고객으로부터 주문을 받아 제품을 제공하는 데 소요되는 광고비, 운반비, 판매수수료 등이 있으며, 관리비는 기업의 조직을 관리하고 지원하는 데 필요한 비용으로 경영자와 사무직원의 급여, 법률 자문비 등이 있다.

### (2) 제품원가와 기간원가

① 제품원가 : 매입이나 제조과정에서 발생한 원가로 발생한 시점에는 재고자산의 원가를 구성하였다가 제품이 판매되어 수익이 창출된 시점에 매출원가라는 비용으로 처리되어 매출과 대응된다.

② 기간원가 : 기간원가는 제품의 제조와 직접 관련이 없이 발생하는 원가로 발생한 기간에 비용으로 처리하는 원가이다. 기간원가의 예로는 판매비와 관리비 등이 대표적이다.

### (3) 직접원가와 간접원가

원가는 원가계산 대상에 직접 추적이 가능한지에 따라 직접원가와 간접원가로 구분할 수 있다.

① 직접원가 : 특정 제품 또는 특정부문과 관련해서 물리적으로 명확하게 추적할 수 있는 원가를 의미한다.

② 간접원가 : 특정제품 또는 특정부문과 관련은 있지만 실질적으로 추적할 수 없는 원가를 말하며 공통원가라고도 한다. 대표적으로 공장에서의 전력비나 소모품비 등이 그 예에 해당한다.

PART 02

### ⑷ 변동원가와 고정원가

원가동인의 변동에 따른 원가의 변화양상을 원가행태라고 하며 원가는 원가행태에 따라 변동원가, 고정원가 등으로 구분된다.

① **변동원가** : 생산량과 같은 원가요인이 변동되는 경우 그에 비례하여 원가총액이 증감하는 원가를 말한다.

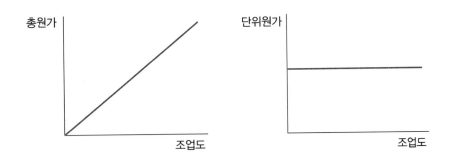

② **고정원가** : 원가요인의 변동과 관계없이 원가총액이 변하지 않는 원가를 말한다. 고정원가는 주로 현재의 생산능력을 유지하기 위해서 투자된 설비규모와 관련해서 발생하므로 설비원가라고도 한다.

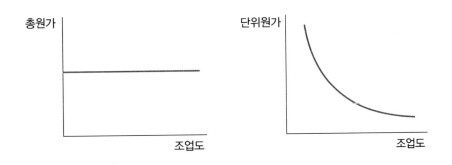

③ **준변동원가** : 생산량과 같은 조업도의 변화에 따라 비례해서 발생하는 변동원가와 조업도의 변화에 관계없이 원가총액이 변하지 않는 고정원가의 두 부분으로 구성된 원가이다.

④ **준고정원가(계단원가)** : 준고정원가는 관련범위 내에서는 발생원가가 고정적이지만 일정 조업도 수준을 초과하면 고정원가가 일정액만큼 증가하는 원가를 말한다. 조업도 수준에 따라서 각각 다른 고정원가가 발생하게 된다.

### ⑸ 통제가능원가와 통제불능원가

원가는 특정경영자가 발생액을 통제할 수 있는지에 따라 통제가능원가와 통제불능원가로 구분한다. 이는 경영자의 성과판단 시에 활용할 수 있는데, 특정경영자가 통제할 수 있는 원가로 성과를 평가하는 것이 보다 유용하기 때문이다.

① **통제가능원가** : 특정 경영자가 일정기간 동안 특정원가를 통제하고 책임질 수 있는 권한을 가지고 있어서 실질적인 영향력을 미칠 수 있는 원가를 의미한다. 특정 경영자의 성과를 평가할 때는 통제가 가능한 원가와 이익으로 판단하는 것이 바람직하다.

② **통제불능원가** : 특정 경영자가 원가발생을 통제할 수 없으며 책임도 없는 원가를 말한다.

**(6) 의사결정 관련 원가**

의사결정과 관련된 원가 또는 의사결정 시 고려되어야 할 원가는 아래와 같이 구분한다.

① **의사결정관련원가** : 특정 의사결정과 직접적 관련이 있는 원가로 어떤 의사결정을 하는가에 따라 대안들에 차이가 발생하는 원가를 말한다.

② **비관련원가** : 특정의 의사결정과 관계없이 이미 발생한 원가로 의사결정 간에 차이가 없는 원가를 의미한다.

| 구분 | 내용 |
|---|---|
| 매몰원가(sunk cost) | 매몰원가는 과거의 의사결정 결과로 이미 발생된 원가로서 현재나 미래의 의사결정에 영향을 미치지 못하는 비관련원가이다. |
| 기회비용 | 기회비용은 특정 대안을 선택하기 위해 포기한 대안 중 가장 큰 효익을 말하며, 의사결정 시 반드시 고려해야 하는 관련원가이다. |

| 원가의 분류기준 | 분류 |
|---|---|
| 제조활동과의 관련성 | 제조원가, 판매비와 관리비 |
| 자산화 여부 | 제품원가, 기간원가 |
| 원가계산 대상의 추적가능성 여부 | 직접원가, 간접원가 |
| 원가요인 변동과의 관련성 | 변동원가, 고정원가 |
| 경영자의 통제가능 여부 | 통제가능원가, 통제불능원가 |
| 의사결정 관련 여부 | 관련원가, 비관련원가 |

## 2. 원가와 관련된 개념

**(1) 원가대상**

원가를 측정하고자 하는 활동이나 항목으로 경영자의 관심의 대상인 동시에 다른 대상과 분리되어 측정 및 집계가 요구되는 모든 원가측정단위를 원가대상이라고 한다(⑩ 제품, 부문, 서비스, 고객, 활동).

**(2) 원가집합(=간접원가)**

원가대상에 직접 추적 불가능한 간접원가들을 모아둔 것이다.

**(3) 원가배분**

원가집합에 집계된 간접원가를 원가대상에 배분하는 과정이다.

**(4) 원가행태**

조업도 수준의 변동에 따라 변화하는 원가발생의 변동양상을 말한다.

**(5) 원가동인**

원가대상의 총원가에 변화를 유발시키는 요인을 의미한다.

**(6) 조업도**

기업이 보유한 자원의 활용정도(예 생산량, 직접노동시간, 기계시간)를 의미한다.

**(7) 관련범위**

원가와 조업도 간의 일정한 관계가 유지되는 조업도의 범위를 의미한다.

## 3 제조원가의 분류

원가는 다양한 원가의 분류기준 중에서도 제조원가를 특정제품이나 특정부문에 집계하는 절차와 방법을 중심으로 발전해 왔다.

### 1. 제조원가의 분류

제조원가(manufacturing cost)는 노동력과 기계설비를 사용해서 원재료를 완성품으로 가공하는 제조과정에서 소요되는 모든 원가를 말한다.

① **직접재료원가(Direct Material costs : D.M)** : 직접재료원가는 제품을 생산하는 데 사용되는 주요 재료의 원가로 **특정 제품에 추적할 수 있는 원가**를 말한다. 직접재료원가는 제품의 생산량의 증가에 따라 변동되기 때문에 변동원가에 해당한다.

② **직접노무원가(Direct Labor costs : D.L)** : 직접노무원가는 제품제조에 직접 참여하는 제조부문 작업자들에게 지급되는 임금 등 특정 제품에 추적할 수 있는 원가를 말한다. 직접노무원가도 생산량이 증가함에 따라 작업자들의 작업시간도 변동하기 때문에 **변동원가**에 해당한다.

③ **제조간접원가(factory OverHead costs : O.H)** : 제조간접원가는 직접재료원가와 직접노무원가를 제외한 모든 제조원가를 말한다. 제조간접원가는 간접재료원가, 간접노무원가 및 기타제조간접원가로 구성된다.

### 2. 기초(기본)원가와 가공원가

제조원가는 직접재료원가, 직접노무원가, 제조간접원가로 구분하지만 이를 다시 기초원가와 가공원가로 구분한다.

① **기초(기본)원가** : 직접재료원가와 직접노무원가를 합한 것으로 특정 제품에 추적할 수 있는 원가를 합한 금액이다.

② **가공(전환)원가** : 가공원가는 직접노무원가와 제조간접원가를 합한 것으로 이는 재료를 가공해서 완제품으로 전환하는 과정에서 발생하는 원가를 말한다.

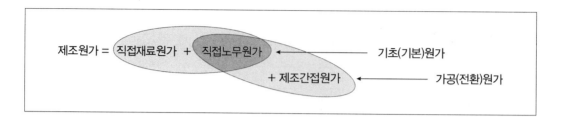

## 3. 제조기업의 원가흐름

제조원가는 제조원가가 발생하였을 때 즉시 비용처리하는 것이 아니라 재고자산에 집계하였다가 실제 제품이 판매되었을 때 매출원가로 비용처리하여 매출에 대응되도록 한다.

제조기업은 원재료를 구입해서 이를 원재료창고에 보관하였다가 공정에 투입해서 직접재료원가로 사용하고 여기에 직접노무원가와 제조간접원가를 투입해서 제품을 제조한다. 이 제조과정에서 발생한 모든 제조원가는 재공품계정에 집계되어 재고자산원가로 자산화된다. 그리고 재공품이 완성되면 이를 제품계정에 대체하여 제품원가를 구성하고, 제품이 판매되면 매출원가로 대체되어 매출과 대응되면서 비용화된다.

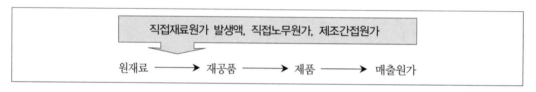

제조원가의 집계절차를 순서대로 살펴보면 가장 먼저 직접재료원가 발생액을 계산하고, 당기총제조원가를 집계한 후, 당기제품제조원가, 매출원가의 계산으로 진행된다.

### (1) 직접재료원가 발생액의 계산

직접재료원가는 제품을 제조할 때마다 구입하는 것이 아니라 기초와 당기매입에서 기말재고를 차감하여 제품을 제조하는 데 투입된 **발생액**을 찾는다.

직접재료원가는 특정제품을 생산하기 위해서 제조공정이 진행되는 동안 계속적으로 공정에 투입된다.

**직접재료원가**

| | | | |
|---|---|---|---|
| 기초원재료 | ××× | 당기 발생액 | ××× |
| 당기매입액 | ××× | 기말 원재료 | ××× |

→ 재공품 계정의 차변

간접재료원가는 재공품 계정이 아닌 제조간접원가 계정의 차변에 집계된다.

합격까지 박문각

PART 02

**예제 1-1**   당기직접재료원가

㈜한국의 기초원재료계정의 잔액이 ₩100,000이며, 당기원재료매입액이 ₩1,000,000이었다.
기말원재료계정의 잔액이 ₩300,000이라고 할 때, 당기발생직접재료원가는 얼마인지 구하시오.

. . . . . . . . . . . . . . . . . . . . . . . . . . . . . . . . . . . . . . . . . . . . . . . . . . . . . . . . . . . . . . . . . . . . . . . . . . . . . . . . . . .

**해답**

당기발생직접재료원가 = ₩100,000(기초원재료) + ₩1,000,000(당기매입액) − ₩300,000(기말원재료)
　　　　　　　　　　 = ₩800,000

### (2) 노무원가 계정

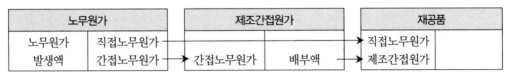

| 노무원가 | | 제조간접원가 | | 재공품 | |
|---|---|---|---|---|---|
| 노무원가<br>발생액 | 직접노무원가<br>간접노무원가 | 간접노무원가 | 배부액 | 직접노무원가<br>제조간접원가 | |

노무원가는 제품 생산에 투입되는 노동력의 대가로 직접 대체할 수 있는 직접노무원가와 간접
노무원가로 구성된다. 간접노무원가는 제조간접원가로 집계하였다가 일정 배부기준에 의해 재
공품 계정의 차변에 집계된다.

⊘ 노무원가 대체 시 회계처리

| (차) 재공품(직접노무원가) | ××× | (대) 노무원가 | ××× |
|---|---|---|---|
| 　제조간접원가(간접노무원가) | ××× | | |

### (3) 제조간접원가 계정

제조간접원가는 간접재료원가, 간접노무원가, 기타 제조경비로 이루어져 있다. 제조간접원가는
다양한 원인에 의해 발생한 항목들의 집계이기 때문에 바로 재공품 계정으로 대체하는 것이 아
니라 일정한 배부기준에 의해 재공품 계정으로 배부하게 된다.

⊘ 제조간접원가 집계 시 회계처리

| (차) 제조간접원가 | ××× | (대) 간접재료원가 | ××× |
|---|---|---|---|
| | | 　간접노무원가 | ××× |
| | | 　기타제조간접원가 | ××× |

⊘ 재공품 계정 대체 시 회계처리

| (차) 재공품 | ××× | (대) 제조간접원가 | ××× |
|---|---|---|---|

제1절 원가계산의 기초  661

---

**예제 1-2**    제조간접원가

㈜한국은 2개의 제조 공정을 운영하고 있다. A공정과 B공정에서 공통적으로 발생한 원가가 아래와 같을 때, 각 공정에 배부하는 제조간접원가는 얼마인가? (단, 제조간접원가는 A공정에 6, B공정에 4의 비율로 배분한다고 한다.)

| | | | |
|---|---|---|---|
| • 공장 감가상각비 | ₩50,000 | • 공장 보험료 | ₩30,000 |
| • 간접재료원가 | ₩200,000 | • 본사직원 인건비 | ₩100,000 |
| • 간접노무원가 | ₩100,000 | • 제세공과금 | ₩20,000 |

**[해답]**

(1) 제조간접원가 = ₩50,000(공장 감가상각비) + ₩30,000(공장 보험료) + ₩200,000(간접재료원가) + ₩100,000(간접노무원가) + ₩20,000(제세공과금) = ₩400,000

(2) 제조간접원가 배부
- A공정 = ₩400,000 × 6/10 = ₩240,000
- B공정 = ₩400,000 × 4/10 = ₩160,000

## (4) 당기총제조원가의 계산

당기총제조원가는 한 회계기간에 발생한 모든 제조원가를 의미하며, 당기총제조원가는 직접재료원가와 직접노무원가, 제조간접원가의 합으로 구성된다. 여기에서 직접노무원가와 제조간접원가는 현금지출액이 아니라 발생주의에 근거하여 당기에 발생한 금액을 집계한다.

| |
|---|
| 당기총제조원가 = 직접재료원가발생액 + 직접노무원가발생액 + 제조간접원가발생액 |

당기총제조원가는 당기에 발생한 직접재료원가와 직접노무원가 및 제조간접원가를 모두 합한 금액이다. 당기총제조원가는 발생한 시점에 재공품계정에 집계되어 재고자산의 원가로 자산화된다.

| 재공품 | | 제품 | |
|---|---|---|---|
| 기초재공품 | 당기제품제조원가 | 기초제품 | 매출원가 |
| 당기총제조원가<br> - 직접재료원가<br> - 직접노무원가<br> - 제조간접원가 | 기말재공품 | 당기제품제조원가 | 기말제품 |

● 재공품 계정 집계 시 회계처리

| (차) 재공품 | ××× | (대) 직접재료원가 | ××× |
|---|---|---|---|
| | | 직접노무원가 | ××× |
| | | 제조간접원가 | ××× |

● 제품계정 대체 시 회계처리

| (차) 제품 | ××× | (대) 재공품 | ××× |
|---|---|---|---|

예제
1-3    당기총제조원가

㈜한국의 제조과정에서 다음과 같은 원가자료를 집계하였다.

(1) 원재료
 – 기초원재료 : ₩200,000
 – 당기원재료매입액 : ₩700,000
 – 기말원재료 : ₩100,000
(2) 직접노무원가 : ₩500,000
(3)

| 공장감독자 급여 | ₩70,000 | 본사임직원 급여 | ₩150,000 |
|---|---|---|---|
| 감가상각비(공장건물) | ₩100,000 | 감가상각비(본사건물) | ₩130,000 |
| 수도광열비(공장) | ₩80,000 | 기계수선유지비 | ₩30,000 |

[물음]
1. 직접재료원가발생액을 계산하시오.
2. 당기총제조원가를 계산하시오.

해답

1. 직접재료원가발생액 = ₩200,000(기초원재료) + ₩700,000(당기원재료매입액) – ₩100,000(기말원재료)
    = ₩800,000

2. 당기총제조원가 = ₩800,000(직접재료원가) + ₩500,000(직접노무원가) + ₩280,000(제조간접원가)
    = ₩1,580,000

  * 제조간접원가 = ₩70,000(공장감독자 급여) + ₩100,000(감가상각비(공장건물)) + ₩80,000(수도
    광열비(공장)) + ₩30,000(기계수선유지비) = ₩280,000

### (5) 당기제품제조원가의 계산

당기제품제조원가는 당기에 제품으로 완성되어 제조공정에서 제품계정으로 대체된 물량의 원가를 말한다.

> 당기제품제조원가 = 기초재공품 + 당기총제조원가 − 기말재공품

---

**예제 1-4**    당기제품제조원가

㈜한국은 제조과정에서 다음과 같은 원가자료를 집계하였다.

(1) 직접재료원가    ₩300,000
     직접노무원가    ₩200,000
     제조간접원가    ₩150,000

(2) 기초재공품원가 ₩100,000, 기말재공품원가 ₩200,000

[물음]

1. 당기총제조원가를 구하시오.
2. 당기제품제조원가를 구하시오.

·····················································································································

**해답**

1. 당기총제조원가 = ₩300,000(직접재료원가) + ₩200,000(직접노무원가) + ₩150,000(제조간접원가)
           = ₩650,000

2. 당기제품제조원가 = ₩100,000(기초재공품) + ₩650,000(당기총제조원가) − ₩200,000(기말재공품)
            = ₩550,000

---

당기제품제조원가는 당기에 완성이 되어 제품창고에 입고된 재고자산의 원가개념을 말한다.

### (6) 매출원가의 계산

제조기업의 매출원가는 기초제품에 당기제품제조원가를 합한 판매가능한 제품금액에서 기말제품을 차감하여 계산한다.

> 매출원가 = 기초제품 + 당기제품제조원가 − 기말제품

◆ 제품완성 시 회계처리

| (차) 제품 | ××× | (대) 재공품 | ××× |
|---|---|---|---|

### ✔ 제품판매 시 회계처리

| (차) 매출원가 | ××× | (대) 제품 | ××× |
|---|---|---|---|

제조원가는 수익과 비용의 대응관점에서 즉시 비용처리하지 않고, 재공품, 제품 계정을 거쳐 최종적으로 판매되는 시점에 매출원가로 비용처리한다.

---

**예제 1-5** 매출원가

㈜한국의 제조과정에서 집계한 원가자료는 다음과 같다.

| 구분 | 원재료 | 재공품 | 제품 |
|---|---|---|---|
| 기초재고금액 | ₩100,000 | ₩250,000 | ₩300,000 |
| 기말재고금액 | 200,000 | 150,000 | 120,000 |

당기에 ㈜한국이 매입한 원재료는 ₩600,000이었고, 직접노무원가 발생액은 ₩500,000, 제조 간접원가는 ₩350,000이었다.

[물음]
1. 당기총제조원가를 구하시오.
2. 당기제품제조원가를 구하시오.
3. 매출원가를 구하시오.

.............................................................................................

**해답**

1. 당기**총**제조원가
   (1) 직접재료원가 발생액 = ₩100,000(기초원재료) + ₩600,000(당기매입액) − ₩200,000(기말원재료)
      = ₩500,000
   (2) 당기총제조원가 = ₩500,000(직접재료원가) + ₩500,000(직접노무원가) + ₩350,000(제조간접원가)
      = ₩1,350,000

2. 당기제품제조원가 = ₩250,000(기초재공품) + ₩1,350,000(당기총제조원가) − ₩150,000(기말재공품)
   = ₩1,450,000

3. 매출원가 = ₩300,000(기초제품) + ₩1,450,000(당기제품제조원가) − ₩120,000(기말제품)
   − ₩1,630,000

---

• 직접재료원가 = 기초원재료 + 당기매입액 − 기말원재료
• 당기총제조원가 = 직접재료원가 + 직접노무원가 + 제조간접원가
• 당기제품제조원가 = 기초재공품 + 당기총제조원가 − 기말재공품
• 매출원가 = 기초제품 + 당기제품제조원가 − 기말제품

(7) 제조원가명세서의 작성

원가요소를 투입하여 제품으로 전환되는 과정까지의 원가흐름은 모두 재공품계정에 집계되며, 당기에 완성된 제품은 당기제품제조원가로서 제품계정에 대체된다. 이를 보고식으로 작성한 명세표를 제조원가명세서라 한다.

| 제조원가명세서 | |
|---|---|
| Ⅰ. 직접재료원가 | ××× |
|   1. 기초원재료 | ××× |
|   2. 당기매입액 | ××× |
|   3. 기말원재료 | (×××) |
| Ⅱ. 직접노무원가 | ××× |
| Ⅲ. 제조간접원가 | ××× |
| Ⅳ. 당기총제조원가 | ××× |
| Ⅴ. 기초재공품 | ××× |
| Ⅵ. 기말재공품 | (×××) |
| Ⅶ. 당기제품제조원가 | ××× |

◉ 제조기업의 원가흐름

| 직접재료원가 | |
|---|---|
| 기초원재료 | 당기 발생액 |
| 당기매입액 | 기말원재료 |

| 재공품 | |
|---|---|
| 기초재공품 | 당기제품제조원가 |
| 직접재료원가 | |
| 직접노무원가 | |
| 제조간접원가 | 기말재공품 |

| 제품 | |
|---|---|
| 기초제품 | 매출원가 |
| 당기제품제조원가 | 기말제품 |

| 직접노무원가 | |
|---|---|
| 당기발생액 | 당기사용액 |

| 제조간접원가 | |
|---|---|
| 당기발생액 | 당기배부액 |

---

**예제 1-6** 제조기업의 원가흐름

다음은 ㈜한국의 1월 중 발생한 비용과 재고자산관련 자료이다. ㈜한국은 본사와 생산공장으로 이루어져 있으며, 1월 중 직접재료원가 매입액은 ₩1,200,000이며, 매출액은 ₩7,000,000이다.

〈1월 중 발생비용〉

(1) 직접노무원가                                     ₩3,000,000
(2) 공장감독자급여                              100,000
(3) 기타 제조간접원가                          200,000
(4) 전기료(본사에 40%, 공장에 60% 배부)    200,000
(5) 감가상각비(본사에 20%, 공장에 80% 배부)   500,000

〈재고자산〉

| 구분 | 1월 초 | 1월 말 |
|---|---|---|
| 직접재료 | ₩300,000 | ₩100,000 |
| 재공품재고 | ₩100,000 | ₩220,000 |
| 제품재고 | ₩500,000 | ₩300,000 |

[물음] 다음 자료를 참고하여 각 물음에 답하시오.

1. ㈜한국의 원재료발생액을 구하시오.
2. ㈜한국의 제조간접원가를 구하시오.
3. ㈜한국의 당기총제조원가를 구하시오.
4. ㈜한국의 당기제품제조원가를 구하시오.
5. ㈜한국의 매출원가를 구하시오.
6. ㈜한국의 매출총이익을 구하시오.
7. ㈜한국의 영업이익을 구하시오.

---

**해답**

1. 원재료 발생액 = ₩300,000(기초원재료) + ₩1,200,000(당기매입액) − ₩100,000(기말원재료)
   = ₩1,400,000

**원재료**

| | | | |
|---|---|---|---|
| 기초원재료 | ₩300,000 | 당기발생액 | ₩1,400,000 |
| 당기매입액 | 1,200,000 | 기말원재료 | 100,000 |

2. 제조간접원가
   - 공장감독자 급여            ₩100,000
   - 기타 제조간접원가       200,000
   - 전기료(공장)            120,000 ← ₩200,000 × 60%
   - 감가상각비(공장)        400,000 ← ₩500,000 × 80%
   = 제조간접원가           ₩820,000

3. 당기총제조원가 = ₩1,400,000(직접재료원가) + ₩3,000,000(직접노무원가 발생액) + ₩820,000 (제조간접원가) = ₩5,220,000

4. 당기제품제조원가 = ₩100,000(기초재공품) + ₩5,220,000(당기총제조원가) − ₩220,000(기말 재공품) = ₩5,100,000

### 재공품

| | | | |
|---|---|---|---|
| 기초재공품 | ₩100,000 | 당기제품제조원가 | ₩5,100,000 |
| 당기총제조원가 | 5,220,000 | | |
| − 직접재료원가 | 1,400,000 | | |
| − 직접노무원가 | 3,000,000 | 기말재공품 | 220,000 |
| − 제조간접원가 | 820,000 | | |

5. 당기매출원가 = ₩500,000(기초제품) + ₩5,100,000(당기제품제조원가) − ₩300,000(기말제품) = ₩5,300,000

### 제품

| | | | |
|---|---|---|---|
| 기초제품 | ₩500,000 | 매출원가 | ₩5,300,000 |
| 당기제품제조원가 | 5,100,000 | 기말제품 | 300,000 |

6. 매출총이익 = ₩7,000,000(매출액) − ₩5,300,000(매출원가) = ₩1,700,000

7. 영업이익 = ₩1,700,000(매출총이익) − ₩180,000(판매비와 관리비) = ₩1,520,000
   * 판매비와 관리비 = ₩80,000(본사전기료) + ₩100,000(본사감가상각비) = ₩180,000

---

**예제 1-7**  제조기업의 원가흐름

다음은 ㈜한국의 재고자산 관련 자료 및 당기 거래내역이다. 해당 자료를 이용하여 아래의 물음에 답하시오.

### 〈재고자산〉

| 구분 | 당기 초 | 당기 말 |
|---|---|---|
| 원재료 | ₩20,000 | ₩30,000 |
| 재공품 | ₩25,000 | ₩15,000 |
| 제품 | ₩30,000 | ₩10,000 |

〈당기 중 거래내역〉
(1) 원재료 매입액          ₩100,000
(2) 노무원가 발생액
    − 직접노무원가        ₩80,000
    − 간접노무원가        ₩20,000
(3) 기타 경비 발생액
    − 공장감가상각비      ₩70,000
    − 기타경비            ₩10,000

[물음]

1. ㈜한국의 기초원가와 가공원가를 구하시오.

2. ㈜한국의 당기총제조원가를 구하시오.

3. ㈜한국의 당기제품제조원가를 구하시오.

4. 제품생산량이 100개일 때 제품단위당원가를 구하시오.

5. ㈜한국의 당기매출원가를 구하시오.

해답

1. 기초원가, 가공원가

   (1) 기초원가 = ₩90,000(직접재료원가) + ₩80,000(직접노무원가) = ₩170,000

     * 직접재료원가 발생액 = ₩20,000(기초원재료) + ₩100,000(당기매입액) − ₩30,000(기말원재료) = ₩90,000

   (2) 가공원가 = ₩80,000(직접노무원가) + ₩100,000(제조간접원가) = ₩180,000

     * 제조간접원가 = 공장감가상각비 + 기타 경비 + 간접노무원가 = ₩100,000

2. 당기총제조원가 = ₩90,000(직접재료원가) + ₩80,000(직접노무원가) + ₩100,000(제조간접원가) = ₩270,000

3. 당기제품제조원가 = ₩25,000(기초재공품) + ₩270,000(당기총제조원가) − ₩15,000(기말재공품) = ₩280,000

4. 제품단위당원가 $= \dfrac{당기제품제조원가}{생산량} = \dfrac{₩280,000}{100개} = ₩2,800$

5. 매출원가 = ₩30,000(기초제품) + ₩280,000(당기제품제조원가) − ₩10,000(기말제품) = ₩300,000

〈원가흐름의 분개〉

| (차) 재공품 | 270,000 | (대) 직접재료원가 | 90,000 |
|---|---|---|---|
| | | 직접노무원가 | 80,000 |
| | | 제조간접원가 | 100,000 |
| (차) 제품 | 280,000 | (대) 재공품 | 280,000 |
| (차) 매출원가 | 300,000 | (대) 제품 | 300,000 |

| 직접재료원가 | | | | 재공품 | | | | 제품 | | | |
|---|---|---|---|---|---|---|---|---|---|---|---|
| 기초 | 20,000 | 발생 | 90,000 | 기초 | 25,000 | 당기제품제조원가 | | 기초 | 30,000 | 매출원가 | |
| | | | | | | | 280,000 | | | | 300,000 |
| 매입 | 100,000 | 기말 | 30,000 | 당기총제조원가 | | 기말 | 15,000 | 당기제품제조원가 | | 기말 | 10,000 |
| | | | | | 270,000 | | | | 280,000 | | |

● 제조기업의 원가흐름 총괄

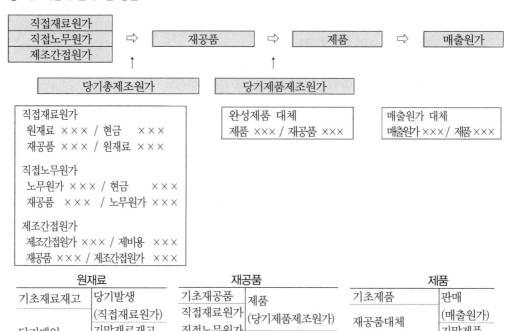

| 원재료 | |
|---|---|
| 기초재료재고 | 당기발생 (직접재료원가) |
| 당기매입 | 기말재료재고 |

| 재공품 | |
|---|---|
| 기초재공품 | 제품 (당기제품제조원가) |
| 직접재료원가 | |
| 직접노무원가 | |
| 제조간접원가 | 기말재공품 |

| 제품 | |
|---|---|
| 기초제품 | 판매 (매출원가) |
| 재공품대체 (당기제품제조원가) | 기말제품 |

◎ 원가의 분류

| 분류기준 | 분류 | 내용 | | |
|---|---|---|---|---|
| 제조활동 | 제조원가 | 직접재료원가 | 기초원가(=기본원가) | |
| | | 직접노무원가 | 가공원가(=전환원가) | |
| | | 제조간접원가 | | |
| | 비제조원가 | 제조활동과 관계없이 발생하는 원가 예 판매비, 관리비 | | |
| 자산화 여부 | 제품원가 | 판매목적으로 구입하거나 제조한 재고자산에 할당되는 원가(재고가능원가)<br>→ 제품판매시 매출원가로 비용계정 대체 | | |
| | 기간원가 | 발생한 기간의 비용으로 처리(재고불능원가) | | |
| 원가행태 | 변동원가 | 순수변동원가 | 조업도 변동에 정비례하여 총원가 변동, 단위원가 일정 | |
| | | 준변동원가 | 고정원가 + 순수변동원가 | |
| | 고정원가 | 순수고정 | 조업도 변동에 관계없이 총원가 일정, 단위원가 체감 | |
| | | 준고정원가 | 조업도가 특정 범위를 벗어나면 총원가가 일정액 증가 | |
| 추적가능성 | 직접원가 | 직접재료원가, 직접노무원가 | | |
| | 간접원가 | 제조간접원가 | | |
| 통제가능성 | 통제가능원가, 통제불능원가 | | | |
| 의사결정과의<br>관련성 | 관련원가와 비관련원가(예 매몰원가) | | | |
| | 회피가능원가와 회피불능원가 | | | |
| | 기회원가와 현금지출원가 | | | |
| 발생시점 | 역사적원가, 예정원가 | | | |
| 가치사슬 | 연구개발 ⇨ 제품설계 ⇨ 제조 ⇨ 마케팅 ⇨ 유통 ⇨ 고객서비스 | | | |

**01** ㈜감평의 20×5년 1월 1일 재공품 재고액은 ₩50,000이고, 1월 31일 재공품 재고액은 ₩100,000이다. 1월에 발생한 원가자료가 다음과 같을 경우, ㈜감평의 20×5년 1월 당기제품제조원가는? 15년 기출

| | |
|---|---|
| • 직접재료 사용액 | ₩300,000 |
| • 공장건물 감가상각비 | 100,000 |
| • 공장기계 수선유지비 | 150,000 |
| • 본사건물 감가상각비 | 200,000 |
| • 영업직원 급여 | 300,000 |
| • 공장감독자 급여 | 400,000 |
| • 공장근로자 급여 | 500,000 |
| • 판매수수료 | 100,000 |

① ₩1,000,000      ② ₩1,400,000      ③ ₩1,450,000
④ ₩1,600,000      ⑤ ₩1,900,000

**해설**

| 재공품 | | | |
|---|---|---|---|
| 기초재공품 | ₩50,000 | 당기제품제조원가 | ₩1,400,000 |
| 직접재료원가 | 300,000 | | |
| 가공원가 | 1,150,000 | 기말재공품 | 100,000 |
| 합계 | ₩1,500,000 | 합계 | ₩1,500,000 |

* 가공원가 = 공장건물 감가상각비(₩100,000) + 공장기계 수선유지비(₩150,000) + 공장감독자 급여(₩400,000) + 공장근로자 급여(₩500,000) = ₩1,150,000

**02** 다음은 ㈜관세의 20×1년 영업자료에서 추출한 정보이다. 직접노무원가가 기본원가 (prime cost)의 50%일 경우, 당기제품제조원가는? `21년 관세사`

| | | | |
|---|---|---|---|
| 기초직접재료 | ₩200 | 기말직접재료 | ₩100 |
| 보험료-본사사옥 | 200 | 보험료-공장설비 | 100 |
| 감가상각비-본사사옥 | 100 | 감가상각비-공장설비 | 50 |
| 기타제조간접원가 | 300 | 기초재공품 | 1,500 |
| 기말재공품 | 1,000 | 직접재료 매입액 | 500 |

① ₩1,850     ② ₩1,950     ③ ₩2,050
④ ₩2,150     ⑤ ₩2,250

**해설**

1) 직접재료원가 = ₩200(기초직접재료) + ₩500(매입액) − ₩100(기말직접재료) = ₩600
2) 직접노무원가 = ₩600(기본원가의 50%)
3) 제조간접원가 = ₩100(보험료-공장설비) + ₩50(감가상각비-공장설비) + ₩300(기타제조간접원가) = ₩450
4) 당기제품제조원가 = ₩1,500(기초재공품) + ₩1,650(당기총제조원가) − ₩1,000(기말재공품) = ₩2,150

**03** ㈜세무는 실제원가계산을 사용하고 있으며, 20×1년 원가자료는 다음과 같다. 20×1년 직접재료매입액은 ₩21,000이었고, 매출원가는 ₩90,000이었다. 가공원가의 40%가 직접노무원가라면 기초원가(prime cost)는? `13년 CTA`

| | 기초잔액 | 기말잔액 |
|---|---|---|
| 직접재료 | ₩3,000 | ₩4,000 |
| 재공품 | 50,000 | 45,000 |
| 제품 | 70,000 | 60,000 |

① ₩42,000     ② ₩44,000     ③ ₩50,000
④ ₩53,000     ⑤ ₩55,000

**해설**

| 재고자산 | | | |
|---|---|---|---|
| 기초직접재료 | ₩3,000 | 기말직접재료 | ₩4,000 |
| 직접재료매입액 | 21,000 | 기말재공품 | 45,000 |
| 기초재공품 | 50,000 | 기말제품 | 60,000 |
| 가공원가 | ? | 매출원가 | 90,000 |
| 기초제품 | 70,000 | | |
| 합계 | ₩199,000 | 합계 | ₩199,000 |

1) 가공원가 = ₩55,000

　→ 직접노무원가 = ₩55,000(가공원가) × 40% = ₩22,000

2) 기초원가 = ₩20,000(직접재료원가) + ₩22,000(직접노무원가) = ₩42,000

---

**04** ㈜한국은 실제원가계산을 적용하고 있으며, 20×9년 1월의 월초 및 월말 재고자산 금액은 다음과 같다.

| 구분 | 직접재료 | 재공품 | 제품 |
|---|---|---|---|
| 1월 초 | ₩25,000 | ₩30,000 | ₩40,000 |
| 1월 말 | 15,000 | 20,000 | 25,000 |

1월 중에 가공원가는 ₩230,000이 발생하였으며, 재공품 계정의 차변합계 금액은 ₩330,000이었다. 20×9년 1월의 직접재료 구입액과 매출원가는 각각 얼마인가?

09년 기출

| | 직접재료 구입액 | 매출원가 |
|---|---|---|
| ① | ₩70,000 | ₩325,000 |
| ② | ₩70,000 | ₩350,000 |
| ③ | ₩65,000 | ₩325,000 |
| ④ | ₩60,000 | ₩325,000 |
| ⑤ | ₩60,000 | ₩350,000 |

**해설**

1) 재공품 계정의 차변합계(₩330,000) = ₩30,000(기초재공품) + 직접재료원가 + ₩230,000 (가공원가)

　→ 직접재료원가 = ₩70,000

2) 직접재료원가 발생액(₩70,000) = ₩25,000 + 구입액 − ₩15,000(기말직접재료)

　→ 직접재료 구입액 = ₩60,000

3) 매출원가

| 재고자산 | | | |
|---|---|---|---|
| 기초직접재료 | ₩25,000 | 기말직접재료 | ₩15,000 |
| 직접재료구입액 | 60,000 | 기말재공품 | 20,000 |
| 기초재공품 | 30,000 | 기말제품 | 25,000 |
| 가공원가 | 230,000 | 매출원가 | ? |
| 기초제품 | 40,000 | | |
| 합계 | ₩385,000 | 합계 | ₩385,000 |

→ 매출원가 = ₩325,000

**05** ㈜한국의 20×0년 기초 및 기말 재고자산은 다음과 같다.

| 구분 | 20×0년 초 | 20×0년 말 |
|---|---|---|
| 원재료 | ₩300,000 | ₩400,000 |
| 재공품 | 200,000 | 400,000 |
| 제품 | 500,000 | ? |

20×0년 중 ㈜한국의 원재료 매입액은 ₩1,500,000이었으며, 제조간접원가는 가공원가의 50%인 ₩2,500,000이 발생하였다. ㈜한국의 20×0년도 매출액이 ₩7,200,000이고, 이는 매출원가의 120%에 해당한다. 20×0년 말 제품재고액은 얼마인가?

10년 기출

① ₩400,000  ② ₩500,000  ③ ₩600,000
④ ₩700,000  ⑤ ₩800,000

해설

| 재고자산 | | | |
|---|---|---|---|
| 기초직접재료 | ₩300,000 | 기말직접재료 | ₩400,000 |
| 직접재료매입액 | 1,500,000 | 기말재공품 | 400,000 |
| 기초재공품 | 200,000 | 기말제품 | ? |
| 가공원가 | 5,000,000 | 매출원가 | 6,000,000 |
| 기초제품 | 500,000 | | |
| 합계 | ₩7,500,000 | 합계 | ₩7,500,000 |

1) 매출원가 = ₩7,200,000(매출액) ÷ 1.2 = ₩6,000,000
2) 가공원가 = ₩2,500,000(제조간접원가) ÷ 50% = ₩5,000,000
3) 기말제품 = ₩700,000

**06** ㈜관세의 20×1년 재고자산은 다음과 같다.

| 항목 | 기초 | 기말 |
|------|------|------|
| 원재료 | ₩100,000 | ₩120,000 |
| 재공품 | 210,000 | 240,000 |
| 제품 | 10,000 | 20,000 |

20×1년 중 매입한 원재료는 ₩200,000이고, 원재료의 제조공정 투입액은 모두 직접재료원가이다. 매출원가는 ₩560,000이고, 기본원가(prime costs)와 전환(가공)원가의 비율이 1 : 2라고 할 때, (주)관세의 20×1년 제조간접원가는? 23년 관세사

① ₩30,000　　　　② ₩210,000　　　　③ ₩390,000
④ ₩420,000　　　　⑤ ₩570,000

**해설**

| 재고자산 | | | |
|---|---|---|---|
| 기초원재료 | ₩100,000 | 기말원재료 | ₩120,000 |
| 원재료 매입액 | 200,000 | 기말재공품 | 240,000 |
| 기초재공품 | 210,000 | 기말제품 | 20,000 |
| 가공원가(?) | 420,000 | 매출원가 | 560,000 |
| 기초제품 | 10,000 | | |

1) 기본원가 = ₩420,000 ÷ 2 = ₩210,000
2) 직접노무원가 = ₩210,000(기본원가) − ₩180,000(직접재료원가) = ₩30,000
3) 20×1년 제조간접원가 = ₩420,000(가공원가) − ₩30,000(직접노무원가) = ₩390,000

**07** ㈜국세의 20×1년도 매출총이익은 ₩120,000이며, 매출총이익률은 30%이다. 기말제품재고는 기초제품재고에 비해 ₩50,000 감소하였다. ㈜국세의 20×1년도 당기제품제조원가는 얼마인가? 12년 CTA

① ₩130,000　　　　② ₩180,000　　　　③ ₩230,000
④ ₩280,000　　　　⑤ ₩330,000

**해설**

1) 매출액 = ₩120,000(매출총이익) ÷ 30%(매출총이익률) = ₩400,000
2) 매출원가 = ₩400,000 × 70% = ₩280,000
3) 당기제품제조원가 = ₩280,000(매출원가) − ₩50,000(제품감소액) = ₩230,000

## 08 ㈜감평의 20×6년도 생산·판매자료가 다음과 같을 때 기본원가(prime cost)는?

16년 기출

• 재고자산

| 구분 | 기초 | 기말 |
|------|------|------|
| 원재료 | ₩10,000 | ₩12,000 |
| 재공품 | 50,000 | 60,000 |
| 제품 | 80,000 | 96,000 |

• 당기 원재료 매입 ₩40,000
• 당기 매출원가 ₩150,000
• 직접노무원가는 가공원가의 60%이며, 원재료는 직접재료로만 사용된다고 가정한다.

① ₩82,800    ② ₩105,200    ③ ₩120,800
④ ₩132,800    ⑤ ₩138,000

**해설**

| 재고자산 | | | |
|---|---|---|---|
| 기초원재료 | ₩10,000 | 기말원재료 | ₩12,000 |
| 당기원재료 매입 | 40,000 | 기말재공품 | 60,000 |
| 기초재공품 | 50,000 | 기말제품 | 96,000 |
| 가공원가 | 138,000 | 매출원가 | 150,000 |
| 기초제품 | 80,000 | | |
| 합계 | ₩318,000 | 합계 | ₩318,000 |

1) 직접노무원가 = ₩138,000(가공원가) × 60% = ₩82,800
2) 직접재료원가 = ₩10,000(기초원재료) + ₩40,000(원재료매입액) − ₩12,000(기말원재료)
    = ₩38,000
3) 기초원가 = ₩38,000(직접재료원가) + ₩82,800(직접노무원가) = ₩120,800

## 09 다음 자료를 이용하여 계산한 매출원가는?

18년 기출

• 기초재공품 ₩60,000    • 기초제품 ₩45,000    • 기말재공품 ₩30,000
• 기말제품 ₩60,000    • 직접재료원가 ₩45,000    • 직접노무원가 ₩35,000
• 제조간접원가 ₩26,000

① ₩121,000    ② ₩126,000    ③ ₩131,000
④ ₩136,000    ⑤ ₩141,000

**해설**

| 재고자산 | | | |
|---|---|---|---|
| 기초재공품 | ₩60,000 | 기말재공품 | ₩30,000 |
| 기초제품 | 45,000 | 기말제품 | 60,000 |
| 직접재료원가 | 45,000 | 매출원가 | ? |
| 직접노무원가 | 35,000 | | |
| 제조간접원가 | 26,000 | | |

→ 매출원가 = ₩121,000

**10** 본사와 생산공장이 동일 건물에 소재하는 ㈜대한의 3월 중 발생한 비용과 재고자산 자료는 다음과 같다. 3월 중 직접재료 매입액은 ₩1,200,000이며, 매출액은 ₩7,400,000이다.

**【3월 중 발생비용】**

| | |
|---|---|
| • 직접노무원가 | ₩3,000,000 |
| • 공장감독자급여 | 100,000 |
| • 기타 제조간접원가 | 200,000 |
| • 전기료(본사에 40%, 공장에 60% 배부) | 200,000 |
| • 감가상각비(본사에 20%, 공장에 80% 배부) | 500,000 |
| • 본사의 기타 판매관리비 | 400,000 |
| 합계 | ₩4,400,000 |

**【재고자산】**

| | 3월 초 | 3월 말 |
|---|---|---|
| 재공품재고 | ₩1,000,000 | ₩800,000 |
| 직접재료재고 | 300,000 | 100,000 |
| 제품재고 | 700,000 | 400,000 |

위의 자료를 토대로 ㈜대한의 3월 1일부터 3월 31일까지의 영업이익을 구하면 얼마인가?

09년 CTA

① ₩1,000,000　　　　② ₩1,100,000　　　　③ ₩1,280,000
④ ₩1,600,000　　　　⑤ ₩1,680,000

**해설**

1) 판매관리비 = ₩200,000 × 40% + ₩500,000 × 20% + ₩400,000 = ₩580,000
2) 제조간접원가 = ₩100,000(공장감독자급여) + ₩200,000(기타 제조간접원가) + ₩200,000
  (전기료) × 60% + ₩500,000(감가상각비) × 80% = ₩820,000

### 재고자산

| 기초재고 | ₩2,000,000 | 매출원가 | ₩5,720,000 |
|---|---|---|---|
| 직접재료매입액 | 1,200,000 | | |
| 직접노무원가 | 3,000,000 | | |
| 제조간접원가 | 820,000 | 기말재고 | 1,300,000 |
| 합계 | 7,020,000 | 합계 | 7,020,000 |

3) 영업이익 = ₩7,400,000(매출액) − ₩5,720,000(매출원가) − ₩580,000(판매관리비)
= ₩1,100,000

**11** 단일제품을 생산하는 ㈜감평은 매출원가의 20%를 이익으로 가산하여 제품을 판매하고 있다. 당기의 생산 및 판매 자료가 다음과 같다면, ㈜감평의 당기 직접재료매입액과 영업이익은? `19년 기출`

| • 재고자산 | | 기초재고 | 기말재고 |
|---|---|---|---|
| | 직접재료 | ₩17,000 | ₩13,000 |
| | 재공품 | 20,000 | 15,000 |
| | 제품 | 18,000 | 23,000 |
| • 기본(기초)원가 | | ₩85,000 | |
| • 가공(전환)원가 | | 98,000 | |
| • 매출액 | | 180,000 | |
| • 판매관리비 | | 10,000 | |

|  | 직접재료매입액 | 영업이익 |  | 직접재료매입액 | 영업이익 |
|---|---|---|---|---|---|
| ① | ₩46,000 | ₩15,000 | ② | ₩48,000 | ₩15,000 |
| ③ | ₩48,000 | ₩20,000 | ④ | ₩52,000 | ₩20,000 |
| ⑤ | ₩52,000 | ₩26,000 | | | |

**해설**

### 재고자산

| 기초재료 | ₩17,000 | 기말재료 | ₩13,000 |
|---|---|---|---|
| 직접재료매입액 | ? | 기말재공품 | 15,000 |
| 기초재공품 | 20,000 | 기말제품 | 23,000 |
| 기초제품 | 18,000 | 매출원가(₩180,000 × 1/1,2) | 150,000 |
| 가공원가 | 98,000 | | |

1) 직접재료매입액 = ₩48,000

2) 영업이익 = ₩180,000(매출액) − ₩150,000(매출원가) − ₩10,000(판매관리비) = ₩20,000

답▶ 01 ② 02 ④ 03 ① 04 ④ 05 ④
06 ③ 07 ③ 08 ③ 09 ① 10 ②
11 ③

## 제2절 개별원가계산

**1 개별원가계산의 의의**

개별원가계산(job-order costing)은 개별제품이나 작업별로 원가를 집계하고 배부하는 방법이며, 주문에 따라 다양한 종류의 제품을 생산하는 조선업, 항공기산업 등에서 주로 사용하는 원가계산방법이다.

개별원가계산은 작업지시서에 원가를 집계한다. 작업지시서는 작업별로 원가를 집계하기 위한 단위를 말하며, 제품 각각을 하나의 작업단위로 할 수도 있고, 여러 제품을 하나의 작업단위로 정할 수도 있다.

### 1. 개별원가계산의 절차

개별원가계산에서는 각 작업별로 독립적으로 원가를 집계한다. 그러므로 개별원가계산에서는 원가를 집계하기 위한 작업을 먼저 설정해야 한다. 작업이 설정되고 나면 각 작업별로 제조원가를 집계하는데 제조원가는 직접적으로 집계가 가능한 원가와 제조간접원가로 구분할 수 있다.

#### (1) 작업별로 직접원가 집계

직접원가는 작업별로 추적이 가능하므로 직접원가(직접재료원가 + 직접노무원가)는 개별 작업별로 파악해 각 작업단위에 바로 추적해서 집계한다.

#### (2) 제조간접원가의 배부

직접원가는 작업별로 추적이 가능하지만 제조간접원가는 구성항목이 다양하기 때문에 우선은 제조간접원가에 집계하였다가 배부기준에 따라서 개별 작업에 배부하여야 한다. 제조간접원가에는 간접재료원가, 간접노무원가, 공장감가상각비, 수도광열비, 공장동력비 등이 이에 포함된다. 제조간접원가를 배부하는 기준에는 기계시간당, 노동시간당 등의 배부기준이 있다.

| 직접재료원가 | 추적집계 →────────────────────→ | | | 〈원가집계〉 (작업별) |
|---|---|---|---|---|
| 직접노무원가 | 추적집계 →────────────────────→ | | | |
| 간접재료원가<br>간접노무원가<br>공장감가상각비<br>공장동력비<br>기타제조간접비 | → | 제조간접원가 계정에 집계 | → | - 개별제품<br>- 묶음별<br>　등 … |

## 2. 제조간접원가 배부기준

개별원가계산에서는 제조간접원가를 일정 작업에 배부하기 위한 배부기준을 선택해야 한다. 이러한 배부기준은 작업별로 측정가능한 공통적인 배부기준이어야 할 것이다. 배부기준이 되려면 제조간접원가와 상관관계가 높고 논리적으로 타당한 인과관계가 있거나 쉽게 적용할 수 있는 기준이어야 한다.

| 1st. 인과관계기준 | ⇨ | 2nd. 기타 합리적인 기준<br>– 수혜기준 @예 기업광고 후 제품별 매출액 증가<br>– 부담능력기준 @예 매출액 기준<br>– 공정성과 공평성 기준 |
|---|---|---|

배부기준으로 가장 많이 사용되는 것은 주로 노동시간별, 기계시간별, 직접노무원가별 등이 있다.

$$\text{제조간접원가 실제배부율} = \frac{\text{제조간접원가(실제)}}{\text{실제조업도}}$$

개별원가계산은 먼저 추적이 가능한 직접원가를 먼저 집계하고, 제조간접원가를 일정한 배부기준에 의하여 배부함으로써 개별작업의 원가를 모두 집계할 수 있다.

---

**예제 2-1** 개별원가계산

㈜한국은 작업별로 원가를 집계하는 개별원가계산제도를 사용하고 있다. ㈜한국의 작업은 #101, #102, #103의 세 가지 작업이 있으며, 이 중 #101과 #102의 작업은 완성되었고, #103의 작업은 진행 중에 있다. ㈜한국이 기초 재고는 없었으며, 당기 중 발생한 제조간접원가는 ₩800,000이었다. 제조간접원가의 배부기준은 직접노동시간을 사용한다고 할 때, 물음에 답하시오.

| 구분 | #101 | #102 | #103 | 합계 |
|---|---|---|---|---|
| 직접재료원가 | ₩200,000 | ₩100,000 | ₩300,000 | ₩600,000 |
| 직접노무원가 | ₩100,000 | ₩80,000 | ₩250,000 | ₩430,000 |
| 직접노동시간 | 300시간 | 200시간 | 500시간 | 1,000시간 |

[물음]
1. 제조간접원가 배부율을 구하시오.
2. 해당 작업별로 제조원가를 구하시오.

.........................................................................................................................

[해답]
1. 제조간접원가 배부율 = ₩800,000(실제제조간접원가) ÷ 1,000시간(실제조업도) = ₩800

2. 해당 작업별 제조원가

| 구분 | #101 | #102 | #103 |
|------|------|------|------|
| 직접재료원가 | ₩200,000 | ₩100,000 | ₩300,000 |
| 직접노무원가 | ₩100,000 | ₩80,000 | ₩250,000 |
| 제조간접원가 | ₩240,000 | ₩160,000 | ₩400,000 |
| 합계 | ₩540,000 | ₩340,000 | ₩950,000 |

#101 제조간접원가 = 300시간 × ₩800 = ₩240,000
#102 제조간접원가 = 200시간 × ₩800 = ₩160,000
#103 제조간접원가 = 500시간 × ₩800 = ₩400,000

## 2 정상개별원가계산

정상개별원가계산(normal job-order costing)은 직접재료원가와 직접노무원가는 실제로 발생한 원가를 제품에 집계하고, 제조간접원가는 예정배부율을 이용하여 작업별로 배부하는 원가계산방법이다. 정상개별원가계산은 평준화원가계산이라고도 한다.

### 1. 실제개별원가계산과 정상개별원가계산

앞서 실제개별원가계산에 대하여 살펴보았는데, 정상개별원가계산과 실제개별원가계산은 직접원가는 바로 집계하는 점은 차이가 없지만 제조간접원가를 언제 배부하는지에 따라 달라진다.
실제개별원가계산은 제조간접원가가 모두 집계된 실제 제조간접원가에 일정한 배부율을 계산하여 배부하기 때문에 회계연도가 종료되는 시점에야 비로소 모든 제품원가를 계산할 수 있다.
그렇게 되면 원가계산이 지연되어 시기적절한 의사결정을 할 수 없고, 실제생산량이 달라지는 경우 단위당 제품원가가 변동되는 문제점이 있을 수 있다.
정상개별원가계산은 이러한 실제개별원가계산의 단점을 보완하기 위해 기중에도 금액을 알 수 있도록, 제조간접원가를 예정배부하여, 회계기간 중에도 즉시 제품원가 계산이 가능하도록 하는 데 목적이 있다.

| 구분 | 실제개별원가계산 | 정상개별원가계산 |
|------|------------------|------------------|
| 주요정보이용자 | 외부정보이용자 | 내부정보이용자(경영자) |
| 원가계산시점 | 회계연도 말 | 제품생산시점 |
| 제조간접원가 배부방법 | 실제조업도 × 실제배부율 | 실제조업도 × 예정배부율 |

## 2. 정상개별원가계산의 적용

정상개별원가계산을 적용하기 위해서는 회계연도 시작 전에 제조간접원가에 배부할 예정배부율을
결정해야 한다.

$$\text{제조간접원가 예정배부율} = \frac{\text{제조간접원가 예산}}{\text{예정조업도(정상조업도)}}$$

제조간접원가 예정배부는 예산을 예정조업도에 근거하여 회계연도 초에 정하기 때문에 회계기간
중에는 개별작업이 진행될 때마다 직접재료원가와 직접노무원가는 개별적으로 작업에 집계하고 제
조간접원가는 예정배부율을 적용해 작업원가표에 집계한다.

---

**예제 2-2  정상개별원가**

㈜한국의 원가담당자는 정상개별원가에 따라 원가를 집계하고 있다. 다음 자료에 따라 제품 A, B,
C의 제품원가에 대한 물음에 답하시오.

(1) 제조간접원가 예산 : ₩500,000
(2) 직접노무원가 예산 : ₩250,000
(3) 각 제품별 실제발생액

| 구분 | A | B | C | 합계 |
|---|---|---|---|---|
| 직접재료원가 | ₩80,000 | ₩100,000 | ₩120,000 | ₩300,000 |
| 직접노무원가 | 100,000 | 90,000 | 70,000 | 260,000 |

제조간접원가는 직접노무원가를 기준으로 예정배부한다.

[물음]
1. 제조간접원가의 예정배부율을 구하시오.
2. 예정배부에 의한 각 제품별 원가를 계산하시오.

........................................................................

**[해답]**

1. 예정배부율 = $\dfrac{\text{₩500,000(제조간접원가 예산)}}{\text{₩250,000(직접노무원가 예산)}}$ = ₩2/직접노무원가

2. 각 제품별 원가

| 구분 | A | B | C |
|---|---|---|---|
| 직접재료원가 | ₩80,000 | ₩100,000 | ₩120,000 |
| 직접노무원가 | 100,000 | 90,000 | 70,000 |
| 예정배부액 | 200,000 | 180,000 | 140,000 |
| 합계 | ₩380,000 | ₩370,000 | ₩330,000 |

## 3. 제조간접원가의 배부차이

정상원가계산을 적용하면 회계기간 중에 배부된 제조간접원가 예정배부액과 회계연도 말에 집계된 실제 총 제조간접원가는 서로 일치하지 않을 수 있다. 이러한 차이를 '제조간접원가 배부차이'라고 한다. 앞의 예제에서 제조간접원가를 예정배부한 금액이 ₩330,000인데 실제 발생한 제조간접원가가 ₩350,000일 수도 ₩300,000일 수도 있다.

그런데 회계연도 말이 되면 외부정보이용자에게 재무제표를 제공해야 하는데, 재무제표는 실제원가를 기초로 재무제표를 작성해야 하므로 예정배부된 금액을 실제금액으로 조정하기 위한 배부차이조정이 필요하다.

제조간접원가는 과소배부와 과대배부로 나눌 수 있다. 예정배부한 금액이 ₩330,000인데 실제 발생액이 ₩350,000이라면 ₩20,000이 과소배부되었고, 실제발생액이 ₩300,000이라면 ₩30,000이 과대배부되었다고 할 수 있다.

① 과소배부(실제발생액 > 예정배부액) : 실제발생액에 비해서 예정배부액이 적은 상태이다. 해당 차이만큼 아직 원가계산에는 포함되지 못한 상태로 실제원가로 배부되려면 해당 차이를 추가로 원가에 배부해야 한다. 과소배부는 추가로 원가에 금액을 배부하기 때문에 원가가 증가하며, 이익이 감소하는 효과가 발생해 불리한 차이라고도 한다.

② 과대배부(실제발생액 < 예정배부액) : 예정배부액에 비해서 실제발생액이 적은 상태이다. 해당 차이만큼 원가에 과대배부되어 있기 때문에 실제원가로 배부되려면 해당 차이를 원가에서 차감해야 한다. 과대배부는 배부된 금액에서 배부차이만큼의 원가를 감소시키기 때문에, 원가가 감소하고, 이익이 증가하는 효과가 발생해 유리한 차이라고도 한다.

| 제조간접원가 | |
|---|---|
| 실제발생액 | 배부액 |
| | 과소배부액 |

| 제조간접원가 | |
|---|---|
| 실제발생액 | 배부액 |
| 과대배부액 | |

| 과소배부 | 과대배부 |
|---|---|
| 실제발생액 > 예정배부액 | 실제발생액 < 예정배부액 |
| 제조간접원가 차변잔액 | 제조간접원가 대변잔액 |
| 불리한 차이 | 유리한 차이 |
| 계정잔액에 가산 | 계정잔액에 차감 |
| 원가증가, 이익감소 | 원가감소, 이익증가 |

## 3 배부차이 조정

### 1. 비례배분법

제조간접원가를 예정배부하면 재공품, 제품, 매출원가계정에 제조간접원가 예정배부액을 기준으로 계정잔액이 계산된다. 그러므로 재공품, 제품, 매출원가계정이 실제원가를 적용하는 경우와 차이가 나타나게 한다.

비례배분법은 제조간접원가 배부차이를 재공품, 제품, 매출원가에 배부해서 이들 계정이 실제원가로 계산되었을 경우와 가까워지게 만드는 방법인데, 어떤 비율에 따라 배부하는지에 따라서 요소별 비례배분과 총원가비례배분법으로 나뉜다.

#### (1) 총원가비례배분법

총원가비례배분법은 배부차이가 조정되어야 할 재공품, 제품, 매출원가의 총원가(기말계정잔액)의 비율에 따라 제조간접원가 배부차이를 배부하는 방법이다. 예컨대 재공품, 제품, 매출원가의 계정잔액은 다음과 같다.

| 구분 | 총원가(계정잔액) | 배부비율 | 배부차이 배부액 |
|---|---|---|---|
| 재공품 | ₩100,000 | 10% | ₩10,000 |
| 제품 | ₩300,000 | 30% | ₩30,000 |
| 매출원가 | ₩600,000 | 60% | ₩60,000 |
| 합계 | ₩1,000,000 | 100% | ₩100,000 |

* 재공품의 배부차이 배부비율 = ₩100,000 ÷ ₩1,000,000 = 10%
* 제품의 배부차이 배부비율 = ₩300,000 ÷ ₩1,000,000 = 30%
* 매출원가의 배부차이 배부비율 = ₩600,000 ÷ ₩1,000,000 = 60%

만약 배부차이가 ₩100,000 과소배부라고 할 때, 재공품에는 ₩10,000, 제품에는 ₩30,000, 매출원가에는 ₩60,000을 배부하게 된다.

```
〈회계처리〉
(차) 재공품           10,000    (대) 제조간접원가(배부차이)    100,000
    제품             30,000
    매출원가          60,000
```

#### (2) 원가요소별 비례배분법

원가요소별 비례배분법은 재공품과 제품 및 매출원가에 포함되어 있는 제조간접원가 예정배부액의 비율에 따라 제조간접원가 배부차이를 배부하는 방법으로 제조간접원가기준법이라고도 한다. 재공품, 제품, 매출원가에 배부된 제조간접원가가 다음과 같다면 배부비율은 다음과 같다. 배부차이가 ₩100,000 과소배부라면 배부비율에 따라 각 계정에 배부될 것이다.

| 구분 | 제조간접원가 예정배부액 | 배부비율 | 배부차이 배부액 |
|---|---|---|---|
| 재공품 | ₩50,000 | 12.5% | ₩12,500 |
| 제품 | ₩100,000 | 25% | ₩25,000 |
| 매출원가 | ₩250,000 | 62.5% | ₩62,500 |
| 합계 | ₩400,000 | 100% | ₩100,000 |

```
〈회계처리〉
(차) 재공품        12,500    (대) 제조간접원가(배부차이)    100,000
    제품          25,000
    매출원가      62,500
```

원가요소별 비례배분법은 가장 정확한 배부차이 조정법으로 원가요소별 비례배분법에 의하면 실제원가와 같게 원가가 집계된다. 원가요소별 비례배분법은 배부차이 금액이 중요한 경우에 적용된다.

## 2. 매출원가조정법

매출원가조정법은 제조간접원가의 배부차이가 중요하지 않을 때 이를 전부 매출원가에서 조정하는 방법이다. 배부차이가 과소배부라면 해당 차이금액만큼 매출원가를 늘리고, 과대배부라면 해당 배부차이만큼 매출원가를 감액한다.

```
<과소배부>
(차) 매출원가        ×××    (대) 제조간접원가    ×××
```

```
<과대배부>
(차) 제조간접원가    ×××    (대) 매출원가        ×××
```

이처럼 매출원가조정법은 배부차이를 전액 매출원가에서 조정하기 때문에 과소배부 시 매출원가가 가장 커져서 배부차이조정방법 중 이익이 가장 적게 계상된다.

## 3. 기타비용조정법

이 방법은 제조간접원가 배부차이를 기타손익으로 처리하는 방법이다.

```
(차) 기타비용        ×××    (대) 제조간접원가    ×××
```

**예제 2-3** 배부차이

㈜한국의 원가담당자는 회계연도의 시작 전에 원가자료를 분석하여 다음의 제조간접원가 예산 및 예정조업도를 설정하였다.

(1) 제조간접원가 예산 : ₩960,000

(2) 예정조업도 : 직접노동시간 1,200시간

㈜한국은 직접노동시간에 근거하여 제조간접원가를 배부한다.

㈜한국은 당기 중 A, B, C의 세 작업을 수행하였고 이 중 A, C는 완성되었으나 C만 판매되었고, 작업 B는 제조공정 중에 있다. 작업원가표의 원가 집계 상황은 다음과 같다.

| 구분 | A | B | C | 합계 |
|---|---|---|---|---|
| 직접재료원가 | ₩200,000 | ₩150,000 | ₩400,000 | ₩750,000 |
| 직접노무원가 | ₩140,000 | ₩60,000 | ₩250,000 | ₩450,000 |
| 직접노동시간 | 200시간 | 300시간 | 500시간 | 1,000시간 |

㈜한국의 기초재고자산은 없었으며, 회계연도 말 실제 발생한 제조간접원가는 ₩1,000,000으로 파악되었다.

[물음]

1. 제조간접원가 예정배부율을 구하시오.

2. 정상원가계산을 적용해 기말재공품, 기말제품, 매출원가를 구하시오.

3. 배부차이를 구하시오.

4. 총원가비례법에 의하여 배부차이를 조정하고 회계처리를 하시오.

5. 원가요소별비례법에 의하여 배부차이를 조정하고 회계처리를 하시오.

6. 매출원가법에 의하여 배부차이를 조정하고 회계처리를 하시오.

---

해답

1. 제조간접원가 예정배부율 = $\dfrac{\text{₩960,000(제조간접원가 예산)}}{\text{1,200시간(예정조업도)}}$ = ₩800/직접노동시간

2. 작업별 원가계산

| 구분 | A | B | C | 합계 |
|---|---|---|---|---|
| 직접재료원가 | ₩200,000 | ₩150,000 | ₩400,000 | ₩750,000 |
| 직접노무원가 | 140,000 | 60,000 | 250,000 | 450,000 |
| 예정배부액 | 160,000 | 240,000 | 400,000 | 800,000 |
| 합계 | ₩500,000 | ₩450,000 | ₩1,050,000 | ₩2,000,000 |

3. 배부차이

= ₩1,000,000(실제발생액) − ₩800,000(예정배부액) = ₩200,000 과소배부

4. 총원가비례법

| 구분 | A(제품) | B(재공품) | C(매출원가) | 합계 |
|---|---|---|---|---|
| 직접재료원가 | ₩200,000 | ₩150,000 | ₩400,000 | ₩750,000 |
| 직접노무원가 | 140,000 | 60,000 | 250,000 | 450,000 |
| 예정배부액 | 160,000 | 240,000 | 400,000 | 800,000 |
| 합계 | ₩500,000 | ₩450,000 | ₩1,050,000 | ₩2,000,000 |

| 구분 | 총원가(계정잔액) | 배부비율 | 배부차이 배부액 |
|---|---|---|---|
| 재공품 | ₩450,000 | 22.5% | ₩45,000 |
| 제품 | ₩500,000 | 25% | ₩50,000 |
| 매출원가 | ₩1,050,000 | 52.5% | ₩105,000 |
| 합계 | ₩2,000,000 | 100% | ₩200,000 |

〈회계처리〉

(차) 재공품      45,000      (대) 제조간접원가(배부차이)      200,000
     제품      50,000
     매출원가      105,000

5. 원가요소비례법(예정배부액 기준)

| 구분 | 예정배부액 | 배부비율 | 배부차이 배부액 |
|---|---|---|---|
| 재공품 | ₩240,000 | 30% | ₩60,000 |
| 제품 | ₩160,000 | 20% | ₩40,000 |
| 매출원가 | ₩400,000 | 50% | ₩100,000 |
| 합계 | ₩800,000 | 100% | ₩200,000 |

〈회계처리〉

(차) 재공품      60,000      (대) 제조간접원가(배부차이)      200,000
     제품      40,000
     매출원가      100,000

6. 매출원가법

(차) 매출원가      200,000      (대) 제조간접원가(배부차이)      200,000

| 단계 | 정상개별원가 적용 |
|---|---|
| 1단계. 예정배부율 | 회계기간 개시 전 예정배부율의 계산<br><br>예정배부율 = $\dfrac{\text{제조간접원가 예산}}{\text{예정조업도}}$ |
| 2단계. 제조간접원가의 예정배부액 | 제조간접원가 예정배부액 = 실제조업도 × 예정배부율 |
| 3단계. 배부차이 | 회계연도 종료 후 실제 제조간접원가 발생액과 예정배부액과의 비교<br>〈배부차이 조정〉<br>① 총원가비례법(계정잔액)<br>② 원가요소별 비례법(예정배부액 기준)<br>③ 매출원가법 |
| 4단계. 실제원가에 근거한 재무제표작성 | 재무제표는 실제발생한 제조원가로 작성 |

[차이조정방법 정리]

| 구분 | | 차이조정 |
|---|---|---|
| 비배분법 | 매출원가조정법 | 모든 원가차이를 매출원가에 가감<br>과대배부액 → 매출원가에서 차감<br>과소배부액 → 매출원가에 가산 |
| | 영업외 손익법 | 모든 원가차이를 영업외손익으로 처리<br>과대배부액 → 영업외수익 처리<br>과소배부액 → 영업외비용 처리<br>※ 배부차이가 비정상적(원가성이 없는 경우)으로 발생한 경우 사용 |
| 비례배분법 | 총원가기준법 | 매출원가와 재고자산의 총원가(기말잔액) 비율로 원가차이 조정<br>과대배부액 → 재고자산과 매출원가에서 차감<br>과소배부액 → 재고자산과 매출원가에 가산 |
| | 원가요소기준법 | 매출원가와 재고자산에 포함된 제조간접원가 비율에 따라 배부<br>과대배부액 → 재고자산과 매출원가에서 차감<br>과소배부액 → 재고자산과 매출원가에 가산<br>※ 실제원가계산을 적용한 경우와 동일한 결과 |

**01** 다음은 개별원가계산제도를 이용하고 있는 ㈜한국의 원가계산 자료이다. 제조간접원가는 기본원가(Prime costs)를 기준으로 배부한다.

| 원가항목 | 작업 #1 | 작업 #2 | 작업 #3 | 합계 |
|---|---|---|---|---|
| 기초재공품 | ₩2,000 | ₩4,000 | – | ₩6,000 |
| 직접재료원가 | 2,800 | 3,000 | ₩2,200 | 8,000 |
| 직접노무원가 | 4,000 | 5,000 | 3,000 | 12,000 |
| 제조간접원가 | ( ) | ( ) | ( ) | 6,000 |

작업 #1과 작업 #3은 완성되었고, 작업 #2는 미완성되었다. ㈜한국이 기말재공품으로 계상할 금액은? `12년 기출`

① ₩9,600     ② ₩10,200     ③ ₩12,500
④ ₩13,600     ⑤ ₩14,400

**해설**

기말재공품은 작업 #2의 원가이다.
1) 작업 #2에 배부될 제조간접원가 = ₩6,000 × (₩8,000/₩20,000) = ₩2,400
2) 기말재공품원가 = ₩4,000 + ₩3,000 + ₩5,000 + ₩2,400 = ₩14,400

**02** 실제개별원가계산제도를 사용하는 ㈜감평의 20×1년도 연간 실제 원가는 다음과 같다.

- 직접재료원가 ₩4,000,000
- 직접노무원가 ₩5,000,000
- 제조간접원가 ₩1,000,000

㈜감평은 20×1년 중 작업지시서 #901을 수행하였는데 이 작업에 320시간의 직접노무시간이 투입되었다. ㈜감평은 제조간접원가를 직접노무시간을 기준으로 실제배부율을 사용하여 각 작업에 배부한다. 20×1년도 실제 총직접노무시간은 2,500시간이다. ㈜감평이 작업지시서 #901에 배부하여야 할 제조간접원가는? `18년 기출`

① ₩98,000     ② ₩109,000     ③ ₩128,000
④ ₩160,000     ⑤ ₩175,000

**해설**

작업지시서 #901에 배부하여야 할 제조간접원가
= ₩1,000,000 × (320시간/2,500시간) = ₩128,000

**03** ㈜한국은 개별원가계산을 적용하고 있으며 직접작업시간을 기준으로 제조간접원가를 예정배부한다. 20×9년 제조간접원가 예정배부율은 직접작업시간당 ₩65이다. 20×9년 실제 발생한 제조간접원가는 ₩1,500,000이었고, 제조간접원가가 ₩200,000 과소배부된 것으로 나타났다. 20×9년의 실제조업도는 예정(예산)조업도의 80%였다. 20×9년 제조간접원가 예산금액은 얼마인가? `09년 기출`

① ₩1,250,000      ② ₩1,300,000      ③ ₩1,460,000

④ ₩1,520,000      ⑤ ₩1,625,000

**해설**

1) 제조간접원가 예정배부액 = ₩1,500,000 − ₩200,000(과소배부) = ₩1,300,000

2) 실제조업도 = ₩1,300,000(예정배부액) ÷ ₩65(예정배부율) = 20,000시간

3) 예산금액 = 25,000시간(예정조업도) × ₩65(예정배부율) = ₩1,625,000

**04** ㈜세무는 정상개별원가계산을 사용하며, 직접노무시간을 기준으로 제조간접원가를 배부하고 있다. 20×1년 연간 제조간접원가 예산은 ₩5,000,000이다. 20×1년 실제 발생한 제조간접원가는 ₩4,800,000이고, 실제직접노무시간은 22,000시간이다. 20×1년 중 제조간접원가 과소배부액이 ₩400,000이라고 할 때 연간 예산직접노무시간은? `13년 CTA`

① 22,000시간      ② 23,000시간      ③ 24,000시간

④ 25,000시간      ⑤ 26,000시간

**해설**

1) 제조간접원가 배부액 = ₩4,800,000 − ₩400,000(과소배부) = ₩4,400,000

2) 제조간접원가 예정배부율 = ₩4,400,000 ÷ 22,000시간 = ₩200

3) 예산직접노무시간 = ₩5,000,000 ÷ ₩200 = 25,000시간

(분석)

| 구분 | 제조간접원가 | | 조업도 | | 배부율 | 배부액 |
|---|---|---|---|---|---|---|
| 예산 | ₩5,000,000 | ÷ | 25,000시간 | = | @200 | ₩4,400,000 |
| 실세 | ₩4,800,000 | ÷ | 22,000시긴 | | | |

**05** ㈜세무는 기계시간 기준으로 제조간접원가를 예정배부하는 정상원가계산방법을 적용한다. 20×1년에 실제 제조간접원가는 ₩787,500이 발생되었고, 기계시간당 ₩25로 제조간접원가를 예정배부한 결과 ₩37,500만큼 과대배부되었다. 20×1년 실제조업도가 예정조업도의 110%인 경우, ㈜세무의 제조간접원가 예산액은? `16년` `CTA`

① ₩715,000 　　　② ₩725,000 　　　③ ₩750,000

④ ₩800,000 　　　⑤ ₩825,000

**해설**

1) 제조간접원가 배부액 = ₩787,500 + ₩37,500(과대배부) = ₩825,000
2) 실제기계시간 = ₩825,000 ÷ ₩25 = 33,000시간
3) 예산기계시간 = 33,000시간 ÷ 110% = 30,000시간
∴ 제조간접원가 예산 = 30,000시간 × ₩25 = ₩750,000

**06** ㈜감평은 제조간접원가를 기계작업시간 기준으로 예정배부하고 있다. 20×1년 실제 기계작업시간은? `21년` `기출`

| | |
|---|---|
| 제조간접원가(예산) | ₩928,000 |
| 제조간접원가(실제) | ₩960,000 |
| 제조간접원가 배부액 | ₩840,710 |
| 기계작업시간(예산) | 80,000시간 |

① 70,059시간 　　　② 71,125시간 　　　③ 72,475시간

④ 73,039시간 　　　⑤ 74,257시간

**해설**

1) 예정배부율 = ₩928,000(예산) ÷ 80,000시간(예정조업도) = ₩11.6(기계작업시간)
2) 제조간접원가 예정배부액(₩840,710) = 실제 기계작업시간 × ₩11.6(예정배부율)
　→ 실제 기계작업시간 = 72,475시간

**07** ㈜감평은 정상원가계산제도를 채택하고 있으며, 20×1년 재고자산은 다음과 같다.

| 구분 | 기초 | 기말 |
|---|---|---|
| 직접재료 | ₩5,000 | ₩6,000 |
| 재공품 | 10,000 | 12,000 |
| 제품 | 7,000 | 5,000 |

20×1년 매출액 ₩90,000, 직접재료 매입액 ₩30,000, 직접노무원가 발생액은 ₩20,000이고, 시간당 직접노무원가는 ₩20이다. 직접노무시간을 기준으로 제조간접원가를 예정배부할 때 20×1년 제조간접원가 예정배부율은? (단, 20×1년 매출총이익률은 30%이다.) 24년 기출

① ₩10    ② ₩12    ③ ₩14
④ ₩16    ⑤ ₩18

해설

| 재고자산 | | | |
|---|---|---|---|
| 기초직접재료 | ₩5,000 | 기말직접재료 | ₩6,000 |
| 직접재료 매입액 | 30,000 | 기말재공품 | 12,000 |
| 기초재공품 | 10,000 | 기말제품 | 5,000 |
| 직접노무원가 발생액 | 20,000 | 매출원가(₩90,000 × 70%) | 63,000 |
| 제조간접원가 예정배부액 | ? | | |
| 기초제품 | 7,000 | | |

1) 제조간접원가 예정배부액 = ₩14,000
2) 20×1년 제조간접원가 예정배부율 = ₩14,000(예정배부액) ÷ 1,000시간 = ₩14

**08** ㈜감평은 정상원가계산을 사용하고 있으며, 직접노무시간을 기준으로 제조간접원가를 예정배부하고 있다. ㈜감평의 20×1년도 연간 제조간접원가 예산은 ₩600,000이고, 실제 발생한 제조간접원가는 ₩650,000이다. 20×1년도 연간 예정조업도는 20,000시간이고, 실제 직접노무시간은 18,000시간이다. ㈜감평은 제조간접원가 배부차이를 전액 매출원가에서 조정하고 있다. 20×1년도 제조간접원가 배부차이 조정전 매출총이익이 ₩400,000이라면, 포괄손익계산서에 인식할 매출총이익은? 19년 기출

① ₩290,000    ② ₩360,000    ③ ₩400,000
④ ₩450,000    ⑤ ₩510,000

1) 예정배부율 = ₩600,000 ÷ 20,000시간 = ₩30(직접노무시간)
2) 예정배부액 = 18,000시간 × ₩30 = ₩540,000
3) 배부차이 = ₩650,000 - ₩540,000 = ₩110,000 과소배부
4) 포괄손익계산서에 인식할 매출총이익 = ₩400,000 - ₩110,000(과소배부는 원가 증대)
                                    = ₩290,000

**09** ㈜한국은 20×0년에 선박제조업을 개시하였으며, 20×0년 생산 및 원가자료는 아래와 같다. ㈜한국은 직접작업시간을 기준으로 제조간접원가를 예정배부하고 있다. 20×0년도 발생한 실제 제조간접원가는 총 ₩400,000이고, 예정 제조간접원가는 ₩320,000이며, 예정 직접작업시간은 4,000시간이었다. LNG선은 완성된 즉시 선주에게 인도되었으며, 유람선은 20×0년 말까지 인도되지 않았다. 제조간접원가 배부차이를 총원가 기준으로 배부할 때 LNG선의 매출원가는 얼마인가? 10년 기출

| 구분 | LNG선 | 유람선 | 화물선 | 합계 |
|---|---|---|---|---|
| 직접재료원가(원) | 340,000 | 244,000 | 126,000 | 710,000 |
| 직접노무원가(원) | 180,000 | 220,000 | 130,000 | 530,000 |
| 실제 직접작업시간(시간) | 1,500 | 1,200 | 1,800 | 4,500 |
| 완성도(%) | 100 | 100 | 70 | - |

① ₩410,000         ② ₩480,000         ③ ₩532,000
④ ₩574,000         ⑤ ₩656,000

1) 제조간접원가 예정배부율 = ₩320,000 ÷ 4,000시간 = ₩80(직접작업시간)
2) 제조간접원가 예정배부액 = 4,500시간 × ₩80 = ₩360,000
3) 배부차이 = ₩400,000(실제 제조간접원가) - ₩360,000(예정배부액) = ₩40,000 과소배부
4) 배부차이 조정
   LNG선 = ₩40,000 × (₩640,000/₩1,600,000) = ₩16,000
5) LNG선 제조원가 = ₩340,000 + ₩180,000 + ₩120,000 + ₩16,000(배부차이) = ₩656,000

**10** 선박을 제조하여 판매하는 ㈜감평은 20×5년 초에 영업을 개시하였으며, 제조와 관련된 원가 및 활동에 관한 자료는 다음과 같다.

| 구분 | 화물선 | 유람선 | 여객선 |
|---|---|---|---|
| 직접재료원가 | ₩60,000 | ₩140,000 | ₩200,000 |
| 직접노무원가 | 240,000 | 460,000 | 500,000 |
| 실제직접작업시간 | 1,500시간 | 1,500시간 | 2,000시간 |
| 완성도 | 60% | 100% | 100% |

㈜감평은 직접작업시간을 제조간접원가 배부기준으로 사용하는 정상원가계산제도를 채택하고 있다. 20×5년 제조간접원가예산은 ₩480,000이고 예정 직접작업시간은 6,000시간이다. 20×5년에 발생한 실제 제조간접원가는 ₩500,000이고, 완성된 제품 중 여객선은 고객에게 인도되었다. 제조간접원가 배부차이를 총원가(총원가비례배분법)를 기준으로 조정할 경우 제품원가는? 15년 기출

① ₩450,000  ② ₩750,000  ③ ₩756,000
④ ₩903,000  ⑤ ₩1,659,000

**해설**

1) 제조간접원가 예정배부율 = ₩480,000 ÷ 6,000시간 = ₩80(직접작업시간)
2) 제조간접원가 예정배부액 = 5,000시간 × ₩80 = ₩400,000
3) 배부차이 = ₩500,000 − ₩400,000 = ₩100,000 과소배부
4) 배부차이 조정
   유람선 : ₩100,000 × (₩720,000/₩2,000,000) = ₩36,000
   배부차이 조정 후 제품원가 = ₩720,000 + ₩36,000 = ₩756,000
   화물선 총원가 = ₩420,000, 유람선 총원가 = ₩720,000, 여객선 총원가 = ₩860,000

**11** 대한회사는 정상개별원가계산시스템을 채택하고 있다. 제조간접원가의 예정배부율은 직접노무원가의 150%이다. 제조간접원가의 배부차이는 매월 말 매출원가계정에서 조정한다. 추가정보는 다음과 같다.

---

(1) 작업 #701만이 2007년 2월 말에 작업이 진행 중이며 원가는 다음과 같다.

| | |
|---|---|
| 직접재료원가 | ₩8,000 |
| 직접노무원가 | 4,000 |
| 제조간접원가 배부액 | 6,000 |
| | ₩18,000 |

(2) 작업 #702, #703, #704, #705는 2007년 3월 중에 작업이 시작된 것이다.

(3) 2007년 3월 중에 작업에 투입된 직접재료원가는 ₩52,000이다.

(4) 2007년 3월 중에 발생한 직접노무원가는 ₩40,000이다.

(5) 2007년 3월 중 제조간접원가의 실제 발생액은 ₩64,000이다.

(6) 2007년 3월 말 현재 진행 중인 작업은 #705뿐이며 이 작업과 관련된 직접재료원가는 ₩5,600, 직접노무원가는 ₩3,600이다.

---

**대한회사가 2007년 3월 중에 생산한 제품의 당기제품제조원가는 얼마인가?**

07년 CTA

① ₩155,400  ② ₩156,000  ③ ₩155,200
④ ₩159,400  ⑤ ₩170,000

**해설**

작업결과를 정리하면 아래와 같다.
#701 : 기초재공품   #701, #702, #703, #704 : 완성품   #705 : 기말재공품
1) 직접재료원가 = ₩52,000, 직접노무원가 = ₩40,000, 제조간접원가 = ₩60,000(₩40,000 × 150%)이므로 당기총제조원가는 ₩152,000
2) 기초재공품원가(#701) = ₩18,000
3) 기말재공품원가(#705) = ₩5,600 + ₩3,600 + ₩3,600 × 1.5 = ₩14,600

∴ 당기제품제조원가 = ₩18,000 + ₩152,000 − ₩14,600 = ₩155,400

**12** ㈜국세는 개별-정상원가계산제도를 채택하고 있다. ㈜국세는 제조간접원가를 예정배부하며, 예정배부율은 직접노무원가의 60%이다. 제조간접원가의 배부차이는 매기 말 매출원가에서 전액 조정한다. 당기에 실제 발생한 직접재료원가는 ₩24,000이며, 직접노무원가는 ₩16,000이다. 기초재공품은 ₩5,600이며, 기말재공품에는 직접재료원가 ₩1,200과 제조간접원가 배부액 ₩1,500이 포함되어 있다. 또한 기초제품은 ₩5,000이며, 기말제품은 ₩8,000이다. 제조간접원가 배부차이를 조정한 매출원가가 ₩49,400이라면, 당기에 발생한 실제 제조간접원가는 얼마인가? 11년 CTA

① ₩7,200      ② ₩9,600      ③ ₩10,400
④ ₩12,000      ⑤ ₩13,200

**해설**

1) 기말재공품원가 = ₩1,200(직접재료원가) + ₩2,500(직접노무원가) + ₩1,500(제조간접원가 배부액) = ₩5,200
2) 당기총제조원가 = ₩24,000(직접재료원가) + ₩16,000(직접노무원가) + ₩16,000 × 60%(제조간접원가 배부액) = ₩49,600
3) 당기제품제조원가 = ₩5,600(기초재공품) + ₩49,600(당기총제조원가) − ₩5,200(기말재공품) = ₩50,000
4) 매출원가 = ₩5,000(기초제품) + ₩50,000(당기제품제조원가) − ₩8,000(기말제품) = ₩47,000
5) 제조간접원가 배부차이 = ₩49,400 − ₩47,000 = ₩2,400(과소배부)
6) 실제제조간접원가 발생액 = ₩9,600 + ₩2,400 = ₩12,000

**13** ㈜감평은 정상개별원가계산제도를 채택하고 있다. 제조간접원가는 직접노무원가의 40%를 예정배부하고 있으며, 제조간접원가 배부차이는 전액 매출원가에서 조정하고 있다. ㈜감평의 당기 재고자산 및 원가 관련 자료는 다음과 같다.

| 구분 | 기초잔액 | 기말잔액 |
|---|---|---|
| 직접재료 | ₩3,200 | ₩6,200 |
| 재공품 | 8,600 | 7,200 |
| 제품 | 6,000 | 8,000 |

직접재료매입액 : ₩35,000
기초원가(기본원가) : ₩56,000

㈜감평의 당기 제조간접원가 배부차이 조정 후 매출원가가 ₩67,700인 경우, 당기에 발생한 실제 제조간접원가는?   23년 기출

① ₩6,900     ② ₩9,700     ③ ₩10,700
④ ₩11,300     ⑤ ₩12,300

**해설**

1) 직접재료원가 = ₩3,200(기초직접재료) + ₩35,000(직접재료매입액) − ₩6,200(기말직접재료)
= ₩32,000

2) 직접노무원가 = ₩56,000(기초원가) − ₩32,000(직접재료원가) = ₩24,000

| 재고자산 | | | |
|---|---|---|---|
| 기초직접재료 | ₩3,200 | 기말직접재료 | ₩6,200 |
| 직접재료매입액 | 35,000 | 기말재공품 | 7,200 |
| 기초재공품 | 8,600 | 기말제품 | 8,000 |
| 직접노무원가 | 24,000 | 매출원가 | 65,000 |
| 제조간접원가(₩24,000 × 40%) | 9,600 | | |
| 기초제품 | 6,000 | | |

3) 제조간접원가 배부차이 = ₩67,700(배부차이 조정 후 매출원가) − ₩65,000(배부차이 조정 전 매출원가) = ₩2,700 과소배부

4) 당기에 발생한 실제 제조간접원가 = ₩9,600(제조간접원가 예정배부액) + ₩2,700(과소배부)
= ₩12,300

PART 02

## 제3절 보조부문원가의 배분

### 1 원가할당과 원가배분

원가
할당
┌─ 원가추적 : 직접원가(직접재료원가, 직접노무원가)를 특정 원가대상에 할당하는 것
└─ 원가배분 : 간접원가(제조간접원가)를 특정 원가대상에 할당하는 것

#### 1. 원가배분의 의의

원가대상에 직접 추적할 수 있는 직접원가와는 달리 간접원가는 일정한 배부기준에 따라 원가대상에 합리적으로 대응시키는 과정이 필요하며 이를 원가배분이라 한다.

#### 2. 원가배분의 목적

(1) 외부재무보고 : 외부보고를 위한 재고자산 및 이익의 측정

(2) 의사결정 : 최적의 자원배분을 위한 경제적 의사결정에 유용한 정보를 제공

(3) 성과평가 및 동기부여 : 경영자와 종업원의 성과평가 및 동기부여

(4) 원가의 정당화 및 보상액의 결정 : 제품가격결정

#### 3. 원가배분의 절차

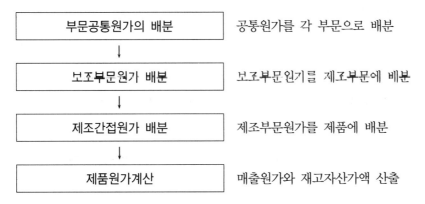

| 부문공통원가의 배분 | 공통원가를 각 부문으로 배분 |
| 보조부문원가 배분 | 보조부문원가를 제조부문에 배분 |
| 제조간접원가 배분 | 제조부문원가를 제품에 배분 |
| 제품원가계산 | 매출원가와 재고자산가액 산출 |

### 2 보조부문의 원가배분

기업의 조직은 제조부문과 보조부문으로 나눌 수 있다. 제조부문은 제품이나 서비스를 창출하는 조직을 의미하며, 보조부문은 직접 제조활동에 관여하지 않지만 제조부문 또는 다른 보조부문을 위해 활동을 수행하는 부문을 의미한다. 보조부문의 예로는 기업 내 정보시스템부문, 식당부문, 수선부문, 전력부문 등을 들 수 있다.

## 1. 보조부문원가의 배부목적

보조부문에서 발생한 원가는 제품과 직접 관련성이 없으며, 이는 배부기준으로 정할 직접적인 인과관계를 결정하기 어렵다는 의미이다. 이러한 이유로 보조부문에서 발생한 원가를 제조부문에 배부하고 제조부문에 배부된 원가와 제조부문에서 자체적으로 발생한 원가를 합하여 제품에 배부하게 된다. 제품에 원가를 배부하기 위한 목적 이외에도 ① 보조부문용역의 과도한 소비방지, ② 보조부문의 비능률적 운영방지 등을 위하여 보조부문의 원가를 배부한다.

## 2. 보조부문원가의 배부기준 : ① 합리적 인과관계, ② 간단명료(측정 용이)

| 보조부문 | 배부기준 |
|---|---|
| 전력부문 | 사용전력량, 전기용량 |
| 수선유지부문 | 수선횟수, 수선유지기간 |
| 식당부문 | 제조부문의 종업원수 |
| 구매부문 | 주문횟수, 주문비용 |
| 창고부문 | 재료의 사용량 |

## 3. 보조부문원가의 배부기준

제조기업은 여러 제조부문을 통하여 제품을 생산하는 경우가 많다. 그렇기 때문에 제조부문이 여러 개일수록 발생하는 제조간접원가도 다양할 수밖에 없다.

그러나 지금까지는 제조간접원가의 발생 원인을 살펴보지 않고 전체의 제조간접원가를 하나의 배부기준으로만 배부했었다.

이는 제조간접원가의 배부 정확성을 떨어트리는 방법이며 보다 정확한 제조간접원가의 배부를 위해서는 보다 세분화된 별도의 배부기준이 필요할 수밖에 없다. 그러므로 제조간접원가를 보다 정확하게 배부하기 위해서는 부문별로 구분해서 제조간접원가를 집계하고 부문별로 별도의 배부기준을 적용해 제조간접원가를 배부하는 것이 보다 정확한 제조간접원가의 배부결과로 이어질 것이다.

| 구분 | 공장전체 배부율 | 부문별 배부율 |
|---|---|---|
| 제조간접원가 집계 | 공장전체 제조간접원가 | 부문별 제조간접원가 |
| 제조간접원가 배부율 | $\dfrac{\text{공장전체 제조간접원가}}{\text{공장전체 배부조업도}}$ | $\dfrac{\text{부문별 제조간접원가}}{\text{부문별 배부조업도}}$ |
| 장점 | 적용이 간편하다. | 부문별로 보다 정확한 제조간접원가 집계가 가능하다. |
| 단점 | 제조간접원가의 배부 정확도가 떨어진다. | 부문별로 제조간접원가를 집계하는 데 시간과 비용이 많이 소요된다. |

## 4. 보조부문의 개념

보조부문(service department)은 제조활동에 직접적으로 관련된 것은 아니지만 제조활동을 촉진시키는 활동을 수행하거나 제조활동을 보조하는 활동을 수행하는 부문을 말한다.

제조활동을 원활하게 하기 위해서는 보조부문의 필요성이 존재하며, 보조부문에서 발생한 원가도 제조부문의 원가로 포함하여야 정확한 원가집계가 가능해질 것이다. 이러한 보조부문에는 수선부문, 동력부문이 가장 대표적이다.

- 보조부문은 제조부문의 생산활동을 보조하기 위해 발생한 원가이며, 제조간접원가에 해당한다.
- 보조부문과 제품생산은 직접적인 인과관계는 존재하지 않는다.

## 5. 보조부문의 배부순서

보조부문은 제품생산과 직접적인 인과관계가 존재하지 않기 때문에 이를 바로 제품원가에 대응시킬 수는 없다. 그렇기 때문에 우선 보조부문 원가를 제조간접원가로 집계하고 이렇게 집계된 원가를 합산해서 개별작업에 배부하는 단계를 거치게 된다.

① 제조간접원가에 보조부문원가를 배부
② 보조부문까지 배부된 제조간접원가를 제품에 배부

**예제 3-1** 보조부문 원가배부

㈜한국은 제조부문인 제1공정과 제2공정 이외에 보조부문인 전력부문으로 구성되어 있다. 전력부문에는 ₩500,000의 원가가 추가로 발생하였으며 제조부문에는 다음과 같이 전력을 소비하였다.

| 구분 | 전력부문 | 제1공정 | 제2공정 | 합계 |
|---|---|---|---|---|
| 제조간접원가 | ₩500,000 | ₩300,000 | ₩700,000 | ₩1,500,000 |
| 전력사용량 | | 300kW | 700kW | 1,000kW |

전력부문의 제조간접원가를 전력사용량을 기준으로 배부한다고 할 때, 각 제조부문별로 보조부문원가를 배부하시오.

**해답**

| 구분 | 보조부문 | 제조부문 | | 합계 |
|---|---|---|---|---|
| | 전력부문 | 제1공정 | 제2공정 | |
| 배분전원가 | ₩500,000 | ₩300,000 | ₩700,000 | ₩1,500,000 |
| 전력부문원가 | (₩500,000) | ₩150,000 | ₩350,000 | – |
| 합계 | ₩0 | ₩450,000 | ₩1,050,000 | ₩1,500,000 |

**3** **보조부문 배부방법**

보조부문에서 발생하는 원가는 여러 비용 항목으로 구성되어 있다. 대표적으로는 변동원가와 고정원가가 있는데 변동원가는 조업도에 비례하여 원가도 비례적으로 발생하는 원가이며, 고정원가는 조업도와 무관하게 일정하게 발생하는 원가이다.

변동원가와 고정원가는 원인과 그에 따른 결과가 서로 상이하기 때문에 이러한 원가를 하나의 기준에 근거하여 배부하는 것은 원가배분의 정확도를 떨어트리는 방법이라고 할 수 있다.

이렇게 보조부문의 원가발생원인을 구분하지 않고 하나의 배부기준을 사용하는 것을 단일배분율법이라고 하며, 변동원가, 고정원가를 각각의 배부율에 따라 배부하는 것을 이중배분율법이라고 한다.

## 1. 원가행태에 따른 배분방법

### (1) 단일배분율법

보조부문원가를 변동원가와 고정원가로 구분하지 않고, 하나의 배부기준을 이용하여 총원가를 배부하는 방법이다.

### (2) 이중배분율법

보조부문원가를 변동원가와 고정원가로 구분해서 각각 별개의 배부기준으로 제조부문에 배부하는 방법이다.

이때, 변동원가는 조업도에 비례하는 원가이기 때문에 실제사용량을 기준으로 배부하고, 고정원가는 주로 생산설비 유지와 관련된 원가가 많기 때문에 이러한 설비자산의 최대사용량에 근거하여 원가를 배부한다.

| 구분 | 단일배분율법 | 이중배분율법 |
|---|---|---|
| 배부기준 | $\dfrac{\text{보조부문원가}}{\text{전체조업도}}$ | ① 변동원가 $= \dfrac{\text{보조부문 변동원가}}{\text{실제사용량}}$ <br> ② 고정원가 $= \dfrac{\text{보조부문 고정원가}}{\text{최대사용가능량}}$ |
| 장점 | 적용이 간편 | 보조부문 발생원인에 따른 정확한 배부 |
| 단점 | 보조부문 원가배분의 정확도가 떨어짐 | 보조부문별 원가계산의 어려움 |

예제 **3-2**  이중배분율법

㈜한국은 제조부문인 제1공정과 제2공정 이외에 보조부문인 전력부문으로 구성되어 있다. 전력부문에는 ₩500,000의 원가가 추가로 발생하였으며 제조부문에는 다음과 같이 전력을 소비하였다.

| 구분 | 전력부문 | 제1공정 | 제2공정 | 합계 |
|---|---|---|---|---|
| 제조간접원가 | ₩500,000 | ₩300,000 | ₩700,000 | ₩1,500,000 |
| 실제사용량 | | 300kW | 700kW | 1,000kW |
| 최대사용량 | | 400kW | 600kW | 1,000kW |

전력부문의 원가에는 고정원가로 ₩200,000, 변동원가로 ₩300,000이 발생하였다. 이중배분율법을 적용하여 보조부문원가를 제조부문에 배부하시오.

[해답]

| 구분 | 보조부문 | 제조부문 | | 합계 |
|---|---|---|---|---|
| | 전력부문 | 제1공정 | 제2공정 | |
| 배분전원가 | ₩500,000 | ₩300,000 | ₩700,000 | ₩1,500,000 |
| 전력부문변동원가 | (₩300,000) | ₩90,000 | ₩210,000 | – |
| 전력부문고정원가 | (₩200,000) | ₩80,000 | ₩120,000 | |
| 합계 | ₩0 | ₩470,000 | ₩1,030,000 | ₩1,500,000 |

변동원가는 실제사용량에 따라 배부한다.
제1공정 = ₩300,000 × (300kW/1,000kW) = ₩90,000
제2공정 = ₩300,000 × (700kW/1,000kW) = ₩210,000

고정원가는 최대사용량에 따라 배부한다.
제1공정 = ₩200,000 × (400kW/1,000kW) = ₩80,000
제2공정 = ₩200,000 × (600kW/1,000kW) = ₩120,000

이중배분율법

㈜한국의 보조부문에서 발생한 변동제조간접원가는 ₩1,500,000이고, 고정간접원가는 ₩3,000,000 이다. 이중배분율법에 의하여 보조부문의 제조간접원가를 제조부문에 배부하면 각 제조부문의 원가는 얼마인지 구하시오.

| 제조부문 | 실제기계시간 | 최대기계시간 |
|---|---|---|
| 절단부문 | 2,500시간 | 7,000시간 |
| 조립부문 | 5,000시간 | 8,000시간 |

해답

| 구분 | 보조부문 | 제조부문 | | 합계 |
|---|---|---|---|---|
| | | 절단부문 | 조립부문 | |
| 보조부문변동원가 | (₩1,500,000) | ₩500,000 | ₩1,000,000 | |
| 보조부문고정원가 | (₩3,000,000) | ₩1,400,000 | ₩1,600,000 | |
| 합계 | ₩0 | ₩1,900,000 | ₩2,600,000 | ₩4,500,000 |

변동원가는 실제기계시간에 따라 배부한다.
절단부문 = ₩1,500,000 × (2,500시간/7,500시간) = ₩500,000
조립부문 = ₩1,500,000 × (5,000시간/7,500시간) = ₩1,000,000

고정원가는 최대기계시간에 따라 배부한다.
절단부문 = ₩3,000,000 × (7,000시간/15,000시간) = ₩1,400,000
조립부문 = ₩3,000,000 × (8,000시간/15,000시간) = ₩1,600,000

## 2. 보조부문 상호 간의 용역수수관계 인식정도에 따른 보조부문원가의 배분방법

보조부문이 두 개 이상인 경우에는 보조부문 상호 간에도 서로 용역을 주고받는 경우가 있다. 보조부문에 전력부문, 수선부문이 있다면 전력부문은 수선부문에도, 수선부문은 전력부문에도 서로 용역을 공급하기 때문에 보조부문 상호 간의 용역수수를 어디까지 반영할 것인지에 따라 다양한 배부기준이 나타날 수 있다.

보조부문 상호 간의 용역수수를 고려하는 방법에는 ① 직접배분법, ② 단계배분법, ③ 상호배분법이 있다.

### (1) 직접배분법(direct allocation method)

직접배분법은 보조부문 상호 간의 용역수수관계는 전혀 고려하지 않고 보조부문원가는 제조부문원가에만 배부하는 방법이다. 직접배분법은 보조부문에 제공한 용역이 있더라도 이를 무시하고 제조부문에만 원가를 배부한다.

직접배분법은 적용이 간편하지만 보조부문 간에도 서로 용역이 수수된 경우를 고려하지 않아 원가를 정확하게 배부하지 못하는 단점이 있다.

---

**예제 3-4**  직접배분법

㈜한국은 용접부문과 조립부문으로 구성된 2개의 제조부문과 동력부문, 수선부문으로 구성된 2개의 보조부문이 있다. 당기 중 발생한 부문별 제조간접원가와 부문 상호 간의 용역 수수관계는 다음과 같다.

| 제공 \ 사용 | 보조부문 | | 제조부문 | | 합계 |
|---|---|---|---|---|---|
| | 동력부문 | 수선부문 | 용접부문 | 조립부문 | |
| 부문별 원가 | ₩80,000 | ₩100,000 | ₩150,000 | ₩200,000 | ₩530,000 |
| 동력부문 | – | 36% | 34% | 30% | 100% |
| 수선부문 | 20% | – | 50% | 30% | 100% |

[물음]
보조부문의 원가를 직접배분법에 의하여 배부하시오.

---

**해답**

| 구분 | 보조부문 | | 제조부문 | |
|---|---|---|---|---|
| | 동력부문 | 수선부문 | 용접부문 | 조립부문 |
| 배분전원가 | ₩80,000 | ₩100,000 | ₩150,000 | ₩200,000 |
| 동력부문(34:30) | (₩80,000) | – | ₩42,500 | ₩37,500 |
| 수선부문(50:30) | – | (₩100,000) | ₩62,500 | ₩37,500 |
| 합계 | ₩0 | ₩0 | ₩255,000 | ₩275,000 |

- 동력부문에서 용접부문에 제공하는 원가 = ₩80,000 × 34/64 = ₩42,500
- 동력부문에서 조립부문에 제공하는 원가 = ₩80,000 × 30/64 = ₩37,500
- 수선부문에서 용접부문에 제공하는 원가 = ₩100,000 × 50/80 = ₩62,500
- 수선부문에서 조립부문에 제공하는 원가 = ₩100,000 × 30/80 = ₩37,500

**예제 3-5** 직접배분법

다음은 ㈜한국의 제조간접원가 발생액과 보조부문원가의 용역제공량이다. 보조부문의 원가를 직접배분법에 의한다고 할 때, 각 부문별 배분후원가를 계산하시오.

| 제공 \ 사용 | 보조부문 | | 제조부문 | | 합계 |
|---|---|---|---|---|---|
| | 동력부문 | 수선부문 | 절단부문 | 조립부문 | |
| 부문별 원가 | ₩180,000 | ₩80,000 | ₩500,000 | ₩400,000 | ₩1,160,000 |
| 동력부문(kWh) | – | 500 | 2,500 | 2,000 | 5,000kWh |
| 수선부문(시간) | 400 | – | 800 | 800 | 2,000시간 |

**해답**

| 구분 | 보조부문 | | 제조부문 | |
|---|---|---|---|---|
| | 동력부문 | 수선부문 | 절단부문 | 조립부문 |
| 배분전원가 | ₩180,000 | ₩80,000 | ₩500,000 | ₩400,000 |
| 동력부문 | (₩180,000) | – | ₩100,000 | ₩80,000 |
| 수선부문 | – | (₩80,000) | ₩40,000 | ₩40,000 |
| 합계 | ₩0 | ₩0 | ₩640,000 | ₩520,000 |

* 동력부문 원가배분(제조부문에만 배분한다)
  절단부문 = ₩180,000 × (2,500kWh/4,500kWh) = ₩100,000
  조립부문 = ₩180,000 × (2,000kWh/4,500kWh) = ₩80,000
* 수선부문 원가배분(제조부문에만 배분한다)
  절단부문 = ₩80,000 × (800시간/1,600시간) = ₩40,000
  조립부문 = ₩80,000 × (800시간/1,600시간) = ₩40,000

## (2) 단계배분법(step method)

단계배분법은 보조부문 상호 간의 용역수수관계를 **부분적으로 고려**하는 방법으로, 보조부문의 배분순서를 결정해서 이에 따라 보조부문원가를 순차적으로 배분하는 방법이다.

단계배분법은 직접배분법과는 달리 보조부문에도 원가를 배분한다.

단계배분법을 적용할 때는 어떤 보조부문원가를 먼저 배분하는가에 따라 배부액이 달라진다. 왜냐하면 단계배분법은 특정 보조부문원가를 배분하고 난 뒤, 배분이 끝난 보조부문에는 다시 원가를 배분하지 않기 때문이다.

그렇다면 보조부문원가의 배분순서는 어떻게 결정하는 것이 합리적일까?

보조부문의 원가는 다음과 같은 기준을 기초로 하여 결정한다.

① 다른 보조부문에 제공하는 용역의 비율이 큰 부문부터 배분한다.
② 다른 보조부문에 제공한 보조부문원가의 금액이 큰 부문부터 배분한다.
③ 보조부문에서 발생한 원가가 큰 보조부문부터 배분한다.

**예제 3-6** 단계배분법

㈜한국은 용접부문과 조립부문으로 구성된 2개의 제조부문과 동력부문, 수선부문으로 구성된 2개의 보조부문이 있다. 당기 중 발생한 부문별 제조간접원가와 부문 상호 간의 용역 수수관계는 다음과 같다.

| 제공 \ 사용 | 보조부문 | | 제조부문 | | 합계 |
|---|---|---|---|---|---|
| | 동력부문 | 수선부문 | 용접부문 | 조립부문 | |
| 부문별 원가 | ₩80,000 | ₩100,000 | ₩150,000 | ₩200,000 | ₩530,000 |
| 동력부문 | – | 36% | 34% | 30% | 100% |
| 수선부문 | 20% | – | 50% | 30% | 100% |

[물음]
보조부문의 원가를 단계배분법에 의해 배분하시오(단, 동력부문원가를 먼저 배분한다).

[해답]

| 구분 | 보조부문 | | 제조부문 | |
|---|---|---|---|---|
| | 동력부문 | 수선부문 | 용접부문 | 조립부문 |
| 배분전원가 | ₩80,000 | ₩100,000 | ₩150,000 | ₩200,000 |
| 동력부문(36:34:30) | (₩80,000) | ₩28,800 | ₩27,200 | ₩24,000 |
| 수선부문(50:30) | – | (₩128,800) | ₩80,500 | ₩48,300 |
| 합계 | ₩0 | ₩0 | ₩257,700 | ₩272,300 |

– 보조부문인 동력부문을 먼저 배분해 다른 보조부문인 수선부문에도 원가를 배분하고 배분된 원가를 합산해 수선부문을 다시 제조부문에 합산한다.
수선부문을 배분할 때에는 동력부문에 제공한 용역은 고려하지 않는다.

[별해] 만약 해당 보조부문의 원가를 수선부문부터 배분하면 결과는 어떻게 되는가?

| 구분 | 보조부문 | | 제조부문 | |
|---|---|---|---|---|
| | 동력부문 | 수선부문 | 용접부문 | 조립부문 |
| 배분전원가 | ₩80,000 | ₩100,000 | ₩150,000 | ₩200,000 |
| 동력부문(34:30) | (₩100,000) | – | ₩53,125 | ₩46,875 |
| 수선부문(20:50:30) | ₩20,000 | (₩100,000) | ₩50,000 | ₩30,000 |
| 합계 | ₩0 | ₩0 | ₩253,125 | ₩276,875 |

보조부문원가를 동력부문원가부터 배분한 것과 달리 수선부문부터 배분하면 제조부문에 배분되는 결과값이 달라진다. 그러므로 단계배분법의 경우에는 어느 부문의 원가부터 배분할 것인지를 결정하는 것이 중요하다(다른 보조부문에 제공하는 용역의 비율이 큰 부문부터 통상적으로 배분).

> **예제 3-7** 단계배분법
>
> 다음은 ㈜한국의 제조간접원가 발생액과 보조부문원가의 용역제공량이다. 보조부문의 원가를 단계배분법에 의한다고 할 때, 각 부문별 배분후원가를 계산하시오(보조부문원가는 동력부문부터 배분한다).
>
> | 사용<br>제공 | 보조부문 | | 제조부문 | | 합계 |
> |---|---|---|---|---|---|
> | | 동력부문 | 수선부문 | 절단부문 | 조립부문 | |
> | 부문별 원가 | ₩180,000 | ₩80,000 | ₩500,000 | ₩400,000 | ₩1,160,000 |
> | 동력부문(kWh)<br>수선부문(시간) | –<br>400 | 500<br>– | 2,500<br>800 | 2,000<br>800 | 5,000kWh<br>2,000시간 |
>
> ----
>
> **[해답]**
>
> | 구분 | 보조부문 | | 제조부문 | |
> |---|---|---|---|---|
> | | 동력부문 | 수선부문 | 절단부문 | 조립부문 |
> | 배분전원가 | ₩180,000 | ₩80,000 | ₩500,000 | ₩400,000 |
> | 동력부문(5:25:20) | (₩180,000) | ₩18,000 | ₩90,000 | ₩72,000 |
> | 수선부문(800:800) | – | (₩98,000) | ₩49,000 | ₩49,000 |
> | 합계 | ₩0 | ₩0 | ₩639,000 | ₩521,000 |
>
> \* 동력부문 원가부터 배분한다. 보조부문인 수선부문에도 배분한다.
> - 수선부문 배분원가 = ₩180,000 × (500kWh/5,000kWh) = ₩18,000
> - 절단부문 배분원가 = ₩180,000 × (2,500kWh/5,000kWh) = ₩90,000
> - 조립부문 배분원가 = ₩180,000 × (2,000kWh/5,000kWh) = ₩72,000
>
> \* 수선부문의 원가는 제조부문에만 배분한다. 배분이 끝난 동력부문에는 추가로 원가를 배분하지 않는다.
> - 절단부문 배분원가 = ₩98,000 × (800시간/1,600시간) = ₩49,000
> - 조립부문 배분원가 = ₩98,000 × (800시간/1,600시간) = ₩49,000

**(3) 상호배분법(reciprocal method)**

상호배분법은 다른 보조부문에 제공한 용역제공비율을 정확하게 고려하여 보조부문원가를 배분하는 방법이다. 상호배분법은 보조부문 상호 간의 용역수수관계를 모두 고려하여 배분하는 방법으로 보조부문 배분방법 중 가장 정확한 방법이라고 할 수 있다. 상호배분법은 자기부문원가만이 아니라 배분받은 원가까지 합한 금액을 배분한다.

(※ 보조부문이 배분해야 할 원가 = 자기부문원가 + 다른 보조부문에서 배분받은 원가)

상호배분법은 보조부문 간의 용역수수관계를 연립방정식을 이용하여 정리한 후 이를 제조부문에 배분한다.

| 보론 | 자가부문소비용역 |

자가부문소비용역이란 자가부문이 제공하는 용역 중 자가부문을 위해서 소비하는 것을 말한다. 상호배분법을 사용할 때, 이론적으로는 자가부문이 소비하는 용역에 대하여는 자가부문에도 원가를 배분하는 것이 옳으나 최종적으로 계산결과는 동일하므로 일반적으로는 자가부문소비용역에 대한 용역제공비율은 무시하고 계산하면 된다.

**예제 3-8**  상호배분법

앞의 예제 [3-6]에 따라 보조부문원가를 상호배분법으로 배분하시오.

**[해답]**

상호배분법은 보조부문 상호 간의 용역수수를 모두 고려하는 방법으로 연립방정식의 해(解)로 보조부문원가를 계산한다.

- 동력부문의 원가를 S1, 수선부문의 원가를 S2라고 하면 보조부문 상호 간에는 다음의 연립방정식이 성립된다.

  S1 = ₩80,000 + 0.2S2

  S2 = ₩100,000 + 0.36S1

  → 해당 식을 연립하면 S1 = ₩107,758, S2 = ₩138,792

| 구분 | 보조부문 | | 제조부문 | |
|---|---|---|---|---|
| | 동력부문 | 수선부문 | 용접부문 | 조립부문 |
| 배분전원가<br>동력부문(36:34:30)<br>수선부문(20:50:30) | ₩80,000<br>(₩107,758)<br>₩27,758 | ₩100,000<br>₩38,792<br>(₩138,792) | ₩150,000<br>₩36,638<br>₩69,396 | ₩200,000<br>₩32,328<br>₩41,638 |
| 합계 | ₩0 | ₩0 | ₩256,034 | ₩273,966 |

(1) 동력부문의 배분
   - 수선부문 : ₩107,758 × 0.36 = ₩38,792
   - 용접부문 : ₩107,758 × 0.34 = ₩36,638
   - 조립부문 : ₩107,758 × 0.3 = ₩32,328

(2) 수선부문의 배분
   - 동력부문 : ₩138,792 × 0.2 = ₩27,758
   - 용접부문 : ₩138,792 × 0.5 = ₩69,396
   - 조립부문 : ₩138,792 × 0.3 = ₩41,638

**예제 3-9** 상호배분법

다음은 ㈜한국의 제조간접원가 발생액과 보조부문원가의 용역제공량이다. 보조부문의 원가를 상호배분법에 의한다고 할 때, 각 부문별 배분후원가를 계산하시오.

| 제공＼사용 | 보조부문 | | 제조부문 | | 합계 |
| --- | --- | --- | --- | --- | --- |
| | 동력부문 | 수선부문 | 절단부문 | 조립부문 | |
| 부문별 원가 | ₩180,000 | ₩80,000 | ₩500,000 | ₩400,000 | ₩1,160,000 |
| 동력부문(kWh) | – | 500 | 2,500 | 2,000 | 5,000kWh |
| 수선부문(시간) | 400 | – | 800 | 800 | 2,000시간 |

**해답**

동력부문의 원가를 X, 수선부문의 원가를 Y라고 하면,

$X = ₩180,000 + 0.2Y$

$Y = ₩80,000 + 0.1X$

→ 해당 연립방정식을 풀면 $X = ₩200,000$, $Y = ₩100,000$

| 구분 | 보조부문 | | 제조부문 | |
| --- | --- | --- | --- | --- |
| | 동력부문 | 수선부문 | 절단부문 | 조립부문 |
| 배분전원가 | ₩180,000 | ₩80,000 | ₩500,000 | ₩400,000 |
| 동력부문 | (₩200,000) | ₩20,000 | ₩100,000 | ₩80,000 |
| 수선부문 | ₩20,000 | (₩100,000) | ₩40,000 | ₩40,000 |
| 합계 | ₩0 | ₩0 | ₩640,000 | ₩520,000 |

| 구분 | 보조부문 상호간 용역수수관계 | 내용 |
| --- | --- | --- |
| 직접배분법 | 전혀 인식하지 않음 | 장점) 적용 간편<br>단점) 정확성이 떨어짐 |
| 단계배분법 | 부분적 인식 | 배분순서에 따라 배분되는 원가가 달라짐<br>(회사의 순이익에는 영향 없음) |
| 상호배분법 | 보조부문 간 상호 관련성 모두 고려 | 장점) 이론적으로 가장 논리적이고 정확함<br>　　　배분순서를 결정할 필요가 없음<br>단점) 적용상 번거로움 |

## 제3절 보조부문원가의 배분

객관식 문제

**01** ㈜한국은 A와 B의 두 제조부문이 있으며 제조과정에 필요한 설비의 수선을 할 수 있는 수선부문을 보조부문으로 두고 있다. 두 제조부문의 최대사용가능량은 A가 4,000시간이고 B가 6,000시간이며 실제로 사용한 수선시간은 A가 4,000시간이고 B가 4,000시간이다. 변동원가는 ₩4,000,000이며, 고정원가는 ₩6,000,000이라고 할 때, 단일배분율을 사용하는 경우와 이중배분율을 사용하는 경우를 비교하여 제조부문A에 배부되는 수선부문원가는 얼마나 차이가 나는가?

① ₩400,000 　　② ₩500,000 　　③ ₩600,000

④ ₩700,000 　　⑤ ₩800,000

**해설**

1) 단일배분율법 배부율 = (₩4,000,000 + ₩6,000,000) ÷ 8,000시간(실제사용) = ₩1,250(수선시간)
　* 제조부문 A에 배부되는 수선부문원가 = 4,000시간 × ₩1,250 = ₩5,000,000
2) 이중배분율법
　• 변동원가 배부율 = ₩4,000,000 ÷ 8,000시간(실제수선시간) = ₩500(실제수선시간)
　• 고정원가 배부율 = ₩6,000,000 ÷ 10,000시간(최대수선시간) = ₩600(최대수선시간)
　* 제조부문A에 배부되는 수선부문원가 = 4,000시간 × (₩500 + ₩600) = ₩4,400,000
3) 단일배분율법과 이중배분율법의 차이 = ₩600,000


**02** 부문별 원가계산에 관한 설명으로 옳지 않은 것은?    16년 CTA

① 단계배분법은 보조부문의 배부순서가 달라져도 배부금액은 차이가 나지 않는다.
② 단계배분법은 보조부문 간의 서비스 제공을 한 방향만 고려하여 그 방향에 따라 보조부문의 원가를 단계적으로 배부한다.
③ 상호배분법은 보조부문 간의 상호 배부를 모든 방향으로 반영한다.
④ 단계배분법은 한 번 배부된 보조부문의 원가는 원래 배부한 보조부문에는 다시 배부하지 않고 다른 보조부문과 제조부문에 배부한다.
⑤ 직접배분법은 보조부문 간에 주고받는 서비스 수수관계를 전부 무시한다.

**해설**

단계배분법은 보조부문의 배부순서가 달라질 경우 각 제조부문에 배부되는 금액이 달라진다.
(배부대상 총원가는 변동 없음 → 회사의 총이익에는 영향 없음)

**03** ㈜관세는 제조부문(절단, 조립)과 보조부문(수선, 동력)을 이용하여 제품을 생산하고 있다. 수선부문과 동력부문의 부문원가는 각각 ₩250,000과 ₩170,000이며 수선부문은 기계시간, 동력부문은 전력소비량(kWh)에 비례하여 원가를 배부한다. 각 부문 간의 용역수수 관계는 다음과 같다.

| 사용부문 | 제조부문 | | 보조부문 | |
| --- | --- | --- | --- | --- |
| 제공부문 | 절단 | 조립 | 수선 | 동력 |
| 수선 | 60시간 | 20시간 | 8시간 | 12시간 |
| 동력 | 350kWh | 450kWh | 140kWh | 60kWh |

㈜관세가 보조부문원가를 직접배부법으로 제조부문에 배부할 경우, 절단부문에 배부될 보조부문원가는? (단, 보조부문의 자가소비분은 무시한다.) [19년 관세사]

① ₩189,500  ② ₩209,500  ③ ₩226,341
④ ₩236,875  ⑤ ₩261,875

**해설**

절단부문에 배부될 보조부문원가 = ₩250,000(수선부문원가) × (60시간/80시간) + ₩170,000 (동력부문) × (350kWh/800kWh) = ₩261,875

**04** ㈜감평은 두 개의 보조부문(X부문, Y부문)과 두 개의 제조부문(A부문, B부문)으로 구성되어 있다. 각각의 부문에서 발생한 부문원가는 A부문 ₩100,000, B부문 ₩200,000, X부문 ₩140,000, Y부문 ₩200,000이다. 각 보조부문이 다른 부문에 제공한 용역은 다음과 같다.

| 사용부문 | 보조부문 | | 제조부문 | |
| --- | --- | --- | --- | --- |
| 제공부문 | X부문 | Y부문 | A부문 | B부문 |
| X부문(kWh) | – | 50,000 | 30,000 | 20,000 |
| Y부문(기계시간) | 200 | – | 300 | 500 |

㈜감평이 단계배분법을 이용하여 보조부문원가를 제조부문에 배부할 경우, A부문과 B부문 각각의 부문원가 합계는? (단, 배부순서는 Y부문의 원가를 먼저 배부한다.) [15년 기출]

|   | A부문원가 합계 | B부문원가 합계 |
|---|---|---|
| ① | ₩168,000 | ₩172,000 |
| ② | ₩202,000 | ₩328,000 |
| ③ | ₩214,000 | ₩336,000 |
| ④ | ₩244,000 | ₩356,000 |
| ⑤ | ₩268,000 | ₩372,000 |

**해설**

1) Y부문 원가배부(₩200,000) : X부문(₩40,000), A부문(₩60,000), B부문(₩100,000)
2) X부문 원가배부(₩140,000 + ₩40,000) : A부문(₩108,000), B부문(₩72,000)
   → A부문원가 합계 = ₩100,000 + ₩60,000 + ₩108,000 = ₩268,000
   → B부문원가 합계 = ₩200,000 + ₩100,000 + ₩72,000 = ₩372,000

**05** ㈜세무는 제조부문(P1, P2)과 보조부문(S1, S2)을 이용하여 제품을 생산하고 있으며, 단계배분법을 사용하여 보조부문원가를 제조부문에 배부한다. 각 부문 간의 용역수수 관계와 부문원가가 다음과 같을 때 P2에 배부될 보조부문원가는? (단, 보조부문원가는 S2, S1의 순으로 배부한다.) `13년 CTA`

| 구분 | 제조부문 | | 보조부문 | | 합계 |
|---|---|---|---|---|---|
|  | P1 | P2 | S1 | S2 | |
| 부문원가 | – | – | ₩100,000 | ₩120,000 | |
| S1 | 24시간 | 40시간 | 20시간 | 16시간 | 100시간 |
| S2 | 400kWh | 200kWh | 200kWh | 200kWh | 1,000kWh |

① ₩92,500    ② ₩95,000    ③ ₩111,250
④ ₩120,500    ⑤ ₩122,250

**해설**

| 구분 | 제조부문 | | 보조부문 | |
|---|---|---|---|---|
|  | P1 | P2 | S1 | S2 |
| 배분전원가 |  |  | 100,000 | 120,000 |
| S2 | 60,000 | 30,000 | 30,000 | (120,000) |
| S1 | 48,750 | 81,250 | (130,000) | – |

P2부문에 배부될 보조부문원가 = ₩30,000 + ₩81,250 = ₩111,250

**06** 대한회사는 제조부문(성형, 조립)과 보조부문(수선, 동력)을 이용하여 제품을 생산하고 있으며, 제조부문과 보조부문에 관련된 자료는 다음과 같다.

| 제공부문 | 제조부문 | | 보조부문 | | 합계 |
|---|---|---|---|---|---|
| | 성형 | 조립 | 수선 | 동력 | |
| 수선 | 400시간 | 200시간 | 100시간 | 400시간 | 1,100시간 |
| 동력 | 4,000kW | 4,000kW | 8,000kW | 2,000kW | 18,000kW |

수선부문과 동력부문에 집계된 부문원가는 각각 ₩160,000, ₩80,000이다. 대한회사는 상호배분법을 사용하여 보조부문원가를 제조부문에 배부한다. 조립부문에 배부될 보조부문원가는 얼마인가? 〔08년 CTA〕

① ₩80,000  ② ₩95,000  ③ ₩110,000
④ ₩125,000  ⑤ ₩145,000

**해설**

자가부문소비용역을 제외하고 용역제공비율을 정리하면 다음과 같다.

| 제공부문 | 제조부문 | | 보조부문 | | 합계 |
|---|---|---|---|---|---|
| | 성형 | 조립 | 수선 | 동력 | |
| 수선 | 40% | 20% | – | 40% | 100% |
| 동력 | 25% | 25% | 50% | – | 100% |

수선 = ₩160,000 + 0.5동
동력 = ₩80,000 + 0.4수
위 연립방정식을 풀면,
수선 = ₩250,000,  동력 = ₩180,000
조립부문에 배부될 보조부문원가 = ₩250,000 × 0.2 + ₩180,000 × 0.25 = ₩95,000

**07** ㈜감평은 두 개의 제조부문(P1, P2)과 두 개의 보조부문(S1, S2)을 두고 있다. 각 부문 간의 용역수수관계는 다음과 같다.

| 제공부문 \ 사용부문 | 보조부문 | | 제조부문 | |
|---|---|---|---|---|
| | S1 | S2 | P1 | P2 |
| S1 | – | 50% | 20% | ? |
| S2 | 20% | – | ? | ? |
| 부문발생원가 | ₩270,000 | ₩450,000 | ₩250,000 | ₩280,000 |

㈜감평은 보조부문의 원가를 상호배분법으로 배분하고 있다. 보조부문의 원가를 배분한 후의 제조부문 P1의 총원가가 ₩590,000이라면, 보조부문 S2가 제조부문 P1에 제공한 용역제공비율은? 〔20년 기출〕

① 20%　　　　　　② 25%　　　　　　③ 30%

④ 35%　　　　　　⑤ 40%

해설

1) 상호배분법에 따른 연립방정식

　　S1 = ₩270,000 + 0.2S2

　　S2 = ₩450,000 + 0.5S1

　　→ S1 = ₩400,000, S2 = ₩650,000

2) P1의 총원가(₩590,000)

　　= ₩250,000(부문발생원가) + 0.2 × ₩400,000 + 용역제공비율 × ₩650,000

　　→ 용역제공비율 = 40%

**08** ㈜감평은 두 개의 보조부문(수선부문과 동력부문)과 두 개의 제조부문(조립부문과 포장부문)으로 구성되어 있다. 수선부문에 집계된 부문원가는 노무시간을 기준으로 배부하며, 동력부문에 집계된 부문원가는 기계시간을 기준으로 배부한다. 보조부문원가를 제조부문에 배부하기 이전, 각 부문에 집계된 원가와 배부기준 내역은 다음과 같다.

| 구분 | 보조부문 | | 제조부문 | |
|---|---|---|---|---|
| | 수선부문 | 동력부문 | 조립부문 | 포장부문 |
| 노무시간 | 2,000시간 | 2,400시간 | 3,200시간 | 2,400시간 |
| 기계시간 | 5,000시간 | 5,000시간 | 10,000시간 | 10,000시간 |
| 부문원가 | ₩40,000 | ₩35,000 | ₩150,000 | ₩100,000 |

상호배분법을 사용하여 보조부문의 원가를 제조부문에 배부하면, 조립부문에 집계된 부문원가 합계액은? (단, 보조부문 용역의 자가소비분은 무시한다.) 　13년 기출

① ₩135,000　　　　② ₩185,000　　　　③ ₩190,000

④ ₩195,000　　　　⑤ ₩200,000

해설

수선부문의 원가를 X, 동력부문의 원가를 Y라고 하자.

X = ₩40,000 + 0.2Y

Y = ₩35,000 + 0.3X

→ 연립방정식을 정리하면 X = ₩50,000, Y = ₩50,000

조립부문에 집계된 부문원가 = ₩50,000 × 40% + ₩50,000 × 40% + ₩150,000

　　　　　　　　　　　　　　　= ₩190,000

답 　01 ③　02 ①　03 ⑤　04 ⑤　05 ③
　　06 ②　07 ⑤　08 ③

## 제4절 활동기준원가계산

### 1 활동기준원가계산의 의의

활동기준원가계산이란 최근 제조기술의 발달과 자동화된 공장환경, 다품종 소량생산체제로의 전환 등을 고려할 때, 제조간접원가의 비중이 증가하고 있고, 이에 따라 제조간접원가의 정확한 배분이 원가계산의 핵심임을 반영하여 제조간접원가의 배부기준을 다양화하고 원가계산을 정교화한 원가 계산방법이다. 개별원가계산의 원가계산방법에서 제조간접원가의 배부기준을 활동별로 세분화한 방법이라고 할 수 있다.

활동기준원가계산(Activity Based Costing : ABC)은 기업이 자원을 획득하는 과정에서 원가가 발생하고, 자원을 소비하여 활동들을 수행함으로써 제품이 생산된다고 보는 원가계산방법이다. 즉, 활동기준원가계산이란 제조간접원가의 정확한 배분이 원가계산의 핵심임을 반영하여 제조간접원가의 배부기준을 다양화하고 원가계산을 정교화한 원가계산방법이라고 하겠다.

(1) **자원(resource)**

수익창출활동에 이용되는 물적 자료 및 노동력, 기술 등을 말한다.

(2) **활동(activity)**

기업이 수익창출과정에서 수행하는 반복적인 업무를 말한다. 예컨대 기계수선, 작업준비활동 등이 이에 해당한다.

### 1. 전통적 원가계산방법의 문제점

① 전통적 원가계산은 제조간접원가가 생산량에 비례한다는 가정하에 생산량과 관계가 있는 조업도를 기준으로 제조간접원가를 배분하였다. 그러나 점점 생산량과 관계없이 발생하는 제조간접원가가 증가함에 따라 전통적인 생산량 관련 배부기준으로는 정확한 원가를 계산하기 어려워졌다.

② 전통적 원가계산방법에 따라 제품의 수익성 분석이 왜곡되어 성과평가 및 의사결정에도 영향을 초래한다.

③ 제조간접원가의 실제 발생원인과 관계없이 대량생산제품에는 더 많은 제조간접원가가 배분되어 제품원가가 과대평가되고, 소량생산제품에는 제조간접원가가 더 적게 배부되어 제품원가가 과소평가된다.

④ 제품의 라이프사이클에 대한 정보를 제공하지 못한다.

## 2. 활동기준원가계산의 도입배경

① 다품종 소량생산 체제를 적용하는 회사가 늘어나면서 개별제품의 수익성 파악이 매우 중요해졌다.
② 제조기술이 발전하고, 공정이 자동화되면서 직접적인 노동의 투입보다는 제조간접원가의 비중이 보다 증가되었다.
③ 제품의 종류와 생산공정이 다양화되었다.
④ 컴퓨터 등의 정보처리기술이 발전하면서 다양한 정보를 보다 적은 비용으로 수집할 수 있게 되었다.

## 3. 활동의 유형

기업이 일반적으로 생산과정에서 수행하는 활동들은 4가지로 구분할 수 있다. 이를 원가계층(cost hierarchy)으로 구분한다.

### (1) 제품단위수준활동(unit - activity)

제품을 한 단위 생산할 때마다 수행되는 활동으로 생산량에 비례하는 활동이다. 제품단위수준활동으로는 조립활동(노동시간), 절삭활동(기계시간), 품질검사활동(생산량) 등이 있다. 품질검사활동을 전수로 할 때 발생하는 활동이다.

### (2) 배치수준활동(batch - activity)

생산량과 관계없이 제품의 묶음별로 수행하는 활동으로서 구매주문활동(주문횟수), 재료처리활동(재료처리횟수), 작업준비활동(준비횟수), 선적활동(선적횟수), 품질검사(표본검사)활동 등이 이에 해당한다.

### (3) 제품수준활동(product sustain activity)

생산하는 제품라인을 유지하기 위하여 수행하는 활동이다. 특정제품을 회사의 제품라인에 추가하거나 생산품목을 유지하기 위한 제품설계(제품설계시간), 제품테스트(제품테스트횟수), 제품설계변경(변경횟수) 등이 이에 해당한다.

### (4) 설비수준활동(capacity sustain activity)

여러 가지 제품을 생산하기 위하여 설비전체를 유지, 관리하는 활동으로서 공장관리활동, 조경활동, 냉난방활동, 조명활동 등이 있다. 설비수준활동은 제품수나 생산단위 묶음 등에 직접적인 관련성 없이 제조공정 전체 차원에서 필요한 활동이다.

| 활동원가계층 | 활동의 종류 |
| --- | --- |
| 단위수준활동 | 조립활동, 절삭활동, 품질검사(전수)활동 |
| 배치수준활동 | 구매주문활동, 재료처리활동, 작업준비활동, 품질검사(표본검사)활동, 선적활동 |
| 제품수준활동 | 제품설계활동, 제품테스트활동, 제품설계변경활동 |
| 설비수준활동 | 공장관리활동, 건물관리활동, 조명활동 |

## 2 활동기준원가계산의 절차

활동기준원가계산은 기업이 제품을 생산하는 과정에서 원가를 발생시키고 활동이 자원을 소비하여 제품을 생산한다고 파악하기 때문에 가장 먼저 자원원가를 활동별로 집계하고, 집계한 활동원가를 제품이나 작업에 배부하는 단계를 거친다.

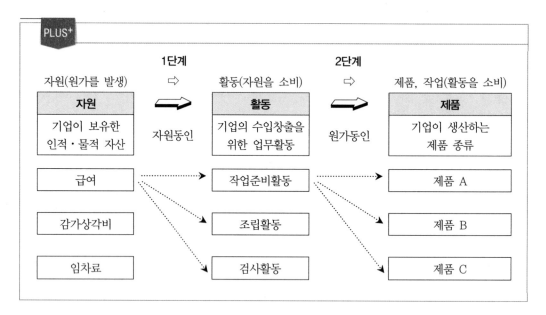

(1) **1단계 : 자원을 활동별로 집계한다.**

기업이 자원을 확보하기 위해 지출한 자원원가를 각 활동별로 소비된 자원동인을 기준으로 활동에 배부하여 활동원가를 집계한다.

(2) **2단계 : 활동원가를 제품별로 집계한다.**

활동별로 집계된 원가는 제품이나 작업이 소비한 활동에 따라 제품, 작업에 배분한다. 이때 활동원가동인은 활동원가를 제품에 배부하는 기준이 된다.

| 1단계 | 활동분석 | 단위수준활동, 배치수준활동, 제품유지활동, 설비유지활동 |
| --- | --- | --- |
| 2단계 | 활동별 제조간접원가 집계 | 자원원가를 자원동인을 이용하여 활동에 집계 |
| 3단계 | 원가동인 결정 | 원가를 직접적으로 변동시키는 원가동인을 찾아 배부기준으로 설정 |
| 4단계 | 활동별 제·간배부율 결정 | 활동별 제조간접원가 ÷ 활동별 배부기준(원가동인) |
| 5단계 | 원가대상별 원가계산 | 원가대상별 배부액 = Σ(소비된 활동수 × 활동별 제·간배부율) |

## 1. 자원원가를 활동에 배부하는 단계

자원원가를 활동에 배부하는 단계는 가장 먼저 활동을 분석하고 활동중심점을 설정해서 자원원가를 활동별로 집계하는 과정이다.

### (1) 활동분석

활동분석(activity analysis)은 기업이 수행하고 있는 주요활동의 흐름을 파악하는 과정이다. 활동은 크게 부가가치활동과 비부가가치활동으로 나눌 수 있다.

### (2) 활동중심점의 설정

활동분석을 마치고 나면 활동중심점을 설정해서 자원동인을 기준으로 자원원가를 활동중심점에 집계한다. 활동중심점은 관련활동의 원가를 별도로 분리해서 집계하는 원가집계단위라고 할 수 있다.

---

**예제 4-1**    활동중심점별 집계

㈜한국은 제조간접원가를 활동기준원가계산에 따라 배부하기로 하였다. 이에 따라 작업준비, 조립, 도장, 품질검사라는 활동중심점을 결정하였다. 활동중심별로 소비된 자원과 각 자원에서 지출한 원가는 다음과 같다.

(1) 자원을 취득하기 위해 지출한 원가

| 자원 | 자원원가 | 금액 |
|---|---|---|
| 공장관리자 | 간접노무원가 | ₩200,000 |
| 기계장치 | 감가상각비 | ₩500,000 |
| 자동화시스템 | 리스료 | ₩150,000 |
| 전력 | 전기료 | ₩150,000 |

(2) 활동이 소비한 자원에 대한 자료

| 활동중심점 | 관리자사용시간 | 기계사용비율 | 자동화시스템 사용비율 | 전력사용량 |
|---|---|---|---|---|
| 작업준비 | 400시간 | 35% | 40% | 120kW |
| 조립 | 150시간 | 15% | 10% | 180kW |
| 도장 | 150시간 | 20% | 20% | 60kW |
| 품질검사 | 300시간 | 30% | 30% | 240kW |
| 합계 | 1,000시간 | 100% | 100% | 600kW |

[물음]
자원을 획득하기 위해 발생한 원가를 각 활동중심점에 집계하시오.

---

| 활동중심점 | 활동원가 |
|---|---|
| 작업준비 | ₩200,000 × 0.4 + ₩500,000 × 0.35 + ₩150,000 × 0.4 + ₩150,000 × 0.2 = ₩345,000 |
| 조립 | ₩200,000 × 0.15 + ₩500,000 × 0.15 + ₩150,000 × 0.1 + ₩150,000 × 0.3 = ₩165,000 |
| 도장 | ₩200,000 × 0.15 + ₩500,000 × 0.2 + ₩150,000 × 0.2 + ₩150,000 × 0.1 = ₩175,000 |
| 품질검사 | ₩200,000 × 0.3 + ₩500,000 × 0.3 + ₩150,000 × 0.3 + ₩150,000 × 0.4 = ₩315,000 |
| 합계 | ₩1,000,000 |

(3) 활동별 원가동인의 결정

활동별로 집계된 원가를 제품에 배부하기 위한 배부기준인 원가동인을 결정해야 한다. 원가동인은 활동별 원가와 상관관계가 가장 높은 비재무적 측정치(작업준비횟수, 주문건수, 검사횟수 등)가 많이 사용된다.

(4) 활동별 제조간접원가 배부율(=원가동인율)

활동별로 집계된 원가를 원가동인으로 나누어 활동별 원가배부율을 구한다.

$$\text{활동별 원가배부율(= 원가동인율)} = \frac{\text{활동별 집계원가}}{\text{원가동인수}}$$

예제
4-2    활동별 원가배부율

앞의 [4-1] 예제에 근거하여 각 활동중심점별 제조간접원가 배부율을 계산하시오.

| 활동중심점 | 원가동인 | 제품 A | 제품 B | 합계 |
|---|---|---|---|---|
| 작업준비 | 준비횟수 | 35회 | 15회 | 50회 |
| 조립 | 조립시간 | 2,000시간 | 1,000시간 | 3,000시간 |
| 도장 | 도장시간 | 1,900시간 | 1,600시간 | 3,500시간 |
| 품질검사 | 품질검사횟수 | 32회 | 18회 | 50회 |

1) 작업준비활동별 배부율 = ₩345,000 ÷ 50회 = ₩6,900(작업준비횟수)
2) 조립활동별 배부율 = ₩165,000 ÷ 3,000시간 = ₩55(조립시간)
3) 도장활동별 배부율 = ₩175,000 ÷ 3,500시간 = ₩50(도장시간)
4) 품질검사활동별 배부율 = ₩315,000 ÷ 50회 = ₩6,300(품질검사횟수)

(5) 활동원가의 제품별 배부

활동중심점별 원가동인당 배부율을 계산한 뒤 해당 배부율을 기준으로 개별 작업이나 제품에 발생한 원가동인의 수를 이용하여 활동원가를 배부한다.

---
각 제품이 사용한 원가동인수 × 활동별 원가배부율
---

**예제 4-3** 활동원가의 제품별 배부

앞의 [4-2] 예제를 이용하여 제품 A와 제품 B의 제조원가를 계산하시오.

| 구분 | 제품 A | 제품 B | 합계 |
|---|---|---|---|
| 직접재료원가 | ₩200,000 | ₩100,000 | ₩300,000 |
| 직접노무원가 | ₩250,000 | ₩80,000 | ₩330,000 |

**[해답]**

| 구분 | 제품 A | 제품 B | 합계 |
|---|---|---|---|
| 직접재료원가 | ₩200,000 | ₩100,000 | ₩300,000 |
| 직접노무원가 | ₩250,000 | ₩80,000 | ₩330,000 |
| 제조간접원가 | | | |
| 작업준비 | ₩241,500 | ₩103,500 | ₩345,000 |
| 조립 | 110,000 | 55,000 | 165,000 |
| 도장 | 95,000 | 80,000 | 175,000 |
| 품질검사 | 201,600 | 113,400 | 315,000 |
| 합계 | ₩1,098,100 | ₩531,900 | ₩1,630,000 |

• 제품별 배분(A)
 * 작업준비(A) = 35회(작업준비횟수) × ₩6,900 = ₩241,500
 * 조립(A) = 2,000시간 × ₩55 = ₩110,000
 * 도장(A) = 1,900시간 × ₩50 = ₩95,000
 * 품질검사(A) = 32회(품질검사횟수) × ₩6,300 = ₩201,600

• 제품별 배분(B)
 * 작업준비(B) = 15회(작업준비횟수) × ₩6,900 = ₩103,500
 * 조립(B) = 1,000시간 × ₩55 = ₩55,000
 * 도장(B) = 1,600시간 × ₩50 = ₩80,000
 * 품질검사(B) = 18회(품질검사횟수) × ₩6,300 = ₩113,400

## 2. 원가계층과 원가왜곡

활동의 유형 4가지에 따라 발생하는 원가유형 4가지를 원가계층이라 한다.

> 단위수준활동 → 단위수준원가, 묶음수준활동 → 묶음수준원가
> 제품유지활동 → 제품유지원가, 설비유지활동 → 설비유지원가

전통적 원가계산방법하에서는 생산량과 비례관계에 있는 단일배부기준을 활용하여 원가를 배부하였으므로 단위수준원가를 제외하고는 고정원가의 성격으로 보고 고정원가를 생산량 관련 배부기준을 통하여 원가배분하였다.

활동기준원가계산에서는 묶음수준원가 및 제품유지원가에 대하여 비단위수준원가동인을 활용하여 원가를 배분하므로 전통적 원가계산에 비하여 원가계산의 정확성이 높아지고 원가왜곡현상이 줄어든다.

그러나 설비유지원가의 경우 원가동인을 파악할 수 없는 활동(설비유지활동)으로 전통적 원가계산 방법이나 활동기준원가계산방법 모두 고정원가의 성격으로 보고 전통적 배부기준(생산량 관련 배부기준)을 사용할 수밖에 없다.

---

## 1. 활동기준원가계산의 장점

### (1) 정확한 제품원가계산

조업도 기준이 아닌 각 활동별 인과관계를 추적하여 원가를 배분하므로 제품원가가 보다 정확해진다.

### (2) 성과평가의 개선

활동기준원가계산은 실제로 수행된 활동과 원가동인을 이용해서 성과평가를 수행하기 때문에 업무실적과 성과평가 사이의 인과관계가 명확해진다.

### (3) 효율적 통제

비부가가치활동은 제거하고 부가가치활동 중에서 많은 자원을 소비하는 활동은 활동에 소요되는 자원이나 시간을 감소시켜 원가를 효율적으로 절감하고 통제할 수 있다.

(4) 신축적인 원가계산

활동기준으로 원가계산을 수행하므로 제품구성이 변하는 경우에도 신축적으로 원가계산이 가능하다.

## 2. 활동기준원가계산의 단점

(1) 과다한 운영비용

활동기준원가계산은 도입 초기에 활동을 분석하고 활동중심점별로 원가동인을 결정하고 측정하는 방법을 개발하는 과정에서 많은 비용이 발생하며, 이를 운영하는 과정에도 많은 비용이 발생한다.

(2) 설비수준원가의 자의적인 배분

공장설비수준원가는 원가동인이 명확하지 않고 예전의 배분과 같은 기계시간이나 직접노동시간에 의하므로 개별원가계산과 차이가 명확하지 않고 자의적으로 배분하게 된다.

(3) 재고과잉의 유인

활동기준원가계산에서 원가절감방안으로 사용하는 대표적인 방법이 묶음크기를 증가시키는 것이다. 묶음크기를 증가시키는 경우 묶음 수가 감소되어 묶음수준활동원가를 절감할 수 있지만 공정의 평균재고가 증가하여 재고유지비용이 늘어나 재무적 성과에 악영향을 줄 수 있다.

(4) 활동을 구분하는 기준의 불명확

기업이 수행하는 많은 활동을 정의하고 구분하기 위한 명확한 기준이 현재까지 적립되어 있지 않다.

## 4 활동기준원가계산의 효익이 크게 나타나는 기업

다양한 원가측정방법 중에서 활동기준원가계산의 도입이 보다 큰 효익을 얻을 수 있는 회사의 유형은 아래와 같다.

> ① 생산과정에서 거액의 제조간접원가가 발생하지만 배부기준은 단순한 경우
> ② 생산량, 제품크기 및 생산공정이 매우 복잡하고 다양한 경우
> ③ 원가계산의 정확성이 의심되는 경우
>  ㉠ 생산과 판매에 자신이 있는 제품의 이익은 낮게, 생산과 판매에 자신이 없는 제품의 이익은 높은 경우
>  ㉡ 제조과정이 복잡한 제품의 수익성은 높게, 제조과정이 단순한 제품의 수익성은 낮게 나타나는 경우
>  ㉢ 생산관리자와 마케팅담당자 사이에 제품의 제조원가와 마케팅원가에 대해 견해 차이가 있는 경우
> ④ 회사가 치열한 가격경쟁에 직면하고 있는 경우

---

**예제 4-4** 활동기준원가계산

㈜한국은 활동기준원가계산을 이용하여 제품의 원가를 측정하고 있다.

(1) ㈜한국은 두 가지의 제품 A, B를 생산, 납품하는 회사이다. 제품은 생산과 동시에 전량 납품된다.

(2) ㈜한국은 주요 활동을 분석하여 다음과 같은 자료를 수집하였다.

| 활동 | 활동별 제조간접원가 | 원가동인 | 총원가동인수 |
|---|---|---|---|
| 제품설계 | ₩450,000 | 설계제품 부품수 | 100단위 |
| 생산준비 | 325,000 | 준비횟수 | 650회 |
| 생산운영 | 637,500 | 기계작업시간 | 12,750시간 |
| 선적준비 | 80,000 | 선적횟수 | 200회 |
| 배달 | 300,000 | 배달제품 중량 | 60,000kg |

(3) 제품 A의 생산량은 100단위이며, 제품 A의 원가동인이 설계제품 부품수 50단위, 준비횟수 200회, 기계작업시간 3,000시간, 선적횟수 100회, 배달제품중량 20,000kg이다.

[물음]
해당 자료에 근거하여 활동기준에 따른 제조간접원가를 계산하시오.

········································································································

[해답]

(1) 활동별 원가동인율
 * 제품설계활동 : ₩450,000 ÷ 100단위 = ₩4,500(부품수)
 * 생산준비활동 : ₩325,000 ÷ 650회 = ₩500(준비횟수)
 * 생산운영활동 : ₩637,500 ÷ 12,750시간 = ₩50(기계작업시간)
 * 선적준비활동 : ₩80,000 ÷ 200회 = ₩400(선적횟수)
 * 배달활동 : ₩300,000 ÷ 60,000kg = ₩5(중량)

(2) 제품 A에 배부되는 제조간접원가
 = 50단위 × ₩4,500 + 200회 × ₩500 + 3,000시간 × ₩50 + 100회 × ₩400 + 20,000kg × ₩5 = ₩615,000

(3) 제품 A의 단위당 제조간접원가
 = ₩615,000 ÷ 100단위 = ₩6,150

## 01 활동기준원가계산 시스템에 대한 설명 중 옳은 것을 모두 묶은 것은? 09년 CTA

> ㄱ. 제품과 고객이 매우 다양하고 생산공정이 복잡한 경우, 일반적으로 활동기준원가계산이 전통적 원가계산보다 정확한 제품원가 정보를 제공한다.
> ㄴ. (ㄱ)설명의 주된 이유는 활동기준원가계산은 원가 발생행태보다 원가를 소모하는 활동에 초점을 맞추어 원가를 집계하여 배부하기 때문이다.
> ㄷ. 생산과정에서 거액의 간접원가가 발생하는 경우 활동기준원가계산이 전통적 원가계산보다 원가관리에 효율적이다.

① ㄱ
② ㄱ, ㄴ
③ ㄱ, ㄷ
④ ㄴ, ㄷ
⑤ ㄱ, ㄴ, ㄷ

**해설**
모두 옳은 설명이다.

## 02 활동기준원가계산에 관한 설명으로 옳지 않은 것은? 23년 관세사

① 활동별로 합리적인 원가동인(cost driver)을 설정하므로 실적과 성과평가의 연관성이 명확해진다.
② 제품구성이 자주 변화하는 기업이라도 활동기준원가계산을 사용하면 신축적인 원가계산이 가능하다.
③ 제조간접원가의 비중이 큰 기업일수록 활동기준원가계산을 도입하면 정확한 원가계산이 가능하다.
④ 활동분석을 통해 비부가가치 활동을 제거하므로 원가절감에 도움이 된다.
⑤ 원가동인인 묶음(batch)크기를 줄이면 묶음수준 활동원가가 절감된다.

**해설**
원가동인인 묶음수를 줄이면 묶음수준 활동원가가 절감된다.

**03** ㈜서울은 두 종류의 제품(컴퓨터와 프린터)을 생산하고 있다. 회사의 제조활동은 다음 4가지로 구분되며, 활동별 제조간접원가와 관련된 자료는 다음과 같다.

| 활동 | 원가동인 | 연간 원가동인수 | 연간 활동별 제조간접원가 |
|---|---|---|---|
| 생산준비 | 생산준비시간 | 600시간 | ₩900,000 |
| 재료이동 | 재료이동횟수 | 1,800회 | 1,080,000 |
| 기계사용 | 기계작업시간 | 400시간 | 1,200,000 |
| 수선유지 | 기계작업시간 | 400시간 | 800,000 |

컴퓨터에 대한 생산량 및 원가자료가 다음과 같을 때, 활동기준원가계산(ABC)에 의한 컴퓨터의 단위당 제조원가는? 11년 기출

| | |
|---|---|
| • 생산량 | 2,000단위 |
| • 생산준비시간 | 300시간 |
| • 재료이동횟수 | 1,170회 |
| • 기계작업시간 | 250시간 |
| • 단위당 직접재료원가 | ₩3,000 |
| • 단위당 직접노무원가 | ₩4,000 |

① ₩7,562
② ₩8,201
③ ₩8,932
④ ₩9,653
⑤ ₩10,052

해설

1) 활동별 원가배부율
 - 생산준비활동 = ₩900,000 ÷ 600시간 = ₩1,500(생산준비시간)
 - 재료이동활동 = ₩1,080,000 ÷ 1,800회 = ₩600(재료이동횟수)
 - 기계사용활동 = ₩1,200,000 ÷ 400시간 = ₩3,000(기계작업시간)
 - 수선유지활동 = ₩800,000 ÷ 400시간 = ₩2,000(기계작업시간)
2) 단위당 제조간접원가
 = [(300시간 × ₩1,500) + (1,170회 × ₩600) + (250시간 × ₩5,000)] ÷ 2,000단위 = ₩1,201
3) 컴퓨터의 단위당 제조원가
 = ₩3,000(직접재료원가) + ₩4,000(직접노무원가) + ₩1,201(제조간접원가) = ₩8,201

**04** ㈜감평은 활동기준원가계산방법에 의하여 제품의 원가를 계산하고 있다. 다음은 ㈜감평의 연간 활동제조간접원가 예산자료와 작업 #203의 원가동인에 관한 자료이다.

○ 연간 활동제조간접원가 예산자료

| 활동 | 활동별 제조간접원가 | 원가동인 | 원가동인수량 |
|---|---|---|---|
| 생산준비 | ₩200,000 | 생산준비시간 | 1,250시간 |
| 재료처리 | ₩300,000 | 재료처리횟수 | 1,000회 |
| 기계작업 | ₩500,000 | 기계작업시간 | 50,000시간 |
| 품질관리 | ₩400,000 | 품질관리횟수 | 10,000회 |

○ 작업 #203의 원가동인 자료

| 작업 | 생산준비시간 | 재료처리횟수 | 기계작업시간 | 품질관리횟수 |
|---|---|---|---|---|
| #203 | 60시간 | 50회 | 4,500시간 | 500회 |

**작업 #203의 제조원가가 ₩300,000이라면, 작업 #203의 기본(기초)원가는?**

19년 기출

① ₩210,400        ② ₩220,000        ③ ₩225,400

④ ₩230,400        ⑤ ₩255,400

**해설**

1) 활동별 원가배부율
   - 생산준비활동 배부율 = ₩200,000 ÷ 1,250시간 = ₩160(생산준비시간)
   - 재료처리활동 배부율 = ₩300,000 ÷ 1,000회 = ₩300(재료처리횟수)
   - 기계작업활동 배부율 = ₩500,000 ÷ 50,000시간 = ₩10(기계작업시간)
   - 품질관리활동 배부율 = ₩400,000 ÷ 10,000회 = ₩40(품질관리횟수)
2) 작업 #203의 제조간접원가
   = 60시간 × ₩160 + 50회 × ₩300 + 4,500시간 × ₩10 + 500회 × ₩40 = ₩89,600
3) 작업 #203의 기본원가
   = ₩300,000(제조원가) − ₩89,600(제조간접원가) = ₩210,400

**05** 감평회계법인은 컨설팅과 회계감사서비스를 제공하고 있다. 지금까지 감평회계법인은 일반관리비 ₩270,000을 용역제공시간을 기준으로 컨설팅과 회계감사서비스에 각각 45%와 55%씩 배부해 왔다. 앞으로 감평회계법인이 활동기준원가계산을 적용하기 위해, 활동별로 일반관리비와 원가동인을 파악한 결과는 다음과 같다.

| 활동 | 일반관리비 | 원가동인 |
|---|---|---|
| 스태프지원 | ₩200,000 | 스태프수 |
| 컴퓨터지원 | 50,000 | 컴퓨터사용시간 |
| 고객지원 | 20,000 | 고객수 |
| 합계 | ₩270,000 | |

컨설팅은 스태프수 35%, 컴퓨터사용시간 30% 그리고 고객수 20%를 소비하고 있다. 활동기준원가계산을 이용하여 컨설팅에 집계한 일반관리비는 이전 방법을 사용하는 경우보다 얼마만큼 증가 또는 감소하는가?  13년 기출

① ₩32,500 감소
② ₩32,500 증가
③ ₩59,500 감소
④ ₩59,500 증가
⑤ 변화 없음

**해설**

1) 기존의 방법에 따른 컨설팅원가
   = ₩270,000 × 45% = ₩121,500
2) 활동기준원가계산
   = ₩200,000 × 35% + ₩50,000 × 30% + ₩20,000 × 20% = ₩89,000
3) 일반관리비의 차이
   = ₩121,500 − ₩89,000 = ₩32,500 감소

**06** 다음은 단일제품을 생산하여 판매하는 ㈜국세의 연간 활동원가 예산자료와 4월의 활동원가 자료이다.

- 연간 활동원가 예산자료

| 활동 | 활동원가 | 원가동인 | 원가동인수량 |
|---|---|---|---|
| 재료이동 | ₩5,000,000 | 이동횟수 | 1,000회 |
| 성형 | ₩3,000,000 | 제품생산량 | 24,000단위 |
| 도색 | ₩1,500,000 | 직접노동시간 | 6,000시간 |
| 조립 | ₩2,000,000 | 기계작업시간 | 2,000시간 |

- 4월 중에 생산한 제품의 활동원가 자료

제품생산량 : 2,000단위, 직접노동시간 : 500시간, 기계작업시간 : 200시간

활동기준원가계산에 의할 경우, ㈜국세가 4월 중에 생산한 제품의 활동원가 금액은 ₩1,050,000으로 계산되었다. ㈜국세가 4월 중 제품을 생산하는 과정에서 발생한 재료의 이동횟수는 얼마인가? `11년` **CTA**

① 95회　　　　　② 96회　　　　　③ 97회
④ 98회　　　　　⑤ 99회

**해설**

| 활동 | 활동원가 | 원가동인 | 원가동인수량 | 활동별 배부율 | 배부액 |
|---|---|---|---|---|---|
| 재료이동 | ₩5,000,000 | 이동횟수 | 1,000회 | ₩5,000 | ? |
| 성형 | ₩3,000,000 | 제품생산량 | 24,000단위 | 125 | 250,000 |
| 도색 | ₩1,500,000 | 직접노동시간 | 6,000시간 | 250 | 125,000 |
| 조립 | ₩2,000,000 | 기계작업시간 | 2,000시간 | 1,000 | 200,000 |
| 계 | | | | | ₩1,050,000 |

1) 재료이동활동원가 = ₩475,000
2) 재료이동횟수 = ₩475,000 ÷ ₩5,000 = 95회

**07** ㈜국세는 활동기준원가계산방법에 의하여 제품의 가공원가를 계산하고 있다. ㈜국세의 각 활동과 활동별 원가배부율은 다음과 같다.

| 활동 | 원가동인 | 단위당 배부율 |
|------|----------|---------------|
| 재료처리 | 부품수 | ₩10 |
| 기계작업 | 기계시간 | 120 |
| 조립작업 | 조립시간 | 75 |
| 검사 | 검사시간 | 100 |

제품 A 1단위를 제조하기 위해서는 부품 200개, 기계작업 10시간, 조립작업 20시간, 검사 5시간이 요구된다. ㈜국세는 50단위의 제품 A를 단위당 ₩50,000에 판매하여 ₩1,500,000의 매출총이익을 달성하였다. 이 경우, 제품 A의 단위당 직접재료원가는 얼마인가? (단, 기초재고자산과 기말재고자산은 없다고 가정한다.) 12년 CTA

① ₩5,200

② ₩14,800

③ ₩15,250

④ ₩20,000

⑤ ₩30,000

**해설**

1) 매출원가(당기제품제조원가)
   = 50단위 × ₩50,000 − ₩1,500,000(매출총이익) = ₩1,000,000
2) 제품단위당 원가
   = 1,000,000 ÷ 50단위 = ₩20,000
3) 단위당 가공원가
   = 200개 × ₩10 + 10시간 × ₩120 + 20시간 × ₩75 + 5시간 × ₩100
   = ₩5,200
4) 단위당 직접재료원가
   = ₩20,000 − ₩5,200 = ₩14,800

**08** ㈜감평의 20×5년 생산활동 및 제조간접원가에 관한 정보는 다음과 같다.

| 활동 | 원가 | 원가동인 | 원가동인 총량 |
|---|---|---|---|
| 조립 | ₩450,000 | 기계시간 | 37,500시간 |
| 구매주문 | ₩32,000 | 주문횟수 | 1,000회 |
| 품질검사 | ₩120,000 | 검사시간 | 1,600시간 |

제품 #23의 생산 및 판매와 관련된 활동 및 원가정보는 다음과 같다.

| | |
|---|---|
| 단위당 판매가격 | ₩90.7 |
| 단위당 직접재료원가 | ₩15.5 |
| 단위당 직접노무원가 | ₩12.2 |
| 연간 생산 및 판매량 | 300단위 |
| 연간 기계시간 | 850시간 |
| 연간 주문횟수 | 90회 |
| 연간 검사시간 | 30시간 |

활동기준원가계산을 사용할 경우, 제품 #23의 매출총이익은? 15년 기출

① ₩3,570

② ₩7,725

③ ₩11,880

④ ₩15,330

⑤ ₩18,900

**해설**

1) 활동별 원가배부율
조립활동 = ₩450,000 ÷ 37,500시간 = ₩12(기계시간)
구매주문활동 = ₩32,000 ÷ 1,000회 = ₩32(주문횟수)
품질검사활동 = ₩120,000 ÷ 1,600시간 = ₩75(검사시간)
2) 제품 #23의 활동기준원가
= 850시간 × ₩12 + 90회 × ₩32 + 30시간 × ₩75 = ₩15,330
3) 단위당 활동기준원가
= ₩15,330 ÷ 300단위 = ₩51.1
4) 매출총이익
= [₩90.7 − (₩15.5 + ₩12.2 + ₩51.1)] × 300단위 = ₩3,570

## 09

㈜감평은 활동기준원가계산에 의하여 간접원가를 배부하고 있다. 20×6년 중 고객 갑은 10회를 주문하였다. 20×6년도 간접원가 관련 자료가 다음과 같을 때, 고객 갑에게 배부될 간접원가 총액은? `16년 기출`

### (1) 연간 간접원가

| 구분 | 금액 |
|---|---|
| 급여 | ₩500,000 |
| 임대료 | 200,000 |
| 통신비 | 120,000 |
| 계 | 820,000 |

### (2) 활동별 간접원가 배부비율

| 구분 | 주문처리 | 고객대응 |
|---|---|---|
| 급여 | 60% | 40% |
| 임대료 | 50% | 50% |
| 통신비 | 70% | 30% |

### (3) 활동별 원가동인과 연간 활동량

| 활동 | 원가동인 | 활동량 |
|---|---|---|
| 주문처리 | 주문횟수 | 1,600회 |
| 고객대응 | 고객수 | 120명 |

① ₩3,025    ② ₩3,235    ③ ₩5,125

④ ₩5,265    ⑤ ₩5,825

**해설**

1) 활동별 원가집계
   주문처리활동 = ₩500,000 × 60% + ₩200,000 × 50% + ₩120,000 × 70% = ₩484,000
   고객대응활동 = ₩500,000 × 40% + ₩200,000 × 50% + ₩120,000 × 30% = ₩336,000
2) 활동별 원가배부율
   – 주문처리활동 = ₩484,000 ÷ 1,600회 = ₩302.5(주문횟수)
   – 고객대응활동 = ₩336,000 ÷ 120명 = ₩2,800(고객수)
3) 간접원가 총액
   = ₩302.5 × 10회 + ₩2,800 = ₩5,825

답 ▶ 01 ⑤  02 ⑤  03 ②  04 ①  05 ①
     06 ①  07 ②  08 ①  09 ⑤

## 제5절 종합원가계산

### 1 종합원가계산의 의의

종합원가계산은 단일 종류의 제품을 연속적으로 대량생산하는 업종에 적용되는 원가계산 형태이다. 개별원가계산은 각각의 제품의 단위나 묶음이 쉽게 구분할 수 있을 때 적용되는 반면 종합원가계산은 몇 개의 공정이 연속된 대량생산제품의 원가계산에 적용되는 방법이다.

즉, 종합원가계산(process costing)은 제약업, 석유화학산업, 시멘트제조업 등과 같이 표준화된 작업공정을 통해 한 가지 제품만을 대량생산하는 제조환경에서 사용하는 원가계산방법으로 공정별 원가계산이라고도 한다.

종합원가계산은 일련의 과정을 거쳐 한 종류의 제품을 대량생산하기 때문에 개별원가계산은 비효율적이며 생산라인 전체에 걸쳐 발생한 제조원가를 공장에서 생산된 수량으로 나누어 계산하는 방법을 사용한다.

그러나 공장에서 생산된 수량은 여러 제조공정에 걸쳐 있기 때문에 이를 산출하기 위한 수량계산방법이 필요하다.

그래서 종합원가계산은 제조공정에서 일정기간 동안 발생한 제조원가를 일정기간 동안 생산된 산출량으로 나누어 평균화된 단가를 계산하는 방식을 사용한다.

그러므로 종합원가계산의 제품원가는 평균화과정에 기초하고 있으며, 연속적인 공정을 거쳐 발생하므로 기간개념이 중요하다.

| 구분 | 종합원가계산 | 개별원가계산 |
|---|---|---|
| 생산형태 | 동종 제품의 연속 대량 생산 | 다품종 소량의 주문 생산 |
| 적용대상업종 | 정유업, 시멘트업, 제분업 등 | 조선업, 항공기제조업 등 |
| 원가계산방법 | 공정별·기간별 원가계산을 하므로 직접재료원가, 가공원가의 구분 및 완성품환산량의 계산이 중요 | 제조지시서별로 원가집계를 위하여 직접원가를 구분하고, 제조간접원가 배부가 중요 |
| 기말재공품의 평가 | 제조원가를 완성품원가와 기말재공품원가로 분배하는 절차가 필요하며, 기말재공품의 평가는 기말재공품 완성품환산량에 단위당 원가를 곱하여 계산한다. | 별도의 기말재공품 평가는 불필요하며, 당기 중 미완성된 제조지시서의 원가가 기말재공품원가가 된다. |
| 완성품단위당원가 | 완성품제조원가 ÷ 완성수량 | 완성된 제품의 원가계산표 합계액을 완성수량으로 나누어 계산 |
| 원가계산의 정확성 | 상대적으로 정확성이 떨어진다. | 제품별 정확한 원가계산이 가능하다. |
| 원가계산의 비용 | 상대적으로 덜 복잡하기 때문에 비용이 많이 소요되지 않는다. | 개별 제조지시서별로 원가를 집계하여야 하므로 상세한 기록이 필요하고 원가계산 비용이 많이 소요된다. |

| PLUS⁺ 개별원가계산과 종합원가계산의 핵심 | | |
| --- | --- | --- |
| **구분** | **개별원가계산** | **종합원가계산** |
| 직접재료원가 | 직접 추적하여 집계 | 일정시점에 발생하는 경향 |
| 직접노무원가 | | 전 공정에 걸쳐 균등하게 발생하는 경향 |
| 제조간접원가 | 기준을 설정하여 배분 | |
| 원가 구분 | 기초원가와 제조간접원가 구분 | 직접재료원가와 가공원가 구분 |

## 2 완성품환산량

종합원가계산에서는 공정에 투입된 원가(기초재공품원가 + 당기총제조원가)를 당기에 완성된 완성품과 기말재공품에 배분하여야 하는데 이때 배부기준으로는 당기의 산출물량을 이용하지 않고 완성품환산량을 사용한다.

'완성품환산량(equivalent unit)'이란 특정 공정에서의 모든 노력이 완성품만을 생산하는 데 사용되었을 경우 완성되었을 완성품의 수량을 말한다.

종합원가계산에서는 제조공정을 거쳐 직접재료원가와 가공원가를 투입하기 때문에 어떤 물량은 직접재료원가는 전부 투입되었지만 가공원가는 일부만 투입된 물량도 있을 수 있다.

예컨대, 가공원가는 공정의 진행에 걸쳐 균등하게 발생하는데 기말현재 재공품 100개는 30% 공정의 진행 과정에 있다고 가정해보자. 만약, 원가의 배분을 생산량에 근거하여 배분하였다면, 100개의 수량에 대하여 원가가 배분될 것이다.

그러나 기말재공품은 30%의 완성도를 가지고 공정의 진행 중에 있기 때문에 기말재공품에는 100개 × 30%인 30개에 해당하는 원가만 배분되는 것이 보다 합리적이다.

그러므로 산출량이 아닌 완성품환산량을 계산하여 이에 근거해 종합원가를 배분하는 것이다.

- 완성품에 대한 완성품환산량 = 완성품수량(100%)
- 기말재공품에 대한 완성품환산량 = 기말재공품수량 × 가공원가 완성도

## 1. 의의

완성품환산량이란 일정기간 투입한 원가를 그 기간에 완성품만을 생산하는 데 투입했더라면 완성되었을 완성품 수량으로 나타낸 수치를 의미하며 완성품환산량은 원가요소별로 달리 계산된다. 재료원가와 가공원가가 공정에 투입되는 양상이 서로 다르기 때문이다.

① **재료원가** : 재료원가의 경우 일반적으로 공정의 시점(착수시점)에 투입된다. 이는 기말재공품이라고 하더라도 재료원가가 모두 투입되었음을 의미한다.

② **가공원가** : 직접노무원가와 제조간접원가의 경우 일반적으로 공정이 진행되는 과정에서 진행 정도에 비례하여 균등하게 발생한다. 이는 기말재공품이 진행정도(완성도)만큼 가공원가가 투입되었음을 의미한다.

예컨대, 원재료는 공정의 착수시점에 전부 투입되고, 가공원가는 공정 전반에 걸쳐 균등하게 발생하고 있다는 가정하에 아래의 주어진 자료에서 재공품 및 제품의 완성품 환산량을 구해보면,

| | | | |
|---|---|---|---|
| 직접재료원가 | ₩90,000 | 제품 | 2개 |
| 직접노무원가 | 100,000 | 재공품 | 1개(50% 완성) |
| 제조간접원가 | 100,000 | | |

직접재료원가의 관점에서 바라볼 때 완성품은 3개로 볼 수 있고, 가공원가의 관점에서 바라볼 때 완성품은 2.5개(2개 + 1개×50%)로 보고 종합원가계산을 적용하여야 하는 것이다.

이러한 관점에서 완성품 단위당 원가는 다음과 같이 계산된다.

| 구분 | 원가 | 완성품환산량 | 원가요소별<br>단위당원가 |
|---|---|---|---|
| 직접재료원가 | ₩90,000 | 2개+1개×100% = 3개 | @30,000 |
| 가공원가 | 200,000 | 2개+1개×50% = 2.5개 | @80,000 |
| 완성품 단위당 원가 | | | @110,000 |

---

**예제 5-1** 완성품환산량

㈜한국은 당기에 사업을 개시하였고 당기 착수물량은 200개였으며 이 중 100개는 완성되었고 나머지 100개는 기말 현재 50% 완성되었다. 재료의 투입시점을 아래의 각 경우별로 가정하여 재료원가의 완성품환산량을 계산하시오.

경우1 : 재료가 공정의 초기에 전량 투입되는 경우
경우2 : 재료가 공정의 30% 시점에 전량 투입되는 경우
경우3 : 재료가 공정의 70% 시점에 전량 투입되는 경우
경우4 : 재료가 공정 전반에 걸쳐 균등하게 투입되는 경우
경우5 : 재료가 공정의 초기에 40% 투입되고, 나머지 60%는 공정 전반에 걸쳐 균등하게 투입되는 경우

---

해답

| 재료투입시점 | 완성품 | | 기말재공품 | | 완성품환산량 |
|---|---|---|---|---|---|
| 초기 전량 | 100개 | + | 100개×100% | = | 200개 |
| 30% 시점 전량 | 100개 | + | 100개×100% | = | 200개 |
| 70% 시점 전량 | 100개 | + | 100개×0% | = | 100개 |
| 균등 | 100개 | + | 100개×50% | = | 150개 |
| 40% 초기, 60% 균등 | 100개 | + | 100개×(40% + 60% × 50%) | = | 170개 |

**3  종합원가계산의 순서**

종합원가계산은 공정에 투입된 원가를 완성품 환산량을 기준으로 완성품과 기말재공품에 배분하는 방법이다. 종합원가계산은 다음과 같은 순서를 거친다.

**1. 물량의 흐름 파악**

공정에 투입된 기초재공품과 당기투입량을 확인하고 이 중 완성물량과 기말재공품 물량을 확인한다. 물량의 흐름은 원가요소를 투입하여 제품과 기말재공품이 산출되는 과정을 말하며, 물량의 흐름을 파악하는 것은 종합원가계산에서 매우 중요하다.

| 투입 | 재공품 | 산출 |
|---|---|---|
| 기초재공품수량 | | 당기완성수량 |
| 당기투입량(착수량) | | 기말재공품수량 |

**2. 완성품환산량 계산**

공정에 투입되는 재료원가와 가공원가를 파악하여 원가요소별 산출물의 완성품환산량을 계산한다. 종합원가계산에서 원가요소는 기말재공품의 평가를 위하여 직접재료원가와 가공원가로 구분한다. 직접재료원가는 공정의 초기에 모두 투입하므로 제조공정 도중에 있는 재공품과 완성품의 완성정도는 100%이지만, 가공원가는 공정의 진행에 따라 점진적으로 추가하여 투입하기 때문에 완성도는 가공의 정도에 따라 다르게 나타난다.

**3. 단위당 원가계산**

재료원가와 가공원가별로 배부대상 원가를 파악해 해당 원가를 완성품환산량으로 나누어서 완성품환산량 단위당 원가를 계산한다.

- 직접재료원가 완성품환산량 단위당원가 = $\dfrac{\text{직접재료원가 총원가}}{\text{직접재료원가 완성품환산량}}$
- 가공원가 완성품환산량 단위당원가 = $\dfrac{\text{가공원가 총원가}}{\text{가공원가 완성품환산량}}$

**4. 원가의 배분**

완성품에 완성품환산량 단위당 원가를 곱하여 완성품원가를 계산한다. 기말재공품도 기말재공품 완성품환산량에 단위당 원가를 곱하여 기말재공품원가를 결정한다.

- 기말재공품원가 = 기말재공품수량 × 완성품환산량 단위당원가
- 완성품제조원가 = 기초재공품원가 + 당기투입원가 − 기말재공품원가

예제 5-2 종합원가계산

㈜한국시멘트는 혼합공정을 거쳐 시멘트를 생산하는 회사로 당기에 처음 영업을 시작하였다. 당기에 1,000단위를 착수하여 700단위는 완성하고 300단위는 40%가 완성된 상태로 기말재공품으로 남아 있다. 재료원가는 공정의 초기 시점에 전부 투입되고 가공원가는 공정의 전반에 걸쳐서 균등하게 투입된다. 당기 재료원가 발생액은 ₩200,000이며, 가공원가는 ₩164,000이 발생하였다.

[물음]
종합원가계산에 의하여 완성품원가와 기말재공품원가를 구하시오.

해답

[1단계 : 물량의 흐름]

| 재공품 | | | |
|---|---|---|---|
| 기초재공품 | 0 | 완성품 | 700 |
| 당기착수량 | 1,000 | 기말재공품 | |
| | | | 300(1)(0.4) |
| 합계 | 1,000개 | 합계 | 1,000개 |

[2단계 : 완성품환산량]

| 재료원가 | 가공원가 |
|---|---|
| 700 | 700 |
| 300 | 120 |
| 합계 1,000개 | 합계 820개 |
| 원가 ₩200,000 | 원가 ₩164,000 |

[3단계 : 단위당 원가]
(1) 완성품환산량 단위당 재료원가 : ₩200,000 ÷ 1,000개 = ₩200
(2) 완성품환산량 단위당 가공원가 : ₩164,000 ÷ 820개 = ₩200

[4단계 : 원가의 배분]
(1) 완성품원가 = 700단위 × (₩200 + ₩200) = ₩280,000
(2) 기말재공품원가 = 300단위 × ₩200 + 120단위 × ₩200 = ₩84,000

## 4 평균법과 선입선출법

앞서 기초재공품이 없는 경우는 평균법, 선입선출법의 가정이 필요하지 않았다. 그러나 기초재공품이 존재하는 경우 평균법과 선입선출법의 완성품환산량은 달라진다.

### 1. 평균법

평균법(weighted average method)은 기초재공품원가와 당기발생원가를 구분하지 않고 평균화해서 완성품과 기말재공품에 배분하는 방법이다. 평균법은 기초재공품과 당기착수량이 섞여서 완성품이 된다고 보는 방법이기 때문에 기초재공품원가와 당기착수에 들어간 원가를 구분하지 않고 합계해서 배분한다.

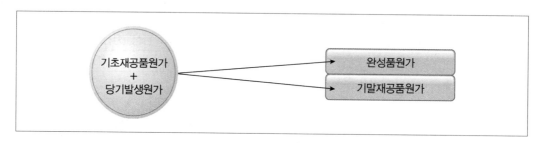

---

**예제 5-3** 평균법 완성품환산량

다음은 종합원가계산을 채택하고 있는 ㈜한국공업의 원가자료이다.

(1) 월초재공품 300개(완성도 60%)
(2) 당월 제조착수수량 1,300개
(3) 월말재공품 250개(완성도 40%)
(4) 직접재료원가는 공정 착수시에 전량 투입되고, 가공원가는 공정의 전반에 걸쳐서 균등하게 발생한다.

[물음]
㈜한국공업이 평균법의 원가흐름을 가정한다고 할 때, 재료원가, 가공원가의 완성품환산량을 구하시오.

.........................................................................................

[해답]

[1단계 : 물량의 흐름]

| 재공품 : 평균법 | | | |
|---|---|---|---|
| 기초재공품 | 300 | 완성품 | 1,350 |
| 당기착수량 | 1,300 | 기말재공품 | |
| | | | 250(1)(0.4) |
| 합계 | 1,600개 | 합계 | 1,600개 |

[2단계 : 완성품환산량]

| | 재료원가 | 가공원가 |
|---|---|---|
| | 1,350 | 1,350 |
| | | |
| | 250 | 100 |
| 합계 | 1,600개 | 합계 1,450개 |

**예제 5-4** 기초재공품 존재 − 평균법

㈜한국시멘트는 혼합공정을 거쳐 시멘트를 생산하는 회사로 기초에 재공품 100개를 보유하고 있었다. 기초재공품은 공정이 60% 완료된 상태다. 당기에 1,000단위를 착수하여 900단위는 완성하고 200단위는 50%가 완성된 상태로 기말재공품으로 남아 있다. 재료원가는 공정의 초기시점에 전부 투입되고 가공원가는 공정의 전반에 걸쳐서 균등하게 투입된다.
기초재공품원가는 재료원가 ₩50,000, 가공원가는 ₩35,000이 포함되어 있으며, 당기 재료원가 발생액은 ₩225,000, 가공원가 발생액은 ₩165,000이었다.

[물음]
㈜한국시멘트는 평균법의 원가흐름을 가정한다고 할 때, 완성품과 기말재공품원가를 계산하시오.

해답

[1단계 : 물량의 흐름]

| 재공품 : 평균법 | | | |
|---|---|---|---|
| 기초재공품 | 100 | 완성품 | 900 |
| 당기착수량 | 1,000 | 기말재공품 | |
| | | | 200(1)(0.5) |
| 합계 | 1,100개 | 합계 | 1,100개 |

[2단계 : 완성품환산량]

| 재료원가 | 가공원가 | | |
|---|---|---|---|
| 900 | | 900 | |
| 200 | | 100 | |
| 합계 | 1,100개 | 합계 | 1,000개 |
| 원가 | ₩275,000 | 원가 | ₩200,000 |

[3단계 : 단위당 원가]
(1) 완성품환산량 단위당 재료원가
  = (₩50,000 + ₩225,000) ÷ 1,100개 = ₩250
  * 평균법은 기초재공품원가와 당기발생원가의 합계를 완성품환산량으로 나누어 단위당원가를 계산한다.
(2) 완성품환산량 단위당 가공원가
  = (₩35,000 + ₩165,000) ÷ 1,000개 = ₩200

[4단계 : 원가의 배분]
(1) 완성품원가
  = 900단위 × (₩250 + ₩200) = ₩405,000
(2) 기말재공품원가
  = 200단위 × ₩250 + 100단위 × ₩200 = ₩70,000

## 2. 선입선출법

선입선출법(First-In First-Out : FIFO)은 기초재공품이 먼저 완성되고 당기착수품이 그 다음으로 완성된다고 보는 방법이다.

선입선출법은 당기 완성품이 기초재공품과 당기착수품으로 구분된다는 점이 평균법과는 다른 점이다. 선입선출법은 기말재공품으로 남는 것이 당기착수품 중 미완성된 것이 남는다고 보는 관점이기 때문에 실제물량흐름에 가까운 방법이다.

종합원가계산에서 선입선출법을 사용하면 기초재공품이 먼저 완성된 것으로 보기 때문에 기초재공품원가는 전액 완성품원가에만 가산해야 한다.

당기발생원가는 완성품원가와 기말재공품에 배분하며, 기말재공품에는 당기발생원가만 포함된다.

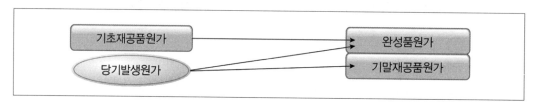

### 예제 5-5 선입선출법 완성품환산량

다음은 종합원가계산을 채택하고 있는 ㈜한국공업의 원가자료이다.

(1) 월초재공품 300개 (완성도 60%)
(2) 당월 제조착수수량 1,300개
(3) 월말재공품 250개 (완성도 40%)
(4) 직접재료원가는 공정 착수 시에 전량 투입되고, 가공원가는 공정의 전반에 걸쳐서 균등하게 발생한다.

[물음]
㈜한국공업이 선입선출법의 원가흐름을 가정한다고 할 때, 재료원가, 가공원가의 완성품환산량을 구하시오.

[해답]

| [1단계 : 물량의 흐름] | | |
|---|---|---|
| 재공품 : 선입선출법 | | |
| 기초재공품 300(1)(0.6) | 완성품 1,350 | |
| | 기초재공품 300(0)(0.4) | |
| 당기착수량 1,300 | 당기착수완성품 1,050 | |
| | 기말재공품 250(1)(0.4) | |
| 합계 1,600개 | 합계 1,600개 | |

| [2단계 : 완성품환산량] | |
|---|---|
| 재료원가 | 가공원가 |
| – | 120 |
| 1,050 | 1,050 |
| 250 | 100 |
| 합계 1,300개 | 합계 1,270개 |

**예제 5-6**  기초재공품 존재 - 선입선출법

㈜한국시멘트는 혼합공정을 거쳐 시멘트를 생산하는 회사로 기초에 재공품 100개를 보유하고 있었다. 기초재공품은 공정이 60% 완료된 상태다. 당기에 1,000단위를 착수하여 900단위는 완성하고 200단위는 50%가 완성된 상태로 기말재공품으로 남아 있다. 재료원가는 공정의 초기시점에 전부 투입되고 가공원가는 공정의 전반에 걸쳐서 균등하게 투입된다.

기초재공품원가는 재료원가 ₩50,000, 가공원가는 ₩35,000이 포함되어 있으며, 당기 재료원가 발생액은 ₩225,000, 가공원가 발생액은 ₩164,500이었다.

[물음]
㈜한국시멘트는 선입선출법의 원가흐름을 가정한다고 할 때, 완성품과 기말재공품원가를 계산하시오.

**[해답]**

| [1단계 : 물량의 흐름] | | | | [2단계 : 완성품환산량] | | |
|---|---|---|---|---|---|---|
| 재공품: 선입선출법 | | | | 재료원가 | 가공원가 | |
| 기초재공품 | | 완성품 | 900 | | | |
| | 100(1)(0.6) | 기초재공품 100(0)(0.4) | | – | 40 | |
| 당기착수량 | 1,000 | 당기착수완성품 800 | | 800 | 800 | |
| | | 기말재공품 200(1)(0.5) | | 200 | 100 | |
| 합계 | 1,100개 | 합계 | 1,100개 | 합계 1,000개 | 합계 940개 | |
| | | | | 원가 ₩225,000 | 원가 ₩164,500 | |

[3단계 : 단위당 원가]
(1) 완성품환산량 단위당 재료원가 = ₩225,000 ÷ 1,000개 = ₩225
  * 선입선출법의 완성품환산량 단위원가는 당기발생원가를 기준으로 배분한다.
(2) 완성품환산량 단위당 가공원가 = ₩164,500 ÷ 940개 = ₩175

[4단계 : 원가의 배분]
(1) 완성품원가 = ₩85,000(기초재공품원가) + 800단위 × ₩225 + 840단위 × ₩175 = ₩412,000
  * 선입선출법의 기초재공품원가는 전액 완성품원가에만 가산한다.
(2) 기말재공품원가 = 200단위 × ₩225 + 100단위 × ₩175 = ₩62,500

## 3. 평균법과 선입선출법의 비교

| 구분 | 평균법 | 선입선출법 |
|---|---|---|
| 종합원가계산 방법 | 기초재공품을 당기에 착수하여 완성된 것으로 가정하여 당기발생원가와 함께 완성품과 기말재공품에 안분 | 기초재공품원가는 전액 완성품에만 배분하고, 당기발생원가는 완성품과 기말재공품에 안분 |
| 완성품환산량 단위당 원가 | $\dfrac{\text{기초재공품원가} + \text{당기발생원가}}{\text{총완성품환산량}}$ | $\dfrac{\text{당기발생원가}}{\text{당기완성품환산량}}$ |
| 기초재공품원가 | 기초재공품원가는 당기발생원가와 합하여 총완성품환산량에 배분 | 전액 완성품원가에만 가산 |
| 실제물량흐름 | 실제물량흐름에 부합하지 않음 | 실제물량흐름에 부합 |
| 장단점 | 계산 절차가 간단하나 전기분 원가와 당기 투입원가가 혼합되어 원가정보의 유용성이 낮다. | 계산 절차는 복잡하지만 당기 원가만 반영하므로 원가정보의 유용성이 크다. |
| 비고 | 평균법과 선입선출법의 결과가 같아지는 경우<br>① 기초재공품이 없는 경우<br>② 기초재공품의 완성품환산량단위당원가와 당기의 완성품환산량단위당원가가 같은 경우 | |

### 5 연속되는 제조공정의 원가흐름

일반적으로 대부분의 기업은 여러 공정을 거쳐 제품을 생산한다. 1공정 이후 후속공정의 경우에는 전단계 공정에서 발생한 원가가 존재하며 이는 마치 해당 공정 초기에 투입되는 재료원가와 같은 성격을 지닌다.

이처럼 여러 공정을 거쳐 제품이 생산되는 경우 종합원가계산에서는 공정별로 원가를 집계하고 계산하여야 하므로 종합원가계산을 공정별 원가계산(process costing)이라고도 한다.

## 1. 제2공정의 원가흐름

| 제1공정 | | 제2공정 | |
|---|---|---|---|
| 기초재공품원가 | **완성품원가**<br>(차기공정대체) | 기초재공품원가 | 완성품원가<br>(당기제품제조원가) |
| 당기투입원가<br>　재료원가<br>　가공원가 | | 당기투입원가<br>**전공정대체원가**<br>　재료원가<br>　가공원가 | |
| | 기말재공품원가 | | 기말재공품원가 |

(1) 연속되는 공정의 물량흐름을 분석해 보면, 전공정의 완성품 수량은 후속공정의 착수량이 된다.

(2) 원가의 흐름을 분석해 보면, 전공정의 완성품원가는 제2공정으로 대체되어 집계된다. 이렇게 전공정에서 완성되어 후속공정으로 대체되는 원가를 전공정대체원가(transfer-in costs)라고 한다.

## 2. 제2공정의 원가계산

2공정에서는 직접재료원가와 가공원가 외에 전공정대체원가를 별도로 집계하여야 하며, 이때 1공정의 완성품 수량은 2공정의 당기 착수량이 되고, 1공정의 완성품원가가 2공정의 전공정대체원가로 집계된다. 주의할 점은 최종공정의 완성품원가는 당기제품제조원가가 되지만, 회사전체의 기말재공품원가는 모든 공정에 존재하는 기말재공품의 원가를 합계하여야 한다는 점이다.

제1공정의 완성품수량 = 제2공정의 당기착수량
제1공정의 완성품원가 = 제2공정의 당기투입원가 중 전공정대체원가

당기제품제조원가 = 최종공정의 완성품원가
기말재공품원가 = Σ각 공정의 기말재공품원가

### 예제 5-7 전공정대체원가

㈜한국은 부문 A에서 시작하여 부문 B에서 완성되는 두 개의 공정을 이용하여 단일제품을 대량으로 생산하고 있다. 재료는 부문 A에서 공정 초기에 투입되며 추가재료는 부문 B의 공정 말기에 투입된다. 가공원가는 공정 전반에 걸쳐 균등하게 발생한다. 부문 B에 대한 자료는 다음과 같다.

〈물량에 관한 자료〉
기초재공품　　8,000개(20% 완성)
당기투입량　　40,000개
당기완성량　　32,000개
기말재공품　　16,000개(75% 완성)

〈원가에 관한 자료〉

| 구분 | 전공정원가 | 직접재료원가 | 가공원가 |
|---|---|---|---|
| 기초재공품 | ₩1,120,000 | – | ₩316,000 |
| 당기투입원가 | ₩3,200,000 | ₩1,600,000 | ₩2,968,000 |

[물음]
㈜한국은 선입선출법을 적용하며 B공정에서의 기말재공품원가를 구하시오.

[해답]

1. 완성품환산량
   (1) 전공정대체원가 = 8,000개(기초재공품) × 0% + 24,000개(당기착수완성품) × 100% + 16,000개(기말재공품) × 100% = 40,000개
   (2) 직접재료원가 = 8,000개(기초재공품) × 100% + 24,000개(당기착수완성품) × 100% + 16,000개(기말재공품) × 0% = 32,000개

(3) 가공원가 = 8,000개(기초재공품) × 80% + 24,000개(당기착수완성품) × 100% + 16,000개(기말재
공품) × 75% = 42,400개

2. 완성품환산량 단위당 원가

(1) 전공정대체원가 = ₩3,200,000 ÷ 40,000개 = ₩80

(2) 재료원가 = ₩1,600,000 ÷ 32,000개 = ₩50

(3) 가공원가 = ₩2,968,000 ÷ 42,400개 = ₩70

3. 기말재공품원가 = 16,000개 × ₩80 + 12,000개 × ₩70 = ₩2,120,000

4. 완성품원가 = ₩1,436,000(기초재공품원가) + 24,000개 × ₩80 + 32,000개 × ₩50 + 30,400개
     × ₩70 = ₩7,084,000

## 6 공손

공손품(spoilage)은 품질표준에 미달해서 품질검사에서 불합격한 불량품을 말한다. 공손품은 발생
원인에 따라서 정상공손과 비정상공손으로 구분한다.

### 1. 정상공손과 비정상공손

(1) 정상공손

정상공손은 정상제품을 생산하는 과정에서 피할 수 없이 발생하는 공손이다. 정상공손은 효율
적인 작업환경이라도 나타날 수 있는 공손이다.

정상공손으로 인해 발생하는 원가는 해당 제품을 생산하는 과정에서 불가피한 원가이기 때문에
일반적으로 제조원가에 가산한다.

(2) 비정상공손

비정상공손은 작업과정이 효율적이었다면 피할 수 있는 공손을 말한다. 비정상공손은 제품생산과
정에서 피할 수 있었던 원가이기 때문에 수익창출활동과 무관하며 발생시점에 비용으로 처리한다.

### 2. 정상공손의 수량

정상공손은 어떻게 파악하는가? 현실적으로 구분이 쉬운 것은 아니기 때문에 보통은 일정 비율을
허용범위로 설정하고 허용범위 내의 공손은 정상공손, 허용범위를 초과하는 공손은 비정상공손으
로 보는 경우가 많다.

공손은 대개 품질검사를 하면서 발견되기 때문에 품질검사를 통과한 수량의 일정한 비율을 허용수
준으로 하는 것이 대부분이다.

공손수량은 정상공손허용률을 이용하여 파악하는데, 주의할 점은 **물량흐름의 파악은 원가흐름의 가
정과 관계없이 실제 수량을 파악**하여야 하므로, 실제물량흐름(선입선출법의 가정)대로 기초재공품
이 먼저 완성되고, 당기착수량은 완성되거나 기말재공품이 된다는 가정으로 판단하여야 한다.

즉, 공손수량은 원가흐름의 가정이 평균법이든 선입선출법이든 관계없이 동일하다.

정상공손허용률 설정 → 공손수량파악 → 정상공손수량 파악 → 비정상공손수량 파악

※ 정상공손허용률 : 정상공손으로 인정할 수 있는 허용한도

## 3. 정상공손수량 파악방법

### (1) 검사시점 통과기준

정상공손허용량 = 당기 중 검사를 통과한 정상품 × 정상공손허용률

### (2) 검사시점 도달기준

정상공손허용량 = 당기 중 검사를 받은 수량※ × 정상공손허용률
※ 당기 검사를 받은 수량 = 당기 중 검사를 받은 정상품 + 공손수량

공손은 당기분만 가지고 판단해야 한다. 전기에 이미 품질검사에 합격한 물량까지 또다시 정상공손수량에 파악해서는 안 되며, 당기합격물량만을 가지고 계산해야 당기의 공손수량이 얼마인지 정확히 파악할 수 있다.

### (3) 당기검사합격물량의 계산 − 직접계산법

직접계산법은 당기에 품질검사에 합격할 가능성이 있는 산출물량을 유형별로 구분해서 해당 물량의 합격여부를 각각 개별로 판단하는 방법이다.

직접계산법은 물량의 흐름이 평균법이라고 하더라도 선입선출법 방식으로 계산한다. 즉, 기초재공품, 당기착수완성품, 기말재공품을 각각 구분하여 해당 검사를 통과한 물량을 직접 파악하는 방법이다.

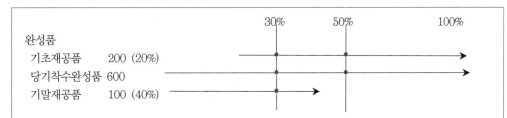

(1) 검사시점(30%)이라면? 기초재공품과 당기착수물량, 기말재공품이 모두 검사를 통과하였다. 검사통과물량은 900개이다. 단, 기초재공품이 전기에 검사를 통과하였다면 또다시 당기합격물량에 포함되지는 않는다.
(2) 검사시점이 50%, 100%라면 기초재공품, 당기착수품만 검사를 통과하였기에 검사통과물량은 800개이다.

### (4) 정상공손수량

당기에 검사를 합격한 검사합격물량에 일정한 정상공손비율을 곱하여 정상공손수량을 산출한다. 앞의 예제처럼 검사시점이 30%라면 당기합격한 검사물량은 900개이며, 정상공손비율이 10%라면 900개 × 10%를 계산하여 90개가 정상공손이 되고, 전체 공손수량이 100개라면 정상공손 90개를 제외한 나머지 10개는 비정상공손이 된다. 만약, 검사시점이 100%라고 하면 총 당기검사합격물량은 800개가 되고 여기에 정상공손비율 10%를 곱하여 정상공손을 80개, 비정상공손을 20개로 계산한다.

당기검사합격물량이 평균법과 선입선출법이 동일하기에 정상공손수량도 평균법과 선입선출법이 동일하다.

### (5) 정상공손원가의 처리

정상공손원가는 검사합격물의 원가에 가산했다가 해당 검사합격물량이 판매되는 시점에 매출원가로 비용처리한다.

정상공손원가는 완성품을 만드는 과정에서 불가피하게 발생하는 원가이기 때문에 원가에 가산한 후 수익이 창출될 때 이에 대응하여 비용처리하는 것이 합리적이기 때문이다.

정상공손원가의 처리는 몇 가지 유의할 점이 있다.

> ① 공손품의 가공원가 완성도는 검사시점의 완성도를 사용한다.
> ② 정상공손원가는 검사합격물량에 따라 당기완성품과 기말재공품에 배분한다.
> ③ 비정상공손은 기간비용으로 처리한다.

### (6) 공손품이 처분가치가 있는 경우

공손품이 외부시장을 통한 처분가치가 있는 경우 해당 순실현가치만큼은 회수가 가능하므로 공손원가에서 차감해주어야 하며, 차감한 순실현가치만큼의 금액은 공손품이라는 자산계정으로 기록된다.

> * 순정상공손원가 = 정상공손원가 − 정상공손의 순실현가치 → 정상품원가에 가산
> * 순비정상공손원가 = 비정상공손원가 − 비상공손의 순실현가치 → 발생기간에 손실로 처리
> ※ 순실현가치 = 정상(비정상)공손수량 × (단위당 판매가격 − 단위당 추가비용)

**예제 5-8**    공손품수량계산

㈜한국의 20×1년 1월 중 생산자료는 다음과 같다.

| 구분 | 수량 | 가공원가 진척도 |
|---|---|---|
| 기초재공품 | 5,000개 | 50% |
| 당기착수량 | 55,000개 | |
| 당기완성량 | 40,000개 | |
| 기말재공품 | 12,000개 | 70% |

㈜한국은 완성도가 일정한 시점에서 불량여부를 검사하며, 당기에 검사를 통과한 합격품의 10%를 정상공손으로 분류한다. 재료는 공정초기에 전량 투입되고, 가공원가는 전공정에 걸쳐 균등하게 발생한다.

[물음]
1. 공손품의 검사시점이 40%일 때, 정상공손과 비정상공손 수량은 몇 개인가?
2. 공손품의 검사시점이 60%일 때, 정상공손과 비정상공손 수량은 몇 개인가?
3. 공손품의 검사시점이 80%일 때, 정상공손과 비정상공손 수량은 몇 개인가?
4. 만약, 기초재공품의 진척도가 60%, 기말재공품의 진척도가 40%이며, 검사시점이 50%일 때, 정상공손과 비정상공손 수량은 몇 개인가?

--------------------------------------------------------------------------------

**해답**

1. 공손품의 검사시점이 40%일 때

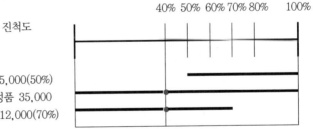

→ 검사시점이 40%인 경우
　당기착수완성품 35,000개와 기말재공품 12,000개만 검사를 통과하였다.

(1) 공손수량 = 5,000개(기초재공품) + 55,000개(당기착수량) − 40,000개(당기완성량) − 12,000개(기말재공품) = 8,000개
(2) 정상공손수량 = 당기에 검사를 통과한 수량 × 10%
　= (35,000개 + 12,000개) × 10% = 4,700개
(3) 비정상공손수량 = 8,000개(공손수량) − 4,700개(정상공손수량) = 3,300개

### 2. 공손품의 검사시점이 60%일 때

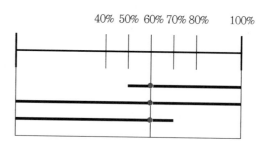

→ 검사시점이 60%인 경우
  기초재공품, 당기착수완성품, 기말재공품이 모두 검사를 통과하였다.

(1) 공손수량 = 5,000개(기초재공품) + 55,000개(당기착수량) − 40,000개(당기완성량) − 12,000개
  (기말재공품) = 8,000개
(2) 정상공손수량 = 당기에 검사를 통과한 수량 × 10%
  = (5,000개 + 35,000개 + 12,000개) × 10% = 5,200개
(3) 비정상공손수량 = 8,000개(공손수량) − 5,200개(정상공손수량) = 2,800개

### 3. 공손품의 검사시점이 80%일 때

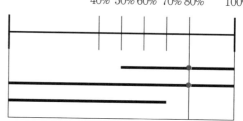

→ 검사시점이 80%인 경우
  기초재공품 5,000개와 당기착수완성품 35,000개만 검사를 통과하였다.

(1) 공손수량 = 5,000개(기초재공품) + 55,000개(당기착수량) − 40,000개(당기완성량) − 12,000개
  (기말재공품) = 8,000개
(2) 정상공손수량 = 당기에 검사를 통과한 수량 × 10%
  = (5,000개 + 35,000개) × 10% = 4,000개
(3) 비정상공손수량 = 8,000개(공손수량) − 4,000개(정상공손수량) = 4,000개

### 4. 만약, 기초재공품의 진척도가 60%, 기말재공품의 진척도가 40%이며, 검사시점이 50%일 때
(1) 정상공손수량 = 당기에 검사를 통과한 수량 × 10%
  = 35,000개 × 10% = 3,500개
(2) 비정상공손수량 = 8,000개(공손수량) − 3,500개(정상공손수량) = 4,500개

**예제 5-9** 정상공손원가

㈜한국의 생산활동에 관한 자료는 다음과 같다. 검사는 100% 시점에서 실시되며, 검사합격물량의 10%를 정상공손으로 본다. 기말재공품평가는 평균법에 의한다(단, 재료원가는 공정 초기에 전량 투입되고, 가공원가는 공정의 진행에 걸쳐 균등하게 발생한다).

| 구분 | 물량 | 완성도 | 재료원가 | 가공원가 |
|---|---|---|---|---|
| 기초재공품 | 100개 | 80% | ₩10,000 | ₩8,800 |
| 당기투입 | 900개 | | 50,000 | 94,600 |
| 완성품 | 700개 | | | |
| 기말재공품 | 150개 | 60% | | |

[물음]
1. 당기 재료원가, 가공원가의 완성품환산량을 구하시오.
2. 정상공손원가를 구하시오.

[해답]

1. 완성품환산량
   (1) 공손수량 = 100개 + 900개 − 700개 − 150개 = 150개
   (2) 정상공손수량 = 700개 × 10% = 70개
      * 당기에 검사를 통과한 수량은 완성품수량이다. 기말재공품은 검사시점에 도달하지 못했다.
   (3) 비정상공손수량 = 150개 − 70개 = 80개

| [1단계 : 물량의 흐름] | | | | [2단계 : 완성품환산량] | |
|---|---|---|---|---|---|
| 재공품: 평균법 | | | | 재료원가 | 가공원가 |
| 기초재공품 | 100 | 완성품 | 700 | 700 | 700 |
| 당기착수량 | 900 | 정상공손 | 70(1)(1) | 70 | 70 |
| | | 비정상공손 | 80(1)(1) | 80 | 80 |
| | | 기말재공품 | | | |
| | | | 150(1)(0.6) | 150 | 90 |
| 합계 | 1,000개 | 합계 | 1,000개 | 합계 1,000개 | 합계 940개 |
| | | | | 원가 ₩60,000 | 원가 ₩103,400 |

[3단계 : 단위당 원가]
   (1) 완성품환산량 단위당 재료원가 = ₩60,000 ÷ 1,000개 = ₩60
   (2) 완성품환산량 단위당 가공원가 = ₩103,400 ÷ 940개 = ₩110

2. **정상공손원가** = 정상공손품수량 × 완성품환산량단위당원가
   = 70개 × (₩60 + ₩110) = ₩11,900

**01** 종합원가계산을 적용하고 있는 ㈜한국의 당기 원가자료는 다음과 같다.

| 구분 | 물량 | 직접재료원가 | | 가공원가 | |
|---|---|---|---|---|---|
| | | 금액 | 완성도 | 금액 | 완성도 |
| 기초재공품 | 100개 | ₩5,000 | 100% | ₩8,200 | 40% |
| 당기생산착수 | 900개 | ₩46,000 | – | ₩70,000 | – |
| 기말재공품 | 200개 | ? | 100% | ? | 60% |
| 당기완성품 | 800개 | ? | | ? | |

**원가흐름 가정이 평균법이라면 당기완성품 제조원가는 얼마인가?** `09년` `기출`

① ₩103,200      ② ₩103,360      ③ ₩105,400
④ ₩108,800      ⑤ ₩110,200

**해설**

1) 직접재료원가 완성품환산량 = 800개 + 200개 × 100% = 1,000개
2) 직접재료원가 완성품환산량 단위당 원가 = (₩5,000 + ₩46,000) ÷ 1,000개 = ₩51
3) 가공원가 완성품환산량 = 800개 + 200개 × 60% = 920개
4) 가공원가 완성품환산량 단위당 원가 = (₩8,200 + ₩70,000) ÷ 920개 = ₩85
5) 당기완성품 제조원가 = 800개 × (₩51 + ₩85) = ₩108,800

**02** ㈜대한의 3월 제조와 관련된 자료는 다음과 같다. 가중평균법을 사용하는 경우 월말 재공품에 포함되는 가공원가는 얼마인가? `09년` `CTA`

| | |
|---|---|
| • 월초 재공품 완성도 | 60% |
| • 월말 재공품 완성도 | 40% |
| • 월초 재공품 수량 | 9,200개 |
| • 당월 착수량 | 20,000개 |
| • 월말 재공품 수량 | 2,000개 |
| • 월초 재공품 가공원가 | ₩30,320 |
| • 당월 발생 가공원가 | ₩52,000 |

① ₩1,782      ② ₩2,352      ③ ₩3,422
④ ₩4,432      ⑤ ₩5,880

**해설**

| | | 재료원가 | 가공원가 |
|---|---|---|---|
| 당기완성품 | 27,200 | 27,200 | 27,200 |
| 기말재공품(40%) | 2,000 | 2,000 | 800 |
| 완성품환산량 | | 29,200 | 28,000 |
| 기초재공품원가 + 당기발생원가 | | ₩ | ₩82,320 |
| 완성품환산량단위당원가 | | @ | @2.94 |

∴ 월말재공품에 포함되는 가공원가 = 800개 × ₩2.94 = ₩2,352

**03** ㈜한국은 종합원가계산제도를 도입하고 있다. 20×0년 1분기 동안 생산관련 자료는 다음과 같다.

| | |
|---|---|
| • 당기투입량 | 8,000톤 |
| • 완성품 | 7,500톤 |
| • 기말재공품 | 2,000톤 |
| • 기초재공품 | 1,500톤 |

가공원가는 공정 전반에 걸쳐 균등하게 발생한다. 기말재공품은 세 개의 완성도로 구성되어 있는데, 기말재공품의 1/4은 완성도가 80%이며, 1/2은 50%, 나머지 1/4은 20%이다. 선입선출법(FIFO)을 적용할 경우 가공원가의 완성품 환산량이 7,960톤이라면 20×0년 1분기 기초재공품의 완성도는 얼마인가? (단, 1분기 기초재공품은 한 개의 완성도로만 구성됨) [10년 기출]

① 32%　　　② 36%　　　③ 40%
④ 44%　　　⑤ 48%

**해설**

가공원가 완성품환산량(7,960톤)
= 1,500톤 × (1 − 가공원가 완성도) + 6,000톤 × 100% + 500톤 × 80% + 1,000톤 × 50% + 500톤 × 20%
→ 가공원가 완성도 = 36%

**04** ㈜감평은 종합원가계산제도를 채택하고 단일제품을 생산하고 있다. 재료는 공정이 시작되는 시점에서 전량 투입되며, 가공(전환)원가는 공정 전체에 걸쳐 균등하게 발생한다. 가중평균법과 선입선출법에 의한 가공(전환)원가의 완성품환산량은 각각 108,000단위와 87,000단위이다. 기초재공품의 수량이 70,000단위라면 기초재공품 가공(전환)원가의 완성도는? 18년 기출

① 10%   ② 15%   ③ 20%
④ 25%   ⑤ 30%

해설

가중평균법과 선입선출법의 가공원가 완성품환산량 차이(21,000단위)
= 70,000단위(기초재공품) × 가공원가 기완성도
→ 기초재공품 가공원가 완성도 = 30%

**05** ㈜한국은 종합원가계산제도를 채택하고 있으며, 원재료는 공정의 초기에 전량투입되며, 가공원가는 공정 전반에 걸쳐서 진척도에 따라 균등하게 발생한다. 재료원가의 경우 평균법에 의한 완성품환산량은 78,000단위이고, 선입선출법에 의한 완성품환산량은 66,000단위이다. 또한 가공원가의 경우 평균법에 의한 완성품환산량은 54,400단위이고, 선입선출법에 의한 완성품환산량은 52,000단위이다. 기초재공품의 진척도는 몇 %인가? 05년 CTA

① 10%   ② 20%   ③ 30%
④ 50%   ⑤ 70%

해설

1) 재료원가의 완성품환산량 차이(12,000개) = 기초재공품수량 × 완성도(100%)
   → 기초재공품수량 = 12,000개
2) 가공원가의 완성품환산량 차이(2,400개) = 12,000개(기초재공품수량) × 기초재공품 가공원가 기완성도
   → 기초재공품 진척도 = 20%

**06** ㈜감평은 종합원가계산을 채택하고 있다. 원재료는 공정 초에 전량 투입되며, 가공원가(전환원가)는 공정 전반에 걸쳐 균등하게 발생한다. 공손 및 감손은 발생하지 않는다. 다음은 20×5년 6월의 생산활동과 관련된 자료이다.

> • 기초재공품 10,000단위(완성도 20%)
> • 당기투입량 80,000단위
> • 당기완성량 85,000단위
> • 기말재공품     ? 단위(완성도 40%)

가중평균법과 선입선출법에 의하여 각각 완성품환산량을 구하면 가공원가(전환원가)의 완성품 환산량 차이는?   15년 기출

① 2,000단위          ② 4,000단위          ③ 6,000단위
④ 8,000단위          ⑤ 10,000단위

**해설**
가중평균법과 선입선출법의 완성품환산량 차이는 기초재공품 기완성도에 있다.
가공원가 완성품 환산량 차이 = 10,000단위(기초재공품) × 20% = 2,000단위

**07** 다음은 종합원가계산제도를 채택하고 있는 ㈜감평의 당기 제조활동에 관한 자료이다.

> • 기초재공품                    ₩3,000(300단위, 완성도 60%)
> • 당기투입원가                  ₩42,000
> • 당기완성품수량                800단위
> • 기말재공품                    200단위(완성도 50%)

모든 원가는 공정 전체를 통하여 균등하게 발생하며, 기말재공품의 평가는 평균법을 사용하고 있다. 기말재공품원가는? (단, 공손 및 감손은 없다.)   22년 기출

① ₩4,200          ② ₩4,500          ③ ₩5,000
④ ₩8,400          ⑤ ₩9,000

**해설**
1) 모든 원가의 완성품환산량 = 800단위 × 100% + 200단위(기말재공품) × 50% = 900단위
2) 완성품환산량 단위당 원가 = (₩3,000 + ₩42,000) ÷ 900단위 = ₩50
3) 기말재공품원가 = 100단위(기말재공품 완성품환산량) × ₩50 = ₩5,000

**08** ㈜감평은 선입선출법에 의한 종합원가계산을 채택하고 있다. 전환원가(가공원가)는 공정 전반에 걸쳐 균등하게 발생한다. 다음 자료를 활용할 때, 기말재공품원가에 포함된 전환원가(가공원가)는? (단, 공손 및 감손은 발생하지 않는다.) `17년 기출`

| | |
|---|---|
| • 기초재공품 | 1,000단위(완성도 40%) |
| • 당기착수 | 4,000단위 |
| • 당기완성 | 4,000단위 |
| • 기말재공품 | 1,000단위(완성도 40%) |
| • 당기발생 전환원가(가공원가) | ₩1,053,000 |

① ₩98,000  ② ₩100,300  ③ ₩102,700
④ ₩105,300  ⑤ ₩115,500

해설

1) 가공원가 완성품환산량 = 1,000단위 × 60% + 3,000단위 × 100% + 1,000단위 × 40% = 4,000단위
2) 가공원가 완성품환산량 단위당 원가 = ₩1,053,000 ÷ 4,000단위 = ₩263.25
3) 기말재공품에 포함된 가공원가 = 400단위 × ₩263.25 = ₩105,300

**09** ㈜감평은 단일공정을 통해 단일제품을 생산하고 있으며, 선입선출법에 의한 종합원가계산을 적용하고 있다. 직접재료는 공정 초에 전량 투입되고, 가공원가는 공정 전반에 걸쳐 균등하게 발생한다. ㈜감평의 20×1년 기초재공품은 10,000단위(가공원가 완성도 40%), 당기착수량은 30,000단위, 기말재공품은 8,000단위(가공원가 완성도 50%)이다. 기초재공품의 직접재료원가는 ₩170,000이고, 가공원가는 ₩72,000이며, 당기투입된 직접재료원가와 가공원가는 각각 ₩450,000과 ₩576,000이다. 다음 설명 중 옳은 것은? (단, 공손 및 감손은 발생하지 않는다.) `20년 기출`

① 기말재공품원가는 ₩192,000이다.
② 가공원가의 완성품환산량은 28,000단위이다.
③ 완성품원가는 ₩834,000이다.
④ 직접재료원가의 완성품환산량은 22,000단위이다.
⑤ 직접재료원가와 가공원가에 대한 완성품환산량 단위당원가는 각각 ₩20.7과 ₩20.3이다.

**해설**

1) 선입선출법에 따른 완성품환산량

   직접재료원가 = 22,000단위 + 8,000단위(기말재공품) × 100% = 30,000단위

   가공원가 = 10,000단위 × 60% + 22,000단위 + 8,000단위 × 50% = 32,000단위

2) 완성품환산량 단위당 원가(선입선출법)

   직접재료원가 = ₩450,000(당기발생원가) ÷ 30,000단위 = ₩15

   가공원가 = ₩576,000(당기발생원가) ÷ 32,000단위 = ₩18

3) 기말재공품원가 = 8,000단위 × ₩15 + 4,000단위 × ₩18 = ₩192,000

4) 완성품원가 = ₩242,000(기초재공품원가) + 22,000단위 × ₩15 + 28,000단위 × ₩18

   = ₩1,076,000

---

**10** ㈜감평은 가중평균법에 의한 종합원가계산제도를 채택하고 있으며, 단일공정을 통해 제품을 생산한다. 모든 원가는 공정 전반에 걸쳐 균등하게 발생한다. ㈜감평의 당기 생산 관련 자료는 다음과 같다.

| 구분 | 물량(완성도) | 직접재료원가 | 전환원가 |
|---|---|---|---|
| 기초재공품 | 100단위 (?) | ₩4,300 | ₩8,200 |
| 당기착수 | 900 | 20,000 | 39,500 |
| 기말재공품 | 200 (?) | ? | ? |

㈜감평의 당기 완성품환산량 단위당 원가가 ₩80이고 당기 완성품환산량이 선입선출법에 의한 완성품환산량보다 50단위가 더 많을 경우, 선입선출법에 의한 기말재공품원가는? (단, 공손 및 감손은 발생하지 않는다.) **23년 기출**

① ₩3,500          ② ₩4,500          ③ ₩5,500
④ ₩6,500          ⑤ ₩7,000

**해설**

1) 가중평균법 완성품환산량 = ₩72,000(기초재공품원가 + 당기발생원가) ÷ ₩80(완성품환산량 단위당 원가) = 900단위

2) 선입선출법의 완성품환산량 = 900단위(평균법 완성품환산량) − 50단위 = 850단위

3) 선입선출법에 의한 기말재공품 원가 = ₩59,500(당기발생원가) × (100단위/850단위)

   = ₩7,000

**11** ㈜미래는 컴퓨터칩을 생산하고 있다. 직접재료는 생산공정의 초기에 투입되며, 가공원가는 공정의 전반에 걸쳐 균등하게 발생한다. 생산공정에서 공손품이 발생하는데 이러한 공손품은 제품을 검사하는 시점에서 파악된다. 정상적인 공손품은 품질검사시점을 통과한 합격품의 10%의 비율로 발생한다. 5월의 생산자료를 보면, 월초재공품(완성도 30%) 10,000개, 당월 생산착수량 75,000개, 당월 생산착수완성품 52,000개, 월말재공품(완성도 80%) 15,000개, 공손품 8,000개이다. 품질검사가 생산공정의 20% 시점에서 실시되는 경우 정상공손품 수량은 얼마인가? 만약 생산공정의 50% 시점에서 품질검사가 실시된다면, 정상공손품 수량은 얼마인가?　06년 CTA

| | 20% 검사시점 | 50% 검사시점 |
|---|---|---|
| ① | 7,500개 | 8,500개 |
| ② | 7,500개 | 7,700개 |
| ③ | 5,200개 | 7,700개 |
| ④ | 6,200개 | 7,700개 |
| ⑤ | 6,700개 | 7,700개 |

**해설**

1) 20% 검사시점
　당기 중 검사를 통과한 정상품 = 52,000단위 + 15,000단위 = 67,000단위
　정상공손수량 = 67,000단위 × 10% = 6,700단위
2) 50% 검사시점
　당기 중 검사를 통과한 정상품 = 62,000단위 + 15,000단위 = 77,000단위
　정상공손수량 = 77,000단위 × 10% = 7,700단위

**12** ㈜세무는 평균법하의 종합원가계산을 적용하고 있으며, 당기 생산관련 자료는 다음과 같다.

| | 물량 |
|---|---|
| 기초재공품 | 500 (완성도 80%) |
| 당기착수량 | 2,100 |
| 당기완성량 | 2,100 |
| 기말재공품 | 400 (완성도 60%) |

품질검사는 완성도 40% 시점에서 이루어지며, 당기검사를 통과한 정상품의 2%를 정상공손으로 간주한다. 당기의 정상공손수량은?　13년 CTA

① 32단위　　　　② 34단위　　　　③ 40단위
④ 50단위　　　　⑤ 52단위

**해설**

공손수량의 물량흐름 파악은 선입선출법의 가정하에 수행한다.

| | | | | |
|---|---|---|---|---|
| 기초재공품(80%) | 500 | 당기완성품 | 기초재공품 | 500 |
| | | | 당기착수완성품 | 1,600 |
| | | 정상공손(40%) | | 40 |
| 당기착수량 | 2,100 | 비정상공손(40%) | | 60 |
| | | 기말재공품(60%) | | 400 |
| | 2,600 | | | 2,600 |

1) 정상공손수량 = (1,600단위 + 400단위) × 2% = 40단위

**13** ㈜한국은 단일제품을 대량으로 생산하고 있다. 직접재료는 공정 초기에 모두 투입되고 가공원가는 공정 중에 균등하게 발생한다. 생산 중에는 공손이 발생하는데 품질검사를 통과한 수량의 10%에 해당하는 공손수량은 정상공손으로 간주한다. 공손여부는 공정의 50% 완성 시의 검사시점에서 파악된다. 다음 자료를 이용하여 계산한 비정상공손수량은? (단, 물량흐름은 선입선출법을 가정한다.) 12년 기출

- 기초재공품수량 2,000단위(완성도 30%)
- 당기착수량 8,000단위
- 당기완성량 7,200단위
- 기말재공품수량 1,500단위(완성도 60%)

① 380단위        ② 430단위        ③ 450단위
④ 520단위        ⑤ 540단위

**해설**

1) 당기검사합격물량 = 2,000단위(기초재공품) + 5,200단위(당기착수완성품) + 1,500단위(기말재공품) = 8,700단위
   → 정상공손수량 = 8,700단위 × 10% = 870단위
2) 공손수량 = 10,000단위 - 7,200단위 - 1,500단위 = 1,300단위
3) 비정상공손수량 = 1,300단위 - 870단위 = 430단위

**14** ㈜감평은 종합원가계산제도를 채택하고 있으며, 제품 X의 생산관련 자료는 다음과 같다.

| 구분 | 물량 |
|---|---|
| 기초재공품(전환원가 완성도) | 60단위(70%) |
| 당기착수량 | 300단위 |
| 기말재공품(전환원가 완성도) | 80단위(50%) |

직접재료는 공정 초에 전량 투입되고, 전환원가(conversion cost, 또는 가공원가)는 공정 전반에 걸쳐 균등하게 발생한다. 품질검사는 전환원가(또는 가공원가) 완성도 80% 시점에 이루어지며, 당기에 품질검사를 통과한 합격품의 5%를 정상공손으로 간주한다. 당기에 착수하여 완성된 제품이 200단위일 때 비정상공손 수량은? (단, 재고자산의 평가방법은 선입선출법을 적용한다.)   24년 기출

① 7단위        ② 10단위        ③ 13단위
④ 17단위       ⑤ 20단위

**해설**

1) 물량의 흐름

| 재공품 | | | |
|---|---|---|---|
| 기초재공품 | 60단위 | 당기완성품 | 260단위 |
| | | 공손수량 | 20단위 |
| 당기착수량 | 300단위 | 기말재공품 | 80단위 |

2) 정상공손수량 = (60단위 + 200단위) × 5% = 13단위
3) 비정상공손 수량 = 20단위(전체 공손수량) − 13단위(정상공손수량) = 7단위

**15** ㈜국세의 당기 중 생산 및 원가자료는 다음과 같다.

| 기초재공품 | | 직접재료원가 | ₩1,000 |
|---|---|---|---|
| | | 전환원가(가공원가) | ₩2,475 |
| 당기투입원가 | | 직접재료원가 | ₩5,600 |
| | | 전환원가(가공원가) | ₩8,300 |
| 기말재공품 | | 수량 | 500단위 |
| | 완성도 | 직접재료원가 | 20% |
| | | 전환원가(가공원가) | 15% |
| 공손품 | | 수량 | 200단위 |
| | 완성도 | 직접재료원가 | 50% |
| | | 전환원가(가공원가) | 40% |

완성품 수량은 2,000단위이고, 공손품원가를 전액 별도로 인식하고 있다. 재고자산의 단위원가 결정방법이 가중평균법인 경우, 공손품원가는? [15년 CTA]

① ₩300　　　　　② ₩420　　　　　③ ₩540
④ ₩670　　　　　⑤ ₩700

 해설

| | | 재료원가 | 가공원가 |
|---|---|---|---|
| 당기완성 | 2,000 | 2,000 | 2,000 |
| 공손(50%, 40%) | 200 | 100 | 80 |
| 기말재공품(20%, 15%) | 500 | 100 | 75 |
| 완성품환산량 | | 2,200 | 2,155 |
| 기초재공품원가 + 당기발생원가 | | ₩6,600 | ₩10,775 |
| 완성품환산량 단위당원가 | | @3 | @5 |

∴ 공손품원가 = 100단위 × ₩3 + 80단위 × ₩5 = ₩700

**16** ㈜감평은 단일 제품을 대량생산하고 있으며, 가중평균법을 적용하여 종합원가계산을 하고 있다. 직접재료는 공정초에 전량 투입되고, 전환원가는 공정 전체에서 균등하게 발생한다. 당기 원가계산 자료는 다음과 같다.

| | |
|---|---|
| • 기초재공품 | 3,000개(완성도 80%) |
| • 당기착수수량 | 14,000개 |
| • 당기완성품 | 13,000개 |
| • 기말재공품 | 2,500개(완성도 60%) |

품질검사는 완성도 70%에서 이루어지며, 당기 중 검사를 통과한 합격품의 10%를 정상공손으로 간주한다. 직접재료원가와 전환원가의 완성품환산량 단위당 원가는 각각 ₩30과 ₩20이다. 완성품에 배부되는 정상공손원가는? 21년 기출

① ₩35,000  ② ₩44,000  ③ ₩55,400
④ ₩57,200  ⑤ ₩66,000

**해설**
1) 정상공손수량 = 10,000개(당기검사합격물량) × 10% = 1,000개
2) 정상공손원가 = 1,000개 × ₩30(직접재료원가 단위당 원가) + 1,000개 × 70%(검사시점) × ₩20(전환원가의 단위당 원가) = ₩44,000

답 ▶

| | | | | |
|---|---|---|---|---|
| 01 ④ | 02 ② | 03 ② | 04 ⑤ | 05 ② |
| 06 ① | 07 ③ | 08 ④ | 09 ① | 10 ⑤ |
| 11 ⑤ | 12 ③ | 13 ② | 14 ① | 15 ⑤ |
| 16 ② | | | | |

## 제6절 결합원가계산

### 1 결합원가계산의 의의

결합제품이란 하나의 공정에서 동일한 재료를 사용하여 생산되는 두 종류 이상의 서로 다른 제품을 말하며 연산품이라고도 한다. 결합제품은 동일한 재료를 가지고 생산을 하다 일정한 단계에 도달이 되면 다시 여러 제품으로 분리되는데 이렇게 여러 제품으로 분리되는 점을 분리점이라고 한다. 분리점에 도달하면 같은 공정에서 시작했던 제품들이 여러 형태의 제품으로 갈라지게 되는데, 이때 분리점에 도달하기 전까지의 공통적으로 발생시켰던 원가를 어떤 기준에 의해 배분해야 하는지를 결정해야 한다.

결합원가계산의 핵심은 이처럼 공통으로 발생된 원가를 배분하는 방법과 그에 따른 제조원가 계산에 있다고 하겠다.

### 1. 결합원가(joint costs)

결합원가는 분리점에 도달하기까지 결합제품을 생산하는 과정에서 발생한 모든 제조원가를 말한다.

### 2. 개별원가

개별원가는 분리점에 도달한 이후 추가적인 가공과 관련되어 각 제품별로 발생한 원가를 말한다. 이를 개별원가 또는 추가가공원가라고도 한다. 개별원가는 각 제품별로 추적이 가능하기 때문에 해당 제품에 직접 대응시킨다.

### 3. 주산물과 부산물

① 연산품(=주산물) : 결합제품 중 상대적으로 판매가치가 큰 제품

② 부산물 : 연산품이 제조과정에서 부수적으로 생산되는 제품. 판매가치가 상대적으로 작은 제품

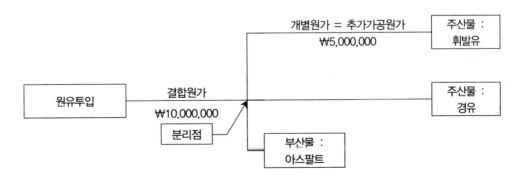

**2 결합원가의 배부방법**

결합원가를 배부하는 방법에는 물량기준법, 상대적 판매가치법, 순실현가치법, 균등매출총이익률법 등이 있다. 순실현가치법과 균등매출총이익률법은 분리점 이후에 추가적으로 가공한 후 판매하는 경우에 적용하는 결합원가 배부방법이다.

## 1. 물량기준법

물량기준법은 중량이나 부피 등 공통된 물리적 속성의 상대적인 비율에 따라 결합원가를 배부하는 방법이다.

## 2. 상대적 판매가치법

상대적 판매가치법은 분리점에서의 각 제품의 상대적 판매가치에 비례해서 결합원가를 배부하는 방법이다.

---

**예제 6-1** 상대적 판매가치법

㈜한국은 재료 1,000kg을 투입해서 제품 X와 제품 Y를 생산하였으며, 분리점 이전에 발생한 제조원가는 ₩60,000이다. 결합제품 X의 단위당 판매가격은 ₩400, 제품 Y가 ₩200이며, 제품 X는 600kg, 제품 Y는 400kg 생산되었다고 할 때, 상대적 판매가치법에 따라 결합원가를 배분하시오.

**해답**

(1) 분리점에서의 판매가치(X) = 600kg × ₩400 = ₩240,000
(2) 분리점에서의 판매가치(Y) = 400kg × ₩200 = ₩80,000
(3) 결합원가 배부(상대적 판매가치법)
　　X제품 = ₩60,000 × (₩240,000/₩320,000) = ₩45,000
　　Y제품 = ₩60,000 × (₩80,000/₩320,000) = ₩15,000

---

상대적 판매가치법은 판매가치가 높은 제품에 원가를 많이 배부하고, 판매가치가 낮은 제품에는 원가를 적게 배부해서 수익과 비용이 적절하게 대응된다는 장점이 있지만, 분리점에서 판매가치가 없는 결합제품에는 사용할 수 없다는 점이 단점이다.

## 3. 순실현가치법(Net Realizable Value : NRV법)

순실현가치법은 각 제품의 순실현가치를 기준으로 결합원가를 배부하는 방법이다.

순실현가치 = 최종판매가치 − 추가가공원가 − 예상판매관리비

순실현가치법은 분리점에서의 판매가치를 알 수 없는 경우에 주로 사용된다.

> **예제**
> **6-2**　순실현가치법

㈜한국은 1,000kg의 물량을 투입해서 1차 가공을 한 후 분리점에서 600kg은 추가가공비 ₩100,000을 들여 제품 A로 가공하고, 400kg은 추가가공비 ₩70,000을 들여 제품 B로 가공해 판매한다고 한다.

제품 A의 판매가격은 ₩1,000, 제품 B의 판매가격은 ₩800이며, 판매비용은 없다. ㈜한국은 1차 가공과정에서 결합원가 ₩300,000이 발생하였다.

[물음]

1. ㈜한국이 결합원가 배부방법으로 순실현가치법을 사용한다고 할 때, 각 제품별로 배부되는 결합 원가를 계산하시오.
2. 결합원가 배부 후, 각 제품별 제조원가를 계산하시오.
3. ㈜한국이 제품 A와 제품 B를 모두 판매하였다고 할 때, 각 제품의 매출총이익을 계산하시오.

........................................................................................................................................

**[해답]**

1. 순실현가치법
   (1) 제품별 순실현가치
       1) 제품 A의 순실현가치 = (600kg × ₩1,000) − ₩100,000 = ₩500,000
       2) 제품 B의 순실현가치 = (400kg × ₩800) − ₩70,000 = ₩250,000
   (2) 결합원가의 배부
       1) 제품 A = ₩300,000 × (₩500,000/₩750,000) = ₩200,000
       2) 제품 B = ₩300,000 × (₩250,000/₩750,000) = ₩100,000

2. 각 제품별 제조원가
   (1) 제품 A = ₩200,000(결합원가) + ₩100,000(추가가공원가) = ₩300,000
   (2) 제품 B = ₩100,000(결합원가) + ₩70,000(추가가공원가) = ₩170,000

3. 매출총이익
   제품 A = ₩600,000(매출액) − ₩300,000(매출원가) = ₩300,000
   제품 B = ₩320,000(매출액) − ₩170,000(매출원가) = ₩150,000

순실현가치법은 추가가공공정이 존재하는 경우 매출총이익률이 낮아진다. 순실현가치를 계산하는 과정에서 추가가공공정은 이익을 창출하지 못하고 원가발생액만큼만 수익을 창출하는 것으로 가정하기 때문에 추가가공원가가 많을수록 원가율이 높아져 이익률이 낮아지기 때문이다.

◆ **순실현가치법의 장단점**

순실현가치법의 장점은
① 분리점에서 판매가치를 알 수 없는 경우에도 사용할 수 있다.
② 물량기준법에 비해 결합제품의 수익성이 왜곡되지 않는다는 점이 있다.

그에 반하여 순실현가치법은 추가가공공정은 이익을 창출하지 않고, 결합공정만 이익을 창출하는 것으로 가정하므로 다음과 같은 단점이 있다.
① 추가가공원가는 수익창출에 기여하지 않으므로 추가가공공정이 있는 제품의 수익성이 낮게 판단된다.
② 원가기준가격결정방법은 사용할 수 없다는 단점이 있다.

## 4. 균등매출총이익률법

균등매출총이익률법은 모든 개별제품의 매출총이익률이 같아지도록 결합원가를 배부하는 방법이다.
① 1단계 : 전체의 매출총이익률을 구한다.
② 2단계 : 각 제품이 부담해야 할 총원가를 계산한다.
   각 제품의 매출액에서 매출총이익(제품별 매출액 × 매출총이익률)을 차감해서 각 제품이 부담해야 할 총원가를 구한다.
③ 3단계 : 제품별로 결합원가를 배분한다.
   2단계에서 계산한 총원가에서 추가가공원가를 차감하여 결합원가 배부액을 구한다.

---

**예제 6-3** 균등매출총이익률법

㈜한국은 1,000kg의 물량을 투입해서 1차 가공을 한 후 분리점에서 600kg은 추가가공비 ₩100,000을 들여 제품 A로 가공하고, 400kg은 추가가공비 없이 바로 제품 B로 판매한다고 한다. 제품 A의 판매가격은 ₩1,000, 제품 B의 판매가격은 ₩500이며, 판매비용은 없다. ㈜한국은 1차 가공과정에서 결합원가 ₩300,000이 발생하였다.

[물음]
1. ㈜한국의 매출총이익률을 구하시오.
2. ㈜한국이 균등매출총이익률법에 의해 결합원가를 배부한다고 할 때, 각 제품별로 배부될 결합원가금액을 구하시오.

---

**해답**

1. ㈜한국의 전체 매출총이익률 = 매출총이익 / 매출액
   (1) 판매가치(매출액) = 600kg × ₩1,000 + 400kg × ₩500 = ₩800,000
   (2) 총원가 = ₩300,000(결합원가) + ₩100,000(추가가공원가) = ₩400,000
   (3) 매출총이익률 = ₩400,000 ÷ ₩800,000 = 50%

2. 결합원가 배부
   (1) A제품의 총원가 = ₩600,000 × 50% = ₩300,000
      → 결합원가 배부액 = ₩300,000 − ₩100,000(추가가공원가) = ₩200,000
   (2) B제품의 총원가 = ₩200,000 × 50% = ₩100,000
      → 결합원가 배부액 = ₩100,000 − ₩0(추가가공원가) = ₩100,000

균등매출총이익률법의 장점은 결합공정과 추가가공공정의 모든 제조원가가 동일하게 이익을 창출할 능력이 있는 것으로 가정해서 추가가공공정의 수익창출능력을 고려한다는 점과, 결합공정이 많은 경우 순실현가치법보다 적용이 간편하다는 점이 있다. 그러나 개별원가가 많이 발생해 개별원가율이 총원가율보다 큰 제품의 경우에는 음(−)의 결합원가가 배부될 수도 있다는 단점이 있다.

◎ 배부방법별 비교

| 구분 | 장점 | 단점 |
|---|---|---|
| 상대적<br>판매가치법 | • 연산품 간 수익성을 고려<br>• 수익과 비용이 적절히 대응 | • 분리점에서의 판매가치가 없는 연산품이 존재할 경우 사용 불가<br>• 원가가산가격결정방식 적용 불가 |
| 순실현가치법 | • 연산품의 수익성 고려<br>• 분리점에서의 판매가치가 없는 연산품에도 원가 배분 가능 | • 추가가공공정은 이익을 창출하지 못하는 것으로 가정하므로 추가가공공정이 존재하는 제품의 수익성이 낮게 나타남<br>• 원가가산가격결정방식 적용 불가 |
| 균등<br>매출총이익률법 | • 추가가공공정의 수익창출능력을 고려 | • (−)의 결합원가가 배분될 수 있다. |

### 3 결합원가계산의 기타방법

**1. 복수의 분리점이 있는 경우**

  1단계 : 공정흐름도 작성
  2단계 : 최종분리점부터 시작하여 역순으로 순실현가치 계산
  3단계 : 최초분리점부터 최종분리점까지 순차적으로 결합원가 배분

**2. 결합공정에 재공품이 존재하는 경우**

  1단계 : 종합원가계산을 이용 결합공정의 완성품 원가 계산
  2단계 : 결합공정의 완성품원가를 결합원가로 결합제품에 배분

**3. 추가가공공정에 재공품이 존재하는 경우**

  1단계 : 결합공정의 생산량을 모두 판매가능한 완성품으로 만들기 위해 발생할 총원가 추정
  2단계 : 결합공정의 생산량을 기준으로 순실현가치 계산, 결합원가 배분
  ※ 추가가공공정의 완성량 기준이 아님에 유의

> **예제 6-4** 결합공정에 재공품이 존재하는 경우

㈜한국은 결합공정을 통해 중간재 X를 생산하고, 이를 추가가공하여 결합제품 A와 B를 생산한다. 20×1년 결합공정에서 기초재공품은 없었고, 완성품은 8,000kg, 기말재공품은 1,000kg(완성도 40%)을 생산하였으며, 공손 및 감손은 없었다. 결합제품과 관련된 자료는 다음과 같다.

| 제품 | 기초제품수량 | 생산량 | 기말제품수량 | 분리점이후 추가가공원가(총액) | 단위당 판매가치 |
|------|------|------|------|------|------|
| A | 100개 | 4,000개 | 700개 | 20,000 | 50 |
| B | 500개 | 2,000개 | 125개 | 40,000 | 80 |

당기 중 결합공정에 투입된 직접재료원가는 ₩72,000이었고, 가공원가는 ₩42,000이었다. 결합공정에서 재료는 공정 초에 모두 투입되고, 가공원가는 공정전반에 걸쳐 균등하게 발생한다.

[물음]
1. 종합원가계산을 이용하여 당기완성품원가를 구하시오. 단, ㈜한국은 원가흐름가정으로 평균법을 가정하며, 분리점 이후 추가공정에서 재공품은 없었다.
2. 순실현가치법으로 결합원가를 배부하고, 각 결합제품의 제조원가를 구하시오.

해답

1. 종합원가계산 당기완성품원가
   (1) 직접재료원가 완성품환산량 = 8,000kg + 1,000kg × 100% = 9,000kg
   (2) 가공원가 완성품환산량 = 8,000kg + 1,000kg × 40% = 8,400kg
   (3) 당기완성품원가 = ₩72,000(직접재료원가) × (8,000kg/9,000kg) + ₩42,000(가공원가)
       × (8,000kg/8,400kg) = ₩104,000

2. 순실현가치법으로 결합원가 배부
   (1) 결합제품의 순실현가치
       A = 4,000개 × ₩50 − ₩20,000(추가가공원가) = ₩180,000
       B = 2,000개 × ₩80 − ₩40,000(추가가공원가) = ₩120,000
   (2) 결합원가 배부액
       A = ₩104,000 × (₩180,000/₩300,000) = ₩62,400
       B = ₩104,000 × (₩120,000/₩300,000) = ₩41,600
   (3) 각 결합제품의 제조원가
       A = ₩62,400(결합원가 배부액) + ₩20,000(추가가공원가) = ₩82,400
       B = ₩41,600(결합원가 배부액) + ₩40,000(추가가공원가) = ₩81,600

**예제 6-5** 추가가공공정에 재공품이 존재하는 경우

㈜한국은 동일 재료를 투입하여 제품 A와 제품 B를 생산하고 있다. 1차 공정을 통하여 제품 A와 중간제품 B가 분리되며, 제품 A는 1차 공정 이후 즉시 판매가 가능하나 중간제품 B는 2차의 추가공정을 통하여 제품 B로 완성하여야만 판매가 가능하다. 1차 공정과 2차 공정의 원가자료는 다음과 같다.

|  | 1차 공정 | 2차 공정 |
|---|---|---|
| 직접재료원가 | ₩100,000 | – |
| 직접노무원가 | 100,000 | ₩20,000 |
| 제조간접원가 | 200,000 | 25,000 |
| 계 | ₩400,000 | ₩45,000 |

(1) 당기는 기초재공품 및 1차 공정의 기말재공품이 없다.
(2) 제품 A의 판매가격은 단위당 ₩300이며 당기 생산량은 500개이다.
(3) 1차 공정을 통하여 중간제품 B를 1,000개 생산하였으며, 2차 공정의 완성품은 800개, 기말재공품은 200개이고, 기말재공품의 완성도는 50%이다. 가공원가는 공정 전반에 걸쳐 균등하게 발생한다. 제품 B의 판매가격은 단위당 ₩100이다.
(4) ㈜한국은 결합원가를 순실현가치를 기준으로 배분한다.

[물음]
1. 결합공정의 원가를 연산품에 배분하시오
2. 2차 공정의 완성품원가와 기말재공품원가를 구하시오.

해답

Ⅰ. 결합원가 배분
(1) 분리점에서의 중간제품 B 순실현가치
결합원가의 배분대상은 최종제품 B가 아니라 중간제품 B이므로, 제품 B의 완성량 800개가 아니라 중간제품 B의 생산량인 1,000개를 기준으로 순실현가치를 계산하여야 한다.
– 중간제품 B의 순실현가치 = 1,000개 × ₩100 − 1,000개 × ₩50[*] = ₩50,000
[*] 중간제품 B 1단위를 완성품으로 만들기 위해 발생하는 단위당 가공원가
= ₩45,000 ÷ (800개 + 200개 × 50%) = ₩50

(2) 결합원가 배분(순실현가치법)

| 제품 | 순실현가치 | 배부율 | 결합원가 배부 |
|---|---|---|---|
| A | 500개×₩300 = ₩150,000 | 75% | ₩300,000 |
| 중간제품 B | 50,000 | 25% | 100,000 |
| | ₩200,000 | 100% | ₩400,000 |

2. 2차 공정의 완성품원가 기말재공품원가

| | | 전공정대체원가 | 가공원가 |
|---|---|---|---|
| 당기완성 | 800 | 800 | 800 |
| 기말재공(50%) | 200 | 200 | 100 |
| 완성품환산량 | | 1,000 | 900 |
| 기초재공품원가 + 당기발생원가 | | ₩100,000 | ₩45,000 |
| 완성품환산량 단위당원가 | | @100 | @50 |

완성품원가 = 800개 × (@100 + @50) = ₩120,000
기말재공품원가 = 200개 × @100 + 100개 × @50 = ₩25,000

## 4 부산물의 회계처리

부산물은 주산물에 비하여 상대적으로 판매가치가 작으며, 주산물의 생산과정에서 부수적으로 만들어지는 것이므로, 수익창출과정으로 바라보는 것이 아니라 발생원가의 회수 관점에서 회계처리를 수행한다.

구체적인 회계처리 방법으로는 생산기준법과 판매기준법이 있다.

### 1. 생산기준법

부산물의 가치가 중요한 경우 적용하며, 생산시점에 부산물을 순실현가치로 평가하여 자산으로 기록하고, 해당 가액(부산물의 순실현가치)은 연산품에 배분하여야 할 결합원가에서 차감한다.

즉, 연산품에 배부되는 결합원가는 최초결합원가에서 부산물의 순실현가치를 차감한 금액이 된다.

### 2. 판매기준법

부산물의 가치가 중요하지 않은 경우 적용하며, 부산물의 생산시점에는 별도로 부산물을 인식하지 않고 판매시점에 부산물의 판매이익을 잡이익으로 처리한다. 즉, 연산품에 배부되는 결합원가는 최초 결합원가 전액이 된다.

| 구분 | 생산기준법 | 판매기준법 |
|---|---|---|
| 적용상황 | 부산물 가치가 중요한 경우 | 부산물가치가 중요하지 않은 경우 |
| 인식시점 | 생산시점 | 판매시점 |
| 재무상태표 표시 | 순실현가치로 기록(재고자산) | 기록하지 않음 |
| 연산품에 배분해야 할 원가 | 최초결합원가 - 부산물의 순실현가치 | 최초결합원가 |

01  ㈜한국은 제품 A, B, C 세 가지 결합제품을 생산하고 있다. 관련 자료는 다음과 같다. 결합원가가 분리점에서의 상대적 판매가치에 의하여 배분된다면 제품 B에 배분되는 결합원가는 얼마인가? (단, 아래 표에서 세 가지 제품 모두 분리점에서의 판매가치를 알 수 있으며, 재공품은 없다고 가정함)  10년 기출

| 구분 | 제품 A | 제품 B | 제품 C | 합계 |
|---|---|---|---|---|
| 생산수량(개) | 12,000 | 7,000 | 6,000 | 25,000 |
| 결합원가(원) | ? | ? | 38,000 | 200,000 |
| 분리점에서의 판매가치(원) | 120,000 | ? | ? | 500,000 |
| 추가가공시의 추가원가(원) | 25,000 | 15,000 | 11,000 | 51,000 |
| 추가가공 후의 판매가치(원) | 230,000 | 200,000 | 180,000 | 610,000 |

① ₩114,000     ② ₩120,000     ③ ₩124,000
④ ₩128,000     ⑤ ₩130,000

해설
1) 제품 A의 결합원가 배부액 = ₩200,000 × (₩120,000/₩500,000) = ₩48,000
2) 제품 B의 결합원가 배부액 = ₩200,000 − ₩48,000 − ₩38,000 = ₩114,000

02  ㈜국세는 동일한 원재료를 투입해서 하나의 공정을 거쳐 제품 A, 제품 B, 제품 C를 생산하며, 분리점까지 총 ₩40,000의 원가가 발생한다. ㈜국세는 분리점까지 발생한 원가를 분리점에서의 상대적 판매가치를 기준으로 결합제품에 배분한다. 결합제품의 생산량, 분리점에서의 단위당 판매가격, 추가가공원가 및 추가가공 후 단위당 판매가격은 다음과 같다.

| 제품 | 생산량(단위) | 분리점에서의 단위당 판매가격 | 추가가공원가 | 추가가공 후 단위당 판매가격 |
|---|---|---|---|---|
| A | 1,500 | ₩16 | ₩6,300 | ₩20 |
| B | 2,000 | 8 | 8,000 | 13 |
| C | 400 | 25 | 3,600 | 32 |

㈜국세가 위 결합제품을 전부 판매할 경우에 예상되는 최대 매출총이익은 얼마인가? (단, 결합공정 및 추가가공과정에서 재공품 및 공손은 없는 것으로 가정한다.)  12년 CTA

① ₩10,900     ② ₩12,000     ③ ₩20,000
④ ₩50,900     ⑤ ₩60,000

해설

(1) 추가가공 여부 결정

| 제품 | 생산량 | 분리점<br>단위당 판매가 | 추가가공 후<br>단위당 판매가 | 추가가공시<br>증분수익 | 추가가공<br>원가 | 추가가공<br>여부 |
|------|--------|---------------------|--------------------------|-------------------|---------------|---------------|
| A | 1,500 | ₩16 | ₩20 | ₩6,000 | ₩6,300 | × |
| B | 2,000 | 8 | 13 | 10,000 | 8,000 | ○ |
| C | 400 | 25 | 32 | 2,800 | 3,600 | × |

(2) 매출총이익

매출액 = 1,500개 × ₩16 + 2,000개 × ₩13 + 400개 × ₩25 = ₩60,000

원가 = ₩40,000(결합원가) + ₩8,000(추가가공원가) = ₩48,000

매출총이익 = ₩60,000 − ₩48,000 = ₩12,000

**03** 20×1년에 설립된 ㈜서울은 제1공정에서 원재료 1,000kg을 가공하여 중간제품 A와 제품 B를 생산한다. 제품 B는 분리점에서 즉시 판매될 수 있으나, 중간제품 A는 분리점에서 판매가치가 형성되어 있지 않기 때문에 제2공정에서 추가 가공하여 제품 C로 판매한다. 제품별 생산 및 판매량과 kg당 판매가격은 다음과 같다.

| 제품 | 생산 및 판매량 | Kg당 판매가격 |
|------|-------------|-------------|
| 중간제품 A | 600kg | − |
| 제품 B | 400kg | ₩500 |
| 제품 C | 600kg | 450 |

제1공정에서 발생한 결합원가는 ₩1,200,000이었고, 중간제품 A를 제품 C로 가공하는 데 추가된 원가는 ₩170,000이었다. 회사가 결합원가를 순실현가치에 비례하여 제품에 배부하는 경우, 제품 B와 제품 C에 배부되는 총제조원가는? 11년 기출

| | 제품 B | 제품 C |
|---|--------|--------|
| ① | ₩400,000 | ₩800,000 |
| ② | ₩400,000 | ₩970,000 |
| ③ | ₩570,000 | ₩800,000 |
| ④ | ₩800,000 | ₩570,000 |
| ⑤ | ₩870,000 | ₩400,000 |

해설

1) 순실현가치

제품 C = 600kg × ₩450 − ₩170,000 = ₩100,000

제품 B = 400kg × ₩500 = ₩200,000

2) 결합원가 배분

제품 A = ₩1,200,000 × (₩100,000/₩300,000) = ₩400,000

제품 B = ₩1,200,000 × (₩200,000/₩300,000) = ₩800,000

3) 총제조원가

제품 B = ₩800,000(결합원가)

제품 C = ₩400,000(결합원가) + ₩170,000(추가가공원가) = ₩570,000

**04** ㈜세무는 단일재료를 이용하여 세 가지 제품 A, B, C와 부산물 X를 생산하고 있으며, 결합원가계산을 적용하고 있다. 제품 A와 B는 분리점에서 즉시 판매되나, 제품 C는 분리점에서 시장이 존재하지 않아 추가가공을 거친 후 판매된다. ㈜세무의 20×1년 생산 및 판매관련 자료는 다음과 같다.

| 구분 | 생산량 | 판매량 | 리터당 최종 판매가격 |
|------|--------|--------|----------------------|
| A | 100리터 | 50리터 | ₩10 |
| B | 200리터 | 100리터 | ₩10 |
| C | 200리터 | 50리터 | ₩10 |
| X | 50리터 | 30리터 | ₩3 |

20×1년 동안 결합원가는 ₩2,100이고, 제품 C의 추가가공원가는 총 ₩1,000이다. 부산물 X의 단위당 판매비는 ₩1이며, 부산물 평가는 생산기준법(순실현가치법)을 적용한다. 순실현가치법으로 결합원가를 배부할 때 제품 C의 기말재고자산 금액은? (단, 기초재고와 기말재공품은 없다.) 13년 CTA

① ₩850　　　　　　② ₩1,050　　　　　　③ ₩1,125

④ ₩1,250　　　　　　⑤ ₩1,325

해설

1) 배분대상 결합원가

부산물의 순실현가치 = 50단위 × ₩3 − 50단위 × ₩1 = ₩100

주산물에 배분할 결합원가 = ₩2,100 − ₩100 = ₩2,000

2) 결합원가의 배분

| 제품 | 순실현가치 | 배부율 | 결합원가 배부 |
|---|---|---|---|
| A | 100×₩10 = ₩1,000 | 25% | ₩500 |
| B | 200×₩10 = ₩2,000 | 50% | 1,000 |
| C | 200×₩10 − ₩1,000 = ₩1,000 | 25% | 500 |
| | ₩4,000 | 100% | ₩2,000 |

3) 제품 C 단위당 원가 = (₩1,000 + ₩500) ÷ 200리터 = ₩7.5

4) 제품 C 기말재고자산가액 = ₩7.5 × 150리터 = ₩1,125

**05** ㈜감평은 당기부터 단일의 공정을 거쳐 주산물 A, B, C와 부산물 X를 생산하고 있고 당기발생 결합원가는 ₩9,900이다. 결합원가의 배부는 순실현가치법을 사용하며, 부산물의 평가는 생산기준법(순실현가치법)을 적용한다. 주산물 C의 기말재고자산은?

16년 기출

| 구분 | 최종생산량(개) | 최종판매량(개) | 최종 단위당 판매가격(원) | 추가 가공원가(원) |
|---|---|---|---|---|
| A | 9 | 8 | 100 | 0 |
| B | 27 | 10 | 150 | 450 |
| C | 50 | 20 | 35 | 250 |
| X | 40 | 1 | 10 | 0 |

① ₩800  ② ₩1,300  ③ ₩1,575
④ ₩1,975  ⑤ ₩2,375

**해설**

부산물의 평가는 순실현가치법으로 부산물의 순실현가치는 결합원가에서 차감한다.

부산물의 순실현가치 = 40개 × ₩10 = ₩400

당기 주산물에 배분될 결합원가 = ₩9,900 − ₩400 = ₩9,500

1) 순실현가치
   A의 순실현가치 = 9개 × ₩100 = ₩900
   B의 순실현가치 = 27개 × ₩150 − ₩450 = ₩3,600
   C의 순실현가치 = 50개 × ₩35 − ₩250 = ₩1,500

2) C에 배분될 결합원가
   = ₩9,500 × (₩1,500/₩6,000) = ₩2,375

3) C의 총 제조원가 = ₩2,375 + ₩250 = ₩2,625

4) 제품 C 기말재고자산 = ₩2,625 × (30개/50개) = ₩1,575

**06** ㈜감평은 결합공정을 거쳐 주산품 A, B와 부산품 F를 생산하여 주산품 A, B는 추가가 공한 후 판매하고, 부산품 F의 회계처리는 생산시점에서 순실현가치법(생산기준법)을 적용한다. ㈜감평의 당기 생산 및 판매 자료는 다음과 같다.

| 구분 | 분리점 이후 추가가공원가 | 추가가공 후 단위당 판매가격 | 생산량 | 판매량 |
|---|---|---|---|---|
| A | ₩1,000 | ₩60 | 100단위 | 80단위 |
| B | 200 | 30 | 140 | 100 |
| F | 500 | 30 | 50 | 40 |

결합원가 ₩1,450을 분리점에서의 순실현가능가치 기준으로 각 제품에 배분할 때 주산품 A의 매출총이익은? (단, 기초 재고자산은 없다.) 24년 기출

① ₩2,714  ② ₩2,800  ③ ₩2,857
④ ₩3,714  ⑤ ₩3,800

**해설**

1) 부산품의 순실현가치 = 50단위 × ₩30 − ₩500(추가가공원가) = ₩1,000
   • 배부대상 결합원가 = ₩1,450 − ₩1,000 = ₩450
2) 주산품 A, B의 순실현가치
   A = 100단위 × ₩60 − ₩1,000 = ₩5,000
   B = 140단위 × ₩30 − ₩200 = ₩4,000
3) 주산품 A에 배부되는 결합원가 = ₩450 × (₩5,000/₩9,000) = ₩250
4) 주산품 A의 총제조원가 = ₩250(결합원가 배부액) + ₩1,000(추가가공원가) = ₩1,250
5) 주산품 A의 매출총이익 = 80단위 × ₩60 − (₩1,250 × 80단위/100단위) = ₩3,800

**07** ㈜국세는 동일 공정에서 세 가지 결합제품 A, B, C를 생산하고 있으며, 균등이익률법을 사용하여 결합원가를 배부한다. A와 B는 추가가공을 거치지 않고 판매되며, C는 추가가공원가 ₩200,000을 투입하여 가공한 후 판매된다. 결합제품의 생산량 및 단위당 최종 판매가격에 대한 자료는 다음과 같다.

| 구분 | 생산량 | 단위당 최종 판매가격 |
|---|---|---|
| A | 2,000kg | ₩200 |
| B | 2,000kg | ₩100 |
| C | 2,500kg | ₩160 |

C제품에 배부된 결합원가가 ₩120,000인 경우, 총결합원가는 얼마인가? (단, 공손 및 감손은 발생하지 않았고, 기초 및 기말재공품은 없는 것으로 가정한다.) 11년 CTA

① ₩600,000　　② ₩620,000　　③ ₩640,000
④ ₩660,000　　⑤ ₩680,000

해설

C제품의 매출액 = 2,500kg × ₩160 = ₩400,000
C제품의 매출총이익률 = (₩400,000 − ₩320,000) ÷ ₩400,000 = 20%

| 제품 | 최종판매가(매출) | 매출총이익 | 총원가 | 추가가공원가 | 결합원가 배부 |
|---|---|---|---|---|---|
| A | ₩400,000 | ₩80,000 | ₩320,000 | | ₩320,000 |
| B | 200,000 | 40,000 | 160,000 | | 160,000 |
| C | 400,000 | 80,000 | 320,000 | ₩200,000 | 120,000 |
| 계 | ₩1,000,000 | ₩200,000 | ₩800,000 | | ₩600,000 |

**08** ㈜대한은 제1공정에서 주산물 A, B와 부산물 C를 생산한다. 주산물 A와 부산물 C는 즉시 판매될 수 있으나, 주산물 B는 제2공정에서 추가가공을 거쳐 판매된다. 20×1년에 제1공정과 제2공정에서 발생된 제조원가는 각각 ₩150,000과 ₩60,000이었고, 제품별 최종 판매가치 및 판매비는 다음과 같다.

| 구분 | 최종 판매가치 | 판매비 |
|---|---|---|
| A | ₩100,000 | ₩2,000 |
| B | 180,000 | 3,000 |
| C | 2,000 | 600 |

㈜대한은 주산물의 매출총이익률이 모두 동일하게 되도록 제조원가를 배부하며, 부산물은 판매시점에 최초로 인식한다. 주산물 A의 총제조원가는? (단, 기초 및 기말 재고자산은 없다.) 17년 기출

① ₩74,500　　② ₩75,000　　③ ₩76,000
④ ₩77,500　　⑤ ₩78,000

해설

부산물 C는 판매시점에 최초로 인식하므로 배부대상 결합원가는 전액이다.
1) 주산물 판매가치 = ₩100,000 + ₩180,000 = ₩280,000
2) 주산물 매출원가 = ₩150,000 + ₩60,000 = ₩210,000
3) 매출총이익률 = (₩280,000 − ₩210,000) ÷ ₩280,000 = 25%
4) 주산물 A의 총 제조원가 = ₩100,000 × (1 − 25%) = ₩75,000

**09** ㈜감평은 동일한 원재료를 결합공정에 투입하여 세 종류의 결합제품 A, B, C를 생산·판매하고 있다. 결합제품 A, B, C는 분리점에서 판매될 수 있으며, 추가가공을 거친 후 판매될 수도 있다. ㈜감평의 20×1년 결합제품에 관한 자료는 다음과 같다.

| 제품 | 생산량 | 분리점에서의 단위당<br>판매가격 | 추가가공원가 | 추가가공 후 단위당<br>판매가격 |
|------|--------|----------------|------------|----------------|
| A | 400단위 | ₩120 | ₩150,000 | ₩450 |
| B | 450단위 | 150 | 80,000 | 380 |
| C | 250단위 | 380 | 70,000 | 640 |

결합제품 A, B, C의 추가가공 여부에 관한 설명으로 옳은 것을 모두 고른 것은? (단, 기초 및 기말 재고자산은 없으며, 생산된 제품은 모두 판매된다.) 20년 기출

ㄱ. 결합제품 A, B, C를 추가가공을 하는 경우, 단위당 판매가격이 높아지기 때문에 모든 제품을 추가가공을 해야 한다.

ㄴ. 제품 A는 추가가공을 하는 경우, 증분수익은 ₩132,000이고 증분비용은 ₩150,000이므로 분리점에서 즉시 판매하는 것이 유리하다.

ㄷ. 제품 B는 추가가공을 하는 경우, 증분이익이 ₩23,500이므로 추가가공을 거친 후에 판매해야 한다.

ㄹ. 제품 C는 추가가공을 하는 경우, 증분수익 ₩65,000이 발생하므로 추가가공을 해야 한다.

ㅁ. 결합제품에 대한 추가가공 여부를 판단하는 경우, 분리점까지 발생한 결합원가를 반드시 고려해야 한다.

① ㄱ, ㄴ        ② ㄴ, ㄷ        ③ ㄱ, ㄴ, ㄷ
④ ㄴ, ㄷ, ㄹ        ⑤ ㄷ, ㄹ, ㅁ

해설
1) 제품 A의 추가가공의사결정

증분수익 = 400단위 × (₩450 − ₩120) = ₩132,000

증분비용 = 추가가공원가                    (₩150,000)

증분손실                           = (₩18,000)

2) 제품 B의 추가가공의사결정

증분수익 = 450단위 × (₩380 − ₩150) = ₩103,500

증분비용 = 추가가공원가                    (₩80,000)

증분이익                           = ₩23,500

3) 제품 C의 증분수익 ₩65,000에 증분비용 ₩70,000을 차감하면 증분손실 ₩5,000이 발생한다. 추가가공 시 증분이익이 발생하는 것만 가공공정을 거치는 것이 이익을 극대화할 수 있으며, 결합원가는 매몰원가로 추가가공 의사결정에서는 고려할 필요가 없다.

**10** ㈜감평은 동일한 원재료를 투입하여 제품X, 제품Y, 제품Z를 생산한다. ㈜감평은 결합원가를 분리점에서의 상대적 판매가치를 기준으로 결합제품에 배부한다. 결합제품 및 추가가공과 관련된 자료는 다음과 같다.

| 구분 | 제품X | 제품Y | 제품Z | 합계 |
|---|---|---|---|---|
| 생산량 | 150단위 | 200단위 | 100단위 | 450단위 |
| 결합원가 | 15,000 | ? | ? | ? |
| 분리점에서의 단위당 판매가격 | 200 | 100 | 500 | |
| 추가가공원가 | 3,500 | 5,000 | 7,500 | 16,000 |
| 추가가공 후 단위당 판매가격 | 220 | 150 | 600 | |

㈜감평은 각 제품을 분리점에서 판매할 수도 있고, 분리점 이후에 추가가공을 하여 판매할 수도 있다. ㈜감평이 위 결합제품을 전부 판매할 경우, 예상되는 최대 매출총이익은? (단, 결합공정 및 추가가공과정에서 재공품 및 공손은 없다.) `19년 기출`

① ₩25,000  ② ₩57,000  ③ ₩57,500
④ ₩82,000  ⑤ ₩120,000

**해설**

1) 제품 X의 증분손실 = ₩20 × 150단위 − ₩3,500 = (₩500) 가공 안 하는 것이 유리
2) 제품 Y의 증분이익 = ₩50 × 200단위 − ₩5,000 = ₩5,000 가공하는 것이 유리
3) 제품 Z의 증분이익 = ₩100 × 100단위 − ₩7,500 = ₩2,500 가공하는 것이 유리
4) 최대 매출총이익
   매출액 = 150단위 × ₩200 + 200단위 × ₩150 + 100단위 × ₩600 = ₩120,000
   매출원가 = ₩50,000(결합원가 총액) + ₩5,000(B의 추가가공원가) + ₩7,500(C의 추가가공원가)
       = ₩62,500
   매출총이익 = ₩57,500
 * 결합원가 총액 × (₩30,000/₩100,000) = ₩15,000(제품 X에 배부된 결합원가)
   → 결합원가 총액 = ₩50,000

11 당기에 설립된 ㈜감평은 결합공정을 통하여 제품 X와 Y를 생산·판매한다. 제품 X는 분리점에서 즉시 판매하고 있으나, 제품 Y는 추가가공을 거쳐 판매한다. 결합원가는 균등이익률법에 의해 각 제품에 배분되며, 직접재료는 결합공정 초에 전량 투입되고 전환원가는 결합공정 전반에 걸쳐 균등하게 발생한다. 당기에 ㈜감평은 직접재료 3,000단위를 투입하여 2,400단위를 제품으로 완성하고, 600단위는 기말재공품(전환원가 완성도 50%)으로 남아 있다. 당기에 발생한 직접재료원가와 전환원가는 각각 ₩180,000과 ₩108,000이다. ㈜감평의 당기 생산 및 판매 관련 자료는 다음과 같다.

| 구분 | 생산량 | 판매량 | 단위당 추가가공원가 | 단위당 판매가격 |
|---|---|---|---|---|
| 제품 X | 800단위 | 800단위 | – | ₩150 |
| 제품 Y | 1,600 | 900 | ₩15 | 200 |

제품 Y의 단위당 제조원가는? (단, 공손 및 감손은 발생하지 않는다.) 23년 기출

① ₩100　　　　② ₩105　　　　③ ₩110

④ ₩115　　　　⑤ ₩120

해설

※ 결합공정에 재공품이 존재하는 경우에는 결합공정에서 완성된 물량만이 결합제품이 된 것이므로 완성품 원가만을 결합원가로 배분해야 한다.

1) 직접재료원가 완성품환산량 = 2,400단위 × 100% + 600단위(기말재공품) × 100%
= 3,000단위

2) 전환원가 완성품환산량 = 2,400단위 × 100% + 600단위(기말재공품) × 50% = 2,700단위

3) 완성품원가 = ₩180,000(직접재료원가) × (2,400단위/3,000단위) + ₩108,000(전환원가) × (2,400단위/2,700단위) = ₩240,000

4) 균등매출총이익률법에 의한 결합원가 배부

| 구분 | 제품 X | 제품 Y | 합계 |
|---|---|---|---|
| 판매가치 | ₩120,000 | ₩320,000 | ₩440,000 |
| 추가가공원가 | – | (₩24,000) | (₩24,000) |
| 결합원가 | (₩72,000) | (₩168,000) | (₩240,000) |
| 매출총이익 | ₩48,000 | ₩128,000 | ₩176,000 |

매출총이익률 = ₩176,000 ÷ ₩440,000 = 40%

5) 제품 Y의 총제조원가 = ₩24,000 + ₩168,000 = ₩192,000

6) 제품 Y의 단위당 제조원가 = ₩192,000 ÷ 1,600단위(생산량) = ₩120

답▶ 01 ① 02 ② 03 ④ 04 ③ 05 ③
06 ⑤ 07 ① 08 ② 09 ② 10 ③
11 ⑤

## 제7절 원가의 추정

### 1 원가행태

#### 1. 원가행태

원가행태(cost behavior)는 원가에 영향을 미치는 원가동인(조업도)의 변화에 따른 원가의 양상을 말한다. 원가행태는 다양하게 나타날 수 있다. 조업도의 변화에 따라 변화할 수도, 변하지 않을 수도 있고 독특한 형태의 양상을 보일 수도 있다.

이러한 원가의 변화 양태를 구분하는 것은 특히 경영자에게 있어 중요하다. 원가행태를 파악함으로써 경영자는 원가에 대한 계획과 통제에 있어 기초자료로 활용할 수 있기 때문이다.

#### 2. 원가행태의 구분

기업에서 일반적으로 많이 나타나는 원가행태는 변동원가, 고정원가, 준변동원가, 준고정원가 등이 있다.

##### (1) 변동원가

변동원가(variable costs)는 조업도가 변동함에 따라 변동원가의 발생총액도 비례적으로 증감하는 원가를 말한다.

변동원가는 조업도가 증가하면 변동원가 발생총액도 증가하고, 조업도가 감소하면 이에 따라 변동원가 발생총액도 감소하는 특징이 있다.

| 구분 | 조업도의 증가 | 조업도의 감소 |
|---|---|---|
| 변동원가 발생총액 | 증가 | 감소 |
| 단위당 변동원가 | 일정<br><br>단위당 변동원가<br>= $\dfrac{\text{변동원가총액} \quad \uparrow}{\text{조업도} \quad \uparrow}$ | 일정<br><br>단위당 변동원가<br>= $\dfrac{\text{변동원가총액} \quad \downarrow}{\text{조업도} \quad \downarrow}$ |

##### (2) 고정원가

고정원가(fixed costs)는 조업도수준과 무관하게 항상 발생액이 일정한 원가를 말한다. 조업도의 증감과 무관하게 발생총액이 항상 일정한 원가에는 공장건물의 임차료 등이 있다.

고정원가는 조업도의 증감과 관계없이 발생총액이 일정하다 보니 단위당 고정원가는 조업도의 증감에 반비례한다.

| 구분 | 조업도의 증가 | 조업도의 감소 |
|---|---|---|
| 고정원가 발생총액 | 일정 | 일정 |
| 단위당 고정원가 | 감소<br><br>단위당 고정원가(↓)<br>= $\dfrac{\text{고정원가총액 일정}}{\text{조업도 } \uparrow}$ | 증가<br><br>단위당 고정원가(↑)<br>= $\dfrac{\text{고정원가총액 일정}}{\text{조업도 } \downarrow}$ |

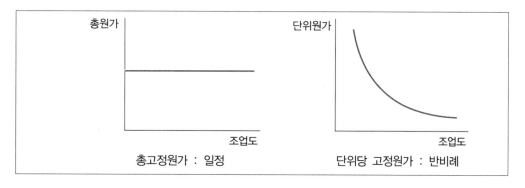

총고정원가 : 일정                    단위당 고정원가 : 반비례

그러나 고정원가에서 유의할 점이 있다. 고정원가는 하나의 수평선으로 나타나지만 매우 낮은 조업도수준과 매우 높은 조업도수준에서는 그 발생액이 변할 수도 있다. 예컨대 새로운 설비자산을 구입하였다면 고정원가총액은 증가한다.

그러므로 고정원가는 모든 조업도수준이 아니라 **특정 조업도 범위 내에서만 일정**한 금액으로 발생한다.

◆ 관련범위란?

관련범위(relevant range)란 매출과 비용의 관계가 유효하게 적용될 수 있는 조업도의 범위를 말하며 관련범위 내에서는 특정원가의 행태는 변하지 않는다고 가정한다.

### (3) 준변동원가

준변동원가(semi-variable costs)란 고정원가와 변동원가의 두 부분으로 구성된 원가를 말하며 혼합원가(mixed costs)라고도 한다. 준변동원가는 조업도가 0일 때도 고정원가 부분만큼 원가가 발생하고 조업도가 증가함에 따라 비례해서 선형으로 증가한다.

### (4) 준고정원가

준고정원가(semi-fixed costs)는 일정범위의 조업도 수준에서는 발생액이 일정하지만 이 범위를 벗어나면 원가총액이 일정액만큼 증가하고 새로운 범위 내에서는 다시 총원가가 일정한 원가를 말한다.

준고정원가를 조업도와 총원가의 그래프로 그리면 계단형태로 증가한다고 하여 계단원가라고도 한다.

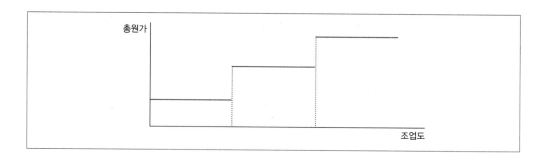

## 2 원가함수의 추정

### 1. 원가함수란?

원가함수는 원가행태를 식으로 표시한 것으로 원가 동인의 변화에 따라 원가발생액의 변화 사이의 함수관계를 말한다.

원가는 다양한 요인에 의해 변동하기 때문에 일정 식으로 해당 관계를 표현하기 위해서는 필수적으로 일정한 가정이 필요하다.

---
① 원가행태는 일정한 관련범위 내에서 선형이다.
② 총원가에 영향을 미치는 원가동인은 하나이다.

---

위의 두 가정을 전제로 하면 관련범위 내에서 원가함수는 다음과 같은 원가방정식으로 나타낼 수 있다.

---
추정총원가 = 고정원가 + (단위당 변동원가 × 원가동인)
 $y = a + bx$
\* $y$ = 추정총원가, $a$ = 총고정원가, $b$ = 단위당 변동원가, $x$ = 원가동인(조업도)

---

### 2. 원가함수의 추정

#### (1) 산포도법

산포도법은 조업도와 원가를 두 축으로 하는 좌표 위에, 과거 여러 기간의 실제원가와 조업도자료의 관찰자료를 점으로 표시하고 분석가의 판단에 따라 각 관찰점들의 중간을 통과하는 중심선을 눈대중으로 그려서 원가와 조업도 간의 원가함수를 추정하는 방법이다. 일반적으로 산포도법은 좀 더 정교한 원가 추정방법을 사용하기 전에 예비분석하고 비정상적인 자료를 식별하기 위해서 사용한다.

① **장점** : 비정상적인 관찰자료를 쉽게 식별해서 원가추정과정에서 제외할 수 있고, 비정상적인 자료를 제외한 많은 관찰자료를 고려해서 원가함수를 추정할 수 있다.

② **단점** : 원가추정을 위한 원가함수를 눈대중으로 결정하므로 주관이 개입되고 오류가 발생할 가능성이 크다.

### (2) 고저점법

고저점법(high-low method)은 최대조업도의 원가자료와 최저조업도의 원가자료를 직선으로 연결해서 변동원가와 고정원가를 추정하는 방법이다.

최대조업도와 최저조업도를 직선으로 이었을 때 나타나는 기울기는 단위당 변동원가가 되며, 고점이나 저점의 총원가에서 변동원가를 차감하면 고정원가를 추정할 수 있다.

이때, 어떤 점이 최대치고 어떤 점이 최저치인지를 판단해야 하는데 그 판단기준은 조업도이다. 조업도가 가장 큰 점을 최대, 조업도가 가장 작은 점을 최소로 보며, 총원가가 제일 큰 점이 최대조업도는 아니다.

> \* 단위당 변동원가(b) = $\dfrac{\text{최고조업도의 총원가} - \text{최저조업도의 총원가}}{\text{최고조업도} - \text{최저조업도}}$
>
> \* 총고정원가(a) = 최고(최저)조업도의 총원가 − (최고(최저)조업도 × 단위당 변동원가)

① **장점** : 고저점법은 원가함수를 추정하는데 주관적인 판단에 의존하지 않기 때문에 객관적이며, 과거의 관찰자료가 적더라도 원가함수를 추정할 수 있다.

② **단점** : 비정상적인 고점이나 저점을 사용하면 정확성이 낮은 원가함수가 추정될 수 있고, 고점과 저점만을 사용하기 때문에 나머지 관찰자료는 전혀 고려되지 않는다.

---

**예제 7-1**    고저점법

㈜한국의 지난 5개월간 생산량과 월별 제조원가는 다음과 같다.

| 월별 | 생산량 | 제조원가 |
|---|---|---|
| 1월 | 1,200단위 | ₩800,000 |
| 2월 | 1,900단위 | ₩1,150,000 |
| 3월 | 1,750단위 | ₩940,000 |
| 4월 | 2,200단위 | ₩1,300,000 |
| 5월 | 2,000단위 | ₩1,200,000 |

**[물음]**
다음 자료를 이용하여 고저점법에 의한 원가추정식을 구하시오.

**[해답]**

(1) 단위당 변동원가 = $\dfrac{₩1,300,000 - ₩800,000}{2,200단위 - 1,200단위}$ = ₩500/단위

(2) 총고정원가 = ₩1,300,000 − (2,200단위 × ₩500) = ₩200,000

(3) 원가추정식 y = ₩200,000 + ₩500 × $x$

**예제 7-2** 고저점법

㈜한국의 지난 2개월간의 생산량과 제조원가는 다음과 같다.

| 월 | 생산량 | 제조원가 |
|---|---|---|
| 1월 | 100개 | ₩5,000,000 |
| 2월 | 200개 | ₩7,000,000 |

1월과 2월에는 고정원가와 단위당 변동비가 일정하였고, ㈜한국은 고저점법으로 원가함수를 추정하고 있다.

[물음]
1. ㈜한국의 원가추정식을 구하시오.
2. ㈜한국이 3월에 400개를 생산하였을 때 총제조원가는 얼마인지 계산하시오.
3. 만약, 3월에는 고정비가 50% 증가하고, 단위당 변동원가는 25% 감소될 것으로 예상된다면 3월에 400개를 생산하였을 때 ㈜한국의 총제조원가를 구하시오.

**해답**

1. 원가추정식

   (1) 단위당 변동원가 $= \dfrac{₩7,000,000 - ₩5,000,000}{200개 - 100개} = ₩20,000/생산량$

   (2) 총고정원가 $= ₩7,000,000 - (200개 \times ₩20,000) = ₩3,000,000$

   (3) 원가추정식 $y = ₩3,000,000 + ₩20,000 \times x$

2. 총제조원가

   $y = ₩3,000,000 + ₩20,000 \times 400개 = ₩11,000,000$

3. 원가추정식의 변동

   $y = ₩3,000,000 \times 1.5 + ₩20,000 \times 0.75 \times 400개 = ₩10,500,000$

**(3) 공학적 방법**

공학적 방법은 공학적인 분석을 이용하여 원가를 추정하는 방법이다.

공학적 방법은 전문적인 공학분석을 이용하여 원가를 추정하는 것이므로 정확성이 높으며, 과거 활동의 자료를 필요로 하지 않는다. 또한 과거와는 전혀 다른 활동에 대한 원가를 추정하는 데도 이용할 수 있다. 반면, 공학적 방법은 비용이 많이 소요될 수밖에 없으며, 추정치는 일정한 기준하에서 계산되기 때문에 실제의 작업조건이 공학분석의 추정 상황과 차이가 발생하게 되면 실제원가와 차이가 날 수 있다.

**(4) 계정분석법**

각 원가를 분석자의 전문적 판단에 의거 변동원가와 고정원가로 분류하는 방법이다.

**(5) 회귀분석법**

조업도 수준 변동에 따른 원가발생액의 평균적인 변화량을 측정하기 위한 통계적 분석방법이다.

### (6) 회의법

기업의 여러 부서로부터 수집한 자료와 의견을 기초로 원가함수를 추정하는 방법이다.

**PLUS⁺ 원가함수 추정방법의 장ㆍ단점**

| 구분 | | 내용 |
|------|------|------|
| 계정분석법 | 장점 | • 자료입수 용이, 전문적 판단에 의한 분석<br>• 적은 비용으로 신속하게 추정 가능 |
| | 단점 | • 변동원가와 고정원가의 구분에 자의성이 개입될 가능성<br>• 과거의 데이터가 비정상적이거나 비효율적일 경우 예측이 부정확 |
| 산포도법 | 장점 | • 그래프상에서 비정상적 결과치를 쉽게 발견 가능<br>• 많은 데이터를 활용 원가함수 추정 가능 |
| | 단점 | • 자의성이 개입될 가능성 및 오류발생 가능성 높음 |
| 고저점법 | 장점 | • 객관적 분석방법<br>• 적은 데이터를 활용하여(최소 2개 이상) 원가함수 추정가능 |
| | 단점 | • 고점과 저점 이외의 자료는 무시<br>• 고점 및 저점이 비정상적 데이터일 경우 부정확한 원가함수 도출 |
| 회귀분석법 | 장점 | • 객관적 분석방법<br>• 활용가능한 모든 데이터를 사용하여 원가함수 추정 |
| | 단점 | • 계산이 복잡 |
| 공학적 방법 | 장점 | • 정확성이 높음<br>• 과거의 데이터를 필요로 하지 않아, 새로운 활동에 대한 원가추정 가능 |
| | 단점 | • 시간과 비용 과다 소요<br>• 투입과 산출의 연관관계가 명확하지 못한 원가의 경우 추정이 어려움 |

## 3 학습효과 및 학습곡선

### 1. 학습효과

학습효과는 직접노무원가에서 주로 발생하는 효과로 해당 작업을 수행하는 종업원이 해당 작업을 반복적으로 수행하다 보면 일에 대한 숙련도가 올라가 단위당 작업시간이 감소하는 효과가 발생한다. 이를 학습효과라고 한다.

학습효과는 직접노동시간뿐만 아니라 직접노무원가를 기준으로 제품에 배부되는 변동제조간접원가도 영향을 받는다.

기존의 원가함수는 관련 범위 내에서 선형함수를 가정하는데, 생산과정에서 학습효과가 나타나게 되면 단위당 변동원가는 선형함수로는 설명되지 않는다.

**학습효과가 발생한 원가함수는 비선형이 되고, 이를 고려하여 원가함수를 추정하여야 한다.**

## 2. 학습곡선

학습곡선은 학습효과가 나타나는 경우 조업도가 증가함에 따라 단위당 노동시간이 감소하는 것을 체계적으로 반영한 비선형의 원가함수를 말한다.

학습곡선에는 누적평균시간 학습모형과 증분단위시간 학습모형이 있다.

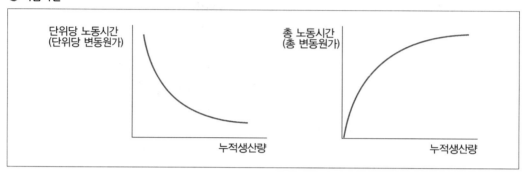

❷ 학습곡선

### (1) 누적평균시간 학습모형

누적평균시간 학습모형은 누적생산량이 두 배로 증가할 때마다 단위당 누적평균시간(누적총시간 / 누적생산량)이 일정한 비율로 감소하는 형태로 학습효과가 발생하는 경우의 학습곡선모형이다.

누적평균시간 학습모형은 처음 1단위를 생산하였을 때 단위당 누적평균시간이 100시간 소요되었다고 가정하면, 생산량이 2배가 되는 2단위 때부터 일정한 학습곡선이 적용되어 100시간이 똑같이 소요되는 것이 아니라 〈100시간 × 학습률〉만큼 단위당 누적평균시간이 일정하게 감소된다는 것이다.

만약 학습률이 80%라고 한다면, 2단위를 생산할 때 단위당 누적평균시간은 (100시간 × 80% = 80시간)이 소요된다. 다시 누적 생산량이 4단위가 되면 80시간에 다시 학습률 80%가 적용되어 이번에는 단위당 누적평균시간이 64시간 소요된다.

이와 같은 형태의 학습모형을 누적평균시간 학습모형이라고 한다.

❷ 80% 누적평균시간 학습모형

| | 누적생산량 | 단위당 누적평균시간 | 누적총시간 |
|---|---|---|---|
| 2배 | 1 | 100시간 | 100.0시간 |
| 2배 | 2 | 100×80% = 80시간 | 160.0시간 |
| 2배 | 4 | 80×80% = 64시간 | 256.0시간 |
| | 8 | 64×80% = 51.2시간 | 409.6시간 |

**예제 7-3** 학습곡선

㈜한국은 90% 누적평균시간 학습곡선이 적용된다. 첫 단위 생산에 소요된 직접노동시간은 100시간이고 지금까지 총 4단위의 제품생산을 완료하였다.

[물음]
다음 달에 추가로 4단위의 제품을 생산할 계획인 경우 다음 달에 소요될 직접노동시간을 구하시오.

.....................................................................................................

**[해답]**

(1) 누적평균시간 학습모형(90% 학습곡선)

| 누적생산량($x$) | 단위당 누적평균시간($y$) | 누적총시간($xy$) |
|---|---|---|
| 1 | 100시간 | 100시간 |
| 2 | 100시간 × 90% = 90시간 | 180시간 |
| 4 | 90시간 × 90% = 81시간 | 324시간 |
| 8 | 81시간 × 90% = 72.9시간 | 583.2시간 |

(2) 추가로 4단위 생산 시 소요될 직접노동시간

| | |
|---|---|
| 8단위 생산 시 누적총시간 | 583.2시간 |
| 4단위 생산 시 누적총시간 | (324시간) |
| 추가 4단위 생산 시 소요될 직접노동시간 | 259.2시간 |

이미 4단위를 생산하였기 때문에 추가로 4단위를 생산하면 누적생산량이 8이 되고 누적생산량 8일 때의 누적총시간과 4단위일 때의 누적총시간의 차이가 추가로 소요될 직접노동시간이다.

### (2) 증분단위시간 학습모형

증분단위시간 학습모형은 누적생산량이 두 배가 될 때마다 증분단위시간(마지막 한 단위를 생산하는 데 소요되는 시간)이 일정한 비율로 감소하는 것을 나타내는 학습곡선모형이다.

**☑ 80% 증분단위시간 학습모형**

| | 누적생산량 | 증분단위시간 | 누적총시간 |
|---|---|---|---|
| 2배 | 1 | 100시간 | 100.0시간 |
| | 2 | 100×80% = 80시간 | 180.0시간 |
| 2배 | 3 | 70.2시간 | 250.2시간 |
| | 4 | 80×80% = 64시간 | 314.2시간 |
| 2배 | 5 | 59.6시간 | 373.8시간 |
| | 6 | 56.2시간 | 430.0시간 |
| | 7 | 53.4시간 | 483.4시간 |
| | 8 | 64×80% = 51.2시간 | 534.6시간 |

## 01 ㈜감평의 최근 6개월간 A제품 생산량 및 총원가 자료이다.

| 월 | 생산량(단위) | 총원가 |
|----|------------|--------|
| 1 | 110,000 | ₩10,000,000 |
| 2 | 50,000 | 7,000,000 |
| 3 | 150,000 | 11,000,000 |
| 4 | 70,000 | 7,500,000 |
| 5 | 90,000 | 8,500,000 |
| 6 | 80,000 | 8,000,000 |

원가추정은 고저점법(high – low method)을 이용한다. 7월에 A제품 100,000단위를 생산하여 75,000단위를 단위당 ₩100에 판매할 경우, 7월의 전부원가계산에 의한 추정 영업이익은? (단, 7월에 A제품의 기말제품 이외에는 재고자산이 없다.)    17년 기출

① ₩362,500      ② ₩416,000      ③ ₩560,000

④ ₩652,500      ⑤ ₩750,000

해설

고저점법은 조업도의 가장 큰 단위와 가장 작은 단위를 이용해 원가함수를 추정하는 방법이다.
1) 단위당 변동원가
   = (₩11,000,000 − ₩7,000,000) ÷ (150,000단위 − 50,000단위) = ₩40
2) 고정원가
   = ₩11,000,000 − (₩40 × 150,000단위) = ₩5,000,000
3) 원가함수 = ₩5,000,000 + ₩40 × $x$
4) 7월 추정 영업이익 = 75,000단위 × (₩100 − ₩40 − ₩50) = ₩750,000
   * 고정제조간접원가 단위당 원가 = ₩5,000,000 ÷ 100,000단위 = ₩50

**02** 대한회사의 지난 6개월간 전력비는 다음과 같다. 기계시간이 전력비에 대한 원가동인이라면 32,375기계시간이 예상되는 7월의 전력비는 고저점법에 의해 얼마로 추정되는가? 08년 CTA

| 월별 | 기계시간 | 전력비 |
|------|---------|--------|
| 1월 | 34,000 | ₩610,000 |
| 2월 | 31,000 | 586,000 |
| 3월 | 33,150 | 507,000 |
| 4월 | 32,000 | 598,000 |
| 5월 | 33,750 | 650,000 |
| 6월 | 31,250 | 575,000 |

① ₩259,000    ② ₩338,000    ③ ₩595,000
④ ₩597,000    ⑤ ₩600,000

해설
1) 기계시간당 변동원가 = (₩610,000 − ₩586,000) ÷ (34,000시간 − 31,000시간) = ₩8/기계시간
2) 고정원가 = ₩610,000 − (34,000시간 × ₩8) = ₩338,000
3) 7월의 전력비 = ₩338,000 + 32,375시간 × ₩8 = ₩597,000

**03** 다음은 A제품의 20×4년과 20×5년의 생산관련 자료이며, 총고정원가와 단위당 변동원가는 일정하였다.

| 구분 | 생산량(개) | 총제조원가(원) |
|------|-----------|---------------|
| 20×4년 | 1,000 | 50,000,000 |
| 20×5년 | 2,000 | 70,000,000 |

20×6년도에는 전년도에 비해 총고정원가는 20% 증가하고 단위당 변동원가는 30% 감소한다면, 생산량이 3,000개일 때 총제조원가는? 16년 기출

① ₩62,000,000    ② ₩72,000,000    ③ ₩78,000,000
④ ₩86,000,000    ⑤ ₩93,000,000

해설
1) 단위당 변동원가 = (₩70,000,000 − ₩50,000,000) ÷ (2,000개 − 1,000개) = ₩20,000
2) 고정원가 = ₩50,000,000 − (1,000개 × ₩20,000) = ₩30,000,000
   → 원가함수 = ₩30,000,000 + ₩20,000$x$
3) 20×6년도의 총제조원가
   = ₩30,000,000 × 1.2 + ₩20,000 × 0.7 × 3,000개 = ₩78,000,000

**04** ㈜국세는 단일제품을 생산·판매하고 있으며, 7월에 30단위의 제품을 단위당 ₩500에 판매할 계획이다. ㈜국세는 제품 1단위를 생산하는 데 10시간의 직접노무시간을 사용하고 있으며, 제품 단위당 변동판매비와 관리비는 ₩30이다. ㈜국세의 총제조원가에 대한 원가동인은 직접노무시간이며, 고저점법에 의하여 원가를 추정하고 있다. 제품의 총제조원가와 직접노무시간에 대한 자료는 다음과 같다.

| 구분 | 총제조원가 | 직접노무시간 |
|---|---|---|
| 1월 | ₩14,000 | 120시간 |
| 2월 | 17,000 | 100시간 |
| 3월 | 18,000 | 135시간 |
| 4월 | 19,000 | 150시간 |
| 5월 | 16,000 | 125시간 |
| 6월 | 20,000 | 140시간 |

㈜국세가 7월에 30단위의 제품을 판매한다면 총공헌이익은 얼마인가?  18년 CTA

① ₩1,700  ② ₩2,100  ③ ₩3,000
④ ₩12,900  ⑤ ₩13,800

**해설**
1) 직접노무시간당 변동원가 = (₩19,000 − ₩17,000) ÷ (150시간 − 100시간) = ₩40/시간
2) 단위당 변동제조원가 = 10시간 × ₩40 = ₩400
3) 7월 총공헌이익 = 30단위 × ₩500 − 30단위 × (₩400 + ₩30) = ₩2,100

**05** 대한회사는 신제품을 개발하여 첫 25단위를 생산하였는데 이와 관련된 원가는 다음과 같이 발생하였다.

| | |
|---|---|
| 직접재료원가 | ₩1,000,000 |
| 직접노무원가(500시간 @₩5,000) | 2,500,000 |
| 변동제조간접원가(직접노무원가의 20%) | 500,000 |
| 고정제조간접원가 | 625,000 |
| | ₩4,625,000 |

대한회사는 직접노무시간이 90% 누적평균시간 학습곡선을 따른다고 가정하고 있다. 추가로 75단위를 생산하는 경우 제조원가는 얼마나 더 발생하겠는가? (단, 고정제조간접원가는 추가로 발생하지 않는 것으로 가정한다.)  07년 CTA

① ₩9,500,000  ② ₩9,720,000  ③ ₩10,345,000
④ ₩10,800,000  ⑤ ₩11,100,000

**해설**

| | 누적생산량 | 단위당 누적평균시간 | 누적총시간 |
|---|---|---|---|
| | 25 | 500시간 | 500시간 |
| 50 | 500×90% = 450시간 | 900시간 |
| 100 | 450×90% = 405시간 | 1,620시간 |

2배 ┌ (25 → 50)
2배 └ (50 → 100)

75단위 추가 생산 시 제조원가 증가액 = ₩9,720,000
1) 직접재료원가 = ₩1,000,000 × 3 = ₩3,000,000
2) 직접노무원가 = ₩5,000 × (1,620시간 − 500시간) = ₩5,600,000
3) 변동제조간접원가 = ₩5,600,000 × 20% = ₩1,120,000

---

**06** ㈜감평은 20×1년 초에 신제품을 개발하여 최초 10단위를 생산하였으며, 최초 10단위의 신제품 생산과 관련된 제조원가는 다음과 같다.

| | |
|---|---|
| • 직접재료원가 | ₩8,000 |
| • 직접노무원가(시간당 ₩10) | 3,000 |
| • 변동제조간접원가(직접노무시간에 비례하여 발생) | 9,000 |
| • 고정제조간접원가 배부액 | 2,000 |

신제품 생산에는 90% 누적평균시간 학습효과가 있는 것으로 분석되었다. 추가로 30단위를 생산하여 총 40단위를 생산할 경우, 총 40단위에 대해 예상되는 변동원가는? (단, ㈜감평은 신제품을 생산할 수 있는 충분한 여유설비를 확보하고 있다.) [14년 기출]

① ₩70,880          ② ₩72,880          ③ ₩76,680
④ ₩78,680          ⑤ ₩80,880

**해설**

| 생산량(X) | 단위당 누적평균시간 | 누적총시간 |
|---|---|---|
| 10단위(1) | 300시간 | 300시간 |
| 20단위(2) | 300시간 × 90% = 270시간 | 540시간 |
| 40단위(4) | 270시간 × 90% = 243시간 | 972시간 |

* 40단위에 대한 변동원가 = 40단위 × ₩800(직접재료원가) + 972시간 × ₩10(직접노무원가) + 972시간 × ₩30(변동제조간접원가) = ₩70,880

답 ▶ 01 ⑤  02 ④  03 ③  04 ②  05 ②  06 ①

## 제8절 전부원가계산과 변동원가계산

### 1 제품원가 구성항목에 따른 원가계산방법

원가정보는 어떤 목적으로 사용하는지에 따라 다양한 분류방식을 가진다. 전부원가계산과 변동원가계산의 구분은 **제품원가의 구성항목**을 무엇으로 보는가에 따른 원가분류방법이라고 하겠다. 제조원가는 직접재료원가, 직접노무원가, 변동제조간접원가, 고정제조간접원가가 있는데 이 중 어떤 원가요소까지를 제품원가에 포함시킬 것인가를 기준으로 전부원가계산, 변동원가계산, 초변동원가계산으로 구분한다.

### 1. 전부원가계산

직접재료원가, 직접노무원가, 변동제조간접원가, 고정제조간접원가 모두를 제품원가에 포함시키는 방법이다. 전부원가계산은 재무회계 목적으로 외부 보고를 위한 원가계산 때 사용하는 방법이다.

### 2. 변동원가계산

직접재료원가, 직접노무원가, 변동제조간접원가를 제품원가에 포함시키는 방법으로 **변동제조원가**만을 제품원가에 포함시키는 방법이다. 고정제조간접원가는 발생한 기간의 당기 비용으로 인식한다.

### 3. 초변동원가계산

직접재료원가만을 제품원가에 포함시키고 나머지 제조원가는 기간비용으로 처리하는 방법이다.

| 원가의 처리 | 전부원가계산 | 변동원가계산 | 초변동원가계산 |
|---|---|---|---|
| 제품원가 | 직접재료원가<br>직접노무원가<br>변동제조간접원가<br>고정제조간접원가 | 직접재료원가<br>직접노무원가<br>변동제조간접원가 | 직접재료원가 |
| 기간비용 | 판매비와 관리비 | 고정제조간접원가<br>판매비와 관리비 | 직접노무원가<br>변동제조간접원가<br>고정제조간접원가<br>판매비와 관리비 |

### 4. 고정제조간접원가가 이익에 미치는 영향

전부원가계산하에서 고정제조간접원가는 제품의 원가를 구성하고 있다. 고정제조간접원가는 원가대상으로 직접 추적이 불가능하여 별도의 배부기준을 필요로 하는 간접원가이면서, 조업도 수준과 관계없이 총액으로 발생하는 고정원가의 특징을 지니고 있다.

PART 02

**예제 8-1** 고정제조간접원가가 이익에 미치는 영향

㈜한국은 20×1년 사업을 시작하였으며 20×1년의 원가 및 판매가격에 관한 자료는 다음과 같다.

| | |
|---|---|
| • 단위당 판매가격 | ₩200 |
| • 단위당 직접재료원가 | 10 |
| • 단위당 직접노무원가 | 20 |
| • 단위당 변동제조간접원가 | 20 |
| • 고정제조간접원가 | 1,000,000 |

별도의 판매관리비는 발생하지 않는다.

[물음]
1. 생산량이 10,000개, 판매량이 5,000개일 경우 20×1년의 전부원가계산 손익계산서를 작성하시오.
2. 생산량이 5,000개, 판매량이 5,000개일 경우 20×1년의 전부원가계산 손익계산서를 작성하시오.

------

**해답**

1. 생산량 10,000개, 판매량 5,000개인 경우의 손익계산서

| | | | |
|---|---|---|---|
| Ⅰ. 매출액 | 5,000개×₩200 | | ₩1,000,000 |
| Ⅱ. 매출원가 | | | |
| 　기초제품재고 | | ₩0 | |
| 　당기제품제조원가 | 10,000개×(50※1 + 100※2) | ₩1,500,000 | |
| 　기말제품재고 | 5,000개×(50※1 + 100※2) | (₩750,000) | (₩750,000) |
| Ⅲ. 매출총이익 | | | ₩250,000 |
| Ⅳ. 판매비와 관리비 | | | ₩0 |
| Ⅴ. 영업이익 | | | ₩250,000 |

　　※1 : 직접재료원가(₩10) + 직접노무원가(₩20) + 변동제조간접원가(₩20) = ₩50
　　※2 : 단위당 고정제조간접원가 배부율 = ₩1,000,000 ÷ 10,000개 = ₩100

2. 생산량 5,000개, 판매량 5,000개인 경우의 손익계산서

| | | | |
|---|---|---|---|
| Ⅰ. 매출액 | 5,000개×₩200 | | ₩1,000,000 |
| Ⅱ. 매출원가 | | | |
| 　기초제품재고 | | ₩0 | |
| 　당기제품제조원가 | 5,000개×(50※1 + 200※2) | ₩1,250,000 | |
| 　기말제품재고 | 0개×(50※1 + 200※2) | ₩0 | (₩1,250,000) |
| Ⅲ. 매출총이익 | | | (₩250,000) |
| Ⅳ. 판매비와 관리비 | | | ₩0 |
| Ⅴ. 영업이익 | | | (₩250,000) |

　　※1 : 직접재료원가(₩10) + 직접노무원가(₩20) + 변동제조간접원가(₩20) = ₩50
　　※2 : 단위당 고정제조간접원가 배부율 = ₩1,000,000 ÷ 5,000개 = ₩200

## 2 변동원가계산

### 1. 변동원가계산

변동원가계산의 고정제조간접원가는 다음 기간에도 동일한 비용이 발생하기 때문에 원가회피개념 상 회피할 수 없는 원가이므로 재고자산원가에 가산하지 않고 기간비용으로 처리한다.

| 제조원가 | | → | 자산화/비용화 | |
|---|---|---|---|---|
| 제품원가 | 직접재료원가<br>직접노무원가<br>변동제조간접원가 | → | 미판매분 | 재공품 또는 제품(재고자산) |
| | | | 판매분 | 매출원가(비용) |
| 기간원가 | 고정제조간접원가 | → | 기간원가(비용) | |

### 2. 변동원가계산의 손익계산서

변동원가계산은 원가를 다시 변동원가와 고정원가로 구분한다. 변동원가는 직접재료원가, 직접노무원가, 변동제조간접원가, 변동판매비와 관리비이며 매출액에서 변동원가를 차감하여 공헌이익을 산출한다. 공헌이익에서 고정원가인 고정제조간접원가, 고정판매비와 관리비를 차감하여 영업이익을 계산한다.

| 전부원가계산 | | | 변동원가계산 | | |
|---|---|---|---|---|---|
| 매출액 | | ××× | 매출액 | | ××× |
| 매출원가 | | | 변동원가 | | |
| 　기초재고 | ××× | | 　변동매출원가 | ××× | |
| 　당기제품제조원가 | ××× | | 　변동판매비와 관리비 | ××× | (×××) |
| 　기말재고 | (×××) | (×××) | **공헌이익** | | ××× |
| 매출총이익 | | ××× | 고정원가 | | |
| 판매비와 관리비 | | (×××) | 　고정제조간접원가 | ××× | |
| 영업이익 | | ××× | 　고정판매관리비 | ××× | (×××) |
| | | | 영업이익 | | ××× |

전부원가계산의 손익계산서는 외부보고용으로 사용하는 기능별 손익계산서이며, 전부원가계산은 고정제조간접원가도 제품원가에 포함되었다가 매출원가로 비용화된다.

반면 변동원가계산은 공헌이익을 구하고 여기에 기간비용을 차감하여 영업이익을 계산하므로, 공헌이익손익계산서라고도 한다. 주의할 점은 비제조원가인 판매비와 관리비 중 변동판매관리비의 경우 제조활동에서 발생한 원가가 아니므로 제품의 원가를 구성할 수는 없으나 변동원가에 해당하므로 손익계산서를 작성할 때 변동원가에 포함시켜 차감해 주어야 한다는 점이다. 그러나 변동판매관리비는 비제조원가이므로 제품원가를 구성하지는 않는다.

| 예제 |
|------|
| 8-2 |

전부원가계산, 변동원가계산

당기에 영업을 개시한 ㈜한국의 단위당 판매가격은 ₩100이며, 1차연도에 6,000개를 생산해서 5,000개를 판매하였으며 원가는 아래와 같다.

| 구분 | 단위당 변동원가 | 총고정원가 |
|------|---------------|-----------|
| 직접재료원가 | ₩10 | – |
| 직접노무원가 | 20 | – |
| 제조간접원가 | 10 | ₩120,000 |
| 판매비와 관리비 | 10 | 50,000 |
| 합계 | ₩50 | ₩170,000 |

[물음]
1. 전부원가계산과 변동원가계산의 단위당 제조원가를 구하시오.
2. 전부원가계산과 변동원가계산의 1차연도 손익계산서를 작성하시오.

해답

1. 단위당 제조원가
   (1) 전부원가계산 단위당 제조원가

   | | |
   |---|---|
   | 직접재료원가 | ₩10 |
   | 직접노무원가 | 20 |
   | 변동제조간접원가 | 10 |
   | 고정제조간접원가(₩120,000÷6,000개) | 20 |
   | = 단위당 제조원가 | ₩60 |

   (2) 변동원가계산 단위당 제조원가

   | | |
   |---|---|
   | 직접재료원가 | ₩10 |
   | 직접노무원가 | 20 |
   | 변동제조간접원가 | 10 |
   | = 단위당 제조원가 | ₩40 |

2. 손익계산서

| 전부원가계산 | | | 변동원가계산 | | |
|------|---|---|------|---|---|
| 매출액 | | ₩500,000 | 매출액 | | ₩500,000 |
| 매출원가 | | | 변동원가 | | |
| 기초재고 | ₩0 | | 변동매출원가 | 200,000 | |
| 당기제품제조원가 | 360,000 | | 변동판매비와 관리비 | 50,000 | (250,000) |
| 기말재고 | (60,000) | (300,000) | 공헌이익 | | 250,000 |
| 매출총이익 | | 200,000 | 고정원가 | | |
| 판매비와 관리비 | | (100,000) | 고정제조간접원가 | 120,000 | |
| 영업이익 | | ₩100,000 | 고정판매관리비 | 50,000 | (170,000) |
| | | | 영업이익 | | ₩80,000 |

## 3  초변동원가계산

### 1. 초변동원가계산의 원가흐름

초변동원가계산은 제조공정이 자동화되고 자본집약적으로 바뀌는 최근의 제조기업 생산환경을 반영한 원가계산방법으로, **직접재료원가만을 제품원가로 처리하고 나머지 원가는 모두 기간원가로 처리하는 원가계산방법이다.**

| 제조원가 | | → | 자산화/비용화 |
|---|---|---|---|

| 제품원가 | 직접재료원가 | → | 미판매분 | 재공품 또는 제품(재고자산) |
|---|---|---|---|---|
| | | | 판매분 | 매출원가(비용) |
| 기간원가 | 직접노무원가<br>변동제조간접원가<br>고정제조간접원가 | → | 기간원가(비용) | |

### 2. 초변동원가계산의 손익계산서

초변동원가계산서에는 매출액에서 직접재료원가를 차감한 금액을 **재료처리량공헌이익**(throughput contribution)이라 하고, 재료처리량공헌이익에서 나머지 모든 원가(직접노무원가, 제조간접원가, 판매비와 관리비)를 차감하여 영업이익을 계산한다.

재료처리량 공헌이익을 '**현금창출공헌이익**'이라고도 하며, **직접재료원가를 제외한 모든 원가를 '운영비용'**이라고 한다.

주의할 점은 운영비용 중 직접노무원가와 변동제조간접원가의 경우 전부원가계산이나 변동원가계산과는 달리 제품의 원가를 구성하지 않으므로, 영업이익 계산 시 당기에 발생한 금액 전체를 운영비용으로 차감해 주어야 한다는 점이다. **직접노무원가와 변동제조간접원가를 합쳐서 변동가공원가**라고 하며, 변동판매관리비와 비교하여 기간비용화되는 금액을 비교하면 다음과 같다.

| 변동원가계산 | | | 초변동원가계산 | | |
|---|---|---|---|---|---|
| 변동원가 | | | 운영비용 | | |
| 직접노무원가 | 판매량 × | 단위당원가 | 직접노무원가 | 생산량 × | 단위당원가 |
| 변동제조간접원가 | 판매량 × | 단위당원가 | 변동제조간접원가 | 생산량 × | 단위당원가 |
| 변동판관비 | 판매량 × | 단위당원가 | 변동판관비 | 판매량 × | 단위당원가 |

※ 원가계산방법별 손익계산서(기초 및 기말 재고자산 없는 경우)

| 전부원가계산 | 변동원가계산 | 초변동원가계산 |
|---|---|---|
| Ⅰ.매출액 | Ⅰ.매출액 | Ⅰ.매출액 |
| Ⅱ.매출원가 | Ⅱ.변동원가 | Ⅱ.매출원가 |
|    직접재료원가 |    직접재료원가 |    직접재료원가 |
|    직접노무원가 |    직접노무원가 | |
|    변동제조간접원가 |    변동제조간접원가 | |
|    고정제조간접원가 |    변동판매비와 관리비 | |
| Ⅲ.매출총이익 | Ⅲ.공헌이익 | Ⅲ.현금창출공헌이익 |
| | |    (=재료처리량 공헌이익) |
| Ⅳ.판매비와 관리비 | Ⅳ.고정원가 | Ⅳ.운영비용 |
| | |    직접노무원가 |
| | |    변동제조간접원가 |
| |    고정제조간접원가 |    고정제조간접원가 |
| | |    변동판매비와 관리비 |
|    변동판매비와 관리비 | |    고정판매비와 관리비 |
|    고정판매비와 관리비 |    고정판매비와 관리비 | |
| Ⅴ.영업이익 | Ⅴ.영업이익 | Ⅴ.영업이익 |

## 4  영업이익 차이

위의 [8-2] 예제를 보면 전부원가계산과 변동원가계산은 ₩20,000의 영업이익이 차이가 남을 확인할 수 있다.

영업이익의 차이의 원인을 살펴보면 전부원가계산은 당기에 발생한 고정제조간접원가를 재고자산화했다가 판매된 수량과 관련된 금액만 비용화하는 반면에, 변동원가계산은 당기에 발생한 고정제조간접원가를 기간비용으로 처리하기 때문에 비용화된 금액이 다르다.

| 원가계산방법 | 비용화된 고정제조간접원가 |
|---|---|
| 전부원가계산<br>변동원가계산 | 5,000개(판매량) × ₩20 = ₩100,000<br>₩120,000 |
| 비용화된 금액의 차이 | ₩20,000 |

| 원가항목 | 변동원가계산 | 전부원가계산 |
|---|---|---|
| 변동제조원가 | 발생시점에 생산량기준 자산화<br>판매시점에 판매량기준 비용화 | 발생시점에 생산량기준 자산화<br>판매시점에 판매량기준 비용화 |
| 판매관리비 | 발생시점에 기간비용화 | 발생시점에 기간비용화 |
| 고정제조간접원가 | 발생시점에 기간비용화 | 발생시점에 생산량기준 자산화<br>판매시점에 판매량기준 비용화 |

이처럼 변동원가계산과 전부원가계산은 비용화되는 시점의 차이가 존재하기 때문에 기초재공품, 기말재공품, 기초제품, 기말제품이 존재하게 되면 해당 금액에 포함되어 있는 아직 비용처리되지 못한 제조원가만큼 영업이익 차이가 존재하게 된다.

## 1. 원가계산방법의 비교

전부원가계산과 변동원가계산 초변동원가계산은 제조원가를 어디까지 보느냐에 따라 영업이익의 차이를 가져온다. 만약 기초, 기말의 재고자산이 존재하지 않는다면 영업이익 차이는 존재하지 않을 것이다.

이를 표로 비교하면 아래와 같다.

| 구분 | | 전부원가계산 | 변동원가계산 | 초변동원가계산 |
|---|---|---|---|---|
| 원가정보 활용목적 | | 외부보고 | 단기의사결정 | 단기의사결정 |
| 제조<br>원가 | 직접재료원가 | 제품원가 | 제품원가 | 제품원가 |
| | 직접노무원가<br>변동제조간접원가 | 제품원가 | 제품원가 | 기간비용 |
| | 고정제조간접원가 | 제품원가 | 기간비용 | 기간비용 |
| 손익계산서 | | 매출액<br>매출원가<br>매출총이익<br>판매관리비<br>영업이익 | 매출액<br>변동원가<br>공헌이익<br>고정원가<br>영업이익 | 매출액<br>직접재료원가<br>재료처리량공헌이익<br>운영비용<br>영업이익 |
| 생산량과 영업이익(당기) | | 생산량이 증가하면<br>영업이익이 증가한다. | 생산량이 변화해도<br>이익은 불변이다. | 생산량이 증가할수록<br>이익은 감소한다. |
| 재고자산 유인 | | 재고과잉 유인 | 재고과잉 억제 | 재고최소화 |
| 영업이익 조정 | | 초변동원가계산의 영업이익<br>(+) 기말재고에 포함된 변동가공원가<br>(−) 기초재고에 포함된 변동가공원가<br>변동원가계산의 영업이익<br>(+) 기말재고에 포함된 고정제조간접원가<br>(−) 기초재고에 포함된 고정제조간접원가<br>전부원가계산의 영업이익 | | |

## 2. 영업이익 차이의 발생원인

### (1) 전부원가계산과 변동원가계산의 영업이익 차이 발생원인

① 기초재고에 포함된 고정제조간접원가 : 전기에 발생한 고정제조간접원가임에도 당기에 비용화되므로 변동원가계산에 비하여 비용화되는 금액을 증가시키고 영업이익을 감소시킨다.

② 기말재고에 포함된 고정제조간접원가 : 당기에 발생한 고정제조간접원가임에도 당기에 비용화되지 않으므로 변동원가계산에 비하여 비용화되는 금액을 감소시키고 영업이익을 증가시킨다.

### (2) 변동원가계산과 초변동원가계산의 영업이익 차이 발생원인

① 기초재고에 포함된 변동가공원가 : 전기에 발생한 변동가공원가임에도 당기에 비용화되므로 초변동원가계산에 비하여 비용화되는 금액을 증가시키고 영업이익을 감소시킨다.

② 기말재고에 포함된 변동가공원가 : 당기에 발생한 변동가공원가임에도 당기에 비용화되지 않으므로 초변동원가계산에 비하여 비용화되는 금액을 감소시키고 영업이익을 증가시킨다.

## 3. 생산량과 판매량 관계에 따른 영업이익의 변화

기초재고의 단위당 변동가공원가 및 고정제조간접원가의 배부율이 당기와 같을 경우

| 상황 | 재고자산 | 비용 처리되는 고정제조간접원가 및 변동가공원가 | 영업이익 |
|---|---|---|---|
| 생산량 = 판매량 | 불변 | 전부 = 변동 = 초변동 | 전부 = 변동 = 초변동 |
| 생산량 > 판매량 | 증가 | 전부 < 변동 < 초변동 | 전부 > 변동 > 초변동 |
| 생산량 < 판매량 | 감소 | 전부 > 변동 > 초변동 | 전부 < 변동 < 초변동 |

- 전부원가계산 : 생산량이 증가할수록 이익증가 → 과잉생산 유도, 불필요한 재고누적 가능성 높음
- 변동원가계산 : 생산량이 이익에 영향을 미치지 못함 → 재고누적 가능성 감소
- 초변동원가계산 : 생산량이 증가할수록 이익 감소 → 불필요한 재고누적 가능성 제거

## 4. 변동원가계산 및 초변동원가계산의 장단점

### (1) 변동원가계산의 장단점

| | |
|---|---|
| 장점 | • CVP분석에 관련된 자료를 얻을 수 있다. → 단기적 의사결정에 유용<br>• 특정기간의 이익이 재고자산의 수량변동에 의한 고정제조간접원가 배부액 변화에 의해 영향을 받지 않는다.<br>• 부문별·제품별 의사결정문제에 왜곡을 초래하지 않는다.<br>• 원가통제와 성과평가에 유용하게 활용할 수 있다. |
| 단점 | • 고정제조간접원가가 제품원가에서 제외되어 가격결정 시 고려되지 않는다면 장기적인 관점에서 고정제조간접원가의 중요성이 간과될 수 있다.<br>• 외부보고 목적으로 사용 불가<br>• 변동원가와 고정원가의 분류에 담당자의 주관적 해석이 개입될 수 있다. |

## (2) 초변동원가계산의 장단점

| 장점 | • 재고자산 보유를 최소화하도록 유인을 제공한다.<br>(경영자가 불필요한 제품 생산을 최소화하고 판매에 집중토록 유인)<br>• 변동원가계산에서 발생할 수 있는 자의적인 해석이 개입될 여지가 없다. |
| --- | --- |
| 단점 | • 직접재료원가를 제외한 나머지 원가항목들이 가격결정시 고려되지 않는다면 장기적인 관점에서 운영비용의 중요성이 간과될 수 있다.<br>• 외부보고 목적으로 사용 불가<br>• 재고를 최소화하다 보면 영업기회를 상실할 수 있다. |

### 예제 8-3  영업이익 조정

㈜한국의 당기 영업활동에 관한 자료는 다음과 같다.

| | | | |
| --- | --- | --- | --- |
| • 생산수량 | 10,000개 | • 판매수량 | 8,000개 |
| • 기초제품 | 1,000개 | • 단위당 판매가 | ₩200 |
| • 단위당 변동제조원가 | ₩80 | • 단위당 변동판관비 | ₩10 |
| • 고정제조간접원가 | ₩100,000 | • 고정판관비 | ₩20,000 |

[물음]
1. 전부원가계산에 의한 영업이익을 구하시오.
2. 변동원가계산에 의한 영업이익을 구하시오.
3. 전부원가계산과 변동원가계산의 영업이익 차이를 구하시오.

해답

1. 전부원가계산

| | | |
| --- | --- | --- |
| 매출액(8,000개 × ₩200) | | ₩1,600,000 |
| 매출원가 | | |
| 기초제품재고액(1,000개 × ₩90) | ₩90,000 | |
| 당기제조원가(10,000개 × ₩90) | 900,000 | |
| 기말재고액(3,000개 × ₩90) | (270,000) | (720,000) |
| 매출총이익 | | 880,000 |
| 판매관리비(8,000개 × ₩10 + ₩20,000) | | (100,000) |
| 영업이익 | | ₩780,000 |

\* 제조원가 = ₩80(변동제조원가) + ₩10(고정제조원가) = ₩90
고정제조원가 = ₩100,000 ÷ 10,000개(생산량) = ₩10

2. 변동원가계산

| | | |
|---|---|---|
| 매출액(8,000개 × ₩200) | | ₩1,600,000 |
| 변동매출원가(8,000개 × ₩80) | | (640,000) |
| 변동판관비(8,000개 × ₩10) | | (80,000) |
| 공헌이익 | | 880,000 |
| 고정원가 | | |
|     고정제조간접원가 | 100,000 | |
|     고정판관비 | 20,000 | (120,000) |
| 영업이익 | | ₩760,000 |

3. 영업이익 차이

| | |
|---|---|
| 변동원가영업이익 | ₩760,000 |
| + 기말재고자산에 포함된 고정제조간접원가(3,000개 × ₩10) | 30,000 |
| − 기초재고자산에 포함된 고정제조간접원가(1,000개 × ₩10) | (10,000) |
| 전부원가영업이익 | ₩780,000 |

---

**예제 8-4**  영업이익 조정

㈜한국의 20×1년 원가 및 판매관련 자료는 다음과 같다.

| | 변동원가 | 고정원가 |
|---|---|---|
| 단위당 판매가격 | ₩200 | |
| 단위당 직접재료원가 | 10 | |
| 단위당 직접노무원가 | 10 | |
| 단위당 변동제조간접원가 | 20 | |
| 고정제조간접원가 | | ₩500,000 |
| 단위당 변동판매비와 관리비 | 10 | |
| 고정판매비와 관리비 | | ₩100,000 |

㈜한국의 기초제품은 없으며, 생산량이 5,000개, 판매량은 4,000개이다.

[물음]

1. 변동원가계산의 영업이익에서 시작하여 전부원가계산의 영업이익을 도출하시오.

2. 초변동원가계산의 영업이익에서 시작하여 전부원가계산의 영업이익을 노출하시오.

해답

1. 변동원가계산 영업이익 → 전부원가계산 영업이익

| 변동원가계산의 영업이익 | ₩0 |
| --- | --- |
| − 기초재고자산에 포함된 고정제조간접원가 | − |
| + 기말재고재산에 포함된 고정제조간접원가 | 1,000개 × ₩100 = ₩100,000 |
| 전부원가계산의 영업이익 | ₩100,000 |

2. 초변동원가계산 영업이익 → 전부원가계산 영업이익

| 초변동원가계산의 순이익 | (₩30,000) |
| --- | --- |
| − 기초재고자산에 포함된 고정제조간접원가 및 변동가공원가 | − |
| + 기말재고재산에 포함된 고정제조간접원가 및 변동가공원가 | 1,000개×(₩100 + ₩30) = ₩130,000 |
| 전부원가계산의 영업이익 | ₩100,000 |

[예제 8-4]에서 전부원가계산의 고정제조간접원가를 분석해보면 당기 발생한 고정제조간접원가 ₩500,000은 단위당 고정제조간접원가 배부액 ₩100을 통하여 총 ₩500,000(5,000개 × ₩100)이 제품(재고자산)에 배부되었으나, 이 중 판매량 4,000개의 원가 ₩400,000은 매출원가로 비용화되고, 1,000개의 원가 ₩100,000은 기말제품으로 남아 자산화된 상황이다.

이에 비하여 변동원가계산에서는 고정제조간접원가 ₩500,000이 전액 기간비용으로 처리되므로, 전부원가계산하에서 비용처리되지 않고 기말제품으로 남아있는 고정제조간접원가 배부액 ₩100,000만큼 전부원가계산의 영업이익이 클 수밖에 없다.

동일한 논리로 변동원가계산과 초변동원가계산의 영업이익 차이를 분석하면 변동원가계산하에서는 기말제품에 남아 있는 변동가공원가 ₩30,000(1,000개 × ₩30)이 초변동원가계산에서는 전액 기간비용처리되었으므로 초변동원가계산의 영업이익보다 변동원가계산의 영업이익이 ₩30,000만큼 클 수밖에 없다.

해당 내용을 그림으로 도식화하면 아래와 같다.

| 당기제품제조원가 | | 변동원가계산 | 초변동원가계산 |
|---|---|---|---|

| 당기제품제조원가 | 변동원가계산 | 초변동원가계산 |
|---|---|---|
| 직접재료원가 | 기말제품(재고자산) | 기말제품(재고자산) |
| | 매출원가(비용) | 매출원가(비용) |
| 변동가공원가<br>　직접노무원가<br>　변동제조간접원가<br>※배부율 = ₩30 | 매출원가(비용)<br>= ₩120,000 | 기간원가(비용)<br>= ₩150,000 |
| | 기말제품(재고자산)<br>= ₩30,000 | |
| 고정제조간접원가 | 기간원가(비용) | 기간원가(비용) |

## 제8절   전부원가계산과 변동원가계산

객관식 문제

**01**   전부원가계산, 변동원가계산 및 초변동원가계산에 관한 설명으로 옳지 않는 것은?

12년 CTA

① 초변동원가계산에서는 직접노무원가와 변동제조간접원가를 기간비용으로 처리한다.
② 초변동원가계산에서는 매출액에서 직접재료원가를 차감하여 재료처리량 공헌이익 (throughput contribution)을 산출한다.
③ 변동원가계산은 변동제조원가만을 재고가능원가로 간주한다. 따라서 직접재료원가, 변동가공원가를 제품원가에 포함시킨다.
④ 전부원가계산의 영업이익은 일반적으로 생산량과 판매량에 의해 영향을 받는다.
⑤ 변동원가계산에서는 원가를 기능에 따라 구분하여 변동원가와 고정원가로 분류한다.

**해설**

변동원가계산에서는 원가를 행태에 따라 변동원가와 고정원가로 분류한다.

**02**   변동원가계산의 유용성에 대한 다음의 설명 중 옳지 않은 것은?

13년 CTA

① 변동원가계산 손익계산서에는 이익계획 및 의사결정 목적에 유용하도록 변동원가와 고정원가가 분리되고 공헌이익이 보고된다.
② 변동원가계산에서는 일반적으로 고정제조간접원가를 기간비용으로 처리한다.
③ 변동원가계산에서는 판매량과 생산량의 관계에 신경을 쓸 필요 없이 판매량에 기초해서 공헌이익을 계산한다.
④ 변동원가계산에 의해 가격을 결정하더라도 장기적으로 고정원가를 회수하지 못할 위험은 없다.
⑤ 제품의 재고수준을 높이거나 낮춤으로써 이익을 조작할 가능성은 없다.

**해설**

변동원가계산에 의하여 가격을 결정할 경우 변동원가의 회수만을 고려하게 되며 장기적으로 고정원가를 회수하지 못할 가능성이 있다.

**03** 전부원가계산, 변동원가계산, 초변동원가계산에 관한 설명으로 옳지 않은 것은?

`21년 관세사`

① 기초재고가 없다면, 당기 판매량보다 당기 생산량이 더 많을 때 전부원가계산의 당기영업이익보다 초변동원가계산상의 당기 영업이익이 더 작다.
② 변동원가계산은 전부원가계산에 비해 판매량 변화에 의한 이익의 변화를 더 잘 파악할 수 있다.
③ 초변동원가계산에서는 기초재고가 없고 판매량이 일정할 때 생산량이 증가하더라도 재료처리량 공헌이익(throughput contribution)은 변하지 않는다.
④ 일반적으로 인정된 회계원칙에서는 전부원가계산에 의해 제품원가를 보고하도록 하고 있다.
⑤ 전부원가계산은 변동원가계산에 비해 경영자의 생산과잉을 더 잘 방지한다.

**해설**

전부원가계산은 변동원가계산에 비해 경영자의 생산과잉을 유도할 수 있다. 즉, 방지하지 않는다.

**04** ㈜국세의 20×1년도 전부원가계산에 의한 영업이익은 ₩1,000,000이다. ㈜국세의 원가자료가 다음과 같을 경우 20×1년도 변동원가계산에 의한 영업이익은 얼마인가? (단, 원가요소 금액은 총액이다.)

`12년 CTA`

| 구분 | 수량 (단위) | 직접 재료원가 | 직접 노무원가 | 변동제조 간접원가 | 고정제조 간접원가 |
|---|---|---|---|---|---|
| 기초재공품 | 200 | ₩50,000 | ₩30,000 | ₩20,000 | ₩240,000 |
| 기초제품 | 400 | 100,000 | 70,000 | 40,000 | 700,000 |
| 기말재공품 | 500 | 100,000 | 65,000 | 25,000 | 500,000 |
| 기말제품 | 300 | 75,000 | 90,000 | 35,000 | 600,000 |
| 매출원가 | 1,00 | 1,000,000 | 750,000 | 650,000 | 2,000,000 |

① ₩640,000  ② ₩840,000  ③ ₩900,000
④ ₩1,100,000  ⑤ ₩1,160,000

**해설**

| 변동원가계산의 순이익 | ₩840,000 |
|---|---|
| − 기초재고자산에 포함된 고정제조간접원가 | ₩240,000 + ₩700,000 = (₩940,000) |
| + 기말재고재산에 포함된 고정제조간접원가 | ₩500,000 + ₩600,000 = ₩1,100,000 |
| = 전부원가계산의 순이익 | ₩1,000,000 |

**05** ㈜한국은 제품 A를 생산하며 20×9년 5월 초에 영업을 개시하였다(기초재고자산은 없음). 20×9년 5월과 6월의 생산량은 각각 400단위, 500단위이며, 판매량은 각각 380단위, 400단위이다. 매월 고정제조간접원가는 ₩400,000씩 동일하게 발생한다. 20×9년 6월의 전부원가계산에 의한 손익계산서가 다음과 같을 때, 6월의 변동원가계산에 의한 영업이익은 얼마인가? (단, 원가흐름가정은 선입선출법을 적용한다.) 09년 기출

| | | |
|---|---|---|
| • 매출액 | | ₩1,000,000 |
| • 매출원가 | | 843,000 |
| 월초제품재고액 | ₩45,000 | |
| 당월제품제조원가 | 1,050,000 | |
| 월말제품재고액 | (252,000) | |
| • 매출총이익 | | ₩157,000 |
| • 판매비와 관리비 | | 67,000 |
| • 영업이익 | | ₩90,000 |

① ₩6,000      ② ₩14,000      ③ ₩70,000

④ ₩110,000      ⑤ ₩166,000

해설

| 변동원가계산의 순이익 | $x$ |
|---|---|
| − 기초재고자산에 포함된 고정제조간접원가 | 20단위 × ₩1,000 = ₩20,000 |
| + 기말재고자산에 포함된 고정제조간접원가 | 120단위 × ₩800 = ₩96,000 |
| = 전부원가계산의 순이익 | ₩90,000 |

→ 변동원가계산에 의한 영업이익($x$) = ₩14,000

**06** 20×1년 초 영업을 개시한 ㈜감평의 20×1년도와 20×2년도의 생산 및 판매와 관련된 자료는 다음과 같다.

| 구분 | 20×1년 | 20×2년 |
|---|---|---|
| 생산량 | 5,000개 | 10,000개 |
| 판매량 | 4,000개 | 10,000개 |
| 직접재료원가 | 500,000 | 1,000,000 |
| 직접노무원가 | 600,000 | 1,200,000 |
| 변동제조간접원가 | 400,000 | 800,000 |
| 고정제조간접원가 | 200,000 | 250,000 |
| 변동판매관리비 | 200,000 | 400,000 |
| 고정판매관리비 | 300,000 | 350,000 |

㈜감평의 20×2년도 전부원가계산에 의한 영업이익이 ₩100,000일 때, 변동원가계산에 의한 영업이익은? (단, 재공품은 없으며 원가흐름은 선입선출법을 가정한다.)

① ₩85,000　　② ₩115,000　　③ ₩120,000
④ ₩135,000　　⑤ ₩140,000

**해설**

1) 20×1년 고정제조간접원가 배부율 = ₩200,000 ÷ 5,000개 = ₩40
2) 20×2년 고정제조간접원가 배부율 = ₩250,000 ÷ 10,000개 = ₩25
3) 변동원가계산영업이익 + 1,000개 × ₩25 - (1,000개 × ₩40) = ₩100,000(전부원가 영업이익)
   → 변동원가 영업이익 = ₩115,000

**07** 20×1년 초에 설립된 ㈜국세는 노트북을 제조하여 판매하고 있다. ㈜국세는 재고자산의 원가흐름가정으로 선입선출법을 적용하며, 실제원가계산으로 제품원가를 산출한다. ㈜국세의 매월 최대 제품생산능력은 1,000대이며, 20×1년 1월과 2월의 원가자료는 다음과 같다.

| 제품종류 | 1월 | 2월 |
|---|---|---|
| 생산량 | 900대 | 800대 |
| 판매량 | 800대 | ? |
| 고정제조간접원가 | ₩180,000 | ₩200,000 |

2월의 전부원가계산 하의 영업이익이 변동원가계산 하의 영업이익보다 ₩20,000만큼 큰 경우, ㈜국세의 2월 말 제품재고수량은 얼마인가? (단, 매월 말 재공품은 없는 것으로 가정한다.)

① 160대　　② 170대　　③ 180대
④ 190대　　⑤ 200대

**해설**

- 기초재고자산에 포함된 고정제조간접원가　100대 × (₩180,000 ÷ 900대) = (₩20,000)
+ 기말재고재산에 포함된 고정제조간접원가　160대 × (₩200,000 ÷ 800대) = 40,000
= ₩20,000

**08**  ㈜한국은 한 종류의 수출용 스웨터를 제조한다. 3년간에 걸친 이 제품과 관련된 원가와 영업상황의 자료는 다음과 같다.

|  | | |
| --- | --- | --- |
| • 단위당 변동제조원가 | ₩10 | |
| • 단위당 변동판매비와 관리비 | 1 | |
| • 연간 고정제조원가 | 300,000 | |
| • 연간 고정판매비와 관리비 | 200,000 | |

| 구분 | 20×1년 | 20×2년 | 20×3년 |
| --- | --- | --- | --- |
| 기초제품 재고량 | – | 20,000 | 10,000 |
| 당기생산량 | 60,000 | 30,000 | 50,000 |
| 당기판매량 | 40,000 | 40,000 | 40,000 |
| 기말제품 재고량 | 20,000 | 10,000 | 20,000 |

3년간 판매가격의 변동과 원가구조의 변동이 없다는 가정하에서 20×1년 변동원가계산하의 영업이익이 ₩500,000일 경우 20×3년 전부원가계산하의 영업이익은? (단, 원가흐름은 선입선출법을 가정하고, 재공품은 없다.)  12년 기출

① ₩460,000   ② ₩480,000   ③ ₩500,000

④ ₩520,000   ⑤ ₩540,000

해설

| 변동원가계산하의 영업이익 | ₩500,000 |
| --- | --- |
| + 기말제품 고정제조간접원가(20,000개 × ₩6) | 120,000 |
| − 기초제품 고정제조간접원가(10,000개 × ₩10) | (100,000) |
| = 전부원가계산하의 영업이익 | ₩520,000 |

\* 기말제품 고정제조간접원가 배부율 = ₩300,000 ÷ 50,000개(생산량) = ₩6
\* 기초제품 고정제조간접원가 배부율 = ₩300,000 ÷ 30,000개(생산량) = ₩10

**09** ㈜감평의 전부원가계산에 의한 영업이익은 ₩374,000이고, 변동원가계산에 의한 영업이익은 ₩352,000이며, 전부원가계산에 의한 기말제품재고액은 ₩78,000이다. 전부원가계산에 의한 기초제품재고액이 변동원가계산에 의한 기초제품재고액보다 ₩20,000이 많은 경우, 변동원가계산에 의한 기말제품재고액은? (단, 기초 및 기말 재공품은 없으며, 물량 및 원가흐름은 선입선출법을 가정한다.) `20년 기출`

① ₩36,000  ② ₩42,000  ③ ₩56,000
④ ₩58,000  ⑤ ₩100,000

**해설**
1) 변동원가계산 영업이익(₩352,000) + 기말제품재고액의 차이 – 기초제품재고액의 차이(₩20,000)
   = 전부원가계산 영업이익(₩374,000)
   → 기말제품재고액의 차이 = ₩42,000
2) 변동원가계산에 의한 기말제품재고액은 전부원가계산에 의한 기말제품재고액보다 ₩42,000 작으므로 ₩78,000 – ₩42,000 = ₩36,000

**10** 변동원가계산제도를 채택하고 있는 ㈜감평의 당기 기초재고자산과 영업이익은 각각 ₩64,000과 ₩60,000이다. 전부원가계산에 의한 ㈜감평의 당기 영업이익은 ₩72,000이고, 기말재고자산이 변동원가계산에 의한 기말재고자산에 비하여 ₩25,000이 많은 경우, 당기 전부원가계산에 의한 기초재고자산은? `23년 기출`

① ₩58,000  ② ₩62,000  ③ ₩68,000
④ ₩77,000  ⑤ ₩89,000

**해설**
1) 변동원가계산에 의한 영업이익 ₩60,000
   + 기말재고에 포함된 고정제조간접원가 25,000
   – 기초재고에 포함된 고정제조간접원가 ( ? )
   = 전부원가계산에 의한 영업이익 ₩72,000
   → 기초재고에 포함된 고정제조간접원가 = ₩13,000
2) 당기 전부원가계산에 의한 기초재고자산 – ₩64,000(변동원가계산제도에 의한 기초고자산)
   + ₩13,000(기초재고에 포함된 고정제조간접원가) = ₩77,000

**11** ㈜감평은 20×1년 1월 1일에 설립된 회사이다. 20×1년도 1월 및 2월의 원가 자료는 다음과 같다.

| 구분 | 1월 | 2월 |
|---|---|---|
| 최대생산가능량 | 1,000단위 | 1,200단위 |
| 생산량 | 800단위 | 1,000단위 |
| 판매량 | 500단위 | 1,100단위 |
| 변동제조원가(총액) | ₩40,000 | ₩50,000 |
| 고정제조간접원가(총액) | ₩20,000 | ₩30,000 |
| 변동판매관리비(총액) | ₩1,500 | ₩5,500 |
| 고정판매관리비(총액) | ₩2,000 | ₩2,000 |

㈜감평은 실제원가계산을 적용하고 있으며, 원가흐름가정은 선입선출법이다. 20×1년 2월의 전부원가계산에 의한 영업이익이 ₩10,000이면, 2월의 변동원가계산에 의한 영업이익은? (단, 기초 및 기말 재공품재고는 없다.) <u>17년 기출</u>

① ₩10,500  ② ₩11,000  ③ ₩11,500
④ ₩12,000  ⑤ ₩12,500

**해설**

변동원가 계산에 의한 영업이익            $x$
+ 기말제품 고정제조간접원가(200단위 × ₩30)    ₩6,000
− 기초제품 고정제조간접원가(300단위 × ₩25)    (7,500)
──────────────────────────────
= 전부원가 영업이익                    ₩10,000
→ 변동원가계산에 의한 영업이익($x$) = ₩11,500
* 기말제품에 포함된 단위당 고정제조간접원가 = ₩30,000 ÷ 1,000단위(2월 생산량) = ₩30
* 기초제품에 포함된 단위당 고정제조간접원가 = ₩20,000 ÷ 800단위(1월 생산량) = ₩25

**12** 20×0년 초 설립된 ㈜한국의 20×0년과 20×1년의 생산 및 판매와 관련된 자료는 다음과 같다. ㈜한국의 20×1년도 전부원가계산에 의한 영업이익이 ₩3,000,000이라면, 초변동원가계산에 의한 영업이익은 얼마인가? (단, ㈜한국은 선입선출법(FIFO)을 적용하고 있으며, 재공품은 존재하지 않음) 10년 기출

| 구분 | 20×0년 | 20×1년 |
|---|---|---|
| · 기초제품수량 | 0개 | 3,000개 |
| · 당기생산량 | 10,000개 | 11,000개 |
| · 판매량 | 7,000개 | 9,000개 |
| · 기말제품수량 | 3,000개 | 5,000개 |
| · 직접노무원가 | ₩300,000 | ₩330,000 |
| · 변동제조간접원가 | 240,000 | 264,000 |
| · 고정제조간접원가 | 500,000 | 506,000 |
| · 변동판매비 | 35,000 | 45,000 |
| · 고정판매비 | 20,000 | 20,000 |

① ₩2,730,000    ② ₩2,792,000    ③ ₩2,812,000

④ ₩2,870,000    ⑤ ₩2,920,000

해설

초변동원가계산에 의한 영업이익          $x$

+ 기말제품 변동가공원가(5,000개 × ₩54)     ₩270,000

− 기초제품 변동가공원가(3,000개 × ₩54)     (162,000)

+ 기말제품 고정제조간접원가(5,000개 × ₩46)     230,000

− 기초제품 고정제조간접원가(3,000개 × ₩50)     (150,000)

= 전부원가계산의 영업이익          ₩3,000,000

→ 초변동원가계산에 의한 영업이익($x$) = ₩2,812,000

※ 기말제품에 포함된 단위당 변동가공원가 = (₩330,000 + ₩264,000) ÷ 11,000개 = ₩54

※ 기초제품에 포함된 단위당 변동가공원가 = (₩300,000 + ₩240,000) ÷ 10,000개 = ₩54

답   01 ⑤   02 ④   03 ⑤   04 ②   05 ②
      06 ②   07 ①   08 ④   09 ①   10 ④
      11 ③   12 ③

## 제9절 원가 - 조업도 - 이익분석(CVP분석)

원가-조업도-이익분석(cost-volume-profit analysis)이란 조업도수준의 변화에 따라 원가와 이익이 어떻게 변화하는가를 분석하는 기법을 말하며, 손익분기점 매출수량 또는 매출액은 얼마인지, 목표이익 달성을 위한 매출수량 및 매출액은 얼마인지 등을 분석하여 경영계획 수립의 자료로 활용한다.

CVP 분석은 주로 생산량, 판매량에 대한 정보를 제공하는데, 예컨대 특정한 판매량일 경우의 이익, 특정한 이익을 위한 생산량 등이 CVP분석을 통해 얻을 수 있는 자료이다.

이는 기업의 단기적 의사결정과 연관되어 있는데 기업의 단기적 의사결정은 대부분 생산량, 판매량과 관련된 것이기 때문이다.

그러나 CVP 분석은 일정한 가정이 있는 경우에만 성립한다. 생산량, 판매량에 영향을 미치는 요인은 매우 복잡하게 얽혀 있기 때문에 이러한 상황을 단순화하여 일정가정하에서의 상관관계를 분석하게 된다.

### 1 CVP분석의 기본 가정

CVP 분석은 일정가정하에서 성립한다.

> ① 모든 원가는 변동원가와 고정원가로 분류할 수 있고 혼합원가도 변동원가와 고정원가로 분류될 수 있다고 가정한다.
> ② 원가와 수익은 유일한 독립변수인 **조업도**에 의하여 결정된다고 가정한다.
> ③ 수익과 원가의 행태는 결정되어 있고 관련범위 내에서 선형이라고 가정한다.
> ④ 생산량과 판매량은 일치하는 것으로 가정한다.
> ⑤ 제품의 종류가 복수인 경우에는 **매출배합이 일정**하다고 가정한다.

### 2 CVP분석의 기본 개념

#### 1. 공헌이익(contribution margin)

공헌이익이란 매출액에서 변동원가를 차감한 금액을 말하며, 공헌이익 금액은 고정원가를 회수하고 이익을 창출할 수 있는 금액을 의미한다. 공헌이익이 증가할수록 고정원가가 회수되고 이익이 증가하는 것으로, 공헌이익과 고정원가가 동일할 경우 이익은 "0"이 된다.

단위당 공헌이익이란 단위당 판매가격에서 단위당 변동원가를 차감한 금액으로, 이는 제품 한 단위가 고정원가를 회수하고 이익을 창출하는 데 얼마만큼 공헌하는지를 보여주는 금액이다.

> • **총공헌이익 = 총매출액 − 변동원가**
> • **단위당 공헌이익 = 단위당 판매가격 − 단위당 변동원가**

## 2. 공헌이익률(contribution margin ratio)

공헌이익률이란 공헌이익을 매출액으로 나누어 계산한 금액으로 매출액 중에서 고정원가의 회수 및 이익창출에 공헌하는 비율을 의미한다. 변동비율은 변동원가를 매출액으로 나누어 계산한 금액으로 매출액 중에서 변동원가가 차지하는 비율을 의미한다.

- 공헌이익률 = $\dfrac{총공헌이익}{총매출액}$ = $\dfrac{단위당\ 공헌이익}{단위당\ 판매가격}$
- \* 변동비율 = 1 − 공헌이익률
- 공헌이익률 + 변동비율 = 1

## 3. 도표를 통한 손익분기점 계산

### (1) 원가·조업도·이익 도표(CVP도표)

CVP도표는 조업도 수준의 변동에 따른 수익과 비용의 변동을 나타낸 도표

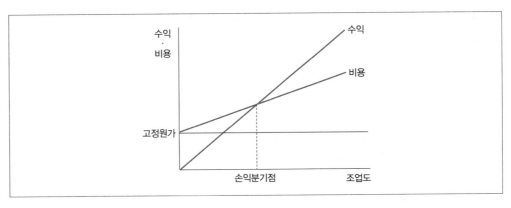

위 도표에서 수익선의 기울기는 단위당 판매가격을 나타내며, 비용선의 기울기는 단위당 변동원가를, 수직축의 절편은 고정원가를 나타낸다. 수익과 비용이 일치하는 점은 기업의 이익이 '0'이 되는 지점으로 손익분기점이라 한다.

### (2) 원가·조업도 도표(PV도표)

PV도표는 조업도 수준의 변동에 따른 이익의 변동을 나타낸 도표

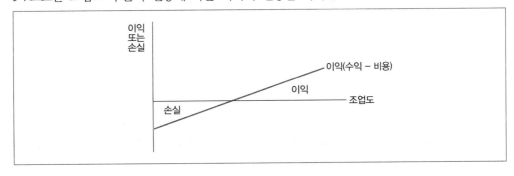

### 3 기본가정하의 CVP분석

원가·조업도·이익은 아래와 같이 분석할 수 있다.

> 수익 = 비용 + 이익
> 매출액 = 매출원가 + 영업이익
> 매출액 = 변동원가 + 고정원가 + 영업이익

> 단위당 판매가격 × 판매량 = 단위당 변동원가 × 판매량 + 고정원가 + 영업이익
>      (총수익)                   (총비용)

해당 식을 판매량에 대해 정리하면 다음과 같다.

> • (단위당 판매가격 – 단위당 변동원가) × 판매량 = 고정원가 + 영업이익
> • (단위당 공헌이익 × 판매량) – 고정원가 = 영업이익

위 식을 통해 단위당 공헌이익을 이용하면 판매량이 얼마인지에 따라 고정원가를 회수하고 영업이익이 어떻게 되는지를 예측할 수 있다.

> • 매출액 = 변동원가 + 고정원가 + 이익
> • 매출액 – 변동원가 = 고정원가 + 이익
>   (공헌이익률 × 매출액) – 고정원가 = 이익
>
> • 공헌이익률 = (매출액 – 변동원가) ÷ 매출액
>             = 단위당 공헌이익 / 단위당 판매가격

## 1. 손익분기점 분석

### (1) 손익분기점

손익분기점(Break-Even Point : BEP)은 제품의 판매에 따른 수익과 이를 위한 비용이 일치해서 손실도 이익도 발생하지 않는 판매량이나 매출액을 말한다.
손익분기점에서는 해당 판매에 따른 이익은 전부 고정원가 회수에 사용된다.

> (단위당 판매가격 × 판매량) – (단위당 변동원가 × 판매량) = 고정원가
>     총수익        –        총비용       = 고정원가

손익분기점을 계산하는 방법에는 공헌이익법이 있다.

### (2) 공헌이익법

공헌이익법은 공헌이익을 이용하여 손익분기점을 파악하는 방법이다.
공헌이익법은 손익분기점이 되면 총공헌이익이 고정원가와 일치한다는 점을 이용하여 손익분기점

을 파악하는 방법으로 판매량이 주어지면 단위당 공헌이익으로, 매출액이 주어지면 공헌이익률로 손익분기점을 파악한다.

> • 매출액 − 변동원가 = 고정원가
> • 단위당 공헌이익 × 판매량 = 고정원가
> • 공헌이익률 × 매출액 = 고정원가

**예제 9-1** 손익분기점

㈜한국의 제품 단위당 판매가격은 ₩1,000, 단위당 변동원가는 ₩600, 고정원가는 ₩200,000 이라고 할 때 손익분기점 판매량을 구하시오.

**해답**

(1) 단위당 공헌이익 = ₩1,000(판매가격) − ₩600(변동원가) = ₩400

(2) 손익분기점 판매량 = ₩200,000(고정원가) ÷ ₩400(단위당 공헌이익) = 500단위

**예제 9-2** 손익분기점

㈜한국의 제품 단위당 판매가격은 ₩100이고, 단위당 변동제조원가는 ₩50, 단위당 변동판매관리비는 ₩10이다. 고정제조간접원가는 ₩30,000, 고정판매비와 관리비는 ₩20,000이라고 할 때 물음에 답하시오.

[물음]
1. 손익분기점 판매량을 구하시오.
2. 손익분기점 매출액을 구하시오.

**해답**

1. 손익분기점 판매량 = ₩50,000(고정원가 총액) ÷ ₩40(단위당 공헌이익) = 1,250단위

2. 손익분기점 매출액 = ₩50,000(고정원가 총액) ÷ 40%(공헌이익률) = ₩125,000
   또는 손익분기점 판매량(1,250단위) × 판매가격(₩100) = ₩125,000

## 2. 목표이익 분석

CVP 분석을 통해 기업이 원하는 목표이익을 달성하기 위한 판매량과 매출액도 계산할 수 있다. 목표이익 분석도 공헌이익을 활용하면 용이하게 계산할 수 있다.

> • (단위당 공헌이익 × 판매량) − 고정원가 = 목표이익
> • (공헌이익률 × 매출액) − 고정원가 = 목표이익

$$목표이익\ 달성을\ 위한\ 판매량 = \frac{고정원가\ +\ 목표이익}{단위당\ 공헌이익}$$

$$목표이익\ 달성을\ 위한\ 매출액 = \frac{고정원가\ +\ 목표이익}{공헌이익률}$$

---

**예제 9-3** 목표이익

㈜한국의 제품 단위당 판매가격은 ₩1,000, 단위당 변동원가는 ₩600, 고정원가는 ₩200,000이라고 할 때 다음 물음에 답하시오.

[물음]

1. ㈜한국의 목표이익이 ₩50,000이라고 할 때, 이를 달성하기 위한 판매량을 구하시오.
2. ㈜한국의 목표이익이 ₩50,000이라고 할 때, 이를 달성하기 위한 매출액을 구하시오.

---

해답

1. 목표이익 판매량 = (₩200,000 + ₩50,000) ÷ ₩400(단위당 공헌이익) = 625단위
2. 목표이익 매출액 = (₩200,000 + ₩50,000) ÷ 40%(공헌이익률) = ₩625,000

---

**예제 9-4** 목표이익

㈜한국의 제품 단위당 판매가격은 ₩100이고, 단위당 변동제조원가는 ₩50, 단위당 변동판매관리비는 ₩100이다. 고정제조간접원가는 ₩30,000, 고정판매비와 관리비는 ₩20,000이라고 할 때 물음에 답하시오.

[물음]

1. ㈜한국의 목표이익이 ₩50,000일 때 목표이익 판매량을 구하시오.
2. ㈜한국의 목표이익이 ₩50,000일 때 목표이익 매출액을 구하시오.

---

해답

1. 목표이익 판매량 = (₩50,000 + ₩50,000) ÷ ₩40(단위당 공헌이익) = 2,500단위
2. 목표이익 매출액 = (₩50,000 + ₩50,000) ÷ 40%(공헌이익률) = ₩250,000
   또는 목표이익 판매량(2,500단위) × 판매가격(₩100) = ₩250,000

### 3. 세후목표이익

앞의 목표이익 분석은 세금을 고려하지 않은 목표이익이었다. 그러나 기업들은 세금효과를 고려한 목표이익도 중요하기 때문에 이를 고려한 경우의 판매량과 매출액도 CVP 분석에서 중요하다고 하겠다.

그러나 CVP 분석은 기본적으로 매출액에서 변동원가 고정원가를 차감한 영업이익을 기준으로 하는데 영업이익은 법인세를 고려하지 않은 세전금액이다.

그러므로 CVP분석을 하기 위해서는 세후 목표이익을 세전이익으로 변경하는 절차가 필요하다.

- 세전이익 − (세전이익 × 법인세율) = 세후이익
- 세전이익(1 − 법인세율) = 세후이익
- 세전이익 = 세후이익/(1 − 법인세율)

- (단위당 공헌이익 × 판매량) − 고정원가 = 세후목표이익/(1 − 법인세율)
- (공헌이익률 × 매출액) − 고정원가 = 세후목표이익/(1 − 법인세율)

$$목표이익\ 달성을\ 위한\ 판매량 = \frac{고정원가 + \dfrac{세후목표이익}{(1 − 법인세율)}}{단위당\ 공헌이익}$$

$$목표이익\ 달성을\ 위한\ 매출액 = \frac{고정원가 + \dfrac{세후목표이익}{(1 − 법인세율)}}{공헌이익률}$$

---

**예제 9-5** 세후목표이익

㈜한국의 제품 단위당 판매가격은 ₩1,000, 단위당 변동원가는 ₩600, 고정원가는 ₩200,000이라고 할 때 다음 물음에 답하시오.

[물음]
1. 세후목표이익 ₩40,000을 달성하기 위한 판매량을 구하시오(단, 법인세율은 20%이다).
2. 세후목표이익 ₩40,000을 달성하기 위한 매출액을 구하시오(단, 법인세율은 20%이다).

.................................................................................................

[해답]
1. 세후목표이익 판매량 = (₩200,000 + ₩40,000/(1−20%)) ÷ ₩400(단위당 공헌이익) = 625단위
2. 세후목표이익 매출액 = (₩200,000 + ₩40,000/(1−20%)) ÷ 40%(공헌이익률) = ₩625,000

---

**예제 9-6** 세후목표이익

㈜한국의 제품 단위당 판매가격은 ₩100이고, 단위당 변동제조원가는 ₩50, 단위당 변동판매관리비는 ₩100이다. 고정제조간접원가는 ₩30,000, 고정판매비와 관리비는 ₩20,000이라고 할 때 물음에 답하시오(단, 법인세율은 20%라고 가정한다).

[물음]

1. ㈜한국의 세후목표이익이 ₩80,000일 때 목표이익 판매량을 구하시오.
2. ㈜한국의 세후목표이익이 ₩80,000일 때 목표이익 매출액을 구하시오.

.................................................................

**해답**

1. 세후목표이익 판매량 = (₩50,000 + ₩80,000/(1-20%)) ÷ ₩40(단위당 공헌이익) = 3,750단위
2. 세후목표이익 매출액 = (₩50,000 + ₩80,000/(1-20%)) ÷ 40%(공헌이익률) = ₩375,000
   또는 세후목표이익 판매량(3,750단위) × 판매가격(₩100) = ₩375,000

---

## 4. 안전한계

안전한계(margin of safety)는 예산매출액 또는 실제매출액이 손익분기점의 매출액을 초과하는 금액을 말한다. 안전한계는 어디까지 매출액이 감소하여도 손익분기점에 해당하지 않는지를 보여주는 여유 매출액이라고 설명할 수 있다.

$$안전한계 = 매출액 - 손익분기점\ 매출액$$

해당 등식을 매출액으로 나누면 아래와 같다.

↓

$$(안전한계\ /\ 매출액) = (매출액 - 손익분기점\ 매출액)\ /\ 매출액$$

↓

$$안전한계율 = \frac{매출액 - 손익분기점\ 매출액}{매출액}$$

$$= \frac{판매량 - 손익분기판매량}{판매량} = \frac{영업이익}{공헌이익}$$

안전한계는 기업의 안정성을 파악하는 지표로 안전한계가 낮으면 곧 손익분기점이 된다는 의미이므로 안전한계는 높은 것이 좋다.

---

> **예제 9-7** 안전한계
>
> ㈜한국의 매출액은 ₩300,000이고, 공헌이익률은 20%, 고정원가는 ₩40,000이라고 할 때 안전한계 매출액을 구하시오.
>
> ┈┈┈┈┈┈┈┈┈┈┈┈┈┈┈┈┈┈┈┈┈┈┈┈┈┈┈┈┈┈┈┈┈┈┈┈┈┈┈┈┈┈┈
>
> **[해답]**
>
> (1) 손익분기점 매출액 = ₩40,000(고정원가) ÷ 20%(공헌이익률) = ₩200,000
> (2) 안전한계 = ₩300,000(매출액) − ₩200,000(손익분기점 매출액) = ₩100,000
>    ※ 안전한계율 = ₩100,000(안전한계) ÷ ₩300,000(매출액) = 33.33%

매출액은 고정원가를 회수하기 위한 손익분기점 매출액과 안전한계매출액으로 구분된다. 손익분기점의 매출액은 전액 고정원가를 회수하는 데 사용되므로 **영업이익은 안전한계 부분에서만 발생**한다.

## 5. 영업레버리지도

영업레버리지(operating leverage)는 고정원가의 레버리지 효과로 매출액 변화율이 조금만 변화해도 영업이익의 변화율이 크게 확대되는 효과를 말한다.

영업레버리지의 크기는 영업레버리지도(degree of operating leverage : DOL)로 측정한다.

$$\text{영업레버리지도(DOL)} = \frac{\text{영업이익증가율}}{\text{매출액증가율}} = \frac{\text{공헌이익}}{\text{영업이익}} = \frac{1}{\text{안전한계율}}$$

$$\text{영업이익의 변화율} = \text{매출액의 변화율} \times \text{영업레버리지도(DOL)}$$

영업레버리지도는 손익분기점 부근에서 가장 크고 매출액이 증가함에 따라 점점 작아진다. 고정원가의 비중이 큰 기업은 영업레버리지가 크며, 영업위험이 상대적으로 높다. 고정원가의 비중이 작은 기업은 영업레버리지가 작으며, 영업위험이 상대적으로 낮다.

---

**예제 9-8**    영업레버리지도

다음은 동종제품을 생산하는 경쟁업체 A회사, B회사, C회사의 영업활동에 관한 자료이다.

|  | A사 | B사 | C사 |
|---|---|---|---|
| 매출액 | ₩1,500,000 | ₩2,000,000 | ₩2,300,000 |
| 변동원가 | 900,000 | 800,000 | 500,000 |
| 공헌이익 | 600,000 | 1,200,000 | 1,800,000 |
| 고정원가 | 300,000 | 900,000 | 1,500,000 |
| 영업이익 | 300,000 | 300,000 | 300,000 |

[물음]

1. A사의 안전한계 및 안전한계율을 구하시오

2. 각 회사별로 현재 수준의 영업레버리지도를 구하시오.

3. 매출액이 현재보다 20% 증가하는 경우 각 회사의 영업이익을 구하시오.

---

**해답**

1. 안전한계 및 안전한계율

   (1) 안전한계

   공헌이익률 = ₩600,000 ÷ ₩1,500,000 = 0.4

   BEPS = ₩300,000 ÷ 0.4 = ₩750,000

   안전한계 = ₩1,500,000 − ₩750,000 = ₩750,000

   (2) 안전한계율 = $\dfrac{₩750,000}{₩1,500,000}$ = 50%

   안전한계율 = $\dfrac{영업이익}{공헌이익}$ = $\dfrac{₩300,000}{₩600,000}$ = 50%

2. 영업레버리지도

   A사 : ₩600,000 ÷ ₩300,000 = 2

   B사 : ₩1,200,000 ÷ ₩300,000 = 4

   C사 : ₩1,800,000 ÷ ₩300,000 = 6

3. 영업이익의 변화

   A사 : ₩300,000 × (1 + 20% × 2) = ₩420,000

   B사 : ₩300,000 × (1 + 20% × 4) = ₩540,000

   C사 : ₩300,000 × (1 + 20% × 6) = ₩660,000

## 4 복수제품의 CVP분석

### 1. 복수제품 CVP분석

복수제품 CVP분석이란 기업이 두 개 이상의 제품을 생산하여 판매할 때의 CVP분석을 말한다. 복수제품 CVP분석을 위해서는 복수제품의 매출배합은 일정한 것으로 가정한다.

### 2. 묶음단위당 공헌이익

복수제품의 경우는 각 제품을 개별적으로 판매하는 최소배합을 하나의 묶음(SET)처럼 판매하는 것으로 가정하고 SET당 공헌이익이나 공헌이익률을 계산하여 CVP분석의 등식에 대입하는 것이다. 손익분기점 분석은 아래와 같다.

> SET(묶음) 판매량 × SET당 공헌이익 = 고정원가
> SET(묶음) 매출액 × SET 공헌이익률 = 고정원가

예컨대 A제품과 B제품 두 종류를 판매하는 회사의 매출배합이 1 : 2라고 가정해보자. A제품의 단위당 공헌이익은 ₩50, B제품의 단위당 공헌이익은 ₩200이고 고정원가총액은 ₩1,350,000이라고 하면, 손익분기점 판매량은 다음과 같이 계산한다.

① SET당 공헌이익 = ₩50 × 1개 + ₩200 × 2개 = ₩450
② SET의 손익분기점 판매량
   ₩450 × SET의 손익분기점판매량 = ₩1,350,000(고정원가)
   → SET의 손익분기점 판매량은 3,000SET이고 A의 손익분기점 판매량은 3,000개(3,000SET × 1개), B의 손익분기점 판매량은 6,000개(3,000SET × 2개)로 총 9,000개이다.

---

**예제 9-9** 복수제품 CVP분석

㈜한국은 A와 B의 두 가지 제품을 생산하여 판매하고 있다. 전체 판매수량 중 제품 A가 차지하는 비율은 60%로 일정하고 고정원가는 ₩230,000이다. 제품 A와 제품 B의 원가자료는 아래와 같다.

| 구분 | 제품 A | 제품 B |
|---|---|---|
| 단위당 판매가격 | ₩50 | ₩60 |
| 단위당 변동원가 | 25 | 40 |

[물음]
다음 자료에 의하여 제품 A와 B의 손익분기점 판매량을 구하시오.

---

---

┌─────────────────────────────────────────────────────────────┐

**해답**

(1) SET당 공헌이익

제품 A의 단위당 공헌이익 = ₩50 − ₩25 = ₩25

제품 B의 단위당 공헌이익 = ₩60 − ₩40 = ₩20

SET당 공헌이익 = ₩25 × 3 + ₩20 × 2 = ₩115

\* 매출배합이 60% : 40%이므로 매출배합은 3 : 2이다.

(2) SET의 손익분기점 판매량

₩115 × SET손익분기점 판매량 = ₩230,000(고정원가)

→ SET 손익분기점 판매량 = 2,000SET

(3) 제품별 손익분기점 판매량

A제품 = 2,000SET × 3개 = 6,000개

B제품 = 2,000SET × 2개 = 4,000개

└─────────────────────────────────────────────────────────────┘

## 5 CVP분석의 확장

### 1. 현금흐름분기점

현금흐름분기점이란, 영업활동을 통한 현금유입액과 현금유출액이 동일해지는 판매량이나 매출액 수준을 의미한다.

#### (1) 법인세를 고려하지 않는 경우

┌─────────────────────────────────────────────────────────────┐

세전순현금흐름 = 매출액 − (총원가 − 비현금고정원가(**예** 감가상각비))
　　　　　　　　　현급유입액　　　　　　　　현금유출액

→ 세전순현금흐름 = (P − V) × Q − FC + 비현금고정원가

└─────────────────────────────────────────────────────────────┘

#### (2) 법인세를 고려하는 경우

┌─────────────────────────────────────────────────────────────┐

세후순현금흐름 = 매출액 − (총원가 + 법인세 − 비현금고정원가(**예** 감가상각비))
　　　　　　　　　현급유입액　　　　　　　　　현금유출액

→ 세후순현금흐름 = ((P − V) × Q − FC) × (1 − 세율) + 비현금고정원가

└─────────────────────────────────────────────────────────────┘

> **예제 9-10** 현금흐름분기점
>
> ㈜한국은 단일 제품을 생산·판매하고 있으며, 단위당 판매가격은 ₩1,000이고 단위당 변동원가는 ₩600이다. 연간 고정원가가 ₩200,000이며, 고정원가 중 비현금성고정원가는 감가상각비가 유일하며 금액은 ₩80,000이다.
>
> [물음]
> 1. 법인세가 없는 경우 ㈜한국의 손익분기점과 현금흐름분기점 판매량을 구하시오.
> 2. 법인세율이 20%인 경우 손익분기점과 현금흐름분기점 판매량을 구하시오(단, 손실이 발생하면 법인세는 환급된다).
> 3. 법인세율이 20%인 경우 세후현금흐름 ₩40,000을 얻기 위한 판매량을 구하시오.
>
> ..............................................................................................................................
>
> 해답
>
> 1. 법인세가 없는 경우
>    (1) BEPQ
>        $0 = ₩1,000Q - ₩600Q - ₩200,000$
>        ∴ BEPQ = 500개
>    (2) 현금흐름분기점 판매량
>        $0 = ₩1,000Q - ₩600Q - ₩200,000 + ₩80,000$
>        ∴ 현금흐름분기점 판매량 = 300개
>
> 2. 법인세가 있는 경우
>    (1) BEPQ
>        $0 = ₩1,000Q - ₩600Q - ₩200,000$
>        ∴ BEPQ = 500개
>        (손익분기점은 이익이 '0'이므로 법인세 납부액이 존재하지 않는다. 그러므로 법인세가 있는 경우이든, 없는 경우이든 손익분기점 판매량은 동일하다.)
>    (2) 현금흐름분기점 판매량
>        $0 = (400Q - ₩200,000) \times (1 - 20\%) + ₩80,000$
>        ∴ 현금흐름분기점 판매량 = 250개
>
> 3. 법인세가 있는 경우, 목표세후현금흐름
>    $₩40,000 = (400Q - ₩200,000) \times (1 - 20\%) + ₩80,000$
>    ∴ 목표세후순현금흐름을 얻기 위한 판매량 = 375개

## 2. 비선형함수하의 CVP분석

(1) 수익과 원가의 행태는 관련범위 내에서 선형이라는 가정의 완화

① 고정원가가 변동하는 경우

② 단위당 변동원가가 변동되는 경우

③ 판매가격이 변동되는 경우

(2) 고정원가가 변동하는 경우(준고정원가)의 CVP도표

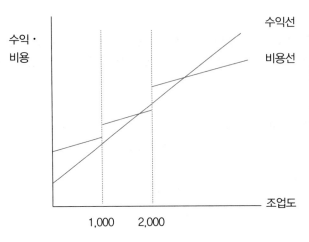

수익선

비용선

【준고정원가 CVP분석절차】
1단계 : 구간을 세분화하여 관련범위 결정
2단계 : 원가함수와 수익함수를 사용 손익
분기점 계산
3단계 : 2단계에서 구한 손익분기점이 관련
범위 내에 존재하는지 검토

**예제 9-11** 관련범위

㈜한국은 제품의 단위당 판매가격을 ₩400으로 설정하였다. 제품을 생산하여 판매하기까지 발생하는 제품 단위당 변동원가는 단위당 판매가격의 70%이며, 총고정비는 판매수량이 50,000개까지는 ₩3,000,000, 50,000개를 초과하여 90,000개까지는 ₩4,500,000, 그리고 90,000개를 초과하여 최대생산가능량인 130,000개까지는 ₩6,000,000이다. ㈜한국이 ₩9,000,000의 이익을 얻으려면 제품을 몇 개나 생산·판매하여야 하는가?

**해답**

(1) 관련범위 0개 ~ 50,000개
목표이익 달성 판매량 = (₩3,000,000 + ₩9,000,000) ÷ ₩120 = 100,000개
→ 관련범위 밖

(2) 관련범위 50,001개 ~ 90,000개
목표이익 달성 판매량 = (₩4,500,000 + ₩9,000,000) ÷ ₩120 = 112,500개
→ 관련범위 밖

(3) 관련범위 90,001개 ~ 130,000개
목표이익 달성 판매량 = (₩6,000,000 + ₩9,000,000) ÷ ₩120 = 125,000개
→ 관련범위 내

## 3. 불확실성하의 CVP분석

### (1) 민감도분석

변동원가, 고정원가 및 판매가격이 변동되는 경우 영업이익 등이 어떻게 변화하는지를 분석하는 기법이다.

### (2) 통계적 분석

불확실성을 갖는 독립변수(예 판매량)가 특정한 확률분포를 구성할 경우 통계적 분석방법을 이용하여 불확실이 종속변수(예 이익)에 미치는 영향을 분석한다.

① **이산확률분포** : 독립변수가 연속성을 지니지 못하고 특정 값으로 존재하는 경우의 확률분포

② **정규분포** : 연속적인 확률분포

  → 정규분포 중에서 기댓값이 0이고 표준편차가 1인 정규분포를 표준정규분포라 함

③ **균등분포** : 연속적인 확률분포로서 확률변수가 특정 구간 내에서 정의되면 해당 구간 내에 존재하는 확률변수가 갖는 확률값은 모두 균등한 확률분포

**01** 다음 자료를 이용하여 계산한 ㈜감평의 20×5년 손익분기점 매출액은? 15년 기출

| | |
|---|---|
| • 단위당 판매가 | ₩2,000 |
| • 단위당 변동제조원가 | 700 |
| • 단위당 변동판매비와 관리비 | 300 |
| • 연간 고정제조간접원가 | ₩1,350,000 |
| • 연간 고정판매비와 관리비 | ₩1,250,000 |

① ₩2,500,000　　　② ₩2,700,000　　　③ ₩4,000,000
④ ₩5,200,000　　　⑤ ₩5,400,000

**해설**

1) 공헌이익률 = (₩2,000 − ₩700 − ₩300) ÷ ₩2,000 = 50%
2) 손익분기점 매출액 = ₩2,600,000(고정원가 총액) ÷ 50%(공헌이익률) = ₩5,200,000

**02** ㈜세무는 단일 제품을 생산·판매하고 있으며, 단위당 변동원가는 ₩400이고, 손익분기매출액은 ₩100,000이고, 공헌이익률은 20%이다. 목표이익 ₩80,000을 달성하기 위한 제품의 생산·판매량은? 13년 CTA

① 1,000단위　　　② 1,100단위　　　③ 1,200단위
④ 1,300단위　　　⑤ 1,400단위

**해설**

1) 고정원가 = ₩100,000(손익분기매출액) × 20%(공헌이익률) = ₩20,000
2) 단위당 판매가 = ₩400(단위당 변동원가) ÷ 80%(변동원가율) = ₩500
3) 단위당 공헌이익 = ₩500(단위당 판매가) × 20%(공헌이익률) = ₩100
4) 목표이익 판매량 = (₩80,000 + ₩20,000) ÷ ₩100 = 1,000단위

**03** 서울특허법률사무소는 특허출원에 대한 법률서비스를 제공하려고 한다. 이 서비스의 손익분기점 매출액은 ₩15,000,000, 공헌이익률은 40%이다. 서울특허법률사무소가 동 서비스로부터 ₩2,000,000의 이익을 획득하기 위한 매출액은?  11년 기출

① ₩6,000,000          ② ₩8,000,000

③ ₩9,000,000          ④ ₩20,000,000

⑤ ₩22,000,000

> **해설**
>
> 1) 고정원가 = ₩15,000,000(손익분기점 매출액) × 40%(공헌이익률) = ₩6,000,000
> 2) 목표이익 획득을 위한 매출액
>    = (₩6,000,000 + ₩2,000,000) ÷ 40%(공헌이익률)
>    = ₩20,000,000

**04** ㈜한국의 20×0년 손익분기점 매출액은 ₩120,000이었다. 20×0년 실제 발생한 총 변동원가가 ₩120,000이고, 총고정원가가 ₩90,000이었다면 영업이익은 얼마인가? (단, 동 기간 동안 생산능력의 변동은 없음)  10년 기출

① ₩130,000          ② ₩150,000

③ ₩190,000          ④ ₩230,000

⑤ ₩270,000

> **해설**
>
> 1) 공헌이익률 = ₩90,000(총고정원가) ÷ ₩120,000(손익분기점 매출액) = 75%
> 2) 당기매출액 = ₩120,000(총변동원가) ÷ 25%(변동원가율) = ₩480,000
> 3) 영업이익 = ₩480,000(매출액) − ₩120,000(변동원가) − ₩90,000(고정원가)
>             = ₩270,000

**05** ㈜서울의 20×1년 단위당 변동비는 ₩4.2, 공헌이익률은 30%, 매출액은 ₩1,200,000 이다. ㈜서울은 20×1년에 이익도 손실도 보지 않았다. ㈜서울은 20×2년에 20×1 년보다 100,000단위를 더 판매하려고 한다. ㈜서울의 20×2년 단위당 판매가격과 단 위당 변동비는 20×1년과 동일하다. ㈜서울이 20×2년에 ₩30,000의 목표이익을 달 성하고자 한다면, 추가로 최대한 지출할 수 있는 고정비는? `11년 기출`

① ₩50,000      ② ₩75,000
③ ₩100,000     ④ ₩125,000
⑤ ₩150,000

**해설**

1) 20×1년은 이익도 손실도 보지 않았으므로 손익분기점이다.
   ① 고정원가 = ₩1,200,000(손익분기점 매출액) × 30%(공헌이익률) = ₩360,000
   ② 단위당 판매가격 = ₩4.2(단위당 변동비) ÷ 70%(변동원가율) = ₩6
   ③ 20×1년 판매량 = ₩360,000(고정원가) ÷ ₩1.8(단위당 공헌이익) = 200,000단위
2) 20×2년도 추가고정비 = ₩1.8 × 300,000단위 − (₩360,000 + 추가고정비) = ₩30,000
   → 추가고정비 = ₩150,000

**06** ㈜감평은 20×1년 3월 제품 A(단위당 판매가격 ₩800) 1,000단위를 생산·판매하였 다. 3월의 단위당 변동원가는 ₩500이고, 총고정원가는 ₩250,000이 발생하였다. 4월 에는 광고비 ₩15,000을 추가 지출하면 ₩50,000의 매출이 증가할 것으로 기대하고 있다. 이를 실행할 경우 ㈜감평의 4월 영업이익에 미치는 영향은? (단, 단위당 판매가 격, 단위당 변동원가, 광고비를 제외한 총고정원가는 3월과 동일하다.) `22년 기출`

① ₩3,750 감소      ② ₩3,750 증가
③ ₩15,000 감소     ④ ₩15,000 증가
⑤ ₩35,000 증가

**해설**

1) 공헌이익률 = (₩800 − ₩500) ÷ ₩800(단위당 판매가) = 37.5%
2) 증분손익 = ₩50,000 × 37.5% − ₩15,000(증분비용) = ₩3,750 증가

**07** ㈜국세는 단일제품을 생산하고 있으며, 주문받은 수량만을 생산하여 해당 연도에 모두 판매한다. ㈜국세의 법인세율은 40% 단일세율이며, 관련 자료는 다음과 같다.

| 구분 | 20×1년 | 20×2년 |
|---|---|---|
| 매출액 | ₩2,000,000 | ₩2,500,000 |
| 제품단위당 변동원가 | 600 | 720 |
| 총고정원가 | 400,000 | 510,000 |

㈜국세의 20×1년 세후이익은 ₩240,000이며, 20×2년 세후이익은 20×1년보다 10% 증가하였다. ㈜국세의 20×2년 공헌이익률은 얼마인가? `11년` `CTA`

① 36%  ② 38%  ③ 40%
④ 42%  ⑤ 44%

**해설**

1) 20×2년 세전이익 = (₩240,000 × 1.1) ÷ (1 - 40%) = ₩440,000
2) 20×2년 세전이익(₩440,000) = ₩2,500,000 × 공헌이익률 - ₩510,000
→ 20×2년 공헌이익률 = 38%

**08** 대한회사는 단위당 ₩50에 제품을 생산·판매한다. 대한회사의 단위당 변동원가는 직접재료원가 ₩14, 직접노무원가 ₩5, 변동제조간접원가 ₩3, 변동판매관리비 ₩2이다. 연간 총고정비는 고정제조간접원가 ₩55,000, 고정판매관리비 ₩80,200이다. 대한회사가 단위당 판매가를 ₩50에서 ₩48으로 인하할 경우, 기존의 연간 손익분기점 판매량을 유지하려면 연간 총고정비를 얼마나 줄여야 하는가? `08년` `CTA`

① ₩10,400  ② ₩13,200  ③ ₩15,300
④ ₩124,800  ⑤ ₩135,000

**해설**

1) 현재 단위당 공헌이익 = ₩50 - (₩14 + ₩5 + ₩3 + ₩2) = ₩26
2) 현재 고정원가 = ₩55,000 + ₩80,200 = ₩135,200
3) 손익분기점 판매량 = ₩135,200 ÷ ₩26 = 5,200개
   5,200개 = (₩135,200 - 고정원가 감소액) ÷ (₩26 - ₩2)
   → 고정원가 감소액 = ₩10,400

**09** 단일 제품을 생산·판매하는 ㈜한국의 해당 연도 공헌이익 손익계산서는 아래와 같다.

| | |
|---|---|
| • 매출액(1,000개 × ₩800) | ₩800,000 |
| • 변동비 | 480,000 |
| • 공헌이익 | ₩320,000 |
| • 고정비 | 200,000 |
| • 영업이익 | ₩120,000 |

내년에는 해당 연도의 단위당 판매가격과 원가구조가 동일하게 유지되나 판매수량의 감소가 예상된다. 내년도에 영업손실이 발생하지 않으려면 판매수량이 최대 몇 개까지 감소하여도 되는가?　09년 기출

① 325개　　　　② 350개　　　　③ 375개
④ 400개　　　　⑤ 425개

해설
1) 영업손실이 발생하지 않으려면 손익분기점까지 수량이 감소해도 된다.
   (₩800 − ₩480) × Q = ₩200,000
   → 손익분기점 수량(Q) = 625개
2) 최대 감소수량 = 1,000개 − 625개 = 375개

**10** 단일 제품을 생산·판매하는 ㈜감평의 당기 생산 및 판매 관련 자료는 다음과 같다.

| | |
|---|---|
| 단위당 판매가격 | ₩1,000 |
| 단위당 변동제조원가 | 600 |
| 연간 고정제조간접원가 | 600,000 |
| 단위당 변동판매관리비 | 100 |
| 연간 고정판매관리비 | 120,000 |

㈜감평은 단위당 판매가격을 10% 인상하고, 변동제조원가 절감을 위한 새로운 기계장치 도입을 검토하고 있다. 새로운 기계장치를 도입할 경우, 고정제조간접원가 ₩90,000이 증가할 것으로 예상된다. ㈜감평이 판매가격을 인상하고 새로운 기계장치를 도입할 때, 손익분기점 판매수량 1,800단위를 달성하기 위하여 절감해야 하는 단위당 변동제조원가는?　23년 기출

① ₩50　　　　② ₩52.5　　　　③ ₩70
④ ₩72.5　　　　⑤ ₩75

해설

1) 손익분기점 판매량
   [₩1,100(단위당 판매가격) – 단위당 변동제조원가 – ₩100(단위당 변동판매관리비)] × 1,800
   단위 – (₩720,000 + ₩90,000) = ₩0
   → 단위당 변동제조원가 = ₩550
2) 절감해야 하는 단위당 변동제조원가 = ₩600 – ₩550 = ₩50

**11** ㈜감평의 20×6년도 제품에 관한 자료가 다음과 같을 때 안전한계율은? 16년 기출

| | |
|---|---|
| • 단위당 판매가격 | ₩5,000 |
| • 공헌이익률 | 35% |
| • 총고정원가 | ₩140,000 |
| • 법인세율 | 30% |
| • 세후이익 | ₩208,250 |

① 68%      ② 70%      ③ 72%

④ 74%      ⑤ 76%

해설

1) 매출액 × 35%(공헌이익률) – ₩140,000(고정원가) = ₩208,250/(1 – 30%)
   → 당기 매출액 = ₩1,250,000
2) 손익분기점 매출액 = ₩140,000(고정원가) ÷ 35%(공헌이익률) = ₩400,000
3) 안전한계 매출액 = ₩1,250,000(매출액) – ₩400,000(손익분기점 매출액) = ₩850,000
4) 안전한계율 = ₩850,000(안전한계) ÷ ₩1,250,000(매출액) = 68%

**12** ㈜감평은 단일 제품 A를 생산·판매하고 있다. 제품 A의 단위당 판매가격은 ₩2,000,
단위당 변동비는 ₩1,400, 총고정비는 ₩90,000이다. ㈜감평이 세후목표이익 ₩42,000을
달성하기 위한 매출액과, 이 경우의 안전한계는? (단, 법인세율은 30%이다.)
20년 기출

| | 매출액 | 안전한계 | | | 매출액 | 안전한계 |
|---|---|---|---|---|---|---|
| ① | ₩300,000 | ₩100,000 | | ② | ₩440,000 | ₩140,000 |
| ③ | ₩440,000 | ₩200,000 | | ④ | ₩500,000 | ₩140,000 |
| ⑤ | ₩500,000 | ₩200,000 | | | | |

1) 손익분기점 매출액 = ₩90,000 ÷ 30%(공헌이익률) = ₩300,000
2) 세후목표이익 달성을 위한 매출액 = (₩90,000 + ₩60,000(세전이익)) ÷ 30%
   → 세후목표이익 달성을 위한 매출액 = ₩500,000
3) 안전한계 = ₩500,000 − ₩300,000(손익분기점 매출액) = ₩200,000

**13** ㈜감평의 총변동원가가 ₩240,000, 총고정원가가 ₩60,000, 공헌이익률이 40%이며, 법인세율은 20%이다. 이에 관한 설명으로 옳지 않은 것은? (단, 기초재고와 기말재고는 동일하다.) `19년 기출`

① 매출액은 ₩400,000이다.
② 안전한계율은 62.5%이다.
③ 영업레버리지도는 1.2이다.
④ 세후 영업이익은 ₩80,000이다.
⑤ 손익분기점 매출액은 ₩150,000이다.

1) 매출액 = ₩240,000(총변동원가) ÷ 60%(변동원가율) = ₩400,000
2) 손익분기점매출액 = ₩60,000(총고정원가) ÷ 40%(공헌이익률) = ₩150,000
   → 안전한계율 = ₩250,000(안전한계) ÷ ₩400,000(매출액) = 62.5%
3) 영업레버리지도 = ₩160,000(공헌이익) ÷ ₩100,000(영업이익) = 1.6
4) 세후영업이익 = ₩100,000 × (1 − 20%) = ₩80,000

**14** ㈜대한은 A, B 두 제품을 생산·판매하고 있다. 두 제품에 대한 20×1년도 예산자료는 다음과 같다.

| 구분 | A제품 | B제품 | 합계 |
|---|---|---|---|
| 매출액 | ₩300,000 | ₩900,000 | ₩1,200,000 |
| 변동원가 | 120,000 | 450,000 | 570,000 |
| 공헌이익 | ₩180,000 | ₩450,000 | ₩630,000 |

회사 전체의 연간 고정원가 총액은 ₩262,5000이다. A제품의 연간 손익분기점 매출액은? (단, 예산 매출배합이 일정하게 유지된다고 가정한다.) `14년 기출`

① ₩105,000          ② ₩110,000          ③ ₩115,000
④ ₩120,000          ⑤ ₩125,000

1) A제품 공헌이익률 = ₩180,000 ÷ ₩300,000 = 60%

2) B제품 공헌이익률 = ₩450,000 ÷ ₩900,000 = 50%

3) SET당 공헌이익률 = 60% × 3/12 + 50% × 9/12 = 52.5%

4) SET당 손익분기점 매출액 = ₩262,500(고정원가) ÷ 0.525 = ₩500,000

5) A제품의 연간 손익분기점 매출액 = ₩500,000 × 3/12 = ₩125,000

**15** 다음은 ㈜감평의 20×6년도 예산자료이다. 손익분기점을 달성하기 위한 A제품의 예산판매수량은? (단, 매출배합은 변하지 않는다고 가정한다.) 16년 기출

| 구분 | A제품 | B제품 |
|---|---|---|
| 총매출액 | ₩2,100,000 | ₩2,900,000 |
| 총변동원가 | 1,470,000 | 1,740,000 |
| 총고정원가 | 1,074,000 | |
| 판매량 | 600개 | 400개 |

① 240개    ② 300개    ③ 360개

④ 420개    ⑤ 480개

**해설**

1) A제품의 단위당 공헌이익 = (₩2,100,000 − ₩1,470,000) ÷ 600개 = ₩1,050

　B제품의 단위당 공헌이익 = (₩2,900,000 − ₩1,740,000) ÷ 400개 = ₩2,900

2) SET당 공헌이익 = ₩1,050 × 6 + ₩2,900 × 4 = ₩17,900

3) SET당 손익분기점 판매량 = ₩1,074,000(고정원가) ÷ ₩17,900 = 60SET

4) A제품의 예산판매수량 = 60SET × 6 = 360개

**16** 다음은 ㈜대한의 20×1년도 예산자료이다.

| 구분 | A제품 | B제품 | C제품 |
|---|---|---|---|
| 판매수량 | 1,000단위 | 500단위 | 1,500단위 |
| 단위당 판매가격 | ₩150 | ₩100 | ₩200 |
| 공헌이익률 | 20% | 30% | 25% |

연간 고정원가 총액은 ₩156,000이다. ㈜대한의 20×1년도 예상 매출액이 ₩700,000 이라면, 회사 전체의 예상 영업이익은? (단, 매출배합은 불변) 17년 기출

① ₩10,000    ② ₩10,400    ③ ₩11,200

④ ₩12,000    ⑤ ₩12,400

1) SET당 공헌이익률(매출액 비율로 결합)
   = 20% × 150,000/500,000 + 30% × 50,000/500,000 + 25% × 300,000/500,000 = 24%
2) 영업이익 = ₩700,000 × 24% − ₩156,000(고정원가 총액) = ₩12,000

**17** ㈜관세는 제품A와 B, C를 생산 및 판매하고 있으며, 20×1년의 예산 자료는 다음과 같다.

|  | 제품 A | 제품B | 제품C | 합계 |
|---|---|---|---|---|
| 매출액 | ₩900,000 | ₩2,250,000 | ₩1,350,000 | ₩4,500,000 |
| 변동원가 | 540,000 | 1,125,000 | 810,000 | 2,475,000 |
| 고정원가 | ₩810,000 |  |  |  |

**예산 매출배합이 일정하게 유지된다고 가정할 경우, 제품A의 연간 손익분기점 매출액은?**

18년 관세사

① ₩360,000  ② ₩380,000  ③ ₩400,000
④ ₩405,000  ⑤ ₩540,000

1) 제품 A의 공헌이익률 = ₩360,000 ÷ ₩900,000 = 40%
   제품 B의 공헌이익률 = ₩1,125,000 ÷ ₩2,250,000 = 50%
   제품 C의 공헌이익률 = ₩540,000 ÷ ₩1,350,000 = 40%
2) SET의 공헌이익률(매출액 비율로 결합)
   = 0.4 × 900/4,500 + 0.5 × 2,250/4,500 + 0.5 × 1,350/4,500 = 0.45
3) SET의 손익분기점 매출액 = ₩810,000(고정원가) ÷ 0.45 = ₩1,800,000
4) 제품 A의 연간 손익분기점 매출액 = ₩1,800,000 × 900/4,500 = ₩360,000

**18** ㈜세무의 20×1년 연간 실제 매출액은 ₩100,000이고 연간 실제 고정원가 ₩30,000이며, 변동원가율은 60%, 법인세율은 20%이다. 다음 설명 중 옳은 것은?  13년 CTA

① 영업레버리지도는 4이다.
② 당기순이익은 ₩10,000이다.
③ 판매량이 5% 증가하면 영업이익은 ₩1,600 증가한다.
④ 안전한계율(M/S비율)은 33.3%이다.
⑤ 손익분기매출액은 ₩70,000이다.

① 영업레버리지도 = (₩100,000 × 0.4) ÷ (₩100,000 × 0.4 − ₩30,000) = 4
② 당기순이익 = (₩100,000 × 0.4 − ₩30,000) × (1 − 0.2) = ₩8,000
③ 영업이익 증가 = ₩10,000 × (1 + 5% × 4) − ₩10,000 = ₩2,000
④ 안전한계율 = [(₩100,000 − ₩30,000 ÷ 0.4)] ÷ ₩100,000 = 25%
⑤ BEPS = ₩30,000 ÷ 0.4 = ₩75,000

**19** 다음은 제품 A의 판매가격과 원가구조에 대한 자료이다.

| 단위당 판매가격 | | ₩10,000 |
|---|---|---|
| 고정원가 | 생산량 20,000단위 미만 | 5,000,000 |
| | 생산량 20,000단위 이상 | 8,000,000 |

제품 A의 공헌이익률이 10%이고 법인세율이 20%일 때 세후순이익 ₩2,000,000을 달성하기 위한 판매량은? `12년` `기출`

① 7,000단위      ② 7,500단위      ③ 9,000단위
④ 10,000단위      ⑤ 10,500단위

1) 단위당 공헌이익 = ₩10,000(단위당 판매가격) × 10%(공헌이익률) = ₩1,000
2) 생산량이 20,000단위 미만일 경우 = [₩5,000,000 + ₩2,000,000/(1−20%)] ÷ ₩1,000(단위당 공헌이익) = 7,500단위(단서와 일치)
3) 생산량이 20,000단위 이상일 경우 = [₩8,000,000 + ₩2,000,000/(1−20%)] ÷ ₩1,000(단위당 공헌이익) = 10,500단위(단서와 불일치)

**20** ㈜감평은 단위당 판매가격이 ₩300이고, 단위당 변동원가가 ₩180인 단일제품을 생산 및 판매하고 있다. ㈜감평의 최대조업도는 5,000단위이고, 고정원가는 조업도 수준에 따라 변동하며 이와 관련된 자료는 다음과 같다.

| 연간 조업도 | 고정원가 |
|---|---|
| 0 ~ 2,000단위 | ₩300,000 |
| 2,001 ~ 4,000단위 | 450,000 |
| 4,001 ~ 5,000단위 | 540,000 |

㈜감평이 달성할 수 있는 최대 영업이익은? `19년 기출`

① ₩12,000　　② ₩15,000　　③ ₩24,000
④ ₩30,000　　⑤ ₩60,000

**해설**

1) 조업도가 2,000단위인 경우 = ₩300,000(고정원가) ÷ ₩120 = 2,500단위(X)
2) 조업도가 2,001단위 ~ 4,000단위인 경우
   = ₩450,000(고정원가) ÷ ₩120 = 3,750단위(O)
3) 조업도가 4,001단위 ~ 5,000단위인 경우
   = ₩540,000(고정원가) ÷ ₩120 = 4,500단위(O)
4) 최대영업이익 = 5,000단위 × ₩120 − ₩540,000 = ₩60,000

**21** ㈜한국의 차기 연간 경영활동에 관한 자료가 다음과 같다.

| | |
|---|---|
| • 단위당 판매가격 | ₩1,000 |
| • 총고정원가(감가상각비 ₩2,000,000 포함) | ₩5,000,000 |
| • 단위당 변동원가 | ₩500 |
| • 예상판매량 | 10,000개 |

법인세율이 20%일 경우 현금분기점 판매량은 몇 개인가? (단, 감가상각비를 제외한 나머지 수익과 비용은 모두 현금거래로 이루어진 것이며, 손실이 발생할 경우 법인세가 환급된다고 가정한다.) `10년 CTA`

① 4,900개　　② 5,000개　　③ 5,100개
④ 5,200개　　⑤ 5,300개

$0 = [(\text{₩}1,000 - \text{₩}500) \times Q - \text{₩}5,000,000] \times (1 - 0.2) + \text{₩}2,000,000$
→ 현금분기점 판매량(Q) = 5,000개

**22** ㈜한국은 제품 K만을 생산·판매하고 있다. 20×0년 제품 K의 단위당 판매가격은 ₩5,000이고, 판매액은 ₩100,000,000이었다. 동 연도 총변동원가는 ₩20,000,000 이며, 설비에 대한 감가상각비 ₩1,200,000을 포함하여 총고정원가가 ₩10,000,000 발생하였다. 법인세율이 40%라고 가정할 때 ㈜한국의 현금흐름분기점 수량은 몇 단위인가? (단, 감가상각비를 제외한 모든 수익과 비용은 현금거래로 이루어진 것이며, 손실이 발생할 경우 법인세가 환급된다고 가정함)  10년 기출

① 1,500단위  ② 1,750단위  ③ 1,800단위
④ 2,000단위  ⑤ 2,200단위

$0 = [(\text{₩}5,000 - \text{₩}1,000) \times Q - \text{₩}10,000,000] \times (1 - 40\%) + \text{₩}1,200,000$
→ 현금흐름분기점 수량(Q) = 2,000단위

**23** ㈜감평은 제품 A를 생산하여 단위당 ₩1,000에 판매하고 있다. 제품 A의 단위당 변동원가는 ₩600, 총고정원가는 연 ₩30,000이다. ㈜감평이 20×1년 법인세차감 후 순이익 ₩12,500을 달성하기 위한 제품 A의 판매수량은? (단, 법인세율은 ₩10,000 이하까지는 20%, ₩10,000 초과분에 대해서는 25%이다.)  24년 기출

① 85단위  ② 95단위  ③ 105단위
④ 115단위  ⑤ 125단위

20×1년 세후목표이익 달성을 위한 판매량
$= (\text{₩}1,000 - \text{₩}600) \times Q - \text{₩}30,000(\text{고정원가}) = \text{₩}10,000 + [(\text{₩}12,500 - \text{₩}8,000)/(1-0.25)]$
→ Q = 115단위

답  01 ④  02 ①  03 ④  04 ⑤  05 ⑤  06 ②  07 ②  08 ①  09 ③  10 ①
11 ①  12 ⑤  13 ③  14 ⑤  15 ③  16 ④  17 ①  18 ①  19 ②  20 ⑤
21 ②  22 ④  23 ④

# 관리회계

## 제10절 표준원가계산

### 1 표준원가계산의 도입

표준원가계산(standard costing)은 원가요소별(직접재료원가, 직접노무원가, 제조간접원가)로 가격표준과 수량표준을 미리 계산하여 이를 이용해 제품별 단위당 표준원가를 설정해 원가를 계산하는 방법을 말한다.

이때 표준이란 정상적이고 경영이 효율적으로 수행될 때에 달성 가능한 원가이다.

#### 1. 가격표준과 수량표준

① **가격표준** : 가격표준은 투입물에 대해 지급하는 가격의 표준을 말한다.

② **수량표준** : 제품 한 단위를 생산하기 위해 필요한 원가요소의 투입량 표준을 말한다.

#### 2. 표준원가계산의 유용성

① **제품원가계산목적** : 표준원가계산은 표준원가를 미리 설정하였기 때문에 당기 생산량만 주어지면 제품의 원가를 즉시 계산할 수 있다.

② **원가통제목적** : 표준원가는 제품 원가의 기준점이 되는 금액으로 이를 실제원가와 비교해서 차이를 분석함으로써 효율적으로 원가를 통제할 수 있다.

③ **계획목적** : 예산상으로 생산량계획을 설정하면 생산량예산에 표준원가를 곱해서 손쉽게 제조원가예산을 편성할 수 있어서 예산을 수립할 때 간편하다.

❷ 실제원가계산과 표준원가계산의 비교

| 구분 | 실제원가계산 | 표준원가계산 |
|---|---|---|
| 목적 | 재무회계적 결산용, 재고자산 평가용 | 분석 및 사전통제, 목표개념 부여 |
| 생성시점 | 실적 발생 후(원가 투입 이후)<br>→ 사후원가 | 실적 발생 전<br>→ 사전원가 |
| 평가시점 | 마감작업 후 | 실시간 원가 확인 가능 |
| 관리측면 | 단순 | 복잡 |

## 2 표준원가의 설정

### 1. 표준원가의 설정

표준원가는 가격표준과 수량표준으로 구성되고 제조원가 요소별·부문별·제품별로 설정할 수 있다.

### 2. 원가표준 = 수량표준(Q) × 가격표준(P)

| |
|---|
| 단위당 표준직접재료원가 = 단위당 표준직접재료수량 × 재료단위당 표준가격 |
| 단위당 표준직접노무원가 = 단위당 표준작업시간 × 시간당 표준임률 |
| 단위당 표준변동제조간접원가 = 단위당 표준조업도 × 표준배부율*<br>* 표준(예정)배부율 = 변동제조간접원가예산 / 기준조업도 |
| 단위당 표준고정제조간접원가 = 단위당 표준조업도 × 표준배부율*<br>* 표준(예정)배부율 = 고정제조간접원가예산 / 기준조업도 |

## 3 원가차이 분석

표준원가는 주로 실제발생원가의 차이를 분석하여 원가를 통제할 목적으로 사용된다. 차이분석이란 표준원가와 실제원가의 발생액을 비교하여 그 차이를 분석하고 성과평가 및 원가통제에 응용하는 것을 말하며, 차이가 기업의 이익에 미치는 영향에 따라 유리한 차이와 불리한 차이로 구분한다. 표준원가는 당기 원가의 기준점으로 작용하여, 실제 발생한 원가가 표준원가보다 적었다면 이는 원가를 효율적으로 관리하였다는 의미이기 때문에 유리한 차이(F)라고 하며, 실제원가가 더 많으면 이는 불리한 차이(U)라 한다.

### 1. 차이분석의 기초

| |
|---|
| 총차이 = 실제발생원가 − 변동예산에 의한 표준원가<br>     (실제투입원가) (실제산출량에 허용된 표준원가) |

실제원가 < 표준원가 → 유리한 차이(F, favorable variance)
실제원가 > 표준원가 → 불리한 차이(U, unfavorable variance)

### 2. 직접재료원가 차이

표준원가의 원가차이분석은 표준가격과의 차이분석과 표준수량과의 차이분석으로 나누어 계산한다.

(1) 직접재료원가 가격차이

직접재료원가의 가격차이는 수량은 실제수량으로 같고 가격만 실제가격과 표준가격을 비교하여 유불리 효과를 살펴보는 것이다.

| |
|---|
| 실제수량 × 실제가격 > 실제수량 × 표준가격 : 불리한 차이<br>실제수량 × 실제가격 < 실제수량 × 표준가격 : 유리한 차이 |

## (2) 직접재료원가 수량차이

직접재료원가 수량차이는 가격은 표준가격으로 같지만 수량만 실제수량과 표준수량으로 차이를 두어 유불리 효과를 살펴보는 것이다.

실제수량 × 표준가격 > 표준수량 × 표준가격 : 불리한 차이
실제수량 × 표준가격 < 표준수량 × 표준가격 : 유리한 차이

## (3) 직접재료원가 차이분석

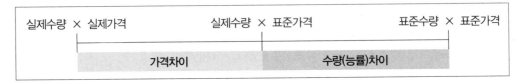

---

**예제 10-1** 직접재료원가 차이분석

㈜한국의 연도 초 예산생산량은 5,000개였으며, 실제생산량은 4,000개였다. 4,000개를 생산하면서 사용한 재료는 13,000kg이다. 단위당 표준재료원가와 실제발생액은 다음과 같다.

- 재료원가 단위당 표준원가 = 3kg × ₩10 = ₩30
- 실제재료원가 구입가격 : ₩12

[물음]
1. 재료원가의 가격차이를 분석하시오.
2. 재료원가의 수량차이를 분석하시오.
3. 재료원가 총차이를 구하시오.

.........................................................................................

**해답**

1. 가격차이

| 실제수량 × 실제가격 | vs | 실제수량 × 표준가격 | |
|---|---|---|---|
| (13,000kg × ₩12) | | (13,000kg × ₩10) | |
| = ₩156,000 | > | = ₩130,000 | : ₩26,000(불리) |

2. 수량차이

| 실제수량 × 표준가격 | vs | 실제생산량에 허용된 표준수량 × 표준가격 | |
|---|---|---|---|
| (13,000kg × ₩10) | | (4,000개 × 3kg × ₩10) | |
| = ₩130,000 | > | = ₩120,000 | : ₩10,000(불리) |

3. 재료원가 총차이
   = ₩156,000 − ₩120,000 = ₩36,000(불리한 차이)

PART 02

**(4) 직접재료원가 가격차이 인식시점 : 구입시점과 사용시점**

직접재료원가의 가격차이는 사용시점에 인식하는 방법과 구입시점에 인식하는 방법이 있다. 원재료의 가격차이를 구입시점에 인식하면 구입물량을 기준으로 원가차이를 파악해서 구매부서의 성과를 조기에 파악하고 시정조치를 신속하게 할 수 있는 장점이 있다.

구입시점에서 분리하는 직접재료원가 가격차이는 구입가격차이라고 한다.

그러나 가격차이를 구입시점에 분리하여 계산한다고 하여도 직접재료원가의 능률차이는 사용량을 기준으로 계산한다.

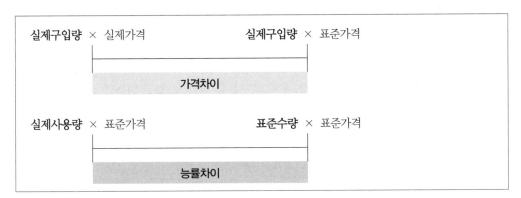

---

**예제**
**10-2**    직접재료원가 차이분석

㈜한국의 연도 초 예산생산량은 5,000개였으며, 실제생산량은 4,000개였다. 4,000개를 생산하면서 사용한 재료는 13,000kg이다. 단위당 표준재료원가와 실제발생액은 다음과 같다.

- 재료원가 단위당 표준원가 = 3kg × ₩10 = ₩30
- 실제재료원가 구입가격 : ₩12

당기의 원재료구입량은 15,000kg이다. 재료원가 가격차이는 구입시점에 분리한다.

[물음]
1. 직접재료원가 가격차이를 구하시오.
2. 직접재료원가 능률차이를 구하시오.

......................................................................................................

**[해답]**

**1. 가격차이(구입시점 분리)**

실제구입량 × 실제가격    vs    실제구입량 × 표준가격
(15,000kg × ₩12)        (15,000kg × ₩10)
   = ₩180,000     >     = ₩150,000    : ₩30,000(불리)

2. 능률차이

| 실제수량 × 표준가격 | vs | 실제생산량에 허용된 표준수량 × 표준가격 |
|---|---|---|
| (13,000kg × ₩10) | | (4,000개 × 3kg × ₩10) |
| = ₩130,000 | > | = ₩120,000 : ₩10,000(불리) |

## 3. 직접노무원가 차이

표준원가의 원가차이 분석은 표준가격과의 차이분석과 표준수량과의 차이분석으로 나누어 계산한다.

### (1) 직접노무원가 임률차이

직접노무원가의 임률차이는 직접노무시간은 실제시간으로 같고 임률만 실제임률과 표준임률을 비교하여 유불리 효과를 살펴보는 것이다.

실제시간 × 실제임률 > 실제시간 × 표준임률 : 불리한 차이
실제시간 × 실제임률 < 실제시간 × 표준임률 : 유리한 차이

### (2) 직접노무원가 능률차이

직접노무원가 능률차이는 임률은 표준임률로 같지만 시간만 실제시간과 표준시간으로 차이를 두어 유불리 효과를 살펴보는 것이다.

실제시간 × 표준임률 > 표준시간 × 표준임률 : 불리한 차이
실제시간 × 표준임률 < 표준시간 × 표준임률 : 유리한 차이

### (3) 직접노무원가 차이분석

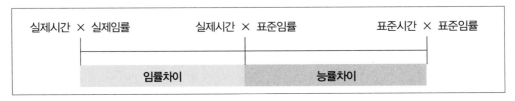

> **예제 10-3** 직접노무원가 차이분석
>
> ㈜한국의 연도 초의 예산생산량은 5,000개였으며 실제생산량은 4,000개였다. 단위당 표준원가와 4,000개를 생산하면서 실제 발생한 발생액은 다음과 같다.
>
> ---
> • 단위당 표준노무원가 : 2시간 × ₩3 = ₩6
> • 실제노무원가 발생액 : 7,000시간 × ₩3.5 = ₩24,500
> ---
>
> [물음]
> 1. 직접노무원가 가격차이를 분석하시오.
> 2. 직접노무원가 능률차이를 분석하시오.
> 3. 직접노무원가 총차이를 구하시오.
>
> ··········································································
>
> **해답**
>
> 1. 가격차이
>
> | 실제시간 × 실제가격 | vs | 실제시간 × 표준가격 | |
> |---|---|---|---|
> | (7,000시간 × ₩3.5) | | (7,000시간 × ₩3) | |
> | = ₩24,500 | > | = ₩21,000 | : ₩3,500(불리) |
>
> 2. 수량차이
>
> | 실제시간 × 표준가격 | vs | 실제생산량에 허용된 표준시간 × 표준가격 | |
> |---|---|---|---|
> | (7,000시간 × ₩3) | | (4,000개 × 2시간 × ₩3) | |
> | = ₩21,000 | < | = ₩24,000 | : ₩3,000(유리) |
>
> 3. 직접노무원가 총차이
> = ₩24,500 − ₩24,000 = ₩500(불리한 차이)

## 4. 제조간접원가 차이

제조간접원가는 변동제조간접원가와 고정제조간접원가가 있고, 이를 변동제조간접원가, 고정제조간접원가를 구분하여 각각 차이를 분석하는 4분법과, 제조간접원가의 차이를 3분위로 나누어 계산하는 3분법이 있다.

(1) 4분법

① 변동제조간접원가 차이 : 변동제조간접원가의 경우 직접재료원가나 직접노무원가와는 달리 여러 비용항목이 집계되어 전체금액을 형성하고 있는 것으로, 수량과 단가를 결정할 수 없다. 그러므로 변동제조간접원가 전체금액의 변동을 가장 잘 설명하는 원가동인을 설정하여 기준조업도로 활용, 원가동인당 배부율을 계산하게 된다. 일반적으로는 노무시간을 원가동인으로 가장 많이 활용한다.

| 실제발생 | 변동예산 | | 배부 |
|---|---|---|---|
| | 실제투입량 기준 | 실제산출량에 허용된<br>표준투입량 기준 | |
| 실제발생액<br>AQ×AP | 실제투입량×표준가격<br>AQ×SP | 표준투입량×표준가격<br>SQ×SP | 표준투입량×표준가격<br>SQ×SP |
| | 소비차이 | 능률차이 | 조업도차이(없음) |

변동제조간접원가는 실제발생한 변동제조간접원가와 실제투입된 노동시간을 기준으로 계산한 변동제조간접원가 예산과의 차이를 분석하는 소비차이와 실제로 사용된 노동시간과 산출량으로 계산된 표준투입노동시간과의 차이로 인한 능률차이로 구분된다.

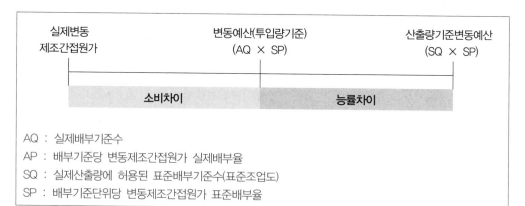

AQ : 실제배부기준수
AP : 배부기준당 변동제조간접원가 실제배부율
SQ : 실제산출량에 허용된 표준배부기준수(표준조업도)
SP : 배부기준단위당 변동제조간접원가 표준배부율

---

**예제 10-4** 변동제조간접원가 차이분석

㈜한국은 직접노무시간을 기준으로 변동제조간접원가를 배부한다. 직접노무시간 1시간당 변동제조간접원가 배부율은 ₩20이다. ㈜한국의 연도 초 예산생산량은 5,000개이며, 작업자들은 7,000시간을 작업해 4,000개를 생산하였다.

- 단위당 표준변동제조간접원가 : 2시간 × ₩2 = ₩4
- 변동제조간접원가 실제발생액 : ₩13,000

[물음]
1. 변동제조간접원가 소비차이를 분석하시오.
2. 변동제조간접원가 능률차이를 분석하시오.
3. 변동제조간접원가 총차이를 구하시오.

**해답**

1. 소비차이

    실제발생한 변동제조간접원가　　vs　　실제작업시간 × 표준가격

    　　　₩13,000　　　　　　　<　　　7,000시간 × ₩2　　　　: ₩1,000(유리)

2. 능률차이

    실제작업시간 × 표준가격　　　vs　　산출량기준변동예산(SQ × SP)

    　　7,000시간 × ₩2　　　　<　　　4,000개 × 2시간 × ₩2　: ₩2,000(유리)

3. 총차이

    = ₩13,000(실제발생액) - ₩16,000(표준원가) = ₩3,000(유리한 차이)

② **고정제조간접원가 차이** : 고정제조간접원가 차이분석은 지금까지 학습한 변동원가의 차이분석과는 다른 별도의 방법을 사용한다. 고정제조간접원가의 경우 조업도수준과는 관련 없이 일정하게 발생하며 투입·산출의 관계가 존재하지 않으므로 실제투입량기준의 예산과 실제 산출량 기준의 예산이 동일하여 능률차이를 계산할 수 없다.

다만, 원가계산을 위하여 고정제조간접원가도 재공품계정을 통하여 제품 및 재공품, 매출원가에 배부해 주어야 하므로, 예정배부율을 통하여 배부하는 과정이 필요하고 총액으로 관리하는 예산상의 금액과 배부액의 차이가 발생한다.

| 실제발생 | 고정예산 | | 배부 |
|---|---|---|---|
| | 실제투입량 기준 | = 실제산출량 기준 | |
| 실제 | 예산 | = 예산 | 배부 |
| | 예산차이 | 능률차이(없음) | 조업도차이 |

⑦ **예산차이(=소비차이)** : 실제 발생한 총액과 고정예산 총액의 차이

ⓛ **능률차이** : 고정원가는 능률적인 통제라는 개념이 존재할 수 없으므로 능률차이가 발생하지 않음

ⓒ **조업도차이** : 기준조업도와 실제생산량의 차이에서 발생

　ⓐ 고정제조간접원가의 예산은 조업도수준(생산량수준)과 관계없이 일정한 고정예산

　ⓑ 고정제조간접원가의 배부액은 조업도수준(생산량수준)에 비례하여 발생

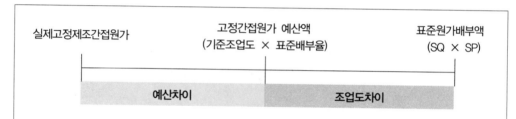

SQ : 실제산출량에 허용된 표준배부기준수(표준조업도)

SP : 배부기준단위당 고정제조간접원가 표준배부율

\* 표준배부율(SP) = $\dfrac{고정제조간접원가예산}{기준조업도}$

　고정제조간접원가예산 = 기준조업도 × 표준배부율(SP)

→ 고정제조간접원가는 능률차이는 존재하지 않는다. 투입량기준 변동예산과 산출량기준 변동예산이
　고정제조간접비 예산으로 같기 때문에 능률차이는 없다.

### ✔ 고정제조간접원가 차이분석의 유의점

고정제조간접원가 차이를 분석함에 있어 유의할 점은 고정제조간접원가 조업도차이는 기준조업도와 실제 생산량이 달라서 발생하는 것으로서 이는 고정제조간접원가 자체의 통제가 잘못되어 발생한 금액은 아니다.

왜냐하면 예산은 기준조업도에 따라 배정되어 있었고, 조업도차이는 고정제조간접원가의 통제와는 무관하게 생산량이 증가해서 나타난 것이기 때문이다.

그러므로 조업도차이는 해석이 불분명하여 책임을 특정 부서에 귀속시키지 않는다.

---

**예제 10-5** 　고정제조간접원가 차이분석

㈜한국의 고정제조간접원가 예산은 ₩50,000이며, 연간 기대조업도는 5,000개이다. 단위당 노동시간은 2시간을 표준시간으로 설정해 다음과 같이 단위당 표준고정제조간접원가를 결정하였다.

• 단위당 표준고정제조간접원가 = 2시간 × ₩5 = ₩10

㈜한국은 당기에 4,000개의 제품을 생산하였고 실제 발생한 고정제조간접원가는 ₩60,000이다.

[물음]
1. 고정제조간접원가 예산차이를 분석하시오.
2. 고정제조간접원가 조업도차이를 분석하시오.
3. 고정제조간접원가 총차이를 구하시오.

해답

1. 예산차이

　　실제발생한 고정제조간접원가　　vs　　고정제조간접원가 예산액

　　　　₩60,000　　　　　　　　>　　　　　　₩50,000　　　　　　　　: ₩10,000(불리)

2. 조업도차이

　　고정제조간접원가 예산액　　vs　　표준원가 배부액(SQ × SP)

　　　　₩50,000　　　　　　>　　　4,000개 × 2시간 × ₩5　　: ₩10,000(불리)

3. 총차이

　= ₩60,000(실제발생액) − ₩40,000(표준원가) = ₩20,000(불리한 차이)

(2) 3분법

3분법은 변동제조간접원가와 고정제조간접원가를 합하여 제조간접원가의 차이를 분석하는 방법이다. 고정제조간접원가는 투입량 기준의 변동예산과 산출량 기준의 변동예산이 고정제조간접원가 예산으로 일치하기 때문에 능률차이가 발생하지 않으므로 제조간접원가의 차이분석을 소비차이, 능률차이, 조업도차이의 3부분으로 나누어 분석할 수 있다.

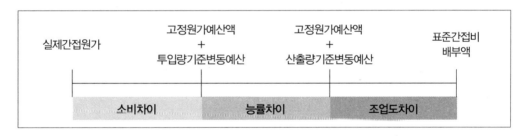

예제 10-6　제조간접원가 차이분석

표준원가계산제도를 채택하고 있는 ㈜한국의 원가자료는 다음과 같다. ㈜한국의 당기 제품생산량은 1,100개이며, 실제 직접노무시간은 3,100시간이다.

- 단위당 표준변동제조간접원가 = 3시간 × ₩50 = ₩150
- 단위당 표준고정제조간접원가 = ₩100(기준조업도 1,000개)

당기에 실제 발생한 제조간접원가는 ₩270,000이다.

[물음]
1. 제조간접원가 소비차이를 분석하시오.
2. 제조간접원가 능률차이를 분석하시오.

3. 제조간접원가 조업도차이를 분석하시오.

[해답]

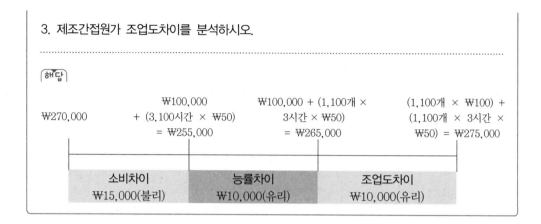

| ₩270,000 | ₩100,000 + (3,100시간 × ₩50) = ₩255,000 | ₩100,000 + (1,100개 × 3시간 × ₩50) = ₩265,000 | (1,100개 × ₩100) + (1,100개 × 3시간 × ₩50) = ₩275,000 |
|---|---|---|---|
| | 소비차이 ₩15,000(불리) | 능률차이 ₩10,000(유리) | 조업도차이 ₩10,000(유리) |

---

**예제 10-7** 제조간접원가 차이분석

㈜한국은 표준원가계산제도를 채택하고 있으며, 제조간접원가와 관련한 예산은 아래와 같다.

\* 제조간접원가 예산 = ₩300,000 + ₩2 × 노무시간

기준조업도는 200,000 노무시간이며, 제품 한 단위 생산에 소요되는 표준노무시간은 4시간이다. ㈜한국의 당기 생산량은 47,500개이고, 실제노무시간은 180,000시간, 실제 제조간접원가 발생액은 ₩700,000이었다.

[물음]
제조간접원가의 차이분석을 2분법 및 3분법을 사용하여 분석하시오.

[해답]

1. 제조간접원가 차이분석

|  | AQ×AP | AQ×SP | SQ×SP |
|---|---|---|---|
| 변동 제간 | | 180,000시간×₩2 = ₩360,000 | 47,500개×4시간×₩2 = ₩380,000 |
| | | 능률차이 ₩20,000(유리) | |
| | = ₩700,000 | 예산 | 배부 |
| 고정 제간 | | = ₩300,000 | 47,500개×4시간×₩1.5 = ₩285,000 |
| | | 조업도차이 ₩15,000(불리) | |

2. 고정제조간접원가 기준배부율 = ₩300,000 ÷ 200,000시간 = ₩1.5
 (1) 2분법에 의한 차이분석
  예산차이 = ₩700,000 − (₩380,000 + ₩300,000) = ₩20,000(불리)
  조업도차이 = ₩15,000(불리)

 (2) 3분법에 의한 차이분석
  소비차이 = ₩700,000 − (₩360,000 + ₩300,000) = ₩40,000(불리)
  능률차이 = ₩20,000(유리)
  조업도차이 = ₩15,000(불리)

## 4 원가차이의 배분

외부보고용 재무제표 작성을 위해서는 차이분석을 통하여 계산한 원가차이금액을 조정하는 과정이 필요하며 이는 개별정상원가계산에서 공부한 차이배분방법과 동일하다.

| 구분 | | 차이조정 |
|---|---|---|
| 비배분법 | 매출원가조정법 | 모든 원가차이를 매출원가에 가감 |
| | 영업외손익법 | 모든 원가차이를 영업외손익으로 처리 |
| 비례배분법 | 총원가기준법 | 매출원가와 재고자산의 총원가(기말잔액) 비율로 원가차이 조정 |
| | 원가요소기준법 | 매출원가와 재고자산에 포함된 각 원가요소별 금액 비율에 따라 배분 ※ 실제원가계산을 적용한 경우와 동일한 결과 도출 |

### 1. 매출원가조정법

원가요소별로 계산한 모든 원가차이를 집계하여 매출원가에서 조정하는 방법으로 매출원가 금액에 비하여 재고자산의 금액이 매우 작거나, 원가차이 금액 자체가 중요하지 않는 경우 사용한다.

(1) 불리한 원가차이 → 매출원가에 가산
(2) 유리한 원가차이 → 매출원가에 차감

### 2. 영업외손익법

원가요소별로 계산한 모든 원가차이를 집계하여 영업외손익으로 처리하는 방법

(1) 불리한 원가차이 → 영업외비용 처리
(2) 유리한 원가차이 → 영업외수익 처리

### 3. 총원가기준법

원가요소별로 계산한 모든 원가차이를 집계하여 매출원가와 기말재고자산(제품, 재공품)의 금액비율대로 배분하는 방법

(1) 불리한 원가차이 → 재공품, 제품, 매출원가에 가산
(2) 유리한 원가차이 → 재공품, 제품, 매출원가에 차감

## 4. 원가요소기준법

원가요소별로 계산한 각각의 원가차이를 매출원가와 기말재고자산(제품, 재공품)에 포함된 원가요소별 금액비율대로 배분하는 방법

(1) 원가요소별 불리한 원가차이 → 재공품, 제품, 매출원가에 가산

(2) 원가요소별 유리한 원가차이 → 재공품, 제품, 매출원가에 차감

## 5 표준종합원가계산

## 1. 표준종합원가계산

개별원가계산의 경우 고객의 주문에 따라 투입되는 재료 및 노무의 숙련도가 상이하여 표준수량과 표준가격을 설정하는 것이 어려우나, 종합원가계산의 경우 동종제품을 대량생산하므로 표준수량과 표준가격을 설정하는 표준원가계산과의 결합을 통하여 원가계산을 하는 것이 유용하다.

## 2. 표준종합원가계산의 절차

1단계 : 물량흐름의 파악

　　　　기초재공품수량 + 당기착수물량 = 완성품수량 + 기말재공품수량

2단계 : 완성품환산량 계산

　　　　선입선출법을 적용하여 완성품환산량 계산

3단계 : 원가요소별 배부대상액 요약

　　　　당기완성품환산량에 표준원가를 적용하여 역산

4단계 : 완성품환산량 단위당 원가 계산

　　　　별도의 계산절차가 필요 없고, 표준재료원가 및 표준가공원가 자료를 집계

5단계 : 완성품원가와 기말재공품원가 계산

---

* 완성품원가 = 기초재공품원가 + Σ(원가요소별 완성품환산량 단위당 원가(표준원가) × 완성품수량)
  ※ 전기와 당기의 제품단위당 표준원가가 같은 경우 : 표준원가 × 완성품수량으로 계산
* 기말재공품원가 = Σ(원가요소별 완성품환산량 단위당 원가(표준원가) × 기말재공품의 원가요소별 완성품환산량)

---

## 제10절 표준원가계산

**객관식 문제**

**01** ㈜국세는 표준원가계산제도를 채택하고 있다. 20×1년 직접재료의 표준원가와 실제 원가는 다음과 같을 때, 직접재료원가 수량차이는? `15년` **CTA**

| 표준원가 | 제품 단위당 직접재료 표준투입량 | 20kg |
|---|---|---|
| | 직접재료 표준가격 | ₩30/kg |
| 실제원가 | 실제 생산량 | 50개 |
| | 직접재료원가 | ₩35,000 |
| | 직접재료 구입가격 | ₩28/kg |

① ₩5,500 유리  　　② ₩5,500 불리  　　③ ₩7,500 유리

④ ₩7,500 불리  　　⑤ ₩0 차이 없음

**해설**

| $AQ \times AP$ | $AQ \times SP$ | $SQ \times SP$ |
|---|---|---|
| $1,250kg \times ₩28$ | $1,250kg \times ₩30$ | $50개 \times 20kg \times ₩30$ |
| $= ₩35,000$ | $= ₩37,500$ | $= ₩30,000$ |

　　　　　　　　가격차이　　　　　　　　　　수량차이

　　　　　　₩2,500(유리)　　　　　　₩7,500(불리)

**02** ㈜세무는 표준원가제도를 채택하고 있다. 20×1년 직접재료원가와 관련된 표준 및 실제원가 자료가 다음과 같을 때, 20×1년의 실제 제품생산량은 몇 단위인가? `13년` **CTA**

| | |
|---|---|
| • 실제 발생 직접재료원가 | ₩28,000 |
| • 직접재료단위당 실제구입원가 | ₩35 |
| • 제품단위당 표준재료투입량 | 9개 |
| • 직접재료원가 가격차이 | ₩4,000불리 |
| • 직접재료원가 수량차이 | ₩3,000유리 |

① 90단위  　　② 96단위  　　③ 100단위

④ 106단위  　　⑤ 110단위

해설

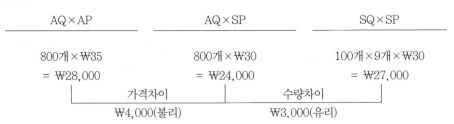

| AQ×AP | AQ×SP | SQ×SP |
|---|---|---|
| 800개×₩35 | 800개×₩30 | 100개×9개×₩30 |
| = ₩28,000 | = ₩24,000 | = ₩27,000 |

가격차이        수량차이

₩4,000(불리)       ₩3,000(유리)

**03** ㈜한국은 표준원가계산을 월별로 적용하고 있다. 제품 1개를 생산하기 위한 표준직접재료원가는 ₩600(4kg × @₩150)이다. 당월 초에 원재료 2,400kg을 매입하였으며, 원재료 가격차이는 구매시점에서 파악한다. 당월에 생산한 제품은 500개이며, 원재료 수량차이는 ₩30,000(불리)이다. 원재료 월초 재고가 200kg일 때, 원재료 월말 재고는 몇 kg인가?    `09년` 기출

① 100kg      ② 200kg      ③ 300kg
④ 400kg      ⑤ 500kg

해설

수량차이 = (실제사용량 × ₩150) − (500개 × 4kg × @₩150) = ₩30,000
→ 실제사용량 = 2,200kg
→ 월말재고 = 200kg + 2,400kg(매입량) − 2,200kg(사용량) = 400kg

**04** 표준원가시스템을 사용하고 있는 ㈜한국의 직접재료원가의 제품단위당 표준사용량은 10kg이고 표준가격은 kg당 ₩6이다. ㈜한국은 6월에 직접재료 40,000kg을 ₩225,000에 구입하여 36,000kg을 사용하였다. ㈜한국의 6월 중 제품생산량은 3,000단위이다. 직접재료 가격차이를 구입시점에 분리하는 경우, 6월의 직접재료원가에 대한 가격차이와 능률차이(수량차이)는?    `12년` 기출

① 가격차이 ₩6,000 불리, 능률차이 ₩32,000 유리
② 가격차이 ₩9,000 불리, 능률차이 ₩36,000 불리
③ 가격차이 ₩15,000 유리, 능률차이 ₩36,000 불리
④ 가격차이 ₩15,000 유리, 능률차이 ₩32,000 유리
⑤ 가격차이 ₩9,000 불리, 능률차이 ₩36,000 유리

**해설**

1) 가격차이(구입시점) : 구입가격(₩225,000) < 40,000kg × ₩6
   → ₩15,000 유리
2) 능률차이(수량차이) : 36,000kg × ₩6 > 3,000단위 × 10kg × ₩6
   → ₩36,000 불리

**05** ㈜대한은 표준원가계산시스템을 사용하고 있다. 다음은 제품 단위당 원가요소별 표준원가 자료이다.

| 직접재료원가 | ₩100 | 직접노무원가 | ₩200 |
|---|---|---|---|
| 변동제조간접원가 | ₩50 | 고정제조간접원가 | ₩100 |

제조간접원가 배부기준은 직접노무시간이다. 2008년 6월에 기초재고는 없고, 총 500개의 제품을 생산하였다. 직접재료원가 가격차이는 ₩1,000(불리), 수량차이는 ₩2,000(유리)이고, 직접노무원가 임률차이는 ₩500(유리), 능률차이는 ₩1,500(불리)이었다. 6월 중 직접재료원가 실제발생액과 직접노무원가 실제발생액은 각각 얼마인가?

09년 CTA

|   | 직접재료원가 | 직접노무원가 |   | 직접재료원가 | 직접노무원가 |
|---|---|---|---|---|---|
| ① | ₩46,000 | ₩99,000 | ② | ₩48,000 | ₩101,000 |
| ③ | ₩48,000 | ₩101,500 | ④ | ₩49,000 | ₩101,000 |
| ⑤ | ₩49,000 | ₩101,500 |   |   |   |

**해설**

(1) 직접재료원가

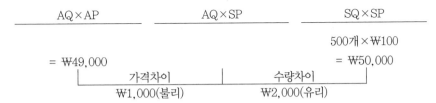

(2) 직접노무원가

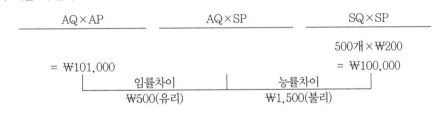

**06** ㈜감평은 표준원가계산제도를 채택하고 있다. 20×1년 직접노무원가와 관련된 자료가 다음과 같을 경우, 20×1년 실제 직접노무시간은? 20년 기출

| | |
|---|---|
| • 실제생산량 | 25,000단위 |
| • 직접노무원가 실제임률 | 시간당 ₩10 |
| • 직접노무원가 표준임률 | 시간당 ₩12 |
| • 표준 직접노무시간 | 단위당 2시간 |
| • 직접노무원가 임률차이 | ₩110,000(유리) |
| • 직접노무원가 능률차이 | ₩60,000(불리) |

① 42,500시간     ② 45,000시간     ③ 50,000시간
④ 52,500시간     ⑤ 55,000시간

**해설**

능률차이(₩60,000) = 실제시간 × ₩12(표준임률) > 25,000단위 × 2시간 × ₩12
→ 실제시간 = 55,000시간

**07** 표준원가계산제도를 채택하고 있는 ㈜대한의 20×1년도 직접노무원가와 관련된 자료는 다음과 같다. 20×1년도의 실제생산량은? 17년 기출

| | |
|---|---|
| • 실제직접노무시간 | 101,500시간 |
| • 직접노무원가 실제발생액 | ₩385,700 |
| • 직접노무원가 능률차이 | ₩14,000(유리) |
| • 직접노무원가 임률차이 | ₩20,300(유리) |
| • 단위당 표준직접노무시간 | 2시간 |

① 51,000단위     ② 51,500단위     ③ 52,000단위
④ 52,500단위     ⑤ 53,000단위

**해설**

1) 임률차이(₩20,300 유리) = ₩385,700 < 101,500시간 × 표준임률
   → 표준임률 = ₩4
2) 능률차이(₩14,000 유리) = 101,500시간 × ₩4(표준임률) < 실제생산량 × 2시간 × ₩4
   → 실제생산량 = 52,500단위

**08** ㈜진주는 제조간접원가를 직접노무시간에 따라 배부하며, 기준조업도(직접노무시간)는 30,000시간/월이다. 제품 1단위를 생산하는 데 표준직접노무시간은 3시간이다. 20×1년 9월의 발생자료는 다음과 같다.

| | |
|---|---|
| • 실제 직접노무시간 | 28,000시간 |
| • 변동제조간접원가 실제 발생액 | ₩37,800 |
| • 소비차이 | 4,200(유리) |
| • 능률차이 | 3,000(유리) |

㈜진주의 20×1년 9월 실제 제품생산량은 몇 단위인가? `10년` `CTA`

① 8,500단위      ② 9,000단위      ③ 9,500단위
④ 10,000단위      ⑤ 10,500단위

**해설**

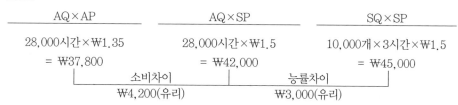

| AQ×AP | AQ×SP | SQ×SP |
|---|---|---|
| 28,000시간×₩1.35 | 28,000시간×₩1.5 | 10,000개×3시간×₩1.5 |
| = ₩37,800 | = ₩42,000 | = ₩45,000 |

소비차이 ₩4,200(유리)     능률차이 ₩3,000(유리)

**09** ㈜감평은 표준원가제도를 도입하고 있다. 변동제조간접원가의 배부기준은 직접노무시간이며, 제품 1개를 생산하는 데 소요되는 표준직접노무시간은 2시간이다. 20×1년 3월 실제 발생한 직접노무시간은 10,400시간이고, 원가자료는 다음과 같다.

| | |
|---|---|
| • 변동제조간접원가 실제 발생액 | ₩23,000 |
| • 변동제조간접원가 능률차이 | 2,000(불리) |
| • 변동제조간접원가 총차이 | 1,000(유리) |

㈜감평의 20×1년 3월 실제 제품생산량은? `21년` `기출`

① 4,600개      ② 4,800개      ③ 5,000개
④ 5,200개      ⑤ 5,400개

**해설**

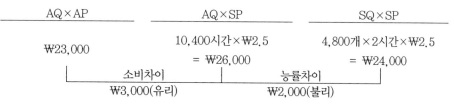

| AQ×AP | AQ×SP | SQ×SP |
|---|---|---|
| ₩23,000 | 10,400시간×₩2.5 | 4,800개×2시간×₩2.5 |
| | = ₩26,000 | = ₩24,000 |

소비차이 ₩3,000(유리)     능률차이 ₩2,000(불리)

**10** ㈜대한은 표준원가계산제도를 채택하고 있으며, 기계작업시간을 기준으로 고정제조간접원가를 제품에 배분한다. 다음 자료에 의할 경우 기준조업도는?

| | |
|---|---|
| • 기계작업시간당 고정제조간접원가 표준배부율 | ₩10 |
| • 유리한 조업도차이 | ₩10,000 |
| • 실제생산량 | 1,000단위 |
| • 제품 단위당 표준기계작업시간 | 2시간 |

① 500시간　　② 700시간　　③ 800시간
④ 1,000시간　　⑤ 1,100시간

해설
1) 유리한 조업도차이(₩10,000) = 고정제조간접원가 예산 < 1,000단위(실제생산량) × 2시간 × ₩10(표준배부율)
→ 고정제조간접원가 예산 = ₩10,000
2) 기준조업도 = ₩10,000(고정제조간접원가 예산) ÷ ₩10(표준배부율) = 1,000시간

**11** ㈜감평은 표준원가계산제도를 채택하고 있으며, 직접노무시간을 기준으로 제조간접원가를 배부한다. 당기 제조간접원가 관련 자료는 다음과 같다.

| 고정제조간접원가 표준배부율 | ₩100/시간 |
|---|---|
| 변동제조간접원가 표준배부율 | ₩300/시간 |
| 기준조업도(직접노무시간) | 5,000시간 |
| 실제직접노무시간 | 4,850시간 |
| 실제생산량에 허용된 표준 직접노무시간 | 4,800시간 |
| 제조간접원가 배부차이 | ₩20,000 과소배부 |

㈜감평의 당기 제조간접원가 실제 발생액은?

① ₩1,900,000　　② ₩1,920,000　　③ ₩1,940,000
④ ₩1,960,000　　⑤ ₩1,980,000

해설
1) 제조간접원가 표준배부액 = 4,800시간(실제생산량에 허용된 표준직접노무시간) × ₩400(변동제조간접원가 및 고정제조간접원가 표준배부율의 합) = ₩1,920,000
2) 당기 제조간접원가 실제 발생액 = ₩1,920,000 + ₩20,000(과소배부) = ₩1,940,000

**12** 표준원가계산제도를 사용하는 ㈜국세는 직접노무시간을 기준으로 제조간접원가를 배부한다. 20×1년도 기준조업도는 20,000 직접노무시간이나, 실제 직접노무시간은 22,500시간이다. 변동제조간접원가의 표준배부율은 직접노무시간당 ₩6이다. 다음은 20×1년도의 제조간접원가와 관련된 자료이다.

- 변동제조간접원가
  실제발생액 : ₩110,000
  배부액 : ₩138,000
- 고정제조간접원가
  예산차이 : ₩30,000(불리)
  조업도차이 : ₩27,000(유리)

**20×1년도의 고정제조간접원가 실제발생액은?**　　　15년 CTA

① ₩150,000　　　② ₩170,000　　　③ ₩190,000
④ ₩210,000　　　⑤ ₩246,000

**해설**

|  | AQ×AP | AQ×SP | SQ×SP |
|---|---|---|---|
| 변동<br>제간 | = ₩110,000 | 22,500시간×₩6<br>= ₩135,000 | 23,000시간×₩6<br>= ₩138,000 |

|  | 실제 | 예산 | 배부 |
|---|---|---|---|
| 고정<br>제간 |  | 20,000시간×? | 23,000시간×? |

예산차이 ₩30,000(불리) ┤ 조업도차이 ₩27,000(유리)

1) 고정제조간접원가 배부율 = ₩27,000 ÷ (23,000시간 − 20,000시간) = ₩9/직접노무시간
2) 고정제조간접원가 실제발생액 = 20,000시간 × ₩9 + ₩30,000 = ₩210,000

답 ▶ 01 ④　02 ③　03 ④　04 ③　05 ④
06 ⑤　07 ④　08 ④　09 ②　10 ④
11 ③　12 ④

## 제11절 관련원가와 의사결정

### 1 의사결정의 의의

의사결정이란 일정한 목적 또는 목표를 달성하기 위해서 여러 가지 선택가능한 대안들 중 최적의 대안을 선택하는 것을 말한다. 경영자는 특히 이러한 의사결정을 함에 있어 많은 정보를 필요로 하며 그중 원가정보는 가장 중요한 역할을 한다.

경영자의 의사결정은 단기의사결정과 장기의사결정으로 구분된다.

#### 1. 단기의사결정

보통 1년 이내의 단기에 영향을 미치는 의사결정으로 화폐의 시간가치를 고려하지 않는다. 단기의사결정에는 생산일정계획이나 판매량계획과 같이 반복적으로 발생하는 일상적 의사결정과 특별주문수락이나 제품폐지여부와 같은 비반복적으로 발생하는 특수의사결정이 있다.

#### 2. 장기의사결정

장기의사결정은 보통 의사결정의 효과가 장기간에 걸쳐서 나타나는 의사결정이므로 화폐의 시간가치를 고려해야 한다. 장기의사결정의 가장 대표적인 것이 설비투자 의사결정이나 사업부 신설 여부 등의 장기적 경영계획과 관련된 내용이다.

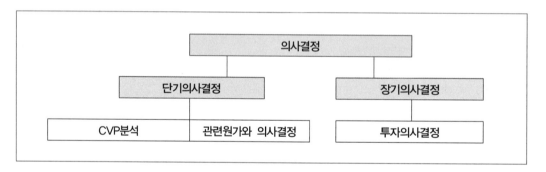

### 2 의사결정의 접근방법

단기의사결정을 위해서는 의사결정과 관련된 개념들을 알아야 한다.

---

**예제 11-1  의사결정 관련 기본예제**

㈜한국은 연필을 제조하여 판매하는 회사로서 다음 회계연도의 예상판매량을 1,000개로 예상하고 있다. 회사의 공장은 1,800개의 연필을 생산할 수 있는 능력을 보유하고 있다. 회사의 여유 생산능력은 ₩50,000의 임대료수익을 받고 임대하고 있다. ㈜한국은 ㈜민국으로부터 연필 600개를 개당 ₩400에 공급해 달라는 특별주문을 받았다.

| 단위당 판매가격 | ₩500 |
|---|---|
| 단위당 변동원가 | ₩300 |
| 총고정원가 | ₩100,000 |

의사결정을 위한 접근방법은 총액접근법과 증분접근법이 있다.

## 1. 총액접근법

총액접근법은 경영자가 선택할 수 있는 대안별로 전체 수익과 전체 비용을 전부 파악한 후에 이를 기초로 이익이 가장 큰 대안을 선택하는 방법이다.

앞의 예제를 총액접근법으로 살펴보면 우선 대안을 선택하지 않았을 때의 전체 수익과 비용을 파악하고, 대안을 선택했을 때의 전체 수익, 비용을 파악하는 것이다.

| 특별주문을 수락하지 않는 경우 | | 특별주문을 수락하는 경우 | |
|---|---|---|---|
| 총수익 | | 총수익 | |
| 매출액(1,000개 × ₩500) | ₩500,000 | 매출액(1,000개 × ₩500) | ₩500,000 |
| 임대료수익 | 50,000 | 특별주문(600개 × ₩400) | 240,000 |
| 총비용 | | 총비용 | |
| 변동원가(1,000개 × ₩300) | 300,000 | 변동원가(1,600개 × ₩300) | 480,000 |
| 고정원가 | 100,000 | 고정원가 | 100,000 |
| 총이익 | ₩150,000 | 총이익 | ₩160,000 |

총액접근법은 전체의 수익과 비용을 살펴본 후 총이익이 큰 대안을 선택하는 방법이다.

### (1) 장점

총액접근법은 별도의 개념을 이해하지 않고도 작성할 수 있다.

### (2) 단점

총액접근법은 의사결정에 영향을 받지 않는 원가까지도 모두 분석하므로 의사결정에 의해 영향을 받는 수익과 비용항목을 파악하기 어렵다.

## 2. 증분접근법

증분접근법은 **차액접근법**이라고도 한다.

증분접근법은 총액접근법처럼 모든 수익과 비용을 고려하는 것이 아니라 의사결정을 함에 따라 대안 사이에 차이가 있는 **관련항목**만을 분석해서 관련수익과 관련비용을 파악한 후 이를 기초로 의사결정을 하는 방법이다.

의사결정을 하기 위해서는 우선 어떤 항목이 의사결정에 차이가 나는 것인지 관련항목과 비관련항목을 구분해야 한다.

(1) 관련항목

관련항목은 각 대안들 간에 차이가 나는 항목으로 의사결정 시 고려하여야 하는 항목을 말한다.

① 관련원가 : 여러 대체안 사이에 차이가 나는 차액원가로, 의사결정으로 인해 직접 변동되는 미래원가이다. 원가 중에 미래에 현금이나 다른 자원의 지출을 필요로 하는 원가를 미래지출원가라고 하며, 관련원가는 모두 미래지출원가이다.

② 관련수익 : 여러 대체안 사이에 차이가 존재하는 수익으로, 의사결정으로 인해 직접 변동되는 미래수익을 의미한다.

③ 기회비용 : 재화 또는 용역 등을 특정 용도 이외의 다른 대체적인 용도로 사용할 경우에 얻을 수 있는 최대금액을 말한다. 특정 대안을 선택하는 경우 차선의 대안은 그로 인해 얻을 수 있는 이익을 포기해야 하기 때문에 기회비용은 의사결정과정에서 현금이나 다른 자원의 지출을 수반하지 않더라도 반드시 고려하여야 한다.

(2) 비관련항목

비관련항목은 각 대안 사이에 차이가 없어 의사결정에 영향을 주지 않는 수익이나 비용항목을 말한다.

① 매몰원가(sunk costs) : 경영자가 통제할 수 없는 과거의 의사결정으로부터 발생한 역사적 원가로서 현재 또는 미래의 의사결정과 관련이 없는 원가이다.

② 미래 현금지출 비관련원가 : 미래에 현금을 지출해야 하는 원가지만 두 대안 사이에 차이가 발생하지 않는 비용이며 비관련항목이다.

한편, 역사적원가는 매몰원가로서 단기의 특수의사결정에서는 비관련원가이지만 역사적원가를 분석함으로써 미래에 대한 예측정보를 얻을 수 있다면 경영자는 역사적원가를 고려하여야 한다.

✓ 증분접근법

㈜민국의 주문 600개를 수락하는 경우

| | | |
|---|---|---|
| Ⅰ. 증분수익 | | |
| 매출액 증가(600개 × ₩400) | ₩240,000 | |
| Ⅱ. 증분비용 | | |
| 변동원가 증가(600개 × ₩300) | 180,000 | |
| 임대료수익감소(기회비용) | 50,000 | |
| Ⅲ. 증분이익 | ₩10,000 | |

(3) 증분접근법의 장점

① 증분접근법은 의사결정에 차이가 나는 항목만을 고려하므로 시간이 절약된다.

② 어떤 항목이 의사결정에 영향을 받는지 파악하기가 용이하다.

(4) 증분접근법의 단점

① 관련원가, 비관련원가 항목을 구분하는 것이 쉽지 않다.

② 대안이 여러 개인 경우 의사결정에 어려움이 있다.

PART 02

(5) 관련정보의 특징

① 변동원가는 일반적으로 대안 사이에 차이가 나므로 관련원가이다.

② 고정원가는 일반적으로 비관련정보인 경우가 대부분이다. 다만, 대안에 따라서는 변화가 있을 수 있으므로 예외적으로 관련항목에 포함될 수 있다.

③ 단기의사결정은 변동원가계산에 따른 원가정보를 활용하는 것이 유용하다.

## 3  단기적 의사결정의 유형

### 1. 특별주문의 수락 또는 거절

특별주문이란 기존의 거래처가 아닌 곳에서 대량구매 등을 조건으로 하여 가격인하를 요구하는 등의 일회성 주문을 의미한다.

특별주문은 기존의 생산량 이외에 추가적으로 수량을 생산하는 의사결정이기 때문에 가장 먼저 유휴설비를 확인해야 한다. 기업이 충분히 생산할 유휴생산능력을 가지고 있다면 의사결정에 영향을 미치지 않지만 만약, 유휴생산능력이 부족하다면, 특별주문으로 인해 기존의 거래처의 주문을 일부 포기해야 하는 경우 등도 있기 때문에 이때 발생하는 **기회비용**을 필수로 고려해야 한다.

| 구분 | 내용 |
|---|---|
| 관련수익 | 특별주문수량 × 특별주문단가만큼 수익이 증가하므로 관련수익에 포함한다. |
| 관련비용 | 변동원가는 특별주문 수락 시 수락한 만큼 생산량이 증가하므로 변동원가는 관련원가에 포함한다. 그러나 변동판매관리비는 변동원가이지만 특별주문에는 발생하지 않는 경우도 있어, 만약, 변동판매관리비는 변동이 없다면 비관련원가이다. |
| 고정원가 | 고정원가는 일반적으로 비관련원가이다. 다만, 변동사항이 생기면 고정원가도 관련원가에 포함될 수 있다. |
| 기회비용 | 유휴설비가 부족하다면 외부판매 포기로 인한 이익감소액이 기회비용이다.<br>유휴설비가 충분한 경우 : 특별주문 자체의 증분수익, 증분비용을 고려해 수락여부를 결정한다.<br>유휴설비가 부족한 경우 : 정규시장 판매감소에 따른 이익감소분 등을 기회비용으로 고려하여야 한다. |

**예제 11-2  특별주문 수락여부**

㈜한국은 연필을 제조하여 판매하는 회사로서 기존 거래처에 1,500개를 생산, 판매하고 있다. 회사의 공장은 1,800개의 연필을 생산할 수 있는 능력을 보유하고 있다. ㈜한국은 ㈜민국으로부터 연필 600개를 개당 ₩400에 공급해 달라는 특별주문을 받았다. 특별주문을 수락하더라도 추가적인 설비의 증설은 없으며 이를 제외한 시장의 수요에는 변화가 없다.

| 단위당 판매가격 | ₩500 |
|---|---|
| 단위당 변동제조원가 | ₩280 |
| 단위당 변동판매관리비 | ₩20 |
| 총고정원가 | ₩100,000 |

특별주문과 관련해서는 판매비와 관리비는 발생하지 않는다(단, 세금은 없다고 가정한다).

[물음]

㈜한국이 특별주문을 수락할지에 대한 의사결정을 증분접근법에 의한다고 할 때, ㈜한국의 수락여부를 결정하시오.

**[해답]**

㈜한국은 유휴생산능력이 부족하므로 300개의 기존거래처에 대한 이익을 포기하여야 한다.

Ⅰ. 증분수익
  매출액증가분(600개 × ₩400)　　　　　₩240,000
Ⅱ. 증분비용
  특별주문 변동원가(600개 × ₩280)　　　168,000
  기회비용(300개 × ₩200)　　　　　　　60,000
Ⅲ. 증분이익　　　　　　　　　　　　　₩12,000
  → 증분이익이 발생하므로 ㈜한국은 해당 특별주문을 수락한다.

## 2. 특별주문을 수락하기 위한 최소판매가격

기업이 특별주문을 수락하기 위한 최소판매가격은 증분이익이 발생하여야 하므로 (특별주문수량 × P) − 증분비용 > 0이어야 한다.

단위당 최소판매가격 = 단위당 증분원가 + 단위당 기회비용

**예제 11-3　최소판매가격**

㈜한국은 연필을 제조하여 판매하는 회사로서 기존 거래처에 1,500개를 생산, 판매하고 있다. 회사의 공장은 1,800개의 연필을 생산할 수 있는 능력을 보유하고 있다. ㈜한국은 ㈜민국으로부터 연필 600개를 개당 ₩400에 공급해 달라는 특별주문을 받았다. 특별주문을 수락하더라도 추가적인 설비의 증설은 없으며 이를 제외한 시장의 수요에는 변화가 없다.

| 단위당 판매가격 | ₩500 |
|---|---|
| 단위당 변동제조원가 | ₩280 |
| 단위당 변동판매관리비 | ₩20 |
| 총고정원가 | ₩100,000 |

특별주문과 관련해서는 판매비와 관리비는 발생하지 않는다(단, 세금은 없다고 가정한다).

[물음]

㈜한국이 특별주문을 수락하기 위한 최소판매가격을 계산하시오.

> **해답**
>
> ㈜한국은 유휴생산능력이 부족하므로 300개의 기존거래처에 대한 이익을 포기하여야 한다.
>
> Ⅰ. 증분수익
> 　매출액증가분(600개 × P)　　　　　　　　　　　　　　　600P
> Ⅱ. 증분비용
> 　특별주문변동원가증가분(600개 × ₩280)　　　168,000
> 　기존거래처공헌이익감소분(300개 × ₩200)　　 60,000
> Ⅲ. 증분이익　　　　　　　　　　　　　　600P − ₩228,000
> 　→ ㈜한국이 특별주문을 수락하기 위해서는 600P − ₩228,000 > 0이므로 최소판매가격은 ₩380이다.

## 3. 부품의 자가제조 또는 외부구입

제조업을 영위하는 기업은 제조를 위한 부품을 자가제조하는 경우도 있고 이를 외부에서 구입하는 경우도 있다.

만약 기업이 부품을 외부에서 구입하기로 의사결정을 한다면 다음과 같은 항목에 영향을 미친다.

① **외부구입액** : 부품의 외부구입액만큼 비용이 증가한다.

② **변동제조원가** : 부품을 외부 구입 시 기존의 생산과정에서 발생하던 변동제조원가는 비용 감소 항목에 포함해야 한다.

③ **고정원가** : 고정제조간접원가는 설비규모의 변화에 영향을 미치지 않으므로 비관련원가이다. 다만, 고정원가도 변동하는 경우 의사결정에 고려해야 한다.

④ **유휴설비의 활용여부** : 부품을 외부에서 구입하는 경우 기존설비를 다른 대체적인 용도에 사용할 수 있는지를 고려해야 한다. 예컨대, 유휴설비를 임대해서 얻은 임대료수익이나 유휴설비를 타 부품에 사용해서 원가절감이 된다면 이는 관련항목으로 고려되어야 한다.

> **예제 11-4**　부품의 자가제조 또는 외부구입
>
> ㈜한국은 부품 A를 자가제조하고 있으며, 연간 1,000단위를 생산한다. 부품 A의 생산에 따른 제조원가는 다음과 같다.
>
> | 구분 | 단위당원가 |
> |---|---|
> | 직접재료원가 | ₩100 |
> | 직접노무원가 | 150 |
> | 변동제조간접원가 | 250 |
> | 고정제조간접원가 | 200 |
> | 합계 | ₩700 |
>
> ㈜한국은 외부공급업자로부터 부품A를 단위당 ₩600에 공급하겠다는 제의를 받았다. 해당 제의를 수락한다면 고정제조간접원가 중 30%는 회피가 가능하다. 부품 A를 외부로부터 구입하게 되면 기존설비는 대체적인 용도로 사용하여 ₩50,000의 추가적 이익을 얻을 수 있다.

[물음]

㈜한국은 부품을 자가제조하는 것이 유리한지 외부구입하는 것이 유리한지 판단하시오.

**해답**

Ⅰ. 증분수익

| | |
|---|---|
| 변동제조원가 감소분(1,000개 × ₩500) | ₩500,000 |
| 고정제조간접원가 감소분(1,000개 × ₩200 × 30%) | 60,000 |
| 유휴설비의 활용 | 50,000 |

Ⅱ. 증분비용

| | |
|---|---|
| 부품 외부구입비용(1,000개 × ₩600) | 600,000 |

Ⅲ. 증분이익 ₩10,000

→ 부품을 외부 구입 시 증분이익이 발생하므로 외부에서 구입하는 것이 유리하다.

## 4. 제품라인의 유지 또는 폐쇄

제품라인을 유지할 것인지 폐쇄할 것인지에 대한 의사결정은 증분이익을 통해 파악한다. 제품라인의 유지 또는 폐쇄 여부에는 다음의 항목을 고려한다.

① 공헌이익 : 제품의 생산 중단 시 수익과 비용 모두 감소하므로 공헌이익을 관련항목으로 검토한다.

② 회피가능고정원가 : 제품라인 폐지 시 감소할 수 있는 고정원가만 관련항목으로 고려해야 한다. 그러나 제품라인을 폐지하는지에 관계없이 고정원가는 계속 발생한다면 이는 관련항목에 포함하지 않는다.

**예제 11-5** 제품라인의 유지 또는 폐쇄

㈜한국은 A, B, C의 세 가지 제품라인을 가지고 있다. 제품별 공헌이익손익계산서가 아래와 같으며, 회사의 경영자는 이 중 손실이 발생하는 C라인의 생산중단을 고려하고 있다.

| 구분 | A제품 | B제품 | C제품 | 합계 |
|---|---|---|---|---|
| 매출액 | ₩300,000 | ₩200,000 | ₩100,000 | ₩600,000 |
| 변동원가 | 150,000 | 120,000 | 80,000 | 350,000 |
| 공헌이익 | ₩150,000 | ₩80,000 | ₩20,000 | ₩250,000 |
| 고정원가 | 100,000 | 50,000 | 40,000 | 190,000 |
| 영업이익 | ₩50,000 | ₩30,000 | (₩20,000) | ₩60,000 |

[물음]

1. C제품라인을 폐지하더라도 고정원가 중 40%는 회피가 불가능하다고 할 경우 제품라인의 폐지 여부에 대한 의사결정을 하시오.

2. C제품라인을 폐지하고 이를 A제품에 활용하면 A제품의 매출액이 ₩90,000 증가한다고 할 경우 제품라인의 폐지여부에 대한 의사결정을 하시오. (단, 이 경우 C제품라인의 고정원가는 회피불가능하다.)

───────────────────────────────

해답

1. 제품라인 폐지여부 의사결정
   I. 증분수익
      회피가능한 고정원가(₩40,000 × 60%)                    ₩24,000
   II. 증분비용
      제품 C라인의 공헌이익 감소                              20,000
   III. 증분이익                                           ₩4,000
      제품라인을 폐지하는 것이 증분이익이 발생하므로 폐지하는 것이 유리하다.

2. 제품라인 폐지여부 의사결정
   I. 증분수익
      A제품라인 공헌이익증가(₩90,000 × 50%)                  ₩45,000
   II. 증분비용
      제품 C라인의 공헌이익 감소                              20,000
   III. 증분이익                                           ₩25,000
      제품라인을 폐지하는 것이 증분이익이 발생하므로 폐지하는 것이 유리하다.

## 4 제약요인이 존재하는 경우의 관련원가분석

기업의 의사결정에 있어 제약요인이 존재하는 경우 이에 따라 관련원가 분석의 차이가 존재할 수 있다. 제약요인은 하나일 수도 있고 여러 종류일 수도 있다. 이 경우 어떻게 최적의 대안을 도출할 수 있는지는 제약요인의 종류와 목적에 따라 다르다.

### 1. 제약요인이 하나인 경우

기업에 제한된 자원이 있는 경우 회사에서는 모든 제품을 생산할 수 없고 이 중 어떤 제품을 생산할 것인지 의사결정해야 한다. 제약요인이 존재할 때에는 기업의 이익을 극대화하기 위해 제약요인 단위당 공헌이익이 가장 큰 대안을 선택한다.

$$\bullet \text{ 제약요인 단위당 공헌이익} = \frac{\text{단위당 공헌이익}}{\text{제약요인}}$$

---

> **예제 11-6**  제약요인 존재
>
> ㈜한국은 A제품과 B제품 두 종류를 생산하고 있다. A, B 두 제품은 기계를 공동으로 사용하는데 회사가 사용할 수 있는 총 기계시간은 2,500시간이다.
>
> | 구분 | A제품 | B제품 |
> |---|---|---|
> | 단위당 판매가격 | ₩600 | ₩1,000 |
> | 단위당 변동원가 | 450 | 850 |
> | 단위당 고정원가 | 50 | 100 |
> | 단위당 기계시간 | 1시간 | 3시간 |
> | 수요량 | 1,000단위 | 800단위 |
>
> **[물음]**
> A제품과 B제품의 최적생산배합을 찾고 최적생산배합에서 얻을 수 있는 최대공헌이익을 구하시오.
>
> .................................................................................
>
> **[해답]**
>
> A제품과 B제품은 기계를 공동으로 사용하는데 두 제품을 수요량에 맞춰 생산하기에는 기계시간에 제약이 존재한다. 그러므로 기계시간당 공헌이익이 가장 큰 제품을 먼저 생산해야 한다.
>
> | 구분 | A제품 | B제품 |
> |---|---|---|
> | 단위당 공헌이익 | ₩150 | ₩150 |
> | 기계시간 | 1시간 | 3시간 |
> | 기계시간당 공헌이익 | ₩150 | ₩50 |
>
> 기계시간당 공헌이익이 큰 A제품을 먼저 생산하고 남는 기계시간을 B제품에 투입한다.
> 최대공헌이익 = 1,000단위 × ₩150 + 500단위 × ₩150 = ₩225,000

## 2. 제약요인이 2개 이상인 경우 - 선형계획법

제약요인이 2개 이상인 경우는 선형계획법을 사용한다. 선형계획법은 여러 제약조건하에서 특정한 목적(이익극대화나 비용최소화)을 달성하기 위해 희소한 자원을 배분하는 수리적인 기법을 말한다. 선형계획법은 다음의 단계를 이용한다.

**(1) 1단계 [목적함수의 설정]**

의사결정 목적을 체계화하여 수식으로 정리한다.
의사결정의 목표는 이익극대화이다.

**(2) 2단계 [제약조건의 수식화]**

제한된 자원에 대한 조건을 수식으로 표현한다. 제약조건에는 기계시간, 노동시간 등이 있다.

**(3) 3단계 [실행가능영역의 도식화]**

(4) 4단계 [최적해의 계산]

실행가능영역 중에서 목적함수를 최대화하거나 최소화하는 최적해를 구한다. 일반적으로 최적해는 실행가능영역의 꼭지점 중에서 찾아진다.

---

**예제 11-7** 선형계획법

㈜한국은 창원공장에서 두 가지 제품(G엔진, H엔진)을 생산하고 있다. 이 제품들에 대한 정보는 다음과 같다. 엔진의 생산은 조립부문과 검사부문을 거쳐서 완성된다. 하루 최대생산능력은 조립부문 600기계시간, 검사부문 120검사시간이고, 단기적으로 추가적인 생산능력의 확장은 불가능하다. 판매는 생산하는 대로 가능하다. G엔진 한 대를 만들기 위해서는 2기계시간과 1검사시간이 소요되고, H엔진은 5기계시간과 0.5검사시간이 소요된다. H엔진은 재료부족으로 인하여 하루에 110대로 생산이 제한된다. ㈜한국이 제한된 생산능력 하에서 영업이익을 극대화하기 위해 하루에 생산해야 할 각 제품의 수량은?

| 구분 | G엔진 | H엔진 |
|---|---|---|
| 단위당 판매가격 | ₩8,000,000 | ₩10,000,000 |
| 단위당 변동원가 | ₩5,600,000 | ₩6,250,000 |
| 단위당 공헌이익 | ₩2,400,000 | ₩3,750,000 |
| 공헌이익률 | 30% | 37.5% |

........................................................................

**해답**

G엔진의 생산량을 X, H엔진의 생산량을 Y라고 하자.
(1) 목적함수(영업이익극대화) = ₩2,400,000X + ₩3,750,000Y
(2) 제약조건식

　　2X + 5Y ≤ 600 기계시간
　　X + 0.5Y ≤ 120 검사시간
　　→ 해당 식을 연립하면 X = 75대, Y = 90대

**01** 프린터를 생산·판매하는 ㈜한국의 최대생산능력은 연 12,000대이고, 정규시장에서 연간 판매량은 10,000대이다. 단위당 판매가격은 ₩100,000이고, 단위당 변동제조원가는 ₩60,000이며, 단위당 변동판매비와 관리비는 ₩10,000이다. ㈜한국은 ㈜서울로부터 프린터 4,000대를 단위당 ₩70,000의 가격으로 구입하겠다는 1회성 특별주문을 받았다. ㈜한국은 올해 생산능력을 변경할 계획이 없다. ㈜한국의 판매비와 관리비는 모두 변동비인데, ㈜서울의 주문을 받아들이는 경우 이 주문과 관련된 ㈜한국의 판매비와 관리비는 75%가 감소할 것으로 추정된다. ㈜한국이 동 주문을 수락하기 위하여 기존시장의 판매를 일부 포기하기로 한다면 증분손익은 얼마인가? (단, 기초·기말재고는 없음)    10년 **기출**

① ₩7,500,000 감소     ② ₩30,000,000 감소     ③ ₩7,500,000 증가
④ ₩30,000,000 증가     ⑤ ₩0

**해설**

특별주문 수락 시

| | | |
|---|---|---|
| 증분수익 : | 특별주문 매출액(4,000대 × ₩70,000) | ₩280,000,000 |
| 증분비용 : | 특별주문 변동원가(4,000대 × ₩62,500) | 250,000,000 |
| | 기존시장 공헌이익 감소(2,000대 × ₩30,000) | 60,000,000 |
| 증분손실 : | | (₩30,000,000) |

**02** ㈜서울은 20×1년에 제품 A를 연간 1,500단위 생산하여 단위당 ₩400에 판매하였다. 제품 A의 최대생산량은 2,000단위이며 단위당 원가는 다음과 같다.

| | | | |
|---|---|---|---|
| • 직접재료원가 | ₩120 | • 직접노무원가 | ₩80 |
| • 변동제조간접원가 | 20 | • 변동판매관리비 | 30 |
| • 고정판매관리비 | 20 | • 고정제조간접원가 | 30 |

20×2년 초에 회사는 ㈜한국으로부터 제품 A 800단위를 단위당 ₩300에 구입하겠다는 특별주문을 받았다. ㈜서울이 동 주문을 수락한다면 단위당 변동판매관리비 중 ₩20이 발생하지 않으며, 기존시장에서의 판매량 300단위를 포기해야 한다. ㈜서울이 특별주문 수량을 모두 수락할 경우 이익은 얼마나 증가하겠는가? (단, 재고는 없으며, 20×2년 원가구조는 20×1년과 동일함)    11년 **기출**

① ₩10,200            ② ₩10,400            ③ ₩10,600
④ ₩10,800            ⑤ ₩11,000

**해설**

특별주문 수락 시

| | | |
|---|---|---|
| 증분수익 : 특별주문 매출액(800단위 × ₩300) | | ₩240,000 |
| 증분비용 : 특별주문 변동비(800단위 × ₩230) | | 184,000 |
| 기존거래처 공헌이익 감소(300단위 × ₩150) | | 45,000 |
| 증분이익 : | | ₩11,000 |

**03** ㈜세무의 정상판매량에 기초한 20×1년 예산손익계산서는 다음과 같다.

| | |
|---|---|
| • 매출액(5,000단위, ₩60) | ₩300,000 |
| • 변동매출원가 | 150,000 |
| • 변동판매비 | 60,000 |
| • 공헌이익 | ₩90,000 |
| • 고정제조간접원가 | 50,000 |
| • 고정판매비 | 20,000 |
| • 영업이익 | ₩20,000 |

㈜세무의 연간 최대생산능력은 6,000단위이다. 새로운 고객이 20×1년 초 1,500단위를 단위당 ₩50에 구입하겠다고 제의하였으며, 이 제의는 부분 수락할 수 없다. 이 제의를 수락하고, 정상가격에 의한 기존의 거래를 감소시켜 영입이익을 극대화한다면, 20×1년에 증가되는 영업이익은?   13년 CTA

① ₩1,000          ② ₩3,000          ③ ₩9,000

④ ₩14,000          ⑤ ₩17,000

**해설**

특별주문 수락 시

| | | | |
|---|---|---|---|
| 증분수익 | 1,500단위 × ₩50 | = | ₩75,000 |
| 증분비용 | 1,500개 × ₩42 + 500개 × ₩18 | = | 72,000 |
| 증분이익 | | = | ₩3,000 |

※ 1. 단위당 변동원가 증가액 = (₩150,000 + ₩60,000) ÷ 5,000 = ₩42

※ 2. 정상판매량 감소에 따른 단위당 공헌이익 감소액 = ₩90,000 ÷ 5,000 = ₩18

**04** ㈜강남은 계산기를 제조하여 개당 ₩2,000에 판매하고 있다. ㈜강남의 생산능력은 매기 12,000개이며 이때 개당 생산원가는 직접재료원가 ₩750, 직접노무원가 ₩550, 제조간접원가 ₩480(변동원가 75%, 회피불능고정원가 25%)이다. 해외바이어가 방문하여 2,500개의 계산기를 특별주문하였다. 이 특별주문에 따른 유일한 판매비용인 운송료는 개당 ₩100이 소요된다. 현재 ㈜강남은 7,200개를 생산·판매하여 정상적인 판매경로를 통하여 판매하고 있다. ㈜강남이 이 특별주문과 관련하여 받아야 하는 최소금액은 얼마인가?　　　　　　　　　　　　　　　　　　　　00년 CPA

① ₩2,000　　　　　② ₩1,820　　　　　③ ₩1,780
④ ₩1,760　　　　　⑤ ₩1,660

**해설**

특별주문 수락 시

| | | | |
|---|---|---|---|
| 증분수익 | 2,500개 × P | = | ₩2,500P |
| 증분비용 | 2,500개 × ₩1,760[※1] | = | 4,400,000 |
| 증분이익 | | = | 2,500P − 4,400,000 |

※1. 단위당 변동원가 증가액 = ₩750 + ₩550 + ₩480 × 0.75 + ₩100

∴ P = ₩1,760

**05** ㈜국세는 야구공을 생산·판매하고 있으며, 월간 최대생산능력은 30,000단위이다. ㈜국세가 생산하는 야구공의 단위당 원가자료는 다음과 같다.

| | | | |
|---|---|---|---|
| • 직접재료원가 | ₩200 | • 변동판매비와 관리비 | ₩25 |
| • 직접노무원가 | 100 | • 고정판매비와 관리비 | 30 |
| • 변동제조간접원가 | 50 | | |
| • 고정제조간접원가 | 100 | | |

㈜국세는 현재 정상주문에 대해 단위당 ₩500의 가격으로 판매를 하고 있는데, 최근 해외사업자로부터 할인된 가격으로 3,000단위를 구입하겠다는 특별주문을 받았다. ㈜국세가 이 주문을 수락할 경우에는 생산능력의 제한으로 인하여 기존 정상주문 1,200단위의 판매를 포기해야 한다. 그러나 특별주문 수량에 대한 단위당 변동판매비와 관리비는 ₩5만큼 감소할 것으로 예상하고 있다. ㈜국세가 해외사업자의 특별주문에 대하여 제시할 수 있는 단위당 최저 판매가격은 얼마인가?　　　12년 CTA

① ₩370　　　　　② ₩375　　　　　③ ₩420
④ ₩425　　　　　⑤ ₩500

**해설**

특별주문 수락 시

| | | | |
|---|---|---|---|
| 증분수익 | 3,000개 × P | = | ₩3,000P |
| 증분비용 | 3,000개 × ₩370 + 1,200개 × ₩125 | = | 1,260,000 |
| 증분이익 | | = | 3,000P − 1,260,000 |

※ 1. 단위당 변동원가 증가액 = ₩200 + ₩100 + ₩50 + ₩20

※ 2. 정상판매량 감소에 따른 단위당 공헌이익 감소 = ₩500 − (₩200 + ₩100 + ₩50 + ₩25)

∴ P = ₩420

**06** ㈜한국은 제품 20,000단위를 판매하고 있다. 제품 단위당 판매가격은 ₩600, 단위당 변동제조원가는 ₩280, 단위당 변동판매비와 관리비는 ₩170이다. ㈜한국은 ㈜구포로부터 단위당 ₩500에 7,000단위의 특별주문을 받았다. 이때 소요되는 추가 판매비와 관리비는 총 ₩1,200,000이다. 회사의 최대생산능력은 25,000단위이므로 이 특별주문을 받아들일 경우 기존 판매제품의 수량이 2,000단위 감소할 것이다. 이 특별주문을 수락하는 경우 이익에 미치는 영향은?  12년 기출

① ₩40,000 증가　　② ₩206,000 증가　　③ ₩240,000 감소

④ ₩340,000 증가　　⑤ ₩340,000 감소

**해설**

특별주문 수락 시

| | | |
|---|---|---|
| 증분수익 : 특별주문 매출액(7,000단위 × ₩500) | | ₩3,500,000 |
| 증분비용 : 특별주문 변동제조원가(7,000단위 × ₩280) | | 1,960,000 |
| 　　　　　변동판매비와 관리비 | | 1,200,000 |
| 　　　　　기회비용(2,000단위 × ₩150) | | 300,000 |
| 증분이익 : | | ₩40,000 증가 |

**07** ㈜감평은 제품 A를 단위당 ₩100에 판매하고 있는데, ㈜한국으로부터 제품 A 2,000단위를 단위당 ₩70에 구입하겠다는 제안을 받았다. 제품 A의 단위당 원가는 다음과 같다.

| | | | |
|---|---|---|---|
| • 직접재료원가 | ₩20 | • 직접노무원가 | ₩15 |
| • 변동제조간접원가 | 10 | • 고정제조간접원가 | 5 |

판매비와 관리비는 모두 변동비로 매출액의 20%이다. ㈜감평은 ㈜한국의 제안을 수락할 수 있는 충분한 유휴생산능력을 보유하고 있다. ㈜감평이 ㈜한국의 제안을 수락하는 경우 영업이익 증가액은? 13년 기출

① ₩2,000　　　　② ₩12,000　　　　③ ₩22,000

④ ₩40,000　　　　⑤ ₩50,000

**해설**

| | |
|---|---|
| 증분수익 : 특별주문 매출액(2,000단위 × ₩70) | ₩140,000 |
| 증분비용 : 특별주문 변동원가(2,000단위 × ₩45) | 90,000 |
| 특별주문변동판관비(₩140,000 × 20%) | 28,000 |
| 증분이익 : | ₩22,000 |

**08** ㈜감평은 단일제품 8,000단위를 생산 및 판매하고 있다. 제품의 단위당 판매가격은 ₩500, 단위당 변동원가는 ₩300이다. ㈜감평은 ㈜한국으로부터 단위당 ₩450에 1,500단위의 특별주문을 받았다. 이 특별주문을 수락하는 경우, 별도의 포장 작업이 추가로 필요하여 단위당 변동원가가 ₩20 증가하게 된다. ㈜감평의 연간 최대생산능력이 9,000단위라면, 이 특별주문을 수락하는 경우, 증분손익은? 19년 기출

① 손실 ₩105,000　　　② 손실 ₩75,000　　　③ 손실 ₩55,000

④ 이익 ₩95,000　　　⑤ 이익 ₩195,000

**해설**

| | |
|---|---|
| 증분수익 : 특별주문 매출액(1,500단위 × ₩450) | ₩675,000 |
| 증분비용 : 특별주문 변동원가(1,500단위 × ₩320) | 480,000 |
| 기회비용(500단위 × ₩200) | 100,000 |
| 증분이익 : | ₩95,000 |

**09** 선풍기 제조회사인 ㈜국세는 소형모터를 자가제조하고 있다. 소형모터 8,000개를 자가제조하는 경우, 단위당 원가는 다음과 같다.

| | |
|---|---:|
| · 직접재료원가 | ₩7 |
| · 직접노무원가 | 3 |
| · 변동제조간접원가 | 2 |
| · 특수기계 감가상각비 | 2 |
| · 공통제조간접원가 배부액 | 5 |
| · 제품원가 | ₩19 |

㈜한국이 ㈜국세에게 소형모터 8,000개를 단위당 ₩18에 공급할 것을 제안하였다. ㈜국세가 ㈜한국의 공급제안을 수용하는 경우 소형모터 제작을 위해 사용하던 특수기계는 다른 용도로 사용 및 처분이 불가능하며, 소형모터에 배부된 공통제조간접원가의 40%를 절감할 수 있다. ㈜국세가 ㈜한국의 공급제안을 수용한다면, 자가제조하는 것보다 얼마나 유리 또는 불리한가?  11년 CTA

① ₩24,000 불리
② ₩32,000 불리
③ ₩24,000 유리
④ ₩32,000 유리
⑤ 차이 없음

**해설**

공급제인 수락 시

| | | | | |
|---|---|---|---|---:|
| 증분수익 | (변동원가 감소) | 8,000개 × ₩12 | = | ₩96,000 |
| | (고정원가 감소) | 8,000개 × ₩5 × 40% | = | 16,000 |
| 증분비용 | (외부구입원가 증가) | 8,000개 × ₩18 | = | 144,000 |
| 증분손실 | | | = | (₩32,000) |

**10** 레저용 요트를 전문적으로 생산·판매하고 있는 ㈜감평은 매년 해당 요트의 주요 부품인 자동제어센서 2,000단위를 자가제조하고 있으며, 관련 원가자료는 다음과 같다.

| 구분 | 총원가 | 단위당원가 |
|---|---|---|
| 직접재료원가 | ₩700,000 | ₩350 |
| 직접노무원가 | 500,000 | 250 |
| 변동제조간접원가 | 300,000 | 150 |
| 고정제조간접원가 | 800,000 | 400 |
| 합계 | ₩2,300,000 | ₩1,150 |

㈜감평은 최근 외부업체로부터 자동제어센서 2,000단위 전량을 단위당 ₩900에 공급하겠다는 제안을 받았다. ㈜감평이 동 제안을 수락할 경우, 기존설비를 임대하여 연간 ₩200,000의 수익을 창출할 수 있으며, 고정제조간접원가의 20%를 회피할 수 있다. ㈜감평이 외부업체로부터 해당 부품을 공급받을 경우, 연간 영업이익에 미치는 영향은?

20년 기출

① ₩0      ② ₩60,000 감소      ③ ₩60,000 증가
④ ₩140,000 감소      ⑤ ₩140,000 증가

**해설**

증분수익 : 변동제조원가 절감액(2,000단위 × ₩750)      ₩1,500,000
              고정제조간접원가 절감액(₩800,000 × 20%)      160,000
              임대수익      200,000
증분비용 : 외부구입액(2,000단위 × ₩900)      1,800,000
증분이익 :      ₩60,000

**11** ㈜대한은 완제품 생산에 필요한 A부품을 매월 500단위씩 자가제조하고 있다. 그런데 타 회사에서 매월 A부품 500단위를 단위당 ₩100에 납품하겠다고 제의하였다. A부품을 자가제조할 경우 변동제조원가는 단위당 ₩70이고, 월간 고정제조간접원가 총액은 ₩50,000이다. 만약 A부품을 외부구입하면 변동제조원가는 발생하지 않으며, 월간 고정제조간접원가의 40%를 절감할 수 있다. 또한 A부품 생산에 사용되었던 설비는 여유설비가 되며 다른 회사에 임대할 수 있다. A부품을 외부 구입함으로써 매월 ₩10,000의 이익을 얻고자 한다면, 여유설비의 월 임대료를 얼마로 책정해야 하는가?

14년 기출

① ₩5,000      ② ₩6,000      ③ ₩7,000
④ ₩8,000      ⑤ ₩10,000

**해설**

외부구입 시

| | | |
|---|---|---|
| 증분수익 : 변동제조원가 감소분(500단위 × ₩70 | | ₩35,000 |
| | 고정제조간접원가 감소분(₩50,000 × 40%) | 20,000 |
| | 여유설비 월 임대료 | $x$ |
| 증분비용 : A부품 외부 구입비(500단위 × ₩100) | | 50,000 |
| 증분이익 : | | ₩10,000 |

• 월임대료 = ₩5,000

**12** ㈜서울은 완제품 생산에 필요한 부품을 자가제조하고 있다. 부품 10,000단위를 제조하는 데 소요되는 연간제조원가는 다음과 같다.

| | |
|---|---|
| • 직접재료원가 | ₩600,000 |
| • 직접노무원가 | 150,000 |
| • 변동제조간접원가 | 50,000 |
| • 부품생산용설비 감가상각비 | 120,000 |
| • 고정제조간접원가 배부액 | 70,000 |
| 총계 | ₩990,000 |

㈜서울은 ㈜공덕으로부터 단위당 ₩85에 10,000단위의 부품을 공급하겠다는 제의를 받았다. 이 제의를 수락하더라도 부품생산용설비 감가상각비와 고정제조간접원가는 계속 발생한다. ㈜서울이 이 제의를 수락할 경우에는 연간 ₩70,000에 설비를 임대할 수 있다. ㈜서울이 이 제의를 수락하는 경우 ㈜시울의 이익에 미치는 영향은?

12년 기출

① ₩10,000 증가  ② ₩20,000 증가  ③ ₩20,000 감소
④ ₩50,000 감소  ⑤ ₩50,000 증가

**해설**

| | | |
|---|---|---|
| 증분수익 : 변동원가 감소액 | | ₩800,000 |
| | 연간설비임대액 | 70,000 |
| 증분비용 : 제품구입비(10,000단위 × ₩85) | | 850,000 |
| 증분이익 | | ₩20,000 |

**13** ㈜울산은 A, B, C 세 종류의 제품을 생산·판매하고 있다. 20×1년 ㈜울산의 제품별 손익을 살펴본 결과 다음과 같이 나타났다.

| 항목 | A제품 | B제품 | C제품 | 합계 |
|---|---|---|---|---|
| 매출액 | ₩1,000,000 | ₩2,000,000 | ₩1,000,000 | ₩4,000,000 |
| 변동원가 | 500,000 | 1,800,000 | 700,000 | 3,000,000 |
| 공헌이익 | ₩500,000 | ₩200,000 | ₩300,000 | ₩1,000,000 |
| 고정원가 | 200,000 | 400,000 | 200,000 | 800,000 |
| 이익 | ₩300,000 | (₩200,000) | ₩100,000 | ₩200,000 |

경영자는 손실을 보이고 있는 B제품의 생산중단을 고려하고 있으며, 이에 대한 자료를 다음과 같이 수집하였다. 총고정원가 ₩800,000은 각 제품의 매출액에 비례하여 배부한 것이며, B제품 생산중단 시 총고정원가의 10%는 회피가능하고, 또한 C제품의 매출액이 20% 감소할 것으로 예상된다. ㈜울산이 B제품의 생산을 중단할 경우 회사 전체 이익은 얼마나 감소하는가? `10년` `CTA`

① ₩120,000

② ₩150,000

③ ₩170,000

④ ₩180,000

⑤ ₩200,000

**해설**

B제품 생산중단 시

| 증분수익 | (고정원가 감소) | ₩800,000 × 10% | = | ₩80,000 |
|---|---|---|---|---|
| 증분비용 | (B제품 공헌이익 감소) | | = | 200,000 |
| | (C제품 공헌이익 감소) | ₩300,000 × 20% | = | 60,000 |
| 증분손실 | | | = | (₩180,000) |

**14** ㈜감평은 A제품과 B제품을 생산·판매하고 있으며, 다음 연도 예산손익계산서는 다음과 같다.

| 구분 | A제품 | B제품 |
|---|---|---|
| 매출액 | ₩4,000 | ₩2,000 |
| 변동원가 | 1,500 | 1,200 |
| 고정원가 | 2,000 | 1,400 |
| 영업이익(손실) | ₩500 | (₩600) |
| 판매량 | 2,000단위 | 2,000단위 |

회사는 영업손실을 초래하고 있는 B제품의 생산을 중단하고자 한다. B제품의 생산을 중단하면, A제품의 연간 판매량이 1,000단위만큼 증가하고 연간 고정원가 총액은 변하지 않는다. 이 경우 회사 전체의 영업이익은 얼마나 증가(혹은 감소)하는가? (단, 기초 및 기말 재고자산은 없다.) [14년 기출]

① ₩175 감소  ② ₩450 증가  ③ ₩650 감소
④ ₩1,250 증가  ⑤ ₩1,425 증가

**해설**

B제품 생산중단 시
증분수익 : A제품의 공헌이익 증가(1,000단위 × ₩1.25)    ₩1,250
증분비용 : B제품의 공헌이익 감소                            800
증분이익 :                                          ₩450 증가

**15** ㈜대한은 X, Y, Z 제품을 생산·판매하고 있으며, 20×1년도 제품별 예산손익 계산서는 다음과 같다.

| 구분 | X제품 | Y제품 | Z제품 |
|---|---|---|---|
| 매출액 | ₩100,000 | ₩200,000 | ₩150,000 |
| 매출원가 : 변동원가 | 40,000 | 80,000 | 60,000 |
| 고정원가 | 30,000 | 70,000 | 50,000 |
| 매출총이익 | ₩30,000 | ₩50,000 | ₩40,000 |
| 판매관리비 : 변동원가 | 20,000 | 10,000 | 10,000 |
| 고정원가 | 20,000 | 20,000 | 20,000 |
| 영업이익(손실) | (₩10,000) | ₩20,000 | ₩10,000 |

㈜대한의 경영자는 영업손실을 초래하고 있는 X제품의 생산을 중단하려고 한다. X제품의 생산을 중단하면, X제품의 변동원가를 절감하고, 매출원가에 포함된 고정원가의 40%와 판매관리비에 포함된 고정원가의 60%를 회피할 수 있다. 또한, 생산중단에 따른 여유생산능력을 임대하여 ₩10,000의 임대수익을 얻을 수 있다. X제품의 생산을 중단할 경우, 20×1년도 회사 전체의 예산 영업이익은 얼마나 증가(또는 감소)하는가? (단, 기초 및 기말 재고자산은 없다.)  〔17년 기출〕

① ₩4,000 감소  ② ₩5,000 증가  ③ ₩6,000 감소
④ ₩7,000 증가  ⑤ ₩8,000 증가

**해설**

X제품의 생산중단 시
증분수익 : 고정원가 절감액(₩30,000 × 40%)　　　₩12,000
　　　　　　고정원가 절감액(₩20,000 × 60%)　　　12,000
　　　　　　유휴임대수익　　　　　　　　　　　　10,000
증분비용 : X제품의 공헌이익 감소　　　　　　　　40,000
증분손실 :　　　　　　　　　　　　　　　　　　(₩6,000)

**16** 다음은 ㈜한국의 제품별 예산자료의 일부이다.

| 구분 | 제품 A | 제품 B |
|---|---|---|
| 단위당 판매가격 | ₩400 | ₩500 |
| 단위당 변동비 | ₩150 | ₩300 |
| 단위당 기계시간 | 4시간 | 2시간 |
| 최대 수요량(연간) | 100단위 | 200단위 |

사용가능한 총 기계시간이 연간 500시간일 때, 이익을 극대화하기 위해서는 두 제품을 각각 몇 단위씩 생산·판매하여야 하는가?

| | 제품 A | 제품 B |
|---|---|---|
| ① | 25단위 | 150단위 |
| ② | 25단위 | 200단위 |
| ③ | 50단위 | 150단위 |
| ④ | 50단위 | 200단위 |
| ⑤ | 100단위 | 50단위 |

해설

* 기계시간이 연간 500시간이므로 기계시간당 공헌이익이 가장 큰 순서부터 먼저 생산한다.
1) 기계시간당 공헌이익
    제품 A : (₩400 − ₩150) ÷ 4시간 = ₩62.5 ····· 2순위
    제품 B : (₩500 − ₩300) ÷ 2시간 = ₩100 ····· 1순위
2) 제품별 생산량
    제품 B = 200단위
    제품 A = 100시간(잔여시간) ÷ 4시간 = 25단위

**17** ㈜국세의 제품 생산과 관련된 자료는 다음과 같다.

| 구분 | 제품 A | 제품 B |
|---|---|---|
| 연간 최대 판매가능 수량 | 3,000단위 | 4,500단위 |
| 단위당 공헌이익 | ₩25 | ₩30 |
| 단위당 소요노무시간 | 1시간 | 1.5시간 |

**연간 최대노무시간이 6,000시간일 때, 달성할 수 있는 최대공헌이익은?** 14년 CTA

① ₩75,000  ② ₩95,000  ③ ₩105,000
④ ₩120,000  ⑤ ₩135,000

해설

| 구분 | 제품 A | 제품 B |
|---|---|---|
| 연간 최대 판매가능수량 | 3,000단위 | 4,500단위 |
| 단위당 공헌이익 | ₩25 | ₩30 |
| 단위당 소요노무시간 | 1시간 | 1.5시간 |
| 노무시간당 공헌이익 | ₩25 | ₩20 |
| 생산우선순위 | 1 | 2 |
| 생산량 | 3,000단위 | (6,000시간 − 3,000시간) ÷ 1.5시간 = 2,000단위 |
| 공헌이익 | ₩75,000 | ₩60,000 |

**18** 대한회사는 세 가지 제품 X, Y, Z를 생산·판매하고 있다. 매월 이용가능한 기계시간은 총 20,000시간으로 제한되어 있다. 대한회사의 2007년 4월 중 예상되는 각 제품의 단위당 판매가격, 단위당 변동원가, 단위당 소요되는 기계시간 및 최대시장수요량은 다음과 같다.

|  | X | Y | Z |
|---|---|---|---|
| 단위당 판매가격 | ₩20 | ₩30 | ₩40 |
| 단위당 변동원가 | ₩14 | ₩18 | ₩32 |
| 단위당 기계시간 | 3시간 | 4시간 | 2시간 |
| 최대 시장수요량 | 7,000단위 | 5,400단위 | 4,000단위 |

대한회사가 2007년 4월에 예상할 수 있는 최대 공헌이익은 얼마인가? <kbd>07년 CTA</kbd>

① ₩60,000      ② ₩64,600      ③ ₩67,000

④ ₩68,000      ⑤ ₩69,500

**해설**

|  | X | Y | Z |
|---|---|---|---|
| 단위당 공헌이익 | ₩6 | ₩12 | ₩8 |
| 기계시간당 공헌이익 | 2 | 3 | 4 |
| 생산우선순위 | 3 | 2 | 1 |
| 기계시간 배분 |  | 12,000시간 | 8,000시간 |
| 생산량 | – | 3,000단위 | 4,000단위 |

→ 최대 공헌이익 = 3,000단위 × ₩12 + 4,000단위 × ₩8 = ₩68,000

답 | 01 ② | 02 ⑤ | 03 ② | 04 ④ | 05 ③
06 ① | 07 ③ | 08 ④ | 09 ② | 10 ③
11 ① | 12 ② | 13 ④ | 14 ② | 15 ③
16 ② | 17 ⑤ | 18 ④

## 제12절 자본예산

### 1 자본예산

자본예산은 1년 이상 장기간에 걸친 투자를 위한 총괄계획을 말한다. 자본예산은 주로 기업이 대규모의 투자를 진행하기 앞서 시행하는데 여러 가지 투자안을 검토하고 그중 가장 최적의 결과를 찾기 위한 과정을 자본예산이라고 하겠다. 즉, 자본예산은 효율적인 투자를 위하여 여러 투자안을 분석, 평가하고 선택하는 일련의 분석과정을 말한다.

#### 1. 자본예산의 편성과정

① **투자기회의 탐색** : 장기경영전략을 구체적으로 실현하기 위해 투자환경을 예측하고 새로운 투자기회를 물색하는 단계이다.
② **투자안의 정보획득** : 성장기회가 있다고 판단된 투자 대안들에 대해서 계량적 혹은 비계량적 요소와 기대되는 현금흐름을 추정한다.
③ **투자안의 선택** : 경영자는 추정된 현금흐름과 같은 재무적 예상치와 비재무적 요소를 고려해서 최적투자안을 선택한다.
④ 투자 후의 투자안에 대한 재평가를 수행한다.

#### 2. 현금흐름의 유용성

투자의사결정은 그 효과가 장기간에 걸쳐 나타나므로 화폐의 시간가치가 중요한 요소로 고려된다. 이러한 재무적 효과의 발생시기를 정확하게 파악하는 데 가장 적합한 분석방법은 회계상의 이익이 아니라 현금흐름이다.
그러므로 투자의사결정을 할 때는 그 발생시점이 일정한 현금흐름을 사용하는 것이 바람직하며, 대부분의 투자의사결정기법은 주로 현금흐름을 이용한다.

### 2 현금흐름의 추정

현금흐름을 기초로 투자의사결정을 하기 위해서는 현금흐름을 편의상 투자진행단계에 따라 구분한다.

#### 1. 투자시점의 현금흐름

투자시점에서 현금흐름은 유형자산취득액과 운전자본증가액이다. 운전자본이란 원재료나 부품 등의 구입이나 운영에 필요한 현금 등으로 유형자산을 취득함에 따라 추가적으로 소요되는 현금유출액은 투자시점의 현금흐름에 함께 고려해야 한다.

> 투자시점의 현금유출액 = 유형자산취득액 + 운전자본소요액

만약, 투자시점에 기존에 있던 구기계를 처분하여 처분금액이 발생하였다면 이는 현금의 유입이고, 신규투자로 인해 투자세액공제를 받게 된다면 투자에 대한 법인세 인하효과는 현금의 유입으로 고려한다.

| 현금의 유출 | 현금의 유입 |
|---|---|
| 신유형자산 취득금액<br>신규운전자본 소요액 | 구기계처분금액<br>투자세액공제 |

## 2. 투자기간 중의 현금흐름

투자의 목적은 투자로 인한 영업이익의 증가이다. 이를 위해서는 투자로 인해 투자기간별로 영업현금흐름이 어떻게 증가, 감소하는지를 파악해야 한다. 일반적으로 영업현금흐름은 순현금흐름으로 현금유입액에서 현금유출액을 차감하여 계산한다.

영업현금흐름(순현금흐름) = 현금유입액 − 현금유출액

이와 같은 영업현금흐름을 파악할 때 가장 많이 이용하는 것이 회계상 이익이다. 그러나 회계상 이익에는 현금흐름을 수반하지 않는 감가상각비가 제외되어 있기 때문에 **영업이익을 기준으로 현금흐름을 추정하는 경우 영업이익에 감가상각비를 가산하여 계산하여야 한다.**

순현금흐름 = 회계상 영업이익 + 감가상각비

투자기간 중의 현금흐름을 파악할 때 다음과 같은 점을 고려하여야 한다.
① 감가상각비와 같이 현금지출을 수반하지 않는 비용은 현금유출액에서 제외한다.
② 이자비용 같은 자본조달비용은 현금유출액이지만 영업현금흐름에 포함해서는 안 된다.
③ 투자기간 현금흐름은 해당 기간 말 시점에서 전액 발생한다고 가정한다.

### ✔ 법인세가 존재할 경우

법인세가 존재하는 경우에는 영업현금흐름에 법인세율을 곱하여 계산한 금액을 현금유출로 본다.
그리고 감가상각비만큼 법인세가 감소하는 효과가 발생하기 때문에 감가상각비의 절세효과(감가상각비 × 법인세율)만큼 현금흐름의 유입으로 본다.

- 영업활동현금흐름 = 회계상 이익 + 감가상각비
  = 회계상 이익 − 법인세 + 감가상각비
  = 세후이익 + 감가상각비
  = 세후영업현금흐름 + 감가상각비 × 법인세율

## 3. 투자기간 종료시점의 현금흐름

투자종료시점에는 해당 유형자산의 처분으로 인한 현금유입액과 운전자본 회수액에 따른 현금유입액이 발생한다. 유형자산이 가동종료가 되면 해당 유형자산을 처분하여 현금을 회수하고, 남아 있던 운전자본도 회수하여 투자종료시점의 현금유입액에 포함한다.

> 투자종료시점의 현금유입액 = 유형자산처분액 + 운전자본회수액

만약, 유형자산의 처분으로 이익 혹은 손실이 발생할 경우 법인세효과가 존재하면 이를 현금의 유출로 본다(유형자산처분손익에 대한 법인세효과 = 처분손익 × 법인세율).

## 3 자본예산모형

자본예산은 투자안을 평가하는 여러 가지 모형들로 구성되어 있다. 기업들은 이 중 하나의 모형을 선택할 수도 여러 가지 모형들을 비교하여 최적의 결과값을 찾기도 한다.

## 1. 회수기간법

회수기간법은 최초에 투자한 금액을 회수하는 데 걸리는 기간을 의미한다. 회수기간은 최초투자액을 연간순현금유입액으로 나누어 계산한다.

$$회수기간 = \frac{최초투자액}{연간순현금유입액}$$

회수기간법의 가장 큰 특징은 화폐의 시간가치를 고려하지 않는다는 것이다. 연간 순현금유입액은 최초 투자시점으로 할인하지 않고 연간순현금유입액의 단순합계로 계산한다.
회수기간법을 이용하는 기업은 스스로 정해놓은 회수기간보다 더 짧은 회수기간이 기대되면 투자를 하며, 그렇지 않은 경우는 해당 투자안을 기각한다.

### (1) 회수기간법의 장점

이해가 쉽고, 계산이 간편하며, 투자 위험이 높은 경우 수익성보다는 투자금의 회수가 중요하므로 회수기간법이 유용하다.

### (2) 회수기간법의 단점

화폐의 시간가치를 고려하지 않으며, 투자액이 회수되는 시점까지의 현금흐름만 고려하고 투자액 회수 이후의 현금흐름은 고려하지 않는다.

---

**예제 12-1** 회수기간법

㈜한국은 ₩300,000의 새 기계장치를 구입하고자 한다. 기계장치의 내용연수는 5년이며 정액법으로 감가상각한다. 매년 순현금유입액 ₩50,000이 예상된다고 할 때, 회수기간을 구하시오.

.................................................................................................

【해답】

$$회수기간 = \frac{최초투자액}{연간순현금유입액} = \frac{₩300,000}{₩50,000} = 6년$$

---

### 2. 회계적이익률법

회계적이익률법은 손익계산서를 활용하여 투자의사결정을 하는 방법이다. 앞서 회수기간은 현금흐름을 이용했다면 회계적이익률법은 **발생주의 회계모델**이라고 할 수 있다.

기업은 사전에 미리 정한 회계적이익률이 있고 어떤 투자안을 선택했을 때 기업이 미리 정한 회계적이익률보다 크면 투자하고 작으면 기각하는 방법이다.

$$회계적이익률 = \frac{연평균순이익}{최초투자액} = \frac{매년현금유입액 - 감가상각비}{최초투자액}$$

- 회계적이익률은 최초투자액 대신 연평균투자액을 사용하기도 한다.
  연평균투자액 = (최초투자액 + 잔존가치) / 2

회계적이익률법에서 연평균순이익은 해당 투자안을 채택함에 따른 투자안의 내용연수 동안 매기간 증가하는 회계적순이익의 평균값이다. 회계적순이익은 발생주의에 의하여 산출된 순이익이므로 내용연수 동안의 현금흐름증가액에서 감가상각비와 법인세가 차감된 후의 금액을 사용한다.

회계적이익률법은 여러 투자안이 있을 경우 회계적이익률이 가장 큰 투자안을 채택한다.

#### (1) 회계적이익률법의 장점

이해가 쉽고, 계산이 간편하며 투자안을 판단하는 데 필요한 자료를 재무제표에서 쉽게 확보할 수 있다.

#### (2) 회계적이익률법의 단점

재무제표를 기초자료로 하기 때문에 회계처리가 잘못된 경우 투자판단에도 영향이 있으며, 화폐의 시간가치를 고려하지 않는다.

> **예제 12-2** 회계적이익률법
>
> ㈜한국은 ₩300,000의 새 기계장치를 구입하고자 한다. 기계장치의 내용연수는 10년이며 정액법으로 감가상각한다. 연평균순현금흐름이 ₩50,000이라고 할 때, 최초투자액과 평균투자액에 대한 회계적이익률을 각각 계산하시오.
>
> 〔해답〕
>
> 1. 최초투자액 회계적이익률
>    $$= \frac{₩50,000 - ₩30,000}{₩300,000} = 6.7\%$$
>
> 2. 연평균투자액 회계적이익률
>    $$= \frac{₩50,000 - ₩30,000}{₩150,000} = 13.3\%$$

### 3. 순현재가치법

순현재가치는 모든 현금유입액의 현재가치에서 모든 현금유출액의 현재가치를 차감해서 결정한다. 순현재가치는 현금유입액의 현재가치가 유출액의 현재가치보다 클 때 투자의 가치가 있는 것이므로 순현재가치가 0보다 크면 투자안을 채택하며, 순현재가치가 0보다 작으면 투자안을 기각한다.

---
순현재가치 = PV(모든 현금유입액) − PV(모든 현금유출액)

순현재가치 > 0 → 투자안 채택
순현재가치 < 0 → 투자안 기각

* 순현재가치 계산시 사용하는 할인율은 자본비용이다.
---

만약, 기업의 투자안의 순현재가치가 모두 0보다 크다면 그중 순현재가치가 가장 큰 투자안을 채택한다. 순현재가치법은 앞서 화폐의 시간가치를 고려하지 않았던 방법에 비해 화폐의 시간가치를 고려한다는 점에서 이론적으로는 가장 우수한 방법이라고 하겠다.

#### (1) 순현재가치법의 장점

화폐의 시간가치와 투자안의 수익성을 동시에 고려하면서도 내부수익률법보다는 계산이 간편하고, 가치의 합계원칙이 적용된다.

#### (2) 순현재가치법의 단점

적절한 자본비용을 결정하는 것이 어렵고, 순현재가치법은 효율성보다는 투자성과의 크기에 초점을 맞추어져 있어서 대규모 투자가 필요한 투자안이 소규모 투자가 필요한 투자안보다 유리하게 판단되는 경향이 있다.

> **예제 12-3** 순현재가치법
>
> ㈜한국은 다음의 두 가지 투자안 중 하나를 선택하고자 한다. 각 투자안은 순현재가치법으로 판단한다.
>
> | 구분 | X투자안 | Y투자안 |
> |---|---|---|
> | 현금유입액 현재가치 | ₩250,000 | ₩400,000 |
> | 최초투자액 | ₩200,000 | ₩300,000 |
>
> 해당 투자안 중 순현재가치법으로 판단할 때 어느 투자안을 채택하는지 판단하시오.
>
> ────────────────────────────
>
> 해답
>
> (1) X투자안 순현재가치 = ₩250,000(현금유입액 현재가치) − ₩200,000 = ₩50,000
> (2) Y투자안 순현재가치 = ₩400,000 − ₩300,000 = ₩100,000
>   → 순현재가치가 더 큰 Y투자안을 채택한다.

## 4. 내부수익률법

내부수익률은 투자로 인한 현금유입액의 현재가치와 현금유출액의 현재가치를 일치시켜주는 할인율이다. 내부수익률은 자본비용과 비교하여 내부수익률이 자본비용보다 크면 투자하고, 그렇지 않은 경우에는 기각하는 방법이다.

---

내부수익률법 : PV(투자안 현금유입) = PV(투자안 현금유출)

↓

내부수익률

내부수익률 > 자본비용 → 투자안 채택
내부수익률 < 자본비용 → 투자안 기각

---

만약 기업투자안의 내부수익률이 모두 자본비용보다 크다면 그중 내부수익률이 가장 큰 대안을 선택한다.

### (1) 내부수익률법의 장점

화폐의 시간가치와 투자안의 수익성을 모두 고려한다.

### (2) 내부수익률법의 단점

현금흐름에 따라서 내부수익률이 존재하지 않거나 복수의 내부수익률이 존재할 수도 있으며, 내부수익률을 구하기 어렵다.

| 전통적 모형(화폐의 시간가치 미고려) | 현금흐름할인모형(화폐의 시간가치 고려) |
|---|---|
| 회수기간법, 회계적이익률법 | 순현재가치법, 내부수익률법 |

## 제12절 자본예산

객관식 문제

**01** ㈜한국은 ₩21,000을 투자하여 신규설비를 도입하였다. 이 신규설비 투자로 인해 발생할 것으로 예상되는 연간 세후순이익은 ₩2,100이다. 신규설비의 내용연수는 10년이고 잔존가치는 없으며, 정액법에 의하여 상각한다. ㈜한국의 최저요구수익률은 10%이고, 10년 후 ₩1의 현재가치는 0.386이며 10년간 기말연금의 현가계수는 6.145이다. 이 경우 회수기간법에 의한 회수기간은?

① 3년                  ② 4년                  ③ 5년
④ 10년                 ⑤ 12년

**해설**

회수기간은 화폐의 시간가치는 고려하지 않는다. 투자액을 회수하는 데 걸리는 기간을 의미한다.

1) 연간 순현금흐름유입액 = ₩2,100 + 감가상각비(₩2,100) = ₩4,200
   * 투자안을 판단할 때는 회계상 이익이 아닌 현금흐름으로 판단한다. 세후순이익에 감가상각비를 더해야 순현금흐름이 계산된다.
2) 회수기간 = ₩21,000 ÷ ₩4,200 = 5년

**02** ㈜한국은 ₩200,000의 기계장치를 구입하고자 한다. 해당 기계장치의 내용연수는 5년이고 잔존가치는 없으며 정액법으로 감가상각한다. ㈜한국의 회계상 이익이 ₩10,000이라고 할 때 회수기간법에 의한 회수기간은? (단, 법인세는 없다고 가정한다.)

① 2년                  ② 3년                  ③ 4년
④ 5년                  ⑤ 10년

**해설**

1) 연간 순현금흐름유입액 = 회계상 이익 + 감가상각비
   = ₩10,000 + [(₩200,000 − ₩0) ÷ 5년] = ₩50,000
2) 회수기간 = 투자액 / 연간순현금유입액
   = ₩200,000 ÷ ₩50,000 = 4년

## 03

자본예산을 위해 사용되는 순현재가치법(NPV)과 내부수익률법(IRR)에 대한 설명으로 옳은 것은?  05년 CTA

① 내부수익률법은 복리계산을 하지 않으므로 순현가법보다 열등하다.
② 특정 투자안의 수락 타당성에 대해 두 방법은 일반적으로 다른 결론을 제공한다.
③ 내부수익률법은 현금이 자본비용이 아닌, 내부수익률에 의해 재투자된다고 가정한다.
④ 내부수익률법은 순현재가치법과는 달리, 여러 가지 수준의 요구수익률을 사용하여 분석할 수 있으므로 더 우수하다.
⑤ 순현재가치법은 분석시점에 초기 투자액이 없는 경우에는 사용할 수 없다.

**해설**

① 내부수익률법도 복리계산을 사용한다.
② 일반적으로 두 방법은 동일한 결론을 제시한다.
④ 순현재가치법은 여러가지 요구수익률을 사용하여 계산이 가능하나, 내부수익률법은 불가능하다.
⑤ 순현재가치법은 분석시점의 초기 투자액 존재 여부와 관계없이 사용이 가능하다.

## 04

㈜한국은 ₩1,000,000의 취득원가인 기계를 도입하고자 한다. 해당 기계장치는 매년 ₩400,000의 현금흐름 유입이 예상되며, 3년 후 ₩200,000에 처분할 예정이다. ㈜한국의 요구수익률이 10%라고 하면 신기계구입의 순현재가치는 얼마인가? (단, 10%, 3년 연금현가 : 2.5, 10%, 3년 현가 : 0.7을 적용한다.)

① ₩105,000   ② ₩120,000   ③ ₩140,000
④ ₩167,000   ⑤ ₩172,000

**해설**

순현재가치 = 현금유입액의 현재가치 − 현금유출액의 현재가치
= ₩400,000 × 2.5 + ₩200,000 × 0.7 − ₩1,000,000
= ₩140,000

**05** ㈜한국의 신규설비투자액은 ₩2,000,000이고, 해당 설비의 잔존가치는 없으며 정액 법으로 감가상각한다. 설비의 내용연수는 5년이고, 법인세차감 후 현금유입액은 ₩1,000,000이라고 할 때, 최초 투자액에 의한 회계적이익률은 얼마인가?

① 20%    ② 30%    ③ 40%
④ 50%    ⑤ 60%

[해설]
1) 회계적 이익 = 세후 현금유입액 - 감가상각비
    = ₩1,000,000 - [(₩2,000,000 - ₩0) ÷ 5년] = ₩600,000
2) 회계적이익률(최초투자액) = 회계적 이익 / 최초투자액
    = ₩600,000 ÷ ₩2,000,000 = 30%

**06** ㈜한국은 ₩15,000,000의 기계장치를 투자하여 영업을 시작하였다. 투자한 자산의 내용연수는 3년이고 잔존가치는 없으며 매년 다음과 같은 현금운영비 감소액을 가져 올 것으로 판단하고 있다. 회사의 자본비용은 10%라고 할 때, ㈜한국의 순현재가치는 얼마인가?

| 구분 | 1년 | 2년 | 3년 |
|---|---|---|---|
| 현재가치계수(10%) | 0.9 | 0.8 | 0.7 |
| 현금운영비 감소액 | ₩5,000,000 | ₩10,000,000 | ₩8,000,000 |

① ₩3,100,000    ② ₩3,800,000    ③ ₩4,200,000
④ ₩4,600,000    ⑤ ₩5,000,000

[해설]
1) 현금유입액의 현재가치 = ₩5,000,000 × 0.9 + ₩10,000,000 × 0.8 + ₩8,000,000 × 0.7
    = ₩18,100,000
2) 순현재가치 = 현금유입액의 현재가치 - 현금유출액의 현재가치
    = ₩18,100,000 - ₩15,000,000 = ₩3,100,000

[답]  01 ③  02 ③  03 ③  04 ③  05 ②
06 ①

## 제13절 불확실성하의 의사결정

### 1 기본개념

### 1. 불확실성하의 의사결정을 위한 성과표

불확실성하에서는 미래에 발생할 상황, 상황이 발생할 확률, 선택 가능한 각 행동대안, 대안과 상황의 결합에 의한 성과를 이용하여 성과표를 작성하고 성과표를 이용하여 최적 대안을 선택한다.

| | 상황 | |
|---|---|---|
| 행동대안 | S1 (확률 : P(S1)) | S2 (확률 : P(S2)) |
| A | A안 선택 S1상황의 성과 | A안선택 S2상황의 성과 |
| B | B안 선택 S1상황의 성과 | B안선택 S2상황의 성과 |

### 2. 불확실성하 의사결정기준

(1) 기대가치기준

각 행동대안별로 기대가치를 계산, 기대가치가 가장 높은 행동대안을 선택하는 방법이다.

(2) 기대효용기준

각 행동대안별로 기대효용을 계산, 기대효용이 가장 높은 행동대안을 선택하는 방법이다.

※ 효용함수의 형태는 의사결정자의 위험에 대한 태도에 따라 달라질 수 있으며 위험중립형, 위험회피형, 위험선호형의 세 가지로 구분된다.

### 2 완전정보의 기대가치

### 1. 완전정보

의사결정과 관련된 모든 불확실성을 완전히 제거할 수 있는 정보를 의미한다.

### 2. 완전정보의 기대가치

완전정보의 기대가치(EVPI) = 완전정보하의 기대가치 − 기존정보하의 기대가치
※ 완전정보의 기대가치는 완전정보를 획득하기 위하여 지불할 용의가 있는 **최대금액**을 의미

예제
13-1    완전정보의 기대가치

㈜한국공업사는 A기계나 B기계를 구입하여 게임기를 생산하려고 한다. 게임기가 생산되면 고객의 반응에 따라 히트상품이 될 수도 있고 보통상품이 될 수도 있다. 아래 자료는 A기계와 B기계를 구입할 경우 각 상황의 변동에 따른 예상이익의 성과표이다.

| 대안 | 상황 | |
|---|---|---|
| | 히트상품(0.4) | 보통상품(0.6) |
| A기계 구입 | ₩100,000 | ₩60,000 |
| B기계 구입 | 150,000 | 40,000 |

[물음]
1. 대안별 기존정보하의 기대가치는 얼마인가?
2. 완전정보의 기대가치는 얼마인가?

해답

1. 기존정보하의 기대가치
   (1) 대안 A의 기대가치 = ₩100,000 × 0.4 + ₩60,000 × 0.6 = ₩76,000
   (2) 대안 B의 기대가치 = ₩150,000 × 0.4 + ₩40,000 × 0.6 = ₩84,000
      ∴ 기존정보하의 기대가치 = ₩84,000

2. 완전정보의 기대가치
   완전정보하의 기대가치 = ₩150,000 × 0.4 + ₩60,000 × 0.6 = ₩96,000
   ∴ 완전정보의 기대가치 = ₩96,000 - ₩84,000 = ₩12,000

## 3 불완전정보의 기대가치

### 1. 불완전정보

미래의 불확실성을 완전히 제거하지는 못하지만 어느 정도 감소시킬 수 있는 정보를 의미한다.

### 2. 불완전정보이 기대가치

불완전정보의 기대가치(EVSI) = 불완전정보하의 기대가치 - 기존정보하의 기대가치
※ 불완전정보의 기대가치는 불완전정보를 획득하기 위하여 지불할 용의가 있는 최대금액을 의미

## 3. 불완전정보의 기대가치 계산절차

1단계 : 각 상황의 사전확률과 전문가의 예측정보 적중확률을 이용하여 각 정보가 제공될 확률을 계산

$$P(Ij) = \sum_{i=1}^{n} P(Ij|Si) \cdot P(Si)$$

※ Si = 상황i(i = 1, 2,···, n), n = 상황의 수

2단계 : 베이지언정리를 이용하여 사전확률을 특정상황이 발생할 사후확률(조건부확률)로 수정

$$P(Si|Ij) = \frac{P(Si \cap Ij)}{P(Ij)} = \frac{P(Ij|Si) \cdot P(Si)}{P(Ij)}$$

※ P(Si|Ij) : Ij 정보가 제공되었을 때 Si 상황이 발생할 확률
P(Ij|Si) : Si 상황에서 Ij 정보가 제공될 확률

3단계 : 각 예측별로 사후확률을 이용하여 불확실성하에서 최적행동대안을 선택하고 기대가치 계산
4단계 : 불완전정보의 기대가치 계산

## 4 예측오차(=기회손실, 조건부손실)의 원가

### 1. 예측오차의 원가

실제상황이 발생하기 이전 선택한 의사결정의 결과와 실제상황이 발생한 이후 최적대안을 선택했을 경우의 결과 차이를 의미한다.

### 2. 예측오차의 원가계산

| | |
|---|---|
| 실제발생상황을 정확하게 예측하였을 경우의 최적행동대안 결과 | ××× |
| 실제 선택한 행동대안의 결과 | (−) ××× |
| 예측오차의 원가 | ××× |

PART 02

**예제 13-2** 불완전정보하의 기대가치

㈜한국공업사는 A기계나 B기계를 구입하여 게임기를 생산하려고 한다. 게임기가 생산되면 고객의 반응에 따라 히트상품이 될 수도 있고 보통상품이 될 수도 있다. 아래 자료는 A기계와 B기계를 구입할 경우 각 상황의 변동에 따른 예상이익의 성과표이다.

| 대안 | 상황 | |
|---|---|---|
| | 히트상품(0.4) | 보통상품(0.6) |
| A기계 구입 | ₩100,000 | ₩60,000 |
| B기계 구입 | 150,000 | 40,000 |

㈜민국은 컨설팅회사로 각종 정보를 제공하고 있으며, 예측이 적중할 확률은 80%이다.

[물음]

1. 다음의 각 정보가 제공될 확률을 계산하시오.
   (1) 히트상품으로 예측하는 정보
   (2) 보통상품으로 예측하는 정보

2. 다음의 각 정보가 제공되었을 때 각 상황이 발생할 사후확률을 계산하시오.
   (1) 히트상품으로 예측하는 정보가 제공되었을 때
   (2) 보통상품으로 예측하는 정보가 제공되었을 때

3. 다음의 각 정보를 제공받았을 때 어느 기계를 구입할 것인가를 결정하시오.
   (1) 히트상품으로 예측하는 정보가 제공되었을 때
   (2) 보통상품으로 예측하는 정보가 제공되었을 때

4. 불완전정보하의 기대가치를 계산하시오.

5. 불완전정보의 기대가치를 계산하시오.

**해답**

1. 각 정보가 제공될 확률

| 제공정보 | 상황 | | | | 각 정보가 제공될 확률 |
|---|---|---|---|---|---|
| | 히트상품(0.4) | | 보통상품(0.6) | | |
| | 조건부확률 | 결합확률 | 조건부확률 | 결합확률 | |
| 히트상품 예측 | 0.8 | 0.8 × 0.4 = 0.32 | 0.2 | 0.2 × 0.6 = 0.12 | 0.32 + 0.12 = 0.44 |
| 보통상품 예측 | 0.2 | 0.2 × 0.4 = 0.08 | 0.8 | 0.8 × 0.6 = 0.48 | 0.08 + 0.48 = 0.56 |

2. 사후확률(각 정보가 제공되었을 때 각 상황이 발생할 확률)

| 제공정보 | 상황 | |
|---|---|---|
| | 히트상품(0.4) | 보통상품(0.6) |
| 히트상품 예측 | 32/44 | 12/44 |
| 보통상품 예측 | 8/56 | 48/56 |

## 3. 각 정보를 제공받았을 때 의사결정

### (1) 히트상품으로 예측하는 정보를 제공받았을 때

| 대안 | 상황 | | 기대가치 |
|---|---|---|---|
| | 히트상품 (32/44) | 보통상품 (12/44) | |
| A기계 구입 | ₩100,000 | ₩60,000 | ₩100,000 × 32/44 + ₩60,000 × 12/44 = ₩89,091 |
| B기계 구입 | 150,000 | 40,000 | ₩150,000 × 32/44 + ₩40,000 × 12/44 = ₩120,000 |

∴ 의사결정 : B기계 구입

### (2) 보통상품으로 예측하는 정보를 제공받았을 때

| 대안 | 상황 | | 기대가치 |
|---|---|---|---|
| | 히트상품 (8/56) | 보통상품 (48/56) | |
| A기계 구입 | ₩100,000 | ₩60,000 | ₩100,000 × 8/56 + ₩60,000 × 48/56 = ₩65,714 |
| B기계 구입 | 150,000 | 40,000 | ₩150,000 × 8/56 + ₩40,000 × 48/56 = ₩55,714 |

∴ 의사결정 : A기계 구입

## 4. 불완전정보하의 기대가치

0.44(히트상품으로 예측하는 정보를 제공받을 확률) × 120,000원 + 0.56(보통상품으로 예측하는 정보를 제공받을 확률) × 65,714원 = ₩89,600

## 5. 불완전정보의 기대가치

불완전정보의 기대가치 = ₩89,600 − ₩84,000 = ₩5,600

## 01

다음은 ㈜대한의 매출관련 예상 자료이다.

| | |
|---|---|
| • 매출액 | ₩240,000 |
| • 총변동비 | ₩135,000 |
| • 총고정비 | ₩40,000 |
| • 판매량 | 3,000단위 |

추가 판촉행사에 ₩10,000을 투입한다면, 예상 판매량이 400단위 증가할 확률이 60%, 200단위 증가할 확률이 40%이다. 이 판촉행사를 실시하면 영업이익의 기대치가 어떻게 변하는가? 　09년 CTA

① ₩1,000 감소　　　② ₩1,200 감소　　　③ ₩1,500 감소
④ ₩1,200 증가　　　⑤ ₩1,500 증가

### 해설

1) 단위당 공헌이익 = (₩240,000 − ₩135,000) ÷ 3,000단위 = ₩35
2) 판촉행사의 기대증분 매출수량 = 400개 × 60% + 200개 × 40% = 320개
3) 영업이익의 기대치 = (320개 × ₩35) − ₩10,000 = ₩1,200 증가

## 02

㈜목포는 갑회사로부터 유휴설비를 1년간 임대해 달라는 요청을 받았다. ㈜목포는 설비 임대료와 관련하여 다음과 같이 두 가지 대안을 제시받았다.

| |
|---|
| • 대안 1 : 갑회사의 연간 제품판매량 × ₩40 + ₩50,000 |
| • 대안 2 : 갑회사의 연간 제품판매량 × ₩70 |

갑회사의 1년간 판매량이 1,000단위일 확률은 40%이며, 2,000단위일 확률은 60%라고 한다. ㈜목포의 입장에서 기대이이을 극대화하려면 어느 대안을 선택해야 하며, 그 기대임대료는 얼마인가? 　10년 CTA

① 대안2, ₩104,000　　② 대안2, ₩130,000　　③ 대안2, ₩90,000
④ 대안1, ₩112,000　　⑤ 대안1, ₩114,000

해설

| 대안 | 상황 | | 기대가치 |
|------|------|------|----------|
| | 1,000단위(40%) | 2,000단위(60%) | |
| 대안1 | 90,000 | 130,000 | ₩90,000 × 40% + ₩130,000 × 60% = ₩114,000 |
| 대안2 | 70,000 | 140,000 | ₩70,000 × 40% + ₩140,000 × 60% = ₩112,000 |

**03** 다음은 ㈜감평의 20×1년도 매출관련 자료이다.

| | | | |
|---|---|---|---|
| • 매출액 | ₩282,000 | • 총변동원가 | ₩147,000 |
| • 총고정원가 | ₩30,000 | • 판매량 | 3,000단위 |

20×2년도에 광고비 ₩10,000을 추가로 지출한다면, 판매량이 300단위 증가할 확률이 60%이고, 200단위 증가할 확률이 40%로 될 것으로 예상된다. 이때 증가될 것으로 기대되는 이익은? (단, 20×2년도 단위당 판매가격, 단위당 변동원가, 광고비를 제외한 총고정원가는 20×1년도와 동일하다고 가정한다.) 18년 기출

① ₩700          ② ₩800          ③ ₩1,200

④ ₩1,700        ⑤ ₩2,700

해설

1) 단위당 공헌이익 = (₩282,000 − ₩147,000) ÷ 3,000단위 = ₩45
2) 기대이익 = 300단위 × ₩45 × 60% + 200단위 × ₩45 × 40% − ₩10,000(증분비용)
           = ₩1,700

**04**

㈜서울은 기계 A나 기계 B를 구입하여 신형자전거를 생산하려고 한다. 신형자전거가 생산되면 구매자의 선호에 따라 히트상품이 될 수도 있고 보통상품이 될 수도 있다. 각 상황에 따라 예상되는 이익은 다음과 같다.

| 구분 | 미래상황 | |
|---|---|---|
| | 히트상품 | 보통상품 |
| 기계 A 구입 | ₩120,000 | ₩40,000 |
| 기계 B 구입 | 150,000 | 10,000 |

신형자전거가 히트상품이 될 확률이 40%이며, 보통상품이 될 확률은 60%라고 한다. 다음 중 옳지 않은 것은? `11년 기출`

① 기계 A를 구입하는 대안의 기대이익은 ₩72,000이다.
② 기계 B를 구입하고 신형자전거가 보통상품이 될 경우 조건부 손실(conditional loss)은 ₩30,000이다.
③ 각 상황에 대해 80% 정확도를 가진 보고서가 있다면, 이 보고서는 정보로서의 가치가 있다.
④ 각 상황에 대해 100% 정확한 예측을 하는 보고서가 있을 때, 이 보고서의 최대 구입가격은 ₩12,000이다.
⑤ 조건부 손실의 기대값을 최소화하는 대안은 기계 B를 구입하는 것이다.

**해설**

1) 기계 A의 기대이익 = ₩120,000 × 40% + ₩40,000 × 60% = ₩72,000
2) 기계 B의 기대이익 = ₩150,000 × 40% + ₩10,000 × 60% = ₩66,000
   * 조건부 손실 = ₩40,000(기계 A의 보통상품일 경우 이익) ₩10,000 = ₩30,000
3) 완전정보의 구입가치 = ₩150,000 × 40% + ₩40,000 × 60% = ₩84,000
   = ₩84,000 − 기계 A의 기대이익(₩72,000) = ₩12,000
4) 80% 보고서의 구입 여부
   → 보고서가 없다면 기계 A를 선택한다.
   → 보고서가 있다면 ₩150,000 × 40% + ₩40,000 × 60% = ₩84,000
   → ₩72,000 ÷ ₩84,000 > 80% 초과. 보고서 채택
5) 조건부 손실을 최소화하는 기댓값은 A이다.
   A선택 시의 이익 = ₩72,000
   A선택 시의 조건부 손실 = ₩84,000 − ₩72,000 = ₩12,000
   B선택 시의 조건부 손실 = ₩84,000 − ₩66,000 = ₩18,000
   → A를 선택한다.

답▶ **01** ④ **02** ⑤ **03** ④ **04** ⑤

## 제14절  종합예산

### 1  예산의 의의

예산이란 미래의 기업 경영계획을 공식적으로 계량화하여 표현한 것을 말한다. 이러한 예산은 조직 내 각 구성원들에게 목표를 명확하게 제시해 주어 관리 및 통제의 목적에 유용하며, 추후 실제 결과와의 비교를 통하여 성과평가 및 보상의 기준으로 활용할 수 있다.

### 1. 예산의 순기능과 역기능

| 순기능 | (1) 전략과 계획의 전파·공유 : 조직구성원들에게 기업의 전략과 목표를 전파하고 공유하여 미래에 발생할 수 있는 문제를 미리 고려하고 해결할 수 있는 방안을 수립하게 한다.<br>(2) 의사소통과 조정기능 : 예산수립과정에 기업 내 각 부문이 참여하게 되어 부문 간의 의사소통이 이루어지고 기업 전체의 목표와 각 부문의 목표를 조화시키는 조정기능을 수행한다.<br>(3) 성과평가 및 동기부여 가능 : 예산은 각 부문경영자의 성과를 평가하기 위한 기준이 되며 종업원들이 예산상의 계획을 달성하도록 동기부여 할 수 있다. |
|---|---|
| 역기능 | (1) 예산상의 목표달성에만 치중할 경우 기업의 장기적인 목표 달성에 악영향을 끼칠 수 있다.<br>(2) 부문경영자가 유리한 성과평가 결과가 도출되도록 예산상의 목표를 조작할 유인을 제공한다.<br>(3) 예산편성과정에서 각 부문 간 갈등이 발생할 수 있다. |

### 2. 예산편성의 전제조건

① 기업 전체의 목표는 기업의 전략 및 장기계획에 기초하여야 하며, 각 부문 및 종업원의 목표는 계량화된 명시적이고 구체적인 목표를 설정한다.

② 종업원이 수용할 수 있는 달성가능한 목표를 제시한다.

③ 각 부문, 종업원의 목표가 기업 전체의 목표달성에 기여할 수 있도록 예산 수립(목표일치성)한다.

④ 계획 대비 실적을 분석한 성과보고서를 통해 피드백을 시행한다.

### 2  예산의 유형

| 기준 | 유형 | 내용 |
|---|---|---|
| 범위<br>기준 | 종합예산 | 기업 전체를 대상으로 편성한 예산 |
| | 부문예산 | 기업의 각 부문별로 편성한 예산 |
| 구성원<br>참여<br>정도 | 권위적<br>예산 | 각 계층의 경영자나 구성원은 참여하지 않고, 최고경영자가 Top-Down형식으로 편성하는 예산<br>장점) 제품기술·시장 등이 안정적이거나 소규모 조직에 유용<br>단점) 최고경영자가 조직의 각 부문을 정확히 파악하지 못한 경우 현실성 낮은 예산이 수립될 가능성<br>　　　목표가 과도하게 설정될 경우 종업원 동기부여의 어려움 |

| | | |
|---|---|---|
| | 참여적 예산 | 각 계층 경영자를 예산편성 과정에 적극적으로 참여시켜 Bottom-Up형식으로 편성하는 예산<br><br>장점) 목표일치성 확보 용이, 종업원 동기부여 용이, 예산 실현가능성 상승<br>단점) 많은 시간과 노력 필요, 조직 비대화 가능성, 예산슬랙※의 가능성<br>※ 예산슬랙 : 종업원이 예산달성이 용이하도록 예상수익을 과소평가 또는 예상원가를 과대평가하는 것 |
| | 자문적 예산 | 권위적 예산편성방식과 참여적 예산편성방식의 절충적 방안으로 조직구성원에게 자문을 받은 다음 최고경영자가 편성한 예산 |
| 과거<br>자료<br>고려<br>여부 | 증분예산 | 전년도 예산자료를 기초로 하여 일정한 증감사항을 반영하여 편성하는 예산 |
| | 영기준<br>예산 | 과거 예산자료를 전혀 고려하지 않고 새롭게 수립하는 예산편성방식<br><br>장점) 과거의 비능률적 예산편성 배제 가능<br>단점) 시간과 비용 과다 소요 |

## 3 종합예산의 편성

### 1. 종합예산이란?

기업 내 판매·생산·구매·재무 등 모든 부문을 대상으로 일반적으로 1년 단위로 편성하는 단기예산이다.

### 2. 종합예산 편성절차

일반적으로 원가의 집계 및 계산절차의 역순으로 예산을 편성한다.

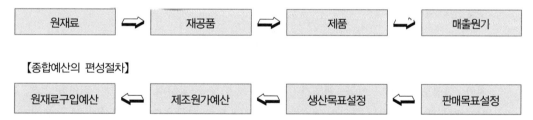

### 3. 종합예산의 구성

종합예산은 운영예산과 재무예산으로 나누어진다.

(1) 운영예산

기업의 손익활동에 대한 예산으로 판매, 생산, 구매 등의 영업활동에 대한 예산 → 예산손익계산서에 총괄

### (2) 재무예산

기업의 자금흐름에 대한 예산으로 투자활동 및 재무활동에 대한 예산 → 현금예산, 예산재무상태표, 예산현금흐름표 등에 총괄

| 구분 | 유형 | 내용 |
|------|------|------|
| 운영예산 | 판매예산 | 판매예측을 통하여 예상판매량과 예상판매가격을 예측 |
| | 제조예산 | 예산기간 중 제조해야 할 목표생산량을 결정 |
| | 제조원가예산 | 목표생산량 생산을 위한 직접재료원가, 직접노무원가, 제조간접원가 등의 예산 편성<br>※ 목표생산량 생산을 위한 원재료구매예산 수립 |
| | 기말제품예산 수립 | 기말의 적정제품재고 수량 결정 |
| | 매출원가예산수립 | 매출원가 = 기초제품재고 + 당기제품제조원가 − 기말제품재고 |
| | 판매비와 관리비예산 | 예상판매량을 기준으로 판매비와 관리비 예산 수립 |
| | 예산손익계산서 작성 | |
| 재무예산 | 현금예산 수립 → 예산재무상태표 작성 | |

## 4. 현금예산 수립

현금예산이란 현금의 수입과 지출액에 대한 예산을 말하며, 기업의 영업활동이 현금흐름에 미치는 영향을 관리하기 위하여 수립한다.

### (1) 현금유입액

예산기간 중 기업에 유입될 것으로 예상되는 현금으로, 일반적으로 현금매출 및 외상매출의 회수를 통해서 유입된다.

### (2) 현금유출액

예상기간 중 기업에서 유출될 것으로 예상되는 현금으로, 원재료의 현금매입 및 외상매입금 지급, 직접노무원가의 지급, 제조간접원가의 지급 등을 통하여 유출된다. 주의할 점은, 감가상각비나 대손상각비는 현금의 유출이 없는 비용으로 현금유출액을 계산할 때 포함시켜서는 안 된다.

| 예제 14-1 | 종합예산 |

㈜한국은 20×1년도 분기별 판매량을 다음과 같이 예상하였으며, 제품단위당 판매가격은 ₩150이다.

| | 1분기 | 2분기 | 3분기 | 4분기 |
|---|---|---|---|---|
| 예상판매량 | 3,000개 | 2,500개 | 2,000개 | 2,500개 |

㈜한국은 변동제조원가의 단위당 표준원가를 다음과 같이 설정하고 있다.

| 구분 | 표준수량 | 표준가격 | 표준원가 |
|---|---|---|---|
| 직접재료원가 | 2kg | ₩5 | ₩10 |
| 직접노무원가 | 2시간 | 10 | 20 |
| 변동제조간접원가 | 2시간 | 5 | 10 |

고정제조간접원가는 ₩116,000을 예산으로 설정하고 있다.

(1) 20×1년 기초에 제품재고 600개를 보유하고 있었으며, 각 분기 말에는 다음 분기 예상판매량의 20%를 재고로 보유하는 정책을 유지하고 있다(기초제품재고액은 ₩42,000이다).

(2) 20×1년 기초에 원재료재고 580kg를 보유하고 있었으며, 각 분기 말에는 다음 분기 목표생산량에 투입될 원재료의 10%를 적정재고로 보유하는 정책을 유지하고 있다.

(3) 변동판매관리비는 제품단위당 ₩200이며, 분기 고정판매관리비는 ₩50,000이다.

(4) 모든 매입과 매출은 외상으로 거래되며, 매출액 중에서 80%는 해당 분기에 회수되고 나머지 20%는 다음 분기에 회수된다. 외상매입금은 매입한 달에 60%를 지급하고 나머지 40%는 다음 분기에 지급한다(기초매출채권은 ₩140,000이며, 기초매입채무는 ₩12,000이었다).

(5) 원재료매입액과 감가상각비를 제외한 모든 원가와 비용은 발생시점에 현금으로 지급하며, 제조간접원가에는 감가상각비 ₩20,000이, 판매관리비에는 감가상각비 ₩10,000이 포함되어 있다.

(6) 20×1년 기초의 현금보유액은 ₩80,000이었다.

[물음]
1. 1분기와 2분기의 목표생산량(제조예산)을 편성하시오.
2. 1분기의 제조원가예산을 편성하시오.
3. 1분기의 원재료구입량과 구입예산을 편성하시오.
4. ㈜한국의 재공품은 없다고 가정하고 선입선출법을 적용하여 재고자산을 평가하는 경우 1분기 매출원가예산을 편성하시오.
5. 1분기 판매관리비 예산을 편성하시오.
6. 1분기의 현금예산을 편성하시오.

해답

## 1. 제조예산

기초제품재고 + 목표생산량 = 판매량 + 기말목표재고량이므로,

|  | 판매량 | 기말목표재고량 | 기초제품재고량 | 목표생산량 |
|---|---|---|---|---|
| 1분기 목표생산량 | 3,000개 + | 2,500개 × 20% − | 600개 | = 2,900개 |
| 2분기 목표생산량 | 2,500개 + | 2,000개 × 20% − | 500개 | = 2,400개 |

## 2. 제조원가예산

| 직접재료원가예산 | 2,900개 × 2kg × ₩5 | = ₩29,000 |
|---|---|---|
| 직접노무원가예산 | 2,900개 × 2시간 × ₩10 | = 58,000 |
| 제조간접원가예산 | 2,900개 × 2시간 × ₩5 + ₩116,000 | = 145,000 |
| 당기총제조원가예산 |  | ₩232,000 |

## 3. 원재료구입예산

(1) 1분기 목표구입량

기초원재료재고 + 목표구입량 = 사용량 + 기말목표재고량이므로,

|  | 사용량 | 기말목표재고량 | 기초원재료재고 |
|---|---|---|---|
| 1분기 목표구입량 = | 2,900개×2kg + | 2,400개×2kg×10% − | 580kg = 5,700kg |

(2) 원재료구입예산 = 5,700kg × ₩5 = ₩28,500

## 4. 매출원가예산

(1) 기초 및 기말재공품이 존재하지 않으므로
    당기제품제조원가예산 = 당기총제조원가예산 = ₩232,000

(2) 매출원가예산

| 기초제품재고액 |  | = | ₩42,000 |
|---|---|---|---|
| 당기제품제조원가예산 |  | = | 232,000 |
| 기말제품재고액 | 500개 × ₩80* | = | (40,000) |
| 당기총제조원가예산 |  |  | ₩234,000 |

* 1분기 제품단위당 원가 = ₩40 + ₩116,000 ÷ 2,900개 또는 ₩232,000 ÷ 2,900개
  선입선출법으로 평가하므로 기말제품재고는 전부 당기 생산되는 제품으로 구성

## 5. 판매관리비 예산

₩20 × 3,000개* + ₩50,000 = ₩110,000
* 판매관리비는 생산량이 아닌 판매량에 변동함에 유의

6. 현금예산

   I.기초현금보유

                                               = ₩80,000

   II.현금유입액

    매출채권 회수       ₩140,000 + 3,000개 × ₩150 × 80% = ₩500,000

   III.현금유출액

    매입채무 지급      ₩12,000 + ₩28,500 × 60% = ₩29,100

    직접노무원가 지급           ₩58,000

    제조간접원가 지급    ₩145,000 − ₩20,000 = ₩125,000

    판매관리비 지급      ₩110,000 − ₩10,000 = ₩100,000      ₩312,100

   IV.기말현금보유                                 ₩267,900

**01** 대한회사는 주요 원재료 A를 사용하여 제품 P를 생산하고 있다. 제품 P 한 단위를 생산하기 위해서는 원재료 A가 3kg 소요된다. 2006년 말의 재고자산 종류별 실제재고수량과 2007년도의 분기별 예상 판매량은 다음과 같다.

| 2006년 12월 31일 현재 재고수량 | | 2007년 분기별 예상판매량 | |
|---|---|---|---|
| 재고자산 | 수량 | 분기 | 판매량 |
| 원재료 A | 4,000kg | 1/4 | 8,000단위 |
| 재공품 | 없음 | 2/4 | 9,000단위 |
| 제품 P | 2,500단위 | 3/4 | 7,000단위 |
| | | 4/4 | 9,000단위 |
| | | | 33,000단위 |

대한회사의 재고정책에 의하면, 각 분기 말 제품 재고수량은 다음 분기 예상판매량의 30% 수준으로 유지한다. 또한 각 분기 말 원재료 재고수량은 일정하게 4,000kg씩 유지하며 재공품 재고는 없다. 2007년 2/4분기 중에 구입하여야 할 원재료 A의 물량은 얼마인가? 07년 CTA

① 22,800kg      ② 24,600kg      ③ 25,200kg
④ 26,800kg      ⑤ 28,600kg

**해설**

(1) 목표생산량

| | 판매량 | | 기말목표재고량 | | 기초제품재고량 | | 목표생산량 |
|---|---|---|---|---|---|---|---|
| 1분기 목표생산량 | 8,000개 | + | 9,000개 × 30% | − | 2,500개 | = | 8,200개 |
| 2분기 목표생산량 | 9,000개 | + | 7,000개 × 30% | − | 2,700개 | = | 8,400개 |
| 3분기 목표생산량 | 7,000개 | + | 9,000개 × 30% | − | 2,100개 | = | 7,600개 |

(2) 원재료 목표구입량

| | 사용량 | | 기말목표재고량 | | 기초원재료재고 | | |
|---|---|---|---|---|---|---|---|
| 2분기 목표구입량 | 8,400개×3kg | + | 4,000kg | − | 4,000kg | = | 25,200kg |

**02** 다음은 ㈜감평의 20×1년 상반기 종합예산을 작성하기 위한 자료의 일부이다. 4월의 원재료 구입예산액은? `22년` `기출`

> • 예산판매량
>   – 3월 : 2,000단위   4월 : 2,500단위   5월 : 2,400단위   6월 : 2,700단위
> • 재고정책
>   – 제품 : 다음 달 예산판매량의 10%를 월말재고로 보유한다.
>   – 원재료 : 다음 달 생산량에 소요되는 원재료의 5%를 월말재고로 보유한다.
> • 제품 1단위를 생산하는 데 원재료 2kg이 투입되며, kg당 구입단가는 ₩10이다.

① ₩49,740　　　　　　　　② ₩49,800
③ ₩49,860　　　　　　　　④ ₩52,230
⑤ ₩52,290

**해설**

| 4월 판매예산 | | | | 5월 판매예산 | | | |
|---|---|---|---|---|---|---|---|
| 기초제품 | 250단위 | 판매량 | 2,500단위 | 기초제품 | 240단위 | 판매량 | 2,400단위 |
| 목표생산량 | 2,490단위 | 기말제품 | 240단위 | 목표생산량 | 2,430단위 | 기말제품 | 270단위 |

| 4월 원재료 | | | |
|---|---|---|---|
| 기초원재료(4,980kg × 5%) | 249kg | 원재료사용량(2,490단위 × 2kg) | 4,980kg |
| 원재료구입량 | 4,974kg | 기말원재료(2,430단위 × 2kg × 5%) | 243kg |

→ 4월의 원재료 구입예산액 = 4,974kg × ₩10 = ₩49,740

**03** 화장품을 제조하는 ㈜한국의 20×1년 직접재료예산과 관련된 자료를 이용하여 계산한 3분기의 재료구입 예산액은? `12년` `기출`

> \* 매출계획 및 재고계획에 따른 각 분기별 화장품 추정생산량
>
> | 20×1년 | | | |
> |---|---|---|---|
> | 1분기 | 2분기 | 3분기 | 4분기 |
> | 1,400단위 | 3,200단위 | 3,600단위 | 1,900단위 |
>
> • 화장품 1단위를 생산하는 데 필요한 재료는 15kg이다.
> • 분기 말 목표재료재고량은 다음 분기 생산량에 필요한 재료의 10%로 한다.
> • 재료구입단가는 kg당 ₩2이다.

① ₩102,900　　　② ₩103,200　　　③ ₩104,100
④ ₩105,300　　　⑤ ₩106,400

| 원재료 | | | |
|---|---|---|---|
| 기초 원재료 | 360단위 × 15kg | 사용량 | 3,600단위 × 15kg |
| 원재료 구입량 | 51,450kg | 기말 원재료 | 190단위 × 15kg |

→ 재료구입액 = 51,450kg × ₩2 = ₩102,900

## 04

㈜대한은 단일제품을 생산·판매하고 있다. 제품 1단위를 생산하기 위해서는 직접재료 0.5kg이 필요하고, 직접재료의 kg당 구입가격은 ₩10이다. 1분기 말과 2분기 말의 재고자산은 다음과 같이 예상된다.

| 구분 | 재고자산 | |
|---|---|---|
| | 1분기 말 | 2분기 말 |
| 직접재료 | 100kg | 120kg |
| 제품 | 50단위 | 80단위 |

2분기의 제품 판매량이 900단위로 예상될 경우, 2분기의 직접재료 구입예산은? (단, 각 분기 말 재공품 재고는 무시한다.) **14년 기출**

① ₩4,510       ② ₩4,600       ③ ₩4,850

④ ₩4,900       ⑤ ₩4,960

| 제품 | | | |   | 직접재료 | | | |
|---|---|---|---|---|---|---|---|---|
| 기초제품 | 50단위 | 판매량 | 900단위 | | 기초재료 | 100kg | 사용량 | 465kg |
| 생산량 | 930단위 | 기말제품 | 80단위 | | 구입량 | 485kg | 기말재료 | 120kg |

* 직접재료 사용량 = 930단위 × 0.5kg = 465kg
* 직접재료 구입예산 = 485kg × ₩10 = ₩4,850

**05** ㈜감평은 단일 종류의 상품을 구입하여 판매하고 있다. 20×1년 4월과 5월의 매출액은 각각 ₩6,000과 ₩8,000으로 예상된다. 20×1년 중 매출원가는 매출액의 70%이다. 매월 말의 적정 재고금액은 다음 달 매출원가의 10%이다. 4월 중 예상되는 상품 구입액은? `14년 기출`

① ₩4,340  ② ₩4,760  ③ ₩4,920

④ ₩5,240  ⑤ ₩5,600

[해설]

| 상품(원가) | | | |
|---|---|---|---|
| 기초상품(₩6,000 × 70% × 10%) | ₩420 | 매출원가(₩6,000 × 70%) | ₩4,200 |
| 매입액 | 4,340 | 기말상품(₩8,000 × 70% × 10%) | 560 |

**06** ㈜국세의 월별 상품매출액 예산은 다음과 같다.

| 월 | 매출액 예산 |
|---|---|
| 1월 | ₩5,000 |
| 2월 | 10,000 |
| 3월 | 20,000 |
| 4월 | 40,000 |

매출액에 대한 매출원가의 비율은 80%이고, 월말재고는 다음 달 예상매출원가의 20%이다. 3월에 예상되는 상품 매입액은? `15년 CTA`

① ₩12,000  ② ₩16,000  ③ ₩18,400

④ ₩19,200  ⑤ ₩20,800

[해설]

3월 목표
상품매입액

$$\underset{\substack{\text{판매량} \\ ₩20,000×80\% \\ =₩16,000}}{} + \underset{\substack{\text{기말목표재고량} \\ ₩40,000×80\%×20\% \\ =₩6,400}}{} - \underset{\substack{\text{기초상품재고량} \\ ₩20,000×80\%×20\% \\ =₩3,200}}{} = ₩19,200$$

## 07

단일상품을 구입하여 판매하고 있는 ㈜국세는 20×1년 초에 해당 연도 2분기 예산을 편성 중에 있다. 20×1년 4월의 외상매출액은 ₩3,000,000, 5월의 외상매출액은 ₩3,200,000 그리고 6월의 외상매출액은 ₩3,600,000으로 예상된다. ㈜국세의 매출은 60%가 현금매출이며, 40%가 외상매출이다. 외상매출액은 판매일로부터 1달 뒤에 모두 현금으로 회수된다. ㈜국세는 상품을 모두 외상으로 매입하며, 외상매입액은 매입일로부터 1달 뒤에 모두 현금으로 지급한다. ㈜국세는 다음 달 총판매량의 20%를 월말재고로 보유하며, 매출총이익률은 20%이다. ㈜국세가 20×1년 5월 중 상품매입대금으로 지급할 현금은 얼마인가? (단, 월별 판매 및 구입단가는 변동이 없다고 가정한다.)  11년 CTA

① ₩6,000,000        ② ₩6,080,000        ③ ₩6,400,000
④ ₩6,560,000        ⑤ ₩6,600,000

**해설**

| | 4월 | 5월 | 6월 |
|---|---|---|---|
| 매출 | ₩3,000,000÷40% = ₩7,500,000 | ₩3,200,000÷40% = ₩8,000,000 | ₩3,600,000÷40% = ₩9,000,000 |
| 매출원가 | ₩7,500,000×80% = ₩6,000,000 | ₩8,000,000×80% = ₩6,400,000 | ₩9,000,000×80% = ₩7,200,000 |
| 기말재고 | ₩6,400,000×20% = ₩1,280,000 | ₩7,200,000×20% = ₩1,440,000 | |

5월에 상품매입대금으로 지급할 현금은 4월의 구입액이다.
4월 상품 구입액 = ₩6,000,000(4월 판매량) + ₩1,280,000(4월 기말재고) − ₩6,000,000 × 20%(4월 기초재고) = ₩6,080,000

## 08

㈜감평은 향후 6개월의 월별 매출액을 다음과 같이 추정하였다.

| 월 | 매출액 |
|---|---|
| 1월 | ₩350,000 |
| 2월 | 300,000 |
| 3월 | 320,000 |
| 4월 | 400,000 |
| 5월 | 450,000 |
| 6월 | 470,000 |

㈜감평의 모든 매출은 외상거래이다. 외상매출 중 70%는 판매한 달에, 25%는 판매한 다음 달에 현금회수될 것으로 예상되고, 나머지 5%는 회수가 불가능할 것으로 예상된다. ㈜감평은 당월 매출액 중 당월에 현금회수된 부분에 대해 2%를 할인해주는 방침을 가지고 있다. ㈜감평이 예상하는 4월의 현금유입액은?  15년 기출

| | | | | |

① ₩294,400    ② ₩300,400    ③ ₩354,400
④ ₩380,400    ⑤ ₩406,400

**해설**

1) 3월 매출액의 4월 회수분 = ₩320,000 × 25% = ₩80,000
2) 4월 매출액의 당월 회수분 = ₩400,000 × 70% × 98% = ₩274,400
3) 4월의 현금유입액 = ₩80,000 + ₩274,400 = ₩354,400

**09** ㈜감평은 매출원가의 130%로 매출액을 책정한다. 모든 매입은 외상거래이다. 외상매입액 중 30%는 구매한 달에, 70%는 구매한 달의 다음 달에 현금으로 지급된다. ㈜감평은 매월 말에 다음 달 예상 판매량의 25%를 안전재고로 보유한다. 20×1년도 예산자료 중 4월, 5월, 6월의 예상 매출액은 다음과 같다.

| 구분 | 4월 | 5월 | 6월 |
|---|---|---|---|
| 예상 매출액 | ₩1,300,000 | ₩3,900,000 | ₩2,600,000 |

20×1년 5월에 매입대금 지급으로 인한 예상 현금지출액은? (단, 4월, 5월, 6월의 판매단가 및 매입단가는 불변) 17년 기출

① ₩1,750,000    ② ₩1,875,000    ③ ₩2,050,000
④ ₩2,255,000    ⑤ ₩2,500,000

**해설**

| 구분 | 4월 | 5월 | 6월 |
|---|---|---|---|
| 매출원가 | ₩1,000,000 | ₩3,000,000 | ₩2,000,000 |

| 4월 재고자산 | | | | 5월 재고자산 | | |
|---|---|---|---|---|---|---|
| 기초 | ₩250,000 | 매출원가 | 1,000,000 | 기초 | ₩750,000 | 매출원가 3,000,000 |
| 매입 | 1,500,000 | 기말 | 750,000 | 매입 | 2,750,000 | 기말 500,000 |

* 5월 현금지출액 = ₩1,500,000 × 70% + ₩2,750,000 × 30% = ₩1,875,000

**10** 20×1년 초 영업을 개시한 상품매매기업인 ㈜감평의 20×1년 1분기 월별 매출액 예산은 다음과 같다.

| 구분 | 1월 | 2월 | 3월 |
|---|---|---|---|
| 매출액 | ₩2,220,000 | ₩2,520,000 | ₩2,820,000 |

㈜감평은 매출원가의 20%를 이익으로 가산하여 상품을 판매하고, 월말재고로 그 다음 달 매출원가의 40%를 보유하는 재고정책을 실시하고 있다. ㈜감평의 매월 상품매입 중 50%는 현금매입이고, 50%는 외상매입이다. 외상매입대금 중 80%는 매입한 달의 1개월 후에, 20%는 매입한 달의 2개월 후에 지급된다. 상품매입과 관련하여 ㈜감평의 20×1년 2월 예상되는 현금지출액은? (단, 매입에누리, 매입환출, 매입할인 등은 발생하지 않는다.)

19년 기출

① ₩1,076,000
② ₩1,100,000
③ ₩1,345,000
④ ₩2,176,000
⑤ ₩2,445,000

**해설**

| 구분 | 1월 | 2월 | 3월 |
|---|---|---|---|
| 매출원가 | ₩1,850,000 | ₩2,100,000 | ₩2,350,000 |

| 재고자산(1월) | | | | 재고자산(2월) | | | |
|---|---|---|---|---|---|---|---|
| 기초재고 | ₩0 | 매출원가 | ₩1,850,000 | 기초재고 | ₩840,000 | 매출원가 | ₩2,100,000 |
| 매입 | 2,690,000 | 기말재고 | 840,000 | 매입 | 2,200,000 | 기말재고 | 940,000 |

→ 20×1년 2월 현금지출액 = ₩2,200,000 × 50% + ₩2,690,000 × 50% × 80% = ₩2,176,000

답 ▶
01 ③ 02 ① 03 ① 04 ③ 05 ①
06 ④ 07 ② 08 ③ 09 ② 10 ④

## 제15절 책임회계 및 투자중심점 성과평가

### 1 분권화와 책임회계

'분권화'란 기업 내의 부문경영자에게 의사결정권한을 부여하여 의사결정의 자율성을 보장하는 것을 의미하며, 반대로 최고경영자가 거의 대부분의 의사결정권한을 행사하는 것을 '집권화'라고 한다.

#### 1. 분권화의 효익

① 고객, 공급업체, 종업원 등의 요구에 신속한 대응
② 신속한 의사결정 및 시장기회 적응
③ 하위 경영자들에 대한 동기부여, 능력개발 촉진
④ 최고경영자는 조직 전체의 전략적 계획에 보다 많은 시간과 노력 집중 가능

#### 2. 분권화의 문제점

① 기업 전체의 관점에서 최적이 아닌 의사결정을 할 가능성 → 준최적화 현상
② 개별적으로 중복된 스텝활동이 이루어지고 정보수집비용이 증가할 가능성
③ 분권화된 사업부 간 경쟁으로 정보의 공유를 꺼리고 협력이 저해될 수 있다.

#### 3. 책임회계제도의 의의

책임회계제도란 각 책임중심점별로 계획과 실적을 측정하여 통제함으로써 책임중심점 관리자에 대한 성과평가와 조직의 영업성과 향상을 목적으로 하는 회계제도이다.

| 책임중심점 | 경영관리자가 특정활동에 대하여 통제할 책임을 지는 조직의 부문 |
| --- | --- |
| ↓ | |
| 성과평가 | 책임중심점에 대한 계획과 실적의 차이를 분석하는 과정 |

##### (1) 원가의 통제가능성과 책임범위

| 원가의 통제가능성 | 책임범위 |
| --- | --- |
| - 책임중심점의 관리자가 발휘할 수 있는 영향력의 정도<br>- 상대적 개념으로 명확한 구분이 어려움 | 책임범위 설정 시 조직단위 책임자들로 하여금 조직 전체의 목표달성을 위해 노력을 기울이도록 설정하는 것이 중요 |

## (2) 책임중심점의 분류

| 구분 | 책임범위 | 사례 |
|---|---|---|
| 원가중심점 | 통제가능한 원가의 발생에 대해서만 책임 | 제조부문 |
| 수익중심점 | 매출액에 대해서만 통제책임 | 판매부서, 영업소 |
| 이익중심점 | 원가와 수익 모두에 대해서 통제책임 | 사업본부, 지역단위, 판매부서 |
| 투자중심점 | 원가 및 수익뿐만 아니라 투자의사결정에 대해서도 책임 | 기업 전체, 사업본부 |

## 2 투자중심점의 성과평가

투자중심점은 원가와 수익만이 아니라 투자의사결정에 대해서도 책임을 지는 책임중심점으로 원가, 수익, 이익중심점에 비해서 훨씬 포괄적인 책임중심점이다.

투자중심점의 평가는 이익의 크기만으로 평가하기에는 한계가 있으며 투자액을 얼마나 효율적으로 이용하는지까지 고려하여야 한다.

투자중심점의 평가방법에는 투자수익률, 잔여이익, 경제적 부가가치가 있다.

## 1. 투자수익률

투자수익률(Return On Investment : ROI)은 투자액에 대한 이익의 비율로 나타내는 일종의 수익성지표이다. 투자수익률은 영업이익을 투자액으로 나누어 계산한다.

$$투자수익률 = \frac{영업이익}{투자액}$$

$$= \frac{영업이익}{매출액} \times \frac{매출액}{투자액}$$

$$= 매출액이익률 \times 자산회전율$$

### (1) 투자수익률의 의사결정

투자수익률에 따라 신규투자에 대한 의사결정을 하면 기업들은 아래와 같이 의사결정을 할 것이다.

- 신규투자 후 투자수익률 ≥ 투자 전 투자수익률 → 투자안 채택
- 신규투자 후 투자수익률 < 투자 전 투자수익률 → 투자안 기각

(2) 준최적화현상

투자수익률로 투자중심점의 성과평가를 하면 투자중심점의 경영자들은 투자수익률을 극대화하기 위해 노력할 것이며, 어떤 경우에는 회사 전체적인 입장에서는 유리한 투자안이지만 기대수익률이 기존의 투자수익률보다 낮아 투자안이 기각되는 경우도 존재할 수 있다.

이처럼 각 사업부경영자가 자기사업부의 이익을 극대화하는 의사결정을 하는 과정에서 회사 전체의 이익을 극대화하는 의사결정과는 다른 의사결정을 하는 것을 '목표불일치'라고 하며, 준최적화라고도 한다.

① 신규투자안의 투자수익률 < 회사의 최저요구수익률

기업 전체 입장에서도, 투자중심점에서도 해당 투자안은 기각을 해야 하므로 준최적화 현상이 발생하지 않는다.

② 회사의 최저요구수익률 < 투자안의 투자수익률 < 투자중심점의 현재투자수익률

해당 투자안은 회사 전체로 보면 최저요구수익률을 상회하므로 채택해야 하지만 해당 투자안을 채택하게 되면 투자중심점의 투자수익률을 낮추기 때문에 투자중심점은 해당 투자안을 기각하게 된다. 이에 목표불일치 문제가 발생한다.

③ 투자안의 투자수익률 > 투자중심점의 현재투자수익률

기업 전체와 해당 투자중심점 모두 투자안을 채택하는 것이 최적의 의사결정이므로 목표불일치가 발생하지 않는다.

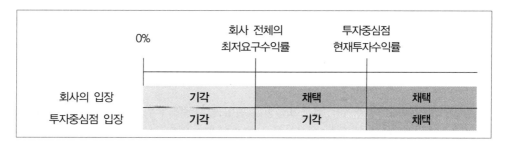

(3) 투자수익률의 장·단점

① 투자수익률의 장점

㉠ 투자액을 고려한 평가지표이다.

㉡ 간단한 지표로 표시되기 때문에 여러 투자중심점의 상호 비교가 용이하다.

② 투자수익률의 단점

㉠ 준최적화현상이 발생한다.

㉡ 투자수익률은 각 투자중심점의 투자위험성을 고려하지 못한다.

> **예제 15-1** 투자수익률
>
> 투자중심점인 A사업부는 현재 ₩200,000을 투자하여 ₩50,000의 영업이익을 얻고 있다. 한편 A사업부는 신규 투자를 검토하고 있으며 해당 투자안은 ₩100,000을 투자하여 ₩20,000의 이익을 얻을 수 있다고 한다.
>
> [물음]
> 투자중심점 A사업부는 투자수익률로 신규투자안의 채택 여부를 판단한다고 할 때, 투자중심점 사업부의 의사결정을 하시오.
>
> ──────────────────────────
>
> (해답)
>
> (1) 기존 투자중심점 사업부의 투자수익률 = 영업이익/투자액
>   = ₩50,000 ÷ ₩200,000 = 25%
>
> (2) 신규투자안 투자 시 투자수익률 = ₩20,000(신규투자안 이익) ÷ ₩100,000(투자액) = 20%
>   → 신규투자안의 투자수익률이 기존 투자중심점 사업부의 투자수익률보다 낮으므로 해당 투자안을 채택하지 않는다.

## 2. 잔여이익

잔여이익(Residual Income : RI)은 투자중심점이 사용하는 영업자산으로부터 획득해야 하는 최소한의 이익을 초과하는 영업이익을 의미한다.

> 잔여이익 = 영업이익 − (투자액 × 최저요구수익률)

잔여이익은 투자수익률이 갖는 목표불일치 현상을 해결하기 위해 도입된 것으로 절대금액으로 성과를 파악하기 때문에 목표불일치현상이 발생하지 않는다.

### (1) 잔여이익의 의사결정

> • 신규투자 후 잔여이익 ≥ 투자 전 잔여이익 → 투자안 채택
> • 신규투자 후 잔여이익 < 투자 전 잔여이익 → 투자안 기각

---

**예제 15-2** 잔여이익

투자중심점인 A사업부는 현재 ₩200,000을 투자하여 ₩50,000의 영업이익을 얻고 있다. 회사 전체의 최저요구수익률은 10%이다. 한편 A사업부는 신규 투자를 검토하고 있으며 해당 투자안 은 ₩100,000을 투자하여 ₩20,000의 이익을 얻을 수 있다고 한다.

[물음]
투자중심점 A사업부는 잔여이익으로 신규투자안의 채택 여부를 판단한다고 할 때, 투자중심점 사업부의 의사결정을 하시오.

---

[해답]

(1) 신규투자 전 잔여이익 = ₩50,000 − (₩200,000 × 10%) = ₩30,000

(2) 신규투자안 잔여이익 = ₩20,000 − (₩100,000 × 10%) = ₩10,000
   또는 = ₩70,000(전체 영업이익) − (₩300,000 × 10%) = ₩40,000
   → 신규투자안 투자 시 잔여이익이 발생하므로 신규투자안을 채택한다.

---

(2) 잔여이익의 장단점

① 잔여이익의 장점

㉠ 투자수익률에서 나타나는 목표불일치 문제를 해결할 수 있다.

㉡ 사업부의 사업위험을 반영할 수 있다.

② 잔여이익의 단점

㉠ 투자수익률이 같더라도 잔여이익은 투자규모가 큰 사업부의 잔여이익이 더 크게 나타난다.

㉡ 잔여이익은 회계적 이익으로 산출하므로 현금흐름에 기초한 투자의사결정과 일관성이 결 여된다.

## 3. 경제적 부가가치

경제적 부가가치(Economic Value Added : EVA)는 영업이익에서 법인세와 투자액에 소요되는 자본비용을 차감한 이익을 의미한다. 경제적 부가가치는 기존의 투자평가방법과는 달리 기업의 가 치는 미래 현금흐름에 의해서 결정된다고 하여 현금흐름을 강조하고 있다.

경제적 부가가치는 잔여이익의 산식에서 영업이익이 아닌 세후영업이익을 사용하며, 투자액 대신 투하자본을, 요구수익률 대신 가중평균자본비용(WACC)을 사용한다.

---

경제적 부가가치(EVA) = 영업이익(1 − 세율) − 투하자본 × 가중평균자본비용
   = 영업이익 − 세금 − 주주나 채권자에 대한 자본비용
   = (투하자본수익률 − 가중평균자본비용) × 투하자본

---

(1) 경제적 부가가치 관련사항

① 투하자본 : 기업이 영업활동을 위하여 조달한 자본 중에서 이자비용이 발생하는 부채와 자기자본의 합이다.

> 투하자본 = 이자발생부채 + 자기자본
> = 비유동부채 + 자기자본
> = 총자산 − 유동부채

② 가중평균자본비용(WACC)

가중평균자본비용은 투하자본에 지급되는 비용으로 외부차입에 대한 타인자본비용뿐만 아니라 주주들이 제공한 자기자본에 대한 비용을 가중평균하여 계산한 총자본비용을 말한다.

$$WACC = 타인자본비용 \times \frac{타인자본}{타인자본 + 자기자본} + 자기자본비용 \times \frac{자기자본}{타인자본 + 자기자본}$$

(2) 경제적 부가가치의 장·단점

① 경제적 부가가치의 장점

㉠ 경제적 부가가치는 주주에게 돌아가는 초과이익이므로 주주와 경영자의 이해관계를 동일하게 하여 대리인 문제를 감소시킨다.

㉡ 당기순이익은 고려하지 못하는 자기자본비용을 성과평가에 고려한다.

② 경제적 부가가치의 단점

㉠ 영업이익을 기초로 세후영업이익을 계산하기 때문에 영업이익을 산출하는 회계처리방법에 따라 세후영업이익도 영향을 받는다.

㉡ 가중평균자본비용을 계산하는 것에 어려움이 있다.

01 ㈜강릉은 다음과 같은 3개의 사업부(A, B, C)를 갖고 있다. 다음 자료를 이용하여 각 사업부를 잔여이익으로 평가했을 때 성과가 높은 순서대로 옳게 배열한 것은?

10년 CTA

| 구분 | A | B | C |
|---|---|---|---|
| 투자액 | ₩1,300,000 | ₩1,200,000 | ₩1,500,000 |
| 영업이익 | 300,000 | 330,000 | 350,000 |
| 최저필수수익률 | 15% | 19% | 16% |

① C > A > B 　　② C > B > A 　　③ B > A > C
④ A > C > B 　　⑤ A > B > C

해설

A = ₩300,000 − (₩1,300,000 × 15%) = ₩105,000
B = ₩330,000 − (₩1,200,000 × 19%) = ₩102,000
C = ₩350,000 − (₩1,500,000 × 16%) = ₩110,000

02 ㈜국세는 분권화된 세 개의 사업부(X, Y, Z)를 운영하고 있다. 이들은 모두 투자중심점으로 설계되어 있으며, ㈜국세의 최저필수수익률은 20%이다. 각 사업부와 관련된 정보는 다음과 같다.

| 구분 | X | Y | Z |
|---|---|---|---|
| 자산회전율 | 4회 | 6회 | 5회 |
| 영업이익 | ₩400,000 | ₩200,000 | ₩210,000 |
| 매출액 | ₩4,000,000 | ₩2,000,000 | ₩3,000,000 |

투자수익률(ROI)이 높은 사업부 순서대로 옳게 배열한 것은?

12년 CTA

① X > Y > Z 　　② X > Z > Y 　　③ Y > X > Z
④ Y > Z > X 　　⑤ Z > Y > X

해설

투자수익률 = 영업이익 ÷ 투자중심점의 영업자산
= (영업이익/매출액) × (매출액/투자중심점의 영업자산)
= 매출액이익률 × 자산회전율

ROI(X) = (₩400,000/₩4,000,000) × 4회 = 40%
ROI(Y) = (₩200,000/₩2,000,000) × 6회 = 60%
ROI(Z) = (₩210,000/₩3,000,000) × 5회 = 35%

**03** ㈜세무는 전자제품을 생산·판매하는 회사로서, 세 개의 사업부 A, B, C는 모두 투자중심점으로 설계·운영되고 있다. 회사 및 각 사업부의 최저필수수익률은 20%이며, 각 사업부의 20×1년도 매출액, 영업이익 및 영업자산에 관한 자료는 다음과 같다.

| 구분 | 사업부 A | 사업부 B | 사업부 C |
|---|---|---|---|
| 매출액 | ₩400,000 | ₩500,000 | ₩300,000 |
| 영업이익 | 32,000 | 30,000 | 21,000 |
| 평균영업자산 | 100,000 | 50,000 | 50,000 |

현재 사업부 A는 ₩40,000을 투자하면 연간 ₩10,000의 영업이익을 추가로 얻을 수 있는 새로운 투자안을 고려하고 있다. 이 새로운 투자에 소요되는 예산은 현재의 자본비용 수준으로 조달할 수 있다. ㈜세무가 투자수익률 혹은 잔여이익으로 사업부를 평가하는 경우, 다음 설명 중 옳지 않은 것은? ⎡14년 CTA⎤

① 투자수익률로 사업부를 평가하는 경우, 20×1년에는 사업부 B가 가장 우수하다.
② 잔여이익으로 사업부를 평가하는 경우, 20×1년에는 사업부 B가 가장 우수하다.
③ 잔여이익으로 사업부를 평가하는 경우, 사업부 A의 경영자는 동 사업부가 현재 고려 중인 투자안을 채택할 것이다.
④ 투자수익률로 사업부를 평가하는 경우, 사업부 A의 경영자는 동 사업부가 현재 고려 중인 투자안을 채택할 것이다.
⑤ 투자수익률 혹은 잔여이익 중 어느 것으로 사업부를 평가하는 경우라도, 회사 전체 관점에서 사업부 A가 고려 중인 투자안을 채택하는 것이 유리하다.

해설

| 구분 | 사업부 A | 사업부 B | 사업부 C |
|---|---|---|---|
| ROI | 32,000÷100,000 = 32% | 30,000÷50,000 = 60% | 21,000÷50,000 = 42% |
| RI | 32,000−100,000×20% = ₩12,000 | 30,000−50,000×20% = ₩20,000 | 21,000−50,000×20% = ₩11,000 |

신규투자안의 ROI = ₩10,000 ÷ ₩40,000 = 25%
신규투자안의 RI = ₩10,000 − (₩40,000 × 20%) = ₩2,000

**04** ㈜감평은 A, B 두 개의 사업부만 두고 있다. 투자수익률과 잔여이익을 이용하여 사업부를 평가할 때 관련 설명으로 옳은 것은? (단, 최저필수수익률은 6%라고 가정한다.)

16년 기출

| 구분 | A사업부 | B사업부 |
|---|---|---|
| 투자금액 | ₩250,000,000 | ₩300,000,000 |
| 감가상각비 | 25,000,000 | 28,000,000 |
| 영업이익 | 20,000,000 | 22,500,000 |

① A사업부와 B사업부의 성과는 동일하다.
② A사업부가 투자수익률로 평가하든 잔여이익으로 평가하든 더 우수하다.
③ B사업부가 투자수익률로 평가하든 잔여이익으로 평가하든 더 우수하다.
④ 투자수익률로 평가하는 경우 B사업부, 잔여이익으로 평가하는 경우 A사업부가 각각 더 우수하다.
⑤ 투자수익률로 평가하는 경우 A사업부, 잔여이익으로 평가하는 경우 B사업부가 각각 더 우수하다.

해설

1) 투자수익률 = 영업이익 / 투자금액
   A의 투자수익률 = ₩20,000,000 ÷ ₩250,000,000 = 8%
   B의 투자수익률 = ₩22,500,000 ÷ ₩300,000,000 = 7.5%
2) 잔여이익 = 영업이익 − (투자금액 × 최저필수수익률)
   A의 잔여이익 = ₩20,000,000 − (₩250,000,000 × 6%) = ₩5,000,000
   B의 잔여이익 = ₩22,500,000 − (₩300,000,000 × 6%) = ₩4,500,000

**05** ㈜감평은 평균영업용자산과 영업이익을 이용하여 투자수익률(ROI)과 잔여이익(RI)을 산출하고 있다. ㈜감평의 20×1년 평균영업용자산은 ₩2,500,000이며, ROI는 10%이다. ㈜감평의 20×1년 RI가 ₩25,000이라면 최저필수수익률은?

21년 기출

① 8%　　　　② 9%　　　　③ 10%
④ 11%　　　　⑤ 12%

해설

1) 영업이익 = ₩2,500,000(평균영업용자산) × 10%(ROI) = ₩250,000
2) 잔여이익 = ₩250,000(영업이익) − ₩2,500,000(평균영업용자산) × 최저필수수익률
→ 최저필수수익률 = 9%

**06** (주)관세는 평균영업자산과 영업이익을 사용하여 투자수익률과 잔여이익을 계산하고 있다. 20×1년 평균영업자산이 ₩10,000이고, 투자수익률은 12%이다. 잔여이익이 ₩200일 때 최저요구(필수)수익률은? 　24년 관세사

① 7%　　　　　　② 8%　　　　　　③ 9%

④ 10%　　　　　⑤ 11%

**해설**

1) 영업이익 = ₩10,000(평균영업자산) × 12%(투자수익률) = ₩1,200
2) 잔여이익(₩200) = ₩1,200(영업이익) − (₩10,000 × 최저요구수익률)
　→ 최저요구수익률 = 10%

**07** ㈜감평은 두 개의 사업부 X와 Y를 운영하고 있으며, 최저필수수익률은 10%이다. 20×1년 사업부 X와 Y의 평균영업자산은 각각 ₩70,000과 ₩50,000이다. 사업부 X의 투자수익률은 15%이고, 사업부 X의 잔여이익이 사업부 Y보다 ₩2,500 더 클 때 사업부 Y의 투자수익률은? 　24년 기출

① 11%　　　　　② 12%　　　　　③ 13%

④ 14%　　　　　⑤ 15%

**해설**

1) 사업부 X의 영업이익 = ₩70,000(사업부 X의 평균영업자산) × 15%(투자수익률)
　= ₩10,500
2) 사업부 X의 잔여이익 = ₩10,500(영업이익) − (₩70,000 × 10%) = ₩3,500
3) 사업부 Y의 잔여이익 = ₩3,500 − ₩2,500 = ₩1,000 = 영업이익 − (₩50,000 × 10%)
　→ 사업부 Y의 영업이익 = ₩6,000
4) 사업부 Y의 투자수익률 = ₩6,000(영업이익) ÷ ₩50,000(사업부 Y의 평균영업자산) = 12%

답▶ 01 ①　02 ③　03 ④　04 ②　05 ②
　　06 ④　07 ②

## 제16절 대체가격결정

### 1 대체가격의 의의와 결정

기업 내의 분권화된 사업부 간 재화나 서비스를 제공하는 거래를 대체거래 또는 이전거래라 하며, 이전되는 재화나 서비스의 가격을 대체가격 또는 이전가격이라 한다.

### 1. 대체가격 결정 시 고려할 기준

#### (1) 목표일치성 기준

기업 전체의 목표가 극대화될 수 있는 방향으로 대체가격을 결정한다.

#### (2) 성과평가 기준

각 사업부의 성과를 공정하게 평가할 수 있는 방법으로 대체가격을 결정한다.

#### (3) 자율성 기준

각 사업부의 경영자가 자율적으로 의사결정하여 대체가격을 결정한다.

### 2. 대체가격의 결정

#### (1) 대체가격의 결정방법

| 구분 | 시장가격기준 | 원가기준 | 협상가격기준 |
|---|---|---|---|
| 가격결정 | 경쟁시장의 시장가격 | 제품원가 | 공급부서와 수요부서 협상 |
| 장점 | 경쟁시장이 존재할 경우<br>• 목표일치성 달성<br>• 성과평가에 유용<br>• 자율성 유지 가능 | 회계시스템에 의한 원가자료를 이용하므로 석용이 용이 | 책임중심점에 대한 책임과 통제가능성의 원칙 반영<br>• 목표일치성 달성<br>• 자율성 유지 가능 |
| 단점 | 시장이 존재하지 않거나 불완전할 경우 적용이 어려움 | • 준최적화현상 가능성<br>• 공정한 성과평가 불가<br>• 동기부여 불가 | • 협상에 많은 시간 소요<br>• 협상능력에 영향 받음 |

#### (2) 대체가격결정의 일반원칙

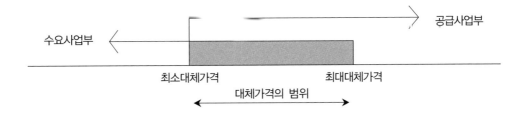

> \* 수요사업부의 단위당 최대대체가격 = min(단위당 지출가능원가[※], 단위당 외부구입가격)
> ※ 단위당 지출가능원가 = 최종제품 판매가격 − 단위당 추가가공원가

> \* 공급사업부의 단위당 최소대체가격 = 대체시 단위당 증분지출원가 + 대체시 단위당 기회원가[※]
> ※ 유휴설비가 존재하지 않을 경우 외부시장 판매감소로 인한 공헌이익 감소분

## 2 회사 전체 이익에 미치는 영향

### 1. 최소대체가격 < 최대대체가격

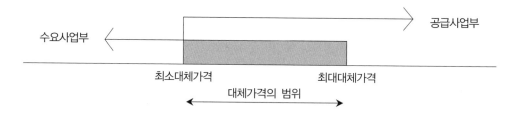

대체가격범위 존재 → 대체가격에 상관없이 대체하는 것이 기업전체의 입장에서 이익 증가

### 2. 최소대체가격 > 최대대체가격

대체가격범위 존재× → 대체가격에 상관없이 대체할 경우 기업 전체의 입장에서 이익 감소

**01** 대한회사의 부품 생산부문은 최대생산량인 360,000단위를 생산하여 외부시장에 전량 판매하고 있다. 부품생산 부문의 관련정보는 다음과 같다.

| | |
|---|---|
| • 단위당 외부판매가 | ₩100 |
| • 단위당 변동제조원가 | 58 |
| • 단위당 변동판매비 | 8 |
| • 단위당 고정제조원가 | 14 |
| • 단위당 고정관리비 | 10 |

단위당 고정원가는 최대생산량 360,000단위 기준의 수치이다. 부품 생산부문의 이익을 극대화시키기 위해 사내대체를 허용할 수 있는 단위당 최소 사내대체가격은 얼마인가? (단, 사내대체물에 대해서는 변동판매비가 발생하지 않음)    08년 CTA

① ₩58        ② ₩66        ③ ₩90

④ ₩92        ⑤ ₩100

**해설**

단위당 최소 대체가격 = 변동제조원가(₩58) + 단위당 기회원가(₩100 − ₩58 − ₩8) = ₩92

**02** ㈜대한은 무선비행기생산부문과 엔진생산부문으로 구성되어 있다. 엔진생산부문에서는 무선비행기 생산에 사용하는 엔진을 자체생산하며, 엔진 1개당 ₩100의 변동원가가 발생한다. 외부업체가 ㈜대한의 무선비행기생산부문에서 연간 사용할 20,000개의 엔진을 1개당 ₩90에 납품하겠다고 제의했다. 이 외부 납품 엔진을 사용하면 무신비행기생산부문에서는 연간 ₩100,000의 고정원가가 추가로 발생한다. 엔진생산부문은 자체 생산 엔진을 외부에 판매하지 못한다. 각 부문이 부분이익을 최대화하기 위하여 자율적으로 의사결정을 한다면 사내대체가격의 범위에 대한 설명으로 옳은 것은?    09년 CTA

① 사내대체가격이 ₩85에서 ₩100 사이에 존재한다.
② 사내대체가격이 ₩90에서 ₩100 사이에 존재한다.
③ 사내대체가격이 ₩95에서 ₩100 사이에 존재한다.
④ 사내대체가격의 범위는 손재하시 잃는디.
⑤ 엔진생산부문 사내대체가격의 하한은 ₩95이다.

**해설**

최소대체가격 = ₩100
최대대체가격 = ₩90 + ₩100,000 ÷ 20,000개 = ₩95
∴ 대체가격의 범위는 존재하지 않음

**03** ㈜세무는 분권화된 A사업부와 B사업부가 있다. A사업부는 반제품 M을 최대 3,000단위 생산할 수 있으며, 현재 단위당 판매가격 ₩600으로 2,850단위를 외부에 판매하고 있다. B사업부는 A사업부에 반제품 M 300단위를 요청하였다. A사업부 반제품 M의 단위당 변동원가는 ₩300(변동판매관리비는 ₩0)이며, 사내대체를 하여도 외부판매가격과 단위당 변동원가는 변하지 않는다. A사업부는 사내대체를 전량 수락하든지 기각하여야 하며, 사내대체 수락 시 외부시장 판매를 일부 포기하여야 한다. A사업부가 사내대체 전 이익을 감소시키지 않기 위해 제시할 수 있는 최소 사내대체가격은?

16년 CTA

① ₩350     ② ₩400     ③ ₩450
④ ₩500     ⑤ ₩550

**해설**

1) 정규시장 감소에 따른 공헌이익 감소분 = (₩600 − ₩300) × 150단위 = ₩45,000
2) 단위당 최소 대체가격 = 변동제조원가(₩300) + 단위당 기회원가(₩45,000 ÷ 300단위) = ₩450

**04** ㈜한국은 A와 B 두 개의 사업부를 이익중심점으로 설정하여 운영하고 있다. A사업부는 부품을 생산하여 B사업부와 기업 외부에 판매할 수 있다. 사업부 간의 대체가격은 단위당 변동제조원가에 기회원가를 가산하여 결정된다.

〈A사업부의 생산·판매자료〉
| | |
|---|---|
| • 연간 최대조업도 | 11,000단위 |
| • 연간 고정제조원가 | ₩4,500,000 |
| • 단위당 변동제조원가 | ₩1,800 |
| • 단위당 외부시장 판매가격 | ₩3,000 |

A사업부가 연간 9,000단위를 생산하여 전량 기업 외부에 판매하고 있는 상황에서 B사업부가 연간 4,000단위의 부품을 대체해 줄 것을 요청하였다. 다음 중 A사업부가 요구해야 할 최소한의 단위당 대체가격은 얼마인가? (단, 대체거래를 하더라도 A사업부가 생산하는 부품의 제조원가는 주어진 자료와 동일하며 판매비와 관리비는 고려하지 않는다. 또한 B사업부가 동일한 부품을 외부에서 구입하는 경우에는 단위당 ₩3,000을 지급하고 4,000단위 전량을 구입해야 한다.)

09년 기출

① ₩2,150     ② ₩2,300     ③ ₩2,400
④ ₩2,700     ⑤ ₩2,750

**해설**

최소대체원가 = ₩1,800(변동제조원가) + [(2,000단위 × ₩1,200) ÷ 4,000단위](기회비용) = ₩2,400

**05** ㈜감평은 이익중심점인 A사업부와 B사업부를 운영하고 있다. A사업부가 생산하는 열
연강판의 변동제조원가와 고정제조원가는 각각 톤당 ₩2,000과 톤당 ₩200이며, 외
부 판매가격과 판매비는 각각 톤당 ₩3,000과 톤당 ₩100이다. 현재 B사업부가 열연
강판을 외부에서 톤당 ₩2,600에 구입하여 사용하고 있는데, 이를 A사업부로부터 대
체받을 것을 고려하고 있다. A사업부는 B사업부가 필요로 하는 열연강판 수요를 충족
시킬 수 있는 유휴생산능력을 보유하고 있으며, 사내대체하는 경우 판매비가 발생하
지 않을 것이다. A사업부가 사내대체를 수락할 수 있는 최소사내대체가격은?

**13년 기출**

① ₩2,000　　　　② ₩2,100　　　　③ ₩2,200
④ ₩2,600　　　　⑤ ₩3,000

**해설**

최소사내대체가격 = 변동제조원가 + 기회비용
　　　　　　　　 = ₩2,000 + ₩0 = ₩2,000

**06** ㈜대한은 펌프사업부와 밸브사업부를 이익중심점으로 운영하고 있다. 밸브사업부는
X제품을 생산하며, X제품의 단위당 판매가격과 단위당 변동원가는 각각 ₩100과
₩40이고, 단위당 고정원가는 ₩200이다. 펌프사업부는 연초에 Y제품을 개발했으며,
Y제품을 생산하는 데 필요한 A부품은 외부업체로부터 단위당 ₩70에 구입할 수 있다.
펌프사업부는 A부품 500단위를 밸브사업부로부터 대체받는 것을 고려하고 있다. 밸
브사업부가 A부품 500단위를 생산 및 대체하기 위해서는 단위당 변동제조원가 ₩30
과 단위당 운송비 ₩7이 발생하며, 기존 시장에서 X제품의 판매량을 200단위만큼 감
소시켜야 한다. 밸브사업부가 대체거래를 수락할 수 있는 A부품의 단위당 최소 대체
가격은?

**17년 기출**

① ₩53　　　　② ₩58　　　　③ ₩61
④ ₩65　　　　⑤ ₩70

**해설**

최소대체가격 = ₩30(변동제조원가) + ₩7(운송비) + [(200단위 × ₩60) ÷ 500단위] (기존시장
　　　　　　　 공헌이익 감소분) = ₩61

**07** ㈜세무는 사업부 A와 사업부 B를 이익중심점으로 운영하고 있다. 사업부 B는 사업부 A에 고급형 제품 X를 매월 10,000단위 공급해 줄 것을 요청하였다. 사업부 A는 현재 일반형 제품 X를 매월 50,000단위를 생산·판매하고 있으나, 고급형 제품 X를 생산하고 있지 않다. 회계부서의 원가분석에 의하면 고급형 제품 X의 단위당 변동제조원가는 ₩120, 단위당 포장 및 배송비는 ₩10으로 예상된다. 사업부 A가 고급형 제품 X 1단위를 생산하기 위해서는 일반형 제품 X 1.5단위의 생산을 포기하여야 한다. 일반형 제품 X는 현재 단위당 ₩400에 판매되고 있으며, 단위당 변동제조원가와 단위당 포장 및 배송비는 각각 ₩180과 ₩60이다. 사업부 A의 월 고정원가 총액은 사업부 B의 요청을 수락하더라도 변동이 없을 것으로 예상된다. 사업부 A가 현재와 동일한 월간 영업이익을 유지하기 위해서는 사업부 B에 부과해야 할 고급형 제품 X 한 단위당 최소판매가격은 얼마인가? (단, 사업부 A의 월초 재고 및 월말 재고는 없다)

14년 CTA

① ₩220 　　　　　② ₩270 　　　　　③ ₩290
④ ₩370 　　　　　⑤ ₩390

해설

1) 고급형 생산 시 일반형 생산포기에 따른 공헌이익 감소분
   = (₩400 − ₩180 − ₩60) × 10,000단위 × 1.5 = ₩2,400,000
2) 단위당 최소 대체가격
   = 변동원가(₩120 + ₩10) + 단위당 기회원가(₩2,400,000 ÷ 10,000단위) = ₩370

**08** 범용기계장치를 이용하여 제품 X와 Y를 생산·판매하는 ㈜감평의 당기 예산자료는 다음과 같다.

| 구분 | 제품 X | 제품 Y |
|---|---|---|
| 단위당 판매가격 | ₩1,500 | ₩1,000 |
| 단위당 변동원가 | 1,200 | 800 |
| 단위당 기계가동시간 | 2시간 | 1시간 |
| 연간 정규시장 판매수량 | 300단위 | 400단위 |
| 연간 최대기계가동시간 | 1,000시간 | |

㈜감평은 신규거래처로부터 제품 Z 200단위의 특별주문을 요청받았다. 제품 Z의 생산에는 단위당 ₩900의 변동원가가 발생하며 단위당 1.5 기계가동시간이 필요하다. 특별주문 수락 시 기존 제품의 정규시장 판매를 일부 포기해야 하는 경우, ㈜감평이 제시할 수 있는 단위당 최소판매가격은? (단, 특별주문은 전량 수락하든지 기각해야 한다.) **23년 기출**

① ₩900  ② ₩1,125  ③ ₩1,150
④ ₩1,200  ⑤ ₩1,350

**해설**

| 구분 | 제품 X | 제품 Y |
|---|---|---|
| 단위당 공헌이익 | ₩300 | ₩200 |
| 기계시간당 공헌이익 | ₩300 ÷ 2시간 = ₩150 | ₩200 ÷ 1시간 = ₩200 |

1) 현재 사용중인 기계가동시간 = 300단위(제품 X) × 2시간 + 400단위(제품 Y) × 1시간 = 1,000시간
※ 제품 Z의 특별주문 수락시 기존시장에서의 제품을 포기하여야 한다. 제품 Z에 300 기계가동시간이 필요하니 제품 X의 150단위를 포기해야 한다.
2) 총기회비용 = 150단위(제품 X) × ₩300 = ₩45,000
3) 단위당 최소판매가격 = ₩900 + (₩45,000 ÷ 200단위) = ₩1,125

**답** 01 ④ 02 ④ 03 ③ 04 ③ 05 ①
06 ③ 07 ④ 08 ②

## 제17절 전략적 성과평가

### 1 전통적 성과평가의 문제점

#### (1) 재무적 측정치만 강조

기업의 장기적인 성과를 위해서는 고객과의 관계, 공급자와의 제휴, 품질개선, 변화와 혁신 등 비재무적 성과도 성과평가에 포함되어야 한다.

#### (2) 동기부여 부족

재무적 측정치는 과거의 결과로 기업 내 구성원들에게 미래지향적인 방향제시 및 동기부여의 측면에서 부족하다.

#### (3) 무형자산의 가치 미반영

인적자산, Know-how, 효율적인 내부시스템 등 무형자산의 가치를 성과평가 모형에 반영하지 못한다.

### 2 균형성과표(BSC)

### 1. 기존 성과지표와의 차이

① 기업이 추구하는 전략적 목표와 경쟁상황 등의 다양한 변수를 고려하여 성과측정지표 개발
② 과거에 대한 단순보고에서 벗어나 과거지향적 지표와 미래지향적인 지표의 균형 추구
③ 외부성과지표와 내부성과지표의 균형을 제공
④ 프로그램의 우선순위 결정과 조직 내 확산을 위한 노력을 한 곳에 집중시키는 역할 수행

### 2. 균형성과표의 네 가지 관점

| 구분 | 목표 | 평가수단 |
|---|---|---|
| 재무적 관점 | 기업가치 증가 =(주주가치 증가) | 영업이익, 투자수익률, 잔여이익, EVA |
| 고객 관점 | 시장점유율 증가 고객만족도 증가 | 시장점유율, 고객만족도, 신규고객확보율, 기존 고객 유지율 |
| 내부프로세스 관점 | 품질과 생산성 향상, 판매 후 서비스 개선, 고객배달시간 감소 | 신제품 출시율, 불량률, 서비스대응시간, 주문 –배달시간 |
| 학습과 성장 관점 | 종업원 만족 정보시스템 가용성 제고 | 종업원 직무 만족도, 종업원 교육수준, 제조과정 중 실시간 피드백 비율 |

PART 02

**내부프로세스 관점**

1. **혁신프로세스** : 새로운 제품과 서비스를 기획하고 개발하는 프로세스
2. **운영프로세스** : 기존의 제품이나 서비스를 고객에게 생산·전달하는 프로세스 품질, 원가, 시간을 통하여 고객만족을 창출
3. **판매 후 서비스프로세스** : 제품이나 서비스가 고객에게 인도된 이후 제공되는 서비스프로세스

## 3. 균형성과표 구축 시 고려사항

① 네 가지 관점의 목표 및 성과측정지표들이 상호 연계성을 지니고 있어야 하며, 네 가지 관점의 상호 인과관계를 표현하는 '전략체계도'를 작성하여야 한다.

　　📌 학습과 성장 → 내부프로세스 개선 → 고객만족도 증가 → 재무적 성과 증가

② 균형성과표의 모든 성과목표는 궁극적으로는 재무적 성과의 극대화로 귀결되어야 한다.

　　※ 선행 측정치 : 비재무적 성과 → 후행 측정치 : 재무적 성과

③ 기업의 핵심 성공요소를 명확히 설정하고 핵심 성과지표에 반영하여야 한다.

④ 조직구성원들이 기업의 전체적인 전략을 이해하고 관심을 집중토록 유도하여야 하며, 균형성과표의 성과에 대하여 피드백과 보상이 이루어져야 한다.

## 제18절　최신 관리회계기법

### 1　가격결정과 목표원가

#### 1. 가격결정에 영향을 미치는 요소

(1) 고객(=수요의 특성)

제품의 가격에 대한 고객의 반응을 정확하게 분석하여 가격을 설정한다.

(2) 경쟁기업

경쟁기업의 원가는 경쟁력 있는 가격설정에 유용한 정보를 제공한다.

(3) 원가

#### 2. 가격결정방법

(1) 경제학적 가격결정방법

한계수익과 한계비용이 일치하는 점에서 결정한다.

(2) 회계학적 가격결정방법(=원가가산 가격결정방법)

① **공헌이익접근법** : 판매가격 = 단위당 변동원가* + 가산항목(고정원가 + 목표이익)
  * 단위당 변동원가 = 직접재료원가 + 직접노무원가 + 변동제조간접원가 + 변동판관비
② **전부원가접근법** : 판매가격 = 단위당 전부원가* + 가산항목(판관비 + 목표이익)
  * 단위당 전부원가 = 변동제조원가 + 고정제조간접원가
③ **총원가접근법** : 판매가격 = 단위당 총원가* + 가산항목(목표이익)
  * 단위당 총원가 = 단위당전부원가 + 단위당판관비

#### 3. 목표원가

시장 내 기업들의 가격통제력이 낮고, 가격은 경제학적으로 수요와 공급이 교차하는 점에서 결정되는 제품시장의 경우 시장가격은 주어진 것으로 간주된다. 이러한 상황하에서 기업의 목표는 주어진 시장가격에 대응하여 최대한 원가를 절감하고 이익을 극대화하는 것이다.

(1) 목표원가계산

시장가격이 주어진 상황하에서 기업이 목표로 하는 이익을 달성하기 위해 제품의 개발 및 설계단계에서부터 목표원가를 달성하고자 하는 원가절감시스템이다.

(2) 목표원가계산의 절차

| 1단계 | 제품개발 | 잠재고객의 요구를 충족시킬 제품 개발·기획 |
|---|---|---|
| ↓ | | |
| 2단계 | 목표가격 결정 | 목표가격은 경쟁시장에서 결정되어 기업이 수용 |
| ↓ | | |
| 3단계 | 목표원가 설정 | 목표원가 = 목표가격(경쟁시장가격) − 목표이익 |
| ↓ | | |
| 4단계 | 목표원가 달성 노력 | 목표원가를 달성하기 위한 가치공학 등 수행 |

> **PLUS⁺ 목표원가 달성을 위한 방법**
>
> 1. 가치공학(Value Engineering : VE) : 낮은 원가로 동일 품질의 제품생산이 가능하도록 제품의 설계변경, 공정변경, 부품교체 등을 검토하는 절차
> 2. 동시설계(Concurrent Engineering : CE) : 제품의 기획·개발단계에 기획, 설계, 구매, 생산, 판매부서 등이 참여하여 제품을 개발하는 협력적 설계과정
> 3. 리엔지니어링(Reengineering) : 경쟁력 요소인 품질, 원가, 시간 등을 개선하기 위하여 현재의 프로세스를 재설계하거나 새롭게 설계하는 과정

## 2  카이젠원가

### 1. 카이젠원가의 의의

대규모의 혁신을 통해서가 아니라 소규모의 지속적인 공정개선을 통하여 원가절감을 도모하는 방법, 생산(제조)단계에서의 지속적인 개선을 통한 원가절감에 초점을 맞춘다.

### 2. 표준원가계산과 카이젠원가계산

| 구분 | 표준원가계산 | 카이젠원가계산 |
|---|---|---|
| 목표 | 원가통제(표준원가 달성) | 원가절감 |
| 원가절감의 지식보유자 | 경영자(관리자), 엔지니어 | 생산라인의 작업자(종업원) |
| 공정에 대한 가정 | 생산공정은 안정적 | 생산공정은 지속적 개선이 가능 |
| 원가차이분석 | 표준원가 vs 실제원가 | 원가절감목표 vs 실제원가절감액 |

## 3  가치사슬과 수명주기원가계산

### 1. 가치사슬

(1) 가치사슬이란?

제품의 연구개발 또는 기획 단계부터 설계, 제조, 마케팅, 유통, A/S까지의 일련의 고객가치창출활동을 의미한다.

### (2) 가치사슬분석

가치사슬 내의 단계들을 분석하여 단계 간의 상호작용을 검토하고 기업의 전략과 연계시키는 활동이다.

## 2. 수명주기원가계산

### (1) 수명주기

연구개발단계부터 설계, 제조, 판매 후 서비스까지의 모든 기간이다.

### (2) 수명주기원가계산

수명주기 동안 발생한 모든 원가를 추적하여 집계하는 것이다.

### (3) 가치사슬과의 관계

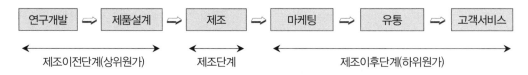

제조이전단계에서 후방단계의 원가발생이 결정됨(개발 및 설계 단계에서 대부분의 원가가 확정됨)

### (4) 수명주기원가계산의 유용성

① 가치사슬단계별 수익·비용 집계가 가능하여 프로젝트 전반의 이해 향상
② 제품설계단계부터 원가절감 노력을 기울여야 함을 강조
③ 상이한 가치사슬단계별 원가발생의 상호관계 파악 가능

## 4 품질원가관리

기업의 경쟁력은 다양한 요소로 구성되어 있으나 크게 보면 원가와 품질이라는 두 가지 측면이 가장 중요하다고 할 수 있다. 최근의 기업환경은 품질의 중요성이 더욱 부각되고 있으며 기업들은 품질관리에 많은 노력과 주의를 기울이고 있다. 기업이 관리해야 할 품질은 다음과 같이 두 가지로 나뉜다.

▶ 설계품질(quality of design)

제품이 소비자의 욕구(needs)를 충족시키는 정도를 의미하며 제품의 경쟁력을 결정하는 중요요소 → 고객이 만족하는 수준의 제품을 설계하는 것이 중요하다.

▶ 적합품질(일치품질, 제조품질 : quality of conformance)

실제로 생산된 제품이 얼마나 설계내역과 일치하는지를 의미하며 품질원가의 관리대상 → 설계된 내역대로 제조하여 불량이 발생하지 않는 것이 중요하다.

# 1. 품질원가의 종류

품질원가 : 불량품이 생산되지 않도록 하거나 또는 불량품이 생산된 결과로 발생하는 모든 원가

| 통제원가 | 예방원가 | 불량품의 생산을 예방하기 위한 원가<br>예 품질교육훈련원가, 공급업체 평가원가, 설계원가 | 원가 증가<br>↓<br>불량률 감소 |
|---|---|---|---|
| | 평가원가 | 불량품의 적발을 위한 원가<br>예 검사원가, 검사장비 유지·보수원가 | |
| 실패원가 | 내부실패원가 | 불량품이 고객에게 인도되기 전에 발견되어 발생하는 원가<br>예 재작업원가, 작업중단원가, 폐기원가 | 불량률 증가<br>↓<br>원가 증가 |
| | 외부실패원가 | 불량품이 고객에게 인도된 후에 발생하는 원가<br>예 반품된 제품원가, 재작업원가, 수리원가 | |

# 2. 품질원가 최소화에 대한 관점

(1) 허용가능 품질관점(전통적 관점)

품질원가 최소화를 위해 어느 정도의 불량률은 허용하여야 한다는 관점으로 실패원가와 통제원가의 합계인 품질원가가 최소화되는 불량률 수준으로 품질원가를 관리하는 방법이다.

→ 허용가능 품질수준(AQL) : 총품질원가를 최소화시키는 불량률 수준

(2) 무결함 관점(최근의 관점)

품질원가 최소화를 위해서는 불량률이 "0"이 되어야 한다는 관점으로 불량의 발생을 예방하기 위하여 예방원가를 증가시키면 평가원가와 실패원가가 모두 감소하므로 무결함수준(불량률이 "0")으로 품질원가를 관리하는 방법이다.

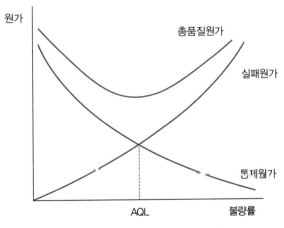

**【허용가능품질관점(전통적 관점)】**

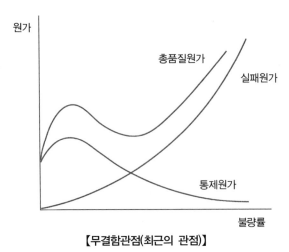

**【무결함관점(최근의 관점)】**

### 5 활동기준경영관리

| 활동기준원가계산 | 활동기준경영 |
|---|---|
| 정확한 제품 원가정보 파악 및 원가계산 | 활동기준원가계산 정보를 활용하여 프로세스의 개선을 통한 원가 절감 |

### 1. 활동기준경영관리의 의의

(1) 목표

고객의 가치를 증진시킬 수 있는 방법을 모색하고 고객가치증진으로 인한 기업의 이익을 개선시킬 수 있는 대안을 수립한다.

(2) 활동기준경영관리의 수행단계

| 활동분석 | 개선의 여지가 있는 활동을 식별하기 위하여 기업 내부의 모든 활동 분석<br>→ 부가가치활동과 비부가가치활동의 구분 |
|---|---|
| ↓ | |
| 원가동인 분석 | 활동원가를 발생시키는 원가동인을 파악<br>→ 비부가가치활동의 원가동인 제거<br>→ 부가가치활동의 원가동인 효율적 관리로 원가 절감 |
| ↓ | |
| 성과측정 | 활동이 얼마나 잘 수행되었는지, 목표를 달성하였는지에 대한 평가<br>→ 활동기준변동예산을 활용하여 성과평가 |

## 2. 부가가치활동과 비부가가치활동

### (1) 부가가치활동

제품의 가치를 증대시키는 활동이다.

> 부가가치원가 = 부가가치 표준수량(SQ) × 원가동인당 표준가격(SP)

### (2) 비부가가치활동

제품의 가치는 증대시키지 못하고 자원의 낭비만을 초래하는 활동이다.

📌 검사, 이동, 대기, 저장, 재작업 등

> 비부가가치원가
> 변동활동 : (AQ − SQ) × SP
> 고정활동 : (사전에 확보된 활동능력 − SQ) × SP

### (3) 미사용 생산능력 활용

① 기업이 필요로 하는 자원 중에 사전에 필요한 수량만큼 미리 확보하여야 하는 자원을 구속 자원 또는 고착자원이라고 하며, 이러한 구속자원을 이용하여 수행되는 활동을 고정활동이라고 한다.

② 구속자원의 경우 실제 활동수행결과 미리 확보된 활동수량 중에서 실제로 활용되지 못하는 부분이 발생하며 이를 미사용 활동이라고 한다.

→ 미사용 활동수량을 적절히 재투자하면 원가절감이 가능하다.

> 미사용 활동수량 = 사전에 확보된 활동수량 − 실제 사용된 활동수량

## 6 적시생산시스템(JIT)

### 1. 적시생산시스템이란

불필요한 재고를 최소화하고 원가절감을 목표로 고객의 수요만큼 제품을 생산계획을 수립하고 작업을 계획한 후 필요한 수요만큼의 원재료만을 구입하는 '수요견인시스템(demand-pull system)'을 말한다.

### 2. 적시생산시스템의 특징

① 셀방식 공성배치 : 득징 제품의 생산에 필요한 기계나 설비를 한 장소에 근접배치하여 운반 및 이동·대기시간을 최소화한 공정배치

② 다양한 기술을 보유한 작업자 : 작업자는 고객의 수요에 따라 다양한 작업을 수행하여야 하므로 다양한 기계를 사용할 수 있어야 한다.

③ 칸반시스템 : 칸반은 '간판'의 일본식 발음으로 작업에 필요한 부품 또는 재공품의 양, 시간, 장소 등을 적어서 전공정의 작업자에게 전달하여 일반적인 생산공정흐름의 역순으로 의사소통하는 방식

④ 전사적 품질관리 : 불량률 '0(제로)'를 목표로 공정에서 불량이 발생할 경우 생산라인을 중단하고 즉시 품질문제를 전사적으로 공유하여 불량의 원인을 해결

⑤ 공급업체와의 강력한 유대관계 : 수요에 따라서 적시생산을 위해서는 고품질의 재료 및 부품을 필요할 때마다 적시에 공급받는 것이 중요. 안정적인 납품이 가능하도록 소수의 공급업체와 신뢰관계 형성

## 7 제약이론

기업경영에 제약이 되는 요인들을 찾아 분석하고 집중관리하여 기업의 현금창출을 극대화하기 위한 관리기법이다.

### 1. 초변동원가계산을 이용한 성과측정

제약이론은 단기적으로 제약요소를 관리하고 기업의 현금창출능력을 극대화하는 데 목표를 두고 있기 때문에 재고를 최소화하고자 하며 초변동원가계산을 이용하여 성과를 측정한다.

※ 초변동원가계산의 영업이익은 생산량과 판매량의 함수이며 생산량이 증가할수록 이익이 감소하므로 불필요한 재고누적을 제거하고자 한다.

(1) 재료처리량 공헌이익 = 매출액 − 직접재료원가

(2) 운영비용

직접재료원가를 제외한 직접노무원가, 제조간접원가, 판매비와 관리비

(3) 재고자산투자액

원재료, 재공품, 제품 등 재고자산금액과 기계, 건물 등과 같은 설비자산에 투자된 금액까지 기업에 투자된 재고자산투자액으로 본다.

### 2. 제약이론의 목표

재고자산투자액과 운영비용을 최소화하고 **재료처리량공헌이익을 극대화**하여 현금을 창출하는 것이다.

| PLUS+ 원가절감방법 비교 | | | | |
|---|---|---|---|---|
| 구분 | 목표원가계산 | 카이젠원가 | 수명주기원가계산 | 적시생산시스템 |
| 목표 | 목표원가 달성 | 제조공정의 지속적인 개선 | 제조 이전, 이후의 모든 원가를 관리 | 재고최소화 |
| 원가 절감 | 제품의 개발 및 설계 단계부터 | 제조공정의 지속적인 개선으로 | 제조이전단계부터 원가절감 노력 | 재고관리비용 최소화로 원가절감 |

## 01 품질원가에 관한 설명으로 옳지 않은 것은?

12년 CTA

① 일반적으로 원재료 검사비용은 예방원가로 분류한다.

② 일반적으로 보증기간 내 수리와 교환은 외부실패원가로 분류한다.

③ 품질원가는 제품의 품질에 문제가 발생한 경우 이를 해결하기 위하여 발생하는 원가를 포함한다.

④ 허용가능품질수준관점(acceptable quality level view)에서는 통제원가와 실패원가 사이에 부(−)의 관계가 있는 것으로 본다.

⑤ 무결점수준관점(zero defects view)에서는 불량률이 0(zero)이 될 때 품질원가가 최소가 되므로, 불량률이 0이 되도록 품질원가를 관리해야 한다고 본다.

**해설**

일반적으로 원재료 검사비용은 평가원가로 분류한다.

## 02 품질원가에 대한 설명으로 옳지 않은 것은?

07년 CTA

① 품질원가의 바람직한 분포는 일반적으로 '예방원가 > 평가원가 > 내부실패원가 > 외부실패원가'이다.

② 예방원가와 평가원가를 포함하는 통제원가는 불량품의 발생률과 역의 관계를 갖는다.

③ 제조물책임법에 의한 소송비용, 제품보증수리비용, 불량품으로 인한 회사 이미지 실추에 따른 판매기회상실로 인한 기회비용 등은 외부실패원가에 해당한다.

④ 불량품으로 인한 기계가동중단손실, 재작업원가 등은 내부실패원가에 해당한다.

⑤ 품질관리계획수립원가, 품질관리기술개발원가, 품질개선을 위한 토의원가 등은 평가원가에 해당한다.

**해설**

품질관리계획수립원가, 품질관리기술개발원가, 품질개선을 위한 토의원가 등은 예방원가에 해당한다.

**03** ㈜국세는 김치냉장고를 생산하여 판매한다. ㈜국세의 원가관리담당자는 20×1년에 생산한 김치냉장고 2,000대의 품질원가를 분석하여, 다음과 같은 품질원가 보고서를 작성하였다.

| 구분 | | 품질원가 |
|---|---|---|
| 내부실패원가 | 반품재작업 | ₩40,000 |
| | 불량품재작업 | 20,000 |
| 예방원가 | 보증수리원가 | 100,000 |
| | 설계엔지니어링 | 20,000 |
| 평가원가 | 예방설비점검 | 20,000 |
| | 재공품검사 | 20,000 |
| 외부실패원가 | 제품검사 | 30,000 |
| | 클레임 제기로 인한 추정 손해배상액 | 200,000 |
| 계 | | ₩450,000 |

그런데 원가관리담당자가 작성한 품질원가보고서를 검토하던 ㈜국세의 경영자는 보고서에 품질원가 구분상 오류가 있음을 발견하였다. ㈜국세의 경영자는 원가관리담당자에게 보고서의 오류를 수정하도록 지시하였다. 오류가 수정된 품질원가보고서에 근거한 다음의 설명 중 옳지 않은 것은? `11년 CTA`

① 내부실패원가는 ₩60,000이다.
② 예방원가는 ₩40,000이다.
③ 외부실패원가는 ₩340,000이다.
④ 평가원가는 ₩50,000이다.
⑤ 실패원가 대비 통제원가(예방 및 평가원가) 비율은 25%이다.

**해설**

| 예방원가 | 설계엔지니어링 | ₩20,000 |
|---|---|---|
| | 예방설비점검 | 20,000 |
| 평가원가 | 재공품검사 | 20,000 |
| | 제품검사 | 30,000 |
| 내부실패원가 | 불량품재작업 | 20,000 |
| 외부실패원가 | 반품재작업 | 40,000 |
| | 보증수리원가 | 100,000 |
| | 클레임 제기로 인한 추정 손해배상액 | 200,000 |

## 04 품질원가에 관한 설명으로 옳지 않은 것은?  15년 CTA

① 제품의 품질은 설계품질(quality of design)과 적합품질(quality of conformance)로 구분할 수 있는데, 품질원가는 생산자 품질이라 할 수 있는 설계품질과 관련된 것이다.

② 품질원가는 예방원가 및 평가원가로 구성되는 통제원가와 내부실패원가 및 외부 실패원가로 구성되는 실패원가로 분류할 수 있다.

③ 품질원가에 대한 전통적인 관점에서는 통제원가와 실패원가 사이에 상충관계(trade-off)가 존재한다고 보고 있다.

④ 예방원가는 제품의 생산과정에서 불량품이 발생하지 않도록 예방하기 위하여 발생하는 원가로서 품질관리를 위한 종업원들에 대한 교육훈련비, 생산설비의 유지보수비 등이 여기에 속한다.

⑤ 품질원가는 제품에 불량이 발생하지 않도록 예방하거나 불량이 발생하는지를 검사하고, 불량이 발생한 경우 초래되는 모든 원가를 의미한다.

해설
품질원가는 불량품의 발생을 방지하거나 불량품이 생산된 결과로 발생하는 모든 원가를 의미하며 적합품질과 관련된 것이다.

## 05 ㈜감평은 품질관련 활동원가를 예방원가, 평가원가, 내부실패원가 및 외부실패원가로 구분하고 있다. 다음에 제시한 자료 중 외부실패원가로 집계한 금액은?  13년 기출

| | |
|---|---|
| • 제품보증수리활동 | ₩21,000 |
| • 원재료 검사활동 | 11,000 |
| • 직원 품질교육활동 | 50,000 |
| • 고객서비스센터활동 | 6,000 |
| • 불량품 재작업활동 | 8,000 |
| • 설비보수 및 유지활동 | 5,000 |
| • 판매기회 상실로 인한 기회비용 | 18,000 |
| • 공정검사활동 | 7,000 |
| • 설계개선활동 | 10,000 |

① ₩35,000 ② ₩43,000 ③ ₩45,000
④ ₩53,000 ⑤ ₩57,000

해설
외부실패원가 : 제품보증수리활동, 고객서비스센터활동, 판매기회 상실로 인한 기회비용

**06** ㈜관세는 품질원가를 계산하고자 한다. 다음 자료를 바탕으로 계산한 외부실패원가는?

21년 관세사

| | | | |
|---|---|---|---|
| • 품질교육 | ₩100 | • 완성품검사 | ₩400 |
| • 불량재공품 재작업 | ₩600 | • 보증수리 | ₩200 |
| • 반품 재작업 | ₩500 | • 설계개선 작업 | ₩300 |
| • 품질에 따른 판매기회상실 기회비용 ₩700 | | | |

① ₩700　　② ₩900　　③ ₩1,200

④ ₩1,400　　⑤ ₩1,800

**해설**

외부실패원가는 고객에게 인도된 후 발생한 실패원가에 해당한다.
외부실패원가 = ₩200(보증수리) + ₩500(반품 재작업) + ₩700(품질에 따른 판매기회상실 기회비용) = ₩1,400

**07** 최신의 관리회계기법에 관한 설명으로 옳지 않은 것은?

24년 기출

① 목표원가는 목표가격에서 목표이익을 차감하여 결정한다.
② 카이젠원가계산은 제조이전단계에서의 원가절감에 초점을 맞추고 있다.
③ 균형성과표는 조직의 전략과 성과평가시스템의 연계를 강조하고 있다.
④ 품질원가의 분류에서 내부실패원가는 불량품의 재작업원가나 폐기원가 등을 말한다.
⑤ 제품수명주기원가계산은 단기적 의사결정보다는 장기적 의사결정에 더욱 유용하다.

**해설**

카이젠원가계산은 제조단계에서의 원가절감에 초점을 맞추고 있다.

**08** 균형성과표(제도)에 관한 설명으로 가장 옳지 않은 것은?

① 균형성과표는 기업의 가치를 향상시키기 위해 전통적인 재무적지표 이외에 다양한 관점의 성과지표가 측정되어야 한다는 점을 강조하고 있다.

② 고객의 관점은 고객만족에 대한 성과를 측정하는데 고객만족도 조사, 고객확보율, 고객유지율, 반복구매정도 등의 지표가 사용된다.

③ 내부프로세스의 관점은 원가를 낮은 수준에서 유지하여 제품을 저렴한 가격으로 고객에게 제공할 수 있도록 기업 내부의 업무가 효율적으로 수행되는 정도를 의미하는데 불량률, 작업폐물, 재작업률, 수율, 납기, 생산처리시간 등의 지표가 사용된다.

④ 학습과 성장 관점은 기존의 프로세스와 제품에 만족하지 않고 기술 및 제품의 혁신적 발전을 추구하는 정도를 의미하는데 종업원 만족도, 전략적 직무충족도 등의 지표가 이용된다.

⑤ 재무적 성과는 수익을 제공하는 고객으로부터 달성될 수 있으므로 고객관점지표가 재무적 지표의 동인이 될 수 있으나, 내부프로세스의 효율성 향상과 재무적 성과에 따라 학습과 성장의 지표가 달성되므로 결국 학습과 성장의 지표가 최종적인 결과물이 된다.

**해설**
학습과 성장이 내부프로세스를 개선하고, 내부프로세스의 개선이 고객의 만족도를 증가시키며, 최종적으로 재무적 성과의 향상이 가능해진다. 따라서 최종적인 결과물은 재무적 성과이다.

**09** 책임회계와 성과평가에 관한 설명으로 옳지 않은 것은? | 18년 관세사 |

① 책임회계(responsibility accounting)의 평가지표는 각 책임단위가 통제할 수 있는 결과를 이용하며, 이를 통제가능성의 원칙(controllability principle)이라고 한다.

② 투자책임단위(investment center)의 경영자는 얼마의 금액을 투자해서 이익을 얼마나 창출했는지에 의하여 성과평가를 받아야 하므로 이익과 투자액을 동시에 고려해야 하며, 바람직한 성과지표는 잔여이익(RI), 경제적 부가가치(EVA), 투자수익율(ROI) 등이다.

③ 균형성과표(BSC)는 기업의 가치를 향상시키기 위해 전통적인 재무적 지표 이외에 다양한 관점의 성과지표가 측정되어야 한다는 것을 강조하고 있다.

④ 균형성과표(BSC)의 내부 프로세스 관점은 기존의 프로세스와 제품에 만족하지 않고 기술 및 제품의 혁신적인 발견을 추구하는 정도를 의미하는데, 종업원 만족도, 종업원 이직률 등의 지표가 이용된다.

⑤ 균형성과표(BSC)에서 고객의 관점은 고객만족에 대한 성과를 측정하는데 고객 만족도, 고객확보율, 반복구매정도 등의 지표가 사용된다.

**해설**
종업원 만족도, 종업원 이직률 등의 지표가 이용되는 관점은 학습과 성장관점이다.

**10** 전략적 원가관리에 관한 설명으로 옳지 않은 것은? 14년 CTA

① 목표원가계산(target costing)은 제품개발 및 설계단계부터 원가절감을 위한 노력을 기울여 목표원가를 달성하고자 한다.

② 카이젠원가계산(kaizen costing)은 제조이전단계에서의 원가절감에 초점을 맞추고 있다.

③ 품질원가계산(quality costing)은 예방원가, 평가원가, 실패원가 간의 상충관계에 주목한다.

④ 제품수명주기원가(product life-cycle cost)는 제품의 기획 및 개발·설계에서 고객서비스와 제품폐기까지의 모든 단계에서 발생하는 원가를 의미한다.

⑤ 제약이론(theory of constraints)은 기업의 목표를 달성하는 과정에서 병목공정을 파악하여 이를 집중적으로 관리하고 개선해서 기업의 성과를 높이는 방법이다.

**해설**

카이젠원가계산은 제조단계의 원가절감에 초점을 맞추고 있다.

**11** 원가관리기법에 관한 설명으로 옳은 것은? 21년 기출

① 제약이론을 원가관리에 적용한 재료처리량공헌이익(throughput contribution)은 매출액에서 기본원가를 차감하여 계산한다.

② 수명주기원가계산에서는 공장자동화가 이루어지면서 제조이전단계보다는 제조단계에서의 원가절감 여지가 매우 높아졌다고 본다.

③ 목표원가계산은 표준원가와 마찬가지로 제조과정에서의 원가절감을 강조한다.

④ 균형성과표는 전략의 구체화와 의사소통에 초점이 맞춰진 제도이다.

⑤ 품질원가계산에서는 내부실패원가와 외부실패원가를 통제원가라 하며, 예방 및 평가활동을 통해 이를 절감할 수 있다.

**해설**

① 제약이론을 원가관리에 적용한 재료처리량공헌이익(throughput contribution)은 매출액에서 직접재료원가를 차감하여 계산한다.

② 수명주기원가계산에서는 제조이전단계에서의 원가절감을 강조한다.

③ 목표원가계산은 제조이전단계에서 원가절감을 강조한다.

⑤ 품질원가계산에서는 내부실패원가와 외부실패원가를 실패원가라 하며, 예방 및 평가활동을 통해 이를 절감할 수 있다.

답▶ 01 ① 02 ⑤ 03 ① 04 ① 05 ③
06 ④ 07 ② 08 ⑤ 09 ④ 10 ②
11 ④

# 부록

## 용어의 정의

# 부록 용어의 정의

## 1 개념체계

| 구분 | 내용 |
|---|---|
| 결과불확실성 | 자산이나 부채에서 발생할 경제적효익의 유입이나 유출의 금액 또는 시기에 대한 불확실성 |
| 결합재무제표 | 지배-종속관계로 모두 연결되어 있지는 않은 둘 이상의 실체들로 구성된 보고실체의 재무제표 |
| 경제적자원 | 경제적효익을 창출할 잠재력을 지닌 권리 |
| 경제적자원의 통제 | 경제적자원의 사용을 지시하고 그로부터 유입될 수 있는 경제적효익을 얻을 수 있는 현재의 능력 |
| 경제적효익을 창출할 잠재력 | 경제적자원 내에 이미 존재하고 적어도 하나의 상황에서 그 실체를 위해 다른 모든 당사자들이 이용가능한 경제적효익을 초과하는 경제적효익을 창출할 수 있는 특성 |
| 근본적 질적 특성 | 일반목적재무보고서의 주요이용자들에게 유용하기 위하여 재무정보가 지녀야 하는 질적 특성. 근본적 질적 특성은 목적적합성과 표현충실성이다. |
| 미이행계약 | 계약당사자 모두가 자신의 의무를 전혀 수행하지 않았거나 계약당사자 모두가 동일한 정도로 자신의 의무를 부분적으로 수행한 계약이나 계약의 일부 |
| 보강적 질적 특성 | 유용한 정보를 더욱 유용하게 만드는 질적 특성. 보강적 질적 특성은 비교가능성, 검증가능성, 적시성 및 이해가능성이다. |
| 보고실체 | 일반목적재무제표를 작성해야 하거나 작성하기로 선택한 실체 |
| 부채 | 과거사건의 결과로 실체의 경제적자원을 이전해야 하는 현재의무 |
| 분류 | 표시와 공시를 위해 자산, 부채, 자본, 수익이나 비용을 공유되는 특성에 따라 구분하는 것 |
| 비연결재무제표 | 보고실체의 보고실체가 지배기업 단독인 경우 그 보고실체의 재무제표 |
| 비용 | 자본의 감소를 가져오는 자산의 감소 또는 부채의 증가로서, 자본청구권 보유자에 대한 분배와 관련된 것을 제외 |
| 상계 | 자산과 부채를 별도의 회계단위로 인식하고 측정하지만 재무상태표에서 단일의 순액으로 합산하는 것 |
| 수익 | 자본의 증가를 가져오는 자산의 증가 또는 부채의 감소로서, 자본청구권 보유자의 출자와 관련된 것을 제외 |
| 신중성 | 불확실한 상황에서 판단을 할 때 주의를 기울이는 것. 신중을 기한다는 것은 자산과 수익이 과대평가되지 않고 부채와 비용이 과소평가되지 않는 것을 의미한다. 마찬가지로, 신중을 기한다는 것은 자산이나 수익의 과소평가나 부채나 비용의 과대평가를 허용하지 않는다. |
| 연결재무제표 | 지배기업과 그 종속기업으로 구성된 보고실체의 재무제표 |

| 유용한 재무정보 | 일반목적재무보고서의 주요이용자들이 보고실체에 자원을 제공하는 것에 대한 의사결정을 할 때 유용한 재무정보. 재무정보가 유용하기 위해서는 목적적합해야 하고 나타내고자 하는 바를 충실하게 표현해야 한다. |
|---|---|
| 인식 | 자산, 부채, 자본, 수익 또는 비용과 같은 재무제표의 구성요소 중 하나의 정의를 충족하는 항목을 재무상태표나 재무성과표에 포함하기 위하여 포착하는 과정. 인식은 그러한 재무제표 중 하나에 어떤 항목(단독으로 또는 다른 항목과 통합하여)을 계정명칭 또는 화폐금액으로 나타내고, 해당 재무제표의 하나 이상의 합계에 포함시키는 것과 관련된다. |
| 일반목적 재무보고서 | 보고실체의 주요이용자들이 실체에 자원을 제공하는 것과 관련된 의사결정을 할 때 유용한 보고실체의 경제적자원, 그 실체에 대한 청구권 및 그러한 경제적자원과 청구권의 변동에 대한 재무정보를 제공하는 보고서 |
| 일반목적 재무제표 | 보고실체의 자산, 부채, 자본, 수익과 비용에 관한 정보를 제공하는 특정 형태의 일반목적재무보고서 |
| 자본 | 실체의 자산에서 모든 부채를 차감한 후의 잔여지분 |
| 자본청구권 | 실체의 자산에서 모든 부채를 차감한 후의 잔여지분에 대한 청구권 |
| 자산 | 과거사건의 결과로 실체가 통제하는 현재의 경제적자원 |
| 장부금액 | 재무상태표에 인식된 자산, 부채 또는 자본의 금액 |
| 제거 | 인식된 자산이나 부채의 전부 또는 일부를 실체의 재무상태표에서 삭제하는 것 |
| 존재불확실성 | 자산이나 부채의 존재 여부에 대한 불확실성 |
| 주요이용자들 | 현재 및 잠재적 투자자, 대여자 및 그 밖의 채권자 |
| 중요한 정보 | 정보가 누락되거나 잘못 기재된 경우 특정 보고실체의 재무정보를 제공하는 일반목적재무보고서에 근거하여 이루어지는 주요이용자들의 의사결정에 영향을 줄 수 있는 정보 |
| 측정기준 | 측정 대상 항목에 대해 식별된 속성(예 역사적 원가, 공정가치 또는 이행가치) |
| 측정불확실성 | 재무보고서의 화폐금액을 직접 관측할 수 없어 추정해야만 하는 경우에 발생하는 불확실성 |
| 측정치 | 자산이나 부채, 관련 수익과 비용에 측정기준을 적용하여 산출한 결과 |
| 통합 | 특성을 공유하고 동일한 분류에 속하는 자산, 부채, 자본, 수익, 또는 비용을 합하는 것 |
| 회계단위 | 인식기준과 측정개념이 적용되는 권리나 권리의 집합, 의무나 의무의 집합 또는 권리와 의무의 집합 |

## 2 공정가치

| 구분 | 내용 |
|---|---|
| 가장 유리한 시장 | 거래원가나 운송원가를 고려했을 때, 자산을 매도할 때 받는 금액을 최대화하거나 부채를 이전할 때 지급하는 금액을 최소화하는 시장 |
| 거래원가 | 자산이나 부채를 거래하는 주된 (또는 가장 유리한) 시장에서 자산을 매도하거나 부채를 이전할 때 발생하는 원가로서 자산의 처분이나 부채의 이전에 직접 귀속되는 다음의 두 기준을 모두 충족하는 원가<br>(1) 그러한 거래에서 직접 발생하고 필수적이다.<br>(2) 자산을 매도하거나 부채를 이전하는 결정을 하지 않았더라면 발생하지 않았을 것이다(기업회계기준서 제1105호에서 정의하는 처분부대원가와 비슷함). |
| 공정가치 | 측정일에 시장참여자 사이의 정상거래에서 자산을 매도할 때 받거나 부채를 이전할 때 지급하게 될 가격 |
| 관측할 수 없는 투입변수 | 시장 자료를 구할 수 없는 경우에, 자산이나 부채의 가격을 결정할 때 시장참여자가 사용할 가정에 대해 구할 수 있는 최선의 정보를 사용하여 개발된 투입변수 |
| 관측할 수 있는 투입변수 | 실제 사건이나 거래에 관해 공개적으로 구할 수 있는 정보와 같은 시장 자료를 사용하여 개발하였으며 자산이나 부채의 가격을 결정할 때 시장참여자가 사용할 가정을 반영한 투입변수 |
| 기대현금흐름 | 가능한 미래현금흐름의 확률가중평균(분포의 평균치) |
| 불이행위험 | 기업이 의무를 이행하지 않을 위험. 불이행위험은 기업 자신의 신용위험을 포함하지만 이것만으로 한정되는 것은 아니다. |
| 수준 1 투입변수 | 측정일에 동일한 자산이나 부채에 대해 접근할 수 있는 활성시장의 (조정하지 않은) 공시가격 |
| 수준 2 투입변수 | 수준 1의 공시가격 외에 자산이나 부채에 대해 직접적으로나 간접적으로 관측할 수 있는 투입변수 |
| 수준 3 투입변수 | 자산이나 부채에 대한 관측할 수 없는 투입변수 |
| 시장에서 입증된 투입변수 | 상관관계나 그 밖의 수단으로 관측할 수 있는 시장자료에서 주로 얻거나 관측할 수 있는 시장 자료로 입증된 투입변수 |
| 시장접근법 | 동일하거나 비교할 수 있는(비슷한) 자산, 부채, 사업과 같은 자산과 부채의 집합에 대해 시장 거래에서 생성된 가격이나 그 밖의 목적 적합한 정보를 사용하는 가치평가기법 |
| 운송원가 | 현재의 위치에서 주된 (또는 가장 유리한) 시장으로 자산을 운송하는데 발생하는 원가 |
| 원가접근법 | 자산의 사용능력을 대체할 때 현재 필요한 금액을 반영하는 가치평가기법(통상 현행 대체원가라고 한다) |
| 위험 프리미엄 | 자산이나 부채의 현금흐름에 내재된 불확실성이라는 위험을 부담하는 것에 대해 위험회피적인 시장참여자가 받으려는 보상. '위험조정'이라고 부르기도 한다. |
| 유입가격 | 교환거래에서 자산을 취득할 때 지급하거나 부채를 부담할 때 받는 가격 |

| 유출가격 | 자산을 매도할 때 받거나 부채를 이전할 때 지급하게 될 가격 |
|---|---|
| 이익접근법 | 미래 금액(예 현금흐름이나 수익과 비용)을 하나의 현재의(할인된) 금액으로 전환하는 가치평가기법. 공정가치 측정치는 그러한 미래 금액에 대한 현재의 시장 기대를 나타내는 가치에 근거하여 산정한다. |
| 정상거래 | 측정일 전의 일정 기간에 해당 자산이나 부채와 관련되는 거래를 위하여 통상적이고 관습적인 마케팅활동을 할 수 있도록 시장에 노출되는 것을 가정한 거래. 즉 강제된 거래(예 강제 청산이나 재무적 어려움에 따른 매각)가 아니다. |
| 주된 시장 | 해당 자산이나 부채를 거래하는 규모가 가장 크고 빈도가 가장 잦은 시장 |
| 최고 최선의 사용 | 비금융자산이나 비금융자산을 사용하는 자산과 부채로 구성된 집합(예 사업)의 가치를 최대화하는 시장참여자의 비금융자산 사용 |
| 투입변수 | 다음과 같은 위험에 대한 가정을 포함하여 자산이나 부채의 가격을 결정할 때 시장참여자가 사용할 가정<br>(1) 공정가치를 측정하기 위해 사용하는 특정 가치평가기법(예 가격결정모형)에 내재된 위험<br>(2) 가치평가기법의 투입변수에 내재된 위험<br>투입변수는 관측할 수 있거나 관측하지 못할 수 있다. |
| 활성시장 | 지속적으로 가격결정 정보를 제공하기에 충분할 정도의 빈도와 규모로 자산이나 부채를 거래하는 시장 |
| 회계단위 | 자산이나 부채를 인식하기 위해 기준서에서 통합되거나 세분화되는 수준 |

**3** 재무제표 표시

| 구분 | 내용 |
|---|---|
| 기타포괄손익 | 다른 한국채택국제회계기준서에서 요구하거나 허용하여 당기손익으로 인식하지 않은 수익과 비용항목(재분류조정 포함)을 포함한다. |
| 당기순손익 | 수익에서 비용을 차감한 금액(기타포괄손익의 구성요소 제외) |
| 소유주 | 자본으로 분류되는 금융상품의 보유자 |
| 실무적으로 적용할 수 없는 | 기업이 모든 합리적인 노력을 했어도 요구사항을 적용할 수 없는 경우에 그 요구사항은 실무적으로 적용할 수 없다. |
| 일반목적 재무제표 (이하 '재무제표'라 한다) | 특정 필요에 따른 특수보고서의 작성을 기업에 요구할 수 있는 위치에 있지 아니한 재무제표 이용자의 정보요구를 충족시키기 위해 작성되는 재무제표 |
| 재분류조정 | 당기나 과거 기간에 기타포괄손익으로 인식되었으나 당기손익으로 재분류된 금액 |
| 주석 | 재무상태표, 포괄손익계산서, 자본변동표 및 현금흐름표에 표시하는 정보에 추가하여 제공된 정보. 주석은 상기 재무제표에 표시된 항목을 구체적으로 설명하거나 세분화하며, 상기 재무제표 인식요건을 충족하지 못하는 항목에 대한 정보를 제공한다. |
| 중요한 | 특정 보고기업에 대한 재무정보를 제공하는 일반목적재무제표에 정보를 누락하거나 잘못 기재하거나 불분명하게 하여, 이를 기초로 내리는 주요 이용자의 의사결정에 영향을 줄 것으로 합리적으로 예상할 수 있다면 그 정보는 중요하다. |
| 총포괄손익 | 거래나 그 밖의 사건으로 인한 기간 중 자본의 변동(소유주로서의 자격을 행사하는 소유주와의 거래로 인한 자본의 변동 제외). 총포괄손익은 '당기순손익'과 '기타포괄손익'의 모든 구성요소를 포함한다. |
| 한국채택 국제회계기준 | 한국회계기준원 회계기준위원회가 국제회계기준을 근거로 제정한 회계기준으로 다음과 같이 구성된다.<br>(1) 기업회계기준서<br>(2) 기업회계기준해석서 |

## 4 금융상품

| 구분 | 내용 |
|---|---|
| 12개월 기대신용손실 | 보고기간말 후 12개월 내에 발생 가능한 금융상품의 채무불이행 사건으로 인한 기대신용손실을 나타내는, 전체기간 기대신용손실의 일부 |
| 거래원가 | 금융자산이나 금융부채의 취득, 발행, 처분과 직접 관련된 증분원가. 증분원가는 그 금융상품의 취득, 발행, 처분이 없었다면 생기지 않았을 원가를 말한다. |
| 계약자산 | 기업회계기준서 제1115호 '고객과의 계약에서 생기는 수익'에 따른 권리. 손상차손(환입)의 인식과 측정은 이 기준서에 따라 회계처리한다. |
| 금융보증계약 | 채무상품의 최초 계약조건이나 변경된 계약조건에 따라 지급기일에 특정 채무자가 지급하지 못하여 보유자가 입은 손실을 보상하기 위해 발행자가 특정 금액을 지급하여야 하는 계약 |
| 금융자산의 총 장부금액 | 손실충당금을 조정하기 전 금융자산의 상각후원가 |
| 금융자산이나 금융부채의 상각후원가 | 최초 인식시점에 측정한 금융자산이나 금융부채에서 상환된 원금을 차감하고, 최초 인식금액과 만기금액의 차액에 유효이자율법을 적용하여 계산한 상각누계액을 가감한 금액. 금융자산의 경우에 해당 금액에서 손실충당금을 조정한 금액 |
| 기대신용손실 | 개별 채무불이행 발생 위험으로 가중평균한 신용손실 |
| 단기매매항목 | 다음 중 하나에 해당하는 금융자산이나 금융부채<br>(1) 주로 단기간에 매각하거나 재매입할 목적으로 취득하거나 부담한다.<br>(2) 최초 인식시점에 공동으로 관리하는 특정 금융상품 포트폴리오의 일부로 운용 형태가 단기적 이익 획득 목적이라는 증거가 있다.<br>(3) 파생상품이다(다만 금융보증계약인 파생상품이나 위험회피수단으로 지정되고 위험회피에 효과적인 파생상품은 제외한다). |
| 당기손익 – 공정가치 측정 금융부채 | 다음 중 하나의 조건을 충족하는 금융부채<br>(1) 단기매매항목의 정의를 충족한다.<br>(2) 최초 인식시점에 당기손익–공정가치 측정 항목으로 지정한다.<br>(3) 최초 인식시점 또는 후속적으로 당기손익–공정가치 측정 항목으로 지정한다. |
| 배당 | 지분상품의 보유자가 특정 종류의 자본의 보유비율에 비례하여 받는 이익의 분배 |
| 변경손익 | 재협상되거나 변경된 계약상 현금흐름을 반영하기 위하여 금융자산의 총 장부금액을 조정함에 따라 발생하는 금액 |
| 손상차손(환입) | 손상 요구사항을 적용하여 발생하며 당기손익으로 인식하는 손익 |
| 손실충당금 | (1) 금융자산, 리스채권, 계약자산의 기대신용손실에 대한 충당금<br>(2) 금융자산의 누적손상액<br>(3) 대출약정과 금융보증계약의 기대신용손실에 대한 충당부채 |
| 신용손실 | 계약에 따라 지급받기로 한 모든 계약상 현금흐름과 수취할 것으로 예상하는 모든 계약상 현금흐름의 차이(모든 현금 부족액)를 최초 유효이자율(또는 취득 시 신용이 손상되어 있는 금융자산은 신용 조정 유효이자율)로 할인한 금액. 유효이자율을 계산할 때 해당 금융상품의 기대존속기간에 걸친 모든 계약조건(예 중도상환옵션, 연장옵션, 콜옵션, 이와 비슷한 옵션)을 고려하여 현금흐름을 추정한 |

| | |
|---|---|
| | 다. 담보물의 처분에 따른 현금흐름이나 계약조건에 포함된 그 밖의 신용보강도 현금흐름을 고려할 때 포함한다. 금융상품의 기대존속기간은 신뢰성 있게 추정할 수 있다고 본다. 그러나 금융상품의 기대존속기간을 신뢰성 있게 추정할 수 없는 드문 경우에는 해당 금융상품의 남은 계약기간을 사용한다. |
| 신용이 손상된 금융자산 | 금융자산의 추정미래현금흐름에 악영향을 미치는 하나 이상의 사건이 생긴 경우에 해당 금융자산의 신용이 손상된 것이다. 금융자산의 신용이 손상된 증거는 다음의 사건에 대한 관측 가능한 정보를 포함한다.<br>(1) 발행자나 차입자의 유의적인 재무적 어려움<br>(2) 채무불이행이나 연체 같은 계약 위반<br>(3) 차입자의 재무적 어려움에 관련된 경제적이나 계약상 이유로 당초 차입조건의 불가피한 완화<br>(4) 차입자의 파산 가능성이 높아지거나 그 밖의 재무구조조정 가능성이 높아짐<br>(5) 재무적 어려움으로 해당 금융자산에 대한 활성시장의 소멸<br>(6) 이미 발생한 신용손실을 반영하여 크게 할인한 가격으로 금융자산을 매입하거나 창출하는 경우<br>신용손상을 일으킨 단일 사건을 특정하여 식별하는 것이 불가능할 수 있으며, 오히려 여러 사건의 결합된 효과가 신용손상을 초래할 수도 있다. |
| 신용조정 유효이자율 | 취득 시 신용이 손상되어 있는 금융자산의 기대 존속기간에 추정 미래현금지급액이나 수취액의 현재가치를 해당 금융자산의 상각후원가와 정확히 일치시키는 이자율 |
| 연체 | 계약상 지급기일이 도래하였지만 계약 상대방이 지급하기로 한 금액을 지급하지 못한 경우에 해당 금융자산은 연체된 것이다. |
| 예상거래 | 이행해야 하는 구속력은 없으나, 앞으로 발생할 것으로 예상되는 거래 |
| 유효이자율 | 금융자산이나 금융부채의 기대존속기간에 추정 미래현금지급액이나 수취액의 현재가치를 금융자산의 총 장부금액이나 금융부채의 상각후원가와 정확히 일치시키는 이자율. 유효이자율을 계산할 때 해당 금융상품의 모든 계약조건(예 중도상환옵션, 연장옵션, 콜옵션, 이와 비슷한 옵션)을 고려하여 기대현금흐름을 추정한다. 그러나 기대신용손실은 고려하지 아니한다. |
| 유효이자율법 | 금융자산이나 금융부채의 상각후원가를 계산하고 관련 기간에 이자수익이나 이자비용을 당기손익으로 인식하고 배분하는 방법 |
| 재분류일 | 금융자산의 재분류를 초래하는 사업모형의 변경 후 첫 번째 보고기간의 첫 번째 날 |
| 전체기간 기대신용손실 | 금융상품의 기대존속기간에 발생할 수 있는 모든 채무불이행 사건에 따른 기대신용손실 |
| 정형화된 매입 또는 매도 | 관련 시장의 규정이나 관행에 따라 일반적으로 설정된 기간 내에 해당 금융상품을 인도하는 계약조건에 따른 금융자산의 매입 또는 매도 |
| 제거 | 이미 인식한 금융자산이나 금융부채를 재무상태표에서 삭제하는 것 |
| 취득시 신용이 손상되어 있는 금융자산 | 최초 인식시점에 최초 발생시점이나 매입할 때 신용이 손상되어 있는 금융자산 |
| 확정계약 | 미래의 특정일에 거래 대상의 특정 수량을 특정가격으로 교환하기로 하는 구속력 있는 약정 |

## 5 고객과의 계약에서 생기는 수익

| 구분 | 내용 |
| --- | --- |
| 계약 | 둘 이상의 당사자들 사이에 집행 가능한(enforceable) 권리와 의무가 생기게 하는 합의 |
| 계약자산 | 기업이 고객에게 이전한 재화나 용역에 대하여 그 대가를 받을 기업의 권리로 그 권리에 시간의 경과외의 조건(예 기업의 미래 수행)이 있는 자산 |
| 계약부채 | 기업이 고객에게서 이미 받은 대가(또는 지급기일이 된 대가)에 상응하여 고객에게 재화나 용역을 이전하여야 하는 기업의 의무 |
| 고객 | 기업의 통상적인 활동의 산출물인 재화나 용역을 대가와 교환하여 획득하기로 기업과 계약한 당사자 |
| (광의의)수익 (income) | 자산의 유입 또는 가치 증가나 부채의 감소 형태로 자본의 증가를 가져오는, 특정 회계기간에 생긴 경제적 효익의 증가로서, 지분참여자의 출연과 관련된 것은 제외 |
| 수행의무 | 고객과의 계약에서 다음의 어느 하나를 고객에게 이전하기로 한 각 약속<br>(1) 구별되는 재화나 용역 (또는 재화나 용역의 묶음)<br>(2) 실질적으로 서로 같고 고객에게 이전하는 방식도 같은 일련의 구별되는 재화나 용역 |
| 수익(Revenue) | 광의의 수익(income) 중 기업의 통상적인 활동에서 생기는 것 |
| 개별판매가격 | 기업이 약속한 재화나 용역을 고객에게 별도로 판매할 경우의 가격 |
| 거래가격 | 고객에게 약속한 재화나 용역을 이전하고 그 대가로 기업이 받을 권리를 갖게 될 것으로 예상하는 금액이며, 제삼자를 대신하여 회수한 금액은 제외 |

## 6 종업원급여

| 구분 | 내용 |
|---|---|
| 종업원급여 | 종업원이 제공한 근무용역의 대가로 또는 종업원을 해고하는 대가로 기업이 제공하는 모든 종류의 보수 |
| 단기종업원급여 | 종업원이 관련 근무용역을 제공하는 연차 보고기간 후 12개월이 되기 전에 모두 결제될 것으로 예상하는 종업원급여(해고급여 제외) |
| 퇴직급여 | 퇴직 후에 지급하는 종업원급여(해고급여와 단기종업원 급여는 제외) |
| 기타장기 종업원급여 | 단기종업원급여, 퇴직급여, 해고급여를 제외한 종업원급여 |
| 해고급여 | 다음 중 어느 하나의 결과로서, 종업원을 해고하는 대가로 제공하는 종업원급여<br>(1) 기업이 통상적인 퇴직시점 전에 종업원을 해고하는 결정<br>(2) 종업원이 해고의 대가로 기업에서 제안하는 급여를 받아들이는 결정 |
| 퇴직급여제도 | 기업이 한 명 이상의 종업원에게 퇴직급여를 지급하는 근거가 되는 공식 약정이나 비공식 약정 |
| 확정기여제도 | 기업이 별개의 실체(기금)에 고정 기여금을 납부하고, 기여금을 납부할 법적의무나 의제의무가 더는 없는 퇴직급여 제도이다. 즉 그 기금에서 당기와 과거 기간에 제공된 종업원 근무용역과 관련된 모든 종업원급여를 지급할 수 있을 정도로 자산을 충분히 보유하지 못하더라도 기업에는 추가로 기여금을 납부할 의무가 없다. |
| 확정급여제도 | 확정기여제도 외의 모든 퇴직급여제도 |
| 순확정급여부채 (자산) | 과소적립액이나 자산인식상한을 한도로 하는 초과적립액 |
| 과소적립액 또는 초과적립액 | 다음 (1)에서 (2)를 차감한 금액<br>(1) 확정급여채무의 현재가치<br>(2) 사외적립자산의 공정가치(존재하는 경우) |
| 자산인식상한 | 제도에서 환급받는 형태로 또는 제도에 납부할 미래기여금을 절감하는 형태로 얻을 수 있는 경제적 효익의 현재가치 |
| 확정급여채무의 현재가치 | 종업원이 당기와 과거 기간에 근무용역을 제공하여 생긴 채무를 결제하기 위해 필요한 예상 미래지급액의 현재가치(사외적립자산 차감 전) |
| 사외적립자산 | 다음으로 구성된다.<br>(1) 장기종업원급여기금에서 보유하고 있는 자산<br>(2) 적격보험계약 |

| | |
|---|---|
| 장기종업원급여 기금에서 보유하고 있는 자산 | 다음을 모두 충족하는 자산(보고기업이 발행한 양도할 수 없는 금융상품은 제외)<br>(1) 보고기업과 법적으로 별개이고, 종업원급여를 지급하거나 그 재원을 마련하기 위해서만 존재하는 실체(기금)가 보유하는 자산<br>(2) 종업원급여를 지급하거나 그 재원을 마련하기 위해서만 사용할 수 있고, 보고기업 자신의 채권자는 이용할 수 없으며(심지어 파산의 경우를 포함), 다음 중 하나에 해당하지 않는다면 보고기업에 반환될 수 없는 자산<br>　㈎ 기금의 잔여자산이 급여제도나 보고기업의 관련 종업원급여채무를 이행하기에 충분한 경우<br>　㈏ 보고기업이 종업원급여를 이미 지급하여 이를 보상하기 위해 반환하는 경우 |
| 당기근무원가 | 당기에 종업원이 근무용역을 제공하여 생긴 확정급여채무 현재가치의 증가분 |
| 과거근무원가 | 제도가 개정(확정급여제도의 도입, 철회, 변경)되거나 축소(기업이 제도의 대상이 되는 종업원 수를 유의적으로 줄임)됨에 따라, 종업원이 과거 기간에 제공한 근무용역에 대한 확정급여채무 현재가치가 변동하는 경우 그 변동금액 |
| 순확정급여부채 (자산)의 순이자 | 보고기간에 시간이 지남에 따라 생기는 순확정급여부채(자산)의 변동 |
| 순확정급여부채 (자산)의 재측정요소 | (1) 보험수리적손익<br>(2) 사외적립자산의 수익[순확정급여부채(자산)의 순이자에 포함된 금액은 제외]<br>(3) 자산인식상한효과의 변동[순확정급여부채(자산)의 순이자에 포함된 금액은 제외] |
| 보험수리적손익 | 다음으로 인해 생기는 확정급여채무 현재가치의 변동<br>(1) 경험조정(이전의 보험수리적 가정과 실제 일어난 결과의 차이효과)<br>(2) 보험수리적 가정의 변경 효과 |
| 정산 | 확정급여제도에 따라 생긴 급여의 일부나 전부에 대한 법적의무나 의제의무를 더 이상 부담하지 않기로 하는 거래(제도의 규약에 정해져 있고 보험수리적 가정에 포함되어 있는, 종업원이나 그 대리인에게 급여를 지급하는 것은 제외) |

**7** 퇴직급여제도에 의한 회계처리의 보고

| 구분 | 내용 |
|---|---|
| 퇴직급여제도 | 종업원이 퇴직한 때 또는 퇴직한 후에 일시불이나 연금의 형식으로 급여를 지급하기로 하는 약정. 퇴직급여제도에서 종업원에게 지급하는 급여와 급여지급을 위해 사용자가 납부하는 기여금은 종업원이 퇴직하기 전에 이미 명문의 규정이나 관행에 따라 결정되거나 추정할 수 있다. |
| 확정기여제도 | 종업원에게 지급할 퇴직급여금액이 기금에 출연하는 기여금과 그 투자수익에 의해 결정되는 퇴직급여제도 |
| 확정급여제도 | 종업원에게 지급할 퇴직급여금액이 일반적으로 종업원의 임금과 근무연수에 기초하는 산정식에 의해 결정되는 퇴직급여제도 |
| 기금적립 | 퇴직급여를 지급할 미래의무를 충족하기 위해 사용자와는 구별된 실체(기금)에 자산을 이전하는 것 |
| 가입자 | 퇴직급여제도의 구성원과 퇴직급여제도에 따라 급여에 대한 자격을 획득한 그 밖의 자 |
| 급여지급에 이용가능한 순자산 | 제도의 자산에서 약정퇴직급여의 보험수리적 현재가치를 제외한 부채를 차감한 잔액 |
| 약정퇴직급여의 보험수리적 현재가치 | 퇴직급여제도에 의거하여 현직 및 전직 종업원에게 이미 제공한 근무용역에 대해 지급할 예상퇴직급여의 현재가치 |
| 가득급여 | 종업원의 미래 계속 근무와 관계없이 퇴직급여제도에 따라 받을 권리가 있는 급여 |

**8  주식기준보상**

| 구분 | 내용 |
|---|---|
| 가득 | 권리의 획득. 주식기준보상약정에서 거래 상대방이 현금, 그 밖의 자산이나 기업의 지분상품을 받을 권리는 가득조건의 충족 여부에 따라 더 이상 거래상대방이 권리를 획득하는지가 좌우되지 않을 때 가득된다. |
| 가득기간 | 주식기준보상약정에서 지정하는 모든 가득조건을 충족하여야 하는 기간 |
| 가득조건 | 주식기준보상약정에 따라 거래상대방이 현금, 그 밖의 자산, 또는 기업의 지분상품을 받을 권리를 획득하게 하는 용역을 기업이 제공받을지를 결정짓는 조건. 가득조건에는 용역제공조건과 성과조건이 있다. |
| 공정가치 | 합리적인 판단력과 거래의사가 있는 독립된 당사자 사이의 거래에서 자산을 교환하거나 부채를 결제하거나 부여된 지분상품을 교환할 수 있는 금액 |
| 내재가치 | 거래상대방이 청약할 수 있는 (조건부나 무조건부) 권리나 제공받을 권리가 있는 주식의 공정가치와 거래상대방이 해당 주식에 대해 지급해야 하는 가격의 차이. 예를 들면, 주식선택권의 행사가격이 15원이고 기초주식의 공정가치가 20원이라면 내재가치는 5원(20원-15원)이다. |
| 부여일 | 기업과 거래상대방(종업원 포함)이 주식기준보상약정에 합의한 날. 곧 기업과 거래상대방이 거래조건에 대한 이해를 공유한 날. 부여일에 기업은 현금, 그 밖의 자산이나 기업의 지분상품에 대한 권리를 거래상대방에게 부여하며, 특정 가득조건이 있다면 그 조건을 충족한 경우에 권리를 부여한다. 주식기준보상거래가 유효하기 위해 일정한 승인절차(예 주주총회)가 필요한 경우 부여일은 승인을 받은 날로 한다. |
| 부여한(된) 지분상품 | 기업이 주식기준보상약정에 따라 거래상대방에게 (조건부 또는 무조건부로) 넘겨준 지분상품에 대한 권리 |
| 성과조건 | 다음을 모두 요구하는 가득조건<br>(1) 거래상대방이 특정 기간에 용역을 제공한다(용역제공조건). 이 용역제공조건은 명시적이거나 암묵적일 수 있다.<br>(2) 위 (1)에서 요구하는 용역을 거래상대방이 제공하는 동안 특정 성과목표를 달성한다. |
| 시장조건 | 지분상품의 행사가격, 가득 또는 행사 가능성을 좌우하는 것으로 기업 지분상품(또는 같은 연결실체 내 다른 기업의 지분상품)의 시장가격(또는 가치)에 관련된 성과조건 |
| 용역제공조건 | 거래상대방에게 특정 기간 기업에 용역을 제공하도록 요구하는 가득조건. 거래상대방이 가득기간 중 용역의 제공을 중단한다면 그 이유에 관계없이 용역제공조건을 충족하지 못한다. 용역제공조건은 성과목표달성을 요구하지 않는다. |
| 재부여주식 선택권 | 이미 부여된 주식선택권의 행사가격을 지급하기 위해 사용한 주식에 대차여 새롭게 부여하는 주식선택권 |
| 재부여특성 | 주식선택권 보유자가 이미 부여된 주식선택권을 행사하면서 행사가격 지급수단으로 현금이 아니라 이미 자신이 보유한 기업의 주식을 사용하는 때에, 추가 주식선택권이 자동으로 부여되는 특성 |

| 종업원 및 유사용역제공자 | 종업원 및 유사용역제공자에는, 예를 들면, 사외이사 등 기업의 활동을 계획, 지휘, 통제할 권한과 책임이 있는 모든 관리자를 포함한다. |
|---|---|
| 주식결제형 주식기준 보상거래 | 다음의 어느 하나에 해당되는 주식기준보상거래<br>(1) 기업이 재화나 용역을 제공받는 대가로 자신의 지분상품(주식이나 주식선택권 등)을 부여하는 주식기준보상거래<br>(2) 기업이 재화나 용역을 제공받지만 이를 제공한 자에게 주식기준보상거래를 결제할 의무가 없는 주식기준보상거래 |
| 주식기준 보상거래 | 기업이 (1) 주식기준보상약정에서 재화나 용역의 공급자(종업원 포함)에게서 재화나 용역을 받거나, (2) 연결실체 내 다른 기업이 이러한 재화나 용역을 받을 때 주식기준보상약정에서 기업이 그 공급자에게 결제할 의무가 생기는 거래 |
| 주식선택권 (주식옵션) | 보유자에게 특정 기간 확정되었거나 산정 가능한 가격으로 기업의 주식을 매수할 수 있는 권리(의무는 아님)를 부여하는 계약 |
| 지분상품 | 기업의 자산에서 모든 부채를 차감한 후의 잔여지분을 나타내는 계약 |
| 측정기준일 | 이 기준서의 목적상 부여된 지분상품의 공정가치를 측정하는 기준일. 종업원 및 유사용역제공자와의 주식기준보상거래에서는 부여일을 측정기준일로 한다. 종업원 및 유사용역제공자가 아닌 자와의 주식기준보상거래에서는 기업이 거래상대방에게서 재화나 용역을 제공받는 날을 측정기준일로 한다. |
| 현금결제형 주식기준 보상거래 | 기업이 재화나 용역을 제공받는 대가로 기업이나 연결실체 내 다른 기업의 지분상품(주식이나 주식선택권 등) 가격(또는 가치)에 기초한 금액만큼 현금이나 그 밖의 자산을 지급해야 하는 부채를 재화나 용역의 공급자에게 부담하는 주식기준보상거래 |

## 9 법인세

| 구분 | 내용 |
|---|---|
| 회계이익 | 법인세비용 차감 전 회계기간의 손익 |
| 과세소득 (세무상결손금) | 과세당국이 제정한 법규에 따라 납부할(환급받을) 법인세를 산출하는 대상이 되는 회계기간의 이익(손실) |
| 법인세비용(수익) | 당기법인세 및 이연법인세와 관련하여 당해 회계기간의 손익을 결정하는 데 포함되는 총액 |
| 당기법인세 | 회계기간의 과세소득(세무상결손금)에 대하여 납부할(환급받을) 법인세액 |
| 이연법인세부채 | 가산할 일시적 차이와 관련하여 미래 회계기간에 납부할 법인세 금액 |
| 이연법인세자산 | 다음과 관련하여 미래 회계기간에 회수될 수 있는 법인세 금액<br>(1) 차감할 일시적 차이<br>(2) 미사용 세무상결손금의 이월액<br>(3) 미사용 세액공제 등의 이월액 |
| 일시적 차이 | 재무상태표상 자산 또는 부채의 장부금액과 세무기준액의 차이. 이러한 일시적차이는 다음의 두 가지로 구분된다.<br>(1) 가산할 일시적 차이 : 자산이나 부채의 장부금액이 회수나 결제되는 미래 회계기간의 과세소득(세무상결손금) 결정시 가산할 금액이 되는 일시적 차이<br>(2) 차감할 일시적 차이 : 자산이나 부채의 장부금액이 회수나 결제되는 미래 회계기간의 과세소득(세무상결손금) 결정시 차감할 금액이 되는 일시적 차이 |
| 자산이나 부채의 세무기준액 | 세무상 당해 자산 또는 부채에 귀속되는 금액 |
| 자산의 세무기준액 | 자산의 세무기준액은 자산의 장부금액이 회수될 때 기업에 유입될 과세대상 경제적효익에서 세무상 차감될 금액을 말한다. 만약 그러한 경제적효익이 과세대상이 아니라면, 자산의 세무기준액은 장부금액과 일치한다. |
| 부채의 세무기준액 | 장부금액에서 미래 회계기간에 당해 부채와 관련하여 세무상 공제될 금액을 차감한 금액이다. 수익을 미리 받은 경우, 이로 인한 부채의 세무기준액은 당해 장부금액에서 미래회계기간에 과세되지 않을 수익을 차감한 금액이다. |

## 10 리스

| 구분 | 내용 |
|---|---|
| 경제적 내용연수 | 하나 이상의 사용자가 자산을 경제적으로 사용할 수 있을 것으로 예상하는 기간이나 자산에서 얻을 것으로 예상하는 생산량 또는 이와 비슷한 단위 수량 |
| 고정리스료 | 리스기간의 기초자산 사용권에 대하여 리스이용자가 리스제공자에게 지급하는 금액에서 변동리스료를 뺀 금액 |
| 공정가치 | 이 기준서의 리스제공자 회계처리 요구사항을 적용하기 위하여, 합리적인 판단력과 거래의사가 있는 독립된 당사자 사이의 거래에서 자산이 교환되거나 부채가 결제될 수 있는 금액 |
| 금융리스 | 기초자산의 소유에 따른 위험과 보상의 대부분을 이전하는 리스 |
| 기초자산 | 리스제공자가 리스이용자에게 자산의 사용권을 제공하는, 리스의 대상이 되는 자산 |
| 단기리스 | 리스개시일에, 리스기간이 12개월 이하인 리스. 매수선택권이 있는 리스는 단기리스에 해당하지 않는다. |
| 무보증잔존가치 | 리스제공자가 실현할 수 있을지 확실하지 않거나 리스제공자의 특수관계자만이 보증한, 기초자산의 잔존가치 부분 |
| 미실현 금융수익 | 리스총투자와 리스순투자의 차이 |
| 변경 유효일 | 두 당사자가 리스변경에 동의하는 날 |
| 변동리스료 | 리스기간에 기초자산의 사용권에 대하여 리스이용자가 리스제공자에게 지급하는 리스료의 일부로서 시간의 경과가 아닌 리스개시일 후 사실이나 상황의 변화 때문에 달라지는 부분 |
| 리스 | 대가와 교환하여 자산(기초자산)의 사용권을 일정 기간 이전하는 계약이나 계약의 일부 |
| 리스개설직접원가 | 리스를 체결하지 않았더라면 부담하지 않았을 리스체결의 증분원가. 다만 금융리스와 관련하여 제조자 또는 판매자인 리스제공자가 부담하는 원가는 제외 |
| 리스개시일 | 리스제공자가 리스이용자에게 기초자산을 사용할 수 있게 하는 날 |
| 리스기간 | 리스이용자가 기초자산 사용권을 갖는 해지불능기간과 다음 기간을 포함하는 기간<br>(1) 리스이용자가 리스 연장선택권을 행사할 것이 상당히 확실한 경우에 그 선택권의 대상 기간<br>(2) 리스이용자가 리스 종료선택권을 행사하지 않을 것이 상당히 확실한 경우에 그 선택권의 대상 기간 |
| 리스료 | 기초자산 사용권과 관련하여 리스기간에 리스이용자가 리스제공자에게 지급하는 금액으로 다음 항목으로 구성됨<br>(1) 고정리스료(실질적인 고정리스료를 포함하고, 리스 인센티브는 차감)<br>(2) 지수나 요율(이율)에 따라 달라지는 변동리스료<br>(3) 리스이용자가 매수선택권을 행사할 것이 상당히 확실한 경우에 그 매수선택권의 행사가격<br>(4) 리스기간이 리스이용자의 종료선택권 행사를 반영하는 경우에, 그 리스를 종료하기 위하여 부담하는 금액 |

리스이용자의 경우에 리스료는 잔존가치보증에 따라 리스이용자가 지급할 것으로 예상되는 금액도 포함한다. 리스이용자가 비리스요소와 리스요소를 통합하여 단일 리스요소로 회계처리하기로 선택하지 않는다면 리스료는 비리스요소에 배분되는 금액을 포함하지 않는다.

리스제공자의 경우에 리스료는 잔존가치보증에 따라 리스이용자, 리스이용자의 특수관계자, 리스제공자와 특수 관계에 있지 않고 보증의무를 이행할 재무적 능력이 있는 제삼자가 리스제공자에게 제공하는 잔존가치보증을 포함한다. 리스료는 비리스요소에 배분되는 금액은 포함하지 않는다.

| 리스변경 | 변경 전 리스 조건의 일부가 아니었던 리스의 범위 또는 리스대가의 변경(예 하나 이상의 기초자산 사용권을 추가하거나 종료함, 계약상 리스기간을 연장하거나 단축함) |
|---|---|
| 리스순투자 | 리스총투자를 리스의 내재이자율로 할인한 금액 |
| 리스약정일(약정일) | 리스계약일과 리스의 주요 조건에 대하여 계약당사자들이 합의한 날 중 이른 날 |
| 리스의 내재이자율 | 리스료 및 무보증잔존가치의 현재가치 합계액을 다음 (가)와 (나)의 합계액과 동일하게 하는 할인율 (가) 기초자산의 공정가치 (나) 리스제공자의 리스개설직접원가 |
| 리스이용자 | 대가와 교환하여 기초자산의 사용권을 일정 기간 얻게 되는 기업 |
| 리스이용자의 증분차입이자율 | 리스이용자가 비슷한 경제적 환경에서 비슷한 기간에 걸쳐 비슷한 담보로 사용권자산과 가치가 비슷한 자산 획득에 필요한 자금을 차입한다면 지급해야 하는 이자율 |
| 리스 인센티브 | 리스와 관련하여 리스제공자가 리스이용자에게 지급하는 금액이나 리스이용자의 원가를 리스제공자가 보상하거나 부담하는 금액 |
| 리스제공자 | 대가와 교환하여 기초자산 사용권을 일정 기간 제공하는 기업 |
| 리스총투자 | 금융리스에서 리스제공자가 받게 될 리스료와 무보증잔존가치의 합계액 |
| 사용기간 | 고객과의 계약을 이행하기 위하여 자산이 사용되는 총 기간(비연속적인 기간을 포함함) |
| 사용권자산 | 리스기간에 리스이용자가 기초자산을 사용할 권리(기초자산 사용권)를 나타내는 자산 |
| 선택권 리스료 | 리스를 연장하거나 종료하는 선택권의 대상 기간(리스기간에 포함되는 기간은 제외)에 기초자산 사용권에 대하여 리스이용자가 리스제공자에게 지급하는 리스료 |
| 운용리스 | 기초자산의 소유에 따른 위험과 보상의 대부분을 이전하지 않는 리스 |
| 잔존가치보증 | 리스제공자와 특수 관계에 있지 않은 당사자가 리스제공자에게 제공한, 리스종료일의 기초자산 가치(또는 가치의 일부)가 적어도 특정 금액이 될 것이라는 보증 |
| 전대리스 | 리스이용자(중간리스제공자)가 기초자산을 제삼자에게 다시 리스하는 거래. 상위리스제공자와 리스이용자 사이의 리스(상위리스)는 여전히 유효하다. |

## 11 회계정책, 회계추정치 변경과 오류

| 구분 | 내용 |
|---|---|
| 회계정책 | 기업이 재무제표를 작성·표시하기 위하여 적용하는 구체적인 원칙, 근거, 관습, 규칙 및 관행 |
| 회계추정치 | 측정불확실성의 영향을 받는 재무제표상 화폐금액 |
| 전기오류 | 과거기간 동안에 재무제표를 작성할 때 신뢰할 만한 정보를 이용하지 못했거나 잘못 이용하여 발생한 재무제표에의 누락이나 왜곡표시. 신뢰할 만한 정보는 다음을 모두 충족하는 정보를 말한다.<br>(1) 해당 기간의 재무제표의 발행승인일에 이용가능한 정보<br>(2) 당해 재무제표의 작성과 표시를 위하여 획득하여 고려할 것이라고 합리적으로 기대되는 정보<br>이러한 오류에는 산술적 계산오류, 회계정책의 적용 오류, 사실의 간과 또는 해석의 오류 및 부정 등의 영향을 포함한다. |
| 소급적용 | 새로운 회계정책을 처음부터 적용한 것처럼 거래, 기타 사건 및 상황에 적용하는 것 |
| 소급재작성 | 전기오류가 처음부터 발생하지 않은 것처럼 재무제표 구성요소의 인식, 측정 및 공시를 수정하는 것 |
| 전진적용 | 회계정책 변경과 회계추정치 변경효과 인식의 전진적용은 각각 다음을 말한다.<br>(1) 회계정책 변경의 전진적용 : 새로운 회계정책을 변경일 이후에 발생하는 거래, 기타 사건 및 상황에 적용하는 것<br>(2) 회계추정치 변경효과 인식의 전진적용 : 회계추정치의 변경효과를 당기 및 그 후의 회계기간에 인식하는 것 |

# 박문각
# 감정평가사

## 관세사·공무원
## 신은미 **회계학**

1차 | 기본서

제7판2쇄 인쇄 2025. 1. 10. | 제7판2쇄 발행 2025. 1. 15. | 편저자 신은미
발행인 박 용 | 발행처 (주)박문각출판 | 등록 2015년 4월 29일 제2019-0000137호
주소 06654 서울시 서초구 효령로 283 서경 B/D 4층 | 팩스 (02)584-2927
전화 교재 문의 (02)6466-7202

저자와의
협의하에
인지생략

정가 56,000원
ISBN 979-11-7262-063-9

MEMO